Pohl/Mayer (Hrsg.)
Länderbericht Japan

Schriftenreihe Band 355

Manfred Pohl/Hans Jürgen Mayer (Hrsg.)

# Länderbericht Japan

Geographie · Geschichte
Politik · Wirtschaft
Gesellschaft · Kultur

Bundeszentrale
für politische Bildung

Bonn 1998
2., aktualisierte und erweiterte Auflage

Redaktionsschluß: Juni 1998
Redaktion: Claudia Cohnen
Redaktionelle Betreuung: Sabine Berthold
Kartographie: Martin Gref

Satzherstellung: Fotosatz Froitzheim AG, Bonn
Druck: Graphischer Großbetrieb Pößneck (Thüringen)
ISBN 3-89331-337-0 · ISSN 0435-604

# Inhalt

## Anhang

# Vorwort der Herausgeber

Die Wahrnehmung Japans bewegt sich Mitte der neunziger Jahre hierzulande zwischen Häme und Wunschdenken: Das »Erfolgsmodell« Japan scheint am Ende, jetzt hat die Krise also auch die »Japan, Inc.« eingeholt, heißt es. Zweifellos sind die Signale aus der japanischen Wirtschaft alarmierend: Japans Banken müssen gewaltige Summen nicht einbringbarer Kredite *(Nonperforming Loans)* verkraften, Unternehmen gehen zu tausenden bankrott, die Arbeitslosigkeit bewegt sich auf Rekordniveau, und der Yen ist gegenüber dem US-Dollar auf Talfahrt. Die konservativen Regierungen schwächeln und zeigen sich unfähig zu tiefgreifenden Wirtschaftsreformen; das Ende der LDP-Ära scheint sich mit dem Rücktritt des Regierungschefs Hashimoto im Juli 1998 anzukündigen.

Aber Japan wird sich auch von dieser Krise erholen. Schon jetzt erreicht die japanische Handelsbilanz immer neue Rekordüberschüsse. Alle Voraussetzungen für eine neue Wirtschaftsdynamik sind vorhanden, und die japanische Wirtschaft ist aus allen Krisen der Vergangenheit gestärkt hervorgegangen.

Es sind nicht die sprichwörtlichen Wirtschaftskreise des Landes, auch nicht die japanische Politik in der berühmten »Japan, Inc.«, schon gar nicht irgendwelche kulturspezifischen oder psychologischen Besonderheiten, auch nicht der immer wieder beschworene Fleiß der japanischen Arbeitnehmer allein, die Japans Erfolge erklären – es ist wohl eher eine einzigartige Mischung unterschiedlichster Faktoren, die in ihrem Zusammenwirken Japans wirtschaftliche Erfolge begründen. Diese Erfolge sind dabei durchaus teuer erkauft mit sozialen Opfern, die jeder Japaner heute in seiner unmittelbaren Lebensumwelt erlebt: Unzureichendes Sozialkapital, eine Lebensqualität breiter Schichten der Arbeitnehmer, die dem wirtschaftlichen Erfolg des Landes noch nicht adäquat ist, daneben ausgeprägter Streß für viele sind der Preis, den Japans Gesellschaft zahlt. Aber schon arbeiten japanische Politiker, Unternehmer und Intellektuelle Hand in Hand mit den großen Wirtschaftsverbänden an der Beseitigung solcher Defizite; die Krise der neunziger Jahre wird zur Ausgangsphase einer tiefgreifenden Umgestaltung der japanischen Wirtschaft – und auch der Gesellschaft.

Die Berichterstattung in den deutschen Medien über Japan ist im Laufe der letzten Jahre dichter und qualitativ erheblich besser geworden. Verglichen mit den siebziger Jahren ist manch überflüssiger Exotismus verschwunden; dennoch schleichen sich noch immer in die vielfach verkürzten Darstellungen und kritischen Kommentare über Japan Vorurteile und Klischees ein, die häufig aus einer oberflächlich zusammenfassenden Betrachtungsweise oder der isolierenden Berichterstattung über Einzelphänomene in Japan entstehen. Die Herausgeber haben in dem vorliegenden Sammelband versucht, in zahlreichen Einzelbeiträgen von Fachwissenschaftlern und erfahrenen Journalisten, deren wichtigste Gemeinsamkeit die spezialisierte Japan-Beobachtung ist, das »Japan-Spektrum« so weit wie möglich darzustellen. Bewußt wurde dabei inhaltliche und stilistische Heterogenität in Kauf genommen, die sich nicht zuletzt aus den unterschiedlichen Beobachtungspositionen der Autoren ergibt. Es mag auffallen, daß in diesem Band fast ausschließlich deutsche Autoren vertreten sind; die Herausgeber haben sich für diese Auswahl entschieden, um langwierige Übersetzungsarbeiten zu vermeiden, die unvermeidlich das Erscheinen des Bandes verzögert hätten. Ohnehin haben tiefgreifende politische Reformen, die berücksichtigt werden mußten, und die notwendige Einbeziehung wirtschaftlicher Veränderungsprozesse in Japan sowie technische Schwierigkeiten und Zeitprobleme mancher Autoren die Entstehungszeit des Sammelbandes über den geplanten Zeitpunkt hinaus verlängert.

Es bleibt eine ständige Herausforderung, sich mit dem »Phänomen« Japan auseinanderzusetzen, Japan muß immer wieder »neu gedacht« werden. So lag es nahe, daß Theo Sommer in seinem einleitenden Essay einen Text ausbaut, der Mitte der achtziger Jahre veröffentlicht wurde. Die übrigen Beiträge gliedern sich überwiegend nach weitgefaßten Sachbereichen der vier Grundrichtungen Politik, Wirtschaft, Gesellschaft und Kultur. Das Handbuch wendet sich an alle Japan-Interessierten, die sich über die Meldungen in den Medien hinaus näher mit diesem Land befassen wollen.

Einige wenige technische Hinweise sollen die Benutzung dieses Sammelbandes mit Handbuch-Charakter erleichtern: Die Lautschrift japanischer Namen und Begriffe folgt der heute üblichen Schreibweise, die auf der amerikanischen Umschrift von Hepburn aufbaut. Dabei werden bei den Konsonanten im Deutschen »ch« wie »tsch«, »j« wie »dsch«, »y« wie »j«, »z« wie ein weiches »s« gesprochen, bei den Vokalen ist »ai« wie deutsch »ei«, »ei« wie deutsch »ee«. Japanische Eigennamen erscheinen in der Reihenfolge Vorname–Nachname, während in Japan stets der Familienname voransteht; diese Reihenfolge wurde aber in den Beiträgen zu Geschichte und Kultur beibehalten, da z. B. die Namen historischer Persönlichkeiten oder von Künstlern in dieser Form auch in Deutschland bekannt sind. Die Anmerkungsapparate der einzelnen Beiträge wurden bewußt so kurz wie möglich gehalten, um dem Text mehr Raum zu geben; für weiterführende Arbeit verweisen wir auf die Literaturangaben zu den Einzelthemen im Anhang eines jeden Kapitels; hier wurde das Hauptgewicht auf leicht zugängliche deutsche Titel gelegt.

Die Herausgeber möchten an dieser Stelle ausdrücklich der Bundeszentrale für politische Bildung, vertreten durch Frau Sabine Berthold, für die Möglichkeit danken, diesen Sammelband zusammenstellen zu können. Dank richtet sich vor allem auch an Frau Claudia Cohnen, die unbeirrt, in beharrlichem Bemühen und mit großer Geduld die Entstehung des Sammelbandes begleitet hat. Sie war eine faire Partnerin bei der nicht immer unkomplizierten Arbeit des »Jagens und Sammelns« in Kooperation mit den Herausgebern und den Autoren.

Köln, im Juli 1998 — Hamburg, im Juli 1998

Dr. Hans Jürgen Mayer — Dr. Manfred Pohl

# EINLEITUNG

## Japan im Umbruch

THEO SOMMER

### 1. Das verschlossene Japan

Vierhundertfünfzig Jahre ist es her, daß die ersten Europäer in Japan landeten, zunächst portugiesische Abenteurer und Händler, dann Missionare. Den Portugiesen folgten die Holländer, die 1609 eine Faktorei errichteten, die Engländer und die Spanier. Sie trieben einträglichen Handel, verbreiteten den christlichen Glauben und legten einzelne Stadtverwaltungen an die Kette ihrer Kredite. Daraus entwikkelten sich bald Reibereien und Unzuträglichkeiten. Das *Tokugawa-Shōgunat* wußte sich nicht anders zu helfen, als allen westlichen Einflüssen energisch einen Riegel vorzuschieben. Im Jahre 1612 wurde der christliche Glaube verboten; 700 000 Anhänger mußten ihm abschwören. Japanern blieb es verwehrt, das Land zu verlassen. Bis 1639 waren alle *Nanban* – »Barbaren aus dem Süden« – vertrieben; allein die Holländer durften auf der Insel Deshima bei Nagasaki noch eine Faktorei betreiben – das einzige, winzige Fenster zur Welt, das sich die *Shōgune* in den nächsten zweihundert Jahren der totalen Selbstabschließung gestatteten.

In jener Zeit wurde Japan für die Europäer zum Inbegriff des Fernen Ostens: fremdartig, exotisch, »undurchdringlich«. Heute ist, wenn wir »der Westen« sagen, das Kaiserreich Japan wie selbstverständlich einbegriffen. Aus einem Land, das sich über Jahrhunderte hinweg gegenüber dem Ausland abgeschlossen hatte, ist eine Macht geworden, die voll in das Weltgeschehen verflochten ist, aus einem Geschlechterstaat eine Demokratie, aus einer rückständigen Volkswirtschaft die zweitgrößte Wirtschaftsnation der Erde, aus einer auf die eigene Tradition eingekrümmten Kultur eine kosmopolitische Lebenswelt. Japan war das erste Entwicklungsland der Erde – und es ist bislang das einzige geblieben, das sich eines so totalen Erfolges rühmen dürfte. Es hat sich verwestlicht, ohne doch sein nationales Erbe zu verleugnen; und es hat sich modernisiert, ohne die alten Wurzeln absterben zu lassen.

Freilich, die schockartige Transformation in der Lebensspanne von drei, vier Generationen hat auch Narben hinterlassen. Kein anderes Volk hat im Lauf seiner Geschichte so viel Fremdes aufgenommen: Schrift und Religion, Denken und Fühlen, Ethik und Technik. Wohl wurde die Aneignung all dessen nach einer Phase blinder Anbetung jedesmal zu absorbierender Anverwandlung, doch liegt in der

Verarbeitung von so viel Fremdem auch ein Quell der Verunsicherung. Kaum eine andere Nation sucht so angestrengt immer wieder nach ihrer Seele wie die japanische. Japan inszeniert mit Hingabe seine wiederkehrenden Bewußtseins- und Identitätskrisen. Es schwankt zwischen der Rückbesinnung auf sich selber und noch weiterer Traditionsentäußerung, zwischen den Tugendvorstellungen der Altvorderen und neuen Wertbegriffen. Und es sucht – Japaner denken hierarchisch – nicht nur einen Standort in der Welt, nicht nur eine Rolle, sondern vor allem einen Rang. Fünfzig Jahre nach dem Zweiten Weltkrieg sind sich die Untertanen des *Tennō* ihrer Bestimmung unsicher. Ihre Selbsteinschätzung oszilliert zwischen so extrem gegensätzlichen Urteilen, wie sie sich in den Buchtiteln zweier amerikanischer Autoren ausdrücken. »Bald werden sie die Ersten sein« (Herman Kahn) und »Zerbrechliche Blüte Nippon« (Zbigniew Brzezinski). Und sie spüren: Abermals befinden sie sich an einem Kreuzweg. In der Außenpolitik, der Wirtschaftspolitik und der Gesellschaftspolitik stehen sie vor schwierigen Entscheidungen.

## 2. Japan öffnet sich

Japans Neuzeit begann, als die vier »Schwarzen Schiffe« des Commodore Matthew Perry 1853 in der Edobucht vor Anker gingen. Perry übergab einen Brief seines Präsidenten, der drei Forderungen enthielt: Schutz für amerikanische Schiffbrüchige, Öffnung mehrerer Häfen, Aufnahme von Handelsbeziehungen. Der regierende *Shōgun* mußte 1854 dem ersten Vertrag mit einem westlichen Land zustimmen. Ähnliche Verträge mit anderen Ländern folgten: Rußland, Holland, England und Frankreich. Westliche Kaufleute und Missionare strömten in das Inselreich. Die Epoche der Selbstisolierung Japans war vorüber, die Epoche der Modernisierung hob an.

Es dauerte über ein Vierteljahrhundert, bis sich die Japaner darein schickten. Unruhen erschütterten das Land. »Verehrt den Kaiser, vertreibt die Barbaren«, setzten die Gegner der Öffnung auf ihre Fahnen. Am Ende unterlagen die fremdenfeindlichen Rebellen. Der *Meiji*-Kaiser und die Clanführer, die ihn auf den Schild hoben, verschrieben sich der Reform. Sie schafften das Feudalsystem ab, nahmen den *Samurai* – fast zwei Millionen bei einer Bevölkerung von 34 Millionen – das Recht, Waffen zu tragen (was die meisten veranlaßte, in der Wirtschaft ihren Weg zu machen), führten eine Wehrpflichtarmee ein, schufen eine neue Finanzverfassung, ein modernes Rechts- und Bildungssystem und setzten 1889 die *Meiji*-Verfassung in Kraft. Zugleich wurde das Fundament einer neuzeitlichen Industrieproduktion gelegt. Banken, Eisenbahnen, Telegraphenämter, Druckereien entstanden, Zigarren und Zigaretten wurden populär, Bratenröcke wurden zum Kennzeichen der Bürokraten, die den Fortschritt verwalteten. »Japan war in den ersten zwei Jahrzehnten der *Meiji*-Zeit trunken von dem starken Wein westlichen Denkens, westlicher Technik und westlicher Sitten«, beschrieb ein Historiker jene Zeit.

Anders als die Chinesen, die sich in verstiegenem Stolz an den Mythos ihrer eigenen Überlegenheit über die weißen Barbaren klammerten, entschlossen sich die japanischen Reformer von Anfang an, vom Westen unbekümmert zu lernen. Sie schickten junge Leute nach draußen und holten europäische wie amerikanische Fachleute ins Land, die zu unentbehrlichen Ratgebern wurden. Eklektisch kopierten die Neuerer, was immer sie nützlich dünkte. Aber ihr Ziel war nicht die Modernisierung des Inselreiches um der bloßen Modernisierung willen. Die Erneuerung Japans diente ihnen als Mittel zum Zweck; der Zweck jedoch war, mit den weißen Mächten gleichzuziehen und es ihnen auf der Weltbühne gleichzutun. Die Versuchung war unwiderstehlich, wie bei dem anderen Spätkömmling der Geschichte, dem Deutschen Reich.

Jener Westen, dem Japan nacheiferte, war ein Kranz imperialer, kolonialer Staaten, die in militärischen Kräfteverhältnissen, in Großmachtrivalitäten, in Expansionsplänen dachten. Es wurde Japan am Ende zum Verhängnis, daß es neben den Annehmlichkeiten der Modernität auch die imperialistische Denkungsart importierte. Gewiß war es historisch nicht unausweichlich, daß keine hundert Jahre nach der Landung von Perrys »Schwarzen Schiffen« in der Bucht von Tōkyō an fast der gleichen Stelle ein japanischer Außenminister auf dem amerikanischen Schlachtschiff »Missouri« die Kapitulation des Kaiserreiches vollziehen mußte. Doch lag vielleicht eine gewisse Zwangsläufigkeit darin: Japan wollte selber imponieren mit dem, was ihm an den anderen Mächten imponiert hatte. Am Anfang stand der Nachahmungstrieb, am Ende standen die Atompilze von Hiroshima und Nagasaki.

## 3. Das imperialistische Japan

Das erste Ziel war unschuldig genug: Japan wollte das Joch der »Ungleichen Verträge« abwerfen und deren diskriminierenden Bestimmungen entkommen, vor allem der Extraterritorialität und Konsulargerichtsbarkeit für Ausländer und der Einschränkung der japanischen Zollhoheit. Die Verhandlungen zogen sich über zwei Jahrzehnte hin und führten erst in den neunziger Jahren zum Abschluß. Da hatte das Kaiserreich freilich schon begonnen, die Anerkennung seiner Gleichheit mit den Mächten des Westens nicht nur in den Revisionsverhandlungen durchzusetzen. Es meldete seinen Anspruch auf Parität auch in der Außenpolitik an und bekräftigte ihn ziemlich bald auf den Schlachtfeldern Koreas und Chinas. Es reichte Tōkyō nicht aus, seine volle Unabhängigkeit und Souveränität zu erlangen; vielmehr suchte es, sowie die ersten Erfolge seiner Wehrreform sichtbar waren, davon denselben Gebrauch zu machen wie die imperialistischen Westmächte. Nach den ersten Siegen wuchs dann allerdings der Ehrgeiz ins Unermeßliche.

Korea war die erste Interessensphäre der Japaner. Schon 1875, nach der Beschießung eines japanischen Schiffes in koreanischen Gewässern, wurde eine bewaffnete Intervention diskutiert, doch Tōkyō begnügte sich fürs erste damit, die Öffnung des »Eremiten-Königreichs« zu erzwingen und dies in einem Vertrag niederzulegen, der Koreas Unabhängigkeit von China anerkannte. Zum Kriege mit China kam es dann allerdings 1894/95, als Unruhen in Korea die Chinesen veranlaßten, Truppen zur Wiederherstellung der Ordnung zu entsenden. Mehrere Motive wirkten in dem Entschluß zum Kriege zusammen. Die Etablierung von eigenen Einflußzonen in China neben denen der europäischen Mächte war jedoch das eigentliche Ziel.

Dies wurde deutlich, als nach einem erfolgreichen Feldzug, in dem die Armee des *Tennō* die chinesischen Truppen durch Korea vor sich hertrieb, Peking um Frieden bitten mußte und die Japaner im Vertrag von Shimonoseki ihren Sieg voll auskosten wollten. China mußte die vollständige Unabhängigkeit Koreas anerkennen, Formosa und die Pescadoren an Japan abtreten, vier neue Häfen öffnen, Reparationen zahlen und bis zur Begleichung der Indemnitätsrechnung Weiheiwai als Pfand den Japanern überlassen. Vor allem aber bestand Tōkyō darauf, daß China die mandschurische Halbinsel Liaotung »für ewige Zeiten« an Japan abtrat. Diese letzte Forderung rief Rußland, Frankreich und auch das Deutsche Reich auf den Plan. Sie sahen das Gleichgewicht im Fernen Osten gefährdet, wenn es Japan gestattet würde, sich in unmittelbarer Nähe Pekings festzusetzen. In einer diplomatischen »Tripel-Intervention« zwangen sie Tōkyō, von diesem Plan abzulassen – ein Eingreifen, das die Japaner gerade den Deutschen lange nicht vergaßen, wie sich 1914 zeigte.

Die Hauptantriebsrichtung der japanischen Expansionspolitik, wie sie das nächste halbe Jahrhundert prägen sollte, ist im Krieg mit China zum ersten Mal sichtbar geworden. Was folgte, entsprach derselben Machtlogik. Sie geriet freilich bald in Konflikt mit den Bestrebungen der anderen Mächte, die sich anschickten, die chinesische Melone unter sich aufzuteilen – insofern jedenfalls, als sie sich alle eine Einflußsphäre zu sichern trachteten; und sie geriet vor allem mit Rußland in Konflikt. Japans Sieg über China hatte die Russen veranlaßt, ihren Einfluß nicht nur in Korea, sondern auch in der Mandschurei zu verstärken; 1898 setzte sich das Zarenreich in Port Arthur fest. Aber Tōkyō brachte in Korea immer stärker seine Interessen zur Geltung; ebenso wollte es in der Mandschurei Fuß fassen. Zwei imperiale Entwürfe trafen da aufeinander. Im Februar 1904 kam es zum Krieg, der sich, zum Erstaunen der westlichen Welt, als eine einzige Kette von japanischen Siegen über die Russen entfaltete. Der Friede von Portsmouth brachte Japan 1905 die Vorherrschaft über Korea ein (das es fünf Jahre später kalt annektierte), Südsachalin, dazu den südlichen Teil der Mandschurischen Eisenbahn. Zum zweiten Mal hatte Japan seine Stellung auf dem asiatischen Festland kräftig ausgebaut.

Die dritte Gelegenheit, den japanischen Einflußbereich auszudehnen, bot sich während des Ersten Weltkrieges, Chinas Präsident Yüan Schi-kai hatte vorausgesagt: »Japan wird sich diesen Krieg zunutze machen, um die Kontrolle über China zu erringen.« Wenige Tage nach Beginn der Feindseligkeiten in Europa erklärte Japan den Deutschen den Krieg. Die Japaner nahmen Tsingtao in Besitz und nisteten sich auf der Shantung-Halbinsel ein. Anfang Januar 1915 übergaben sie Präsident Yüan 21 Forderungen, die – hätte Peking sie alle angenommen – China zu einem japanischen Protektorat erniedrigt hätten. Das Papier, auf dem die Zumutungen Tōkyōs aufgeführt waren, trug beziehungsreiche Wasserzeichen: Maschinengewehre und Dreadnought-Schlachtschiffe. Die 21 Forderungen riefen zwar den Widerstand Washingtons hervor, das anderthalb Jahrzehnte zuvor seine *Open Door Policy* für China verkündet hatte; aber Japan setzte doch wesentliche Teile durch, die seine Position in der Mandschurei, in Shantung und Kwantung betrafen. Im Lansing-Ishii-Abkommen von 1915 mußten die Amerikaner einräumen: »Geographische Nähe begründet besondere Beziehungen zwischen Staaten . . . und Japan hat daher besondere Interessen in China.« Die 21 Forderungen waren übrigens von der ersten wirklichen Parteienregierung formuliert worden; dahinter standen gewichtige ökonomische Interessen.

Nach der Oktoberrevolution beteiligte sich Japan an der westlichen Intervention gegen die Bolschewiki – mit 30 000, nach anderen Schätzungen 90 000 Mann, die jahrelang in Nikolajewsk, Chabarowsk und Blagoweschtschensk herrschten und entlang der Transsibirischen Eisenbahn weit nach Westen vorstießen. Sie zogen sich 1922 zurück, doch schon sieben Jahre später prallten die Japaner in der Mandschurei aufs neue mit den Sowjets zusammen, und 1938/39 kam es zu bewaffneten Zusammenstößen im Amurbogen, die weit über Grenzscharmützel hinausgingen (im August 1945, nach dem Abwurf der amerikanischen Atombomben auf Hiroshima und Nagasaki, als Japan schon am Boden lag, nahm Stalin mit seiner Kriegserklärung späte Rache).

Zugleich jedoch ging das Kaiserreich Japan auch in China immer unverhüllter zur Offensive über. Im Jahre 1931 unterwarfen die Japaner die Mandschurei und vertrieben dort die chinesischen Behörden; 1932 riefen sie in den vier Ostprovinzen Chinas ihren Marionettenstaat Mandschukuo aus. Von 1933–35 verstärkten sie den Druck auf Nordchina. Nach dem »Zwischenfall« an der Marco-Polo-Brücke nahe Peking am 7. Juli 1937 begannen sie ihren unbegrenzten, wiewohl unerklärten Krieg gegen China, der sie binnen kurzer Zeit nach Shanghai, Nanking, Kanton und Hankow führte; bis 1945 hielten sie – mehr oder weniger wirksam – halb China besetzt; 1940 errichteten sie unter Wang Ching-wei, Chinas Quisling, eine Konkurrenz-Regierung zu Chiang Kaishek.

Es trug Japan wenig ein, daß es sich in den dreißiger Jahren mit Hitler und Mussolini verbündete – erst gegen die Sowjets im Antikomintern-Pakt von 1936, im Dreimächte-Pakt von 1940 dann gegen die angelsächsischen Großmächte. Beide Vertragswerke blieben voller Schlupflöcher, eingeschränkt durch Zusatzprotokolle, ausgehöhlt durch innere Vorbehalte. Hitler griff im Juni 1941 Rußland an, ohne es Tōkyō zuvor auch nur andeutungsweise mitzuteilen. Die Japaner wollten sich durch ein Ausgreifen in den pazifischen Raum Luft und Rohstoffquellen schaffen, aber ihr Vorstoß nach Süden brachte die Vereinigten Staaten mehr gegen sie auf als ihre chinesischen Eroberungen. Am Ende entschloß sich Tōkyō zum Angriff auf Amerika – ohne dies den deutschen Verbündeten vorher zu sagen; die Attacke auf Pearl Harbor überraschte auch Berlin. Wie Hitler brüsteten sie sich: »Viel Feind, viel Ehr«, doch wie Hitler übernahmen sie sich. Eine gemeinsame Kriegführung hat es übrigens zwischen Japan und dem Dritten Reich nie gegeben. Getrennt schlugen die beiden Mächte los; getrennt marschierten sie am Ende in die Katastrophe.

## 4. Japan AG

Es folgten, in Japan wie in Deutschland, dic Umerziehung, der Wiederaufbau und die Anlehnung an Amerika. Es entstanden demokratische Strukturen – auf der Grundlage, die der Sieger gelegt hatte: der MacArthur-Verfassung. Der Kaiser blieb, doch sein Mythos wurde zerstört, der *Tennō* der Göttlichkeit entkleidet. Es wurde dem

Lande verboten, eine Armee zu unterhalten; als die Zeitläufe sich änderten, wurden – nicht ohne große Widerstände – »Selbstverteidigungskräfte« aufgebaut. Während der Besatzungszeit wurden tiefgreifende politische, gesellschaftliche und administrative Reformen ins Werk gesetzt: wahrhaftig eine Kulturrevolution. Sie gab Japan, so sehr auch Tradition und Kontinuität immer wieder durchbrachen, ein ganz neues Gepräge. Der Staat, dessen Vertreter 1951 in San Francisco den Friedensvertrag und einen Sicherheitsvertrag mit den Vereinigten Staaten unterschrieben, war weltenweit entfernt von jenem, der ein Jahrzehnt zuvor seine Flotte gegen Hawaii, Hongkong, Malaysia, Singapur und die Philippinen hatte auslaufen lassen.

Die Bevölkerung zählte inzwischen 110 Millionen Menschen. Sie war nun wieder ganz auf sich selbst zurückgeworfen. Sechs Millionen Soldaten oder Siedler kehrten aus Übersee zurück und mußten erst einmal wieder integriert werden. Hunger und Not bestimmten die ersten Aufbaujahre. Doch 1952, als die Besatzungszeit förmlich zu Ende ging, hatte die Industrieproduktion fast schon wieder Vorkriegsniveau erreicht. Das Bruttosozialprodukt allerdings betrug kaum ein Drittel des englischen und knapp ein Zwanzigstel des amerikanischen. Vierzig Jahre später produzierten die Japaner dreimal mehr als die Briten, ihr Bruttosozialprodukt erreichte zwei Drittel des amerikanischen.

Ihre imperialen Träume waren den Japanern vergangen. Sie schworen dem Militarismus ab. Aber sie mußten leben – und leben hieß produzieren, vor allem exportieren, um die Einfuhren zu bezahlen, die das rohstoffarme Land brauchte. Wie Saburō Okita, der spätere Außenminister, im Frühjahr 1945 seinem Tagebuch anvertraute: »Eine Armee in Uniform ist nicht die einzige Streitmacht. Wissenschaftliche Technik und Kampfesmut unter dem dunklen Anzug des Geschäftsmanns werden in Zukunft unser Heer bilden.« So richteten die Japaner, kaum daß sie der militärischen Aggression entsagt hatten, ihre nächste Herausforderung an die Welt: Die wirtschaftliche. Wie sie zuvor die Weiten Asiens mit Waffengewalt erobert hatten, so schickten sie sich nun an, mit der schieren Wucht ihrer Produktion und ihres Handels den Weltmarkt zu erobern. Ihre kommerzielle Expansion trieben sie mit derselben Methode voran wie in der vorangegangenen Phase ihre militärische Expansion: im engen Verbund von Staat und Wirtschaft.

Schon in der *Meiji*-Ära hatten Staat und Unternehmer Hand in Hand gearbeitet. Viele der modernen Industriebetriebe, auf denen Japans späterer Wohlstand beruhte, waren von der Regierung gegründet und dann an private Unternehmer veräußert worden. Die Behörden lenkten die Wirtschaftsentwicklung: Staat, Unternehmen und Banken bildeten ein einheitliches Ganzes. Ähnlich vollzog sich nach 1945 auch der zweite große Sprung nach vorn. Das MITI – das Ministerium für Außenhandel und Industrie – legte die großen Entwicklungslinien fest, der Staat stellte die Kredite zur Verfügung, die Firmen fügten sich in den nationalen Plan. Das japanische Wirtschaftswunder war das Ergebnis einer kombinierten und koordinierten Anstrengung der Privatwirtschaft und der öffentlichen Gewalten. Insofern trifft das Etikett »Japan, Incorporated«, also: Japan AG, den Nagel auf den Kopf.

Erst Ende der sechziger Jahre erreichte das japanische Bruttosozialprodukt den Umfang des bundesrepublikanischen – wobei die Bevölkerung doppelt so groß war wie die westdeutsche. Aber dann rückte Japan in einem mächtigen Satz nach vorn. Es beschränkte sich bewußt auf fünf Produktionsbereiche: Stahl, Schiffbau, Kameras, Unterhaltungselektronik und Automobile. Mit ihrer geballten Exportoffensive überschwemmten die Japaner die überseeischen Märkte. Bald boxten sie sich an die Spitze der Welthandelsliga. Zu Beginn waren ihre Radios, ihre Bandgeräte, ihre Lautsprecher keine Konkurrenz für die Amerikaner, doch nach wenigen Jahren hatten sie diese abgehängt. Japanische Uhren machten den traditionsreichen Schweizer Uhrmachern das Leben schwer; japanische Kameras und Objektive verdrängten die deutschen; Steinway-Flügel wurden von Yamahas in den Schatten gestellt; Honda überholte 1978 Volkswagen auf dem amerikanischen Automobilmarkt und setzte sich dort an die Spitze der ausländischen Importeure; der japanische Schiffbau, 20 bis 30 % billiger in der Produktion als die Werften der übrigen Welt, stürzte die europäischen und amerikanischen Schiffbauer in die Krise; bei Computern und Mikrochips wurde Japan zu einer gefährlichen Konkurrenz.

In der Lebensspanne einer Generation stieg Japan zur wirtschaftlichen Supermacht auf. Heute ist es die zweitgrößte Industrienation der Erde; seine mittlerweile 124 Millionen Einwohner haben die Sowjetunion mit ihrer Bevölkerung von 270 Millionen auf den dritten Rang verwiesen. Die Ursachen des Aufstiegs sind leicht auszumachen: die Staatslenkung aus dem Hintergrund, der geringe Eigenfinanzierungsanteil, karge Löhne, die niedrigen Sozialausgaben – das soziale Netz ist immer noch sehr weitmaschig, wenngleich es stimmt, daß Familie und Betrieb vieles leisten, was anderwärts die Solidargemeinschaft der Bürger zu leisten hat. All das half der Konzentration auf den Export. Ausschlaggebend war aber wohl, wie sich »Japan, Inc.« zu einem riesigen Kartell organisierte.

Die Disziplin, die Sparsamkeit, die Genügsamkeit der japanischen Arbeiter sind längst sprichwörtlich geworden. Die Welt hat sich angewöhnt, die Japaner als *Economic Animals* oder als *Workaholics* (»Wirtschaftstiere« oder »Arbeitssüchtige«) zu betrachten, die emsig arbeiten und sich mit einem Leben in *Rabbit Hutches* (»Kaninchenställe« – so die Kennzeichnung der japanischen Häuser in einem amtlichen EG-Dokument) zufriedengeben. Das Ausland hat freilich auch gelernt, die Faktoren Harmonie und Konsens in der japanischen Gesellschaft als Bedingungen des wirtschaftlichen Erfolgs zu begreifen. Zähneknirschend hat die Konkurrenz des Inselreiches auch erkennen müssen, daß die Japaner nicht länger als bloße Nachahmer verschrien werden können, wie das noch in den dreißiger Jahren gerechtfertigt war, als sie Fahrräder, Kinderspielzeug und Kameras hemmungslos kopierten. Die Patentbilanz belegt, daß die Japaner längst mit einem ungeheuren Einfallsreichtum brillieren.

Eine andere mögliche Ursache des japanischen Aufstiegs lohnt ebenfalls einen Gedanken: Das Land ist bis in die Mitte der Achtziger mit seinen Aufgaben für Verteidigung und Rüstung unter der Marke von 1 % vom Bruttosozialprodukt geblieben, die es sich vor Jahren selber als Norm verordnet hat, und übersteigt diese Marke auch jetzt nur geringfügig, obwohl sein Verteidigungsetat der dritt- oder viertgrößte der Erde ist. Im Verhältnis zu den Vereinigten Staaten warf diese militärische Enthaltsamkeit des neuen Japan immer wieder Probleme auf, aber ihre Wirkung auf die Ökonomie war eindeutig positiv. Amerika ist der Musterfall eines Landes, dessen Technologieschübe zum großen Teil aus der Rüstungsforschung stammen, Japan verkörpert den entgegengesetzten Ansatz.

Der Erfolg der japanischen Exportoffensive hatte freilich auch negative Folgen. In den sechziger und siebziger Jahren betrug das Wirtschaftswachstum des Landes in jedem Jahr durchschnittlich 15 %; in manchen Phasen jedoch erhöhte sich der Export um jährlich 30 %. Das bewirkte Verwerfungen auf dem Weltmarkt. Die betroffenen Länder, deren eigene Firmen von den japanischen Konkurrenten in Marktnischen gedrängt oder ganz von der Bildfläche gefegt wurden, begannen sich zu wehren, und sie wehrten sich um so stärker, je mehr Japans Handelsüberschüsse stiegen. »Il faut stopper les Japonais« war der Titel eines viel gelesenen französischen Buches, den zahlreiche westliche Staaten als Handlungsanweisung betrachteten: »Man muß die Japaner stoppen.« Überall wurden sie Importquotenregelungen unterworfen, Sonderzölle wurden erhoben, besonders hinderliche Verfahren bei der Einfuhrabwicklung verhängt. Zugleich drängten die Amerikaner wie auch die Mitglieder der Europäischen Gemeinschaft immer stärker auf Liberalisierung und Öffnung des japanischen Marktes – und nicht nur auf die Schleifung der Zollmauern, sondern auch auf die Beseitigung der nicht-tarifären Handelshemmnisse. Japan bekam das Handikap der Macht zu spüren. Die Kehrseite seines Handelserfolgs lag in den ständig deutlicher werdenden Bestrebungen seiner Partner, das japanische Vordrängen abzublocken. In einer Phase, in der es zugleich zum größten Gläubigerland der Erde aufrückte, erkannte das Land schon unter Ministerpräsident Yasuhiro Nakasone, daß aggressiver Export auf die Dauer nicht die Grundlage seines Wohlstands bleiben könne, daß vielmehr erhöhter Binnenkonsum an die Stelle der alten Konjunktur-Lokomotive, der Ausfuhr, treten müsse.

Doch diese Umorientierung der japanischen Wirtschaftspolitik ließ sich nicht leicht bewerkstelligen. Es fehlte nicht an Programmen, die Einfuhren zu erhöhen und die Japaner dazu anzuhalten, mehr ausländische Produkte zu kaufen, auch nicht an allerlei Anreizen, um Investitionen und Verbrauch auf dem japanischen Binnenmarkt anzustacheln. Die Schwierigkeit ist allerdings, daß diese neue Haltung des Enrichissez-Vous, des »Bereichert euch!«, gegen die eingefleischten Werthaltungen und Traditionsmuster des Japaners verstößt: schwer arbeiten, sparen, nichts verjubeln. Jetzt wird er plötzlich zum Konsumieren angehalten, ja Konsum wird ihm geradezu als patriotische Tat empfohlen. Am Ende wird es darauf ankommen, daß die Regierung selber Milliarden investiert: in den Wohnungsbau, in die Infrastruktur des Landes – Eisenbahnen, Straßen, vor allen Dingen jedoch die Kanalisation, die 60 % aller japanischen Haushalte noch immer entbehren müssen. Auf diese Weise könnte durch Geldabschöpfung im Inland die wirtschaftliche Energie Japans zum Teil wenigstens vom Weltmarkt abgelenkt werden.

Solches Umdenken fiel auch der Obrigkeit schwer. Sie zögerte, Japan wirklich den Waren, Gütern, Dienstleistungen des Auslands zu öffnen. Sie trieb die unwürdigsten Spielchen, um die Importpforte schmal zu halten. Als die Hersteller europäischer Ski-Bindungen ihre Produkte einführen wollten, argumentierten sie, der Schnee in Japan sei von einer anderen Beschaffenheit als der europäische, die Skibindungen seien daher untauglich – eine EG-Kommission von Kristallologen enthüllte dies als blühenden Unsinn. Ähnlich hanebüchen war das Argument, das gegen den Reisimport aus dem Ausland vorgebracht wurde: Die Verdauungstrakte der Japaner seien länger, und fremder Reis – obwohl erheblich billiger als der einheimische – mache sie krank.

Hinzu kam die Schwerfälligkeit der Politik, ihre Abhängigkeit von den Großlobbies der Bauern und Baufirmen, dazu eine Engstirnigkeit der Bürokratie, die schwer mit der Offenheit der weltweit agierenden Unternehmen der Japan AG zu vereinbaren war. So blieb bis Mitte 1993 alles beim alten. Bis zweierlei geschah: Der Kalte Krieg ging zu Ende, und ganz plötzlich platzte die Seifenblase der japanischen Hausse-Wirtschaft.

## 5. Die Entzauberung Japans

Als die Berliner Mauer fiel, Osteuropa den Kommunismus abschüttelte und sich der Vorherrschaft Moskaus entzog, schließlich die Sowjetunion selber zerbarst, veränderte sich mit einem Schlage das japanische Koordinatensystem. Dies galt außenpolitisch wie innenpolitisch. Außenpolitisch: Vierzig Jahre lang hatten die Vereinigten Staaten Japan mit Samthandschuhen angefaßt, um die Front gegen die Sowjets zusammenzuhalten, selbst als Japans wirtschaftlicher Konkurrenzdruck wuchs und wuchs. Jetzt entfiel der Zwang zu solcher Rücksichtnahme. Es blieb nicht aus, daß von Japan auf der Weltbühne nun auch ein größerer Beitrag erwartet wurde. Innenpolitisch: Die fast vier Jahrzehnte lang ununterbrochen und so gut wie unangefochten regierenden Liberaldemokraten waren als verläßliches Bollwerk gegen den Kommunismus auf einmal nicht mehr vonnöten: Vieles an ihrer schwächlichen Regierungspraxis konnte nun unverhohlen kritisiert werden. Unversehens sahen die herrschenden Eliten die Grundannahme ihrer bisherigen Politik in Zweifel gestellt. Es begann für sie ein Zeitalter voller Unübersichtlichkeit und Ungewißheit.

Zugleich jedoch krachte es im Gebälk der japanischen Wirtschaft. Sie hatte die Ölpreiskrise nach 1973 überwunden und die dramatische Yen-Aufwertung nach dem Plaza-Abkommen von 1985 verkraftet. Danach setzte sie zu einem spekulativen Höhenflug sondergleichen an. Der Wert der japanischen Anlagen erreichte 511 Milliarden Yen – 3 600 Milliarden Dollar. Das waren 30 % mehr als die Bewertung sämtlicher an der US-Börse zugelassenen Unternehmen. Die Grundstückspreise stiegen so hoch, daß das Gelände des umwallten Kaiserpalastes im Zentrum Tōkyōs mehr wert war als ganz Kalifornien. Ende 1989 platzte die Seifenblase. Große Banken gerieten ins Trudeln, selbst gigantische Broker wie Nōmura und Daiwa gerieten in Schwierigkeiten. Mit einem Male blieben bei Sotheby die japanischen Bieter weg. Es ist nicht ohne Symbolkraft, daß die Papierfabrik, deren Ehrenvorsitzender das Jahr zuvor 161 Millionen Dollar für einen van Gogh und einen Renoir bezahlt hatte, in rote Zahlen rutschte.

Zu allem Übel kam dann auch noch die Rezession. Das Wachstum der Volkswirtschaft tendierte gegen Null. Der Nikkei-Index sackte bis Sommer 1993 von 40 000 auf 14 000 durch: Die Gewinne sanken drastisch; die Firmenbankrotte nahmen zu: Viele Unternehmen verlagerten Teile ihrer Produktion in Billiglohnländer; manche Firmen kündigten Entlassungen an. Das Prinzip der lebenslangen Anstellung, nach dem die Unternehmen rund 1,2 Millionen Arbeiter als »betriebsinterne Arbeitslose« auf ihrer *Payroll* behalten, stand mit einem Schlage zur Diskussion. Der Yen – 1993 um mehr als 20 % aufgewertet – stand beinahe gleich mit dem Dollar. Trotzdem schoß der Leistungsbilanzüberschuß in die Höhe: von 114 Milliarden Dollar 1992 in Richtung 130–150 Milliarden. Der für 1995 vorgesehene Ausgleich der Handelsbilanz rückte damit in weite Ferne. Bei den Handelspartnern rief dies Empörung und Abwehr hervor; allenthalben wuchsen die Kräfte des Protektionismus.

Als wären diese Veränderungen noch nicht genug, machte sich in Japan obendrein ein fundamentaler Bewußtseinswandel geltend. Die traditionellen Werthaltungen, die uneingeschränkte Arbeitsamkeit, die Bereitschaft zur Unterordnung – all dies begann, sich zu lockern oder gar zu lösen. Das Volk empfand den kargen Zuschnitt seiner Wohnungen zunehmend als beengend. Die junge Generation will mehr Freiheit, mehr Freizeit und mehr Urlaub. Zugleich sucht sie mehr soziale Sicherheit. In einer Bevölkerung, die bei fast gleichbleibender Einwohnerzahl immer älter wird, erhält die Altersversorgung einen veränderten Stellenwert. Auch über die Verkürzung der Arbeitszeit gibt es in Japan bereits eine lebhafte Debatte; tatsächlich sinkt die Zahl der Arbeitsstunden schon. Der Trend zum leichteren Leben geht an Japan nicht vorbei, auch das Schlagwort der Selbstverwirklichung nicht. Der Familienzusammenhalt lockert sich in Japans großstädtischem Milieu ebenso wie anderswo. Die Modernität fordert ihren Zoll. Die Ansprüche an die Daseinsvorsorge wachsen, zumal bei der Jugend, die nicht so sehr auf das Bruttosozialprodukt Wert legt als vielmehr auf die Nettowohlfahrt. Sie will weniger arbeiten und besser versorgt sein, schöner wohnen und leichter reisen. Da lauert ein ungeheurer Nachholbedarf. Wird er erfüllt, so werden die Unterschiede zwischen den Kulturen noch weiter eingeebnet werden. Systemveränderung steht in Japan auf dem Programm.

Für Japans Partner in Europa und Amerika liegt darin ein gewisser Trost. Auch Japans Bäume wachsen nicht in den Himmel. Im Wechsel der Generationen werden nicht alle, aber doch einige der Tugenden geschwächt, gar auf der Strecke bleiben, auf denen die Prosperität des Inselreichs beruht. Dies wird sein ökonomisches Expansionsstreben bremsen und der Ansammlung von immer mehr Produktionskapazität Einhalt gebieten. Wie die Militärmacht Japan am Ende sich in die Regeln der übrigen Völkerfamilie fügen mußte, so wird auch die Wirtschaftsmacht Japan sich einbinden lassen müssen in jene weltwirtschaftliche Interdependenz, in der kein Staat nur seinem eigenen Vorteil leben kann.

Die weltpolitischen Veränderungen, die Wirtschaftskrise, schließlich der wachsende innere Druck, eine lebenswerte Gesellschaft und ein ihr angemessenes politisches System zu schaffen – diese drei Entwicklungsstränge verflochten sich im Sommer 1993. Nach turbulenten Wochen, vorgezogenen Wahlen und schwierigen Koalitionsverhandlungen kam zustande, was Japan noch nie erlebt hatte: ein Machtwechsel. Seit 1955 hatte das Land ununterbrochen unter der Alleinherrschaft der Konservativen gestanden; nicht einmal einen Koalitionspartner hatte sich die LDP je suchen müssen. Zum Teil lag dies daran, daß Japans Sozialdemokraten nie ihr Godesberg erlebt hatten; zum Teil sorgten in der Sukzession der Ministerpräsidenten die konkurrierenden LDP-Faktionen für Wechsel.

1993 mußte die LDP zum ersten Mal in ihrer Geschichte in die Opposition, und eine Koalitionsregierung konnte 1994 grundlegende politische Reformen (Wahlrechtsänderungen) durchsetzen. Für die LDP war die Oppositionsphase nur eine politische Episode; seit 1996 verfügt sie im Unterhaus wieder über eine stabile Mehrheit und stellt allein die Regierung. Aber die Endzeit scheint dennoch gekommen: Nach einer schweren Niederlage in den Oberhauswahlen von 1998 (Verlust von 17 der 61 Sitze) trat Regierungschef Hashimoto zurück; er übernahm die

Verantwortung für eine gescheiterte Wirtschaftspolitik und die daraus folgende Wahlschlappe. Aber es ist kein LDP-Politiker in Sicht, der erfolgreicher sein könnte: das Ende des LDP-Herrschaftsmonopols?

## 6. Partner oder Widerpart?

Japan trägt seit jeher schwer an seiner Isolierung. Es muß sich seiner Daseinskoordinaten ständig neu vergewissern. Die Deutschen haben die Europäische Union und die NATO, wo sie aufgehoben sind und sich aufgehoben fühlen. Die Japaner plagt immer wieder die Sorge, allein zu bleiben. Daher ihr Stolz und ihre Genugtuung, seit Mitte der siebziger Jahre bei den Siebener-Gipfeln vertreten zu sein. Eine nationale Frage im deutschen Sinne hat sie nie bedrückt. Jedenfalls wirkt die Aufwallung um die vier bei Kriegsende von den Sowjets besetzten Inseln Kunashiri, Etorofu, Habomai und Shikotan recht künstlich: eher als Rationalisierung einer geschichtlich gewachsenen Abneigung gegen die Russen denn als nationales Herzensanliegen.

Umstellt von wirtschaftlichen Schwierigkeiten, sieht Japan allenthalben am Horizont auch politische Gefahren dräuen. Die Amerikaner sind Schutzmacht, aber zugleich Konkurrent – und unter Bill Clinton ein ernst zu nehmender handelspolitischer Widersacher. Die Europäer verschließen sich dem Handelsansturm der Japaner um so stärker, je größer die Arbeitslosigkeit wird. Moskau hat sie früher mit unschöner Regelmäßigkeit unter den Druck auftrumpfender Machtdemonstrationen gesetzt – jetzt ängstigt es sie mehr wegen der Unberechenbarkeit seiner künftigen Entwicklung. Die Aussöhnung mit China, im August 1978 erst Wirklichkeit geworden, bleibt prekär trotz Wirtschaftsverflechtung und Kaiserbesuch. Wieder einmal verschwimmen die Orientierungsmarken.

Wie soll Japan angesichts all dieser Widrigkeiten mit der Welt und mit sich selber fertig werden? Mancherlei Versuchungen, mancherlei Illusionen locken: die sinojapanische, die asiatische, die pazifische. Viel Realitätsgehalt haben sie alle nicht.

Eine japanisch-chinesische Allianz im Jahr 2000 – der Alptraum des Abendlandes? Der Schwede Gunnar Myrdal hat diese Ausprägung der »gelben Gefahr« schon vor dreißig Jahren beschworen. Henry Kissinger sinniert zuweilen, ob nicht um die Jahrtausendwende Amerika, Westeuropa und Rußland auf einer Seite stehen werden, China und Japan auf der anderen. Ernsthaft will in Tōkyō davon niemand etwas wissen. Wie es ein Planer im Auswärtigen Amt ausdrückte: »Das ist Phantasie, reine Einbildung«. Der ehemalige Ministerpräsident Yasuhiro Nakasone wies den Gedanken ebenfalls weit von sich: »Nicht im Traum würden wir daran denken. Wir sind in unserem Wesen, unseren Anschauungen, unserer Blickrichtung grundverschieden. Wir Japaner sind ein Seevolk. Wir blicken übers offene Meer nach Amerika und Europa.«.

Die asiatische Option denn? Sie gestattet eine Rückbesinnung aufs eigene Wesen, die eigenen Werte. Ein Publizist erklärte einmal: »Wir haben öfters zwischen Asien und dem Westen geschwankt. Der Zweite Weltkrieg war der Sieg der ›Asien-über-alles‹-Richtung. Nun gehören wir zwar längst zur trilateralen Welt, zur Familie der demokratischen Industrienationen. Aber ganz ist die Erinnerung nicht verloschen. Der Westen sollte uns jedenfalls nicht mutwillig in diese Richtung drängen.« Ein japanischer Akademiker gab sich weniger zimperlich: »Wundern Sie sich nicht, wenn wir uns wieder auf die eigene Vergangenheit und auf Asien besinnen. Wir haben versucht, gute Schüler Europas zu sein, aber was war die Reaktion der Europäer? Wir hatten Lob und Belohnung erwartet. Statt dessen setzte es Püffe und Beleidigungen. Doch Europa – das ist bloß ein Block dekadenter Völker. Die Zukunft liegt in unserem Teil der Welt. Im dritten Jahrtausend wird die Zivilisation am Stillen Ozean blühen.«

Unausgesprochen mögen solche Gedanken auch durch den noch immer nur grob schraffierten Entwurf für eine auf das Pazifische Becken konzentrierte japanische Außenpolitik geistern. Ministerpräsident Ōhira brachte diese Idee eher beiläufig unters Volk, als er 1971 seinen Vorgänger Fukuda ablöste. Bisher hat der Begriff freilich keine Substanz gewonnen. Die Schwierigkeiten liegen auf der Hand. Die Randstaaten des Pazifischen Beckens gehören in ganz verschiedene Kategorien: hochentwickelte Staaten (Kanada, Vereinigte Staaten, Australien, Neuseeland, Japan); halbentwickelte Staaten (Südkorea, Hongkong, Singapur, Taiwan, neuerdings Malaysia, Thailand, bald Indonesien und Vietnam); unterentwickelte Länder (die meisten ASEAN-Länder, Lateinamerika); schließlich Rußland und das kommunistische China. Woher soll da das verbindende Element kommen? Ohnehin weckt Japans ökonomisches Übergewicht in seinen asiatischen Nachbarländern ungute Erinnerungen an die »Großostasiatische Wohlstandssphäre«. In Wahrheit steckt auch hinter dem Pazifik-Konzept wohl vor allem Japans Sehnsucht, nicht völlig allein zu sein.

Langsam faßt Japan weltpolitisch Tritt. Es hat den Vereinten Nationen Freiwillige zur Verfügung gestellt, um dem verwüsteten, verwundeten Kambodscha Frieden zu bringen. Es ist in der Welt der größte Zahler von Entwicklungshilfe (1989: 8,9 Milliarden Dollar, doppelt soviel wie die Bundesrepublik). Sein Beitrag zu den Vereinten Nationen ist mit 11,38 % des UN-Haushalts der zweithöchste (Bundesrepublik 9,36 %). Sein Anteil an der Finanzierung des Golfkrieges belief sich auf 13 Milliarden Dollar (Bundesrepublik: 9 Milliarden Dollar). Und Japan strebt, seinem Gewicht und Rang entsprechend, einem ständigen Sitz im UN-Sicherheitsrat an. Zuweilen freilich lehnt sich das Kaiserreich gegen die Zwänge der Partnerschaft und die Fesseln der Interdependenz auf; dann läßt die Vorstellung »Das Japan, das Nein sagen kann« manches Auge glänzen.

Dennoch denkt Japans Führungsschicht nicht daran, aus dem Verband der westlichen Industriemächte auszuscheren. Sie denkt auch nicht daran, der Demokratie den Rücken zuzukehren. Japan gehört heute fest zur westlichen Welt. Es mag sich auf die eigenen Werte besinnen, *Kabuki* und *Kimono* neu zu Ehren kommen zu lassen – der Moderne entflieht es nicht wieder. Japan wird seine Rüstung modernisieren – je entschlossener, desto mehr Wirklichkeit die nordkoreanische Atombombe gewinnt –, doch wird es weder wild aufrüsten, noch die sicherheitspolitischen Bande zu Amerika kappen. Und natürlich wird sich Japan für seine wirtschaftlichen Interessen schlagen – aber als fortdauerndes Mitglied des westlichen Clubs, nicht als Partner auf dem Absprung. Hundert Jahre Geschichte lassen sich nicht zurückdrehen.

# Kapitel A: Grundlagen

# I. Geographische Fragestellungen, Strukturen, Probleme

WINFRIED FLÜCHTER

## 1. Geopolitische Voraussetzungen

Japan als Ur-Erlebnis und Modell deutscher Geopolitik: Diese lange wenig beachtete Tatsache geht auf das Wirken des deutschen Geopolitikers Karl Haushofer zurück.[1] Ausgehend von seinen vor dem Ersten Weltkrieg in Japan gewonnenen Erfahrungen entwickelte er am Beispiel des ostasiatischen Inselreiches seine geopolitischen Doktrinen von Lebensraumenge, Übervölkerung und Expansion. Im Vordergrund seiner Argumentationen stand das Problem der »Übervölkerung« Japans, das er nach traditionellem Muster mit der begrenzten agraren Tragfähigkeit begründete. Stau- und Druckquotienten sowie suggestive Raumvergleiche unterschiedlicher Bevölkerungsdichten waren für ihn »erstes Arbeitsziel« einer Geopolitik, die mit der Argumentation vom »Naturrecht zur Überschreitung von Raumgrenzen aus zu enger Atemweite« staatlichen Expansionskräften des Nationalsozialismus Vorschub leistete.[2]

In den Japaninterpretationen Haushofers blieben die schon damals deutlichen Unausgewogenheiten der inneren Landeserschließung Japans und die Möglichkeiten einer intensiven Binnenkolonisation weitgehend ausgeklammert. Das Unvermögen Haushofers, die Bedeutung der Industrialisierung zu erkennen, nicht zuletzt seine Aversion gegen Großstädte, Bevölkerungsballung und Verstädterung, die er ausschließlich negativ wertete (Bodenentwurzelung, Landflucht, Abhängigkeit, Krisenhaftigkeit), haben mit zur Verzerrung seines Japan-, Welt- und Deutschlandbildes beigetragen.[3] In verschiedener Hinsicht sind die geopolitischen Vorstellungen Haushofers am Beispiel Japans entscheidend widerlegt worden:

---

1 Hans-Adolf Jacobsen, Karl Haushofer. Leben und Werk. Band I: Lebensweg 1869 bis 1946 und ausgewählte Texte zur Geopolitik; Band II: Ausgewählter Schriftwechsel 1917 bis 1946, Boppard 1979; Ders., Kampf um Lebensraum. Karl Haushofers »Geopolitik« und der Nationalsozialismus, in: Aus Politik und Zeitgeschichte, Beilage »Das Parlament«, 25. 8. 1979, S. 17–29.

2 Peter Schöller, Japan, in: P. Schöller/H. Dürr/E. Dege (Hrsg.), Fischer Länderkunde Ostasien, Frankfurt 1978, S. 325–344. Sehr aufschlußreich und anregend zu diesem Thema sind zwei Aufsätze von Peter Schöller: Die Rolle Karl Haushofers für die Entwicklung und Ideologie nationalsozialistischer Geopolitik, in: Erdkunde 36 (1982), S. 160–167. Außerdem: Geopolitische Versuchungen bei der Interpretation der Beziehungen zwischen Raum und Geschichte. Eine kritische Bilanz der Konzeptionen und Theorien seit Friedrich Ratzel, in: D. Denecke/K. Fehn: Geographie in der Geschichte, Stuttgart 1989, S. 73–88. (Ursprünglich als Vortrag auf dem Trierer Historikerkongreß 1986 gehalten).

3 P. Schöller, in: Erdkunde 36 (1982), Anm. 2, S. 163.

## a. Übervölkerung

Nach der katastrophalen Niederlage im Zweiten Weltkrieg geriet Japan weder durch den völligen Verlust seiner Außenterritorien (Korea, Süd-Sachalin, Taiwan, Mandschurei, pazifische Inselgebiete) noch durch die Repatriierung von ca. fünf Millionen Auslandsjapanern in eine Übervölkerungskrise. Im Gegenteil: Trotz seiner im Vergleich zu Haushofers Zeiten doppelt so hohen Einwohnerzahl (1995: 125 Millionen auf den japanischen Inseln) und trotz des Zusammenschrumpfens seiner ehemaligen Territorien auf das Stammland (= 55 % der Fläche des Vorkriegsbesitzes von 1937) erfreut sich das Land eines international hohen Lebensstandards. Hinzu kommt, daß es insbesondere INNERHALB der japanischen Stammlande während der Nachkriegszeit zu einer Bevölkerungsballung von bisher nie gekanntem Ausmaß gekommen ist. Dieser Agglomerationsprozeß hat nicht nur NICHT zu einer Übervölkerung im Sinne Haushofers geführt, er hat auch zum Wirtschaftserfolg und hohen Lebensstandard in Japan entscheidend mit beigetragen.

## b. Naturräumliche Grundlagen

Die These, daß die Naturausstattung Japans vorwiegend ungünstig sei und der Industrialisierung des Landes im Wege stehe, ist durch die eindrucksvolle Industrialisierung und Modernisierung des Landes auf den Kopf gestellt worden. Prototypisch dafür steht die Entwicklung der Schwerindustrie, auf die später ausführlich eingegangen wird. Im Hinblick auf den Fahrzeugbau berichtete Peter Schöller (Kolloquiumsvortrag an der Ruhr-Universität Bochum, 2. 7. 1987), daß zahlreiche japanische Kollegen und Wirtschaftsfachleute um 1960 die (damalige) Unterentwicklung der einheimischen Kraftfahrzeugindustrie auch geographisch begründeten: Das gebirgige Inselland mit beschränkten Ebenen habe ein völlig unterentwickeltes Straßennetz, und auch die berühmten Reichsstraßen der *Tokugawa*-Zeit seien ja weniger Straßen als vielmehr Wege für den Fuß- und Trägerverkehr gewesen. Die Chance des Fahrzeugbaus liege in der Entwicklung von Klein- und Miniwagen sowie bei Motorrädern.

## c. Mangel an schöpferischer Phantasie?

Das Vorurteil Haushofers, daß die Japaner im Weltwirtschaftskampf unterlegen, weil sie für die Massenindustrialisierung ungeeignet seien, treibt die hanebüchenen Verallgemeinerungen und Fehlschlüsse deutscher Geopolitik auf die Spitze. Bis heute hält sich die Vorstellung, schöpferische Industrieimpulse seien in Japan die Ausnahme, Patente würden nur im Ausland gekauft und in Japan optimal vermarktet. Wie die Entwicklung in der Nachkriegszeit zeigt, hat Japan es nicht nur verstanden, seit den sechziger Jahren von billigen Massenerzeugnissen auf Qualitätsprodukte umzusteigen und in bestimmten Sektoren und Segmenten (u. a. Präzisionsgeräteindustrie, Fahrzeugbau) führenden westlichen Industrienationen den

Rang abzulaufen. Inzwischen ist es auch in Bereichen der Hochtechnologie zu einem dermaßen starken Konkurrenten geworden, daß die führenden westlichen Industrieländer Mühe haben, mit der japanischen Entwicklung Schritt zu halten.

Die Thesen gegen Haushofer und seine Geo-Determinismen lauten:

1. Japan hat die Modernität seiner derzeitigen Produktion und die Entwicklung seiner Wirtschaft gerade WEGEN seiner UNGUNSTpotentiale für ›schwere‹ Industrien erreicht.
2. Landesentwicklung und Lebensstandard der Bevölkerung Japans fußen weniger auf natürlichen Gegebenheiten als auf dem HUMANfaktor.

Der Behandlung dieser Themen seien zunächst einige Vorbemerkungen, Fragestellungen und Grundinformationen vorangestellt.

Territorial nimmt das japanische Inselreich nicht einmal 0,28 % der Erdoberfläche ein, sein Anteil an der Weltbevölkerung beträgt 2,4 %. Ungleich größer ist der Anteil am Welthandel (Exporte 9,6 %, Importe 6,6 %; 1994), insbesondere am Welt-Bruttosozialprodukt (17,5 %; Daten 1993). Die Entwicklung Japans ist aus westlicher Sicht erstaunlich, wurde sie doch vom mittelalterlich-weltabgeschlossenen Feudalstaat (bis Mitte des 19. Jahrhunderts) über eine international respektierte Militärgroßmacht (bis zum Zweiten Weltkrieg) zu einer führenden Weltwirtschaftsmacht in außerordentlich kurzer Zeit zurückgelegt, dazu noch von einem Land mit nicht-abendländischer Kulturtradition. Es wirkt nicht überraschend, daß während der fünfziger und sechziger Jahre manche Vertreter westlicher Entwicklungsländerforschung Japan als ein Modell für weniger entwickelte asiatische Gesellschaften ansahen. Der Slogan »Von Japan lernen« gilt in bestimmten Bereichen längst auch für die hochentwickelten Industrieländer des Westens, wird dort allerdings recht kontrovers diskutiert.

Wie ist es möglich, daß ein räumlich so kleines Land mit einem so geringen Anteil an nutzbarer Kulturfläche und einem durch Naturrisiken extrem hohen Gefährdungspotential ein Bruttosozialprodukt erwirtschaften kann, das absolut und pro Kopf weltweit mit am höchsten liegt? Was macht die Besonderheit des japanischen Entwicklungsweges auch unter räumlichen Aspekten aus? Welche Möglichkeiten bietet der Naturraum für die Regional- und Landesentwicklung?

## 2. Der Naturraum und sein Potential für die Kulturlandschaft und Landesentwicklung

Der japanische Archipel bildet die Mitte mehrerer Inselgirlanden, die dem ostasiatischen Festland seewärts vorgelagert sind. Das 6 852 Inseln umfassende Staatsgebiet (372 706 $km^2$, einschließlich der von Rußland besetzten Süd-Kurilen 377 727 $km^2$) besteht im wesentlichen aus den vier Hauptinseln Hokkaidō (83 408 $km^2$), Honshū (231 014 $km^2$), Kyūshū (42 144 $km^2$) und Shikoku (18 781 $km^2$). Die Außenflanken bilden die Inselgirlanden der Süd-Kurilen im Nordosten und der Nansei-Inseln im Südwesten. Das Territorium erreicht zwischen 45,5 und 24 (im Extrem sogar bis 20,5) n. Br. in der Nordost-Südwest-Dimension eine Längserstreckung von über 3 000 km.

## a. Geotektonik, Reliefgestaltung, Landnutzung

Als Teil der zirkumpazifischen Gebirgsbögen ist die japanische Inselkette an der Nahtstelle zwischen der »Eurasiatischen« und der »Pazifischen Platte« tektonisch sehr labil und ständig durch zerstörerische Kräfte bedroht. Unter den zahlreichen Erdbebenkatastrophen, von denen das jüngst in der Stadtregion Kōbe (17. 1. 1995) noch frisch in Erinnerung ist, hatte das große Beben von Kantō (1. September 1923) die bisher schlimmsten Auswirkungen. Für die bis heute überwiegend noch in Holzhäusern äußerst dicht wohnende Großstadtbevölkerung liegt die Gefährlichkeit der Erdbeben weniger in deren unmittelbar destruktiven Wirkungen (z. B. Häusereinstürzen) als in den vom Beben ausgelösten Feuersbrünsten. Zerstörerisch wirken auch riesige Meereswellen, sogenannte *Tsunami* (eigentlich »Hafen-Wellen«), die von Erschütterungen im Ozeanboden ausgelöst werden und auch bei weit entfernt liegenden Bebenherden katastrophale Folgen haben können, insbesondere für enge, schlauchförmige Buchten des Rias-Küsten-Typs. Die Lebendigkeit des Vulkanismus in Japan ergibt sich aus der Zahl von 60 »aktiven« (historisch belegten) Vulkanen, von denen der Fuji-san (3 776 m) der größte, schönste und eindrucksvollste ist.

Die Geotektonik bestimmt die Oberflächenformen: Reliefzerstückelung, Kleinkammerung, Meeresdurchdringung. Die enge Verzahnung von Land und Meer findet ihren landschaftlichen Ausdruck vor allem in der japanischen Inlandsee. Das kleinräumige Landschaftsmosaik Japans durchzieht das Binnenland in Form zahlreicher Becken und löst sich selbst an den Küsten in nur mäßig großen Schwemmlandebenen auf. Deren oft enger geomorphologischer Zuschnitt (»Westentaschenformat«) bietet der Anbindung eines Hafenhinterlandes kaum Chancen, dies um so weniger, als auch die Flüsse als Verkehrsträger fast bedeutungslos sind. Bezeichnend für die schwierige Erschließung weiter Landesteile ist weniger ihre absolute Höhe über dem Meeresspiegel als ihre starke Reliefierung und Zerstückelung.

Infolge der dominierenden Kleinkammerung des Landes sind die wenigen großen Tieflandsgebiete die entscheidenden Räume für die wirtschaftliche Nutzung und Besiedlung. Im eigentlichen Sinne besteht das Tiefland aus den alluvialen Schwemmlandebenen (14 % der Landesfläche). Weil sie leicht bewässerbar sind, sind diese seit alters her der bevorzugte Lebensraum und dem Naßreisbau vorbehalten, der wichtigsten Agrarkultur des Landes. In den küstennahen Stadtregionen sind die Alluvialflächen identisch mit der »Unterstadt«, die wegen ihres weichen Bodensubstrats, ihres Fast-Null-Meter-Niveaus sowie ihrer dichten Überbauung besonders gefährdet ist (Erdbeben, Brände, Überflutungen). Zum »Tiefland« zählen im weiteren Sinne die landwärts bis zu etwa 200 m ansteigenden Diluvialplatten (11 % der Landesfläche). Als trockenbödige, weniger fruchtbare »Geest« eignen sie sich insbesondere für den Trockenfeldbau (Körner-, Hülsen-, Knollenfrüchte, Obst und Gemüse). In den Stadtregionen sind sie gleichzusetzen mit der als Wohngebiet bevorzugten »Oberstadt«.

Im alluvialen und diluvialen Tieflandsbereich insgesamt (25 % der Landesfläche) stehen Landwirtschaft und Verstädterung in starker Flächennutzungskonkurrenz. Aufgrund der hier enormen Bodenpreise greift die Suburbanisierung inzwischen auch auf die landeinwärts anschließenden tertiären Hügelländer über (12 % der Landesfläche). Wegen ihrer Zerstückelung sind diese für die Landwirtschaft wenig geeignet und überwiegend von Buschwald überzogen. Ihre Inwertsetzung als

Wohnsiedlungsland ist gewöhnlich mit hohen Investitionen für Planierungsarbeiten verbunden. Die Hügelländer stellen die Verbindung zu den Bergländern und Gebirgen her (61 % der Landesfläche). Diese nehmen zwar den größten Raum ein, sind jedoch wirtschaftlich nur extensiv genutzt (Wald, Buschwald, Ödland), sehr dünn besiedelt und traditionelle Abwanderungsgebiete. Der Rest (2 %) entfällt auf Binnengewässer.

Die starke Reliefierung und Kleinkammerung prägen die Kulturlandschaft. Typisch für Japan (und die Naßreisgebiete Ostasiens i. e. S.) erscheint die isohypsenbetonte, scharfe Grenzlinie zwischen den traditionell hochintensiv bewirtschafteten Ebenen einerseits und den nur sehr extensiv (wenn überhaupt) genutzten Berghängen und Gebirgen andererseits. Dieser markante Kontrast erklärt sich naturgeographisch durch die hohe Erosionsgefährdung der Berghänge, bedingt durch die Steilheit des Reliefs und dessen Anfälligkeit für Erdrutsche bei Starkregen (Taifunen!).

Kulturgeographische Ursachen liegen in der seit alters auf die Ebene konzentrierten Landnutzung. Diese Tradition schloß eine flächenaufwendige Viehwirtschaft selbst auf den Berghängen schon aus religiösen Gründen aus (Abneigung gegen den Verzehr von Fleisch als Folge des Buddhismus). Siedlungsmäßig wird die Hangnutzung erschwert durch die fehlende Unterkellerung der Holzhäuser, die eine aufwendige Bodenpodestierung erfordert.

## b. Klima und naturräumliche Unterschiede: Vorder- und Rückseiten-Japan

Im Jahresdurchschnitt weisen alle Landesteile sehr hohe bis ausreichende Niederschläge auf, die von Süden nach Norden abnehmen (Süd-Kyūshū über 2 500 mm, Hokkaidō 1 000 mm und weniger). Temperaturmäßig zeigen sich im Sommer zwischen Okinawa/Süd-Kyūshū (Juli-Mittel 26°–28°) und Hokkaidō (16°–20°) nur geringe Wärmedifferenzen. Landesweit ist es dann mit Ausnahme von Hokkaidō schwülwarm, bedingt durch das Vordringen maritimer Tropikluft weit nach Norden. Im Winter dagegen, wenn Gesamt-Japan im Herrschaftsbereich kontinental-kalter Polarluft liegt, schwanken die Temperaturen zwischen Okinawa/Süd-Kyūshū; (Januar-Mittel 7°–18°) und Mittel-/Nord-Hokkaidō; (–8° bis –10°) erheblich. Die Längserstreckung über 21 Breitengrade verschafft dem Archipel unter Mitwirkung kalter *(Oyashio)* und warmer Meeresströmungen *(Kuroshio)* großräumig sehr unterschiedliche Klima- und Vegetationszonen. Die Spanne reicht vom winterkalten Nadelwaldklima Hokkaidōs im Norden bis zu den frostfreien, vollsubtropischen Randgebieten Okinawas im Süden.

Die Grenzlage zwischen größter Kontinentalmasse (Eurasien) und größtem Weltmeer (Pazifischer Ozean) bringt den japanischen Archipel in den Herrschaftsbereich des ostasiatischen Monsuns. Einer regelmäßig starken, winterlich kalten Nordwest-Strömung aus dem ostsibirischen Festlandshoch stehen im Sommer nur relativ schwache und weniger konstant, süd- bis südöstliche Winde gegenüber.

Die Hauptregenperiode liegt aber nicht im Hochsommer (schwülwarme, niederschlagsarme »Hundstage«), sondern im Frühsommer (»Pflaumenregen«) und im

Frühherbst (v. a. Taifun-Regen). Ursache für die Dreiteilung des japanischen Sommers ist das vom sommerlichen Sonnenstand abhängige Wandern der Frontalzone, an der die maritime Tropikluft der pazifisch-tropischen Breiten auf die Polarluft des Nordens aufgleitet. Da die Frontalzone bis zum Hochsommer nach Norden (bis Hokkaidō), danach wieder zurück nach Süden wandert, erhalten große Teile Japans zweimal ergiebige sommerliche Niederschläge. Trotz seiner Dreiteilung bezüglich der Niederschlagsverteilung hat der Sommer auch einheitliche Züge durch die sehr hohe, tropenhafte Schwüle, die außer in Hokkaidō landesweit zu spüren ist.

Im Winter dagegen herrschen starke Unterschiede zwischen der niederschlagsreichen Japansee-Seite und der sonnenreichen pazifischen Zone. Der vom Festland wehende kalte Nordwest-Monsun nimmt beim Überqueren des Japanmeeres Feuchtigkeit auf, die beim Aufgleiten auf der dem Kontinent zugewandten Luv (= Japanmeer)-Seite zu heftigen Schneefällen führt. Gleichzeitig herrscht auf der pazifischen Seite zwar windig-kaltes, doch wolkenloses, trockenes, sehr angenehmes Winterwetter. Dermaßen gravierende Klimadifferenzen auf so kleinem Raum, insbesondere die hohen Schneeniederschläge an der Japanmeer-Seite auf einer geographischen Breite, die der Nordafrikas entspricht, sind ein weltweit eindrucksvolles Phänomen. Für die unterschiedliche Bewertung beider Küstenzonen hat die japanische Sprache aufschlußreiche Bezeichnungen. Die durch ihre Lage gegenüber dem Festland scheinbar attraktive, doch klimatisch und auch großräumlich benachteiligte Japanmeer-Seite heißt »Rückseiten-Japan« (*Ura-Nihon:* eine *Meiji*-zeitliche Wortschöpfung, die heute als diskriminierend empfunden wird), die pazifische Seite dagegen »Vorder-« oder »Fensterseiten-Japan« *(Omote-Nihon)*. Letztere ist nicht nur klimatisch, sondern auch geomorphologisch durch größere Küstenebenen und Buchten begünstigt. Seit Japan nach seiner Öffnung in der zweiten Hälfte des 19. Jahrhunderts in den Weltschiffsverkehr einbezogen wurde, erhielten seine geschützten Großhafenräume an der pazifischen Küste auch aus überstaatlicher Perspektive entscheidende Standortvorteile.

Vor dem Eisenbahnzeitalter war die Japanmeer-Seite als »Schneeland« (*Yukiguni:* so auch der Titel einer Novelle des japanischen Nobelpreisträgers Yasunari Kawabata) eine im Winter verkehrsmäßig äußerst abgeschlossene Region. Selbst heute noch kann der Bahn- und Straßenverkehr durch winterliche Schneemassen stark behindert werden. Die Schneebeseitigung zur Aufrechterhaltung der Bevölkerungsmobilität und des Wirtschaftslebens verursacht Jahr für Jahr erhebliche Kosten und Probleme. Neue, kostensparende Schneeräumtechniken und Tauanlagen, darüber hinaus ein inzwischen beachtlicher Massenskitourismus haben die saisonale Ungunst der Japanmeer-Seite ein wenig gemildert, aber nicht aufgehoben.

## c. Bedeutung des Naturpotentials für den Menschen und die Landesentwicklung

### *Positive Aspekte*

Alles in allem wird die Naturausstattung Japans von seiten der Bevölkerung als günstig und positiv empfunden – der Mythos von der Erschaffung der japanischen

Inseln durch die Gottheiten Izanagi und Izanami bestätigt diese Vorstellung. Sehr warme, schwüle Sommer und reichliche Niederschläge schaffen klimatische Vorteile, die vor allem der Landwirtschaft zugute kommen und in Süd- und Mitteljapan mehr als eine Haupternte im Jahr ermöglichen. Das Überfluten der Reisfelder und die Wachstumsphase des noch jungen Reises fallen zeitlich sehr glücklich mit dem frühsommerlichen »Pflaumenregen« zusammen. Die positive Wasserbilanz ist außerdem eine wichtige physische Voraussetzung für das Zusammenleben so vieler Menschen auf engem Raum. Sie ermöglichte die erfolgreiche, rasante Entwicklung der Schwerindustrie, die zwar ihre Rohstoffe fast gänzlich importieren muß, aber im Betriebsstoff Wasser eine nicht zu unterschätzende Ressource hat. Von Vorteil ist auch das Aufeinandertreffen kalter und warmer Meeresströmungen im Bereich der japanischen Gewässer.

Die subtropische Artenfülle der südlichen Meeresfauna und der Individuenreichtum der Meere nördlicher, kühlgemäßigter Breiten vereinen sich gerade dort, wo der insgesamt schmale Schelfsockel Japans sich ein wenig verbreitert, und erklären u. a. die traditionelle Deckung des japanischen Proteinbedarfs vorwiegend aus dem Meer. Die Kombination von Steilrelief und Wasserbilanzüberschuß schafft Möglichkeiten für die Teildeckung des Strombedarfs durch »weiße Energie« (12 % der Energieerzeugung, 1990). »Magma-Nester« bieten sich als geothermisches Energiepotential an (bisher allerdings nur 0,1 % der Stromerzeugung). Der Vulkanismus ließ fast überall im Lande »heiße Quellen« *(Onsen)* mit Badeorten entstehen und verleiht der Landschaft mit eindrucksvollen Vulkanen und Calderen (riesigen Kraterkesseln) einen besonderen Reiz, der in zahlreichen Nationalparks zum Ausdruck kommt.

### *Negative Aspekte*

Nachteilig sind die Kleinkammerung, Reliefzerstückelung und Landknappheit sowie die Archipelsituation. Sie erschweren die Landesentwicklung erheblich und machen den Ausbau der Verkehrsinfrastruktur außerordentlich kostspielig. Die enorm hohen Gebühren für Fahrten auf der Autobahn und längst auch mit dem Superschnellzug *Shinkansen* erklären sich durch die außergewöhnlich hohen Investitionen für Verkehrstrassen, Tunnel- und Brückenbauten. Als Negativposten wird immer wieder auch auf die dürftige Ausstattung des Landes mit wichtigen Rohstoffen verwiesen. Die entscheidenden Nachteile liegen jedoch in den permanent drohenden Naturkatastrophen. In Begleitung von Erdbeben, *Tsunami*, Vulkanausbrüchen und Taifunen treten Feuersbrünste, Überschwemmungen und Bergstürze auf, Katastrophen, an deren Ausmaß menschlicher Einfluß erheblich mitbeteiligt ist. Die ständigen Schockwirkungen der Naturgewalten haben den Japanern ihre Ohnmacht gegenüber den Kräften der Natur zwar immer wieder vor Augen geführt, sie dennoch nie verzweifeln lassen, sondern eher herausgefordert. Als Schutzmaßnahmen haben Vorwarnsysteme, Küsten- und Hangbefestigungen, Aufforstungen, Staudammbau und Flußregulierungen beachtliche Fortschritte gemacht. Erdbebenvorhersagen sind jedoch nach wie vor unsicher. Im Alltag verdrängt man die Erdbebengefahr; in der Stadtplanung stellt man sich den Herausforderungen nicht energisch genug. Alles in allem ist die Bedrohung durch die Natur nicht geringer, sondern eher größer geworden durch die enorme Ballung von Wirtschaft und Bevölkerung in der für Naturkatastrophen besonders anfälligen pazifischen Küstenregion.

## d. Bedeutung der großräumigen Lage und der Archipelsituation für die nationalstaatliche Entwicklung und die Souveränität

Die großräumige Lage und die Archipelsituation sind Faktoren, die im Kontext der japanischen Kultur, Geschichte und Landesentwicklung dynamisch gesehen und bewertet werden müssen. Bis Mitte des 19. Jahrhunderts galt das Inselreich als ein extrem abgelegener Teil der bewohnten Welt. Im Gegensatz zu Großbritannien, mit dem es früher irreführenderweise verglichen wurde (»Großbritannien des Ostens«), ist Japan vom Festland aus nicht sichtbar, sondern mindestens 200 km entfernt – nur die Insel Tsushima nähert sich der koreanischen Festlandsbrücke bis auf 60 km. Naturgeographisch öffnet sich England der Nordsee und dem europäischen Kontinent. Dagegen wendet sich Japan mit seiner Japanmeer-»Rückseite« vom ostasiatischen Festland ab, das seinerseits mit seinen zur Küste steil abfallenden Gebirgsmauern (koreanische Küstengebirge, Sichote Alin) und dünnen Besiedlung für Kulturkontakte und Handelsbeziehungen wenig einladend wirkt. England wurde wiederholt von Kontinentaleuropäern erobert und kulturell durchdrungen (Römer, Angeln und Sachsen, Dänen, Normannen). Japan wurde zwar vom Festland ebenfalls kulturell außerordentlich stark befruchtet, doch kamen diese Einflüsse nicht von der Gegenseite des Japanmeers, sondern von China über die Kulturbrücke Korea bzw. über das Ostchinesische Meer nach Kyūshū und West-Honshū. Das Inselreich wurde allerdings niemals erobert – zwei historische Versuche der Flotte Kublai Khans 1274 und 1281 scheiterten nicht nur am japanischen Widerstand, sondern auch an den Taifunen.

Die Europäer entdeckten Japan erst viel später und zufällig durch Schiffbruch des Portugiesen Pinto 1542. Die bewußte und erfolgreiche Abkapselung Japans von der Außenwelt in der fremdenfeindlichen *Tokugawa*-Zeit (1600–1868, insbesondere seit 1637) wurde nicht unerheblich begünstigt durch die damals extrem abseitige Lage des Landes sowie durch seinen Mangel an lukrativen, begehrenswerten Ressourcen. Die gewollte Isolierung nach außen ermöglichte Japan eine Konzentration und Konsolidierung nach innen. Als eines der ganz wenigen Länder blieb das Inselreich von der weltumgreifenden Eroberung der imperialistischen Mächte politisch, kulturell und wirtschaftlich weiterhin unberührt, sein Strukturgefüge intakt und aktionsfähig.

Der Stellenwert der geographischen Lage Japans änderte sich seit Mitte des 19. Jahrhunderts dramatisch durch die fortschreitende Technisierung, Motorisierung, Sicherheit und Bedeutung des Weltschiffsverkehrs und durch die Ausweitung der Welthandelsströme. In einem Großkreis zwischen dem wachsenden südostasiatischen Raum um Singapur und den expandierenden Regionen der pazifischen Küste der USA erlangten die auf halbem Wege gelegenen japanischen Inseln große Bedeutung als Anlaufstationen für kürzeste und sicherste Seewege. Die von außen erzwungene Öffnung durch die USA 1853 beendete die bis dahin dominant »binnenländische« Ausrichtung Japans und leitete eine »Meeresorientierung« ein, die der naturgegebenen Maritimität des Inselreiches entsprach und im Zuge der industriellen Revolution Japans zu einer entscheidenden Voraussetzung für die Landesentwicklung wurde.

Die Gunst der großräumigen Lage Japans ergibt sich auch aus der geographischen Einbettung in die Bevölkerungsballung Kern-Ostasiens, das in seiner Gesamtheit mit etwa 1,3 Milliarden Menschen ein phantastisches Marktpotential darstellt. In einer Zeit immer größer werdender Bedeutung der internationalen Finanzmärkte und ihrer weltweiten Tagesgeschäfte stellt sich auch die Frage nach der Zeitzonenlage, also der Lage eines Finanzzentrums im geographischen Längennetz. International engagierte Banken müssen rund um die Uhr handlungsfähig sein, um Arbitragevorteile auszunutzen und Risiken zu begrenzen. Offene Positionen können so nach Geschäftsschluß an den zeitzonenmäßig nachfolgenden Finanzplatz weitergereicht werden.[4] So dürfte die global günstige Lage im Tageszeitengeschäft mit dazu beigetragen haben, daß sich Tōkyō neben den traditionellen Spitzenfinanzplätzen London und New York zu einem führenden Weltfinanzzentrum entwickelt hat: 10/15 Stunden Zeitvorsprung vor London/New York bzw. 9/14 Stunden Zeitrückstand zu New York/London bedeuten für den Finanzmarkt Tagesgeschäfte rund um die Uhr.

Japan, ein Inselreich, das mit dem Festland keine terrestrischen Grenzprobleme hat, ein Land, für dessen Bevölkerung jede Auslandsreise eine »Überseereise« ist (auch wenn diese von der modernen Jet-Set-Gesellschaft als solche kaum noch wahrgenommen wird), hat sich aufgrund seiner Wirtschaftskraft zu einem Magneten für internationale Arbeitsmigranten entwickelt und entdeckt in diesem Zusammenhang die alten Vorzüge seiner abseitigen Lage und Archipelsituation neu.

Dies gilt vor allem für die Souveränität und Durchsetzung wichtiger Entscheidungen auf nationaler Ebene, z. B. für Einwanderungsbeschränkungen und wirksame Umweltschutzbestimmungen. Die abseitige Lage des japanischen Inselreiches ermöglicht zügige Beschlußfassungen zum Umweltschutz ohne Abstimmung mit unmittelbar angrenzenden Nachbarstaaten. Diese Situation ist, ähnlich wie in sehr großen Flächenstaaten (USA), von beneidenswertem Vorteil im Vergleich zu Mitteleuropa, wo ein Umweltschutzkonsens über viele Staatsgrenzen hinweg erheblich erschwert wird. Die Insellage Japans bietet nicht zuletzt gute Aussichten, einem derzeitigen und vor allem zukünftigen Hauptproblem führender Industrieländer relativ wirksam zu begegnen: der unkontrollierten Massenimmigration von Ausländern. Hier schließt sich der Kreis zur *Tokugawa*-Zeit: Die Archipellage Japans hat nicht nur die Abgrenzungsmentalität gefördert, sie hat auch die Wirksamkeit des Verbots, japanischen Boden illegal zu betreten, beträchtlich erhöht. Dies gilt auch heute im Jet-Zeitalter, in dem eine potentielle Masseneinwanderung über wenige internationale Großflughäfen auf der Basis rigider Einwanderungsbestimmungen und -mechanismen relativ effizient kanalisiert und kontrolliert werden kann.

---

4 C. Brützel, Offshore-Banking deutscher Banken unter besonderer Berücksichtigung des Euro-DM-Marktes und der Möglichkeit einer Repatriierung, Frankfurt a. M. 1985, S. 249.

# 3. Geographische Determinismen als Muster zur Erklärung japanischer Wirtschaftserfolge?

Japanische wie westliche Autoren betonen die enge Verbindung zwischen den »Herausforderungen« der Natur und den »Antworten«, mit denen der japanische Mensch bzw. Staat darauf reagierte und die er ins moderne Wirtschaftsleben übertrug. Diese die Kulturphilosophie Toynbees beherrschende Kausallogik von *»Challenge«* und *»Response«* klingt z. T. sehr plausibel und anregend. Bedenklich jedoch ist ihre Interpretation im Sinne einer geo- oder natur-deterministischen »Zwangshaftigkeit«.

## a. Beispiele

### *Wirtschaftstugenden als »Antworten« auf die »Herausforderungen« durch Naturkatastrophen?*

Wie kein anderer Industriestaat der Erde ist der japanische Archipel ständig drohenden Naturkatastrophen ausgesetzt. Diesen begegnete man in Japan traditionell mit Tugenden, die auch im modernen Wirtschaftsleben von großer Bedeutung sind: Zähigkeit, Disziplin, Fleiß, Gemeinschaftssinn, Genügsamkeit, Opferbereitschaft. Tugenden dieser Art lassen sich jedoch nicht mit einem simplen Geo-Determinismus begründen. Anderswo reagieren die Menschen bei Naturkatastrophen nicht unähnlich, nämlich mit Verdrängung, deren Resultat jedoch nicht nur fatalistische Aktivität wie in Japan, sondern sogar das Gegenteil, nämlich fatalistische Passivität sein kann.

### *»Zwang« zur Miniaturisierung durch Raumenge? Erdbeben als Synonym für Dynamik und Flexibilität?*

Der verhängnisvolle Slogan vom »Volk ohne Raum« (in Wirklichkeit: Volk auf engem Raum!) wird mit einer »Diktatur der Miniaturisierung«[5] in Zusammenhang gebracht, unter der sich Japan zur wirtschaftlichen Weltmacht entwickelt habe. Daß die Kleinkammerung des Landes, die kleinstflächige Landwirtschaft und die Knappheit des Wohnraumes dazu animieren, sich in engen Verhältnissen einzurichten, in kleinen Maßstäben zu messen, winzigen Details und Industrieprodukten besondere Aufmerksamkeit zu widmen, ist gut nachvollziehbar, aber nicht unbedingt »zwingend«. Unter zusätzlicher Berücksichtigung der Archipelsituation und der tektonischen Labilität des Landes erklärt sich die folgende geodeterministische Blütenlese:

---

5 Hans Wilhelm Vahlefeld, Japan: Herausforderung ohne Ende. Stuttgart 1992, S. 13, 216. Merkwürdige Diktionen und Zuspitzungen dieser Art sind eher die Ausnahme in dem ansonsten seriösen und lesenswerten, v. a. für den Einstieg empfehlenswerten Buch des langjährigen deutschen Ostasien-Korrespondenten.

»Die Enge der Insel zwang die Japaner zur Miniaturisierung, die Angst vor Isolation (Inselsyndrom? Anm. des Verf.) trieb sie in eine Blüte der Kommunikationsindustrie, die Gefahr von Erdbeben führte zum Griff nach tragbaren Gegenständen.«[6]

### *Die Dürftigkeit der physischen Ausstattung des Landes als »Zwang« zu Wirtschaftstugenden und Exportoffensiven?*

Die Knappheit an Grund und Boden, Rohstoffen und Nahrungsmitteln »zwang« die Bevölkerung zu Fleiß und Genügsamkeit, zur Harmonie und Gruppenorientierung.[7] Hinter dieser Argumentation steht das vor allem in Japan starke Bewußtsein von der naturgegebenen Armut und dem Mangel an materiellen Ressourcen als »Herausforderung« für Eigenanstrengung, Ausdauer, Nicht-Aufgeben: *»Gambare!«* (»Persevere!« »Endure!« »Don't give up!«).[8] In diesem Imperativ steckt eine Motivation, die die Japaner nicht unbedingt seit alters her geprägt hat. Sie wird im Gegenteil erst seit der frühen *Meiji*-Zeit mit Emphase und nachhaltigem Erfolg in japanischen Schulen mit dem Ziel vermittelt, das Land voran zu bringen. Natur-Determinismen müssen gelegentlich auch als Alibi für die vermeintlich unvermeidlichen Exportoffensiven Japans und für die Abschirmung seines Agrarmarktes herhalten.

### *»Zwang« zu Wirtschaftstugenden durch Naßreisbau?*

Zur Erklärung von Wirtschaftstugenden wird sehr häufig auch der Anbau von Naßreis angeführt und sehr zu Recht darauf hingewiesen, daß die bäuerliche Kultur in Japan einen großen Einfluß auf die Verhaltensmuster der Menschen in der Stadt hatte und hat. Der Anbau von Naßreis und als dessen Voraussetzung die konfliktfreie, effiziente Nutzung gemeinsamer Bewässerungssysteme erscheinen als durchaus plausible Ansätze zur Erklärung moderner Wirtschaftstugenden wie Gruppenharmonie, Kooperation, Zusammengehörigkeitsgefühl, Sinn für Planung, Organisation, Sparen. Aber muß man aus diesem Kausalzusammenhang gleich auf »zwanghafte« Mechanismen schließen? Denn der Anbau von Naßreis ist ja auch außerhalb des ostasiatisch-konfuzianischen Kulturkreises weit verbreitet.

Der Naßreisbau unter japanischen Bedingungen erhält allerdings seine besondere Note dadurch, daß er in Japan an seine äußerste Nordgrenze vorgedrun-

---

6 Sic (!) Jacques Attali (Ex-Berater des französischen Ministerpräsidenten Mitterrand und Ex-Chef der Europäischen Bank für Wiederaufbau und Entwicklung), Lignes d'horizon, Paris 1990; zitiert nach Joachim Fritz-Vannahme, in: Die Zeit, 16. 3. 1990.

7 U.a. Sumiko Iwao, Sozialpsychologische Faktoren als Hintergrund der japanischen Wirtschaftsentwicklung, in: Deutsch-Japanische Gesellschaft Berlin (Hrsg.), Japan – Deutschland. Wechselbeziehungen (II), 1991, S. 208 ff., 217 f. In diesem Sinne auch Ulrich Pauly, Die kulturhistorischen Hintergründe der wirtschaftlichen Erfolge Japans, S. 91, in: N. Adami/U. Pauly, Ideal und Wirklichkeit: Essays zur japanischen Gegenwart, München 1991, S. 89–111.

8 Duke Benjamin, The Japanese School. Lessons for Industrial America, New York 1986, S. 122 ff.

gen ist (zu Beginn des 20. Jahrhunderts bis nach Hokkaidō) und sich das Schwergewicht des Naßreisbaus vom warmen Südwesten in den weniger naturbegünstigten Nordosten verlagert hat. Die dadurch notwendige Beachtung kürzerer Vegetationsperioden bringt die Bauern in einen enormen Zeitdruck und erfordert eine sehr sorgfältige Organisations- und Zeitplanung. Herausforderungen dieser Art erscheinen unter deterministischen Aspekten einleuchtender: Herausforderungen freilich, die so konkret nur für den Nordosten Japans gelten, einem relativ dünn besiedelten Raum, der nur ein Sechstel der japanischen Bevölkerung ausmacht; Herausforderungen, deren Zeitspanne zu kurz erscheint, als daß man daraus eine Mentalitätsprägung der japanischen Gesellschaft schlechthin ableiten könnte. Sorgfältige Organisations- und Zeitplanung ist auch erforderlich, wenn es darum geht, die Vegetationsperiode des Sommers (für Naßreisbau) UND des Winters (für Trokkenfeldkulturen) so intensiv wie möglich zu nutzen. Diese, allerdings nur im Südwesten Japans mögliche und traditionelle (inzwischen aber kaum noch praktizierte) Wechselernte *(Nimōsaku)* wäre bei der Interpretation der Ursprünge von Wirtschaftstugenden ebenfalls verständlicher als die allzu simplen Klischees, die mit dem Schlagwort vom Bewässerungszwang in Verbindung gebracht werden.

## b. Absurdität und Probleme geographischer Determinismen

In geodeterministischer Vereinfachung könnte man aus der Kleinkammerung Japans und der Archipelsituation ein starkes Regionalbewußtsein und föderalistisch geprägte Territorialmuster ableiten. Genau dies ist jedoch nicht der Fall, im Gegenteil: Japan, eines der aufgrund seiner Landesnatur regional am stärksten gegliederten Industrieländer, hat sich im Laufe seiner Geschichte durch den konzentrierten Einsatz staatlicher Macht und staatlichen Ehrgeizes zu einem der am stärksten zentralisierten Staaten entwickelt. In der Nachkriegszeit wurde dieser Prozeß durch gewaltige Anstrengungen im Ausbau der Verkehrsinfrastruktur verstärkt, insbesondere seit der Anbindung aller vier Hauptinseln durch aufsehenerregende Megaprojekte: Autobahn-/Eisenbahnbrücken (u. a. Inlandsee: drei Hochbrücken als Verbindung zwischen Honshū und Shikoku) und Eisenbahntunnels (v. a. der 53,9 km lange *Seikan*-Tunnel zwischen Honshū und Hokkaidō).

Japan wie auch die Bundesrepublik Deutschland sind gute Beispiele dafür, daß die bis Ende des Zweiten Weltkriegs propagierte These vom »Volk ohne Raum« längst ad absurdum geführt wurde, trotz der enormer Schrumpfung der ehemaligen Staatsgebiete und trotz des zusätzlichen Bevölkerungsdrucks durch Repatriierungen. Als Alternative zu territorialen Expansionen ermöglichte die Konzentration aller Kräfte auf das Stammland (Japan) oder selbst auf nur einen Teil des ehemaligen Staates (Deutschland) eine in dieser Intensität nicht erwartete Wirtschaftsentwicklung.

Daß geo-/natur-deterministische Erklärungsmuster im Kern manche Wahrheiten enthalten, plausibel klingen, Anregungen vermitteln, sei gar nicht bestritten. Höchst fragwürdig dagegen sind diese Ansätze durch eine bisweilen unterstellte Zwangsläufigkeit, mag diese auf Ideologie, Effekthascherei oder Naivität beruhen. Fragwürdig erscheinen geographische Determinismen gerade in bezug auf Japan, weil sie im Rahmen der unheilvollen *Nihonjinron*[9]-Debatte zusätzliche Argumente für die vermeintliche Einzigartigkeit Japans und der Japaner liefern.

Um keine Verwirrung aufkommen zu lassen: Es geht hier mitnichten um das Ausklammern naturgeographischer Faktoren. Dies wäre für eine differenzierte Länderkunde und zum besseren Verständnis sozioökonomischer und politischer Entwicklungen eines Landes ein großer Fehlschluß, der zur UNTERschätzung räumlicher Potentiale führen würde (die je nach Land sehr unterschiedlich zu gewichten sind) und im Interesse einer tiefgründigen und umfassenden Landesanalyse nicht hinnehmbar wäre. Umgekehrt kommt es bisweilen immer noch zu einer fatalen ÜBERschätzung von Geofaktoren, merkwürdigerweise gerade von Nicht-Geographen, die Raumbedingungen differenziert zu bewerten nicht in der Lage sind und, wenn keine anderen Erklärungsmuster taugen, Kausalitäten im Bereich der natürlichen Grundlagen suchen. Dies betrifft insbesondere fremde, »exotische« Länder, Landschaften, Kulturen.

## 4. Rohstoffmangel und Raumenge: Wirkliche Handikaps für Wirtschaftserfolge?

Die auf den ersten Blick überraschende These lautet: Der steile Wirtschaftsaufstieg Japans erfolgte nicht trotz, sondern wegen des Mangels an Rohstoffen gerade in solchen Wirtschaftssektoren, die extrem rohstoffabhängig sind.

Mitte der fünfziger Jahre leiteten zwei Standorttypen moderner Industrien die »*Take off*-Phase« der japanischen Nachkriegsentwicklung ein:

- der großstadtbezogene Typ der Konsum- und Ausstattungsgüterindustrie mit den Schwerpunkten Fahrzeugbau, Elektro-, Maschinen- und Präzisionsgeräteindustrie und
- der für unsere These entscheidende küstenbezogene Typ damaliger Schlüsselindustrien: der Schwer- und petrochemischen Industrie mit Erdölraffinerien, Thermalkraftwerken, Petrochemiekomplexen, integrierten Hüttenwerken, Aluminiumhütten, Großwerften und anderen hafenorientierten Großbetrieben.

Daß die japanischen Industrieplaner noch bis Anfang der siebziger Jahre bei der Länderentwicklung die Priorität auf die rohstoffabhängige Schwer- und petrochemische Industrie legten, ist zunächst einmal verwunderlich. Denn in Japan mangelt es ausgerechnet an solchen Rohstoffen, ohne die die Entwicklung dieser ressourcenabhängigen Industrien traditionell undenkbar schien. Die Rohstoffe müssen von weit her importiert werden: Eisenerze zu 100 %, Bauxit 100 %, Rohöl 99,7 %, Steinkohle 91,4 % (1992). Diese extrem starke Weltmarktabhängigkeit birgt hohe Risiken.

Hinzu kommt, daß es sich bei der Schwer- und petrochemischen Industrie um Branchen handelt, die sehr flächenaufwendig und umweltbelastend sind, also auch

---

9 Debatte um die kulturell, sozial, politisch, anthropologisch und teilweise physisch bedingte angebliche Einzigartigkeit der Japaner. Argumentationen in diesem Zusammenhang dienen heute mit als wichtiges nicht-tarifäres Handelshemmnis.

unter ökologischen Aspekten überhaupt nicht in das kleinräumige, landknappe Japan passen. Die Hafen- und Küstenorientierung dieses Industrietyps steht außerdem in starker Flächennutzungskonkurrenz mit den dicht besiedelten Küstenlandschaften.

Daß dennoch gerade die ökonomisch erfolgreiche Ansiedlung von Branchen der Schwer- und petrochemischen Industrie zum Wirtschaftsaufstieg Japans erheblich beigetragen hat, unterstreicht die These, daß Rohstoffmangel und Raumenge nicht notwendigerweise Handikaps sein müssen. Sie können im Gegenteil sogar in Gunstfaktoren umgewandelt werden, wenn folgende Voraussetzungen da sind:

- eine Industriepolitik, die klare Prioritäten setzt und verläßliche Rahmenbedingungen schafft;
- öffentliche Gebietskörperschaften bzw. Unternehmen, die als Akteure diese Vorgaben souverän umsetzen bzw. zu ihren Gunsten nutzen;
- die Verfügbarkeit moderner Techniken bzw. finanziellen Potentials, diese Techniken voll auszuschöpfen.

Zur Überwindung naturbedingter Nachteile erwiesen sich beim Aufbau der Schwer- und petrochemischen Industrie in Japan vor allem drei Maßnahmen als ökonomisch außerordentlich erfolgreich, wenn auch problembelastet.

## a. Zielstrebige Ausschöpfung ubiquitärer Rohstoffe auf dem Weltmarkt (statt Weiterentwicklung einheimischer Ressourcen)

Die japanische Wirtschaftspolitik geht davon aus, daß die Beschaffung von Rohstoffen auf dem Weltmarkt ungleich vorteilhafter ist als die Förderung der einheimischen, ohnehin nur geringen Ressourcen. Der gezielte Abbau von Subventionen im Montanbereich (Steinkohlebergbau!) sowie der Import billiger Grundstoffe auf der Basis eines weltweit quasi ubiquitären Angebots erwiesen sich als außerordentlich kostensparend. Im Gegensatz zur Bundesrepublik Deutschland, wo der Steinkohlebergbau zur Sicherung der nationalen Energiereserve jährlich mit Milliarden DM subventioniert wird (obwohl gerade dieser Energieträger langfristig weltweit verfügbar und als Importkohle wesentlich preisgünstiger ist), hat Japan die Mittel zur Erhaltung seiner Steinkohle dermaßen drastisch reduziert, daß das Ende der einheimischen Förderung von Kohle für den Verhüttungsprozeß bevorsteht. Bedingung für das Gelingen einer solchen Wirtschaftspolitik sind:

- Rationalisierungsmaßnahmen von einer Rigorosität, wie sie in unserer sozialen Marktwirtschaft und unter dem Einfluß starker Gewerkschaften nicht vorstellbar wären, sowie vor allem
- der ungehinderte, selbstverständliche Zugang zu den Rohstoffquellen.

Voraussetzung für die kontinuierliche Versorgung mit Rohstoffen und für ungehinderte Ferntransporte über tausende Kilometer Seeweg ist also eine weltwirtschaftspolitische Stabilität, an deren Funktionieren Japan als wichtigstes Rohstoff-Importland ein besonders großes Interesse haben muß. Rohstoffabhängigkeit und globale Vernetzung sind Phänomene, die Japan mit wichtigen Industrieländern gemeinsam hat. Das Besondere an Japan ist jedoch die Dimension der Abhängigkeit, der Grad der Verwundbarkeit. Dies erklärt u. a. den bisweilen peinlichen, Ärgernis erregenden Opportunismus der japanischen Außenpolitik, deutlich vor allem während der beiden Ölkrisen. Sie erklärt außerdem das japanische Interesse an infrastrukturellen Megaprojekten weltweit, deren Realisierung im Rahmen japanischer Entwicklungshilfe nicht nur den japanischen Unternehmen, sondern auch der Sicherung des Zugangs zu national wichtigen Rohstoffquellen dienen soll.

## b. Gezielter Ausbau einer leistungsstarken Hafen- und Hafenland-Infrastruktur auf Neuland als Basis für Küstenindustriekomplexe und effiziente Transport- und Produktionsprozesse[10]

Die Landknappheit sowie der Flächen- und Tiefwasserbedarf von Hafengewerbe und -industrie führten vor allem seit Mitte der fünfziger Jahre zum seeseitigen Ausbau von Neuland. Die moderne Neulandgewinnung vor den Küsten erfolgte einerseits durch Aufschüttung von Boden aus dem Umland, kombiniert mit dem Abtragen und Einebnen von Berg- und Hügelland für Siedlungszwecke. Andererseits – und als solche viel bedeutender – war sie ein Resultat der Aufspülung von Baggergut aus dem unmittelbar vorgelagerten Meeresboden, kombiniert mit dem Bau von Tiefwasserhäfen. Mit Hilfe moderner Ingenieurtechniken und ausländischer Kredite (bis Ende der sechziger Jahre) wurden gerade auch naturbenachteiligte Küstenabschnitte, die für Tiefwasserhäfen zuvor unbrauchbar waren, ins positive Gegenteil verkehrt. Insbesondere an seichten Buchten gelang es, nicht nur Tiefwasserhäfen mit adäquaten Fahrrinnen, sondern auch – mindestens ebenso wichtig in diesem Kontext – große, möglichst erweiterungsfähige Hafenlandflächen zu schaffen. Ohne dieses »Aufschüttungsland« *(Umetatechi)*, das inzwischen auf fast 1 000 $km^2$ angewachsen ist – kaum mehr als die Fläche Groß-Berlins (884 $km^2$), doch in dieser Größendimension weltweit einmalig –, wäre die moderne Landes-, Küsten-, Hafen- und Stadtentwicklung Japans undenkbar.

Die Priorität dieser Art Neulandgewinnung in Japan ergibt sich aus der Übervölkerung und Raumknappheit, die einen starken Druck vom Land aufs Meer auslösten. Dieser ›endogene‹ Faktor erklärt sich vor allem in den Ballungsgebieten durch die hier großräumlich hohen Bevölkerungsdichten, die komplizierten Grundstücksverhältnisse und die extrem hohen Bodenpreise, bedingt durch die erheblichen Flächenansprüche von Wohnen, Gewerbe, Industrie, Dienstleistungen, Verkehr und städtischer Infrastruktur. Für die Neulandstandorte grundstofforientierter Großindustrien wirkte der Anstoß von außen, vom Meer aufs Land, als zusätzlicher Faktor, bedingt durch die Herausforderungen des modernen Seeverkehrs. Dieser »exogene« Auslöser ist aber wiederum auch »endogen«, insofern, als Japan sich durch seine außergewöhnliche Rohstoffabhängigkeit wie kaum ein anderes Land

10 Ausführlich zu diesem Thema: Winfried Flüchter, Neulandgewinnung und Industrieansiedlung vor den japanischen Küsten. Funktionen, Strukturen und Auswirkungen der Aufschüttungsgebiete (umetatechi), Paderborn 1975; Ders., Moderner Hafen-, Industrie- und Infrastrukturausbau durch Neulandgewinnung an der Küste. Eine geographisch-politische Analyse des Struktur- und Landschaftswandels, der Umwelt- und Raumordnungsprobleme und der Prozeßregler, in: Erdkunde 38 (1984), S. 125–136.

zur optimalen Ausnutzung preisgünstiger Überseetransporte genötigt sieht. Die Antwort auf dieses Handikap liegt im Einsatz möglichst großer Schiffseinheiten und im Bau von Tiefwasserhäfen mit angeschlossenen großflächigen Gewerbe- und Industriezonen.

Verschiedene Gründe lassen grundstofforientierte Industrien in Japan einen günstigen Standort an der Küste, genauer: vor der Küste suchen:

- eine optimale Verkehrsausrichtung zur See nicht nur beim Import, sondern auch beim Export und Binnenversand;
- die Nutzung des Meeres für Kühlwasserzwecke und als Abwasserreservoir;
- die »Energieorientierung«, d. h. die Standortgemeinschaft mit großen Thermalkraftwerken;
- die Absatzorientierung, d. h. die Nähe zu den Agglomerationen an der Küste als den traditionell größten Märkten und/oder der Verbund innerhalb eines großen Küstenindustriekomplexes vom Typ des japanischen ›Kombinats‹.

Küstenindustriekomplexe dieses Typs erfordern einen enormen Landbedarf von z. T. mehreren 1 000 ha integrierter Fläche, die am kostengünstigsten und schnellsten durch Neulandgewinnung bereitgestellt werden kann. Bei Bedarf ist eine vergleichsweise leichte Erweiterung des Betriebsgeländes möglich. Das Neuland bietet als ›tabula rasa‹ vor allem eine optimale Planung kostengünstiger Transport-, Energie- und Produktionsprozesse, von denen die europäische Konkurrenz nur träumen kann.

Ein Musterbeispiel sind die integrierten Hüttenwerke der Eisen- und Stahlindustrie. Erz- und Kohlefrachter bis zu 250 000 tdw machen an Tiefwasserpiers fest, von wo die Rohstoffe über Förderbänder und Aufbereitungsanlagen in die Hochöfen kommen. Werkseisenbahnen transportieren das flüssige Roheisen in die unmittelbar benachbarten Stahlwerke. Diesen sind Stranggußanlagen und Walzstraßen angeschlossen, die sich bis zu den Produktenpiers erstrecken. Zwischen dem Bezug von Rohstoffen auf der einen und dem Abtransport der Produkte auf der anderen Seite zeigt sich ein hervorragend rationalisiertes Layout mit auffallender Physiognomie, das die riesigen Durchsatzkapazitäten der einzelnen Anlagen unterstreicht.

Ein Problem ist die kontinuierliche Versorgung mit Mineralöl. Die Lagerreserven reichten zur Zeit der ersten Ölkrise 1973 nur 45 Tage und wurden seitdem auf etwa 130 Tage erhöht. Dies wurde ermöglicht durch den gezielten Aus- und Aufbau von drei riesigen Rohöltanklagern an der extremen Peripherie Südwest- und Nordost-Japans. Die Vorteile dieser »Central Terminal Stations« liegen aufgrund des Einsatzes von Supertankern in der Transportkostendegression, darüber hinaus auch in der Rohölverteilung; denn der Weitertransport zu den Raffineriestandorten innerhalb Japans erfolgt mit »kleineren« Tankern, die beim Anlaufen von Küstengewässern in Ballungsräumen das Ausmaß potentieller Havarieschäden relativ verringern.

## c. Wahrnehmung von Agglomerationsvorteilen

Standortvorteile durch räumliche Konzentration: Zur Erklärung des japanischen Wirtschaftserfolgs ist dies aus geographischer Sicht ein entscheidender Punkt. Hohes Wirtschaftswachstum korreliert mit Konzentrationsprozessen auf lokaler, regionaler und nationaler Ebene.

## *Agglomerationsvorteile durch Küsten-Großindustriekomplexe*

Der schnelle Ausbau leistungsfähiger Tiefwasserhäfen und großdimensionaler Hafenindustrieflächen auf Neulandbasis ermöglichte der Schwer- und petrochemischen Industrie nicht nur eine optimale Verkehrsorientierung als Kompensation des Standortfaktors heimischer Rohstoff- und Energiequellen, sondern auch eindrucksvolle Agglomerationsvorteile:

1. interne Ersparnisse *(Economies of Scale)*, d. h. Senkung der Produktionskosten durch Wahrnehmung von Größeneffekten als Wettbewerbsvorteil;
2. externe Ersparnisse *(Localization/Urbanization Economies)*[11], die sich durch die räumliche Konzentration diverser Unternehmen in Großindustriekomplexen (»Kombinaten«) ergeben, d. h.:
   - gemeinsame Hafeninfrastruktureinrichtungen (Tiefwasser-Fahrrinnen, *Offshore*-Löschbrücken),
   - produktionelle Verflechtungen (»Kopplungseffekte«) durch Lieferung, Austausch und Nutzung von Vor-, Neben- und Endprodukten innerhalb eines Großindustriekomplexes,
   - diverse »Verstädterungsvorteile«, die über rein ökonomische Aspekte weit hinausgehen (siehe unten).

Die meisten der industriellen Großvorhaben an der Küste wurden nicht in den dafür ausgewiesenen landesweiten Förderungsschwerpunkten, sondern in den Ballungsräumen realisiert. Dies gilt für die Hafengebiete der nördlichen Inlandsee, die Buchten von Ōsaka und Nagoya, aber ganz besonders für die Bucht von Tōkyō. Hier entstand seit 1955 ein 200 km$^2$ großer Neulandgürtel, dessen Nutzung zwar auch umweltfreundliche Züge aufweist (unmittelbar im Ballungskern), größtenteils jedoch (schwer-)industriell geprägt ist *(siehe Abbildung 1)*. Beispielhaft konzentriert finden sich hier u. a. 13 Erdölraffinerien (= 35 %), sechs Petrochemiekombinate (= 34 %), drei integrierte Hüttenkomplexe der Eisen- und Stahlindustrie (= 20 %), 18 Thermalkraftwerke (= 17 % der gesamtjapanischen Kapazitäten).[12]

## *Agglomerationsvorteile im Zuliefererbereich*

Zulieferer produzieren in Japan traditionell in Nähe der Abnehmerwerke, d. h. gewöhnlich in den Ballungsgebieten. Die räumliche Konzentration des Zuliefererwesens, bis weit in die Nachkriegszeit notwendig aufgrund der früher äußerst dürftigen Verkehrsinfrastruktur, ermöglicht Lieferungen auf Abruf *(just in time)* mit folgenden Vorteilen:

---

11 Ulrich Brösse, Raumordnungspolitik, Berlin – New York 1982, S. 71.

12 Ausführlich dazu: Winfried Flüchter, Die Bucht von Tōkyō: Neulandausbau, Strukturwandel, Raumordnungsprobleme, Wiesbaden 1985 (insbesondere S. 243–255).

*Abb. 1:* Bucht von Tōkyō; Großstandorte hafenorientierter Industrien

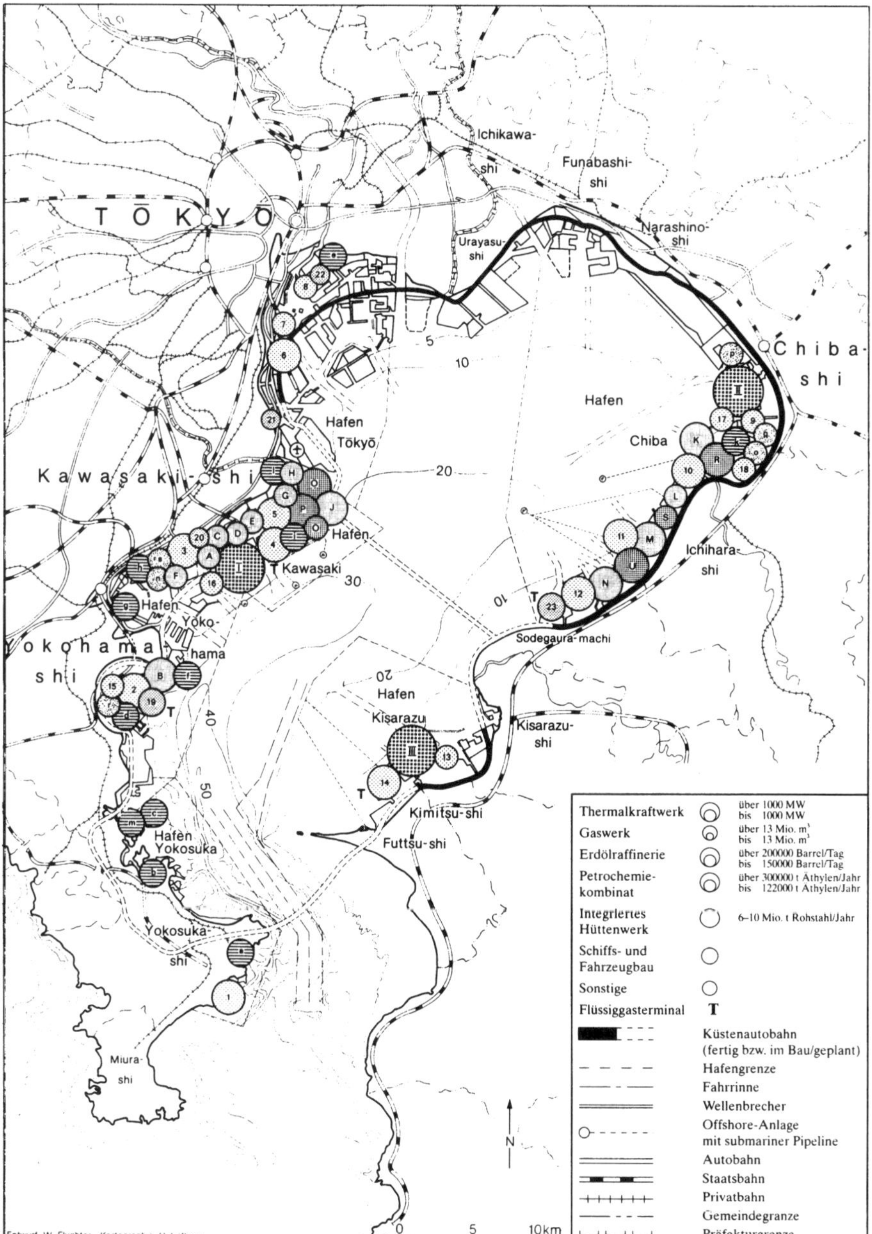


*Quelle:* W. Flüchter, Die Bucht von Tōkyō. Neulandausbau, Strukturwandel, Raumordnungsprobleme, Wiesbaden 1985, S. 245.

- Pünktlichkeit (bei den vielen Staus in Japan sonst kaum garantiert),
- keine Lagerhaltung (angesichts der hohen Mieten in Japan besonders wichtig),
- Kosten- und Zeitersparnisse,
- ökologisch geringere Belastungen durch weniger Fernverkehr.

Neuerdings erscheint die Konzentration der Zulieferer in den japanischen Ballungsräumen nicht mehr ganz so aufsehenerregend; denn erstens wurden neue Montagewerke zunehmend auch in ländlichen Regionen angesiedelt, zweitens Straßen und Autobahnen fast landesweit ausgebaut, drittens auch die Vorteile internationaler Arbeitsteilung durch *Worldwide Sourcing* mitberücksichtigt. Dadurch zeichnen sich neue Tendenzen einer räumlichen Diffusion im Zuliefererbereich ab. Sie dürfen jedoch nicht darüber hinwegtäuschen, daß grundsätzlich die Ballung des Zuliefererwesens in Japan nach wie vor typisch ist.

Dies steht im Gegensatz zur Bundesrepublik Deutschland, wo die Zuliefererstandorte in der Regel recht dispers lokalisiert sind.

### *Agglomerationsvorteile durch Verstädterung (Urbanization Economies)*

Das Kernproblem der japanischen Regionalentwicklung, nämlich die starke Wirtschafts- und Bevölkerungskonzentration in den großen Ballungsräumen auf der einen und die Ausdünnung der ländlichen Gebiete auf der anderen Seite, bietet gesamtwirtschaftlich gesehen Vorteile[13]:

- ganz allgemein durch die räumliche Nähe bzw. durch geringe ökonomische und soziale Entfernungen (sog. »Fühlungsvorteile«),
- durch die rasche Diffusion neuer Ideen und Produkte,
- durch das Vorhandensein großer, differenzierter Arbeitsmärkte,
- durch die Breite und Tiefe des privaten Dienstleistungsangebots,
- durch die Möglichkeit zur Nutzung öffentlicher Infrastrukturen und -leistungen,
- durch Vorteile, die sich aus der Mentalität der Einwohner einer Stadt bzw. dem in der Stadt herrschenden »Wirtschaftsgeist« ergeben, sowie nicht zuletzt
- durch die Attraktionskraft, die von Bevölkerungsagglomerationen und entsprechenden Einkommenspotentialen ausgeht.

### *Die Hauptstadtregion Tōkyō als Prototyp extremer Wahrnehmung von »Verstädterungsvorteilen«*

Tōkyō als mit Abstand größte japanische Metropolregion (bestehend aus vier Präfekturen) nimmt zwar nur 3,6 % der gesamten Landesfläche ein, konzentriert jedoch 23 % der Gesamtbevölkerung, 41 % aller Studierenden, 59 % aller Hauptverwaltungen der japanischen Großunternehmen, 85 % der Gesamtsumme der Verrechnungswechsel, 89 % der Gesamtzahl ausländischer Firmensitze in Japan auf sich. Die Hauptursache für die Magnetwirkung Tōkyōs liegt in der straff zentralisierten Staatsstruktur zunehmend auch in der Globalisierung der japanischen Wirtschaft.

---

13 In Anlehnung an Elisabeth Lauschmann, Grundlagen einer Theorie der Regionalpolitik, Hannover [3]1976, S. 47.

Die fortschreitende »unipolare« Konzentration Tōkyōs ist aus ökologisch-regionalpolitischer Sicht bedenklich, bietet jedoch aus rein ökonomischer Perspektive Vorteile in extenso und erklärt sich durch folgende »Verstädterungsvorteile«:

- das für Japan typische enge Zusammenspiel von Politik, Administration und Wirtschaft,
- die daraus folgende Konzentration der Hauptverwaltungen fast aller großen Unternehmen am Ort wichtiger Entscheidungen,
- die Bedeutung persönlicher Kommunikation (»*Face-to-Face*-Kontakte«)
- das Standortprestige Tōkyōs,
- verstärkte internationale Wettbewerbsfähigkeit der japanischen Wirtschaft im Hinblick auf immer höhere Niveaus durch Konzentration höchstrangiger Funktionen,
- die Verfügung über höchste Informationsdichte mit raschester Diffusion,
- die Lagevorteile inmitten des größten und differenziertesten Arbeits- und Verbrauchermarktes,
- Verkehrsdrehscheibe mit hervorragender Infrastruktur,
- das faszinierende Bildungs- und Kulturangebot,
- die Chancen des wirtschaftlichen und sozialen Aufstiegs,
- die Weltstadt mit ihren Möglichkeiten für Begegnungen, Lebensgenuß und Zerstreuung.

## 5. Humanressourcen als Rohstoff Nr. 1: Neue Potentiale der Regional- und Landesentwicklung auf der Basis von Hochtechnologie-Industrien

Die entscheidende Bedeutung für die wirtschaftliche Entwicklung eines Landes wie Japan kommt weniger seinem Naturpotential als seinem Humankapital zu. Bei der Bewertung von Wirtschaftserfolgen sollte im Falle Japans die »Ressource Mensch« Priorität haben. Das Beispiel Japan zeigt, daß der Humanfaktor wichtiger als Bodenschätze und Landressourcen ist. Diese These darf jedoch umgekehrt nicht dazu verführen, Natur-Potentiale per se zu ignorieren. Dies wäre im Falle Japans sehr verhängnisvoll, da gerade hier der Stellenwert des Faktors Raum schon aufgrund der horrenden Bodenpreise immer im Auge behalten werden muß.

Drei Phasen kennzeichnen die japanische Regional- und Landesentwicklung der Nachkriegszeit: die Dominanz des Agrarsektors bis Ende der fünfziger Jahre, die Priorität des produzierenden Sektors in den sechziger Jahren bis zur Ölkrise 1973, schließlich der Trend zum Hochtechnologie-, Post-Industrie- und Dienstleistungssektor seit Mitte der siebziger Jahre. Dem entsprach in der Regional- und Landesentwicklung ein grundlegender Wandel in der Bewertung sogenannter »Schlüsselindustrien«: weg von grundstofforientierten und umweltbelastenden Küstenindustriekomplexen der Schwer- und petrochemischen Industrie mit ihren Großstandorten vor allem in den Ballungsräumen, hin zu eher binnenlandorientierten, hochtechnologischen, forschungsintensiven, ökologisch unbedenklichen oder weniger belastenden Branchen mit möglichst hoher Wertschöpfung und Zukunftsorientierung.

Staat und Wirtschaft haben in Japan die entscheidende Bedeutung vor allem der Informationstechnik früh erkannt und die Mikroelektronik als Triebfeder des Informationszeitalters gezielt gefördert. Inzwischen wird der Chip als ein »gewichtiger« Rohstoff gehandelt, von dem die Funktionsfähigkeit innovativer Branchen abhängt. Zur Entwicklung immer kleinerer, kompakterer, leistungsfähigerer Halbleiter-Bauelemente bedurfte und bedarf es jedoch eines enormen Aufwandes für Forschung und Entwicklung: Anstrengungen, die sehr kostenintensiv sind und höchste Anforderungen an die »Ressource Mensch« stellen.

## a. Das Konzept der Technopolis

Vier nationale Raumordnungspläne (»Zur umfassenden Entwicklung des ganzen Landes« 1962, 1969, 1977, 1986) haben es nicht vermocht, der Regionalentwicklung die nötigen Impulse zum Abbau der Ballungsprozesse zu vermitteln. Eine differenzierte Bewertung eines in gleicher Absicht vom MITI *(Ministry for International Trade and Industry)* 1980 initiierten Konzepts mit dem anspruchsvollen, imageträchtigen Namen »Technopolis«, das auch international großes Aufsehen erregte, steht noch aus.

Durch die Förderung von Spitzentechnologie werden zwei Hauptziele anvisiert: erstens eine Steigerung der volkswirtschaftlichen Wettbewerbsfähigkeit durch Anhebung des industriell-technologischen Standards insgesamt, zweitens aber auch eine Förderung regionalpolitischer Interessen durch Verringerung sozioökonomischer Ungleichheiten. Die Strategie der Kombination beider Ziele, die theoretisch faszinierend und weltweit die wohl ehrgeizigste ist, soll durch den dezentralen Aufbau neuer Technologiezentren und die Ansiedlung von Betrieben mit hochwertigen Produkten ermöglicht werden, deren Transportkosten unbedeutend sind und die auch Standorte in der Provinz attraktiv erscheinen lassen.

Neue Forschungs- und Produktionsstandorte erstrangiger Zukunftstechnologie sind als »Technopolis« seit 1984 geplant bzw. im Aufbau. Initiator des Konzepts ist zwar das MITI, zuständig für seine Ausführung sind jedoch die betreffenden Präfekturen. Die ursprünglich nur wenigen, inzwischen 25 anerkannten Technopolis-Standorte, die allesamt außerhalb der Metropolen liegen *(Abbildung 2)*, müssen folgende Voraussetzungen erfüllen:

1. Angebot ausreichender Flächen für
   - Industrie- und Gewerbeparks,
   - Forschungsinstitutionen und Universitäten mit technisch-naturwissenschaftlichen Fachrichtungen,
   - attraktive Wohnbereiche;
2. Lage in oder in der Nähe einer »Mutterstadt« (Mindestbevölkerung 150 000 E.) mit qualifizierten Arbeitskräften und kulturellen Attraktionen;
3. gute Verkehrsausstattung möglichst mit Anbindung an einen leistungsfähigen Flughafen oder an sonstige Fernverkehrseinrichtungen.

*Abb. 2:* Technopolis-Standorte und neue Forschungs- und Wissenschaftsstädte

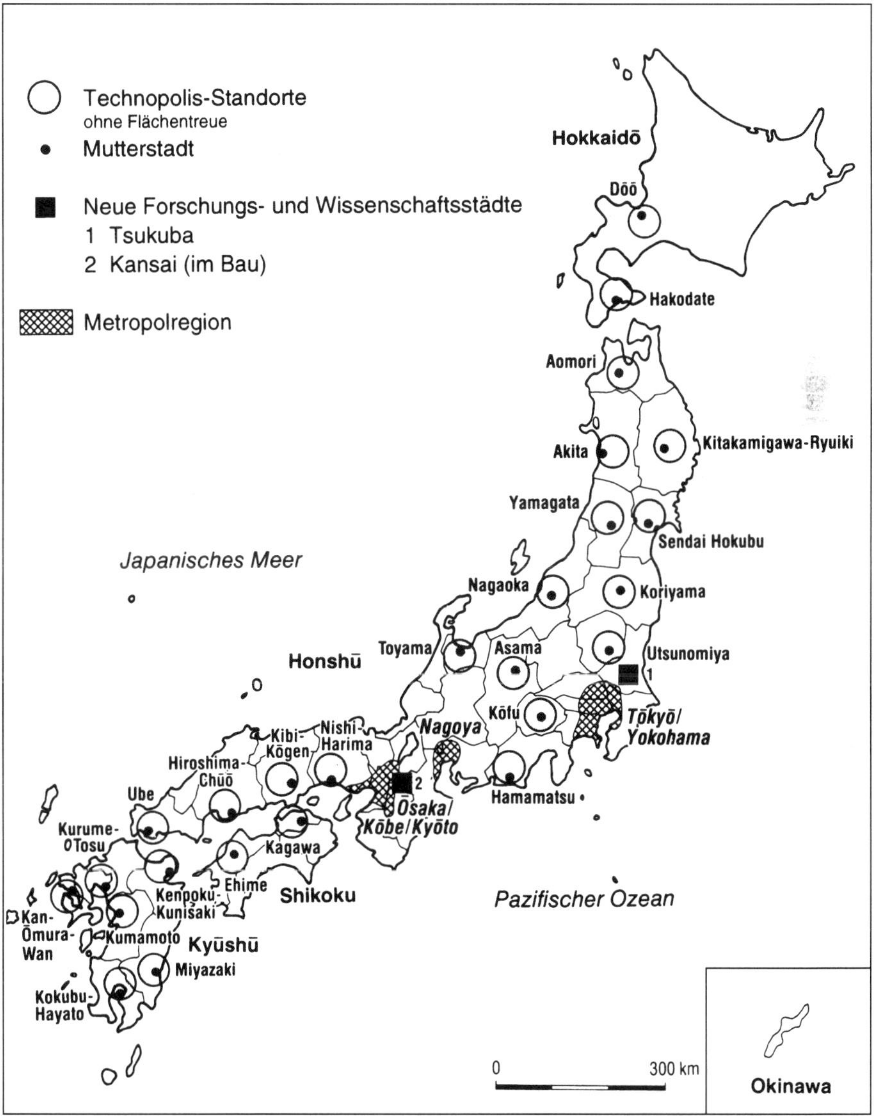


*Quelle:* Unterlagen der National Land Agency (Kokudochō), 1993.
Bearbeitung: W. Flüchter

## b. Anmerkungen und Fragen zur Technopolis-Konzeption

Die Technopolis stellt nicht »das«, sondern nur »ein« Zukunftskonzept japanischer Technologie-, Stadt- und Regionalplanung dar. Weitere Beispiele sind das ebenfalls vom MITI erstellte Regionalprogramm der »Standorte mit Intelligenz« (*Zunō Ritchi*, 1988), quasi eine Fortführung des Technopolis-Konzepts auf der Basis von Forschung und Entwicklung, oder das ebenfalls vom MITI getragene Konzept der *»New Media Community«* (1984) als Reaktion auf das mit dem MITI konkurrierende »Teletopia-Projekt« (1982/83) des Ministeriums für Post und Telekommunikation, außerdem das Projekt der *»Intelligent Cities«* des Bauministeriums, schließlich Großprojekte auf kommunaler Basis wie der *»Kanagawa Science Park«* in Kawasaki, der *»Techno Park«* in Sapporo oder der geplante *»Teleport«* in Tōkyō. Nicht zuletzt erscheint es sinnvoll, Stellenwert und Funktion der Technopolis auch vor dem Hintergrund der bisher einzigen wirklichen Forschungs- und Wissenschaftsstadt Tsukuba bei Tōkyō zu bewerten (s. u.).

### *»Technopolis«: ein neuer innovativer Stadttyp Japans?*

Nach den Leitbildern des MITI geht es beim Technopolis-Konzept u. a. um die Schaffung attraktiver Städte, in denen die Funktionen Industrie *(San)*, Wissenschaft *(Gaku)* und Wohnen *(Ju)* räumlich eng miteinander vernetzt sind. »Wohnen« wird assoziiert mit »angenehmen Städten, attraktiv für Manager, Ingenieure und Forscher mit Familien«. Dies sowie die japanische Wortschöpfung »Technopolis« haben viele ausländische Beobachter zu der Meinung veranlaßt, die Technopolis sei identisch mit dem Aufbau echter neuer Städte.[14]

Dabei geht es in keiner Weise um einen neuen innovativen Stadttyp, sondern lediglich um räumlich disperse, moderne Siedlungscluster innerhalb, am Rande und außerhalb bestehender Städte. Es handelt sich also nicht um neue »Städte«, sondern um neue »Stätten« innerhalb eines als »Technopolis« ausgewiesenen Gebietes, das sich aus mehreren Gemeinden zusammensetzt und flächenmäßig je nach Standort erheblich differiert.

### *Ausreichende Anreize und Mittel für die Entwicklung so vieler Technopolis-Standorte?*

Die Idee der kombinierten Förderung von Spitzentechnologie und Regionalentwicklung ist faszinierend, die Zahl von 25 anerkannten Gebieten allerdings viel zu groß (»Gießkannensystem«), als daß an allen Standorten in absehbarer Zeit eine wirksame Regionalentwicklung auf der Grundlage von Supertechnologien erfolgen könnte. Die Präfekturen als die ausführenden Organe der Technopolis-Konzeption erscheinen schon aufgrund ihrer beschränkten Steuerhoheit zur Finanzierung materieller Anreize überfordert. Staatliche Zuschüsse zur Bildung regionaler Techno-

14 Sheridan Tatsuno, The Technopolis Strategy – Japan, High Technology, and the Control of the 21st Century, New York 1986, S. 140.

polis-Stiftungen und -Fonds sowie zum Aufbau von Technopolis-Zentren sind eine landesweite Strategie des MITI, die einerseits den Staat wenig Geld kostet, andererseits die Privatwirtschaft in Aktivitäten des sogenannten »Drittsektors« einbezieht, eine gemischtwirtschaftliche Organisation, die aus öffentlichen und privaten Quellen finanziert und die in Japan häufig zur Realisierung größerer Entwicklungsvorhaben gegründet wird. Man kann von einer das MITI kaum belastenden Regionalentwicklung sprechen, da die Kosten zur Bildung eines Technopolis-Fonds im Vergleich zur Finanzierung materieller Infrastruktureinrichtungen (neue Wohnkomplexe, Regionalflughäfen, Schnellstraßen und -bahnen) unerheblich sind.

### *Endogene Potentiale ausreichend für wirksame Regionalentwicklung?*

Universitäten und Forschungsinstitute erhalten im Rahmen der Technopolis-Planung ein starkes Gewicht, spielen jedoch als regionale Impulsgeber technologischer Innovationen nur eine sehr untergeordnete Rolle. In Japan herrscht zwischen den etwa 500 Universitäten eine ausgeprägte Hierarchie, deren Spanne von metropolitanen Spitzenuniversitäten bis hin zu provinziellen Schmalspurinstitutionen reicht. So wird verständlich, daß von den Technopolis-Standorten, also nicht-metropolitanen Regionen, keine technologischen Spitzenleistungen zu erwarten sind. Wenn überhaupt von Forschung und Entwicklung in Technopolis-Gebieten die Rede sein kann, so in keiner Weise im Sinne eines »Frontier-Typs«, sondern eines »Transfer-Typs«, d. h. einer anwendungsorientierten Forschung. Der Mangel an regionalen Humanressourcen speziell in qualitativer Hinsicht ist ein Problem, das auch die Industriestruktur prägt. Die wirtschaftlich-technologische Rückständigkeit traditioneller Klein- und Mittelbetriebe in der Provinz zu überwinden, das Niveau dieser *Local Industries* durch Aus- und Weiterbildungsangebote anzuheben, kurz: die Qualifizierung von *Man Power* in der Region ist eine große und äußerst schwierige Aufgabe der Technopolis.

### *Ergebnisse der Neuansiedlung von Betrieben*

1. Quantitativ verlief die Entwicklung in den 25 Technopolis-Gebieten im einzelnen sehr unterschiedlich. Stark entwickelte Standorte kontrastieren mit wenig(er) erfolgreichen. In der Gesamtbilanz schneiden die Technopolis-Gebiete im Vergleich zum Landesdurchschnitt positiv ab (Kriterien der offiziellen Statistik: Zahl der neu angesiedelten Betriebe, Wert der ausgelieferten Güter, Mehrwert der produzierten Güter, Zahl der Industriebeschäftigten, Zahl der Bevölkerung). Dies verwundert nicht, da die meisten ihrer Standorte innerhalb der nicht-metropolitanen Räume über regionale Wachstumspotentiale verfügen. Der Ausbau des Verkehrswesens in der Provinz (s. u.) resultierte in beachtlichen Ansiedlungen von Betrieben moderner Massenfertigung vor allem in Kyūshū, einem Zentrum der Halbleiterindustrie, und in Tōhoku (Autobahnanschluß bis in den Kern der Metropolen!).
2. Qualitativ gesehen müssen die in den Technopolis-Gebieten neu angesiedelten Betriebe hinsichtlich ihrer Größe und Bedeutung für eine auf Hochtechnologie ausgerichtete Regionalentwicklung hinterfragt werden. In diesem Zusammenhang

gilt für fast alle Standorte, daß der Bereich »Forschung und Entwicklung« im Vergleich zum Sektor »Produktion« extrem unterrepräsentiert, außerdem qualitativ nicht besonders hoch sowie gewöhnlich von den Zentralen abhängig, also außengesteuert ist. Forschungsinstitute von Rang sind die Ausnahme und finden sich fast ausnahmslos in den Metropolen, allen voran in der Hauptstadtregion Tōkyō. Vor diesem Hintergrund müssen vermeintliche *High Tech-Images* der Technopolis-Gebiete bezüglich ihres Realitätsgehalts hinterfragt werden. Bisweilen als *Science Parks* deklarierte Standorte könnte man auch schlicht »Gewerbegebiete« nennen. Zur Massenherstellung von High Tech-Produkten wie z. B. Halbleitern werden nur wenige hochqualifizierte, vor allem jedoch viele zuverlässige Arbeitskräfte benötigt. Wie immer man die Neuansiedlung von Betrieben in einer Technopolis nach qualitativen Kriterien bewerten mag, gemessen an ihrem anspruchsvollen Namen erfüllt bisher kaum eine Technopolis die hohen Erwartungen, die man ursprünglich in sie gesetzt hat bzw. aus westlicher Sicht an sie stellen würde. Es wäre allerdings voreilig und ungerechtfertigt, das Technopolis-Konzept als gescheitert anzusehen; denn der Aufbau technologischer Zentren ist landesweit nur in sehr langfristigen Zeitabläufen vorstellbar.

### *Technopolis und Infrastrukturausbau*

Ein qualitativ entscheidendes Kriterium für die langfristige Technopolis-Entwicklung ist der Ausbau der Infrastruktur. Dies betrifft vor allem Flughäfen, Schnellverkehrtrassen und Städtebau. 21 überwiegend periphere Technopolis-Standorte verfügen bereits oder bald über einen modernen Regionalflughafen mit Rollbahnen von mindestens 2 000 m Länge, die in der Regel auch internationale Flüge ermöglichen. Die übrigen vier im Einzugsbereich der Metropolen gelegenen Technopolis-Standorte nutzen die Nähe zu internationalen Großflughäfen. Großregional umgekehrt verlief die Entwicklung beim Streckenausbau des Superschnellzugs *Shinkansen* und der Autobahnen. Es waren die Ballungsräume, die diesbezüglich schon während der sechziger und siebziger Jahre starke Priorität erhielten. In den siebziger und achtziger Jahren wurden nicht nur die Zentren der Metropolregionen hervorragend vernetzt, sondern auch große Teile der Provinz angebunden. Für die Zukunft steht die Verlängerung wichtiger Strecken in die eigentliche Peripherie aber noch aus.

Der äußerst eindrucksvolle Ausbau der regionalen Infrastruktur des Luft-, Schienen- und Straßenfernverkehrs ist jedoch nicht das Ergebnis der Technopolis-Konzeption, sondern war eher die Voraussetzung für die Anerkennung eines Standorts als Technopolis. Die meisten Verkehrsgroßprojekte waren nämlich, ähnlich wie der Technopolis-orientierte Städtebau, schon vor Ankündigung des Technopolis-Programms langfristig geplant. Dies schließt ein, daß die Anerkennung eines Gebietes als Technopolis diesem zusätzliche Impulse vermittelt hat, sei es durch den »Ankündigungseffekt« des MITI und seine »nicht-tarifäre« Unterstützung in Form der für die japanische Ministerialbürokratie bekannten und wirksamen »administrativen Lenkung«, sei es durch die Public-Relations-Kampagnen der Präfekturen, die mit einer positiven Grundstimmung und architektonisch modernen Vorzeigebauten auf den Imagefaktor »Technopolis« setzen.

### c. Die neue Forschungs- und Wissenschaftsstadt Tsukuba

»Techno-Polis« (mit Bindestrich [!] zur Hervorhebung einer »Stadt« mit »Techno«-Charakter): Wenn das Wort in dieser Bedeutung in Japan sinnvoll Verwendung finden soll, dann im Hinblick auf die neue »Forschungs- und Wissenschaftsstadt Tsukuba« bei Tōkyō (Tsukuba *Kenkyū Gakuen Toshi*). Mit der Regionalkonzeption der »Technopolis« hat Tsukuba jedoch weder nominell noch strategisch etwas zu tun. Es ist daher irreführend, wenn der regionalpolitisch besetzte Begriff »Technopolis« in westlichen Publikationen immer wieder mit der Forschungs- und Wissenschaftsstadt Tsukuba in Verbindung gebracht wird.

60 km nordöstlich von Tōkyō gelegen dient diese »Science City« nicht der Dezentralisierung des Landes, sondern der Entlastung des Ballungskerns der Hauptstadt Tōkyō. Die Forschungs- und Wissenschaftsstadt Tsukuba ist das Ergebnis einer bis 1963 zurückgehenden Planung des japanischen Staates, die zwei Ziele verfolgte: erstens die Entlastung Zentral-Tōkyōs durch Aussiedlung staatlicher Forschungsinstitute und Universitäten aus dem Kern in die Peripherie, zweitens die Schaffung eines nationalen Zentrums für Wissenschaft und Forschung. In die *Science City* Tsukuba (Ziel-Bevölkerung 220 000 Einwohner, derzeit 162 000) wurden 42 staatliche Forschungs- und Wissenschaftsinstitute, darunter zwei Universitäten, umgesiedelt bzw. neu gegründet. Die in Tsukuba konzentrierten staatlichen Einrichtungen vereinen 35 % aller staatlichen Forschungs- und Wissenschaftsinstitutionen Japans und 40 % aller Beschäftigten dieser Institutionen auf sich. Als Folge der enormen Bündelung zentralstaatlicher Einrichtungen, zu denen 15 weitere Forschungsinstitutionen des »Drittsektors« (halb staatlich, halb öffentlich) kommen, haben sich inzwischen 210 privatwirtschaftliche Unternehmen, darunter zahlreiche F-Spitzenorganisationen, für den neuen Standort entschieden, 170 sich dort bereits angesiedelt (Stand 1990).

Ausschlaggebend für viele private Unternehmen (gerade auch solche, die zuvor nicht im Raum Tōkyō ansässig waren), sich im Rahmen ihrer Forschungsaktivitäten für Tsukuba zu entscheiden, war die vorausgehende Ansiedlung zahlreicher bedeutender staatlicher Forschungsinstitute. Die Vorteile der Standortgemeinschaft in Tsukuba liegen im Potential der Synergieeffekte. Die neue Forschungs- und Wissenschaftsstadt, die seit 1985 als Austragungsstätte der EXPO ihr internationales Image betont,

- erlebt Weltkongresse und renommierte Tagungen,
- weist eine beachtliche Konzentration von Forschung und Wissenschaft und der damit befaßten Personen auf (ca. 12 000, davon 7 000 im Forschungsbereich),
- präsentiert sich als Drehscheibe eines starken Informations- und *Know-How*-Potentials,
- bietet einen westlich-modernen, für japanische Verhältnisse ausnahmehaften Städtebau (auto-, fahrrad-, fußgängerfreundlich) mit viel Grün- und Freiflächen, Lebensqualität, die allerdings, vor allem aus japanischer Sicht, auch ihre Schattenseiten hat (Stadt der Zumutungen: der Leere und Sterilität, der weiten Wege, der immer noch fehlenden Bahnverbindung mit Tōkyō).

Durch ihre Größe, administrative Unabhängigkeit, Mindestdistanz und wirtschaftsstrukturelle Eigenständigkeit gegenüber Tōkyō ist die neue Stadt Tsukuba ein gelungenes, in Japan bisher einmaliges Beispiel für Dezentralisierung innerhalb der

Hauptstadtregion. Sie hat jedoch in keiner Weise das eigentliche Problem anhaltender Ballungstendenzen zugunsten der Ballungsräume entschärft, im Gegenteil dieses Problem durch ihre – wenn auch periphere – Lage innerhalb der Hauptstadtregion sogar noch forciert.

Die Tatsache, daß der japanische Staat gewaltige Summen für den Bau dieser *Science City* investierte, war möglich durch die damals außerordentlich florierende japanische Wirtschaft. Sie erklärt sich durch das Renommee und die Agglomerationsvorteile, die man sich von dieser neuen Stadt in nicht zu großer Nähe zu, aber auch nicht zu großer Entfernung von Tōkyō erhoffte, hatte jedoch alles in allem eine Beschleunigung der gesamt-agglomerativen Tendenzen auf Kosten der Provinz zur Folge, dies vor allem in qualitativer Sicht.

## 6. Wirtschaftsgroßmacht auf engem Raum: Bevölkerungsentwicklung, Binnenwanderung, Verstädterung

### a. Bevölkerungsentwicklung

Mit 125 Millionen Menschen (1995) ist Japan einwohnermäßig das siebtgrößte Land der Welt. Die Bevölkerungszahl, die in der *Tokugawa*-Zeit (1600–1868) konstant unter 30 Millionen lag, stieg mit der Industrialisierung bis zum Zweiten Weltkrieg auf über 70 Millionen an. Eine bevölkerungspolitisch schwierige Phase folgte in der frühen Nachkriegszeit, als das territorial zusammengeschrumpfte, wirtschaftlich am Boden liegende Land nicht nur Millionen von Repatriierungen vornehmen mußte, sondern auch mit durchschnittlich 20,9 Promille/Jahr ein sehr hohes natürliches Bevölkerungswachstum zu bewältigen hatte (»Babyboom« 1947–49: Geburtenrate 33,6/Jahr, Sterbeziffer 12,7/Jahr). Doch gelang es, durch ein gezieltes Familienplanungsprogramm und gesetzliche Regelungen zur Geburtenkontrolle (Freigabe von Verhütungsmitteln mit Ausnahme der Pille, Erlaubnis zur Sterilisation und Schwangerschaftsunterbrechung) die Geburtenrate in nur wenigen Jahren drastisch zu verringern (1950: 28,1, 1955: 19,4). Langfristig sank die Geburtenrate auf niedrigere Werte (1975: 17,1, 1990–95: 9,8 pro Jahr). Damit ging, parallel mit einer leichten Zunahme der Sterbeziffer (1975: 6,3, 1990–95: 7,0 pro Jahr) ein fortlaufender Rückgang des natürlichen Bevölkerungswachstums einher (1975: 10,8, 1994: 2, 9) *(siehe Abbildung 3)*.

Demographisch mitentscheidend für den enormen Wirtschaftsaufstieg Japans war neben der erfolgreichen Eindämmung der hohen Geburtenraten der überdurchschnittlich große Anteil der Erwerbsfähigen an der Gesamtbevölkerung (Gruppe der 15- bis 64jährigen 1950-1970-1994: 59,7 %/-69,0 %/-69,6 %). Allerdings zeichnet sich eine deutliche Schwächung dieser noch günstigen Proportionen ab, dergestalt, daß in Zukunft westeuropäische Altersquoten zu erwarten sind, ja langfristig sogar übertroffen werden. Der Anteil älterer Menschen über 64 Jahre, in der Nachkriegszeit noch recht niedrig (1950: 4,9 %, 1960: 5,7 %), stieg bis 1994 auf 14,1 % an (vgl. BR Deutschland 15 %) und wird sich – japanischen Prognosen zu-

*Abb. 3:* Japan: Bevölkerungsentwicklung 1920–2000 in Differenzierung nach Altersklassen (1990–2000 geschätzt)

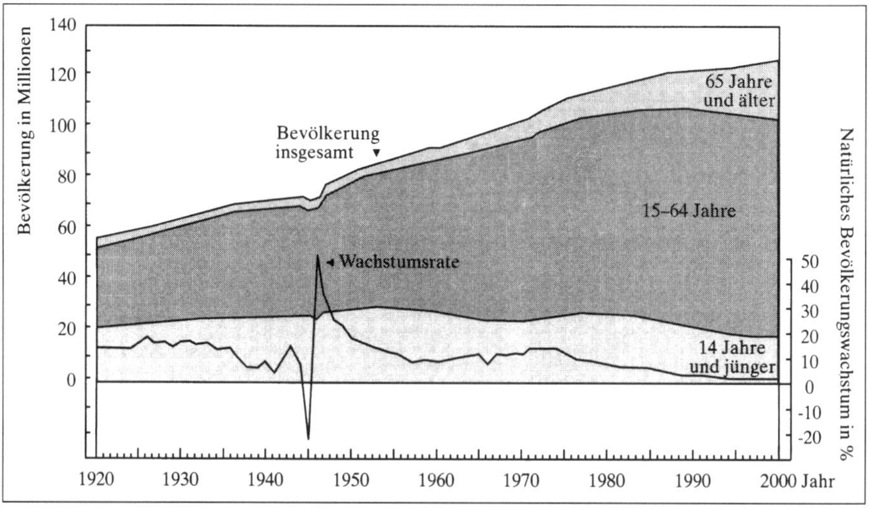


*Quelle:* Statistics Bureau, Management and Coordination Agency: Japan Statistical Yearbook 1992, S. 16. Bearbeitung: W. Flüchter

folge – in den Jahren nach 2020 auf Werte zwischen 23–24 % einpendeln, d. h. die Altersspitzenwerte selbst von Ländern wie Schweden noch überbieten.

Die ständig verbesserte medizinische Versorgung, eine gesündere Ernährung und ein ausgeprägtes Gesundheitsbewußtsein der Bevölkerung haben zu einer immer längeren Lebenserwartung geführt. In keinem Staat der Welt verläuft der Alterungsprozeß so rapide, erreichen die Menschen ein so hohes Durchschnittsalter wie in Japan (Männer 77,01, Frauen 83,6 Jahre; Stand 1996). Die sozioökonomischen Folgen (sinkender Anteil der Erwerbsbevölkerung, Probleme der Altersversorgung, wachsende Belastungen durch Sozialausgaben) lassen die Japaner um die Aufrechterhaltung ihrer wirtschaftlichen Dynamik fürchten, Appelle zur Anhebung der Geburtenzahlen blieben jedoch wirkungslos.

Die Durchschnittszahl der Kinder pro gebärfähiger Frau (*Total Fertility Rate*) ist 1990 auf 1,54 gesunken (zum Vergleich: 1955: 2,37; 1970: 2,14). Parallel dazu ist die durchschnittliche Haushaltsgröße 1990 auf 3,0 Personen zurückgegangen (1955: 5,0; 1970: 3,7). In diesen Zahlen spiegelt sich der von japanischen Kulturkritikern beklagte Wandel von der traditionellen Groß- zur modernen Kleinfamilie wider. Der Anteil älterer Personen über 65 Jahre, die zusammen mit ihren Kindern in einem Haushalt leben (gewöhnlich mit der Familie des ältesten Sohnes), lag in der Nachkriegszeit lange sehr hoch (1960: 87 %), machte selbst in den achtziger Jahren erstaunlicherweise noch Zweidrittel aus und ging erst Anfang der neunziger Jahre auf etwa die Hälfte zurück.[15] Dieser sehr langsame Prozeß ist für eine mobile Indu-

15 Institute of Population Problems, Ministry of Health and Welfare: Latest Demographic Statistics 1992, Tōkyō 1992 (Japanisch).

striegesellschaft und ihre beruflichen Zwänge außergewöhnlich. Er erklärt sich nicht nur durch konfuzianische Wert- und Familienvorstellungen, sondern auch durch die hohen Miet- und Immobilienpreise, die das Zusammenleben mehrerer Generationen auch aus wirtschaftlichen Gründen nahelegen. Durch das Eingebundensein vieler älterer Menschen in den Haushalt ihrer Kinder sind dem Staat Sozialausgaben großen Ausmaßes lange Zeit erspart geblieben. Vor dem Hintergrund einer zunehmenden Altersbevölkerung und dem Problem der Altersversorgung bahnt sich auch hier ein einschneidender Wandel an.

## b. Bevölkerungsverdichtung und Binnenwanderung

Die Verteilung der Bevölkerung ist zunächst einmal ein Spiegelbild der naturräumlichen Gegebenheiten. Küstenebenen, Täler und intramontane Becken sind die traditionell bevorzugten Siedlungsgebiete. Angesichts der recht beschränkten Kulturfläche – die Werte schwanken etwa zwischen 15 % und 27 % – besagt die durchschnittliche Bevölkerungsdichte von 337 E./km$^2$ (bezogen auf das gesamte Land, 1996) wenig. Unter Berücksichtigung nur der Tieflandsgebiete ergibt sich für etwa ein Viertel der Gesamtfläche eine durchschnittliche Bevölkerungsdichte von über 1 200 E./km$^2$. Von daher gilt Japan zu Recht als eines der dichtest besiedelten Länder der Erde. Generell fällt die hohe Bevölkerungsdichte der Küstensäume gegenüber den schwach besiedelten Bergländern des Binnenlandes auf. Ungleich stärker jedoch als die durch die Kleinkammerung vorgegebene Bevölkerungsverteilung wiegen die Verdichtungsprozesse INNERHALB der Tieflandsbereiche. Eine Hervorhebung der höchstverdichteten Gemeinden mit über 2 000 E./km$^2$ *(siehe Abbildung 4)* gibt einen ersten Eindruck vom Ausmaß der Bevölkerungskonzentration.

Die Bevölkerungskonzentration ist eine Folge der Industrialisierung. Die um die Jahrhundertwende einsetzende Landflucht war begründet in der personell stark überbesetzten kleinbäuerlichen Landwirtschaft und hatte zunächst durchaus positive Folgen. Die personelle Entlastung der traditionellen Familienbetriebe bot der Landwirtschaft Ansätze für Rationalisierung sowie höhere Arbeitsproduktivität und schuf zugleich ein willkommenes Arbeitskräftepotential für die Industrie. Mit fortschreitender Industrialisierung änderten sich in der Nachkriegszeit Motivation und Folgen der Binnenwanderung. Je stärker der Wirtschaftsaufschwung Verstädterungsprozesse und städtische Attraktivität beeinflußte, um so deutlicher vollzog sich der Wandel von der »Stoß-« oder »Druckwirkung« des Landes (*Push Effect*) in eine »Sogwirkung« der Stadt (*Pull Effect*). Parallel mit der Bevölkerungskonzentration und der Überentwicklung der Ballungsräume ging eine Ausdünnung und Unterentwicklung ländlich-peripherer Gebiete einher. Dieser in der Phase höchsten Wirtschaftswachstums 1955–73 besonders intensive Trend hat sich seit Mitte der siebziger Jahre zwar deutlich abgeschwächt, doch hat sich die Unausgewogenheit der Bevölkerungsverteilung regional weiter verschärft *(siehe Abbildung 5)*.

Der Wandel der Bevölkerungsbilanz nach Präfekturen *(Abbildung 6)* macht deutlich, daß die Ausprägung räumlicher Benachteiligungen in der Phase 1955–1970, insbesondere 1960–1965, am stärksten war und sich seitdem relativ verringert hat. Zwar wies 1975–1980 mit Ausnahme von Tōkyō keine, 1980–1985 nur eine

*Abb. 4:* Gemeinden mit einer Bevölkerungsdichte von über 2 000 E./km² bzw. über 1 000 E./km²

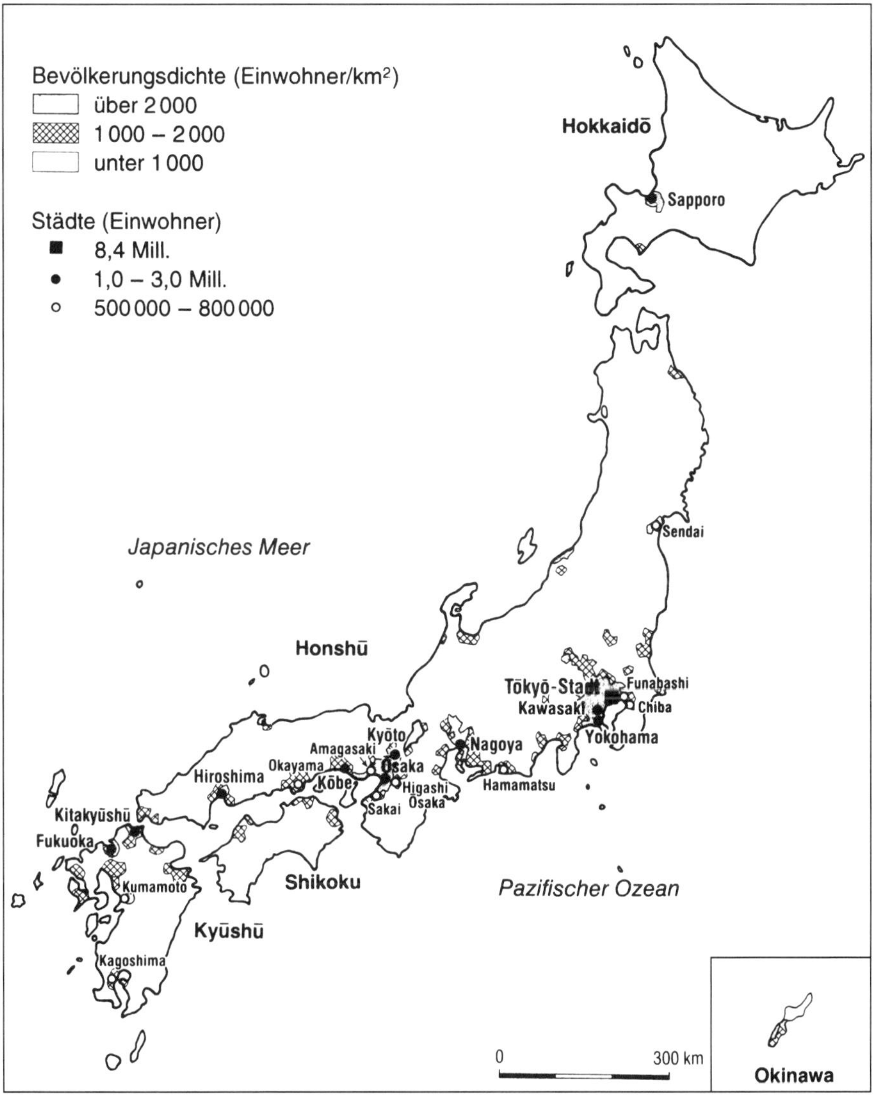


*Quelle:* 1985 Population Census Population Maps of Japan, Part. 2, Nr. 2; Population Density by Shi, Machi and Mura.

Bearbeitung: W. Flüchter

*Abb. 5:* Lorenzkurven der Bevölkerungsverteilung 1960, 1975 und 1990 nach Präfekturen

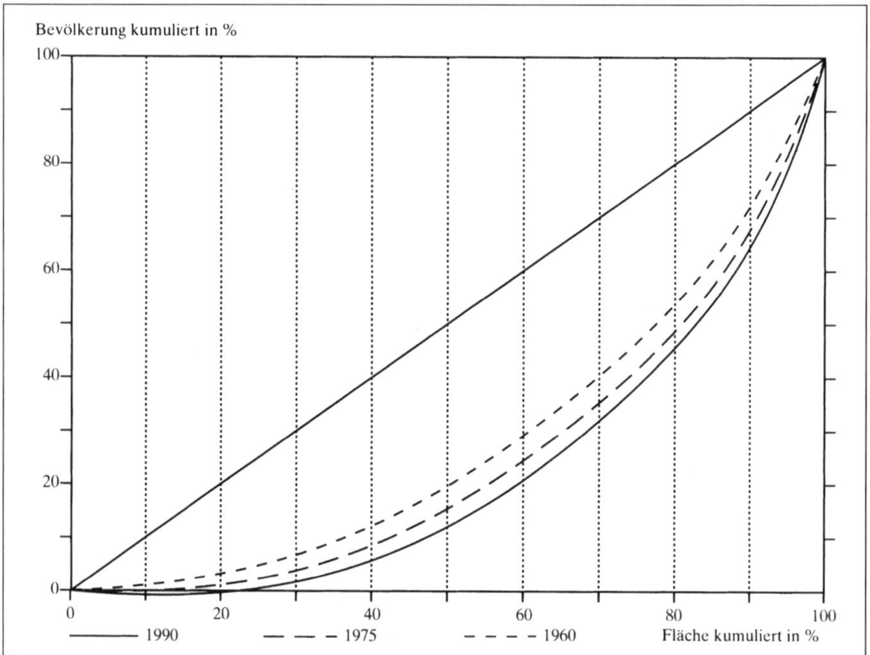


*Quelle:* Statistics Bureau, Management and Coordination Agency: Major Aspects of Population of Japan, 1990 Population Census of Japan, Abridged Report Series No. 1, S. 21.

einzige Präfektur in der Provinz eine Negativbilanz auf, doch lagen die Wachstumsraten fast aller peripheren Regionen deutlich unterhalb der durchschnittlichen Bevölkerungszunahme Gesamtjapans. Die Unausgewogenheit der Bevölkerungsverteilung zwischen den Präfekturen hat sich 1985–1990 wieder deutlich verschärft, bedingt durch die Negativbilanz von siebzehn (!) ausschließlich nicht-metropolitanen Präfekturen. 1990–1995 ist das Bevölkerungssaldo in zehn außermetropolitanen Präfekturen weiterhin negativ. Eine Differenzierung der Präfekturen nach natürlicher und sozialer (Wanderungen) Bevölkerungsbilanz bringt im Vergleich der Jahre 1960–65 und 1985–90 folgende Aufschlüsse:

1. In beiden Perioden sind es die Wanderungen, die für die Bevölkerungsentwicklung ausschlaggebend waren.
2. 1960–65 verzeichneten die Metropolregionen, insbesondere der Großraum Tōkyō, enorme Zuwanderungen, die vor allem auf Kosten der südwestlichen Landesteile gingen.
3. Negative wie positive Bilanzen der Bevölkerungsentwicklung haben sich seit den späten siebziger Jahren im Vergleich zu den Extremwerten 1960–65 wesentlich abgeschwächt. Dennoch hält der jüngste Trend der Bevölkerungsentwicklung zugunsten der Metropolregionen an. Deren Bevölkerungsbilanz ist insgesamt

*Abb. 6:* Bevölkerungsbilanz nach Präfekturen, im Vergleich der Perioden 1960–65 und 1990–95

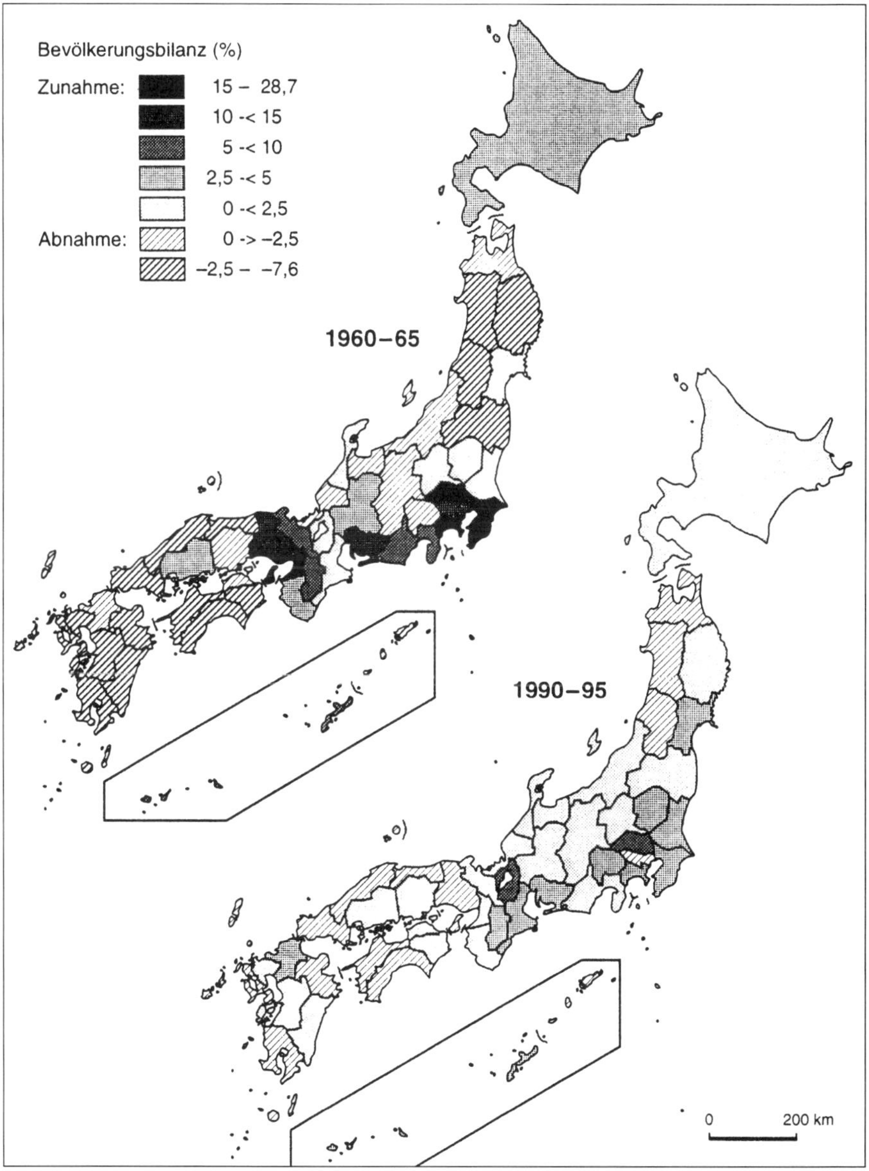


*Quelle:* Statistics Bureau, Mangement and Coordination Agency: 1995 Population Census of Japan, Preliminary Counts of the Population on the Basis of Summary Sheets (Japanisch), Tōkyō 1995, S. 14 ff.
Bearbeitung: W. Flüchter

unangefochten positiv, auch wenn die Ballungskerne (Tōkyō, Ōsaka) 1985–95 negative Wanderungsbilanzen aufweisen.

Die hier aufgezeigten inter-regionalen Konzentrationsprozesse der Bevölkerung finden sich auch auf intra-regionaler Ebene: Innerhalb einer Präfektur verläuft der Ballungsprozeß zugunsten der jeweiligen Präfekturhauptstadt auf Kosten der regionalen Peripherie.

## c. Verstädterung, Metropolisierung, Megalopolisierung

Die heutige japanische Gesellschaft präsentiert sich in ihren Werten und Verhaltensweisen als eine moderne Stadtgesellschaft. Von ihrer überwiegend bäuerlichen Herkunft, in der sie japanische Soziologen mental noch stark verwurzelt sehen, hat sie sich auch statistisch erst in der Nachkriegszeit gelöst. Der Anteil der Beschäftigten in der Landwirtschaft sank von 48,5 % (1950) über 19,3 % (1970) auf 5,8 % (1994, darunter nur 15 % im Vollerwerb). Gleichzeitig stieg der Anteil der Beschäftigten im tertiären Sektor, einem Gradmesser des »Städtischen«, von 29,6 % über 46,6 % auf 60,3 % an.

Die Urbanisierung ist damit aber nur oberflächlich beschrieben. Rein quantitativ bietet sich als Merkmal der Verstädterung die Verteilung der Bevölkerung nach Gemeindegrößengruppen an, wobei der Statistik zufolge Gemeinden über 30 000 Einwohner als »Stadt« *(Shi)* gelten. Nach dieser Definition ist die Verstädterung in

*Abb. 7:* Verstädterung 1920–1995: Anteil der Bevölkerung in Städten *(Shi)* über 30 000 Einwohner

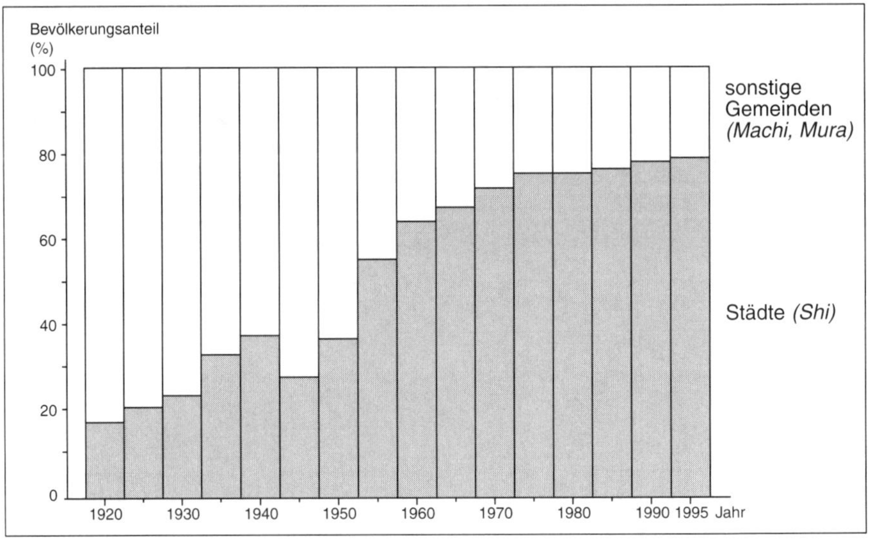


*Quelle:* Statistics Bureau, Mangement and Coordination Agency: Major Aspects of Population of Japan, 1995 Population Census of Japan, Abridged Report Series Nr. 1 (Japanisch), S. 22.
Bearbeitung: W. Flüchter

Japan von 18,0 % (1920) über 56,1 % (1955) auf 78,0 % (1995) gestiegen *(siehe Abbildung 7)*. Das »Städtische« ist damit aber nur unvollkommen erfaßt. Vor allem nach der großen kommunalen Neugliederung von 1953 sind zahlreiche ehemalige Kleingemeinden allein durch administrative Veränderungen (Eingemeindung, Zusammenschluß) statistisch in den Rang einer »Stadt« aufgestiegen, ohne daß damit immer eine echte Verstädterung einhergegangen wäre. Deutlicher wird der Grad der Verstädterung in Differenzierung nach Stadtgrößen: 1995 wohnten 60 % aller Japaner in Städten mit mehr als 100 000 Einwohnern, 20 % in Millionenstädten.

Am schärfsten kommen die Ballungskonturen der Verstädterung in den *»Densely Inhabited Districts«* (DID) zum Ausdruck. Unter DID versteht man Zählbezirke (größenmäßig vergleichbar den Vororten deutscher Großstädte) mit einer Mindestbevölkerungsdichte von 4 000 E./km$^2$ bei einer Mindestbevölkerung von 5 000 Einwohnern. Wohnten in den DID 1960 immerhin schon 43,7 % der Gesamtbevölkerung Japans auf nur 1,03 % der Landesfläche, so stiegen die Anteile 1990 auf 63,2 % der Gesamtbevölkerung auf 3,11 % der Gesamtfläche – bei zurückgehender Bevölkerungsdichte innerhalb der DID von durchschnittlich 10 563 E./km$^2$ (1960) auf 6 661 E./km$^2$ (1990, *siehe Tabelle 1*). Die DID sind flächenmäßig am weitesten verbreitet in den Ballungsräumen an der pazifischen Küste, allen voran in den drei Metropolregionen Tōkyō, Ōsaka/Kyōto/Kōbe sowie Nagoya.

*Tab. 1:* Japan: *Densely Inhabited Districts* (DID):
Wandel der absoluten und relativen Bevölkerungs- und Flächenzahl.
sowie der Bevölkerungsdichte

| Jahr | Einwohner (DID) (Mio.) | DID-Einwohner in % der Gesamtbevölkerung (%) | Fläche der DID (km²) | DID-Fläche in % der Gesamtfläche (%) | Bevölkerungs-Dichte (DID) (E./km²) |
|---|---|---|---|---|---|
| 1960 | 40,8 | 43,7 | 3 882 | 1,05 | 10 563 |
| 1965 | 47,3 | 48,1 | 4 623 | 1,24 | 10 263 |
| 1970 | 55,5 | 53,4 | 6 292 | 1,73 | 8 688 |
| 1975 | 63,8 | 57,0 | 8 275 | 2,22 | 7 710 |
| 1980 | 69,9 | 59,7 | 10 016 | 2,69 | 6 983 |
| 1985 | 73,3 | 60,6 | 10 571 | 2,84 | 6 938 |
| 1990 | 78,2 | 63,2 | 11 732 | 3,11 | 6 661 |

*Quelle:* Population Census 1990, aus: Institute of Population Problems, Ministry of Health and Welfare: Latest Demographic Statistics 1992, Tōkyō 1992, S. 112.

Die Verstädterung konzentriert sich auf die pazifische »Vorderseite« Japans: im engeren Sinne als »Metropolisierung« auf die drei großen Ballungsräume Tōkyō, Ōsaka und Nagoya, des weiteren als »Megalopolisierung« zu einem großregionalen Städteband zwischen den Räumen Tōkyō und Ōsaka, das sich unter Einschluß des Inlandsee-Küstenbandes weiter nach Westen bis nach Nord-Kyūshū (Kitakyūshū, Fukuoka) erstreckt. Der Ballungsprozeß ist besonders stark ausgeprägt in den o. g. drei Metropolregionen. Hier hat die Bevölkerung innerhalb eines 50 km-Radius um den jeweiligen Metropolkern von 33,4 % (1960) auf 43,6 % (1990) des gesamt-

*Tab. 2:* Bevölkerungsentwicklung der drei Metropolregionen Tōkyō, Ōsaka, Nagoya (Gebiet innerhalb eines 50 km-Radius) und des übrigen Japan, im Vergleich der Perioden 1960, 1970, 1980, 1990, 1995

| Region | Bevölkerung (in 1 000) | | | | | Bevökerungsanteil nach Regionen (in %) | | | | Fläche ($km^2$) | Flächenanteil der Regionen (in %) | Bevölkerungsdichte pro $km^2$ |
|---|---|---|---|---|---|---|---|---|---|---|---|---|
| | 1960 | 1970 | 1980 | 1990 | 1995 | 1970 | 1980 | 1990 | 1995 | 1990 | 1990 | 1990 |
| Japan insgesamt | 94 302 | 104 665 | 117 060 | 123 611 | 125 569 | 100,0 | 100,0 | 100,0 | 100,0 | 377 737 | 100,0 | 332 |
| 50 km-Raumradius der drei Metropolregionen insgesamt | 31 503 | 42 368 | 49 593 | 53 842 | 54 144 | 33,4 | 42,4 | 43,6 | 43,1 | 22 379 | 5,9 | 2 406 |
| 50 km-Radius Tōkyō | 15 788 | 21 954 | 26 343 | 29 200 | 29 570 | 16,7 | 22,5 | 23,6 | 23,5 | 7 622 | 2,0 | 3 831 |
| 50 km-Radius Ōsaka | 10 323 | 13 640 | 15 422 | 16 210 | 16 047 | 10,9 | 13,2 | 13,1 | 12,8 | 7 426 | 2,0 | 2 183 |
| 50 km-Radius Nagoya | 5 392 | 6 774 | 7 828 | 8 432 | 8 527 | 5,7 | 6,7 | 6,8 | 6,8 | 7 331 | 1,9 | 1 150 |
| Übriges Japan | 62 799 | 62 297 | 67 468 | 69 769 | 71 424 | 66,6 | 57,6 | 56,4 | 56,9 | 355 358 | 94,1 | 199 |

*Quelle:* Institute of Population Problems, Ministry of Health and Welfare: Latest Demographic Statistic 1992 (Japanisch), Tōkyō 1992, S. 113. Nihon Kokusei Zue '96/97, S. 79.

Bearbeitung: W. Flüchter

japanischen Anteils zugenommen. Dies gilt vor allem für die Hauptstadtregion Tōkyō, wo im gleichen Zeitraum die Anteile von 16,7 % auf 23,6 % gestiegen sind. Seit Anfang der neunziger Jahre hat sich die Bevölkerungskonzentration in den drei großen Metropolregionen auf einem hohen absoluten Niveau stabilisiert. Relativ ist die Entwicklung stagnierend (Raum Tōkyō) bzw. leicht rückläufig *(siehe Tabelle 2)*.

Das heutige Ungleichgewicht der Verteilung von Wirtschaft und Bevölkerung mit Schwerpunkt auf der pazifischen Küstenseite Mittel-Honshūs ist erst das Ergebnis der neueren wirtschaftlichen Entwicklung Japans. Noch nach Ende der Abschließungszeit 1868 war das Städtesystem in seiner räumlichen Verteilung recht ausgeglichen, gleichsam ein Spiegelbild der Kleinkammerung des Landes. Die meisten Städte lagen an der Küste – an der heute wirtschaftlich unterentwickelten Japanmeer-Seite ebenso wie an der pazifischen Küste, die allerdings schon damals die größten Städte stellte.

Erst seit der Industrialisierung, vor allem aber parallel mit den großen Wirtschaftserfolgen Japans in der Nachkriegszeit, verstärkten sich die räumlichen Unausgewogenheiten zugunsten der Ballungsgebiete auf Kosten der Peripherie außerordentlich. Dies gilt in quantitativer, vor allem aber in qualitativer Hinsicht, so daß man von einer Pyramidisierung des Landes zugunsten Tōkyōs sprechen kann.[16] Innerhalb der japanischen Städtehierarchie ist es insbesondere seit den achtziger Jahren zu einer bedenklich einseitigen Entwicklung zugunsten der Hauptstadtregion gekommen. Diese »unipolare Konzentration Tōkyōs« *(Tōkyō Ikkyoku Shūchū)*, eine Konzentration vor allem hochrangiger Dienstleistungen, Resultat auch der Globalisierung der japanischen Wirtschaft, wird bis heute in Japan anhaltend stark diskutiert.

Der Konzentrationsprozeß von Wirtschaft und Bevölkerung vor allem in der Hauptstadtregion mag unter ökologischen und regionalpolitischen Aspekten unverantwortlich erscheinen. Er hat sich jedoch in ökonomischer Hinsicht als außerordentlich erfolgreich erwiesen und erscheint symptomatisch für das Primat der Wirtschaft. Dies gilt insbesondere im Zeitalter der Globalisierung der Ökonomie, die zu einer vehementen Konkurrenz unter den Weltmetropolen führt und landesintern eine zunehmende Zentralisierung und Komplexität von höheren, produktionsorientierten Dienstleistungen zur Folge hat. Der Wettbewerb der führenden Weltmetropolen untereinander ist Ausdruck der Konkurrenz auch auf staatlicher Ebene zwischen den führenden Industrieländern. Will Tōkyō bzw. Japan in diesem Wettstreit erfolgreich sein, liegt der Ausbau der Hauptstadt als Zentrum weltwirtschaftlich gewichtiger Funktionen nahe. Die starke, bedenklich einseitig auf Tōkyō ausgerichtete Zentralisierung Japans mag offiziell (»*Tatemae*«-Prinzip) nicht gewollt sein – viele gute und gutgemeinte (Papier-)Pläne zur Dezentralisierung des Landes geben Zeugnis davon. Sie wird in Wirklichkeit im Rahmen der Priorität des wirtschaftlichen Wachstums und des »Japan als Nr. 1-Syndroms« in Laissez-faire-Manier hingenommen und nicht energisch genug verhindert. Es leben – vorerst noch – die Agglomerationsvorteile! Bis zu welchem Ausmaß? Unter welchen Bedingungen? Zu wessen Lasten?

---

16 Z. B. Universitäten: Winfried Flüchter, Hochschulstandorte und Bildungsverhalten unter Aspekten der Raumordnung in Japan, Paderborn 1990.

# II. Die Geschichte Japans bis 1945

Holmer Stahncke

## 1. *Jōmon-* und *Yayoi*-Kultur: 10 000 v. Chr. – 600 n. Chr.

Vor 10 000 Jahren war Japan noch durch eine Landbrücke mit dem asiatischen Festland verbunden. Erst zum Ende der Eiszeit nahm die Inselgruppe ihre heutige Gestalt an. Die ersten Menschen, die sich bis dahin angesiedelt hatten, waren wandernde Jäger und Sammler. Archäologische Funde belegen eine frühe Kultur ab 10 000 v. Chr., die eine charakteristisch verzierte Keramik hervorbrachte. Die *Jōmon*-Kultur wurde im 3. vorchristlichen Jahrhundert von der *Yayoi*-Kultur abgelöst. Sie entwickelte sich über einen Zeitraum von sechshundert Jahren und war eine für Japan außerordentlich wichtige Periode. Denn hier fand der Übergang von der Jäger- zur Reisanbaukultur statt. Die Bauern formierten sich zu Dorfgemeinschaften, da sie nur so den arbeitsintensiven Reisanbau organisieren konnten. In dieser Zeit kamen auch Gerätschaften aus Bronze und Eisen in Gebrauch. Wie schon die *Jōmon*-Kultur hinterließ auch die *Yayoi*-Kultur eine eigene charakteristische Keramik.

Das Siedlungsgebiet breitete sich von Nord-Kyūshū allmählich bis nach Yamato in der heutigen Präfektur Nara aus. Das geschah nicht nur durch friedliche Infiltrierung, sondern stützte sich auch auf Waffengewalt. Zu dieser Zeit hatte sich noch keine japanische Nation entwickelt, sondern verschiedene stammesähnliche Gemeinschaften kämpften um die Vorherrschaft. Chinesische Quellen berichten von fünf japanischen »Königreichen«, die zeitweilig auch von Priester-Königinnen regiert wurden. Sie konnten ihre Autorität behaupten, da sie in den Augen ihrer Untertanen den Willen der Götter exekutierten.

Das japanische Kaiserhaus, das seine Linie auf *Jimmu-Tennō* zurückführt, der nach der Mythologie 660 v. Ch. den Thron bestiegen haben soll, erreichte mit Kaiser Sujin bereits um 100 v. Chr. eine militärische Dominanz über die anderen Herrscher. Da es seine Linie direkt auf die Sonnengöttin zurückführte und sich im Besitz des heiligen Spiegels befand, verwahrt im Schrein von Ise, legitimierte es seinen Hegemonieanspruch gleichzeitig religiös. Bis zur Schaffung einer wirklichen Zentralgewalt sollten allerdings noch einmal fünfhundert Jahre ins Land gehen.

Seit Beginn des ersten Jahrtausends sind Kontakte zu Korea und China belegt. Japanische Gesandtschaften besuchten das Festland, und koreanische Gelehrte kamen nach Japan. Im ausgehenden 4. und beginnenden 5. Jahrhundert fanden dann auch gewaltsame japanische Vorstöße auf die koreanische Halbinsel statt, die zeitweise sogar zu einer japanischen Herrschaft über Teile Koreas führten. Über Korea kamen die Japaner nicht nur in Kontakt mit dem Buddhismus, sondern sie wurden auch an die säkulare konfuzianische Ideenwelt herangeführt. Auf dieser Grundlage konnte sich erstmals ein Staatsbewußtsein entwickeln.

## 2. Die Herrschaft des Kaisers: Yamato, Nara, Kyōto (600–1185)

Im 6. Jahrhundert verdichten sich die Daten aus archäologischen Funden, chinesischen Quellen und später aufgezeichneten japanischen Mythen für den Historiker zu einem verläßlichen Bild. Die *Yamato*-Kaiser bauten ihre Dominanz über die anderen Clans (*Uji*) in diesen Jahren zu einer wirklichen Zentralgewalt aus. Bis dahin hatten sie ihre Herrschaft nur indirekt über die *Uji*-Oberhäupter ausgeübt, die als Oberpriester die Geschichte ihrer Clans bestimmten. Jedem *Uji* fiel eine bestimmte Aufgabe wie die des militärischen Schutzes im Herrschaftssystem des Kaisers zu. Mit der Verleihung von Ehrentiteln (*Kabane*) an *Uji*-Oberhäupter und ihre Familien band der Kaiser sie enger an sein Haus. *Kabane* waren erblich und mit der Ausübung bestimmter Ämter verbunden. In der Konsequenz blieb der Einfluß der Kaiser auf die *Uji*-Oberhäupter aber stets relativ. Wurden die Hofämter doch fortan von bestimmten Familien bekleidet, die bestrebt waren, ihren Einfluß auszubauen.

Im frühen 7. Jahrhundert dämmte der Kaiser die Macht der *Uji*-Oberhäupter durch die Einführung des an chinesischen Vorbildern orientierten *Ritsuryo*-Gesetzsystems ein. Eingeleitet von den Reformen des Prinzen Shotoku, der neue Hofränge einführte, und gestärkt durch die *Taika*-Reform im Jahre 645 wurde die persönliche Herrschaft des Kaisers über die gesamte Nation erstmals verwirklicht.

Herzstück der *Taika*-Reform war die Neuordnung des Landbesitzes. Hatten die *Uji* bis dahin private Ländereien besessen (*Tadokoro*), auf denen Landarbeiter (*Be*) beschäftigt waren, kontrollierte jetzt der Hof das gesamte Reisland und die dazugehörigen Arbeitskräfte. In der Praxis ließ sich das nicht vollkommen umsetzen, denn der Hof konnte die *Uji* nicht durch militärische Stärke zur Kooperation zwingen. Statt dessen band man die großen Familien durch die Vergabe neuer Hofränge und -ämter in das neue System ein. So konnten die alten Eliten aber Teile ihres überkommenen Einflusses sichern. Auch mußte der Kaiser ihnen und den religiösen Einrichtungen bestimmte Rechte auf ihre alten Ländereien lassen. Bald erwarben sie auf Kosten des Staatsbesitzes neue private Ländereien und höhlten das Reformsystem aus. Im 11. und 12. Jahrhundert befand sich schließlich die Hälfte des kultivierten Reislandes als *Shōen* in den Händen des Hofadels und der Klöster, Tempel und Schreine. Die *Shōen* waren nicht nur von Steuern befreit; Beamte des Kaisers hatten hier keinerlei Rechte.

Im Jahre 710 wurde die Hauptstadt nach Nara verlegt und mit der Einführung des *Daijokan*-Systems eine bürokratisierte Zentralregierung geschaffen. Doch konnte der Hof nicht gegen die Interessen der Hofaristokratie handeln, und so waren die wichtigen Regierungsposten für Träger erblicher Hofränge reserviert. Als die Hauptstadt 794 nach Kyōto (Heian) verlegt wurde, war es die Familie Fujiwara, die ihre Stellung am Hof zu einer monopolartigen Stellung ausbauen konnte. Dank einer institutionalisierten Heiratspolitik festigte sie nicht nur ihre verwandtschaftlichen Beziehungen zum Kaiserhaus; als Regenten waren die Fujiwara auch direkt für die Regierungsgeschäfte verantwortlich. Seit 858 fungierten die aus der Fujiwara-Familie stammenden mütterlichen Großväter minderjähriger Kaiser als kaiserliche Regenten (*Sessho*). Ab 880 herrschten sie als *Kampaku* anstelle von erwachsenen Kaisern. Erst gegen Ende des 11. Jahrhunderts verloren die Fujiwara diesen immensen Einfluß, weil Kaiser Shirakawa die Sitte der Regierungsausübung durch den Ex-Kaiser (*Insei*) einführte.

In dieser Zeit des Wiedererwachens kaiserlicher Herrschaft gewann die ursprünglich auf dem Land lebende Kriegerkaste Einfluß auf das Geschehen am Hof. Kriegerclans schützten das Kaiserhaus gegen deren Widersacher und machten sich bald unentbehrlich. Die Kriegerfamilie Taira stieg in hohe Hofämter auf, die bis dahin der Hofaristrokatie vorbehalten waren. Mit dem Aufstieg des Schwertadels (*Buke*) schwand der Einfluß des Hofadels (*Kuge*).

## 3. Die Herrschaft des Schwertadels: Kamakura, Ashikaga, *Sengoku* (1185–1660)

Hatte die Familie Taira das System als solches nicht in Frage gestellt, sondern lediglich einen prominenten Platz innerhalb desselben gesucht, schuf die Kriegerfamilie der Minamoto ein neues System, das ausschließlich auf die Bedürfnisse der *Buke* zugeschnitten war und in dem der Hof keine aktive Rolle spielte. Die Minamoto besiegten 1185 das Heer der Taira und übten fortan eine Hegemonie über die übrigen *Buke* aus. In Kamakura unweit des heutigen Tōkyōs gründete Minamoto Yoritomo eine Militärregierung (*Bakufu*), der er ab 1192 als *Shōgun* vorstand. Der Hof in Kyōto ernannte ihn formal und legitimierte so seine Herrschaft. Darüber hinaus übertrug man ihm das Recht, sämtliche 66 Provinzen (*Kuni*) zu verteidigen. So brachte er das gesamte Land unter seine Kontrolle und setzte eigene Gefolgsleute als Militärgouverneure (*Shugo*) in den Provinzen und als militärische Landverwalter (*Jito*) in den *Shōen* und in den kaiserlichen Besitzungen ein.

Die *Shōen*, in denen ihre Besitzer nach eigenem Gutdünken schalteten und walteten, standen jetzt unter einer doppelten Verwaltung. Denn die *Jito* erhoben eigene Steuern und beanspruchten immer größere Gewinnanteile für sich. Dieser *Shōen*-Feudalismus bildete die Basis der Herrschaft des Kamakura-*Bakufu* und zeichnete sich durch das besondere persönliche Gefolgschaftsverhältnis zwischen *Shōgun* und Krieger (*Bushi*) einerseits und andererseits durch die Belohnung der Gefolgsleute durch Verleihung von Lehen bzw. Rechten und Ämtern (*Onkyu, Shiki*) in den von ihnen verwalteten Gebieten aus.

Da die direkte Linie der Minamoto mit dem dritten *Shōgun* ausstarb, wurde die eigentliche Regierungsgewalt schon bald nicht mehr von seinen Nachfolgern im Amt ausgeübt, die sämtlich aus der Fujiwara-Familie stammten, sondern von

Regenten, die aus der Kriegerfamilie der Hojo stammten. Doch wurde ihre autoritäre Regentschaft bald von mächtigen *Shugo* in Frage gestellt. Die Opposition formierte sich außerhalb der eigentlichen Machtzentrale in den Provinzen und gewann an Einfluß, als immer mehr Gefolgsleute des *Shōgun* ihre Lehnstreue auf lokale *Shugo* übertrugen.

Der Sturz des Kamakura-*Bakufu* wurde letztlich durch interne Zwistigkeiten am Hof in Kyōto eingeleitet, der sich in zwei rivalisierende Lager gespalten hatte. 1331 mißlang ein Versuch des Kaisers Go-Daigo, das *Bakufu* gewaltsam zu zerstören. Die Hojos schickten ihn in die Verbannung. Bis dahin hatte kein Krieger es gewagt, den Kaiser und den Hofadel zu bestrafen. Das war das Signal für unzufriedene *Shugo*, sich auf die Seite des Kaisers zu schlagen und nicht nur die Hojo, sondern auch das Kamakura-*Bakufu* zu stürzen.

Der Hof konnte seine Macht restaurieren, indem er sich der Einrichtungen des *Bakufu* bemächtigte. Ein Prinz wurde als *Shōgun* eingesetzt, und Höflinge sollten als *Shugo* Kontrolle über die *Buke* gewinnen. Das mißlang, denn die *Buke* setzten sich zur Wehr, und einer der ihren, Ashikaga Takauji, gründete 1338 ein neues *Bakufu*. Doch anders als die Minamoto wählten die Ashikaga Kyōto als ihr Militärzentrum. Der Hof kam damit vollkommen unter ihre Kontrolle. Auch in den *Shōen* besaßen die *Buke* jetzt wesentlich mehr Einfluß, da deren zivile Verwaltungseinrichtungen in ihre Hände übergingen. Hinzu kam, daß sie in den Provinzen als *Kokujin* die alleinige Herrschaft ausübten.

Die Machtfülle, über die die einzelnen *Buke* verfügten, richtete sich letztlich gegen die Ashikaga, denen es unter diesen Umständen nicht gelang, eine effiziente Zentralgewalt zu schaffen. Es hing von der Persönlichkeit des jeweiligen *Shōgun* ab, inwieweit die *Buke* im Interesse des *Bakufu* agierten. Zwar sollten Mitglieder des Ashikaga-Clans als *Shugo* die Machtgelüste außenstehender *Tozama-Shugo* eindämmen, doch gelang es diesen, ihre Stellung in den Provinzen systematisch auszubauen, in denen sie in Personalunion als Zivilgouverneure (*Kokushu*), Militärgouverneure (*Shugo*) und als Landverwalter (*Jito*) fungierten. Der Typus des lokalen Machthabers, der sich in diesen Jahren entwickelte, wird von Historikern als *Shugo-Daimyō* bezeichnet. Auch wenn Ashikaga Yoshimitsu 1391/92 die Autorität des *Bakufu* noch einmal restaurieren konnte, war dessen Niedergang nicht länger aufzuhalten. Yoshimitsu zwang die *Shugo-Daimyō*, in Kyōto zu residieren und eigene Gefolgsleute als *Shugodai* mit der Verwaltung ihrer Ländereien zu betrauen. Diese nutzten wie andere lokale Machthaber vor ihnen die Abwesenheit ihrer Lehensherren, um sich von ihnen zu emanzipieren.

1467 kam es im Streit um die Nachfolge eines *Shōgun* zu offenen Kämpfen in den Straßen Kyōtos. Das war der Beginn des elf Jahre andauernden *Ōnin*-Krieges, der nicht nur zum Zusammenbruch des *Bakufu* führte, sondern auch vielen *Shugo-Daimyō* die Macht kostete. Es gab keine Zentralgewalt mehr, in den Provinzen schalteten und walteten die *Kokujin* und *Shugodai* nach eigenen Gutdünken. Das *Bakufu*, die *Shugo-Daimyō* und der Hofadel waren, ohne Einkünfte aus ihren ehemaligen Ländereien, zu einem bloßen Schattendasein verurteilt.

Doch war mit dem Ende des *Ōnin*-Krieges kein Friede eingekehrt. Er bildete lediglich den Auftakt für das Jahrhundert der »Kriegführenden Provinzen« (*Sengoku*), in dem *Kokujin* und *Shugodai* um die Macht im Land kämpften. Sie formierten sich zu neuen Gefolgschaften, die sich oftmals um die *Kokujin* als neue Lehensherren gruppierten. Diese kämpften als *Sengoku-Daimyō* zunächst um Landrechte, um sich schließlich zu Bündnissen zusammenzuschließen, deren Führer die Einigung des Landes unter ihrer Zentralgewalt anstrebten.

Den drei Reichseinigern Oda Nobunaga, Tojotomi Hideyoshi und schließlich Tokugawa Ieyasu gelang es in den letzten drei Jahrzehnten des 16. Jahrhunderts nicht nur, modern ausgerüstete Massenheere aufzustellen, für die sie auch Waffen von den 1543 in Japan gelandeten Portugiesen bezogen. Sie brachten auch neue Ordnung in das Wirtschafts- und Steuersystem. Der Handel in den großen Städten erwachte zu einer ersten großen Blüte. 1603 besiegte Ieyasu seine Gegner in der Entscheidungsschlacht von Sekigahara und legte damit die Grundlage, seiner Familie für die nächsten 250 Jahre die Macht im Lande zu sichern.

## 4. Die Zeit der Landesabschließung: *Tokugawa*-Ära (1603–1868)

Das Land war jetzt unter der Hegemonie der Familie Tokugawa geeint, aber eine Zentralgewalt zu schaffen, ging über ihre Kräfte. Ieyasu hatte seine Gegner bei Sekigahara geschlagen, aber nicht vernichtet. Ihre Interessen mußten berücksichtigt werden, als er an die Tradition des *Bakufu* anknüpfte und sich als *Shōgun* in Edo (heute Tōkyō) niederließ. Die Institutionen, auf die er seine Macht stützte, waren keine originären Neuschöpfungen. Vielmehr übernahm er Einrichtungen, die sich in der *Sengoku*-Zeit herausgebildet hatten. In ihrer Struktur glichen die Daimyate (*Han*) also der des *Bakufu*. Sie waren feudalistischen Prinzipien verpflichtet; die Feudalherren forderten die Treue ihrer Lehensleute und belohnten sie im Gegenzug – u. a. auch durch die Vergabe von *Ritsuryo*-Titel, wie es die Kaiser seit dem 7. Jahrhundert getan hatten. Das *Bakufu* war also keine Regierung, die den Interessen des Landes diente, sie vertrat in erster Linie immer die Interessen der Familie Tokugawa.

Ieyasu festigte seine Hegemonie über die übrigen *Daimyō*, indem er zwei Prinzipien verfolgte: Er kontrollierte sie (*Shihai*), und er unterstützte sie (*Fujo*). Das von Historikern als *Bakuhan*-System bezeichnete Regierungs- und Verwaltungssystem sicherte letztlich auch den *Daimyō* ihre Stellung. Diese behielten ihre Territorien, sofern sie sie ordentlich verwalteten, mußten aber zu festgelegten Zeiten in Edo residieren (*Sankin Kotai*) und ihre Familien als Geiseln in Edo belassen – eine Einrichtung, die in Ansätzen bereits in der *Sengoku*-Zeit praktiziert wurde. Das *Sankin-Kotai*-System belastete die Haushalte der *Han* enorm, zumal sie in Edo mehrere aufwendige Palastanlagen unterhalten mußten. Die neue Hauptstadt profitierte wirtschaftlich von den vielen fremden Hofhaltungen und entwickelte sich zur prosperierenden Metropole.

Gleichzeitig wurden verbündete und vasallische *Daimyō* des *Shōgun* in die Regierungsgeschäfte eingebunden und so zu besonderer Loyalität verpflichtet. Blutsverwandte *Daimyō* und ihre ehemals mächtigen Feinde hielten die Tokugawa dagegen von allen Regierungsgeschäften fern, fürchteten sie doch deren Machtansprüche und -gelüste. Das ganze System konnte jedoch nur dann funktionieren, wenn störende Einflüsse von außen unterblieben. Sein Herzstück wurde deshalb die vom dritten *Shōgun* verordnete Landesabschließung (*Sakoku*). Kein Japaner durfte Kontakt zum Ausland unterhalten, und kein Ausländer durfte sich in Japan aufhalten. Weder sollten die sich die *Daimyō* Waffen von den Engländern oder Holländern verschaffen, noch duldete man die intolerante christliche Mission, die das einfache Volk gegen die Obrigkeit aufwiegelte. Anders als der Buddhismus trat das Christentum mit einem Absolutheitsanspruch auf, der das soziale Gefüge bedrohte. Lediglich die Tokugawa behielten sich das Recht vor, holländischen Kaufleuten den Aufenthalt auf einer kleinen, künstlichen Insel vor Nagasaki zu erlauben, über die sie Waren und vor allem Wissen bezogen.

An die 250 Jahre überdauerte dieses System ohne nennenswerte Veränderungen. Dem *Tennō* kam die Aufgabe zu, die Herrschaft der Tokugawa zu legitimieren, der Hofadel in Kyōto war auf rein zeremonielle Funktionen beschränkt. Die Kriegerhäuser herrschten in dem vom *Bakufu* vorgegebenen Grenzen. Weder konnten sich, wie es früher stets geschehen war, lokale Verwalter zu lokalen Machthabern entwickeln, noch konnten in Edo als Regenten fungierende *Fudai-Daimyō* diese Machtstellung für ihre Familie institutionalisieren.

Bauern und Handwerker produzierten die Güter, die von den Kaufleuten, die als nichtproduzierende Klasse auf der untersten Stufe der sozialen Leiter standen, gehandelt wurden. In Ōsaka entstanden große Handelshäuser, die zusehends die Kontrolle über die Wirtschaften in den Daimyaten erlangten. Theorie und Praxis des gesamten Systems wurden so in zentralen Bereichen auf den Kopf gestellt, ohne daß sich der zu großen Teilen bei der Kaufmannschaft verschuldete Schwertadel dagegen wehren konnte. Verzweifelte Reformversuche in der ausgehenden Edo-Zeit waren meist halbherzig und verfehlten sämtlich ihr Ziel.

Als sich seit Beginn des 19. Jahrhunderts die Anzeichen verdichteten, daß die sich in Asien festsetzenden Engländer und Amerikaner Japans Isolation nicht länger tolerieren würden, zeigte sich die Schwäche des Systems. Das *Bakufu* hatte wohl die Herrschaft der Tokugawa sichern können. Aber ihm fehlte die Autorität, das Land angesichts dieser Gefahr hinter sich zu einen. Als die Amerikaner 1854 die Landesöffnung durch die bloße Präsenz ihrer modernen Kriegsschiffe erzwangen, war dies das Signal für die Opposition im Land. Doch waren es nicht die *Daimyō*, die gegen das *Bakufu* aufbegehrten, sondern deren Lehensleute, meist *Samurai* unterer Ränge. Als Anhänger nationaler Lehren wie der *Kokugaku* forderten sie die Einsetzung des *Tennō* in seine alten Rechte – Rechte, die der Hof in Kyōto seit Jahrhunderten nicht mehr ausgeübt hatte. 14 Jahre dauerte die Demontage des *Bakufu*, eine Zeit von Kriegen, Allianzen, der Wiedererstarkung des Hofes, wo es ebenfalls junge, engagierte Mitglieder niederer Hofränge waren, die die Initiative an sich rissen. Angesichts des Vorgehens der westlichen Staaten, mit denen das *Bakufu* für Japan unfaire Handelsverträge hatte abschließen müssen, traten die Interessen der *Han* immer weiter in den Hintergrund. An ihre Stelle trat ein Nationalismus, der sich um die Person des *Tennō* ausbildete. 1868 war es soweit, das *Bakufu* gab auf und wurde aufgelöst. Im Namen des jungen Kaisers Meiji nahmen die Reformer, meist junge *Samurai* und Angehörige des Hofadels, das Heft in die Hand.

# 5. Das moderne Japan: *Meiji-, Taishō-* und *Shōwa*-Ära (1868–1945)

Die Reformer hatten erkannt, daß der technische und wirtschaftliche Vorsprung des Westens einholbar war. Auch in Europa und Amerika gab es Länder und Landesteile, in denen die industrielle Revolution noch in den Kinderschuhen steckte. Man wollte vom Westen lernen, dieses Wissen aber im japanischen Geist anwenden. Doch zunächst mußten die alten Strukturen beseitigt werden, die diesen Fortschritt behinderten. Anders als die Tokugawa wollten die neuen Machthaber das ganze Land beherrschen.

Um ihre Legitimation durch den *Tennō* zu betonen, riefen sie eine kaiserliche Regierungseinrichtung aus dem frühen 8. Jahrhundert wieder ins Leben, das *Daijokan*, nebst den alten Ämtern eines Ministers zur Linken und eines zur Rechten. Damit die neue Zentralgewalt ein modernes, wehrhaftes Japan schaffen konnte, mußten die Feudalkräfte auf ihre Rechte und ihre gesellschaftliche Stellung verzichten. Es brauchte ein gutes Jahrzehnt, um Japan auf seinen neuen Kurs zu bringen. Letztlich ohne nennenswerten Widerstand fügten sich die *Daimyō*, die für den Verlust ihrer politischen und ökonomischen Privilegien entschädigt wurden. Doch anders die Gruppe der *Samurai*, die sukzessive auf ein Privileg nach dem anderen verzichten mußten und schließlich auf sich selbst gestellt waren – eine Herausforderung, der viele der ans Dienen gewöhnten Lehensleute nicht gewachsen waren. Während etliche in der neuen Bürokratie oder in der Wirtschaft ihren Platz fanden, bereiteten andere den neuen Herren viel Kopfzerbrechen. Seit Mitte der siebziger Jahre mehrten sich *Samurai*-Aufstände, die aber sämtlich von der neuen kaiserlichen Armee niedergeschlagen wurden, seit 1872 ein Heer von Wehrpflichtigen. Im Ergebnis konsolidierte sich die Regierung zwar, gleichzeitig hatte diese innenpolitische Auseinandersetzung jedoch auch außenpolitische Folgen, die letztlich zu einer Militarisierung des Landes und seiner Politik führten. Um den unruhigen Elementen in den Reihen der *Samurai* ein Ventil für ihre Frustration zu öffnen, diskutierte und initiierte man militärische Abenteuer in Formosa (Taiwan) und Korea (*s. hierzu »Japans Außenpolitik 1854 bis 1945«*).

Mit Hilfe westlicher Berater gelang es, eine effiziente Verwaltung, ein modernes Schul- und Universitätswesen, ein schlagkräftiges Heer sowie eine Kriegsmarine aufzubauen und die Grundlagen für den Aufbau einer Industrie und einer modernen Handelstätigkeit zu schaffen. Die Wirtschaft konnte auf tatkräftige Unterstützung durch den Staat bauen, lag hier doch der Schlüssel, Japan dem Westen ebenbürtig zu machen. *»Fukoku Kyohei«* – ein reiches Land, eine starke Armee – lautete einer der griffigen Parolen der *Meiji*-Reformer, die das Volk auf die neue Zeit einschworen.

Der Staat schuf die Infrastruktur und warb ausländische Lehrkräfte an, die ihr technisches Wissen an neugeschaffenen Universitäten vermittelten. Kapital war knapp, und so hing die Einführung neuer Technologien von der engen Zusammenarbeit von Unternehmern und Bürokraten ab, da letztere über die Finanzierung entschieden. Industrien, die vom Staat aufgebaut wurden, wurden so schnell als irgend möglich in private Hände übergeben. Das anfängliche Tempo der Industrialisierung war langsam, erst nach dem Ersten Weltkrieg konnte sich eine nennenswerte Schwerindustrie entwickeln.

Der Modernisierungsprozeß dauerte annähernd zwei Jahrzehnte und verlief nicht immer nach den Vorstellungen der Reformer. Daß der Export westlichen Gedankenguts auch eigenständige Organisationen wie Arbeitervertretungen und eine kritische Presse hervorbrachte, irritierte die politische Elite. Und dann waren da auch noch die westlichen Vertragsmächte, die weitreichende Forderungen stellten. Ohne eine an westlichen Wertmaßstäben orientierte Verfassung würden sie einer Revision der Ungleichen Verträge von 1858 nicht zustimmen. 1890 endlich trat die im Jahr zuvor verkündete *Meiji*-Verfassung in Kraft. Sie war Ausdruck des Bestrebens der politischen, bürokratischen und militärischen Eliten, den Einfluß des Volkes auf die Politik in engen Grenzen zu halten.

Das neue Zweikammer-Parlament war in seinen Rechten durch die Existenz weitgehend autonomer Einrichtungen erheblich eingeschränkt. So war die Regierung nur dem *Tennō* verantwortlich. Die Zusammensetzung eines Kabinetts spiegelte auch nicht die Mehrheitsverhältnisse im Parlament wider, denn Wahlen wurden in der Regel erst nach der Einsetzung eines Kabinetts abgehalten. Bis in die zwanziger Jahre wurden die Premierminister von den *Genrō* bestimmt, in einem Klub zusammengeschlossene prominente Reformer der ersten Linie, die als Oligarchen weiterhin die Geschicke des Landes bestimmten. Die Macht des Premierministers wurde durch einen neugeschaffenen Staatsrat (*Sumitsuin*) eingeengt, der den *Tennō* beriet und über den die Bürokratie einen starken Einfluß auf die politische Entwicklung ausübte. Hinzu kam, daß sich das Militär weitgehend sowohl der Kontrolle des Parlaments als auch der Regierung entzog.

Auch die Militärs hatten das Recht, sich direkt an den *Tennō* als obersten Befehlshaber zu wenden. So war das Kaiserliche Hauptquartier im Chinesisch-Japanischen Krieg (1894/95), im Russisch-Japanischen Krieg (1904/05) und im Zweiten Weltkrieg (1937–1945) ausschließlich dem Kaiser verantwortlich. Von 1900 bis 1913 mußte der jeweilige Kriegsminister ein aktiver General sein. So gewann das Militär Einfluß auf nichtmilitärische Bereiche, auch wenn die *Meiji*-Verfassung die Trennung von Politik und Militär vorsah.

Das Parlament war ein Forum, auf dem sich Parteipolitiker profilieren konnten, auch wenn sie anfangs keinen Fuß auf den Boden bekamen. Aber nicht zuletzt ihre nationale Solidarität während des sino-japanischen Kriegs 1894/5 trug dazu bei, daß schließlich auch Parteipolitiker in die Kabinettsarbeit eingebunden wurden. 1900 gründete Ito Hirobumi, einer der prominentesten Reformer und Vater der japanischen Verfassung, seine eigene Partei, die *Rikken Seiyukai*. Der japanische Parlamentarismus hatte den Punkt erreicht, an dem er nicht weiter von der Mitwirkung an der Exekutive ferngehalten werden konnte. Auf der Woge der durch den Sieg über China (1895) und dann über Rußland (1906) ausgelösten nationalen Begeisterung suchten die Parteien politische Kompromisse mit der Regierung.

1912, im ersten Jahr der *Taishō*-Ära, trat die Debatte um die Rolle der Parteien in eine neue Runde ein. Der Armee-Minister, ein General, war zurückgetreten, da das Kabinett eine Erhöhung des Wehretats verweigerte. Damit erzwang das Militär den Rücktritt des gesamten Kabinetts, was von der Öffentlichkeit heftig kritisiert wurde. Nicht das Militär solle die Regierung kontrollieren, sondern der zivile Sektor das Militär. Als der *Tennō* dann auch noch einen militärfreundlichen neuen Premierminister ernannte, erfuhr die »Bewegung zum Schutz der konstitutionellen Regierung« einen weiteren Aufschwung. 1918 schließlich konnten die Parteien die Früchte ihres Bemühens ernten; in diesem Jahr wurde das erste Partei-Kabinett unter Führung von Hara Takashi von der *Rikken Seiyukai* mit den Regierungsgeschäften betraut.

Japan befand sich zu dieser Zeit auf den Weg in eine ernste wirtschaftliche Krise, da der Wirtschaftsboom des Ersten Weltkriegs zusammenbrach. 1921 wurde Hara Opfer eines Attentats. Und wieder waren es die *Genrō*, die die Premierminister der folgenden Kabinette bestimmten. Aber es bedurfte erst der Ernennung eines aristokratischen Kabinetts im Jahre 1924, um die Parteien zur Beilegung ihrer Differenzen zu bewegen. Drei Parteien einigten sich auf eine Koalition, an der auch Saionji, der letzte überlebende *Genrō,* nicht vorbeikam. 1924 wurde eine Phase normaler konstitutioneller Regierungen (*Kensei no jodo*) eingeläutet, die erst 1932 endete.

1926 war Kaiser Hirohito seinem Vater auf den Thron gefolgt. Er repräsentierte ein Land, dessen Bevölkerung von wirtschaftlichen Unruhen verunsichert war, dessen Militär sich zunehmend ultra-nationalistischer gebärdete und das durch seine Außenpolitik immer tiefer in eine außenpolitische Isolation verstrickt wurde. Der *Tennō* wurde in religiöser Verklärung als Verkörperung der japanischen Überlegenheit über seine Nachbarvölker verehrt.

Der aufgestaute nationale Fanatismus suchte seine Ventile. 1932 wurde Premier Inukai Tsuyoshi von der *Seiyukai* Opfer eines Attentats. Sein Kabinett sollte das letzte zivile Kabinett vor 1945 sein, denn angesichts der inneren und äußeren Krisen wurde ein autoritäres Kabinett unter dem Admiral Saito Makoto installiert. 1936 versuchten junge, ultranationale Offiziere einen Putsch und besetzten das Zentrum Tōkyōs. Drei Tage dauerte der Spuk, zurück blieb ein verunsichertes Volk, das zusehends unter den Einfluß der nationalistischen Propaganda geriet.

Im gleichen Jahr riß das Militär Japan in den Krieg gegen China und vertiefte seinen Einfluß auf die Regierungspolitik. Die Regelung von 1900 bis 1913, nach der der Kriegsminister ein amtierender General sein mußte, wurde wieder eingeführt. Die Außenpolitik bestimmte immer stärker die Politik der Regierung. Ziel war eine Hegemonie Japans über seine Nachbarn, eine neue Ordnung in Ostasien.

Im Juli 1940 bildete Prinz Konoe Fumimaro ein Kabinett, das die »Neue Struktur Bewegung« (*Shintaisei Undo*) auf ihre Fahnen geschrieben hatte und eine wirtschaftliche und politische Neuordnung anstrebte, die es Japan ermöglichen sollte, erfolgreich den Krieg gegen China zu bestehen und die »Neue Ordnung in Ostasien« vorzubereiten. Im Oktober 1941 trat Konoe wegen eines Konflikts mit dem Kriegsminister Tojo Hideki zurück, der sich weigerte, die Armee aus China und Französisch-Indochina zurückzuziehen. Tojo, ein Militär, wurde neuer Ministerpräsident. Im Dezember erklärte Japan den USA den Krieg.

Bis zur Kapitulation im August 1945 nutzten die Militärs »ihr« Kabinett lediglich dazu, alle Kräfte des Landes für den Sieg zu mobilisieren und zu koordinieren. Politik, die Alternativen aufgezeigt und verfolgt hätte, fand nicht statt. Die Militärs waren unfähig, von ihrem Kurs abzuweichen, auch als der Krieg unwiederbringlich verloren war. Schließlich, nach dem Abwurf der beiden amerikanischen Atombomben, war es der *Tennō*, der den Krieg gegen den Willen der Generäle beendete.

# Bibliographie

## Geographie


BOESCH, HANS, Japan, Braunschweig 1978.

FLÜCHTER, WINFRIED/NORBERT VON DER RUHREN, Japan. S II Länder und Regionen, Stuttgart 1994.

FLÜCHTER, WINFRIED, Ostasien. Japan, in: Bertelsmann Lexikothek Verlag (Hrsg.): Die Große Bertelsmann Lexikothek. Länder, Völker, Kontinente. Band 2, Europa und Asien, 1996, S. 388–393, 419–426.

SCHÖLLER, PETER, Japan, in: P. Schöller/H. Dürr/E. Dege (Hrsg.), Fischer Länderkunde Ostasien, Frankfurt 1978, S. 325–440.

SCHWIND, MARTIN, Das Japanische Inselreich, Band 1: Die Naturlandschaft, Berlin 1967. Band 2: Die Kulturlandschaft. Wirtschaftsgroßmacht auf engem Raum, Berlin 1981.

JAPAN, Zwei Themenhefte der Geographischen Rundschau: 36 (1984) 3 und 42 (1990) 4.


## Geschichte


BEASLEY, W. G., Japan. Geschichte des modernen Japan, Köln – Berlin 1964.

BERSIHAND, ROGER, Geschichte Japans von den Anfängen bis zur Gegenwart, Stuttgart 1963.

DETTMER, HANS A., Grundzüge der Geschichte Japans, Darmstadt 1965.

HALL, JOHN W., Das japanische Kaiserreich, Frankfurt a. M. 1968.

HAMMITZSCH, HORST (Hrsg.), Japan-Handbuch, Wiesbaden 1981.

KINDERMANN, GOTTFRIED-KARL, Der Ferne Osten, München 1970.

POHL, MANFRED, Japan, München 1991.

SAMSON, GEORGE, Kulturgeschichte Japans, München 1967.

SCHWEBELL, GERTRUDE C., Die Geburt des modernen Japan in Augenzeugenberichten, München 1981.

# Kapitel B:

# Politik

- Innenpolitik
- Außenpolitik

# Innenpolitik

## I. Japans Kaiserhaus: Eine moderne Monarchie, stark durch Tradition

Manfred Pohl

»Kaiserreich« Japan: die älteste Monarchie der Welt. Diese Feststellung ist zutreffend, wenn damit allein die Tatsache bezeichnet wird, daß seit über tausend Jahren an der (protokollarischen) Spitze des japanischen Staatswesens ein »himmlischer Herrscher« *(Tennō)* steht, in dessen Familie der Thron über die männliche Linie weitervererbt wird. Unzutreffend ist die Feststellung, wenn die wörtliche Bedeutung von »Monarch«, also »Alleinherrscher«, betont wird: Die japanischen *Tennō* haben nur äußerst selten wirkliche politische Macht ausgeübt.

Im öffentlichen Bewußtsein Japans pendelt heute die Wahrnehmung des *Tennō*, seiner Familie und des Hofes zwischen den Extremen: Gleichgültigkeit und begeisterter Zustimmung. Letzteres immer dann, wenn in kaiserlichen Festlichkeiten ebenso prächtige wie auch rätselhafte Zeremonien ablaufen: Es zeigt sich dann, daß jahrhundertealte Überlieferungen in einem supermodernen Industrieland lebendig sein können; modernste Technologie und beharrliches Festhalten an Traditionen sind in Japan kein Widerspruch. Die Trauerfeierlichkeiten für den verstorbenen *Shōwa-Tennō* (zu Lebzeiten: Hirohito) und das Thronbesteigungsfest (1989), im Jahre 1993 auch die Hochzeit des Kronprinzen lenkten die Aufmerksamkeit der Japaner (und der »Weltöffentlichkeit«) auf eine Institution, die angeblich Verkörperung Japans und seiner »Seele« schlechthin sein soll: Der *Tennō*, also der japanische »Kaiser«. Diese Interpretation ist bereits zu einem guten Teil reine Ideologie, denn so wollten die Architekten des modernen Japan im 19. Jahrhunderts die Institution erscheinen lassen, als sie darangingen, das Land in die Industrialisierung zu zwingen, und dazu eine Staatsideologie brauchten. Junge reformfreudige Lehensfürsten aus dem Südwesten Japans, die sich dem westlichen Imperialismus entgegenstemmen wollten, fanden in der jahrhundertealten Institution des *Tennō* ein Symbol, das sie zum Aufbau eines »modernen« Nationalbewußtseins nutzen konnten. Unter dem Schlagwort »Verehrt den *Tennō*, vertreibt die Barbaren!« wurde der Kaiser Meiji

1868 aus der ästhetischen Scheinwelt des Kaiserhofes von Kyōto geholt und in jene Stadt gebracht, die unter dem Namen Edo seit dem frühen 17. Jahrhundert das wahre Machtzentrum des Landes war; umbenannt in »Tōkyō« (östliche Hauptstadt) wurde sie jetzt zum politischen Kern eines zentralistischen Staatswesens.

Die Verfassung von 1889, die bis 1945 in Kraft war, bezeichnete den *Tennō* als »göttlich-heilig« und beschrieb ihn als höchste Gewalt im Staate. Tatsächlich aber taten alle *Tennō* seit 1868 nur das, was die japanischen Kaiser schon in früheren Jahrhunderten stets getan hatten: Sie legitimierten das politische Handeln anderer. Der Kaiser war nie als Persönlichkeit wichtig, vielmehr ging es allein um die Institution, in deren Namen jede Art von Gesetzgebung und von außenpolitischen Entscheidungen bis hin zu Kriegserklärungen verkündet wurden. Die Modernisierer Japans im 19. Jahrhundert nutzten damit die traditionelle Funktion des *Tennō*, der auch in früheren Epochen meist nur ein Faustpfand im Machtpoker einflußreicher Adelsfamilien gewesen war; die Machtkämpfe des japanischen Mittelalters tobten sozusagen nicht gegen oder für den *Tennō*, sondern UM ihn. Seit die Kaiserwürde vom 7. Jahrhundert an erblich geworden war, »regierte« der *Tennō* ein Gottkaiser-Reich, das im Staatsbewußtsein ganz konkret sein Eigentum war. Aber nur wenige Kaiser-Persönlichkeiten konnten sich von den Einflüssen mächtiger Familien des Hof- und Kriegsadels freimachen – und wirklich herrschen. Es gab *Tennō*, die zugunsten ihrer unmündigen Söhne abdankten und dann aus dem politischen Halbdunkel buddhistischer Klöster durch indirekte Herrschaft Politik machten; es gab Kaiserinnen, deren politischer Weitblick und starke Persönlichkeit schwächlichen *Tennō* zu historischer Größe verhalfen. In der Regel jedoch übten mächtige Adelsgeschlechter die Macht aus.

Die Institution »*Tennō*« war stets gekennzeichnet von Symbolen und Ritualen: Der rechtmäßige Kaiser mußte die Reichskleinodien Schwert, Juwelen und Spiegel vorweisen können; als Priesterherrscher hatte er im Jahreszyklus rituelle Handlungen der japanischen Ur-Religion, des *Shintō*, vorzunehmen, galt er doch in der Überlieferung der alten Reichsannalen aus dem 8. Jahrhundert als Nachfahre der Sonnengöttin Amaterasu O-mikami. Im 14. Jahrhundert kam es sogar zu einer Spaltung der Thronansprüche, es gab zwei Kaiserhöfe, und zwei *Tennō* konnten jeweils einen Teil der Reichskleinodien vorweisen; erst nach einem Bürgerkrieg erzwang eine Kriegerfamilie die Einheit des Thrones.

Im 19. Jahrhundert wurde die Priesterfunktion des *Tennō* durch kaiserliche Hausgesetze formalisiert, und unter dem Einfluß des Konfuzianismus wurde aus dem überlieferten *Shintō*-Glauben eine Staatsreligion, die den Kaiser zum Oberhaupt eines »Familienstaates« machte; dem *Tennō* war absoluter Gehorsam zu leisten. In der ideologischen Erziehung, die das gesamte Schulsystem durchzog, wurde den kaiserlichen Untertanen diese Pflicht unaufhörlich eingehämmert.

Die *Tennō* »regierten« das Land aus der vollständigen Abgeschlossenheit ihrer Paläste in Kyōto, später in Tōkyō; das gemeine Volk nahmen sie in der höfischen Umgebung vollendeter Raffinesse nicht wahr, so daß ihnen häufig auch beginnende Machtverschiebungen zwischen den Adelsfamilien entgingen. Diese hermetische Abgeschlossenheit des *Tennō* wurde seit dem 19. Jahrhundert von den politisch Mächtigen systematisch verfestigt; so konnte der Vater des jetzigen *Tennō* Akihito erstmals bei einem England-Besuch zu Beginn der zwanziger Jahre eine vollständige Zeitung in die Hand nehmen, vorher wurden ihm nur Presseausschnitte vorgelegt.

Die »Beaufsichtigung« des *Tennō* und seiner Familie wurde einer Institution übertragen, die es auch heute noch gibt: das Kaiserliche Haushof-Amt. Die erzkonservativen Bürokraten dieser Behörde wachen praktisch über das gesamte Leben der kaiserlichen Familie, und es hat der Mutter des jetzigen Kronprinzen zusammen mit seinem Vater Kaiser Akihito große Mühe gekostet, sich kleine persönliche Freiräume im Palast zu erkämpfen. Heiraten im Kaiserhaus lassen den Einfluß des Haushof-Amtes immer besonders deutlich werden: Die Kaiserin Nagako, Großmutter des Kronprinzen Naruhito, galt als nicht »ehewürdig«, weil in ihrer Familie angeblich Farbenblindheit erblich war; *Tennō* Hirohito setzte sich durch. Nur unter Mißbilligung des Haushof-Amtes konnte der jetzige *Tennō* eine Bürgerliche heiraten, sein Sohn folgte diesem Beispiel.

Japans Kaiserhaus löst sich also behutsam aus der Bevormundung, und diese neue Form der Monarchie erhöht ihre Popularität. Heute ist der *Tennō* nach der Verfassung von 1947 »Symbol Japans und der Einheit des japanischen Volkes«, auf die Göttlichkeit verzichtete Kaiser Hirohito (d. i. *Shōwa-Tennō*) schon kurz nach der Kapitulation 1945. Die Reisen des *Tennō*, die bei Auswahl der Reiseziele und im Verlauf vom Kronrat unter Vorsitz des Ministerpräsidenten festgelegt werden, sind heute die einzige Möglichkeit des *Tennō*, mit Zustimmung der Regierung politische Akzente zu setzen. Seine Reise nach Okinawa, wo 1945 blutige Bodenkämpfe mit US-Invasionstruppen stattfanden, brachte die innere Aussöhnung voran; die Reisen nach Südostasien und China (1991, 1992) wurden in den Nachbarländern Japans als Zeichen der Versöhnung nach außen gewertet – obwohl der *Tennō* nirgendwo die erwartete förmliche Entschuldigung für japanische Kriegsgreuel aussprach.

Unverändert bleibt auch heute noch die traditionelle japanische Zeitrechnung nach den Ära-Devisen der *Tennō*: Jede Regierungszeit erhält eine Devise, die des jetzigen *Tennō* heißt »Heisei« (etwa: Den Frieden schaffen), und weil der heutige *Tennō* 1989 in sein Amt eingesetzt wurde, lebt die Welt nach japanischer Zeitrechnung 1998 im Jahre Heisei 10 (Rechnung: 1989 plus zehn, aber minus eins, d. h. ein »Schwangerschaftsjahr« wird traditionell abgezogen). Generationen sind seit dem letzten Jahrhundert bis heute mit dem scheinbar unverrückbaren Symbol Japans, dem *Tennō*, aufgewachsen. Die US-Besatzungsmacht tat gut daran, den damaligen Kaiser Hirohito nicht als Kriegsverbrecher vor Gericht zu stellen – sie gewann einen treuen Verbündeten im Kalten Krieg. Aber es mußte ein hoher Preis gezahlt werden: Mit dieser Entscheidung wurden Tausende von japanischen Kriegsverbrechern entlastet, die ihre Taten im Namen des *Tennō* verübt hatten; Japans Vergangenheit ist noch nicht aufgearbeitet.

*Tennō* Akihito und seine Familie sind populär, ein ganzes Volk nimmt Anteil an den Geschehnissen im Kaiserhaus, Probleme anderer Monarchien der Welt gibt es offiziell in Japan nicht oder genauer: Die Medien berichten nicht darüber. Auch Kronprinz Naruhito wird mit seiner Gattin Sadako eines Tages den Thron besteigen. Die Zukunft der japanischen »Monarchie« ist gesichert.

# II. Zur Politik in Japan: Von der »Einparteien-Demokratie« zum Zweiparteien-System?

Manfred Pohl

## 1. Entstehung und formale Struktur des politischen Systems

Zu Beginn der wirtschaftlichen Modernisierung des Landes in der zweiten Hälfte des 19. Jahrhunderts umfaßte die Bevölkerung Japans 34 Mio. Menschen; hundert Jahre später hat sich die Einwohnerzahl mit 124,76 Mio. mehr als vervierfacht, mit einer durchschnittlichen Bevölkerungsdichte von 337,6/km$^2$ (1996); für das Jahr 2035 rechnet die japanische Regierung mit einer Einwohnerzahl von 133,2 Mio. Nur ca. 15 % der gesamten Landfläche können als Ackerland, für Industrieansiedlung und die Ausbreitung städtischer Wohngebiete genutzt werden; 42 % der japanischen Bevölkerung lebt in hochverdichteten Gebieten. So erreicht die Zusammenballung der Bevölkerung in Tōkyō 11 544 Einwohner/km$^2$ und in Ōsaka 9 861/km$^2$.

Die Japanische Verfassung (JV) wurde 1947 unter maßgeblicher Beteiligung der US-Besatzungsbehörden erarbeitet und ist in vielen formaldemokratischen Grundsätzen durch amerikanisches Rechtsempfinden geprägt, das sich nicht mit traditionellen japanischen Normvorstellungen deckt (Beispiel: Verpflichtungsdenken und persönliche Beziehungen/Gruppenloyalität überwiegen noch immer formale Rechtsnormen). Wichtigste Veränderungen der neuen JV gegenüber der Vorkriegsverfassung – abgesehen von der grundsätzlichen Demokratisierung – waren das aktive und passive Wahlrecht für die Frauen und die politische Entmachtung des Kaisers. Die Vorkriegsverfassung hatte dem Kaiser *(Tennō)* eine gottähnliche Position zugewiesen, die neue JV bezeichnet ihn nur noch als »Symbol Japans und der Einheit des japanischen Volkes«. Seine Funktion ist nach der JV auf formale Aufgaben beschränkt; so eröffnet er die Parlamentssitzungen, ernennt nach Wahl durch das Parlament den Regierungschef sowie die Minister und zeichnet Gesetze gegen, die er jedoch nicht stoppen kann.

Die JV entstand in einer Zeit, als viele Stadtbewohner wegen schwerer Luftangriffe in ländliche Gebiete ausgewichen waren. So konnten die Verfassungsrechtler von einer ausgewogenen Bevölkerungsverteilung ausgehen, als sie die neuen Wahlkreise festlegten. In den siebziger und achtziger Jahren zeigte sich jedoch, daß sich die Bevölkerungsverteilung durch zunehmende Landflucht völlig verändert hatte: Jetzt besaßen die »ländlichen« Stimmen ein erheblich höheres Gewicht als die »städtischen« Stimmen; in den vorwiegend dörflich strukturierten

Wahlkreisen waren sehr viel weniger Stimmen für ein Mandat nötig als in den Großstädten. Diese Diskrepanz – neben dem wachsenden Zorn über die allmächtige Bürokratie (s. u.) – war der wichtigste Antrieb für die Reformen von 1994.

Das japanische Parlament besteht aus zwei Kammern, dem politisch entscheidenden Unterhaus (*Shugiin*) und dem Oberhaus, der »Kammer der Berater« *(Sangiin)*. Die Legislaturperiode des Unterhauses läuft theoretisch über vier Jahre, aber der Regierungschef (Ministerpräsident) hat nach englischem Vorbild das Recht, vorzeitig das Unterhaus aufzulösen und Neuwahlen anzusetzen. Die 512 Unterhaus-Abgeordneten wurden bis 1994 in Mehrerwahlkreisen nach einem reinen k.o.-System (d. h. ohne Element der Verhältniswahl) bestimmt; dabei strebten alle Parteien eine gleichmäßige Verteilung ihres Stimmenpotentials auf möglichst viele Bewerber an: Stimmenzersplitterung durch zu viele Bewerber und Stimmenhäufung auf populäre Einzelkandidaten sollten vermieden werden, sonst zogen Gegenkandidaten vorbei. Der Wahlerfolg einzelner Kandidaten stützte sich auf die sog. *Sanban*, die drei *Ban*: eine eigene Hochburg (*Chiban*) – meist in der Heimatprovinz –, ein bekanntes Gesicht (*Kanban*) und eine wohlgefüllte Börse für substantielle Wohltaten (*Kaban*); Unterstützung durch eine Partei war bis 1994, als grundlegende politische Reformen in Kraft traten, weniger wichtig. Fast stets hatten Japans Regierungschefs (mit einer Ausnahme 1972–76) vorzeitig das Unterhaus aufgelöst. Dies ist häufig der letzte Rettungsversuch eines gescheiterten Regierungschefs, er »flüchtet« sich dann sozusagen zu den Wählern, um ihr unterstützendes Votum gegen seine politischen Gegner im Parlament (und in der eigenen Partei) anzurufen.

## a. Die Reformen von 1994

Diesen Schritt wagte im Juli 1993 auch der damalige Regierungschef Kiichi Miyazawa, nachdem er in einem Mißtrauensvotum unterlegen war. Da es in Japan kein konstruktives Mißtrauensvotum gibt, blieb ihm dieser »Fluchtweg« offen. Es war ein Weg in die politische Katastrophe: Miyazawa erlitt eine verheerende Niederlage, während eine Reihe »neuer« Parteien, die aus Abspaltungen von der Regierungspartei LDP hervorgegangen waren, unter dem charismatischen Reformer Morihiro Hosokawa hervorragende Ergebnisse erzielte. Die LDP mußte erstmals seit ihrem Bestehen in die Opposition. Die LDP (Liberal-Demokratische Partei) hatte von 1955 bis 1993 unangefochten das Regierungsmonopol besetzt, und erst innere Spaltungen verursachten ihren Sturz aus der Macht. Von 1993 bis 1994 regierten wechselnde Koalitionen, zuletzt auch wieder eine absurde Koalition aus der LDP und ihren erbitterten Gegnern: den Sozialisten, zusammen mit einer kleinen Splitterpartei (*Sakigake,*die auch aus der LDP hervorgegangen war). Die kurze Zeit, in der die Sozialisten zusammen mit der LDP in einem Koalitionskabinett waren, läutete endgültig ihren Niedergang ein.

Nach grundlegenden Wahlrechtsreformen von 1994 werden heute 500 Unterhausabgeordnete in 300 Einer-Wahlkreisen (Direktmandate) und 200 Listenplätzen gewählt. Diese Listenplätze verteilen sich auf 11 Regionallisten, die geographisch so festgelegt wurden, daß ein ungefähres Stimmengleichgewicht zwischen »ländlichen« und »städtischen« Stimmen entstand. Zum ersten Mal wurde im Oktober 1996 nach diesem System gewählt; vielen japanischen Wählern aber war dieses neue System nicht geheuer: Die Tatsache, daß ein Politiker, der als Direktkandidat durchgefallen war, über einen Listenplatz doch ins Parlament einziehen konnte, galt vielen als Betrug am Wähler.

Die 252 Oberhaus-Mitglieder werden in festen Wahlperioden bestimmt, je eine Hälfte alle drei Jahre. Diese zweite Kammer hatte ursprünglich keine rechte Funktion, weder war sie »Adelshaus« noch »Länderkammer« (vgl. Bundesrat). Alle Gesetze müssen auch vom Oberhaus gebilligt werden, mit Ausnahme des Haushaltsgesetzes und internationaler Verträge. Ein Widerspruch des Oberhauses gegen ein Gesetz kann jedoch durch das Unterhaus überstimmt werden. Nach Möglichkeit aber sucht die Regierungspartei den Kompromiß; dieser Ausgleichsprozeß ist seit Juli 1989 sehr schwierig geworden: Volkszorn über Steuergesetze und tiefsitzende Korruption in der Regierungspartei verschafften der vereinigten Opposition erstmals eine Mehrheit im Oberhaus. Damit hatte diese Kammer ein deutlich größeres politisches Gewicht bekommen.

## b. Soziale und politische Hintergründe der »Einparteien-Demokratie«

In der hochentwickelten Industriegesellschaft Japans bevorzugte das System der Wahlkreise bei den Unterhauswahlen bis zu den Reformen 1994 einseitig ländliche Gebiete. Rasche Industrialisierung, hoher Arbeitskräftebedarf und Landflucht hatten riesige städtische Ballungszentren entstehen lassen, aber die dicht bevölkerten Großstadt-Wahlkreise entsandten nicht mehr Abgeordnete als die dünn besiedelten ländlichen Stimmbezirke: Im vorwiegend agrarischen Hyōgo brachten z. B. 80 000 Stimmen einen Unterhaussitz, dagegen waren in Tōkyō 280 000 Stimmen nötig. Trotz höchstrichterlicher Urteile und wachsenden Unmuts in der städtischen Wahlbevölkerung war bis 1993 keine grundlegende Wahlkreis-Reform verwirklicht worden. Der Grund lag auf der Hand: In den ländlichen Gebieten hatte die LDP ihre Hochburgen.

Die alten Oppositionsparteien stützten sich dagegen auf städtische Wähler, die mehrheitlich gegen die LDP stimmten. Entscheidende Einbrüche in neue Wählerschichten konnte die Opposition bis 1993 selten erzielen, weil ihre Programme entweder wirklichkeitsfremd waren (SDPJ) oder zu sehr auf bestimmte Wählergruppen zielten (Buddhisten). Seit die Sozialdemokraten (SDPJ, stärkste Oppositionspartei) von ihrem marxistisch-leninistischen Grundsatzprogramm (u. a. auch Neutralisierung Japans, Verstaatlichungen usw.) abgerückt waren, gelangen ihnen erste Erfolge auch »auf dem Lande«; schließlich konnte die SDPJ unter Führung einer Frau, der Parteichefin Takako Doi, viele Wählerinnen ansprechen. Die so erreichten eindrucksvollen Zugewinne bei den Oberhauswahlen 1989 wurden in den folgenden Unterhauswahlen 1990 zwar nicht ganz gehalten, aber die SDPJ konnte ihre Fraktionsstärke kräftig erhöhen; es folgten dann aber Rückschläge für die SDPJ in den Unterhauswahlen von 1993, als sie gegen eine tief gespaltene LDP antreten mußte. In den Unterhauswahlen 1996 schließlich endete die SDPJ in der Bedeutungslosigkeit, die Ergebnisse waren so katastrophal, daß nur ein Weg noch offen schien: Es wird an Auflösung gedacht, einzelne Parteigruppierungen wollen sich neu entstandenen Parteien anschließen – eine Veränderung in der Parteienlandschaft beginnt.

Die japanische Opposition mußte stets gegen mächtige, fest etablierte Interessen antreten: Die Regierungspartei unterhielt einerseits engste Beziehungen zu den Wirtschaftskreisen, deren Spendenaufkommen die LDP und ihre konservativen Bosse finanzierten (es gab kein Parteienfinanzierungsgesetz, nur ein »Spendengesetz«); andererseits bestanden enge Kontakte zwischen den Elite-Beamten der zentralen Ministerien (MITI [*Ministry of International Trade and Industry*], Finanzen) und konservativen Parteipolitikern; viele hochrangige Beamte finden nach ihrer Pensionierung (meist mit 55 Jahren) den Weg in die Politik: Mit einer Ausnahme waren alle Regierungschefs von 1970–91 ehemalige Spitzenbeamte verschiedener Ministerien. Andere Spitzenbeamte »steigen vom Himmel herab« (*Amakudari*) und erhielten hochdotierte Positionen in der Wirtschaft – der Beziehungskreis schließt sich.

Seit 1989 gewann aber auch die »Provinz« zunehmend Einfluß: Zwar haben die Gebietskörperschaften (47 Provinzen/Präfekturen) weit weniger politische Gestaltungsmöglichkeiten als z. B. die deutschen Bundesländer, aber die Provinzparlamente sind für viele Politiker zum ersten Karrieresprungbrett geworden. Über den schier grenzenlosen Geldbedarf konservativer Politiker liefen die Verbindungen zur Wirtschaft: Sie spendete, aber nicht so sehr an die Parteizentrale der LDP, sondern an die Faktionen, also jene innerparteilichen Gefolgschaften mächtiger Parteibarone, deren Bündnis die LDP bildete. Die Faktionsbosse schoben untereinander den Posten des Parteichefs – und damit das höchste Regierungsamt des Ministerpräsidenten – hin und her; das brachte häufige Ablösungen an der Partei- und Regierungsspitze mit sich, Ministerpräsidenten blieben selten länger als drei Jahre im Amt, die »Verweildauer« von Ministern betrug durchschnittlich 15–18 Monate. Der Zugriff auf die innerparteiliche Macht entschied sich nach Faktionsstärke (d. h. Unterhaus- und Oberhausabgeordnete), und die war wiederum an die finanzielle Leistungsfähigkeit eines Faktionsbosses gebunden. Die Oppositionsparteien konnten bei dem Spendensegen aus der Wirtschaft nicht mithalten: sie waren auf Mitgliedsbeiträge (KPJ), Spenden von Gewerkschaften (SDPJ) und Beiträge religiöser Massenorganisationen *(Kōmeitō)* angewiesen.

## 2. Traditionelle Werte in der japanischen Politik: Verpflichtungsdenken und »Gefolgschaftstreue«

Für den hohen Geldbedarf in der japanischen Politik sind diese Traditionen zugleich Auslöser und Zweck; gegenseitige Verpflichtungen zwischen Politikern, aber auch zwischen Politikern und ihren Wählern lassen sich stets auch in finanzielle Abhängigkeiten übersetzen. Die Parteibarone in der LDP stützten ihre Machtansprüche auf die Zahl ihrer Gefolgsleute in beiden Kammern des Parlaments; diese wiederum wurden durch finanzielle Großzügigkeit zur Gefolgschaftstreue bewogen. Es ist keineswegs so, daß die Loyalität zwischen den Parteibossen und ihren Gefolgschaften auf einem in die moderne Politik übersetzten Lehensherr-Lehensmann-Verhältnis aufbaute, also »feudalistisch« war, sondern die innerparteilichen Machtgruppen

(*Habatsu*, Faktionen) verbanden primär der gruppeninterne Informationsfluß und das Finanzaufkommen. Bis 1994 konnte die Parteizentrale der LDP ihren nominierten Kandidaten keine ausreichenden Mittel für den Wahlkampf und die »Wahlkreispflege« zur Verfügung stellen, diese Mittel mußten von den Faktionsbossen kommen. Auch eine staatliche Parteienfinanzierung gab es nicht, so daß auch von dieser Seite die Gefolgschaften einzelner, einflußreicher Politiker aus finanziellem Interesse zusammengezwungen wurden. Das Einsammeln politischer Spenden aus der Wirtschaft, die Hauptfinanzierungsquelle für politische Arbeit, war die wichtigste Aufgabe eines LDP-Parteibarons, deshalb waren für jeden Spitzenpolitiker der LDP engste Kontakte zu Unternehmen und Wirtschaftsverbänden lebenswichtig. Denn die angeblich auf Loyalität aufgebauten Faktionen zerfielen stets in dem Moment, in dem der Faktionschef z. B. durch Korruptionsvorwürfe »insolvent« wurde. Japans Unternehmen zogen sich sofort von jenen Politikern zurück, die negativ in die Schlagzeilen geraten waren; sie erhielten keine Spenden mehr. Auch der einzelne Politiker steht persönlich unter dem Druck der Erwartungshaltung seiner Klientel im eigenen Wahlkreis: Die *Kaban*, also die weit geöffnete Tasche mit den substantiellen Wohltaten, war immer sprichwörtliche Voraussetzung für den Wahlerfolg. Funktionierte diese Freigiebigkeit, konnten auch Skandale in Tōkyō die Wiederwahl prominenter Politiker in ihrer Heimat nicht verhindern: Der korruptionsbelastete ehemalige Regierungschef Takeshita wurde als Unabhängiger 1993 in seiner Heimat wiedergewählt, und der mehrfach verurteilte frühere Ministerpräsident Tanaka wurde nach jeder Verurteilung unbeirrt von seinen Landsleuten wiedergewählt.

Hier wird das Phänomen des Verpflichtungsdenkens erkennbar: Tanaka hatte für seine Heimatprovinz Niigata substantielle Vergünstigungen erwirkt: Straßen, Brücken, Schulen, eine Schnellbahnlinie usw. – jetzt fühlten sich die Wähler verpflichtet, diese Leistungen zu vergelten. Solange zu erwarten ist, daß die Unterstützung für die Familie Tanaka materielle Vorteile bringt, wird man zu den Tanakas stehen. Noch lange nach Tanakas Tod zeigte sich die Loyalität: Seine Tochter wurde im Wahlkreis ihres Vaters immer wiedergewählt. Gleiches galt für Takeshita, der seine Heimat ebenfalls mit großzügigen öffentlichen Bauaufträgen versorgte. Diese Verpflichtungsbindungen aber halten nur so lange, wie sie finanziell abgesichert sind; das gilt für die Beziehungen einzelner Parlamentarier zu ihren Parteibaronen in den Faktionen wie auch für den einzelnen Politiker zu seiner Wählerschaft. Die Bedeutung des Gruppendenkens, das ja auch auf diesem Verpflichtungssystem gründet, sollte also nicht überschätzt werden, finanzielle (materielle) Werte prägen den »Gruppismus« in Japan weit stärker, als es die Rezeption der Gruppentheorie in Europa wahrhaben möchte. Es gibt daneben aber Gruppenphänomene, die ihre emotionale, soziale und materielle Grundlage vielleicht in spezifisch japanischen Voraussetzungen haben.

Die Spaltungen in der LDP, die prominente und weniger bekannte Politiker aus der ehemaligen Regierungspartei 1993/94 in neue Parteien wie *Shinseito,* Neue Japan Partei oder *Sakigake* führte, hatten tiefgreifende Auswirkungen auf die früher festgefügten Machtbasen dieser Politiker. In Erwartung der Kämpfe um Direktmandate begannen sich schon lange vor Inkrafttreten der Neuerungen geänderte Basisgruppen einzelner Politiker herauszubilden. Stets waren »ein bekanntes Gesicht« *(Kanban)* und die lokale Machtbasis *(Chiban)* ausschlaggebend für einen Wahlerfolg, daran wird sich auch unter einem geänderten Wahlrecht zumindest bei den Direktmandaten nicht viel ändern.

Für die neuen Parteien lagen die Probleme einer Basisorganisation (Unterstützergruppen) nicht so sehr in den Städten, sondern in den ländlichen Gebieten: Zum einen verfügte die Alt-LDP dort noch über starke Stützpunkte, zum anderen war es für konservative Newcomer schwierig, in die jahrelang gewachsenen persönlichen Beziehungsgeflechte einzudringen – und diese waren natürlich auch für die Besetzung von Direktmandaten ausschlaggebend.

## a. Familismus, Regionalismus und Universitätscliquen

Die Finanzkraft der Faktionsbosse hält (oder hielt?) die Machtgruppen der LDP zusammen; Verpflichtungen waren also finanziell abgesichert. Die gleiche finanzielle Bindung gibt es auch zwischen dem einzelnen Politiker und seinem Wahlkreis, aber hier kommt ein weiteres Element hinzu: Japans Politiker sind in ihrer großen Mehrheit regional verwurzelt und stammen zu einem erstaunlich hohen Prozentsatz aus Politiker»dynastien«. Hier wirken sich die beiden anderen Voraussetzungen für einen erfolgreichen Politiker in Japan aus: Das bekannte Gesicht, also die Zugehörigkeit zu einer örtlich angesehenen Familie *(Kanban)*, und die regionale Machtbasis (*Chiban*). Der Familismus ist der Grund dafür, daß Wahlkreise regelrecht vererbt werden. Der politische Regionalismus stärkt im Regierungszentrum Tōkyō zugleich ein parlamentarisches Phänomen, das im politischen Entscheidungsprozeß stets eine entscheidende Rolle spielte und auch nach den Wahlen von 1993 und 1996 von zentraler Bedeutung bleiben wird, die sog. *Zoku Giin,* d. h. Mitglieder parlamentarischer »Stämme«. Diese *Zoku Giin* bilden die »innere Lobby« für Partikularinteressen und sind faktionsübergreifend organisiert. Parlamentarier verschiedener LDP-Machtgruppen vertreten dabei in der Partei und im Parlament gemeinsam z. B. die Interessen von Bauern oder einzelnen Industriesektoren. Die *Zoku* sind deswegen die wirkungsvollsten Vermittler für die äußere Lobby – aber auch für die Ministerialbürokratie, die auf diesem Wege die Interessen »ihrer Häuser« gegenüber der Politik wahrnimmt. Das verbindende Element zwischen Bürokratie und Politik ist dabei sehr oft im gemeinsam erlebten Studium der wichtigsten Repräsentanten zu sehen: Die sog. *Gakubatsu* (etwa »Studien- oder Universitätscliquen«) finden sich in den Jahrgängen der Spitzenuniversitäten zusammen und halten ein Leben lang, auch nachdem ganz unterschiedliche Lebenswege beschritten wurden. Besonders auffällig ist das bei der Rolle der ehemaligen kaiserlichen Universität von Tōkyō (Tōdai) und den Bürokratieapparaten; hier wird das vielleicht »japanischste« Phänomen erkennbar.

### *Facherfahrung und Beziehungsgeflechte: Verwaltete Politik*

Als Beispiel kann die Zusammensetzung des Miyazawa-Kabinetts von 1991 dienen: Von den 21 Ministern des Miyazawa-Kabinetts waren sechs Absolventen der Elite-Universität Tōdai, drei Kabinettsmitglieder studierten an der Waseda-Universität, je einer ist an Keio und Hitotsubashi ausgebildet worden, sämtlich hoch angesehene Privatuniversitäten. Dennoch dominierte – wie immer – die Tōdai-Elite, angeführt von Regierungschef Miyazawa selbst. Die beiden traditionellen Karrieremerkmale von Spitzenpolitikern, Tōdai-Ausbildung und Bürokratenlaufbahn, waren zwar im Miyazawa-Kabinett noch immer deutlich, aber noch ein anderes Merkmal war auffällig: Sechs Minister begannen ihre politische Karriere in einem der Provinzparlamente *(Ken Kaigi)*, nicht zuletzt der Außenminister, der eine zentrale Rolle im Kabinett spielt: ein Beispiel für den wachsenden Einfluß des Regionalismus auf die nationale Politik?

Die Initiativen einiger japanischer Spitzenpolitiker zu Beginn der neunziger Jahre zeigten zumindest Bemühungen, das Übergewicht von Absolventen der Tōkyō-Universität (Tōdai) zurückzudrängen. So schlug der damalige Kabinettsekretär Kato (1991) ein Programm vor, das für die kommenden fünf Jahre eine Reduzierung des Anteils von Nachwuchsbürokraten für alle Ministerien aus Tōdai-Absolventen auf unter 50 % drücken sollte. Anfang 1992 waren zwar unter den erfolgreichen Kandidaten der Aufnahmeprüfungen des höheren Dienstes für Ministerien und Zentralbehörden ca. 50 % keine Tōdai-Absolventen, aber bei den Übernahmen nach den Prüfungen lag die Tōdai mit ihren Zöglingen bei über 70 %. Das Kabinett strebte deshalb ein Verfahren an, das die Übernahmequote von Absolventen anderer Universitäten erhöhen sollte. Diese Politik war angeblich auf die persönliche Intervention Miyazawas zurückzuführen: Der Ministerpräsident selbst versuchte, durch die Anweisung an die Ministerien die überstarke Bedeutung von Tōdai-Absolventen bei der Nachwuchsrekrutierung zurückzuschrauben. Er sah offenbar in dieser Fixierung auf die Tōdai einen wesentlichen Hinderungsgrund für die Umsetzung seines Zieles, Japan innerhalb von fünf Jahren zu einer »Großmacht der Lebensqualität« zu machen. Ein neuer Wertepluralismus sei erforderlich, forderte er; deshalb solle das bestehende Übergewicht von Tōdai-Absolventen abgebaut werden. Alle Kabinettsmitglieder, auch die Tōdai-Absolventen, unterstützten Miyazawas Pläne; vor allem die Provinzuniversitäten sollten mit ihren Absolventen bessere Chancen erhalten.

Als ersten Schritt gab die Zentrale Personalbehörde bekannt, daß in Zukunft (mit Wirkung 1992) verstärkt Bewerber mit einer anderen als juristischen Vorbildung zu den Prüfungen zweiten Ranges (i.e. gehobene Laufbahn) zugelassen werden sollten; bevorzugt werden Bewerber mit Diplomen in Englisch oder Betriebswirtschaft. Für die Prüfungen zum mittleren Dienst sollten jetzt auch verstärkt Absolventen von Oberschulen und Colleges zugelassen werden, wobei die Altersgrenze auf bis zu 25 Jahren angehoben wurde.

Aber es ist zweifelhaft, ob die überproportionale Repräsentanz von Tōdai-Studenten in der eng verflochtenen, clubartigen Kleingruppe der höchstrangigen Bürokraten abgebaut werden kann. Mitte 1991 unterzogen sich 14 836 Bewerber den Bürokratenprüfungen, nur 508 bestanden – und von ihnen wurden schließlich 310 für den Ministerialdienst übernommen. Obwohl erfolgreiche Bewerber in den rigorosen Prüfungen nur zu 50 % von der Tōdai kommen, stellt z. B. das MITI grundsätzlich über 70 % seines Spitzennachwuches von der Tōdai[1] ein, im Schnitt sind bei allen Neueinstellungen der Ministerien 60 % Tōdai-Absolventen. 1991 be-

1 Rund 70 % der Bürokraten im Finanzministerium, im MITI sowie in den Ministerien für Bauwesen, Verkehr, Inneres, Landwirtschaft, Wirtschaftsplanungsamt und sogar in der Nationalen Polizeibehörde stammen von der Tōdai. »Tōdai Grads Maintain Grip on Bureaucracy«, in: Tōkyō Business Today, 7/1992, S. 58/59.

standen 24 Kandidaten die harten Prüfungen für das Finanzministerium – 22 kamen von der Tōdai.

Die Pläne Miyazawas, daß Ministerien in fünf Jahren die Übernahme von Tōdai-Absolventen unter 50 % drücken sollten, wurden von den japanischen Medien mit zynischen Kommentaren begleitet: Um das durchzusetzen, müßten die Spitzenbeamten selbst mitarbeiten, und sie sind gerade an der Aufrechterhaltung ihrer Tōdai-Stammesgemeinschaft interessiert, hieß es. Nicht wenige Elitebürokraten taten Miyazawas Plan als plump populistischen Akt ab: Der Regierungschef wolle um Sympathie unter der riesigen Bevölkerungsmehrheit werben, die ihre Kinder eben nicht auf die Tōdai schicken können. Auch das Koalitionskabinett Hosokawa, das die LDP-Regierung 1993 ablöste, zählte acht Tōdai-Absolventen, darunter die Minister der Schlüsselressorts Justiz, Finanzen und Wissenschaft.[2]

## 3. Reformen der politischen Finanzen

Es wird gern abgestritten, daß westliche Demokratien längst von Berufspolitikern geprägt sind, denn irgendwie ist die »politische Klasse« der professionellen Politiker anrüchig. In den meisten parlamentarischen Systemen Europas wird die Fiktion aufrecht erhalten, daß Parlamentarier nach Verlust ihres Mandats reibungslos in ihre früheren Berufe zurückwechseln könnten – das ist jedoch fast nur bei Beschäftigungsgarantie in bestimmten Berufsgruppen möglich, vor allem also z. B. bei Berufsbeamten im deutschen parlamentarischen System.

In Japan dagegen hat die Öffentlichkeit grundsätzlich akzeptiert, daß die Politik von Berufspolitikern umgesetzt wird, die ihre Mandate in vielen Fällen »erben« und dann bis zum Ruhestand Politiker bleiben. Die Öffentlichkeit hat diese Entwicklung zwar akzeptiert, aber mit erheblichem Zynismus; das Ansehen der politischen Klasse ist auch in Japan sehr niedrig. Diese Tatsache ist zu berücksichtigen, wenn man die Verknüpfung von Geld und Politik in Japan – und die Reformen dieser Beziehung – betrachtet.

Die gesamte Nachkriegsgeschichte Japans ist durchzogen von Bestechungsskandalen, in die fast immer führende LDP-Politiker verwickelt waren; nicht immer allerdings flossen die Gelder, die diese Politiker erhielten, in die eigenen Taschen. In den meisten Fällen lief eine Art »finanzielles Recycling« ab, durch das politische Spenden bis hin zu echten Bestechungsgeldern in die Wahlkreise zurückgeleitet wurden. Hauptproblem bei politischen Spenden in Japan war lange die unklare Rechtslage, die es Politikern ermöglichte, hohe Spendensummen durch Aufteilung in Einzelraten an der Offenlegungspflicht vorbei (und natürlich auch an den Steuerbehörden) einzunehmen. Erst energische Recherchen der Steuerfahndung konnten solchen Mißbrauch aufdecken.

Mit den Reformen von 1994 wurde auch das System der Finanzierung von Politik und Politikern grundlegend überarbeitet. Schon nach Maßgabe eines Gesetzes, das 1992 verabschiedet worden war, müssen Japans Parlamentarier beider Häuser

2 Nihon Keizai Shimbun, 12. 5. 93; Asian Wall Street Journal, 15. 5. 93.

regelmäßig ihre Vermögensverhältnisse offenlegen; dazu gehören Diäten, Einnahmen aus Privat- und Geschäftsvermögen, Dividenden sowie Einnahmen aus Grundbesitz (letzteres in der Öffentlichkeit besonders beachtet). 687 Abgeordnete hatten z. B. 1993 nach den veröffentlichten Zahlen im Durchschnitt 30 Millionen Yen (ca. DM 420 000) Einnahmen pro Jahr. Die höchsten Einnahmen hatten Parlamentarier der *Shinseitō* (ehemalige LDP-Politiker) mit durchschnittlich 50,4 Mio. Yen (ca. DM 705 600) jährlich. Auf Platz 2 folgte die Rest-LDP mit 34,8 Mio. Yen jährlich, *Kōmeitō* mit 25,5 Mio. Yen/Jahr, DSP mit 24,1 Mio. Yen und zuletzt die KPJ-Abgeordneten mit noch 21,4 Mio. Yen. Ministerpräsident Miyazawa bezog 44 Mio. Yen, darunter Einnahmen aus Grundbesitz und Dividenden. Das Durchschnittseinkommen von Parlamentariern entspricht damit in etwa der Vergütung eines stellvertretenden Vorstandsvorsitzenden eines Unternehmens mit 3 000 Beschäftigten und einem Unternehmenskapital von 10 Mrd. Yen. Die Einnahmen entsprechen weiter in etwa dem Vierfachen der Jahresvergütung eines abhängig beschäftigten Arbeitnehmers. In der LDP stand 1993 der frühere Außenminister Watanabe mit Jahreseinkünften von 110,96 Mio. Yen an der Spitze; die meisten dieser Einkünfte stammten aus seiner Tätigkeit als Steuerberater.[3]

Seit 1994 müssen japanische Politiker alle Spenden, die an Einzelpersönlichkeiten fließen und mehr als umgerechnet DM 100,– betragen, den zentralen Wahlbehörden und dem Finanzamt melden; der Spendenbetrag für Parteien und Spendensammel-Organisationen, die Mittel an mehrere Politiker ausschütten, liegt deutlich höher. Zuwiderhandlungen werden mit Verlust des Mandats und Verbot zur Kandidatur auf fünf Jahre geahndet. In Zukunft erhalten die Parteien eine staatliche Parteienfinanzierung, die an die Zentralen – und nicht an einzelne Politiker – fließt. Aber auch diese Regelung erweist sich als problematisch: Anfang Dezember 1995 hatte das Parlament eine Bestimmung im neuen Parteienfinanzierungsgesetz aufgehoben, nach der in einem Jahr Parteien nur zwei Drittel der Einnahmen aus dem Vorjahr (Kalenderjahr) an öffentlichen Subventionen erhalten dürfen. Nach dem ursprünglichen Gesetzentwurf hatten alle Parteien sich verzweifelt bemüht, das 1,5fache an Spenden hereinzubekommen, um nach der Zwei-Drittel-Regelung immer noch ohne Einbußen an Zuwendungen herauszukommen. Schärfste Kritiker der Obergrenzen-Regelung waren kleinere Parteien, aber auch die SDPJ. Beobachter der jüngsten Entwicklung zeigten sich besorgt, wie schnell die Abgeordneten mit der Obergrenzen-Regelung Schluß gemacht hatten: Die Gefahr sei groß, daß durch die wachsende Abhängigkeit der Parteien von staatlicher Finanzierung die Druckmöglichkeit der Regierung auf die Parteien zunehmen könnte – Wohlverhalten gegen Finanzen. Die KPJ wies darauf hin, daß durch das neue System Steuerzahler gezwungen seien, indirekt – durch die Steuer – Parteien zu finanzieren, die sie nicht stützen wollten.

Aber die japanischen Politiker haben auch sehr hohe feste Ausgaben: Im Mai 1992 wurden z. B. die jährlichen Ausgaben von 29 LDP-Abgeordneten veröffentlicht, die einen Blick auf die enormen Kostenbelastungen bei dem jetzigen System erlauben: Im Durchschnitt hatten die Abgeordneten Ausgaben von 13,3 Mio. Yen (ca. 160 000 DM) pro Jahr; davon 36 % für Personal (Sekretäre, Wahlhelfer, Materialsammler), 10 % Bürokosten (in Tōkyō, im Wahlkreis), 14 % für Unter-

3 Asahi Shimbun, 2. 7. 93; Japan Times, 3. 7. 93

stützergruppen *(Kōenkai)* im eigenen Wahlkreis, 6 % für Geschenke bei Feiern wichtiger Persönlichkeiten im Wahlkreis – nur 9 % waren Ausgaben für echte politische Arbeit.[4]

## 4. Unterhauswahlen 1996: Test für das neue Wahlsystem und resignierte Entscheidung für das Vertraute

98 Millionen japanische Wähler waren im Oktober 1996 aufgerufen, in einer kritischen Phase mit ihren Stimmen über die weiteren politischen Weichenstellungen zu entscheiden. Nach dem »annus horribilis« 1995, als die japanische Gesellschaft nicht nur geologisch durch das *Hanshin*-Erdbeben ins Wanken gebracht worden war, die Menschen fassungslos vor den Morden der terroristischen *Aum*-Sekte standen, drohende Zahlungsunfähigkeit einer Reihe von Wohnungsbaukreditkassen (*Jūsen*) und die Rettungsversuche der Regierung die Japaner aufbrachten; nachdem schließlich dann auch noch ein AIDS-Skandal unfaßbaren Ausmaßes die Öffentlichkeit erschüttert hatte, erhoffte sich Regierungschef Hashimoto mit den vorgezogenen Neuwahlen einen Durchbruch, ein eindeutiges Mandat der Wähler: die absolute Mehrheit im Unterhaus.

Der Wahlgang war durch eine Reihe von Unwägbarkeiten gekennzeichnet, vor allem durch das ungewohnte neue Wahlrecht. Diese Unsicherheiten erschwerten es allen Beobachtern, den Wahlausgang vorauszusagen und machten die Wahlen auch für den damaligen Regierungschef Hashimoto zu einem Risiko, wenn auch die allgemeine Stimmung darauf schließen ließ, daß die LDP wieder stärkste Partei werden würde. Japans Wähler waren nicht vertraut mit dem neuen Wahlsystem; viele, besonders ältere Menschen, lehnten es grundsätzlich ab, denn sie betrachteten die Möglichkeit von Kandidaten, in einem Einer-Wahlkreis zu scheitern und doch über einen Listenplatz ein Mandat zu erringen, als Täuschung und Betrug am Wählerwillen. Noch immer bevorzugten die japanischen Wähler bei ihrer Entscheidung das »bekannte Gesicht«, den Landsmann aus ihrer Heimat. Der erfahrene Taktiker Hashimoto trug dieser Stimmung Rechnung, als er sich nicht auf einem Listenplatz absichern ließ, sondern voll darauf setzte, in seinem Wahlkreis als Direktkandidat zu siegen – was ihm eindrucksvoll gelang. Schwer abzuschätzen waren auch die Folgen der jetzt deutlich höheren Gewichtung »städtischer Stimmen« gegenüber den »ländlichen Stimmen« in den Hochburgen der LDP. Eine weitere Unsicherheit schließlich war für alle Parteien das Stimmensplitting, das auch deutschen Wahlkampfmanagern zu schaffen macht: Wähler stimmten bei Direkt- und Listenstimmen für unterschiedliche Parteien und Kandidaten. Und dann gab es nicht wenige Wähler, die bewußt ungültige Stimmzettel in die Urnen warfen, weil sie hofften, so eine Wiederholung der Wahlen erzwingen zu können. Obwohl viele Wähler einen Sieg der LDP als sicher ansahen, war die Wahl auch für LDP-Kandidaten nervenzehrend: Zu hoch war das Risiko, im Alles oder Nichts der Einer-Wahlkreise

4 Mori, Hideki, »Greasing the Wheels of Power«, in: Japan Quarterly, July–September 1992, S. 303–310.

zu unterliegen; eine Absicherung auf einem Listenplatz konnte zwar das Mandat erhalten, aber nicht die vermeintliche Schmach einer Niederlage in einem Einer-Wahlkreis überdecken. Die größte Partei aber war wieder einmal die Partei der Nicht-Wähler: Über 40 % der Wahlberechtigten gingen nicht an die Urnen. Tiefes Mißtrauen in die politische Klasse verband sich mit zynischer Resignation zu einer gefährlichen Mischung, die wohl nur als Gefahr für die politische Kultur zu deuten ist.

Die große Mehrheit der Mandate fiel an die LDP: Das aber war kein Sieg der LDP, sondern eine Niederlage der Opposition. Japans Wahlberechtigte wählten, aber sie hatten keine Wahl: LDP und *Shinshintō* (NFP) unterschieden sich programmatisch kaum voneinander; die Alt-LDP konnte im wesentlichen bei ihren bekannten Programmen bleiben, sogar die Pläne zur Erhöhung der Mehrwertsteuer verteidigen, während ihre Koalitionspartner SDPJ und *Sakigake* verzweifelt ein Gegenprofil zu finden suchten. Die DPJ setzte auf bekannte Gesichter, auch wenn sie Mitsprache und plebiszitäre Beteiligung der Bürger an politischen Entscheidungen propagierte. Als eigentliche Wahlsieger durften sich die Kommunisten fühlen, die es mit einem Plus von 11 Sitzen auf 26 Mandate brachten – das Ergebnis einer klassischen Protestwahl.

## a. Nach der Wahlrechtsreform: Eine neue parlamentarische Arithmetik?

Hashimoto verfehlte sein Hauptziel, die absolute Mehrheit des Unterhauses zu erlangen; so mußte er wieder mit einer Koalition regieren. Seine Wunschpartner waren erneut SDPJ und *Sakigake,* die bisherigen Koalitionäre (1994–96). Aber die Chefin der Sozialdemokraten, Takako Doi, hatte schon kurz nach Bekanntgabe der Wahlergebnisse deutlich gemacht, daß nach den schweren Einbußen ihrer Partei eine einfache Fortschreibung der bisherigen Zusammenarbeit in der Regierung nicht in Frage kam, vorstellbar war dagegen die Tolerierung eines Minderheitskabinetts Hashimoto durch die SDPJ. Ähnlich äußerte sich auch die DPJ. Hashimoto benötigte für seine Wahl zum Regierungschef im ersten Wahlgang die absolute Mehrheit von 251 Stimmen, danach genügte die einfache Mehrheit. Da die Kommunisten auf jeden Fall einen eigenen Kandidaten aufstellen wollten, summierte sich die effektive »Regierungschef-Mehrheit« auf 238 Stimmen. Die nächsten Wochen boten das gewohnte Bild, auch unter dem neuen Wahlrecht: hektische Verhandlungen zwischen den Parteien hinter verschlossenen Türen. Am Ende stand zunächst eine Koalitionsregierung, die nicht den Willen der Mehrheit repräsentierte; zu viele Wähler hatten auf ihr Wahlrecht verzichtet und so dieses Ergebnis herbeigeführt. Wenig später fand sich die LDP allein: Hashimoto mußte ein (geduldetes) Minderheitskabinett führen. Aber auch dieser Zustand änderte sich schnell wieder nach einem überkommenen Muster: Parteienwechsler und »Unabhängige« liefen zur LDP über, und seit Beginn 1997 kann die LDP im Unterhaus wieder mit absoluter Mehrheit regieren.

# III. Die politischen Parteien

Manfred Pohl

## 1. Zwischen Herrschaftsmonopol und Einparteien-Demokratie: die LDP

Über drei Jahrzehnte lang stellte die konservative »Liberal-Demokratische Partei« (*Jiyū Minshūtō* oder kurz *Jimintō*; LDP) ununterbrochen die japanischen Regierungen. Mit dem Zusammenschluß zweier konservativer Parteien, der *Jiyūtō* (Liberale Partei) und der *Minshūtō* (Demokratische Partei), war am 15. November 1955 eine politische Organisation entstanden, die bei ihrer Gründung ideologisch wie organisatorisch an die Traditionen bürgerlicher Politik der Vorkriegszeit anknüpfte und so – trotz aller Skandale – zur politischen Transmission des modernen japanischen Wirtschaftswunders werden konnte. Beide Gründungsparteien wurden von mächtigen Altpolitikern dominiert, ihre ersten Parlamentarier waren sämtlich noch in den dreißiger Jahren oder in der »Kriegswahl« 1942 gewählt worden; deshalb galten sie den amerikanischen Besatzungsbehörden als »belastet«. Folglich suchten die USA nach 1945 durch »Säuberungen« den Einfluß mächtiger Vorkriegspolitiker in der entstehenden japanischen Demokratie zu brechen, aber zwischen 1950 und 1952 erhielten unter dem Einfluß des Kalten Krieges die »gesäuberten« 210 282 Politiker (und Unternehmer) ihre politischen Rechte zurück und besetzten schnell wieder politische Spitzenpositionen. Anders als bei der Besatzungspolitik in Deutschland wurden in Japan erzkonservative, bürgerliche Politiker schnell wieder mit politischer Verantwortung betraut; es galt jetzt, Japan zu einem »Bollwerk gegen den Kommunismus in Asien« auszubauen. Anders aber auch als viele konservative »Vorkriegspolitiker« in Deutschland waren Japans Altpolitiker ausgeprägt nationalistisch und »kaisertreu«, aber sicher in ihrer Mehrheit keine Ultranationalisten (»Faschisten«).

Die zwei konservativen Gründungsparteien der LDP wiesen vor ihrem Zusammenschluß 1955 bereits eine Reihe von Gemeinsamkeiten auf, die sich bis in die heutige LDP hinein erhalten haben:

- enge Kontakte zu Unternehmen und Wirtschaftsverbänden, die vor dem Krieg z. B. die Partei *Seiyūkai*, heute die LDP durch Spenden in großem Umfang finanzieren. Die LDP begann ihre Arbeit mit dem schweren Handikap unzureichender Parteifinanzen; dieses Problem führte die Partei fast zwangsläufig in die Nähe der Korruption, und erst in den neunziger Jahren zeichnet sich im Zuge einer Reform der Parteienfinanzierung eine Verbesserung ab;
- ausgeprägter Faktionalismus, getragen von den »Gefolgschaften« prominenter Politiker. Die entstehenden Parteien vererbten der späteren LDP ihre Struktur:

Sie ist keine Programmpartei, sondern eine Koalition einflußreicher Parteibarone, deren Konkurrenzkämpfe um die innerparteiliche Macht – und damit (bis 1993) um den Zugriff auf höchste Staatsämter – fast ausschließlich in Tōkyō stattfinden; die »Provinz« gewinnt erst langsam an Bedeutung;
- überdurchschnittlicher Anteil hochrangiger Staatsdiener (Ministerialbürokratie) unter Abgeordneten und Kabinettsmitgliedern. Seit ihrer Entstehung hatte deshalb die LDP mit der (kaum bewußt erlebten oder gar nicht wahrgenommenen) Gefahr einer Bürokratisierung politischer Entscheidungen zu leben. Die meisten LDP-Regierungschefs entstammten der Ministerialbürokratie.

Die Gruppenstruktur der Partei begründet auch das vage formulierte Grundsatzprogramm der LDP: Die Partei fühlt sich dem wirtschaftlichen Liberalismus verpflichtet, sie strebt eine »Wohlfahrtsgesellschaft japanischer Prägung« an und bekennt sich vorbehaltlos zur parlamentarischen Demokratie. Die große Mehrheit der LDP-Politiker steht hinter dem Kriegsverzichtsartikel 9 der Japanischen Verfassung und lehnt jede Verwicklung Japans in internationale Konflikte ab. Andererseits hat die LDP seit 1985 erkannt, daß Japan analog zu seinem wirtschaftlichen Gewicht international mehr Verantwortung übernehmen muß.

Garantie für die japanischen Sicherheitsinteressen ist nach Überzeugung der LDP der bilaterale Sicherheitsvertrag mit den USA. Es gibt aber auch Stimmen eines neuen Nationalismus in der Partei, die unüberhörbar nach Aufhebung des Artikels 9 und mehr japanischem Einfluß in der Weltpolitik rufen. Ungeduld mit der Parteiführung gerade in diesem Punkt hat 1993 zum Wegbrechen einer »revisionistischen« (i. e. Verfassungsrevision) Gruppe um einen ehemaligen Generalsekretär der Partei geführt.

### a. Die »formale« Parteiorganisation

An der Spitze der LDP steht ein Präsident, der für zwei Jahre gewählt wird; einmalige Wiederwahl ist möglich. Nach den Statuten sollten seit 1978 in einem Vorwahlverfahren zwei Spitzenkandidaten von den Parteimitgliedern und den »Parteifreunden« der Spendensammelorganisation bestimmt werden, von denen einer dann durch die LDP-Abgeordneten beider Häuser des Parlaments (Unter-, Oberhaus) zum Parteichef gewählt werden sollte. Bisher wurde dieses Verfahren jedoch nur einmal angewendet (1978), de facto bestimmen noch immer die Faktionsbosse untereinander den Parteichef. Die erbitterten Faktionsrivalitäten, die dabei stets sichtbar werden, hatten sich bei den Vorwahlen nur auf die unteren Parteiorganisationen ausgeweitet und damit den eigentlichen Zweck des Verfahrens aufgehoben. Aufgrund der Mehrheitsverhältnisse im Parlament (absolute Mehrheit der LDP im Unterhaus, hier unwirksame Mehrheit der Opposition im Oberhaus) war bis 1993 der LDP-Präsident fast automatisch auch Regierungschef. Die Folge: Gebunden an die Amtszeit des Parteichefs mußte auch der Ministerpräsident häufig wechseln. Japan hatte von 1955 bis 1998 nicht weniger als 19 Regierungschefs, davon allein drei im Jahre 1989. Gleiches galt auch für die Amtsperioden der Minister: Der Ministerpräsident wollte als Parteipräsident möglichst vielen seiner Getreuen zu einem Kabinettsposten verhelfen bzw. seine Gegner in der Partei »ruhigstellen«. Deshalb waren Kabinettsumbildungen häufig, die »Verweildauer« eines Ministers im Kabinett lag bei ca. 15–18 Monaten.

Neben dem Präsidenten führt der Generalsekretär (GS) der LDP die Partei. Für ambitionierte Parteipolitiker ist dieser Posten unverzichtbare Stufe auf der Karriereleiter: Der GS gewinnt Einblick in die Feinheiten der innerparteilichen Machtstrukturen, er hat Zugriff auf die Finanzen – und er kann im Machtgerangel die Faktionen gegeneinander ausspielen; nach dem neuen Verhältniswahlrecht kann er entscheidenden Einfluß auf die Verteilung der Listenplätze nehmen. Er leitet auch den Geschäftsführenden Ausschuß, das organisatorische Zentrum der LDP. Neben diesem Gremium übt der Ausschuß für Politische Grundsatzfragen den entscheidenden politischen Einfluß aus. Der GS und die beiden Ausschußvorsitzenden bilden zusammen mit dem Präsidenten die Spitze der formalen Parteiorganisation. Gegen diese Machtballung nimmt sich der Einflußbereich der Parteimitglieder auf den Partei»tagen« kläglich aus: Diese Tagungen dauern selten länger als einige Stunden, heftige »Aussprachen« sind selten, meist wird den Aktionsprogrammen und Personalentscheidungen ohne lange Erörterung zugestimmt.

## b. Die »informelle« Parteistruktur

»Japans Parteien gleichen japanischen Gespenstern – sie haben keine Füße«, klagte einmal ein einflußreicher Politiker und meinte damit die fehlenden Basisorganisationen seiner Partei. Zumindest für die LDP stimmte das teilweise, die Parteiorganisation »lebte« vor allem durch die Abgeordneten in Tōkyō. Aber jeder einzelne LDP-Politiker stützt sich auf die Zugehörigkeit zu informellen Organisationen, die in den Statuten nicht festgelegt sind: die »Faktionen« *(Habatsu)* und persönliche Unterstützergruppen in seinem Wahlkreis, die sogenannten *Kōenkai.* Über die innerparteilichen Machtgruppen der *Habatsu* verschafft ein LDP-Politiker sich selbst durch seinen Faktionsboß Geldmittel für Wahlkämpfe und sorgsame finanzielle »Wahlkreispflege«, dazu auch innerparteilichen Einfluß. Der Faktionsboß dagegen kann sich auf die Gefolgschaft »seiner« Abgeordneten beim Anspruch auf Teilhabe an der Macht stützen; über die Mitgliederzahlen seiner Faktion gewinnt er beim Poker um das Präsidentenamt (und damit den Posten des Regierungschefs) Verhandlungsgewicht. Jeder neue Partei- und Regierungschef hat die Beseitigung der Faktionen gelobt – und keiner hat es geschafft. Aber will die LDP wirklich ihre Abschaffung? Die Faktionen sammelten bis vor kurzem das meiste Spendengeld, sie verfügen über beste Informationen, und sie regeln die innerparteiliche Machtverteilung nach dem bewährten Konsensusprinzip. Eine bessere Unterstützung kann ein parlamentarischer Neuling in Tōkyō gar nicht finden, als sich einer großen Faktion anzuschließen. Also wird es wohl auf absehbare Zeit keine Auflösung der Faktionen in der LDP geben, auch wenn die Partei dieses Ziel immer wieder angeführt hat.

Es bleibt abzuwarten, ob die politischen Reformen von 1993/94 auch in der LDP zu Strukturveränderungen führen.

## c. Die Parteifinanzen

Die US-Besatzungsbehörden hatten nach 1945 versucht, die wirtschaftlich und politisch übermächtigen »*Zaibatsu*«-Konglomerate zu entflechten – ein Erfolg dieser Maßnahmen hätte die neue konservative Partei ihrer finanziellen Basis beraubt. Aber die *Zaibatsu* entstanden schnell in neuer Form, als Verbundgruppen *(Kigyō Keiretsu)* wieder. Wie bereits vor dem Krieg finanzieren Verbände und Einzelunternehmen auch heute noch in beträchtlichem Umfang die Regierungspartei, vor allem aber die einzelnen Faktionen. Dadurch können Unternehmen, Unternehmensgruppen und vor allem Wirtschaftsverbände weiterhin über ihre Finanzkraft direkten Einfluß auf die innerparteiliche Willensbildung in der LDP nehmen. Die LDP war bis 1978 eine mitgliederschwache Partei, die Einnahmen aus Mitgliedsbeiträgen bildeten also zwangsläufig nur einen geringen Anteil der Parteifinanzen. Die notwendige »Massenbasis« zur Mittelbeschaffung wurde deshalb organisatorisch neben der Partei aufgebaut. Sie bildete sich 1961 als Vereinigung mit privatrechtlichem Charakter unter der Bezeichnung *Kokumin Kyōkai*, »Volksvereinigung«. Hinter der Gründung dieser Spendensammelorganisation standen einflußreiche Wirtschaftskreise, die versuchten, auf diese Weise alle LDP-Spender organisatorisch zusammenzufassen, ohne daß sie selbst Parteimitglieder werden mußten.

Neben der *Kokumin Kyōkai* gibt es eine weitere Spenden-Organisation, die für die LDP Mittel aufbringt, die »Volksvereinigung zur Verteidigung der freien Gesellschaft« *(Jiyū Shakai wo Mamoru Kai)*, die über Einzelmitgliedschaften weitere erhebliche Spendensummen aufbringt. Angesichts dieser Entwicklung schwächt sich die traditionell zentrale Rolle der Elitebürokratien im innerparteilichen Entscheidungsprozeß allmählich ab, dagegen wächst die Bedeutung der großen Wirtschaftsverbände. Hand in Hand mit dieser Entwicklung wird aber auch die finanzielle Kraft der Parteizentrale gegenüber den Faktionen gestärkt.

Der schier unstillbare Geldhunger japanischer Parlamentarier hat bis in die jüngste Zeit auch immer wieder zu Korruptionsskandalen geführt: 1976 z. B. stürzte Ministerpräsident Tanaka über den sogenannten »Lockheed-Skandal«, 1989 mußte eine Reihe von Spitzenpolitikern der LDP in Zusammenhang mit dem »Recruit-Skandal« den Hut nehmen – alle erschienen schnell wieder auf der politischen Bühne, nachdem sie durch Wiederwahl in Unterhauswahlen durch ihre Wähler »reingewaschen« worden waren.

Das jahrzehntelange Regierungsmonopol der LDP gründete sich traditionell auf drei Hauptfaktoren: Zum einen begünstigte die Wahlkreiseinteilung einseitig die ländlich strukturierten Regionen, unter den konservativen Bauern fand und findet die Partei ihre treuesten Wähler; so waren bis 1994 in Tōkyō dreimal so viele Stimmen für einen Unterhaussitz nötig wie in der ländlichen Präfektur Hyōgo. Ein weiterer Faktor ist das Wahlverhalten: Japans Wähler haben sich bisher stets für die »Profis des Regierens« entschieden, die für den wirtschaftlichen Erfolg stehen. Erst in jüngster Zeit beginnt sich das Wahlverhalten, besonders das der Frauen, zu verändern: Zuerst verschafften sie der SDPJ in den Oberhauswahlen von 1989 einen beachtlichen Erfolg, als die Sozialisten von einer populären Politikerin geführt wurden. Schließlich gaben die Wähler in den Unterhauswahlen von 1993 der LDP einen schlimmen Denkzettel, der sie die Regierungsmacht kostete. Es dauerte jedoch kaum ein Jahr, dann war die LDP wieder an der Regierung.

## d. Abspaltungen von der LDP seit 1993 – und weitere Auflösungserscheinungen?

Die Unfähigkeit der Parteiführung, nach zahlreichen Korruptionsskandalen zu Beginn der neunziger Jahre grundlegende Reformen des Wahlsystems und der Parteienfinanzierung durchzusetzen, löste eine Rebellion jüngerer LDP-Parlamentarier aus: Der damalige Ministerpräsident Miyazawa wurde 1993 durch ein Mißtrauensvotum gestürzt, das die Sozialisten eingebracht hatten, das aber von einer Reihe LDP-Abgeordneter unterstützt wurde. Miyazawa hatte sich nicht gegen die alten Parteibarone in der LDP durchsetzen können, die radikale politische Reformen ablehnten, weil sie eine Gefährdung ihrer traditionellen Machtbasen fürchteten; die Reformentwürfe blieben liegen. Inzwischen forderten aber nicht nur die Opposition, sondern auch Parteirebellen in der LDP solche Reformen, um dem Niedergang der politischen Kultur in Japan entgegenzuwirken – oder aber auch, um nicht mehr länger auf eine »Zuteilung der Macht« durch die Parteibarone warten zu müssen. Nach dem erfolgreichen Mißtrauensvotum verließen LDP-Politiker ihre Partei und gründeten drei neue Gruppierungen (Neue Japan Partei, *Shinseitō, Shintō Sakigake*); sie wurden im Juli 1993 Mitglieder in einer Koalitionsregierung aus acht Parteien, die nach den Unterhauswahlen 1993 die LDP nach 45 Jahren an der Macht abgelöst hatte. Dieses Koalitionskabinett konnte sich nur wenige Monate halten, dann wurde die LDP wieder an der Regierung beteiligt; letztlich war sie nie wirklich ausgeschieden, denn die führenden Koalitionspolitiker entstammten selbst der LDP.

# 2. Von der »ewigen Opposition« in die Regierungsverantwortung: die »Sozialdemokratische Partei Japans«

Nur schwer kann man sich seit 1991 an den neuen Parteinamen der Sozialisten gewöhnen: Zu sehr ist der alte Traditionsname »Sozialistische Partei Japans« (*Nihon Shakaitō*, SPJ, jetzt: SDPJ) geläufig – alten Genossen mag es ähnlich ergehen. Ihnen war die Namensänderung zuwider, die auf dem 56. Parteitag (Januar 1991) beschlossen wurde. Um diese »Identitätskrise« zu überwinden, blieb die SDPJ in der japanischen Namensbezeichnung bei dem überkommenen Begriff, englisch nennt sie sich jetzt stolz *»Social Democratic Party of Japan«*. Aber der Verdacht lag nahe: Hinter modernistischem Englisch verbarg sich eine Partei, die von ihrer Vergangenheit gelähmt wurde – ein »Godesberg« der SDPJ war kaum in Sicht.

Japans Sozialisten aller Couleur können auf lange gemeinsame Traditionen zurückblicken, in positiver wie in negativer Hinsicht: Von der ersten »Sozialistischen Partei«, 1906 gegründet von Anarcho-Syndikalisten und späteren Kommunisten, reicht die Geschichte über eine Reihe proletarischer Parteien in der sogenannten »*Taishō*-Demokratie« (ca. 1912–1937, also über den Beginn der *Shōwa*-Ära hinaus) bis in das Jahr 1945, als nach dem verlorenen Krieg die »Sozialistische Partei Japans« – die erste Partei der Nachkriegszeit überhaupt – gegründet wurde. Prominente Gründungsmitglieder der Partei waren Sozialisten, die ihre politischen Erfahrungen in den zwanziger und dreißiger Jahren gesammelt hatten – und aus dieser Zeit alle internen ideologischen Streitigkeiten und persönlichen Rivalitäten in die neue SPJ einbrachten; die Partei begann ihre Arbeit mit einer Vielzahl von Altlasten.

Vier ideologische Hauptrichtungen bildeten die späteren Flügel der SPJ: 1. der Bauernflügel mit agrozentristischen Sozialismusideen, die »Partei-Rechte«, 2. ein gemäßigter Gewerkschaftsflügel, der sozialdemokratische Traditionen vertrat, 3. der »kleinbürgerlich-intellektuelle« Flügel, der einer politischen Mitte zuneigte und marxistische Lehren ablehnte und 4. ein radikal marxistischer Flügel aus der sogenannten *Rōnōha* (Arbeiter- und Bauerngruppe) von 1920–30. Auch in dieser letzten Gruppe hatten sich Intellektuelle und militante Gewerkschaften unter Klassenkampfideen zusammengefunden. Die Gruppe stellte die meisten späteren Parteiführer und prägte mit ihren politischen Vorstellungen die Partei so stark, daß die SDPJ lange Zeit noch mit orthodox marxistischen Gruppen in der Partei aus der »Erblast« fertigwerden mußte.

Ein einziges Mal konnten Sozialisten (vor 1993) in die Regierung einziehen: Nach einem Wahlsieg von 1947 stellte die SPJ mit Tetsu Katayama in einem Koalitionskabinett einen japanischen Regierungschef. Die ohnehin brüchige Koalition zerbrach 1948 vollends über der Haushaltsfrage. Linker und rechter Parteiflügel hatten gegeneinander gestimmt, zuvor waren andere Flügel von der SPJ weggebrochen. Es folgte ein weiteres Koalitionskabinett unter SPJ-Beteiligung, dieses stürzte u. a. über einen Korruptionsskandal (Oktober 1948). An den Flügeln der Partei gab es ideologische Nachbarschaft zu anderen Parteien, die die SPJ bis 1960 belastete: Die Parteilinke zog es zur Kommunistischen Partei, der rechte Flügel warf gern einmal bündnisheischende Seitenblicke auf die (konservativen) Liberalen, die sich später in der LDP zusammenfanden. Klassenkampfpartei oder Partei des reformerischen Sozialismus (»Strukturreform« vs. »Revolution«), – das waren ewige Streitigkeiten, die bis heute andauern und die Partei lähmen.

Der anstehende Friedensvertrag mit den Siegern, allen voran den USA, spaltete die SPJ tiefer als je zuvor: Ein Flügel wollte die Neutralisierung Japans – eine »Schweiz des Fernen Ostens«, wie US-General Mac Arthur gesagt hatte; die andere Gruppe wollte die Einbindung Japans in ein amerikanisch geführtes Bündnissystem gegen die Sowjetunion. Eine neue Zerreißprobe: Sicherheitsvertrag mit den USA oder Neutralität? 1955 suchten die Sozialisten endlich die lange währende faktische Spaltung zu überwinden: Die rechten und linken SPJ-Fraktionen fusionierten wieder mit Gruppen außerhalb der Parteigruppierungen zur SPJ. Es entstand das sogenannte »1955er System«, also zwei große Parteien, die gegeneinander antraten. Spötter haben das angestrebte Zweiparteien-System als »Eineinhalb-Parteien-System« bezeichnet; angesichts der fortwährenden politischen Selbstverstümmelung der SPJ eine naheliegende Bezeichnung.

In der Phase der Spaltung hatten beide Flügel sich organisatorisch, finanziell und personell eng an Gewerkschaftsorganisationen angelehnt: Der rechte Flügel an Verbände der späteren *Dōmei*, die Linke an die streikfreudigen Gewerkschaften im Verband *Sōhyō*. Diese »Lagerbildung« leistete später der Spaltung von 1959 Vorschub. Die ideologische Tektonik der SPJ wurde in den Auseinandersetzungen um die Verlängerung des Amerikanisch-Japanischen Sicherheitsvertrages von 1951 deutlich: 1959/60 zerbrach die SPJ endgültig, nachdem der Vertrag verlängert worden war. Gemäßigte Gruppen in der SPJ hatten sich für die Vertragsverlängerung ausgesprochen. Sie waren überdies besorgt über eine »prokommunistische Tendenz« in der SPJ. Die Linke hatte den Vertrag erbittert bekämpft und den »US-Imperialismus« als Hauptgegner ausgemacht. Die »Sozialistische Vereinigung« in der SPJ verfocht einen »reinen Sozialismus«, dessen Ziele durch Streiks und Demonstrationen, nicht durch parlamentarische Arbeit erreicht werden sollten. Gemäßigte Sozialisten aus der konservativen Gewerkschaftsbewegung widersetzten sich dem Radikalismus energisch. Auf dem 6. Parteitag (Oktober 1959) kam es zu einer neuen, endgültigen Spaltung: Suehiro Nishio gründete mit seiner Gruppe die »Demokratisch-Sozialistische Partei« *(Minshatō)*, die bis zu ihrem Beitritt in die *Shinshintō* mit der SDPJ die alten Querelen pflegte.

## a. Der Kampf gegen die Realität: von der Schwierigkeit, ein Programm zu finden

Seit den späten achtziger Jahren versuchte die Partei, ihr Image als Partei des Klassenkampfes mit marxistischer Programmatik abzuschütteln. Die verheerende Niederlage von 1986 gab diesen Bestrebungen entscheidenden Auftrieb: Aus der »revolutionären« Partei von Kathedersozialisten sollte eine moderne, sozialkritische Alternative zur Regierungspartei mit begründetem Anspruch auf Übernahme der Regierungsverantwortung werden; an der Parteispitze wurde der glücklose Masashi Ishibashi von der populären Takako Doi abgelöst.

Einige der überkommenen programmatischen Kernpunkte waren schon zuvor aufgehoben oder in der innerparteilichen Diskussion entkrampft worden, so z. B. die Haltung zu den sogenannten »Selbstverteidigungsstreitkräften« (SDF) und zum Amerikanisch-Japanischen Sicherheitsvertrag von 1960. Bis 1986 hatte die SPJ gefordert: Sofortige Kündigung des Sicherheitsvertrages (unbewaffnete Neutralisierung Japans unter UN-Garantie), unverzügliche Auflösung der SDF sowie als wirtschaftspolitische Grundforderung Verstaatlichung von Banken und Schlüsselindustrien; hinzu kam der völlige Verzicht auf die friedliche Nutzung von Kernenergie im sozialistischen Programm. Dieses Erbe aus der frühen Parteigeschichte war nur schwer zu überwinden, aber es gelang mindestens teilweise: Im November 1987 legte eine Programmkommission in vier Kernpunkten neue Grundsätze fest:

1. Die Auflösung des Sicherheitsvertrages wird »grundsätzlich« angestrebt, an seine Stelle tritt ein Freundschaftsvertrag. Voraussetzung dazu ist ein Abbau des Ost-West-Gegensatzes in Asien, begleitet von umfassenden Abrüstungsanstrengungen in den USA und in der Sowjetunion. Zu einem späteren Zeitpunkt soll durch einen normalen völkerrechtlichen Schritt der Sicherheitsvertrag gekündigt werden (Art. 10, Sicherheitsvertrag).
2. In einer rechtswissenschaftlichen Verrenkung hatte die SPJ schon die Existenz der SDF als »verfassungswidrig, aber legal« anerkannt, d. h. sie sei durch die ja-

panische Verfassung verboten, aber durch Parlamentsbeschluß legal gegründet; jetzt wird nur eine längerfristige Auflösung der SDF in Schritten angestrebt. Am Ende soll eine ausschließliche Sicherheitsgarantie durch die UNO stehen.

3. Die SDPJ stellt sich gegen die weitere Nutzung bzw. den Ausbau der Kernenergie; aber ein sofortiger Ausstieg ist wirtschaftspolitisch unmöglich, deshalb soll vorerst auf die Neuerrichtung von Atomkraftwerken verzichtet und die Sicherheitskontrollen der bestehenden Anlagen verschärft werden. Auf lange Sicht wird ein »Umstieg« auf *Soft Energies* angestrebt, flankiert von Maßnahmen, die zur Energieeinsparung und zur Entwicklung neuer, energiesparender Werkstoffe führen.
4. In der »Außenpolitik« hatte die Partei zwei Hauptprobleme: das Verhältnis zu den USA und zu Korea. Seit der Gründung zweier Staaten auf der koreanischen Halbinsel hat sich die SPJ/SDPJ bedingungslos auf die Seite der »Demokratischen Volksrepublik Korea«, also Nordkoreas, gestellt und dem Süden die Eigenstaatlichkeit rundweg abgesprochen. Seit 1991 sucht die SDPJ ihre Kontakte zu Südkorea zu verbessern; die Kontakte zu Nordkorea ruhen praktisch, seit die Führung in Pyongyang mit ihrem Atompoker und den zahlreichen provokativen Akten gegen Südkorea zu einer Gefährdung des Friedens in der Region geworden ist.

Im großen und ganzen aber blieb die SPJ/SDPJ aus taktischem Kalkül kurzlebigen Tagesproblemen verhaftet: heute der Kampf gegen die Mehrwertsteuer oder die Auswirkungen des Recruit-Skandals, morgen gegen die Liberalisierung der Reisimporte. Daneben schadete die (durchaus ehrenwerte und wohlbegründete) Kritik am »*Tennō*-System« der Partei im öffentlichen Ansehen.

Ein eindrucksvoller Erfolg bei den Oberhauswahlen von 1989 stoppte die Bemühungen um eine ideologische »Rundum-Erneuerung« der Partei, die Stimmengewinne schienen der zögernden Führung recht zu geben. Es gab keine grundlegende Neuformulierung programmatischer Grundsätze, die eine Rückwende zur Realität Japans gebracht hätten, sondern nur einen halbherzigen kosmetischen Eingriff bei dem Parteinamen.

Im Jahre 1986 wählten die Parteitagsdelegierten – wie es heute scheint aus schierer Ratlosigkeit – eine Frau zur Parteichefin. Ohne sicheren Rückhalt in einer der ideologisch einbetonierten Machtgruppen der Partei war Takako Doi Kompromißkandidatin. Die angesehene Verfassungsrechtlerin, die für sich und die Partei den Schutz der Verfassung, d. h. des »Kriegsverzichtsartikels« 9, zum obersten politischen Ziel gemacht hat, blockierte Ende 1990 ein Oppositionsbündnis, als sie jede gesetzliche Regelung für ein größeres japanisches Engagement im Rahmen der UNO ablehnte; die kleineren Oppositionsparteien – ohnehin gegenüber der SDPJ mißtrauisch – arrangierten sich mit der LDP für ein späteres neues Gesetzgebungsvorhaben. Aber Frau Doi hat dennoch in der Partei und damit zwangsläufig auch innerhalb der gesamten politischen Kultur Japans versucht, neue Wege zu beschreiten: Sie warb gegen die verknöcherten Gewerkschaftsfunktionäre, den »klassischen« Parteigenossen, jüngere Parteimitglieder eines neuen Typs, besonders aus den Universitäten und aus Bürgerbewegungen. Vor allem aber gelang es ihr, die Frauen Japans für die SDPJ zu mobilisieren – dennoch: Die neuen Parteimitglieder hatten es schwer, sich in den festgefügten Machtstrukturen der Partei zu behaupten und den innerparteilichen Entscheidungsprozeß zu beeinflussen. Noch immer gaben und geben Gewerkschaftsfunktionäre »alten Typs« und gealterte Kathedersozialisten in der Partei den Ton an.

Innerhalb von nur vier Jahren war die SDPJ von triumphalen Erfolgen (Oberhauswahlen 1989, Unterhauswahlen 1990) zu demütigenden Niederlagen abgestürzt, um schließlich – trotz weiterer schwerer Stimmenverluste 1993 – in eine Koalitionsregierung eintreten zu können. Die sozialistische Ministerriege fühlte sich dort nicht recht wohl, denn plötzlich mußte eine Politik vertreten werden, die aus der Opposition leicht zu kritisieren war: Öffnung des Reismarktes, Wahlrechtsreform (zu Lasten der SDPJ) u. ä.

## b. Organisation und Parteifinanzen

Bis zur Gründung des neuen Gewerkschaftsdachverbands *Rengō* 1989 konnte sich die SDPJ bei Wahlkämpfen auf »geborgte« Basisorganisationen der Gewerkschaftsverbände und Einzelgewerkschaften stützen; das galt auch für die Finanzierung, die traditionell von Arbeitnehmerorganisationen aufgebracht wurde. In dem Maße, in dem die Gewerkschaften Mitglieder verlieren und das öffentliche Interesse für sie schwindet – ein erkennbarer Trend –, werden auch die finanziellen Spielräume der Gewerkschaften enger. Im Jahre 1990 z. B. setzten sich die Parteifinanzen aus folgenden Einnahmen zusammen: Der größte Teil mit 43,2 % waren Einkünfte aus kommerziellen Unternehmen, z. B. sozialistische Presseorgane; auf dem zweiten Platz mit 30,9 % lagen Mitgliedsbeiträge (zum Vergleich LDP: 18,3 %). Die Kreditfinanzierung mit 13,6 % der Einnahmen lag besorgniserregend hoch, während »andere Quellen« (z. B. Beratungshonorare bei Firmen) bei 9,0 % Anteil lagen. Spenden hatten mit 3,3 % eine geringe Bedeutung (LDP dagegen: 54,1 % der Parteifinanzen).

Immer wieder hat es Spekulationen darüber gegeben, die alte Spaltung zu heilen und wieder mit der *»Shaminren«* (Sozialdemokratische Liga, SDL) zu »fusionieren«. Der Gründer dieser Kleinpartei, Satsuki Eda, schloß eine Vereinigung noch im Sommer 1991 nicht aus; 1994 wurde sie vollzogen. Der neue Gewerkschaftsverband *Rengō*, im Oberhaus mit einer eigenen Abgeordnetenfraktion vertreten, forderte zusammen mit dem alten *Sōhyō* Center ein breites Oppositionsbündnis unter Dominanz der SDPJ, ohne Berührungsängste oder arrogantem Führungsanspruch. Dazu sollte die »Flagge des Anti-Amerikanismus und der Gegnerschaft zum Sicherheitsvertrag« eingeholt werden, hieß es auf dem 56. Parteitag; »konkrete Alternativen zur LDP« forderten die Delegierten (1991).

1993 wurde die SDPJ also Partner in der Koalitionsregierung des ehemaligen LDP-Politikers Morihiro Hosokawa; sie arbeitete mit an den Wahlrechtsreformen, die ein Verhältniswahlrecht vorsahen. Diese Reformen wurden der SDPJ letztlich zum Verhängnis: Die Zusammenarbeit mit den Konservativen, zuletzt sogar wieder mit der LDP in einer »stillen« Koalition (d. h. ohne direkte Regierungsbeteiligung durch Tolerieren) hatte die Glaubwürdigkeit der Partei schwer erschüttert, das neue Wahlrecht nahm ihr die Wahlchancen, die Partei sank zur heutigen Bedeutungslosigkeit herab.

## 3. Die »Neue Japan Partei«: vertane Chancen für einen politischen Neubeginn

Ein junger Zwerg irritierte, nein beunruhigte die politische Szene seit 1991, besonders aber die damalige Regierungspartei LDP. Die *Nihon Shintō* (Neue Japan Partei, NJP) forderte da heraus – und verzeichnete beachtliche Anfangserfolge. Auf den ersten Blick erinnerten die Aktivitäten der NJP an Reformversuche konservativer Politik in den siebziger Jahren, als Yōhei Kōno, der heutige LDP-Chef, mit seinem Neu-Liberalen Club (NLC) die verkrusteten Machtstrukturen der LDP von außen aufbrechen wollte.

Aber das Phänomen NJP weist bei näherem Betrachten einige wesentliche Unterschiede zu dem »Experiment NLC« auf: Ein »Provinzpolitiker« aus altem Adel schickte sich an, die Bastion Tōkyō zu erobern. Üblicherweise verlief der mühsame Weg nach Tōkyō über die »Ochsentour« politischer Arbeit in den Präfekturparlamenten, bis der Sprung in das Parlament von Tōkyō gelang; dieser Angriff auf das Establishment setzte direkt in der Hauptstadt an: Im Mai 1992 startete der ehemalige Gouverneur der Präfektur Kumamoto und frühere LDP-Oberhausabgeordnete (1971–83), Morihiro Hosokawa, eine konservative Sammlungsbewegung als Kristallisationskern einer »Partei«. Diese »Liberal-Soziale Allianz« *(Jiyū Shakai Rengō)* fand anfangs nur in den Medien Resonanz, und dort wohl zuerst nur, weil angesichts der abgewirtschafteten Regierungspartei jeder neue Ansatz zu konservativer Politik erfrischend wirken mußte. Als englischen Namen der Partei, heute fast schon ein Muß für jede politische Organisation, wählte der Gründer *»Japan New Party«*.

Hosokawa hatte als Gouverneur von Kumamoto einen geradezu »föderalistischen« Gegenkurs zur zentralistischen Regierungsgewalt in Tokyo gesteuert und damit auf sich aufmerksam gemacht. In den Oberhauswahlen vom Juli 1992 sollte die »Allianz« mit zehn eigenen Kandidaten antreten und rechnete mit dem unausgeschöpften Potential an Protestwählern, das die kraftlose und wenig überzeugende Opposition nicht annähernd auszuschöpfen vermochte, wie sich zeigte, zu Recht: Die Oberhauswahlen wurden tatsächlich zu einem beachtlichen Anfangserfolg für die Mini-Partei. Sie gewann 3,61 Millionen Stimmen und errang mit 8,05 % über die Listenwahl vier Sitze der 50 Mandate, die im Oberhaus über Verhältniswahl vergeben werden. Nach einer Umfrage der *Yomiuri Shimbun* vom November 1992 wollten 7,1 % der Wähler in Unterhauswahlen für Kandidaten der NJP stimmen. Damit lag die NJP in der Wählergunst knapp hinter LDP und SDPJ, aber vor der *Kōmeitō*, auch das eine korrekte Prognose, wie sich in den Unterhauswahlen von 1993 zeigte.

Aktionsfelder der »Partei neuen Typs« umfassen den Umweltschutz, Bekämpfung bürokratisierter Politik mit übertriebenem Zentralismus, Schutz von Verbraucherinteressen und Stärkung der politischen Rechte der Gebietskörperschaften (Präfekturen). Konkrete Programmpunkte: 2 % des BSP für den Umweltschutz, teilweise Öffnung des Reismarktes, völlige Abschaffung von Grenzabgaben auf industrielle Fertigwaren, nukleare Abrüstung, Rüstungskontrolle, eine Außenpolitik des Friedens, endgültige Festsetzung der Sitzzahlen im Unterhaus und Einführung mittelgroßer Wahlkreise (also gegen das K.-o.-System und gegen das System unterschiedlich großer Wahlkreise) sowie schließlich Verbot von Unternehmensspenden an Politiker und Parteien; lediglich individuelle Förderung von Politikern durch Einzelpersonen sollten zulässig sein.

1993 wurde Hosokawa Chef einer Koalitionsregierung aus acht Parteien, darunter allen früheren Oppositionsparteien – aber ohne die machtverwöhnte LDP. Hosokawa konnte mit wenigen Abstrichen seine Reformpolitik in Gesetzesvorhaben umwandeln, die Anfang 1994 Gesetzeskraft erlangten. Hätte damit die NJP ihre Daseinsberechtigung verloren?

Es bleibt die Erinnerung an das Schicksal des NLC (Neu-Liberalen Club): Nach dem strahlenden Erfolg der Mini-Partei in den Unterhauswahlen 1976 ging es mit dem Club schnell bergab; Japans Wähler sahen in dem NLC keine überzeugende Alternative zur LDP. Kōno kehrte bald in die LDP zurück und führte sie 1994 als Chef in die Opposition. Und tatsächlich, die NJP spaltete sich wiederholt und ging nach dem Parteiaustritt Hosokawas Ende 1994 in der »Neuen Fortschrittspartei« (*Shinshintō*, NFP, s. u.) auf.

## 4. »Buddhistische Politik«? Eine Religionsgemeinschaft und ihre Partei: *Sōka Gakkai* und *Kōmeitō*

Die kommunalpolitische Initiative einer riesigen buddhistischen Sekte, der *Sōka Gakkai* (etwa: »Studiengesellschaft zur Schaffung von Werten«), stand am Beginn der Entstehungsgeschichte der *Kōmeitō* (»Partei für saubere Regierung/Politik«). Im Jahre 1937 war die Sekte gegründet worden und gehört damit zu den sogenannten »neuen Religionen« Japans.

Die Lehre der *Sōka Gakkai* gründet auf dem »Lotus-Sutra« in der Interpretation des Mönches Nichiren (13. Jahrhundert); danach befindet sich die Welt in der Endzeit, das Heil der Menschheit muß gerettet werden. Heil und Rettung der Menschheit liegen in der Durchbrechung der Kette von Tod und Wiedergeburt, den Drehungen des *Karma-Rades* (*Karma*, etwa: Schuld), durch die Schaffung von »Werten« im täglichen Leben. »Glück« als erstrebenswertes Ziel im Diesseits wird von der *Sōka Gakkai* ausdrücklich propagiert, so daß die Sekte in vielen Problemfällen echte Lebenshilfe leisten konnte (Geldschwierigkeiten, Alkoholprobleme, Familienstreit).

Die *Sōka Gakkai* hatte im »geistigen Vakuum« der Nachkriegszeit großen Zulauf, besonders unter jenen, die »im Schatten« des Nachkriegswohlstands lebten, etwa in den städtischen Unterschichten. Aber Mitte der fünfziger Jahre konnte die *Sōka Gakkai* auch unter den Bergarbeitern von Hokkaidō enorme Bekehrungserfolge erzielen. 1958 zählte die Sekte dort mehr als 200 000 Mitglieder, die Hälfte waren Kumpel aus den Zechen der Insel.

Der Führungsstil innerhalb der Sektenorganisation läßt sich nur als autoritär bezeichnen, manche Beobachter sprechen sogar von »faschistoid«. Unter den meisten Japanern ist die Sekte daher verdächtig und unbeliebt.

### a. Die *Kōmeitō*

Die riesige Zahl von *Sōka-Gakkai*-Mitgliedern in einer so straff geführten Organisation machte die Sekte auch ohne eine eigene politische Partei bereits zu einem Faktor in der japanischen Politik. 1956 zog die Sekte daraus die Konsequenzen und stellte eigene Kandidaten für Unterhauswahlen auf, drei wurden als »Unabhängige« gewählt. 1959 kandidierten *Sōka-Gakkai*-Mitglieder in Oberhauswahlen, und neun Kandidaten waren erfolgreich. Diese *Sōka-Gakkai*-Politiker schlossen sich im Oberhaus zum *Mushozoku* Club (Club der Unabhängigen) zusammen, der nach den Oberhauswahlen von 1962 15 Mitglieder zählte. Die Gruppe hatte damit im Oberhaus Fraktionsstatus und war antragsberechtigt, z. B. bei Gesetzesvorhaben; sie änderte ihren Namen in *Kōmeikai* (Vereinigung für saubere Politik), später in *Kōmei Seiji Renmei* (Liga für saubere Politik). Im selben Jahr gab die *Sōka Gakkai* ihrem politischen Gewicht auch feste organisatorische Formen: Aus der *Kōmei Seiji Renmei* wurde im November 1964 eine wirkliche Partei der *Sōka Gakkai*, die *Kōmeitō*.

*Kōmeitō* strebt eine Einheit von Staat und (buddhistischer) Religion (*Ōbutsu Myōgō*) an, eine Art »buddhistischer Demokratie«. Diese Forderung wie auch das Ziel eines »humanistischen Sozialismus« oder Frieden für eine weltweite Völkergemeinschaft begründeten den späteren Anspruch der *Kōmeitō*, eine »Partei der politischen Mitte« zwischen Sozialismus und Kapitalismus zu sein.

Die Wählerschaft der *Kōmeitō* fand sich vor allem unter den Beschäftigten der Klein- und Mittelindustrie; deshalb zielten die politischen Forderungen der Partei auf Hilfsmaßnahmen für diese Gruppe: Mindestlohn-System, steuerliche Vergünstigungen für die Klein- und Mittelindustrie, Aufbau eines japanischen Wohlfahrtsstaates, aber auch die Verstaatlichung einiger Schlüsselindustrien. Die *Kōmeitō* widersetzte sich 1989 vehement der neuen Verbrauchssteuer. Sauberkeit in der Politik, der Kampf gegen Korruption drücken sich als Forderung schon im Parteinamen aus; aber hier hat die *Kōmeitō* schwer gesündigt: In den frühen neunziger Jahren mußte eine Serie von Korruptionsskandalen verkraftet werden. Als »Partei der Städte« trat die *Kōmeitō* für eine teilweise Liberalisierung der Reisimporte ein, um das künstlich hohe Preisniveau zu drücken.

Außenpolitisch hatte die *Kōmeitō* sich früh für eine aktive China-Politik entschieden, die »politischen Buddhisten« spielten eine Schlüsselrolle bei der Aufnahme diplomatischer Beziehungen zwischen Tōkyō und Beijing 1972. Mit den sogenannten »Selbstverteidigungsstreitkräften« *(Jieitai)* hatte die *Kōmeitō* schnell ihren Frieden gemacht, aber sie zielte langfristig auf eine Auflösung des Sicherheitsvertrages mit den USA. Über die »*Sōka Gakkai International*« konnte sich die Mutterorganisation der *Kōmeitō* ein beträchtliches internationales Prestige erwerben. Schließlich war »Schutz der Friedensverfassung«, d. h. des Kriegsverzichtartikels 9, fester Teil des politischen Grundsatzprogramms.

Bis Anfang der siebziger Jahre konnte die *Kōmeitō* ihre Stimmenpotentiale recht genau vorausberechnen, denn die *Sōka-Gakkai*-Mitglieder wählten fast geschlossen »ihre« Kandidaten in allen Wahlgängen, während Nicht-Mitglieder sich so gut wie nie für *Kōmeitō*-Politiker entschieden. An dieser letzten Tatsache hat sich bis zu ihrer Vereinigung mit der *Shinshintō* nichts geändert, aber stagnierende Mitgliederzahlen der *Sōka Gakkai* und wachsende Distanz selbst ihrer Mitglieder gegenüber der *Kōmeitō* nach den Skandalen der neunziger Jahre haben die Stimmzahlen für die Partei sinken lassen und machen genaue Vorausberechnungen fast unmöglich; die Partei kann ihren Kandidaten nicht wie früher Wahlerfolge garantieren. Die meisten Mandatsträger der *Kōmeitō* waren zugleich auch *Sōka-Gakkai*-Funktionäre, mindestens aber aktive Mitglieder, obwohl beide Organisationen nach außen Wert auf Distanz legten. Das gilt besonders auch für die Abgeordneten der »*Kōmei*«, die als Fortsetzungsorganisation der *Kōmeitō* in der Regional- und Stadtparlamenten aktiv ist.

Seit 1990 hat sich immer wieder gezeigt, daß die *Kōmeitō* eine »städtische« Partei ist, 73 % ihrer Wahlerfolge erzielte sie in Großstädten. 1993 hatte die Partei 216 000 Mitglieder, ein leichter Anstieg 1991/92 konnte nicht darüber hinwegtäuschen, daß die *Kōmeitō* Mitgliederprobleme hatte. Gezielte Fördermaßnahmen der japanischen Regierung für die Klein- und Mittelindustrie sowie die Verlagerung von Zulieferbetrieben in das benachbarte Ausland hatten überdies die Zahl der *Kōmeitō*-Wähler in diesen Schichten drastisch verringert; neue Wählergruppen konnte die Partei – auch als *Kōmei* – bisher nicht erschließen.

Die tatsächliche Wählerbasis der *Kōmeitō* wurde in den japanischen Medien tendenziell zu niedrig eingeschätzt, aber ein Abwärtstrend bei Unterhauswahlen war zwischen 1983 und 1990 unverkennbar: 1983 errang die *Kōmeitō* noch 10,1 % der Stimmen, 1986 noch 9,4 % und 1990 nur 8 %, d. h. die Partei büßte von ihren 54 Sitzen neun ein und stellte 1992 jetzt nur noch 46 Mandate, ein Unabhängiger schloß sich der Fraktion an. Eine Untersuchung aus dem Jahre 1982 zeigt folgende Zusammensetzung der *Kōmeitō*-Wähler, die bis zur Auflösung galt: Industriearbeiter 25,4 %, Beschäftigte von Klein- und Mittelbetrieben 21,4 %, Büroangestellte 17,4 %, Selbständige 15,8 %.

## b. Die innenpolitische Taktik der *Kōmeitō*: vom Oppositionsbündnis zur »großen Koalition«

Trotz weitreichender Übereinstimmung in der politischen Programmatik mit den übrigen Oppositionsparteien war die *Kōmeitō* bis 1993 nicht in der Lage, ein tragfähiges Bündnis zu schaffen. Meist scheiterten die Versuche an dem absoluten Führungsanspruch der Sozialisten oder aber an deren früher kompromißloser Haltung in Grundsatzfragen wie dem Sicherheitsvertrag, dem Bündnis mit den USA oder bei der Kernenergie. Der große Durchbruch für die *Kōmeitō* kam mit dem »Aktionsprogramm 1991«, das den Weg für die im Jahre 1993 dann endlich geglückte »große Koalition« mit Teilen der LDP (Partei»flüchtlinge«) und den übrigen Oppositionsparteien (außer KPJ) ebnete. Die Architekten des Entwurfs gingen von einem zukünftigen »triadischen« System aus, in dem die *Kōmeitō* eine entscheidende Kraft sein könnte.

Die Partei wollte die Alleinherrschaft der LDP durch ein Bündniskonzept Mitte/Rechts ersetzen. Das Konzept betonte eine »richtungweisende Stimme« für die *Kōmeitō*. In den neunziger Jahren sollte ein Humanismus entwickelt werden, der Leben, Wohlfahrt und Existenzrechten erste Priorität gibt und einen »Beitrag Japans für die Welt« befürwortet. Dieser letzte Punkt ließ natürlich sofort an die hitzigen Debatten über eine Entsendung von SDF-Personal in die Golf-Region denken, der 1990 auch die Opposition tief gespalten hatte. Eines möglichen Oppositionsbündnisses wegen war dieses Aktionsprogramm eine klare Absage an das frühere »*Sha-Kō-Min*«-Konzept (*Kōmeitō*, SDPJ, DSP); statt dessen sollte ein »*Hoshuchūdo*«-Konzept gefördert werden, also ein konservativ-gemäßigtes Bündnis (nach japanischem Sprachgebrauch).

Kurz: Die *Kōmeitō* rechnete damals mit einer offenen oder eher: verdeckten »Koalition« mit der LDP unter möglicher Einbeziehung der DSP. Wieder bekräftigte die *Kōmeitō* auch ihren eigenständigen Weg als Partei der Mitte; in entscheidenden Fragen nationaler Politik wollte sie stärker auf die LDP zugehen, statt mit der SDPJ bedingungslos Opposition zu machen. Das sollte besonders für politische Reformen, z. B. des Wahlrechts, und den friedlichen Einsatz von japanischen Soldaten bei UN-Missionen gelten. Als dringliche Fragen der Politik sah die *Kōmeitō* insgesamt diese Punkte an:

- die friedliche Zusammenarbeit mit der UNO,
- Teilliberalisierung der Reisimporte,
- Aufbau eines neuen Steuersystems,
- Senkung der Grundstückspreise,
- politische Reformen mit dem Ziel, Korruption abzuschaffen,
- Einführung eines Verhältniswahlrechts bei Unterhauswahlen.

Damit war die *Kōmeitō* den Vorstellungen von Teilen der LDP sehr nahegekommen, die spätere Einigung mit Gruppen aus der LDP war auf diese Weise vorprogrammiert. Andererseits war bei der Forderung nach einer teilweisen Liberalisierung der Reisimporte eine Konfrontation mit einflußreichen Teilen der LDP fast unvermeidlich; diese Problematik wurde aber durch das Bündnis mit ehemaligen LDP-Politikern, die ebenfalls für eine Teilöffnung des Reismarktes waren, von selbst aufgehoben.

Erst 1993 gelang der Durchbruch: Partei-Dissidenten aus der LDP spalteten die frühere Regierungspartei und machten den Weg frei für ein Bündnis auch mit der *Kōmeitō*. Die Unterhauswahlen vom Juli 1993 brachten nach vielen Fehlschlägen eine leichte Erholung; die *Kōmeitō* verbesserte sich von 45 Sitzen (seit 1990) auf 51 Mandate. In der anschließend gebildeten Koalitionsregierung stellte die *Kōmeitō* die zweitstärkste Fraktion hinter den Sozialisten. Das neue Wahlrecht (seit 1994) hätte sich günstig für die *Kōmeitō* auswirken können, da sie sowohl lokal (Direktmandate) als auch landesweit (Listenmandate) große Wählerblöcke mobilisieren konnte. Vermutlich um den Makel abzuschütteln, ausschließlich eine religiös gebundene Partei zu sein, schlossen sich die Zentralorganisationen der *Kōmeitō* und sämtliche Unterhausabgeordneten aber der neu gegründeten »Fortschrittspartei« (*Shinshintō*/NFP) an. Die Regionalorganisationen der Partei und die Regional- und Kommunalparlamentarier der *Kōmeitō* sowie die Oberhausabgeordneten aber führen die Parteiorganisation unter dem kaum veränderten Namen »*Kōmei*« (also ohne »*tō*« für »Partei«) weiter; gestützt auf diese Organisation könnte die *Kōmeitō* jederzeit wieder entstehen, was nach den Spaltungen der NFP durchaus vorstellbar wäre.

# 5. Japans »traditionelle Sozialdemokraten«: die »*Minshatō*« zwischen Bündniszwang, Profilproblemen und Selbstauflösung

Die *Minshū Shakaitō* (Demokratisch-Sozialistische Partei) wurde offiziell am 24. Januar 1960 gegründet; seit 1970 war die Partei als *Minshatō* (DSP) bekannt. Im japanischen Parteienspektrum bildete die DSP innerhalb der parlamentarischen Opposition die »gemäßigte Kraft der Mitte«, politisch sah sie sich rechts von der SDPJ und links von der Regierungspartei LDP angesiedelt. Die Partei verdankte ihre Entstehung der traditionellen Zersplitterung in der sozialistischen Bewegung Japans: Gemäßigte Sozialisten verließen 1959 die SDPJ und gründeten den »*Minsha* Club« (Demokratisch-Sozialistischer Club); nach japanischer politischer Tradition deutete bereits die Bezeichnung »Club« an, daß hier eine neue Partei im Entstehen begriffen war. Der erbitterte Streit um die Verlängerung des Sicherheitsvertrages mit den USA, aber auch die wachsende Sorge des sozialdemokratischen Flügels in der SDPJ vor einem zunehmenden Einfluß prokommunistischer Kräfte in der SDPJ-Führung führten zu dieser Abspaltung.

Erster Präsident der DSP wurde ein führender Gewerkschaftsfunktionär, der in die neue Partei seine persönlichen Erfahrungen aus der frühen Partei- und Gewerkschaftsarbeit der zwanziger und dreißiger Jahre einbrachte: Suehiro Nishio. Mit seinem ausgeprägten Antikommunismus zählte er zu den »Rechten« der politischen japanischen Arbeiterbewegung, und der Konflikt mit linker SDPJ sowie mit der KPJ setzte die DSP echten Zerreißproben aus, da es starke Kräfte in der DSP gab, die zurück in die »Mutterpartei« strebten.

1977 übernahm wiederum ein Gewerkschaftsfunktionär die Parteiführung, nachdem zwischen 1967 und 1976 zwei Unternehmer aus dem Mittelstand 1971–1977 die DSP geleitet hatten. In den achtziger Jahren ging die Parteiführung wieder an Gewerkschafter.

## a. Das Parteiprogramm: ein »Konzept des demokratischen Sozialismus«

In ihrer »Gründungscharta«, die in weiten Teilen dem »Godesberger Programm« der SPD (1959) nachgebildet war, propagierte die DSP eine Gesellschaft, in der ein demokratischer Sozialismus herrscht und der Kapitalismus radikal nach humanistischen Grundsätzen umgestaltet wurde; das Ziel ist eine »Mittelschichtsgesellschaft« ohne Wohlstandsgefälle. Kommunistischen Zielsetzungen wurde eine scharfe Absage erteilt, jedem Totalitarismus von rechts oder links sagte die Partei den Kampf an. Menschen aller Schichten, nicht Vertreter einer bestimmten »Klasse«, sollten konstruktiv beim Aufbau der neuen Gesellschaft zusammenarbeiten. Die Partei lehnte jede Form starrer »Weltanschauung« (im Programm so bezeichnet) ab und bekannte sich zur internationalen Solidarität der Sozialdemokratie; sie war Mitglied der Sozialistischen Internationalen, der auch die SDPJ angehört. Trotzdem wurde in der ersten Plattform vom Januar 1960 scharfe Kritik an den Sozialisten geübt, die »fortgesetzt unter dem Einfluß von Kräften einiger Gewerkschaften stehen, die den Marxismus-Leninismus zum Leitprinzip ihrer Bewegung gemacht haben«. Sie hätten in vielen Fällen die Erwartungen der Menschen enttäuscht, die die Partei unterstützt haben. Fundamentaler Grund (für die Spaltung von 1959) waren die ideologischen Differenzen zwischen demokratischem Sozialismus und marxistischem Sozialismus. Nach heftigen Debatten trat die DSP in ihrem Programm für eigene japanische Streitkräfte ein, wenn auch in Minimalstärke und nur bis zu internationaler Abrüstung. Die linke DSP verfocht hier den Standpunkt der Sozialisten, nämlich »unbewaffnete Neutralität«, aber der rechte Flügel setzte sich durch. Schon früh strebte die DSP eine »exekutive« Rolle Japans für die UNO an. Sie wollte eine Weltgesellschaft aufbauen, in der eine Art internationale Polizeitruppe der UN militärische Konflikte unterbinden könnte. Die Auflösung des Amerikanisch-Japanischen Sicherheitsvertrages, wie es bis Mitte der achtziger Jahre die SDPJ forderte, wurde von der DSP abgelehnt. Auch erkannte sie früher als die Sozialisten die Existenz der sogenannten Selbstverteidigungsstreitkräfte (SDF) an. Die Entscheidung der Sozialisten, die SDF und den Sicherheitsvertrag mit den USA zu »tolerieren«, war ein harter Schlag für die DSP, wurden doch so die Grenzen zur SDPJ verwischt.

Die Frage einer japanischen Armee war bis Mitte der achtziger Jahre immer wieder unüberwindliches Hindernis bei allen Annäherungsversuchen zwischen DSP und SDPJ im Rahmen von »Koalitionskonzepten« der Opposition. Planwirtschaftliche Elemente gab es auch bei der DSP. Hier lag man näher an den sozialistischen Vorstellungen, aber die »Sozialdemokraten« fechten für einen leistungsfähigen Mittelstand, während ihrer Ansicht nach sowohl die Sozialisten als auch die Regierungspartei LDP zu stark auf die Großindustrie setzen. Dennoch war die DSP von der Großindustrie abhängig: Ohne Spenden großer Unternehmen konnte die Partei nach Auflösung der *Dōmei* ihre finanzielle Basis nicht sichern. Nach dem Oppositionssieg in den Oberhauswahlen von 1989, als die DSP auf Konfrontation zur LDP ging, blieben prompt die Spenden aus; die abgesackte Fraktionsstärke in beiden Häusern des Parlaments beraubte die DSP eines Teiles öffentlicher Subventionen, die nach Mandatszahlen vergeben werden – das Ende der DSP kündigte sich an.

## b. Wählerbasis und Bündniskonzept

Zum Zeitpunkt ihrer Gründung konnte die DSP auf 40 Abgeordnete im Unterhaus und 14 Sympathisanten im Oberhaus zählen. Die Unterhauswahlen vom November 1960 aber brachten eine herbe Enttäuschung. Die Zahl der DSP-Abgeordneten sank auf 17. In den folgenden Jahren gewann die Partei in Unterhauswahlen wieder Mandate hinzu, 1983 z. B. kam sie auf 39 Sitze. Aber die DSP konnte ihre Wählerbasis nie entscheidend ausbauen; immer blieb sie bei einem Stimmanteil zwischen 6–8 % noch unter dem der Kommunisten mit ca. 10 %. Gewählt wurde die Partei mehrheitlich von Gewerkschaftsmitgliedern des früheren Verbandes *Dōmei*, der auch die Parteifinanzen absicherte und die Wahlkampfmaschinerie stellte. Die typischen DSP-Wähler setzten sich vor allem aus Arbeitnehmern der Klein- und Mittelindustrie zusammen (meist Gewerkschaftsfunktionäre von kleinen Betriebsgewerkschaften); mittelständische Unternehmer stellten traditionell einen hohen Anteil der DSP-Parlamentarier, hinzu kamen hauptamtliche Parteifunktionäre. Aber auch unter Großbauern und Intellektuellen gab und gibt es Sympathisanten der DSP.

Dreißig Jahre nach ihrer Gründung war die DSP auf einem neuen Tiefpunkt angelangt: Sie verfügte nur noch über 15 Sitze im Unterhaus und 10 Mandate im Oberhaus (1993). Die meiste Kritik zog die Parteiführung seit 1990 wegen ihrer Bündnispolitik mit den Sozialisten auf sich. Vor die Wahl zwischen drei jetzt programmatisch fast parallelen Parteien gestellt, entschieden sich die meisten Wähler verständlicherweise direkt für die größte Oppositionspartei, die Sozialisten – die DSP hatte dabei endgültig ihr programmatisches Profil verloren, wenn sie denn je eines besaß. In der Vergangenheit wechselten die Bündnisvorstellungen der DSP-Führung immer wieder, aber das sogenannte *»Sha-Kō-Min«*-Konzept (SDPJ, *Kōmeitō*, DSP-Bündnis) dominierte. 1979 etwa mußte die Parteiführung sogar dementieren, daß eine »Fusion« mit der *Kōmeitō* geplant sei, so eng arbeiteten beide Parteien im Parlament zusammen. Es war vor allem der damalige Parteichef Ryōsaku Sasaki, der diese Bündnispolitik förderte und dafür viel Kritik aus den eigenen Reihen erhielt.

Seit Auflösung der *Dōmei* und mit Gründung des Gewerkschaftsdachverbandes *Rengō* konnte die Partei nicht mehr auf einen fest kalkulierbaren Stimmenblock aus dem Gewerkschaftslager zählen. Andererseits hatte sie Profilprobleme: In der Frage von Steuererhöhungen hatte es die DSP versäumt, sich vor der Masse der Verbraucher zu profilieren; statt zusammen mit SDPJ und *Kōmeitō* kompromißlos Widerstand gegen das Gesetz zu leisten, hätten DSP-Parlamentarier in zähen Verhandlungen mit der LDP jene Verbesserungen im Steuersystem erreichen können, die im April 1991 verwirklicht wurden – ohne Zutun der DSP.

Die DSP stand zu Beginn der neunziger Jahre vor der Frage, wie sie sich den Wählern »verkaufen« konnte, ihr Profil war nach »links« und »rechts« gleichermaßen unscharf, wie besonders die Ergebnisse der Regionalwahlen 1991 gezeigt hatten: Die DSP verzeichnete das schlechteste Ergebnis ihrer Geschichte mit nur 82 Sitzen in 44 Provinzparlamenten (1987: 104). Seit zwanzig Jahren rutschte die Partei hier unaufhaltsam weiter ab. Nur 1,32 Millionen Wähler, d. h. 3,53 %, gaben der DSP ihre Stimmen; in den Stadtverordnetenwahlen der Großstädte sah es ein wenig besser aus, hier erreichte die DSP 8,67 % der Stimmen. Auch in diesen Regionalwahlen bestätigte sich die Befürchtung der DSP-Führung: Das Stimmenpotential war nach Auflösung der *Dōmei* nicht mehr zu kalkulieren, die DSP brachte nur 74 % ihrer Kandidaten durch (1987: 81,9 %). Ōuchi weigerte sich, angesichts dieser Rückschläge zurückzutreten, er wolle vielmehr auf eine Wiederbelebung der Partei hinarbeiten. Das Ende der DSP kam 1994: Wie auch die *Kōmeitō* und kleinere Parteien schloß sie sich der NFP an und vollzog damit endgültig die längst überfällige Vereinigung mit konservativen politischen Kräften aus der LDP, die ihre alte Partei verlassen hatten.

# 6. Die KPJ: Intellektuelle auf der Suche nach dem Proletariat

Der Eurokommunist Carillo war es, der als erster in den siebziger Jahren der japanischen KP bescheinigte, sie sei »eurokommunistisch«. Damals hieß das: reformfreudig, unabhängig von den Weltzentren des internationalen Kommunismus, eine moderne, gut geführte Partei. Von diesen Attributen gilt heute keines mehr für die KPJ: Die Partei ist erstarrt im Dogmatismus einer vergangenen Epoche, die von Altkommunist Kenji Miyamoto verkörpert wird. Trotz des eindrucksvollen intellektuellen Potentials in der Führung ist die KPJ unfähig, auf die Umbrüche in der Sowjetunion, in Osteuropa und im Weltkommunismus zu reagieren, sie klammert sich an vertraute Programme. Diese Reformfeindlichkeit rückt sie fast in die Nähe der KP Chinas, wenn zwischen beiden Parteien nicht seit der Kulturrevolution eine tiefe Feindschaft bestünde.

## a. »Untergrundmentalität« bis heute? Die Geschichte der Partei

Seit ihrer Gründung im Jahre 1922 hat die KPJ zahlreiche innere Richtungskämpfe und Spaltungen erlebt; sie machte getreulich alle Fraktionskämpfe in der internationalen kommunistischen Bewegung mit. Aber die Führung achtete stets auf Einheit, in Ideologiekämpfen unterlegene Gruppierungen wurden konsequent aus der Partei ausgeschlossen. Für die Mehrheit der japanischen Bevölkerung aber demonstrierte diese Geschlossenheit zusammen mit den festen Programmen der Partei politischc »Härtc«, dic bis hcutc auf die meisten abstoßend wirkt, die Partei erscheint »unjapanisch«.

Die *Nihon Kyōsantō* ist die älteste politische Partei Japans. Gegründet im Untergrund von einer Handvoll Intellektueller unter aktiver Anleitung von Vertretern der »Weltpartei« des Kommunismus, der Komintern, konnte die KPJ bis 1945 kaum wirklich aktiv werden. Ihre Programme, die sogenannten »Thesen«, wurden in Moskau u. a. von dem einzigen Japaner in der Komintern-Führung, Sen Katayama, entworfen und entsprachen nicht der gesellschaftlichen und wirtschaftlichen Realität Japans. Das japanische Proletariat waren nicht ausgebeutete Industriearbeiter, sondern die verelendeten Pächter, die von großen und kleinen Grundbesitzern gnadenlos ausgepreßt wurden.

Die KPJ arbeitete konspirativ, denn die Regierung unterdrückte mit allen Mitteln die kommunistische Bewegung; schon 1923 kam es zu einer großen Verhaftungswelle, und nach dem großen Erdbeben im selben Jahr fielen nicht wenige wirkliche oder vermeintliche Kommunisten der Lynchjustiz von Bürgerwehren zum Opfer. Andererseits ließ die Regierung einige gemäßigte sozialistische Parteien zu, so daß die KPJ auch von links bedroht war. In den ersten Wahlen 1928 kandidierten Kommunisten als Vertreter solcher Parteien. Die Chancen schienen jetzt nicht schlecht, denn inzwischen hatten kommunistische Kräfte eine ganze Reihe »junger« Einzelgewerkschaften unter Kontrolle. Die Ergebnisse für die Kommunisten blieben weit hinter den Hoffnungen zurück; zudem konnten die Behörden jetzt fast alle

Untergrund-Kommunisten identifizieren und verhaften. In zwei großen Prozessen 1931/32 wurden KPJ-Führer zu langen Haftstrafen verurteilt. 1933 sagten sich zwei prominente Parteiführer von der KPJ und der Komintern los und versetzten dadurch der »Bewegung« einen Schlag, der sie härter traf als die staatlichen Unterdrükkungsmaßnahmen. Bis zum Kriegsende existierte die KPJ nur noch in geheimen Zirkeln.

Unter der amerikanischen Besatzung wurden die KP-Führer aus der Haft entlassen, und die KPJ konnte erstmals legal arbeiten. Die Partei begrüßte anfangs die Demokratisierungsbemühungen der Amerikaner und attackierte »bürgerliche Kräfte«, die mit den Kriegsverbrechern gemeinsame Sache gemacht hätten. Die Abschaffung des *Tennō*-Systems, Demokratisierung der Verwaltung, Landreform usw. waren Hauptforderungen. Nach Rückkehr des prominenten Sanzo Nosaka aus dem chinesischen Exil wurde die Partei als »liebenswerte KPJ« flexibler und trat für eine demokratische Front ein. Der Koreakrieg aber löste neue Unterdrückungsmaßnahmen gegen die KPJ aus, wenn auch die Partei nie formell verboten wurde. Im sogenannten *»Red Purge«* verloren zahlreiche Kommunisten ihre Stellungen, und die Partei ging erneut praktisch in den Untergrund.

In den sechziger Jahren erholte sich die Partei und nahm unter Kenji Miyamoto mit seinem neuen »Nationalkommunismus« zwischen Peking und Moskau rasch an Mitgliedern zu, von 80 000 (1961) auf 450 000 (1993). 1968 kritisierte die KPJ den sowjetischen Einmarsch in die ČSSR, 1972 den chinesischen Kernwaffen-Versuch. Eine Spaltung Mitte der sechziger Jahre, die den pro-chinesischen und den prosowjetischen Flügel wegbrechen ließ, brachte die endgültige Unabhängigkeit: Bis 1989 lag die KPJ sowohl mit Peking als auch mit Moskau in Fehde.

## b. Programm und Organisation: die Suche nach dem Proletariat

Seit 1972 konnte die KPJ stets auf etwa zehn Prozent der Wählerstimmen in Unterhauswahlen rechnen, die meisten Sympathisanten fand und findet die Partei im akademischen Bereich; lange Zeit war auch die Lehrergewerkschaft *Nikkyōsō* entschieden prokommunistisch. Seit Beginn der achtziger Jahre sank die Unterstützungsrate für die KPJ, in den Unterhauswahlen von 1990 sackte die KPJ von 26 auf 16 Mandate; 1993 auf nur noch 15. Noch immer hat die Partei fast 450 000 Mitglieder, aber die Attraktivität läßt mit den Auflösungserscheinungen im Weltkommunismus nach.

Kernpunkte des KP-Programms sind seit 1985 der Widerstand gegen jeden Hegemonismus in Asien, die vollständige Rückgabe der Kurilen-Inseln, umfassende Abrüstung, beginnend mit Beseitigung aller Atomwaffen. Noch immer tritt die Partei auch für die Kündigung des Sicherheitsvertrages mit den USA und (bewaffnete) Neutralität ein. Verstaatlichung von Banken und Schlüsselindustrien sind selbstverständlich auch Forderungen, aber der Weg dorthin führt nicht mehr über die »Diktatur des Proletariats«, im Leninschen Sinne also der Parteidiktatur, sondern über die »Herrschaft der Arbeiterklasse«. In einer Gesellschaft, die sich selbst als »Mittelstandsgesellschaft« klassifiziert, ist aber diese Arbeiterklasse schwer zu finden – sicher nicht unter den Stammarbeitern großer Industrieunternehmen. Also mußte die KPJ andere Wählerschichten erschließen, vorwiegend unter den Beschäftigten der Klein- und Mittelindustrie. Hier aber kollidierte sie lange mit der *Kōmeitō*. Von allen Oppositionsparteien wird die KPJ abgelehnt, sie findet keine Bündnispartner; diese Isolation und die zunehmende Überalterung der Führung machte die Partei unbeweglich: Auch nach den Ereignissen in Osteuropa beharrte Parteichef Miyamoto unbeirrt auf der Gültigkeit des »wissenschaftlichen Sozialismus«, allein die KPJ sei die »Partei der demokratischen Vorhut«; ihre Linie sei unverändert richtig.

Das Jahr 1993 brachte den steilen Absturz eines Idols der KPJ-Geschichte und verdeutlichte vielleicht symbolisch den Niedergang der Partei: Sanzo Nosaka, mit 100 Lebensjahren damals Japans ältester Politiker, wurde wegen Parteiverrats aus der KPJ ausgestoßen – aus der Partei, die er 1922 selbst mitgegründet hatte. Russische Parteiarchive enthüllten, daß er in den dreißiger Jahren einen Genossen in Moskau verraten hatte, der anschließend vom sowjetischen Geheimdienst ermordet wurde; die stalinistische Vergangenheit hatte die KPJ wieder eingeholt. Ende 1997 legte Kenji Miyamoto, der greise letzte Altkommunist der Untergrundzeit, seinen Posten als Ehrenvorsitzender des ZK nieder; aber noch immer wird die Partei nicht von der »Enkelgeneration« geführt, sondern an der KP-Spitze stehen erst die »Söhne«. Einen Aufschwung in der Wählergunst erlebte die KPJ in der zweiten Hälfte der neunziger Jahre, als die verbreitete Erbitterung in der Bevölkerung über die traditionelle politische Klasse des Landes, den Kommunisten bei Kommunalwahlen in Tōkyō und Ōsaka hervorragende Ergebnisse bescherte. Damit wurde auch in den beiden größten Metropolen Japans unterstrichen, was in Klein- und Mittelstädten schon seit langem erkennbar war: Die KPJ kann sich auf ein festes Wählerpotential auf kommunaler Ebene stützen.

## 7. *Shinshintō:* eine neue Partei mit eingebautem Spaltungsmechanismus

War 1994 die Zeit der »Wegwerf-Regierungen« vorbei? Zur Erinnerung: Die Regierung Takeshita blieb 576 Tage im Amt, Unos Regierung nur 69 Tage, Kaifu blieb 616 Tage und Miyazawa 644 Tage; Hosokawa brachte es nur auf 260 Tage, sein Nachfolger Hata scheiterte schon nach 64 Tagen. Im Dezember 1994 wurde nun von der vereinigten Opposition eine neue Partei gegründet, die der Regierung als überzeugende Alternative gegenübertreten wollte. Schon seit längerem hatte sich die Tendenz zu einem Zweiparteien-System abgezeichnet; die neue Partei hätte als »konservativ-liberale« Partei eines der politischen Felder besetzen können. Im Regierungslager dagegen war der Umstrukturierungsprozeß noch längst nicht abgeschlossen: Der damalige sozialistische Regierungschef Murayama kämpft mit Rebellen in den eigenen Reihen, welche die Oppositionsgruppierungen attraktiv fanden, und auch in der LDP, dem damaligen Koalitionspartner der SDPJ, gab es Kräfte, die nicht abgeneigt waren, näher an die Opposition heranzurücken.

Es waren schließlich neun Parteien und Gruppierungen, die Anfang November 1994 aus dem früheren Oppositionsbündnis »*Kaikaku*« eine neue Partei organisierten. Schon am 24. November einigten sich die Oppositionsparteien auch auf den neuen Namen der Partei; von den anwesenden 225 Abgeordneten beider Häuser stimmten 130 für *Shinshintō* (also »Neue Fortschrittspartei«, kurz: NFP).

Die NFP wurde formal auf einem Parteitag in Yokohama gegründet. Aus beiden Häusern des Parlaments waren zusammen 214 Abgeordnete der NFP beigetreten, damit wurde die NFP zur zweiten großen parlamentarischen Kraft hinter der LDP, die über insgesamt 295 Parlamentarier verfügte. Seit Gründung der alten LDP im Jahre 1955 hatten sich noch nie so viele Abgeordnete zur Gründung einer neuen Partei zusammengefunden. Die Delegierten bestätigten Toshiki Kaifu als Parteichef und Ichiro Ozawa als Generalsekretär. Vergeblich hatten Reformer gehofft, die Parteiführung würde durch saubere Wahlen bestimmt werden: Ozawa sorgte dafür, daß, wie früher in der LDP auch, die Spitze in einer Vorphase durch Verhandlungen zwischen den neuen Bossen der Partei besetzt wurde. Man war sich einig: Würde es Wahlen geben, wäre Hata der Mann der Basis; das aber lag nicht im Interesse Ozawas: Kaifu war leichter »steuerbar«. Nach außen hin kam es dann zwar zu einem Wahlgang: Die 214 Abgeordneten konnten sich zwischen Tsutomu Hata, Toshiki Kaifu und Takashi Yonezawa entscheiden, aber der Wahlausgang stand von vornherein fest: 131 Stimmen für Kaifu, 52 für Hata, Yonezawa erhielt 31 Stimmen. Hatas Entscheidung, im letzten Moment gegen Kaifu zu kandidieren, war nur noch ein Signal in Richtung Ozawa, daß er die Manipulationen des Machers nicht widerspruchslos hinnehmen wollte. Das Verhältnis von Ozawa und Hata war von Anfang an belastet; der Parteiaustritt Hatas – die erste Spaltung in der NFP – war nur logisch.

Zum Zeitpunkt des Gründungsparteitags gehörten offiziell laut Meldungen beim Innenministerium 178 Unterhausabgeordnete und 36 Oberhausparlamentarier der NFP an. Interessant aber war vor allem, welche Politiker nicht in die NFP eintraten, obwohl sie dem Vorbereitungskomitee für eine neue Oppositionspartei angehört hatten. Insgesamt verweigerten 12 Parlamentarier (Unterhaus 8, Oberhaus 4) ihre Teilnahme an der Gründungsfeier der NFP. Die massivste Kritik an der neuen Partei übte der ehemalige DSP-Chef Keigo Ōuchi, die NFP sei nichts als »eine Ozawa-*Sōka Gakkai*-Partei«, ihrem Charakter nach der Hosokawa-Regierung zu vergleichen: Ozawa bestimme die Richtung, und seinen Einfluß gründet er auf die *Sōka Gakkai*. Aus Sicht der LDP, also noch der größten politischen Partei Japans, bot die NFP kein überraschend neues Profil; man fühlt sich an die schlechten Traditionen der LDP erinnert: Der Generalsekretär wird (ohne Wahlgang) bestimmt, bevor der Parteichef gewählt ist – das verdeutlicht die Machtverteilung. Die NFP war nach Ansicht vieler Beobachter nichts anderes als eine »Partei zum politischen Überleben«. Diese Einschätzung ist einleuchtend, denn anders als die LDP verfügten die vereinigten Oppositionsparteien noch nicht über eingespielte Regionalorganisationen, die sich der NFP verpflichtet gefühlt hätten.

Mit einiger Sorge betrachteten LDP und SDPJ allerdings den mächtigen Bündnispartner der NFP, die *Sōka Gakkai*. Mit Eintritt der *Komeitō* in die neue Partei rechneten die meisten Beobachter damit, daß die riesige buddhistische Laienorganisation ihre organisatorische Überlegenheit auf seiten der NFP-Kandidaten einsetzen würde. Stimmen aus der LDP meinten, daß in einem durchschnittlichen

Wahlkreis für Kandidaten, die von der *Sōka Gakkai* gestützt werden, zusätzlich 20 000 Stimmen anfallen könnten. Andererseits gab es auch in den Reihen der NFP Unsicherheit; so zweifelten z. B. Gewerkschaftsfunktionäre daran, daß es zwischen Kandidatenorganisationen, die der *Sōka Gakkai* nahestehen, und regionalen Gewerkschaftsorganisationen eine reibungslose Zusammenarbeit geben könnte. Die Skeptiker behielten Recht: Wenige Tage, nachdem Ozawa endlich auch offiziell Parteichef der NFP geworden war (Dez. 97), löste sich die Partei selbst auf. Aus ihr entstanden fünf neue Parteien, die das ohnehin schon bunte Bild im japanischen Parlament noch farbiger gestalteten. Durch »Fahnenflüchtige«, die sich wieder der LDP anschlossen, war die Fraktion der NFP im Unterhaus auf 129 Abgeordnete geschrumpft, 1994 waren es 178. Die größte der neuen Parteien (die natürlich nur aus Abgeordneten, ohne Parteimitglieder bestanden!) wurde in der Presse die »Neue-Ozawa-Partei« genannt, eine weitere Gruppierung – ausschließlich aus Oberhausabgeordneten bestehend – wird die *Kōmeitō* wiederbeleben, allerdings wohl vorläufig ohne direkte Unterstützung durch die *Sōka Gakkai*. Das Scheitern der NFP wird von manchen Beobachtern mit einer späten Rache mächtiger LDP-Politiker erklärt, die es Ozawa nicht verziehen hatten, daß er 1994 die LDP spaltete.

## 8. Demokratische Partei Japans (*Nihon minshu-tō*, DPJ)

Von der Auflösung der *Shinshintō* (NFP) konnte die damals jüngste »Partei« Japans, die DPJ, am meisten profitieren. Während die Reste der NFP Anfang 1998 nur Gruppierungen waren, die sich noch auf der Suche nach Bündnispartnern befanden, zeigte die DPJ bereits alle Merkmale einer echten japanischen Partei, obwohl sie erst im September 1996 gegründet worden war. Diese Merkmale waren vor allem negative Charakteristika: unklare Führungsstrukturen, innere Zersplitterung, ein schwammiges und phrasenhaftes Parteiprogramm usw. Führungsprobleme zeigten sich bereits bei der Besetzung der Parteispitze: Zwei Ko-Präsidenten wurden bestimmt, der populäre Naoto Kan und Yukio Hatoyama, beides ehemalige LDP-Politiker und – bis zur Gründung der DPJ – Mitglieder der Splittergruppe *Shintō Sakigake*. Die Gründungsmitglieder der DPJ kamen aus den verschiedensten Parteien und Gruppen, die meisten aus der Sozialdemokratischen Partei und der *Shintō Sakigake*.

Ende 1997 wurde der Führungsstil endlich gestrafft: Naoto Kan wurde Parteipräsident, Yukio Hatoyama Generalsekretär der Partei. Es blieben jedoch die programmatischen Probleme: Die DPJ hatte sich den Kampf gegen die übermächtige Bürokratie und die Forderung nach mehr Bürgernähe der Politik auf die Fahnen geschrieben – aber solche Ziele verfochten auch die anderen Parteien. Einige Zeit konnte die DPJ von ihrem »frischen« Image gegenüber der verbrauchten LDP zehren, aber das allein macht sie nicht dauerhaft attraktiv für die Wähler.

Ende 1996 verfügte die DPJ im Unterhaus über 52 Abgeordnete, im Oberhaus über 10 Mitglieder. Aus den Unterhauswahlen von 1996 war sie als drittstärkste Kraft hervorgegangen, das Image der unverbrauchten neuen Kraft hatte gewirkt.

Aber es gibt in der Partei Spannungen, die sich aus unterschiedlichen politischen Zielsetzungen der Mitglieder erklären: Die ehemaligen *Sakigake*-Mitglieder neigen zu einer »konservativen Opposition« und phasenweiser Zusammenarbeit mit der LDP, während die ehemaligen SDPJ-Mitglieder die Kooperation mit den Gewerkschaften suchen. Die beiden Ko-Vorsitzenden der DPJ haben darüber hinaus auch ganz unterschiedliche Beziehungsgeflechte: Hatoyama pflegt beste Beziehungen zu anderen Oppositionspolitikern von der *Shinshintō* oder der *Taiyōtō* (»Sonnenpartei«, auch eine Partei ehemaliger LDP-Politiker, aber sehr klein). Naoto Kan dagegen hält Kontakt zu führenden LDP- und SDPJ-Politikern. Anfang 1997 hatte die DPJ erst in fünf Präfekturen eigene Regionalorganisationen aufgebaut, sie ist eine typische »Hauptstadt-Partei«, die im politischen Zentrum Tōkyō verankert ist. Bedrohlich wirkte sich für die Partei Mitte 1997 eine zunehmende Distanzierung der ehemaligen *Sōhyō*-Gewerkschaften von der DPJ aus; Grund war die Ablehnung Hatoyamas, den Gewerkschaften größeren Einfluß auf die Politik der Partei einzuräumen. Auch regte sich die Kritik in den Gewerkschaften an der Haltung der DPJ gegenüber Gewerkschaftsinteressen bei den anstehenden Verwaltungsreformen; man sah den Standpunkt der organisierten Arbeitnehmerschaft in Ministerien und Behörden durch die DPJ nicht ausreichend vertreten. Interessenkonflikte, unscharfe Programmatik und Zerstrittenheit über die Bündnispolitik gefährden die Existenz der DPJ, ihre Zukunft ist unsicher.

# IV. Wirtschaftsverbände und Interessengruppen

Manfred Pohl

In den sechziger und siebziger Jahren entstand in den USA die Bezeichnung »Japan, Inc.« (etwa »Japan AG«) als Beschreibungsmodell der engen Verflechtung zwischen Wirtschaft und Politik auf der einen Seite und den Ministerialbürokratien auf der anderen Seite. Es galt als ausgemacht, daß die organisierten Interessen der japanischen Wirtschaft direkten Einfluß auf die politischen Entscheidungsträger ausüben konnten. Zweifellos waren die japanischen Regierungen zwischen 1960 und 1980 starkem politischen Druck organisierter Interessen – nicht nur aus der Industrie, sondern auch aus der Landwirtschaft – ausgesetzt; Ministerpräsidenten und Regierungspartei (LDP) waren »beeinflußbar«, weil die großen Wirtschaftsverbände das Geld stellten, mit denen »Wahlkreispflege« betrieben wurde und die Bauernverbände der LDP jahrzehntelang die Wählerbasis garantierten. Fünf große Interessenverbände waren (und sind in geringerem Maße bis heute) Dialogpartner der japanischen Regierung, wenn es um die Angleichung von Positionen, die Abwägung von gegensätzlichen Interessen nach innen oder die Formulierung gemeinsamer politischer Strategien nach außen zwischen japanischer Politik und Wirtschaft geht. Dabei wurde besonders in den USA die tatsächliche Bedeutung der Interessenverbände gelegentlich überschätzt, aber zweifellos konnte noch bis 1993 finanzieller Druck aus der Wirtschaft oder die Androhung von Protestwahlen »auf dem Lande« die Regierungspartei LDP auf bestimmte Politiken (z.B. gegen Marktöffnung bei Reis) festlegen. Die Transmission organisierter Interessen lief bis 1993 über drei große Antriebsräder; Vertreter von Interessengruppen sprachen LDP-Parlamentarier an, die Sonderinteressen im Unterhaus vertraten (sogenannte *Zoku Giin*), diese wandten sich an Fachbürokraten in den jeweils befaßten Ministerien, und gemeinsam übte man Druck auf Parlament und Kabinett aus.

Mit der Wahlniederlage der LDP im Jahre 1993 und der Bildung einer Koalitionsregierung ohne Beteiligung der LDP ist dieses eingefahrene System in Unordnung geraten: Besonders die Wirtschaftsverbände scheinen entschlossen, nicht mehr wie bisher politische Gelder bereitzustellen. Ohnehin hatte schon in den achtziger Jahren der politische Stellenwert der Verbände gegenüber großen Einzelunternehmen oder Unternehmensgruppen erkennbar an Bedeutung eingebüßt. Reformen der Parteien- und Politikerfinanzierung schmälern die Rolle politischer Spenden aus der Wirtschaft; die Wahlrechtsreformen werden unvermeidlich auch die Bedeutung der bäuerlichen Wählerschichten schwächen – und damit zwangsläufig den übermächtigen politischen Einfluß agrarischer Interessenorganisationen. Diese Entwicklung darf jedoch nicht zu dem voreiligen Schluß führen, daß in Zukunft die Verbände keine Schlüsselrollen mehr spielen werden, vielmehr werden die *Pressure*

*Groups* auch in einem veränderten Wahlsystem durch einzelne Politiker weiterhin massiv ihre Partikularinteressen gegenüber der Regierung durchzusetzen suchen – und sie werden dabei auch weiterhin erfolgreich sein.

### a. *Keidanren* – Wirtschaftsverband

Dieser wohl bekannteste Wirtschaftsverband, dessen vollständiger Name *»Keizai Dantai Rengōkai«* (Vereinigung der Wirtschaftsverbände, kurz: *Keidanren*) lautet, wurde 1946 durch den Zusammenschluß von vier verschiedenen Verbänden aus der Vorkriegszeit gegründet. 1952 wurde der Dachverband in Fachverbände nach Wirtschafts- bzw. Industriesektoren reorganisiert, heute ist der *Keidanren* Koordinationsorgan und gemeinsames Sprachrohr aller Wirtschaftsverbände gegenüber der Regierung – und nicht zuletzt auch gegenüber dem Ausland. Bis 1993 stützte der *Keidanren* seinen enormen Einfluß auf eine weitere Funktion: als zentrale Verteilerorganisation für politische Spenden, vor allem natürlich früher an die Regierungspartei LDP. Im Oktober 1997 hatte der Dachverband 1 205 Mitglieder; dazu zählen sowohl die nationalen Dachverbände einzelner Wirtschaftsbereiche (z. B. KFZ-Industrie, Mineralöl-Wirtschaft, Bankenverband) als auch große Einzelunternehmen (z. B. Nippon Steel, Toyota usw.). Der *Keidanren*-Präsident wurde scherzhaft »Ministerpräsident der Wirtschaft« genannt. Geführt wird der Verband unter dem Präsidenten von einem Zentralen Führungsausschuß (Präsidium), dem Fachausschüsse einzelner Wirtschaftssektoren sowie Sonderausschüsse zu industrieübergreifenden Themen (Entwicklung der Raumfahrtindustrie, Rüstungsindustrie) zuarbeiten; daneben erarbeiten Forschungsinstitute des *Keidanren* Gutachten zu Spezialthemen, die nur mittelbar wirtschaftspolitische Bedeutung haben; gerade hier aber kann der *Keidanren* noch heute beträchtlichen Einfluß geltend machen. Es handelt sich um Stellungnahmen zu Fragen der Außenpolitik, der Umwelt- oder der Bildungspolitik. In den letzten Jahren hat der *Keidanren* seine regelmäßigen Kontakte zu ausländischen Wirtschaftsverbänden intensiviert, um durch die Darstellung japanischer Positionen etwa in den USA oder in der EU Verständnis zu wecken. Der *Keidanren* spielt dabei z. B. eine Schlüsselrolle, wenn es um Ausfuhrbeschränkungen gegenüber den USA oder um europäische Forderungen geht. Diese Rolle liegt für den *Keidanren* nahe, da der Dachverband auch heute noch als Sprachrohr der Großindustrie gilt. Seit seiner Gründung war in der *Keidanren*-Führung stets die jeweilige Schlüsselindustrie dominierend, also jener Wirtschaftssektor, der gerade in der japanischen Industriepolitik die zentrale Rolle spielte; dabei ging die Entwicklung von der Schwerindustrie (Eisen und Stahl) zur Energiewirtschaft und von dort zum Dienstleistungsbereich.

### b. *Nikkeiren* – Arbeitgeberverband

Fungiert der *Keidanren* als Sprachrohr der gesamtwirtschaftlichen Interessen Japans, so ist der *Nikkeiren* in engerem Sinne die »tarifrechtliche« Organisation der japanischen Unternehmen, was bereits aus der Langform des Verbandsnamens deutlich wird: *Nihon Keieisha Dantai Renmei* (Vereinigung der Arbeitgeberverbände Japans, engl. *Japan Federation of Employers Ass.*). Der 1948 gegründete Verband umfaßt zum einen 55 nationale Dachverbände einzelner Industriebranchen, zum anderen die Regionalverbände in den 47 großen Präfekturen. Haupttätigkeitsfelder der *Nikkeiren* sind das große Gebiet der Tarifpolitik (soweit man in Japan davon sprechen kann), Arbeitsfragen, Arbeitsmarktpolitik; der Verband wurde als Organisation zum Schutz der Unternehmerinteressen gegen die erstarkende Gewerkschaftsbewegung nach dem Krieg gegründet. Er koordiniert mit Rahmenvorgaben die alljährlichen kollektiven Lohnverhandlungen (sogenanntes *Shuntō*) und fungiert als Interessenvertretung der Unternehmen bei arbeitsrechtlichen Gesetzesvorhaben. Der Niedergang japanischer Gewerkschaften in den vergangenen Jahren hat die Rolle des *Nikkeiren* als »kämpfenden Gegner« gegen die Arbeitnehmervertretungen schwinden lassen; heute vertritt der *Nikkeiren* die japanischen Interessen in internationalen Organisationen (ILO) und behandelt grundsätzliche Fragen von Arbeitgeber- und Arbeitnehmerbeziehungen.

## c. *Nisshō* – Industrie- und Handelskammer

Die »Japanische Industrie- und Handelskammer« (*Nihon Shōkō Kaigishō*, kurz: *Nisshō*) ist der älteste japanische Wirtschaftsverband: Die erste Industrie- und Handelskammer wurde schon 1892 gegründet, in ihrer jetzigen Form besteht sie seit 1922. Nach dem Zweiten Weltkrieg war die IHK anfangs in den *Keidanren* inkorporiert, aber 1953 wurde sie mit dem »Gesetz über die Errichtung von Industrie- und Handelskammern« als selbständige Organisation herausgelöst. Heute ist der *Nisshō* Dachverband der IHK von 509 Städten, in denen zusammen rund 1,5 Millionen Unternehmen organisiert sind. Der *Nisshō* vertritt vor allem die Interessen von Klein- und Mittelunternehmen gegenüber der Regierung und dem Parlament.

## d. *Dōyūkai* – Jungunternehmer

Während in den anderen Wirtschaftsverbänden grundsätzlich nur andere Verbände bzw. Unternehmen Mitglieder sind, nimmt die *Keizai Dōyūkai* (meist nicht wörtl. mit »Komitee für wirtschaftliche Entwicklung« übersetzt) nur individuelle Mitglieder auf. Bei Gründung 1946 lag das Aufnahmealter zwischen 30 und 40 Jahren. Die Gründer wollten junge Unternehmer ansprechen, die es sich zur Aufgabe gemacht hatten, an der wirtschaftlichen Entwicklung Japans nach dem Kriege aktiv mitzuarbeiten. Anders als bei den anderen Verbänden nimmt die *Dōyūkai* auch Ausländer und Frauen auf; im Oktober 1997 hatte der Verband 1 536 Mitglieder. Ein zweites Charakteristikum der Organisation ist der grundsätzliche Ansatz in der Verbandsarbeit. Nicht die Interessen einzelner Wirtschaftssektoren oder von Unternehmen stehen im Mittelpunkt, sondern die gesamtwirtschaftliche Perspektive

Japans; aus diesem Grund greift die *Dōyūkai* auch unkonventionelle, sehr weit in die Zukunft reichende Fragestellungen auf und agiert so vielleicht stärker als andere Wirtschaftsverbände als politischer *Think Tank* der japanischen Wirtschaft.

## e. *Nōkyō* – Bauernverband

Die *Nōgyō Kyōdō Kumiai* (Verband der Landwirtschaftlichen Kooperativen, kurz: *Nōkyō*) ist die Interessenvertretung der japanischen Bauern. Seit den frühen sechziger Jahren, als das japanische Wirtschaftswunder mit der raschen Modernisierung der Industrie begann – nicht zuletzt auf Kosten der Landwirtschaft –, versuchte die *Nōkyō* durch Druck auf die Regierungspartei LDP die Interessen der Bauern zu schützen. Das Wahlsystem begünstigte die Aktionen der *Nōkyō*, da die ländlichen Stimmen gegenüber dem Stimmenpotential in Großstädten das größere Gewicht hatten. Heute sind immer noch ca. 7,5 Millionen Haushalte in der *Nōkyō* organisiert, wenn es auch kaum noch wirkliche Vollerwerbsbetriebe in der japanischen Landwirtschaft gibt. Schon kurz nach Gründung der Kooperativen-Organisation bildeten sich die Fronten zu den anderen Wirtschaftsverbänden heraus: Die Interessen der japanischen Industrie standen fast immer im Widerspruch zu den Zielen der Bauernverbände; so mußte sich die japanische Industrie stets neben der internationalen Kritik an ihren Strategien auch mit dem japanischen Agrarprotektionismus auseinandersetzen, der an sich überhaupt nicht in ihrem Interesse lag. Die innerjapanische Kritik an der *Nōkyō* entzündete sich auch an der Tatsache, daß sich diese Dachorganisation der Agrarkooperativen zu einem wahren unternehmerischen Handels- und Dienstleistungsgiganten entwickelte. Die *Nōkyō* ist inzwischen eines der größten Versicherungsunternehmen (Kapital: 123 000 Milliarden Yen), sie ist mit 16 314 Niederlassungen landesweit eine der größten Banken für kleine Leute, d. h. mit Einlagen von 53 000 Milliarden Yen die siebtgrößte Finanzinstitution der Welt. Über ihre Unterorganisation *Zennō* kontrolliert sie den Markt für Düngemittel und Landmaschinen, daneben ist sie die größte japanische Handelsorganisation für Agrargüter. Verglichen mit den Generalhandelshäusern würde das *Zennō* nach Jahresumsatz auf Rang sieben stehen. Schließlich ist *Nōkyō* eines der größten Immobilienunternehmen Japans.

Ihre wirtschaftlichen Aktivitäten haben die *Nōkyō* längst weit über die eigentliche Klientel der bäuerlichen Bevölkerung hinausgehoben: Durch die rechtlichen Privilegien als Organisation der Kooperativen ist sie zu einem Riesenunternehmen geworden, dessen wirtschaftliche Bedeutung umgekehrt proportional zur Rolle der Landwirtschaft in der japanischen Wirtschaft steht.

# V. Japanische Gewerkschaften heute: Existenzbedrohung durch Kooperation

Wolfgang Seifert

Es ist die in sich differenzierte Welt der Arbeit, in der die Produkte und Dienstleistungen der japanischen Wirtschaft mit den Methoden des »japanischen Managements« geschaffen werden. Sie ist die gesellschaftliche Basis der wirtschaftlichen Position Japans, aus der sich auch die stärker gewordene politische Stellung in der Welt ableitet.

Kein Zweifel besteht daran, daß in Japan eine konsequente Rationalisierung der Produktion mit dem Ziel der Kosteneinsparung und der Qualitätssteigerung, insbesondere mittels einer genau durchdachten Arbeitsorganisation, realisiert wurde. Der Mechanismus dieser Arbeitsorganisation wurde von vielen einfachen Beschäftigten verinnerlicht, so daß man mit dem Arbeitssoziologen Kumazawa von »halb-erzwungener, halb-freiwilliger Akzeptanz« sprechen kann. Der Preis für diesen Erfolg ist hoch: scharfe Selektion, lange Arbeitszeiten sowie mitunter eine Einschränkung der Grundrechte im Unternehmen, um nur das Wichtigste zu nennen.

Doch das »japanische Management« wandelt sich. Zwei Elemente des idealen Modells Japan-typischer industrieller Beziehungen werden seit einiger Zeit von Unternehmerseite in Frage gestellt: die Institution der Dauerbeschäftigung sowie die Bezahlung nach Dienstjahren und Einsatz. Seit den neuen Richtlinien des japanischen Arbeitgeberverbandes *Nikkeiren* zur Überprüfung des japanischen Managements von 1995, nach denen das dritte Element – die Institution der Unternehmensgewerkschaft – ausdrücklich nicht abgeschafft werden soll, sehen sich auch die Stammarbeitnehmer im Angestelltenbereich neuen, vermehrten Anforderungen gegenüber. Die Grundtendenz geht verkürzt gesagt dahin, bei Bezahlung und Beförderung die tatsächlich erbrachte Leistung (*Jitsuryoku Shugi*) der Mitarbeiter stärker zu berücksichtigen.

Welche Rolle spielen heute die japanischen Gewerkschaften bei der Beeinflussung der Arbeitsbedingungen auf Mikro- und auf Makro-Ebene, und wie wirkt sich die Struktur des Gewerkschaftswesens dabei aus?

# 1. Gewerkschaftssystem und Organisationsentwicklung

## a. Struktur

Die Organisationsstruktur des Gewerkschaftssystems ist in der Nachkriegszeit vor allem durch vier Besonderheiten gekennzeichnet:

- organisatorische Zersplitterung aufgrund des in fast allen Bereichen wirksamen Prinzips der Unternehmensgewerkschaft anstelle des Industrieverbandsprinzips;
- Aufhebung des Statusunterschiedes zwischen Angestellten und Arbeitern in der Unternehmensgewerkschaft;
- politische Fragmentierung der Gewerkschaftsbewegung: richtungsgewerkschaftliche statt einheitsgewerkschaftliche Ausrichtung auch nach der Auflösung der beiden großen Dachverbände *Sōhyō* und *Dōmei* und der Gründung von *Rengō* 1989, und
- geringe Kompetenzen der Branchenföderationen und Dachverbände, mit Auswirkungen auch auf die mögliche Konfliktbewältigung in der Auseinandersetzung mit Unternehmerverbänden und Staat.

Die dominierende Form der Gewerkschaft in Japan ist die Unternehmensgewerkschaft (*Kigyōbetsu Kumiai* bzw. *Kigyōnai Kumiai*/Enterprise-based Union), in der deutschsprachigen Literatur häufig mit »Betriebsgewerkschaft« gleichgesetzt. Diese Gleichsetzung ist mißverständlich, denn zahlreiche größere private und öffentliche Unternehmen bestehen aus mehreren Betrieben, Werken oder Dienststellen. Deren partiell autonome Gewerkschaftsorganisationen sind Betriebsgewerkschaften. Sie haben sich in der Unternehmensgewerkschaft zusammengeschlossen. Nur bei mittleren oder kleineren Unternehmen mit einem einzigen Betrieb oder einer einzigen Dienststelle decken sich Unternehmens- und Betriebsgewerkschaft. Aber auch für die Unternehmensgewerkschaften bestehen die allgemeinen Gewerkschaftsaufgaben in der Erhaltung und Verbesserung der Arbeitsbedingungen ihrer Mitglieder, d. h. im Regelfall der Stammarbeitnehmer in einem bestimmten Unternehmen.

»Unternehmensgewerkschaft« bezeichnet zunächst also lediglich eine bestimmte Organisationsform. Diese ist nicht gleichbedeutend mit einer jeglicher Autonomie ermangelnden »Firmengewerkschaft« *(Company Union, House Union)* oder »gelben«, vom Management eingesetzten Gewerkschaft *(Gōyō-Kumiai)*. Welche Funktionen eine Unternehmensgewerkschaft in der Praxis ausübt, kann nur die konkrete Einzelfall-Analyse zeigen.

Der Aufbau des Gewerkschaftssystems ist in seiner Grundstruktur dreistufig: Auf der unteren Ebene agiert die Unternehmensgewerkschaft, auf der mittleren die aus mehreren Unternehmensgewerkschaften desselben Industriezweigs bzw. derselben Branche gebildete Branchenföderation (nicht: Industriegewerkschaft!) und auf der oberen Ebene der aus mehreren Branchenföderationen gebildete Dachverband. Der einzelne Arbeitnehmer ist nicht individuell Mitglied in einer Branchengewerkschaft oder einem Dachverband, sondern nur vermittelt über die Unternehmensgewerkschaft. Hinzu kommt, daß man in der Regel von einem freiwilligen Beitritt nicht sprechen kann, sondern statt dessen mit dem Eintritt in ein Unternehmen quasi automatisch auch der Eintritt in die Unternehmensgewerkschaft erfolgt – ein wichtiger Unterschied zur Praxis in Deutschland.

## b. Entwicklung

Von den nichtlandwirtschaftlich tätigen Lohnabhängigen waren am Stichtag, dem 30. Juni 1996, 12,41 Millionen oder 23,2 % gewerkschaftlich organisiert. Ihre Zahl verringerte sich um 162 000 Beschäftigte gegenüber dem Vorjahr. Bis zum Jahr 1995 schwankte die absolute Zahl der Gewerkschaftsmitglieder noch zwischen leichter Zunahme und Stagnation, doch für 1996 war erstmals eine Abnahme festzustellen. Die Organisationsrate ist auf dem niedrigsten Stand seit 1945. Nach Unternehmensgrößenklassen ergibt sich: 58,1 % aller Gewerkschaftsmitglieder sind in Großbetrieben mit 1 000 und mehr Beschäftigten organisiert, gegenüber nur 1,6 % in Unternehmen mit bis zu 100 Beschäftigten. Anteilig nach Wirtschaftszweigen betrachtet, sind 31,2 % aller Organisierten im verarbeitenden Gewerbe beschäftigt, 15,6 % im Dienstleistungsbereich, gefolgt von Verkehr und Kommunikation sowie öffentlicher Verwaltung.

Betrachtet man die Anzahl der Beschäftigten, der Gewerkschaftsmitglieder sowie den (geschätzten) gewerkschaftlichen Organisationsgrad zwischen 1947 und 1996, so ergibt sich, daß er trotz ständig steigender Beschäftigtenzahl abnimmt. Lag er 1970 noch bei 35,4 %, so fiel er kontinuierlich (mit Ausnahme der Jahre 1974/75, dem Zeitpunkt der »ersten Ölkrise«) auf 30,8 % (1980) und 25,2 % (1990) auf nunmehr 23,2 %. Von den 53,67 Millionen abhängig Beschäftigten bleiben 41,22 Millionen oder 76,8 % unorganisiert. Während der Organisationsgrad im öffentlichen Dienst mit 63,4 % vergleichsweise hoch war, gefolgt von den Bereichen Gas-, Wasser- und andere Versorgung, Finanzen und Versicherungen sowie Immobilien (44,9 %), lag er in den Unternehmen der Privatwirtschaft bei nur 20,2 %.

Derzeit gibt es auf der Ebene der Dachverbände drei Organisationen: *Rengō, Zenrōren* und *Zenrōkyō,* wobei sich letzterer als lockerer Zusammenschluß versteht. 1996 war *Rengō* mit 7,66 Millionen oder 61,7 % aller gewerkschaftlich organisierten Arbeitnehmer der zahlenmäßig stärkste Dachverband, gefolgt von dem KPJ-orientierten *Zenrōren* mit rund 860 000 und dem linksunabhängigen *Zenrōkyō* mit 280 000 Organisierten. 3,65 Millionen organisierte Arbeitnehmer sind jedoch Mitglieder von Unternehmensgewerkschaften, die keiner Branchenföderation und damit keinem Dachverband angeschlossen sind. Die *Rengō*-affiliierten Branchenföderationen haben eine starke Position im Bergbau, im verarbeitenden Gewerbe, im Transport- und Kommunikationssektor, im Groß- und Einzelhandel (jeweils etwa 70 % aller gewerkschaftlich Organisierten). Von einer Monopolstellung kann man in der Energieversorgung (94,7 %) und in der Forstwirtschaft sprechen. Die *Zenrōren*-affiliierten Branchenföderationen verfügen über relativen Einfluß insbesondere im Dienstleistungsgewerbe sowie im öffentlichen Dienst (jeweils ein Fünftel aller Organisierten). Hier verfügt auch *Zenrōkyō* über eine wenngleich nur schmale Basis. Die nicht-affiliierten Unternehmensgewerkschaften finden sich vor allem im Baugewerbe, im Fischfang, im Immobilienbereich (jeweils rund vier Fünftel aller Organisierten) und in der Finanz- und Versicherungswirtschaft, wo sie die Hälfte der organisierten Arbeitnehmer stellen. Angesichts des fallenden Organisationsgrades hat *Rengō* im November 1996 einen Drei-Jahres-Plan beschlossen, demzufolge die Organisation bis zum Jahr 2000 um 1,1 Millionen Arbeitnehmer wachsen soll. Hervorzuheben ist, daß sich dieser Dachverband nun bereit erklärt hat, auch regionale

Gewerkschaften (*Chiiki Yunion*), die den freiwilligen, individuellen Beitritt befürworten, zu fördern.

## 2. Vertretung der Arbeitnehmerinteressen

Wenn Gewerkschaften entsprechend ihrer Aufgabenbestimmung die Interessen der Arbeitnehmer vertreten sollen, indem sie das erreichte Niveau der Arbeits- und Lebensbedingungen halten oder verbessern, dann wirft die heutige Situation der meisten japanischen Unternehmensgewerkschaften ebenso wie die der übergeordneten gewerkschaftlichen Zusammenschlüsse vor allem zwei Fragen auf. Die erste Frage gilt dem Umfang des Organisationsbereichs der Unternehmensgewerkschaft. Selbst wenn man den Standpunkt vertritt, gerade durch die Ausschließung quasi nicht »vollwertiger« Gruppen von Arbeitnehmern könnten die Gewerkschaften die Stellung ihrer Mitglieder wahren bzw. verbessern, ist vor allem nach den Konsequenzen für die betriebliche Interessenvertretung zu fragen, wenn diese Gruppen irregulärer Beschäftigter einen beträchtlichen Anteil oder sogar die Mehrheit einer Belegschaft bilden. Gerade dieser Trend zeichnet sich aber zunehmend in japanischen Unternehmen ab. *Abbildung 1* zeigt, daß nur die Gruppen A, B, C und D zur eigentlichen Stammbelegschaft zählen, wobei Gruppe C und D sowie ein Teil von B die Gewerkschaftsmitglieder stellen.

Der Anteil der irregulären Arbeitnehmer an den Beschäftigten insgesamt stieg zwischen 1975 (9,9 %) und 1990 (15,2 %) um über 5 % an. Die größte Gruppe der Irregulären sind die Teilzeitkräfte. Ihre Anzahl erhöhte sich zwischen 1985 und 1995 um rund 2 Millionen: von 3,6 auf 5,56 Millionen. Hierbei ist zu berücksichtigen, daß sie häufig fast ebenso viele Stunden wie Vollzeitkräfte arbeiten. Weitere statistische Erhebungen ergeben, daß heute im Durchschnitt von rund einem Fünftel irregulär Beschäftigter am Gesamt der Arbeitnehmer ausgegangen werden kann, wobei Frauen deren große Mehrheit stellen. Untersuchungen für einzelne Unternehmen zeigen teilweise einen noch weitaus höheren Anteil – ein Trend, der mit der Pluralisierung der Beschäftigungsformen *(siehe Abbildung 1)* einhergeht. In dieser Dimension sind die irregulär Beschäftigen keine zu vernachlässigende Größe mehr.

Die wirklichen Interessen der Arbeitnehmer in neuen (und alten) irregulären Beschäftigungsformen werden jedoch von den Unternehmensgewerkschaften ignoriert. Wenn das Management je nach konjunktureller Lage die Anzahl irregulärer Arbeitskräfte flexibel ändern kann, so stützt dies natürlich die Institution der Dauerbeschäftigung bei den regulär Beschäftigten. Damit hängt die zweite Frage zusammen: Welche Rolle spielen die Unternehmensgewerkschaften in einer wirtschaftlichen Rezession, wie wir sie von neuem seit dem Zusammenbruch der *Bubble Economy* beobachten?

Dem Selbstverständnis der meisten Unternehmensgewerkschaften entsprechend ergreifen diese keine Maßnahmen, um die stets zuerst von Entlassung betroffenen irregulär Beschäftigten zu schützen. Ähnlich verhalten sich auch die meisten Industriegewerkschaften im Westen. Wenn jedoch darüber hinaus, von Ausnahmen abgesehen, auch gewerkschaftliche Aktivitäten zum Schutz der regulär Beschäftigten unwirksam sind, so ist die raison d'être von Gewerkschaften selbst in Frage gestellt. Japanische Unternehmen versuchen in der Regel, mit »weicheren« Personalanpassungsmaßnahmen, wie z. B. Nichtbesetzung freigewordener Stellen, Umsetzungen oder Aufhebungsverträge, eine Kostensenkung im Personalbereich zu

*Abb. 1:* Zusammensetzung der Belegschaft in japanischen Unternehmen

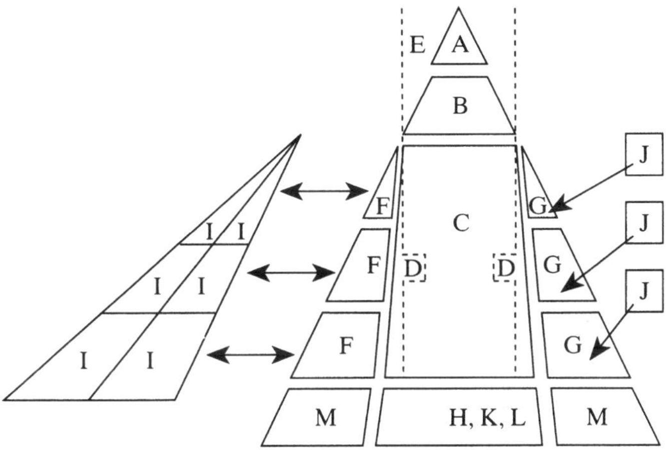


A: Manager

B: mittleres Management (z.T. Mitglieder der Unternehmensgewerkschaft)

C: männliche Stammarbeitnehmer

D: weibliche Stammarbeitnehmer (C und D sind Mitglieder der Unternehmensgewerkschaft)

E: Pensionäre, Frühpensionäre, befristet ausgeliehene Mitarbeiter

F: Subkontraktarbeiter

G: Leiharbeitnehmer

H: Hausfrauen in Teilzeit (*part-timer*)

I: Arbeitnehmer in Kleinunternehmen

J: Inhaber gewerblicher Arbeitnehmerüberlassungsfirmen

K: Saisonarbeiter

L: Studenten in einem Job

M: Arbeitskräfte in japanischen Niederlassungen im Ausland

*Quelle:* M. Kumazawa, Nihonteki keiei no meian (Licht und Schatten des japanischen Managements), Tōkyō 1989, S. 229.

erreichen. Sie gehen mittlerweile jedoch auch zu drastischen Maßnahmen über, wie schon vor einigen Jahren das Beispiel von Pionier Electronics zeigte. Dort legte die Unternehmensleitung 35 Angehörigen des mittleren Managements die Eigenkündigung nahe und drohte, sie bei Nichtbefolgen zu entlassen. Dies war ein für japanische Verhältnisse ungewöhnlicher Schritt, über den entsprechend auch in der Presse berichtet wurde. Die Firma Clarion kündigte nach einer Entlassungswelle bei Teilzeitkräften eine Personalreduzierung um 300 Mitarbeiter aus dem mittleren Management und bei den einfachen Beschäftigten an, d. h. 10 % der Gesamtbelegschaft. Betroffen waren Beschäftigte im Alter von 40 Jahren und darüber – was ein Schlaglicht auf die zunehmend schwierige Lage für die Arbeitnehmer mittleren und höheren Alters warf. Nissan schloß bereits vor einiger Zeit das supermoderne Werk in Zama, forderte von 2 500 Beschäftigten einen Arbeitsplatzwechsel (ein Großteil von ihnen sollte in das neue Werk auf Kyūshū wechseln) und kündigte einen Stellenabbau von 8 000 Leuten an. Das nach der Beschäftigtenzahl größte Unternehmen Japans, die früher staatliche Telefon- und Telegrafengesellschaft NTT, kündigte schon 1992 einen Abbau der Belegschaft um 30 000 Stellen an. Alle diese Maßnahmen treffen Stammarbeitnehmer, und zwar in erheblichem Ausmaß auch Angehörige des mittleren Managements. Über erfolgreichen Widerstand seitens der betreffenden Unternehmensgewerkschaften ist indessen nichts bekannt.

Die Defizite der herkömmlichen gewerkschaftlichen Interessenvertretung in den Unternehmen haben zu neuen organisatorischen Initiativen geführt: In mehreren Städten bzw. Stadtbezirken sind sog. *Community Unions* entstanden, die auf lokaler Ebene alle Arbeitnehmer, unabhängig von ihrer jeweiligen Beschäftigungsform, zu organisieren versuchen. Inzwischen sind auch Gewerkschaften, die nur Frauen aufnehmen, sowie neue Berufsgewerkschaften entstanden. Hier sind vor allem die 1995 gegründete Frauengewerkschaft Tōkyō *(Josei Yunion Tōkyō)* und die 1993 gegründete Gewerkschaft der leitenden Angestellten in Tōkyō *(Tōkyō Kanrishoku Yunion)* zu nennen. Während erstere regional begrenzt gegen die Verschlechterung der Lage der Frauen auf dem Arbeitsmarkt angeht (seit 1995 nimmt die Anzahl der erwerbstätigen Frauen nach sechzehnjährigem Anstieg wieder ab), versucht letztere, durch Beratung, juristischen Beistand und Aktionen die Situation entlassener oder unter Druck gesetzter Manager vor allem der mittleren Ebene zu verbessern. Beide Gewerkschaften bauen auf dem Prinzip individueller Mitgliedschaft auf.

In der Lohnrunde vom Frühjahr 1995 betrug für die gesamte Industrie die durchschnittliche Lohnerhöhung 2,83 % – das zweitniedrigste Ergebnis in der 40jährigen Geschichte der »Frühjahrslohnoffensive« *(Shuntō)* überhaupt. Das zweite große Ziel der Gewerkschaftsbewegung – die Arbeitszeitverkürzung – wurde faktisch auf Eis gelegt, schon gar als Mittel zur Bekämpfung der inzwischen bei einer offiziellen Rate von 3,6 % (Februar 1998) liegenden Arbeitslosigkeit. Angesichts der Rezession vom Unternehmerlager vor die Alternative gestellt, zwischen Lohnerhöhungen oder Beschäftigungssicherheit zu wählen, mußten sich die Gewerkschaften für letzteres entscheiden. Die Zurückhaltung bei den Löhnen führt inzwischen jedoch zu großen Problemen bei der Massenkaufkraft und damit bei der Ankurbelung der Inlandsnachfrage. Die für Japan bislang untypischen, weil rabiaten Maßnahmen der Reduzierung von Stammpersonal zeitigten jedenfalls den gewünschten Einschüchterungseffekt. Eine nachweisbar zunehmend skeptische Haltung der Belegschaften gegenüber den Funktionären der Unternehmensgewerkschaft ist die Folge dieser Ohnmacht. Völlig offen ist jedoch, ob sich aus dieser Haltung heraus neue praktische Impulse für eine Interessenvertretung der Arbeitnehmer entwickeln, die diesen Namen auch wirklich verdient.

## 3. Auffassung der Gewerkschaftsführer von den Arbeitnehmer-Arbeitgeber-Beziehungen

Für die Hilflosigkeit dürfte neben der rein ökonomischen Argumentation, die sich nach dem Zusammenbruch der Seifenblasenwirtschaft noch verstärkt hat, auch die grundsätzliche Auffassung der übergroßen Mehrheit der Unternehmensgewerkschaften von den Arbeitnehmer-Arbeitgeber-Beziehungen verantwortlich sein. Der heute bestimmende Kurs wird von Gewerkschaftsvertretern selber mit den Leitsätzen des sog. »japanischen Trade-Unionismus« begründet.

Während der noch in den achtziger Jahren wirksamen politischen Konfrontation zwischen den Dachverbänden *Sōhyō* (SPJ-orientiert) und *Dōmei* (DSP-orientiert) wurde häufig übersehen, daß sich längst eine dritte Strömung in der japanischen Gewerkschaftsbewegung herausgebildet hatte: Ausgehend von der Stahlindustrie formulierte Ende der sechziger Jahre eine Gruppe innerhalb der Branchenföderation *Tekkōrōren* (Föderation der Gewerkschaften in der Eisen- und Stahlindustrie) in einem »Memorandum zum Trade-Unionismus« Grundsätze der Gewerkschaftsarbeit.

Die Hauptpunkte, von dem dachverbandsübergreifenden Gewerkschaftsrat in der Metallindustrie IMF-JC übernommen, lauteten zusammengefaßt:

1. Ohne Stabilität des Unternehmens – des Käufers der Arbeitskraft –, ohne gesunde Entwicklung und Wachstum keine Stabilität und Verbesserung der Lebensbedingungen der Belegschaftsangehörigen. Dementsprechend fördern wir vorrangig Stabilität und Wachstum des Unternehmens und mehren auf dieser Grundlage Schritt für Schritt den Gewinn für die Belegschaft.
2. Wir gehen davon aus, daß das Management kein Gegenüber ist, mit dem man sich streitet, sondern ein Partner, mit dem man durch Entwicklung des Unternehmens gemeinsam Vorteile hat – ein Partner, mit dem wir in allen Fragen kooperieren.
3. »Unternehmensführung durch die Gemeinschaft der Beschäftigten« – charakteristisch für das japanische Management – bedeutet, daß die Führung des Unternehmens weder Sache der Aktienbesitzer noch die von Kapitalisten ist, sondern des Kollektivs der Belegschaft.
4. Wir kooperieren in allen Fragen mit der Unternehmensführung und mehren den Gewinn, indem wir uns bei der Arbeit voll einsetzen. Bei der Verteilung der Früchte (der gemeinsamen Anstrengungen) streben wir konsequent nach einem Anteil für die Beschäftigten, der gerecht und billig ist.

Insoweit die gerade erwähnten Ideen zur Grundlage von Gewerkschaftspolitik im Unternehmen geworden sind, wird deutlich, daß die japanischen Unternehmensgewerkschaften in ihrer großen Mehrheit weder die Auffassung von antagonistischen Interessen von Belegschaft/Arbeit und Management/Kapital vertreten, noch die Position, man müsse sich in der Produktion wie in der Verteilung der Erträge ausschließlich am »Unternehmensinteresse« orientieren. Vielmehr wurde ein Mittelweg zwischen diesen beiden Positionen angestrebt. Allerdings findet sich hier ein ökonomischer Rationalismus, der auch für die Interessenlage der Beschäftigten in Anspruch genommen werden kann, nur in Ansätzen.

## 4. Gewerkschaftsbewegung und politisches System

Die Strömung, die Ende 1989 mit der Gründung von *Rengō* ihr Ziel der Schaffung eines neuen, einheitlichen Dachverbandes weitgehend verwirklichen konnte, versucht zur Erreichung ihrer arbeitspolitischen Ziele, besonders die politischen Rahmenbedingungen, ja die Parteienlandschaft selbst zu beeinflussen. Die Beeinflussung der Politik soll dabei vor allem auf zweierlei Weise erfolgen: zum einen dadurch, daß man auf die politischen Parteien einzuwirken versucht, jedoch nicht mehr im traditionellen Sinne mit der Bindung an eine »Arbeiterpartei«; und zum anderen durch direkte Partizipation am Politikformulierungsprozeß, und hier vor allem in den offiziellen und inoffiziellen Beratungsgremien der Regierung. Es ist wissenschaftlich umstritten, ob die in den achtziger Jahren hervorgetretene Schwerpunktsetzung als Kompensationshandlung für die zunehmende Ohnmacht in unternehmensbezogenen Auseinandersetzungen zu werten ist.

Die weitgehende Lockerung der von den früheren Dachverbänden *Sōhyō* und *Dōmei* jeweils eingegangenen Bindungen an die SPJ (heute SDPJ) bzw. die DSP führte ab 1989 zunächst dazu, daß *Rengō* in den auf seine Gründung folgenden Oberhauswahlen mit eigenen Kandidaten antrat. Während damals der »politische Arm«, die *Rengō no kai,* elf von zwölf Kandidaten durchbrachte, konnte dieser Erfolg bei den Wahlen 1991 nicht wiederholt werden. Ziel von *Rengō* war die Gründung einer neuen politischen Partei, die die Ablösung der LDP-Alleinherrschaft bewerkstelligen sollte. Man strebte diese mittels eines Zusammenschlusses von SPJ/SDPJ und DSP an, um eine Koalition mit den Parteien der Mitte eingehen zu können. Generell wurde für die Unterstützung von Parteien der Grundsatz festgelegt: »Ohne die LDP und gegen die KPJ«.

Einige der *Rengō* angeschlossenen Branchenföderationen unterstützten jedoch weiterhin die SPJ/SDPJ, andere die DSP, und so ließ der erbitterte Streit zwischen diesen beiden Parteien um das Gesetz über den Einsatz der Selbstverteidigungsstreitkräfte bei friedenserhaltenden Operationen der UN (sog. PKO-Gesetz) dieses Konzept zusammenbrechen. Danach standen sich zwei Standpunkte gegenüber: Die einen wollten eine neue Partei aufbauen, ohne dazu noch länger auf eine Verschmelzung von SPJ/SDPJ und DSP zu setzen. Fürsprecher dieser Konzeption waren die Föderation der Gewerkschaften in der Eisen- und Stahlindustrie *(Tekkōrōren)* und die Gewerkschaft der Beschäftigten in der Telekommunikation *(Zendentsū)*, der auch der *Rengō*-Vorsitzende Yamagishi entstammte. Die anderen forderten, die Idee einer neuen Partei aufzugeben, um sich statt dessen den eigentlichen Gewerkschaftsaufgaben – vor allem Lohnerhöhungen und Arbeitszeitverkürzung – zu widmen.

Yamagishi erklärte bereits auf dem zweiten ordentlichen Gewerkschaftstag von *Rengō* im November 1991, daß seine Organisation ein Zweiparteien-System europäischen Typs anstrebe – Konservative einerseits, Sozialdemokraten und Parteien der Mitte andererseits. Dabei wird verkannt, daß es in Japan, wenn überhaupt, nur eine schwach entwickelte historische Basis für eine Sozialdemokratie gibt. Insofern täuschte die Präsenz des *Rengō*-Vorsitzenden in den Medien vor, daß die japanischen Gewerkschaftsorganisationen im – inzwischen wieder gestoppten – Prozeß der Ablösung der LDP-Herrschaft eine entscheidende Rolle spielten. Fest steht jedoch, daß *Rengō* schon in seiner Entstehungsphase großes Gewicht auf die Entwicklung konkreter, sog. policy- und institutionenbezogener Forderungen *(Seisaku Seido Yōkyū)* gelegt und sich in diesem Rahmen zugunsten direkter Kontakte mit Regierung und Verwaltung von der einseitigen Unterstützung der SPJ/SDPJ gelöst hat.

Heute arbeitet *Rengō* ausdrücklich nicht mehr auf die Gründung einer neuen Oppositionspartei hin. Vor den Unterhauswahlen im Oktober 1996 setzte man sich das Ziel, eine LDP-Mehrheit zu verhindern, und empfahl die Unterstützung von Kandidaten der *Shinshintō* (Neue Fortschrittspartei) und der erst im September 1996 gegründeten DPJ (Demokratische Partei Japans). Die in *Rengō* aufgegangenen Flügel der älteren Gewerkschaftsbewegung sind gleichwohl in Gestalt interner politischer Gruppierungen weiterhin präsent – der *Yūaikai* als Organisation, die das *Dōmei*-Erbe angetreten, und des Vereins für Solidarität mit der SDPJ, der das *Sōhyō*-Erbe angetreten hat. Erstere unterstützte bei den Wahlen Kandidaten der *Shinshintō* und der *Kōmeitō*. Letzterer stellte seine Unterstützung jedoch auf die DPJ um. Dies bedeutete nun auch explizit die Lösung der Bindung mit der Nachfolgeorganisation der Sozialistischen Partei, der SDPJ, und somit eine wirkliche Veränderung, zumal erstmals auch einige LDP-Kandidaten von bestimmten Branchenföderationen der *Rengō* empfohlen wurden. Allerdings verfolgten einige der ehemaligen *Sōhyō*-Branchenföderationen einen anderen Kurs und plädierten von neuem für Kandidaten der SDPJ oder auch einer linksorientierten Abspaltung, der Neuen Sozialistischen Partei. Außerdem kühlte sich 1997 das Verhältnis zur DPJ wieder ab, da sich diese Partei in nicht allzu große Nähe der Gewerkschaften begeben will. Es scheint, daß das Dilemma für *Rengō* vorerst nicht zu lösen ist. Unter diesen Bedingungen sollte die Entwicklung der beiden linksorientierten Dachverbände beobachtet werden. *Zenrōren* jedenfalls wird von dem gerade erwähnten Dilemma nicht geplagt: Er unterstützt zumeist die KPJ, die sich im japanischen Parteiensystem auch von den Wahlerfolgen her als Gegenpol zur LDP profiliert. Angesichts der faktischen Schwäche der *Rengō*-Basisorganisationen der Unternehmensgewerkschaften sollte man jedenfalls das politische Druckpotential der japanischen Gewerkschaftsbewegung nicht überschätzen.

# VI. Außerparlamentarische Opposition – weicher Stachel in harter Haut

HANS JÜRGEN MAYER

Japan, traditionell autoritär geprägt und über Jahrzehnte straff konservativ regiert, ist ein hartes Pflaster für eine außerparlamentarische Opposition – ob es sich nun um Organisationen oder Einzelpersonen handelt. Andererseits hat die nach 1945 erfolgte Demokratisierung *»Grass Roots«*-Bewegungen mit dem Ergebnis ermutigt, daß der Widerstand gegen Bevormundungen unterschiedlichster Art ungebrochen ist. Die Intensität dieses Widerstandes schwankt einerseits zwischen spektakulären Massenaktionen – wie Ende der fünfziger Jahre gegen die Verlängerung des japanisch-amerikanischen Sicherheitsvertrages und Mitte der sechziger Jahre gegen das autoritäre Universitätssystem – sowie Opposition gegen den Vietnamkrieg. Andererseits gibt es zähen, basisorientierten Widerstand gegen restaurative Tendenzen im Schulwesen, gegen Umweltverschmutzung sowie gegen die Beschneidung von Grundrechten.

Am Anfang der außerparlamentarischen Aktivitäten standen der Kampf um das Streikrecht für den öffentlichen Dienst und die Bewahrung der Nachkriegsverfassung mit Artikel 9 (Verbot der Wiederaufrüstung) im Mittelpunkt. Hauptträger von Streiks und Demonstrationen waren Bündnisse von Gewerkschaften und Sozialistischer und/oder Kommunistischer Partei, bei denen der Beitrag des gesamtjapanischen studentischen Dachverbandes *Zengakuren* willkommen, aber nicht entscheidend war.

Das erste Beispiel außerparlamentarischer Aktivitäten nach 1945 war das von Bürgerinitiativen und Einzelpersonen getragene Engagement zugunsten der Angeklagten im Matsukawa-Fall. Es handelte sich dabei um einen Sabotageakt im Zuge des Personalabbaus der Staatsbahnen (JNR) in der Präfektur Fukushima, dem drei Personen zum Opfer fielen. Angeklagt und verurteilt wurden neun Mitglieder der Eisenbahnergewerkschaft und elf Mitarbeiter einer Zweigfirma von Tōshiba; fünfzehn der Angeklagten waren Mitglieder der KPJ. Die Kritik an den Ermittlungen und dem Gerichtsverfahren führte 1958 zur Bildung eines überparteilichen Komitees mit Untergruppen in 32 Präfekturen, von denen viele in Betrieben arbeiteten. Das Komitee befaßte sich ausschließlich mit dem Matsukawa-Fall und lenkte durch Langstreckenprotestmärsche unter Beteiligung von Gewerkschaften die Medienöffentlichkeit auf sich. Erst 1962, ein Jahr vor der endgültigen Aufhebung der Verurteilung durch den Obersten Gerichtshof, stieß die wichtigste Oppositionspartei, die SPJ, zu der Protestbewegung.[1]

---

1 Beverley Smith, Democracy Derailed: Citizens' Movements in Historical Perspective, in: Gavan McCormack and Yoshio Sugimoto (Hrsg.), Democracy in Contemporary Japan, New

In den fünfziger Jahren gab es zahlreiche Beispiele für zivilen Widerstand gegen die Ausweitung der Befugnisse der Polizei, gegen die unmittelbar nach dem Abschluß des Friedensvertrages von San Francisco (1951) erfolgende »Säuberung« der Schulgeschichtsbücher von unangenehmen Wahrheiten über den japanischen Expansionismus zwischen 1931 und 1945 sowie gegen die Bekämpfung des Einflusses der Branchengewerkschaften – und damit echter Gewerkschaften überhaupt – in den Unternehmen.[2]

Höhepunkt und sicherlich auch nicht typisch für den Bürgerwiderstand der ausgehenden fünfziger Jahre war 1959/60 der Kampf gegen die Verlängerung des Sicherheitsvertrages mit den USA. Zwar war der in dem revidierten Vertrag ausgesprochene Verzicht der Vereinigten Staaten auf Intervention in Japan im Falle interner Krisen ein auch für die Opposition akzeptabler Fortschritt; andererseits blieb Japan eine Nachschub- und Operationsbasis für die USA (»Der unversenkbare Flugzeugträger der USA« – eine Formulierung des späteren Ministerpräsidenten Nakasone), und die US-Streitkräfte konnten auf dem besetzten Ryūkyū-Archipel weiterhin ohne japanische Zustimmung Manöver abhalten und von dort Kampfeinsätze der *Air Force* bis nach Südostasien starten. Da trat ein Bündnis an, das einmalig war: Bürgergruppen, der Studentenverband *Zengakuren*, linke Gewerkschaften sowie die sozialistische und kommunistische Opposition bildeten den »Volksrat gegen die Revision des Sicherheitsvertrages« *(Ampō Jōyaku Kaitei Sōshi Kokumin Kaigi)*. Neben der »etablierten« Opposition gehörten dem Zweckbündnis z. B. Anarchisten, Chorgruppen, *Burakumin* (*Outcast*-Gruppen) und christliche Friedensgruppen an. Gemeinsamer Fixpunkt dieses bunten Spektrums war die Furcht vor a) der weiteren Einbindung Japans in die antichinesische und antisowjetische Strategie Washingtons und b) dem Wiedererstehen des autoritär-militaristischen Staates der Vorkriegszeit, verkörpert durch Ministerpräsident Nobusuke Kishi, einschlägig belastet als Mitglied des Kriegskabinetts Tōjō. Die LDP peitschte die Fortschreibung des Sicherheitsvertrages mit ihrer Parlamentsmehrheit gegen den Straßenprotest Hunderttausender durch, wobei auch vor der Mobilisierung von *Yakuza*-Gangstern gegen die Demonstranten nicht zurückgeschreckt wurde. Kishi mußte jedoch US-Präsident Eisenhower, der sich bereits zur geplanten Tōkyō-Visite in Okinawa aufhielt, aufgrund von Sicherheitsbedenken ausladen. Bald danach, Kishi hatte gegenüber Washington das Gesicht verloren, trat der Ministerpräsident zurück. Bei diesem Ereignis handelte es sich um den einsamen Höhepunkt koordinierter außerparlamentarischer Aktionen seit 1945.[3]

Der »klassische« gemeinsame Widerstand von Bürger- und Studentengruppen zusammen mit Oppositonsparteien und Gewerkschaften ebbte, bedingt durch den Niedergang der SPJ, die Schwächung der Branchengewerkschaften und die schleichende Entpolitisierung der Gesellschaft, danach ab.

Die studentische APO kulminierte wie in den USA und Europa in den Jahren 1967/68 und entstand zu einem Zeitpunkt, als der Dachverband *Zengakuren* mehr-

---

York–London 1986, S. 158 f.; Janet E. Hunter (Hrsg.), Concise Dictionary of Modern Japanese History, Tōkyō 1984, S. 200.

2 Beverley Smith (Anm. 1), S. 160.

3 Ebd, S. 159 f.; George R. Packard III, The Second Rise of Kishi, sowie ders., Protest in Tōkyō. The Security Treaty Crisis of 1960, in: Jon Livingston/Joe Moore/Felicia Oldfather (Hrsg.), Postwar Japan. 1945 to Present, New York 1973, S. 367 ff.

heitlich von KP-Treuen kontrolliert wurde. Zuvor hatte sich der *Zengakuren* im Bündnis mit KPJ und SPJ auf Proteste gegen restaurative Tendenzen und die Kernwaffentests im Pazifik konzentriert. 1967 brach jedoch eine spontane Rebellion an den Eliteuniversitäten aus, die sich an Betrügereien entzündete und in Widerstand gegen die starre Hierarchie mündete. Es kam zu Universitätsbesetzungen und Märschen auf US-Militärstützpunkte, um gegen den Vietnamkrieg zu protestieren; beides wurde von der überhart durchgreifenden Bereitschaftspolizei *(Kidōtai)* unterbunden. Zeitweilig gelang es den spektakulär handelnden Studenten, Sympathien bei der Bevölkerung zu gewinnen, so beim Marsch auf die US-Marinebasis Sasebo, der von der Polizei niedergeknüppelt wurde. Der Einsatz von Studenten an der Seite der Bauern, die sich dem Bau des Flughafens Narita bei Tōkyō widersetzten, dauerte weit über das baldige Ende der Studentenbewegung hinaus an.

Insgesamt blieb die organisatorisch zersplitterte APO mehr als in den USA oder Europa eine Episode. Die in den Extremismus abgeglittenen Splittergruppen (*Kakumaru-Ha* und *Chūkaku-Ha*) machen heutzutage zwar ab und zu durch militante Aktionen (auch gegeneinander) Schlagzeilen, haben den Staat jedoch nie so herausgefordert wie die deutsche RAF. Heute ist der *Zengakuren* zu einem »Restposten« degeneriert.[4] Anders als in Deutschland gab es weder den Ansatz eines »Marsches durch die Institutionen« noch einen Strom von »Rest«-APO, der in eine vergleichbare grün-alternative Bewegung mündete. Zu den Ausnahmen zählen die verbliebenen Akteure der *Beiheiren* (Bürgerbewegung für Frieden in Vietnam), die für Grundrechte und Umweltschutz im Rahmen der unabhängig vom *Zengakuren* entstandenen *»Grass Roots«*-Gruppen eintreten.

Bürgerinitiativen unterschiedlichster Couleur sind seit Mitte/Ende der sechziger Jahre die Träger von Aktivitäten gegen restaurative Tendenzen und Grundrechtsverletzungen sowie diejenigen, die Defizite im Umweltschutz und die Rücknahme bereits durchgesetzter Umweltauflagen anprangern. Im schulischen Bereich stellt der Kampf von Eltern und Lehrern gegen den staatlich geförderten Nationalismus – Symbole sind das zwangsweise Hissen der Nationalfahne, das Absingen der Nationalhymne und der Gebrauch von Schulbüchern, in denen Geschichtsklitterung für die Periode 1931–1945 überwiegt – ein Beispiel für Zivilcourage dar. Bemerkenswert ist dabei das Engagement der Lehrergewerkschaft *Nikkyōsō*, die unter stärkstem Druck des Erziehungsministeriums in Tōkyō steht.[5] Einen späten Teilerfolg, der jedoch hoch einzuschätzen ist, erzielte der emeritierte Historiker Saburō Ienaga, mittlerweile bereits 84 Jahre alt, im August 1997. In seinem Kampf für eine korrekte Darstellung der düsteren Rolle Japans während seiner imperialistischen Phase gelang es ihm, vom Obersten Gerichtshof in Tōkyō in letzter Instanz die Entscheidung zu erwirken, das die Schulbücher zentral genehmigende Erziehungsministerium habe rechtswidrig Ienagas Ausführungen in seinem Geschichtsbuch für die Oberschulen über die fürchterlichen Experimente der Sondereinheit 731 an lebenden chinesischen Kriegsgefangenen zensiert. Das Engagement Ienagas und einiger Kollegen – sowie Druck aus dem benachbarten asiatischen Ausland – haben

4 Gavan McCormack, The Student Left in Japan, in: Postwar Japan . . . (Anm. 3), S. 552 ff; Johannes Ernst Seiffert, Zengakuren. Universität und Widerstand in Japan, Berlin 1969, S. 63 ff.

5 Karel van Wolferen, Vom Mythos der Unbesiegbaren. Anmerkungen zur Weltmacht Japan (aus d. Engl. übers. v. Mara Huber), München 1989, S. 121 ff.

bewirkt, daß die objektive Darstellung völkerrechtswidriger Aspekte der jüngeren japanischen Geschichte in den Oberschullehrbüchern in den letzten Jahren zugenommen hat.[6] Dem steht allerdings das Engagement ebenfalls renommierter Hochschullehrer entgegen, die einer geschönten Geschichtsschreibung bis hin zur Rechtfertigung des japanischen Versuchs, die Kolonialherrschaft in ganz Asien mit allen Mitteln zu erringen, das Wort reden. Demonstrationen und Klagen gegen Grundrechtsverletzungen sind nichts Ungewöhnliches. Der Erfolg ist begrenzt, wobei Bürgerinitiativen für zum Tode Verurteilte in letzter Zeit einige Freisprüche erwirkten.

Erfolgreicher waren Bürgerinitiativen im Bereich des Umweltschutzes. Viele der dem Ausland gegenüber propagierten ökologischen Pionierleistungen wären ohne die ultimativen Forderungen japanischer Umweltschützer nach Verstopfen der extremsten Giftquellen nie zustandegekommen. Die Tendenz seitens des Staates, bei Nachlassen der Aufmerksamkeit finanzielle Entschädigungen, z. B. an Dauerlärmgeschädigte, zu streichen, hält diese Gruppen jedoch am Leben. Beobachtungen der letzten Jahre, daß die Umweltprobleme in Japan wieder zunehmen (Grundwasserverschmutzung, *High-Tech-Pollution*) sind ein weiterer Überlebensfaktor. Das seit Jahrzehnten andauernde Ringen der Opfer von Quecksilbervergiftungen von Minamata um Entschädigung für ihre Leiden liefert den Umweltgruppen fernsehwirksam immer wieder den Nachweis ihrer Existenzberechtigung.

Die Reaktorkatastrophe von Tschernobyl mit Ausstrahlung bis hin nach Japan sorgte dafür, daß der »harte Kern« der Umweltschützer von einer bis dahin angesichts des staatlichen Widerstandes tendenziell in Lethargie verfallenen Öffentlichkeit Zulauf erhielt. Die latente Diskussion über das rasante Ausbauprogramm der Kernenergie in dem extrem erdbebengefährdeten Archipel flammte in diesem Zusammenhang wieder auf. Angesichts einer nach 1986 deutlichen Mehrheit bei Umfragen gegen die zivile Nutzung der Kernkraft zog sich die Regierung von ihrer vorgeschobenen Position (»Kernenergie ist absolut ungefährlich«) auf den Standpunkt der Alternativlosigkeit (»Ein Restrisiko ist unvermeidlich, aber als rohstoffarmes Land geht es leider nicht ohne Kernenergie«) zurück. Der Zuspruch der Bürger war für die Kernkraftgegner allerdings lange Zeit nur ein schwacher Trost, denn die Regierung setzt ihr Programm eines geschlossenen nuklearen Kreislaufes kompromißlos fort. Bau und Betrieb des schnellen Brüters *»Monju«*, der atomaren Wiederaufarbeitungsanlage Tokaimura und des Endlagers im nordjapanischen Rokkasho schritten gegen alle Widerstände jahrelang zügig voran. Allerdings war es dem alle Anti-AKW-Aktivitäten koordinierenden Tōkyōter »Bürgerzentrum für Informationen über die Kernenergie« gelungen, das Interesse für Sicherheitsdefizite in diesem Bereich wiederzuerwecken. Die weltweite Publizität für die umstrittenen japanischen Plutoniumverschiffungen war auch eine Folge der Kooperation zwischen dem »Bürgerzentrum« und internationalen Umweltgruppen. Die schweren Störfälle des *»Monju«* (1995) und der Wiederaufarbeitungsanlage Tokaimura (1997) bestätigten die Richtigkeit der Warnungen, die das von dem früheren Professor für Nuklearchemie Jinzaburo Takagi gegründete »Bürgerzentrum« ausgesprochen hatte. Takagis jahrzehntelange Aufklärungsarbeit fand im Oktober 1997 späte Anerkennung. Zusammen mit vier weiteren Preisträgern wurde ihm der Alternative Nobelpreis verliehen. Am Tag der Bekanntgabe der Auszeichnung verlautete aus

6 Süddeutsche Zeitung v. 30. 8. 1997

einer Arbeitsgruppe der Atomenergiekommission, die dem Amt für Wissenschaft und Technologie zuarbeitet, das Projekt, einen Schnellen Brüter etwa um das Jahr 2030 kommerziell einzusetzen, solle aufgrund der latenten Schwierigkeiten zunächst nicht über die Experimentierphase hinausgeführt werden.[7]

Die Ablehnung praktisch aller politischen Parteien wegen Korruption und Perspektivlosigkeit ist der gemeinsame Nenner der außerparlamentarischen Gruppen. Vor allem Frauen, weniger durch Arbeit in »das System« eingebunden, bilden das Rückgrat zahlloser Initiativen. Sie haben zahlreiche Nachbarschaftsinitiativen organisiert, die beispielsweise in Kooperation mit Bauern Bioprodukte beschaffen. Kleine Zellen dieser Art sind wenig spektakulär, dafür aber um so zahlreicher.

Die Leichtigkeit, mit der Greenpeace eine Zweigstelle in Tōkyō mit japanischen Mitarbeitern besetzen konnte, ist ein weiterer Beweis dafür, daß Handeln gegen die erklärten Interessen der »Japan AG« nicht auf Einzelgänger beschränkt ist – auch wenn »das System« letztlich dort, wo es direkt herausgefordert wird, fast immer die Oberhand behält.

Obwohl spektakuläre Erfolge gegen die etablierte Politik selten bleiben, gibt es doch in Einzelfällen Resultate mit Signalwirkung. So wandten sich nach dem Beinahe-Gau des Schneller-Brüter-Prototyps »*Monju*« buddhistische Priester gegen den Gebrauch der Namen hoher Gottheiten für AKWs und setzten damit ein Signal. Der Nachfolgereaktor des »Monju« sollte den Namen »Fugen« erhalten, wobei es sich um den Bodhisattva des Mitleids mit allen Lebenden handelt. Viele Bodhisattvas, so das Argument der Priester, verkörperten die Absage an Materialismus, Habgier und Verschwendung und seien somit das glatte Gegenteil dessen, was die Kernenergieindustrie propagiere. Deshalb sei es besser, wenn die künftige Reaktorgeneration nach Dämonen benannt werde.[8]

Insgesamt hat sich in den letzten Jahren die Abkehr von der tradierten Politik verfestigt. 1997 kulminierte die Politikverdrossenheit bei der Kommunalwahl in Tōkyō. Die nach wie vor politisch isolierte, jedoch gründlich reformierte Kommunistische Partei wurde zweitstärkste politische Kraft. Diese Wählerentscheidung zeigte nicht nur, daß ein großer Teil der Bevölkerung von den etablierten Parteien zutiefst enttäuscht, sondern mittlerweile auch dazu bereit ist, ausgesprochen »systemfeindliche« Parteien zu wählen.

An der letztlich den Ausschlag gebenden konservativen Mehrheitsmeinung dürfte diese Entwicklung nichts ändern. Sie ist jedoch ein ermutigendes Zeichen dafür, daß unkonventionelles und selbstkritisches Denken in Japan trotz einer extrem auf Anpassung ausgerichteten Gesellschaft keine Ausnahmeerscheinung ist. Das Denken »am System vorbei« durch das Engagement in Umweltschutzinitiativen oder alternativen pädagogischen Gruppen ist keine Randerscheinung mehr.

Von der Radikalität früherer Jahre ist im außerparlamentarischen Raum wenig übrig geblieben. Was sich heute dort abspielt, ist jedoch möglicherweise langfristig viel wirkungsvoller.

---

7 Vgl. Hans Jürgen Mayer, Japans Antikernkraftbewegung im Aufwind, in: Manfred Pohl (Hrsg.), Japan 1988/89. Politik und Wirtschaft, Hamburg 1989, S. 83 ff.; AP vom 1. 10. 1997; Reuter v. 1. 10. 1997.

8 Financial Times v. 23. 3. 1996.

# VII. Minderheiten: Probleme und Perspektiven

Hans Jürgen Mayer

Die offizielle Minderheitenpolitik wird von einer Doppelstrategie bestimmt: Die Regierung vertritt gegenüber der UNO und der Außenwelt die Position, der Inselstaat habe keine ethnischen oder sozialen Minderheiten und dementsprechend könne es auch keine Benachteiligung geben; aber eine Minderheitenproblematik ist unübersehbar.[1] Theoretisch verbietet Art. 14 der Verfassung von 1946 die unterschiedliche Behandlung japanischer Staatsangehöriger in »politischer, wirtschaftlicher oder sozialer Beziehung aus Gründen der Rasse, des Geschlechts, des Glaubens, der sozialen Stellung oder der Herkunft«. Faktisch ist die Diskriminierung von Minoritäten unterschiedlichster Art gängige Praxis und erstreckt sich auch auf »reinrassische« Staatsangehörige. Als mehr oder weniger benachteiligte Minoritäten gelten:

1. die *Ainu* (Japans Ureinwohner);
2. die *Burakumin* (Japans Paria);
3. die Bewohner des Ryūkyū-Archipels (jap. Staatsangehörige auf Okinawa u. a.);
4. die mittlerweile in dritter Generation in Japan lebenden Koreaner;
5. Atombombenopfer und ihre Nachkommen;
6. *Boat People* und andere Flüchtlinge;
7. illegale ausländische Arbeiter.

Die Diskriminierung hat vor allem eine Ursache: die »Theorie« eines ethnisch homogenen Japan, das angeblich einzigartig und nur aus sich selbst heraus verstehbar sei. Diese aus der Vorkriegszeit stammende, aber sehr lebendige Theorie mit der Bezeichnung *»Nihonjinron«* wird sowohl von namhaften Akademikern »wissenschaftlich« untermauert als auch von einigen konservativen Politikern vertreten. Zusammen mit der gleichzeitigen Förderung eines angeblich geläuterten Patriotismus *(Aikokushin)*[2] hat sich daraus eine nationalistische Mixtur ergeben, die es weiten Kreisen Japans erschwert, sich mit der Existenz von Minoritäten, die aus den unterschiedlichsten Gründen nicht in das vorgegebene Raster passen, abzufinden.

Gerade die angebliche Homogenität und Einmaligkeit der Japaner werden als Grundlage der Überlegenheit der »Japan AG« im internationalen Wettbewerb angeführt, die allerdings durch das Platzen der *Bubble Economy* ihren Mythos einge-

---

1 Mainichi Daily News v. 1. 11. 1986.

2 Klaus Kracht, Nationalismus, in: Japan-Handbuch. Hrsg. v. Horst Hammitzsch in Zusammenarbeit mit Lydia Bruell, Wiesbaden 1981, S. 457 f.; Ross Mouer/Yoshio Sugimoto, Images of Japanese Society. A Study in Social Construction of Reality, London–New York 1986, S. 169 ff.; Karel van Wolferen, Vom Mythos der Unbesiegbaren. Anmerkungen zur Weltmacht Japan, München 1989, S. 394 ff.

büßt hat. Die nicht in dieses Bild passenden Minderheiten haben seit jeher zu spüren bekommen, daß sie nicht Teil des großen Ganzen sind. Offene und verdeckte Diskriminierung herrschen vor, obwohl hier und da Verbesserungen ihres Status vorgenommen wurden.

Lange Jahre haben die organisierten Minderheiten von der japanischen Regierung vergeblich die Anerkennung der UN-Menschenrechtsdeklaration und der von der Internationalen Arbeitsorganisation (ILO) verabschiedeten Konvention über die Beseitigung der Diskriminierung in Beschäftigung und Beruf verlangt.[3] Gesetzliche Gleichstellungsregelungen gab es zwar seit 1871, doch wesentliche Verbesserungen für die betroffenen Minderheiten haben sie nicht bewirkt. In der gesellschaftlichen Realität (Arbeit, Heirat, Schulbesuch, Wohnung) spüren die Minoritäten wenig von Gleichberechtigung. Die Ursache dafür sind die von Entscheidungsträgern der jahrzehntelangen Regierungspartei LDP (rühmliche Ausnahmen die Ex-Premiers Toshiki Kaifu, Tomiichi Murayama und Morihiro Hosokawa) vorgebrachten Vorurteile, die in Teilen der Bevölkerung fest verankert sind. Gerade der frühere Ministerpräsident Yasuhiro Nakasone, Erfinder der »Internationalisierung Japans«, zeichnete sich durch einen geradezu manischen Hang aus, Japans Überlegenheit gegenüber beispielsweise den rassisch »durchmischten« USA mit der These der Homogenität Japans zu begründen.[4]

Immerhin hat die japanische Regierung mittlerweile einen Teilrückzug angetreten: Noch 1979 gab Tōkyō bei der Ratifizierung der UN-Menschenrechtsdeklaration an, im Lande existiere keine Minderheit. Diese Stellungnahme wurde 1991 zurückgezogen.[5]

## 1. Die einzelnen Minderheiten

Die *Ainu* sind die Ureinwohner des Nordteils von Honshū sowie von Hokkaidō, außerdem der Kurilenkette, die sich von Kamtschatka bis zur Nordspitze Hokkaidōs erstreckt. Als Fischer und Jäger waren sie den von Süden vordringenden Japanern und den aus dem Norden vorrückenden Russen hoffnungslos unterlegen. 1873 stellten die *Ainu* noch 95 % der Bevölkerung Hokkaidōs.[6] Mittlerweile gehen offizielle Angaben von ca. 30 000 insgesamt in Japan lebenden *Ainu* aus, während andere Schätzungen sich auf 60 000 belaufen. Der Unterschied scheint darin zu bestehen, daß die nicht offiziellen Schätzungen auch die *Ainu* einbeziehen, die Mischehen eingegangen sind.

Seit 1937 gab es keine spezifischen Schutzrechte für *Ainu* mehr, die bis dahin immerhin Landrechte und eine auf ihre Bedürfnisse abgestimmte Grundschulerziehung hatten. Gesetzlich wurden sie als »ehemalige Eingeborene von Hokkaidō«

3 Martin Kaneko, Probleme der Minderheiten, in: Manfred Pohl, Japan, Stuttgart–Wien 1986, S. 277.
4 Wolferen, (Anm. 2), S. 399 f.
5 Reuter, Asien Englisch v. 8. 5. 1997.
6 Concise Dictionary of Modern Japanese History. Compiled by Janet E. Hunter. o. O. University of California 1984, S. 4.

bezeichnet und der Assimilierungspolitik unterworfen. 1997 fand immerhin eine erste Statusverbesserung statt. Auf Betreiben des ersten *Ainus* im japanischen Parlament, des Nachrückers ins Oberhaus Shigeru Kayano, wurde ein Gesetz zur Bewahrung der *Ainu*-Kultur verabschiedet. Die neue Regelung erkennt allerdings die *Ainu* nur in einer juristisch nicht verbindlichen Zusatzerklärung als einheimische Ethnie an, da die Regierung als Folge einer echten Anerkennung befürchtet, die *Ainu* könnten dann Rechtsansprüche auf Grund und Boden sowie Bodenschätze und Fischereirechte geltend machen. Aus Sicht der *Ainu*-Vertretung von Hokkaidō stellt das Gesetz nur den ersten Erfolg im Kampf um die völlige Gleichberechtigung und Wiederbelebung ihrer Kultur dar.[7]

Von den 1984 aufgestellten Forderungen nach Anhebung des Lebensstandards auf Landesniveau, *Ainu*-spezifischer Schulerziehung sowie nach Seminaren und Vorlesungen über Geschichte und Kultur der *Ainu* an den Universitäten bis hin zu einem völligen Ende der Diskriminierung dürfte es noch ein weiter Weg sein.[8] Noch immer stellen die *Ainu* im Landesvergleich dreimal mehr Sozialhilfeempfänger und eindeutig weniger Abiturienten und Hochschulabsolventen. Das Durchschnittseinkommen der *Ainu* liegt um 40 % unter dem japanischer Arbeitnehmer. Der Zwang zur Assimilierung in die Mehrheitsgesellschaft mag geringer geworden sein; wer sich jedoch nicht anpaßt, bleibt in der Regel in den wenigen *Ainu*-Dörfern, die seit langem nur noch das Ziel touristischer Exkursionen sind.[9]

Die *Burakumin* sind rassisch gesehen Japaner und werden dennoch von ihren Landsleuten diskriminiert. Offizielle Zahlen sprechen von 1,157 Millionen; faktisch dürfte es jedoch zwei bis drei Millionen *Burakumin* geben, die in offiziellen Publikationen ebenso wie in Verlagsschriften irreführend als *Village People* bezeichnet werden, wenn ihre Existenz nicht – was häufiger der Fall ist – totgeschwiegen wird. Die *Burakumin* bestehen historisch aus zwei Gruppen, die aus der Vier-Gesellschaft der *Edo*-Zeit als Parias ausgeschlossen wurden: a) den *Eta* (Schlächtern, Gerbern, Lederverarbeitern und den b) *Hinin* (Nicht-Menschen), d. h. Färbern, Grabwächtern und Leichenverbrennern. Ursprung der Diskriminierung beider Gruppen, zu denen später Henker, Wahrsager, Geomanten u. a. gezählt wurden, war die Betätigung dieser Berufsgruppen in vom Buddhismus tabuisierten Bereichen, wie Tötung und Weiterverarbeitung von Lebewesen. Der Sammelbegriff *Burakumin* (Dorfmenschen) rührt aus der zwangsweisen Isolierung in abgesonderten Siedlungen.[10]

Trotz theoretischer Gleichstellung durch die Gesetzgebung des Jahres 1871 änderte sich wenig am Status der *Burakumin* als *»Outcasts«*. 1922 wurde auf nationaler Ebene die *Suiheisha* (Gesellschaft für die Gleichberechtigung) gegründet, deren Mitgliederbestand allerdings nie mehr als rund 4 % der *Burakumin* betrug. Die Ziele der *Suiheisha* waren die politische, wirtschaftliche und soziale Gleichberechtigung mit dem Schwerpunkt auf Selbsthilfe. Ab 1925 wandte sich die Organisation zunehmend dem Bolschewismus in der Annahme zu, nur die proletarische Revolu-

7 Reuter, Asien Englisch v. 8. 5. 1997.

8 Asahi Evening News v. 6. 11. 1986.

9 Ebd.

10 Nelly Naumann, Stichworte »Eta« und »Hinin«, in: Kleines Wörterbuch der Japanologie. Hrsg. v. Bruno Lewien. Wiesbaden 1968, S. 75 f. u. S. 143.

tion könne das Kastenwesen beseitigen. Das Aufkommen des Ultranationalismus und Expansionismus besiegelte das Ende der *Suiheisha.*[11] 1946 wurden die Emanzipationsbestrebungen wiederaufgenommen, die 1955 in die Gründung der »*Buraku* Befreiungsliga« *(Buraku Kaihō Dōmei)* mündeten. Die Unterstützung der Liga durch sozialistische Gruppierungen führte zur Etablierung einer gemäßigten Konkurrenzorganisation, der *»Dōwakai«* (Anti-Diskriminierungsgesellschaft).

Mehr als partielle Erfolge können beide Organisationen nicht verzeichnen. Sie beschränken sich auf die Verbesserung der Wohnsituation und die Anhebung des Bildungsniveaus. An der generellen Diskrimierung hat dies nichts geändert. 1988 war die »*Buraku* Befreiungsliga« maßgeblich an der Gründung der IMADR *(International Movement Against All Forms of Discrimination and Racism)* in Tōkyō beteiligt, an der auch Vertreter der *Ainu*, der Koreaner und japanischer Behinderter teilnahmen. An der Stigmatisierung der *Burakumin*, auch durch die Justiz, hat sich wenig geändert. Immer noch forschen Detekteien illegal in den Familienregistern *(Koseki)* nach der Herkunft von Arbeitsplatzbewerbern und Heiratskandidaten. Die »Enttarnung« von *Burakumin* oder Koreanern löst immer wieder berufliche und private Tragödien aus.[12]

Allerdings sind einige Fortschritte bemerkenswert. Mittlerweile besuchen etwa 80 % der Kinder von *Burakumin* die Oberschule – das entspricht beinahe dem Landesdurchschnitt. Beim Universitätsstudium liegt die Vergleichszahl allerdings erst bei 50 %. Bei aller fortbestehenden Benachteiligung gibt es Bemühungen an Schulen, durch Anti-Diskriminierungsunterricht Vorurteile abzubauen. In den Medien ist die *Buraku*-Problematik inzwischen kein Tabu-Thema mehr. Vorschläge, die traditionellen Siedlungen der *Burakumin* aufzulösen, um die »geographische Identifizierung« der Minderheit zu verhindern, werden von der *Buraku*-Befreiungsliga abgelehnt; schließlich seien dies die einzigen Orte, in denen die *Burakumin* in einer nicht von Mißtrauen und Verachtung geprägten Nachbarschaft leben könnten.[13]

Von spezieller Brisanz ist die Lage der koreanischen Minderheit, die etwa 680 000 Menschen umfaßt, die hauptsächlich in den Großräumen von Ōsaka, Tōkyō, Yokohama, Kōbe, Nagoya, Kyōto und Fukuoka leben.[14] Sie sind die Nachkommen der etwa zwei Millionen Zwangsarbeiter, die nach der Annexion Koreas durch Japan im Jahre 1910 in das Kaiserreich verschleppt wurden. Ihr Dilemma besteht darin, in einem Land zu leben, das China als Wiege der Kultur Japans verehrt, aber Korea als Brücke, über die Schrift, Religion, Philosophie und Kunst nach Japan gelangten, überhaupt nicht akzeptiert. Es ist kein Zufall, daß Kaiser Akihito das von Japan überfallene China besuchte, Korea jedoch auf der Liste der Staatsbesuche nicht vorrangig erschien.

Waren die in Japan lebenden Koreaner formell nach Auffassung der Regierung in Tōkyō bis 1951 (Friedensvertrag von San Francisco) Angehörige des Kaiserreiches,

---

11 Concise Dictionary of Modern Japanese History, (Anm. 6), S. 19.

12 Antony Rowley, Unmentioned Underclass, in: Far Eastern Economic Review v. 6. 12. 1990, S. 36 f.

13 Tina Stadlmayer, Ein Leben im Schatten oder: Der Fluch der Samurai, in: Frankfurter Rundschau v. 26. 9. 1994.

14 Changsoo Lee/George de Vos, Koreans in Japan. Ethnic Conflict and Accomodation, Berkeley–Los Angeles–London 1981, S. 225.

so wurden sie durch den formellen Verzicht auf das annektierte Korea Ausländer. Gleichberechtigung, und auch diese wiederum nur formal, gibt es einzig durch die Annahme der japanischen Staatsbürgerschaft. Diese ist jedoch erstens vom Wohlwollen der Behörden abhängig, und zweitens wird die totale Assimilierung bis hin zur Übernahme japanischer Namen verlangt. Der Wunsch nach Bewahrung der ethnischen Identität, seien es die Sprache oder das Tragen koreanischer Trachten in Schulen, hat mehr als 80 % der Koreaner veranlaßt, den Ausländerstatus vorzuziehen – obwohl in 75 % der Haushalte Japanisch Umgangssprache ist. Die Konsequenzen daraus reichen von der Verweigerung von Sozialleistungen bis hin zur Vorenthaltung des Wahlrechts.[15] Ein besonders drastisches Beispiel für die Diskriminierung war die Weigerung der Behörden, die Aufstellung eines Denkmals für die koreanischen Atombombenopfer innerhalb des Friedensparks von Hiroshima zuzulassen. Als die Stadtverwaltung von dieser Position abrückte, verhinderten Auseinandersetzungen zwischen den auf Nord- bzw. Südkorea ausgerichteten Interessenvertretungen die Verlegung des Denkmals – damit wurde der jahrzehntelange Kampf um Gleichberechtigung als Kriegsopfer im Augenblick des Erfolges durch kleinliche Taktiererei preisgegeben.

Die koreanische Minderheit schwankt zwischen Bindung an ihr Herkunftsland und Integration. Aufgrund der Teilung Koreas gibt es den auf Nordkorea ausgerichteten Dachverband *Ch'ongnyon (General Federation of Korean Residents in Japan)* und die von Südkorea initiierte *Mindan (Association for Korean Residents in Japan). Ch'ongnyon*, organisatorisch und zahlenmäßig weitaus stärker als *Mindan*, ist viel intensiver auf die Bewahrung der (nord-)koreanischen Identität ausgerichtet als *Mindan* und unterhält weitaus mehr Schulen. Die Ausrichtung der älteren Generation auf die beiden Koreas fördert das Mißtrauen der konservativen Kreise, die auch von der als rassisch minderwertig betrachteten Minorität Loyalität zu Japan erwarten. Überfälle der zahlreichen rechtsradikalen Gruppierungen auf Koreaner sind nichts Ungewöhnliches.[16]

Eine Reihe von Koreanern hat es in Randzonen als Besitzer von *Pachinko*-Hallen, Restaurants, Nachtklubs und Taxiunternehmen zu Wohlstand gebracht. Davon abgesehen sind die Fortschritte marginal. Mit der Abschaffung des Fingerabdruckzwanges ist die Diskriminierung auf die inoffizielle Ebene übergegangen. Die Japano-Koreaner werden nunmehr in das bei den Behörden geführte Familienregister eingetragen; doch eben hier betätigen sich die Detektivagenturen für die auf reinrassige Heiratskandidaten und Berufsaspiranten erpichten Familien und Firmen.[17] Stärker geworden ist der Wille zum Widerstand. So gibt es einen Trend unter jungen Koreanern, den japanischen Geburtsnamen zugunsten eines koreanischen Namens aufzugeben. In Ōsaka wurde 1993 ein halblegaler zweisprachiger Sender in Betrieb genommen, der sich mit Minderheitenfragen befaßt. Mittlerweile ehelichen mehr als 75 % der Koreaner einen japanischen Partner. Ein Ende der Diskriminierung ist allerdings noch lange nicht in Sicht.

---

15 Ebd. S. 133; Peter McKillop/Hideko Takayama, Outcasts Within, in: Newsweek v. 3. 5. 1993, S. 38 ff.

16 Japan Times v. 6. 8. 1987.

17 Peter Tasker, Inside Japan. Wealth, Work and Power in the New Japanese Empire, London 1987, S. 25.

Weiterhin ist die vorbehaltlose Teilnahme von Japanern koreanischer Abstammung am japanischen Bildungs- und Vereinswesen schwierig. Die Karrieremöglichkeiten sind sowohl im Staatsdienst wie in Unternehmen stark eingeschränkt. Ebenso sind sie beim Bezug von Sozialleistungen häufig benachteiligt.[18]

Im Zeitraum 1994–1997 machten Rechtsradikale die koreanische Minderheit – erkennbar am Tragen der Nationaltracht in der Öffentlichkeit – zum Sündenbock für eine Reihe von Ereignissen, die die japanisch-koreanischen Beziehungen belasteten. Beide koreanische Staaten betraf das Hochkochen des latenten Territorialstreites über die in der Straße von Tshushima liegende Insel Takeshima (jap.) bzw. Tokdo (korean.), die sich seit 1945 in südkoreanischem Besitz befindet. Weitaus schlimmer als dieses eher schwelende Problem war für die koreanische Minderheit die Zuspitzung im Verhältnis zu Nordkorea. Für Beunruhigung sorgten das angebliche nordkoreanische Atomwaffenprogramm und die Entwicklung der Mittelstreckenraketen, die nach japanischen Presseberichten in der Lage sein sollen, Tōkyō zu erreichen. Die daraus herrührenden Sorgen schlugen insofern auf die Japano-Koreaner zurück, als man ihnen anlastete, die umgerechnet 1 Milliarde Dollar, die jährlich von den 430 000 Minderheitsangehörigen wegen ihrer Verwandten nach Nordkorea transferiert werde, würde der Stabilisierung des kommunistischen Regimes dienen.[19]

In deutlichem Kontrast zur Betonung der Tatsache, daß Japan das erste Land ist, auf das Atombomben abgeworfen wurden, steht die Behandlung der Strahlenopfer und ihrer Nachkommen *(Hibakusha)*. Nicht verwunderlich ist die Tatsache, daß sich die japanische Regierung erst 1989 bereit fand, größere Summen für die medizinische Behandlung der nach Korea zurückgekehrten Atombombenopfer (1945 betrug ihre Zahl schätzungsweise 23 000) zur Verfügung zu stellen. In Japan selbst haben die *Hibakusha* mit der Furcht ihrer Landsleute vor genetischen Schäden zu kämpfen. Wer aus Hiroshima oder Nagasaki stammt, scheidet als Heiratskandidat für ›normale‹ Japaner häufig aus.[20] Eine Entschädigung für die Atombombenopfer aus der Staatskasse hielt sich in bescheidenen Grenzen. Ende 1994 billigte das Unterhaus eine Gesetzesvorlage, derzufolge die Familien der vor dem 31. 3. 1969 an den Folgen der Verstrahlung verstorbenen Angehörigen einen Betrag in Höhe von 100 000 Yen (umgerechnet knapp 1 500 DM) in Form von Obligationen zur nachträglichen Abdeckung der Beerdigungskosten erhalten sollten. Zuvor hatten die Hinterbliebenen schon 149 000 Yen als generelle Entschädigung erhalten; die Betroffenen bezeichneten diese Hilfen als Almosen.[21]

Bei der Behandlung der *Boat People* aus Vietnam galt das Prinzip »Zahlen für die Weiterreise«. Das auf seine Zugehörigkeit zur freien Welt so stolze Japan überließ anderen die Bürde des Flüchtlingsproblems. Mittlerweile werden *Boat People* rigoros abgeschoben, allerdings mit dem Unterschied, daß es sich neuerdings fast ausschließlich um chinesische Wirtschaftsflüchtlinge handelt.

---

18 Mariarosaria Tagliaferri, Ungeliebt, doch geduldet – Koreaner in Japan. Testfall für Tōkyōs Asienpolitik, in: Asien. Deutsche Zeitschrift für Politik, Wirtschaft und Kultur, Nr. 61, Oktober 1996, S. 7.

19 Kent E. Calder, Asia's Deadly Triangle. How Arms, Energy and Growth Threaten to Destabilize Asia Pacific, London 1966, S. 80, 187; Reuter, dt. v. 22. 9. 1997.

20 C. G. Weeramantry, Human Rights in Japan, Melbourne s. d. (um 1980), S. 33 f.

21 Süddeutsche Zeitung v. 3. 12. 1994.

Seit etwa 1990 hat Japan trotz Einreiserestriktionen ein »Gastarbeiterproblem«. Der Arbeitskräftemangel im Bausektor und bei unattraktiven Hilfsarbeiten verbunden mit dem hohen Außenwert des Yen lockt Hunderttausende an. Eine Schätzung des Arbeitsministeriums ging für November 1991 von etwa 210 000 illegalen Arbeitskräften aus, die zumeist mit Touristenvisa einreisten. Angesichts einer nicht greifenden Abschiebungspolitik und der Ausbeutung der Illegalen formulierte die Liberal-Demokratische Partei zusammen mit dem Arbeitsministerium 1992 den Plan, 100 000 Hilfsarbeiter ins Land zu lassen, die eine zweijährige Berufsbildung erhalten sollten. Angesichts des enormen Wohlstandsgefälles in Asien dürfte das Problem der Arbeitsmigranten erst begonnen haben.[22]

Diskriminierung betrifft im übrigen in einer von Exklusivität geprägten Gesellschaft mehr oder minder alle Ausländer *(Gaijin)*. Während Japan in Südafrika die Einstufung seiner Geschäftsleute als »Ehrenweiße« erreichte, setzte Tōkyō den Fingerabdruckzwang für Ausländer unerbittlich durch. Erst Anfang der neunziger Jahre lockerte die Regierung weitgehend diesen Zwang, der von Kritikern jahrelang angeprangert wurde, weil durch die Abgabe des Fingerabdruckes als Voraussetzung für eine Aufenthaltsgenehmigung suggeriert wurde, jeder Ausländer sei potentiell kriminell. Daß ausländische Manager in der Konzernzentrale japanischer Unternehmen Spitzenpositionen bekleiden, ist ausgeschlossen. Der Anpassungsdruck geht so weit, daß selbst Japaner, die als Studenten oder im Auftrag ihrer Firma einen längeren Auslandsaufenthalt absolviert haben, nach ihrer Rückkehr mit dem Ruch, ›unjapanisch‹ geworden zu sein, leben müssen. Schikanen von Lehrern und Schülern gegen Kinder, die längere Zeit im Ausland waren, sind nichts Ungewöhnliches.[23]

Japan wird noch lange für Minderheiten jeglicher Art ein hartes Pflaster bleiben. Die Rückkehr zur Alleinherrschaft der inzwischen noch konservativer gewordenen LDP – nach einem Intermezzo reformorientierter Koalitionsregierungen – bedeutet jedenfalls keine Erleichterung für die Minoritäten.

---

22 Robert Delfs, Train the Foreigner, in: Far Eastern Economic Review v. 16. 7. 1992, S. 20 f.

23 David Willis/Eriko Onoda, Facing the Shock of Coming Home, in: The Japan Times v. 4. 1. 1990.

# VIII. Entwicklungslinien und Merkmale der Umweltpolitik

Helmut Weidner

Bis Ende der sechziger Jahre dieses Jahrhunderts galt Japan als Musterfall einer Nation, die wirtschaftliches Wachstum über alles stellte und dafür auch die Zerstörung der natürlichen Lebensgrundlagen in Kauf nahm. Schauerliche Bilder der Opfer von Umweltvergiftungen gingen in den sechziger Jahren um die Welt. Das Land, so die Weltmeinung, war auf dem Weg in ein »ökologisches *Harakiri*«. Wenige Jahre später hatte sich Japans Umweltimage grundlegend geändert. Wissenschaftler und Politiker aus aller Welt reisten dorthin, um erfolgreiche Umweltschutzmaßnahmen vor Ort zu studieren. Ihnen diente die industrielle Supermacht nunmehr als Beleg dafür, daß auch in hochentwickelten Industriestaaten ein vernünftiger Ausgleich zwischen Ökologie und Ökonomie möglich ist.

Doch seit Ende der siebziger Jahre ist der umweltpolitische Bremsweg in Japan erheblich länger geworden: Trotz unbestrittener großer Erfolge im Kampf gegen die Umweltverschmutzung ist Japan längst noch kein umweltpolitisches Musterland geworden. In der globalen Umweltpolitik hat das Land zudem verdientermaßen einen schlechten Ruf (siehe Beitrag *Internationale Umweltpolitik),* und in einigen ehemaligen Erfolgsbereichen steigen die Umweltprobleme im Lande wieder an. Japans Regierung schickt inzwischen ihre Experten nach Europa, um die hier komplexeren Umweltschutzkonzepte zu studieren. Seit der Rio-Konferenz im Juni 1992 zeichnet sich jedoch ein zunehmendes Engagement in globalen Umweltfragen ab.

## 1. Entwicklungslinien der Umweltpolitik

Von der ökologischen Ignoranz in Regierung, Verwaltung und Industrie hin zu der technokratisch-aktiven Umweltpolitik, die Japan zeitweilig zu einem umweltpolitischen Schrittmacher erhob, war es ein weiter Weg: Nirgendwo sonst waren schon Anfang der sechziger Jahre dermaßen viele Krankheits- und Todesfälle so eindeutig auf die Umweltverschmutzung zurückzuführen, nirgendwo sonst waren die Krankheiten dermaßen qualvoll. Weltweites Aufsehen erregten dabei die *Minamata-* (Minamata heißt eine Meeresbucht in Westkyūshū, in der sich die Krankheit durch verseuchten Fisch ausbreitete) und die *Itai-Itai*-Krankheit, beide verursacht durch Schwermetalleinleitungen (Methylquecksilber, Cadmium) von Industriebetrieben in Gewässer. Aber auch das Atmen fiel den Japanern immer schwerer: Kraftwerks-, Industrie- und Kraftfahrzeugabgase hüllten die Städte in giftige Smogwolken, so daß sich Atemwegerkrankungen häuften.

Die japanische Industriepolitik wurde nach dem Zweiten Weltkrieg im internationalen Vergleich mit anderen demokratischen Industrienationen mit einer wohl einzigartigen Nichtachtung gesundheitlicher und ökologischer Erfordernisse betrieben. Das führte in der Folgezeit zur Zerstörung weiter Naturflächen und zur Verseuchung vieler Gewässer. In den industriellen Ballungszentren stiegen die Umweltbelastungen geradezu dramatisch an. Ausgangspunkt für eine systematische staatliche Umweltpolitik waren mithin schwerste Umweltbelastungen und Gesundheitsschäden von teilweise epidemischem Ausmaß. Hierauf reagierte die konservative Regierung des Landes in unterschiedlicher Weise, wobei sich vier Entwicklungsphasen relativ klar voneinander abgrenzen lassen:

### *Phase der ökologischen Ignoranz*

In der Phase der ökologischen Ignoranz, die etwa bis Mitte der sechziger Jahre dauerte, blieben Regierung und zuständige Behörden trotz nachweislicher Schädigung von Gesundheit und Eigentum durch gewerbliche Schadstoffemissionen weitgehend untätig. Die Unternehmen widersetzten sich erfolgreich dem Verlangen der Geschädigten nach Kompensation und Umweltschutzmaßnahmen. Die Regierung verließ diesen Pfad erst, als die Umweltkonflikte eine landesweite Dimension annahmen und es einigen Bürgerinitiativen gelungen war, die Realisierung wirtschaftsstrategisch zentraler industrieller Großprojekte und öffentlicher Infrastrukturmaßnahmen zu verhindern. Ein Schock für Regierung, Ministerialbürokratie und Unternehmensverbände war insbesondere der erfolgreiche Widerstand gegen den Bau eines gigantischen Industriekombinats im Jahr 1964.

### *Phase der symbolischen Umweltpolitik*

In der etwa Ende der sechziger Jahre einsetzenden Phase einer lediglich symbolischen Umweltpolitik wurden zwar im Wortlaut strenge, in der Praxis aber dann nicht vollzogene Gesetze erlassen. Dazu gehört das Umweltbasisgesetz von 1967, weltweit eines der ersten allgemeinen Umweltgesetze. Die Umweltbelastungen wurden dementsprechend dennoch größer. In der Bevölkerung, zunehmend auch unter Kommunalpolitikern, nahm der Widerstand gegen umwelt- und gesundheitsschädigende Vorhaben und Aktivitäten zu. Selbst Bewohner ländlicher Gebiete, die noch wenig früher industrielle Neuansiedlungen aller Art begrüßt hatten, sperrten sich nun dagegen. Im Unternehmensbereich mehrten sich die Stimmen zugunsten eines Konfliktabbaus durch effektive Umweltschutzmaßnahmen. Die Zahl der Bürgerinitiativen stieg rapide an, und in den Medien wurde fast täglich über Umweltprobleme und -skandale berichtet. Selbst in ihren ländlichen Wählerhochburgen verlor die Regierungspartei stetig Stimmen an Konkurrenzparteien, die den Umweltschutz ins Zentrum ihrer Wahlversprechen gerückt hatten. Im Ausland wurde

Japans Regierung gezieltes »Umwelt-Dumping« als Kernbestandteil ihrer Weltwirtschaftspolitik vorgeworfen.

*Phase der technokratischen Umweltpolitik*

Auf diese bedrohliche Entwicklung (Wählerverluste, Blockierung der Industriepolitik, Kritik aus dem Ausland) reagierte die Regierung mit einem nachgerade radikalen umweltpolitischen Kurswechsel, der die Phase einer technokratisch-aktiven Umweltpolitik einleitete. In dieser Phase, die mit einem parlamentarischen Kraftakt einsetzte – auf einer Sondersitzung des Parlaments 1970 wurden 14 Umweltschutzgesetze und -verordnungen erlassen –, erhielten rasch spürbare Maßnahmen zur Senkung gesundheitsschädlicher Schadstoffemissionen den Vorrang. Im Jahr 1971 wurde das staatliche Umweltamt gegründet. Die Kommunen erhielten größere Spielräume zur Entwicklung und Durchführung von umweltschützenden Maßnahmen. In Kraftfahrzeugen, Industrieanlagen und Kraftwerken wurden neueste Umwelttechniken installiert. Das alles trug dazu bei, daß relativ schnell Erfolge in den Hauptproblembereichen erzielt wurden. Das Umweltthema verlor dadurch seine gesellschaftspolitische Brisanz, und es wuchs das Vertrauen in Problemlösungskapazität und -willen von Politik, Verwaltung und Wirtschaft. Gleichzeitig wuchs das Interesse im Ausland an den technischen, rechtlichen und organisatorischen Maßnahmen der japanischen Umweltpolitik – und manches davon wurde kopiert. In der Bundesrepublik Deutschland etwa war der Einfluß auf die Luftreinhaltepolitik besonders stark.

*Phase der umweltpolitischen Stagnation*

Durch den nachlassenden politischen Handlungsdruck und aufgrund wirtschaftlicher Problementwicklungen, insbesondere nach der zweiten Erdölpreiskrise, verlor das Umweltthema an Priorität unter den Staatszielen. Ab Ende der siebziger Jahre fanden keine im internationalen Vergleich herausragenden umweltpolitischen Aktivitäten mehr statt. Es wurde auch kein umfassendes ökologisch-orientiertes Gesamtkonzept entwickelt, der kurativ-selektive und technokratische Ansatz dominiert bis heute. Zum Ende der achtziger Jahre, als Japan zunehmend von der internationalen Gemeinschaft wegen seiner umweltbeeinträchtigenden Außenaktivitäten kritisiert wurde, nahm die Debatte globaler Umweltprobleme an Intensität zu – in Politik-, Verwaltungs- und Wirtschaftskreisen offensichtlich stärker als in der Bevölkerung, in der, wie auch Meinungserhebungen zeigen, ein »globales Umweltbewußtsein« derzeit nur schwach ausgeprägt ist. Seitdem wird, primär wegen des Drucks »von außen«, staatlicherseits wieder verstärkt an umweltpolitischen Programmen gearbeitet. Die bislang verabschiedeten Programme und Gesetze (etwa Umweltschutzrahmengesetz 1993) sind jedoch recht vage gehalten, und ihre (konkreten) Zielsetzungen liegen oftmals unter denen anderer Industriestaaten, so beispielsweise bei der Bekämpfung des Treibhauseffektes. Gleichwohl, in international vergleichender Perspektive ist die gegenwärtige Situation in Japan immer noch als eine Stagnation auf relativ hohem Umweltpolitikniveau zu charakterisieren.

## 2. Gerichtsurteile verstärkten die »umweltpolitische Wende«

Die fundamentale Wende, die um 1970 in Japans Umweltpolitik einsetzte, war nicht das Ergebnis einer vorausschauenden Planung von Politik, Verwaltung und Wirtschaft, sondern der Endpunkt einer konfliktreichen Entwicklung, in deren Verlauf es zu militanten Demonstrationen gegen Umweltverschmutzer und zu langwierigen gerichtlichen Auseinandersetzungen zwischen Geschädigten und umweltbelastenden Betrieben kam.

Einen entscheidenden Anstoß zur Wende gaben vier zivilrechtliche Gerichtsverfahren, in denen Opfer von Umweltverschmutzungen hohe Schadensersatzzahlungen von den beklagten Unternehmen erstritten; in Japan wird in diesem Zusammenhang von den »Vier großen Umweltschutzprozessen« gesprochen. Hierbei handelt es sich um zwei Verfahren wegen der *Minamata*-Krankheit (Methylquecksilbervergiftungen), den *Itai-Itai*-Prozeß (Cadmiumvergiftungen) und um das Verfahren wegen Atemwegerkrankungen durch Schwefeldioxidemissionen mehrerer Betriebe in der Industriestadt Yokkaichi. Sämtliche Prozesse gingen für die Kläger, die Opfer der Umweltverschmutzungen, erfolgreich aus; es mußten teilweise sehr hohe Entschädigungssummen gezahlt werden. Das für die *Minamata*-Krankheit verantwortliche Großunternehmen Chisso beispielsweise konnte nur durch öffentliche Finanzhilfen vor dem Bankrott bewahrt werden.

Die rechtliche Ausgangslage für die Geschädigten war zunächst ungünstig. Die mit den genannten Fällen befaßten Gerichte haben jedoch auf dem Wege der Rechtsfortbildung Lösungen entwickelt, wodurch die sehr hohen rechtlichen Barrieren weitgehend abgebaut wurden. Zu den neuen, fortan die japanische Umweltpolitik stark stimulierenden Rechtsprinzipien gehören insbesondere die Anwendung eines statistischen (epidemiologischen) Kausalitätsnachweises für die Ursache-Wirkung-Beziehung zwischen Schadstoffen und geltend gemachten Schäden, das Absehen von Verschulden oder Fahrlässigkeit bei dem Entscheid, ob eine Haftungspflicht eintritt (Prinzip der Gefährdungshaftung) und eine weitgehende Erleichterung der Beweislast zugunsten der Geschädigten hinsichtlich der rechtlichen und tatsächlichen Voraussetzungen ihres Schadensersatzanspruchs (Prinzip der Beweislastumkehr).

Die vier großen Umweltverschmutzungsprozesse hatten weitreichende politische Wirkungen, und zwar nicht erst die Entscheidungen selbst, sondern bereits die laufenden Verfahren und die hierdurch bewirkte Publizität des Ausmaßes umweltbedingter Gesundheitsschäden. All das gab den Forderungen der Umweltschutzbewegung, der oppositionellen Parteien und zahlreicher Kommunen nach einer Wende der japanischen Umweltpolitik großes Gewicht. In Regierungskreisen und Unternehmertum wurde befürchtet, daß es aufgrund der verschärften Haftungsprinzipien zu einer landesweiten Welle von Schadensersatzprozessen kommen könnte, die wirtschaftspolitische Planungen schwer behindern und unternehmerische Entscheidungen nahezu unkalkulierbar machen würden. Vor allem aber befürchteten sie hierdurch den Beginn einer »Verrechtlichung« der bislang weitgehend informalen und damit prinzipiell hochflexiblen Industriepolitik sowie des bisherigen »Aushandelns« von gesellschaftlichen Konflikten.

## 3. Effektive umweltpolitische Regelungen

Das politisch-administrative System Japans reagierte auf die Herausforderungen mit einer fundamentalen Änderung der Umweltpolitik. Strengere Umweltgesetze wurden nicht nur erlassen, sondern auch umgesetzt. In enger Kooperation zwischen Regierungspartei, Ministerialbürokratie und Unternehmensverbänden wurden kurzfristige Ziele für Umweltqualitätsverbesserungen abgesteckt und die erforderlichen Umsetzungsstrategien festgelegt. Einige im internationalen Vergleich herausragende Regelungsinstrumente wurden geschaffen: so etwa das Gesamtemissionsmengen-Kontrollsystem, ein modernes Umweltchemikaliengesetz, eine Kostenbeteiligungsregelung für Unternehmen bei öffentlichen Sanierungsmaßnahmen, sehr strenge Umweltqualitäts- und Emissionsstandards sowie ein Entschädigungssystem für umweltverschmutzungsbedingte Gesundheitsschäden in Verbindung mit einer Abgabe auf Schwefeldioxidemissionen. In drei Bereichen war Japan aus international vergleichender Sicht besonders innovativ. Da sie auch innerhalb der japanischen Umweltpolitik eine Schlüsselrolle spielen, werden sie kurz beschrieben.

### *Entschädigungszahlungen für Umweltopfer*

Das japanische Gesetz von 1974 bestimmte, daß für spezifische Gesundheitsbeeinträchtigungen je nach der Schwere der Beeinträchtigung gestaffelte Entschädigungen gezahlt werden. Auf dieser Grundlage erhalten derzeit noch über 100 000 Personen Entschädigungszahlungen und Beihilfe. Einen großen Teil der hierdurch entstehenden Kosten haben Industriebetriebe zu tragen: Sie müssen eine Abgabe bezahlen, die sich nach der Höhe ihres Schwefeldioxidausstoßes richtet. Diese Abgaben wirkten als »ökonomische Hebel« und beschleunigten den umwelttechnischen Innovationsprozeß. Im Jahr 1988 wurde das Entschädigungsgesetz – gegen Proteste von sogenannten Umweltopferorganisationen – grundlegend geändert. Seitdem wird niemand mehr wegen Atemwegerkrankungen als Umweltopfer neu anerkannt. Statt dessen hat sich die emittierende Industrie (einschließlich Autohersteller) freiwillig verpflichtet, Beiträge in einen Fonds zur Förderung präventiver Umweltschutzmaßnahmen zu zahlen. Für die Entschädigung der Umweltopfer, deren Krankheitsursachen relativ eindeutig auf die Schadstoffemissionen einzelner Betriebe zurückführbar sind, bleibt das ursprüngliche System weitgehend unverändert bestehen.

### *Umweltschutzvereinbarungen auf der kommunalen Ebene*

Die japanischen Unternehmen werden faktisch durch staatlich verordnete Auflagen nur in sehr begrenztem Maße in die ökologische Pflicht genommen. Viel wichtiger für das tatsächliche Umweltverhalten ist die Nutzung des weiten Spielraums, den Kommunalbehörden und Bürgergruppen haben. Er wird intensiv zu direkten Verhandlungen mit den Betrieben genutzt, um auf informalem Verhandlungswege Vereinbarungen über Umweltschutzmaßnahmen zu erzielen. Diese gehen immer, oft sogar weit über die gesetzlichen Anforderungen hinaus.

Derzeit gibt es rund 40 000 solcher Vereinbarungen. Verhandlungspartner sind in der Mehrzahl der Fälle Unternehmen und Kommunalbehörden; Bürgergruppen sind an den Verhandlungen häufig (beratend oder mitentscheidend) beteiligt. Es gibt auch Umweltschutzvereinbarungen, die ausschließlich zwischen Bürgergruppen und Unternehmen abgeschlossen wurden; gegenwärtig liegt ihre Zahl bei über 4 000.

Die Umweltschutzvereinbarungen *(Kōgai Bōshi Kyōtei)* gelten bei Kommunalbehörden und Bürgergruppen, aber auch bei vielen Unternehmen, als das am meisten geeignete Mittel, die Regelungen des nationalen Umweltrechts orts- und bürgernah zu vervollständigen. Sie bieten den nötigen Spielraum, den örtlichen Besonderheiten (Umweltsituation, besondere politische und soziale Präferenzen der Gemeinde) sowie den ökonomischen und technischen Möglichkeiten des jeweiligen Unternehmens Rechnung zu tragen. In dieser Hinsicht sind sie Ausdruck einer dezentralen »Umweltpolitik vor Ort«. Das erklärt teilweise auch, weshalb nur wenige Streitfälle vor Gericht gebracht werden; Fälle, in denen Unternehmen die Gerichte gegen Verwaltungsentscheidungen anrufen, sind in Japan eine Rarität. Klagen von Bürgergruppen gibt es dagegen häufiger, im internationalen Vergleich liegen die Zahlen jedoch niedrig.

### *Umweltinformationen*

Die Erfolge der japanischen Umweltpolitik sind nicht ohne das umfassende, hochmoderne Umweltinformationssystem zu erklären. Gegenwärtig ist es bezüglich der Erhebung, Verarbeitung und Veröffentlichung umweltbezogener Daten (insbesondere für die Bereiche Luft und Gewässer) in Art und Umfang wohl einmalig. So sind zur Zeit annähernd 1 700 Luftgüte-Meßstationen kontinuierlich in Betrieb; in 34 Kommunen wird bei insgesamt mehr als 700 Betrieben der Schadstoffausstoß direkt erfaßt. Elektronische Schautafeln in den Umweltbehörden und auf öffentlichen Plätzen zeigen für ausgewählte Bereiche (Luftbelastung, Lärmpegel) die aktuelle Situation vor Ort an.

Wichtigster Anlaß für den raschen Aufbau eines umfassenden Informationssystems war die umweltpolitische Wende, in der sich Regierung und Industrie entschieden hatten, Umweltkonflikte durch schnell wirksame Maßnahmen abzubauen. Hierzu mußte die Daten- und Informationslage wesentlich verbessert werden: zum einen, um Gegenmaßnahmen auf rationaler Grundlage planen und ihre Effekte kontrollieren zu können, zum anderen, um die Forderungen der Bevölkerung nach realistischen Informationen über Stand und Entwicklung der Umweltbelastung zu erfüllen. Schließlich ging es auch den Unternehmen darum, ihre nunmehr erheblichen Anstrengungen zur Verminderung der Umweltbelastung anhand glaubwürdiger Daten nachweisen zu können.

Nachteilig wirkt sich diese umweltpolitische Strategie der Datenöffentlichkeit allein für Unternehmen mit geringen Umweltschutzleistungen aus. Unternehmen mit positiver Umweltbilanz werden dagegen begünstigt, denn ihre hierdurch erkennbaren Leistungen im Umweltschutz tragen erheblich zur Bildung eines positiven »Umweltschutzimages« bei, dessen (auch wirtschaftliche) Bedeutung die Unternehmen längst in ihre Unternehmensstrategie einbeziehen. Weiterhin schafft das System den zuständigen Verwaltungen eine gute Basis zur Planung und Kontrolle von Maßnahmen.

## 4. Erfolge und verbleibende Probleme

Empirische Untersuchungen zur Wirkung des japanischen umweltpolitischen Instrumentariums legen folgendes Fazit nahe: Die – auch im internationalen Vergleich – herausragendsten Umweltschutzleistungen wurden primär in Bereichen erzielt, in denen extreme Gesundheitsbelastungen aufgetreten waren und die Rechtsposition der Geschädigten durch die Urteile in den vier großen Umweltschutzprozessen verbessert worden war. Die positiven Effekte wurden insbesondere durch den Aufbau eines umfassenden Umweltinformationssystems und die rasche Zunahme von Umweltschutzvereinbarungen unterstützt. Maßnahmen in anderen Politikbereichen (Energie- und Industriepolitik) trugen ebenfalls erheblich zur Umweltentlastung bei.

Der gesellschaftliche Grundkonflikt wandelte sich rasch zu einem breiten gesellschaftlichen Grundkonsens, der von den verschiedenen Gesellschaftsgruppen aus unterschiedlichen Gründen mitgetragen wurde: von der Wirtschaft, weil ihr trotz strenger Umweltvorschriften (und hoher Umweltkosten) große Flexibilität bei der Umsetzung verblieb; von der Ministerialverwaltung, weil industriepolitische Planungssicherheit wiederhergestellt wurde; von der Politik, weil das Vertrauen in die Problemlösungskompetenz staatlicher Institutionen wiederhergestellt wurde; von der Bevölkerung und den Umweltgruppen, weil in kurzer Frist spürbare Umweltverbesserungen erzielt und Umweltopfer entschädigt wurden. Politik, Wirtschaft und Ministerialbürokratie ging es überdies darum, das sich abzeichnende Eindringen des »Gerichtssystems« in die Umweltpolitikarena abzuwenden.

In der Folgezeit flaute die Umweltschutzbewegung rasch ab; sie führt auch heute nur ein Schattendasein. Wirtschaftswachstum und Technikoptimismus sind spätestens seit Ende der siebziger Jahre wieder en vogue in Japans Gesellschaft. Die Sicherung eines gewissen Maßes an Umweltschutz wird hierzu nicht mehr im Widerspruch gesehen; als eine gesellschaftlich prioritäre Aufgabe, der sich andere Ziele unterzuordnen haben, gilt der Umweltschutz jedenfalls schon lange nicht mehr.

Die im Vergleich zu anderen Industrienationen ehemals strengen Umweltschutzregelungen und hohen Umweltschutzinvestitionen Japans hatten im allgemeinen günstige volkswirtschaftliche Effekte. Negative Auswirkungen auf das Wirtschaftswachstum, die Beschäftigungssituation, die Geldwertstabilität, die Entwicklung des technischen Fortschritts und den Export sind nicht bekannt oder aber gering. Insgesamt überwog der Nutzen: Die strengen Regelungen zur Emissionsbegrenzung gaben Industrie und Energieversorgungsunternehmen einen kräftigen Anstoß zu Energieeinsparungen; dies wirkte sich nach den Ölpreiskrisen von 1973 und 1979 besonders günstig aus. Gerichtsentscheidungen und die Opposition von Bürgern gegen verschmutzungsintensive Industriezweige trugen zu einem generellen Schwenk in der Industriepolitik bei: Die Strategie des Ausbaus der Schwerindustrie wurde zugunsten von modernen, ressourcen- und energieschonenden Branchen aufgegeben. Personenkraftwagen wurden schon sehr frühzeitig (ab Mitte der siebziger Jahre) mit Katalysatoren ausgestattet, Rauchgasentschwefelungs- und Entstickungsanlagen gingen schon zu Beginn der siebziger Jahre in Betrieb. Die strengen umweltpolitischen Maßnahmen haben insgesamt entscheidende Impulse zu einem industriellen Strukturwandel gegeben, der zur Sicherung von Japans Weltmarktposition beitrug. Der »öko-industrielle Sektor« floriert, Japan gehört (mit den USA und Deutschland) zu den führenden Anbietern von Umwelttechniken.

Gleichwohl gibt es noch etliche ungelöste Probleme. So weisen etwa die Gewässer immer noch einen sehr hohen Gehalt an organischen Substanzen auf, und Lärmbelastungen treten fast allerorts auf. Die Abfallmengen aus dem Haushalts- und Gewerbebereich nehmen kräftig zu, und Deponieplätze sind im dichtbesiedelten Japan rar. Etliche der kleineren Müllverbrennungsanlagen sind umwelttechnisch längst nicht mehr auf der Höhe der Zeit. Der Bau von großdimensionierten Müllverbrennungsanlagen und neuen »Müllinseln« in Küstennähe soll die Müllprobleme lösen, auf Abfallvermeidung wird kaum Wert gelegt. Im Natur- und Landschaftsschutz liegt ebenfalls vieles im argen. Daneben mehren sich die Anzeichen, daß in einigen Bereichen die umweltpolitische Erfolgskurve abflacht oder gar neue Herausforderungen entstehen. Die frühzeitige Einführung von PKW-Abgaskatalysatoren konnte nicht verhindern, daß in einigen Ballungsräumen die Luftbelastung wieder ansteigt, da die Zahl der Fahrzeuge unvermindert zunimmt. Trotz der »nuklearen Allergie« der Bevölkerung setzen Regierung und Energieversorgungsunternehmen – auch nach Tschernobyl – weiterhin auf die Kernenergie, hauptsächlich mit dem Argument, die große Abhängigkeit von ausländischen Energieträgern zu verringern; seit neuerem wird hierfür auch die $CO_2$-Problematik angeführt.

In allen Bereichen zeichnen sich die Defizite und Grenzen der technokratischen (kurativ-selektiven) Umweltpolitik innerhalb des Landes ab. Die negativen Folgen der japanischen Strategie reichen aber weit über die Landesgrenzen hinaus. Japan gilt inzwischen im globalen Kontext als Musterfall eines reichen Industrielandes, das seine internen Umweltprobleme teilweise zu Lasten anderer Länder vermindert – etwa durch die Verlagerung von umweltbelastenden Industrien in Entwicklungsländer, vornehmlich des pazifischen Raumes, – und aus wirtschaftlichem Eigennutz erheblich zur Zerstörung der globalen Umwelt beiträgt – etwa durch seine Tropenholzimporte, Walfangpraktiken, extensive Treibnetzfischerei und lückenhaften Regelungen zum Schutz seltener Tier- und Pflanzenarten. Zum schlechten Ruf trägt schließlich auch die restriktive Rolle bei, die Japans Regierung häufig bei internationalen Umweltschutzabkommen spielt.

Der zunehmende Druck der Weltöffentlichkeit und gezielte Aktionen international operierender Umweltorganisationen gegen Japans ökologisches Sündenregister in der »UmWELTpolitik« haben in einigen Bereichen zu einem vorsichtigen Einlenken der japanischen Regierung und zu verstärkten Umweltmaßnahmen der großen, international operierenden Unternehmen geführt. Auch im Lande selbst ist eine gewisse Dynamisierung der umweltpolitischen Diskussion zu beobachten, nicht zuletzt aus weltwirtschaftspolitischen Gründen, die eine stärkere Konzentration der wirtschaftspolitischen Aktivitäten auf den Binnenmarkt erzwingen. Es mag aber auch sein, daß das (immer noch) durchsetzungsstarke Wirtschaftsministerium (MITI), das auffällig stark und »pro-aktiv« in den Bereich »Globale Umweltpolitik« eingestiegen ist, hierdurch nicht nur den Einfluß des staatlichen Umweltamtes begrenzt, sondern vor allem seinen (gesunkenen) Steuerungseinfluß auf die großen japanischen Unternehmen verstärken will. Auf jeden Fall gibt es deutliche Anzeichen dafür, daß die Phase der umweltpolitischen Stagnation zu Ende geht und in eine Phase der Internationalisierung der Umweltpolitik überleitet.

# Bibliographie


## Tennō

Antoni, Klaus, Der himmlische Herrscher und sein Staat. Essays zur Stellung des Tennō im modernen Japan, München 1991.

## Zur Politik in Japan

Hayao, Kenji, The Japanese Prime Minister and Public Policy, Pittsburgh – London 1993.
Ishida, Takeshi, Japanese Political Culture. Change and Continuity, New Brunswick – London 1983.
Ders./Ellis Kraus (Hrsg.), Democracy in Japan, Pittsburgh 1990.
Kevenhörster, Paul, Politik und Gesellschaft in Japan, Mannheim u. a. 1993.
Kishimoto, Koichi, Politics in Modern Japan. Development and Organization, Tōkyō 1988.
Pempel, T. J. (Hrsg.), Uncommon Democracies. The One-Party-Dominant Regimes, Ithaka – London 1990.
Pohl, Manfred (Hrsg.), Japan – Politik und Wirtschaft, Hamburg 1994 (Jahrbuch, ersch. seit 1976).
Ders., Presse und Politik in Japan. Die politische Rolle japanischer Tageszeitungen, Hamburg 1981.
Reed, Steven, Japanese Prefectures and Policymaking, Pittsburgh 1986.

## Politische Parteien

Menzel, Ulrich (Hrsg.), Im Schatten des Siegers, Bd. 3: Ökonomie und Politik, Frankfurt a. M. 1988.
Pohl, Manfred, Die Finanzierung japanischer Parteien, in: Geld in Japan, hrsg. von A. Ernst, Berlin 1981, S. 241–268.
Ders. (Hrsg.), Japan 1975/76 – Politik und Wirtschaft (Jahrbuch), Hamburg 1976 ff, Neueste Ausgabe: 1993/94.
Ders., Die Kommunistische Partei Japans – ein Weg ohne Peking und Moskau, Hamburg 1976 (= MIA, Bd. 79).
Zeitschrift (zweimonatlich) Japan, Institut für Asienkunde Hamburg, seit 1993.

## Wirtschaftsverbände und Interessengruppen

Kevenhörster, Paul, Wirtschaft und Politik in Japan. Interessengruppen, politische Meinungsbildung und wirtschaftspolitische Entscheidungen, Wiesbaden 1973.

POHL, MANFRED, Interessenverbände und politische Entscheidungsprozesse – Beispiel der Bauernverbände (Nōkyō), in: Zeitschrift f. Kulturaustausch, 32 (1982) 2, S. 98–103.
DERS., Politik und Wirtschaft in Japan – Traditionelle Kooperationssysteme vor neuen Herausforderungen, in: Aus Politik und Zeitgeschichte, Beilage zur Wochenzeitung ›Das Parlament‹, B 19/88, 6. 5. 1988, S. 3–12.

## Gewerkschaften

BERGMANN, JOACHIM, Rationalisierungsdynamik und Betriebsgemeinschaft, München 1990.
DEMES, HELMUT/BETTINA POST-KOBAYASHI, Arbeitsstatistik in Japan. Statistische Erhebungen zentralstaatlicher Stellen: Arbeitsbeziehungen (A), Berufliche Bildung (B), München 1992.
KAWANISHI, HIROSUKE (Hrsg.), Japan im Umbruch. Gewerkschafter berichten über Arbeitskämpfe der Nachkriegsära, Köln 1989.
DERS., Enterprise Unionism in Japan, London – New York 1992.
KUMAZAWA, MAKOTO, Portraits of the Japanese Workplace (übers. A. Gordon/M. Hane), Boulder – Oxford 1996.
MOUER, ROSS/HIROSUKE KAWANISHI, Sociology of Work in Japan, Cambridge – New York – Melbourne 1998.
NATIONAL DEFENSE COUNCIL FOR VICTIMS OF KAROSHI, Karoshi. When the »Corporate Warrior« Dies, Tōkyō 1990.
SEIFERT, WOLFGANG, Gewerkschaften in der japanischen Politik von 1970 bis 1990. Der dritte Partner? Wiesbaden 1997.
TOKUNAGA, SHIGEYOSHI/NORBERT ALTMANN/HELMUT DEMES (Hrsg.), New Impacts on Industrial Relations. Internationalization and Changing Production Strategies, München 1992.

## Außerparlamentarische Opposition

BEER, LAWRENCE WARD, Freedom of Expression in Japan. A Study in Comparative Law, Politics, and Society, Tōkyō – New York – San Francisco 1984.
FOLJANTY-JOST, GESINE, Schulbuchgestaltung als Systemstabilisierung in Japan, Bochum 1979.
MIYAZAKI, NOBORU, Eine japanische »Vergangenheitsbewältigung«. Zu dem Buch »Sättigung des Teufels« von Morimura Seiichi, in: Japan. Ein Lesebuch, hrsg. v. Peter Pörtner, Tübingen 1986, S. 147–152.
WOLFEREN, KAREL VAN, Vom Mythos der Unbesiegbaren (The Enigma of Japanese Power), München 1989.

## Minderheiten

KANEKO, MARTIN, Probleme der Minderheiten, in: Japan, hrsg. v. Manfred Pohl, Stuttgart – Wien 1986.
LEE, CHANGSONG/GEORG DE VOS, Koreans in Japan. Ethnic Conflict and Accomodation, Berkeley – Los Angeles – London 1981.

Miller, Roy Andrew, Japan's Modern Myth. The Language and Beyond, New York–Tōkyō 1982.
Vos, George de/Hiroshi Wagatsuma, Japan's Invisible Race. Caste in Culture and Personality, Berkeley–Los Angeles 1966.
Weeramantry, C. G., Human Rights in Japan, Melbourne (um 1980).

## Umweltpolitik

Environment Agency (Government of Japan), Quality of the Environment in Japan 1990, Tōkyō 1991.
Environment Agency (Government of Japan), Quality of the Environment in Japan 1994, Tōkyō 1995.
Foljanty-Jost, Gesine, Ökonomie und Ökologie in Japan. Politik zwischen Wachstum und Umweltschutz, Opladen 1995.
Gresser, Julian/Koichiro Fujikura/Akio Morishima, Environmental Law in Japan, Cambridge (Massachusetts)–London 1981.
Gunnarsson, Bo, Japans ökologisches Harakiri oder Das tödliche Ende des Wachstums. Eine Warnung an die überindustrialisierten Staaten, Reinbek bei Hamburg 1974.
Huddle, Norie/Michael Reich/Nahum Stiskin, Island of Dreams. Environmental Crisis in Japan, New York–Tōkyō 1975.
Imura, Hidefumi, »Japan«, in: Martin Jänicke/Helmut Weidner (Hrsg.), National Environmental Policies. A Comparative Study of Capacity-Building, Berlin–Heidelberg–New York 1997, S. 73–88.
McKean, Margaret A., Environmental Protest and Citizen Politics in Japan, Berkeley 1981.
OECD, Environmental Policies in Japan, Paris 1977.
Rehbinder, Eckard, »Japan«, in: Otto Kimminich/Heinrich Freiherr von Lersner/Peter-Christoph Storm (Hrsg.), Handwörterbuch des Umweltrechts, Band 1, Berlin ²1994, S. 1198–1227.
Smith, W. Eugene/Aileen M. Smith, Minamata. Words and Photographs, New York 1975.
Tōkyō Metropolitan Government (Hrsg.), Protecting Tōkyō's Environment, Tōkyō 1985.
Tsuru, Shigeto/Helmut Weidner (Hrsg.), Ein Modell für uns: Die Erfolge der japanischen Umweltpolitik, Köln 1985.
Dies. (Hrsg.), Environmental Policy in Japan, Berlin 1989.
Ui, Jun (Hrsg.), Industrial Pollution in Japan, Tōkyō 1992.
Weidner, Helmut, Bausteine einer präventiven Umweltpolitik. Anregungen aus Japan, in: Udo Ernst Simonis (Hrsg.), Präventive Umweltpolitik, Berlin 1988, S. 145–165.
Ders., Ökologische Ignoranz als ökonomisches Prinzip. Umweltzerstörung und Umweltpolitik in Japan, in: Aus Politik und Zeitgeschichte. B 23/77 (Beilage zur Wochenzeitung Das Parlament vom 11. Juni 1977), S. 11–29.
Ders., Umweltberichterstattung in Japan. Erhebung, Verarbeitung und Veröffentlichung von Umweltdaten, Berlin 1987.
Ders., Basiselemente einer erfolgreichen Umweltpolitik. Eine Analyse und Evaluation der Instrumente der japanischen Umweltpolitik, Berlin 1996.

# Außenpolitik

## I. Japans Außenpolitik von 1854 bis 1945

HOLMER STAHNCKE

### 1. Die Öffnung Japans

In der *Edo*-Zeit (1603–1868) betrieben die Japaner Außenpolitik fast ausschließlich in ihrer Negierung. Sie isolierten das Land von der Außenwelt und verzichteten auf eine aktive Außenpolitik, um so den innenpolitischen Status quo zu konservieren. Diese Aufgabe erfüllte die Politik der Landesabschließung annähernd 250 Jahre erfolgreich, bis die erzwungene Landesöffnung im Jahre 1854 und der Abschluß von Ungleichen Verträgen (1854 u. 1858 ff.) das innenpolitische Gleichgewicht zwischen den konkurrierenden Machteliten derart aus dem Lot brachten, daß die alte Ordnung keine 15 Jahre mehr überlebte.

Die Japaner mußten in dieser politischen Umbruchphase vor der *Meiji*-Restauration (1868) ein neues, konstruktives Verhältnis zur Außenpolitik gewinnen, wollten sie nicht ähnlich wie ihre asiatischen Nachbarn zum Spielball westlicher Interessen werden. Die scheinbare Bedrohung der Unabhängigkeit des Landes einte Politiker aller Schattierungen in dem Bestreben, das Staatswesen zu modernisieren, damit es dieser Herausforderung standhalten konnte. Innenpolitische Maßnahmen und außenpolitische Zielsetzungen wurden so eng miteinander verzahnt.

Schon in den ersten Jahren nach der *Meiji*-Restauration trat ein offener Dissens zwischen den zivil geführten Kabinetten und der militärischen Führung zutage, der die außenpolitische Entwicklung der nächsten Jahrzehnte prägte. Erstere waren in ihren außenpolitischen Zielsetzungen eher moderat, während sich das Militär von Anfang an für eine forschere Gangart einsetzte.

Die starke, vereinende Klammer, die die divergierenden Interessen zusammenhielt, war der Nationalismus, der in der gemeinsamen Verehrung des *Tennō* seinen Fokus fand. Dieser Nationalismus steigerte sich im 20. Jahrhundert zu einem Ultranationalismus, der sich im Verein mit einer chauvinistischen *Tennō*-Ideologie, die die Japaner als eine allen Völkern überlegene Nation feierte, anschickte, eine Hegemonie über ganz Ostasien zu errichten. Dabei wurden auch Ideale des Pan-Asianismus und sozialdarwinistisches Gedankengut integriert.

Dieser Chauvinismus bestimmte als feste Konstante Japans Asienpolitik und verlieh ihr Kontinuität. In seinem Verhältnis zum Westen erlebte das Inselreich dagegen radikale Brüche und letztlich einen vollkommenen Umschwung. Aus der durch die Ungleichen Verträge gedemütigten Nation wurde ein gelehriger Schüler und schließlich Partner des Westens, bis man sich in den dreißiger Jahren unseres Jahrhunderts zusehends entfremdete und schließlich in erbitterter Feindschaft gegenüberstand.

1894 hatte Japan nach mehreren vergeblichen Vorstößen endlich sein Ziel erreicht, die Ungleichen Verträge zu revidieren, und damit als einziger asiatischer Staat die Anerkennung des Westens als gleichberechtigte Nation gefunden. Diesen Triumph verdankte es nicht nur seiner erfolgreichen Modernisierungspolitik, sondern auch seiner zielstrebigen Asienpolitik. Gestützt auf sein modernes Militär war Japan zu einem politischen Faktor in dieser Region geworden, den nicht nur China, sondern auch die westlichen Großmächte in ihr Kalkül einbeziehen mußten.

Bei Betrachtung der Asienpolitik Japans muß man sich vergegenwärtigen, daß sich viele Staaten Asiens noch im ausgehenden 19. Jahrhundert als Bestandteil des im Grunde schon obsoleten chinesischen Weltsystems fühlten. In diesem gab es keine Beziehung gleichberechtigter, unabhängiger Staaten untereinander, vielmehr war jedem Staat sein Platz in der hierarchischen chinesischen Ordnung zugewiesen. Alle waren sie dem chinesischen Kaiser tributpflichtig. Als Japan 1874 eine »Strafexpedition« gegen das zu China gehörende Formosa (Taiwan) unternahm, um die Ermordung von Fischern von den Ryūkyū-Inseln (Okinawa) zu rächen und im Gefolge dieser Unternehmung seine Ansprüche auf die Ryūkyū-Inseln durchsetzte, stellte es als einziger asiatischer Staat das chinesische Weltsystem offen in Frage. Diese »Inselunternehmungen« waren der Auftakt der japanischen Eroberungspolitik. Wäre es nach den Militärs gegangen, hätte Japan schon damals Korea überfallen. Von diesem gefährlichen, unkalkulierbaren Unternehmen hatten die Politiker sie nur dadurch abbringen können, daß sie statt dessen widerwillig der Formosa-Expedition zustimmten. Aber die Korea-Debatte ließ sich nicht unterdrücken und sollte die japanische Außenpolitik bis 1910 beherrschen.

## 2. Japans Korea-Politik

Korea war der wichtigste Tributstaat des chinesischen Kaisers. Wenn Japan sich in der *Meiji*-Zeit bemühte, dieses Königreich aus dem chinesischen Tributsystem herauszubrechen und es sich gewissermaßen selbst untertan zu machen, ist dafür ein Bündel von Faktoren verantwortlich zu machen. Zunächst einmal war eine aggressive Koreapolitik populär. Sie ließ sich propagandistisch sowohl den in der Tradition verhafteten Nationalisten vermitteln als auch den Anhängern westlicher Machtpolitik, die sich an der expansiven Weltpolitik Europas orientierten. Beide Lager waren von der Überlegenheit der Japaner gegenüber den Koreanern überzeugt und betrachteten Korea deshalb als natürliches Objekt der japanischen Interessen. Diese Politik hatte historische Wurzeln, die bis in das 16. Jahrhundert reichten und in der zeitgenössischen Publizistik eine nicht zu unterschätzende Rolle spielten.

Von größerem Gewicht aber waren aktuelle innen- und sicherheitspolitische Erwägungen. Das unzufriedene Militär suchte ein Betätigungsfeld, und Korea lag in Japans Vorhof. Gerne wurden in der politischen Rhetorik deshalb strategische Erwägungen zitiert, in denen Korea als ein Dolch bezeichnet wurde, der Japan bedrohe. Konkret fürchtete man das expandierende Zarenreich. Wenn die Russen sich in Korea festsetzten, wäre Japan ihnen ausgeliefert. Letztlich galt es also, den Russen in Korea zuvorzukommen.

Eine 1890 geprägte außenpolitische Formel unterschied zwischen einer INTERESSENSLINIE Japans auf dem Kontinent und der japanischen LEBENSLINIE. Beide bedingten sich gegenseitig. Japan mußte sich mit allen Mitteln für eine Ausdehnung seiner Interessenslinie einsetzen, um seine Lebenslinie zu verteidigen. Im Falle Koreas bedeutete das, daß Japan sich erst dann sicher fühlen konnte, wenn es eine international anerkannte und militärisch abgesicherte Hegemonie über Korea ausübte und es damit seiner Lebenslinie zuordnete. Gleichzeitig würde sich dann die Interessenslinie weiter nach Asien hinein verschieben.

1876 zwang man den Koreanern einen Ungleichen Vertrag auf, dessen politische Bedeutung darin lag, daß Korea erstmals als unabhängiger, eigenständig handelnder, wenn auch nicht als gleichberechtigter Staat behandelt wurde. Damit leugnete Japan offen die Rechte der Tributmacht China. Beijing erkannte die Unabhängigkeit Koreas allerdings nicht an. Tōkyō konnte in der Folgezeit geschickt den Umstand nutzen, daß koreanische Oppositionelle in ihm einen Verbündeten gegen China sahen, und beteiligte sich an deren Aktionen und Attentaten, womit es China provozierte.

Verschiedene Zwischenfälle, die sich leicht zu einem Krieg gegen China hätten entwickeln können, führten 1885 zu einem gegenseitigen Stillhalteabkommen: Im Vertrag von Tientsin (Tianjin) verpflichteten sich beide Seiten u. a., ihre Truppen aus Korea abzuziehen und zukünftige Truppenentsendungen zuvor anzukündigen. Als die koreanische Regierung China 1894 um bewaffnete Hilfe gegen Rebellen bat, sah Japan sich berechtigt, ebenfalls Truppen zu entsenden. Es zog diese Truppen aber auch nach der Niederwerfung des Aufstands nicht nach Japan zurück, wodurch es zu erneuten Auseinandersetzungen zwischen chinesischen und japanischen Einheiten kam. Sie eskalierten schnell zu einem Krieg, den Japan zur Überraschung aller Westmächte sowohl zu Land als auch zur See schnell und überzeugend gewann.

Im Vertrag von Shimonoseki mußte China u. a. nicht nur die Unabhängigkeit Koreas und damit die Anerkennung der japanischen Interessensphäre in Korea zugestehen, sondern auch erhebliche territoriale Zugeständnisse machen. Formosa, die Pescadores und die Halbinseln Liaoning in der Südmandschurei sollten an Japan fallen. Damit wäre dem Inselreich das Tor zur Mandschurei geöffnet und dem russischen Expansionsdrang erstmals Grenzen aufgezeigt worden. In St. Petersburg fühlte man sich brüskiert und war keineswegs geneigt, sich von Japan bei seiner Expansion in Richtung Pazifik aufhalten zu lassen. Gemeinsam mit Frankreich und Deutschland intervenierte Rußland deshalb gegen diesen Vertrag und zwang Japan, auf die Halbinsel Liaoning zu verzichten. Diese Drei-Mächte-Intervention verursachte in Japan Bitterkeit und ein Gefühl der Erniedrigung, zumal sich ausgerechnet diese drei Staaten in den folgenden Jahren selbst Pacht- und Schutzgebiete von China abtreten ließen. Rußland selbst pachtete pikanterweise die Halbinsel Liaoning.

## 3. Krieg gegen Rußland

Japan hatte erkannt, daß sich erfolgreiche Diplomatie auf militärische Stärke stützen mußte. Wollte man seine Festlandsambitionen nicht aufgeben, mußte man in der Lage sein, für sie zu kämpfen. Japan wollte auf keinen Fall seine gerade durch die Revision der Ungleichen Verträge erlangte Souveränität in Frage stellen lassen. So nahm es ein groß angelegtes, kostspieliges Rüstungsprogramm in Angriff.

Japans Gegner hieß jetzt Rußland. Aber Rußland hatte Verbündete und war damit letztlich unangreifbar, so daß die japanische Aufrüstung ins Leere zu zielen drohte. Allerdings hatte das Zarenreich sich mit seiner Asienpolitik auch Gegner erworben. Großbritannien beobachtete diesen Rivalen mit Mißtrauen. Nur fiel es den Engländern in der sich komplexer gestaltenden weltpolitischen Situation immer schwerer, an jedem Ort der Erde energisch für seine Interessen einzutreten. Der Burenkrieg, die deutsche Flottenrüstung u. a. m. machten eine Neuorientierung der britischen Außenpolitik unumgänglich. Großbritannien brauchte einen Verbündeten. Und da die USA sich sträubten, blieb nur Japan als geeigneter Schild britischer Interessen in Asien. Aus dieser Erwägung heraus hatte London sich auch für die Revision der Ungleichen Verträge eingesetzt. Das Verhalten des japanischen Heeres bei der Niederwerfung des Boxeraufstands 1900 überzeugte die britischen Militärs von dessen Qualität. 1902 gab London seine Politik der *Splendid Isolation* auf und schloß ein Bündnis mit Japan. Die auf fünf Jahre angelegte britisch-japanische Allianz schuf die Voraussetzungen für einen Krieg mit Rußland. Großbritannien hatte Japans Interessen in Korea anerkannt und würde in einen russisch-japanischen Krieg eingreifen, wenn ein europäischer Staat Rußland zu Hilfe eilte. 1904 eröffneten die Japaner diesen Krieg mit einem Überfall der japanischen Flotte auf die russische Marinebasis Port Arthur auf der Halbinsel Liaoning. In zwei Seeschlachten im Gelben Meer und bei Tsushima vernichteten sie die russische Flotte und eroberten schließlich unter ungeheuren Verlusten auch Port Arthur.

Die USA, seit 1898 selbst Kolonialmacht auf den Philippinen, hatten den japanischen Expansionsdrang schon seit längerem mit Argwohn verfolgt. Er schien ihnen unberechenbar und den Prinzipien ihrer 1899 proklamierten Politik der Offenen Tür zuwiderzulaufen, nach der den Angehörigen aller Nationen unabhängig von den jeweiligen Interessensphären einzelner Staaten ein ungehinderter Handel in China ermöglicht werden sollte. Um den Dingen nicht einfach ihren Lauf zu lassen, vermittelte Washington den Frieden von Portsmouth. Korea wurde den Japanern als Protektorat zuerkannt und das besondere Interesse Tōkyōs in dieser Region sowohl von Großbritannien, das 1905 seine Allianz mit Japan um weitere zehn Jahre verlängerte, als auch von den USA bestätigt. Beide Mächte kümmerten sich nicht um den Protest der Koreaner und erhoben auch keinen Widerspruch, als Japan 1910 das widerstrebende Königreich formell annektierte. Rußland mußte die Halbinsel Liaoning endgültig an Japan abtreten und auch auf seine Rechte an der Südmandschurischen Eisenbahn, deren Bau es 1898 begonnen hatte, zugunsten Japans verzichten. Diese Eisenbahnlinie schuf in der Folgezeit die Voraussetzungen für Japan, seinen wirtschaftlichen Einfluß in der Mandschurei auszubauen. 1907 stationierte Japan zum Schutz der Eisenbahnlinie Truppen in der mandschurischen Provinz Guandong. Diese Guandong-Armee sollte in den dreißiger Jahren einen unheilvollen Einfluß auf die Entwicklung der japanischen Außenpolitik nehmen.

# 4. Der Erste Weltkrieg

Der Ausbruch des Ersten Weltkriegs 1914 eröffnete den japanischen Expansionisten ein neues Feld. Unter Berufung auf die Beistandsvereinbarungen der britisch-japanischen Allianz besetzte Japan die deutschen Besitzungen in China und im Nordpazifik. Ein Einspruch der sich in Europa bekriegenden Großmächte war nicht zu erwarten, als Tōkyō daranging, sich die Provinz Shandong auch formell einzuverleiben. In einer 21 Punkte umfassenden Forderung an China verlangte es den Transfer sämtlicher deutschen Rechte in China und bestand darauf, weitere Privilegien in der Südmandschurei und der Inneren Mongolei zugewiesen zu bekommen.

Auf der Friedenskonferenz von Versailles bestand Japan auf der Sanktionierung seiner Chinapolitik. Nur widerwillig gestanden die Siegermächte ihrem Verbünde-

*Abb. 1:* Japan nach dem Ersten Weltkrieg

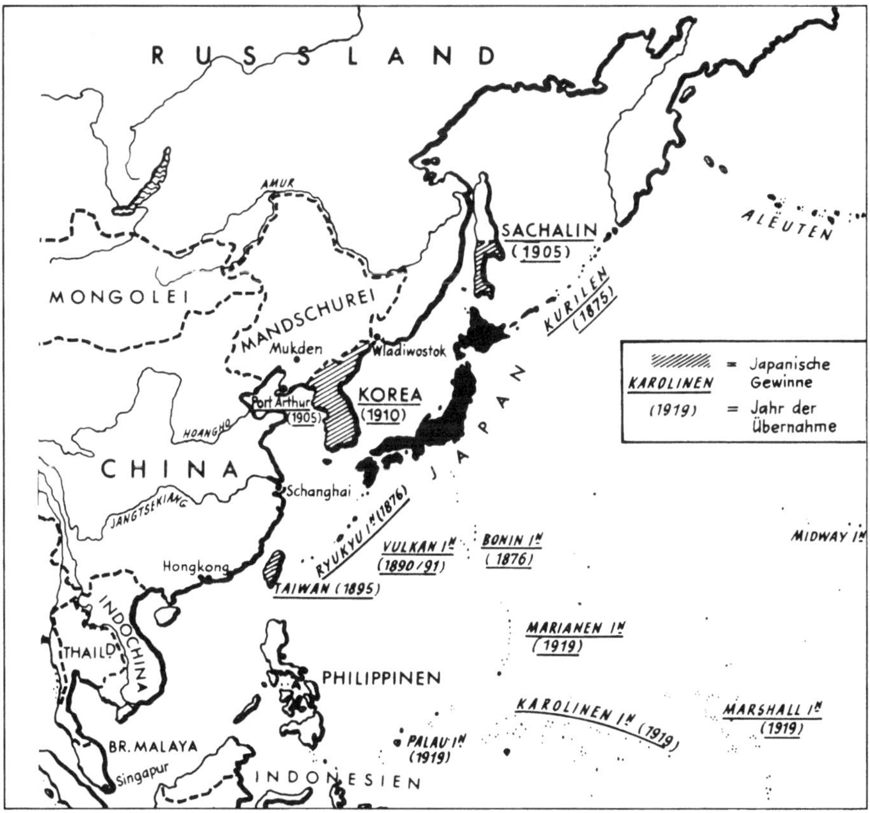


*Quelle:* Günther Haasch, Japan – Eine politische Landeskunde, Berlin[2] 1982, S. 33.

ten dessen Forderungen zu, um einen offenen Bruch mit Japan zu verhindern. Das von den japanischen Ansprüchen unmittelbar betroffene China fand kein Gehör, weigerte sich allerdings, den Vertrag zu unterzeichnen.

Die japanische Forderung, die Gleichstellung aller Rassen zu proklamieren, scheiterte am Widerstand der Großmächte, die ihren kolonialen Besitzstand gefährdet sahen. Diese Zurückweisung verletzte das Ego der Japaner, und der Umstand, daß sie als einzige nichteuropäische Nation einen ständigen Sitz im neu gegründeten Völkerbund erhielten, war nur ein Notpflaster. Aber immerhin konnten sie sich in ihrer Asienpolitik fortan mit dem Nimbus umgeben, als Vorkämpfer für die Rechte der von den Weißen unterdrückten asiatischen Völker aufgetreten zu sein.

In Ostasien hatten letztlich allein die USA und Japan vom Weltkrieg profitieren können. Damit waren sie zu Rivalen und potentiellen Gegnern geworden. Um den japanischen Expansionisten die Flügel zu stutzen, suchten die USA den Schulterschluß mit Großbritannien. Sie verzichteten eigens auf ein geplantes maritimes Rüstungsprogramm, bei dem das vom Weltkrieg erschöpfte England nicht hätte mithalten können. Dieser Verzicht hatte allerdings nur dann Sinn, wenn auch Japan einer Reduzierung seiner Flotte zustimmte. 1922 luden die USA deshalb die verbliebenen Großmächte und einige europäische Kolonialmächte zu einer Flottenabrüstungskonferenz nach Washington ein. Angesichts der wirtschaftlichen Probleme der Nachkriegszeit konnte sich die japanische Regierung mit dem Gedanken abfinden, zunächst auf weitere kostspielige Rüstungsprogramme zu verzichten. Anders die Marine: Sie fühlte sich von den Politikern ungerecht behandelt, weil der amerikanischen und britischen Marine mehr große Kampfschiffe zugestanden worden waren als ihr. Dieser Dissens in bezug auf die politische Führung wiederholte sich 1930 auf der Flottenabrüstungskonferenz von London. Beide Konferenzen wurden von vielen Japanern als Beleidigung aufgefaßt, beschnitten sie doch den politisch-strategischen Spielraum Japans in Ostasien und im Pazifik. Im Dezember 1936 erloschen die Vereinbarungen von Washington und London, und ein neues maritimes Wettrüsten setzte ein. Das Bemühen der Politiker, einen modus vivendi zu finden, der eine friedliche Realisierung aller Interessen zuließ, kam u. a. darin zum Ausdruck, daß Großbritannien und Japan ihre Allianz zugunsten eines Vier-Mächte-Pakts auflösten, dem auch die USA und Frankreich angehörten. Gekoppelt mit Abrüstungsbestimmungen befriedigte dieser Pakt die Sicherheitsinteressen der beteiligten Staaten im Nord-Pazifik.

## 5. Krieg gegen China

Auch die Entwicklung in China kam in Washington auf die Tagesordnung. Aber alle Zusagen, daß man die Souveränität Chinas wiederherstellen wollte, blieben vage und waren keineswegs geeignet, Japans Drang in die Mandschurei Einhalt zu gebieten.

Mit dem Untergang des Zarenreichs war die Mandschurei-Frage wieder akut geworden. Japan unterstrich seinen Anspruch, indem es der Guandong-Armee einen unabhängigen Status zuerkannte. Diese besonders in ihrem jüngeren Offizierskorps stark politisierte, nationalistische Truppe entzog sich zusehends der Kontrolle Tōkyōs. Sie verfolgte einen eigenen expansionistischen Kurs, den sie auch zur Überwindung der wirtschaftlichen Probleme Japans für notwendig hielt. Um einen Anlaß für die Okkupierung der Mandschurei zu erhalten, provozierte sie eine Reihe von sogenannten »Zwischenfällen« und stellte damit die Regierung in Tōkyō ständig vor vollendete Tatsachen.

Im September 1931 zerstörten Soldaten der Guandong-Armee einen Streckenabschnitt der Südmandschurischen Eisenbahnlinie. Die Schuld wurde der chinesischen Armee zugeschoben. Diesen »Zwischenfall« von Mukden (»Mandschurischer Zwischenfall«) nahm die Guandong-Armee zum Anlaß, in »Selbstverteidigung zu handeln« und Mukden zu besetzen. Unter dem Vorwand taktischer und strategischer Erfordernisse rückte sie immer weiter in die Mandschurei vor.

Drei Provinzen der östlichen Mandschurei wurden besetzt. Um aber wieder die politische Kontrolle in der Region zurückzugewinnen, stimmte Tōkyō ihrer Umwandlung in den japanischen Marionettenstaat Mandschukuo mit dem letzten chinesischen Kaiser P'u Yi als Staatsoberhaupt zu. Als der Völkerbund dieses Vorgehen auf Ersuchen Chinas verurteilte, erklärte Japan demonstrativ seinen Austritt. Kaum ein Staat erkannte Mandschukuo an. Seine auf vollständige wirtschaftliche Durchdringung ausgerichtete Mandschurei-Politik führte Japan jetzt immer tiefer in eine außenpolitische Isolation. Nur im nationalsozialistischen Deutschland und im faschistischen Italien – ebenfalls Außenseiter in der internationalen Staatengemeinschaft – fand Japan Partner. 1936 schlossen Deutschland und Japan den gegen die Sowjetunion gerichteten Anti-Komintern-Pakt, für den sich insbesondere das Militär stark gemacht hatte. Im November 1937 trat Italien diesem Pakt bei.

Im Juli 1937 hatte die Guandong-Armee einen erneuten »Zwischenfall« an der Marco-Polo-Brücke inszeniert. Die Kampfhandlungen waren eskaliert, und es war in Nanking zu grausamen Metzeleien unter der chinesischen Zivilbevölkerung gekommen. China nahm den Kampf an, und Japan war ohne formelle Kriegserklärung in einen regulären Krieg mit China hineingeglitten, in den es sich immer tiefer verstrickte, ohne einen Ausweg zu finden. Sowohl die nationalistische Kuomintang-Regierung als auch die chinesischen Kommunisten setzten der Guandong-Armee hart zu. Schon bald mußte sie sich auf die Kontrolle der wichtigsten Städte und Kommunikationsverbindungen beschränken. Der Versuch, weitere hörige Marionettenregierungen (Nanking/Nanning 1940) zu etablieren, scheiterte.

Ermutigt durch die deutschen Siege in Europa schloß Japan im September 1940 den militärisch letztlich wertlosen Dreimächte-Pakt mit Deutschland und Italien und drang im gleichen Monat nach Französisch-Indochina ein, um die auswärtige Hilfe an China abzuschneiden. Die USA froren daraufhin japanische Konten ein und verhängten ein Ölembargo. Da Japan nicht über ausreichende Lagerhaltungen verfügte, stand man vor der Alternative, den amerikanischen Forderungen nachzugeben und sich aus Indochina, möglicherweise auch aus China zurückzuziehen oder aber zu versuchen, die Ölfelder in Niederländisch-Ostindien zu erobern. Die japanische Regierung war zu Verhandlungen bereit, stellte aber Vorbedingungen, auf die Washington nicht eingehen wollte. Das Kabinett trat daraufhin zurück, und das Militär übernahm die Regierungsgewalt.

## 6. Der Zweite Weltkrieg

Nun wurde alles auf eine Karte gesetzt. In dieser Risikobereitschaft wurde man durch den Nichtangriffspakt mit der Sowjetunion bestärkt, den man im April 1941 hatte abschließen können und der Japan den Rücken in China freihielt. Mit der sowjetischen Armee hatte es immer wieder Grenzgefechte gegeben. Die Frage, ob »weiche Demokratien« wie die in den USA in letzter Konsequenz auch für ihre Interessen kämpfen würden, glaubten viele japanische Militärs verneinen zu können.

Am 7. Dezember 1941 griffen japanische Flugzeuge Pearl Harbor an, um die amerikanische Pazifikflotte auszuschalten. Die Militärs glaubten, Südostasien überrennen zu können, bevor sich die Amerikaner von diesem Schock erholt hätten. Diese Rechnung ging jedoch nicht auf. Zunächst verlief alles planmäßig, und die Japaner errangen eine Reihe von Siegen. Die einzige amerikanische Kolonie, die Philippinen, fiel. Borneo, die Celebes, die malaiische Halbinsel, Singapur, Indo-

*Abb. 2:* Japan nach dem Zweiten Weltkrieg

*Quelle:* Günther Haasch, Japan – Eine politische Landeskunde, Berlin[2] 1982, S. 43.

nesien und Rangoon wurden erobert. Bis nach Guadalcanal und Neu-Guinea dehnte sich das japanische Einflußgebiet aus, so daß schließlich selbst Australien bedroht war.

Die eroberten Gebiete sollten den Nachschub der japanischen Armee mit Rohstoffen sicherstellen. In Antizipation einer von Japan dominierten Nachkriegsordnung sollte das Verhältnis zu den besetzten Regionen auf der Basis der Doktrin der Großostasiatischen Wohlstandssphäre entwickelt werden. Das Konzept einer wirtschaftlichen Zusammenarbeit war bereits 1938 entwickelt worden und sollte damals Japan, Mandschukuo und China aneinander binden. Jetzt wurde es um die Staaten Südostasiens erweitert, und im August 1940 sprach man erstmals von Japans Ziel, eine Großostasiatische Wohlstandssphäre zu schaffen. Japan wollte sich einen Nimbus als Befreier Asiens von weißer Kolonialherrschaft verschaffen. Doch der Slogan »Asien den Asiaten« kaschierte nur notdürftig seinen wahren Gehalt: »Asien den Japanern«. Mit Großostasiatischer Wohlstandssphäre war eine wirtschaftlich autarke Zone unter der Führung Japans gemeint, in der der gemeinsame Wohlstand aller Länder Ost- und Südostasiens angestrebt werden sollte. Im November 1942 wurde in Tōkyō ein Groß-Ostasien-Ministerium gegründet. Aber dieses Projekt war angesichts der brutalen japanischen Besatzungspolitik zum Scheitern verurteilt, auch wenn ein gewisses Maß an wirtschaftlicher Integration erreicht wurde.

Im Juni 1942 wendete sich der Kriegsverlauf. In der Schlacht von Midway verlor die japanische Flotte vier Flugzeugträger und damit die Hoffnung, den Krieg im Pazifik für sich entscheiden zu können. Der Verlust der Lufthoheit führte dazu, daß die japanischen Truppen auf den pazifischen Inseln nicht mehr versorgt werden konnten. Das Inselspringen setzte ein, und die amerikanischen Truppen stießen beharrlich nach Westen vor, bis die japanischen Inseln selbst in die Reichweite amerikanischer Bomber kamen. Ab Mitte 1944 wurden gegen japanische Städte pausenlos Bombenangriffe geflogen.

Im Januar 1945 eroberten die Amerikaner die Philippinen zurück. Im April 1945 wurde Okinawa angegriffen und unter so schweren Verlusten im Juni erobert, daß die Amerikaner einen Vorgeschmack auf die bevorstehende Eroberung der japanischen Hauptinseln bekamen. Diese schien unausweichlich, da sich das Militär weigerte, nach den Forderungen der Potsdamer Konferenz bedingungslos zu kapitulieren. Die Zivilbevölkerung wurde wie schon in Okinawa auf einen totalen Krieg vorbereitet. Um bei den letzten Kampfhandlungen nicht unnötig das Leben amerikanischer Soldaten aufs Spiel zu setzen, entschieden sich die Amerikaner jetzt zum Abwurf der Atombomben am 6. und 9. August 1945 auf Hiroshima und Nagasaki. Hinzu kam das seit der Kapitulation Deutschlands im Mai 1945 abgekühlte Verhältnis der USA zur Sowjetunion. Der Kalte Krieg zeichnete sich ab, und Washington befürchtete, Moskau strebe auch in Japan eine gemeinsame Besatzungsherrschaft an. Tatsächlich erklärte die Sowjetunion einen Tag nach dem Abwurf der Hiroshima-Bombe Japan den Krieg und marschierte in die Mandschurei ein.

Dennoch wollte die Armeeführung nichts von einer Kapitulation wissen. So fällte der *Tennō* diese Entscheidung, die er am 15. August in einer öffentlichen Erklärung verkündete. Am 2. September wurde die offizielle Kapitulation unterzeichnet. Die japanische Expansionspolitik, die so vielen Menschen das Leben gekostet hatte, war zu einem unrühmlichen Ende gekommen.

# II. Grundzüge der japanischen Außenpolitik: Akteure und Instrumente

Paul Kevenhörster

Das wachsende außenpolitische Gewicht der wirtschaftlichen Weltmacht Japan lenkt das Interesse auf das Entscheidungsnetzwerk der japanischen Außenpolitik. Die wichtigsten Akteure, ihre Perspektiven und Instrumente werden im folgenden aufgezeigt. Im Vordergrund stehen dabei die Fragen nach den Funktionsvoraussetzungen der Außenpolitik, ihrer Machtstruktur, der Rolle der politischen Parteien und der Bedeutung unterschiedlicher außenpolitischer Denkschulen.

## 1. Außenpolitische Machtringe

Von Politikwissenschaftlern und Journalisten werden gelegentlich drei »Machtringe« des japanischen Regierungssystems diagnostiziert, die den Machtkern des politisch-administrativen Systems umschließen: die Führung der Regierungsparteien, das Parlament und die Bürokratie.[1] Andere bezeichnen die Geschäftswelt, die Bürokratie und die konservativen Parteien als die entscheidenden Machtträger im politischen System Japans. Japanische Experten ordnen unter diesen Machtringen häufig der Ministerialbürokratie den größten Einfluß zu, weil Parlamentsmehrheit und Geschäftswelt im allgemeinen dem von den Ministerien abgesteckten Kurs folgen. Zudem bestehen Regierungsparteien, Verbände und Unternehmensführungen selbst teilweise aus früheren Ministerialbeamten. Die Frage bleibt jedoch, inwieweit diese von der Bürokratie geführte Tripelallianz aus Beamten, Politikern und Unternehmern auch die Außenpolitik bestimmt und inwieweit ihre Bedeutung für die politische Richtungsbestimmung in Japan auch nach einem Regierungswechsel fortbestehen würde, der komplizierte Koalitionsabsprachen einschließen könnte. Gerade dieser Zwang aber würde die Stellung der Ministerialbürokratie als eines Garanten politischer Kontinuität noch weiter festigen.

Das bürokratische Modell politischer Entscheidungsprozesse, entwickelt zur Erklärung des Prozesses der Politikformulierung in modernen Regierungssystemen, ist auch zur Erklärung der japanischen Außenwirtschafts- und Entwicklungspolitik

---

1 Vgl. Charles F. Bingman, Japanese Government Leadership and Management, New York 1989. Dieses Erklärungsmuster ist zuerst Anfang der siebziger Jahre von Yung Park und Kōji Kakizawa entwickelt worden.

durchaus geeignet: Institutionelle Loyalitäten und Eigeninteressen überwiegen, und sozioökonomische Interessen werden durch den stark fragmentierten Regierungsapparat in politische Optionen der einzelnen Ressorts und schließlich in politische Entscheidungen transformiert.[2] Demgegenüber ist die politische Reichweite des Parlaments weitgehend auf Mittel indirekter Einflußnahme begrenzt (Debatten, Anfragen etc.). Der Bereich der Entwicklungspolitik ist dabei der bislang am weitestgehend erforschte Teilbereich der Außenpolitik und bestätigt dieses Bild: Politikformulierung findet nahezu ausschließlich im Regierungsapparat statt; dies begünstigt Routineentscheidungen und erschwert Innovationen. Auch wenn nicht eines der Ministerien allein entscheidet, finden die politischen Vorentscheidungen in den Ministerien und in Verhandlungen zwischen den beteiligten Ressorts statt.

Die politische Zurechnung von Entscheidungen wird in Japan dadurch erschwert, daß vier Ressorts für Außen-, Außenwirtschafts- und Entwicklungspolitik zuständig sind *(Yon Shōchōkyōgi Taisei)*: Außenministerium, MITI, Finanzministerium und die *Economic Planning Agency.* In den letzten Jahren hat auch die LDP stärkeres Interesse an der Entwicklungspolitik gezeigt. Die Faktionen ihrer Unterhausfraktion setzen sich gegenüber den Ressorts für einzelne Entwicklungsländer besonders ein (so die frühere *Nakasone*-Faktion für Ozeanien, die *Abe*-Faktion für Südkorea, Thailand und Burma und die frühere *Tanaka*-Faktion für China und Indonesien). Die drei Ministerien bleiben so in der Politikformulierung nicht autonom und müssen auf die mit den Ressorts verbundene politische Klientel Rücksicht nehmen. Die Faktoren, die ihre Planung beeinflussen, sind weltweite Trends, außenpolitische Isolationsängste, Statusansprüche und regierungsinterne Durchsetzungstaktiken.

Wichtigste Institution außenpolitischer Planung und Entscheidung im japanischen Regierungsapparat ist das Außenministerium *(Gaimushō)*, dessen Führungs- und Koordinationsfunktion allerdings nicht mehr so unumstritten ist wie in den ersten beiden Nachkriegsjahrzehnten.[3] Seine Mitarbeiterzahl ist im Vergleich zu den Außenministerien anderer Industriestaaten klein. Zudem wird es im Unterschied zu anderen Ressorts durch keine nennenswerten innenpolitischen Interessensallianzen gestützt. Seine Fachkompetenz und seine traditionelle Rolle als Moderator widerstreitender Interessen verleihen ihm gleichwohl eine außenpolitische Steuerungsfunktion, die freilich zumindest im Bereich der Außenwirtschaftspolitik durch das MITI begrenzt wird.

In der jüngsten Zeit ist das *Gaimushō* dazu übergegangen, in der Bevölkerung für seine Auffassung offensiv zu werben und »Japans Internationalisierung« *(Uchi Naru Kokusaika)* innenpolitisch zu begründen. Durch diese landesweite Öffentlichkeitsarbeit seiner Diplomaten versucht das Ministerium, das Verständnis für aktuelle Fragen zu wecken und den außenpolitischen Konsens zu festigen. Aufgrund seiner Analyse des Normalisierungsprozesses der Beziehungen zwischen Japan und China ist Ochi zu dem Ergebnis gekommen, daß die LDP die Außenpolitik der Regierung nicht in entscheidendem Maße beeinflusse.[4] Das außenpolitische Ent-

2 Vgl. Robert M. Orr, The Emergence of Japan's Foreign Aid Power, New York 1990, S. 7 ff., 20, 146.

3 Vgl. Reinhard Drifte, Japan's Foreign Policy, London 1990, S. 21 ff.

4 Vgl. Hisashi Ochi, Der außenpolitische Entscheidungsprozeß Japans. Der zur Normalisierung der Beziehungen zwischen Japan und der Volksrepublik China führende politische Entscheidungsprozeß, München 1982, S. 224 f.

scheidungszentrum liege in der Regierung, die sich als Garant außenpolitischer Stabilität erweise. Die Implementierung außenpolitischer Entscheidungen hänge aber von der Kooperation zwischen Politikern und Bürokraten ab.

Seit langem ist die Diskrepanz zwischen dem Wirtschaftspotential und dem außenpolitischen Handlungsspielraum Japans kritisch beleuchtet worden.[5] Diese Diskrepanz schlägt sich auch in der Organisationsstruktur der Außenpolitik nieder. Die starke Stellung des MITI innerhalb der Regierung – und damit auch gegenüber dem *Gaimushō* – ist nicht nur auf die hinter diesem Ressort stehenden Verbände und Unternehmen zurückzuführen, sondern auch auf einen leistungsfähigen, durchsetzungsstarken Apparat und eine entsprechende Schulung seiner Beamten.[6] Viele der leitenden Beamten haben Aufgaben im Ausland, vor allem bei internationalen Organisationen (IMF, GATT, OECD) und in japanischen Botschaften, wahrgenommen und stehen daher den neuen Herausforderungen der japanischen Außenwirtschafts-, Industrie- und Technologiepolitik aufgeschlossen gegenüber. Sie kennen den Handlungsrahmen der Außenpolitik und werden gelegentlich auch als »kosmopolitische Nationalisten« bezeichnet. Diese fachliche Kompetenz stärkt ihr internationales Durchsetzungsvermögen beträchtlich. Die Geschichte der Außenhandelsbeziehungen zu den Vereinigten Staaten dokumentiert Beharrungsvermögen UND Durchsetzungsstärke einer auf die Wahrung des Schutzes japanischer Wirtschaftsinteressen bedachten Bürokratie.

Die vom Verfasser befragten 90 außenpolitischen Experten und Praktiker in Parlament, Ministerien, Medien, Beratungsinstituten und Hochschulen in Japan sprechen das stärkste Gewicht in der außenpolitischen Zielformulierung dem Außenministerium zu, gefolgt von der Liberal-Demokratischen Partei und anderen Ministerien.[7] Hier wiederum nehmen MITI und Finanzministerium vordere Rangplätze ein. Die außenpolitischen Ziele selbst erscheinen den Experten teilweise vage und lassen sich noch am ehesten folgendermaßen umreißen: Wahrung der eigenen Interessen, gute Beziehungen zu den Vereinigten Staaten und den asiatischen Nachbarländern und die Bereitschaft zur Übernahme internationaler Verantwortung. Die stärkere Beteiligung an Friedenssicherungsmaßnahmen der UN, die engere Kooperation mit den USA, China und Rußland und der Aufbau eines umfassenden Netzes trilateraler Beziehungen zu den Vereinigten Staaten und zu Europa sind für Praktiker und Experten in gleicher Weise vorrangige Ziele der japanischen Außenpolitik. Werden vor allem die Beziehungen zu China und Rußland als verbesserungsbedürftig angesehen, so bleiben die Beziehungen zu den Vereinigten Staaten der tragende Pfeiler der japanischen Außenpolitik.

In den Handlungsfeldern der Außenpolitik werden folgende Aufgaben betont: in der Außenwirtschaftspolitik die Stärkung des Freihandelssystems, der Abbau von Handelsungleichgewichten und die Öffnung des eigenen Marktes; in der Entwicklungspolitik die Qualitätssteigerung und stärkere Bedürfnisorientierung der Programme und Projekte; in der Verteidigungspolitik die Ablehnung eines Ausbaus der

5 Vgl. Hisahiko Okazaki, A Japanese View of Detente, Toronto – London 1974, S. 80.
6 Vgl. Chalmers Johnson, MITI and the Japanese Miracle. The Growth of Industrial Policy, 1925–1975, Stanford (Cal.) 1982, S. 281, 284 ff.
7 Vgl. Paul Kevenhörster, Japan. Außenpolitik im Aufbruch, Opladen 1993.

Streitkräfte sowie die Befürwortung ihrer Beteiligung an UN-Missionen. Insgesamt soll Japan nach Auffassung seiner Praktiker und Experten sein multilaterales Engagement – möglichst in enger Abstimmung mit seinen Nachbarn in Asien – ausbauen. Dies gilt institutionell vor allem für die weitere Mitarbeit in den Vereinten Nationen und sektoral vornehmlich für Technologie- und Entwicklungshilfepolitik. Hierzu müsse ein breiter innenpolitischer Konsens geschaffen werden.

## 2. Regierung und Parlament: die »doppelte Machtstruktur«

Die außenpolitische Zielformulierung bleibt trotz des Drängens der Liberal-Demokratischen Partei auf eine frühzeitige Beteiligung an der Entscheidungsfindung über weite Strecken eine Domäne der Ministerialbürokratie.[8] Die Entscheidungsfähigkeit des Regierungsapparats wird aber in außenpolitischen Fragen dadurch geschwächt, daß verschiedene Regionalabteilungen des Außenministeriums offen miteinander konkurrieren und sich mehr als Anwalt der japanischen Beziehungen zu ihrer Region denn als Motor einer geschlossenen Außenpolitik verstehen.[9] Die informelle Vorrangstellung der Amerika-Abteilung ändert hieran nichts. Außenpolitik wird so eine Abfolge aufeinander nicht abgestimmter Erklärungen.

Außenpolitische Vorstöße – wie etwa die Neuanbahnung der Beziehungen zu Nordkorea[10] – sind häufig nur einem Teil der Führung des Außenministeriums bekannt. Die außenpolitische Verantwortung liegt zudem nicht so eindeutig beim Ministerpräsidenten, wie gelegentlich behauptet wird. Wirkliche politische Machtinhaber sind auch in diesem Politikfeld die Vorsitzenden der mächtigsten Faktionen der LDP und die Bürokratie. Die politische Verantwortung liegt mehr bei den Generalsekretären der LDP als beim Regierungschef. Die Arena der Außenpolitik bietet somit das Bild einer »doppelten Machtstruktur« *(Kenryoku no Nijū Kōzō)*.[11] Mit anderen Worten: Das außenpolitische Machtvakuum im Regierungsapparat wird zunehmend von der LDP-Spitze ausgefüllt. Für die Meinungsbildung und Entscheidungsfindung der Regierungspartei in außenpolitischen Fragen ist das *»Policy Research Council«* das wichtigste Gremium. Dieser Ausschuß arbeitet eng mit der Ministerialbürokratie zusammen, prüft Gesetzesvorhaben und nimmt dazu abschließend gegenüber dem *»International Bureau«* der Partei Stellung.[12] Hier

8 Vgl. hierzu Manfred Pohl, Spitzenbeamte: Japans »heimliche Herrscher«? in: Japaninfo, 26. 2. 1990, Nr. 2, S. 15–17; Motofumi Asai, Democracy, an Unintended Victim, in: Japan Quarterly, 37 (1990) 1, S. 7.

9 Vgl. Jon Woronoff, Politics. The Japanese Way, Tōkyō 1986, S. 370.

10 Vgl. Keiji Kobayashi, Kanemaru hōchō e no michi wa pari de hajimatta (Der Besuch Kanemarus in Nordkorea begann in Paris), in: Aera, 51 (1990) 12, S. 25–26; vgl. auch: Reinhard Drifte, Japan und Nordkorea probieren die Annäherung, in: Japan aktuell, 15. 2. 1991, S. 6–8.

11 Vgl. Shigezo Hayasaka, Posto Kaifu wa kono futari (Nach Kaifu diese beiden), in: Asahi Gekkan, 3 (1991) 2, S. 48–54.

12 Vgl. Hans Baerwald, The Diet and Foreign Policy, in: Robert A. Scalapino (Hrsg.), The Foreign Policy of Modern Japan, Berkeley 1977, S. 39 f.; Hitoki Den, The Politics of Power: Top-Down Government, in: Tōkyō Journal, 5 (1986) 12, S. 11–12.

werden auch die außenpolitischen Grundsatzfragen mit Vertretern des *Gaimushō*, der Interessenverbände und der Faktionen beraten.

Inzwischen ist die außenpolitische Richtungsbestimmung durch das Außenministerium nicht mehr unumstritten. Regierungsinterne Studien weisen mit Nachdruck auf das veränderte Gewicht der Ressorts hin. So hat der »Außerordentliche Ausschuß für Verwaltungsreformen« *(Rinji Gyōsei Kaikaku Suishin Shingikai)* in einem neueren Bericht dem Außenministerium das Monopol der japanischen Außenpolitik *(Gaikō no Ichigenka)* abgesprochen und statt dessen eine Aufteilung der außenpolitischen Führungskompetenz auf mehrere Ressorts vorgeschlagen *(Gaikō no Tagenka)*. In dieser Forderung schlägt sich nicht nur die Kritik an erheblichen Mängeln der Politik des Außenministeriums während der Golfkrise nieder, sondern auch der außenpolitische Bedeutungszuwachs des MITI, das zumindest im gesamten Bereich der Außenwirtschaftspolitik über vom *Gaimushō* unabhängige Kanäle der Informationssammlung (JETRO) verfügt.[13] Eigenständige Reformbemühungen des Außenministeriums zur besseren Auswahl und Prüfung des Diplomatennachwuchses, zur Verstärkung der Kompetenzen des Kabinettssekretariats und zur besseren Koordination mit anderen Ressorts erscheinen daher vordringlich.

Demgegenüber sind die außenpolitischen Standortbestimmungen des Parlaments trotz aller Bekenntnisse zur Notwendigkeit einer aktiveren Außenpolitik Japans nur zaghaft. Der außen- und sicherheitspolitische Untersuchungsausschuß des Oberhauses hat sich nach Reisen in die frühere Sowjetunion, nach Schweden und Deutschland sowie nach Expertenanhörungen nur in sehr allgemeiner Form über außenpolitische Prioritäten und Schwerpunkte geäußert.[14] Als solche werden Maßnahmen des globalen Umweltschutzes, die Einführung von Umweltverträglichkeitsprüfungen durch die Gesetzgebung, der Ausbau der öffentlichen Entwicklungshilfe (ODA), eine Überprüfung der japanischen Verteidigungspolitik im Lichte der Ost-West-Entspannung, der Abschluß eines Friedensvertrages mit der Sowjetunion und der Abbau von Handelshemmnissen mit den USA bezeichnet.

## 3. Die politischen Parteien

Zwar fallen die außenpolitischen Überlegungen der Parteien gegenüber dem Durchsetzungsvermögen der Ministerien nicht stark ins Gewicht, erhalten aber bei unklaren Mehrheitsverhältnissen im Oberhaus sowie in der Liberaldemokratischen Unterhausfraktion eine neue Bedeutung. Das gilt vor allem für die außenpolitischen Perspektiven der Demokratisch-Sozialistischen Partei und der *Kōmeitō* als poten-

13 Vgl. Saburō Yamauchi, Gaimushō gaikō ni gyōkaku atsuryoku (Der Ausschuß für Verwaltungsreformen übt Druck auf das Außenministerium aus), in: Asahi Gekkan, September 1991, S. 96.

14 Vgl. Investigation Committee on Foreign Affairs and Comprehensive National Security, House of Councillors, Interim Report of Research on Foreign Affairs and Comprehensive National Security, Tōkyō, June 1990, passim.

tieller Koalitionspartner der Liberaldemokraten. Daher seien die traditionellen außenpolitischen Vorstellungen der Parteien kurz vorgestellt:[15]

- Die Liberal-Demokratische Partei (LDP, *Jimintō*) vertritt eine wirtschaftsorientierte Außenpolitik, eine enge Kooperation mit den westlichen Industrienationen, eine umfassende Sicherheitspolitik, die Verstärkung der Beziehungen zu den asiatischen Ländern und denen des pazifischen Raumes sowie Beiträge zu Sicherheit und Wohlstand in den Entwicklungsländern. Grundlage der Verteidigungspolitik ist der amerikanisch-japanische Sicherheitsvertrag. Die Militärausgaben sollen ein Prozent des Bruttosozialprodukts nicht überschreiten. Die LDP befürwortet die drei Prinzipien der Antinuklearisierung Japans (keine Herstellung, kein Besitz und keine Einführung atomarer Waffen).
- Die Forderung nach unbewaffneter Neutralität und Gegnerschaft zum Sicherheitsvertrag waren dreißig Jahre unverrückbares Fundament sozialistischer Außenpolitik. Mit dem Eintritt in die Regierungskoalition und der Wahl Tomiichi Murayamas zum Premierminister im Juni 1994 endete jedoch die jahrzehntelange ideologische Polarisierung im japanischen Parteiensystem, indem die Sozialdemokratische Partei Japans (SDPJ) den Sicherheitsvertrag mit den USA als rechtmäßig anerkannte und Auslandseinsätze der SDF zu humanitären Maßnahmen befürwortete. Nach wie vor wird jedoch die Stationierung amerikanischer Soldaten in der Präfektur Okinawa kritisiert.[16]
- Die Demokratische Partei Japans (DPJ, *Minshutō*) hat sich schon vor ihrer Gründung im Herbst 1996 klar zu Japans Streben nach einem Sitz im Sicherheitsrat der Vereinten Nationen bekannt und befürwortet überdies eine Revision der japanischen Verfassung, damit das Land in Zukunft aktiv an friedenserhaltenden Maßnahmen in der Region teilnehmen könne.[17]
- Die Kommunistische Partei Japans (KPJ, *Kyōsantō*) setzt sich für eine außenpolitische Neutralität Japans ein und lehnt den Sicherheitsvertrag sowie die Selbstverteidigungsstreitkräfte ab.
- Die *Sakigake* schließlich spielt in der außenpolitischen Meinungsbildung eine eher nachgeordnete Rolle. Ihr Standpunkt zu einer Verfassungsänderung ist in den Parteiprinzipien nicht eindeutig festgeschrieben.[18] Sie lehnt militärische Beiträge zu friedenssichernden Maßnahmen der der UNO ab, unterstützt jedoch das Streben nach einem Sitz im UN-Sicherheitsrat.

Der außenpolitische Aktionsspielraum der Parteien wird maßgeblich durch ihre Verflechtung mit den Interessenverbänden bestimmt. Die Intensität dieses Einflusses ist allerdings eine offene Frage. Insgesamt scheint der Einfluß der Verbände

15 Vgl. Mineo Miyawaki, Gaikō Bōei (Außenpolitik, Verteidigungspolitik), in: Jurisuto sōgōtokushu· Nihon no seitō, (1984) 35, S. 190–195 (Sonderheft der Zeitschrift Jurisuto: »Die Parteien Japans«).

16 Vgl. »LDP-SDP Ties on the Wane. Kato Hints at End to Alliance over Base Lease Issues.« In: The Nikkei Weekly, 9. 4. 1997, S. 1.

17 Vgl. »Shinshito Renegade Sets Sights on New Right.« In: The Nikkei Weekly, 1. 7. 1996, S. 1.

18 Dort finden sich Formulierung wie »Wir respektieren die japanische Verfassung. [. . .] wir werden außerdem Anstrengungen unternehmen, sie angesichts der heutigen globalen Probleme zu überarbeiten [. . .].« Vgl. New Party Sakigake 1996: Pioneering Change for a better Japan. Political Principles. Tōkyō 1996.

auf die Parteien in den letzten Jahren etwas nachgelassen zu haben.[19] Das gilt aufgrund des rückläufigen Anteils der landwirtschaftlichen Bevölkerung etwa für den nationalen Bauernverband *(Zenkoku Nōkyō Chūeikai)*, aber auch für kleinere Verbände wie für den Tabakverband *(Hatabako Seisan Kumiai)*. Entscheidender als kollektiver Druck sind individuelle Beziehungen zu Politikern, insbesondere zu den Faktionsführern und den Koordinierungsausschüssen der Parteien *(Tōseichōkai)*. Am wirkungsvollsten ist immer noch die Einflußnahme über einzelne Ministerialbeamte mit der Aussicht auf berufliche Chancen nach deren Pensionierung *(Amakudari)*.

Das strategische Risiko der LDP, als Folge des wirtschaftlichen und gesellschaftlichen Wandels einen Teil ihrer bisherigen, landwirtschaftlichen Wähler zu verlieren, ist dabei gering: Der Übergang zu einer Wirtschaftsgesellschaft mit großem Tertiärsektor und starker Außenhandelsverflechtung ist unaufhaltsam – auch im Agrar- und Industriesektor.[20] Die Öffentlichkeit ist auf diesen Wandel durch die Diskussion über Themen wie »Informationsgesellschaft« und »Softnomics« *(Soft Economics)* gut vorbereitet. Insofern ist der durch innenpolitische Interessenkonstellationen begrenzte außenpolitische Handlungsspielraum der Liberaldemokraten größer als vielfach angenommen.

Aufgrund instabiler Mehrheitsverhältnisse im Oberhaus kommt dem außenpolitischen Konsens oder Dissens mit der Opposition wachsende Bedeutung für die parlamentarische Durchsetzbarkeit und damit Richtung wie Gehalt außenpolitischer Entscheidungen zu.[21] Unter der Führung von Takako Doi hat die Sozialistische Partei Japans als stärkste Oppositionspartei Ende der achtziger Jahre ihren außenpolitischen Standort mehr zur politischen Mitte hin verlagert und die Notwendigkeit der Kontinuität außenpolitischer Beziehungen betont. Der Sicherheitsvertrag mit den USA wird nicht mehr durch die Androhung einer einseitigen Kündigung zur Disposition gestellt.[22] Bei weiterer Befürwortung der traditionellen Antinuklearpolitik der *Shakaitō* (Verbot der Herstellung, des Besitzes und der Einfuhr nuklearer Waffen) wird ein Ausbau der nichtmilitärischen Zusammenarbeit mit den USA befürwortet.[23] Diese »Doi-Vision« einer neuen sozialistischen Außenpolitik hält gleichwohl an der Vorstellung außenpolitischer Neutralität fest und soll eine gemeinsame Plattform der Oppositionsparteien ermöglichen – auch wenn erhebliche Meinungsunterschiede hinsichtlich der Selbstverteidigungsstreitkräfte, des

---

19 Vgl. Michisada Hirose, Seitō to atsuryokudantai (Parteien und Interessenverbände), in: Jurisuto sōgotokushu· Nihon no seitō, (1984) 35, S. 52–56.

20 Vgl. Rüdiger Machetzki, Japan: Der »Marsch zum Gipfel«, in: Manfred Pohl (Hrsg.), Japan 1990/91. Politik und Wirtschaft, Hamburg 1991, S. 279.

21 In der Oberhauswahl 1992 erzielte die LDP zwar die Mehrheit der neu zu vergebenden Mandate, konnte damit aber die Mehrheitsverhältnisse in der zweiten Kammer insgesamt nicht umkehren. Der Wahlsieg der Liberaldemokraten hatte sich bereits vor Beginn des Wahlkampfes abgezeichnet, als das Kabinett Miyazawa bei Repräsentativumfragen eine wachsende Zustimmung verzeichnen konnte. Vgl. Miyazawa naikaku. Shiji 33 % ni jōshō (Regierung Miyazawa. Anstieg der Unterstützung auf 33 Prozent), in: Asahi Shimbun, 29. April 1992, S. 1.

22 Vgl. Doi Assures Armacost JSP Won't Scrap Security Pact, in: Asahi Evening News, 7. 9. 1989, S. 1.

23 Vgl. Doi Seeks Nonmilitary US Ties, in: Mainichi Daily News, 11. 9. 1989, S. 1.

Sicherheitsvertrages mit den USA und der Nuklearpolitik zwischen den Oppositionsparteien fortbestehen.[24]

Das Schwergewicht der Außenpolitik hat sich mit dem Übergang vom Militär- zum Handelsstaat auf außenwirtschaftliche Fragen verlagert. Da in vielen außenwirtschaftspolitischen Fragen die Kompetenzen mehrerer Ressorts tangiert werden, kommt der Koordinationsfunktion des *Gaimushō* erhöhte Bedeutung zu. Der Apparat des Außenministeriums ist jedoch zu dieser Koordination immer weniger imstande. Diese auch konzeptionelle Steuerungslücke wird inzwischen in vielfach unterschätztem Umfang vom Ausschuß für politische Angelegenheiten der LDP ausgefüllt. Dieser in 17 Unterausschüsse gegliederte Gremium hat sich zu einer wichtigen außenpolitischen Vorentscheidungsinstanz der Regierung entwickelt.

## 4. Erklärungsmuster zur politischen Machtstruktur

Die Bedeutung des politisch-administrativen Systems für die außenpolitische Entscheidungsfindung legt die Frage nach dem Muster der innenpolitischen Machtstrukturen nahe. Die wichtigsten Erklärungsmuster lassen sich dabei zu folgenden Ansätzen zusammenfassen:[25]

a. Das Modell der »Herrschaft der staatlichen Bürokratie« betont das politische Gewicht des Verwaltungsapparats, das noch gestärkt wird durch die Schwäche von Parlament und Parteien sowie das Vertrauen der Bevölkerung in die politische Neutralität der Verwaltung.[26] In diesen Rahmen lassen sich auch die Untersuchungen zur führenden Rolle der Industrie- und Forschungsbürokratie einfügen.
b. Das Modell der »dreigliedrigen Machtelite« betrachtet die drei eng miteinander verflochtenen Führungsgruppen von Politik, Bürokratie und Wirtschaft als die wesentlichen Akteure im politischen Entscheidungsprozeß. Dieser Ansatz führt politische Entscheidungen im wesentlichen auf wirtschaftliche Macht zurück. Die Homogenität dieser Machtelite wird jedoch im allgemeinen überschätzt; die Interdependenzen zwischen den durchaus heterogenen Teilgruppen werden kaum untersucht.
c. Das pluralistische Modell sieht den politischen Entscheidungsprozeß durch eine Pluralität von Akteuren geprägt. Die verschiedenen Organisationen seien durch unterschiedliche Auffassungen und Interessen gekennzeichnet. Innerhalb der

24 Vgl. Asahi News Service, Opposition's Precarious Coalition, in: Asahi Evening News, 14. 9. 1989, S. 7. Zu einer kritischen Bewertung der politischen Strategie Takako Dois vgl. Masumi Fukatsu, Doi Takako Tackles the Obstacles to Power, in: Japan Quarterly, 37 (1990) 1, S. 24–30.

25 Vgl. Wolfgang Seifert, Wirtschaftsorganisationen und politische Macht: Formen, Institutionen, Gewichte, in: Ulrich Menzel (Hrsg.), Im Schatten des Siegers: Japan, Bd. 3: Ökonomie und Politik, Frankfurt a. M. 1988, S. 135–139.

26 Vgl. Kiyoaki Tsuji, Nihon kanryōsei no kenkyū (Forschung zur japanischen Bürokratie), Tōkyō 1952.

Bereiche Politik, Wirtschaft und Gesellschaft gebe es autonome Machtstrukturen. Parteien und Parlament seien durchaus gewichtige Institutionen.

d. Das Neokorporatismus-Modell sieht die politischen und wirtschaftlichen Steuerungserfordernisse des Staates durch die direkte Einbindung der Wirtschafts- und Sozialorganisationen in den politischen Entscheidungsprozeß im vorparlamentarischen Bereich gewährleistet. Aufgrund der politisch schwachen Gewerkschaftsbewegung und der strukturellen Schwäche und politischen Heterogenität der sozialistischen Parteien handelt es sich hierbei allerdings um einen »Corporatism without Labor«.[27] Die Beratungsausschüsse bei der Regierung sind Instrumente der institutionellen Interessenvermittlung und damit dieses asymmetrischen Neokorporatismus.

Für eine Einordnung der japanischen Außenpolitik erscheint eine Synthese des pluralistischen Ansatzes und des Neokorporatismus-Modells sinnvoll. Dagegen sind die ersten beiden Modelle zu grob und durch die tatsächliche Entwicklung des politisch-administrativen Systems überholt. Das gilt insbesondere für die »Herrschaft der staatlichen Bürokratie«. Das strenge Auswahlverfahren, dem sich die künftigen Ministerialbeamten unterwerfen, das Selbstverständnis der Ministerialbürokratie als einer »meritokratischen Elite«, der hohe Anteil der Juristen und das Übergewicht der Generalisten *(Jimukan)* gegenüber den Spezialisten *(Gikan)* haben zwar oft den Eindruck vermittelt, die japanische Ministerialbürokratie zähle zu den mächtigsten Regierungsapparaten unter den demokratischen Industriestaaten.[28] Seit Mitte der siebziger Jahre hat jedoch insbesondere der Parteiapparat der Liberal-Demokratischen Partei Japans Beratungskapazität und Fachwissen erheblich erweitert und neben der Ministerialbürokratie eine Führungsposition in der Politikformulierung übernommen. Die Politikimplementation ist demgegenüber ausschließlich Sache der Verwaltung. Die außenpolitische Entscheidungsfindung und ihre Umsetzung finden somit zunehmend im Rahmen pluraler Strukturen statt.

## 5. Außenpolitische Denkschulen

Aufgrund der wachsenden Bedeutung der Parteigremien und des Parteiapparates der LDP für den außenpolitischen Entscheidungsprozeß scheint sich auch in diesem Politikfeld ein Trend durchzusetzen, der mit dem Kürzel *»Tōkō Kantei«* (Vorrang der Partei – Unterordnung der Bürokratie) umschrieben wird.[29] Auch hier sind seit längerem immer tiefere und immer häufigere Interventionen der Partei und ihrer führenden außenpolitischen Experten zu beobachten. Dadurch wird auch das außenpolitische Handlungsfeld unter dem Einfluß der Experten der Partei und innerparlamentarischer Interessengruppen *(Zoku)* stärker als früher politisiert. Zu-

27 Vgl. T. J. Pempel/Keichi Tsumekawa, Corporatism without Labor? The Japanese Anomaly, in: Philipp C. Schmitter/Gerhard Lehmbruch (Hrsg.), Trends toward Corporatist Intermediation, London 1979, S. 231–270.

28 Vgl. B. C. Koh, Japan's Administrative Elite, Berkeley 1989, S. 252–266.

29 Vgl. Leonard J. Schoppa, Zoku Power and LDP Power: A Case Study of the Zoku Role in Education Policy, in: Journal of Japanese Studies, 17 (1991) 1, S. 79 ff.

gleich aber werden politische Führung und Koordination unterschiedlicher Politikfelder im Lichte übergreifender außenpolitischer Ziele erheblich erschwert.

Die japanischen Interpretationen dieser Ziele lassen sich zu vier Denkschulen zusammenfassen[30]: der realistischen, merkantilistischen, progressiven und neonationalistischen Schule. Die realistische Schule will die japanische Außenpolitik in der politischen, wirtschaftlichen und strategischen Partnerschaft mit den Vereinigten Staaten verankert sehen und hält einen Ausbau der japanischen Wirtschaftshilfe und Verteidigungsleistungen in Abstimmung mit den USA für geboten. Demgegenüber hält die merkantilistische Schule die militärische Sicherheitsgarantie der USA für gegeben und fordert eine »allseitige« Außenpolitik, die sich allein an den japanischen Interessen orientiert und globale, humanitäre Maßstäbe nur so weit berücksichtigt, wie dies unbedingt erforderlich ist, um internationale Kritik an Japan zu unterbinden. Die den Oppositionsparteien verbundene progressive Denkschule befürwortet aus einer idealistischen Perspektive eine vollständige Demilitarisierung Japans, eine weitgehende wirtschaftliche Integration des Landes in die Weltwirtschaft und den Abbau des Nationalstaats. Dagegen wendet sich die neonationalistische Schule, die Japans nationale Interessen zum ausschließlichen Gradmesser seiner Außenpolitik macht und eine starke konventionelle und atomare japanische Streitmacht anstrebt. Es ist damit zu rechnen, daß Realisten und Merkantilisten auch in der zweiten Hälfte der neunziger Jahre den außenpolitischen Ton angeben werden. Mit zunehmender Einbindung Japans in internationale Netzwerke wird die realistische Denkschule in der außenpolitischen Elite – bei Praktikern wie Wissenschaftlern – künftig noch mehr an Bedeutung zunehmen.

Die Formel der »Internationalisierung Japans« ist nicht mehr nur ein Diskussionsthema für Experten, sondern wird zunehmend auch zu einem Gradmesser für die Bewertung von Politikern und Parteien durch die Wählerschaft.[31] Präsenz und Bewertung der japanischen Außenpolitik im Ausland werden von den Medien kritisch verfolgt. Das außenpolitische Aktionsvermögen spielt aber auch aus der Sicht der Wähler gegenwärtig eine größere Rolle für die Beurteilung der Parteien als zuvor. War die Internationalisierung Japans zunächst ein Thema der Medien gewesen, so setzt seit einiger Zeit auch eine Internationalisierung Japans »von unten« ein. Außenpolitische Streitfragen werden dadurch in Zukunft einen höheren Stellenwert im Meinungsbild der Wählerschaft einnehmen. Die Anforderungen an das außenpolitische Handlungsvermögen der politischen Führung wachsen. Mehr als zuvor muß die Regierung ihre Außenpolitik auch in Wahlkämpfen rechtfertigen.[32]

Dem anspruchsvollen Ziel einer ehrgeizigen und aktiveren Außenpolitik wird jedoch der Auswärtige Dienst in seiner gegenwärtigen Verfassung nicht gerecht. Die japanische Regierung sieht die internationale Situation und damit auch die Herausforderungen an den Auswärtigen Dienst zu Recht an einem Wendepunkt.[33] Um den gewachsenen globalen Anforderungen an die Außenpolitik entsprechen zu können,

30 Vgl. Kenneth B. Pyle, The Future of Japanese Nationality. An Essay in Contemporary History, in: Journal of Japanese Studies, 8 (1982) 2, S. 242–261.

31 Vgl. Markus Tidten, Japan nach den Unterhauswahlen – Rückkehr zur »Nagatacho-Logik«, in: KAS-Auslandsinformationen, April 1990, S. 6.

32 Vgl. Kumiko Makihara, A Popular Guide to Diplomacy. Foreign Minister Nakayama takes his show on the road, in: Time, 15. 1. 1990, S. 7.

33 Vgl. Diplomatic Bluebook 1991, Tōkyō 1992, S. 355 ff.

hat das Außenministerium daher im August 1992 eine Organisationsreform verabschiedet. Diese sieht die Einrichtung einer neuen Politischen Planungsabteilung *(Overall Policy Bureau)* vor, ferner eine Abteilung für außenpolitische Grundsatzfragen *(General Affairs Division)*, ein Büro für Maßnahmen der internationalen Friedenssicherung *(International Peace Cooperation Office)*, das für die PKO-Maßnahmen der Vereinten Nationen zuständig sein soll, und eine Abteilung für globale Fragen (wie z. B. internationaler Umweltschutz). Die politische Planungsabteilung soll sich aus vier Unterabteilungen für Grundsatzfragen, Planung, Sicherheitspolitik und UN-Politik zusammensetzen.[34] Damit strebt das *Gaimushō* eine Stärkung seiner Planungs- und Koordinationskompetenz an, die sich in der Vergangenheit in zentralen Fragen wie Japans Reaktion auf den Golfkonflikt als unzulänglich erwiesen hat.

Die neuen Richtwerte einer »Außenpolitik am Wendepunkt« sind bereits von dem früheren Premierminister Noboru Takeshita in einer Grundsatzrede vor dem Parlament am 10. Februar 1989 dargelegt worden.[35] Innen- und außenpolitisch sieht sich die japanische Regierung mit der Herausforderung konfrontiert, eine politische Rolle auszuüben, die dem gewachsenen Wohlstand entspricht. Das bedeutet zugleich eine größere internationale Verantwortung Japans und die Wahrung der Normen der japanischen »Friedensverfassung«. Mit anderen Worten: Der Sicherheitsvertrag mit den Vereinigten Staaten soll aufrechterhalten, zugleich aber sollen die japanischen Streitkräfte im Rahmen des mittelfristigen Verteidigungsprogramms in »maßvollem Umfang« ausgebaut werden. Seit zwei Jahrzehnten sieht sich Japan selbst als »zumindest wirtschaftliche Supermacht« – mit wachsender Verantwortung für die Entwicklungsländer.[36] Durch Kulturpolitik, Informationspolitik und die ökonomischen Auswirkungen seiner Investitionstätigkeit im Ausland übt Japan Macht im internationalen System indirekt, aber nachdrücklich aus. Das damit verbundene Machtbewußtsein kleidet sich in vielfältige Formeln. Eine ist die Formel der »Internationalisierung«, die außen- und innenpolitisch als Chiffre für die Legitimierung einer ehrgeizigeren und offensiveren Außenpolitik verwendet wird.[37] Kultur- und Informationspolitik stützen dabei die Dynamik der Wirtschaftsexpansion. Vor diesem Hintergrund kündigt sich eine aktivere Außenpolitik Japans an, die neuer Perspektiven und Instrumente bedarf.

---

34 Vgl. Yomiuri Shimbun, 27. August 1992, S. 3 (Daily Summary of Japanese Press, Tōkyō, September 2, 1992, S. 6/7).

35 Vgl. Policy Speech by Prime Minister Takeshita Noburu to the 114th Session of the National Diet, Foreign Policy Speech by Minister for Foreign Affairs Sousuke Uno to the 114th Session of the National Diet, in: Diplomatic Bluebook 1989, S. 245–268.

36 So Asahi Shimbun in einer Bestandsaufnahme der amerikanisch-japanischen Beziehungen zu Beginn der siebziger Jahre: The Pacific Rivals. A Japanese View of Japanese-American Relations, New York – Tōkyō 1972, S. 407; vgl. Robert E. Bedeski, The Fragile Entente. The 1978 Japan-China Peace Treaty in a Global Context, Boulder (Col.) 1983, S. 218.

37 Vgl. Reinhard Drifte, Manifestationen japanischer Macht in der internationalen Politik, Jahrestagung der Vereinigung für sozialwissenschaftliche Japanforschung, Loccum, 6. bis 8. November 1992 (Manuskript).

# III. Sicherheitspolitik und Streitkräfte

Heinz Eberhard Maul

Bei Japan im definitorischen Sinne von normaler Sicherheitspolitik als dem politischen Führungsverhalten für nationale, kollektive und internationale Sicherheit zu sprechen, wird im Vergleich mit anderen Staaten, wie z. B. den Mitgliedsländern der NATO, den tatsächlichen Gegebenheiten nicht gerecht.

Seit dem Ende des Zweiten Weltkrieges stützt sich Japans Sicherheitspolitik auf das strategisch ausgerichtete Bündnis mit den Vereinigten Staaten von Amerika. Damit war sie immer bilateral abzustimmende nationale Verteidigungs- und instrumentale Militärpolitik ohne eigenständige internationale Außenwirkung.

Mit dem Ende des Kalten Krieges und dem Zusammenbruch der Sowjetunion entfiel die unmittelbare politisch-militärische Bedrohung. Es war für Japan nun leichter, den Versuch zu unternehmen, sicherheitspolitisch an Profil zu gewinnen. In diesem Sinne sind Entscheidungen der letzten Jahre wie die japanische Teilnahme an friedenserhaltenden Missionen der Vereinten Nationen und die grundlegende Korrektur am Nationalen Verteidigungsprogramm durchaus wichtige Maßnahmen. Sie wurden notwendig, weil Japan nach dem Ende des Kalten Krieges aus dem sicheren Schatten des amerikanischen Bedrohungsschutzes heraus in eine exponierte sicherheitspolitische Rolle wechseln mußte. Das Land sieht sich nunmehr intensiver mit dem Fortgang zahlreicher regionaler Konflikte konfrontiert, muß sich permanent der harten Vorwürfe durch die selbstbewußter auftretenden Nachbarländer wegen seiner Weltkriegsvergangenheit erwehren und ist stärker gezwungen, die drängenden Herausforderungen in der internationalen Politik zu parieren.

## 1. Strategische Lage

Die Insellage Japans mit deutlicher Distanz zum asiatischen Kontinent im Westen und der grenzenlosen Weite des Pazifischen Ozeans im Osten bietet dem Land per se einen natürlichen Schutz und bedeutet weniger Gefahr vor unmittelbaren, überraschenden Angriffen mit konventionellen Mitteln. Das puffernde Vorfeld seiner Rundum-Küstenregionen erleichtert zwar die Verteidigung des Mutterlandes, erfordert jedoch erhöhte Anstrengungen zur Sicherung der lebenswichtigen maritimen Zu- und Abgangsrouten. Das relativ ungeschützte Ausgesetztsein gegenüber Luftangriffen, besonders mit Atomwaffen, hat Japan als einziges nukleares Opfer in der Geschichte der Menschheit mit dem zweifachen Inferno von Hiroshima und Nagasaki schmerzlich erfahren müssen.

Daß der Sieger über Japan durch seine Rolle als Besatzer zum Beschützer wurde, macht Japan in seiner politischen Ganzheit und damit auch in der sicherheitspolitischen Gestaltungsfähigkeit zu einem Sonderfall in der Geschichte der modernen Industriestaaten. Die Epoche Japans als moderne Imperialmacht wurde mit der bedingungslosen Kapitulation am 16. August 1945 gewaltsam beendet.

## 2. Neuanfang nach verlorenem Krieg

Damit war die weit in den asiatisch-pazifischen Raum ausgreifende Hegemonialmacht des militaristisch-faschistischen Kaiserreiches nach über vierzigjähriger Dauer gebrochen. Die Besatzung durch die alliierte Siegermacht USA bedeutete für Japan einen grundlegenden gesellschaftlichen und politischen Umerziehungsprozeß. In der neuen japanischen »Friedens«-Verfassung, die maßgeblich unter dem zensierenden Diktat der USA entstanden war, fand dies seinen stärksten Ausdruck.

Die umfassende Demilitarisierung mit konsequenter Zerschlagung der japanischen Rüstungsindustrie und eine weitreichende Bodenreform schufen zusätzlich wichtige politische Grundlagen für den demokratischen Neubeginn. Vor dem Hintergrund des nuklearen Traumas gab diese Wandlung angesichts der genuinen Sensibilität des kriegsmüde gewordenen Volkes Raum für einen nachhaltigen und glaubwürdigen Pazifismus, der in einer Art von allgemeiner Atomallergie bis heute anhält. Japan reagierte reuig, stellte sich den neuen Herausforderungen in Politik und Wirtschaft und nahm auch intellektuell Denkkorrekturen vor.

Das Land schaffte aus dem industriell-ökonomischen Stillstand innerhalb weniger Jahrzehnte den rasanten Aufstieg zur zweitgrößten Wirtschafts- und Finanzmacht. Im sicheren Hort des Bündnispartners USA schuf Japan mit enormen Energieleistungen die Voraussetzungen für erstrangige globale Wettbewerbsfähigkeit und wirtschaftliche Kraft, unersetzbare Faktoren für den Aufbau einer wirksamen, von den USA kontrollierten Verteidigungsfähigkeit im Rahmen des im Jahre 1951 in San Francisco[1] geschlossenen Sicherheitsvertrages. Die mit diesem Bündnis gewonnene japanische Handlungsfreiheit für Politik und Wirtschaft, deren Preis mit hohem finanziellen Aufwand für die Sicherheit und Verteidigung des Landes zu entrichten war, erfuhr in den Bereichen Außen- und Sicherheitspolitik klare Grenzen. Hier bestimmten politische Strategie und militärische Erfordernisse des Kalten Krieges die Entscheidungen. Japan seinerseits praktizierte mit pazifistischer Grundhaltung und unter Inanspruchnahme des aus der Charta der Vereinten Nationen (Artikel 51) abgeleiteten Rechtes auf Selbstverteidigung außenpolitische Enthaltsamkeit und sicherheitspolitische Selbstbeschränkung. In den innenpolitischen Auseinandersetzungen erreichten die liberal-demokratischen Regierungen

1 »Sicherheitsvertrag zwischen den Vereinigten Staaten und Japan« (Security Treat between the United States and Japan), San Francisco, 8. September 1951. Dieser Vertrag wurde 1960 durch das Nachfolgeabkommen »Vertrag über die gegenseitige Zusammenarbeit und Sicherheit zwischen den Vereinigten Staaten und Japan« (Treaty of Mutual Cooperation and Security between the United States and Japan), Washington D. C., 19. Januar 1960, ersetzt.

den Aufbau einer limitierten, aber wirksamen und verläßlichen Verteidigungsfähigkeit. Dieser vertrug sich, ganz im Sinne der Ziele der Vereinten Nationen, reibungslos mit dem politischen Credo japanischer Politik: Vorrang der Kriegsverhinderung mit nichtmilitärischen Mitteln in den Bereichen von Diplomatie und Wirtschaft vor dem Moment der militärischen Abschreckung sowie Verpflichtung zur Wahrung von Frieden und Sicherheit weltweit.[2] Auf dem Fundament dieser Überzeugung begann Japan nach dem Ende des Kalten Krieges, sich eine aktivere sicherheitspolitische Rolle zu geben. Deren Zielsetzungen sind:

1. strikte Beibehaltung der japanisch-amerikanischen Sicherheitsvereinbarungen;
2. Bewahrung der eigenen Verteidigungsfähigkeit;
3. verstärkter Beitrag zur Sicherung von Frieden und Sicherheit in der Welt.

## 3. Das »weltweit wichtigste Bündnis«

Der seit nunmehr über vierzig Jahren bestehende Sicherheitsvertrag zwischen Japan und den Vereinigten Staaten bildet weiterhin uneingeschränkt das Fundament der beiderseitigen Beziehungen insgesamt. Das bedeutet jedoch nicht, daß die Geschichte dieses »weltweit wichtigsten Bündnisses« (Mike Mansfield, 1989) jederzeit kritik- und störungsfrei war. Innenpolitische Auseinandersetzungen in Japan um die Erneuerung des Sicherheitsvertrages Anfang der sechziger Jahre und bilaterale Handelsstreitigkeiten mit Höhepunkten gegen Ende der achtziger Jahre hatten von beiden Seiten erhebliche Anstrengungen für Kompromißlösungen gefordert und die verbriefte Solidarität auf harte Proben gestellt. Der »Vertrag über die gegenseitige Zusammenarbeit und Sicherheit zwischen den Vereinigten Staaten und Japan« sieht als wesentliche Regelung einer wirkungsvollen Kooperation beider Partner ein System regelmäßiger Konsultationen vor.

Doch im Grunde ist es ein ungleiches Vertragswerk. Für Japan bietet es Schutz und Sicherheit mit eingeschränkter Eigenverantwortung, schließt aber Maßnahmen kollektiver Sicherheitsvorsorge und -durchführung *(Collective Defense)*, die für Japan in hohem Maße politisch belastend wären, zugunsten des amerikanischen Partners grundsätzlich aus. Die USA garantieren im Rahmen der Allianz die Sicherheit Japans durch Abschreckung und im Bedarfsfall durch militärischen Einsatz. Japan seinerseits würde sich, außer für Maßnahmen der Selbstverteidigung, an US-Operationen außerhalb des eigenen Hoheitsgebietes zur Erreichung militärischer Ziele nicht beteiligen können. Die umstrittene Auslegung des Artikels 9 der japanischen Verfassung[3] verbietet nach offizieller Lesart jegliche japanische Teilnahme an kol-

---

2 Japanisches Außenministerium (Gaimushō), Diplomatic Bluebook 199 – Japan's Diplomatic Activities (Diplomatisches Blaubuch – Japans Diplomatie), Tōkyō 1993.

3 Der Artikel 9 der japanischen Verfassung lautet: »In aufrichtigem Streben nach einem auf Gerechtigkeit und Ordnung gegründeten internationalen Frieden verzichtet das japanische Volk für alle Zeiten auf den Krieg als ein souveränes Mittel zur Regelung internationaler Streitigkeiten. Zur Erreichung des Zwecks in Absatz 1 werden Land-, See- und Luftstreitkräfte sowie andere Kriegsmittel nicht unterhalten.« (W. Röhl, Die japanische Verfassung, Frankfurt – Berlin 1963, S. 98).

lektiven Verteidigungsoperationen. Sie erlaubt nur die individuelle Selbstverteidigung. Der Sicherheitsvertrag sieht eine zehnjährige Laufzeit mit jeweiliger Verlängerung vor und enthält grundsätzlich die Möglichkeit, daß er durch ausreichend gesicherte Regionalmaßnahmen der Vereinten Nationen zur Friedens- und Sicherheitsbewahrung ersetzt werden kann. Da derartige Überlegungen, gemessen an der umständlichen UN-Praxis, keine Gewähr für ausreichende Sicherheit beider Partner und der Region Asien-Pazifik bieten würden, bleibt die Bedeutung des Bündnisses mit der durch die USA geleisteten Abschreckungs- und Stabilisierungsgarantie auch nach dem Ende des Kalten Krieges bestehen. Diese beschränkt sich nicht nur auf die Sicherheit Japans, sondern gewährt praktisch Stabilität im gesamten asiatisch-pazifischen Raum. Die dort insgesamt ca. 100 000 Mann umfassende US-Truppenpräsenz bildet nach wie vor die notwendige Bedingung für ein kontinuierlich fortzuentwickelndes regionalstrategisches Sicherheitsgleichgewicht. Angesichts noch bestehender zahlreicher Regionalkonflikte zwischen verschiedenen Ländern erfahren das Weiterbestehen des japanisch-amerikanischen Bündnisses und das strategische Asienengagement der USA auch durch andere Staaten der Region Zustimmung. Darüber hinaus können deren langwierige Bemühungen um die Errichtung einer regionalen Sicherheitsform auf verschiedenen Ebenen (z. B. im Rahmen der ASEAN = *Association of South East Asian Nations*; ASEAN *Regional Forum* – ARF) im Schutze amerikanischer Präsenz ungestörter vorgenommen werden.

Das japanisch-amerikanische Sicherheitsbündnis stammt aus der Frühzeit des Kalten Krieges. Ob diese bewährte Form zweiseitiger Partnerschaft mit starkem externen Einfluß auch unter den neuen politischen Verhältnissen in globaler und regionaler Perspektive unverändert beibehalten werden soll, wird weniger von Japan, das bisher am meisten von Amerikas Schutzfunktion profitierte, abhängen. Die USA ihrerseits haben mit dem Bündnis uneingeschränkt verbriefte Sicherheit für die Nutzung ihres vorgeschobenen, gut funktionierenden Stützpunktsystems auf japanischem Boden und die Übernahme der Stationierungskosten erhalten.

Japan ist ein zuverlässiger Abnehmer amerikanischer Waffen und sonstiger Rüstungsprodukte, und über ausgehandelte Transfers gelangt sensitive japanische Hochtechnologie in beträchtlichem Umfang in amerikanischen Besitz. Der Großteil der Vertragsverpflichtungen liegt jedoch zweifellos bei den USA, und sie bestimmen in erster Linie die Zukunft der Partnerschaft. Sie haben die Federführung über jegliche Veränderungen am derzeitigen Status. Bündnisentscheidungen werden auf US-Seite getroffen, nicht zuletzt, um jederzeit die politische Kontrolle zu haben und den militärischen Vorrang gegenüber Japan zu wahren.

Mit der Deflation der militärischen Machtkomponente nach dem Ende des Kalten Krieges ist die wirtschaftliche Dimension unbestritten zum machtbestimmenden Faktor aufgestiegen. Für den asiatisch-pazifischen Raum sind Japan und Amerika die maßgebenden Akteure. Da das wirtschaftliche Engagement der USA in Asien stets auch sicherheitspolitisch flankiert und in der Folge auch militärisch abgesichert sein muß, wird das Bündnis mit Japan (Bush/Kaifu: »global partnership«[4]) der entscheidende Faktor in der amerikanischen Asienstrategie bleiben.

---

4 Holbrooke, Richard, Japan and the United States: Ending an Unequal Partnership, in: Foreign Affairs, Vol. 70, No. 5, New York 1991.

Lange Zeit unterdrückt gehaltene und seit September 1995 aufgebrochene Unstimmigkeiten zwischen beiden Staaten wegen gravierender Stationierungs- und Stützpunktprobleme auf Okinawa erzeugten bei den japanischen Grundstückbesitzern zwar heftigen Unmut, konnten inzwischen aber entschärft werden. Der Sicherheitsvertrag war zu keiner Zeit in Frage gestellt. Vielmehr erfuhr er mit der »Gemeinsamen Erklärung über US-japanische Sicherheitsallianz für das 21. Jahrhundert« durch die Staatschefs beider Länder, Präsident Clinton und Premierminister Hashimoto, von April 1996[5] unter Hinweis auf die dabei neu formulierte dreifache Partnerschaftsbasis (Sicherheit – Politik – Wirtschaft) explizit eine Aufwertung.

# 4. Japans Sicherheit und die Region

Kernpunkte der japanischen Sicherheit und Verteidigung sind die eigene Verteidigungsfähigkeit und, wie erwähnt, der Sicherheitsvertrag mit den Vereinigten Staaten. Auf sie gründen sich die »Grundsätze für die Nationale Verteidigung« (*Basic Policy for National Defense*, Mai 1957) und die »Richtlinien für das Nationale Verteidigungsprogramm« (*National Defense Program Outline*, Oktober 1976)[6]. Den Grad der Verteidigungsfähigkeit seiner Selbstverteidigungsstreitkräfte (*Self Defense Forces* – SDF) sichert Japan durch mehrjährige sog. Rüstungsrahmenprogramme, die jeweils für drei- bis fünfjährige Zeiträume die Beschaffungs- und Ausrüstungsumfänge festschreiben.

Mit der vorbehaltlosen Einbindung der sicherheits- und verteidigungspolitischen Überlegungen und Maßnahmen in die Realisierung der Bündnisvereinbarungen fügte sich Japan zur Zeit des Kalten Krieges widerspruchslos der politisch-strategischen Kuratel durch die USA. Es unternahm als Erfüllung seines vertraglichen Pflichtenheftes erfolgreich erhebliche Anstrengungen, um seine Streitkräfte in den Stand zu versetzen, im Verteidigungsfall die Abwehr von externen Angriffen für eine bestimmte Zeit mit eigenen Mitteln zu versuchen, bei größer angelegten feindlichen Operationen aber vereinbarungsgemäß die volle Unterstützung durch amerikanische Truppen in Anspruch zu nehmen. Der für Japan über Jahre hin geringe außen- und sicherheitspolitische Spielraum ließ sein internationales politisches Profil unterentwickelt. Um so stärker engagierte sich Japan für die Erreichung der Ziele der Vereinten Nationen, die Förderung der internationalen Zusammenarbeit und seinen Beitrag für den Weltfrieden. Die primär regional bedeutsame, aber auch auf globale Unterstützung ausgerichtete japanische Entwicklungshilfe[7] und Japans aktive Rolle in den Institutionen für freie Marktwirtschaft und weltweite Handelspraxis wie der Internationale Währungsfonds IMF, das Allgemeine Zoll- und Han-

---

5 Japanisches Verteidigungsamt (Bōeichō), Defense of Japan – Response to a New Era (Japanisches Verteidigungsweißbuch), Tōkyō 1996

6 Vgl. Anmerkung 5.

7 Japanisches Außenministerium (Gaimushō), Japan's Official Development Assistance – Annual Report 1995 (Japan ODA – Jahresbericht 1995 –), Tōkyō 1995.

delsabkommen GATT und die Organisation für wirtschaftliche Zusammenarbeit und Entwicklung OECD unterstreichen den Willen und die Fähigkeit zur Wahrnehmung internationaler Verantwortung. Die Grundsätze der japanischen Atompolitik mit den drei Punkten des Atomfreiheitsprinzips (keine Herstellung, kein Besitz und kein Verbringen von Nuklearwaffen auf japanischem Boden) und die strengen Regelungen des Waffenexportverbotes entsprechen der japanischen Festlegung nach einer auf Minimalisierung ausgerichteten Verteidigung mit klar begrenzter Bewaffnung und kontrolliertem Rüstungsverhalten.

Dem von der Weltgemeinschaft nach dem Golfkrieg von 1991 verstärkt auf Japan ausgeübten Druck zu Veränderungen hat es nach heftigen innenpolitischen Auseinandersetzungen mit dem im Juni 1992 verabschiedeten »Gesetz über die Zusammenarbeit bei friedenserhaltenden Maßnahmen der Vereinten Nationen« *(Peace Keeping Operation Law)* erfolgreich standgehalten. Dieser parlamentarischen Grundsatzmaßnahme folgte im September des gleichen Jahres die erste Entsendung von Angehörigen der Selbstverteidigungsstreitkräfte nach Kambodscha Nach verschiedenen PKO-Einsätzen japanischer Kräfte in Angola, El Salvador, Mosambik, Ruanda und Zaire stehen heute japanische Soldaten als Angehörige der UN-*Disengagement Observer Force* (UNDOF) auf den Golan-Höhen im israelisch-syrischen Grenzgebiet. Diese zunehmende »Militarisierung« japanischer Politik, die sie im Sinne der politischen Grundsatzhaltung Japans jedoch nicht ist, bedeutet keineswegs eine Abkehr vom Status einer »Zivilmacht«.[8]

Von den Ländern im regionalen Umfeld wurde diese Entscheidung zunächst mit Mißtrauen aufgenommen. Unter Hinweis auf Japans unrühmliche kriegerische Vergangenheit in den Nachbarländern wurden Befürchtungen laut, Japan könne sich über den Hebel eines anerkannten weltweiten militärischen Engagements erneut auf den Weg zur Erlangung regionaler Hegemonie begeben. Doch es liegt nicht im Interesse Japans, regional militärischen Einfluß auszuüben. Mit seiner, in Abänderung des Prinzips der Trennung von Politik und Wirtschaft, seit Anfang der siebziger Jahre verfolgten Strategie der »umfassenden Sicherheit« *(Comprehensive Security)* sollen in den internationalen Beziehungen politische Konfrontationen und eventuell drohende Abhängigkeiten alternativ durch wirtschaftliche Diversifizierung möglichst umfassend minimiert werden. Das übergeordnete Ziel ist, »verläßliche Sicherheit« *(Reliable Security)* zu erhalten. Im Regionalbereich wendet Japan diese Strategie erfolgreich in seinen Beziehungen zu den Nachbarstaaten an. Sie kommt insbesondere in seinem Verhältnis zum Machtkonkurrenten China zum Ausdruck. Hier hat die Praxis der *Comprehensive Security* einen Stand erreicht, der gleichsam eine Patt-Situation zwischen japanischer Stärke in Handel und Wirtschaft einerseits und militärischer Größe bei der Volksrepublik andererseits bedeutet. Der Entwicklung der zeitweise heiklen japanisch-chinesischen Beziehungen kommt erstrangige Bedeutung zu, da sie direkten Einfluß auf regionale Stabilität und Sicherheit haben sowie die Qualität der internationalen Beziehungen zur Region insgesamt wesentlich bestimmen.

8 Maull, Hanns W., Germany and Japan: The New Civilian Powers, in: Foreign Affairs Vol. 69, No. 5, New York 1991.

## 5. Streitkräfte im Wandel

Für die japanischen Streitkräfte selbst hat sich mit der neuen, weltweit orientierten Auftragswahrnehmung eine vor wenigen Jahren noch undenkbare Änderung vollzogen. Aus der 1950 auf Anordnung des Alliierten Oberbefehlshabers in Japan, General Douglas MacArthur geschaffenen Nationalen Polizeireservetruppe gingen im Jahre 1954 die Selbstverteidigungsstreitkräfte mit der üblichen Teilstreitkraftgliederung von Heer, Marine und Luftwaffe hervor. Als Militär ohne Wehrpflicht und seit ihrem Bestehen in einem abweisenden gesellschaftlichen Umfeld mit ausgeprägt pazifistischer Grundhaltung plaziert, war es für diese Freiwilligenarmee nicht einfach, Akzeptanz und Unterstützung zu erfahren. Das jahrzehntelang vorherrschende Negativbild der Armee in der Öffentlichkeit hat sich mit ihrer jüngst zunehmend international gestalteten Rolle deutlich verbessert. Der personelle Umfang des japanischen Militärs ist über Jahre im wesentlichen gleich geblieben: Die angenommene Soll-Stärke von insgesamt rund 274 000 Mann wurde in der Vergangenheit bei einem durchschnittlichen personellen Ist-Bestand von etwa 240 000 Streitkräfteangehörigen, unter denen über 8 000 Frauen Dienst tun, zu etwa 85 % erreicht.

Mit Aufstellung des japanischen Haushaltes für das Jahr 1996 wurde auf parlamentarischen Beschluß hin das »Nationale Verteidigungsprogramm von 1976« einschneidend verändert. Der personelle Soll-Umfang der Streitkräfte erfuhr eine Reduzierung auf rund 240 000, wobei das Heer eine Planungsgröße von 160 000 Mann haben wird und Marine und Luftwaffe etwa je 40 000 Mann umfassen sollen. Die Änderung des Verteidigungsprogrammes wird in den kommenden Jahren auch zu spürbaren Einschränkungen in den Bereichen Rüstung und Ausrüstung der Streitkräfte führen, von denen alle drei Teilstreitkräfte betroffen sind. Ganz im Sinne der neuen Aufgabenzuweisung an das Militär werden zukünftig die Kosten für Ausbildung und Material wesentlich durch die auf den Friedenseinsatz in der Welt ausgerichtete internationale Verantwortung Japans gebunden sein.

Mit den neuen »Richtlinien des Nationalen Verteidigungsprogrammes für 1996 und danach« *(National Defense Program Outline in and After F[iscal] Y[ear] 1996)*[9] wurden als sicherheitspolitische Kernelemente für den Auftrag und die Verantwortung der Selbstverteidigungsstreitkräfte in einer grundlegend veränderten Welt

- die Strategie der multilateralen Sicherheitszusammenarbeit festgeschrieben,
- die neue Auftragswahrnehmung »UN-Friedensmission« formuliert,
- Art und Umfänge von Rüstung und Ausrüstung durch Reduzierung den neuen Verhältnissen angepaßt.

Dem japanischen Demokratieverständnis mit dem Primat der Politik entsprechend besteht seit Gründung der Selbstverteidigungsstreitkräfte die Einrichtung der sog. zivilen Kontrolle *(Civilian Control)*[10] über das Militär. Der Artikel 66 der japanischen Verfassung schreibt vor, daß Premierminister und Staatsminister Zivilpersonen sein müssen. Mit Errichtung des Verteidigungsamtes *(Bōeichō)*[11], dessen Lei-

9 Vgl. Anmerkung 5.

10 Sase Masamori, Das japanische Militär – Streitkräfte unter ziviler Kontrolle, in: Heinz Eberhard Maul (Hrsg.), Militärmacht Japan? Sicherheitspolitik und Streitkräfte, München 1991.

11 Der Begriff »Ministerium« wurde von Anfang an vermieden, um die Bedeutung dieser militärischen Einrichtung niedrig zu halten.

ter den Titel »Generaldirektor« *(Director General)* trägt, sind die Posten der Leiter der sog. Führungshauptgebiete als zivile Stellen mit der Dotierung »Direktor« *(Director)* ausgebracht und ausschließlich mit zivilem Führungspersonal besetzt. Hier hat das entsprechende militärische Führungspersonal, dessen Aufgaben sich auf die Leitung seiner Stäbe und der nachgeordneten Bereiche von Heer, Marine und Luftwaffe konzentrieren, lediglich eingeschränkt-beratende Funktion. Im Verteidigungsfall unterliegen die Streitkräfte der alleinigen Befehls- und Kommandogewalt des Ministerpräsidenten. In Friedenszeiten liegt die Gesamtverantwortung beim Generaldirektor des Verteidigungsamtes.

Im japanischen Verteidigungsbudget, das regelmäßig etwa sechs Prozent (1996: 6,45 %) des Gesamthaushaltes (1996: 75 104 Mrd. Yen [1 127 Mrd. DM]) beansprucht, entfallen auf die Bereiche Personal und Betrieb 80 und auf investive Ausgaben 20 % der Mittel. Für das Fiskaljahr 1996 waren Verteidigungsausgaben von insgesamt 4 845 Mrd. Yen (72 Mrd. DM) ausgewiesen, die mit 0,977 % des Bruttosozialproduktes unter der Einprozentgrenze gehalten wurden. Der Wert der militärischen Schlagkraft der Selbstverteidigungsstreitkräfte muß hinsichtlich der Aufgabenstellung für Schutz und Verteidigung des Landes unter der möglichen Prämisse eines Einsatzes amerikanischer Truppen gesehen werden. Derzeit sind in Japan US-Verbände mit insgesamt 44 600 Mann stationiert.[12]

Nach einem durch äußeren Druck und innerpolitische Debatten aufgezwungenen zähen Prozeß glaubt Japan, mit der Neuformulierung des gesetzlichen Auftrages für seine Streitkräfte und der vorgesehenen Korrektur des »Nationalen Verteidigungsprogrammes« der veränderten Lage in diesem Bereich Rechnung zu tragen. Bei der grundsätzlichen Verwundbarkeit des Inselstaates gegenüber äußeren Angriffen stellen die immer noch fehlenden gesetzlichen Regelungen zum Schutz der Bevölkerung (Notstandsgesetzgebung, Zivilschutzmaßnahmen) einen eklatanten Mangel dar.

## 6. Sicherheitspolitik als globale Friedensmission

Seit Jahren spürt Japan den Druck nach Übernahme einer globalen Verantwortung, die seiner Stärke in Wirtschaft und Handel angemessen ist. Im Gegensatz zu seinen zum Teil schwierigen Beziehungen zu den Staaten in der Nachbarregion geben seine wirtschaftliche Größe und finanzielle Kraft durchaus Anlaß und auch Berechtigung zur Wahrnehmung von Führungsaufgaben in der internationalen Politik. Zahlreiche Mitgliedschaften in überregionalen Gremien und die Rolle als führender Geldgeber, einschließlich seines Beitrages für die Vereinten Nationen, prädestinieren Japan, im Sinne seiner Politik der »umfassenden Sicherheit« und der Friedensbewahrung, für ein breiteres globales Engagement bis hin zur wiederholt angeregten Mitgliedschaft im UN-Sicherheitsrat. Diesem Vorschlag stehen jedoch, abgesehen von dem Unvermögen der Vereinten Nationen zur Einleitung der notwendigen UN-Reformen, bis

12 Far Eastern Economic Review, Asia 1997 – Yearbook – A Review of the Events of 1996, Hongkong 1996.

auf weiteres Japans sicherheitspolitische Zurückhaltung und militärische Selbstbeschränkung entgegen. Eine Lösung wird man hier vermutlich erst viel später im Zusammenhang mit den notwendigen Entscheidungen über die Frage der Beibehaltung der defensiv orientierten Sicherheits- und Verteidigungsvorgaben und einer vorbehaltlosen Anerkennung Japans als sicherheitspolitisch und international voll zu wertenden Staat treffen können. Erleichternd dürfte dabei sein, daß die Japans regionale Beziehungen trübenden historischen Belastungen im Bereich internationaler Verantwortung nicht in dem Maße zum Tragen kommen.

## 7. Neue Herausforderungen

Den komplizierten und weitgehend von Unsicherheiten und Krisen begleiteten Entwicklungen in anderen Teilen der Welt nach dem Ende des Kalten Krieges und dem Zerfall der Sowjetunion vergleichbar, sieht sich Japan mit bilateralen Schwierigkeiten, regionalen Instabilitäten und globalen Herausforderungen konfrontiert. Sie betreffen seine Sicherheit direkt und ihre Bewältigung verlangt von ihm entschlossenes, konstruktives und zügiges Handeln. Für Japan ist durch die eingetretenen globalen Veränderungen dem Bündnis mit Amerika gleichsam der sichere Funktionsrahmen der Abschreckung und einengenden Verteidigungsmaximen genommen. Damit entstand für die ungleiche japanische Partnerschaftsrolle die Notwendigkeit, auf veränderte politische sowie sicherheits- und verteidigungspolitische Dimensionen neu zu reagieren. Lange Zeit durch übergeordnete Zwänge als unveränderlich geltende Regelungen im japanisch-amerikanischen Bündnisprozeß werden nunmehr kritisch hinterfragt und zum Teil dramatisch deren Abschaffung gefordert (Stationierungen).

Zuvor nicht gekannte und Japan als Partner und Staat in der Region bedrängende Faktoren, wie bedrohlich-schwierige Neuentwicklungen (China) und verschärfte Territorialdispute (Inselprobleme), Konfliktverschärfungen (Nordkorea) und teilweise überzogenes Anspruchsverhalten (südostasiatische Staaten), fordern Umorientierung und neu zu formulierende Sicherheitsvorsorge. Sollte Japan im Rahmen wachsender Verantwortung aus der Position des vorwiegend militärischen Partners heraustreten und deutlich Eigenständigkeit in der Außen- und Sicherheitspolitik anstreben, muß es jenseits der umfassenden Abhängigkeit von den USA die Stärkung seiner Verteidigungskraft selbst inszenieren, ohne dabei seine Nicht-Angriffspolitik aufzugeben. Und es muß Fähigkeiten entwickeln, mit Einfühlungsvermögen an regionalen und globalen Sicherheits- und Friedensprozessen konstruktiv und fordernd mitzuwirken, ohne gleich zum politischen Konkurrenten zu werden.

Auf diese Weise würde Japan von seinen erklärten Zielen der Friedenspolitik und militärischen Zurückhaltung nicht abgehen müssen, könnte den Widerspruch zwischen einerseits untergeordneten Funktion als Allianzpartner und andererseits Anspruch, regional und global als gleichberechtigte und politisch verläßliche Macht zu gelten, auflösen und den eigenen Weg des Überganges aus der Ära des Kalten Krieges in das 21. Jahrhundert wagen.

# IV. Japanische Entwicklungshilfepolitik vor der Wende?

BERNHARD MAY

Japan hatte sich in den achtziger Jahren zum größten Entwicklungshilfe-Geberstaat in der Welt entwickelt und konnte diese Position in den neunziger Jahren im Hinblick auf das Volumen der Entwicklungshilfe weiter ausbauen. Doch seit dem Ende der *Bubble Economy* Anfang der neunziger Jahre steckt Japan in einer ökonomischen, finanziellen und politischen Krise, die noch nicht bewältigt ist. Sie führte zu grundlegenden Veränderungen in Japan und veränderte die Rahmenbedingungen für japanische Entwicklungshilfe[1]. So hatte sich ein Überschuß im Staatshaushalt 1992 in Höhe von 2 % des BSP zu einem Defizit von 6,3 % in 1997 entwickelt. Damit hatte Japan das mit Abstand größte Haushaltsdefizit unter den großen Industriestaaten.

Es waren die Auswirkungen der ökonomischen Krise in den neunziger Jahren verbunden mit den finanzpolitischen Zwängen, die zu Ausgabekürzungen führten, eine weitere Steigerung der Entwicklungshilfe verhinderten und statt dessen eine Diskussion über eine grundlegende Wende in der japanischen Entwicklungshilfepolitik hervorbrachten, und zwar eine Wende weg von quantitativen Zielen und hin zu einer qualitativ verbesserten Entwicklungshilfe mit geringeren Mitteln. Veränderungen wird es geben müssen, wenngleich die Diskussion über eine Neuausrichtung noch am Anfang steht.

## 1. Bedarf an Entwicklungshilfe

Unter Entwicklungshilfe versteht man »die direkten finanziellen Leistungen der Geberländer zugunsten einer Förderung der Entwicklungsländer, unabhängig von der Form.«[2] Entwicklungshilfe im heutigen Sinne gibt es seit den fünfziger Jahren und wird vor allem von den Industriestaaten geleistet. Diese mittlerweile 21 Geberstaaten koordinieren ihre entwicklungspolitischen Maßnahmen im Rahmen des *Development Assistance Committee* (DAC) der OECD. Als Größenordnung der Entwicklungshilfe wurde auf der UNCTAD II im Jahre 1968 prinzipiell anerkannt,

1 Auf die krisenhaften Entwicklungen wird ausführlich eingegangen in: Bernhard May, Japan in der Krise? Ökonomische und politische Umwälzungen in Japan als Herausforderung für die Triade, Bonn 1996.

2 Uwe Andersen, Entwicklungshilfe, in: Wichard Woyke (Hrsg.), Handwörterbuch Internationale Politik, Opladen [3]1986, S. 125–131, hier: S. 126.

*Tab. 1:* Japans öffentliche Entwicklungshilfe (ODA) (in Mio. Dollar)

| Jahr | ODA gesamt | Japans v. H. MODA[1] | v. H. BSP | OECD DAC-v. H.[2] |
|---|---|---|---|---|
| 1960 | 145 | 20 | 0,24 | 0,52 |
| 1965 | 244 | 7 | 0,28 | 0,44 |
| 1970 | 458 | 19 | 0,23 | 0,34 |
| 1977 | 1 425 | 37 | 0,21 | 0,31 |
| 1980 | 3 353 | 40 | 0,32 | 0,37 |
| 1985 | 3 797 | 33 | 0,29 | 0,35 |
| 1988 | 9 134 | 30 | 0,32 | 0,34 |
| 1990 | 9 069 | 25 | 0,31 | 0,33 |
| 1991 | 10 952 | 19 | 0,32 | 0,33 |
| 1992 | 11 151 | 25 | 0,30 | 0,34 |
| 1993 | 11 259 | 25 | 0,27 | 0,31 |
| 1994 | 13 239 | 29 | 0,29 | 0,30 |
| 1995 | 14 489 | 28 | 0,28 | 0,27 |

1 Anteil der multilateralen ODA.
2 Durchschnitt aller DAC-Staaten.

*Quelle:* Ministry of Foreign Affairs, Japan's ODA. Annual Report, Tōkyō 1996 (verschiedene Jahre); und: OECD/DAC, Development Co-operation. 1996 Report, Paris 1997 (verschiedene Jahre).

daß den Entwicklungsländern mindestens 1 % des Bruttosozialproduktes der Industriestaaten an Finanzmitteln zufließen sollte; davon sollten 0,7 % des BSP aus öffentlichen Mitteln zur Verfügung gestellt werden, wobei das DAC nur jene Leistungen als öffentliche Entwicklungshilfe (ODA) berücksichtigt, die zu vergünstigten Bedingungen und zu mindestens 25 % als Schenkung vergeben werden. Das Ende des Ost-West-Konfliktes hat im Hinblick auf die Verhältnisse in den Entwicklungsländern nichts zum Besseren gewendet, eher im Gegenteil, denn osteuropäische Staaten und die neuen Republiken der ehemaligen Sowjetunion kamen zur Gruppe der Entwicklungsländer hinzu. So gehören von den mittlerweile 185 UN-Staaten mehr als 150 in die Gruppe der »Dritten Welt«. In diesen Staaten leben mehr als vier Milliarden Menschen, davon über eine Milliarde Menschen in absoluter Armut; fast eine Milliarde Menschen muß hungern; die medizinische Versorgung ist schlecht, die Kindersterblichkeit hoch, die Lebenserwartung gering; etwa eine Milliarde Menschen in Entwicklungsländern kann weder lesen noch schreiben.[3]

Der Bedarf an Entwicklungshilfe ist groß und wird auf absehbare Zeit auf hohem Niveau bleiben. Zwar gibt es eine Reihe von Erfolgsgeschichten unter den Entwicklungsländern, so vor allem die asiatischen Schwellenländer, und die ökonomischen Prognosen von Weltbank und Währungsfonds für viele Staaten Asiens für die neunziger Jahre sind sehr gut, doch gibt es gerade für den Krisenkontinent Afrika für die neunziger Jahre wenig Hoffnung – und insgesamt wird die Armut in den Entwicklungsländern wohl nicht abnehmen. So geht die Weltbank davon aus, daß

3 Zur Situation in den Entwicklungsländern siehe ausführlich die jährlichen Weltentwicklungsberichte der Weltbank, u. a. den neusten: Weltbank, Weltentwicklungsbericht 1997, Washington, D. C. 1997.

sich die Weltbevölkerung von derzeit 5,4 auf über zwölf Milliarden im Jahre 2075 mehr als verdoppeln wird und daß dann fast 90 % der Menschen in den heutigen armen Entwicklungsländern leben werden; dies gilt insbesondere für Afrika, dessen Bevölkerung sich auf über drei Milliarden Menschen verfünffachen wird. Es wird deshalb auf absehbare Zeit Entwicklungshilfe geben müssen. Und für die Geberstaaten muß auch in Zukunft das Grundprinzip der DAC-Koordination gelten, nämlich: Jedes Mitglied muß sich entsprechend seiner Leistungsfähigkeit an einem gerechten *Burden Sharing* der Entwicklungshilfe beteiligen.

## 2. Geschichte der japanischen Entwicklungshilfe

Die japanische Entwicklungshilfepolitik ist eine Erfolgsgeschichte ohne Beispiel. Zur Zeit der Olympischen Spiele in Tōkyō im Jahre 1964 war Japan nach Indien der zweitgrößte Empfänger von Weltbankdarlehen. Damals wurden der japanische Schnellzug *Shinkansen* und Teile des Autobahnringes um Tōkyō herum mit Darlehen der Weltbank finanziert. Erst im Juli 1990 hat Japan die letzten Darlehensbeträge an die Weltbank zurückgezahlt. Doch bereits im Jahre 1989 überrundete Japan die USA und wurde zum größten Entwicklungshilfe-Geberstaat. Dies war das Ergebnis einer bewußten Politik, die Japan seit den siebziger Jahren verfolgte.

Japans entwicklungspolitische Aktivitäten in der Zeit nach dem Zweiten Weltkrieg können grob in vier Phasen eingeteilt werden.[4] So hat Japan in den fünfziger Jahren, der ersten Phase, vor allem Reparationszahlungen an asiatische Nachbarstaaten geleistet. Dagegen war die zweite Phase von Ende der fünfziger bis Anfang der siebziger Jahre durch Entwicklungshilfeleistungen an Staaten in Asien gekennzeichnet; diese Unterstützungen waren überwiegend an Warenlieferungen gebunden und dienten deshalb insbesondere dem Export japanischer Produkte. In den siebziger Jahren, der dritten Phase, hat Japan seine Entwicklungshilfeleistungen mehr auf rohstoffreiche Länder sowie auf jene Staaten konzentriert, die für das neue Phänomen der ökonomischen Interdependenzen von besonderer Bedeutung waren. Japans öffentliche Entwicklungshilfe (ODA) hat sich im Zeitraum von 1960 bis 1977 von 145 auf 1 425 Millionen Dollar verzehnfacht. Der für ODA aufgewendete BSP-Anteil schwankte in diesen Jahren zwischen 0,21 und 0,32 % *(vgl. Tabelle 1)*.

Im Jahre 1977 leitete die japanische Regierung die vierte Phase ein, als sie eine neue Entwicklungspolitik beschloß, die dazu führte, daß Japan im Jahre 1989 die Vereinigten Staaten überrundete und zum größten Geberstaat von Entwicklungshilfe in der Welt wurde. Mit Hilfe von ›Verdoppelungs-Plänen‹ wurde vor allem das Volumen der japanischen Entwicklungshilfe vervielfacht, aber auch die regionale Verteilung wesentlich abgeändert und die Qualität der Hilfe verbessert.[5]

---

4 Zur Geschichte und den vier Phasen siehe: William L. Brooks und Robert M. Orr, Jr., Japan's Foreign Economic Assistance, in: Asian Survey, März 1985, S. 322–340.

5 Zur vierten Phase und insbesondere zu den grundlegenden Veränderungen siehe ausführlich: Bernhard May, Japans neue Entwicklungspolitik. Entwicklungshilfe und japanische Außenpolitik, (Schriften des Forschungsinstituts der Deutschen Gesellschaft für Auswärtige Politik, e. V. Bonn, Reihe: Internationale Politik und Wirtschaft, Bd. 57) München 1989.

## 3. Sprunghaft steigende Entwicklungshilfe

Japan hat den ersten Plan zur Verdoppelung seiner Entwicklungshilfe, den Ministerpräsident Takeo Fukuda beim Weltwirtschaftsgipfel in Bonn im Mai 1978 vorlegte, innerhalb von drei Jahren mehr als erfüllt: Die Entwicklungshilfe wurde von 1,4 Mrd. Dollar im Jahre 1977 auf 3,3 Mrd. Dollar im Jahre 1980 erhöht. Der zweite Verdoppelungsplan für die Jahre 1981 bis 1985, den Ministerpräsident Zenko Suzuki im Januar 1981 verkündete, sah vor, die Entwicklungshilfe der Jahre 1976 bis 1980 in Höhe von 10,7 Mrd. Dollar bis Ende 1985 auf 21,4 Mrd. Dollar zu verdoppeln. Die tatsächlichen Ausgaben für Entwicklungshilfe betrugen dann aber nur 18 Mrd. Dollar. Dies lag vor allem an der Dollaraufwertung in jenen Jahren, denn die Yen-Entwicklungshilfe wurde verdoppelt.

Den dritten Verdoppelungsplan für die Jahre 1986 bis 1992 verkündete die japanische Regierung unter Ministerpräsident Yasuhiro Nakasone im Herbst 1985. Der Plan bestand aus mehreren Elementen. Japan wollte erstens in einem Zeitraum von sieben Jahren über 40 Milliarden Dollar für Entwicklungshilfe aufwenden. Zweitens sollte die Entwicklungshilfe des Jahres 1985 bis zum Jahre 1992 verdoppelt werden, und zwar durch eine Ausweitung der Schenkungen und der technischen Zusammenarbeit sowie eine erhöhte multilaterale Entwicklungshilfe. Und drittens sollte die erhöhte Entwicklungshilfe für eine wirksame Unterstützung der sozialen und wirtschaftlichen Entwicklungen in den Empfängerländern eingesetzt werden. Diesmal führte die starke Dollarabwertung bzw. Yen-Aufwertung dazu, daß die gesetzten Ziele vorzeitig erreicht werden konnten. So teilte die japanische Regierung auf dem Weltwirtschaftsgipfel in Venedig im Juni 1987 mit, daß sie den dritten Verdoppelungsplan um zwei Jahre kürzen, also bis 1990 verwirklichen würde. Aber selbst dieser beschleunigte Plan konnte schon 1988 erfüllt werden.

Den vierten Verdoppelungsplan für die Jahre 1988 bis 1992 stellte Ministerpräsident Noboru Takeshita auf dem Weltwirtschaftsgipfel in Toronto im Juni 1988 vor: Die Entwicklungshilfe der Jahre 1983 bis 1987 sollte verdoppelt werden, und insgesamt mehr als 50 Mrd. Dollar sollten für Entwicklungshilfe aufgewendet werden; der BSP-Anteil für Entwicklungshilfe sollte bis 1992 den Durchschnitt der DAC-Staaten erreichen; die Qualität der Entwicklungshilfe sollte weiter verbessert und schließlich die Unterstützung für internationale Organisationen und multilaterale Entwicklungsbanken verstärkt werden. Auf dem Weltwirtschaftsgipfel in Paris im Juni 1989 machte die japanische Regierung im Hinblick auf die Qualität ihrer Entwicklungshilfe weitere Zusagen: Innerhalb von drei Jahren sollten 600 Millionen Dollar an die ärmsten Entwicklungsländer als Schenkungen vergeben und etwa zwei Milliarden Dollar als »grüne ODA«, also für Umweltschutzmaßnahmen aufgewendet werden. Schließlich hat Japan auf der UNCED-Konferenz in Rio im Juni 1992 zugesagt, die japanische »grüne ODA« der Jahre 1989–91 in Höhe von drei Milliarden Dollar für die Jahre 1992–1997 auf einen Gesamtbetrag von sieben Milliarden Dollar zu erhöhen.

Japan hat das quantitative Ziel des vierten Verdoppelungsplans zu 99,4 % verwirklicht und tatsächlich in den fünf Jahren von 1988 bis 1992 insgesamt 49,68 Mrd. Dollar an Entwicklungshilfe vergeben. Allerdings konnte Japan das zweite quantitative Ziel nicht erreichen, nämlich den BSP-Anteil für Entwicklungshilfe auf den DAC-Durchschnitt zu erhöhen. Ganz im Gegenteil, denn Japans BSP-Anteil ging auf 0,3 % im Jahre 1992 zurück. Im Hinblick auf die Qualität seiner Entwicklungshilfe konnte Japan in diesen fünf Jahren vielfältige Verbesserungen erzielen. Dennoch steht Japan immer noch bei einem Vergleich qualitativer Kriterien im unteren Drittel der DAC-Staaten.

Im Juni 1993 veröffentlichte die japanische Regierung den fünften mittelfristigen Entwicklungshilfe-Plan für die Jahre 1993 bis 1997 mit folgenden Zielsetzungen[6]. Japan will in diesen fünf Jahren einen Gesamtbeitrag von 70 bis 75 Mrd. Dollar für Entwicklungshilfe aufwenden, also eine Steigerung des Volumens um 40–50 % gegenüber dem vierten Verdoppelungsplan. Ferner soll verstärkt versucht werden, die Qualität der Entwicklungshilfe zu verbessern. Zudem wurden für die Entwicklungshilfe folgende vier Schwerpunkte festgelegt: a) globale Umwelt- und Bevölkerungsprobleme; b) Befriedigung der Grundbedürfnisse; c) *Human Resources Development* und d) Verbesserung der Infrastruktur. Schließlich hat sich die Regierung erneut darauf festgelegt, die für die Umsetzung der Entwicklungshilfe zuständige Bürokratie in Tōkyō personell und finanziell besser auszustatten, um eine effektivere Umsetzung japanischer Entwicklungshilfe zu gewährleisten. Japan hat sich mit diesem fünften Entwicklungshilfe-Plan erneut anspruchsvolle Ziele gesetzt, die wiederum im Hinblick auf die Quantität leichter als bei der Qualität der Entwicklungshilfe zu verwirklichen sein werden.

## 4. Japans Entwicklungshilfe im OECD-Vergleich

Japan und die USA stellen jeweils etwa ein Fünftel der gesamten Entwicklungshilfe aller DAC-Staaten. Doch die japanische Erfolgsgeschichte muß in doppelter Hinsicht relativiert werden. So ist die Entwicklungshilfe der EU-Staaten gemeinsam größer als jene Japans und der USA zusammengenommen. Zweitens sind diese absoluten Zahlen nicht sehr aussagekräftig, wichtiger sind relative Angaben. Der übliche Maßstab für einen Belastungsvergleich ist der Anteil am Bruttosozialprodukt (BSP), der für Entwicklungshilfe verwendet wird.

Bei einem BSP-Vergleich der Ist-Zahlen aus dem Jahre 1995 stehen die USA mit einem Anteil von 0,1 % des BSP auf dem letzten Platz der mittlerweile 21 DAC-Staaten, während Japan mit 0,28 % immerhin Rang 16 einnimmt; beide Staaten lagen unter dem DAC-Durchschnitt von 0,28 %. Im Jahre 1980 lag Japans BSP-Anteil bei 0,32 %, insofern hat Japan in den achtziger Jahren seine relative Entwicklungshilfe gar nicht erhöht und in den neunziger Jahren sogar wieder reduziert. Allerdings ist in diesen 15 Jahren der DAC-Durchschnitt von 0,37 auf 0,28 % des BSP in 1995 gefallen.

Im Jahre 1996 wurde der sprunghafte Anstieg der japanischen Entwicklungshilfe drastisch gestoppt: Sie belief sich 1996 auf nur noch 9,44 Mrd. US-Dollar; dies war ein Rückgang um 25 % gegenüber dem Vorjahr, der BSP-Anteil fiel entsprechend

6 Dieser Plan »The Fifth Medium Term Target of Official Development Assistance« ist abgedruckt in: Ministry of Foreign Affairs, Japan's ODA 1993. Annual Report, Tōkyō 1994, S. 227–229.

*Abb. 1:* Öffentliche Entwicklungshilfe der westlichen Industrieländer 1996

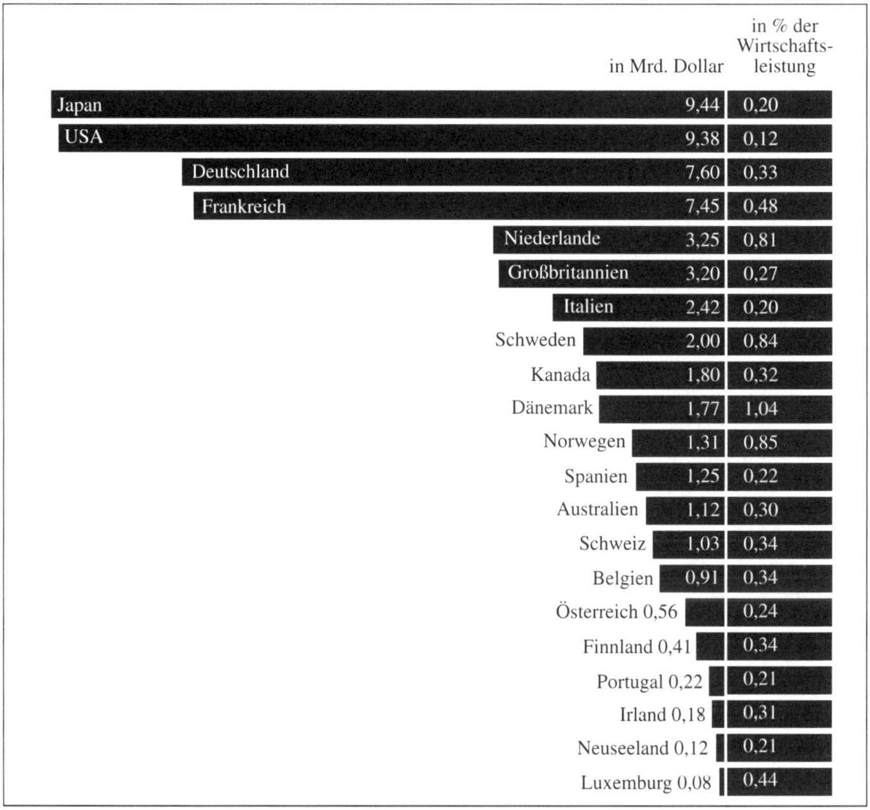


*Quelle:* OECD, Development Co-operation. DAC-Report 1997, Paris 1998.

auf 0,20 %.[7] Es waren vor allem zwei Entwicklungen, die zu dieser Wende führten. Zum einen waren dies die Auswirkungen der tiefgreifenden ökonomischen und politischen Krise, in der sich Japan seit Anfang der neunziger Jahre befindet. Die durch das Ende der *Bubble Economy* verursachte langandauernde Rezession hatte im japanischen Haushalt große Finanzierungsdefizite zur Folge, so daß die Entwicklungshilfe schon aus politischen Gründen nicht weiterhin mit großen Zuwachsraten aufgestockt werden konnte.

Die zweite grundlegende Entwicklung bestand in einer massiven Abwertung des Yen gegenüber dem US-Dollar. So verlor der Yen von seinem Höchststand im Frühjahr 1995 in zwei Jahren mehr als 50 % seines Wertes. Ein schwacher Yen führt jedoch automatisch zu einer Reduzierung der japanischen ODA-Beträge in Dollar, obwohl die Yen-Beträge anstiegen. Als Ergebnis kann jedoch festgestellt werden,

7 OECD, Development Co-operation, DAC-Report 1997, Paris 1998, S. 76 ff.

daß es Haushaltskürzungen und Yen-Schwäche unmöglich gemacht haben, den fünften Entwicklungshilfe-Plan zu verwirklichen. Die Phase der massiven und schnellen Steigerung der japanischen Entwicklungshilfe ist damit zu Ende.

## 5. Instrumente und Empfänger

Japan vergibt seine Entwicklungshilfe in Form bilateraler und multilateraler Hilfe – wie alle anderen Geberstaaten auch. Während die bilaterale Entwicklungshilfe in Form von Zuschüssen und Krediten als Kapitalhilfe oder technische Hilfe in Form von Projekt- oder Programmhilfe direkt an die Empfängerstaaten geht, wird die multilaterale Entwicklungshilfe an internationale Organisationen und multilaterale Entwicklungsbanken geleistet, um deren Aktivitäten zu finanzieren. Japan hat in den vergangenen 15 Jahren zwischen 20 und 44 % seiner Entwicklungshilfe als multilaterale ODA vergeben; die Schwankungen wurden durch den Zeitpunkt der Finanzleistungen an die Empfängerorganisationen verursacht und nicht durch Entscheidungen der japanischen Regierung.

Drei Viertel der multilateralen ODA Japans gehen an die Weltbankgruppe und die regionalen Entwicklungsbanken sowie das restliche Viertel an Sonderorganisationen der Vereinten Nationen, vor allem an das *United Nations Development Program* (UNDP), an UNICEF, an UNESCO, an die *World Health Organization* (WHO), an den *United Nations High Commissioner for Refugees* (UNHCR), an die *United Nations Relief and Works Agency for Palestine Refugees in the Near East* (UNRWA), an das *World Food Program* (WFP), an die *Food and Agriculture Organization* (FAO), an den *United Nations Fund for Population Activities* (UNFPA) und andere mehr. Japan wurde in den achtziger Jahren auch aufgrund von Sonderbeiträgen zum größten Geberstaat von multilateraler Entwicklungshilfe.

## 6. Globale Entwicklungshilfe mit Schwerpunkt Asien

Japan vergibt bilaterale Entwicklungshilfe an 150 Staaten – und unterhält damit das umfangreichste Entwicklungshilfeprogramm von allen Geberstaaten. Für 34 Entwicklungsländer ist Japan der größte bilaterale Geberstaat. Fast 54 % der japanischen Entwicklungshilfe gehen immer noch an Staaten in Asien, weitere 12 % nach Afrika, etwa 8 % in den Mittleren Osten, weitere 9 % nach Latein-Amerika, *(vgl. Tabelle 2)*. Aus historischen, geographischen, ökonomischen und politischen Gründen hat Japan stets den Großteil seiner bilateralen Entwicklungshilfe an Staaten in Asien vergeben. Der regionale Schwerpunkt Asien wird klar widergespiegelt bei der Liste der zehn größten Empfängerländer; zu diesen gehören seit Jahren China, Indonesien, Indien, Philippinen und Thailand *(vgl. Tabelle 2)*.

Werden die Empfängerländer nicht nach Regionen, sondern nach Einkommensklassen geordnet, dann zeigt sich, daß Japan über Jahre hinweg etwa drei Viertel

*Tab. 2:* Geographische Verteilung bilateraler ODA (in v. H.)

| Regionen/Kontinente | | | Schwerpunktländer | | | |
|---|---|---|---|---|---|---|
| | 1980 | 1994 | | 1995 | 1990 | 1980 |
| Asien | 70,5 | 57,3 | China | 9,8 | 12,3 | 0,4 |
| Afrika | 11,4 | 11,8 | Indonesien | 8,3 | 16,9 | 11,2 |
| Mittl. Osten | 10,4 | 7,8 | Indien | 5,4 | 3,8 | 2,2 |
| L-Amerika | 6,0 | 8,6 | Philippinen | 5,1 | 5,9 | 4,7 |
| Europa | 0,0 | 1,4 | Thailand | 4,5 | 7,2 | 5,9 |
| Ozeanien | 0,6 | 1,3 | Pakistan | 2,4 | 2,6 | 3,6 |
| | | | Bangladesch | 2,3 | 5,5 | 5,0 |
| | | | Sri Lanka | 1,8 | 2,7 | 1,4 |
| | | | Mexiko | 1,6 | 0,3 | 0,5 |
| | | | Korea | 1,6 | 0,5 | 6,9 |
| Gesamt: (Mio. $) | 1 961 | 9 680 | 10 Länder | 42,8 | 57,7 | 41,8 |

*Quelle:* Zusammengestellt aus: Ministry of Foreign Affairs, Japan's ODA. Annual Report 1995, Tōkyō 1996 (verschiedene Jahre); und: OECD/DAC, Development Co-operation. 1996 Report, Paris 1997 (verschiedene Jahre).

seiner Entwicklungshilfe zwei Ländergruppen zukommen ließ. Dies waren zum einen die Gruppe der LICs (LIC: *Low Income Country*), deren Anteil in den neunziger Jahren zwischen 65 und 45 % lag, und zum anderen die Gruppe der MICS (MIC: *Middle Income Country*), die bis zu einem Viertel der gesamten Entwicklungshilfe erhielten. Der Anteil der ärmsten Entwicklungsländer (LLDC: *Least Developed Country*) wurde in den achtziger Jahren gesteigert und erreichte in den neunziger Jahren einen Anteil von bis zu 15 % der japanischen Entwicklungshilfe.

Gemessen an der Zahl der Empfängerstaaten betreibt Japan ohne Zweifel eine globale Entwicklungshilfepolitik. Der Schwerpunkt ist immer noch Asien, aber die anderen Weltregionen wurden über die Jahre hinweg aufgewertet. Vor allem aus politischen Gründen erhielten neun Staaten in den achtziger Jahren keine japanische Entwicklungshilfe, dies waren: Kambodscha, Laos, Vietnam, Afghanistan, Äthiopien, Angola, Libyen, Kuba und Nicaragua. In den vergangenen Jahren konnten verschiedene Regionalkonflikte gelöst werden, so daß – verstärkt durch das Ende des Kalten Krieges – Japan nunmehr bereits Entwicklungshilfe an diese Länder leistet bzw. entsprechende Länderprogramme in Vorbereitung sind. Ferner sind die meisten Nachfolgestaaten der ehemaligen Sowjetunion als Empfängerstaaten hinzugekommen.

## 7. Entwicklungshilfe als Mittel der Außenpolitik

Japan vergibt – wie alle anderen Geberstaaten auch – Entwicklungshilfe aus außen- und innenpolitischen sowie ökonomischen, sozialen, humanitären, ökologischen, bevölkerungspolitischen und in einem gewissen Umfang aus sicherheitspolitischen

Gründen. Es gibt jedoch japanische Besonderheiten. So bevorzugt Japan das breitere Konzept der *Economic Cooperation*, das neben der Entwicklungshilfe auch Handel, Investitionen und Technologietransfer umfaßt. Die Entwicklungshilfe soll *Aid for Promoting Self-Sustaining Development* sein. Dementsprechend hat die ökonomische Infrastruktur in den Entwicklungsländern für Japan Priorität vor der sozialen.

Für die Vervielfachung der japanischen Entwicklungshilfe in den vergangenen 20 Jahren waren nicht humanitäre oder ökonomische, sondern vor allem politische Motive ausschlaggebend, denn Japan verfolgte vor allem zwei Ziele: das Ansehen in der Welt zu verbessern und auf politischen Druck von außen zu reagieren. Japan hat seine Entwicklungshilfe in einem nicht unerheblichen Maße dazu verwendet, auf »Wünsche« der USA mit dem Ziel zu reagieren, die amerikanisch-japanischen Beziehungen zu verbessern. Amerikanischer Druck (*Gaiatsu*) hat somit in einem beträchtlichen Ausmaß die japanische Entwicklungshilfe bestimmt.

In diese Kategorie der »*Gaiatsu*-Entwicklungshilfe« gehören viele jener Leistungen an Entwicklungsländer, die von Kritikern als »strategische Entwicklungshilfe« bezeichnet werden. So stellt Jūichi Inada fest: »When people suggest that Japanese aid is strategic, what they are apt to mean is that it is being conducted in accord with US strategy.«[8] Es war Dennis Yasutomo, der die These von der »strategischen ODA« Japans in den Mittelpunkt seiner Untersuchung stellte. Auch er belegt, daß die Entwicklungshilfe vor allem als ein Instrument der Außenpolitik gegenüber den Vereinigten Staaten eingesetzt wurde. So berichtet Yasutomo von einer Liste mit 20 Ländernamen, die Japan im März 1983 von der amerikanischen Regierung übergeben wurde, die zusätzliche japanische Entwicklungshilfe erhalten sollten.[9]

Diese Länderliste wird zum Großteil von Robert Orr bestätigt, der Anfang der achtziger Jahre als Mitarbeiter der Reagan-Regierung an diesen Verhandlungen mit Japan beteiligt war. Robert Orr berichtet über die schwierigen, aber oftmals erfolgreichen Bemühungen der amerikanischen Regierung, ausgewählten Ländern mehr japanische Entwicklungshilfe zukommen zu lassen.[10]

## 8. Japanische Entwicklungshilfe: Mehr Schein als Sein?

Bei der Vervielfachung der japanischen Entwicklungshilfe stellte sich ein grundsätzliches Problem: Wie kann das Volumen vervielfacht und gleichzeitig die Qualität der Entwicklungshilfe erhöht werden? Die japanische Antwort lautete: mehr Großprojekte. Vor allem mit Infrastrukturmaßnahmen ließen sich große Finanzbeträge binden und relativ schnell ausgeben. Da die japanischen Behörden, die für die

8 Juichi Inada, Japan's Aid Diplomacy: Economic, Political or Strategic?, in: Millennium, 3 (1989), S. 399–414, hier: S. 402.

9 Vgl. Dennis T. Yasutomo, The Manner of Giving. Strategic Aid and Japanese Foreign Policy, Lexington, Mass. 1986, S. 104 ff.

10 Vgl. Robert M. Orr, Jr., The Emergence of Japan's Foreign Aid Power, New York 1990, insbesondere Kap. 5: Foreign Pressure: The Role of the United States, S. 103–136.

Verwaltung der Entwicklungshilfe zuständig sind, personell unterbesetzt waren und immer noch sind, war dies fast eine Notwendigkeit. Es gab zwei Auswege, die darin bestanden, entweder eine Erhöhung der multilateralen Entwicklungshilfe vorzunehmen oder japanische Entwicklungshilfe-Projekte durch ausländische Experten durchführen zu lassen. Japan hat ansatzweise von beiden Möglichkeiten Gebrauch gemacht. So wurde die multilaterale Entwicklungshilfe wesentlich ausgeweitet, und Japan wählte die *British Crown Agents*, um den Sonderfonds mit 600 Millionen Dollar ungebundener Entwicklungshilfe für Schwarz-Afrika umzusetzen.

Trotz der enormen quantitativen Ausweitung der japanischen Entwicklungshilfe in den achtziger Jahren ist die Kritik von seiten der DAC-Staaten und der Dritten Welt an Japan nie verstummt. Es wurden vor allem die Philosophie, die Zielsetzungen und die Qualität der japanischen Entwicklungshilfe bemängelt. Die wichtigsten Punkte der Kritiker waren: die im Vergleich härteren Vergabebedingungen sowie der geringere Schenkungsanteil; die vermeintliche Lieferbindung; der hohe Anteil an Infrastruktur-Großprojekten; die Konzentration auf Asien; der geringe Anteil an Grundbedürfnisprojekten; umweltpolitisches Desinteresse in der Entwicklungspolitik.

Tatsächlich vergibt Japan rund drei Viertel seiner Entwicklungshilfe in Form von Darlehen und nicht als Schenkung *(Grants)*. Über 40 % der Gesamthilfe werden für Infrastrukturprojekte (wirtschaftliche 27 und soziale 15 %) verwendet. Das sind Projekte, die dann oftmals von japanischen Firmen ausgeführt werden. Demgegenüber entfällt nur ein Drittel der Entwicklungshilfe auf Projekte zur Befriedigung der Grundbedürfnisse der Menschen. Beim Vergleich der Schenkungsanteile nimmt Japan sogar nur den letzten Platz unter den DAC-Staaten ein. Der Anteil für die ärmsten Entwicklungsländer liegt unter dem DAC-Durchschnitt, und der Anteil der technischen Entwicklungshilfe wurde zwar in den achtziger Jahren erheblich vergrößert, dennoch ist er nur halb so groß wie der DAC Durchschnitt.

Eine Reihe dieser Kritikpunkte läßt sich dadurch erklären, daß Japan von Anfang an aus historischen, kulturellen, ökonomischen und politischen Gründen einen Großteil seiner Entwicklungshilfe an asiatische Nachbarstaaten vergeben hat. Immer noch fließen etwa zwei Drittel der japanischen Entwicklungshilfe an asiatische Staaten, davon alleine 30 % an ASEAN-Staaten. Das erklärt zum Teil Japans schlechtes Abschneiden beim DAC-Vergleich, denn gerade die ASEAN-Staaten gehören nicht zu den ärmsten Entwicklungsländern. Gleichwohl werden sich in den kommenden Jahren Veränderungen im Hinblick auf die Aufteilung der japanischen Entwicklungshilfe ergeben, denn auf der Liste der zehn Schwerpunktländer für Japans ODA stehen neben Indonesien und Thailand auch Indien, China und Bangladesch – alle drei gehören zu den LLDCs, haben zusammen eine Bevölkerung von mehr als zwei Milliarden Menschen und hoffen auf zusätzliche Entwicklungshilfe aus Japan.

Andere Kritikpunkte werden immer noch angeführt, sind jedoch veraltet. So erhält Afrika inzwischen mehr Entwicklungshilfe aus Japan als von den USA oder von der ehemaligen Kolonialmacht Großbritannien. Beim Kriterium der Lieferbindung schneidet Japan sogar wesentlich besser ab als der DAC-Durchschnitt. 1996 hat Japan sogar 100 % seiner ODA-Kredite ungebunden vergeben. Bei anderen DAC-Normen hat Japan in den achtziger Jahren wesentliche Fortschritte erzielen können: So stieg der Schenkungsanteil für die ärmsten Entwicklungsländer auf über 90 %, der Anteil der Grundbedürfnishilfe auf über 30 %, und zwei Fünftel der japanischen

*Grant Aid* gehen nunmehr an die ärmsten Entwicklungsländer. Beim entwicklungspolitischen Entscheidungsprozeß lassen sich solche Verbesserungen allerdings nicht feststellen.

## 9. Bürokratische Defizite der japanischen Entwicklungshilfe

Für die japanische Entwicklungshilfe ist nicht eine zentrale Institution zuständig, vielmehr ist eine Vielzahl von Akteuren mit recht unterschiedlichen Aufgabenstellungen und Interessen am Entscheidungsprozeß über die Formulierung und Umsetzung der entwicklungspolitischen Überlegungen beteiligt. Japan war auf die Vervielfachung seiner ODA innerhalb eines Jahrzehnts institutionell, personell und konzeptionell nicht vorbereitet. Die Verdoppelungspläne wurden auf höchster politischer Ebene beschlossen, ohne den Entscheidungsprozeß anzupassen oder die Bürokratie entsprechend auszustatten.[11]

So werden die wichtigen Entscheidungen bei der Durchführung der japanischen Entwicklungspolitik von drei Ministerien (dem Außen- und Finanzministerium sowie dem Ministerium für Internationalen Handel und Industrie) und der *Economic Planning Agency* getroffen. Zwölf Ministerien sind in der einen oder anderen Weise an der Entwicklungshilfe beteiligt, zum Beispiel dadurch, daß sie Mitarbeiter auf Zeit in die Durchführungsorganisationen und Botschaften entsenden. Die bilaterale Entwicklungshilfe Japans wird entweder von der *Japan International Cooperation Agency* oder dem *Overseas Economic Cooperation Fund* durchgeführt. Beide sind ausführende Organe, die unter der Kontrolle eines Ministeriums stehen und keine eigenständige Politik durchführen können. Angesichts des Volumens der bilateralen Entwicklungshilfe handelt es sich um zwei relativ kleine Organisationen mit permanentem Personalmangel. Die Aufstockung des eigenen Personals war und ist in Japan aus finanzpolitischen und gesellschaftlichen Gründen besonders schwierig.

Über 95 % der entwicklungspolitischen Entscheidungen werden im japanischen Regierungssystem von der Bürokratie als ›Routineentscheidungen‹ getroffen; nur knapp 5 % gelten als ›politische Entscheidungen‹. An der überragenden Machtposition der Bürokratie kann nicht gezweifelt werden. Sie trifft die meisten Entscheidungen, sie besitzt die entwicklungspolitische Kompetenz, sie kann sich gegen Beeinflussung von außen relativ wirksam schützen. An dieser Situation hat sich in den achtziger Jahren recht wenig geändert. Insofern stimmt das Ergebnis von Alan Rix's Untersuchung im wesentlichen auch für die achtziger Jahre: »that bureaucratic interests were the main determinants of the articulation of Japan's aid and economic cooperation policies«.[12]

Zentrale Schwachpunkte der neuen Entwicklungshilfepolitik Japans waren von Anfang an neben der zu geringen personellen Ausstattung die ungenügenden In-

11 Zum entwicklungspolitischen Entscheidungsprozeß im japanischen Regierungssystem siehe: Bernhard May, Japans neue Entwicklungspolitik, (Anm. 5), Kap. 5, S. 101 ff.

12 Alan Rix, Japan's Economic Aid. Policy-Making and Politics, London 1980, S. 267.

stitutionen, die zu Problemen bei der Formulierung, Durchführung, Kontrolle und Anpassung der entwicklungspolitischen Aktivitäten und insgesamt zu einer vergleichsweise geringeren Qualität und Effektivität japanischer Entwicklungshilfe führten. Da Qualität und Effektivität keine wichtigen Kriterien der japanischen Entwicklungshilfe der achtziger Jahre waren, konnten bessere Ergebnisse kaum erwartet werden. Die ständige Kritik anderer Geberstaaten an diesen Schwachpunkten dürfte entscheidend dazu beigetragen haben, daß die japanische Regierung sich im vierten Verdoppelungsplan verpflichtete, das ODA-Management mit einer Reihe von Maßnahmen zu verbessern. Dies führte zu sichtbaren Erfolgen, die auch im DAC-Bericht lobend erwähnt werden.

## 10. Neue Zielsetzungen: Rhetorik und Realität

Ende der achtziger Jahre war der japanische Entwicklungshilfe-Haushalt auf nahezu 10 Mrd. Dollar angewachsen, doch Japan konnte seine Ziele nicht verwirklichen. So meldeten sich auch in Japan immer mehr Kritiker, die angesichts der aufgewendeten Finanzbeträge eine Neuausrichtung der Entwicklungshilfe forderten.

Erste Beschlüsse für eine Neuausrichtung hat die Regierung getroffen, und diese werden seitdem schrittweise umgesetzt. So hat die Regierung bereits im April 1991 (wenige Wochen nach dem Ende des Golfkrieges) die Basis für Japans ODA bestätigt, indem sie humanitäre Verantwortung für die Entwicklungsländer und das Prinzip des *Recognition of the Fact of Interdependency* anerkannte sowie vier neue Prinzipien für die Vergabe von Entwicklungshilfe formulierte. Im Juni 1992 wurden diese Prinzipien in einer »Official Development Assistance Charter« festgelegt.

Im einzelnen geht es um die Bemühungen der Empfängerländer im Hinblick auf:

a) die gleichzeitige Verwirklichung von Umweltschutz und Entwicklung;
b) verstärkte Bemühungen, die Verwendung von Entwicklungshilfe für militärische Zwecke oder zur Verschärfung internationaler Konflikte zu vermeiden;
c) erhöhte Aufmerksamkeit im Hinblick auf die Entwicklung der Militärausgaben der Empfängerstaaten sowie im Hinblick auf Entwicklung und Produktion von Massenvernichtungswaffen und Raketen, aber auch Waffenhandel;
d) aufmerksame Beobachtung von Entwicklungen in den Empfängerstaaten im Hinblick auf Demokratisierung, Marktöffnung und Menschenrechte.

Japan hat sich im Rahmen der OECD und des Weltwirtschaftsgipfels in London im Juli 1991 aktiv dafür eingesetzt, daß diese neuen Kriterien für Entwicklungshilfe auch von den anderen Geberstaaten unterstützt und angewandt werden.[13] Mittlerweile haben die Weltbank und mehrere Geberstaaten ebenfalls einen entsprechenden Politikwandel vollzogen.

---

13 So hat die Ministertagung der OECD in Paris im Juni 1991 – z. T. als Ergebnis japanischer Bemühungen – einen Kriterienkatalog verabschiedet, der auch die japanischen Kriterien beinhaltet; siehe: Kommuniqué der Ministertagung, abgedruckt in: EA, 17 (1991), S. D444–D462, hier insbesondere S. 457. Zum Londoner Gipfel siehe: Erklärungen der Staats- und Regierungschefs zum Weltwirtschaftsgipfel in London vom 15. bis 17. Juli 1991, abgedruckt in: EA, 17 (1991), S. D411–D427.

Erste klare Signale für den politischen Willen, die neuen entwicklungspolitischen Kriterien durchzusetzen, wurden in Tōkyō gegeben: Z. B. hat Japan erstmals im Falle des Putsches in Haiti im Herbst 1991 die Entwicklungshilfe ohne politischen Druck von außen gestoppt. Dies war ein wichtiger Testfall, der jedoch aufgrund der geringen Bedeutung Haitis für Japan keine Schlußfolgerungen für die zukünftige Politik zuläßt, denn die japanische Regierung hat in ähnlichen Situationen im Falle Myanmars (Birma) und Chinas, aber auch in Thailand und Peru recht unterschiedlich gehandelt. So hat Japan bereits im Herbst 1990, nur 15 Monate nach den Tiananmen-Platz-Ereignissen vom Juni 1989, die unterbrochene Entwicklungshilfe an China wieder aufgenommen. Dabei zeigte sich wiederum, daß China für die japanische Außenpolitik aus historischen, kulturellen, politischen und ökonomischen Gründen ein Sonderfall ist. Doch in den folgenden Jahren ließ die japanische Regierung immer deutlicher erkennen, daß sie Entwicklungshilfe für politische Zwecke einsetzen würde. Dabei zeigten sich dann sofort die Grenzen für ein solches Vorgehen.

Der Test für Japans Glaubwürdigkeit gegenüber China kam im Jahre 1995: Nachdem China im Mai 1995, nur wenige Tage nach der unbegrenzten Verlängerung des nuklearen Nichtverbreitungsvertrages, der China mit weiteren 170 Staaten zustimmte, einen Nukleartest durchführte, drohte Japan damit, die Entwicklungshilfe an China zu kürzen. Es blieb bei der Drohung; konkrete Maßnahmen wurden nicht beschlossen. Bereits im August 1995 führte China den nächsten Nukleartest durch. Die Regierung in Tōkyō mußte handeln und beschloß – für viele überraschend – eine Einfrierung der Entwicklungshilfe an China, und zwar solange, bis China auf weitere Nukleartests verzichten würde. Zwar betraf die Sperre nur einen kleinen Teil der gesamten Entwicklungshilfe an China, doch es war eine sehr wichtige symbolische Maßnahme, die Japans schrittweisen Bemühungen bei der Umsetzung der neuen Kriterien mehr Glaubwürdigkeit verschaffte und in China große Verärgerung erzeugte. Im Laufe des Jahres 1996 wurden diese Probleme zwischen China und Japan wieder beseitigt. Jedoch wurde die eingefrorene Entwicklungshilfe erst im März 1997 wieder freigegeben.[14]

Ähnlich sieht es im Falle Birma/Myanmar aus: Japan hatte nach dem Militärputsch vom September 1988 zwar seine Entwicklungshilfe an Birma eingefroren (allerdings die humanitäre Hilfe fortgesetzt), doch bereits im Februar 1989 hat Tōkyō die Militärregierung in Rangoon anerkannt und in diesem Zusammenhang die Entwicklungshilfe zum Teil wieder freigegeben. Ferner hat Japan als einziges wichtiges Partnerland den thailändischen Militärputsch im Februar 1991 nicht verurteilt und seine Wirtschaftshilfe nach kurzem Zögern fortgesetzt. Und nach dem Staatsstreich von Präsident Alberto Fujimori, einem Nachfahren japanischer Einwanderer, vom 5. April 1992 in Peru haben zwar die USA, Deutschland und andere westliche Geberstaaten ihre Entwicklungshilfe eingefroren, doch die Regierung in Tōkyō beschloß, die japanische Entwicklungshilfe fortzuführen.

Die Unterschiede im japanischen Verhalten in diesen fünf Fällen, Myanmar, China, Thailand, Haiti und Peru, lassen deutlich erkennen, welche Probleme Japan bei der Umsetzung seiner neuen entwicklungspolitischen Kriterien meistern muß. Die harten Entscheidungen der japanischen Regierung zur Durchsetzung dieser

14 In Nod to China. Japan Ends Ban on Grants, in: International Herald Tribune, 29–30. März 1997.

neuen Kriterien, d.h. die Umsetzung in praktische Entwicklungshilfepolitik stehen noch aus. Die Berücksichtigung der Militärausgaben der Empfängerländer, Demokratisierungsbemühungen, marktwirtschaftlicher Reformen, Menschenrechte und Umweltschutz bei der Vergabe von Entwicklungshilfe wird ein schwieriger und langwieriger Prozeß sein. Dabei muß die japanische Regierung eingefahrene Verhaltensweisen aufgeben, sich auf Konflikte in wichtigen bilateralen Beziehungen einlassen und insgesamt ein politisches Durchsetzungsvermögen beweisen, das dem japanischen Pragmatismus entgegensteht.

Doch Japan hat in den vergangenen Jahren nicht nur im Falle Chinas und Myanmars schrittweise mit konkreten Maßnahmen versucht, auf verschiedene Empfängerländer einzuwirken und damit insbesondere die Situation hinsichtlich der Menschenrechte und der Demokratisierung zu verbessern. Mit dieser Zielsetzung ist die japanische Regierung seit 1995 wieder mit Myanmar im Gespräch, doch bislang ohne Erfolg.

Seit Oktober 1992 ist zudem die japanische Entwicklungshilfe an den Sudan, seit März 1994 an Nigeria und seit September 1994 an Gambia unterbrochen. Ferner wurde die Entwicklungshilfe an Kenya und Malawi reduziert. Schließlich spricht Japan immer wieder mit Indien und Pakistan über deren Nuklearprogramme und fordert sie auf, dem Nichtverbreitungsvertrag beizutreten. Doch eine Reduzierung oder Unterbrechung der Entwicklungshilfe für diese beiden Staaten wurde bislang nicht beschlossen.

# 11. Entwicklungshilfepolitik: Der Wandel wurde eingeleitet

Die Vervielfachung der japanischen Entwicklungshilfe im letzten Jahrzehnt ging einher mit einer Ausweitung der Länderprogramme, einem verstärkten Engagement auf dem Krisenkontinent Afrika sowie einer schrittweisen Verbesserung der Qualität japanischer Entwicklungshilfe. Diese Veränderungen kamen zum Teil nach erheblichem politischen Druck von außen (*Gaiatsu*) zustande, insbesondere von seiten der OECD-Staaten. Japan hat diesem politischen Druck von außen zwar nachgegeben, dennoch blieb der regionale Schwerpunkt Asien erhalten. Und dies wird auch in Zukunft so bleiben.

Im Laufe der neunziger Jahre hat die japanische Regierung weitere Schritte unternommen, um auf die auch in Japan anhaltende Kritik zu reagieren und die neuen entwicklungspolitischen Leitlinien entsprechend der ODA-Charta von 1992 allmählich umzusetzen. So hat Japan verstärkte Bemühungen unternommen, Entwicklungshilfe für den Umweltschutz einzusetzen. Um auch internationaler Kritik Rechnung zu tragen, verkündete Japan bereits auf dem Umweltgipfel in Rio de Janeiro 1992 ein Umwelt-Sonderprogramm für die Jahre 1993–1998 mit einem Volumen an bilateraler und multilateraler Hilfe in Höhe von 7 bis 7,7 Milliarden US-Dollar. Mit einem Großteil dieser Mittel wurden Projekte im Bereich der Wasser- und Abfallwirtschaft durchgeführt. Der Schwerpunkt liegt zwar auch weiterhin auf der Verbesserung der Infrastruktur, doch Japan gibt nunmehr der sogenannten »weichen« Entwicklungshilfe ein größeres Gewicht. So gibt es mittlerweile japanische Projekte zur Unterstützung der Demokratie und marktwirtschaftlicher Reformen in der Mongolei, in Vietnam, in Kambodscha und auch in Laos. Aus japanischer Sicht sind dies schwerwiegende Veränderungen, die bei der Umsetzung zusätzliches qualifiziertes Personal voraussetzen, das allerdings nicht vorhanden ist.

Mit der *»Global Issues Initiative on Population and AIDS«* (GII) will Japan in den Jahren 1994–2000 mit einem Gesamtbetrag von drei Milliarden Dollar zur Bekämpfung von AIDS und zur Senkung des Bevölkerungswachstums einsetzen, und zwar in zwölf Hauptzielländern. Da die GII-Projekte sehr personalintensiv sind, zeigt sich auch hier die große Schwäche der japanischen Entwicklungshilfe, nämlich der Mangel an qualifiziertem Fachpersonal.

Die japanische Entwicklungshilfepolitik steht an einem Wendepunkt: Die Phase der massiv steigenden Entwicklungshilfe ist zu Ende. Schon in den Jahren 1995 und 1996 (jeweils plus 3,4 %) sowie in 1997 (plus 2,1 %) ist sie nur noch gering erhöht worden. Da die wirtschaftliche Lage sich weiter verschlechterte und die Haushaltsdefizite weiter anstiegen, konnte die Entwicklungshilfe nicht länger von den Kürzungen ausgenommen werden. So kam es nicht völlig überraschend, als die japanische Regierung im Juni 1997 ankündigte, daß im Rahmen der Finanzreformen die Entwicklungshilfe in den kommenden drei Haushaltsjahren gekürzt werde. Im Dezember 1997 beschloß die Regierung Hashimoto dann eine Kürzung der Entwicklungshilfe im Haushalt 1998 um 10,4 %. Dieser gewaltige Einschnitt in den Entwicklungshilfe-Haushalt dürfte auch dazu führen, daß Japan die seit 1992 gehaltene Position als größter Geberstaat von Entwicklungshilfe verlieren wird. Zwar wurden nicht alle Ausgabenbereiche der Entwicklungshilfe gekürzt. So blieb die multilaterale Entwicklungshilfe verschont, und die humanitäre sowie die umweltpolitische Entwicklungshilfe wurden sogar aufgestockt. Doch liegt der grundlegende Wandel darin, daß Entwicklungshilfe nicht mehr als ein zentrales Instrument der japanischen Außenpolitik gesehen wird

Japan wird wie andere Geberstaaten versuchen, mit einem geringeren Budget eine personalintensivere Entwicklungshilfepolitik zu betreiben und damit den Übergang von der quantitativen zur künftigen qualitativen Entwicklungshilfe einzuleiten. Japan wird dabei lernen, daß diese Art von Entwicklungshilfe eine viel größere Herausforderung an alle Beteiligten darstellt. Mit diesem eingeleiteten Wandel in der Entwicklungshilfepolitik wird eine grundlegende Diskussion über Ziele, Instrumente und Politiken der neuformulierten Entwicklungshilfe einhergehen müssen, die ebenfalls die altbekannte Frage der notwendigen bürokratischen Reformen einschließen wird.

# V. Umweltpolitik auf internationaler Ebene: Anpassungsdruck als »Motor des Fortschritts«

Hans Jürgen Mayer

»Japan strebt die globale Führungsrolle im Umweltschutz an« – mit dieser spektakulären Ankündigung zog die japanische Regierung 1992 die Aufmerksamkeit der Medien vor der UN-Konferenz für Umwelt und Entwicklung (UNCED) in Rio auf sich. Im selben Jahr setzten die japanischen Verhandlungsführer wie gewohnt ihren Widerstand gegen das Verbot des kommerziellen Walfangs durch die Internationale Walfang-Kommission (IWC) fort.

Zwischen diesen beiden Polen – ökologischen PR-Offensiven und zähem Widerstand gegen echten Umweltschutz – bewegt sich die offizielle Politik Japans in Umweltfragen. Prinzipiell als unzulässig empfundener Druck aus dem Ausland *(Gaiatsu)* spielt angesichts der unzureichenden Massenbasis der einheimischen Umweltschützer immer noch die entscheidende Rolle beim Einlenken Japans in Fragen des Artenschutzes oder des Giftmüllexportes. Interventionen aus den von japanischem ökologischen Raubbau besonders betroffenen Regionen Südostasien und Nordamerika wirken vor allem deshalb, weil Exportmärkte auf dem Spiel stehen.

Dic Einsicht, daß Umweltprobleme transnationale Erscheinungen sind und Japan als Verursacher wie Opfer schon im eigenen Interesse mit anderen Staaten bei der Ressourcenschonung und der Vermeidung giftiger Emissionen kooperieren sollte, gewinnt nur langsam an Boden. Energisches Handeln findet meist nur dann statt, wenn das eigene Territorium von außen geschädigt wird. Während die japanische Regierung die Verlagerung von »Schmutzindustrien« ins Ausland duldet, kümmert sie sich z. B. intensiv um die Bekämpfung der Schadstoffemissionen in China, die das Problem des sauren Regens in Japan verschärfen.

Japans ökologisches Verhalten auf internationaler Ebene folgt dem Muster: Raubbau, so lange es geht; verbale Zugeständnisse und Rückzug bei unüberwindbarem Druck. Immerhin haben die Unnachgiebigkeit ausländischer Regierungen und die Aktivitäten von Umweltorganisationen wie Greenpeace und World Wildlife Fund Tōkyō in die Defensive getrieben.

Vergleichsweise günstig steht Japan bei der Emission von $CO_2$, Schwefel- und Stickoxiden da. 1987 betrug der Anteil am Treibhauseffekt durch Emission von Kohlenstoff immerhin noch 4,7 %. Bei den beiden Hauptverursachern des sauren Regens – Schwefel- und Stickoxiden – waren es dagegen nur 1,1 % bzw. 2,1 % der globalen Belastung. Lediglich bei den FCKWs muß ebenso wie in den anderen Industriestaaten konsequent für Ersatz gesorgt werden.[1] Dies sind vorzeigbare Er-

1 Hanns W. Maull, Japans internationale Umweltpolitik, in: Europa-Archiv, 17 (1991), S. 505 f.

folge, obwohl eine konsequente Energieeinsparungspolitik (z. B. Reduzierung des Verkehrs, Abschaffung des *Just-In-Time*-Liefersystems der großen Unternehmen) nicht in Sicht ist.

Auf dem Umwelt-Gipfel von Rio versuchte Tōkyō durch die Ankündigung, 7,7 Milliarden US-Dollar binnen fünf Jahren für »grüne Projekte« in der Dritten Welt aufzuwenden, Sympathien zu gewinnen. Dies war insofern dringend angezeigt, als Japan – abgesehen von Entgiftungsmaßnahmen bei den Schloten der heimischen Industrie – den Ruf des globalen Umweltsünders nicht los wird. Die Hauptangriffspunkte sind der Export von Umweltproblemen, der enorme Anteil an der Vernichtung der tropischen Regenwälder sowie die Haltung zum Artenschutz.

Ähnlich wie die Konzerne anderer Industriestaaten haben japanische Unternehmen zwecks Umgehung von Umweltauflagen Teile ihrer Produktion – mit Zustimmung der Regierung – in Entwicklungsländer verlagert. Die Folgen sind vergleichbar. So wurde das Chemieunternehmen »Asian Rare Earth« (ARE) mit Sitz in Ipoh (Nordwest-Malaysia) und einem Anteil von 35 % des Konzerns Mitsubishi Kasei Corp. zur Schließung verurteilt. Der Vorwurf lautete, ARE habe die bei der Förderung von Rohstoffen für die Herstellung von TV-Bildschirmen angefallenen radioaktiven Abfälle achtlos und mit schlimmen Folgen für die örtliche Bevölkerung verkippt. Der Skandal veranlaßte das MITI zur Aufforderung an die Industrie, bei Auslandsinvestitionen die Umweltgefährdung mehr als bisher zu berücksichtigen.[2] Erst ein Jahr zuvor war angekündigt worden, Japan wolle mit der JETRO als Schaltstelle Umwelttechnologien in den ASEAN-Staaten fördern.[3]

Bei der Abholzung der tropischen Regenwälder spielt Japan direkt oder indirekt eine entscheidende Rolle. Der Anteil am Welthandel mit Tropenholz lag vor der Rio-Konferenz bei 28 %. Der hohe Außenwert des Yen in Kombination mit extrem niedrigen Preisen für Edelhölzer aus Tropenwäldern führte zur drastischen Reduzierung des Holzeinschlages auf dem japanischen Archipel; 1992 deckte Japan seinen Holzbedarf zu ca. 75 % aus dem Ausland, mit Südostasien als Hauptbezugsquelle.[4] Eine von deutschen Umweltverbänden erstellte Liste der an der Zerstörung der Tropenwälder beteiligten Konzerne aus dem Jahre 1990 liest sich wie ein Auszug aus der Ivy-League der japanischen Industrie.[5]

Bekundungen von Konzernen und Politik, künftig die Regenwälder zu schonen, müssen erst noch umgesetzt werden. Dazu gehört auch die Unterbindung illegaler Importe, wie sie beispielsweise von den Philippinen und bei einer Tōkyō-Visite vom damaligen UN-Generalsekretär Boutros-Ghali angemahnt wurde.[6] Der Kahlschlag der Regenwälder wäre allerdings ohne die Zustimmung der über sie verfügenden Länder, die mit den holzimportierenden Staaten in der *International Tropical Timber Organization* (ITTO) zusammengeschlossen sind, nicht möglich.

Auch beim Artenschutz betätigt sich Japan als Bremser. Zwar unterschrieb Tōkyō 1980 die Artenschutzkonvention CITEC *(Convention on International Trade in Endangered Species of Wild Fauna and Flora)*, bleibt jedoch mit Ausnahmevor-

2 Reuter, Asien engl. v. 13. 7. 1992.

3 Handelsblatt v. 27. 8. 1991; ARE darf nach höchstrichterlichem Spruch in Malaysia wieder produzieren.

4 Hanns W. Maull, (Anm. 1), S. 507; Far Eastern Economic Review v. 4. 3. 1993, S. 43.

5 Süddeutsche Zeitung v. 15. 9. 1990.

6 Deutsche Presse Agentur v. 15. 2. 1992 u. 27. 10. 1992.

behalten für 14 Arten Spitzenreiter. Auch fünf Jahre später nahm Japan die Position Nr. 1 beim Handel mit gefährdeten Tierarten ein.[7] Massiver internationaler Druck bewirkte schließlich die Abkehr vom Import von Schildpatt und Elfenbein.

Internationaler Druck war auch für die Aufgabe des Treibnetzfischfanges entscheidend. Hier leistete Japan bis zum letzten Moment hinhaltenden Widerstand. Das Festhalten an den »Wänden des Todes« wurde mit technisch-wissenschaftlichen Argumenten (»Keine Gefährdung von Beständen«, »Fang bestimmter Meerestiere anders nicht möglich«, »Treibnetze lassen sich ökologisch verträglich konstruieren«) begründet. Wie beim Walfang wurden die Argumente ausländischer Regierungen und von Umweltschutzorganisationen als unbegründet oder emotional zurückgewiesen sowie als »Rache des Westens für die japanische Exportoffensive« denunziert.[8] Hinweise, daß der »Kahlschlag der Ozeane« auch das eigentliche Fangobjekt, den Thunfisch, ausrotte, wurden ignoriert. Für die mit 600 Schiffen weltgrößte Treibnetzflotte kam deshalb die Ankündigung Tōkyōs, ab 1. Januar 1993 auf diese Fangtechnik zu verzichten, überraschend. Den Hintergrund für den Rückzug bildete die UNO-Resolution gegen den Treibnetzfang, die auf Betreiben der USA nach dem Scheitern bilateraler Verhandlungen mit Japan verabschiedet worden war.[9]

Für Außenstehende wie auch für viele Japaner selbst völlig unverständlich ist das unerbittliche Festhalten am kommerziellen Walfang. Weder können die wenigen tausend Arbeitsplätze noch ernährungsspezifische Bedürfnisse der größten Fischfangnation der Erde das Beharren auf der Jagd nach den Meeressäugern erklären. Der erst ab 1906 in industriellem Maßstab betriebene Walfang wird jedoch in Japan zu einem Symbol für die Verteidigung urjapanischer Werte gegen ausländisches Diktat hochstilisiert. Der Widerstand gegen konsequente Schutzmaßnahmen reicht von heftigen Verbalattacken (»Die Fleischesser wollen die Fischesser terrorisieren«) über im Fernsehen übertragene demonstrative Walfleischverzehrpartys mit Prominenten bis hin zum – mißglückten – Versuch, eine pazifische Gegenorganisation zur Internationalen Walfang-Kommission (IWC) zu gründen.[10]

Bei der IWC-Konferenz im Mai 1993 in Kyōto scheiterte Japan mit dem Versuch, zumindest eine Genehmigung für den Fang von Zwergwalen zu bekommen; es blieb bei der Reduzierung des sogenannten »wissenschaftlichen Walfangs« auf rund 300 Zwergwale, die zwangsläufig in den Gourmetrestaurants verzehrt werden. Lediglich Boykottdrohungen von Umweltschützern halten die Exportnation letztlich davon ab, wie Norwegen ohne Rücksicht auf IWC-Beschlüsse die kommerzielle Jagd wiederaufzunehmen. Der französische Vorschlag, in der Antarktis südlich des 40. Breitengrades eine Walschutzzone einzurichten, scheiterte zunächst vor allem am japanischen Widerstand. Diese Schutzzone wurde im Mai 1994 auf der Jahrestagung der IWC im mexikanischen Puerto Vallarta schließlich mit 23 Stimmen bei sechs Enthaltungen beschlossen; Norwegen entzog sich der Abstimmung, und die einzige Gegenstimme gab Japan ab. Der japanische Delegierte kritisierte den Beschluß, durch den für 50 Jahre eine Zone von 21 Millionen Quadratkilometern zum Schutz von etwa 90 % der noch existierenden Wale abgesteckt wurde, als »Diktat« –

7 Far Eastern Economic Review v. 25. 4. 1985. S. 20.
8 Deutsche Presse Agentur v. 12. 11. 1991.
9 Deutsche Presse Agentur u. Reuter, Asien engl. v. 26. 11. 1991.
10 Der Spiegel v. 2. 10. 1989. – Reuter, Asien engl. v. 14. 9. 1992.

die IWC-Staaten seien unter Druck gesetzt worden. Angesichts dieser Haltung ist eine Trendwende bei den Verbalattacken gegen Umweltschützer, die bisweilen als »Umweltfaschisten und Ignoranten« bezeichnet werden, wohl nicht zu erwarten.[11]

Mittlerweile hat sich das Image Japans als Umweltschutznation weiter verschlechtert. Positiv zu Buch schlagen lediglich zwei Entwicklungen. Einmal wurde der Fischfang in der früher extrem quecksilberverseuchten Buch von Minamata nach jahrzehntelangen Sanierungsarbeiten wieder für unbedenklich erklärt; zum anderen wurde das bisherige Amt für Umweltschutz 1997 im Zuge einer Kabinettsumbildung endlich in den Rang eines Ministeriums erhoben. Dieser Schritt war möglicherweise auch eine Reaktion auf eine Reihe von schwerwiegenden Unfällen vor allem im Kernenergiebereich, die Japans Ruf ramponiert haben. Die Regierung setzt weiterhin auf Kernenergie in jeder Form mit einem geschlossenen nuklearen Kreislauf, der – wie Kritiker anmerken – möglicherweise nur deshalb so konsequent angestrebt wird, um sich die Option auf die Entwicklung von Kernwaffen im Falle einer extremen Bedrohung offenzuhalten. Solange der Sicherheitsvertrag mit den USA bestehen bleibt, handelt es sich dabei um eine höchst theoretische Option.[12]

In den Jahren 1995–1997 erlitt diese Politik Rückschläge von bisher nie dagewesener Dimension. 1995 mußte der Schnelle-Brüter-Prototyp »Monjū« nach einem schweren Störfall abgeschaltet werden; anschließend verließ das Bedienungspersonal das Betriebsgelände für 12 Stunden und überließ damit den havarierten Reaktor sich selbst. In der Öffentlichkeit herrschte Empörung sowohl über den Störfall des angeblich sicheren Schnellen Brüters als auch über den Dilettantismus der offenbar für den Beinahe-Gau nicht ausreichend ausgebildeten Reaktormannschaft. Trotz der Stillegung des »Monjū« hielt die Regierung zunächst eisern an der Fortführung des Brüter-Programms fest. Anfang Oktober 1997 zeichnete sich jedoch schließlich als Konsequenz der offenbar auch in Japan nicht beherrschbaren Brütertechnologie die Entscheidung ab, das Projekt, das gegen 2030 zum kommerziellen Einsatz von Schnellen Brütern führen sollte, zunächst auf die Experimentierphase zu begrenzen und andere Formen der Energieversorgung im Hinblick auf eine langfristige Perspektive zu prüfen. Im Frühjahr desselben Jahres zerstörte eine Explosionsserie in der Wiederaufarbeitungsanlage Tokaimura den Mythos der angeblich sicheren Kernenergie weiter. Die für die Entwicklung der Kernenergie zuständige Gesellschaft geriet nun wegen Vertuschung und Verharmlosung des Störfalles in die Schlußlinie der Regierung, die den Ausbau gerade dieser Energieart jahrzehntelang forciert und gegen jegliche Kritik abgeschirmt hatte. Der Vertrauensverlust in der Bevölkerung fand seinen Niederschlag im Bürgerentscheid der Stadt Maki. Dort lehnte eine klare Mehrheit schon vor dem Störfall von Tokaimura den Bau eines AKWs in der unmittelbaren Umgebung ab, obwohl die Kommune im Falle der Zustimmung nach bewährtem Muster mit erheblichen finanziellen Zuwendungen der Betreibergesellschaft hätte rechnen können.[13]

---

11 Robert Delfs, The Right To Hunt, in: Far Eastern Economic Review v. 27. 5. 1993, S. 16; Der Spiegel v. 17. 5. 1993; dpa v. 11. 8. 1992; Süddeutsche Zeitung v. 28. 5. 1994.

12 Kent E. Calder, Asia's Deadly Triangle. How Arms, Energy and Growth Threaten to Destabilize Asia Pacific, London 1996, S. 66 ff., 74 ff.

13 Political Meltdown, in: Economist v. 19. 4. 1997, S. 65; Reuter, Asien engl. v. 16. u. 17. 4. sowie 1. 10. 1997; Nuclear Bombshells. Accidents and Cover-Ups Threaten to Derail Tokyo's Energy Program, in: Far Eastern Economic Review v. 8. 5. 1997, S. 19 f.

Die Erosion des Ansehens als umweltorientierte Nation vollzog sich auf internationaler Ebene weitaus weniger spektakulär. Gegen alle Widerstände wurde der sogenannte wissenschaftliche Walfang fortgesetzt. Ebenso wenig überrascht, daß Japan sich bei der Artenschutzkonferenz von Harare 1997 beim Thema »Erhaltung der Elefanten« bedeckt hielt, jedoch sofort danach als Abnehmer der bisher für den Verkauf gesperrten Elfenbeinvorräte auftrat.[14] Daß ein Ende der künstlerisch hochwertigen Elfenbeinschnitzerei bedauerlich wäre, steht auf einem anderen Blatt.

Auch vor der Klimaschutzkonferenz von Kyōto im Dezember 1997 verzichtete Japan auf eine Vorreiterrolle. Tōkyō widersetzte sich zusammen mit den USA dem Vorschlag der Europäischen Union, demzufolge die Industriestaaten den Ausstoß der Treibhausgase Kohlendioxid, Methan und Stickoxid um 7,5 % bis zum Jahr 2005 und um 15 % bis zum Jahr 2010 gemessen am Stand des Jahres 1990 verringern sollten. Tōkyōs Vorschlag lief dagegen auf eine durchschnittliche Reduzierung um 5 % zwischen den Jahren 2008 und 2012 auf der Basis des Jahres 1990 hinaus. Dabei sollte jedes Land die Wahlmöglichkeit haben, den eigenen Ausstoß von Treibhausgasen entweder bezogen auf das gesamte Bruttoinlandsprodukt zu errechnen oder aber auf Pro-Kopf-Basis. Ferner wurde vorgeschlagen, eine Koppelung zwischen den Emissionen und dem Bevölkerungswachstum herzustellen. Auch »Pluspunkte« wie Maßnahmen zur Energieeinsparung sollten das Maß der zu vereinbarenden Reduzierungen beeinflussen, d. h. einzelnen Ländern auf diese Weise geringere Abbauziele erlauben. Außerdem sahen Tōkyōs Vorgaben auch den Handel der Vertragsstaaten untereinander mit den vereinbarten Abbauquoten vor.

Für Japan selbst hätte dieser Vorschlag aufgrund seiner bisher vorgenommenen Energieeinsparungsmaßnahmen ein Reduktionsziel von 2,5 % bedeutet; auch die Vereinigten Staaten wären wegen der Koppelung ihres Ausstoßes an Treibhausgasen an das bekannt hohe Bevölkerungswachstum deutlich unter dem 5 %-Ziel geblieben. Für die fortgeschrittenen Industriestaaten wurde eine Reduzierung von generell 3 % angepeilt. Tōkyōs Klimaschutzvorschlag festigte den informellen Schulterschluß Japans mit Washington. Für die Vereinigten Staaten mit einem Anteil von 22 % am weltweiten CO2-Ausstoß war die japanische Positionsbestimmung ein angenehmer Flankenschutz.[15] Mit dem Ergebnis der Konferenz von Kyōto – 6 % Reduzierung der Treibhausgase bis zum Jahr 2012 für Japan, 7 % für die USA und 8 % für die EU – hatte Tōkyō sein Verhandlungsziel erreicht, nämlich nicht mehr als das Unvermeidliche unternehmen zu müssen.

War Japan zeitweilig stolz darauf, zumindest vordergründig eine umweltpolitische Spitzenposition einzunehmen, so ist dieser Anspruch mittlerweile aufgegeben worden. Der Vorrang der Ökonomie gegenüber der Ökologie ist offensichtlich. Bestritten wird er lediglich von den Umweltschutzorganisationen, die sich – trotz beachtlicher Resonanz bei Einzelfragen wie der Kernenergie – weiterhin auf »das Bohren dicker Bretter« konzentrieren müssen.

---

14 Japan: Whaling Ban? Maybe in Mexico, but not here. IPS Environment Bulletin, v. 19. 10. 1996; Reuter Asien engl. v. 12. 5. u. 19. 6. 1997.

15 dpa v. 28. 6., 5. 9. u. 6. 10. 1997; AP v. 7. 8. 1997; Reuter Asien engl. v. 16. 7. u. 22. 9. 1997; Süddeutsche Zeitung v. 7. 10. 1997; IPS v. 13. u. 16. 12. 1997.

# VI. Japan und die USA: Eine Partnerschaft mit Haken und Ösen

Hans Jürgen Mayer

Das japanisch-amerikanische Verhältnis ist vielschichtig und widersprüchlich. Vordergründig gibt es auf seiten der USA eine tiefe Bewunderung für die unvergleichlich viel ältere und faszinierende Kultur Japans, die Effizienz der japanischen Industrie, das – trotz aller auch in Japan kritisierten Defizite – System der Allgemeinbildung und die vergleichsweise geringe Kriminalität.

Auf die beengt lebenden Japaner wiederum üben die Vereinigten Staaten, das einzige Land, das jemals das Kaiserreich erobern konnte, eine enorme Anziehungskraft aus. Ein Aufenthalt in den USA ist für viele Japaner wegen des dort weitaus größeren Entfaltungsspielraumes die Erfüllung eines Lebenstraumes. In Japan selbst hat der amerikanische Lebensstil, angefangen bei Rock'n Roll und Jazz bis hin zu McDonald und Kentucky Fried Chicken einen Siegeszug absolviert.

Zugleich ist das Verhältnis der beiden Vormächte im Pazifik von Haßliebe geprägt. Die Ursachen sind Dankbarkeit auf seiten Japans für die durch das US-Besatzungsregime ermöglichte erste echte Demokratie, daneben ein Ressentiment in konservativen Kreisen wegen der nie verwundenen Niederlage im Zweiten Weltkrieg. Die USA schätzen Japan als bis vor kurzem einzigen asiatischen Musterknaben in Sachen Demokratie und als Kooperationspartner in Sicherheitsfragen vom Koreakrieg bis hin zur Spätphase im Kalten Krieg. Dagegen weckt die cleverrücksichtslose Exportoffensive japanischer Konzerne die Furcht, Japan wolle die militärische Niederlage von 1945 an der »ökonomischen Front« wettmachen.

Die wechselseitige militärische und ökonomische Abhängigkeit bei latenter gegenseitiger Abneigung ist der Nährboden für das Wiederaufkommen überwunden geglaubter Ressentiments. Das Zweckbündnis der beiden größten pazifischen Demokratien ist deshalb brüchig, obwohl Japan sich als Teil des Westens versteht.

## 1. Sicherheitspolitische »Partnerschaft«

Japan ist für die USA seit 1945 der Eckpfeiler in einem Stützpunktsystem, das über Südkorea und Australien bis in den Indischen Ozean reicht und militärische Einsätze im Nahen und Mittleren Osten erleichtert. Seit der Annäherung zwischen Washington und Peking und dem Zerfall der Sowjetunion hat diese Kette von Militärbasen, die vor allem den kommunistischen Machtbereich in Asien einkreisen sollte, an Bedeutung verloren. Die Präsenz der USA wird jedoch in weiten Teilen Asiens weiterhin als Rückversicherung gewünscht.

Das gilt auch für Japan, für das allerdings zur Zeit nur Nordkorea noch eine zwar begrenzte, jedoch zunehmend beunruhigende Gefahr darstellt. Sollte jedoch China den Ausbau seiner Flotte bis hin zur Fähigkeit, wie früher die Sowjetunion, die Versorgungsrouten Japans zu unterbrechen, vorantreiben, wäre dies ein zusätzliches Argument für US-Luftwaffen und Marinebasen in Japan. Wie wichtig Japan als »Hinterland« für US-Operationen ist, hat sich vom Koreakrieg bis hin zum Eingreifen in Vietnam gezeigt. Auch heute noch ist die strategische Bedeutung der Militärbasen trotz des Endes des Kalten Krieges unbestritten. Die Stützpunkte zwischen Hokkaidō und Okinawa stehen allerdings mittlerweile mehr als bisher in der Kritik. Jahrzehntelang galten sie zwar als lästig, aber unentbehrlich. Inzwischen hat sich speziell auf Okinawa nach der Vergewaltigung eines zwölfjährigen Mädchens durch drei GIs im Jahre 1995 auf der mit Stützpunkten gespickten Insel in der Bevölkerung eine tiefe Aversion gegen die US-Basen ausgebreitet. Trotz einer Protestwelle und eines juristisch allerdings nicht verbindlichen Referendums auf der Inselgruppe, bei dem 89 % für eine Neuverhandlung des Stationierungsabkommens votierten, setzte die Regierung die Verlängerung der Pachtverträge mit den US-Truppen durch. Die Schließung von sechs militärischen Anlagen reduzierte das von amerikanischen Truppen genutzte Areal um ein Fünftel. Dennoch ist Okinawa nach wie vor der wichtigste US-Stützpunkt in Asien. An der Gesamtzahl von in Japan stationierten 47 000 GIs hat sich nichts geändert.[1] Mittlerweile hat die Zahl der Befürworter der Basen wieder zugenommen, da die Einnahmen aus den Stützpunkten zu den wenigen tragenden Säulen des wirtschaftlich schwachen Okinawas gehören. Japan hat bei allen Vorbehalten gegen eine Dominanz durch die USA seine Sicherheit lange Zeit ausschließlich Washington anvertraut. Der Korea- wie der Vietnamkrieg wirkten als gigantische Konjunkturprogramme; einen militärischen Beitrag konnte und wollte Tōkyō nicht leisten.

In den USA, die Japan zunächst ganz bewußt entmilitarisiert hatten, entstand in dem Maße, in dem sich das japanische Wirtschaftswunder entfaltete, Kritik an der Zurückhaltung Tōkyōs bei der Wiederaufrüstung. Japan, so der Vorwurf aus den Vereinigten Staaten, überlasse den USA die Bürde, die Freiheit in Asien von Korea bis Vietnam zu wahren; mehr noch: Die Japan AG nutze diese Situation zur Eroberung des US-Marktes durch die eigene Industrie aus, die durch die Konzentration auf Konsumgüter einen entscheidenden Wettbewerbsvorteil herausgearbeitet habe. Japan weist diese Kritik zurück und argumentiert – in dieser Hinsicht durchaus zutreffend –, Washington könne nicht einerseits Japan entwaffnen und andererseits dem einstigen Kriegsgegner jegliche Friedensdividende verweigern. Außerdem würde Washington ein militärisch starkes Japan als potentiellen machtpolitischen Konkurrenten in Asien ohnehin nicht wünschen.

Japan ist mit dem bisherigen Arrangement, eine hochmoderne, aber zahlenmäßig kleine Armee aufzubauen und den USA die Abwehr echter existenzieller Bedrohungen zu überlassen, gut gefahren.[2] Das latente Mißtrauen zwischen beiden

1 Süddeutsche Zeitung v. 16. 4. 1996 u. Frankfurter Rundschau v. 8. 9. 1997.
2 Makoto Momoi, Basic Trends in Japanese Security Policies, in: Robert A. Scalapino (Hrsg.), The Foreign Policy of Modern Japan, Berkeley – Los Angeles – London 1977, S. 352.

Staaten zeigt sich darin, daß die USA einerseits Japan mit Spitzenerzeugnissen der amerikanischen Rüstungsindustrie ausrüsten wollen, andererseits gemeinsame Rüstungsprojekte am nicht ganz unberechtigten Mißtrauen des Pentagon scheitern, japanische Konzerne würden sich nur deshalb für derartige *Joint Ventures* interessieren, weil sie sich dadurch das militärische Know-how der US-Rüstungsschmieden aneignen könnten. Die in den Vereinigten Staaten virulente Sorge vor einer Abhängigkeit von japanischen Mikrochips, ohne die militärische Hardware nutzlos ist – zweitweilig stammten 80 % der in US-Waffensysteme eingebauten Halbleiter aus Japan – ist noch nicht völlig verflogen. Im Bereich der Halbleitertechnologie haben die USA »nachgerüstet«; ferner ist die Beinahe-Dominanz Japans bei Mikrochips auch durch weitere Konkurrenten wie Südkorea gebrochen worden. Ebenso wichtig ist auf japanischer Seite die Einsicht, daß Sicherheit ohne den übermächtigen Partner nicht zu haben ist und es somit als unsinnig erscheint, Träumen nachzuhängen, man könne die Garantiemacht technologisch »an die Kandarre« nehmen, ohne langfristig den Schutzschirm zu verlieren.

Abschreckung gegen Kernwaffenprogramme anderer Staaten – Nordkorea wurde erstmals 1994 im Verteidigungsweißbuch anstelle Rußlands als Hauptbedrohung genannt – können allein die USA bieten. Deshalb mußte sich Tōkyō in die Kooperation mit Washington einbinden lassen, um die Gefahr zu neutralisieren, die von den nordkoreanischen als Kernwaffenträger geeigneten Mittelstreckenraketen ausgeht. Deshalb auch war trotz anfänglichen Desinteresses Japans Beteiligung an dem Vier-Länder-Konsortium KEDO (*Korean Energy Development Organization* unvermeidlich. KEDO finanziert die Leichtwasserreaktoren, welche die nordkoreanischen Graphitreaktoren ersetzen werden, in denen kernwaffentaugliches Spaltmaterial anfällt.

Im Frühjahr 1997 vereinbarten Japan und die USA die Ausweitung der Sicherheitskooperation, die nunmehr die logistische Unterstützung der Vereinigten Staaten durch Japan – mit Ausnahme der Lieferung von Waffen und Munition – nicht nur für den Fall eines Angriffs auf Japan vorsieht, sondern auch bei Krisen »in Japan umgebenden Regionen«. Im Rahmen dieser schwammigen Formel dürfen sich die japanischen Streitkräfte erstmals an der Überwachung der Einhaltung von UN-Sanktionen sowie an Minenräumaktionen beteiligen. Die Teilnahme an Kampfeinsätzen an der Seite der US-Verbände ist jedoch weiterhin ausgeschlossen. Im September 1997 verabschiedeten Washington und Tōkyō die dementsprechenden »Richtlinien der Verteidigungskooperation«. Außer der bereits skizzierten Unterstützung der amerikanischen Streitkräfte durch Japan im Krisenfall wurde eine enge Kooperation im Falle eines Fernraketenangriffs auf Japan inklusive der Bereitstellung eines eventuell benötigten Gegenschlagpotentials vereinbart. Regelungen wie die Erarbeitung eines gemeinsamen Verteidigungsplanes, Austausch von sicherheitsrelevanten Informationen, Evakuierung von Ausländern aus Krisengebieten, die Versorgung von US-Soldaten mit Lebensmitteln und Treibstoff, der Transport von GIs durch japanische Schiffe, die Bekämpfung »unkonventioneller« – terroristischer? – Angriffe auf Japan etc. entsprechen der seit vielen Jahren verfolgten Abkehr Tōkyōs vom Verteidigungsminimalismus, wie er in Artikel 9 der Verfassung festgeschrieben ist.

Für die weiterhin auf japanische militärische Präsenz allergisch reagierenden asiatischen Nachbarstaaten bedenklich ist die unklare geographische Eingrenzung der neudefinierten amerikanisch-japanischen Kooperation. Daß China sofort Einspruch erhob gegen eventuelle gemeinsame Aktivitäten Washingtons und Tōkyōs im Raum Taiwan, war deshalb folgerichtig.[3]

Auch künftig wird das von beiden Seiten nur bedingt geliebte, aber notwendige Sicherheitsarrangement bestehen bleiben. Unter dem Schutz des amerikanischen Nuklearschirmes kann Tōkyō seinen außen- und sicherheitspolitischen Aktionsradius vorsichtig ausdehnen. Angesichts der Unbeliebtheit Japans im asiatisch-pazifischen Raum bietet die gegenwärtige Konstellation beiden Seiten erhebliche Vorteile. Gäbe es die Sicherheitspartnerschaft nicht, müßte Tōkyō angesichts des Rüstungswettlaufes in Asien vielleicht eines Tages ernsthaft eine nukleare Option erwägen. Das Sicherheitsarrangement von 1997 bestätigt im übrigen, daß Japan in der Asienpolitik der Vereinigten Staaten nach wie vor die Schlüsselposition einnimmt.

## 2. Handel als trennendes Element

Die japanisch-amerikanischen Wirtschaftsbeziehungen haben sich wie im Gedicht vom Zauberlehrling entwickelt. Mit der Initialzündung durch den Koreakrieg und von den USA begrüßt begann der industrielle Wiederaufstieg Japans, der Anfang der sechziger Jahre mit phänomenalen Wachstumsraten auch im Handel ein Wirtschaftswunder einleitete, das dem deutschen gleichkam. Die Genugtuung Washingtons über den – nach der Bundesrepublik Deutschland – zweiten Musterschüler unter den ehemaligen Kriegsgegnern wich jedoch bald der Ernüchterung, als die japanische Industrie zum Sprung auf den US-Markt ansetzte. Den anfänglich belächelten, wenn auch begehrten Einfachprodukten wie billigen Transistorradios folgten hochwertige und oft – im Vergleich zu US-Produkten – bessere TV/Video-Erzeugnisse und Autos. Das allein hätte allerdings nicht ausgereicht, Japan und die USA zeitweilig an den Rand eines Handelskrieges zu führen.

Ausschlaggebend für die permanenten und zeitweilig sehr rüden Auseinandersetzungen über den 1992 auf rund 50 Mrd. US-Dollar angestiegenen Überschuß Japans im bilateralen Handel waren vor allem in dieser Phase folgende Faktoren:

- das von den USA behauptete und zum Teil bewiesene Dumping japanischer Konzerne,
- die damit verbundene Markteroberungsstrategie, die im Bereich TV-Video-Radio zur Vernichtung der amerikanischen »Platzhirsche« geführt hat,
- das Vordringen japanischer Konzerne auf den relativ offenen US-Markt unter gleichzeitiger Abschottung des japanischen Marktes.[4]

Das bis 1991 bewunderte japanische Erfolgsmodell einer Mischung aus Plan- und Marktwirtschaft, das bis zum Platzen der »Seifenblasenökonomie« der amerikanischen wie auch teilweise der deutschen Wirtschaftspolitik überlegen galt, war dabei

3 Economist v. 14. 6. 1997, S. 14 u. 67; Handelsblatt v. 15. 9. 1997; AFP v. 19. 9. 1997.
4 Clyde V. Prestowitz jr., Trading Places. How America Allowed Japan To Take the Lead, Tōkyō 1988, S. 11 ff.

nicht der Stein des Anstoßes in Washington. Aus US-Sicht stellt vielmehr die Kombination aus vermeintlichem japanischen »Naturrecht« auf unbegrenzten Zugang zum US-Markt und zugleich härtestem Widerstand bis hin zu kompliziertesten Verhandlungen über Zugeständnisse, das eigentliche Ärgernis dar. Mit der Tatsache, daß amerikanische Straßenkreuzer in Japan wenig Chancen haben, kann sich der Durchschnittsamerikaner abfinden. Dagegen schlugen die Wogen der Empörung hoch, als gute und preisgünstige Produkte vom Marktzugang abgeschottet wurden. Als besonders grotesk wurde – auch in Japan – die Tatsache empfunden, daß Reis der Spitzenklasse aus Kalifornien, obwohl spottbillig, in Japan bis zur katastrophalen heimischen Reisernte des Jahres 1993 nicht angeboten werden durfte.[5]

Der amerikanischen Überzeugung, einer mit unfairen Praktiken betriebenen Exportoffensive ausgesetzt zu sein, stand die Überzeugung eines großen Teils der Japaner gegenüber, ihr Erfolg beruhe einzig und allein auf überlegenen Produkten. Ein Kompromiß war und ist zum Teil auch heute noch schwer, weil die japanischen Ausfuhren auf ein eng begrenztes Marktsegment zielen, wo sie einen Kahlschlageffekt bewirken. Der Bereich Unterhaltungselektronik wird bis auf Restbestände von den japanischen Branchenriesen beherrscht; bei Mikrochips konnte lediglich IBM in den Jahren der härtesten Konfrontation den japanischen Anbietern standhalten (der Bezug von Speicherchips aus US-Produktion wurde von der japanischen Konkurrenz weitgehend mit der Begründung abgeblockt, sie entsprächen nicht den erforderlichen Qualitätsstandards); die Automobilindustrie peilte sogar selbstbewußt einen Marktanteil in den USA von langfristig 40 % an.[6]

Der schleichende Prozeß der strategisch angelegten Eroberung wichtiger amerikanischer Marktsegmente bei gleichzeitiger, lediglich teilweiser Öffnung des eigenen Binnenmarktes beruht – zum Teil bis heute – auf folgenden Faktoren:

- qualitativ durchweg guten japanischen Produkten,
- der langfristig angelegten japanischen Unternehmensstrategie, die enorme Verluste in der Anlaufphase in Kauf nimmt, um den Konkurrenzkampf aufzunehmen und bis zu einem Punkt zu treiben, an dem die einheimischen Konzerne aufgeben, so daß letztlich und langfristig marktgerechte Preise erzielt werden können (im Gegensatz zum kurzfristigen Renditedenken in der US-Industrie),
- der Absicherung dieser Strategie durch Politik und Ministerialbürokratie, die ein Konsens verbindet und die im Gegensatz zu ihren amerikanischen Gegenspielern nicht erst alle vier oder acht Jahre mit dem Amtsantritt einer neuen Administration den Umgang mit einem gewieften Gegner von der Pike auf lernen müssen,
- der Rastlosigkeit einer Schar hochqualifizierter Lobbyisten, viele von ihnen Amerikaner, deren Werben für japanische Interessen bei Administration und Kongreß in Washington sich die Japan AG schätzungsweise 50 Millionen Dollar jährlich kosten läßt.[7]

---

5 Karel van Wolferen, Vom Mythos der Unbesiegbaren. Anmerkungen zur Weltmacht Japan, München 1989, S. 604 ff.; Robert Delfs, Questions of Survival. LDP Toughens its Line on Rice Imports, in: Far Eastern Economic Review v. 12. 3. 1992, S. 11.

6 Clyde A. Prestowitz, (Anm. 4), S. 26 ff.

7 Ebd. S. 123 ff.; Julian Weiss, Lobby Fodder, in: Far Eastern Economic Review v. 26. 4. 1990, S. 24.

## a. Von der Handelspartnerschaft zum Ringen um Dominanz

Seit Mitte der achtziger Jahre hat in den USA die Frustration über die Aussichtslosigkeit, den japanischen Handelsüberschuß einzudämmen, zu einer härteren Gangart im bilateralen Verhältnis geführt. Das Plaza-Abkommen vom 20. 9. 1985, getroffen von den Finanzministern und Zentralbankchefs der aus Japan, den USA, Frankreich, Großbritannien und der Bundesrepublik Deutschland bestehenden Fünfergruppe, sollte durch die radikale Änderung der Yen-Dollar-Relation, d. h. durch die massive Aufwertung des bislang künstlich unterbewerteten Yen die japanischen Exporte deutlich verteuern. Finanztechnisch hatte die Währungsmanipulation Erfolg: Noch 1985 kostete 1 Dollar 254 Yen, während 1988 127 Yen und im Oktober 1992 120,94 Yen notiert wurden. Die erhoffte Reduzierung der japanischen Exporte trat jedoch nicht ein. Eine Mischung aus Effektivierung der Produktion und kräftigem Personalabbau *(Lean Production)* sowie Festhalten an Märkten trotz Unterschreitens der Selbstkostenpreise bewirkte das weitere Anwachsen der japanischen Ausfuhren. Das Plaza-Abkommen war somit ein Fehlschlag.

Dagegen hatte die drastische Anhebung des Yen-Wechselkurses – der Yen besitzt im Inland wenig Kaufkraft – einen japanischen Kaufrausch bei US-Unternehmen und Immobilien zur Folge. Die Tatsache, daß Japaner Prestigeobjekte wie das New Yorker Rockefeller Center, Immobilien in besten Lagen von der Ost- bis zur Westküste und in Hawaii erwarben und Sony Columbia Pictures aufkauften, bewirkte in den USA eine Renaissance der »Furcht vor der gelben Gefahr«.[8]

Auf japanischer Seite wurden in dieser Phase chauvinistische Töne laut. Die Faulheit der Amerikaner wurde für ihr angebliches Versagen im Handelswettbewerb angeprangert; Ex-Premier Nakasone sprach den USA – im Gegensatz zum rassisch angeblich homogenen Japan – wegen der Mischung aus Weißen, Schwarzen und Puertorikanern Leistungsfähigkeit ab; das Schwelgen in Pseudotheorien über die »natürliche« Überlegenheit Japans wurde zwischen Hokkaidō und Kyūshū Mode.[9]

In diesem Kontext verschärften die USA, immerhin Abnehmer von 40 % der japanischen Exporte, die Gespräche über den Zugang zum japanischen Markt. Im Rahmen der SII *(Structural Impediments Initiative)*-Verhandlungen über strukturelle Handelshemmnisse erzielten sie dabei prinzipielle japanische Zusagen, deren praktische Auswirkungen jedoch weitgehend auf sich warten lassen. Immerhin hatte diese Einigung den Effekt, daß Tōkyō im Super-301-Gesetz nicht namentlich als unfairer Handelspartner der USA bezeichnet wurde.

Von komplementären Beziehungen und »beidseitiger Übereinstimmung in allen wesentlichen Fragen« – so bis dato die Standardformulierung in gemeinsamen Kommuniqués – konnte zu diesem Zeitpunkt kaum noch die Rede sein. Es zeigte sich, daß auch vielgerühmte persönliche Freundschaften wie die medienwirksam inszenierte »Ron-Yasu«-Beziehung zwischen Ronald Reagan und Yasuhiro Nakasone, zwei ideologisch gleichgesinnten Staatsmännern, wenig Auswirkungen auf den Handel hatten. Amerikanische Forderungen nach einem halbwegs vergleichbaren

8 Hans-Dieter Scheel, Grundzüge und Tendenzen der japanischen Außenpolitik, in: Manfred Pohl (Hrsg.), Japan 1989/90. Politik und Wirtschaft, Hamburg 1990, S. 105.

9 Karel van Wolferen, (Anm. 5), S. 399.

Marktzugang, verbunden mit Sanktionsandrohungen, wurden als »Japan Bashing« (Einprügeln auf den Sündenbock Japan) abgetan. Ein Zusammenhang zwischen Beschwörung des Freihandels und echter Öffnung des eigenen Marktes wurde nicht als Vorbedingung für einen spannungsfreien Handel akzeptiert. Daß eben diese Haltung den auch und vor allem von Japan gefürchteten Protektionismus nährt, wird offenbar von Tōkyō in Kauf genommen.

Zur Vergiftung des Klimas haben in dieser Phase Abstrusitäten beigetragen, wie die Behauptung des Landwirtschaftsministers Tsutomo Hata, 1994 immerhin Ministerpräsident der einem neuen Denken verpflichteten Acht-Parteien-Koalition, Japaner könnten amerikanisches Rindfleisch aufgrund der unterschiedlichen Darmlänge nicht verdauen und folglich auch nicht importieren.[10] Ähnlich empört reagierte man in Japan auf die demonstrative Zertrümmerung eines Toshiba-Radiorecorders mit Vorschlaghämmern durch US-Arbeiter als Protest gegen die Arbeitsplatzvernichtung.

## b. Konfliktreduzierung auf Normalmaß: Japans Abschied von der Seifenblasenökonomie

Der sorgsam gepflegte Mythos der japanischen Überlegenheit schmolz mit dem 1990 beginnenden Zusammenbruch der Börsenspekulation dahin, die auf maßlos überbewerteten Immobilien in Japan als Sicherheit für hemmungslose Finanzgeschäfte auf reiner Papierbasis fußte. Nach einer beispiellosen Verdoppelung des Nikkei-Indexes binnen weniger Jahre von 20 000 auf fast 40 000 Yen stürzten die Notierungen bis zu einem zeitweiligen Tiefstand von gerade noch ca. 13 000 Yen ab. Das Platzen der sogenannten Seifenblasenökonomie *(Bubble Economy)* vernichtete zahllose Existenzen und Unternehmen und ließ die Banken auf unvorstellbar hohen »faulen Krediten« sitzen. Noch Mitte 1998 wurde ihre Höhe mit 1 000 Milliarden Mark beziffert – trotz bereits erfolgter massiver Abschreibungen. Japan wurde durch den Börsencrash in eine langjährige Wirtschaftskrise gestürzt, in deren Folge sich zeigte, daß Japan letztlich unter denselben Problemen leidet wie andere »alternde« Industriestaaten: Aushöhlung der Wirtschaft durch ein hohes Lohnniveau, strukturelle Arbeitslosigkeit, mangelnde Innovationskraft der Industrie. Das Überlegenheitsgefühl gegenüber Amerika erhielt einen schweren Dämpfer. Zudem entzog der Ausfall der Geldschöpfungsmaschinerie dem Überseedrang japanischer Unternehmen und Banken vor allem in einem psychologisch wichtigen Sektor die Basis: Zahlreiche spektakuläre Unternehmens- und Immobilienaufkäufe in den Vereinigten Staaten mußten wieder veräußert werden.[11] Damit ist Japan als gefährlicher Konkurrent keinesfalls ausgefallen; es sind lediglich unrealistische japanische Blütenträume von einer »Fesselung« der USA durch die enorme Finanz- und Wirtschaftskraft Japans geplatzt.

10 Ebd., S. 396.

11 Jonathan Friedman, Into the Whirlpool. Japanese Banks. The Costs of Money Down the Drain, in: Far Eastern Economic Review v. 8. 4. 1992, S. 70 ff.; Asia 1997. Yearbook, Hongkong 1997, S. 147.

Seit dieser Phase sind die amerikanisch-japanischen Handelsbeziehungen wieder auf das »Normalmaß« zäher Verhandlungen über »freiwillige Selbstbeschränkung« bei japanischen Exporten und Marktöffnung für den angeblich bereits völlig geöffneten japanischen Markt reduziert. Solange japanische Exporte einzelne Märkte wie den der USA und der EU bis hin zur Vernichtung ganzer Branchen überschwemmen und dabei der Verdacht unlauteren Wettbewerbs im Raum steht, wird es beim amerikanisch-japanischen Handelskonflikt bleiben. Eine heilsame Folge des japanischen Konkurrenzdrucks ist der Versuch der Clinton-Administration, neben Druck auf Japan die heimische Industrie zur vermehrten Herstellung von Produkten zu stimulieren, die sich auf den Weltmärkten absetzen lassen.

Das unmittelbar nach dem Weltwirtschaftsgipfel von Tōkyō im Juli 1993 abgeschlossene Rahmenabkommen über die Reduzierung des japanischen Handelsüberschusses mit der Vereinbarung, dieses Ziel durch kontinuierliche Gespräche zu erreichen, wurde als Durchbruch nach zwölf Jahren enervierender Verhandlungen mit eben dieser Zielsetzung gefeiert. In dem Abkommen sagte Japan unter anderem zu, den Abbau nichttarifärer Handelshemmnisse voranzutreiben, amerikanische Hochtechnologie wie Supercomputer zu kaufen, Autoteile zu beziehen und den Markt für Dienstleistungen zu öffnen. Washington verpflichtete sich zum Abbau des Handels- und des Haushaltsdefizites und zur Steigerung der Wettbewerbsfähigkeit der US-Industrie.

Ob es sich um ein »historisches« Abkommen handelt, ist fraglich. Japan unterzeichnete es immerhin erst, nachdem konkrete Zusagen über das Zurückfahren der Exporte aus dem Text gestrichen worden waren. Die japanischen Unterhändler wiesen amerikanische Erwartungen, Tōkyō werde binnen drei bis fünf Jahren den Überschuß auf 1,5–2 % seines Bruttoinlandsproduktes senken, als »vertragsfremd« zurück; Japans Exporterfolge basierten auf vielfältigen Faktoren und könnten von der Regierung nicht einfach heruntermanipuliert werden. Im übrigen hatte Japan die meisten der 1993 gemachten Zugeständnisse bereits früher schon einmal geleistet – bei den Verhandlungen über die Beseitigung struktureller Handelshemmnisse (SII), wie auch in der »bahnbrechenden« Vereinbarung nach dem Gipfel vermerkt.

Präsident Clinton – 1993 noch Newcomer beim Weltwirtschaftsgipfel und auf den Straßen Tōkyōs bei der Sympathiewerbung relativ erfolgreich – zeigte folgerichtig bemerkenswerten Realismus. Sinngemäß formulierte er, bei der Rahmenvereinbarung stecke der Teufel im Detail, sprich: Der Erfolg hänge von den Verhandlungen über Sachfragen ab und sei ungewiß.[12] In den folgenden Jahren wechselten sich Phasen der handelspolitischen Entspannung mit solchen der erneuten Zuspitzung längst ausgestanden geglaubter Kontroversen ab. Die Rhetorik von qualitativ minderwertigen und deshalb in Japan unverkäuflichen US-Produkten flaute ab; der Abbau von Handelshemmnissen ging voran. Gleichzeitig ging Japan dazu über, bilaterale Probleme der Welthandelsorganisation WTO zur Entscheidung vorzulegen. Damit wurden die quälenden und das Klima vergiftenden Marathonsitzungen über die Öffnung des japanischen Marktes auf die internationale Ebene verlagert und zumindest partiell entschärft.

---

12 Jeff Stearns, Japan-U. S. Trade Pact Focusses mostly on Tōkyō, Reuter, Asien engl. v. 10. 7. 1993.

Seit Anfang der neunziger Jahre wurden immerhin 21 mehr oder minder verbindliche Handelsvereinbarungen getroffen. Seitdem stiegen die US-Exporte von Autos bis hin zu Mikrochips, Hochleistungscomputern und Medizintechnik um 85 % – allein 1995 gab es eine Steigerungsrate von 20 %. Beim Zugang zum Mobilfunkmarkt setzte sich Motorola gegen japanische Widerstände durch. Allerdings gab es auch gegenläufige Entwicklungen. So kämpfte der Kamera- und Filmhersteller Kodak jahrelang vergeblich gegen Marktzugangsbeschränkungen, die angeblich vom japanischen Konkurrenten Fuji veranlaßt worden seien. Zeitweilig sank der japanische Handelsüberschuß vom Rekordstand von mittlerweile 60 Mrd. Dollar deutlich ab – allein in der ersten Jahreshälfte 1996 um 48 %. Anschließend kehrte sich der Trend, begünstigt durch den schwächer werdenden Yen, wieder deutlich um, und die militanten Töne zwischen Washington und Tōkyō nahmen wieder zu.

Dennoch scheint die Periode extrem harter Auseinandersetzungen bei den Handelsbeziehungen vorüber zu sein. Japan profitiert dabei von der zunehmenden Fixierung der US-Regierung auf China (und Südkorea sowie andere asiatische Konkurrenten), das seit einigen Jahren eine Exportlawine Richtung US-Markt ausgelöst hat. Drohende Töne hin und wieder (US-Ermahnungen an Japan wegen unzureichender Deregulierung, sogar nach 10 Jahren erneute Sanktionen wegen diskriminatorischer Behandlung von US-Schiffen in japanischen Häfen – alles Vorgänge aus dem Jahre 1977) werden weiterhin die Regel sein, können an diesem generellen Trend nichts ändern.[13]

## 3. Die unbewältigte Vergangenheit: Schatten der Geschichte

Es ist kein Zufall, daß schrille Töne zwischen den beiden pazifischen Vormächten immer wieder die Runde machen. Dahinter steht die ausgebliebene offene Aufarbeitung eines Verhältnisses, in dem das Streben nach Suprematie und der Zusammenstoß einer weißen mit einer gelben Großmacht unvergessen sind. In der Phase der härtesten amerikanischen Bemühungen um die Öffnung des japanischen Marktes für US-Produkte prägte gerade der als weltoffen geltende Sony-Präsident Akio Morita die Formulierung, die Japaner würden den amerikanischen Druck wie eine zweite Landung der »schwarzen Schiffe« des Kommodore Perry empfinden.

Den Hintergrund für vergiftete Äußerungen dieser Art bilden Traumata aus der Zeit bis 1945. In den USA wird der gegen die japanischen Einwanderer in Kalifornien gerichtete Rassismus nicht thematisiert. Die Rehabilitierung der US-Bürger japanischer Abstammung, die 1941 als potentielle »Vaterlandsverräter« interniert wurden, mußte erst vor Gerichten erstritten werden. Im Zweiten Weltkrieg waren auf beiden Seiten chauvinistische und rassistische Auslassungen üblich.[14]

---

13 Ebd.; Süddeutsche Zeitung v. 18. 4. 1996; Reuter, dt. v. 19. 9. 1997; Asia 1997. Yearbook, a.a.O. S. 146.

14 John W. Dower, War without Mercy. Race and Power in the Pacific War, New York – Toronto 1986.

In den Jahren 1994 und 1995 führte der 50. Jahrestag der Atombombenabwürfe auf Hiroshima und Nagasaki und der japanischen Kapitulation im Zweiten Weltkrieg nicht etwa zu einer vorbehaltlosen Aufarbeitung des bilateralen Verhältnisses. Vielmehr kam es zum Wiederaufleben von Ressentiments in einer Phase, in der in Japan die kritische Vergangenheitsbewältigung erneut eingesetzt hatte und auch in den USA Fragen nach der Notwendigkeit des Atombombeneinsatzes gestellt wurden.

Die vom Smithsonian-Museum in Washington geplante Ausstellung des Bombers »Enola Gay«, der die erste auf eine Stadt abgeworfene Atombombe transportierte, sollte zugleich die Folgen dieses Kernwaffeneinsatzes in Japan dokumentieren. Dagegen erhob sich ein Proteststurm der Veteranenverbände, die das Konzept als japanfreundlich kritisierten und den Rücktritt des Museumsdirektors bewirkten. Für Aufregung sorgte auch eine von der amerikanischen Postverwaltung geplante Briefmarke zum Jahrestag, die einen Atompilz als Symbol des Kriegsendes zeigen sollte; nach Protesten wurde dieses Vorhaben von der US-Regierung gestoppt. In das Klima gegenseitiger Schuldaufrechnung paßten sowohl die Weigerung Präsident Clintons, irgendeine Art von Relativierung der amerikanischen Kriegsrolle, vor allem beim Atombombeneinsatz, vorzunehmen als auch der US-Widerspruch gegen die Einreihung des »Atombomben-Doms« von Hiroshima durch die UNESCO in das Weltkulturerbe der Menschheit – ein in der Geschichte der UNESCO einmaliger Vorgang. Auf japanischer Seite herrschte eine Mischung aus Empörung und zum Teil Selbstgerechtigkeit. Während die Reformregierung Murayama unter äußersten Schwierigkeiten an einer Entschuldigung für die Entfesselung des »Krieges im Pazifik« feilte, die von der konservativen Opposition bekämpft wurde, mußten sich die Bürgermeister der 1945 von Atombomben getroffenen Städte vorhalten lassen, zwar zu Recht Protest gegen die Smithsonian-Ausstellung erhoben zu haben, jedoch selbst jahrzehntelang Ausstellungen in ihren Atombombengedenkmuseen geduldet zu haben, die Japan lediglich als Opfer des Krieges dargestellt hätten.

Immerhin gab es im Vorfeld und im Verlauf des Jahrestages einige versöhnende Gesten und Äußerungen. Das Kaiserpaar besuchte 1994 auf Hawaii eine Gedenkstätte für US-Kriegsopfer – den Besuch der eigentlichen Gedenkstätte auf Pearl Harbor hatten konservative japanische Kräfte verhindert. Auf Iwo Jima, dem Schauplatz einer der erbittersten Schlachten im Pazifik, kam es zu einer gemeinsamen Gedenkveranstaltung amerikanischer und japanischer Veteranen, obwohl Kritik aus Japan laut wurde, das Ereignis würde zu sehr den Charakter einer US-Siegesfeier tragen. Eine vergleichbare Veranstaltung gab es auf Okinawa unter Teilnahme von Ministerpräsident Murayama. In den USA setzte eine Diskussion über die Notwendigkeit der Atombombeneinsätze ein, bei der der »Vater der Wasserstoffbombe«, Edward Teller, zwar für den Einsatz des neuartigen Massenvernichtungsmittels plädierte, zugleich jedoch erklärte, ein demonstrativer Abwurf über der Bucht von Tōkyō, der praktisch keine Todesopfer gefordert hätte, wäre ausreichend gewesen.[15]

Es würde der Entspannung im japanisch-amerikanischen Verhältnis dienen, wenn gerade diese Frage geklärt werden könnte. Immerhin wurde schon frühzeitig

---

15 International Herald Tribune v. 18. 2. 1995 u. 3. 12. 1994; FAZ v. 30. 1. u. 1. 2. 1997; Süddeutsche Zeitung v. 25. 1. 1995; AP v. 18. 3. 1995.

die offizielle amerikanische Begründung für den Atombombeneinsatz (Abkürzung des Krieges; Vermeidung unermeßlicher Menschenopfer auf beiden Seiten im Falle einer Invasion Japans) angezweifelt. Bis heute steht die Frage im Raum, ob die USA Atombomben mit derselben Entschlossenheit, mit der sie sie auf Angehörige der »Gelben Rasse« abwerfen ließen, auch gegen das »Dritte Reich« – also »Weiße« – eingesetzt hätten, wenn der von Hitler befohlene »Kampf bis zum Endsieg« über das Frühjahr 1945 hinaus gedauert hätte. Ebenso wird vermutet, der Atombombeneinsatz hätte weniger der endgültigen Niederwerfung des längst besiegten Kaiserreiches gedient als vielmehr einer eindrucksvollen Warnung an die Adresse der Sowjetunion im Frühstadium des für Eingeweihte längst klar erkennbaren Kalten Krieges. Möglicherweise werden diese Fragen nie eindeutig beantwortet werden. Eine offene Diskussion über diese brisanten Themen würde jedoch einer Entkrampfung zwischen Tōkyō und Washington dienen.[16]

## 4. Die Achse Washington-Tōkyō: Stabil trotz Irritationen

Sicherheitspolitik und Handel verbinden Japan trotz aller Probleme eng mit den USA; Washington muß seinerseits das im pazifischen Raum exklusive Verhältnis zu Tōkyō beibehalten, um nicht auf China zu setzen. China ist viel weniger beeinflußbar als das seine eigenen Interessen unerbittlich verfolgende Japan, das jedoch durch seine Exportabhängigkeit von den USA verwundbar ist.

Mehr als eine Zweckgemeinschaft, eine Art Transpazifische GmbH, ist zwischen Tōkyō und Washington so bald nicht zu erwarten. Das ist auch nicht verwunderlich angesichts des stürmischen Auf und Ab in dem noch nicht einmal 150 Jahre alten japanisch-amerikanischen Verhältnis. Dennoch ist der Kitt, der die Japan AG und die USA verläßlich zusammenhält, noch immer frisch. Seine Elemente sind:

- die amerikanische Sicherheitsgarantie, die Japan von der massiven, auch nuklearen Aufrüstung abhält, die Tōkyō in Asien isolieren würde;
- die ökonomische Verzahnung Japans mit den USA;
- die Unterstützung Washingtons für die gemeinsam von Japan und der Bundesrepublik Deutschland angestrebte ständige Mitgliedschaft im UN-Sicherheitsrat.

Ein Auseinanderbrechen der Achse Tōkyō-Washington ist wenig wahrscheinlich. Zu sehr versteht sich Japan als Teil des freiheitlichen Westens, zu sehr wird eine Abwendung Tōkyōs von Washington erschwert durch das historisch bedingte Mißtrauen der asiatischen Nachbarn. Das Zweckbündnis der pazifischen »Randmächte« Japan und USA wird noch lange eine feste Größe in Asien bleiben.

---

16 Meinolf Ellers, Japan und die USA sind noch nicht reif für Vergeben und Vergessen, dpa v. 5. 12. 1991; Newsweek, International Ed. v. 13. 2. 1995, S. 29.

# VII. Japan und China: Zwischen Mißtrauen und Kooperation

Joachim Glaubitz

## 1. Vorbemerkung

Japan und China, die beiden bedeutendsten Staaten in Ostasien, können nicht nur in ihrer langen Geschichte auf bewegte Beziehungen zurückblicken; auch in diesem Jahrhundert weist ihr Verhältnis höchst wechselvolle Phasen auf. Bereits um die Jahrhundertwende bekommt China die Übermacht des imperialistischen Japan zu spüren, das territoriale Ansprüche erhebt und sich Hoheitsrechte sichert. Nach dem Ende des Ersten Weltkriegs tritt Japan mit Billigung der Westmächte in China das koloniale Erbe des Deutschen Reiches an; 1922 entsendet es Truppen nach Shantung, etabliert zehn Jahre danach den Marionetten-Staat Mandschukuo und führt ab 1937 offen gegen China Krieg. Japans Ziel ist die Unterwerfung des Nachbarn und die Ausbeutung seiner Rohstoffe. Dieses Abenteuer scheitert. Mit der katastrophalen Niederlage 1945 muß sich Japan vom chinesischen Festland zurückziehen und verliert alle Gebiete, die es »mit Gewalt und Habgier«, wie es 1943 in der Erklärung von Kairo heißt, an sich gebracht hatte. Darunter fielen Korea, Taiwan, die Pescadoren und andere territoriale Erwerbungen.

Die nach dem Ende des Zweiten Weltkriegs wachsende Spannung zwischen den einstigen Alliierten USA und Sowjetunion blieb nicht ohne Einfluß auf das japanisch-chinesische Verhältnis. China, 1949 kommunistisch geworden, lehnte sich eng an die Sowjetunion an und schloß mit ihr 1950 einen ausdrücklich gegen Japan gerichteten Freundschafts- und Beistandspakt. Der Ausbruch des Koreakrieges wenige Monate danach trieb die Konfrontation zwischen dem kommunistischen und dem nichtkommunistischen Lager auf einen Höhepunkt. Japan erlangte mit dem Friedensvertrag von San Francisco 1951 seine Souveränität wieder und ließ sich durch einen gleichzeitig geschlossenen Sicherheitsvertrag fest in ein bilaterales Bündnis mit den USA einbinden. In dieser Konstellation kamen für die Regierung in Tōkyō offizielle Beziehungen zur VR China nicht in Betracht, zumal die Sowjetunion wie auch die VR China den Vertrag von San Francisco nicht unterzeichnet hatten. Auf amerikanischen Druck hin nahm Japan dagegen diplomatische Beziehungen zur nationalchinesischen Regierung Chiang Kaishek auf Taiwan auf und schloß mit ihr einen separaten Friedensvertrag. Japan, der einstige Kriegsgegner der Vereinigten Staaten, wurde zu deren Verbündetem und zum sicherheitspolitischen Instrument gegen eine wachsende kommunistische Bedrohung im Fernen Osten.

Trotz der auf Eindämmung Chinas gerichteten Politik Washingtons gelang es der japanischen Geschäftswelt schon früh, private Handelsbeziehungen zum kommunistischen China aufzubauen. Das Interesse daran war beiderseitig. Die japanische Seite ging hier sogar so weit, 1964 der Eröffnung von inoffiziellen Handelsbüros zuzustimmen. Allerdings: Staatlich abgesicherte Wirtschaftsbeziehungen oder vom Staat garantierte Kreditzusagen waren aufgrund der engen Bindung Tōkyōs an Washington, das gegenüber der VR China eine strenge Embargo-Politik betrieb, nicht möglich. Die Regierung in Tōkyō vertrat damals in bezug auf China das Prinzip der »Trennung von Politik und Wirtschaft« *(Seikei-Bunri)*. Sie wollte wirtschaftlich profitieren, ohne sich politisch im Sinne Pekinger Vorstellungen zu engagieren. Die chinesische Seite versuchte hingegen unablässig, dieses Prinzip zu unterlaufen, um mit wirtschaftlich interessanten Offerten politische Zugeständnisse zu erreichen.

Über zwei Jahrzehnte, vom Beginn des Koreakriegs 1950 bis zur Wiederbelebung des politischen Dialogs zwischen China und den USA 1971, beeinträchtigte die chinesisch-amerikanische Konfrontation die Beziehungen der gesamten westlichen Welt mit dem kommunistischen China. Die einzige bezeichnende Ausnahme bildete Frankreich, das 1964 in bewußter Abkehr von Washington die VR China diplomatisch anerkannte.

Japan hat einen ähnlichen Schritt nicht gewagt, obwohl das Interesse Pekings an der Herstellung politischer Beziehungen zu Tōkyō groß war und auch wichtige japanische Politiker bessere Beziehungen zu China wünschten. Die sicherheitspolitische Abhängigkeit Japans von den USA war zu groß. Japan begann sein Verhältnis zum kommunistischen China erst neu zu gestalten, als Mitte Juli 1971 Präsident Nixon überraschend eine Reise nach China ankündigte. Es bedurfte dieses »Nixon-Schocks«, um Japans Politik gegenüber China einen neuen Impuls zu geben.

## 2. Taktische Schwenkung chinesischer Japan-Politik

Nach der »Kulturrevolution«, mit der China sich international isoliert hatte, zeigte es erst relativ spät Interesse an diplomatischen Beziehungen zum japanischen Nachbarn. Dieses Zögern war verständlich. Den Führern in Peking kam es darauf an, ihr Ziel, d. h. die Normalisierung der Beziehungen zu Japan, zu einem möglichst geringen politischen Preis zu erreichen. Dazu war der Abbau der Konfrontation mit den USA das wirksamste Instrument.

Strategisch erhielt für Peking der Ausgleich mit Japan in dem Maße wachsende Bedeutung, in dem sich der eigene Konflikt zur Sowjetunion verschärfte, die 1969/70 von der chinesischen Führung zunehmend als Hauptbedrohung wahrgenommen wurde. Der zweite Gesichtspunkt war ökonomischer Natur: Japan hatte ab 1960 ein besonders rasches Wirtschaftswachstum aufzuweisen. Für China entstand damit eine potentielle Quelle von Industrieausrüstungen und moderner Technologie für die eigene Entwicklung; gleichzeitig aber stellte sich auch Sorge vor einem erneuten Aufstieg des japanischen Militarismus ein. So wurde es zunehmend wichtig, diese Gefahr durch baldige Normalisierung der Beziehungen zu relativieren. Da mit der eindrucksvollen Wirtschaftsentwicklung und teilweise als deren direkte Folge eine gewisse Lockerung der Bindung Japans an die USA einherging und außerdem die Sowjetunion wachsendes Interesse an einer japanischen Beteiligung bei der Erschließung Sibiriens zeigte, stellte sich für die chinesischen Führer immer drängender die Frage, ob eine Fortsetzung der massiven Kritik an der japanischen Regierung, wie sie seit Jahren geübt worden war, den Interessen Chinas noch dienlich sei oder ob sie nicht schließlich negative Reaktionen – wie etwa eine japanisch-sowjetische Annäherung – provozieren würde.

Die Entscheidung zu einer Umorientierung in der Japan-Politik kann in Peking schon um die Jahreswende 1968/69 gefallen sein, zur selben Zeit, als die Entspannung der Beziehungen zu den USA geplant wurde; eindeutig belegbar aber wird diese erst ab Ende 1971, Anfang 1972. Von da an läßt sich in der chinesischen Presse die stetige Reduzierung der Angriffe gegen die japanische Regierung quantitativ nachweisen.[1]

Die chinesischen Vorwürfe gegenüber der Regierung Japans hatten jahrelang folgende Punkte umfaßt:

- die japanische Regierung besteht aus Reaktionären, die das japanische Volk rücksichtslos ausbeuten;
- sie betreibt mit Hilfe der USA aktiv die Wiederbelebung des Militarismus;
- gegenüber China verfolgt sie eine Politik der Feindseligkeit, indem sie eine Zwei-China-Politik vertritt;
- in Südostasien plündert Japan Rohstoffe, kontrolliert die Märkte und beutet die billigen Arbeitskräfte aus.

Anfang 1972 erlosch die Kritik am japanisch-amerikanischen Sicherheitsvertrag, und im Juni desselben Jahres erschien der letzte große Artikel gegen die Ausbeutung Südostasiens durch Japan.[2]

Obwohl die chinesische Seite begann, die Normalisierung der Beziehungen zu Japan atmosphärisch vorzubereiten, war kaum anzunehmen, daß die chinesische Führung ihre Einschätzung des japanischen Nachbarn prinzipiell geändert hatte. China hat in seiner jüngsten Geschichte den Expansionismus und Militarismus Japans kennengelernt, und aufgrund dieser historischen Erfahrung lag es nahe, daß Chinas Führer gegenüber Japan eine Politik betrieben, die von vornherein eine Wiederholung der Geschichte ausschloß. Sowohl der gesamte Prozeß der Normalisierung der beiderseitigen Beziehungen, wie China ihn vorbereitete, als auch die Art und Weise, wie es das Verhältnis zu Japan bis heute gestaltet, weist diese Orientierung auf. Gegensätze zwischen China und Japan in einer Reihe von Fragen des nationalen Interesses und der internationalen Beziehungen bestehen fort und treten von Zeit zu Zeit an die Oberfläche.

## 3. Schwächen japanischer China-Politik

Am 29. September 1972 unterzeichneten die Regierungschefs Chinas und Japans, Zhou Enlai und Kakuei Tanaka, eine Gemeinsame Erklärung, mit der Japan die

---

1 Siehe Eto Shinkichi, Japan and China – A New Stage?, in: Problems of Communism, 21 (1972) 6, S. 4.

2 Japan Steps up Exploitation in Southeast-Asia, in: Peking Review, 15 (1972) 22, S. 18 f.

Regierung der Volksrepublik China als einzige legale chinesische Regierung anerkannte und beide Seiten den Austausch von Botschaftern vereinbarten. Nach einer Unterbrechung von 23 Jahren nahm Japan wieder diplomatische Beziehungen zu einer Regierung auf dem chinesischen Festland auf. Die offiziellen Beziehungen zur »Republik China«, das heißt zu Taiwan, die 1952 auf amerikanischen Druck zustande gekommen waren, wurden abgebrochen und der im selben Jahr mit der Regierung Chiang Kaishek geschlossene Friedensvertrag durch die einseitige Erklärung des japanischen Außenministers Ōhira annulliert.[3] Dies war ein ungewöhnlicher Umgang mit einem völkerrechtlich bindenden Vertrag.

Damit begann im eigentlichen Sinne die Normalisierung des Verhältnisses zwischen Japan und dem kommunistischen China. Dem Besuch Tanakas in Peking war ein komplizierter Prozeß der Konsensbildung in Japan vorausgegangen, der von Ereignissen und Entwicklungen im internationalen Umfeld, aber nicht minder von innenpolitischen Strömungen maßgeblich bestimmt wurde. Mit der Entscheidung der chinesischen Führung, die Konfrontation zu den USA abzubauen und die Beziehungen zu normalisieren, geriet die japanische Politik rasch in den Sog des Dialogs zwischen Washington und Peking. Konkret bedeutete das: Tōkyō mußte unter innenpolitischem Druck entscheiden.

China, das mit seiner neuen Amerika-Politik diesen innenpolitischen Druck in Japan ausgelöst hatte, verstand es, die japanische Reaktion geschickt zu nutzen. Es stellte der japanischen Regierung drei Bedingungen für die Aufnahme von Kontakten auf Regierungsebene. Bezeichnenderweise berührten alle drei den Status Taiwans:

die Anerkennung der Regierung der VR China als einziger legaler Regierung des chinesischen Volkes:

- die Anerkennung Taiwans als untrennbarer Bestandteil des Territoriums der VR China;
- die Annullierung des 1952 zwischen Japan und der Regierung Chiang Kaishek geschlossenen Friedensvertrags.

Das chinesische Vorgehen machte den Statusunterschied zwischen den USA und Japan offensichtlich. Während Peking mit einem hohen Regierungsvertreter der Vereinigten Staaten ohne Vorbedingungen konferierte und sogar bereit war, den amerikanischen Präsidenten zu empfangen, stellte es dem an offiziellen Kontakten brennend interessierten Japan erst nach Erfüllung wenn nicht inakzeptabler, so doch nahezu demütigender Bedingungen Gespräche auf Regierungsebene in Aussicht und mischte sich kräftig in die Parteipolitik ein. In Peking kalkulierte man: Ein zu früh begonnener offizieller Dialog mit Tōkyō würde den politischen Rang Japans in Asien und in der übrigen Welt unerwünscht stärken; das direkte Gespräch mit den USA hatte Priorität, um Japan konzessionsbereiter zu machen. Der damit entstandene innenpolitische Druck zwang Ministerpräsident Satō zum Rücktritt. Der neue Ministerpräsident Tanaka ließ die chinesische Seite wissen, daß er entschlossen sei, die diplomatischen Beziehungen seines Landes zu Taiwan abzubrechen.

Mit Tanaka hatte ein Mann die Regierung Japans übernommen, der – nach seinen eigenen Worten – nichts von Diplomatie verstand. Ministerpräsident Tanaka ging an die Normalisierung der Beziehungen zu China wie ein Abenteurer heran. Er

3 Peking Review, 15 (1972) 40, S. 15.

hat sich in dieser Rolle selbst charakterisiert.[4] Der Gegensatz zwischen ihm und Zhou Enlai, seinem chinesischen Verhandlungspartner, konnte kaum größer sein.

## 4. Japan im chinesisch-sowjetischen Spannungsfeld

Die Gemeinsame Erklärung, auf die sich die Regierungschefs Tanaka und Zhou Enlai im September 1972 in Peking geeinigt hatten, legte die Grundlage für die weitere Normalisierung der beiderseitigen Beziehungen. Der politisch bedeutsamste Punkt der Erklärung ist der in Artikel 7 formulierte Anti-Hegemonismus. Danach verzichten beide Unterzeichner darauf, im asiatisch-pazifischen Raum Hegemonie anzustreben, und lehnen Bestrebungen irgendeines anderen Landes oder einer Gruppe von Ländern ab, Hegemonie auszuüben. In dieser sogenannten Hegemonie-Klausel, die wörtlich bereits im chinesisch-amerikanischen Kommuniqué von Shanghai enthalten ist, kam ein Prinzip chinesischer Außenpolitik zum Ausdruck, das sich damals in erster Linie gegen die Ausdehnung sowjetischen Einflusses in Asien richtete, im Grunde aber die Vorherrschaft jeder Macht (ausgenommen der eigenen) außerhalb oder innerhalb der Region ablehnt.

Ferner schrieb die Gemeinsame Erklärung von 1972 die Absicht beider Seiten fest, einen Friedens- und Freundschaftsvertrag zu schließen. Japan war zu Verhandlungen darüber bereit, sobald die sogenannten Geschäftsabkommen über Handel, Luftverkehr, Schiffahrt und Fischerei unter Dach und Fach waren. Anfang 1975 war man so weit, Vorverhandlungen über einen Friedens- und Freundschaftsvertrag zu beginnen. Dabei stellte sich sogleich heraus, daß die chinesische Seite größten Wert auf die Aufnahme der von beiden Seiten bereits 1972 akzeptierten Hegemonie-Klausel legte. Tōkyō lehnte ab, denn die gegen die Sowjetunion zielende Ablehnung des Hegemonie-Strebens dritter Staaten oder Staaten-Gruppen war offenkundig, und die japanische Regierung wünschte nicht, in den chinesisch-sowjetischen Konflikt hineingezogen zu werden. Ferner befürchtete Japan, eines Tages selbst Objekt chinesischer Hegemonie-Kritik zu werden, da nach chinesischem Verständnis auch ökonomische Mittel der Ausübung von Hegemonie dienen können.

China hielt jedoch kompromißlos an seiner Forderung nach Aufnahme der Klausel in den Vertragstext – und nicht nur in die Präambel, wie die japanische Seite u. a. angeboten hatte – fest und lehnte jedes Zurückgehen hinter die in der Gemeinsamen Erklärung von 1972 abgesteckte Linie ab. Mit den bewährten Mitteln der »Volksdiplomatie«, d. h. der Manipulation von Gruppen und einflußreichen Einzelpersonen außerhalb des Regierungsapparates mit dem Ziel, dessen Entscheidungen in einem bestimmten Sinne zu steuern, bemühte sich China auch in diesem Fall, eine seinen Vorstellungen günstige Stimmung in der japanischen politischen Elite und in den Medien zustande zu bringen. Es gelang ein weiteres Mal;

---

4 Siehe Furui Yoshimi, Inside Story of Normalization of Sino-Japanese Relations; in: Chūō Kōron, Dezember 1972. Übers. in: Summaries of Selected Japanese Magazines, Januar 1973, S. 47 ff.

wichtiger aber war wohl, daß Ministerpräsident Fukuda den Vertragskomplex unbegreiflich leichtfertig behandelte, jede Glaubwürdigkeit in chinesischen Augen verlor und damit Japans Handlungsspielraum gegenüber China insgesamt einengte. Jahrelang hatte die japanische Regierung beteuert, den Vertrag so rasch wie möglich abschließen zu wollen, ohne daß darauf Konkretes gefolgt war. Damit hatte sich die politische Führung in Tōkyō so kompromittiert, daß die Verantwortung für die Verzögerung des Vertragsabschlusses schließlich ganz bei ihr hängen blieb, was ihre Verhandlungsposition erheblich schwächte. Man verhandelte wieder einmal unter außen- wie innenpolitischem Druck.

Das Ergebnis war entsprechend: In dem am 12. August 1978 unterzeichneten Friedens- und Freundschaftsvertrag findet sich die Hegemonie-Klausel wie von China gefordert. Lediglich der Anwendungsbereich der Klausel über den asiatisch-pazifischen Bereich hinaus wurde auf japanischen Wunsch mit dem Zusatz »oder in irgendeiner anderen Region« erweitert. Es fällt schwer, der japanischen Auffassung zu folgen und darin eine Relativierung der antisowjetischen Grundorientierung zu sehen.

Die japanische Seite unternahm alle Anstrengungen, um den Vertrag mit einem Passus zu versehen, wonach die Haltung eines der Unterzeichner gegenüber Drittländern unberührt bleibt. Diese Feststellung sollte dem japanischen Entwurf zufolge die Hegemonie-Klausel einleiten. Aber die Chinesen wiesen diesen ziemlich widersprüchlichen Vorschlag zurück und setzten sogar durch, daß die sogenannte Drittstaaten-Klausel nicht unmittelbar auf die Hegemonie-Klausel folgt, um deren Wirkung nicht zu entschärfen.

Die Verhandlungen über den Vertrag, der vor allem auf Konsolidierung freundschaftlicher Beziehungen abzielte, nicht aber ein Friedensvertrag im technischen Sinne war, lieferten einen weiteren Beweis für die diplomatische Unterlegenheit Japans im Umgang mit China. Für China bedeutete das Dokument einen wichtigen Schritt auf dem Wege, Japan durch eine Politik der Freundschaft zu binden und es in seiner außenpolitischen Entscheidungsfreiheit unmerklich so weit einzuschränken, daß gegenüber China nur Wohlverhalten blieb. Die Formel chinesischer Japan-Politik lautete: politische Bindung, aber wirtschaftliche und technologische Nutzung.

## 5. Japan als Element chinesisch-sowjetischer Rivalität

Die Tatsache, daß China sich erkennbar gegenüber japanischen Intentionen durchgesetzt hatte, brachte eine spürbare Belastung des sowjetisch-japanischen Verhältnisses; denn Moskau befürchtete eine engere, auch den militärisch-technischen Bereich erfassende Zusammenarbeit zwischen Japan und China mit antisowjetischem Akzent. Konkret erkennbar wurde die Verschlechterung des Verhältnisses zwischen Moskau und Tōkyō an der in der zweiten Jahreshälfte 1978 beginnenden Stationierung sowjetischer Streitkräfte in Divisionsstärke auf den umstrittenen Inseln nördlich von Hokkaidō.

Die Störung der japanisch-sowjetischen Beziehungen war bis in die Mitte der achtziger Jahre hinein ein Ziel der chinesischen Politik gegenüber Japan. Dahinter stand die Strategie, eine Annäherung zwischen Japan und der Sowjetunion zu Lasten Chinas zu verhindern. Indem China bei allen sich bietenden Gelegenheiten den Anspruch Japans auf vier seit 1945 sowjetisch besetzte Inseln am Südende der Kurilen vehement unterstützte, erschwerte es eine Lösung des Problems.

Den meisten japanischen Politikern war die negative Wirkung der doppelbödigen Schützenhilfe aus China stets klar gewesen. Aber die Normalisierung der japanisch-chinesischen Beziehungen hatte ein Klima geschaffen, in dem kritische Äußerungen über China nicht von Japans Massenmedien und schon gar nicht von Japans Regierung zu vernehmen waren. Offene Kritik an China war tabu. Der damalige Außenminister Kiichi Miyazawa verletzte dieses Tabu, als er Mitte 1976 erklärte, die chinesische Unterstützung in der Territorialfrage mit der Sowjetunion sei kontraproduktiv und erschwere eine einvernehmliche Regelung. Er bat China, künftig in dieser Sache von antisowjetischen Erklärungen abzusehen.[5]

Die chinesische Reaktion war heftig. Miyazawa wurde vorgeworfen, in die Fußstapfen Breshnews getreten zu sein, und sein Vorgehen wurde als ein widernatürlicher Akt und als Verrat am nationalen Interesse Japans bezeichnet.[6] Damit kritisierte China zum ersten Mal seit der Normalisierung der Beziehungen 1972 öffentlich ein Mitglied des japanischen Kabinetts.

Auch in die Frage der wirtschaftlichen Zusammenarbeit zwischen Japan und der Sowjetunion mischte sich China ein. Als Anfang der siebziger Jahre japanische Wirtschaftskreise starkes Interesse an der Erschließung sibirischer Rohstoffe, insbesondere an Erdöl, zeigten und sich an der Förderung von Öl aus den westsibirischen Feldern von Tjumen beteiligen wollten, meldete China Bedenken an. 1973 bemerkte ein hochrangiger chinesischer Politiker über die Hilfe Japans bei der Erschließung Sibiriens, man empfinde in China »bittere Gefühle«, wenn Japan sich an sowjetischen Projekten beteiligte, die mit der Gewinnung und dem Transport von Erdöl zusammenhingen, und man könnte dadurch zu »Gegenmaßnahmen« veranlaßt werden.[7]

Parallel dazu offerierte China den Japanern Rohöl aus den eigenen Reserven, ohne daß Japan – wie im Falle der Sowjetunion – finanzielle oder technologische Risiken hätte eingehen müssen. Die japanischen Unternehmer akzeptierten dieses Angebot und zogen sich aus dem ohnehin schwierigen sowjetischen Ölprojekt von Tjumen zurück. Japan war zu einem Objekt der politischen und wirtschaftlichen Rivalität zwischen Moskau und Peking geworden. Beide waren interessiert an japanischer Technologie und Finanzkraft. China gewann diesen Konkurrenzkampf.

Die japanisch-chinesische Kooperation im Energiesektor entwickelte sich über die Jahre weiter und erreichte 1993 eine neue Qualität, als sich die japanische Gesellschaft Marubeni Sekiyu mit einem chinesischen staatlichen Unternehmen zur Förderung von Öl und Erdgas zu einem Kooperationsunternehmen zusammenschloß. Diese japanisch-chinesische Gesellschaft wird künftig – und dies ist das Neue an diesem Schritt – im Ausland auftreten.[8] Daneben will sich Nippon Oil gemeinsam mit der British Petroleum Co. auch bei der Erschließung neuer Erdölvorkommen in China, insbesondere im Tarim-Becken, im Nordwesten des Landes, engagieren.[9]

---

5 Japan Times, 10. 7. 1976, S. 1.
6 Hsinhua News Agency, Daily Bulletin, 6688, 19. 7. 1976.
7 Yomiuri Shimbun, 12. 3. 1973, S. 3.
8 Nihon Keizai Shimbun, 3. 8. 1993, S. 1.
9 International Herald Tribune, 11. 3. 1993.

## 6. Lebhafte Wirtschaftsbeziehungen

Auch die generelle Entwicklung des bilateralen Handels belegt, daß China und Japan füreinander attraktive Partner sind. Die Ausweitung des Handelsvolumens wird mit der Aufnahme der diplomatischen Beziehungen 1972 und dem folgenden Abschluß eines langfristigen Handelsabkommens rasch deutlich. Das Wirtschaftswachstum Chinas hat Anfang der neunziger Jahre diese Entwicklung weiter begünstigt. 1996 erreichte das Volumen des japanisch-chinesischen Handels 60,06 Mrd. Dollar und machte Japan für das vierte Jahr in Folge zum größten Handelspartner Chinas.[10] Die relative Bedeutung des Handels ist für beide allerdings deutlich verschieden. Während 1995 Japans Handel mit China etwa 5 % des japanischen Exports ausmachte, nimmt Pekings Japan-Handel ca. 20 % des chinesischen Außenhandels ein. Dabei ist es ein bemerkenswertes Phänomen, daß China zu den wenigen Handelspartnern gehört, denen es gelang, mit Japan eine positive Handelsbilanz zu erzielen. Dies ist seit 1988 der Fall, war aber nicht ohne massiven Druck aus Peking zu erreichen. Ohne Beschönigung läßt sich Anfang der neunziger Jahre resümieren, daß sich Handel, wirtschaftliche Kooperation, Technologie- und Wissenschaftsbeziehungen zu den erfolgreichsten Feldern in dem Verhältnis zwischen Japan und China entwickelt haben.

## 7. Politische Problemfelder

Problematisch sind einige Segmente der Politik. An erster Stelle ist der Umgang Japans mit seiner militaristischen Vergangenheit zu nennen. Hier war der erstmals seit 1945 unternommene Versuch der Acht-Parteien-Koalition unter Ministerpräsident Morihiro Hosokawa, die imperialistische Ära aufzuarbeiten und sich aufrichtig für die zwischen 1910 und 1945 begangenen Verbrechen bei den asiatischen Nachbarn zu entschuldigen, ein Bruch mit der bis dahin üblichen Praxis. Dieser wichtige Schritt wurde jedoch entwertet, als der Justizminister der Regierung, Hata, im Mai 1994 das Massaker von Nanking als »Fiktion« bezeichnete und daraufhin zurücktreten mußte. Als generelle Tendenz läßt sich feststellen, daß die konservative politische Elite des Landes die Verbrechen der imperialistischen Vergangenheit möglichst ignoriert und bemerkenswert wenig Gespür für die Empfindlichkeiten der asiatischen Nachbarn, insbesondere für China und Korea, gezeigt hat.

Einigen Wirbel verursachte in diesem Zusammenhang die sogenannte Schulbuch-Affäre. Als Mitte 1982 eine große japanische Tageszeitung berichtete, das Erziehungsministerium habe bei der Überprüfung der Manuskripte für Geschichtsbücher von Mittelschulen die Verfasser angewiesen, die Darstellungen der japanischen Invasion der dreißiger Jahre auf dem asiatischen Festland abzuschwächen, wurde dies rasch von China und Korea aufgegriffen. Peking protestierte sogar offiziell bei der japanischen Regierung und verlangte eine Korrektur der angeblich be-

10 Beijing Review, 40 (1997) 15, S. 28.

schönigenden Passagen. Bald stellte sich allerdings heraus, daß die von Japans Zeitungen mit Empörung geschilderten abschwächenden Änderungen (z. B. »Eindringen« statt »Invasion« u. a.) auf falscher Berichterstattung beruhten.[11] Die Details mochten journalistischer Phantasie entsprungen sein, grundsätzlich aber waren die Vorwürfe an das erzkonservative Erziehungsministerium berechtigt. Die japanische Regierung sagte China und Korea immerhin zu, künftig besonderes Augenmerk auf die Texte zu richten und durch interne Richtlinien dafür zu sorgen, daß im Geschichtsunterricht die Kriegsereignisse gemäß der Wirklichkeit dargestellt würden. Im Sommer 1986 flammte erneut Kritik an einem japanischen Schulbuch auf, in dem aus Pekinger Sicht das Massaker an Zehntausenden von Chinesen 1937 in Nanking nicht gebührend berücksichtigt worden sei und man dafür die Begründung gegeben habe, daß noch nicht genügend Fakten vorlägen.

Schwerer als die Schulbuch-Kontroversen wiegen die verbalen Entgleisungen und Taktlosigkeiten führender japanischer Politiker; denn sie sagen mehr aus über die Haltung dieser Personen zu den unleugbaren Verbrechen der kaiserlichen Armee. Hier ist an erster Stelle der Besuch von Premierminister Nakasone beim Schrein der Kriegstoten, dem *Yasukuni*-Schrein zu nennen. Der Regierungschef besuchte den Schrein im August 1985 anläßlich des 40. Jahrestags des Kriegsendes. In dem Heiligtum werden seit 1978 auch die Namen von 14 nach 1945 als Kriegsverbrecher hingerichteten Politikern und Generälen aufgeführt. Nicht nur das offizielle China reagierte mit Kritik. Am 18. September 1985, dem Tag des japanischen Überfalls auf Nordost-China 1931, demonstrierten rund 1 000 Studenten der Pekinger Universität gegen Japan, seine erneute Invasion in China mit wirtschaftlichen Mitteln, gegen ein angebliches Wiederaufleben des japanischen Militarismus und gegen Nakasone, der mit dem als Kriegsverbrecher verurteilten General Tōjō, Japans Regierungschef im Zweiten Weltkrieg, gleichgesetzt wurde. Dem Ritus gemäß hätte Premier Nakasone den Schrein zum Beginn des Herbstfestes im Oktober noch einmal besuchen müssen. Der Besuch unterblieb. Erst Premierminister Hashimoto wagte 1996 einen Besuch des Schreins und provozierte damit heftige Proteste Pekings.

Anlaß zu Kritik an einzelnen Regierungsmitgliedern aber gab es weiterhin: 1986 sah sich Nakasone gezwungen, seinen Erziehungsminister Masayuki Fujio zu entlassen, nachdem dieser die Zahl der Opfer beim Massaker von Nanking in Zweifel gezogen hatte. Im Frühjahr 1988 sorgte ein weiterer Fall von Vergangenheitsverdrängung für Aufsehen: die Bemerkung eines Kabinettsmitglieds, des Chefs der Staatlichen Landagentur, Seisuke Okuno, derzufolge Japan den Krieg seiner eigenen Sicherheit wegen geführt habe. Er verneinte den aggressiven Charakter des Krieges und bemerkte unter Bezug auf die Verurteilung der Kriegsverbrecher nach 1945, dies seien Bestrafungen des Verlierers durch die Sieger gewesen. Premierminister Takeshita, der vor einer China-Reise stand, sah sich gezwungen, Okuno zum Rücktritt zu veranlassen – ein Vorgang, der vom Generaldirektor der Agentur für Wirtschaftsplanung Eiichi Nakao mißbilligt wurde. Mit Mühe konnte Nakao von einer öffentlichen Verteidigung seines Gesinnungsgenossen Okuno zurückgehalten werden.[12]

11 Siehe Japan Echo, IX (1982) 4, S. 13 ff.

12 China Daily, 5. 5. 1988; Japan Times, 14. 5. 1988.

Angesichts der historischen Erfahrungen alarmieren derartige Torheiten aus dem Munde von Regierungsmitgliedern die Nachbarn Japans, namentlich China und Korea. Obwohl Tōkyō mit seinen knapp 250 000 Mann Selbstverteidigungsstreitkräften tatsächlich keine Bedrohung darstellt und dem Land heute nicht im geringsten militaristische Neigungen nachgewiesen werden können, warnt die Atommacht China seit Mitte der achtziger Jahre regelmäßig bei Anhebung des japanischen Verteidigungsbudgets vor erneutem Militarismus des Nachbarn.

Hier sind allerdings zwei Aspekte zu berücksichtigen: Der gedankenlose Umgang japanischer Politiker mit den dunklen Kapiteln der Vergangenheit ihres Landes bietet China die Chance, ganz Asien vor einem Japan zu warnen, das wieder eine militärische Rolle spielen könnte. Da China verhindern möchte, daß Japan zu einem auch militärisch mächtigen Akteur in Asien wird, bedient es sich der japanischen Vergangenheit, um Japan diese Position streitig zu machen. Nach den Vorstellungen in Peking soll die künftige Führungsmacht im asiatisch-pazifischen Raum nicht Japan, sondern China heißen.

Der zweite Aspekt betrifft Chinas Kritik an Japans Verteidigungsausgaben. Solange China die Sowjetunion als die Hauptbedrohung ansah und seine antisowjetische Außenpolitik betrieb, ermutigten chinesische Politiker Japan, mehr für die Verteidigung auszugeben. So legte Chinas Ministerpräsident Hua Guofeng 1980 Premier Nakasone den Ausbau der japanischen Luftwaffe zum Schutz der Seeverkehrswege nahe, und der stellvertretende Generalstabschef Wu Xiuquan empfahl eine Anhebung des prozentualen Anteils des Verteidigungsbudgets am BSP von traditionell 1 % auf 2 %.[13] 1985 jedoch, als Peking sich wieder Moskau annäherte, paßten dergleichen Appelle nicht mehr ins chinesische Konzept, und man begann Japan zu ermahnen, den Ein-Prozent-Rahmen des BSP für die Verteidigungsausgaben nicht zu überschreiten.[14]

In Fortführung dieser Linie haben die Führer in Peking alle Bemühungen Japans, sich international im Rahmen der Vereinten Nationen bei Friedenerhaltenden Operationen (PKO) zu engagieren, mehr oder weniger deutlich kritisiert. Dies begann 1988 als Reaktion auf japanische Überlegungen, Minenräumschiffe in den Persischen Golf zu entsenden, setzte sich fort bei der Erörterung einer japanischen Beteiligung am Blauhelmeinsatz in Kambodscha und bei der Entscheidung über die Entsendung von Minenräumschiffen nach dem Ende des Golfkriegs. Stets war aus Peking von höchster Stelle zu vernehmen, daß es sich um »heikle Fragen« handle, die Japan mit äußerster Vorsicht angehen müsse. Schließlich ist zu beobachten, daß China auf Japans Bemühungen um eine Vollmitgliedschaft im UN-Sicherheitsrat bislang nur zurückhaltend reagiert hat.

Es ist wohl nicht unvorsichtig, daraus den Schluß zu ziehen, daß die Führer in Peking Japan ungern in einer international stärkeren Rolle einschließlich wachsender militärischer Verpflichtungen sehen möchten. Eine Vollmitgliedschaft im Sicherheitsrat würde Chinas einzigartige Position als Vertreter Asiens dort relativieren; eine politisch verantwortliche Rolle in der Region wäre ebenfalls eine kaum erwünschte Konkurrenz zu Chinas Ambitionen, die – blickt man auf die Rüstungsanstrengungen und die territorialen Ansprüche – hegemonialen Charakter tragen.

---

13 Mainichi Shimbun, 1. 5. 1980, zit. in Daily Summary of Japanese Press, 3.–6. 5. 1980, S. 16.
14 Sankei Shimbun, 12. 11. 1985.

Hinsichtlich der territorialen Ansprüche Chinas bereiten den japanischen Beobachtern zwei Forderungen Sorge: Chinas Anspruch auf das gesamte Südchinesische Meer mit seinen ressourcenreichen Inseln, Riffs und Sandbänken und der Anspruch auf die winzigen Senkaku-Inseln (chines. Diaoyütai) zwischen Okinawa und Taiwan. Das südchinesische Meer ist für Japan ausschließlich von strategischer Bedeutung, da die wichtigen Seetransportrouten aus der Golfregion, dem Indischen Ozean und aus Südostasien durch dieses Meeresgebiet laufen. Eine Kontrolle durch China kann im Konfliktfall bedeuten, daß Japan von vitalen Ressourcen abgeschnitten wird.

Im Falle der Senkaku (Diaoyütai)-Inseln stehen sich die Hoheitsansprüche beider Seiten unversöhnlich gegenüber. Als China im Februar 1992 ein Gesetz über die Territorialgewässer in Kraft setzte und damit die umstrittenen Inseln in sein Hoheitsgebiet einbezog, protestierte Japan bei der chinesischen Regierung und wies darauf hin, daß die Inseln historisch und nach internationalem Recht japanisches Territorium seien.[15] Abgesehen von Prestigefragen ist das Interesse des rohstoffarmen Japan an den Inseln wegen der dort vermuteten Ölvorkommen besonders stark. Das Problem, dessen Lösung China gern in die fernere Zukunft verschiebt und das auch Tōkyō nicht für vordringlich hält, macht von Zeit zu Zeit von sich reden, wenn die eine Seite etwas unternimmt, was die andere als Provokation empfindet. Dies war zuletzt im Herbst 1996 der Fall. Es ist nicht auszuschließen, daß eines Tages daraus ein handfester Konflikt entsteht, wenn einer der beiden Nachbarn sich für eine endgültige Lösung stark genug hält. Wie in allen anderen Fragen von nationalem Interesse nimmt Taiwan auch bei dieser Forderung den großchinesischen Standpunkt ein.[16] Es gehört wohl zu den Subtilitäten chinesischer Diplomatie, daß japanische Staatsgäste in Peking regelmäßig im »Diaoyütai-Gästehaus« empfangen werden, um auch auf der Ebene des diplomatischen Verkehrs unablässig den chinesischen Anspruch auf die Inseln zu unterstreichen.

## 8. Ansätze zur Lösung der Probleme – Ausblick

Das keineswegs spannungsfreie japanisch-chinesische Verhältnis und die neue Lage nach dem Zerfall der Sowjetunion waren für die Planer japanischer Außen- und Sicherheitspolitik seit 1992 Anlaß, China zu Gesprächen über Fragen der nationalen Sicherheit einzuladen. Dahinter stand natürlich auch die Sorge über das militärische Gleichgewicht in der Region, das sich aufgrund massiver chinesischer Rüstungsanstrengungen allmählich zu verändern droht. China hat die Einladung zu einem Dialog über sicherheitspolitische Fragen akzeptiert. Japan wünscht mit seinem mächtigen Nachbarn über drei Komplexe zu sprechen: über die Schaffung vertrauensbildender Maßnahmen, über die Gefahr einer Destabilisierung durch den Ausbau der chinesischen Marine und über einen offenen Austausch militärischer Informationen. Dem japanischen Plan kommt insofern besondere Bedeutung zu, als uni-

15 Sankei Shimbun, Abendausgb., 27. 2. 1992.

16 Vgl. »Taiwan fordert Japan zum Rückzug von Tiaoyutai-Inseln auf«, in: Freies Asien, Bonn, 9. 11. 1990.

formierte Vertreter der Streitkräfte beider Seiten an den Gesprächen teilnehmen sollen. 1992 war lediglich der Planungsstab des japanischen Außenministeriums beteiligt. Damals hatte die japanische Seite den möglichen Erwerb eines Flugzeugträgers durch China zur Sprache gebracht und die Realisierung dieses Planes als Störung des strategischen Gleichgewichts bezeichnet. Die Erörterung der Angelegenheit blieb unbefriedigend. Tōkyō ist darum entschlossen, Vertreter der Streitkräfte in die Gespräche einzubeziehen.

Einen ähnlich strukturierten Dialog unterhält Japan seit Juni 1992 bereits mit Rußland. Selbst wenn das Vorhaben mit China keine grundsätzlich neuen Erkenntnisse bringen wird, so kommt dieser Gesprächsebene erhebliche psychologische wie politische Bedeutung zu, da sie erlaubt, die sonst nur in der Presse mit sorgenvollen Vermutungen begleiteten Informationen sachlich zu erörtern.

China, das prinzipiell ebenfalls um gute Beziehungen zu Japan bemüht ist, verfolgt eine andere Strategie: Es versucht, eine freundschaftliche Atmosphäre zu schaffen, in der es dem Partner schwierig wird, etwas zurückzuweisen. Die Einladung des japanischen Kaisers nach China gehört in diese Kategorie der Politik. Im April 1989 lud Chinas Premier Li Peng den *Tennō* offiziell zu einem Besuch ein. Im Herbst 1992 reiste das Kaiserpaar nach China.

Das Ereignis war vor allem ein Erfolg für die Gastgeber. Es war der erste Besuch eines japanischen Kaisers im Reich der Mitte in der Geschichte der beiden Nachbarn überhaupt. Darüber hinaus war der *Tennō* das erste Staatsoberhaupt eines demokratisch verfaßten Landes, das nach den Ereignissen vom Juni 1989 China offiziell besuchte. Zwar äußerte der Kaiser in seiner Bankettrede keine ausgesprochene Entschuldigung, aber er ging in seiner Formulierung weiter als sein Vater bei Begegnungen mit asiatischen Staatsoberhäuptern. Kaiser Akihito sagte, daß er »tief bedauere«, was sein Land dem chinesischen Volk an Leid zugefügt habe.[17]

Vielleicht ist heute Japans Haltung gegenüber China nüchterner, weniger emotional als in den siebziger Jahren. Dies ist allerdings nicht das Ergebnis der China-Reise des japanischen Kaisers, sondern eine Reaktion auf das machtbewußte Verhalten Chinas und nicht zuletzt auf die brutale Zerschlagung der Demokratie-Bewegung 1989.

Damit stellt sich die Frage nach den Perspektiven der japanisch-chinesischen Beziehungen. Hier erscheinen zwei Entwicklungsmöglichkeiten als realistisch: die Chance enger wirtschaftlicher und politischer Zusammenarbeit und die Gefahr der Rivalität um Macht und Einfluß. Für das eine wie für das andere Szenario ließen sich Argumente ins Feld führen. Mindestens drei Faktoren aber dürften das künftige japanisch-chinesische Verhältnis wesentlich beeinflussen: der Fortbestand des japanisch-amerikanischen Bündnisses und damit die fortgesetzte militärische Präsenz der USA in Asien; die Entwicklung Chinas im Innern wie nach außen; und schließlich die Entwicklung auf der koreanischen Halbinsel.

Sollte der eher unwahrscheinliche Fall eintreten, daß Japan sich aus dem Bündnis mit den USA löst oder daß Washington sich militärisch aus Asien zurückzieht, dann ist mit einer massiven Aufrüstung Japans zu rechnen. Dies wiederum würde China sehr kritisch aufnehmen und vermutlich versuchen, Gegenkräfte in Asien zu mobilisieren. Dieser Zusammenhang erklärt, warum China die militärische Anwesenheit

17 Beijing Review, 2.–8. 11. 1992, S. 4.

der USA in Asien noch akzeptiert. Wenn China seine gewaltigen Rüstungsanstrengungen, insbesondere auf dem Marinesektor, fortsetzt, dann könnte sich das ändern; dann werden aber auch japanische Gegenmaßnahmen nicht ausbleiben mit entsprechend negativer Auswirkung auf die beiderseitigen Beziehungen. Ein verheerender Rüstungswettlauf wäre die Folge.

Am wenigsten läßt sich heute über die koreanische Entwicklung sagen. Sie hängt von zu vielen Unwägbarkeiten (Modalitäten der Wiedervereinigung etc.) ab, so daß nur die Bedeutung der koreanischen Frage für die Lage in Nordostasien konstatiert werden kann. Wird Japan ein nuklearfähiges Korea ohne Gegenmaßnahmen akzeptieren? Schon heute verfügt Südkorea über dreimal so viele Streitkräfte wie Japan. Wird Tōkyō dies auf Dauer hinnehmen? Und wie werden China und Korea auf eine größere japanische Rüstung reagieren?

Schließlich bleibt die Frage, ob Japan gewillt ist, langfristig China als die Führungsmacht in Asien zu akzeptieren. Daß China diese Position anstrebt, ist offenkundig. Allerdings wird sehr viel davon abhängen, wie geschickt und unaufdringlich China sein natürliches Übergewicht zur Geltung bringt. Geschieht dies mit nationalistischen Untertönen, dann wird die japanische Gegenreaktion nicht ausbleiben. Wir sehen: Die Entwicklung ist offen; sie enthält Chancen für einvernehmliche Lösungen, aber sie birgt auch die Gefahren für dramatische Entwicklungen.

# VIII. Die Beziehungen Japans zu Taiwan

Gunter Schubert

Von 1895 bis 1945 stand die Insel Taiwan (früher: Formosa) unter japanischer Kolonialherrschaft. Heute ist die taiwanesische Wirtschaft so eng mit Japan verwoben, daß nicht wenige Beobachter von einer neuen – diesmal ökonomischen – Kolonialisierung der Insel sprechen. Tatsache ist somit, daß Taiwan für Japan überaus wichtig geblieben ist.

Anders als in Korea haben fünfzig Jahre japanischer Herrschaft auf Taiwan nicht jene Bitterkeit hinterlassen, die in der Nachkriegsära die Wiederannäherung zwischen Japan und den Ländern seiner ehemaligen »Großostasiatischen Wohlstandssphäre« erschwerte. Wer heute in der taiwanesischen Provinz Reisen unternimmt, wird vielerorts auf einfache Leute treffen, die kaum das Hochchinesische beherrschen – wohl aber japanisch sprechen. Die taiwanesische Bevölkerung wurde zwar drangsaliert und diskriminiert, aber die japanische Kolonialverwaltung erarbeitete sich auch über eine geschickte Steuerpolitik eine hohe finanzielle und administrative Autonomie von Tōkyō und nutzte diese konsequent zum Aufbau einer modernen Infrastruktur. Dadurch wurden japanische Investoren angelockt, die nun ihrerseits die Modernisierung der Wirtschaft vorantrieben.

Das Ergebnis gilt nach einhelliger Meinung als eine der Grundvoraussetzungen für das heute vielzitierte »taiwanesische Wirtschaftswunder«. U. a. wurden ein 3 700 km langes Straßennetz gezogen und strategisch wichtige Eisenbahnlinien gebaut. Es entstanden 17 Häfen, ein Wasserkraftwerk und zahlreiche neue Bewässerungsanlagen. Die Japaner intensivierten die Landwirtschaft (z. B. durch die Einführung neuer Reis- und Zuckersorten) und optimierten durch die Monopolisierung wichtiger Wirtschaftszweige (wie z. B. die Produktion von Salz, Düngemitteln, Kupfer, Tabak und Alkohol) die Ressourcenallokation. Sie vereinheitlichten Maße und Gewichte, schufen eine Währung und sorgten für einen nicht unbeträchtlichen Know-how-Transfer.

1952 unterschrieben Japan und die Republik China, wie die regierende Kuomintang ihr Regime auf Taiwan bis heute nennt, einen Friedensvertrag. In ihm verzichtete Taiwan auf sämtliche Reparationsforderungen gegenüber der ehemaligen Kolonialmacht. Zwanzig Jahre lang unterhielt man offizielle Beziehungen. Am 29. September 1972, sieben Monate nach der Unterzeichnung des Shanghaier Kommuniqués zwischen der VR China und den USA (»Nixon-Schock«), nahm auch Japan diplomatische Beziehungen zu China auf. Die politischen Kontakte zu Taiwan werden seither über inoffizielle, quasi-konsularische Vertretungen abgewickelt, und Japan läßt im Umgang mit Taiwan höchste Vorsicht walten, um nicht das Mißtrauen der VR China zu erwecken. Selbst inoffizielle Besuche taiwanesischer Politiker versucht die japanische Regierung zu verhindern oder protokollarisch abzuwerten.

Auch eine neue Welle von Forderungen an die japanische Regierung, Entschädigungen an die von der kaiserlichen Armee im Zweiten Weltkrieg in den Kolonien in die Zwangsprostitution gezwungenen Frauen zu zahlen, belasten die beiderseitigen politischen Beziehungen. Schließlich gilt es noch, das ungelöste Problem der territorialen Zugehörigkeit einer zwischen Japan und Taiwan liegenden Inselgruppe zu klären, die Japan »Senkaku« und Taiwan »Diaoyütai« nennt. Japan betrachtet die zumeist unter dem Meeresspiegel befindlichen Riffe als südliche Fortsetzung des Ryūkyū-Archipels; Taiwan und China beharren wiederum darauf, sie seien Teil des chinesischen Festlandsockels. Seit sich die Vermutung, um Senkaku/Diaoyütai herum befänden sich gewaltige Offshore-Ölressourcen, als Illusion erwiesen hat, schwelt der Konflikt vor sich hin, ohne für größere Irritationen zu sorgen.

Das bilaterale Verhältnis wird gegenwärtig vor allem durch wirtschaftliche Aspekte bestimmt. Schon Anfang der sechziger Jahre kehrten japanische Unternehmer nach Taiwan zurück und schufen sich hier eine erste Exportplattform zur Reduzierung der Produktionskosten im eigenen Land. Heute ist Japan weltweit zweitwichtigster Handelspartner Taiwans, sein wichtigster Investor und auch der mit Abstand größte Warenlieferant.

Während Taiwan rund 30 % seiner Gesamtimporte aus Japan bezieht (hauptsächlich Maschinen und elektrotechnische Produkte), gelangen lediglich 12 % seiner Exportgüter (vorwiegend Lebensmittel und Textilien) auf den japanischen Markt. Das daraus resultierende Handelsbilanzdefizit von rund 12 Milliarden US-Dollar 1992 (1993: 10,5 Milliarden US-Dollar) (siehe *Abbildung 1*) belastet die beiderseitigen Beziehungen seit einigen Jahren erheblich. Mehrfach fanden darüber

*Abb. 1:* Taiwans Handel mit Japan (in Milliarden US-Dollar)

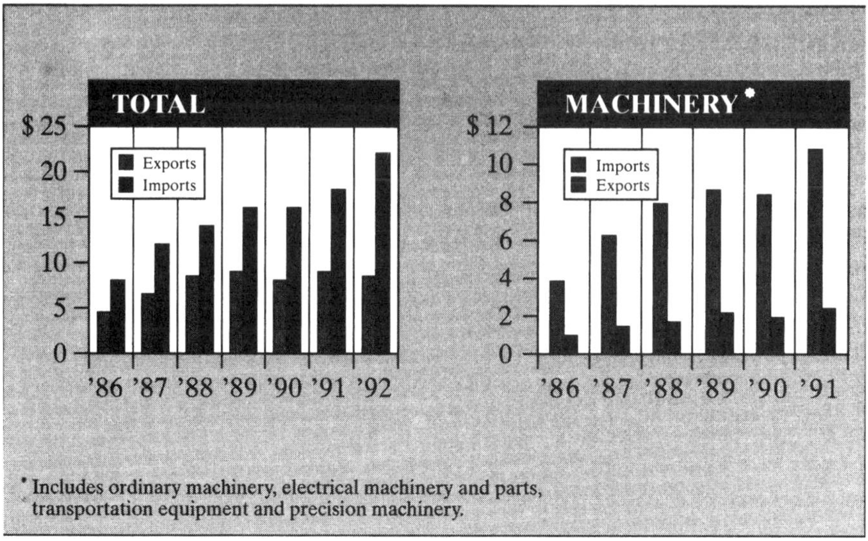


*Quelle:* Ministry of Finance, Japan External Trade Relations Organization.

japanisch-taiwanesische Wirtschaftsverhandlungen statt, in denen Tōkyō den Abbau von Handelshemmnissen und einen verstärkten Hochtechnologietransfer zusagte. Viele Beobachter bezweifeln allerdings stark, daß auf japanischer Seite wirklich ein ernsthaftes Interesse an einer solchen Politik besteht.

Für das hohe Handelsbilanzdefizit gibt es mehrere Gründe. Taiwanesische Produkte gelten auf dem japanischen Markt als nicht sehr konkurrenzfähig. Zwar sind sie qualitativ besser als die der asiatischen Billiglohnländer (z. B. der VR China, Thailands oder Malaysias), doch können sie neben den europäischen und amerikanischen Waren selten bestehen. Die Verbraucherstrukturen Japans lassen jedoch für einen Mittelweg zwischen extremen Billigprodukten und qualitativ hochwertigen Gütern wenig Raum. Hinzu kommt, daß Taiwan in Japan über kein ausreichendes Servicenetz verfügt. Auch sind japanisch-taiwanesische *Joint Ventures* in der verarbeitenden Industrie hochgradig auf Zulieferungen aus Japan ausgerichtet, so daß ein erheblicher Teil der Exportgewinne aufgezehrt wird. Letztlich hat die durch amerikanischen Druck seit Mitte der achtziger Jahre vorgenommene Aufwertung des Neuen Taiwan-Dollars den gleichzeitigen Wertanstieg des Yen zugunsten Japans neutralisiert.

Nach Verkündigung des »Nationalen 6-Jahres-Infrastrukturplans« durch die Regierung in Taipei haben japanische Firmenkonsortien eine neue Investitionsoffensive gestartet, um Zugang zu den für ausländische Bewerber freigegebenen Projekten zu bekommen. Auch wenn Taiwan diese Gelegenheit erklärtermaßen zum Anlaß nehmen will, sich aus dem ökonomischen Würgegriff Japans zu befreien, wird es damit auf absehbare Zeit keinen Erfolg haben.

# IX. Japan und die Koreaner

Myunghoon Cho

## 1. Japan im asiatischen Kontext

»Avec le Japon, et par lui, commence, contre l'Europe, la révolte de l'Asie« (Mit und durch Japan beginnt die Revolte Asiens gegen Europa)[1] – dieser Victor Bérard zugeschriebene Ausspruch hat sich – aus heutiger Perspektive gesehen – vollständig bewahrheitet. Ist doch der gegenwärtigen wirtschaftlich-technischen Dominanz Japans gegenüber Europa und Amerika ein »panasiatisches Abenteuer« der Japaner vorausgegangen.

Mit seinem kolossalen Unternehmen *Daitōa Kyōeiken*, d. h. Großostasiatische Gemeinsame Wohlstandssphäre, und dem damit verbundenen *Daitōa Sensō*, d. h. »Krieg für Großostasien« (Pazifikkrieg), wollte Japan »Großasien vom anglo-amerikanischen Joch befreien, um Selbständigkeit und nationale Sicherheit (für die Länder Großostasiens) zu erlangen« (so die Deklaration der Großostasiatischen Konferenz in Tōkyō im Herbst 1943). Aber sein panasiatischer Nationalismus scheiterte letzten Endes an dem unerfüllten Staatsnationalismus der einzelnen asiatischen Völker. Diese hatten anstelle des westlichen Imperialismus nunmehr einem asiatischen Imperialismus mit der Doktrin »Asiens Führer Japan, Asiens Beschützer Japan, Asiens Licht Japan« (die sogenannte »Drei-A-Bewegung«) zu dienen.[2]

Der fatale Widerspruch des »japanischen Abenteuers« bestand darin, daß Japan sich für die »diversen anglo-amerikanischen Demütigungen« mit der entsprechenden Vergeltung ausgerechnet an den anderen schwächeren asiatischen Völkern Genugtuung verschaffen wollte.[3] Davon waren sie grausam betroffen, China als Japans Halbkolonie ganz besonders und Korea als dessen Kolonie am grausamsten.

Die reumütige Rückkehr Japans nach Asien infolge seiner Niederlage im Zweiten Weltkrieg äußerte sich unter anderem im dritten der »Drei Großen Grundsätze« mit der Außenpolitik der japanischen Nachkriegsregierungen. In ihm wird die »Wahrung der Rolle Japans als asiatische Nation« proklamiert.[4] Doch sprechen immer wieder bestimmte Anzeichen dafür, daß die Hypothek der erst 1945 formal beendeten japanischen Fremdbesetzung bzw. Kolonialherrschaft sowie das gegenseitige Mißtrauen oder die kulturell bedingten Vorurteile noch heute mehr oder

---

1 Ein schriftlicher Beleg für diesen Ausspruch läßt sich in der Literatur nicht finden.
2 Vgl. Akira Irie, Nihon no Gaikō (»Die Diplomatie Japans«), Tōkyō 1966, S. 125 ff. und 133 ff.
3 Saburō Ienaga, Taiheiyō sensō (»Pazifikkrieg«), Tōkyō 1968, S. 19.
4 So im ersten Band des Waga Gaikō no Kinkyō (»Zur Lage unserer Diplomatie«). Es handelt sich um das – wegen der Farbe des Umschlages Seisho (»Blaubuch«) genannte japanische Gegenstück zum »Weißbuch« des Außenministeriums, Tōkyō 1957, S. 7.

weniger auf dem Verhältnis Japans mit seinen einstigen besetzten bzw. beherrschten Ländern lasten. Dies ist bei Korea stärker als bei China der Fall.

Vor diesem Hintergrund ist für eine realistische horizontale Nahaufnahme des japanisch-koreanischen Verhältnisses vorerst eine weiterreichende vertikale Rückblende in dessen geopolitisch bedingte Vorgeschichte von fundamentaler Bedeutung.

## 2. Vorgeschichte

Mittlerweile ist es sowohl bei den koreanischen Historikern als auch bei den japanischen Gelehrten und ausländischen Koreanisten bzw. Japanologen übereinstimmend anerkannt, daß Japan zu Beginn seiner Geschichte in der staatlichen Organisation und der kulturellen Ausgestaltung wesentlich von Korea beeinflußt wurde.[5] So wurde Japan über Korea durch den Import des Buddhismus (im Jahr 538 oder 552), der Seidenraupenzucht, des Eisens und der Schmiedekunst, des Kalenders, der chinesischen Medizin und der konfuzianischen Klassiker bereichert. In späteren Jahrhunderten sollten noch viele Dinge folgen, bis zum Buchdruck und dem Bewässerungssystem für die Reisfelder. Ein japanisches Familienstammbuch aus dem Jahre 815 zeigt, daß nahezu ein Drittel der japanischen Aristokraten koreanischer Herkunft war. Denn in den Anfängen der japanischen Geschichte wurden koreanische Flüchtlinge, darunter außer vielen Künstlern, Handwerkern, Philosophen und religiösen Gelehrten auch Adlige, mit offenen Armen aufgenommen.

Es ist im allgemeinen unumstritten, daß sich die Brücke zu Korea nicht immer als kriegerisch, sondern auch segensreich als kulturelle und zivilisatorische Vermittlungsinstanz erweisen konnte.[6] Das Tragische bestand für die Koreaner darin, daß weder China noch Japan Korea ernst zu nehmen bereit waren, war doch dieses für sie eben nur eine Brücke und mehr nicht.

Dabei gewann diese Brücke dann an Bedeutung, wenn sie als Sprungbrett von Ost nach West oder von West nach Ost dienen sollte. Ein Blick auf die Landkarte reicht, um zu begreifen, daß sich die Interessen großer Staaten wie China, Japan, Rußland und der USA hier kreuzen. Am direktesten führt der Weg von Japan nach China und umgekehrt durch Korea. Das bedeutet: Wer Korea besitzt, hat einen Dolch zur Verfügung, mit dem die anderen in Schach gehalten werden können. Das kleine Korea, das niemals imstande war, seine 9 000 Kilometer langen Küstengrenzen zu verteidigen, mußte versuchen, wie eine Garnele, die entweder unter Lebensgefahr den streitenden Walen ausweicht oder sie geschickt gegeneinander ausspielt – wie ein koreanisches Sprichwort suggeriert –, mal mit dem Dogma *»Sadae-Jūi«* (»Dem Großen dienen«), mal mit Intrigen und ungleichen Verträgen zwischen

---

5 Siehe dazu Kuksa Daesajon (»Großes Lexikon der koreanischen Geschichte«), hrsg. v. Yi Hongsik, Seoul 1984, S. 1254–1258; Goro Terao, Chosen Mondai Nyūmon (»Einführung in die Korea-Frage«), Tōkyō 1965, S. 147–159; Werner Sasse, Korea als ›Kulturbrücke zwischen China und Japan‹, in: Rüdiger Machetzki und Manfred Pohl, Korea, Stuttgart – Wien 1988, S. 51–55.

6 Harry Sichrovsky, Korea – Olympia im Land der Morgenstille, Bergisch Gladbach 1988, S. 29.

den streitenden Nachbarstaaten zu überleben. So wurde unter Androhung von Waffengewalt am 26. Februar 1876 der »*Kanghwa*-Vertrag« unterzeichnet – der erste völkerrechtliche Vertrag zwischen Japan und Korea. Damit unternahm Japan in Korea den ersten Schritt in Richtung auf eine künftige Expansion auf dem chinesischen Festland.

Die zunehmenden Spannungen zwischen China und Japan auf der koreanischen Halbinsel führten schließlich zum Kriegsausbruch am 1. August 1894. Durch den Friedensvertrag von Shimonoseki am 17. April 1895 mußte China die Unabhängigkeit Koreas akzeptieren, so daß Japan an seine Stelle treten konnte. Nun machte aber Rußland Japan die Vorherrschaft in Korea streitig. Am 10. Februar 1904 erklärte Japan Rußland den Krieg. Durch den unter Vermittlung des amerikanischen Präsidenten Roosevelt unterzeichneten Friedensvertrag von Portsmouth zwischen Japan und Rußland vom 5. September 1905 mußte Rußland die ausschließlichen Interessen und Führungs-, Schutz- und Kontrollrechte Japans in Korea anerkennen. Zweieinhalb Monate danach erzwang Japan auf illegale Weise von Korea den »Ulsa-Protektoratsvertrag« vom 17. November 1905, womit die Weichen für eine regelrechte Kolonialisierung Koreas gestellt waren.

Das Spiel der »kleinen Garnele« Korea zwischen den großmächtigen Walen ging mit der Unterzeichnung des Vertrages über die Annexion Koreas am 22. August 1910 zu Ende. Damit sollte der Kaiser von Korea zur »Vergrößerung des Glücks der beiden Staaten und der ewigen Sicherung des Friedens in Asien« alle seine Souveränitätsrechte auf den Kaiser von Japan übertragen.

## 3. Geschichte

Damit begann die unglücklichste Epoche seit Anbruch der koreanischen Geschichte, die 35 Jahre dauern sollte. Korea war Japans Kolonie geworden.

Die Kolonialpolitik kann allgemein in zwei Typen gegliedert werden: den »funktionalen« Typ von Großbritannien, teilweise auch der USA, der auf ein Minimum von Personal und Verwaltung abgestellt ist, soweit es sich nicht um Siedlungskolonien handelt, die ihre Selbstverwaltung früh durchsetzten, und den »integralen« Typ von Portugal, Belgien und auch Frankreich, der sich durch Paternalismus und Assimilationspolitik auszeichnet.[7]

Bei der japanischen Kolonialpolitik gegenüber Korea handelte es sich um den »integralsten« Typ – um die konsequente »Entkoreanisierung« der koreanischen Nation. Während Japan die Rohstoffe Koreas ausbeutete, das Land als Absatzmarkt und die Menschen als Sklaven benutzte, wurde die koreanische Geschichte aus den Lehrplänen gestrichen, die koreanische Sprache verboten, und sogar koreanische Namen mußten japanisiert werden. Mehr noch: Historische Dokumente und Kulturdenkmäler wurden zerstört, denn die Kulturpolitik ist eine Fortsetzung der Kolonialpolitik mit anderen Mitteln. Auf diesem Gebiet hat sie eine viel sicherere und

7 Vgl. Golo Mann und Harry Pross, Außenpolitik. Das Fischer Lexikon 7, Frankfurt 1957, S. 137–139.

dauerhaftere Auswirkung als die üblichen unmittelbar politisch-ökonomischen und militärischen Mittel in der Kolonialpolitik, da die Kultur zwangsläufig mit ihrer Herkunftsnation und der Tradition dieser Nation identifiziert wird.[8]

Über die These Spenglers, daß »der Japaner ... früher zur chinesischen (Zivilisation gehörte) und ... heute auch noch zur abendländischen Zivilisation (gehört)« und daß »(es) eine japanische Kultur im eigentlichen Sinne des Wortes nicht gibt«[9] sowie über die des japanischen Autors Gorō Terao, daß die japanische Kultur überwiegend fremden Ursprungs sei,[10] kann man zwar streiten. Aber Japan mag tatsächlich diesbezügliche Komplexe haben und sie daher mit einer besonders aggressiven Kolonialpolitik im allgemeinen und einer betont chauvinistischen Kulturpolitik im besonderen gegenüber der koreanischen Nation abreagiert haben.

Es ist wohl ungefähr in diesem Sinne, wenn einer der wenigen (west)deutschen Koreanisten schreibt: »China war annähernd 2 000 Jahre lang das kulturelle Vorbild für Korea und Japan, deren Verhältnis sich aber von der Teilhabe an einem beide umfassenden Kulturkreis zur Rivalität entwickelte. Hierbei zeichneten sich die Bewohner der japanischen Inseln zeitweilig durch Ausbrüche von Aggressivität aus, die Anfang dieses Jahrhunderts in der japanischen Kolonialisierung Koreas gipfelten.«[11]

Die kolonisierten Koreaner ihrerseits zeichneten sich immer wieder durch Ausbrüche von »*Han*« (Groll) aus, die vor allem in dem historischen »Aufstand des 1. März« (des Jahres 1919) gipfelten. Er wird nicht von ungefähr heute noch als Symbol des koreanischen Nationalismus verehrt. Es ist hierbei bezeichnend, daß der koreanische Nationalismus – anders als das japanische Nationalbewußtsein oder der deutsche Nationalsozialismus – stets einen eher defensiven Charakter hatte.[12] Der Volksaufstand dauerte bis Ende des Jahre 1919 fort. An ihm nahmen etwa zwei Millionen Menschen teil, und im ganzen Land kam es zu rund 3 200 Demonstrationen und Erhebungen. Allein in den ersten drei Monaten des Aufstandes wurden 23 470 Aufständige ermordet oder verletzt und 46 948 verhaftet. Die Kolonialmacht kannte keine Gnade: So wurden alle 1 000 Bewohner eines Dorfes in eine Kirche gesperrt, erschossen und verbrannt.[13] Auf diese Weise reagierten die japanischen Herrscher Koreas auf die Überrumpelung mit mehrfacher Grausamkeit.

Während des Pazifikkrieges dehnte Japan das im Jahre 1938 in Kraft getretene Mobilisierungsgesetz auch auf Korea aus. Etwa 1,5 Millionen Koreaner wurden nach Japan zwangsverschleppt und in Bergwerken, in der Rüstungsindustrie und bei großen Bauprojekten eingesetzt. Etwa 365 000 Koreaner dienten als Soldaten in den japanischen Streitkräften.[14]

---

8 Louis Dollot, Les relations culturelles internationales, Paris 1964, S. 30.

9 Oswald Spengler, Der Untergang des Abendlandes, München 1969, S. 615.

10 Gorō Terao, (Anm. 5), S. 152/153.

11 Werner Sasse, (Anm. 5), S. 51.

12 Dazu M.Y. Cho, »Deutsch-koreanische Beziehungen in Geschichte und Gegenwart«, in: Deutschland – Porträt einer Nation, Band 10, Gütersloh 1991, S. 335.

13 Korea im Überblick, hrsg. v. Verlag für Fremdsprachliche Literatur, Pyongyang 1987, S. 42; vgl. Harry Sichrovsky, (Anm. 6), S. 71.

14 Martin Kaneko, Die koreanische Minderheit in Japan, in: Rüdiger Machetzki/Manfred Pohl (Anm. 5), S. 159; vgl. Kentaro Yamabe, Nihon Tōchika no Chōsen (»Korea unter japanischer Herrschaft«), Tōkyō 1971, S. 205 ff.

Nicht zuletzt wurden schätzungsweise 200 000 Koreanerinnen[15] von der japanischen Armee aus Korea zu den Feldzügen in Asien und im Pazifikraum mitgenommen, um als sogenannte *Ianfu* (etwa »Trösterinnen«) bis zu 50 Soldaten an einem einzigen Tag sexuell zu bedienen. Nach der Kapitulation Japans im August 1945 wurden sie mittellos und ohne Hilfe für eine Heimkehr an den einstigen Kriegsschauplätzen zurückgelassen[16] oder getötet, um Spuren zu beseitigen.

## 4. Tōkyō zwischen Seoul und Pyongyang

Die Alliierten im Zweiten Weltkrieg waren sich sicherlich über den völkerrechtlichen Grundsatz klar, daß ein aus einem Imperium (Japan) herausgelöster Teil eines Staatsgefüges (Korea) durchaus originäre Souveränitätsrechte erlangen kann, sobald die Zerschneidung des Bandes mit der Annexionsmacht effektiv geworden ist.[17] Trotzdem hatten sie gemäß der Kairoer Erklärung vom 1. Dezember 1943 beschlossen, »daß Korea zu gegebener Zeit frei und unabhängig sein soll«. Im Rückblick gesehen wies die an sich kaum übersetzbare angelsächsische Formulierung »in due course« bereits damals auf die verhängnisvolle Dauer des Bestehens der koreanischen Demarkationslinie am 38. Breitengrad hin, die ursprünglich mit dem rein militärisch-technischen Ziel der Entwaffnung der japanischen Truppen in Korea gezogen worden war.

Statt Japan, das wie Deutschland einen Aggressionskrieg begangen und verloren hatte, als Strafe zu teilen, wurde Korea, Opfer des japanischen Aggressionskriegs, zwischen der Republik Korea (Südkorea) und der Koreanischen Volksdemokratischen Republik (Nordkorea) geteilt. Folglich hatte Japan nunmehr mit einem Doppelkorea nach außen und mit einer pro-südkoreanischen Organisation der Koreaner *(Mindan)* und einer pro-nordkoreanischen Organisation der Koreaner *(Chongnyon)* im Innern Japans zu tun. Im März 1946 waren etwa 647 000 Koreaner in Japan ansässig.

Nach vierzehnjährigen Verhandlungen wurde die Normalisierung der Beziehungen zwischen Tōkyō und Seoul nicht nur durch den Sturz des japanfeindlich gesinnten Präsidenten Yi Sungman (Syngman Rhee) erleichtert und durch den Druck der vermittelnden Amerikaner beschleunigt. Vielmehr kam sie, auch angesichts der Gefahr einer Verständigung zwischen Tōkyō und Pyongyang am 22. Juni 1965 hastiger zustande, als es für die Beziehungen zwischen Japan und Südkorea gut gewesen sein dürfte. Pyongyang lehnte den Normalisierungsvertrag als »rechtliches Nullum« ab.

15 So in einem Rundschreiben von der Koreanischen Frauengruppe und Japanischen Fraueninitiative Berlin 1993.

16 Vgl. Gorō Terao, (Anm. 5), S. 142; siehe dazu die »Zeugnisablegung« von vier überlebenden »Trösterinnen« aus Nordkorea in: Sekai, Tōkyō März 1993, S. 280–288, sowie eine ausführliche Namensliste von Ex-»Trösterinnen« in: The People's Korea, Tōkyō, 10. Oktober 1992, S. 6–8.

17 Ernst Fraenkel, Korea – Ein Wendepunkt im Völkerrecht?, Berlin 1951, S. 8.

Die Südkoreaner waren mit dem Vertrag auch nicht vollständig zufrieden, da die Republik Korea als »die alleinige gesetzmäßige Regierung in Korea«, wie sie in der Resolution 195 (III) der Vollversammlung der Vereinten Nationen definiert wurde, ohne daß eine effektive Kontrolle und Jurisdiktion über GANZ Korea als solche bestätigt wurde. Außerdem »bedauerte« Japan die »unglückliche« Vergangenheit zwar, entschuldigte sich aber nicht ausdrücklich dafür.

Trotz des Ausbaus der Beziehungen zwischen den beiden Staaten in den letzten drei Jahrzehnten heben die Südkoreaner noch eine Reihe von Problempunkten hervor wie: Handelskonflikt, Technologietransfer, Wiederbelebung der japanischen Dominanz, Behandlung der koreanischen Minderheit in Japan, Tōkyōs Pendeln zwischen Seoul und Pyongyang, das Schicksal der zwangsprostituierten »Trösterinnen« etc.[18] In der Tat hat Japan seine Einflußbereiche in Südkorea seit 1965 systematisch ausgebaut. Japan ist heute das wichtigste Einfuhrland und gleichzeitig das zweitwichtigste Ausfuhrland für Südkorea.

Die japanische Regierung bekennt sich neuerdings zu den »drei Grundsätzen für die neue Ära in den japanisch-südkoreanischen Beziehungen« mit: der »Verstärkung der japanisch-südkoreanischen Partnerschaft«, der »Leistung des Beitrages zum Frieden in Asien und dem Pazifik« und der »Zusammenarbeit bei der Lösung der globalen Probleme«. Sie hält sich aber gleichzeitig von einer eindeutigen Stellungnahme zur Frage des Technologietransfers zurück und bezeichnet die Inselgruppe, die die Koreaner Tokdo und die Japaner Takeshima nennen und die beide Nationen beanspruchen, vorbehaltlos als japanisch.[19]

Dennoch brachten der Südkorea-Besuch des japanischen Ministerpräsidenten Kiichi Miyazawa im Januar und der Japan-Besuch des südkoreanischen Präsidenten No T'ae-u am 8. November 1992 das reale gegenseitige Interesse für eine Verstärkung der Partnerschaft unmißverständlich zum Ausdruck. Der Präsident und sein japanischer Gastgeber, Miyazawa, hielten dabei ein regelmäßiges Gipfeltreffen zwischen den beiden Ländern nach deutsch-französischem Muster für angebracht.[20]

Der neue Präsident Kim Yongsam verblüffte seine Bürger mit der Aussage, daß alle Schuld der japanischen Kolonialzeit, einschließlich der an den sogenannten Zwangsprostituierten begangenen, mit dem Normalisierungsvertrag von 1965 (Artikel II) abgegolten sei. Seine Regierung verlange daher keine materiellen Entschädigungen, sondern eine vollständige Untersuchung der ganzen Wahrheit über den menschenunwürdigen Fall von Japan,[21] während die japanische Regierung nach wie vor auf der Ansicht bestehe, kein offizielles Beweismaterial darüber zu finden und ihn daher nicht anerkennen zu können. Mit der Entsendung einer Untersuchungsdelegation ist Japan jedoch – wie in anderen Bereichen – dem Eingeständnis der verdrängten Vergangenheit nähergekommen.[22]

Was die Aufnahme diplomatischer Beziehungen mit Nordkorea betrifft, so begannen die vorbereitenden Beratungen im November 1990 und die offiziellen Beratungen erst im Januar 1991 zwischen den nordkoreanischen und den japanischen

18 The Dong-A Ilbo, Seoul, 11. Mai 1992.

19 Gaikō Seisho (»Blaubuch der Diplomatie«), Nr. 35, Tōkyō 1991, S. 212–213.

20 Le Monde, Paris, 10. November 1992, S. 7.

21 Tōitsu Nippō (Tong-il Ilbo), Tōkyō, 17. März 1993, S. 1; vgl. The Korea Herald, Seoul, 28. Februar 1993, S. 6.

22 Vgl. Asahi Shimbun, International Satellite Edition, London, 4. April 1993, S. 2.

Vertretern in Beijing (Peking). Die Beratungen haben bisher keine nennenswerten Fortschritte erzielen können, und zwar infolge der gegenseitig konträren Bedingungen. Während Pyongyang eine Wiedergutmachung nicht nur für die 35jährige Kolonialzeit, sondern auch für die nachkolonialen 45 Jahre von Tōkyō verlangt, will Japan sich nur auf die Wiedergutmachung für die Kolonialzeit – nach südkoreanischem Muster (zwar eine umfangreiche Kreditzusage, aber keine kostenlose Hilfe) – einlassen. Außerdem fühlt sich Japan von den angeblichen nuklearen Aufrüstungsplänen Nordkoreas beunruhigt. Solange hier keine Klarheit besteht – Japan zieht in dieser Frage mit Washington an einem Strang – dürften tiefgehende Irritationen bestehen bleiben. Die Äußerung des damaligen japanischen Chefkabinettssekretärs Yōhei Kōno am 1. März 1993, Pyongyangs Ablehnung spiele keine Rolle in den japanisch-nordkoreanischen Normalisierungsberatungen, hat allerdings zeitweilig für Aufregungen in Südkorea gesorgt.[23] Nicht zuletzt will Japan einen genauen Bericht über schätzungsweise 6 000 japanische Frauen haben, die vor 1945 mit Koreanern verheiratet waren und danach in Nordkorea verschollen sind.[24] Nachdem Pyongyang zunächst hartnäckig die Existenz solcher Frauen verneint hatte, wurde dort Ende 1992 eine Liste von 41 Frauen bekanntgegeben, die sich bei Kim Jong-Il für ihr »glückliches Leben« in Nordkorea in einem öffentlichen Brief bedankten.[25]

## 5. Ausblick

In der Asienkrise der neunziger Jahre zeigt sich, daß trotz aller gegenseitigen Abneigung die wirtschaftliche Zusammenarbeit zwischen Japan und Südkorea funktioniert: Die japanische Regierung trägt massiv zur Stützung der bedrohten koreanischen Wirtschaft bei. Die Beziehungen zu Nordkorea bleiben eisig, wenn auch die unmittelbare atomare Bedrohung Japans durch Nordkorea abgeschwächt ist.

Korea, das von den Japanern als »das nahe ferne Land« bezeichnet wird, bleibt in Geschichte, Gegenwart und Zukunft auf jeden Fall ein Spielball der Großmächte China, Japan, Rußland und USA. Fraglich bleibt, ob eine gemeinsame japanisch-koreanische Aufarbeitung in den Schulbüchern – wie im Bereich der deutsch-polnischen Beziehungen geschehen und von japanischen und koreanischen Historikern gefordert – zu einer echten Entspannung und womöglich Annäherung führen würde.[26] Überfällig ist ein derartiger Versuch allemal.

23 The Korea Herald, Seoul, 3. März 1993, S. 6; vgl. Rodong Sinmun, Pyongyang, 14. Februar 1993, S. 6.
24 Gaikō Seisho, Tōkyō (1991) 35, S. 215–216.
25 Rodong Sinmun, Pyongyang, 18. Dezember 1992, S. 2.
26 Vgl. The Japan Times, Tōkyō, 6. April 1993, S. 3, sowie 1. Februar 1993, S. 2; The People's Korea, Tōkyō, 8. und 22–29. August 1992, jeweils S. 6.

# X. Japan und die Staaten des indischen Subkontinents und Südwest-Asien

Manfred Pohl

Die Entwicklung der buddhistischen Kultur Japans ist ohne indische Einflüsse nicht vorstellbar, wenn auch nur in wenigen (bekannten) Fällen in der frühen Blütezeit des japanischen Buddhismus dieser Einfluß nachweisbar ist; es waren Chinesen und Koreaner, die als Übermittler und Interpreten indische Kultur nach Japan brachten. Aber bereits im 7. Jahrhundert verzeichnen die Chroniken die Anwesenheit indischer Mönche bei der feierlichen Weihe der großen Buddha-Statue von Nara, der damaligen Hauptstadt. Das kaiserliche Schatzhaus *Shōsōin* in Nara enthält Kunstgegenstände, die bezeugen, daß im 7. und 8. Jahrhundert auch Handelsbeziehungen nach Indien bestanden. Dreihundert Jahre später gelangten die beiden größten buddhistischen Lehrschulen der Mahayana-Richtung (sog. »großes Fahrzeug«) aus Indien über China nach Japan und prägen noch heute den japanischen Buddhismus. Zu dieser Entwicklung beigetragen haben japanische Mönche, die nicht nur China bereisten, sondern auch bis in die indisch-chinesischen Grenzgebiete vorstießen.[1]

Die japanische Außenpolitik – in der Ausprägung imperialistischer Expansion – nahm erst wieder zu Beginn des 20. Jahrhunderts Kenntnis von Indien: Im britisch-japanischen Bündnisvertrag von 1902 akzeptierte Japan die britische Herrschaft über Indien, während London die japanische Einflußzone Nordostasien anerkannte. Im späten 19. Jahrhundert gewann Indien für die japanische Spinnerei- und Textilindustrie an Bedeutung: Während die japanische Rohseide hervorragend für industrielle Nutzung geeignet war, gab es Probleme mit japanischer Baumwolle, und Importe aus Indien waren eine gute Alternative. Indien war aber zwischen 1910–13 zugleich auch Japans härtester Konkurrent beim Export von groben Baumwollstoffen auf dem lukrativsten Markt Asiens: China.

Im Zweiten Weltkrieg hatten Teile der indischen Unabhängigkeitsbewegung auf Hilfe aus Japan gehofft, schließlich galt »Asien den Asiaten!«, also Japans Propagandaslogan, auch für Indien. Die japanische Burma-Armee verbündete sich auch vorübergehend mit der »Indian National Army«, aber die Oberste Armeeführung in Tōkyō hatte kein langfristiges Interesse an solchen Allianzen. Indische Gebiete in der Nähe der Grenze zu Burma waren schließlich Schauplatz japanischer Niederlagen im Pazifischen Krieg (1937–45). Damit endete der Versuch der japanischen Armee, die indische Unabhängigkeitsbewegung für eigene Ziele auszunutzen. Indische Nationalisten hatten in ihrem Kampf gegen die britische Kolonialherrschaft nicht nur auf das nationalsozialistische Deutschland gesetzt, sondern vor allem auch auf Japan und seine »Großostasiatische Wohlstandssphäre«, obwohl Indien in dem Konzept nicht

1 S. dazu R. H. P. Mason/J. G. Caiger, A History of Japan, Tōkyō 1973.

ausdrücklich genannt wurde. In den Friedensverhandlungen mit Japan bezog Indien eine harte Position und forderte mit anderen Gegnern Japans eine Aburteilung des *Tennō*. Indische Truppenkontingente waren an der Besetzung Japans beteiligt, die aber von Anfang an von den USA dominiert wurde. Unter den elf Richtern des Tōkyōter Kriegsverbrechertribunals war ein Inder der einzige Richter mit größerer Erfahrung im Völkerrecht. Nach den Todesurteilen gegen eine Reihe von Repräsentanten der ultranationalistischen Machtelite veröffentlichte er ein Minderheitsvotum, in dem er die Rechtmäßigkeit des gesamten Verfahrens und des Gerichts verneinte, auch verurteilte er scharf den Einsatz von Atomwaffen gegen Japan. Der Jurist setzte sich damit in Gegensatz zur öffentlichen Meinung in Indien selbst.

Aus Protest gegen den überstarken Einfluß der USA nahmen an der Friedenskonferenz von San Francisco keine indischen Delegierten teil, erst später kam es zu getrennten Regelungen zwischen Japan und Indien (Friedensvertrag am 9. Juni 1952). Nach dem Kriege aber war es japanischer Unternehmergeist, der sehr schnell wieder wirtschaftliche Normalität zwischen beiden Ländern herstellte.

In dem indisch-chinesischen Grenzkonflikt nahm Japan eine überaus vorsichtige Haltung ein und fand sich erst unter massivem amerikanischen Druck bereit, Indien wirtschaftlich zu unterstützen; der amerikanische Präsident Kennedy hatte 1962 aber auch militärische Hilfe von Japan gefordert. Die japanische Haltung gegenüber Indien bezog also bereits damals das eigene Verhältnis zu China als entscheidendes Kriterium mit ein; im Zweifel war man offenbar bereit, auch mit der im »westlichen Lager« isolierten VR China vorsichtige Kontakte zu halten.

In der englischsprachigen Kurzversion des Jahrbuchs für Außenpolitik 1972 (»Diplomatic Bluebook«) tauchen die süd- und südwestasiatischen Länder, also Indien, Pakistan, Bangladesh und Sri Lanka (Ceylon), bei der Erörterung der japanischen Außenbeziehungen überhaupt nicht auf. Die Autoren begnügen sich mit einem Abriß der inneren Entwicklungen und der Beziehungen dieser Länder untereinander. In der Tat scheinen nach dem indisch-pakistanischen Krieg (1971) diese Staaten in der japanischen Außenpolitik nur eine untergeordnete Rolle gespielt zu haben. Auch zehn Jahre später stellte das »Bluebook 1982« zwar noch schlicht fest, daß »Japan natürlich in seiner Außenpolitik stärker mit der Asiatisch-Pazifischen Region befaßt ist, mit der Japan tiefgehende historische und geopolitische Beziehungen hat sowie daneben mit dem Mittleren Osten, der eine strategische Position zwischen Ost und West einnimmt und der eine riesige Menge Erdöl produziert als mit anderen Regionen«.[2] Die japanische Außenpolitik erkannte jetzt aber die enorme Bedeutung allein der Bevölkerungsmassierung in der Region mit rund 900 Millionen Menschen an und verwies sogleich auch auf die Rolle dieser Staaten in der UNO, ganz ähnlich wie im Falle der afrikanischen Länder.[3]

Für die japanischen Interessen ausschlaggebend waren die konfliktträchtigen Beziehungen einerseits zwischen Indien und China und andererseits zwischen Indien und Pakistan. Soweit es in den Einflußmöglichkeiten japanischer Außenpolitik lag, bemühte man sich um eine Vermittlerrolle; dabei waren die Angebote zu wirtschaftlicher Unterstützung zweifellos das wirkungsvollste außenpolitische Instrument.

---

2 Ministry of Foreign Affairs (Hrsg.), Diplomatic Bluebook 1982 – Edition, Review of Recent Developments in Japan's Foreign Relations, Tōkyō 1982, S. 15.

3 Ebenda.

Zu Beginn der neunziger Jahre hat Indien noch immer Schwierigkeiten, sich gegenüber Japan als zuverlässiger Partner darzustellen; ethnische und soziale Konflikte sowie die immer neuen Ausbrüche politischer Gewalt verunsichern die japanische Regierung wie auch Japans Unternehmen. Der damalige indische Staatspräsident Narasimha Rao suchte 1992 solche Ereignisse als unvermeidliche Begleiterscheinungen des »sozialen und wirtschaftlichen Wandlungsprozesses in einer uralten Zivilisation« zu erklären.[4] Er sah die bilateralen Beziehungen an einem Wendepunkt: Japan konnte während des Kalten Krieges die geostrategische Position Indiens mit ihrer deutlichen Präferenz für die sowjetische Seite nicht akzeptieren; in einer neuen Weltordnung könnte Japan aus indischer Sicht besonders im pazifischen Raum mit größerer Distanz zu den USA agieren. Indien öffnet sich daneben auch ökonomisch und strebt eine stärkere Integration in die Weltwirtschaft an; das Land bietet deswegen japanischen Investoren bessere Chancen als früher. Japan leistet heute den größten Teil des ODA (Öffentliche Entwicklungshilfe), die Indien erhält, und hat dadurch zu einem großen Teil zur Wirtschaftsentwicklung beigetragen. Aber es gibt eine Sorge in Indien: Die Verknüpfung von Hilfeleistungen mit bestimmten Konditionen wie Wahrung der Menschenrechte, Demokratisierung, liberale marktwirtschaftliche Ordnung u. ä., wie sie Japan angekündigt hat, lehnt Indien ab. Auch betont Indien nachdrücklich die Blockfreiheit, während Japan weiterhin den Bündnisvertrag mit den USA zum Grundstein seiner Außenpolitik macht. Eine gemeinsame außenpolitische Zielsetzung Indiens und Japans wäre nach indischer Auffassung die Schaffung einer pazifischen Staatengemeinschaft im Rahmen einer neu strukturierten Weltordnung, wobei sich hier der Gedanke aufdrängt, daß Indien eine stärkere Position Japans zu Lasten der amerikanischen Rolle durchaus begrüßen würde.

Die Atomwaffenversuche Indiens und Pakistans 1998 stießen in Japan auf scharfe Kritik; Tōkyō bemüht sich dennoch um Vermittlung zwischen den Nachbarstaaten auf dem indischen Subkontinent und versucht auch weiterhin, ein weltweites nukleares Wettrüsten zu verhindern. Es ist Ziel der japanischen Regierung, Indien und Pakistan – wie auch andere Atommächte – zur Unterschrift und Ratifizierung des Atomwaffen-Sperrvertrages zu bewegen.

Der ehemalige indische Staatspräsident Rao beklagte 1992 bei einem Besuch in Tōkyō die verzerrten Wirtschaftsbeziehungen zwischen beiden Ländern: Indien exportiert im wesentlichen Rohstoffe (Eisenerz, Meeresfrüchte, Baumwollgarne), während Japan ausschließlich industrielle Fertigwaren liefert. Japanische Direktinvestitionen machen nur 2,8 % aller Auslandsinvestitionen in Indien aus. Mitte der neunziger Jahre hat sich trotz der Liberalisierungsbemühungen wenig geändert. Die Regierung der Hindu-Nationalisten, die größeres ausländisches Wirtschaftsengagement in Indien ablehnt, könnte weitere Rückschläge bringen.[5]

---

4 P. V. Narasimha Rao, Towards an India-Japan Partnership in the Twenty-first Century, in: Japan Review of International Affairs, 6(1992) 2, S. 198.

5 Kreft, Birgit u. Heinrich, Japans Wirtschaft entdeckt Indien: Die Intensivierung der japanisch-indischen Wirtschaftsbeziehungen seit Beginn der 90er Jahre, in: Pohl, Manfred (Hrsg.), Japan 1996/97 – Politik und Wirtschaft, Hamburg 1997, S. 179–198.

# XI. Japans südpazifische Nachbarn: Australien und Neuseeland

Manfred Pohl

## 1. Vom verhaßten Kriegsgegner zum Partner

Erstmals tauchte Australien auf einer japanischen Weltkarte von 1794 auf. Die tatsächlichen geographischen Umrisse Australiens und Neuseelands wurden über russische Land- (Welt)-karten vermittelt, die von einem schiffbrüchigen Kapitän 1791 nach Japan gebracht wurden. Auf offiziellen und privat veröffentlichten Karten aber wurde noch bis zum Beginn der *Meiji*-Zeit Australien nicht korrekt abgebildet, sondern als vage definierter »Südkontinent« dargestellt, wie der Jesuit Matteo Ricci ihn in seiner Weltkarte von 1602 am chinesischen Kaiserhof abgebildet hatte. Gegen Ende des 19. Jahrhundert aber war die japanische Öffentlichkeit bereits gut über Australien (und Neuseeland) informiert; an der Weltausstellung 1879/80 in Sydney nahm Japan schon als Ausstellernation teil. Japanischen Beobachtern war bewußt, daß Sydney in etwa genauso weit entfernt von Japan war wie San Francisco, und einige japanische Reisende sahen bereits einen schwunghaften Handel zwischen Australien und Japan voraus, wobei die japanische Seite Reis, Tee, Tabak, Soyabohnen, Papier, Seide und Keramik exportieren könnte, Australien umgekehrt Wolle, Kohle und Fleisch. Schon früh sahen japanische Beobachter Australien als Auswanderungsland, wiesen aber darauf hin, daß chinesische Einwanderer bereits den landwirtschaftlichen Sektor besetzt hatten und andere Wirtschaftsbereiche zu Beginn des 20. Jahrhunderts Japanern durch Gesetz verschlossen waren. Dennoch hatte Japan seit Mitte der neunziger Jahre des vorigen Jahrhunderts Konsulate oder Honorarkonsulate in fast allen australischen Kolonien. Der bilaterale Handel entwickelte sich gut. Zwei Ereignisse aber ließen die beiden Länder wieder auseinanderdriften: Der japanische Sieg über China 1894/95 führte zu einer selbstbewußten Außenpolitik und ließ damit Japan als Bedrohung in der geopolitischen Sicht der australischen Kolonialverwaltungen erscheinen. Außerdem führte in Australien die Furcht vor einer asiatischen Überfremdung zu Einwanderungsverboten, die erst nur für Chinesen galten, ab 1901 aber auch für Japaner.

Die japanische Regierung war über diese Gleichstellung mit »weniger entwickelten asiatischen Nationen« empört und protestierte scharf gegen diese Manifestation einer *White Australia*-Politik. Auf der Friedenskonferenz von Versailles kam es zu einer heftigen Kontroverse zwischen dem australischen Premierminister Hughes und der japanischen Delegation über die Frage, ob rassische Gleichheit als Grundsatz des Friedens in den Völkerbund-Vertrag aufgenommen werden sollte;

Hughes widersetzte sich dem erfolgreich. In den dreißiger Jahren nahm die Zahl von Japanern in Australien stetig ab, und 1945 wurden die letzten Japaner direkt aus den Internierungslagern deportiert.

Bis weit in die Nachkriegszeit hinein blieb die *White Australia*-Politik bestimmend; australische Soldaten, die während der Besatzungszeit in Japan Japanerinnen geheiratet hatten, durften ihre Ehefrauen nicht mit nach Australien bringen. Gleiches galt aber auch für andere asiatische Nationen. Die Gesetzgebung wurde 1956 gelockert, als asiatische Ehefrauen australischer Staatsbürger oder asiatische Ausländer, die länger als 15 Jahre in Australien gelebt hatten, Anspruch auf Einbürgerung erwarben. 1966 wurde die Periode dauernden Wohnsitzes auf sechs Jahre verkürzt, der Aufenthalt ohne Einbürgerung wurde unbefristet gestattet. Dennoch stieg die Zahl japanischer Auswanderer nach Australien nicht wesentlich an, was aber vor allem auf das »japanische Wirtschaftswunder« und auf die gleichzeitige wirtschaftliche Krisenphase Australiens in den siebziger Jahren zurückzuführen war.

In den dreißiger Jahren war Großbritannien mit Abstand der größte Handelspartner Australiens, aber Japan nahm bereits 13 % der australischen Ausfuhren auf und war damit zum zweitgrößten Exportmarkt Australiens geworden. Importe aus Japan lagen anteilig weit niedriger und bestanden hauptsächlich aus Textilien, was unvermeidlich zu einem Konflikt mit Großbritannien führen mußte: Ein erster »Textilkrieg« tobte 1936, als Australien japanische Textileinfuhren mit Sonderzöllen belegte, um britische Erzeugnisse konkurrenzfähig zu halten und die japanische Regierung im Gegenzug australische Exporte drosselte. Es kam jedoch schnell zu einer Einigung, da beide Seiten Schäden davontrugen. Die emotionalen Bindungen Australiens an Großbritannien waren noch extrem stark; nur so ist zu erklären, daß die australische Regierung die britische Position zum eigenen Nachteil vertrat. Die Bindung an das Mutterland und die *White Australia*-Politik waren bis Mitte dieses Jahrhunderts die schwersten Belastungen für das bilaterale Verhältnis Japans zu Australien, die im Falle Neuseelands weit weniger scharf hervortraten.

Das ideologische Konzept der japanischen Expansionspolitik seit Ende der dreißiger Jahre, die »Großostasiatische Wohlstandssphäre« *(Daitōa Kyōeiken)* bezog auch Australien und Neuseeland ein. Beide »weißen« Staaten sollten in der »Staatengemeinschaft« eine Sonderrolle spielen; da sie seit der (weißen) Besiedlung nie besetzt worden waren, wären sonst Aufstandsbewegungen gegen die japanische Führung zu befürchten gewesen. Zugleich warnte die japanische Propaganda aber Australien und Neuseeland davor, sich gegen »die befreiten Massen Südostasiens zu stellen«.

Der japanische Angriff auf Pearl Harbor brachte Australien zwangsläufig im Pazifischen Krieg auf die Seite der Kriegsgegner Japans. Die kaiserliche Marine plante einen Angriff auf den fünften Kontinent, aber die japanische Heeresführung verhinderte den Plan. Immerhin besetzten japanische Truppen Neuguinea, und japanische Kampfflugzeuge bombardierten Darwin, was in der australischen Bevölkerung Panik auslöste. Australische Soldaten kämpften an allen Fronten gegen japanische Verbände, sie erlitten schwere Verluste, und tausende Australier kamen in der Gefangenschaft um. Nach dem Krieg blieb die australische Politik gegenüber Japan außerordentlich feindselig, aber unter amerikanischem Druck änderte sich ab 1947 diese Haltung. Australien und Neuseeland gehörten der *Far Eastern Commission* an, die unter US-Führung die Besatzungpolitik in Japan ausarbeiten sollte, aber die amerikanische Regierung und ihr »Proconsul« in Japan, General MacArthur, nahmen auf die Vorstellungen der Kommissionsmitglieder kaum Rücksicht. Australien und Neuseeland gehörten mit Großbritannien – und natürlich der Sowjetunion und China – zu den Verfechtern eines Kriegsverbrecherverfahrens gegen den *Tennō.* Aber General MacArthur und die amerikanische Regierung hatten sich gegen ein solches Verfahren entschieden. Australien und Neuseeland konnten sich auch mit der späteren Forderung nach dauernder Entmilitarisierung Japans als Klausel des Friedensvertrages von San Francisco nicht durchsetzen; die Sicherheitsgarantien für Australien und Neuseeland wurden schließlich im ANZUS-Pakt (Australia, New Zealand, USA-Bündnispakt) festgelegt.

Zu Beginn der neunziger Jahre hat sich die Einstellung der australischen *Labor*-Regierung zu Japans internationaler Rolle in der pazifischen Region grundlegend gewandelt: Inzwischen wird sogar eine »vorsichtige« Aufrüstung Japans akzeptiert, solange Japan nicht versucht, in ein Vakuum zu stoßen, das durch geringeres amerikanisches Engagement im Pazifik entstehen könnte. Die australische Regierung bereitete 1993 darüber hinaus eine engere militärische Kooperation mit Japan vor.

Grundlage der partnerschaftlichen Entwicklung war der *Basic Treaty of Friendship and Cooperation* von 1976 der die Grundlage einer neuen Perzeption Australiens für eine sicherheitspolitische Rolle Japans im pazifischen Raum legte. Traditionell hatte die australische Außenpolitik sich nach den Vorgaben aus den USA gerichtet, aber mit dem Auseinanderbrechen des ANZUS-Paktes schwenkte die Politik auf einen unabhängigeren Kurs ein. Schon mit Beginn der achtziger Jahre konzentrierte Australien seine Außen- und Sicherheitspolitik stärker auf Japan, die südostasiatischen NIEs *(Newly Industrializing Economies*) und die ASEAN. Im November 1989 wurde auf australische Initiative die APEC *(Asia-Pacific Economic Cooperation*, inzw. schon »Council«) gegründet. Ebenfalls durch australische Bemühungen wurde den UN eine Schlüsselrolle bei der Lösung des Kambodscha-Problems zugewiesen, und Japan konnte erstmals – im Rahmen des *Peace-Keeping-Operations*-Gesetzes – Blauhelme in das Ausland entsenden. Auch diese Entscheidung war auf australische Initiative zurückzuführen. Seit 1990 wurde der Austausch von Politikern mit sicherheitspolitischen Verantwortungsbereichen und Militärs zwischen Japan und Australien verstärkt, die australische Regierung wird seither nicht müde, ein größeres internationales Engagement von Japan zu fordern.

## 2. Die Wirtschaftsbeziehungen

Die Handelsbeziehungen zwischen beiden Staaten normalisierten sich mit dem Handelsvertrag von 1957 (erneuert 1960, 1963), der die gegenseitige Meistbegünstigung bei Tarifen festschrieb; Sonderregelungen für vermeintlich bedrohte australische Industrien wurden 1963 aufgehoben, als Australien Japan volle GATT-Rechte zugestand. Die japanische Regierung ihrerseits garantierte ungehinderten Zugang zum japanischen Markt für australische Wolle, Weizen, Gerste, Zucker und andere Rohstoffe – alles Produkte, für die es in Japan keine großen Erzeuger gibt. Die starke japanische Nachfrage ließ Australiens Exporte hochschnellen und verschaffte damit der australischen Wirtschaft eine breitere regionale Basis: Die Abhängigkeit vom britischen Markt sank deutlich, die Rollen der USA und eben des japanischen Exportmarktes dagegen traten immer mehr in den Vordergrund.

Eine »Pazifische Wirtschaftsgemeinschaft« hatte die australische Zeitung *The Australian* schon am 19. Januar 1967 propagiert, zugleich aber vor einer japanischen Dominanz gewarnt. Andererseits hatte der britische Antrag auf Mitgliedschaft in der (damaligen) EWG Australien und Neuseeland deutlich vor Augen geführt, daß langfristig die Zukunftsaussichten für beide Staaten in Asien liegen dürften; die japanische Seite hat stets auf diese Einsicht gezählt.

Die enge Verknüpfung der australischen mit der japanischen Wirtschaft war bereits 1969 unübersehbar: Japan nahm damals schon 85 % des australischen Eisenerzes, 98 % der Steinkohle-Exporte und 60 % aller anderen in Australien geförderten Mineralien ab. Seit den siebziger Jahren haben die Regierungen beider Staaten, wenn es überhaupt möglich war, noch enger zusammengearbeitet, um die »interdependenten« Wirtschaften Japans und Australiens zu harmonisieren. Es wurde bereits 1976 die Gründung einer Organisation für Pazifischen Handel und Entwicklung vorgeschlagen, die es seit 1991 mit dem APEC-Konzept gibt. Auf eine breitere politische Grundlage wurde das bilaterale Verhältnis mit Unterzeichnung eines Grundlagenvertrages über Freundschaft und Zusammenarbeit (1976) gestellt, der ausdrücklich auch die wirtschaftliche Verflechtung zwischen beiden Staaten als wünschenswert und nützlich bezeichnet. Die zweite Ölkrise offenbarte aber die Schwäche dieses Vertragswerkes und schien Kritiker der einseitigen Ausrichtung auf Japan zu bestätigen. Während die japanische Nachfrage nach australischen Gütern sank, intervenierte die australische Regierung gegen Versuche japanischer Unternehmen, Mehrheitsbeteiligungen an Unternehmen der australischen Bergbauindustrie durch Kartellabsprachen zu übernehmen; Exportpreise für mineralische Rohstoffe wurden staatlichen Kontrollen unterworfen, und die Regierung beschränkte ausländische (d. h. japanische) Beteiligungen an Rohstoffindustrien. Diese Reglementierungen wurden Ende der siebziger Jahre gelockert, aber alle australischen Regierungen überwachten jetzt schärfer die japanischen Investitionsstrategien in den Rohstoffindustrien des Landes.

Die siebziger Jahre waren immer wieder durch kleinere Handelsreibereien geprägt. Probleme gab es bei langfristigen Lieferverträgen für Eisenerz und Kohle oder bei der Aussetzung australischer Lieferungen von Uranerz nach Japan; die japanische Seite beklagte hohe Schutzmauern für Teile der verarbeitenden Industrie Australiens sowie bei der Zuteilung von Schiffsrouten von und nach Japan. Im ganzen konnten diese Konflikte einvernehmlich gelöst werden. Die wirtschaftliche Flaute der frühen neunziger Jahre in Japan führte der australischen Bergbauwirtschaft vor Augen, wie eng inzwischen die Koppelung beider Volkswirtschaften geworden ist: 1993 mußten australische Erzeuger 6 % Preisnachlässe bei Kohle und mehr als 10 % Nachlaß bei Eisenerz für japanische Abnehmer hinnehmen.

Seit den achtziger Jahren werden die Wirtschaftsbeziehungen zwischen Japan und den beiden großen Demokratien im Südpazifik, Australien und Neuseeland, in schlichter Offenheit als »eng und komplementär« charakterisiert: Die beiden südpazifischen Staaten exportieren Rohstoffe, Japan industrielle Fertigwaren – im Grundsatz ein klassisch koloniales Verhältnis. 1997 exportierte Australien 29 % seiner Bergbauerzeugnisse nach Japan, 17 % aller Agrarexporte und 17 % aller Ausfuhren im Dienstleistungsbereich. Damit ist Japan zum größten einzelnen Exportmarkt für australische Erzeugnisse geworden, und es setzte sich ein Trend fort, der schon für die Zeit gegen Ende der fünfziger Jahre galt: Damals lagen die australischen Exporte nach Japan auf Rang zwei hinter den Ausfuhren nach Großbritannien. Weit über 80 % der japanischen Ausfuhren nach Australien bestehen aus chemischen Erzeugnissen, Fahrzeugen und Maschinen; Australien führt vor allem Steinkohle, Erze und chemische Rohstoffe nach Japan aus. Australiens Regierung will jedoch die einseitige Abhängigkeit von Rohstoffausfuhren durchbrechen und konzentriert sich mit einer *Japan Market Strategy* auf die Entwicklung von industriellen Produkten höherer Wertschöpfung. Japan unterstützt diese Politik durch Ausbildungsangebote und Marktinformationen; darüber hinaus gehörten australische Unternehmen zu den ersten, die sich in den japanischen »Importförderzonen« ansiedelten.

Australien sieht also längst die Wirtschaftsbeziehungen zu Japan völlig anders als noch in den siebziger Jahren. So fand der japanische Vorschlag vom Januar 1993, zwischen beiden Ländern eine Freihandelszone zu schaffen, ein überaus positives Echo. Der japanische Vorschlag kann aber auch als Gegenstrategie gegen einen möglichen Beitritt Australiens zur NAFTA *(North American Free Trading Area)* gewertet werden; einen solchen Schritt hatte die australische Opposition erwogen. Die *Labor*-Regierung stand jedoch fest zu Japan, auch mit der Kritik an der amerikanischen Handelspolitik, die Japan feste Importquoten aufzwingen bzw. den bilateralen Handelsaustausch bestimmten Regeln unterwerfen wollte *(Managed Trade)*. Japan und Australien bekräftigten 1993 während eines Besuches des damaligen japanischen Ministerpräsidenten Miyazawa, daß die APEC am besten geeignet sei, regionale Handelskonflikte dieser Art beizulegen. Nach australischen Vorstellungen sollte die APEC, also die »Asian Pacific Economic COOPERATION«, unter Beibehaltung der Kurzform zu einer »Asian Pacific Economic COMMUNITY« werden; diese Gemeinschaft würde – anders als die EU (!) – einem wirklichen Freihandel verpflichtet sein. Die australische Regierung sah Japan als natürlichen Bündnispartner auch in den Verhandlungen der GATT-Runden, da Australien als einer der wichtigsten Exporteure von Agrargütern an einer Liberalisierung des Welthandels mit landwirtschaftlichen Erzeugnissen dringend interessiert war. Die harte Schutzpolitik der EU für die europäische Landwirtschaft hat sicher auch zu einer Entfremdung zwischen Großbritannien und Australien und seiner Hinwendung zu Asien beigetragen. Aber Australien drängte auch darauf, daß Japan seinen Markt für australische Produkte noch weiter öffnet, und dazu ist man in Canberra auch an amerikanischer Intervention interessiert: Ohne Druck der USA könnte Australien heute noch kein Rindfleisch nach Japan exportieren.

Neuseeland rangiert bei den japanischen Ausfuhren auf Rang 33 (0,3 % aller Exporte) und auf Rang 27 bei den Einfuhren Japans. Wie auch im Falle Australiens dominieren Maschinen und Fahrzeuge bei den japanischen Exporten, und Neuseeland liefert vor allem Nahrungsmittel und industrielle Rohstoffe. Bei den Nahrungsmitteln stehen Molkereiprodukte an erster Stelle, gefolgt von Obst und Fleisch; bei den industriellen Rohstoffen führen Stammholz und Holzspäne, Barren-Aluminium und Aluminiumlegierungen sowie Erdöl und Steinkohle.

# XII. Perspektiven der japanisch-russischen Beziehungen: Chancen für eine dauerhafte Entspannungspolitik im Nordpazifik?

Miriam Rohde

Die japanisch-russischen Beziehungen sind seit dem Ende des Kalten Krieges stärker in den Blickpunkt der Weltöffentlichkeit gerückt. Wie sich die japanische Rußlandpolitik in dem Spannungsfeld internationaler und nationaler Interessengegensätze entwickeln wird, ist eng mit der Frage nach der künftigen Rolle Rußlands in Ostasien verbunden und dürfte für die sicherheitspolitische und die wirtschaftliche Ausgangslage im asiatisch-pazifischen Raum für das anbrechende 21. Jahrhundert von großer Bedeutung sein. Zudem stellt sich die Frage nach Japans Beitrag zum Gelingen der russischen Reformen. Als zweitgrößte Wirtschaftsnation der Welt sieht sich Japan in diesem Zusammenhang internationalen Erwartungen gegenüber, eine dem wirtschaftlichen Gewicht des Landes entsprechende Rolle bei der Unterstützung der russischen Transformationsprozesse zu übernehmen.

Japan dagegen sah sich lange Zeit zu finanziellen Hilfen größeren Ausmaßes nicht bereit, solange aufgrund des Konfliktes um die territoriale Zugehörigkeit der vier südlichsten Kurileninseln kein Friedensvertrag mit Rußland in Aussicht ist. Es sieht sich heute als einziges G-7-Land, für das der „Kalte Krieg" noch nicht beendet ist.

## 1. Die russisch-japanischen Beziehungen in den neunziger Jahren

Unterschiedliche Auffassungen zwischen Japan und Rußland über die territoriale Zugehörigkeit von vier kleinen Inseln im Ochotskischen Meer nordwestlich von Japans nördlichster Hauptinsel Hokkaidō haben seit dem Ende des Pazifischen Krieges den Abschluß eines Friedensvertrages zwischen beiden Staaten verhindert. Die Südkurilen waren kurz nach der japanischen Kapitulation – entsprechend einer Abmachung Stalins mit den USA auf der Konferenz von Jalta – von der Sowjetunion besetzt worden und sind seither sowjetisches bzw. russisches Hoheitsgebiet.[1] Japan

1 Zur historischen Entwicklung zwischen Japan und Rußland s. Joachim Glaubitz, Fremde Nachbarn: Tokyo und Moskau, Baden-Baden 1992; zu Rußlands Sicht des Kurilenkonfliktes und den Hintergründen für die Schwierigkeiten, Territorium aufzugeben, s. William F. Nimmo, Japan and Russia. A Reevaluation in the PostSoviet Era, Westport 1994, S. 114 ff. und 175 f.

hat den Verlust von Shikotan, Habomai, Etorofu und Kunashiri immer als völkerrechtswidrig betrachtet und eine Rückgabe verlangt. 1956 führten Verhandlungen zwischen beiden Staaten trotz des Territorialkonfliktes zur Aufnahme diplomatischer Beziehungen, doch ein geplanter Friedensvertrag mit einer Lösung der Inselfrage kam in letzter Minute nicht zustande. Während der folgenden 35 Jahre wurde in Moskau die Existenz einer Territorialfrage mit Japan geleugnet, was zu einem Einfrieren des Status quo in den politischen Beziehungen beider Staaten führte, aber dem Ausbau der Wirtschaftskontakte von Mitte der sechziger Jahre an gleichzeitig nicht im Wege stand.[2]

Es gibt einige Anzeichen dafür, daß der Konflikt um die Südkurilen irgendwann auf friedliche Weise beigelegt wird, sofern in der Region eine Entspannungspolitik Erfolg hat, die ähnlich wie im Europa der siebziger Jahre auf vertrauensbildenden Maßnahmen, Ausweitung des Reiseverkehrs und wirtschaftlicher Integration beruht.[3] Die russisch-japanischen Beziehungen während der ersten Hälfte der neunziger Jahre lassen sich grob in folgende vier Phasen unterteilen:

### *1991: Gorbatschow in Japan*

Erste Ansätze zu einer Lösung des Kurilenkonfliktes zeigten sich anläßlich des Japan-Besuches von Michail Gorbatschow im Sommer 1991. Erstmals wieder wurde die Existenz der Territorialfrage von sowjetischer Seite anerkannt. Außerdem wurde eine Reduzierung der auf den Inseln stationierten Truppen verabredet und ein kleiner Grenzverkehr eingeführt, der es den ehemaligen japanischen Bewohnern der Inseln erlaubte, visafrei zu den Inseln zu fahren, während umgekehrt auch russische Bewohner des Fernen Ostens und der Inseln problemlos nach Hokkaidō einreisen durften. Insgesamt wurde ein Ausbau der regionalen Kontakte in Aussicht gestellt, der seither auf verschiedenen Ebenen erfolgt ist.

### *1993: Japanische Flexibilität beim Tōkyōter G-7-Gipfel und Jelzin in Japan*

Nach erheblichem Druck der anderen G-7-Staaten erklärte sich Japan als Gastgeber des Gipfeltreffens 1993 zu einer leichten Abkehr von dem bisher verfolgten harten Kurs in der Rußlandpolitik bereit – nämlich keine finanzielle Hilfe für die Reformprozesse zu gewähren, solange nicht die Kurilenfrage gelöst ist.[4] Daraufhin signalisierte Rußland Verhandlungsbereitschaft. Während des Japan-Besuches Boris Jelzins im Herbst 1993 einigten sich beide Staaten auf die Formel, die Kurilenfrage auf der Basis von international geltendem Recht und Gesetz zu lösen. Aus japanischen und russischen Experten paritätisch besetzte Ausschüsse sollten unter besonderer Berücksichtigung der historischen Aspekte die Vorarbeit hierfür leisten.

2 Zur wirtschaftlichen Entwicklung zwischen Japan und Rußland s. z. B. Kan Nihonkai Kōryū Jiten (Lexikon zur Zusammenarbeit der Japansee-Anrainer), Hokutō Asia Kenkyūkai (Forschungsgruppe Nordost-Asien), Tōkyō 1995/96, S. 81.

3 Vgl. z. B. Trilateral Forum on North Pacific Security, CSIS-Report, Washington 1995.

4 Vgl. Japan, 1993, Heft 2, Ü 91.

Neben diesem Fortschritt in der Kurilenfrage wurde noch eine Reihe weiterer Arbeitsgruppen, Kooperationsvorhaben und vertrauensbildender Maßnahmen verabredet. Vereinbart wurde insbesondere eine Zusammenarbeit in den Bereichen Umweltschutz und Entsorgung von Atommüll. Aufgrund der geographischen Nähe des Fernen Ostens Rußlands zu Japan können Umweltkatastrophen dort auch die Sicherheit Japans gefährden. Außerdem wurden ein Technologieaustausch in der Raumfahrttechnik und Maßnahmen zur Unterstützung des Ausbaus von Wirtschaftskontakten vereinbart. Ein Abzug des russischen Militärs von den Südkurilen wurde erneut ebenfalls in Aussicht gestellt, während Japan sich bereit erklärte, die militärischen Kontingente auf Hokkaidō erheblich zu reduzieren.[5]

Arbeitstreffen von verschiedenen Expertengruppen, insbesondere mit dem Ziel einer Intensivierung der Wirtschaftskontakte, deuten seither darauf hin, daß unterhalb der Regierungsebene und außerhalb der tagespolitischen Schlagzeilen auf beiden Seiten Bemühungen unternommen werden, die bilateralen Kontakte weiter auszubauen.

### *Rückfall in die Zeiten des Kalten Krieges?*

Doch durch das Verklappen von schwach radioaktivem Brennstoff in der Japansee unmittelbar nach Jelzins Rückkehr nach Moskau, das zwar bei der LAEA, nicht aber – den neuen Vereinbarungen entsprechend – in Tōkyō angemeldet worden war, fielen die gerade angetauten bilateralen Beziehungen wieder auf einen Tiefpunkt. Die Umstände, die beim Ablauf der Entscheidungsfindung in Rußland zu dieser Brüskierung Tōkyōs geführt haben, sind bis heute ungeklärt. Spekulationen darüber, daß die Verklappungsaktion bereits vor dem Jelzin-Besuch geplant war, um eine Möglichkeit zu schaffen, den Kompromiß nachträglich wieder ungeschehen zu machen, verstummten nicht. Dies wurde darauf zurückgeführt, daß die Fernost-Politik Jelzins zu Beginn seiner Amtszeit, die darauf abzielte, Japan als Hauptpartner in der Region zu gewinnen, auf erbitterten innenpolitischen Widerstand stieß.[6] Während der folgenden drei Jahre waren keine wesentlichen Annäherungen in den Positionen beider Staaten zu erkennen. Neben den anhaltenden innenpolitischen und binnenwirtschaftlichen Krisen in Rußland dürfte auch die instabile innenpolitische Lage in Japan (fünf Ministerpräsidenten innerhalb von drei Jahren) dazu beigetragen haben, daß sich in der Folgezeit wenig tat.

Allgemeine Enttäuschung über mangelnde Hilfe aus dem Westen führte allerdings in Moskau in der Politik gegenüber dem Fernen Osten zu einer erneuten Wende. Die VR China erhielt wieder größere Bedeutung als potentieller Hauptpartner der russischen Ostasienpolitik. Dabei mochte durchaus der Gedanke eine Rolle gespielt haben, daß eine Annäherung an China die westlichen Industrienationen – allen voran Japan – zu einem stärkeren finanziellen Engagement in Rußland bewegen könnte.[7]

---

5 Vgl. Miriam Rohde, Boris Jelzins erster Staatsbesuch in Tokyo. Gibt es einen Wandel in Japans Rußlandpolitik?, in: Japan, 1993, Heft 4, S. 358–363.

6 Vgl. Klaus Fritsche, Rußlands Außenpolitik: Die asiatisch-pazifische Dimension, Berichte des Bundesinstituts für ostwissenschaftliche und internationale Studien, 40/1995, S. 25 f.

7 Vgl. ebd., S. 20.

*Erneute Annäherung: Wahlhilfe?*

Im ersten Halbjahr 1996 schien dann ein neu einsetzender diplomatischer Reiseverkehr, verbunden mit neuen, vielversprechenden Kommuniqués zu vertrauensbildenden Maßnahmen in der Sicherheitspolitik und zur Intensivierung der wirtschaftlichen Zusammenarbeit zwischen Moskau und Tōkyō, einen neuen Frühling anzudeuten. Das Kurilenproblem wurde bei den Treffen zwar jeweils kurz erwähnt, stand aber inhaltlich nicht im Vordergrund.

Der Zeitpunkt, zu dem diese erneute Wiederbelebung der bilateralen Beziehungen stattfand – kurz vor den Präsidentschaftswahlen –, legte zumindest den Verdacht nahe, ein Imagegewinn für Boris Jelzin könnte hiermit beabsichtigt worden sein. Allerdings schien fraglich, ob sich ausgerechnet die problembeladenen Beziehungen mit Japan zu diesem Zweck eignen könnten.[8] Interessant war immerhin zu jenem Zeitpunkt das ausnehmend gute Verhältnis, das Japans Verteidigungsminister zu seinem russischen Amtskollegen und zu hochrangigen russischen Militärs demonstrierte.

## 2. Die Auswirkungen der Entspannungspolitik auf die Kurilen

### a. Sinkender strategischer Wert der Inseln

Die Bedeutung der umstrittenen Inseln lag während der Zeit des Kalten Krieges in ihrem strategischen Wert für die sowjetische Marine, da sie insbesondere der U-Bootflotte den ungehinderten Zugang zum Pazifik ermöglichten. Darüber hinaus nahmen die Inseln in der ostasiatischen Verteidigungslinie der Sowjetunion die Funktion eines vorgeschobenen Postens ein. Die Stützpunkte auf den vier Inseln, von denen die südlichste in Sichtnähe vor der Küste von Hokkaidō liegt, umfaßten zur Zeit des Kalten Krieges mehr als 10 000 Mann sowie MiG 23-Geschwader.[9]

Nicht nur aufgrund der Entspannung der Beziehungen zwischen Ost und West vermuten japanische Rußlandexperten heute, daß die strategische Bedeutung der Inseln für Rußland abgenommen hat. Sie verweisen auf den Rückzug der Luftwaffengeschwader von den Inseln, der entsprechend den Abmachungen beider Regierungen schon weit fortgeschritten sein soll. Außerdem soll auch die Zahl der einsatzfähigen russischen Atom-U-Boote in der Region in den vergangenen Jahren erheblich gesunken sein.[10]

8 Im August 1996 ist sogar beschlossen worden, japanische Flieger in Rußland auszubilden.

9 Über die Zahl der auf den Inseln stationierten MiG gibt es keine genauen Angaben. Es gibt jedoch in jedem Fall auf den Inseln eine Infanteriedivision sowie Hubschrauber des Typs MI24, Luftabwehrraketen und Panzerwagen.

10 Vgl. Hiroshi Kimura, The Russian Decision-making Process toward Japan, in: Japan Review, The International Research Center for Japanese Studies, Tōkyō 1996, Nr. 7, S. 70/71.

Japanische Quellen verweisen auch darauf, daß gemäß dem 1993 geschlossenen START-2-Abkommen eine erhebliche Reduzierung der Atom-U-Bootflotte bis zum Jahr 2002 erfolgen soll. Die gesamte verbleibende Flotte soll danach an einem Ort stationiert werden. Hier spricht nach Ansicht japanischer und australischer Wissenschaftler einiges für die Bering-See als künftigem Standort. Sollten neue, moderne Waffensysteme eingeführt werden, könnte zudem eine Weiterexistenz der Stützpunkte auf den Kurilen zur Landesverteidigung nicht mehr erforderlich sein. Durch eine Auflösung der Stützpunkte könnten die großen Schwierigkeiten beseitigt werden, die die Versorgung des Militärs im Fernen Osten Rußlands – insbesondere aber auf den Kurilen – mit Grundnahrungsmitteln und Treibstoff seit dem Zusammenbruch der Sowjetunion darstellt.

Ob die mangelnden Finanzmittel im russischen Militärhaushalt tatsächlich auch in Rußland als ein Argument für eine sinkende Bedeutung der Kurileninseln in der Verteidigungsstrategie des Landes gesehen wurden, war eine andere Frage. In der im Winter 1993 entworfenen neuen russischen Militärdoktrin war u. a. eine Verkleinerung und Modernisierung der Streitkräfte vorgesehen, und auch der nach den Präsidentschaftswahlen zum Sekretär des Sicherheitsrates der russischen Föderation ernannte Ex-General Alexander Lebed hatte wiederholt die Dringlichkeit entsprechender Maßnahmen betont.[11] Gleichzeitig unterstreicht die Militärdoktrin die territoriale Unantastbarkeit Rußlands, sogar mit der Option auf den Schutz russischer Interessen im „nahen Ausland“ – den heute unabhängigen ehemaligen Mitgliedstaaten der Sowjetunion, in denen noch große russische Minderheiten leben. Das russische Militär hat bereits den Truppenabzug verzögert, der mit Japan vereinbart worden war, woraus die in diesen Kreisen verbreitete Gegnerschaft gegen eine Aufgabe von russischem Territorium abzulesen ist.

Trotzdem soll die Truppenstärke auf den Inseln bereits im März 1993 um 30 % auf 7 000 Mann reduziert worden sein. Entsprechend sah auch das japanische Verteidigungsweißbuch 1995 die in Japan „Nördliche Territorien“ genannten Südkurileninseln nicht mehr als Frontlinienbasis der russischen Nuklearstrategie im Ochotskischen Meer.[12] Als Gründe hierfür werden u. a. genannt: Rückgang der Einsatzfähigkeit der russischen Pazifikflotte, Reduzierung der auf den Südkurilen stationierten Truppen, Abzug der russischen MiG 23 von den Inseln im Jahre 1993.

### b. Zur Lage auf den Inseln: Entvölkerung und schleichende Japanisierung?

Die wirtschaftliche Integration der Südkurileninseln schreitet nach japanischen Angaben voran. Ob legal, illegal oder über Drittparteien – die Produkte der Fischerei-Industrie (neben dem Militär fast der einzige Erwerbszweig der Inseln) werden heute nicht mehr in Rußland, sondern gegen harte Währung auf den Märk-

11 Vgl. Gerhard Mangott, Autoritäre Demokratie und instabile Identitäten. Rußland auf der Suche nach Stabilität und innerer wie äußerer Sicherheit, Österreichisches Institut für internationale Politik, Laxenburg, Februar 1996, S. 25 ff.

12 Vgl. Bōei Hakushō 1995 (Verteidigungsweißbuch 1995), Japanisches Verteidigungsministerium, Tōkyō 1995, S. 69.

ten Nordjapans abgesetzt. Im Gegenzug kaufen die russischen Fischer von den Kurilen in Hokkaidō von Gebrauchtwagen über Lebensmittel und Gegenstände des täglichen Bedarfs alles, was sie zum Leben brauchen. Sie gehen in Japan zum Frisör und zum Zahnarzt, und bevor sie zum Fischfang auslaufen, sehen sie den Wetterbericht im japanischen Fernsehen. Die Kinder lieben japanische Zeichentrickserien, und die Erwachsenen beginnen, sich für das Erlernen der japanischen Sprache zu interessieren.

In Hokkaidōs Hafenstädten – die bisher häufig den Charme eines verträumten Städtchens am Ende der Welt ausströmten – hat der Austausch mit den russischen Nachbarn einen bescheidenen Wirtschaftsboom ausgelöst. Die Präsenz der Russen wird nicht zuletzt dadurch deutlich, daß mittlerweile mehr und mehr öffentliche Informationen in den Straßen und die Preisangaben in den Geschäften zweisprachig verfaßt sind.

Die russischen Bewohner der Südkurilen sind von ihrer Regierung weitgehend enttäuscht – vor allem nach dem verheerenden Erdbeben von 1994. Rußland hatte zwar einerseits japanische Soforthilfe für die Inselbewohner abgelehnt, sich aber bis heute nicht imstande gesehen, die für die Wiederherstellung der zerstörten Infrastruktur und Gebäude dringend benötigten Investitionen bereitzustellen.

Bereits vor dem Erdbeben schien die Versorgungslage auf den Inseln, die auf die Einfuhr von Lebensmitteln, Brennstoff u. ä. angewiesen sind, teilweise so katastrophal gewesen zu sein, daß eine Rückwanderung von Inselbewohnern auf das russische Festland eingesetzt hatte. Bereits Anfang August 1993 soll der damalige Gouverneur von Hokkaidō, Takahiro Yokomichi, bei einem Besuch der Inseln festgestellt haben, daß, wenn sich die Lage nicht bald ändere, die Inseln bald unbewohnt sein könnten. Offizielle Stellen der für die Kurilen zuständigen Provinz Primorje gaben im August 1994 an, daß sich die Bevölkerung der Kurileninseln (nicht nur der Südkurilen, sondern der gesamten Inselkette) während des vergangenen Jahres um 14 % (4 100 Personen) verringert hatte. Nach dem Erdbeben vom Oktober 1994 hatte dieser Trend offenbar an Dynamik gewonnen. Der Leiter der Distriktverwaltung der Südkurilen, Nikolai Pkidin, erklärte im Januar 1995 bei einem Besuch in Hokkaidō, daß die Einwohnerzahl in seinem Verwaltungsbereich (die Südkurilen außer Etorofu) voraussichtlich auf 8 500, das waren 60 % des Standes vom Winter 1994/5, zurückgehen wird. Auf Shikotan, der vom Erdbeben am meisten betroffenen Insel, wollten gar 90 % der Einwohner fort.

## c. Zur wirtschaftlichen Bedeutung der Südkurilen: Die Fischindustrie

Für die wirtschaftlichen Beziehungen zwischen Rußland und Japan waren die umstrittenen Inseln während der Zeit des Kalten Krieges von untergeordneter Bedeutung. Zu den Haupthandelsgütern zählten Maschinen, Anlagen und Erzeugnisse der metallverarbeitenden Industrie. Seit dem Zusammenbruch der Sowjetunion hat sich die Struktur des Warenhandels jedoch erheblich verändert. Heute gehören Erzeugnisse der Fischereiwirtschaft zu den Hauptausfuhrgütern Rußlands nach Japan, die aus den noch fischreichen Gründen des Ochotskischen Meeres stammen. Wenngleich im gesamten volkswirtschaftlichen Zusammenhang der Erlös der Fischerei-

Industrie von untergeordneter Bedeutung sein dürfte, kommt ihm regional eine wachsende Wichtigkeit zu. Für den Fernen Osten Rußlands hat im Zuge der sinkenden Produktion der Militärindustrie und des Bergbaus die Fischerei-Industrie weiter an Bedeutung gewonnen. Da mit dem Besitz der Inseln auch die Fangrechte der umliegenden Gewässer verbunden sind, könnte der Verlust zu schmerzlichen Gewinneinbußen führen.

Auch für die japanischen Fischer der nördlichsten Hauptinsel Hokkaidō wären die Fanggründe um die Inseln von großem Interesse. Die japanischen Gewässer sind größtenteils leergefischt. Während der vergangenen drei Jahre ist es wiederholt zu Grenzzwischenfällen gekommen, weil japanische Fischerboote illegal im russischen Territorium auf Fang gegangen sind. 1995 hat Rußland daher bereits die Grenzpatrouillen erhöht.[13] Dies scheint die japanischen Fischer jedoch nicht abgeschreckt zu haben. Verhandlungen über Fangquoten scheitern zur Zeit immer noch an den Befürchtungen Japans, finanzielle Leistungen im Austausch gegen Fangrechte könnten als ein völkerrechtlich relevanter, faktischer Verzicht auf die Inseln gewertet werden.

## 3. Innenpolitische Determinanten der russisch-japanischen Beziehungen

### a. Die verspätete Entspannung im Osten

Europa hatte in den russischen Außenbeziehungen der vergangenen Jahrzehnte – insbesondere im Bereich der Sicherheits- und Entspannungspolitik – eine herausragende Rolle eingenommen, während der Ferne Osten eher von untergeordneter Bedeutung gewesen war: Die Beziehungen zu Japan boten aufgrund des Kurilenkonfliktes wenig Ausbaumöglichkeiten, die Beziehungen zur VR China waren ebenfalls durch verschiedene Territorialstreitigkeiten auf Eis gelegt.

Erst als in Europa der Eiserne Vorhang verschwunden war, setzten entsprechende Überlegungen auch für den Pazifischen Raum ein. Zu diesem Zeitpunkt hatten sich jedoch die innenpolitischen Vorbedingungen der russischen Außenpolitik bereits so verändert, daß territoriale Zugeständnisse (Kurilen) nicht mehr diskutabel waren: Der Zusammenbruch der Sowjetunion (Gründung der GUS 1991 aus Rußland und 12 weiteren eigenständigen Republiken), die Auflösung des RGW (Rat für gegenseitige Wirtschaftshilfe) im Juni 1991 und des Warschauer Paktes im Juli 1991, der sowjetische Truppenabzug aus der DDR und Osteuropa, die Revolution in Rumänien, die Unabhängigkeit der Baltenstaaten – all das hatte nicht nur erhebliche wirtschaftliche und soziale Probleme mit sich gebracht, es dürfte auch insbesondere für weite Teile des Militärs und bei all denen, denen es durch diese

13 Vgl. z. B. »Foreign Ministry asks Russia to investigate firing on fishing boats«, Kyodo News Service, in English, 28. 8. 1996; »Russian official says firing upon Japanese boats was justified«, Interfax News Agency, in English, 28. 8. 1996.

Veränderungen schlechter ging, als ein Schock gewirkt haben: Die Hegemonialstellung Rußlands war durch diese Veränderungen ernsthaft in Gefahr geraten. Es war bereits abzusehen, daß für die nächste Zeit die USA die Rolle der alleinigen Weltführungsmacht übernehmen würden. Vor diesem Hintergrund bildete sich eine breite Opposition gegen weitere territoriale Zugeständnisse in Ostasien, die zudem zu einer weiteren Erosion der militärischen Machtbasis Rußlands geführt hätten.

Als Gorbatschow 1991 als erstes sowjetisches Staatsoberhaupt nach Japan reiste, war die innere Situation seines Landes nicht mehr als Basis für territoriale Zugeständnisse geeignet. Zudem stellte seine wenig später erfolgte Entmachtung selbst die geringen Fortschritte vorübergehend wieder in Frage, die dieser Besuch gebracht hatte. Dabei wäre diese Periode von Perestroika und Glasnost, die im August 1991 zu Ende ging, die bisher einzige Phase in der Nachkriegsgeschichte der beiden Staaten gewesen, in der wenigstens eine geringe Chance auf eine Lösung des Kurilenkonfliktes bestanden hätte.[14] Dies wird damit begründet, daß nur bis zum Sturz Gorbatschows noch eine feste Entscheidungsstruktur im Kreml und in allen anderen Instanzen des sowjetischen Staatswesens existiert hatte. Mit der Machtübernahme Jelzins, spätestens aber seit dem Putschversuch im Oktober 1993, herrschten in der russischen Innenpolitik so unklare Kompetenzen und diffuse Machtstrukturen, daß eine so weitreichende Entscheidung, selbst wenn sie getroffen worden wäre, nicht hätte durchgeführt werden können.

## b. Rußlands Japanpolitik unter Innendruck

Die Entspannungs- und Abrüstungspolitik, die zunehmend auch von sowjetischer Seite vorangetrieben wurde und durch den Abschluß der KSE (Konventionelle Sicherheit in Europa)-Verträge von Paris zu einem entscheidenden Erfolg in Europa geführt hatte, bot auch im Fernen Osten Rußlands ein günstiges Klima für den Neubeginn von Verhandlungen über eine umfassende Friedensregelung zwischen Japan und Rußland. Die beiden Supermächte USA und UdSSR waren auf dem Weg zu einer globalen Partnerschaft, in der internationale Konflikte auf der Basis von multilateralen Verhandlungen gelöst werden sollten, so daß ein Weltkrieg nicht mehr zu befürchten schien. Im Rahmen dieses neuen Multilateralismus rückte der Aufbau der Außenwirtschaftsbeziehungen stärker in den Vordergrund der außenpolitischen Interessen Moskaus, zumal für eine erfolgreiche Transformation der Binnenwirtschaft von einer zentralistisch gelenkten Planwirtschaft in eine freie Marktwirtschaft ausländisches Kapital dringend erforderlich war. So gewann Japan – gemessen am BIP die zweitgrößte Wirtschaftsmacht der Welt – bei den reformorientierten Kräften um Jawlinski, Kosyrew und Jelzin als ein möglicher neuer Partner in Ostasien für die russische Außenpolitik an Attraktivität.

Analysen der Determinanten der russischen Außenpolitik gehen heute davon aus, daß diese im wesentlichen von innenpolitischen Belangen abhängt.[15] Gemäß der

14 Vgl. Anm. 10, S. 75.

15 Vgl. Ljuba Trautmann, Rußland zwischen Diktatur und Demokratie. Die Krise der Reformpolitik seit 1993, Baden-Baden 1996, S. 12.

Verfassung vom Dezember 1993 liegt die Richtlinienkompetenz hierfür beim Präsidenten. Grundsätzliche Richtungsänderungen und wichtige Entscheidungen werden im Sicherheitsrat beschlossen, einem Gremium, das von einigen Wissenschaftlern als eine Art funktionaler Nachfolger des Politbüros gesehen wird.[16] Tatsächlich deutet aber vieles darauf hin, daß der Sicherheitsrat in den meisten Fällen Entscheidungen absegnet, die von Boris Jelzin zuvor getroffen worden sind.

Von großer Bedeutung für die innen- und außenpolitischen Entscheidungen des Präsidenten dürfte die Entwicklung der öffentlichen Meinung – insbesondere im Vorfeld der Präsidentschaftswahlen im Juli 1996 – gewesen sein. Außerdem spricht einiges dafür, daß die Führungsriege um Jelzin – ebenso wie eine offenbar wachsende Zahl der politischen Entscheidungsträger in Moskau – einen allgemeinen Richtungswechsel vollziehen wollte, und zwar weg von der zu Zeiten Gorbatschows eingeführten Westorientierung und Einbindung des Landes in ein System multilateraler Friedenspolitik und Integration in die Weltmärkte.

### *Bedeutung der öffentlichen Meinung für Rußlands Japanpolitik*

Während der letzten Jahre der Amtszeit Michail Gorbatschows und der ersten Jahre der Präsidentschaft Boris Jelzins wurde auf japanischer wie auf russischer Seite ein Tausch von Land gegen umfangreiche Finanzhilfen bei der Transformation der russischen Wirtschaft denkbar. Allerdings stießen solche Überlegungen in Rußland auf den harten Widerstand innenpolitisch einflußreicher Interessengruppen, insbesondere in weiten Teilen des militärisch-bürokratischen Komplexes, bei alten kommunistischen Kadern und bei dem nationalistisch oder kommunistisch-konservativ eingestellten Teil der Wählerschaft. Auch in der betroffenen Region, dem Fernen Osten Rußlands, gab es wenig Sympathien für eine Friedenspolitik, die auf der Aufgabe russischen Territoriums basierte.

Daß sich die Gruppierungen, die gegen eine Lösungsformel »Land gegen Finanzhilfe« sind, auch auf Rückhalt in der Bevölkerung stützen konnten, machten die Ergebnisse der ersten Wahlen zur Staatsduma im Dezember 1993 deutlich. Insbesondere im Ausland – und in Japan – wurde diese Stimmungslage der russischen Wählerschaft an dem Erfolg des ultrarechten Vladimir Schirinowski deutlich. Daß sich daran bis heute wenig geändert hat, zeigt sich auch an dem Erfolg des kommunistischen Kandidaten Gennadij Sjuganow bei den Präsidentschaftswahlen im Sommer 1996, bei denen er gegenüber Jelzin nur um Haaresbreite unterlag – auch die Kommunisten sind gegen eine Erosion des russischen Territoriums.

## c. Japans Rußlandpolitik: Wandel unter Außendruck

Japans Außenpolitik wird in der Regel nachgesagt, daß sie zum einen vornehmlich auf die Wahrnehmung der Außenwirtschaftsinteressen des Landes ausgerichtet sei und sich im übrigen in politischen Fragen normalerweise am Bündnispartner USA orientiere. Richtungsänderungen erfolgten in der Regel aufgrund eines starken

16 Vgl. ebd., S. 141 ff.

Außendruckes. Diese Beschreibung scheint im Fall der russisch-japanischen Beziehungen im wesentlichen zuzutreffen.

In Japan war die Bereitschaft oder Fähigkeit der politischen Entscheidungsträger, die Chance der russischen Glasnost- und Perestroika-Politik wahrzunehmen, nicht groß. Auch hier wirkte die instabile innenpolitische Lage als Hemmnis. Seit Ende der achtziger Jahre war die politische Führung in Japan durch eine Reihe von Korruptionsskandalen so sehr mit dem eigenen Überleben beschäftigt, daß eine Kursänderung in der Rußlandpolitik den dafür notwendigen breiten Konsens in der damals seit 36 Jahren regierenden LDP (Liberaldemokratische Partei) nicht gefunden hätte. Zumal damit den traditionell rußlandfreundlichen parlamentarischen Oppositionsparteien SDPJ und der Kommunistischen Partei Japans ein großer Gefallen getan worden wäre.

Hinzu kam, daß die Mehrheit der japanischen Bevölkerung und der Politiker der Regierungspartei den Standpunkt vertrat, daß es keinen Sinn mache, mit der Sowjetunion in Verhandlungen über eine Rückgabe der Inseln gegen Finanzhilfe zu treten, da diese ohnehin von Rechts wegen zu Japan gehören würden. Ein seit dem Zweiten Weltkrieg gewachsenes starkes Mißtrauen gegenüber Rußland war nicht zuletzt auch durch staatliche Maßnahmen wie die Einführung eines jährlichen Gedenktages für die »Nördlichen Territorien« jahrzehntelang geschürt worden.

So war in Japan die allgemeine Stimmung während der achtziger und frühen neunziger Jahre eher gegen einen Kompromiß mit Rußland eingestellt. Zwar gab es entsprechende Vorstöße einzelner einflußreicher japanischer Politiker, die auf russischer Seite ihre gesprächsbereiten Pendants fanden, doch war in beiden Staaten weder die öffentliche Meinung noch die innenpolitische Machtkonstellation für die Lösung des Kurilenkonfliktes bereit. Zum Teil könnte das Fehlen von vertrauensbildenden Maßnahmen und einer schrittweisen Annäherung, wie sie in Europa seit Anfang der siebziger Jahre betrieben worden war, mit dazu beigetragen haben, daß die Unterstützung in der Bevölkerung für eine Aussöhnung mit dem jeweils anderen Land so schwach ausgeprägt war.

Japan sieht die Rückgabe der Inseln als Voraussetzung an für Verhandlungen über einen Friedensvertrag und für eine Normalisierung und Intensivierung der bilateralen Beziehungen zu Rußland. Während diese Haltung im Kalten Krieg nicht im Widerspruch zu derjenigen der anderen westlichen Industrienationen stand, geriet Japan nach dem erfolgreichen Abschluß der Zwei-Plus-Vier-Verhandlungen über die Einheit Deutschlands innerhalb der G-7-Runde in eine Außenseiterposition. Die Entspannungspolitik in Europa und zwischen den beiden Weltmächten USA und UdSSR hatte fast auf der gesamten Welt zu einer Aufhebung der Ost-West-Konfrontation geführt. In Nordostasien stand eine entsprechende Entwicklung jedoch gegen Ende der achtziger Jahre noch aus.

Der aus dieser unterschiedlichen Ausgangslage entstehende Interessenkonflikt zwischen den G-7-Industriestaaten erreichte im Vorfeld des Gipfeltreffens von Tōkyō 1993 einen Höhepunkt. Auf Druck der anderen Staaten der Runde erklärte sich Japan schließlich zu Finanzhilfen in Höhe von 1,83 Mrd. US-$ für die GUS bereit, wobei jedoch das Gros über internationale Organisationen verteilt werden oder an andere GUS-Staaten gehen sollte.[17] Für Rußland war vor allem humanitäre

17 Vgl. Japan, 1993, Heft 2, Ü 85.

und technische Hilfe vorgesehen. Dabei sollte der Schwerpunkt der Hilfe in den Fernen Osten fließen, der Region Rußlands, die Japan also geographisch am nächsten liegt. Für dieses Zugeständnis wiederholten die anderen G-7-Staaten ihre Unterstützung der japanischen Forderung, die Kurilenfrage auf der Basis von Recht und Gesetz zu lösen. Dieses Entgegenkommen dürfte Japan um so schwerer gefallen sein, da Boris Jelzin bis dahin einen geplanten Staatsbesuch in Japan immer wieder – unter Verweis auf die unsichere innenpolitische Lage in Rußland – kurzfristig verschoben hatte, für eine China-Reise jedoch Zeit fand. Daß sich Tōkyō trotzdem zu diesem Zugeständnis bereit fand, dürfte nicht zuletzt als ein Signal für die japanische Bereitschaft zur Übernahme internationaler Verantwortung gesehen werden.

## 4. Fazit: Entspannung im Westen – Status quo im Osten?

In Japan geht man heute davon aus, daß eine Rückgabe der Kurileninseln auf absehbare Zeit angesichts der inneren Lage Rußlands nicht erwartet werden kann. Wenngleich der offizielle japanische Rechtsanspruch auf die Oberhoheit über die Inseln sicherlich auch in Zukunft nicht fallengelassen werden wird, dürfte der Territorialkonflikt aber vor Themenkreisen wie sicherheitspolitische und wirtschaftliche Zusammenarbeit bei bilateralen Verhandlungen immer mehr in den Hintergrund treten. Die Zukunft der politischen Beziehungen beider Staaten dürfte vor allem von gemeinsamen Zielen und Interessen bestimmt sein. Für die in Richtungsänderungen relativ träge japanische Diplomatie wird sich so lange kein Grund ergeben, von dem einmal eingeschlagenen Entspannungskurs abzurücken, solange Rußland keinen Wert darauf legt, die zweitgrößte Wirtschaftsmacht der Welt durch vehementes und öffentliches Beharren auf der Nichtexistenz der Kurilenfrage zu brüskieren und so eine aussichtsreiche wirtschaftliche Zusammenarbeit zu gefährden. Dies scheint jedoch aufgrund der zu erwartenden Aufwertung Asiens innerhalb der russischen Außenpolitik nicht unbedingt wahrscheinlich.

Für die japanische Diplomatie besteht allerdings noch ein Problem mit der Vermittlung des Kurswechsels in der Rußlandpolitik gegenüber der japanischen Öffentlichkeit. Zumindest wird hiermit immer wieder die Vorsicht begründet, die man in Tōkyō walten läßt, wenn es um finanzielle Hilfen für Rußland geht.

Tatsächlich dürften die Inseln heute für die japanische Seite vor allem symbolischen Wert haben. Ihre Rückgabe würde das Vertrauen in die Berechenbarkeit Rußlands stärken. Von praktischem Wert sind sie dagegen wohl nur noch für eine Reihe von Fischern, deren Lobby in Tōkyō heute nicht mehr das ist, was sie vor 20 Jahren war. In Rußland wie in Japan kann dagegen eine Reihe von Interessen ausgemacht werden, die eine engere Zusammenarbeit in verschiedenen Politikfeldern und auf wirtschaftlichem Gebiet für beide Seiten sinnvoll erscheinen lassen.

# XIII. Der Durst nach Öl: Japan und der Nahe Osten

Manfred Pohl

Die »Entdeckung« des Nahen Ostens durch Japan fällt zeitlich zusammen mit der zweiten imperialistischen Phase des Landes: Japan war mit seiner Teilnahme an der Expedition gegen die »Boxer« in China, durch die Annexion Koreas und nicht zuletzt auch durch die Anerkennung aus Europa (Bündnispakt mit England) zumindest in Asien zu einem Hauptakteur internationaler Politik geworden. Die japanischen Großkonzerne stießen mit ihren geschäftlichen Interessen immer weiter nach Westen und Süden vor, und auch in der nahöstlichen Region vermutete man Chancen. Der geographische Bogen der Länder, die aus japanischer Sicht zu dieser Großregion zählen, spannt sich weiter als aus europäischer Perspektive und läßt sich eher als Gesamtheit der moslemischen Welt fassen, denn auch Afghanistan und Ägypten werden hinzugezählt. Im Oktober 1930 wurde mit der Türkei ein Handels- und Verkehrsabkommen geschlossen, es folgten ein Freundschaftsvertrag mit Afghanistan im November desselben Jahres und ein Freundschaftsvertrag mit Iran 1939; in Ägypten war 1936 eine Gesandtschaft eröffnet worden.

Nach dem Zweiten Weltkrieg konnte Japan, als Macht ohne koloniale Vergangenheit in Nah- und Mittelost, in dieser Region schnell wieder Fuß fassen; nahöstliche Märkte ersetzten in den fünfziger Jahren teilweise die verlorenen Märkte in Kontinental-China und Nordkorea. Die rasche industrielle Entwicklung unter Ministerpräsident Ikeda in den sechziger Jahren verlieh den Ländern des Nahen Ostens eine wirtschaftliche Bedeutung, die sie hinter den USA und Asien als Partner auf den dritten Rang brachten; 20 % des gesamten japanischen Außenhandels wurden mit dieser Region abgewickelt, 10 % der japanischen Ausfuhren gingen nach Nahost. Für Japan begann in dieser Zeit die Abhängigkeit von nahöstlichen Öllieferungen. Mit allen Ländern des Nahen Ostens schloß Japan zwischen 1955 und 1977 Wirtschaftsabkommen, wobei zu Beginn der siebziger Jahre die Abkommen mit Saudi Arabien, Iran und den anderen Ländern am Persischen Golf zentrale Bedeutung erhielten.

Der erste Ölschock von 1972/73 traf Japan völlig unvorbereitet und machte der japanischen Wirtschaft erschreckend deutlich, wie weit inzwischen die Abhängigkeit von nahöstlichen Öllieferungen gediehen war. Im November 1973 reagierte die japanische Regierung mit einer opportunistischen Schwenkung in ihrer Nahostpolitik und setzte ganz auf die arabische Position im Konflikt zwischen den arabischen Staaten und Israel. Die UN-Resolution Nr. 242 (1967), die einen völligen Rückzug der israelischen Truppen vom besetzten arabischen Territorium forderte, wurde jetzt zur Handlungsmaxime japanischer Außenpolitik; bei verschiedenen Anlässen, ins-

*Tab. 1:* Rohöl-Lieferungen nach Japan; Mengen und %-Anteil (Haushaltsjahre 1980, 1996)

| | 1980<br>% | 1996<br>% |
|---|---|---|
| Vereinigte Emirate | 14,7 | 27,8 |
| Saudi Arabien | 33,0 | 23,4 |
| Oman | 3,5 | 6,6 |
| Iran | 2,3 | 9,2 |
| Qatar | 3,5 | 5,6 |
| Irak | 5,5 | 0,0 |
| Mittelost, total | 71,4 | 73,9 |
| Indonesien | 15,0 | 11,0 |
| Brunei, Malaysia | 3,0 | 3,3 |
| Südostasien, total | 20,3 | 15,7 |
| China | 3,8 | 5,7 |
| Mexiko | 0,8 | 3,2 |
| OPEC, total | 86,2 | 78,6 |

* in Kiloliter, 1 kl = 6,29 Barrels

*Quelle:* Petroleum Association of Japan; Japan 1998 – An International Comparison, Tōkyō 1998, S. 72.

besondere vor der UN-Vollversammlung, bekräftigten japanische Regierungsvertreter diese einseitige Position. Besonders deutlich vertrat Außenminister Sonoda 1979 diese Haltung, als er die Interdependenz zwischen Japan und den nahöstlichen Nationen unterstrich und, als Konsequenz daraus, kompromißlos die Rechte der Palästinenser einklagte. Natürlich stand die fast völlige Abhängigkeit Japans von dem nahöstlichen Öl hinter dieser Parteinahme.

Aus der Übersicht wird deutlich, daß Japan zwar seine Abhängigkeit von einzelnen Lieferanten aus der arabischen Welt verringern konnte, insgesamt aber die Abhängigkeit noch gestiegen ist. Man rechnet in Japan inzwischen damit, daß auf absehbare Zeit die indonesischen Ölreserven zur Neige gehen, und sucht deshalb nach China und nach Mexiko hin zu diversifizieren; auch Südostasien kann keinen Ersatz für arabische Öllieferungen bieten, und chinesische Öllieferungen bleiben marginal für die Gesamtversorgung Japans.

Der irakische Überfall auf Kuwait legte die ganze Schwäche der japanischen Außenpolitik, insbesondere aber der Nahostpolitik, bloß: Japans Regierung reagierte hilflos, in mancher Hinsicht vergleichbar mit den deutschen Reaktionen. Aber es wurde in der Golfkrise seitens der sogenannten »Golf-Alliierten« auch von Japan wie von Deutschland zu viel erwartet: Beide Länder waren verfassungsrechtlich daran gehindert, sich mit militärischen Mitteln an den Aktionen gegen den Irak zu beteiligen; die USA selbst hatten mit dem berühmten Artikel 9 der Japanischen Verfassung den Verzicht auf militärische Mittel der Außenpolitik festgeschrieben. Japan beteiligte sich schließlich (wie auch Deutschland) finanziell an den Lasten des Golfkrieges und wurde zu einem Hauptfinanzier der militärischen Aktionen. Beteiligungen an Luftbrückenflügen für Flüchtlinge oder die Entsendung von medizinischem Personal scheiterten daran, daß sich keine Freiwilligen fanden. Wie unverzichtbar aber inzwischen auch die japanische Präsenz im Nahen Osten für die Länder der Region geworden war, zeigte sich nach den Kampfhandlungen: Mit großen Worten wollten die nahöstlichen Politiker Japan von allen Aufträgen beim Wiederaufbau ausschließen. Seit Beginn der neunziger Jahre aber hat sich gezeigt, daß solche Aufbauarbeiten ohne japanische Beteiligung gar nicht möglich waren; ein Beispiel: Die meisten Meerwasser-Entsalzungsanlagen der Region wurden mit japanischem Know-how gebaut. Im Umweltschutz, d. h. bei der Säuberung von ölverschmutzten Meergebieten sind japanische Spezialunternehmen längst wieder beteiligt, und auch für Infrastrukturarbeiten erhielten japanische Unternehmen Aufträge. Schließlich waren in der Endphase der Auseinandersetzungen, bei militärischen »Aufräumungsarbeiten«, auch japanische Marineeinheiten beteiligt, die zuletzt noch einige Minen aus dem Golf räumen durften – für Japan ein unerhörtes Ereignis mit Folgen.

Der Golfkrieg hatte für Japan auch innenpolitisch weitreichende Konsequenzen: Nach mehreren Anläufen gelang es der LDP-Regierung, ein Gesetz über die Entsendung von japanischen Truppen zur Friedenssicherung im UN-Auftrag durch das Parlament zu bringen; die Bewährungsprobe für japanische Blauhelme kam bei der Friedenssicherung in Kambodscha. Heute setzt Japan alle Bemühungen daran, die Friedensgespräche zwischen allen beteiligten Parteien, also Syrien, Israel, Jordanien und Palästinensern zu unterstützen. Die japanische Regierung faßt dabei die Zeit nach einem erfolgreichen Abschluß der Gespräche ins Auge; Japan will Wirtschaftshilfe leisten und sich an der Kontrolle von Abrüstungsmaßnahmen und der regionalen Sicherheit beteiligen (in den achtziger Jahren undenkbar!). Daneben sind die Trinkwasser-Versorgung, der Umweltschutz und die Flüchtlingshilfe Felder, auf denen die japanische Regierung Aufgaben sieht.

# XIV. Ein unbekannter Kontinent? Japans Entdeckung Afrikas

Manfred Pohl

Jahrzehntelang waren die Perspektiven, Wahrnehmungen und Instrumente japanischer Außenpolitik durch globale Schwerpunktorientierung gekennzeichnet; Japan sah sich nicht als »Macht«, deren Außenpolitik weltumspannende Aufgaben wahrzunehmen hatte. Außenpolitik war AußenWIRTSCHAFTSpolitik, und die wirtschaftlichen Interessen Japans waren dabei klar in drei Schwerpunktbereiche außenwirtschaftlicher Verflechtungen gegliedert: Im Mittelpunkt standen die asiatisch-pazifischen Länder, gefolgt von den ölreichen Staaten Nah- und Mittelosts, an dritter Stelle rangierte Lateinamerika, vor allem die rohstoffreichen Länder (besonders Brasilien mit seiner großen japanischen Minderheit). Afrika, vor allem Schwarzafrika, lag außerhalb der außenpolitischen und außenwirtschaftlichen Interessen Japans und damit außerhalb der Wahrnehmung von Politik und Wirtschaft.

Nach dem Ende des Kalten Krieges und dem Zusammenbruch des Kommunismus haben sich erkennbar Selbstverständnis, Zielsetzungen und Instrumentarien japanischer Außenbeziehungen verändert: Es gibt heute eine selbstbewußte japanische Außenpolitik. Ihre Hauptziele: Bekämpfung der Armut, des Hungers und der Flüchtlingsnot, globaler Umweltschutz, Kampf gegen das weltweit organisierte Verbrechen u. a. Vor dem Hintergrund dieser außenpolitischen Zielsetzungen gewinnen die Staaten Afrikas seit Beginn der achtziger Jahre eine gänzlich neue Bedeutung: Afrika wird zum Schauplatz japanischer Politik zur Bekämpfung von Armut und Hunger, und die afrikanischen Staaten mit ihrem Stimmenblock in der UNO (über 60 afrikanische Staaten!) sind willkommene Verbündete bei Japans Bestreben nach einem ständigen Sitz im Weltsicherheitsrat; nicht nur in diesem höchsten Gremium der UN, sondern auch in Unterorganisationen, wo Japan unterrepräsentiert ist, wird nach Allianzen mit afrikanischen Staaten gesucht.

Erste Kontakte Japans zu den damaligen europäischen Kolonien in Afrika lassen sich bereits für Ende des 19. Jahrhunderts nachweisen: Schon 1885 suchten japanische Kaufleute nach Absatzchancen für Textilien und Haushaltsgeräte in Belgisch-Kongo (bis 1997 Zaïre, heute Demokratische Republik Kongo), aber diese Vorstöße blieben die Ausnahme. Japanische Gelehrte setzten sich mit der europäischen Kolonialpolitik in Afrika auseinander und forderten, daß auch Japan sich einen Platz in dem »dunklen Kontinent« suchen sollte, der bald zu einem »goldenen Kontinent« werden würde. In der Tat wurden die europäischen Kolonien in Afrika bis in die dreißiger Jahre dieses Jahrhunderts interessante Absatzgebiete für japanische Industrieerzeugnisse: Um 1930 überstiegen z. B. die japanischen Textilexporte nach Afrika die Großbritanniens, ab 1934 erhoben die britischen Kolonialbehörden

Schutzzölle, um den lästigen Konkurrenten auszuschalten. Dennoch konnten japanische Unternehmen seit 1932 deutsche Anbieter vom dritten Rang in Afrika verdrängen – eines der wichtigsten Exportgüter Japans waren Fahrräder! Schon früh richtete sich das Hauptaugenmerk der japanischen Wirtschaft auf Südafrika: 1918 wurde das erste japanische Konsulat in Kapstadt eröffnet, während der Weltwirtschaftskrise 1921–39 wurde Japan für die Kaprepublik zum Rettungsanker, da es in großem Umfang südafrikanische Wolle abnahm, die sich auf den Weltmärkten nicht gegen die australische Konkurrenz durchsetzen konnte. In einer Phase der zunehmenden Isolierung Südafrikas wegen seiner Apartheid-Politik wurde Japan zu einem überlebenswichtigen Partner: Südafrikanische Industrialisierungsprogramme wurden mit japanischer Hilfe finanziert; japanische Unternehmen kooperierten noch mit südafrikanischen Partnern, als andere Industriestaaten schon mit einer konsequenten Embargo-Politik begonnen hatten. Erst auf massiven Druck der UNO verringerte sich das Engagement Japans in Südafrika in den achtziger Jahren.

Die (langsam) wachsende Bedeutung Afrikas für Japan in außenpolitischer und wirtschaftlicher Hinsicht wird vor allem bei der Verteilung japanischer staatlicher Entwicklungshilfe (ODA) erkennbar. Mitte der neunziger Jahre geht zwar noch immer weit über die Hälfte der ODA-Leistungen in asiatische Länder (57,3 %), aber immerhin folgen schon seit 1988 afrikanische Länder auf Rang 2 mit ca. 12 % Anteil, vor Lateinamerika (8,6 %). Die Notwendigkeit für wirtschaftliche Hilfe in Asien schwindet allmählich, hinzu kommt, daß ODA-Kredite in Yen durch die starke Aufwertung der japanischen Währung seit 1985 in den traditionellen Empfängerländern immer weniger nachgefragt werden; die japanische Entwicklungshilfe muß in andere, neue Zielregionen und Länder fließen. Afrikanische Staaten, die immerhin schon so weit entwickelt sind, daß sie regelmäßig Zinsen zahlen können, bieten sich hier an. Damit wird deutlich, daß japanische Entwicklungshilfe für Afrika nicht in die bedürftigsten Staaten des Kontinents fließt, wenn auch im Mittelpunkt der ODA-Leistungen humanitäre Hilfe steht. Mitte der neunziger Jahre (1994) flossen 702,27 Mio. US$ an nicht rückzahlbarer Entwicklungshilfe *(Grants)* und 231,60 Mio. US$ an Yen-Krediten nach Afrika. Im internationalen Vergleich der japanischen Schenkungen für am geringsten entwickelte Länder (LLCD) lagen 1991–94 afrikanische Staaten relativ weit oben: Zambia auf Rang 5 (1991), Tanzania Rang 10 (1992), Zambia erneut auf Rang 5 (1993), dagegen fanden sich 1994 und 1995 keine afrikanischen LLDCs unter den ersten zehn Empfängern japanischer *Grants.* Bürgerkriege und die Entstehung undemokratischer Regimes führten 1993/94 sowie 1996 zur Aussetzung von *Grant*-Hilfe an Nigeria, Zaïre, Sudan bzw. Somalia und Ruanda. Dennoch versucht die japanische Regierung auch weiterhin, die *Grant*-Hilfe für 32 afrikanische der insgesamt 48 LLDCs *(Least Developed Countries)* aufzustocken, die südlich der Sahara liegen. Die Überschuldung der meisten afrikanischen Länder hat das japanische ODA-Vergabekriterium der Kreditwürdigkeit eines Staates entwertet, so daß 1995 der Schenkungs-Anteil an den japanischen ODA-Leistungen für Staaten Afrikas 61,3 % erreichte, während er bei den gesamten japanischen Leistungen nur bei 28,2 % lag. Dennoch sind die Ergebnisse der Hilfe Mitte der neunziger Jahre wenig überzeugend: 83 % der japanischen ODA-Kredite gehen an die zehn rohstoffreichen Staaten Kenya, Nigeria, Zambia, Ghana, Zaïre, Tanzania, Madagaskar, Malawi, Guinea und Senegal; die 36 ärmsten afrikanischen Staaten – fast ausnahmslos LLDCs – müssen sich die restlichen 17 % teilen.

Japanische Leistungen für Länder südlich der Sahara zielen vor allem auf Wasserversorgung und Bewässerungsprojekte sowie auf Maßnahmen zur Bekämpfung von AIDS, dabei liegen die Schwerpunkte bei der Arbeit in den Dorfgemeinden. Interessant ist, daß in einigen dieser afrikanischen Länder die japanischen Gelder gezielt an christliche Organisationen fließen, die AIDS-Prävention betreiben. In allen Staaten südlich der Sahara werden japanische *Grants* auch für Umschuldungsmaßnahmen von ODA-Krediten eingesetzt. Afrika ist aber auch die Weltregion, in der die meisten japanischen NGO-Helfer (NGO: Nicht-Regierungsorganisationen) bzw. freiwillige Helfer von halbstaatlichen Hilfsorganisationen tätig sind. 1994 lagen 25,4 % aller japanischen NGO-Projekte in Afrika. Hier zielt die Arbeit vor allem auf Verbesserung der sozialen und wirtschaftlichen Position afrikanischer Frauen.

Für die drei afrikanischen Staaten Ghana, Kenya und Gambia war Japan Mitte der neunziger Jahre größtes Geberland von bilateraler Entwicklungshilfe. Die japanische Hilfe zielte im ökonomischen Bereich vor allem auf den Aufbau von Exportindustrien und die Stärkung von Wettbewerbsfähigkeit, in der sozialen Infrastruktur auf die Verbesserung von Ausbildungssystemen und die Sicherung humanitärer Grundbedürfnisse.

Die japanischen Wirtschaftsbeziehungen zu Ländern Afrikas sind Mitte der neunziger Jahre noch immer sehr gering: Japan wickelt nur 1,5 % seines Außenhandels in Afrika ab. Hauptausfuhrgüter afrikanischer Länder sind industrielle Rohstoffe (Holz, NE-Metalle) und Energieträger (Kohle, Erdöl), Japan liefert Maschinen, Fahrzeuge und chemische Erzeugnisse. Japanische Direktinvestitionen in Ländern Schwarzafrikas sind so gering, daß sie statistisch vernachlässigt werden können. Eine wahrnehmbare Ausnahme bildet Südafrika, wo japanische Staatsbürger während der Apartheid den Status von *Honorary Whites* (»Weiße ehrenhalber«) genossen. Mit 3,62 Mrd. US$ (1992) lag Japans Außenhandelsvolumen mit Südafrika mit Abstand an der Spitze, gefolgt von Liberia (1,51 Mrd. US$), Nigeria (535 Mio. US$) und Zambia (303 Mio. US$).

Unkenntnis und Desinteresse prägen noch immer weitgehend das Bild Afrikas in Politik, Wirtschaft und Medien – und damit also in der japanischen Öffentlichkeit, eine Tatsache, die Japan mit westlichen Industrieländern gemeinsam hat. Fast alle europäischen Staaten haben in Afrika eine düstere Kolonialvergangenheit, Japan ist hier völlig unbelastet. Es wäre also eher logisch, daß die japanische Wirtschaft ohne diese Vergangenheit Vorteile nutzt und sich verstärkt Afrika zuwendet. Aber Kolonialvergangenheit bedeutet auch jahrzehntelange, oft jahrhundertelange Erfahrungen, und diese fehlen in Japan. Seit den achtziger Jahren ist zu erkennen, daß Japan den »schwarzen Kontinent« entdeckt: Die Reisetätigkeit japanischer Diplomaten nahm deutlich zu; das Kronprinzenpaar besuchte 1983 Zambia, Tanzania und Kenya, 1984 Senegal und noch einmal Zambia. Die Hungerkatastrophen in den achtziger Jahren haben dazu beigetragen, daß in den Medien verstärkt Berichte über die Situation in Afrika auftauchten. Mitte der neunziger Jahre scheint der Zerfall der Blöcke und die neue japanische Außenpolitik den Ländern Afrikas eine neue internationale Bedeutung zuzuweisen, die japanische Öffentlichkeit – mit tatkräftiger Unterstützung der zuständigen Ministerien – hat verstärkt Interesse an Problemen und Entwicklungen in Afrika. Es bleibt abzuwarten, ob auch die japanischen Unternehmen in Afrika neue Chancen sehen.

# XV. Japan – EU: Auf dem Weg zur Normalisierung?

Madeleine Preisinger-Monloup

Mitte der neunziger Jahre scheint die Europäische Union Asien neu entdeckt zu haben. Dies gilt nicht nur für die Gesamtregion, mit der die Union über das 1996 neu gegründete ASEM (*Asian European Meeting*) einen offiziellen Dialog eröffnet hat, sondern insbesondere für Japan. Aufgrund der Aussagen der höchsten Vertreter der Europäischen Kommission in den letzten zwei Jahren könnte man vermuten, daß die Beziehungen der EU mit Japan nunmehr ausgesprochen harmonisch verlaufen. So bezeichnete sie der EU-Präsident Santer nach dem europäisch-japanischen Gipfel von Paris 1995 als »hervorragend«. Der Handelsbeauftragte der EU, Sir Leon Brittan, wiederum stellte sie nach dem Tōkyō-Gipfel vom September 1996 als »stark, intensiv und konstruktiv« dar, obwohl die schon lang bestehenden Konfliktfelder zwischen den Partnern bei weitem nicht alle beseitigt worden sind. Dieser Optimismus ist um so überraschender, als zur gleichen Zeit die USA, die sehr ähnliche Probleme wie die EU mit ihrem hoch entwickelten asiatischen Wirtschaftspartner kennen, ihren Handelskonflikt mit Japan im Juni 1995 so zuspitzen ließen, daß es fast zum Auseinanderbrechen einer der wichtigsten Allianzen der Welt gekommen wäre.

Sogar im politischen Bereich, einer Domäne, die bislang von den Mitgliedstaaten der EU strikt national gehandhabt wurde, mehren sich die Zeichen eines echten Dialogs und des Willens zur Zusammenarbeit mit Japan – und dies gerade zu einer Zeit, in der die amerikanischen Gesetzgeber mit der extraterritorialen Anwendung politisch motivierter Wirtschaftsbestimmungen[1] ihre europäischen Partner brüskieren. Hat sich in der aus den drei geoökonomischen Weltzentren bestehenden Triade, in der bisher die USA im Mittelpunkt standen und die Bindung EU – Japan nur eine periphere Rolle spielte, etwas Wesentliches geändert? Eine echte wirtschaftliche und politische Kooperation der EU mit Japan würde eine starke Aufwertung des schwächsten Glieds im wechselseitigen Kooperationsgefüge und eventuell eine neue Machtkonstellation innerhalb der trilateralen Beziehungen bedeuten.

Es stellt sich hiermit die Frage, ob sich der seit dem 18. Juli 1991 mit der Gemeinsamen Erklärung von Den Haag festgesetzte neue Kooperationsrahmen für eine wesentliche Verbesserung der politischen wie wirtschaftlichen Beziehungen

---

1 Es handelt sich hierbei um die Helms-Burton-Gesetzesvorlage: Diese tangiert direkt die amerikanischen Interessen von ausländischen Firmen, die mit verstaatlichten ehemaligen US-Firmen in Kuba Geschäfte machen.

zwischen der EU und Japan langsam zu bewähren beginnt. Sind vielleicht die europäisch-japanischen Beziehungen Mitte der neunziger Jahre tatsächlich am »entscheidenden Wendepunkt seit dem Zweiten Weltkrieg« angelangt, wo sie der japanische *Mano*-Bericht schon 1992 sah?[2] Oder ist das Lob im letzten Kommuniqué des Gipfeltreffens vom September 1996 nur eine Höflichkeitsfloskel von »widerstrebenden Partnern«[3], die sich mit der Unveränderbarkeit eines ungleichgewichtigen Wirtschaftsverhältnisses abgefunden haben? Skeptiker behaupten, immer noch prägten mehr Frust als Lust[4] sowie Langeweile und Gleichgültigkeit die Beziehungen zwischen Brüssel und Tōkyō. Es scheint jedoch, daß sich die Beziehungen auf dem Weg zu einer gewissen Normalisierung befinden.

## 1. Zusammenarbeit statt Handelskrieg

Es stimmt zwar, daß die Beziehungen der EU zu Japan nicht auf der Prioritätenliste der jeweiligen Regierungen und Institutionen stehen.[5] Es wäre ebenfalls töricht zu leugnen, daß nach wie vor sowohl die EU als auch Japan politisch und wirtschaftlich nach außen primär US-orientiert bleiben. Immer noch sind die politischen und wirtschaftlichen Bindungen bestimmend, die seit dem Zweiten Weltkrieg nicht so sehr ein Dreieck, sondern vielmehr drei ungleiche bilaterale Beziehungen haben entstehen lassen.[6]

Die EU ist außerdem mit dem weiteren Aufbau Europas, der Währungsunion, der Osterweiterung, der Stabilisierung ihres mediterranen Umfelds sowie mit ihren Sorgen um den außenwirtschaftlichen Kurs ihres atlantischen Partners voll beschäftigt. Japan seinerseits bevorzugt nach wie vor den Multilateralismus als Ausweg für seine andauernden Schwierigkeiten mit den USA und pflegt als zweiten Pfeiler seiner Wirtschaftsstärke das sich rasch entwickelnde asiatische Umfeld besonders aufmerksam.[7]

Den Kern der Beziehungen zwischen der EU und Japan bilden somit weiterhin Handels- und Technologiefragen. Der Austausch zwischen ihnen bleibt, gemessen an ihrer jeweiligen Wirtschaftsstärke, immer noch unterentwickelt und einseitig asymmetrisch zugunsten Japans. 1995 betrug der Handel der EU mit Japan immer

---

2 Wirtschaftliche Beziehungen zwischen Japan und der EG – Vorschlag für die Zukunft (der sogenannte Mano-Bericht), Tōkyō 1992, S. 2.

3 Vgl. Simon Nuttall, Japan and the European Union: Reluctant Partners, in: Survival, 38 (Summer 1996) 2, London, S. 104–120.

4 Vgl. Siegfried Böttcher, Ostasien denkt und handelt anders: Konsequenzen für Deutschland. Schriftenreihe des ifo-Instituts für Wirtschaftsforschung, Nr. 142, Berlin, 1996, S. 36.

5 Zwischen 1985 und 1992 hielt es z. B. der damalige deutsche Außenminister nicht für notwendig, Japan zu besuchen.

6 Vgl. Dick K. Nanto, The US-EC-Japan Triade Triangle, CRS, Report for the Congress, The Library of Congress, Washington D. C., 4. Juni 1992

7 Madeleine Preisinger-Monloup, Japan und die Regionalisierung im Pazifischen Becken, Stiftung Wissenschaft und Politik Ebenhausen, Studie Nr. SWP Nov. 1996, S. 411.

noch lediglich 7,4 % ihres Außenhandels und insbesondere nur 5,1 % ihrer Ausfuhren. Auf der Investitionsseite ist allein die japanische Präsenz in Europa von Bedeutung; die europäischen Investitionen in Japan sind – gemessen an internationalen Maßstäben – eine »quantité négligeable«. Auf den Drittmärkten treten Japan und die EU weiterhin als starke Konkurrenten auf, insbesondere auf entscheidenden Sektoren der Hochtechnologie.

## a. Europa und Japan als wirtschaftliche Antagonisten

Seit ihrer Gründung und bis zur Gemeinsamen Erklärung vom 18. Juli 1991 in Den Haag war jeder Versuch der Europäischen Gemeinschaft, eine gemeinsame Handelspolitik der Mitgliedstaaten gegenüber Japan zu entwickeln, an protektionistischen Einwänden einzelner Mitglieder und an der Frage der Notwendigkeit einer gemeinsamen Schutzklausel gescheitert. Die Politik vieler europäischer Länder gegenüber Japan war noch durch die negative Vorkriegserfahrung mit den Massivexporten von Billigprodukten eines sich erst entwickelnden Japans diktiert. Weitverbreitete Vorurteile und eine total falsche Einschätzung der tatsächlichen Wirtschaftsentwicklung und der Produktivitätssteigerung des Landes diktierten vielerorts eine überholte protektionistische Haltung.[8] Als sich in den siebziger Jahren ein ständig wachsender Handelsüberschuß Japans mit Europa abzeichnete, häuften sich die Beschwerden. Unzählige Dumpingklagen gegen japanische Unternehmen, wiederholte Merkantilismusvorwürfe gegen die als aggressiv empfundene japanische Exportpolitik sowie gegen die angebliche Marktabschottung und Importverweigerung des Landes prägten bis Ende der achtziger Jahre die gemeinsamen sowie viele der bilateralen Beziehungen zwischen Europa und Japan. Als im Vorgriff auf die befürchtete Vollendung des Binnenmarkts eine starke japanische Investitionswelle nach Europa rollte, wurde sogar ernsthaft die »Gefahr einer Kolonisierung Europas durch Japan« diskutiert.[9] Darüber hinaus bestanden außerhalb der internationalen Organisationen keine engeren politischen Bindungen zwischen den Antagonisten, die für eine gewisse Zurückhaltung hätten sorgen können.

Es gab schließlich ein sehr großes gegenseitiges Wahrnehmungsdefizit: Auf europäischer Seite beruht dieses z. T. auf der Überzeugung vom Universalcharakter der griechisch-jüdisch-christlichen Weltanschauung und von der Überlegenheit des westlichen Wirtschaftssystems; es hat aus Japan trotz seines erheblichen Wirtschaftserfolgs aufgrund der Unzugänglichkeit der japanischen Kultur und Sprache eine quasi exklusive Domäne exotischer Spezialisten gemacht. Auf japanischer Seite beherrschte das vereinfachte Bild eines alternden, wirtschaftssklerotischen und zersplitterten Europas der »Museen und Luxusgüter« die Sicht der Dinge.

---

8 Zu den früheren Beziehungen der EG mit Japan, siehe Madeleine Monloup, Les relations économiques du Marché Commun et du Japon, College of Europe, Studies in Contemporary Issues, 4, Brügge 1969.

9 Vgl. Konrad Seitz, Die japanisch-amerikanische Herausforderung. Deutschlands Hochtechnologie-Industrien kämpfen ums Überleben, München, 5/1992, S. 337–341.

## b. Der Zwang zum Umdenken

Beflügelt durch die bevorstehende Vollendung des Binnenmarkts und besänftigt durch die mit der Yen-Aufwertung von 1986–88 eingetretene Verminderung des Handelsdefizits mit Japan, sah sich die Gemeinschaft imstande, ihre bisherige protektionistische Haltung gegenüber Japan zu überdenken. Ohnehin stellten sie die Handelsliberalisierung der vorletzten GATT-Runde und die Verhandlungen der Uruguay-Runde vor die Notwendigkeit, die großen Züge einer gemeinsamen Handelspolitik zu definieren und ihre Anti-Dumpingpolitik zu revidieren. Angesichts der neuen Rolle Japans als weltweit größtem Gläubiger und aufgrund des technologischen Vorsprungs der japanischen Unternehmen entschloß sich die Gemeinschaft, auf die Angst der Europäer, der neuen technologischen Herausforderung nicht gewachsen zu sein, mit Kooperation zu reagieren.

Die Japaner ihrerseits befürchteten, daß weitere Integrationschritte der Gemeinschaft in eine Blockbildung münden könnten. Sehr schnell vereinnahmten sie den in Washington erfundenen Begriff der »Festung Europa«, als der Termin zur Realisierung des Europäischen Binnenmarkts (1992) näherrückte. Schließlich veranlaßten die durch den Fall der Berliner Mauer entstandene Perspektive der Integration Osteuropas in die EU sowie die Ankündigung der transatlantischen Partner EU-USA-Kanada, ihre Beziehungen zu erneuern, die japanische Regierung dazu, die Initiative zu einer gemeinsamen Deklaration zu ergreifen.

Nach Jahrzehnten der Gleichgültigkeit, des Mißtrauens und des reinen Konkurrenzdenkens mußte die EU also ihre »JaPanik« und »Japanophobie«[10] überwinden, die wirtschaftliche Herausforderung des fernöstlichen Wirtschaftsgiganten annehmen und die gegenseitigen Beziehungen auf der Basis einer konstruktiven Zusammenarbeit neu definieren. Japan seinerseits mußte sich bereit zeigen, die Schieflage im bisherigen Wirtschaftsaustausch ernsthaft korrigieren zu wollen.

## c. Die Instrumente der Zusammenarbeit

Die EU entschloß sich zum konstruktiven Dialog. Zwar bestand bei der Gemeinsamen Erklärung von 1991 die einzige echte institutionelle Innovation darin, daß man ein jährliches Gipfeltreffen der Regierungschefs, d. h. des Präsidenten des Europäischen Rats und der EU-Kommission mit dem japanischen Premierminister, einführte – entsprechend dem Vorbild der schon lange existierenden Praxis zwischen den USA und der EU. Weil jedoch parallel dazu eine Intensivierung der Konsultationen und des Informationsaustauschs über alle politischen und wirtschaftlichen Fragen auf der Ebene der Minister- (einschließlich der Außenminister) und höheren Beamten stattfand, wurde ein qualitativer Sprung vollzogen. Auch wenn seitdem nicht alle Gipfeltreffen, z. T. wegen schlechten politischen Timings, ein Erfolg waren, und obwohl viele Ministertreffen verschoben oder abgesagt wur-

10 Vgl. Werner Pascha, Auswege aus der JaPanik. Chancen und Probleme neuer ökonomischer Ansätze bei der Beschäftigung mit Japan, in: Asien (Oktober 1993) 49, S. 66–70; und Philippe Pons, La montée de la nippophobie, in: Le Monde vom 18. 10. 1989.

den oder sogar substanzlos waren[11], hat sich die Frequenz des Austausches tatsächlich um ein Vielfaches erhöht. Die EU und Japan haben sich somit endlich einen effektiven Konsultationsrahmen, d.h. die »conditio sine qua non« einer echten Partnerschaft, geschaffen und den Weg zur Normalisierung ihrer Beziehungen geebnet.[12] Es blieb allerdings die schwierige Aufgabe, den Dialog inhaltlich positiv zu gestalten und die Zusammenarbeit in die Tat umzusetzen.

Obwohl die Vereinbarung von Den Haag alle Bereiche der internationalen Politik einschloß, blieb das Hauptanliegen der EU zunächst ziemlich einseitig: Es bestand in der Beseitigung der Asymmetrie im Handels-, Investitions- sowie im Technologiebereich durch »Verbesserung des Zugangs von Gemeinschaftsunternehmen zum japanischen Markt«, wie es in dem umfassenden Konzept »EG-Japan: Orientierung für erweiterte, gestärkte und ausgeglichene Beziehungen« sichtbar wird, das der Rat der Gemeinschaft am 15. Juli 1992 verabschiedete. Immer noch zielt die von der Kommission 1995 formulierte »Mitteilung an den Rat, Europa und Japan: die nächsten Schritte«[13] auf Öffnung und Deregulierung des japanischen Markts. Interessanterweise liegt im Unterschied zu früher der Akzent nicht mehr auf dem Schutz des europäischen Markts vor japanischen Exporten, sondern vielmehr auf den eigenen Exportchancen der Europäer in Japan. Zu diesem Zweck baut die EU jedoch bewußt auf Kooperation sowie auf das multilaterale Handels- und Währungssystem und erteilt dem Unilateralimus und Neomerkantilismus der USA im Umgang mit Japan eine klare Absage[14].

Die EU hat sich für eine Politik entschieden, die auf Förderung der Dynamik der europäischen Exporteure und Investoren, auf industrielle Zusammenarbeit und auf eine bessere Kenntnis des japanischen Systems zielt. Sie hat sich mit der Schaffung des TAM (*Trade Assessment Mechanism*) – eines Mechanismus zur laufenden objektiven Beobachtung der Handelsstruktur der Partner und deren eventueller Schieflage – und mit der Neuformulierung einer Kooperation im Industriebereich bei der Forschung und Entwicklung neuer Produkte zwei wichtige Instrumente der Zusammenarbeit geschaffen. Die indirekten Handelshindernisse auf dem japanischen Markt hat sie sehr konkret und detailliert studiert und die Ergebnisse Japan vorgelegt. Dabei hat sich die EU immer wieder bemüht, aus den japanischen Bestrebungen nach Öffnung und Deregulierung selbst Nutzen zu ziehen. Sie hat aber auch versucht, das Wahrnehmungsdefizit durch begleitende Maßnahmen im kulturellen Bereich auszugleichen. Schließlich ist die EU seit 1995 ernsthaft bestrebt, die politische Komponente der Zusammenarbeit zu aktivieren und den handelspolitischen Problemen einen niedrigeren, angemessenen Rang einzuräumen. Beide Partner haben somit seit 1992 auf politischer, wirtschaftlicher und kultureller Ebene ein enges Beziehungsgeflecht entwickelt, das sich langsam zu bewähren scheint.

11 Dazu: Simon Nuttall (Anm. 3), S. 110.

12 Siehe dazu von der Autorin: Vom Gegner zum Partner: Japan und die EU, in: Europa Archiv, 49 (1994) 13/14, Bonn, S. 373–380.

13 Brüssel, 8. 3. 1995.

14 Vgl. Beate Reszat, Neue Akzente in den US-japanischen Wirtschaftsbeziehungen, in: Manfred Pohl (Hrsg.), Japan, 1992/1993, Hamburg 1993, S. 303–322; sowie Andreas von Stechow, Binnen- und außenwirtschaftliche Entwicklung Japans im Jahr 1994, in: Manfred Pohl (Hrsg.), Japan 1994/1995, Institut für Asienkunde, Hamburg, 1995, S. 275–277.

## 2. Erste Bilanz der jungen Partnerschaft

Seit 1995 ist eine deutlich positive Wende in den Beziehungen der EU zu Japan eingetreten. Zwei Elemente haben dazu beigetragen: erstens die Entstehung eines echten politischen Dialogs, zweitens eine deutliche Verbesserung des bilateralen Handelsaustauschs.

### a. Entwicklung eines politischen Dialogs

Grundlegende neue gemeinsame Interessen haben Anfang der neunziger Jahre die EU und Japan zur Kooperation verpflichtet. Seit dem Ende der Ost-West-Konfrontation kann die einzige noch verbleibende Supermacht, die USA, die Kosten eines gut funktionierenden Sicherheits- und Weltwirtschaftssystems nicht mehr allein tragen. Sowohl die EU als auch Japan sind mit der Notwendigkeit konfrontiert, in einer politisch multipolaren, aber wirtschaftlich globalen Welt ihre sicherheitspolitische Rolle und Verantwortung entsprechend ihrer wirtschaftlichen Stärke zu überdenken und neue Regeln der internationalen Zusammenarbeit mitzuentwikkeln. Mit einer fortschreitenden Globalisierung der Weltwirtschaft und einer verstärkten Interdependenz konfrontiert, sind die EU wie Japan gleichermaßen an einem stabilen multilateralen System und an der Wahrung der Sicherheitsinteressen des Partners in seinem jeweiligen Umfeld interessiert. Auch langfristige weltumfassende Probleme wie die Bevölkerungsexplosion und die Umweltzerstörung verlangen nach gemeinsamen Lösungen.

Die frühere Phase des Dialogs war zunächst enttäuschend verlaufen. Nach einer vielzitierten ersten gemeinsamen Initiative in der UNO 1991, in der man ein Register für den Handel mit konventionellen Waffen eingerichtet und die ehemaligen Zentralverwaltungswirtschaften in Mittel- und Osteuropa sowie die Mongolei unterstützt hatte, schien das Interesse an konkreter politischer Zusammenarbeit zu erlahmen. Seit dem Gipfeltreffen im Juni 1995 in Paris zeigte Japan jedoch ein deutlich höheres Interesse an einem politischen Dialog, so daß Fortschritte zu verzeichnen waren, die dem nächsten Gipfel vom September 1996 eine stärkere politische Dimension verliehen haben.

Entsprechend der Kommission der EU[15] sind mehrere Kooperationsfelder zu nennen. Als erstes die Teilnahme am Sicherheitsforum der Region des Partners: So nimmt die EU am ASEAN-Regionalforum (ARF) und Japan als Beobachter in der Organisation für Sicherheit und Zusammenarbeit (OSZE) in Europa teil. Zweitens geht es um die enge Zusammenarbeit zwischen der EU und Japan beim Wiederaufbau im ehemaligen Jugoslawien, wozu Japan nach der EU und den USA den drittgrößten Beitrag leistet und dadurch indirekt am Frieden in Europa mitwirkt. Parallel dazu hat sich die EU verpflichtet, an der Lösung des für Japan politisch sehr brisanten Problems mit dem militärisch-nuklearen Potential Nordkoreas mitzuwirken: Sie hat beschlossen, sich an KEDO, einem Vorhaben zum Bau eines

---

15 Vgl. Europäische Kommission, Beziehungen EU-Japan, Memo/96/92, von 27. 9. 1997, S. 3–4.

Leichtwasserreaktors, zu beteiligen. Drittens ist Japan dazu berufen, wie es das erste Treffen in Bangkok im März 1996 gezeigt hat, bei dem neu eröffneten Dialog der EU mit Asien innerhalb des ASEM eine gewisse koordinierende Rolle zu spielen.

Erste Ansätze eines Zusammenwirkens gibt es auch auf den Feldern der Bekämpfung des organisierten Verbrechens und des Drogenhandels sowie bei der Unterstützung der Palästinensischen Behörde. Und schließlich hat sich die Kommission, obwohl ohne Befugnisse in diesem Bereich, für die Unterstützung der Kandidatur Japans als ständiges Mitglied im UN-Sicherheitsrat ausgesprochen. Die Zusammenarbeit in den Bereichen Soziales, Entwicklungshilfe, Umweltschutz, Kultur und Bildungswesen ist intensiviert worden; sie ist allerdings kaum über die Erörterung von Grundsatzfragen hinausgekommen.

## b. Intensivierung des Wirtschaftsaustauschs

Auch die wirtschaftlichen Beziehungen haben sich – trotz einiger anhaltender Differenzen – spürbar gebessert. So hat es die EU geschafft, den wirtschaftlichen Dialog in einen breiteren politischen Rahmen zu stellen und somit den Stellenwert der Wirtschaftsspannungen zu relativieren. Diese selbst sind aber auch geringer geworden. Zwar besteht nach wie vor eine grundsätzliche Asymmetrie zum Nachteil Europas. Seit 1992 jedoch verringert sich das EU-Defizit im Handel mit Japan stetig, was dazu beigetragen hat, daß sich das Außenhandelsbilanzdefizit der Union 1995 in einen Überschuß verwandelte.

Dank des starken Anstiegs ihrer Ausfuhren nach Japan um 45,1 % zwischen 1992 und 1995 bei gleichzeitigem Rückgang der Importe um 0,2 % ging das Defizit der EU mit ihrem Handelspartner in der gleichen Zeitspanne von 30 auf 20,7 Mrd. ECU zurück. Japans Anteil an den EU-Exporten stieg leicht auf 5,0 %, die Importe verringerten sich von 10,5 % auf 8,7 %. Die Deckungsquote (Export/Import) verbesserte sich somit von 43 auf 59 %.[16] Die Zahlen für 1996 zeigen einen weiteren Rückgang des Handelsdefizits um 26,5 %.[17]

Dabei spielte natürlich die gewaltige Yen-Aufwertung gegenüber dem ECU – die Ende 1994 fast 34 % gegenüber 1990 und Anfang 1996 immer noch 26,3 % betrug – eine wesentliche Rolle.[18] Da Paritätsänderungen erst nach zwei Jahren ihre Wirkung auf die Handelsbilanz voll entfalten, waren die positiven Ergebnisse der Jahre 1995/1996 zu erwarten. In Anbetracht des negativen Konjunkturverlaufs in Japan seit 1993 und der tatsächlichen Zunahme des Importvolumens aus Europa könnte dies jedoch auch auf einen besseren Marktzugang und vergrößerte Importfreundlichkeit der Japaner hinweisen. Der Tiefflug des Yen gegenüber dem ECU seit 1996 könnte aber die Hoffnung auf eine dauerhafte Verbesserung des ungünstigen ECU-Yen-Verhältnisses, das Europa um die Früchte der vorletzten Yen-Aufwertung gebracht hat, zunichte machen und das Defizit wieder ansteigen lassen.

16 Eurostat, Außenhandel, a. a. O.. Anders lautende Zahlen der EU von einer Deckungsquote von 70 % basieren auf den japanischen Statistiken in Yen.

17 Handelsüberschuß in Japan gesunken, in: Süddeutsche Zeitung, 24. 1. 1997 S. 23

18 Der gesamte Handelsüberschuß Japans ist wegen der noch stärkeren Yen-Aufwertung gegenüber dem US-$ von 1994 bis Ende 1996 kontinuierlich gesunken.

Gegen zu pessimistische Erwartungen spricht jedoch die eingetretene Verbesserung der Handelsstruktur. Die jahrelange Verzerrung des Austauschmusters mit Japan – moderne Industriegüter der japanischen Automobil- und Elektronikbranche gegen europäische konjunkturempfindliche Luxusgüter – hat sich positiv entwickelt. Mit der Yen-Verteuerung ist die Marktsicherungspolitik der japanischen Firmen in Europa an ihre Schmerzgrenze gestoßen. Insbesondere die europäischen Importe von japanischen Fahrzeugen, die früher immer für dicke Schlagzeilen gesorgt hatten, sanken in den Jahren 1993–1994 wesentlich.[19] Hierzu haben nicht nur der weltweite Rückgang der japanischen Fahrzeugexporte, die 1995 auf das Niveau von 1976 zurückgefallen sind, beigetragen, sondern mit Sicherheit auch die Rezession in Europa und die Verlagerung eines Teils der japanischen Produktion nach Europa.

Auf europäischer Exportseite war die Verbilligung der europäischen Währungen für die steile Steigerung nicht allein verantwortlich, auch die Handelsstruktur änderte sich positiv. Neben der Ausfuhr traditioneller Luxusgüter, die wegen der andauernden japanischen Rezession benachteiligt waren, expandierte der Verkauf von europäischen Fahrzeugen (1995 um 14,4 % in ECU), von chemischen Produkten und vor allem von Zwischenerzeugnissen und Investitionsgütern kräftig. Diese Produkte machen nunmehr zusammen 67 % der europäischen Exporte nach Japan aus. Der Erfolg im Automobilbereich ist hauptsächlich auf die Bemühungen der europäischen Industrie zurückzuführen, die mit dem Aufbau eigener Vertriebsnetze, mit Umstellung ihrer Wagen auf Rechtssteuerung und mit kundenfreundlichen Finanzierungsmodellen ihre Chancen endlich wahrnahmen.

Auch in dem wenig beachteten Bereich des Dienstleistungsverkehrs (einschließlich Kapitalerträge) – in dem die EU in hohem Maße wettbewerbsfähig ist –, nimmt der EU-Überschuß mit Japan stetig zu.

Im Bereich der ausländischen Direktinvestitionen allerdings bleibt die Asymmetrie zugunsten Japans erhalten und gehört deshalb weiterhin auf die Prioritätenliste der Kommission. Die massive und willkommene Welle japanischer Investitionen, die im Vorgriff auf die Vollendung des Binnenmarkts auf Europa zugerollt war, hat sich nicht wiederholt. Der erhebliche Rückgang des Engagements japanischer Unternehmen in Europa seit Beginn der neunziger Jahre[20], verursacht durch das abrupte Ende der japanischen Sachwertinflation, die anhaltende japanische Wirtschaftskrise und nicht zuletzt durch die Rezession in Europa, scheint jedoch zu Ende zu gehen. Auch wenn die japanischen Auslandsinvestitionen die höchste Rentabilität in Asien erzielen, gewinnt Europa seit 1994 wieder an Attraktivität. 1995 sind die japanischen Investitionen dort um 27 % gestiegen. Weitere Modernisierung und der Ausbau bestehender Fertigungsstätten sind geplant. Schwerpunkte bleiben weiterhin der tertiäre Sektor – Vertrieb und Marketing – und im Produktionsbereich die Chemieindustrie. Der europäische Anteil an der Produktion von japanischen Autos soll von 3,7 auf 6,1 % im Jahre 1999 erhöht werden.[21]

19 1993 um 11,8 %, 1994 um 8,6 %.

20 Von 13,3 Mrd. US-$ in 1990 auf 8,1 Mrd. US-$ in 1995, und somit von 25 % auf 17 % der gesamten japanischen Auslandsinvestitionen. Zitiert in: Japan. Wirtschaft, Politik, Gesellschaft, Institut für Asienkunde Hamburg, Dezember 1996, S. 602.

21 Manfred Pohl, Produktionsverlagerung in das Ausland. Beispiele und Hintergründe des sog. »Kūdōka«, in: Japan. Wirtschaft, Politik, Gesellschaft, Institut für Asienkunde Hamburg, Februar 1996, S. 67.

Damit aber hat sich der Wettlauf um Subventionen zwischen den verschiedenen möglichen europäischen Standorten noch verschärft. Neben Großbritannien sind nunmehr Frankreich, die Niederlande und Irland verstärkt im Rennen. In Anbetracht der hohen europäischen Arbeitslosigkeit sind die Vorwürfe einer wirtschaftlichen »Kolonisierung« Europas durch Japan weitgehend verstummt. Die 702 japanischen Industrieunternehmen, die 1995 in der EU ansässig waren, haben sich der sozialen Landschaft Europas gut angepaßt und bedeutende Abteilungen für Forschung und Entwicklung, Design und Marketing mit Blick auf den expandierenden Gemeinsamen Markt Europas eingerichtet. Aus Kostengründen fangen sie auch an, japanische Zulieferer nach Europa zu ziehen, und neuerdings suchen sie sogar die Zusammenarbeit mit der europäischen Zulieferindustrie.

In scharfem Kontrast dazu bleibt der japanische Markt für ausländische Investoren immer noch eine uneinnehmbare Festung. Die Yen-Aufwertung hat die schon sehr hohen Personal- und Grundstückskosten für solche Investitionen in unerschwingliche Höhen getrieben, und aufgrund der schlechten binnenwirtschaftlichen Lage Japans während der vergangenen fünf Jahre blieb das Interesse ausländischer Investoren an Niederlassungen oder Firmengründungen gering.

1995 gingen die ausländischen Direktinvestitionen in Japan um 15 % zurück und lagen bei nur 369,7 Billionen Yen. Als Herkunftsregion stand die EU mit 30,6 % nach den USA an zweiter Stelle. Konzentriert flossen die Gelder in die Chemieindustrie sowie in den Finanz- und Handelsbereich. Die geringe Präsenz ausländischer Unternehmen in Japan erklärt sich z. T. durch strukturelle Hindernisse, wie zum Beispiel die engen Firmenbindungen innerhalb der *Keiretsu*[22], durch die schwachen Kartellkontrollen, die national vorbehaltene Vergabe von öffentlichen Aufträgen, das undurchdringliche und veraltete Vertriebsnetz – Handelshemmnisse, die japanischen wie ausländischen Neueinsteigern den Zutritt erschweren.

## 3. Wege und Grenzen der Kooperation

### a. Die Politik der kleinen Schritte

Im Bereich der Wirtschaft darf die EU einen Teil der Verbesserungen mit Recht für sich verbuchen. Ihre Politik der kleinen Schritte, ihre Bemühungen, dank des TAM, die Import- und Investitionshindernisse in Japan beim Namen zu nennen, jedoch marktkonforme und multilaterale Lösungen zu bevorzugen, haben teilweise zur Beseitigung von Hindernissen (insbesondere bei den Standard- und Inspektionsvorschriften) oder zur Verschärfung des japanischen Anti-Monopolgesetzes in mehreren wichtigen Bereichen geführt. Die seit zwei Jahren sehr aktiven Bemühungen der Kommission, die japanischen Bestrebungen zur Deregulierung des eigenen Marktes für sich zu nutzen, haben auch zu ca. 100 Konzessionen von japanischer Seite geführt. Eine gewisse Rolle bei der Verbesserung der Handelsstruktur haben auch die komplementären Maßnahmen der EU zur Export- und die Japans

22 Japanische Unternehmens- oder Verbundgruppe.

zur Importförderung gespielt. Die von der Kommission erwünschte industrielle Kooperation zur Minderung des Handelsdefizits bei Industriekomponenten und zum Technologietransfer wurde fortgeführt und ein permanenter Dialog zwischen der Kommission und dem MITI (Wirtschafts- und Handelsministerium) eingerichtet. Ebenfalls positiv zu werten sind die Eröffnung einer Niederlassung des EU-Japan-Zentrums für Industriekooperation 1996 in Brüssel und die wachsende Zahl von organisierten Meetings zwischen japanischen Fahrzeugproduzenten und den europäischen Unternehmern für Fahrzeugkomponenten. Desgleichen sind Bemühungen im Bereich der Forschung und Entwicklung, speziell auf dem Gebiet der Informationstechnologie[23], im Gange.

## b. Kein europäisches *Gaiatsu*[24] gegen Systemunterschiede

Insgesamt gesehen unterscheidet sich die europäische Strategie von der amerikanischen wesentlich. Anstatt die japanischen Nationalisten mit einer aggressiven unilateralen Politik der »Androhung illegaler Handelssanktionen«[25] zum Nein zu provozieren, versucht die Union, das japanische Lager zu stärken, das sich für eine Öffnung und Deregulierung des Marktes einsetzt. Mit ihrer Entscheidung für den Dialog und den Multilateralismus verfolgt Europa auch das Ziel, eine eventuelle Diskriminierung durch bilaterale Absprachen zwischen Japan und den USA zu vermeiden. Aus europäischer Sicht ist daher das während des WTO-Ministertreffens im Dezember 1996 in Singapur beschlossene Informations-Technologie-Abkommen (ITA) insofern besonders wichtig, als die EU durch eine Nebenabsprache zu diesem Abkommen gleichzeitig in den Halbleiterrat Japan/USA aufgenommen wird. Dies führt zu einer völlig neuartigen Allianz der EU mit Japan im Rahmen der WTO gegen die amerikanische einseitige Haltung. Aufgrund der fehlenden Möglichkeit, selbst politischen Druck auf Japan auszuüben, hat Europa anders als die USA, die bislang die Schuld für etliche Hindernisse im Handels- und Investitionsbereich einzig und allein auf japanischer Seite suchen, die tatsächlichen Systemunterschiede analysiert und den mühsamen pragmatischen Weg der Annäherung gewählt.
Viele Spannungen in der Triade stammen sicherlich aus den noch bestehenden protektionistischen Regelungen und Praktiken der Partner. Die meisten jedoch haben ihre Ursache vielmehr in den Unterschieden der jeweiligen nationalökonomischen Systeme, die nach den weitreichenden Liberalisierungsrunden des GATT nun stärker zutage treten. Während die USA jede Abweichung von ihrem konsumorientierten System kategorisch ablehnen, ist die EU eher geneigt, den japanischen Produzentenkapitalismus zu dulden, wenn die gröbsten Wettbewerbsverzerrungen ausgeräumt werden.[26]

---

23 Hier sind drei EU-Programme zu nennen: »Skyway to Japan«, »European Management Training Program« und »European Cooperation Center«, die nach Meinung der Kommission erfolgreich verlaufen sind.

24 Japanisches Wort für Druck aus dem Ausland.

25 Eigener Ausdruck der Kommission in: Mitteilung an den Rat, Europa und Japan. Die nächsten Schritte, Brüssel, 8. 3. 1995, S. 11.

26 Zu diesen Systemunterschieden siehe Siegfried Böttcher (Anm. 4), S. 55–61.

### c. Die lauernde Gefahr des Protektionismus

Die protektionistischen Stimmen in der EU sind noch nicht verstummt. Die alten Vorwürfe können leicht wieder erhoben werden, wenn sich die Yen-Unterbewertung fortsetzt und die japanische Konkurrenz wieder verstärkt. Symptomatisch dafür ist die Forderung der französischen Automobilindustrie, das freiwillige Exportbeschränkungsabkommen mit Japan, das 1999 endgültig ausläuft, doch zu verlängern. Der vorhersehbare Erfolg der neuen japanischen Automodelle wird den Druck noch erhöhen. Immer noch bedarf es der ganzen Überzeugungskraft der Kommission, um die immer wieder auftretenden protektionistischen Tendenzen niederzuhalten. Die Art und Weise, wie die im Februar 1994 neu formulierte Antidumping-Klausel mit einfacher Mehrheit angewendet wird, scheint den Verdacht zu bestätigen, daß die EU sie doch zum diskriminierenden Schutz der europäischen Produzenten mißbraucht.

Die im Maastricht-Vertrag angestrebte Industriepolitik wird zwar von den beiden anderen Triadepartnern auch als mögliches Instrument zur Subventionierung veralteter Industrien und zum Schutz für sogenannte »strategische Industrien« des Technologiesektors unter dem Vorwand der Wirtschaftssicherheit betrachtet. Sie sündigen jedoch selbst in diesem Bereich.

Die im Dialog mit Japan vorgelegte, immer länger werdende Liste der Deregulierungswünsche der EU birgt die Gefahr unnötigen Beharrens auf Details und die Möglichkeit der Konfrontation, wenn diese Wünsche von Japan zu lange unberücksichtigt bleiben. Unüberbrückbare Differenzen müssen immer wieder zur WTO getragen und dort entschieden werden, wie z. B. die Klage der Union gegen die japanische diskriminierende Likörsteuer oder die eventuelle Klage Japans gegen die EU-Erhöhung der Importzölle auf CD-ROM-Laufwerke.

In Japan selbst scheint die Hoffnung auf eine breit gefächerte Deregulierung ungewiß. Die für die nächsten fünf Jahre bereits verabschiedeten Deregulierungsmaßnahmen waren enttäuschend. Es bleibt abzuwarten, ob in unmittelbarer Zukunft mehr in dieser Richtung unternommen wird. Mit der Regierung Hashimoto ist wieder das konservative Japan, das das bisherige System aufgebaut hat und mit der Bürokratie sehr eng verbunden ist, an die Macht gekommen. Zudem ist es ein Japan, das »Nein sagen kann« und sich stärker in Richtung USA und Asien orientiert.[27] Immer noch gelingt es den USA, mit politischem Druck wirtschaftliche Zugeständnisse von Japan zu erlangen, so als man Boeing anstelle von Airbus zum Partner für die Gründung einer japanischen Flugzeugindustrie wählte.

## 4. Japan und Europa an einem Wendepunkt

Die fortschreitende Globalisierung der Weltwirtschaft stellt Europa wie Japan vor neue strukturelle Probleme, für die sie noch keine befriedigende Lösung ge-

27 Bezeichnenderweise würdigte der japanische Premierminister Hashimoto bei seiner Amtsantrittsrede im Winter 1996 Europa erst zum Schluß mit wenigen Gemeinplätzen.

funden haben und die sie zum internationalen Handeln zwingt. Für eine Beschleunigung des schmerzhaften Übergangs von der Industrie- zur effizienten Dienstleistungsgesellschaft sprechen bei beiden die gleichen Gründe: auf der einen Seite die wachsende Arbeitslosigkeit – inoffiziell in Japan auf 6 bis 7 % geschätzt – und die Standortdebatte in der EU sowie in Japan, wo sie unter dem Motto »Aushöhlen« (*Kūdōka*) der Wirtschaft geführt wird, auf der anderen Seite die Wirtschaftszwänge des Maastricht-Vertrags und die Sanierung des sehr stark gestiegenen japanischen Haushaltsdefizits.

## a. Grenzen des Regionalismus

Neue Formen des Regionalismus gewinnen an Bedeutung. Zwar scheint die Gefahr eines Zerfalls der Weltwirtschaft in drei Blöcke vorerst abgewendet zu sein, auch wenn sich mit der Erweiterung der EU und mit der Gründung der amerikanischen und der asiatischen Freihandelszonen (NAFTA, AFTA und APEC) neue große Regionen herauskristallisieren. Das andauernde Wachstum der sog. dynamischen asiatischen Länder, einschließlich Chinas, erregt in Europa Bewunderung und nährt die Hoffnung auf neue Märkte. Gleichzeitig erweckt es aber auch die Furcht vor einer neuen starken Konkurrenzwelle, auf die Europa viel weniger vorbereitet ist als seine Triadepartner Japan und die USA. Diese schlagen immer aktiver den Kurs eines asiatischen Regionalismus ein, der die Verdrängung Europas aus der Region mit sich bringen könnte. Von daher erklärt sich der erhöhte Stellenwert des Fernen Ostens in der Wirtschaftspolitik der EU und der europäischen Regierungen sowie die Gründung des ASEM. Dabei räumt die EU Japan eine besondere Bedeutung ein, da Japan als Testmarkt und Sprungbrett für ganz Asien gilt, über die besten regionalen Kenntnisse verfügt, und – last but not least – weil es immer ein aktiver Verfechter des Multilateralismus war.

Mit der Möglichkeit konfrontiert, sich eventuell selbst gegen einen diskriminierenden Regionalismus wehren zu müssen, sieht sich die EU gezwungen, ihren eigenen Regionalismus offener zu gestalten. Dies erscheint um so notwendiger, als sie einen immer größeren Kreis von potentiellen Mitgliedern und assoziierten Staaten anzieht. Darüber hinaus muß sie mit ihren Triadepartnern im Rahmen der WTO und der OECD gemeinsame Lösungen gegen Wettbewerbsverzerrungen suchen, die mit dem Aufstieg neuer Mitspieler in den Kreis der Industriewarenproduzenten auftreten.

Besorgniserregend für Europa sind die dramatische Zuspitzung des Handelskonflikts der USA mit Japan 1995 und sein vorhersehbares Wiederauftreten aufgrund der Yen-Abwertung.[28] Das zwingt Europa, Stellung zu beziehen und immer öfter zwischen Multilateralismus sowie marktkonformen Lösungen einerseits und Protektionismus und Neo-Merkantilismus andererseits zu wählen.

28 Führende japanische Wirtschaftsinstitute rechneten für 1997/1998 mit einem Durchschnittswert von 110 Yen für 1 US-$. Faktisch schwächte sich der Yen jedoch noch weit über diese Marge hinaus ab.

## b. Japans Zwang zur Deregulierung

Auch Japan steht an einem Wendepunkt.[29] Die offenkundig schwierige Lage der japanischen Wirtschaft und die katastrophalen Ereignisse des Jahres 1995 haben sowohl das Vertrauen der Bevölkerung in die Kontroll- und Reaktionsfähigkeit der bislang unantastbaren Bürokratie als auch ihren Glauben an eine homogene und harmonische Gesellschaft erschüttert. International scheinen die wirtschaftlichen und gesellschaftlichen Schwierigkeiten dem ehemaligen Weltwirtschaftsmusterknaben eine gewisse Normalität verliehen zu haben. Wirtschaftskrise sowie Arbeitslosigkeit und Standortfragen sind keine Fremdwörter mehr in Japan.

Die Unternehmen stoßen bei ihrem Versuch, die Kosten zu senken, zunehmend auf strukturelle Hindernisse: Überkapazität im Verwaltungs- und Produktionsapparat sowie im Beschäftigungsbereich, ein veraltetes Vertriebsnetz und ein Übermaß an Regulierung. Der Wunsch nach Deregulierung, der vor drei Jahren nach der Niederlage der LDP laut wurde, ist nicht verstummt. Japan muß neue Lösungen für eine dauerhafte Wiederbelebung der Konjunktur und für die Eindämmung der wachsenden Arbeitslosigkeit finden. Deshalb steht die japanische Regierung ausländischen Investoren nunmehr positiv gegenüber, und deshalb fordern Experten die Zulassung von Holdinggesellschaften, die Unternehmenszusammenschlüsse bei Wahrung unterschiedlicher Unternehmenskultur ermöglichen. Ohne eine anhaltende Ankurbelung seiner Binnennachfrage und aufgrund vermehrter Importe bleibt Japan konjunkturell von seinem Außenhandel abhängig. Jeder weitere Anstieg seines Handelsüberschusses, z. T. verursacht durch die erneute Yen-Abwertung, wird aber die Handelskonflikte in der Triade von neuem anheizen.

Dabei wird immer wieder deutlich, wie wichtig für den Frieden im Welthandel die Währungsrelationen sind. Von daher erklären sich die Bemühungen Japans, den Yen-Wert nicht zu sehr abrutschen zu lassen, obwohl dies Preisvorteile für die einheimische Industrie mit sich brächte. Wenn aber das Land den Wert seiner Währung nicht allein dem amerikanischen *Good Will* überlassen will, braucht es innerhalb der G-7 die Unterstützung der europäischen Partner. Die Konkretisierung der Pläne der Europäischen Währungsunion, der Japan bislang wenig Aufmerksamkeit geschenkt hat, verleiht Europa auch in diesem Bereich ein neues Gewicht, und sei es auch nur, weil der Lieblings-Investitionsstandort der Japaner, Großbritannien, außen vor bleiben wird. Dies erklärt, warum Japan die konsensbringende EU-Politik bevorzugt und sich auf einen intensiven Dialog mit einem Partner einläßt, der erst an dritter Stelle seiner Prioritäten rangiert.

---

29 Vgl. Bernhard May, Japan in der Krise. Ökonomische und politische Umwälzungen in Japan als Herausforderung für die Triade. Forschungsinstitut der Deutschen Gesellschaft für Auswärtige Politik e. V. Bonn, Juni 1996.

# XVI. Deutsch-japanische Beziehungen

Heinrich Kreft

## 1. Vom Mittelalter bis zum Zweiten Weltkrieg

### a. Frühe Kontakte

Kontakte des deutschsprachigen Raumes mit Japan gehen bereits auf das Mittelalter zurück. Erster namentlich bekannter Deutscher, der nachweislich japanischen Boden betrat, war Michael Hohreiter aus Ulm. Er hatte, wie viele andere nach ihm, bei der Niederländisch-Ostindischen Handelskompanie angeheuert und kam auf seiner Reise nach Ostindien zwischen 1614 und 1620 auch nach Japan. Holland, das sich bereits in Indonesien (Batavia) festgesetzt hatte und von dort aus auch Handelsbeziehungen mit Japan aufbaute, gehörte offiziell bis zum Westfälischen Frieden von 1648 zum Deutschen Reich. Obschon die Kontakte zwischen Japan und dem größeren deutschsprachigen Raum im Verlauf des 17. Jahrhunderts insgesamt nicht sehr zahlreich waren, muß man doch feststellen, daß diese ausgereicht haben, zu einem sehr fest umrissenen Wissen über Japan und in breiten Bevölkerungsschichten zu einer überaus lebendigen Vorstellung von Japan zu führen. Hervorragendes Zeugnis der frühen Auseinandersetzung mit Japan ist die 1649 erschienene umfassende Landeskunde: »Description Regni Japoniae« des Geographen Bernhard Varen.

An der Schwelle zum 18. Jahrhundert was es der Arzt Engelbert Kaempfer, der mit seinem »Amoenitatum exoticarum« vor allem Wissen über die japanische Pflanzenwelt nach Deutschland vermittelte. Darüber hinaus hat er mit seiner ausführlichen Landeskunde »Geschichte und Beschreibung von Japan« die beiden Grundtendenzen der damaligen Japan-Literatur – Vorbildfunktion der deutschen Gegenreformation und Japan-Kritik der norddeutschen Aufklärung – zusammengefaßt und deren Widersprüche im erstmals von ihm schärfer erfaßten japanischen Konfuzianismus aufgelöst. Im Werk Kaempfers findet die Reihe der frühen deutschen Japan-Literatur ihren Höhepunkt und Abschluß.

Der bekannteste deutsche Japan-Fahrer des 19. Jahrhunderts ist der Würzburger Arzt und Naturwissenschaftler Philipp Franz von Siebold, der während seiner Japan-Aufenthalte eine Sammlung der Pflanzen- und Tierwelt Japans zusammengetragen hat, welche später den Grundstock der ethnographischen Kollektion des ersten europäischen Völkerkundemuseums in Leiden bildete. Die wichtigsten schriftlichen Zeugnisse der Arbeit von Siebolds sind seine »Fauna Japonica«, die 1976 erneut aufgelegte »Flora Japonica« sowie sein enzyklopädisches Werk »Nippon-Archiv zur Beschreibung von Japan«, mit dem er die Einbeziehung Japans in die Forschungen verschiedener wissenschaftlicher Disziplinen förderte. Trotz des Interesses, das von

Siebolds Schriften und Vorträgen in Europa entgegengebracht wurde, hat er das bis dato grundsätzlich negative, von den späten Aufklärern geprägte Bild Japans in Europa nicht ändern können. Dieses wurde erst in der zweiten Hälfte des 19. Jahrhunderts teilweise relativiert.

## b. Parallelität der Entwicklung zweier »verspäteter Nationen«

Zwischen Deutschland und Japan gibt es historisch – zumindest vordergründig – eine Vielzahl von Parallelen hinsichtlich ihrer Entwicklung. Mit der Gründung des Deutschen Reiches im Jahre 1871 und der *Meiji*-Restauration von 1868 brach in beiden Ländern eine neue Ära an. Die Gleichzeitigkeit dieser Ereignisse und zahlreiche auffallende Parallelen bis in die Gegenwart hinein legen ein ständiges Vergleichen beider Länder nahe.

Entscheidend für die in vielfacher Hinsicht parallel verlaufende Geschichte war der gleichzeitige Eintritt Japans und Deutschlands in die Weltpolitik. Sowohl Japan als auch Deutschland setzten aufgrund eines wachsenden Bevölkerungsdrucks und damit einhergehender Verstädterung eine erfolgreiche Modernisierung und Industrialisierung durch, die sie in kurzer Zeit zu Großmächten machten. In beiden Staaten wurde diese Entwicklung von einem ausgeprägten Berufsbeamtentum innerhalb konstitutioneller Monarchien vorangetrieben. Als negative Folgeerscheinung des Ersten Weltkrieges – obwohl Japan zu den Siegern gehörte – scheiterten erste Demokratisierungsversuche nach 1918 aufgrund zunehmender wirtschaftlicher und politischer Instabilität. Die an die Stelle tretenden autoritären Regierungen verließen beide 1933 den Völkerbund und beschritten den Weg des Aufbaus eigener Großreiche. Beide Versuche endeten 1945 im totalen Zusammenbruch, und sowohl (West-)Deutschland als auch Japan gerieten unter den Einfluß der USA, denen beide 1941 den Krieg erklärt hatten. In beiden Staaten wurde unter maßgeblichem Einfluß der USA eine parlamentarische Demokratie etabliert. Beide Länder erlebten in den fünfziger und sechziger Jahren ihre Wirtschaftswunder und gehören heute zu den führenden Wirtschaftsmächten der Welt. Sowohl Japan als auch das vereinigte Deutschland stehen heute vor der Frage, welche Rolle sie in der internationalen Politik nach dem Ende des Kalten Krieges spielen sollen.

Sicherlich sind in den seit über 130 Jahren bestehenden offiziellen deutsch-japanischen Beziehungen auch Unterschiede festzustellen, und Parallelitäten lassen sich auch mit dritten Staaten aufzeigen. Dennoch, trotz aller möglichen Relativierung, ist das Maß der deutsch-japanischen Ähnlichkeiten prägnant. Offizielle Beziehungen zwischen Deutschland und Japan wurden am 24. Januar 1861 mit dem Freundschafts-, Handels- und Schiffahrtsvertrag zwischen der preußischen Ostasiendelegation unter Friedrich Graf zu Eulenburg und dem damaligen japanischen *Shōgunat* aufgenommen. In diesen Vertrag traten später der Norddeutsche Bund und schließlich das Deutsche Reich ein. 1863 nahm Max von Brandt, der erste deutsche Diplomat in Japan, als »Konsul« seine Tätigkeit auf. 1880 wurde die kaiserlich-deutsche Mission zur Gesandtschaft und 1906 zur Botschaft aufgewertet. Japan eröffnete seine diplomatische Vertretung 1874 in Berlin mit dem großen Deutschlandfreund Shūzō Aoki als Gesandtem.

Deutschland wurde in Japan erst durch die Mission von Außenminister Iwakura näher bekannt, der im Verlaufe einer zwei Jahre dauernden Amerika- und Europareise auch 1873 nach Berlin kam. Die aus ca. 50 hochrangigen Regierungsvertretern bestehende Mission stellte – wie auch Bismarck, der sie empfing – eine Vielzahl von Parallelen und ähnlichen Problemstellungen für Japan und Preußen in ihrem Entwicklungsprozeß fest. In einer Rede auf einem Empfang für die japanische Delegation sagte der deutsche Reichskanzler: »Die Zustände in Ihrem Lande, meine Herren, sind so, wie sie vor Jahren hier in Preußen waren. Ich kann mich in die Verhältnisse ganz gut hineindenken, weil ich in einem kleinen und schwachen Lande, das sich langsam auf den heutigen Standpunkt emporgeschwungen hat, geboren bin. Wir schützen unsere Rechte und unsere Selbsterhaltung. Japan befindet sich in derselben Lage, und wegen dieser Verhältnisse müssen wir besonders freundschaftlich verkehren.«[1]

Für Preußen als geeignetes Modell für die Entwicklung Japans sprachen vor allem dessen technologische und militärische Aufbauleistungen sowie dessen konstitutionelle Monarchie mit begrenzten demokratischen Rechten, aber entwikkeltem Rechts- und Verwaltungssystem. Die *Meiji*-Reformer orientierten sich vor allem in den Bereichen Verfassung, Militärwesen und Erziehungssystem an dem preußisch-deutschen Vorbild. Neben englischen, französischen und amerikanischen Experten wurde auch eine Reihe deutscher Fachwissenschaftler nach Japan eingeladen. Am stärksten war dabei der Einfluß der Juristen Hermann Roesler[2] und Albert Mosse, die von 1879–93 bzw. von 1886–1890 als Berater der Regierung, insbesondere von Premierminister Itō Hirobumi, nach Japan gekommen waren und wesentlich an den Entwürfen zur *Meiji*-Verfassung mitwirkten, die 1890 in Kraft trat.

Die zunächst partnerschaftlich ausgerichteten politischen Beziehungen wurden erstmals 1895 durch die Beteiligung Deutschlands an der »Dreimächte-Intervention« nach dem japanischen Sieg über China beeinträchtigt. Durch die Intervention wurde Japan genötigt, auf den in dem Friedensvertrag von Shimonoseki zugesicherten Erwerb der südmandschurischen Liaodong-Halbinsel zu verzichten. Die Beteiligung Deutschlands an der Intervention, insbesondere die Form, wie sie vom deutschen Botschafter in Tōkyō gehandhabt wurde, legte sich wie ein Schatten auf die deutsch-japanischen Beziehungen, der bis in die Zeit des Ersten Weltkrieges nachwirkte. 1898 erwarb Deutschland selbst in der chinesischen Provinz Shandong die Kiaotschou-Bucht mit Tsingtau als sogenanntem »Pachtgebiet«. 1914, nach Ausbruch des Ersten Weltkrieges, besetzten die Japaner Tsingtau. Die gefangengenommenen deutschen Verteidiger wurden auf Shikoku interniert. Die »Parallelität« der deutschen und japanischen Entwicklung schloß demnach direkte Konflikte beider Länder miteinander nicht aus. Während des Ersten Weltkrieges stand Japan auf der Seite der Alliierten, nachdem es sich nach dem Scheitern der deutsch-britischen Bündnisgespräche (1901) seinerseits vertraglich an Großbritannien (1902 und 1905) gebunden hatte.

Die Gegnerschaft zwischen Deutschland und Japan während des Ersten Weltkrieges wirkte indes nicht lange nach. Japan hatte zwar einerseits im Vertrag von

1 Otto von Bismarck, Die gesammelten Werke, Bd. 8, Berlin 1926, S. 64 f.

2 Vgl. Johannes Semes, Die Gründung des modernen japanischen Staates und das deutsche Staatsrecht. Der Beitrag Hermann Roeslers, Berlin 1975.

Versailles neben dem Pachtrecht über Kiaotschou das Völkerbundsmandat über die deutschen Schutzgebiete im Pazifik erhalten, aber andererseits die während des Krieges beschlagnahmten deutschen Privatvermögen weitgehend wieder herausgegeben und auch die in Tsingtau gefangengenommenen deutschen Soldaten überaus human behandelt. Die diplomatischen Beziehungen wurden 1921 wieder aufgenommen, und 1927 wurde der Handelsvertrag wieder in Kraft gesetzt. Die zwanziger Jahre waren geprägt durch eine besondere Blüte der deutsch-japanischen Beziehungen, nicht zuletzt gefördert von dem wohl herausragendsten deutschen Botschafter in Japan, Wilhelm Solff[3]. Botschafter Solff plädierte insbesondere für den Austausch deutscher Wissenschaft und Technik gegen weltanschauliches, vor allem buddhistisches Gedankengut aus Japan. 1926 wurde unter maßgeblicher Beteiligung des Physikers und Chemikers Fritz Haber in Berlin das Japan-Institut gegründet und nahezu parallel dazu im Jahre 1927 in Tōkyō das Japanisch-Deutsche Kulturinstitut. Die in den zwanziger Jahren einsetzende Blüte der wissenschaftlichen Beziehungen zwischen Japan und Deutschland kam sowohl in einer Vortragsreise Albert Einsteins durch Japan als besonders auch in einer großzügigen Forschungsstiftung des einflußreichen japanischen Unternehmers Hajime Hoshi zum Ausdruck. Ende der zwanziger Jahre entstand auch die Deutsch-Japanische Gesellschaft in Berlin sowie 1933 ein zweites japanisch-deutsches Forschungsinstitut in Kyōto. Hatte es bereits in der zweiten Hälfte des 19. Jahrhunderts eine Kooperation im Militärsektor gegeben, so wurden diese Beziehungen in den zwanziger Jahren nicht nur wieder angeknüpft, sondern weiter ausgebaut. Beispielsweise entsandte die japanische Marine mehr Offiziere zur Ausbildung nach Deutschland als in irgendein anderes Land.

In den dreißiger Jahren, in denen für beide Länder das dunkelste Kapitel ihrer Geschichte begann, ist die Parallelität der Entwicklungen besonders stark ausgeprägt. Die Diktaturen Hitlers und des japanischen Militärs waren zwar in ihren Zielen, Methoden und vor allem Wertvorstellungen grundverschieden, in ihrer Bedrohung für die westlichen Demokratien jedoch gleich gefährlich. Der Antikomintern-Pakt von 1936, der folgende Dreimächtepakt 1940 und die fast gleichzeitige »Kriegserklärung« an die Vereinigten Staaten 1941 überlagerten die großen Interessensdivergenzen, das gegenseitige Mißtrauen und die kaum vorhandene politische oder gar militärische Koordination zwischen Japan und Deutschland. Verbindend wirkte lediglich die gemeinsame Gegnerschaft zu den angelsächsischen Mächten. In Ermangelung einer klar definierten Ostasienpolitik schwankte das Deutsche Reich bis Ende 1938 zwischen einer pro-chinesischen und einer pro-japanischen Orientierung. Das Dreimächteabkommen blieb ein »Verteidigungsvertrag mit Schlupflöchern«. Zu keiner Zeit gab es eine gemeinsame deutsch-japanische Politik. Für Rücksichtnahmen auf die übergeordneten Interessen der Allianz blieb ebensowenig Raum wie für die Berücksichtigung der Interessen des Partners. Ein Zeichen für die Leere des Dreimächteabkommens ist die Tatsache, daß weder Deutschland Japan über seinen Angriff auf die Sowjetunion noch Japan die Deutschen über seinen Angriff auf die Amerikaner in Pearl Harbor vorab informierte. Nach der Kapitulation Japans wurden zunächst alle deutschen Staatsangehörigen interniert, um dann ab 1947 zwangsweise repatriiert zu werden.

---

3 Vgl. Eberhard von Vietsch, Wilhelm Solff. Botschafter zwischen den Zeiten, Tübingen 1961.

Chronologie der deutsch-japanischen Beziehungen

| | |
|---|---|
| 1861 | Japanisch-preußischer Freundschafts-, Handels- und Schiffahrtsvertrag |
| 1863 | Eröffnung des preußischen Konsulats in Yokohama |
| 1867 | Ankunft des ersten preußischen Gesandten in Edo (Tōkyō) |
| 1895 | »Triple-Intervention« (Deutschland, Rußland, Frankreich) |
| 1905 | Nach dem japanischen Sieg über Rußland Aufwertung der deutschen Gesandtschaft in Tōkyō zur Botschaft |
| I. Weltkrieg | Teilnahme Japans auf seiten der Alliierten (Eroberung des deutschen Schutzgebietes Tsingtau) |
| 1919 | Übernahme des Völkerbundmandats über die bereits besetzten deutschen Inseln im Nordpazifik (Marshall-Inseln, Karolinen, Marianen) durch Japan |
| 1927 | Japanisch-deutscher Handels- und Schiffahrtsvertrag |
| 1936 | Antikomintern-Pakt zwischen Deutschland und Japan |
| 1940 | Dreimächtepakt Deutschland – Japan – Italien |
| II. Weltkrieg | Teilnahme Japans (ab 1941) auf seiten der Achsenmächte, Neutralität gegenüber der Sowjetunion, die am 9. 8. 1945 in den Krieg gegen Japan eintritt. |
| 1951 | Wiederanwendung des Handels- und Schiffahrtsvertrages von 1927 |
| 1952 | Wiederaufnahme der diplomatischen Beziehungen zwischen Japan und der Bundesrepublik Deutschland |
| 1957 | Deutsch-japanisches Kulturabkommen |
| 1960 | Deutsch-japanischer Handelsvertrag |
| 1962 | Luftverkehrsabkommen |
| 1967 | Doppelbesteuerungsabkommen |
| 1973 | Aufnahme diplomatischer Beziehungen Japan-DDR |
| 1974 | Deutsch-japanisches Regierungsabkommen über wissenschaftlich-technologische Zusammenarbeit |

## 2. Der Neubeginn nach 1945

### a. Parallelen und Divergenzen in der Nachkriegsentwicklung

Die bedingungslose Kapitulation 1945 führte sowohl für Deutschland als auch für Japan, das die erste militärische Niederlage seiner Geschichte erlebte, zu einer tiefen historischen Zäsur. Die Parallelität der Entwicklungen in Japan und Deutschland, die bereits vor dem Ersten Weltkrieg vorhanden und in der Zwischenkriegszeit unverkennbar geworden war, trat in der Zeit des Neubeginns nach 1945 noch deutlicher hervor. Von der bedingungslosen Kapitulation, der Entmilitarisierung, den Kriegsverbrecherprozessen von Nürnberg und Tōkyō bis hin zum Aufbau parlamentarischer Demokratien unter dem Einfluß der amerikanischen Besatzungsmacht ist die Entwicklung in Deutschland und Japan gleich verlaufen. Beide Länder wurden schrittweise in das von den Vereinigten Staaten geführte westliche Wirtschafts- und Sicherheitssystem integriert und zu zentralen Partnern der USA.

Allerdings war die politische und strategische Lage Deutschlands von der Japans in der frühen Nachkriegszeit zu verschieden, als daß man die dann eingetretene Parallelentwicklung hätte voraussehen können. Im Gegensatz zu Deutschland befand sich Japan in einer weniger schwierigen Lage, war es doch nur von den Vereinigten Staaten besetzt worden und hatte somit die Einheit des Landes bewahren können. Japan profitierte dabei von den Erfahrungen, die die USA unmittelbar nach Kriegsende in Deutschland mit der sowjetischen Politik gemacht hatten. In seinen Memoiren schrieb US-Präsident Truman dazu: »Ich war entschlossen, bei der Besetzung Japans nicht wieder so wie in Deutschland vorzugehen.«[4] Damit war eine für die Zukunft Japans fundamental andere Entscheidung getroffen, wenn auch insbesondere amerikanische Militärs bis zuletzt auf den dann noch kurz vor Ende erfolgten Kriegseintritt der Sowjetunion drangen. Damit blieb Japan die Teilung erspart, die für Deutschland aufgrund des Ausbruchs des Kalten Krieges schließlich unvermeidlich wurde. Während der Besatzung strebten die USA eine völlige Umstrukturierung und Neuorientierung der besiegten Länder an. Neben der Bestrafung der Kriegsverbrecher und einer generellen Entmilitarisierung bedeutete dieses politische Umerziehung, Einführung eines politischen Pluralismus durch die Gründung bzw. Neubelebung politischer Parteien, die Reduzierung bzw. Entflechtung insbesondere der schwerindustriellen Komplexe mit dazugehörigen Reparationen.

Trotz der Gleichheit der Ziele waren die Methoden der Verwirklichung und ihre Wirkung sehr unterschiedlich. In Japan wurde durch die Beibehaltung des Kaiserhauses sowie einer Zentralregierung mit funktionsfähigen Ministerialbürokratien staatspolitische Kontinuität gewahrt, während in Deutschland jede staatliche Autorität zusammengebrochen war. In Japan übte die amerikanische Besatzungsgewalt die Herrschaft über *Indirect Rule* aus, so daß es die Japaner – anders als die Deutschen – zu keiner Zeit mit einer Militärregierung zu tun hatten.

Der Beginn des Kalten Krieges führte zu einem grundlegenden Wandel der amerikanischen Politik gegenüber Deutschland und Japan, jedoch mit unterschiedlichen Akzentuierungen. Truman-Doktrin und Marshall-Plan und die damit verfolgte Eindämmungspolitik gegenüber der Sowjetunion waren für Europa konzipiert worden. In diesem Kontext erfolgte die Beteiligung Deutschlands an der Organisation für Europäische Wirtschaftliche Zusammenarbeit (OEEC) und schließlich mit den Pariser Verträgen von 1954 die Einbeziehung Westdeutschlands in die Atlantische Allianz, die der Bundesrepublik die Souveränität (mit einigen Einschränkungen) brachte.

Der Ausbruch des Kalten Krieges führte für Japan bereits 1952 durch den Abschluß des Friedensvertrages von San Francisco zur Wiederherstellung seiner Souveränität. Allerdings war für Japan aufgrund der pazifistischen Grundstimmung der Bevölkerungsmehrheit und dem Artikel 9 der unter maßgeblichem Einfluß der USA entstandenen Verfassung eine Wiederbewaffnung, wie sie in Deutschland erfolgte, undenkbar. Der Ost-West-Konflikt ließ letzten Endes keine anderen außen-

4 Harry S. Truman, Memoiren, Band I: Das Jahr der Entscheidungen (1945), Stuttgart 1955, S. 447.

und sicherheitspolitischen Optionen als die Kooperation mit den Vereinigten Staaten zu. Der Sieg Mao Tse-tungs in China (Oktober 1949), der Ausbruch des Koreakrieges (Juni 1950) und der Abschluß des ersten chinesisch-sowjetischen Beistandspaktes (Oktober 1950) erhellten die zentrale strategisch-politische Bedeutung, die Japan sehr bald innerhalb des amerikanischen Sicherheitssystems erlangte. Dennoch blieb Europa der Hauptschauplatz der Konfrontationen der beiden Supermächte. Statt in eine gemeinsame Allianz wie die Bundesrepublik trat Japan mit dem Sicherheitsvertrag von 1951 (1961 erneuert) in einen bilateralen Sicherheitsbund mit den USA ein. Diese strukturellen Unterschiede in der Anbindung an die Vereinigten Staaten ließen der Bundesrepublik größeren Raum für eigenständige außen- und sicherheitspolitische Positionen. Für Japan gab es auch keine Alternative zum Sicherheitsbündnis mit den Vereinigten Staaten, das keine Partnerschaft, sondern ein einseitiges Abhängigkeitsverhältnis war. Der japanisch-amerikanische Sicherheitsvertrag garantierte den USA ihre Stützpunkte in Japan, und aus dieser Militärpräsenz leitete sich de facto die Schutzgarantie der Vereinigten Staaten für Japan ab. Japan hat bis heute nur verhältnismäßig bescheidene und strikt auf die Verteidigung des Landes beschränkte »Selbstverteidigungsstreitkräfte« aufgebaut. Wie Deutschland trat auch Japan dem Nichtverbreitungsvertrag von Kernwaffen bei und verzichtete nicht nur auf den Bau und Besitz solcher Waffensysteme, sondern hat auch stets ihre Stationierung auf japanischem Boden abgelehnt.

## b. Gemeinsame politische Interessen

Die aktuellen Interessenlagen Japans und der Bundesrepublik Deutschland sind größtenteils deckungsgleich. Ihre politischen Beziehungen miteinander beruhen auf diesen gemeinsamen Interessen und auf gemeinsamen Grundpositionen: Beide sind in bald 50 Jahren zu gereiften parlamentarischen Demokratien auf der Grundlage rechtsstaatlicher Verfassungen geworden. Beide stehen in einer engen Partnerschaft mit den USA und zählen als Wirtschafts- und Handelsgroßmächte zu den Hauptbefürwortern des freien Welthandels. In der Endphase des Kalten Krieges traten beide Staaten für eine Politik der Entspannung und für effektive Abrüstungs- und Rüstungskontrollmaßnahmen ein.

In der Gesamtschau sind die Beziehungen zwischen Japan und Deutschland (und zu Europa überhaupt) im Vergleich zu den extrem engen japanischen Beziehungen zu den USA nur schwach entwickelt. Politisch hat es seit dem Ende des Zweiten Weltkrieges in den deutsch-japanischen Beziehungen keine Konflikte oder Spannungen gegeben, was aber auch daran lag, daß die Beziehungen wenig substantiell waren. Konfliktquelle ist seit Mitte der sechziger Jahre, und seit Beginn der neunziger Jahre in erhöhtem Maße, der große Handelsüberschuß Japans mit Europa und speziell mit Deutschland. Die seit 1989 in Europa aufgetretenen, tiefgreifenden politischen Umwälzungen haben auch zu einem größeren Interesse Japans an Europa beigetragen. Die Öffnung der Berliner Mauer im November 1989 und die Wiedervereinigung Deutschlands im Oktober 1990 wurde in Japan von breiten Bevölkerungsschichten mit viel Sympathie verfolgt. Japan hatte an der Unterstützung der deutschen Einigung nie einen Zweifel gelassen.

In Anlehnung an die transatlantischen Erklärungen der Europäischen Gemeinschaft sowie der Vereinigten Staaten und Kanadas vom November 1990 schlug das japanische Außenministerium eine entsprechende europäisch-japanische Erklärung vor, die im Sommer 1991 unterzeichnet wurde. Die Erklärung, die inzwischen von beiden Seiten mit Substanz gefüllt wird, soll die bisher stark unterentwickelte europäisch-japanische Seite des Dreiecks Nordamerika-Japan-Europa verstärken helfen. Die gemeinsame Erklärung bildet den Rahmen für eine stärkere Integration und Vernetzung der politischen, wirtschaftlichen, kulturellen und wissenschaftlich-technologischen Beziehungen zwischen der EU und Japan. Kooperationen werden vor allen Dingen bei sogenannten Zukunftsfragen der Menschheit (Umweltschutzproblematik, Drogen, internationales Verbrechen, Massenvernichtungswaffen) angestrebt.

Die nach dem Ende des Kalten Krieges neu entstandene weltpolitische Lage hat auch den Druck auf Deutschland und Japan erhöht, ihre internationale Rolle zu überprüfen. In Deutschland und Japan ist insbesondere seit dem Golfkrieg und der darin von beiden Seiten gezeigten vielfach kritisierten »Zurückhaltung« eine Diskussion – die bis heute anhält – darüber entbrannt, in welcher Form größere weltpolitische Verantwortung übernommen werden soll. Die Übernahme finanzieller Lasten – wie in der Vergangenheit – genügt nicht mehr, sondern direktes Engagement ist erforderlich. Die Beteiligung an friedenserhaltenden Maßnahmen beider Länder in Kambodscha sowie Deutschlands in Somalia waren erste Schritte in diese Richtung. Inzwischen ist Deutschland durch die Beteiligung an IFOR/SFOR seit 1996 in Bosnien noch einen Schritt weitergegangen.

Nachdem Deutschland und Japan im Rahmen der G7 bereits seit Beginn der achtziger Jahre Verantwortung für den Gang der Weltwirtschaft übernehmen, ist auch ihre politische Bedeutung seit Beginn der neunziger Jahre weiter gewachsen. Deutschland spielt eine große Rolle bei der Stabilisierung des ehemaligen Ostblocks, insbesondere Rußlands. Auch Japan ist außenpolitisch selbstbewußter geworden und hat ein eigenständigeres Profil entwickelt. Das japanische Bemühen ist unverkennbar, die bisher sehr starke Ausrichtung auf die USA durch den Ausbau seiner Beziehungen vor allem zu China und Südostasien, aber auch zu Europa zu diversifizieren. Japans Engagement in den Vereinten Nationen und sein Interesse für Fragen regionaler Kooperation und Sicherheit hat sich verstärkt (u. a. Rußland, Nahost, ehemaliges Jugoslawien). Die schwierigen innenpolitischen Verhältnisse der letzten Jahre haben sich allerdings bremsend auf den Wandel in der japanischen Außenpolitik ausgewirkt. Sowohl Deutschland als auch Japan haben ein Interesse daran, die Vereinten Nationen zu stärken. Beide streben einen ständigen, vetobewehrten Sitz im UN-Sicherheitsrat an.

Die Veränderung der internationalen Rolle Japans und Deutschlands hat zu einer Verstärkung des bilateralen Dialogs geführt. Im Asienkonzept[5] der Bundesregierung von 1993 nimmt Japan daher eine herausragende Stellung ein. Der in den vergangenen Jahren erkennbar intensiver gewordene Dialog wird über eine breite Palette von Themen geführt: UN-Reform, Hilfe für Rußland/GUS und Osteuropa, Ächtung von Massenvernichtungswaffen, Nichtverbreitung von Kernwaffen, Abrüstung und Rüstungskontrolle, Umwelt und Sicherung des freien Welthandels.

---

5 Asienkonzept der Bundesregierung, in: Europa-Archiv, 6/1994, S. D 187–200.

Zwischen deutschen und japanischen Fachministerien gibt es regelmäßige jährliche Konsultationen auf Staatssekretärs- und Direktorenebene. In den letzten Jahren sind auch hochrangige Kontakte zwischen Deutschland und Japan sehr viel häufiger geworden: Im September 1993 besuchte Kaiser Akihito Deutschland und Bundespräsident Herzog im April 1997 Japan. Bundeskanzler Kohl besuchte Japan 1993 und 1996. Dazwischen weilte Ministerpräsident Hata 1994 zu einem offiziellen Besuch in Deutschland.

Ein weiterer fester Bestandteil der deutsch-japanischen Kooperation ist das Deutsch-japanische Dialogforum, das 1993 vom Bundeskanzler und dem damaligen japanischen Minsterpräsidenten Miyazawa initiiert wurde. Das Forum eröffnet die Möglichkeit zu einem grundsätzlichen Gedankenaustausch zwischen führenden Vertretern aus Politik, Wirtschaft, Wissenschaft, Kultur und Medien. Es soll den beiden Regierungen konkrete Vorschläge zur Gestaltung der bilateralen Beziehungen und zur gemeinsamen Wahrnehmung globaler Verantwortung unterbreiten.

Anläßlich des Besuchs des japanischen Außenministers in Bonn im Mai 1996 wurde die ein Jahr zuvor von Außenminister Kinkel in Japan angeregte »Agenda für die deutsch-japanische Partnerschaft« beschlossen, die zugleich Bestandsaufnahme und Programm für den weiteren Ausbau der bilateralen Beziehungen darstellt.

### c. Kulturaustausch

Neben den wirtschaftlichen und den sich intensivierenden politischen Beziehungen bildet vor allem der kulturelle Austausch das Fundament der deutsch-japanischen Beziehungen. Intensive kulturelle Kontakte gab es seit dem letzten Jahrhundert vor allem in der Medizin, in der Rechtswissenschaft (einschl. des Gerichts- und Verfassungswesens) sowie in der Musik und Philosophie.

Der Einfluß der deutschen Rechtswissenschaften fand sich nicht nur in der *Meiji*-Verfassung, sondern auch im japanischen Handelsgesetzbuch, im Schuldrecht des 1898 in Kraft gesetzten Zivilgesetzbuches, im Zivilprozeßrecht und im Strafrecht. Neben dem bereits angeführten Rechts- und Staatswissenschaftler Roesler ist u. a. der spätere Reichskanzler Georg Michaelis zu nennen, der von 1885–1889 als Rechtswissenschaftler in Tōkyō lehrte.

In der Entwicklung der neuen japanischen Philosophie kommt dem Einfluß des deutschen Idealismus eine entscheidende Bedeutung zu. Nach Kant, der bereits in der Frühphase der *Meiji*-Periode rezipiert wurde, fanden bis zur Jahrhundertwende die Arbeiten Fichtes, Schellings, Hegels und Schopenhauers sowie der Neukantianismus in Japan Eingang. Großen Anteil an dieser Vermittlung hatte Raphael von Koeber, der in seiner langen Lehrzeit in Japan von 1894–1914 auch den Humanismus der späteren *Taishō*-Ära beeinflußte. Zwischen den Kriegen stand die von Kitarō Nishida entwickelte eigenständige japanische Philosophie der sogenannten Kyōto-Schule unter dem Einfluß der Schriften Kants und Hegels.

Das auch heute noch große Interesse der japanischen Bildungsschicht hat neben den seit langem aktiven Goethe-, Eichendorff- und Hesse-Gesellschaften zu zahlreichen Übersetzungen moderner deutscher Literatur geführt. Werke von Böll, Eich, Enzensberger, Grass, Hochhuth und Walser erreichen teilweise hohe Auflagen. Von den modernen japanischen Schriftstellern sind vor allem Mishima Yukio und Kawabata Yasunari in Deutschland bekannt geworden. Der »Neue deutsche Film« fand in Japan sehr viel Anklang wie auch die Werke der japanischen Regisseure Kurosawa und Ōshima in Deutschland.

Ähnlich den politischen und wirtschaftlichen Beziehungen unterlag auch der Kulturaustausch periodischen Schwankungen. Dank der über viele Dekaden durch intensiven Kulturaustausch aufgebauten Beziehungen konnten die während des Zweiten Weltkrieges und der nachfolgenden Besatzungszeit abgebrochenen Kontakte in den fünfziger Jahren schnell wieder angeknüpft werden. Ein wichtiger Pfeiler des deutsch-japanischen Kulturaustausches ist seit ihrer Gründung im Jahre 1873 die »Gesellschaft für Natur- und Völkerkunde Ostasiens« (OAG), die Mittelpunkt des geistigen Lebens der deutschen Kolonie in Japan war und auch heute noch ist. Ein weiterer wichtiger Pfeiler ist die 1913 von deutschen Jesuiten und mit deutschen finanziellen Mitteln gegründete und weithin anerkannte Sophia-Universität.

Nach Wiederaufnahme der deutsch-japanischen Beziehungen nach 1945 entwickelten sich die Kontakte auf dem gesellschaftlich-kulturellen Gebiet schnell zu einem institutionell verankerten Austausch zwischen beiden Ländern unter dem 1957 geschlossenen deutsch-japanischen Kulturabkommen. In Tōkyō und Kyōto waren bereits zuvor deutsche Kulturinstitute errichtet worden, die Anfang der sechziger Jahre in Zweigstellen des Goethe-Instituts umgewandelt wurden. Eine dritte Zweigstelle wurde in Ōsaka eröffnet. Auf japanischer Seite wurde 1970 in Köln eines von zwei japanischen Kulturinstituten im Ausland eröffnet. Dies ist ein Indiz für den Stellenwert, den Deutschland für die japanische Kulturarbeit einnimmt. Weitere institutionelle Formen der deutsch-japanischen Kulturbeziehungen entstanden mit der Gründung des »Japanisch-Deutschen Zentrums Berlin« das seit 1987 als akademische Begegnungsstätte im Bereich Politik, Wirtschaft, Technologie und Geisteswissenschaften dient, sowie mit dem »Deutschen Institut für Japan-Studien der Philipp Franz von Siebold-Stiftung« (DIJ), das 1988 seine Arbeit in Tōkyō aufnahm.

Im akademischen Bereich gibt es eine Vielzahl von deutsch-japanischen Kooperationen sowie Austauschprogramme für Professoren und Studenten. Allerdings muß aus deutscher Sicht mit einigem Bedauern festgestellt werden, daß praktisch seit dem Beginn der deutsch-japanischen Beziehungen das Interesse an Deutschland in Japan um ein Vielfaches größer ist als das Interesse an Japan in Deutschland. Etwa 2500 japanischen Germanisten stehen nur ca. 50–60 Japanologen an den deutschen Universitäten gegenüber. Weit über 10 000 in Deutschland ausgebildeten Japanern stehen nur ca. 1 000 Deutsche gegenüber, die an japanischen Universitäten und Instituten ausgebildet wurden. Dieses Defizit an Deutschen mit profunden Kenntnissen der japanischen Kultur und Sprache ist u. a. ein wesentliches Hindernis für ein breiteres Engagement der deutschen Wirtschaft in Japan. Indiz für die unterschiedliche Ausprägung des Interesses am Partnerland ist auch die Tatsache, daß in ganz Japan nicht mehr als 3 700 deutsche Staatsbürger (vor allem in Tōkyō und Ōsaka/Kobe leben. Dagegen sind in Deutschland fast 20 000 Japaner wohnhaft. Der blühende Kulturaustausch wird auch in Zukunft ein solides Fundament für die deutsch-japanischen Beziehungen abgeben. Auch zu diesem Zweck hat Bundeskanzler Kohl beim Besuch des japanischen Ministerpräsidenten Hata im Mai 1994 eine Intensivierung des Kultur- und Jugendaustausches angeregt.

## d. Deutschland und Japan als Technologiepartner

Die technisch-wissenschaftlichen Kontakte zwischen Japan und Deutschland haben etwa seit Beginn dieses Jahrhunderts einen besonderen Stellenwert in den bilateralen Beziehungen. Da Deutschland bis an die Schwelle des 20. Jahrhunderts technologisch in vielen Bereichen hinter England und auch anderen westlichen Ländern herhinkte, suchte Japan für den Technologietransfer zunächst nicht die Partnerschaft mit dem Deutschen Reich. In der Zwischenkriegszeit und während der ersten Phase des Zweiten Weltkrieges spielte der Technologieimport aus Deutschland eine erheblich größere Rolle, insbesondere im Bereich der Rüstungstechnologie. In dieser Phase erfolgte auch ein Technologietransfer mittels Direktinvestitionen ausländischer Unternehmen und durch die Gründung von *Joint Ventures,* in der die deutsche Seite in der Regel Patente und Lizenzen und die japanische das Kapital einbrachte.

Japan, und auch teilweise Deutschland, waren während der Kriegsjahre vom technologischen Fortschritt in den anderen Industrienationen weitgehend abgekoppelt, so daß sich nach dem Krieg erneut ein hoher Bedarf an Technologietransfer akkumuliert hatte. Mit Abstand zum wichtigsten Technologiepartner wurden nach dem Krieg die USA, die diese Position bis heute innehaben. Nachdem in den fünfziger Jahren zunächst die Schweiz den zweiten Platz belegt hatte, wurde diese Stelle seit etwa dem Beginn der sechziger Jahre von Deutschland übernommen. Deutsche Technologien wurden nach dem Krieg vor allem in der Hütten- und Stahlindustrie sowie im Maschinen- und Apparatebau eingesetzt. Der Fluß japanischer Technologie nach Deutschland, der zunächst in einigen Spezialbereichen wie der Optik einsetzte, umfaßt inzwischen eine Vielzahl von Branchen. Mit dem starken Anwachsen der japanischen Investitionen in Deutschland seit der zweiten Hälfte der achtziger Jahre haben japanische Unternehmen eine Reihe von Produktionsstätten sowie Forschungs- und Entwicklungszentren errichtet. Da es sich vielfach um High-Tech-Branchen handelt, geht von diesen Investitionen ein zunehmender Technologietransfer in Richtung Deutschland aus.

Japan ist seit den siebziger Jahren eingebunden in ein System von Wissenschaftsabkommen, darunter das deutsch-japanische Regierungsabkommen über wissenschaftlich-technologische Zusammenarbeit von 1974. Die Kooperation umfaßt gemeinsame Arbeiten in den Bereichen Energie, Grundlagenforschung, Lebenswissenschaften, Umwelt, Meeresforschung, Geowissenschaften, Raumfahrt, Verkehrstechnologien, Informationstechnologien, Materialforschung und Fertigungstechnologien. Daneben kam es seitdem zu verschiedenen Einzelvereinbarungen über projektbezogene Zusammenarbeit und über regelmäßige Gesprächsforen. Bereits auf das Jahr 1959 geht eine deutsch-japanische Vereinbarung über die friedliche Nutzung der Kernenergie zurück. Im Jahre 1994 wurde auf Vorschlag von Bundeskanzler Kohl ein Deutsch-japanischer Kooperationsrat für Hochtechnologie und Umweltschutz gegründet. Dieser Kooperationsrat ist ein wichtiges neues Instrument zur Vertiefung der wirtschaftlichen und wissenschaftlichen Beziehungen, der einen offenen Dialog und echte Kooperation deutscher und japanischer Unternehmen fördern soll.

# XVII. Japan und Lateinamerika

Manfred Pohl

Verglichen mit anderen außenpolitischen und außenwirtschaftlichen Schwerpunkten Japans haben die Länder Süd- und Mittelamerikas immer eine untergeordnete Rolle gespielt; ihre Bedeutungslosigkeit wurde lange Zeit nur durch das japanische Desinteresse an dem »schwarzen Kontinent« übertroffen. Die USA, Westeuropa und natürlich Asien standen im Mittelpunkt japanischer Außenpolitik und der damit verknüpften Außenwirtschaftsstrategie. Auch Japans Eintreten für Schuldenerlaß oder Umschuldung für südamerikanische Staaten scheint eher eine flankierende Maßnahme der amerikanischen Politik gewesen zu sein, als eigener Entscheidung entsprungen. Die »globale Partnerschaft«, die Japan von US-Präsident Bush angetragen worden ist (1991), könnte ihren realen Inhalt in einer gemeinsamen Süd- und Mittelamerikapolitik finden, aber noch ist Japan auf der Suche nach einem klar definierten Verhältnis zu der Region im Einflußbereich der USA. Die Gründung der NAFTA mag hier Abhilfe schaffen, denn das japanische Engagement in Mexiko, einem der Vertragsländer, ist bemerkenswert weit entwickelt – eben wegen der Nähe zu den USA.

## 1. Gelobtes Land? Japanische Auswanderer in Südamerika

Ein unverkennbar japanischer Name machte zu Beginn der neunziger Jahre in Südamerika Schlagzeilen und erinnerte an die langjährigen Verbindungen Japans mit dem Subkontinent: Der umstrittene peruanische Staatspräsident Alberto Fujimori war japanischer Abstammung, Nachkomme von Einwanderern, die zu Beginn dieses Jahrhunderts in Scharen ihre Heimat verließen und nach Südamerika gingen, weil die USA – das traditionelle Zielland japanischer Auswanderer – den Zuzug aus Japan drastisch beschränkt hatten. Die japanische Regierung hatte schon 1891 im Außenministerium eine Auswanderungsabteilung eingerichtet, die gezielt die Umsiedlung japanischer Auswanderer fördern sollte, um den Bevölkerungsdruck abzumildern. Bereits zu diesem Zeitpunkt war das japanische Interesse auf Südamerika gerichtet, und hier besonders auf Brasilien, mit dem Japan 1895 diplomatische Beziehungen aufgenommen hatte. Besonders der Bundesstaat São Paulo war an japanischen Einwanderern interessiert und finanzierte deswegen die Reisekosten japanischer Auswanderer zur Hälfte; zwischen 1908 und 1924 kamen 40 000 japanische Auswanderer dorthin. In einer zweiten Auswanderungswelle 1929–1941 kamen noch einmal insgesamt 150 000 Japaner nach Brasilien, die meisten als Kontraktarbeiter im Kaffeeanbau. Nur kurz unterbrochen durch den Zweiten Weltkrieg kam es in den fünfziger Jahren wieder zu einer größeren Auswanderungswelle. Zu Beginn der achtziger Jahre schätzte man die Zahl brasilianischer Bürger japanischer Abstammung auf ca. 800 000, von ihnen leben 75 % in São Paulo, 18 % im Staat Parana. Japanische Einwanderer prägten zu einem großen Teil die moderne brasilianische Landwirtschaft durch Produktionsformen (Groß-Kooperativen) und Anbau neuer Feldfrüchte. Die zweite und dritte Generation dieser Einwanderer wechselte ihre soziale und wirtschaftliche Stellung: Ein deutlich höheres Ausbildungsniveau verschob die Lebensräume in großstädtische Gebiete, die Tätigkeitsfelder wurden zunehmend auf Handel und Industrie verlagert. Bemerkenswert ist, daß in der japanischen Bevölkerungsgruppe die anfängliche Abkapselung in der eigenen Volksgruppe aufgegeben wurde: Heiraten zwischen japanischen Brasilianern und Angehörigen anderer Ethnien sind durchaus üblich geworden. Dennoch scheinen sich in einigen japanischen Gemeinden Brasiliens »alte Werte« erhalten zu haben.

Nach dem Ersten Weltkrieg drängten die europäischen Industrien wieder auf die südamerikanischen Märkte, die in einem beachtlichen Maße von Unternehmen aus Japan besetzt worden waren. Besonders die japanische Stahl- und Maschinenindustrie konnte gegen die europäische Konkurrenz noch nicht bestehen, und so sank der bilaterale Handel bis 1936 zur Bedeutungslosigkeit ab. Es waren die japanischen Generalhandelshäuser, die zusammen mit der Textilindustrie die Chancen brasilianischer Baumwolle erkannten und in großem Maßstab nach Japan exportierten; auf diese Weise suchte die japanische Textilindustrie ihre Abhängigkeit von amerikanischer Baumwolle zu durchbrechen. Die Importeure wendeten sich gezielt an japanische Auswanderer, und japanische Pflanzer produzierten schließlich 50 % der nach Japan exportierten Baumwolle aus Brasilien. Im Jahre 1937 nahm Japan insgesamt 5 % aller brasilianischen Exporte ab. Der Kriegsausbruch machte dem ein Ende: Im Pazifischen Krieg wurden japanische Guthaben eingefroren und eine Vielzahl von Japanern ausgewiesen.

## 2. Die Wirtschaftsbeziehungen

Die Länder Lateinamerikas und Japan starteten ihre wirtschaftliche Entwicklung nach dem Zweiten Weltkrieg ungefähr zur selben Zeit, d. h. in den sechziger und siebziger Jahren. Die japanische Wirtschaft konzentrierte ihre Aktivitäten in Lateinamerika auf die Erschließung von Ressourcen und auf den Handel; Direktinvestitionen wurden vor allem durch protektionistische Maßnahmen der Länder des Subkontinents als Importsubstitution getätigt. Sie begannen nur zögernd: 1955 gründete die Toyobo Spinning Co. eine erste Fertigungsanlage in Brasilien; es folgten jedoch dann immer schneller andere japanische Unternehmen, vor allem in den Bereichen Spinnerei, Maschinenbau und Werftindustrie. Mitte der siebziger Jahre lag der bilaterale Handel Japans mit Brasilien bei 2,06 Mrd. US$ mit einem japanischen Defizit von 720 000 US$.

Die Staaten Lateinamerikas begrüßten die japanischen Wirtschaftsaktivitäten als willkommenes Gegengewicht zu den traditionellen Abhängigkeiten von den USA und Europa. In den siebziger Jahren wuchsen die japanischen Exporte in die Länder Lateinamerikas jährlich um 20 %, steigende Rohstoffpreise steigerten im selben Zeitraum den Wert der japanischen Importe aus der Region von 1,3 Mrd. US$ (1970) auf 5,7 Mrd. US$ (1980). 1981 wurde bei den japanischen Exporten mit 10,5 Mrd. US$ eine Spitze erreicht. Die südamerikanische Schuldenkrise von 1982 brachte einen starken Rückgang in den Wirtschaftsbeziehungen Japans zu Lateinamerika. An die Stelle von privaten Direktinvestitionen und kommerziellen Krediten trat jetzt verstärkt die öffentliche Entwicklungshilfe Japans (ODA), über die ein Teil der gewaltigen japanischen Handelsbilanzüberschüsse nach Lateinamerika »recycelt« werden sollte. Mit Beginn der neunziger Jahre nahm der Handelsaustausch wieder zu; die japanischen Exporte erreichten 1996 wieder 5,55 Mrd. US$, die Importe Japans lagen bei 8,58 Mrd. US$. Unter die japanischen Exporte fallen auch Schiffe, die von japanischen Reedereien nach Panama ausgeflaggt wurden, 1995 allein im Wert von 3 Mrd. US$; zieht man diesen Posten ab, wird aus dem japanischen Handelsbilanzüberschuß seit den achtziger Jahren ein Defizit bzw. eine ausgeglichene Bilanz. Die relative Bedeutung Japans für die lateinamerikanischen Staaten ist auf den ersten Blick hoch: Hinter den USA ist Japan die zweitwichtigste Quelle von Importen der Länder in der Region und ebenfalls die zweitgrößte Zielregion für Exporte. Prozentual jedoch sind diese Anteile kaum bedeutsam: 6 % der lateinamerikanischen Importe kommen aus Japan (USA: 40 %), 7,5 % der Exporte gehen nach Japan (USA: 42 %). Japan exportiert vor allem Maschinen und Anlagen, der Anteil von Fahrzeugen an den Gesamtexporten liegt bei 16 % und bildet den größten Einzelposten. Lateinamerika exportiert nach Japan vor allem Nahrungsmittel, industrielle Rohstoffe und Energieträger. Mit Beginn der neunziger Jahre hat sich jedoch der Anteil von industriellen Fertigwaren und Vorprodukten (Halbzeug) an den Exporten auf fast 40 % gesteigert, es handelt sich vor allem um Eisen- und Stahlerzeugnisse. Noch immer aber dominieren länderweise die Rohstoffexporte: Erdöl aus Venezuela und Mexiko, Holz-Pulpe aus Chile, Nahrungsmittel aus Argentinien; Brasilien liefert ein Viertel des japanischen Bedarfs an Eisenerz, aber auch Kleinflugzeuge. Eine besondere Form des Handels zwischen Lateinamerika und den USA muß in diesem Zusammenhang erwähnt werden: die Exporte japanischer Transplants aus ihren amerikanischen Fertigungsanlagen nach Lateinamerika, die als US-Exporte gezählt werden, und die Exporte japanischen Unternehmen in Lateinamerika in die USA, die als US-Importe erfaßt werden; genaue Zahlen über diesen Handel liegen nicht vor, er wird jedoch als beträchtlich eingeschätzt.

Die japanischen Direktinvestitionen in Lateinamerika erreichten zwischen 1951 und 1991 kumulativ 40,48 Mrd. US$, davon aber als Portfolio-Investitionen allein in den Steueroasen Panama, Cayman Inseln und Bahamas 27,03 Mrd. US$. Der Anteil Lateinamerikas an den gesamten japanischen ausländischen Direktinvestitionen im selben Zeitraum lag bei 13 % (USA: 42 %, Europa: 19 %, Asien: 15,3 %) und zeigt abnehmende Tendenz. Zwischen 1951 und 1964 betrug der Anteil japanischer Direktinvestitionen in Lateinamerika an den weltweiten Gesamtinvestitionen noch 28 %. An Bedeutung gewinnen zunehmend die Investitionen japanischer Klein- und Mittelbetriebe, die dort Zulieferteile und Komponenten für den Re-Export nach Japan fertigen; Ende der achtziger Jahre lag dieser Anteil bei 17 % – mit steigender Tendenz. Mit Abstand führten jedoch von 1951 bis 1991 Investitionen im Finanz-

und Versicherungsbereich (36,2 %) sowie Schiffahrt und Transport (30,2 %). An der Spitze der japanischen Investoren stehen aber mit Abstand die Generalhandelshäuser, die in Lateinamerika vor allem auch große Produktionsanlagen betreiben. Die fünf größten Handelshäuser haben 46 Auslandsniederlassungen (11,2 %) in Lateinamerika und sind dort in den verschiedensten Bereichen aktiv.
Seit dem Amtsantritt des peruanischen Präsidenten Alberto Fujimori war sich die Regierung in Tōkyō sicher, daß Peru zu Japan Sonderbeziehungen anstreben würde. Die Ernüchterung kam mit dem Geiseldrama von 1996/97: Guerillas der Untergrundbewegung Tupac Amaru (MRTA) hatten die Residenz des japanischen Botschafters im Dezember 1996 überfallen und zahlreiche Geiseln genommen. Die MRTA-Guerilla hielten sie in der Residenz über vier Monate lang gefangen. Im April 1997 stürmten peruanische Spezialeinheiten auf Befehl des peruanischen Präsidenten die Residenz gegen den ausdrücklichen Willen der japanischen Regierung und ohne diese vorab zu informieren. Der japanische Regierungschef Hashimoto nannte das Vorgehen »bedauerlich, aber verständlich«. Die Tupac Amaru hatten während der Geislenahme wiederholt die japanische Entwicklungshilfe für Peru kritisiert, die nicht »dem Volk helfe«. Japans Medien unterstützten das Vorgehen Fujimoris und drängten die japanische Regierung, die öffentliche Entwicklungshilfe (ODA) an Peru fortzusetzen und zu verstärken; 1993 war Japan bei den ODA-Leistungen für Peru hinter Deutschland auf Rang 2 zurückgefallen. Insgesamt vergab Japan zwischen 1990 und 1994 an ODA-Mitteln 1,118 Mrd. US$, davon 456 Mio. US$ an Schenkungen (*Grants*). An zweiter Stelle lag in diesem Zeitraum Brasilien mit 929 Mio. US$, gefolgt von Bolivien mit 803 Mio. US$.

# Bibliographie

## Japans Außenpolitik 1854–1945

### Deutsch:


Fischer, Peter, Ultranationalismus und der Weg in den Krieg (1880–1940), in: Manfred Pohl (Hrsg.), Japan, Stuttgart – Wien 1986, S. 110–117.

Kajima, Morinosuke, Geschichte der japanischen Außenbeziehungen, Wiesbaden 1976.

Martin, Bernd, Der Traum vom »Weltreich«. Von der Mandschuraikrise bis zur Kapitulation des Kaiserlichen Japans (1931–1945), in: Manfred Pohl (Hrsg.), Japan, Stuttgart – Wien 1986, S. 118–127.

Ders., Japans Imperialismus. Ein Überblick zur Expansionspolitik des Kaiserreichs von 1868 bis zur Zeit nach dem Zweiten Weltkrieg, in: Studia Historiae Oeconomicae, Bd. 18, 1983, S. 123–156.

Stahncke, Holmer, Die diplomatischen Beziehungen zwischen Deutschland und Japan. 1854–1869, Wiesbaden 1987.

Wagner, Wieland, Japans Außenpolitik in der frühen Meiji-Zeit (1868–1894). Die ideologische und politische Grundlegung des japanischen Führungsanspruchs in Ostasien, Stuttgart 1990.

Wippich, Rolf-Harald, Japan und die deutsche Fernostpolitik 1894–1898. Vom Ausbruch des Chinesisch-Japanischen Krieges bis zur Besetzung der Kiautschou-Bucht. Ein Beitrag zur Wilhelminischen Weltpolitik, Stuttgart 1987.


### Englisch:


Howarth, Stephen, Morning Glory. A History of the Imperial Japanese Navy, London 1983.

Hunter, Janet E., The Emergence of Modern Japan. An Introductory History since 1853, London – New York 1989.

Lebra, Joyce C. (Hrsg.), Japan's Greater East-Asia Co-Prosperity Sphere in World War II. Selected Readings and Documents, Kuala Lumpur 1975.

Morley, James William (Hrsg.), Japan's Foreign Policy 1868–1941. A Research Guide, New York – London 1974.

Morley, James William (Hrsg.), Japan's Road to the Pacific War. The China Quagmire. Japan's Expansion on the Asian Continent 1933–1941. Selected Translations from *Taiheivō sensō e no michi-shi*, New York 1983.

Myers, Ramon H./Mark R. Peattie (Hrsg.), The Japanese Colonial Empire 1895–1945, Princeton – New Jersey 1984.

Najita, Tetsuo/J. Victor Koschmann (Hrsg.), Conflict in Modern Japanese History. The Neglected Tradition, Princeton – New Jersey 1982.

Nish, Ian, Japanese Foreign Policy 1869–1942. Kasumigaseki to Miyakezaka, London – Henley – Boston 1977.

Storry, Richard, Japan and the Decline of the West in Asia 1894–1943, London – Basingstoke 1979.

WRAY, HARRY/HILARY CONROY, Japan Examined. Perspectives on Modern Japanese History, Honolulu 1983.

## Akteure und Instrumente der Außenpolitik

BINGMANN, CHARLES F., Japanese Government Leadership and Management, New York 1989.
KEVENHÖRSTER, PAUL, Politik und Gesellschaft in Japan, Mannheim u. a. 1993.

## Sicherheitspolitik

BUCKLEY, ROGER, US-Japan Alliance Diplomacy 1945–1990, Cambridge 1992.
CURTIS, GERALD L. (Hrsg.), The United States, Japan and Asia. Challenges for U.S. Policy, New York – London 1994.
JAPANISCHES VERTEIDIGUNGSAMT, Defense of Japan (englische Fassung des japanischen Verteidigungsweißbuches), Tōkyō, jährliche Edition.
KATAOKA, TESTUYA, Kenpō no Daigen. Nihon no Sengoseiji no kigen (The Price of a Constitution. The Origin of Japan's Postwar Politics), New York 1991.
MAUL, HEINZ EBERHARD (Hrsg.) Militärmacht Japan? Sicherheitspolitik und Streitkräfte, München 1991.
MAULL, HANNS W. (Hrsg.), unter Mitarbeit von VOLKER FUHRT, Japan und Europa: Getrennte Welten? Frankfurt – New York 1993.
MENDL, WOLF, Japan's Asia Policy. Regional Security and Global Interests, Tōkyō 1987.
NISHI, OSAMU, The Constitution and the National Defense Law System in Japan, Tōkyō 1987.
WEINSTEIN, MARTIN E., Japan's Postwar Defense Policy 1947–1968, New York – London 1971.

## Entwicklungshilfepolitik

MAY, BERNHARD, Japans neue Entwicklungspolitik. Entwicklungshilfe und japanische Außenpolitik, (Schriften des Forschungsinstituts der Deutschen Gesellschaft für Auswärtige Politik e. V.), München 1989.
MINISTRY OF FOREIGN AFFAIRS, Japan's ODA 1996. Annual Report, Tōkyō 1997.
NUSCHELER, FRANZ, Japans Entwicklungspolitik. Quantitative Superlative und qualitative Defizite (Mitteilungen des Instituts für Asienkunde Nr. 181), Hamburg 1990.
ORR, ROBERT M., Jr., The Emergence of Japan's Foreign Aid Power, New York 1990.
RIX, ALAN, Japan's Economic Aid. Policy-Making and Politics, London 1980.
YASUTOMO, DENNIS T., The Manner of Giving. Strategic Aid and Japanese Foreign Policy, Lexington, Mass. 1986.

## Internationale Umweltpolitik

MAULL, HANNS W., Japans internationale Umweltpolitik, in: Europa-Archiv, 17 (1991).

## Japan und USA

BAKEN, HOWARD H., JR./ELLEN L. FROST, Rescuing the U.S.-Japan Alliance, in: Foreign Affairs, 71 (1992) 1, S. 97–113.
BOSWORTH, STEPHEN W., The United States and Asia, in: Foreign Affairs, 71 (1992) 1, S. 113–129.
PRESTOWITZ, CLYDE V., Jr., Trading Places. How America Allowed Japan to Take the Lead, Tokyo 1988.
REISCHAUER, EDWIN O., The Japanese, Cambridge/Mass – London 1977.
SCALAPINE, ROBERT A. (Hrsg.), The Foreign Policy of Modern Japan, Berkeley – Los Angeles – London 1977.

## Japan und China

GLAUBITZ, JOACHIM, Japan im Spannungsfeld zwischen China und der Sowjetunion, Ebenhausen 1976.
OCHI, HISACHI, Der außenpolitische Entscheidungsprozeß Japans. Der zur Normalisierung der Beziehungen zwischen Japan und der Volksrepublik China führende politische Entscheidungsprozeß, München 1982.

## Japan und Taiwan

BERNARD, M., The Post-Plaza Political Economy of Taiwanese-Japanese Relations, in: The Pacific Review, 4 (1991) 4, S. 358–367.
CHOU, D.S., Tōkyō's Relations with Taipei und Peking since 1972, in: Asian Perspective, 8 (1984) 2, S. 246–267.
CHOU, WHEI-MING, Taiwan unter japanischer Herrschaft 1895–1945, (Chinathemen, Bd. 44), Bochum 1989.
NIEH, YU-HSI, Taiwan und Japan. Zurück zum Kriegszustand?, in: China aktuell (1972) 1, S. 21–22.
DERS., Flugzeuge und Diplomatie. Taiwans Beziehungen zu einigen Staaten, in: China aktuell (1983) 12, S. 557–560.
STATISTISCHES BUNDESAMT, Länderbericht Taiwan, Wiesbaden 1991.
WEGGEL, OSKAR, Die Geschichte Taiwans, Köln 1991.
YU, TZONG-SHIAN, The Development of Relations between the Republic of China and Japan since 1972, in: Asian Survey, 21 (1981) 6, S. 632–644.

## Japan und die Koreaner

GUILLAIN, ROBERT, Japon – Troisième Grand, Paris 1969.
LEWIN, BRUNO, Der koreanische Anteil am Werden Japans, Opladen 1976.
MACHETZKI, RÜDIGER/MANFRED POHL (Hrsg.), Korea, Stuttgart – Wien 1988.
PAIK, KYUNG NAM, Korea und Japan im Kräftefeld des Nord-West-Pazifik – Zur Entstehung und Problematik des koreanisch-japanischen Normalisierungsvertrags von 1965, München 1987.

PARK, SUNG JO, Die Wirtschaftsbeziehungen zwischen Japan und Korea 1910–1968, Wiesbaden 1969.
SANSOM, GEORGE B., Japan von der Frühgeschichte bis zum Ende des Feudalsystems, Essen 1975.
SICHROVSKY, HARRY, Korea – Olympia im Land der Morgenstille, Bergisch Gladbach 1988.

## Die Staaten des indischen Subkontinents und Südwestasien

Japan 1993. An International Comparison, Tōkyō 1993 (Vergleichszahlen).
KREFT, BIRGIT U. HEINRICH, Japans Wirtschaft entdeckt Indien. Die Intensivierung der japanisch-indischen Wirtschaftsbeziehung seit Beginn der 90er Jahre, in: Manfred Pohl, Japan 1996/97. Politik und Wirtschaft, Hamburg 1997.
MINISTRY OF FOREIGN AFFAIRS (Hrsg.), Diplomatic Bluebook 1982 – Edition. Review of Recent Developments in Japan's Foreign Relations, Tōkyō 1982 (ersch. jährlich).
RAO, P. V. NARASIMHA, Towards an India-Japan Partnership in the Twenty-first Century, in: Japan Review of International Affairs, 6 (1992) 2, S. 197–202

## Australien und Neuseeland

DRYSDALE, PETER/HIRONOBU KITAOJI (Hrsg.), Australia and Japan: Two Societies and their Interaction, Canberra 1980.
DRYSDALE, PETER/KIYOSHI KOJIMA (Hrsg.), Australia-Japan Economic Relations in the International Context: Recent Experience and the Prospects Ahead, Canberra 1978.
FREI, HENRY, Japan Discovers Australia. The Emergence of Australia in the Japanese World View, 1540–1900, in: Monumenta Nipponica, 39 (1984) 1, S. 55–81.

## Japan und Rußland

GLAUBITZ, JOACHIM, Fremde Nachbarn: Tokyo und Moskau. Ihre Beziehungen vom Beginn der 70er Jahre bis zum Ende der Sowjetunion, Baden-Baden 1992.
MAYER, HANS JÜRGEN, Die japanisch-sowjetischen Beziehungen 1956–1973/74. Bestimmungsfaktoren und Interaktionen. Analyse einer latenten Konfrontation, Hamburg 1985.
NIMMO, WILLIAM F., Japan and Russia. A Reevaluation in the Postsoviet Era, Westport 1994.
TRAUTMANN, LJUBA, Rußland zwischen Diktatur und Demokratie. Die Krise der Reformpolitik seit 1993, Baden-Baden 1996.

## Japan und Afrika

MORIKAWA, JURI, The Myth and Reality of Japan's Relations with Colonial Africa 1885–1960, in: Journal of African Studies, no. 12, 1. Quartal, 1985, S. 39–46.

Nuscheler, Franz, Japan in Afrika, in: Afrika Jahrbuch (o. O.) 1993, S. 57–65.
Rohde, Miriam, Zum Stand der Beziehungen zwischen Japan und Schwarzafrika, in: Japan. Wirtschaft, Politik, Gesellschaft, 2/1997, S. 59–65.

## Japan – EU

Böttcher, Siegfried, Ostasien denkt und handelt anders: Konsequenzen für Deutschland. Schriftenreihe des ifo Instituts für Wirtschaftsforschung, Nr. 142, Berlin 1996.
Brunner, Petra/Elisa Chenot, Außenwirtschaftsbeziehungen EU – Japan: Kooperation statt Konfrontation, ifo Institut für Wirtschaftsforschung, ifo Schnelldienst 48 (22. Mai 1995), S. 3–9.
Kommission der Europäischen Gemeinschaften, Europa und Japan: die nächsten Schritte. Mitteilung an den Rat, Brüssel, 8. 3. 1995. 38 S.
Dies., Beziehungen EU – Japan: Memo 96/92, vom 27. 9. 1997, Brüssel.
May, Bernhard, Japan in der Krise. Ökonomische und politische Umwälzungen in Japan als Herausforderung für die Triade. Forschungsbericht der Deutschen Gesellschaft für Auswärtige Politik e. V., Bonn, Juni 1996.
Nutfall, Simon, Japan and the European Union: Reluctant Partners, in: Survival, 38 (Summer 1996) 2, London, S. 104–120.
Pohl, Manfred, Produktionsverlagerung in das Ausland: Beispiele und Hintergründe des sog. »kudoka«, in: Japan, Wirtschaft Politik und Gesellschaft, Institut für Asienkunde Hamburg, Februar 1996, S. 66–68.
Preisinger-Monloup, Madeleine, Vom Gegner zum Partner: Japan und die EU, in: Europa Archiv, 49 (25. 7. 1994) 13/14, Bonn, S. 373–380.
Stange, Susan, European Business in Japan: A Policy Crossroads?, in: Journal of Common Market Studies, Band 33, Nr. 1, März 1995, S. 1–25.
Stechow, Andreas von, Binnen- und außenwirtschaftliche Entwicklung Japans im Jahr 1994, in: Manfred Pohl (Hrsg.), Japan 1994/1995, Institut für Asienkunde, Hamburg 1995, S. 275–277.

## Deutsch-japanische Beziehungen

Baring, Arnulf/Masamori Sase, Zwei zaghafte Riesen? Deutschland und Japan seit 1945, Stuttgart – Zürich 1977.
Hayashima, Akira, Die Illusion des Sonderfriedens. Deutsche Verständigungspolitik mit Japan im Ersten Weltkrieg, München – Wien 1982.
Institut für Auslandsbeziehungen (Hrsg.), Japan und Deutschland. Das japanische Deutschlandbild. Das deutsche Japanbild, Stuttgart 1984.
Jeismann, Karl Ernst (Hrsg.), Deutschland und Japan im Spiegel ihrer Schulbücher, Braunschweig 1982.
Kracht, Klaus/Bruno Lewin/Klaus Müller, Japan und Deutschland im 20. Jahrhundert, Wiesbaden 1984.
Krebs, Gerhard/Bernd Martin (Hrsg.), Formierung und Fall der Achse Berlin – Tokyo, München 1994.
Kreiner, Josef (Hrsg.), Deutschland – Japan. Historische Kontakte, Bonn 1984.
Ders./Regine Mathias (Hrsg.), Deutschland und Japan in der Zwischenkriegszeit, Bonn 1990.

Martin, Bernd, Deutschland und Japan im Zweiten Weltkrieg. Vom Angriff auf Pearl Harbor bis zur deutschen Kapitulation, Göttingen 1969.

Ders., Japans Weg in die Moderne und das deutsche Vorbild: Historische Gemeinsamkeiten zweier »verspäteter Nationen«, 1880–1960, in: Ders. (Hrsg.), Japans Weg in die Moderne. Ein Sonderweg nach deutschem Vorbild, Frankfurt a. M. – New York 1987.

Menzel, Ullrich (Hrsg.), Im Schatten des Siegers, Bd. 4: Weltwirtschaft und Weltpolitik, Frankfurt a. M. 1989.

Modrow, Hans u. a. (Autorenkollektiv), Die DDR und Japan, Berlin (Ost) 1983.

Pauer, Erich (Hrsg.), Technologietransfer Deutschland – Japan: von 1850 bis zur Gegenwart, München 1992.

Schlant, Ernestine/J. Thomas Rimer, Legacies and Ambiguities: Postwar Fiction and Culture in West Germany and Japan, Baltimore 1991.

Stahncke, Holmer, Die diplomatischen Beziehungen zwischen Deutschland und Japan 1854–1868, Wiesbaden 1987.

## Japan und Lateinamerika

Kaufman Purcell, Susan/Robert M. Immerman (Hrsg.), Japan and Latin America in the New Global Order, Boulder – London 1992.

# Kapitel C:

# Wirtschaft

– Binnenwirtschaft
– Außenwirtschaft

# Binnenwirtschaft

## I. Industrie- und Wirtschaftsstruktur: Charakteristika und Problemfelder

Beate Reszat

Der Wirtschaftserfolg Japans im internationalen Vergleich ist geradezu sprichwörtlich: Hohes Wachstum bei niedriger Inflation, ein hoher Beschäftigungsstand sowie ein hoher technischer Stand der Volkswirtschaft sind Merkmale dieses Erfolgs. Die damit einhergehende Wettbewerbsfähigkeit japanischer Produkte auf den Weltmärkten ist ein Grund dafür, daß dem Land international viel Aufmerksamkeit geschenkt wird. In jüngster Zeit mehren sich allerdings Stimmen, die – um ein oft strapaziertes Bild zu benutzen – die japanische Sonne untergehen sehen. In Japans Wirtschaft kriselt es, und zunehmend wird die Frage gestellt, wie das Land die anstehenden Umwälzungen und Strukturveränderungen bewältigen wird.

### 1. Ursachen des Erfolgs

Für die Stärke der japanischen Volkswirtschaft wird eine Vielzahl von Faktoren verantwortlich gemacht.[1] Neben der japanischen Unternehmensstruktur, dem System lebenslanger Beschäftigung und der jahrzehntelangen Abschottung des japanischen Marktes gegenüber dem Ausland wird vor allem auf die hohe Sparneigung und die damit einhergehenden hohen Investitionsraten, auf außerordentlich gün-

1 Vgl. etwa Manfred Pohl, Japan, München 1991, S. 215 f. Auch wenn Yamamura und Yasuba (Kōzō Yamamura/Yasukichi Yasuba (Hrsg.), The Political Economy of Japan, Bd. 1, Stanford 1987) zu Recht darauf verweisen, daß es wohl keine Erklärung für den japanischen Wirtschaftserfolg nach dem Zweiten Weltkrieg gibt, die von einer großen Mehrheit von Fachleuten getragen wird, lassen sich doch einzelne Charakteristika und Einflüsse anführen, die immer wieder genannt werden. Zu einer detaillierten Beschreibung der japanischen Wirtschaft und Wirtschaftspolitik siehe: Ryūtarō Komiya, The Japanese Economy: Trade, Industry and Government, Tōkyō 1990, und Takatoshi Itō, The Japanese Economy, Cambridge 1992.

stige Finanzierungsmöglichkeiten und auf den hohen Bildungs- und Ausbildungsstand japanischer Beschäftigter verwiesen. Als weiterer Vorteil wird eine langfristige Unternehmensplanung genannt, die aufgrund von Besonderheiten des japanischen Kapitalmarktes nicht gezwungen ist, auf kurzfristige Interessen von Anteilseignern Rücksicht zu nehmen.[2]

Die japanische Wirtschaft konnte ebenso wie die deutsche nach dem Zweiten Weltkrieg von typischen Wiederaufbau- und Aufholeffekten profitieren. Dadurch verfügte sie lange Zeit über einen im internationalen Vergleich höchst modernen Kapitalstock, der den Grundstein für ihren Erfolg legte.[3] Eine entscheidende Rolle kam den Exporten des Landes zu. Im Gegensatz zu der Entwicklung in der Bundesrepublik Deutschland lag aber die eigentliche Bedeutung des Außenhandels für Japan nicht in den damit verbundenen Nachfragewirkungen: Nicht die Antriebskraft der Exportnachfrage auf die Wirtschaft, sondern die Deviseneinnahmen, die damit erzielt wurden und die für die Begleichung von Importrechnungen benötigt wurden, gaben für das stark rohstoffabhängige Land den Ausschlag. Vor allem in den fünfziger und sechziger Jahren stellten die Währungsreserven eine Art Obergrenze für das Wirtschaftswachstum Japans dar.

In dem Versuch, das Außergewöhnliche des japanischen Erfolgs zu erklären, wird dem einen oder anderen Faktor leicht ein ungebührendes Gewicht beigemessen. Da wird auf buddhistische oder konfuzianische Einflüsse oder generell ein »Anderssein« des fernöstlichen Landes verwiesen und, wie etwa in dem Fall des Systems lebenslanger Beschäftigung oder der hohen Sparneigung der Bevölkerung, auf angebliche kulturelle Eigenarten und Traditionen, obwohl sich bei näherer Betrachtung stichhaltigere, aus der westlichen Ökonomie vertraute Erklärungen finden lassen.[4] Oder es wird, etwa mit Hinweis auf ungleiche Marktzugangsbedingungen oder Dumping-Praktiken, mit wirtschaftlichem Trittbrettfahrertum argumentiert, wofür man den Nachweis dann oft schuldig bleibt.[5] Der Verdacht besteht, daß derartige Erklärungsversuche von Vertretern westlicher Industriestaaten, deren

---

2 Die Anteile japanischer Unternehmen befinden sich zu einem beachtlichen Teil in gegenseitigem Besitz (Stichwort: interlocking shares) und werden nicht an der Börse gehandelt. Das verschafft dem Management Freiräume für die Planung und läßt den Kampf um längerfristige Marktanteile vor kurzfristigen Gewinnmitnahmen in den Vordergrund rücken. Vgl. hierzu im einzelnen auch Ulrike Schaede, Der neue japanische Kapitalmarkt, Wiesbaden 1990, S. 98 ff. und Takatoshi Itō, (Anm. 1), S. 191 ff.

3 Vgl. dazu Herrmann van der Wee, Der gebremste Wohlstand, München 1984, S. 372 und Taketoshi Nojiri, Wirtschaftsentwicklung und Wirtschaftsethik in Japan, in: Constantin von Barloewen/Kai Werhahn-Mees (Hrsg.), Japan und der Westen, Bd. 2, Frankfurt a. M. 1987, S. 141–158.

4 Darauf, daß das Sparverhalten in Japan wenig mit kulturellen Eigenarten zu tun hat, verweist z. B. Chalmers Johnson (Chalmers Johnson, MITI and the Japanese Miracle, Stanford 1982, S. 14 f.), der einige konkrete institutionelle und gesellschaftliche Gründe dafür nennt. Vgl. zum Traditionsgehalt des japanischen Beschäftigungssystems auch Kinzley (W. Dean Kinzley, Industrial Harmony in Modern Japan, London 1991).

5 Vgl. zur vielbeschworenen Öffnung japanischer Märkte für westliche Produkte Gebhard Hielscher, Konturen einer deutschen Japan-Politik, in: Hanns W. Maull (Hrsg.), Japan und Europa: Getrennte Welten?, Frankfurt a. M. – New York 1993, S. 337–360. Sowie allgemein zur Problematik, westliche Ansätze und Verhaltensweisen japanischer Konkurrenz als exotische Phänomene zu interpretieren: Henrik Schmiegelow, Japans strategischer Pragmatismus: Bedrohung oder Modell?, in: Hanns W. Maull (Hrsg.), (Anm. 5), S. 505–529.

Produkte auf den Weltmärkten einem scharfen Konkurrenzdruck aus Japan ausgesetzt sind, vor allem dazu dienen, Schwächen der eigenen Wirtschaft zu überdecken. Dies geschieht mit dem Hinweis darauf, daß die Gegenspieler über nicht aufholbare Vorteile verfügen, daß sie sich nicht »fair« verhalten und gegen die – je nach Bedarf neu definierten – Regeln der internationalen Handelsordnung verstoßen.

## 2. Die Rolle des Staates

Ein Einfluß, der in der öffentlichen Diskussion eine herausragende Rolle spielt und gerade unter westlichen Handelspartnern Japans die Gemüter immer wieder erregt, ist der staatliche Eingriff in den Wirtschaftsprozeß. Ein Blick auf die Statistik läßt hierfür zunächst keinen Grund erkennen. Verglichen mit anderen Industriestaaten ist der Anteil des öffentlichen Sektors an der Wirtschaft Japans klein.[6] So nehmen sich die Ausgaben der Zentralregierung für Güter und Dienstleistungen am Bruttoinlandsprodukt im Jahr 1990 mit 9,1 % gegenüber den USA mit 18,1 %, der Bundesrepublik Deutschland mit 18,4, Frankreich mit 18,0 oder Großbritannien mit 19,9 % höchst bescheiden aus.[7]

Was den Kritikern des Landes ins Auge sticht, sind aber nicht diese Zahlen, sondern die Art und Weise staatlicher Einflußnahme und das Zusammenspiel zwischen Industrie, Bürokratie und Politik.[8] Japan unterscheidet sich in vieler Hinsicht deutlich von dem Ideal einer Marktwirtschaft. Hier ist es selbstverständlich, daß der Staat in das Wirtschaftsgeschehen eingreift und es in seinem Sinne zu beeinflussen versucht.

Die Instrumente staatlicher Lenkung reichen neben herkömmlichen Maßnahmen der Globalsteuerung von gemeinsamen Plänen der Ministerien und Unternehmen zur Expansion oder Schrumpfung bestimmter Wirtschaftsbereiche über gelegentliche Außerkraftsetzungen des Wettbewerbsrechts und Zulassung von Rezessionskartellen bis hin zu koordinierten Forschungs- und Entwicklungsanstrengungen.

Dabei geht es letztlich weniger um die Förderung oder Erhaltung einzelner Unternehmen oder Produktionszweige als vielmehr um die Steuerung des Wirtschaftsablaufs insgesamt und die Beeinflussung des allgemeinen wirtschaftlichen »Klimas«. Ein wichtiges Mittel hierzu ist die administrative Lenkung *(Gyōsei Shidō)*, die

---

6 Vgl. dazu auch OECD, Japan, Paris 1992 und Takatoshi Itō, (Anm. 1), S. 145 ff.

7 Dabei bleibt allerdings anzumerken, daß in diesen Zahlen nur die Ausgaben für den allgemeinen Haushalt, nicht aber für die öffentlichen Sonderkonten, die noch einmal ein Vielfaches des ersteren ausmachen, enthalten sind. Während der allgemeine Haushalt in den vergangenen Jahren kaum gestiegen ist, haben letztere eine starke Zunahme zu verzeichnen gehabt. Vgl. hierzu Takatoshi Itō, (Anm. 1), S. 146. Siehe zur Fiskalpolitik Japans ausführlich auch Yukio Noguchi, Public Finance, in: Kōzō Yamamura/Yasukichi Yasuba (Hrsg.), (Anm. 1), S. 186–222.

8 Vgl. Chalmers Johnson, (Anm. 4); Daniel I. Okimoto, Between MITI and the Market, Stanford 1989; Laura D'Andrea Tyson/John Zysman, Developmental Strategy and Production Innovation in Japan, in: Chalmers Johnson/Laura D'Andrea Tyson/John Zysman (Hrsg.), Politics and Productivity, Berkeley 1989, S. 59–140.

weitgehend informelle Einflußnahme der Bürokratie. Sie baut auf einer engen Verbindung von Beamtenelite, Politikern und Wirtschaftsführern auf.[9] In der japanischen Politik wird das kooperative Element in den Beziehungen zwischen Staat und Wirtschaft offiziell stark betont. Vieles geschieht hier aufgrund von Empfehlungen. Selbst über die Zukunftsaussichten ganzer Industrien entscheiden im Idealfall Staat und Unternehmen gemeinsam, um dann in Abstimmung miteinander gezielte Förderungs- oder Umstrukturierungsmaßnahmen zu ergreifen. Auch die Pläne, die die Wirtschaftsplanungsbehörde in Abständen in Zusammenarbeit mit den Ministerien für die längerfristige Entwicklung Japans erstellt[10], werden in diesem Zusammenhang eher als Richtlinien denn als verbindliche Vorgaben verstanden.

Staatliche Lenkung ist damit sehr viel stärker als in anderen Ländern mit den Bedürfnissen der Wirtschaft vertraut und auf sie zugeschnitten. Vertreter westlicher Industriestaaten argwöhnen dahinter nicht selten ein geschlossenes und gegen sie gerichtetes System. In ihm spiegelt sich ihrer Ansicht nach die Kohärenz und Einheitlichkeit einer Gesellschaft wider, die ganz auf Konfliktvermeidung und harmonisches Zusammenleben ausgerichtet und von außen kaum zu beeinflussen ist.[11] Ziel ihrer Mitglieder ist es vor allem anderen, das Land mit vereinten Kräften und ohne Rücksicht auf Verluste zur wirtschaftlichen Nummer Eins in der Welt zu machen und seine Vormachtstellung in wichtigen Schlüsselindustrien zu sichern. Das Schlagwort von der »Japan AG« bringt dies zum Ausdruck. Dabei wird das Zentrum der Macht im Ministerium für Industrie und Außenhandel, dem schon legendären MITI, vermutet.

Nach dieser Denkweise erscheint Japan wirtschaftlich nahezu unverwundbar. Seine Politiker und Bürokraten sind Perfektionisten, die sich im Grundsatz einig sind, selten irren und im Wettbewerb mit dem Westen letztlich immer die Sieger bleiben. Nicht berücksichtigt wird dabei, wie viele MITI-Projekte scheitern, wie viele unternehmerische Initiativen auch ohne offizielle Unterstützung erfolgreich sind und welcher Kritik staatliche Lenkungsmaßnahmen oft auch im eigenen Land ausgesetzt sind.[12] Bei näherem Hinsehen erscheint das Zusammenspiel der Akteure aus Wirtschaft, Bürokratie und Politik in Japan sehr viel weniger reibungslos, erweisen sich die wirtschaftlichen Zusammenhänge und Entscheidungsprozesse als weitaus vielschichtiger, als gemeinhin unterstellt wird. Und wenn beispielsweise, was oft genug vorkommt, Empfehlungen auch dann befolgt werden, wenn sie die Betroffenen sichtlich in Konflikte stürzen, ist das nicht Einsicht in ein höheres Ziel, sondern besagt nur, daß offizielle Stellen auch über wirkungsvolle Druckmittel verfügen und bereit sind, diese einzusetzen.

Die japanische Art der Wirtschaftssteuerung ist so einzigartig nicht. Bei näherer Betrachtung drängen sich zahlreiche Parallelen zu großen westlichen Industriestaa-

---

9 Vgl. z. B. Manfred Pohl, (Anm. 1), S. 203 ff; Takatoshi Itō, (Anm. 1) S. 64 ff, 177 ff.

10 Siehe zu dem Verfahren und zu den Beteiligten im einzelnen Yutaka Kosai, The Politics of Economic Management, in: Kōzō Yamamura/Yasukichi Yasuba (Hrsg.), (Anm. 1), S. 555–592.

11 Vgl. zu dieser Sichtweise auch Volker Fuhrt, Perzeptionen und Perzeptionsdefizite: Die gegenseitigen Wahrnehmungen Europas und Japans, in: Hanns W. Maull (Hrsg.), (Anm. 5), S. 283–304.

12 Vgl. beispielsweise Yutaka Kosai, (Anm. 10).

ten auf, die zum Teil von dem Modell marktwirtschaftlicher Ordnung ebenfalls weit entfernt sind.[13] Und ebenso wie in anderen Staaten gibt es Konflikte zwischen verschiedenen Einrichtungen und Institutionen, sobald sich deren Zuständigkeiten überlagern. Ein Beispiel hierfür sind die immer wieder aufkommenden Differenzen zwischen Notenbank und Finanzministerium über die »richtige« Zinspolitik, die so oder so ähnlich in den meisten anderen westlichen Industriestaaten ihre Entsprechung finden.

## 3. Strukturschwächen alter und neuer Art

Auch wenn Diskussionen in den USA und Europa manchmal den gegenteiligen Eindruck vermitteln: Die Akteure des MITI sind nicht allmächtig, und Japan hat wie jedes große Industrieland heute mit Strukturproblemen zu kämpfen. Deren Ursachen liegen gleichermaßen in veränderten Rahmenbedingungen in der Weltwirtschaft und in der eigenen Gesellschaft. Die japanische Stahl- und Automobilindustrie beispielsweise ist von der Konjunkturkrise und dem weltweiten Nachfragerückgang ebenso betroffen wie die anderer Staaten. Japans Exporte sind durch den Höhenflug des Yen *(Endaka)* bedroht. Das Land erlebt zur Zeit eine Hinwendung von der Produktions- zur Dienstleistungsgesellschaft mit allen wirtschaftlichen Nachteilen, die damit generell verbunden sind.

Die daraus resultierenden notwendigen Anpassungsprozesse werden durch »hausgemachte« Einflüsse aus jüngster Zeit, die die Wirtschaftsaktivität zusätzlich lähmen, erschwert. Im Vordergrund stehen hier politische Affären und Skandale, die das Vertrauen in die Politik untergraben. Dazu kommen die wirtschaftlichen Erschütterungen durch Unternehmenskrisen und -zusammenbrüche, die seit dem Ende der *»Bubble Economy«*, der spekulativen Aufblähung der Wirtschaft in den achtziger Jahren, das japanische Finanzsystem immer wieder treffen. Als die japanische Notenbank 1990 der seit langem mit Sorge beobachteten Überhitzung der Wirtschaft mit einer entschlossenen Restriktionspolitik ein Ende bereitete, läutete das einen Verfall der Aktien- und Immobilienpreise ein, der in der Folge nicht nur die Konsumlust vieler Japaner nachhaltig dämpfte und zahlreiche Unternehmen in Schwierigkeiten brachte, sondern auch den Finanzinstituten, die auf der Basis jener Werte Kredite vergeben hatten, große Verluste bereitete. Das ließ sie bei neuerlichen Mittelvergaben zögern mit dem Ergebnis, daß unternehmerische Aktivitäten erstmals in jüngerer Zeit in größerem Ausmaß auf Finanzierungsengpässe stoßen.

Ein Anpassungsdruck ganz anderer Art ergibt sich für die japanische Wirtschaft und Politik aus den gesellschaftlichen Veränderungen der letzten Jahre. Der wachsende Wohlstand des Landes und die anhaltend hohen Leistungsbilanzüberschüsse bewirkten, wenn auch relativ spät, einen allmählichen Wertewandel in der japanischen Bevölkerung, der in einer steigenden Konsum- und Freizeitorientierung zum

---

13 Zu einer ausführlichen Diskussion siehe auch George C. Eads/Kōzō Yamamura: The Future of Industrial Policy, in: Kōzō Yamamura/Yasukichi Yasuba (Hrsg.), (Anm. 1), S. 423–468.

Ausdruck kam. Damit wurde erstmals auch die Frage nach dem Lebensstandard des einzelnen – vom Ausland lange schon als eine nicht akzeptable Begleiterscheinung des japanischen Wirtschaftserfolgs notiert, die allein schon eine Übernahme japanischer Politik- und Unternehmensstrategien verbietet – in Japan selbst zunehmend diskutiert.

Der Nachholbedarf, der hier besteht, ist groß. Auch wenn es den Japanern, gemessen an den Indikatoren internationaler Statistiken, die Kriterien wie Kindersterblichkeit, aber auch die Anzahl der Autos, Fernseher und Telefone in der Bevölkerung zugrundelegen, vergleichsweise gut geht, ist doch die soziale Infrastruktur höchst unzureichend. Klagen über zu wenig Urlaub, zu lange Arbeitszeiten und sogar Tod durch Überarbeitung *(Karōshi)*, über fehlenden Wohnraum und beengte Wohnverhältnisse (»Kaninchenställe«), überhöhte Preise in geschützten Wirtschaftsbereichen (z. B. für Agrarprodukte) und vieles mehr sind weitverbreitet. Die Forderung nach Rückbesinnung weg vom Konsum und hin zu »echten« Werten, die im Zuge der Rezession hier und da laut wird, ändert an der Notwendigkeit von Reformen in diesen Bereichen grundsätzlich nichts.

## 4. Industriepolitik im Wandel

Die japanische Politik versucht mit allen Mitteln, den Rückgang der Wirtschaftsaktivität aufzufangen und die Reibungsverluste, die sich aus dem unumgänglichen Strukturwandel ergeben, zu mildern. Im Gegensatz zu früheren Jahrzehnten liegt ihr Schwerpunkt aber nicht mehr allein auf der Förderung von Schlüsselindustrien, die als besonders zukunftsträchtig erscheinen. Zunehmend spielen andere Faktoren wie die Verhinderung oder Entschärfung internationaler Handelskonflikte in die Entscheidungen hinein. Ein Beispiel dafür sind die jüngsten fiskalpolitischen Maßnahmenpakete, die auch mit Rücksicht auf entsprechende Forderungen des Auslands, das sich davon Impulse für das eigene Wirtschaftswachstum erhofft, beschlossen wurden.

Viele Beobachter fragen sich allerdings, wie weit die Rücksichtnahme auf internationale Belange wirklich geht. Die Meinungen dazu sind geteilt. Einige verweisen darauf, daß Japan in der internationalen Politik immer noch der Rolle des »Juniorpartners« der Vereinigten Staaten verhaftet ist und daß sich seine Regierung Druck von außen *(Gaiatsu)*, gerade wenn er aus jener Richtung kommt, meist ohne Widerspruch beugt. Andere beurteilen die Möglichkeiten des Auslands, Einfluß zu nehmen, sehr viel pessimistischer. Danach hat sich das Land bislang vor allem immer dann kompromißbereit gezeigt, wenn dies den Intentionen der maßgeblichen Entscheidungsträger in Bürokratie und Wirtschaft entgegenkam.[14]

Fest steht, daß die japanische Wirtschaftspolitik mit ihren Maßnahmen verbal oft explizit auf die »Wünsche« anderer führender Industriestaaten Bezug nimmt. Fak-

---

14 Vgl. zu der einen Sicht beispielsweise George C. Eads/Kōzō Yamamura, (Anm. 13) und zu der anderen Chalmers Johnson, (Anm. 4), und Laura D'Andrea Tyson/John Zysman, (Anm. 8).

tisch bleibt sie dann allerdings nicht selten hinter den – zum Teil stark überzogenen – Forderungen und Erwartungen des Auslands zurück.[15] Fest steht jedoch auch, daß viele Veränderungen in der japanischen Wirtschaft ohne Druck von außen nicht oder nicht so schnell stattgefunden hätten. Dazu zählt etwa die Aufhebung von Handelsschranken und die teilweise Liberalisierung der Finanzmärkte.

Allgemein wird die japanische Wirtschafts- und Industriepolitik, soweit es etwa den Wiederaufbau nach dem Zweiten Weltkrieg und die Exportförderung betrifft, trotz einzelner Fehlschläge im großen und ganzen als außerordentlich erfolgreich angesehen. Auch an der Umstrukturierung kritischer Bereiche wie Schiffbau und Stahl, der Umstellung auf neue Technologien sowie der Anpassung der Wirtschaft nach Schocks von außen wie der (zweiten) Ölkrise und dem Höhenflug des Yen nach 1985 hatte sie einen nicht unerheblichen Anteil. Die Frage ist, ob dieser Erfolg anhalten wird und ob es tatsächlich die japanische Wirtschafts- und Industriepolitik sein wird, die die Wirtschaft aus der jetzigen Krise hinausführt.

In der Vergangenheit hat es in Japan verschiedene Faktoren gegeben, die die staatliche Einflußnahme stark begünstigt haben. Einige davon existieren in dieser Form nicht mehr.[16] Eine zunehmende Politisierung der Entscheidungen über Staatsausgaben und -einnahmen beispielsweise macht ebenso wie die Rücksichtnahme auf außenpolitische Erfordernisse eine strikt formulierte und sorgfältig koordinierte Steuerung von Wirtschaftsabläufen schwieriger. Die Internationalisierung der Güter- und Finanzmärkte läßt das Geschehen transparenter und die Akteure zahlreicher werden, was eine informelle Politik zusätzlich behindert. Zudem verringert sich mit wachsender Öffnung der Märkte die Zahl der Instrumente, die für die Wirtschaftslenkung zur Verfügung stehen.

## 5. Ausblick

Aus alldem wird nicht selten der Schluß gezogen, daß der Einfluß von Bürokratie und Staat in Japan zurückgeht und damit auch die Fähigkeit des Landes zur Bewältigung wirtschaftlicher Krisen abnimmt. Dabei ist gerade zur Zeit die Liste der Forderungen, die von offizieller Seite an Unternehmen herangetragen werden, lang: Automobilhersteller werden aufgefordert, mit Rücksicht auf die internationalen Handelsbeziehungen ihre Auslandsaktivitäten einzuschränken und sich zur Steigerung der Effizienz auf kleinere Produktpaletten und längere Produktzyklen umzustellen. Den großen Banken wird bedeutet, kleinere Institute und Nichtbanken-

---

15 So zeigten auch die haushaltspolitischen Beschlüsse vom April 1993 ein durchaus zweideutiges Bild. Auf der einen Seite ist das Ausgabenvolumen beachtlich und kommt entsprechenden Forderungen aus dem Ausland, vor allem aus den USA, entgegen. Auf der anderen Seite zeigt eine Aufschlüsselung der einzelnen Posten, daß sich die damit verbundenen Hoffnungen auf eine Stimulanz der US-Wirtschaft so nicht erfüllen werden. Vgl. zur Rolle Japans in der Gruppe der großen Industriestaaten allgemein beispielsweise Beate Reszat, Zwischen Kooperation und Konflikt: Die Stellung Japans in der G-7, in: Manfred Pohl (Hrsg.), Japan 1991/1992, Hamburg 1992, S. 190–210.

16 Siehe auch George C. Eads/Kōzō Yamamura, (Anm. 13).

finanzhäuser, die durch die Krise in Bedrängnis geraten sind, zu stützen und sich bei der Vergabe von Krediten auch an schwache Unternehmen nicht so stark zurückzuhalten. An Großunternehmen, die sich zu Produktionskürzungen und Umstrukturierungen gezwungen sehen, wird appelliert, den Mythos von der lebenslangen Beschäftigung, auf der, so wird gesagt, ein Großteil des gesellschaftlichen Konsenses beruht, nicht zu zerstören und Stammarbeiter, wenn irgend möglich, nicht zu entlassen etc. Vieles davon stößt auf den Widerspruch der Betroffenen, und einige Appelle bleiben ganz ohne Wirkung.

Das scheint denjenigen Beobachtern recht zu geben, die die Macht der Ministerien und Politiker im Sinken begriffen sehen. Doch es gibt auch Stimmen, die dagegen sprechen. Vor allem zwei Gründe lassen sich dafür anführen, daß der wirtschaftliche Vorsprung des Landes weltweit in den nächsten Jahren nicht schrumpfen, sondern vielleicht sogar eher noch zunehmen wird:

Zum einen läßt sich für eine Wirtschaft wie die japanische, in der der Einfluß von Staat und Bürokratie selten greifbar ist, im nachhinein nur schwer beurteilen, wie wirkungsvoll die administrative Lenkung in der Vergangenheit war und wie sich deren Aussichten tatsächlich darstellen. Bislang zumindest erscheint das Netzwerk aus Beziehungen zwischen Beamten, Politikern und Wirtschaftsführern im Grundsatz noch intakt. Zum anderen drängt sich der Eindruck auf, daß in den Diskussionen die Rolle des Staates manchmal schlicht überschätzt wird. Wenn aber nicht die Verwaltung und Politik, sondern die privaten Unternehmen selbst für den bisherigen Wirtschaftserfolg Japans den Hauptteil der Verantwortung tragen, läßt sich aus einem sinkenden Staatseinfluß allein nicht auf die Leistungsfähigkeit des Landes in der Zukunft schließen.

Die japanische Wirtschaft verfügt noch immer über viele der anfangs genannten Vorteile wie eine hohe Investitionsneigung, einen hohen Ausbildungsstand und die Besonderheiten in der Unternehmensstruktur. Auch wenn diese Vorteile – wofür es durchaus Anhaltspunkte gibt – schwächer werden oder allmählich an Gewicht verlieren, bedeuten sie doch zunächst, daß in Japan die Fähigkeit zur Krisenbewältigung bislang immer noch weit größer als in anderen Staaten ist. Daß die japanische Wirtschaft in der Vergangenheit höchst flexibel auf neue Anforderungen reagiert hat, läßt einige Beobachter vermuten, daß sie auch die jetzige Entwicklung eher als eine Art Prüfung nimmt und letztlich gestärkt daraus hervorgehen wird.

# II. Die Bedeutung wirtschaftlicher Verbundgruppen: Netzwerkstruktur und *Keiretsu*-Effekt

MAX ELI

Die japanische Wirtschaft wird von Unternehmenskonglomeraten beherrscht.[1] Unter der Führung von industriellen Großunternehmungen, Banken und Universalhandelshäusern *(Sōgō Shōsha)* sind nach dem Zweiten Weltkrieg riesige Unternehmensgruppen entstanden, die Einfluß auf nahezu alle Wirtschaftsvorgänge in Japan ausüben. Rund 70 % der in Japan emittierten Aktien befinden sich im Besitz von Aktiengesellschaften, die Mitglieder der Gruppen sind. Das bedeutet, daß dieser Anteil an Besitztiteln nicht in den Handel kommt, daß sich die meisten großen Aktiengesellschaften indirekt selbst besitzen oder zumindest kontrollieren. Die in den letzten Jahren als *Keiretsu*-Phänomen in die internationale Diskussion geratene Netzwerkstruktur der japanischen Wirtschaft wird insbesondere von den Amerikanern als nichttarifäres Handelshemmnis angeprangert. Die Rolle der Banken beim Aufbau der Unternehmensnetzwerke ist in der Vergangenheit oft unterschätzt worden. Dabei sind in erster Linie sie es, die das System zusammenhalten.

## 1. Intransparenz erschwert Deutung

Eine Reihe von Thesen ist inzwischen über die japanischen *Keiretsu* (wörtlich: Verbindungslinien) und die *Keiretsu*-Effekte aufgestellt worden. In den sogenannten SII-Gesprächen[2] zwischen Regierungsvertretungen der USA und Japans haben die Amerikaner nachzuweisen versucht, daß die Wirtschaftskonglomerate, die Geschlossenheit der großen Produktions- und Zulieferketten sowie das Zusammenspiel zwischen Wirtschaft und Politik bei der Vergabe öffentlicher Aufträge die Öffnung der japanischen Wirtschaft behinderten, wenn nicht gar verhinderten. Der Nachweis dafür ist nur schwer zu führen. Ein Schleier der Intransparenz schwebt über den Wirtschaftsgruppen und ihren Interaktionen, so daß Deutung und Bewertung schwerfallen.

Die Schwierigkeiten beginnen mit der Terminologie. In der Fachliteratur werden die Unternehmensgruppierungen recht unterschiedlich bezeichnet: Mischkon-

---

1 Vgl. Max Eli, Japans Wirtschaft im Griff der Konglomerate, Frankfurt a. M. 1988.

2 SII = Structural Impediments Initiative.

zerne, Unternehmensverbände, Konsortien, Horizontal- und Vertikalgruppen, Produktions- und Distributionsverbünde. Auch im japanischen Schrifttum finden sich unterschiedliche, indessen vage Begriffe wie *Kigyō Keiretsu, Kigyō Shūdan, Shinon Keiretsu.* Diese Bezeichnungen enthalten viel Raum für Interpretationen, der auch erforderlich ist, weil von Gruppe zu Gruppe große Unterschiede in Aufbau, Zusammenhalt und Erscheinungsbild bestehen. Um den heutigen Konglomeraten terminologisch gerecht zu werden, eignet sich noch am ehesten der etwas farblose Begriff aus der deutschen Betriebswirtschaftslehre »Wirtschaftliche Verbundgruppe«.

Erscheinungsbild, Natur und Grad der Bindungen sind bei den einzelnen Verbundgruppen überraschend unterschiedlich. Allen gemeinsam ist jedoch, daß an ihrer Spitze keine Holdinggesellschaften stehen, die als Kontrollorgane den Gruppenzusammenhalt garantieren würden. Gemeinsam ist ihnen ferner:

- daß die Gruppenmitgliedsfirmen auf der Basis von Minderheitsbeteiligungen »überkreuz« bzw. im Ringtausch (japanisch: *Mochiai*) miteinander verflochten sind,
- daß Präsidenten- und Direktoren-Councils über die Geschicke der Gruppen wachen und grundsätzliche Strategien entwickeln,
- daß zwischen den Geschäftsführungen der Gesellschaften Personaltausch und Technologietransfer stattfinden,
- daß in den Ruhestand getretene Regierungsbeamte als Berater oder Geschäftsführer bestellt werden,
- daß die Unternehmensfremdfinanzierung überwiegend durch die Hausbanken und Versicherungsgesellschaften der Gruppen erfolgt,
- daß das jeweils zur Gruppe gehörende Generalhandelshaus *(Sōgō Shōsha)* eine Vielfalt unternehmerischer Funktionen für die Gruppenmitglieder übernimmt und
- daß in zukunftsträchtige Projekte gemeinsam investiert wird.

Holdinggesellschaften *(Honsha)* sind in Japan verboten. Sie waren vor dem Zweiten Weltkrieg Instrumente der berüchtigten *Zaibatsu*, die als Träger exzessiver wirtschaftlicher Macht Japan mit in den Krieg getrieben haben.[3] Unter General MacArthur hat die amerikanische Militärregierung alle *Honsha* aufgelöst. Auf der Rechtsgrundlage des *Anti-Monopoly-Act* von 1947 erfolgte ein Entflechtungs- und Dekonzentrationsprozeß. Gleichzeitig wurde nach US-amerikanischem Vorbild eine Antimonopol-Behörde errichtet, die jeden Versuch unterbinden sollte, jemals wieder wirtschaftliche Macht aufzubauen.

Trotzdem sind die Verbundgruppen entstanden. Unter schwierigen Rahmenbedingungen gelang es ihnen, sich jeweils eine *Collective Guidance*, eine gemeinsame Gruppenführung, zu geben, die de facto Holdingfunktionen ausübt. Der amerikanischen Besatzungsmacht ist es zwar formaljuristisch gelungen, Machtkonzentration in Japan zu verbieten; die Japaner stellten aber unter Umgehung der Anti-Trust-Vorschriften bald wieder – zunächst geheim und informell, später über feingesponnene multiple Überkreuzverflechtungen – Verhältnisse her, die denen in der Vorkriegszeit verblüffend ähneln. Die Konzerne fanden, auch ohne Holdinggesellschaften, zur früheren Stärke zurück, allen voran ehemalige *Zaibatsu* wie Mit-

---

3 Vgl. Eleanor M. Hadley, Antitrust in Japan, Princeton–New Jersey 1970.

subishi, Mitsui und Sumitomo. Wie das geschehen konnte, weiß man inzwischen. Auf geheimen Treffs – im Rahmen sogenannter *Kais* bzw. später Präsidentenclubs[4] – entwickelten die Führungskräfte befreundeter Gesellschaften die Konzeptionen zur Reorganisation der früheren *Zaibatsu* unter anderen Namen. Neue Gruppierungen sind allerdings hinzugekommen. Die Dekonzentrationsvorgänge – sie wurden 1951 mit der Auflösung der *Holding Company Liquidation Commission* eingestellt – haben geholfen, daß neu gegründete Unternehmungen und Unternehmensgruppen eine Existenzchance erhielten – auch in den ehemals kontrollierten Schlüsselindustrien. Insofern waren die US-amerikanischen Bemühungen nicht völlig vergebens.

## 2. Über 100 wirtschaftliche Verbundgruppen

Je nach Betrachtungsweise, enger oder weiter Definition, existieren über 100 Verbundgruppen in Japan. Sie lassen sich in horizontale und vertikale Gruppen untergliedern, wobei in einer Reihe von Fällen Mitglieder horizontaler Gruppen Führungsgesellschaften vertikaler Formationen bzw. Zulieferketten sind. Vertikal strukturierte Gruppen sind vor allem in Industriezweigen zu finden, in denen das Endprodukt aus zahlreichen Einzelteilen assembliert wird (Automobilbau, Elektronik, Maschinenbau). Die einflußreichsten Verbundgruppen sind in *Tabelle 1* aufgeführt. Zu nennen sind außerdem die bedeutenden Zuliefer-*Keiretsu* Aeon, Shimizu, Bridgestone, Kobe Steel, Sony, Canon, Sanyo, Mazda Motor, Isuzu Motors, Nippondenso, NTT und Nippon Express. Hier dienen die Mitgliedsfirmen, die meist fest in ein gut ausgebautes *Subcontracting*-System eingebunden sind, überwiegend nur EINEM großen Hersteller. Die Geschäftsführungen der Obergesellschaft und der Untergesellschaften sind in der Regel in bezug auf ihr Kapital und ihr Personal verflochten. Die Führungsgesellschaft unterstützt die Subgesellschaften sowohl finanziell als auch in technologischen Belangen, wozu auch die Hilfestellung bei der Entwicklung der nächsten Produktgeneration zählt.

Im Fiskaljahr 1990 waren rund 900 meist marktstarke Unternehmungen mit über 2 Millionen Beschäftigten Mitglied der acht größten horizontalen Gruppierungen, wobei Banken und Versicherungen nicht einmal eingeschlossen sind.[5] Das Gesellschaftskapital aller Gruppenmitglieder stellt mit 18 789 Milliarden Yen ein Drittel (33,2 %) des gesamten in Japan eingezahlten Unternehmenskapitals dar. Am stärksten war hieran die Sumitomo-Gruppe beteiligt, gefolgt von Mitsubishi, Fuyo (Fuji-Bank-Gruppe), DKB (Dai-Ichi-Kangyō Bankgruppe), Sanwa und Mitsui. Am Gesamtumsatz der japanischen Wirtschaft in Höhe von 1 428 181 Milliarden partizipierten die acht Gruppen mit 266 608 Milliarden Yen oder 18,7 %. In der Umsatzrangliste führte die DKB vor Sumitomo, Mitsubishi, Sanwa, Fuyo und Mitsui. Von

4 Legendär sind das *Kinyō-Kai* (Freitagskonferenz) der Mitsubishi-Gesellschaften, das *Nimoku-Kai* (zweiter Donnerstagsclub) der Mitsui-Gesellschaften und das *Hakusui-Kai* (Weißwasserclub) der Sumitomo-Gesellschaften. Auf diesen Veranstaltungen treffen sich noch heute regelmäßig die Präsidenten der führenden Gruppengesellschaften.

5 Vgl. Dodwell Consultants (Hrsg.), Industrial Groupings in Japan, Tōkyō 1992.

*Tab. 1:* Die wichtigsten wirtschaftlichen Verbundgruppen

| Verbund | Hauptbranchen |
|---|---|
| *1. Horizontaler Verbund* | |
| Mitsubishi | alle Haupt-Wirtschaftszweige vertreten |
| Mitsui | |
| Sumitomo | |
| Fuyo | |
| DKB[1] | |
| Sanwa | |
| Tokai | |
| IBJ[2] | |
| *2. Vertikaler Verbund* | |
| Matsushita | Elektro/Maschinenbau/Musik |
| Daiei | Einzelhandel/Bau/Service |
| Ito-Yokado | Einzelhandel/Nahrungsmittel |
| Hitachi | Elektro/Maschinenbau/Chemie/Transport |
| Toyota Tsusho | Metalle/Maschinenbau/Chemie |
| Saison | Einzelhandel/Department Stores |
| Kajima | Bau/Handel/Immobilien |
| Taisei | Bau/Maschinen/Immobilien |
| Kirin | Bier/Nahrungsmittel/Restaurants |
| Nippon Oil | Öl/Chemie/Bau/Transport |
| Cosmo Oil | Öl/Chemie/Bau/Transport |
| Shōwa Shell | Öl/Chemie/Bau/Transport |
| Nippon Steel | Stahl/Maschinenbau/Bau/Baustoffe |
| NKK[3] | Stahl/Maschinenbau/Bau/Immobilien |
| NEC[4] | Elektro/Bau/Glas/Transport |
| Fujitsu | Elektro/Chemie/Maschinenbau/Immobilien |
| Sharp | Elektro/Bau/Maschinenbau/Handel |
| Nissan | Automobile/Komponenten/Transport |
| Toyota | Automobile/Komponenten |
| Honda | Automobile/Komponenten/Maschinenbau |

1 DKB = Dai-Ichi-Kangyō-Bank-Gruppe
2 IBJ = Industrial Bank of Japan-Gruppe
3 NKK = Nippon Kokan Kōgyō
4 NEC = Nippon Electric Corporation

*Quelle:* Dodwell Consultants (Hrsg.), Industrial Groupings in Japan, Tōkyō 1992; Ministry of Finance (Hrsg.), Statistisches Unternehmensjahrbuch (Hōjin Kigyō Kōkei Nenpō), Tōkyō 1992.

den in Japan insgesamt erzielten Nettogewinnen in Höhe von 17 570 Milliarden Yen entfielen 18,5 % auf die acht großen Verbundgruppen. Hier lautete die Rangfolge Mitsubishi vor Sumitomo und Mitsui *(vgl. Tabelle 2).*

Zwischen den Gruppen besteht Rivalität, oft erbitterter Wettbewerb, insbesondere auch, wenn es um Marktpositionen auf dem japanischen Binnenmarkt geht. Andererseits lassen sich zahlreiche Querverbindungen, auch Kooperationen und Konsortien auf Zeit, ausmachen *(vgl. Abbildung 2).*

In entscheidenden Fragen von nationaler Bedeutung, etwa bei der Rohstoffsicherung des Landes, arbeiten die Gruppen zusammen. Die treibenden Kräfte da-

*Tab. 2:* Die gesamtwirtschaftliche Bedeutung der acht größten wirtschaftlichen Verbundgruppen
(Fiskaljahr 1990)

| Wirtschaftliche Verbundgruppe | Gesellschaftskapital | | Netto-Gewinne | | Umsatz | |
|---|---|---|---|---|---|---|
| | Mrd. Yen | in % | Mrd. Yen | in % | Mrd. Yen | in % |
| Mitsubishi | 3 332 | 5,9 | 762 | 4,3 | 45 486 | 3,2 |
| Mitsui | 2 430 | 4,3 | 478 | 2,7 | 36 816 | 2,6 |
| Sumitomo | 3 533 | 6,2 | 583 | 3,3 | 45 823 | 3,2 |
| Fuyo | 2 836 | 5,0 | 403 | 2,3 | 37 983 | 2,7 |
| DKB | 2 585 | 4,6 | 484 | 2,8 | 48 281 | 3,4 |
| Sanwa | 2 539 | 4,5 | 451 | 2,6 | 38 468 | 2,7 |
| Tokai | 728 | 1,3 | 92 | 0,5 | 10 676 | 0,7 |
| IBJ | 806 | 1,4 | –40 | – | 3 075 | 0,2 |
| Insgesamt | 18 789 | 33,2 | 3 213 | 18,5 | 266 608 | 18,7 |
| Japan insgesamt | 56 620 | 100,0 | 17 570 | 100,0 | 1 428 181 | 100,0 |

*Quelle:* Dodwell Consultans (Hrsg.), Industrial Groupings in Japan, Tōkyō 1992; Ministry of Finance (Hrsg.), Statistisches Unternehmensjahrbuch (Hōjin Kigyō Tōkei Nenpō), Tōkyō 1992.

bei sind die Präsidenten-Clubs bzw. *Kais*, die Banken und die Universalhandelshäuser *(Sōgō Shōsha)*.

## 3. Ungeschriebene Beistandspflicht der Nukleus-Banken

Hausbank und *Sōgō Shōsha* – beide zählen zu den Kern- bzw. Nukleusgesellschaften ihrer jeweiligen Verbundgruppe – ergänzen sich bei der Verfolgung der Unternehmenspolitik der Gruppenmitglieder in idealer Weise: Die Banken finanzieren, die *Sōgō Shōsha* befinden über Importe, Exporte, Produktausrichtung, Produktionsvolumen und Investitionsvorhaben. Banken und Universalhandelshäuser sind meistens kapitalmäßig miteinander verflochten, wobei die Geldhäuser seit 1977 gesetzlich auf eine Beteiligung von maximal 5 (zuvor 10) % am Gesellschaftskapital der *Sōgō Shōsha* beschränkt sind.

Die einzelnen Verbundgruppen verleihen ihrer jeweiligen Nukleus-Bank Einfluß; sie nehmen die Bank aber auch in die Pflicht. Im Notfall muß die Hausbank weitgehend für die Verbindlichkeiten ihrer Schwesterunternehmung in der Gruppe geradestehen. Dafür gibt es keinen gesetzlichen Zwang, vielmehr erfolgt die Rettungsaktion aufgrund ungeschriebener Gesetze der »Japan AG«. In der Vergangenheit gab es dramatische Fälle, in denen Nukleus-Banken hohe Verluste ihrer Gruppenunternehmungen decken mußten. Stets sind die Banken ihrer Beistandspflicht nachgekommen. Unvermeidbare Zusammenbrüche wurden in einer erstaunlich disziplinierten und rationalen Weise abgewickelt.[6]

6 Vgl. Peter P. Baron, Hausbanken stehen für ihre Wirtschaftsgruppe gerade, in: Japaninfo Nr. 7, 3. 4. 1981.

*Abb. 2:* Die wichtigsten wirtschaftlichen Verbundgruppen und ihre Beziehungen untereinander

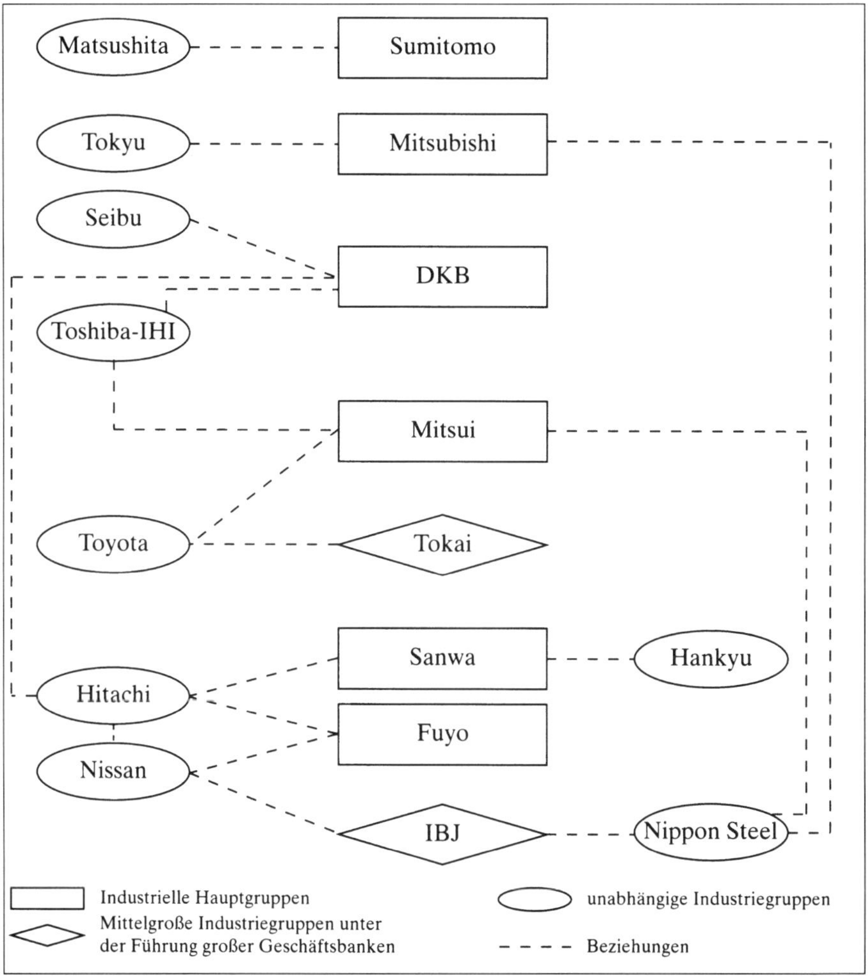


*Quelle:* Dodwell Consultants (Hrsg.), Industrial Groupings in Japan, Tōkyō 1992.

Die enge Verflechtung innerhalb der Gruppe wird durch zwischenbetriebliche Krediteinräumung noch verstärkt. Hierbei helfen Kunden und/oder Lieferanten einer in Schwierigkeit geratenen »Schwesterunternehmung« dadurch, daß sie Wechsel vorzeitig bezahlen oder Zahlungstermine verlängern, Vorzugspreise einräumen und Managementhilfe zur Verfügung stellen.[7]

7 Vgl. Madeleine Preisinger-Monloup, Finanzierungsstruktur der japanischen Unternehmen, in: Geld in Japan, OAG-Reihe Japan modern, Berlin 1981, S. 192.

Nicht nur die gegenseitigen Kapitalbeteiligungen mit Banken, auch die multiplen Überkreuzverflechtungen der Mitglieder untereinander sowie die zwischen ihnen bestehenden langfristigen Liefer- und Abnehmerbeziehungen halten die Verbundgruppen zusammen. Aus der Sicht des einzelnen Gruppenmitglieds kommt die Rolle der Hausbank als Kreditgeber, Finanzier der Import- und Exportgeschäfte sowie Risikoträger durch Bürgschaftsübernahmen eine herausragende Bedeutung zu. Die Wahrnehmung der Risikoträger-Funktion spielt auch im internationalen Geschehen eine Rolle, etwa im Bemühen japanischer Großunternehmungen, am Eurokapitalmarkt finanzielle Mittel zu beschaffen. Ohne die Bankgarantie der Hausbank könnten keine Anleihen der Mitgliedsunternehmungen untergebracht werden. Eine Alternative zur Bankgarantie wäre bei den meisten kapitalsuchenden Unternehmungen nicht gegeben, denn das bei fast allen japanischen Unternehmungen ungünstige Verhältnis Eigenkapital zu Fremdkapital stellt eine kaum zu nehmende Hürde dar. Die internationalen Kapitalmärkte akzeptieren die Bankgarantien in erster Linie nur deshalb, weil die Banken ihrerseits unter dem Schutz des japanischen Finanzministeriums – und damit unter staatlicher Protektion – stehen.

## 4. Sōgō Shōsha sind »Quasi-Banken«

Was die *Sōgō Shōsha* betrifft, so stehen sie – in den meisten Fällen als Kerngesellschaften mit Führungsaufgaben – in einem engen Beziehungsgeflecht mit den Gruppenmitgliedern. Sie beliefern diese mit Rohstoffen und setzen auf den heimischen und ausländischen Märkten deren fertige Erzeugnisse ab. Zwischen den Gruppenmitgliedern und den *Sōgō Shōsha* bestehen feste Liefer- und Abnahmebeziehungen, und es ist ein Geben und Nehmen innerhalb der Verbundgruppen, die von den unternehmerischen Entscheidungen in den Zentralen der Generalhandelshäuser und der Hausbanken in schicksalhafter Weise abhängen. Als *Sōgō Shōsha* gelten in der japanischen Öffentlichkeit die neun Unternehmen Mitsubishi Corporation, Mitsui & Co. Ltd., Itochu (früher C. Itoh & Co. Ltd.), Marubeni Corporation, Sumitomo Corporation, Nissho Iwai Corporation, Toyo Menka Kaisha, Kanematsu Gosho, Ltd. und Nichimen Corporation. Welches Generalhandelshaus zu welcher Verbundgruppe gehört, geht aus *Abbildung 3* hervor.

Wer das Wesen der japanischen Welthandelshäuser verstehen will, muß sich mit den Funktionen befassen, die von ihnen wahrgenommen werden.[8] Deren Spannweite ist im internationalen Vergleich ohne Beispiel *(vgl. Abbildung 4)*.

Die in Europa anzutreffende Trennung in Produktion, Großhandel, Einzelhandel, Außenhandel, Finanzierung etc. ist im Falle der *Sōgō Shōsha* aufgehoben. Daß sie, wie ein gängiges Klischee besagt, mit allem handeln, was vorstellbar ist, von der Stecknadel bis zum Satelliten, ist deshalb auch nur ein Teilaspekt ihrer Wirtschaftsaktivitäten. Sie sind multiaktive Konzerne mit vielen Tochtergesellschaften und mit Kapitalbeteiligungen an zahlreichen in- und ausländischen Gesellschaften.

8 Vgl. Max Eli u. a., Sōgō Shōsha. Strukturen und Strategien japanischer Welthandelsunternehmungen, Düsseldorf – Wien 1977.

*Abb. 3:* Die Bindungen der *Sōgō Shōsha* an die Verbundgruppen

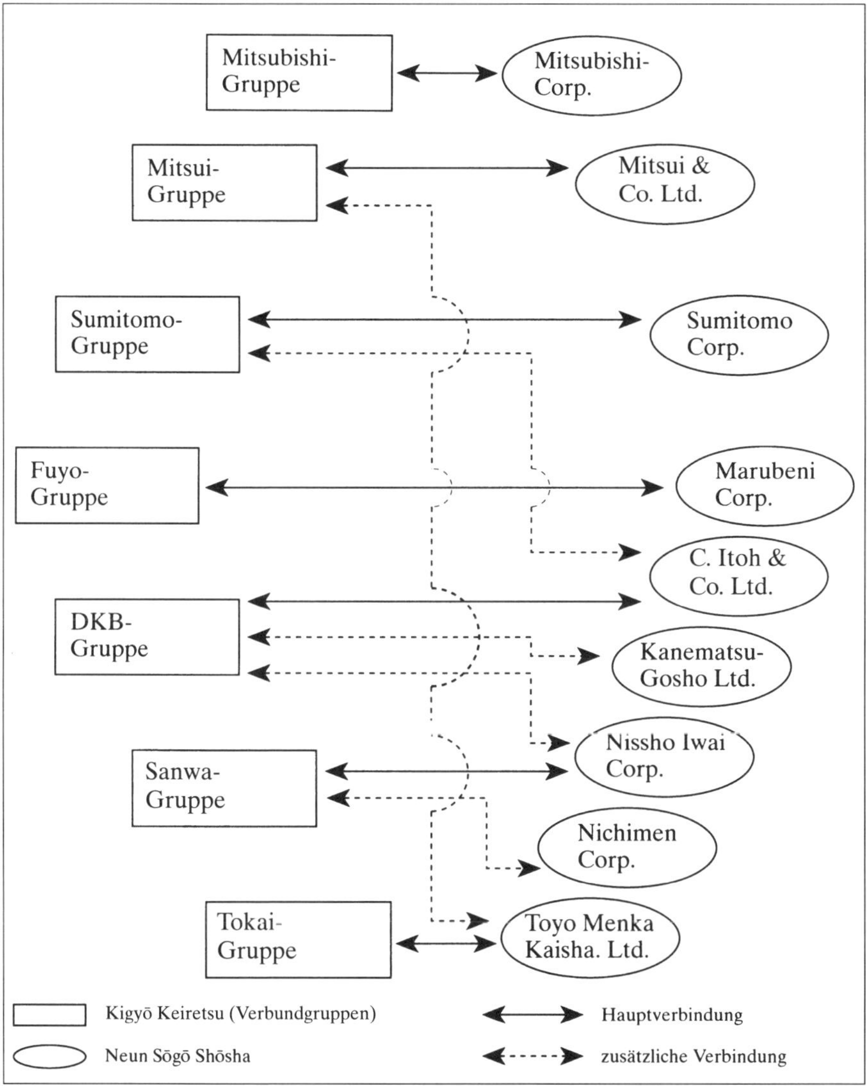


*Quelle:* Dodwell Consultants (Hrsg.), Industrial Groupings in Japan, Tōkyō 1992.

Die Tätigkeit der *Sōgō Shōsha* auf dem Finanzsektor ist für die Wirtschaftsunternehmungen eine wertvolle Ergänzung zu der Betreuung durch die Hausbanken. Wenn es um Finanzierungen innerhalb der Verbundgruppen geht, übernehmen die Generalhandelshäuser zwei grundsätzliche Funktionen: die Überbrückung von Finanzierungsengpässen auf seiten der Abnehmer durch kurzfristige Kreditgewäh-

*Abb. 4:* Das Funktionen-Spektrum der *Sōgō Shōsha*

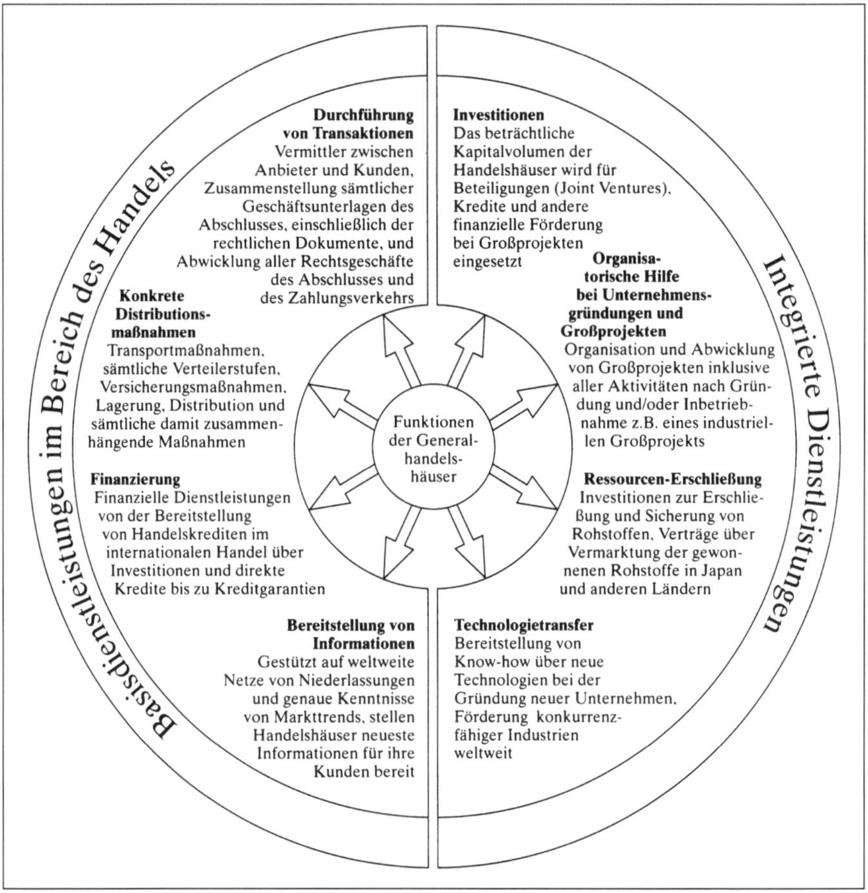


*Quelle:* Max Eli, Japans Wirtschaft im Griff der Konglomerate, Frankfurt a. M. 1988, S.132.

rung (Warenkredite) – eine Aufgabe, die traditionell zu den Funktionen von Groß- und Außenhandelsunternehmungen zählt – und die Betätigung als »Quasi-Banken«. Dazu zählt unter anderem die Kreditgewährung an kapitalschwache Lieferanten (in der Regel Produzenten), die Bereitstellung von Investitionskrediten an Tochter- und Beteiligungsgesellschaften, aber auch an Fremdunternehmen und Konsortien, Projektfinanzierungen und Kapitalbeteiligungen an dritten Unternehmungen.

Damit ist das Spektrum der *Sōgō-Shōsha*-Tätigkeiten auf dem Finanzierungssektor noch nicht erschöpft. Sie schalten sich auch in japanische Direktinvestitionen im Ausland ein, finanzieren Rohstofferschließungsprojekte und industrielle Großvorhaben. Ein beachtlicher Teil der Auslandsinvestitionen japanischer Unternehmungen läuft durch ihre Bücher. Oft beteiligen sie sich mit kleinen Quoten am Gesellschaftskapital japanischer *Joint Ventures* im Ausland, um so für künftige Geschäfte den »Fuß in der Tür« zu haben. Auch in der Entwicklungshilfe sowie in der Kreditvergabe an andere Länder mischen sie mit. Bevorzugt schalten sie sich ein, wenn es um die Finanzierung konkreter Wirtschaftsprojekte geht.

Die in den letzten Jahre raschen Veränderungen an den internationalen Finanzmärkten haben die *Sōgō Shōsha* veranlaßt, eigene Finanzgesellschaften im Ausland zu gründen. Über diese begeben sie Schuldschein-Emissionen und suchen in der Zusammenarbeit mit japanischen und ausländischen Finanzpartnern geschäftsstrategische Vorteile. Sie haben den großen Vorteil, daß sie wesentlich schneller und besser über geplante physische Warenbewegungen in der Wirtschaft informiert sind als Banken oder andere Finanzinstitute. Mit ausländischen Währungen und Finanzgepflogenheiten haben sie mehr Erfahrungen als die meisten japanischen Industrieunternehmungen. Sie arbeiten an der Schnittstelle von realwirtschaftlichen und finanzwirtschaftlichen Vorgängen. Diesen komparativen Vorteil versuchen sie konsequent auszunutzen, indem sie sich – wenigstens funktionell – zu »Welt-Merchantbanken« entwickeln.[9]

## 5. *Keiretsu* – Erfolgsmuster für die japanische Wirtschaft?

Es handelt sich bei den Verbundgruppen um strategische Netzwerke, in denen das unternehmerische Risiko gestreut wird. Die Ressourcen an Kapital, Rohstoffen und technischem Wissen werden in Wirtschaftszweige gelenkt, die Japans wirtschaftliche Zukunft abzusichern in der Lage sind. Der Gruppenzusammenhalt und das tatsächliche Einflußpotential der Gruppenverbände darf als ungewöhnlich hoch vermutet werden. Es wird, je nach Gruppe, auf 50 % bis 100 % der Besitzrechte geschätzt, wobei die Besitzrechte nur eine Komponente der Kohäsion unter vielen sind. Inländischen Kundenfirmen wurde in der Vergangenheit nicht selten nahegelegt, Gruppenmitglied zu werden, sich also kapitalmäßig in eine Gruppe einzukaufen. Dadurch sei betriebswirtschaftliche Sicherheit und wirtschaftliche Stabilität herzustellen, denn die Besitzrechte wären dann in den Händen »stabiler« Aktionäre, die einen Firmenverkauf an Dritte nicht zulassen würden. »Diese Absicherung geht z. B. in der Automobilbranche so weit, daß gegenseitige Beteiligungen japanischer Konkurrenten als Schutzwall gegen ausländische Investoren benutzt werden. Dasselbe Rückversicherungsdenken auf Gegenseitigkeit beherrscht daneben auch die Entwicklung moderner Technologien, wofür die sechs größten *Keiretsu* gemeinsame Unternehmen, z. B. im Bereich Nuklearenergie, der Computerentwicklung und der Meeresforschung gebildet haben.«[10]

Es fragt sich, wie diese Art der Organisation, die von Kritikern als eine gegen (vorwiegend ausländische) Dritte gerichtete Spielart des Dirigismus bezeichnet wird, überhaupt eine Chance zur Entfaltung erhalten konnte – in einem Nachkriegsjapan, das eine marktwirtschaftliche Demokratie aufbauen wollte.

---

9 Vgl. Ryuichi Katō, Mitsubishi Effort To Boost Business In Financial Service Pays Dividends, in: The Japan Economic Journal v. 17. 9. 1988.
10 Madeleine Preisinger-Monloup, (Anm. 10), S. 12.

Die japanische Regierung hatte für ihre »Mittäterschaft« im wesentlichen zwei Motive: »Zum einen war man der Ansicht, daß eng miteinander verzahnte Besitzverhältnisse und intensive Beziehungen zwischen Abnehmern und Zulieferern Importe und Investitionen aus dem Ausland verhindern könnten. Das geschah zu einer Zeit, als sich Japan – was unvermeidlich geworden war – gedrängt sah, seine Märkte offiziell zu öffnen. Zum anderen ging es der Regierung darum, knappe Ressourcen in jenen Industrien zu konzentrieren, die als entscheidend für die langfristige ökonomische Sicherung des Landes eingestuft wurden. Und die großen Gruppen mit ihrem starken Rückhalt bei einer Bank und einem gestreuten Risiko ließen sich von der Regierung bequem in strategisch wichtige Branchen bugsieren. Diese Art von Dirigismus sollte sich als richtig herausstellen. Das beweist die Tatsache, daß die *Keiretsu* heute die Blue Chips der japanischen Wirtschaft sind.«[11]

Das Großunternehmen »Japan Incorporated« hat es verstanden, das Land zu einer »Macht der Triade«[12] aufzubauen. Im Zusammenspiel zwischen Privatwirtschaft und Staat erfolgte dies in einer Weise, wie es in anderen Ländern nicht vorstellbar ist. Alle sind auf alle angewiesen, jeder ist Teil einer Gruppe, keine Gruppe steht für sich allein, Harmonie ist die höchste Tugend.

Für das japanische Erfolgsmuster waren diese Grundsätze bei aller Dynamik und den damit auch verbundenen Irritationen stets entscheidend. Diese Verhaltensmentalität resultiert aus der Sozialgeschichte Japans, in der jenes soziale System ein Rolle gespielt hat, das sich in den *Mura* entwickelte. *Mura* waren geschlossene, vom Naßreisanbau abhängige Dorfgemeinschaften, Schicksalsgemeinschaften eigener Prägung. In diesen, ökonomisch und soziologisch gesehen, »Ganzheiten« war jeder von jedem abhängig; alle *Mura*-Mitglieder waren mit ihrem individuellen Status in die Gemeinschaft eingebunden. Lebenswichtig für den einzelnen war die Ausrichtung auf einen Ranghöheren, der Fürsorge und Förderung gewährte, dafür Loyalität und Gehorsam verlangen durfte.[13]

Im Aufbau und in den Interaktionen der *Keiretsu*-Gruppen finden sich diese Abhängigkeiten wieder. Ihre Führungsgremien steuern das Wirtschaftsgeschehen, ihre Mitgliedsunternehmen sind, um es überspitzt zu formulieren, Befehlsempfänger mit Loyalitäts- und Vorsorgeanspruch.

Das japanische Erfolgssystem kann sich auf Arbeitsteilungsmechanismen stützen, die historisch gewachsen sind und immer wieder an die modernen Erfordernisse angepaßt wurden. In diesem System sind Synergieeffekte, auch Erscheinungen wie Quality Circles, *Kaizen*, Lean Productionq und Just-in-Time-Lieferungen – leichter zu organisieren als in jedem anderen System mit marktwirtschaftlichen Grundmerkmalen. Die Japaner haben sicher keine neue Form des Wirtschaftens erfunden[14], sie haben aber ihre Tradition in das wirtschaftliche Geschehen eingebracht und sind nicht zuletzt damit in die Lage versetzt worden, ihre Weltkonkurrenten zu überflügeln.

---

11 Marie Anchordoguy, Eine kurze Geschichte der Keiretsu, in: HARVARD manager (1991) 1.

12 Vgl. das gleichnamige Buch von Kenichi Ohmae, Wiesbaden 1985.

13 Vgl. Max Eli, Elemente der Ganzheitslehre in der japanischen Wirtschaft, in: Der Weg zum Ganzen, Essay, Stuttgart 1987.

14 Vgl. Barbara Krug, Die Entzauberung der Samurai, in: FAZ v. 10. 4. 1993.

# III. Die kleinen und mittleren Unternehmen als Joker der Wirtschaft

FRIEDERIKE BOSSE

Der Erfolg der japanischen Wirtschaft wird meistens mit den Großunternehmen erklärt, die sich im internationalen Wettbewerb mit schlanken Fertigungs- und Managementmethoden seit Jahrzehnten sehr erfolgreich behaupten. Dabei wird allerdings übersehen, daß diese multinationalen Großunternehmen nur einen kleinen Teil der japanischen Wirtschaftslandschaft darstellen. Denn dieser relativ kleinen Gruppe steht ein Heer von kleinen und mittleren Unternehmen gegenüber: 1994 wurden in Japan 6,47 Millionen kleine und mittlere Betriebe gezählt gegenüber 61 000 Großbetrieben. Diese Millionen von Kleinbetrieben sind in der Regel weder international wettbewerbsfähig, noch werden hier die vielzitierten japanischen Managementmethoden angewandt. Sie sind vielmehr gekennzeichnet durch eine dünnere Eigenkapitaldecke, schlechtere Arbeitsbedingungen, niedrigere Produktivität und häufig auch durch weniger unternehmerische Autonomie. Viele der verarbeitenden Kleinbetriebe sind Zulieferer für große Hersteller und oft so stark von diesen abhängig, daß sie als unvollkommene Unternehmen bezeichnet werden. Das krasse Gefälle zwischen großen auf der einen und kleinen und mittleren Unternehmen auf der anderen Seite äußert sich nicht zuletzt auch im Sozialprestige. Viele Arbeitsplätze in Kleinbetrieben zählen zu den ungeliebten sogenannten »3-K-Jobs«: *Kitanai* (schmutzig), *Kitsui* (anstrengend) und *Kiken* (gefährlich).

Allerdings ist die Wettbewerbsfähigkeit der Großunternehmen in hohem Maße von der Zusammenarbeit mit ihren Zulieferern abhängig, von deren Flexibilität und hoher technischer Qualität. Erst das Zusammenspiel dieser beiden sehr unterschiedlichen Wirtschaftsbereiche erklärt den japanischen Wirtschaftserfolg. Während der Bereich der Großunternehmen auch in der westlichen Literatur und Presse ausführlich untersucht worden ist, wird die Bedeutung der kleinen und mittleren Unternehmen (KMU) immer noch unterschätzt. Auch in Japan wurde die Funktion der KMU lange verkannt. Im Wirtschaftsweißbuch von 1957 war zum ersten Mal von einer »dualen Struktur« die Rede, in der ein vormoderner und ein moderner Sektor nebeneinander existierten. Später wurde allerdings erkannt, daß diese beiden Sektoren durchaus komplementäre Funktionen haben, und daß gerade deren Arbeitsteilung zum Erfolg der japanischen Wirtschaft beigetragen hat. Während in den achtziger Jahren nach der Ära der Massenproduktion auch international eine Verlagerung der ökonomischen Aktivität hin zu kleineren Unternehmen festgestellt wurde, wuchs auch das internationale Interesse an der japanischen Klein- und Mittelindustrie. Ein Schwerpunkt der Untersuchungen war dabei das erwähnte Zusammenspiel in der verarbeitenden Industrie zwischen Hersteller/Abnehmer und

Zulieferer, das sogenannte *Shitauke*-System. Dieses enge und dauerhafte Verhältnis gilt als ein zentrales Element der japanischen Industrieorganisation. In jüngster Zeit gibt es allerdings Zeichen für eine Öffnung bzw. Schwächung des Verhältnisses. Offen ist noch, ob dies positiv oder negativ für die mittleren Betriebe sein wird. Unumstritten ist hingegen, daß die japanischen Unternehmen zur Zeit unter großem Reformdruck stehen, der für die Industrieorganisation und für die Kleinbetriebe zu grundlegenden Veränderungen führen wird.

Im folgenden sollen zunächst die große Bedeutung der kleinen und mittleren Unternehmen für die japanische Wirtschaft mit einigen Daten aufgezeigt werden sowie ihre besondere Rolle als Konjunkturpuffer einerseits und als vitaler Motor sowohl für Konjunkturbelebung als auch für Strukturwandel andererseits. Die Erfüllung dieser Funktionen wird Mitte der neunziger Jahre allerdings durch zwei Probleme erschwert: die chronische Schwierigkeit, ausreichend qualifiziertes Personal zu rekrutieren und zu halten, sowie die zunehmende Globalisierung und internationale Vernetzung der Wirtschaft, die in mehrfacher Weise Druck auf die KMU ausübt. Abschließend soll ein Ausblick auf die weitere Entwicklung der japanischen KMU gewagt werden, verknüpft mit der Überlegung, wie die KMU ihre Stärken im Rahmen des tiefgreifenden Strukturwandels erfolgreich einsetzen können.

## 1. Die Bedeutung der kleinen und mittleren Unternehmen

### a. Die quantitative Bedeutung

Auch in Deutschland spielen mittelständische Unternehmen bekanntermaßen eine bedeutende Rolle. Doch in Japan ist das Gewicht der kleinen und mittleren Unternehmen noch größer. Obwohl ein detaillierter Vergleich wegen unterschiedlicher statistischer Erfassung kaum möglich ist, sollen zwei Zahlen zumindest die Relationen veranschaulichen: In Deutschland waren 1987 knapp 40 % der Arbeitnehmer in Betrieben mit weniger als 100 Beschäftigten tätig, in Japan fast 50 %. Die durchschnittliche Unternehmensgröße im verarbeitenden Gewerbe betrug in Deutschland 186 Beschäftigte, in Japan hingegen 93 Mitarbeiter, also genau die Hälfte.[1] Einige Zahlen sollen die herausragende Bedeutung der mittelständischen Unternehmen in Japan veranschaulichen.[2] 1994 wurden 6,47 Millionen Klein- und Mittel-

1 Franz Waldenberger, Ökonomische Analyse einiger Merkmale der japanischen Industrieorganisation, in: Japanstudien. Jahrbuch des Deutschen Instituts für Japanstudien, Band 5/1993, S. 145.

2 Die Abgrenzung gegenüber Großunternehmen erfolgt auf der Basis des »Grundgesetz für kleine und mittlere Unternehmen« (1963) anhand der Zahl der Beschäftigten bzw. des Eigenkapitals. In der Industrie sind KMU solche Unternehmen mit weniger als 300 Beschäftigten bzw. einem Eigenkapital von maximal 100 Mio. Yen. Im Großhandel liegen die Grenzen bei 100 Beschäftigten und einem Eigenkapital von maximal 30 Mio. Yen, im Einzelhandel bei 50 Beschäftigten bzw. 10 Mio. Yen Eigenkapital. Kleinbetriebe sind solche mit weniger als 50 (verarbeitende Industrie) bzw. 5 Beschäftigten (Handel, Service, Gastronomie).

unternehmen gezählt, das sind 99,1 % aller privaten Unternehmen. Dieser Anteil ist in den letzten zehn Jahren praktisch konstant geblieben, auch wenn die absolute Zahl der Betriebe seit dem Höhepunkt der spekulativ aufgeblähten Konjunkturphase (1989) binnen fünf Jahren um rund 100 000 gefallen ist. Diese Zahl sagt allerdings nur etwas über die allgemeine Konjunktur aus, die seither als Rezession bezeichnet wird. Ein Blick auf einzelne Wirtschaftssektoren gibt hingegen Hinweise über dahinterliegende strukturelle Verlagerungen: Von 1986 bis 1994 sank die Zahl der verarbeitenden KMU um 53 000, während im Servicebereich 131 000 zusätzliche Betriebe entstanden. Hier spiegelt sich die Verlagerung von der verarbeitenden zur Dienstleistungsindustrie wider, die seither noch weiter fortgeschritten sein dürfte. Die relativ konstante Größenordnung der KMU-Zahlen täuscht allerdings auch darüber hinweg, daß jedes Jahr zahlreiche Betriebe aufgegeben und andere neu gegründet werden.

In den kleinen und mittleren Betrieben sind 42,27 Millionen Personen beschäftigt, das sind 78 % aller in der Privatwirtschaft Beschäftigten (1994). Auch dieser Anteil ist relativ stabil, seit 1981 ist er nur um 3,4 % gesunken. Die absoluten Zu- und Abnahmen spiegeln die Konjunkturphasen der letzten Jahre wider. Während der KMU-Anteil bei den Betrieben durch alle Branchen praktisch gleich hoch ist, variiert der Beschäftigtenanteil zwischen den verschiedenen Branchen deutlich: In der verarbeitenden Industrie sind 73,2 % der Beschäftigten in KMU tätig, im Servicebereich nur 62,9 %, während in der Bauwirtschaft und im Immobiliensektor rund 95 % in Kleinbetrieben arbeiten.

Der Beitrag der KMU zur industriellen Wertschöpfung ist mit 55,9 % (1994) ebenfalls sehr hoch, wenn auch nicht so hoch wie ihr Anteil bei den Betrieben und den Beschäftigtenzahlen. Die Bedeutung der kleinen und mittleren Unternehmen für die Gesamtwirtschaft liegt also nicht allein in ihrem direkten Beitrag zur Wertschöpfung, sondern muß mit anderen Kriterien gemessen werden. Ein offensichtlicher Beitrag liegt in der Bereitstellung von Arbeitsplätzen. Nachdem ohnehin die große Mehrheit der japanischen Arbeitnehmer in KMU tätig ist, vergrößern diese obendrein tendenziell ihre Belegschaften, während die Großunternehmen rationalisieren. 1995 beispielsweise wuchs die Beschäftigung in Kleinbetrieben (bis 29 Mitarbeiter) um 1,5 %, in Mittelbetrieben (bis 499) um 0,9 %, während in den Großbetrieben (über 500) 0,9 % abgebaut wurden.[3] Hinter den absoluten Veränderungen verbirgt sich außerdem eine viel höhere Fluktuation in den KMU, d. h. es gibt dort sowohl mehr Firmenaustritte als auch -eintritte.

Die Beschäftigten in den KMU sind gegenüber ihren Kollegen in den Großunternehmen in vielen Punkten schlechter gestellt. Die Löhne und Gehälter betragen rund 64 % der Gehälter (1995), die ein Unternehmen mit mehr als 500 Beschäftigten zahlt. In Mittelbetrieben bis 100 Mitarbeiter erhalten die Beschäftigten im Vergleich 67,6 %, in Kleinbetrieben bis 30 Mitarbeitern nur 58,1 % des Lohnes der Kollegen in den Großbetrieben. In einzelnen Branchen sieht es noch schlechter aus. In der verarbeitenden Industrie werden in Mittelbetrieben 61,9 %, in Kleinbetrieben nur 55,8 % der Vergleichslöhne gezahlt. Im Handel und in der Gastronomie liegen die Gehälter sogar nur bei 60,9 % bzw. 53,6 %. In Japan bestehen die Einkommen jedoch nicht nur aus dem Grundlohn, sondern die halbjährli-

3 Ministry of Labour, Labour Force Survey 1995, Tōkyō 1996, S. 14.

chen Gratifikationen tragen rund ein Drittel zum Jahreseinkommen bei. Darüber hinaus gibt es noch andere betriebliche Sozialleistungen, die z. T. freiwillige Zahlungen sind. Bezieht man diese Leistungen mit ein, vergrößert sich die Kluft zwischen kleinen und mittleren Unternehmen und Großunternehmen noch einmal beträchtlich. So haben 95 % aller Großbetriebe ein System der medizinischen Versicherung, aber nur 78 % der Kleinbetriebe. 76 % der Großbetriebe bieten ihren Beschäftigten Finanzierungshilfen beim Wohnungsbau, aber nur 12 % der Kleinbetriebe.

Auch bei der Arbeitszeit gibt es beträchtliche Unterschiede. So arbeiteten die Beschäftigten in den Kleinbetrieben 1994 pro Woche im Durchschnitt 41 Stunden 41 Minuten, genau drei Stunden länger als in den Großbetrieben. Die höhere Stundenzahl erfolgt an mehr Arbeitstagen: 70 % der Betriebe mit mehr als 1 000 Beschäftigten haben eine regelmäßige Fünf-Tage-Woche (weitere 17 % dreimal pro Monat), unter den Kleinbetrieben sind es nicht mehr als 19 % (+ 16 % dreimal pro Monat). Die längere Wochenarbeitszeit in den KMU ist gesetzlich abgesegnet: Die 40-Stunden-Woche wurde zwar 1987 ins Arbeitsstandardgesetz aufgenommen (von damals 48 Std.), die Implementierung des Gesetzes geschah jedoch nur stufenweise. Als letzter Schritt sollte die 40-Stunden-Woche zum 1. April 1997 auch für alle KMU Pflicht werden, doch diese Vorgabe wich so stark von den realen Verhältnissen ab, daß die Regierung dem Druck der kleinen und mittleren Unternehmen nachgab und die Schonfrist um weitere zwei Jahre verlängerte.

## b. Die Funktionen der kleinen und mittleren Unternehmen

### *Als Auffangbecken und Konjunkturpuffer*

Es wurde bereits erwähnt, daß eine wichtige volkswirtschaftliche Funktion der kleinen und mittleren Unternehmen die Bereitstellung von Arbeitsplätzen ist.[4] Zum Teil ist der Zuwachs an Beschäftigten sicher auf Neugründungen von Unternehmen zurückzuführen, aber vor allem greifen hier Instrumente zur Beschäftigungsanpassung, die in Japan verbreitet, in anderen Ländern aber kaum anzutreffen sind. Japanische Großunternehmen bieten ihren Stammbeschäftigten in der Regel eine sehr hohe Beschäftigungssicherheit, Entlassungen werden äußerst selten durchgeführt. Statt dessen werden Arbeitnehmer versetzt, wenn der Personalbestand reduziert werden soll. Manche Versetzungen bleiben innerhalb des Unternehmens, andere führen über die Firmengrenzen hinaus zu anderen Unternehmen, die mit dem eigenen durch Geschäftskontakte und/oder Kapitalbeteiligung verbunden sind. Diese Versetzungen können befristet sein (*Shukkō*) oder endgültig (*Tenseki*). Beide Formen bedeuten für den betroffenen Arbeitnehmer gewöhnlich eine Herabstufung auf das niedrigere KMU-Lohnniveau. Beim *Shukkō*-Wechsel deckt das entsendende

4 In England stieg der Beschäftigungsanteil kleiner Betriebe zwischen 1979 und 1986 um 9,8 %, in der Bundesrepublik um 3,1 % (1970–1987). David Audretsch, Kleinunternehmen in der Industrieökonomik: Ein neuer Ansatz, Berlin 1993.

Unternehmen (meistens) die Lohndifferenz, beim *Tenseki*-Wechsel entsteht ein neuer Arbeitsvertrag. Die Größenordnung, in der diese Transfers in Japan durchgeführt werden, ist beträchtlich: Nach Angaben des Arbeitsministeriums saßen 1994 316 000 Beschäftigte auf *Shukkō*-Posten. Die kleinen und mittleren Unternehmen fungieren also als Auffangbecken.

Für die Großunternehmen sind die Transfers ein Instrument, mit dem bei schlechter Geschäftslage die Personalkosten gesenkt und gleichzeitig Entlassungen, die das Image schädigen würden, vermieden werden können. Diese Praktiken begründeten den Ruf japanischer Unternehmen, »niemanden zu entlassen«, wesentlich mit und sind außerdem ein Grund für die vergleichsweise niedrige Arbeitslosenquote in Japan. Möglich wird das System jedoch nur dadurch, daß die kleinen und mittleren Unternehmen bereit sind, die entsandten Beschäftigten aufzunehmen. Problematisch ist zunächst der Kostenfaktor, denn die neuen Mitarbeiter kommen ja in einer Phase, in der auch das KMU mit dem Konjunkturrückgang zu kämpfen hat. Gerade in der Rezession Anfang der neunziger Jahre waren die KMU durch Preisdruck von seiten der Importkonkurrenz wie auch der Abnehmer ohnehin in einer sehr angespannten Wettbewerbssituation. Da aber die KMU an chronischem Arbeitskräftemangel leiden und auch während der Rezession viel seltener Personalanpassungsmaßnahmen angewandt haben als die Großunternehmen, spielt die finanzielle Belastung nicht die entscheidende Rolle, sondern vielmehr die Qualität des jeweiligen Entsandten. Neben dem Kostendruck steht das Problem, die neuen Mitarbeiter in den Betrieb zu integrieren. Dabei ist zu bedenken, daß diese nicht unbedingt freiwillig wechseln und ihre Motivation und Anpassungsbereitschaft unter Umständen gedämpft sind.[5] Andererseits bringen sie Erfahrungen und Fachwissen aus dem Großunternehmen mit, die für das KMU sehr nützlich sein können.

Die Großunternehmen nutzen die kleinen und mittleren Unternehmen noch in einer anderen Weise, um die eigenen Personalkosten zu senken, ohne Beschäftigte in die Arbeitslosigkeit zu schicken. Ältere Arbeitnehmer, die das betriebsinterne Rentenalter erreicht haben (das meistens niedriger als das der gesetzlichen Altersrente liegt) und eine Weiterbeschäftigung suchen, werden finanziell bei der Gründung eines eigenen Kleinunternehmens unterstützt, wenn man sie nicht im eigenen Unternehmen weiterbeschäftigen kann. Von hier aus arbeiten sie mitunter ihrer alten Firma weiter zu. Rund ein Drittel der KMU, die seit 1985 gegründet wurden, wurde mit Unterstützung bzw. Zustimmung des ehemaligen Arbeitgebers gegründet (gegenüber einem Viertel zwischen 1955 und 1964).[6] Hier fungieren die Klein- und Mittelunternehmen also als Auffangbecken für ältere Arbeitnehmer, die beispielsweise eine Einkommenslücke zwischen Firmenlohn und Altersrente überbrücken müssen.

5 Rechtlich erfolgt die Versetzung in Übereinstimmung zwischen Arbeitnehmer und Arbeitgeber, in der Praxis haben die Beschäftigten aber wenig Möglichkeiten, sich gegen einen Transfer zu wehren. Je älter die Beschäftigten sind, desto größer ist die Wahrscheinlichkeit, daß auch die Shukkō-Versetzung eine permanente Versetzung wird.

6 Für 1985 und später; 48,8 % wurden als »spinn-offs« gegründet, d. h. ein Arbeitnehmer verließ seine Firma, um eine neue zu gründen, und 16,7 % waren unabhängig, d. h. ohne vorherige Erfahrung in Unternehmen. JSBRI, The Age of Small Business – the Foundation for Reconstruction of the Japanese Economy 1996, S. 135.

*Als Zulieferer*

Im Mittelpunkt der Analysen der japanischen Industriestruktur stehen häufig die engen, aber ungleichen Beziehungen in der verarbeitenden Industrie zwischen Herstellern (Großunternehmen) und Zulieferern (kleine und mittlere Unternehmen), das sogenannte *Shitauke*-System. Dieses System ist das Resultat einer industriellen Arbeitsteilung, in der die Hersteller es für vorteilhaft erachten, bestimmte Vorprodukte oder Fertigteile nicht selbst zu fertigen, sondern sie von außen zu beziehen *(Outsourcing)*. Der Anteil der Fremdzulieferungen ist in Japan höher als in westlichen Industrieländern, und entsprechend viele japanische Unternehmen sind Zulieferer. Im Industriedurchschnitt ist jedes fünfte Unternehmen ein Zulieferunternehmen, in der Fahrzeugbranche sogar jedes dritte (1996).[7]

Hersteller und Zulieferer bilden eine sehr stabile Gruppe, die auch als *Keiretsu* bezeichnet wird, wörtlich: Verbundgruppe. Die Gruppe hat die Form einer Pyramide, an deren Spitze der Hersteller steht, darunter die Primärzulieferer, die komplexe Komponenten und Systeme liefern, und weitere Stufen, in denen immer einfachere Teile gefertigt werden. Mit sinkender Pyramidenstufe nehmen sowohl das technische Know-how der Produzenten als auch ihre Betriebsgröße ab, die Zahl der Zulieferer hingegen wächst. Ein Zulieferer der dritten oder vierten Stufe kann relativ leicht ausgewechselt werden, während die Zulieferer der ersten Stufe sehr speziell auf die Anforderungen der Hersteller ausgerichtet sind. Preise sowie Liefermengen und -zeiten werden weitgehend vom Hersteller bestimmt. Wenn sich seine Auftragslage verschlechtert, verlangt er von seinen Zulieferern entsprechende Anpassungen, fordert Preissenkungen oder kürzt die Auftragsmengen. Im umgekehrten positiven Fall gilt selbstverständlich das Gleiche. Damit übertragen die Hersteller das Risiko für Konjunkturschwankungen und die Kosten für Lagerhaltung auf die Zulieferer und nutzen gezielt das niedrigere Kostenniveau der KMU aus, indem sie arbeitsintensive Aufgaben auslagern. Gleichzeitig behalten sie sich vor, ausgelagerte Produktionsschritte zurückzuholen, um ihre eigenen Kapazitäten auszulasten.

Doch was auf den ersten Blick wie pure Ausbeutung der kleinen und mittleren Unternehmen aussehen mag, ist ein komplexes System von gegenseitiger Abhängigkeit, das auch den Zulieferern Vorteile bietet – wenn es auch sicher kein Verhältnis zwischen Gleichgestellten ist. Die japanischen Zulieferbeziehungen sind vor allem durch ihre Beständigkeit gekennzeichnet. 73 % der Zulieferer betreiben seit mindestens 15 Jahren Geschäfte mit ihren Abnehmern, umgekehrt sind es sogar 94 % der Abnehmer (1995).[8] Genau diese Beständigkeit ist für die KMU denn auch der Hauptvorteil in der Geschäftsbeziehung. Selbst wenn die Auftragsmenge reduziert wird, werden die Aufträge doch nur sehr selten ganz eingestellt. Vielmehr unterstützt der Hersteller seine Zulieferer häufig bei der Verbesserung von Fertigungstechniken oder der Umsetzung seiner Preissenkungsforderung. Er stellt z. T. Rohmaterialien oder Maschinen zur Verfügung und bietet dem Zulieferer Zugang zu seinem technologischen Know-how, d. h. er bindet ihn in der Regel eng in seine eigene Geschäftstätigkeit ein, angefangen bei der Produktentwicklung.

---

7 MITI, in: Rōdō undō, 11/1996, S. 153.

8 Small and Medium Enterprise Agency, in: Rōdō undō, 11/1996, S. 153.

## 2. Probleme der kleinen und mittleren Unternehmen

Die Rezession, die die japanische Wirtschaft seit Beginn der neunziger Jahre bremst, brachte die kleinen und mittleren Unternehmen des Landes in mehrfacher Hinsicht unter Druck. Im Außenhandel wurden die Exporte der japanischen Industrie durch den steilen Kursanstieg des Yen erschwert (1992–Frühjahr 1995), was jedoch nicht durch einen erhöhten Binnenabsatz ausgeglichen werden konnte, da auch hier eine generell schwache Nachfrage verzeichnet wurde. So beklagten insbesondere die Zulieferbetriebe einen Auftragsrückgang und obendrein massiven Druck von ihren Abnehmern, Preise zu senken. Beide Phänomene sind ausgeprägter als in früheren Krisen (etwa nach den Ölschocks oder der ersten Yen-Aufwertungsphase). Damals konnten sich die Zulieferer noch weitgehend auf sichere Auftragsvolumen verlassen, doch Mitte der neunziger Jahre müssen sie mit kleineren Mengen manövrieren, die Qualität der Produkte verbessern und obendrein die Preise senken. In der Automobilindustrie, der Baumaschinen- oder Investitionsgüterbranche beispielsweise geben in Umfragen des MITI drei Viertel aller Zulieferbetriebe an, daß sich ihr Auftragsvolumen zwischen 1993 und 1995 verringert hat.[9] Die Unsicherheit wird außerdem dadurch vergrößert, daß die Vorlaufzeiten verkürzt wurden. Während die Zulieferer früher eine grobe Produktionsplanung für das folgende Halbjahr erhielten, entscheiden die Hersteller nun viel kurzfristiger. Jedoch steigerten die Großunternehmen im Geschäftsjahr 1995 (bis 31. 3. 1996) ihre ordentlichen Gewinne um durchschnittlich 18,7 %, die verarbeitenden sogar um 24,9 %, während die kleinen und mittleren Unternehmen nur 8,8 % bzw. 2,4 % Zuwachs erfuhren.[10] Dieser Rückstand bei den KMU ist ein auffälliges Merkmal der gegenwärtigen Rezession, denn gewöhnlich war es der Mittelstand, der mit neuem Elan und Investitionen aus einem Konjunkturtief herausführte. Ein Grund für die Zurückhaltung ist, daß die Probleme der kleinen und mittleren Unternehmen nicht allein auf die Konjunktur zurückzuführen sind, sondern strukturelle Ursachen haben, die durch die Rezession allerdings intensiviert wurden.

### a. Internes Problem: chronischer Arbeitskräftemangel

Nach der oben beschriebenen Kluft zwischen Großunternehmen und KMU in bezug auf die Arbeitsbedingungen verwundert es kaum, daß das größte Problem der kleinen und mittleren Unternehmen im Personalbereich liegt. Die KMU beklagen grundsätzlich Schwierigkeiten, ausreichend qualifizierte Arbeitskräfte zu bekommen, und zwar relativ unabhängig von der konjunkturellen Entwicklung. Es ist sogar eher so, daß die Intensität des Arbeitskräftemangels im umgekehrten Verhältnis zur Konjunktur steht. Während Großunternehmen bevorzugt junge Arbeitnehmer einstellen, um diese im eigenen Unternehmen entsprechend den Firmenbedürfnissen auszubilden, greifen KMU sehr oft auf berufserfahrene Quereinsteiger

9 Fair Trade Commission, in: Rōdō undō, 11/1996, S. 157.
10 Ministry of Finance, in: Shōkō Sōgō Kenkyūjo (Hrsg.), Gendai no chūshō kigyō, 1996, S. 37.

zurück. Dies ist eine bewußte Entscheidung, denn dadurch sparen sie Ausbildungszeit und -kosten, die in einen unerfahrenen Mitarbeiter investiert werden müßten, und bekommen einen Mitarbeiter, der unverzüglich auf einem bestimmten, anspruchsvollen Arbeitsplatz eingesetzt werden kann.

Der Hintergrund ist, daß in vielen kleinen und mittleren Unternehmen kein geeignetes Führungspersonal vorhanden ist. Dieser Mangel hat noch weitreichendere Auswirkungen als der generelle Arbeitskräftemangel, denn er führt nicht selten zur Aufgabe eines Betriebes. Während das Problem der Sicherung von Arbeitskräften für die kleinen und mittleren Unternehmen grundsätzlich nicht neu ist, fehlt es in jüngster Zeit immer häufiger an einem Nachfolger.[11] Und dieses Problem wird zunehmend drängender, weil die jetzigen Unternehmer immer älter werden. 1975 waren 35 % aller selbständigen Unternehmer älter als 50 Jahre, 1994 waren es 55 %. Im gleichen Zeitraum fiel der Anteil der unter 40jährigen Unternehmer von fast 40 % auf 20 %. Das gleiche Phänomen gilt im übrigen für die Arbeitnehmer: Auch hier stieg das Durchschnittsalter in den vergangenen zwanzig Jahren stetig an, und zwar in allen Betriebsgrößen und in allen Branchen. Für die KMU kommt erschwerend hinzu, daß das Durchschnittsalter der Belegschaften um so höher liegt, je kleiner der Betrieb ist.

## b. Externe Probleme: Globalisierung und ihre Rückwirkung

Der zweite Faktor, der sich im Verlauf der Rezession erschwerend auf die Situation der kleinen und mittleren Unternehmen ausgewirkt hat, ist die zunehmende Globalisierung der Wirtschaft. Für die japanischen Unternehmen ist insbesondere eine steigende Vernetzung im asiatisch-pazifischen Raum zu beobachten. Diese Einbindung wurde durch den Kursanstieg des Yen seit 1992 beschleunigt, der die japanischen Exporte verteuerte und damit erschwerte. Seither bauten die Großunternehmen ihre Präsenz im Ausland aus, um erstens die Exporteinbußen auszugleichen, zweitens die hohe Kaufkraft des Yen für Auslandsinvestitionen zu nutzen und dabei zugleich die niedrigeren Lohnkosten auszunutzen, und drittens, um die dortigen Märkte direkt zu beliefern, die als Absatzmärkte immer interessanter werden. Eine ähnliche Auslagerungswelle hatte es auch während der ersten Yen-Hochphase nach 1985 gegeben, doch während damals nur die Hersteller ins Ausland gingen, werden in den neunziger Jahren auch immer mehr Zulieferer mitgezogen. Für die größeren Zulieferunternehmen ist ein eigenes Auslandsengagement durchaus attraktiv, da sie auf diese Weise selbst das lokale niedrige Kostenniveau nutzen können und sich außerdem die Geschäftsbeziehung zu ihren bekannten Abnehmern sichern. Für kleine Betriebe ist ein eigenes Auslandsengagement allerdings in der Regel nicht machbar.[12] Die Auslagerung wird auf japanisch *Kūdōka* (Aushöhlung) genannt,

11 In Deutschland wird der Generationenwechsel ebenfalls immer schwieriger. In Westdeutschland sind 11 % der Selbständigen über 60 Jahre. Fachleute schätzen, daß die Hälfte aller Firmenpleiten auf das Konto ungelöster Nachfolgerprobleme geht. Handelsblatt, 7. 4. 1997, S. 21.

12 Von vielen kleinen und mittleren Unternehmen wird das Risiko eines Auslandsengagements jedoch unterschätzt, so daß nach einer MITI-Erhebung im Fiskaljahr 1994 mehr Firmen ihre

woraus bereits die negative Konnotation deutlich wird. Denn dahinter steckt die schlichte Angst, daß Japan als industrieller Standort ausgehöhlt und somit letztlich die gesamte Wirtschaftsgrundlage geschwächt wird. Rezession und Yen-Anstieg gemeinsam haben in den Branchen Fahrzeugbau, Computer- und Büromaschinen, Maschinen und Investitionsgüter besonders großen Einfluß auf die Zulieferunternehmen gehabt, wie eine Umfrage der japanischen Wettbewerbsbehörde *Fair Trade Commission* aufzeigte.[13]

Während Auslandsinvestitionen zunächst Zulieferungen von Investitionsgütern etc. induzieren, um die ausländischen Niederlassungen aufzubauen und in Betrieb zu setzen, geht in der zweiten Stufe der Auslagerung die inländische Produktion zurück und damit auch die Auftragsvolumen an die Zulieferer. Zuerst sind davon die Zulieferer einfacher Produkte betroffen, die relativ problemlos im Ausland selbst bezogen werden können. In den vergangenen Jahren verbesserten die asiatischen Industrieunternehmen jedoch stetig ihren technischen und Qualitätsstandard, so daß inzwischen ein großer Teil der im Ausland gefertigten Güter nach Japan fließt. Darunter sind Reimporte, d. h. Produkte aus den Niederlassungen japanischer Firmen, aber auch orginär ausländische Erzeugnisse asiatischer Unternehmen, die dank günstiger Wechselkurse preisgünstiger sind als japanische Erzeugnisse. Diese Produkte (Rohstoffe, Zulieferteile und Vorprodukte für die Industrie, aber auch Fertiggüter wie Fernsehgeräte, Videorecorder oder Autos) stehen in Japan in Konkurrenz zu den heimisch produzierten Gütern, d. h. auch zu den inländischen kleinen und mittleren Unternehmen. Für diese verschärft sich der Wettbewerb somit von zwei Seiten: Zum einen üben die Abnehmer im Inland massiven Preissenkungsdruck aus, und zum anderen drängt immer mehr ausländische Konkurrenz auf den japanischen Markt, die ihre Wettbewerbsfähigkeit nicht mehr nur auf Preisvorteile, sondern zunehmend auch durch Qualität stützen.

Auf mittlere Sicht wird diese Konkurrenz sogar noch verschärft, denn mit steigendem Know-how der ausländischen Hersteller greifen die japanischen Auslandsunternehmen immer mehr auf die lokalen Zulieferer zurück. Diese Substitution wirkt sich sowohl auf die in Japan gebliebenen Zulieferer als auch auf diejenigen aus, die mit ins Ausland gegangen sind. Denn auch die müssen sich unter Umständen neue Abnehmer suchen. Die neuen Abnehmer können ausländische Firmen oder Märkte sein oder auch die Auslandstöchter anderer japanischer Hersteller. Dabei werden bereits in einigen Bereichen Geschäftsbeziehungen geknüpft, die das bisherige Band der *Keiretsu*-Verbundgruppe verlassen. Es ist somit eine Entwicklung zu erkennen, nach der die traditionellen, engen Beziehungen, die auf beiden Seiten eine Portion »Good Will« enthielten, stärker rein ökonomischen Überlegungen untergeordnet werden. Diese japanische Besonderheit, die gerade auch für die Rolle der kleinen und mittleren Unternehmen von entscheidender Bedeutung war, läßt sich somit offenbar im Zeitalter der globalen Vernetzung der Wirtschaft nicht mehr isoliert aufrechterhalten.

---

Auslandsniederlassungen aufgaben, als neue gegründet wurden. Vgl. dazu Friederike Bosse, Der japanische Mittelstand und die Kūdōka, in: Japan – Wirtschaft Politik Gesellschaft, Dezember 1996, S. 639–649.

13 Fair Trade Commission, in: Rōdō undō, 11/1996 S. 156.

## 3. Fazit und Aussichten

Japans Wirtschaft befindet sich seit Mitte der neunziger Jahre an einem Wendepunkt: Japan wird als Industriestandort an Bedeutung verlieren und statt dessen einen größeren Teil seines Sozialprodukts mit Dienstleistungen erwirtschaften. In dieser Phase stehen die Unternehmen unter hohem Restrukturierungsdruck. Die Aufwertung des Yen und die inländische Rezession haben die Krise verstärkt, aber nicht verursacht, sondern lediglich die strukturellen Probleme schärfer hervortreten lassen. Während die Großunternehmen mit Umstrukturierungen und Rationalisierungsmaßnahmen (sowie dank der Yen-Abschwächung seit Mitte 1995) ihre Ertragskraft 1995/96 wieder deutlich verbessern konnten, hinken die kleinen und mittleren Unternehmen noch hinterher. Dabei intensiviert sich nicht nur der Wettbewerb zwischen den inländischen Anbietern, sondern die verarbeitenden kleinen und mittleren Unternehmen sind zunehmend mit internationaler Konkurrenz konfrontiert. Der Trend zur zunehmenden wirtschaftlichen Vernetzung wird weder durch den Anstieg des Dollars noch durch einen Konjunkturaufschwung auf dem japanischen Markt grundsätzlich umgekehrt werden, sondern langfristig Bestand haben.

Für die japanischen KMU in den verarbeitenden Gewerben bedeutet dies vor allem, daß sie sich in Zukunft weniger auf die langjährigen Beziehungen zu ihren Abnehmern verlassen können. Sie müssen daher ihre Abhängigkeit von einem einzigen Abnehmer bzw. wenigen Hauptabnehmern abbauen. Eine zweite Strategie ist die Spezialisierung und technische Höherqualifizierung ihrer Fertigung bzw. ihrer Produkte. In Marktnischen können sich auch KMU starke Wettbewerbspositionen aufbauen oder ihre Position gegenüber den Herstellern/Großunternehmen mit technisch hochwertigen Spezialprodukten verbessern. Die kleinen und mittleren Unternehmen tun sich mit Diversifizierung schwerer als die Großunternehmen. Doch es gibt bereits eine Reihe von Beispielen in Japan, die zeigen, daß Kleinbetriebe, die sich auf neue Produktsparten spezialisiert haben, erfolgreich sind.

Die Tatsache, daß bislang die verarbeitende Industrie im Mittelpunkt der Darstellung gestanden hat, soll nicht darüber hinwegtäuschen, daß die kleinen und mittleren Unternehmen auch in den Dienstleistungsbranchen ein beträchtliches Gewicht haben. Und eben hier liegen die Wachstumsbranchen der Zukunft, d. h. in der Telekommunikation, der Informationsindustrie, aber auch in personenbezogenen Dienstleistungen im sozialen und pflegerischen oder im Freizeitbereich. Hier haben kleine und mittlere Unternehmen mitunter fast die gleichen Wettbewerbschancen wie die Großunternehmen, denn in vielen Servicebranchen kommt es ohnehin nicht darauf an, große Mengen zu produzieren, um Kostenersparnisse zu erzielen. Außerdem ist in vielen Dienstleistungsbranchen weniger Startkapital für eine Unternehmensgründung erforderlich als in der verarbeitenden Industrie. Die Dynamik und Anpassungsbereitschaft und -fähigkeit, die die kleinen und mittleren Unternehmen Japans in der Vergangenheit bewiesen haben, sind also am Ende des 20. Jahrhunderts, bei der Transformation von einer Industrie- zu einer Dienstleistungsgesellschaft, mehr denn je gefordert.

# IV. Forschung und Entwicklung

Petra Plate

## 1. Von der aufholenden Entwicklung zu eigener Innovation

In Japan wurde vor mehr als hundert Jahren ein nationales Forschungs- und Entwicklungssystem aufgebaut, mit dem Ziel, den technischen, militärischen und wirtschaftlichen Stand der USA und europäischer Länder wie Deutschland, Frankreich und Großbritannien aufzuholen. Dieses Ziel konnte etwa in den siebziger Jahren erreicht werden. Es gibt eine Reihe von Faktoren, auf die der Erfolg dieser Technologiepolitik zurückzuführen ist. In Japan existierte ein allgemeines Bildungssystem auf hohem Niveau, aus dem die Führungsschicht in Staat, Behörden und Wirtschaft hervorging. Auf dieser Grundlage ließ sich ein Forschungssystem aufbauen, das die vorhandenen Technologien in den Industrieländern studierte und sie im eigenen Land umsetzte. Der Transfer von technologischem Wissen in die Privatwirtschaft, von den Universitäten über die Absolventen und von den staatlichen Forschungsinstituten über Gemeinschaftsprojekte, ist auf vielen Gebieten gelungen.

Nach dem Zweiten Weltkrieg fand eine breite Verlagerung der bis dahin militärisch betonten Technikentwicklung auf zivile Bereiche statt, etwa die Telekommunikation und die Energiewirtschaft. Die geringen staatlichen Ausgaben für Verteidigung erlaubten eine großzügige Unterstützung der Forschung, die zum Beispiel in der Produktionstechnik oder in der chemischen Industrie von direktem Nutzen war. Doch viele der wichtigsten Faktoren, die Japan zu einem der führenden Herstellerländer von Technologieprodukten machten, bezogen sich nicht direkt auf die Forschung und Entwicklung, sondern dienten der Wirtschaft mit marktpolitischen Mitteln. Die Verbreitung von Schlüsseltechnologien auch unter konkurrierenden Firmen in Japan wurde durch Antimonopol-Regelungen und Kooperationsprojekte gefördert. Die großen japanischen Unternehmen wurden in der Umsetzung neuer Produkt- und Produktionsstrategien unterstützt. Dadurch stiegen ihre Umsätze auf dem Weltmarkt, so daß sie sich eine aufwendige Forschung und Entwicklung leisten konnten. Dies führte wiederum, etwa durch verbesserte Herstellungsverfahren und höhere Qualität der Produkte, zu einer Stärkung ihrer Marktposition. Während also nach dem Krieg die staatlichen Forschungsausgaben besonders hoch waren, trägt heute die Industrie in Japan im Vergleich zu anderen Ländern einen größeren Teil der gesamten Forschungsausgaben.

In einigen Bereichen hat das japanische System Schwächen, weil diese Bereiche hinter die Zielsetzung des wirtschaftlichen Aufholens zurückgestellt wurden. Dies zeigt sich etwa an der unzureichenden städtischen Infrastruktur. An Technologie für den öffentlichen Bereich werden zusätzlich neue Anforderungen gestellt, etwa den Umweltschutz und die medizinische Versorgung einer alternden Bevölkerung. Vor allem aber ist das japanische System nicht geeignet, wichtige Technologiebereiche unabhängig von ausländischen, vor allem US-amerikanischen Patenten selbständig weiterzuentwickeln. Die Industrie ist vor allem an anwendungsorientierter Forschung und Produktentwicklung interessiert. Die Grundlagenforschung und die Fähigkeit zu wichtigen Innovationen sind dann auch die wichtigsten Desiderata, die in allen japanischen Erklärungen zur Technologiepolitik beschworen werden. In den Jahren der japanischen Hochkonjunktur konnten solche Lücken im System mühelos mit Geld gestopft werden. In der auf den Boden der Realität zurückgekehrten Konjunktur Anfang der neunziger Jahre gingen die Forschungsausgaben der Industrie zum ersten Mal zurück, auch wenn die Unternehmen hier weniger Einschnitte vornahmen als bei vielen anderen Kostenfaktoren.

In dieser Situation wurde akzeptiert, daß der Staat seinen Anteil an den Forschungsausgaben wieder erhöhen müsse. Dabei sollen aber die Institutionen der öffentlichen Forschung strukturell reformiert werden, um eine international vergleichbare Qualität der Forschung in mehr Gebieten als bisher zu erreichen. Die Innovationsfähigkeit der Industrie und ihre Wandlung zu neuen, »wissensintensiven« Branchen sollen unterstützt werden. Die politischen Rahmenbedingungen der Vergabe von Mitteln für die Projekt- und Baufinanzierung sollen neu definiert werden. In den letzten Jahren mußten gerade bei besonders aufwendigen Projekten Rückschläge hingenommen werden. Eine auf Pfeilern gebaute Stadtautobahn in Kōbe stürzte beim großen Erdbeben von 1995 zusammen, obwohl man sich ein Jahr zuvor angesichts ähnlicher Zerstörung in Los Angeles technisch für überlegen gehalten hatte. Auch die aufwendige Erdbebenforschung hatte keinerlei Vorwarnung geben können. Ende desselben Jahres kam es zu einem schweren Unfall im Schnellen Brüter-Reaktor Monjū, mit dem der Staat und die japanische Atomindustrie die Fusionstechnologie in den Griff bekommen wollten. Diese Ereignisse haben bei der Bevölkerung zu einem neuen Tiefpunkt des Vertrauens in die Technologie und die Führung der staatlichen Behörden geführt. Visionen im Stil der sechziger Jahre, etwa ein zwei Kilometer hoher Wohnturm »Aeropolis 2001«[1] oder »Tomorrow's Home«[2], wo die japanische Ehefrau dem telearbeitenden Ehemann den Tee serviert, während ein Roboter in der Küche den Müll zum Recycling trennt, sieht man nur noch als unterhaltsame Fiktion.

Nach jahrelanger Diskussion dieser Themen in den staatlichen Behörden und ihren Beraterkommissionen hat eine Interessengruppe »Forschung und Technologie« des Parlaments einen Gesetzentwurf aufgestellt, der konkrete Veränderungen fordert und den Wissenschaftsrat CST (*Science and Technology Council*) im Amt des Ministerpräsidenten auffordert, wieder einen größeren, behördenübergreifenden Einfluß zu nehmen. Im Dezember 1995 wurde das Rahmengesetz für Forschung und Technologie, *Kagaku-Gijutsu Kihon Hō* (*Science and Technology Basic Law*)[3], verabschiedet, das Japan zu einem »in Forschung und Technologie kreativen Land machen« will. Das Rahmengesetz ordnet an, daß die staatlichen Ausgaben für Forschung und Entwicklung verdoppelt werden sollen, und fordert die

1 (Kajima Construction Co.)

2 Future Technology in Japan Toward the Year 2000: The Fifth Technology Forecast Survey, NISTEP (STA), Institute for Future Technology, Tōkyō 1993, Appendix 3, Fig.1, S. 311.

3 Kagaku-Gijutsu Kihon Hō (Rahmengesetz für Forschung und Technologie), Gesetz Nr. 130, 1995. Artikel 9, Absatz 1 fordert die Aufstellung eines Rahmen- bzw. Grundlagenplans.

Aufstellung eines Plans für ihre produktive Verwendung. Der neue Grundlagenplan, *Kagaku-Gijutsu Kihon Keikaku* (*Science and Technology Basic Plan*), wurde entsprechend dem Rahmengesetz am 2. Juni 1996 vom Kabinett beschlossen (*siehe Tabelle 1*). Während die Folgen dieses Plans heute noch nicht erkennbar sind, ist jedenfalls wahrscheinlich, daß das bisherige nationale Forschungs- und Technologiesystem nicht wesentlich angetastet wird. Die Förderung der Wirtschaft und Unterstützung ihres notwendigen Strukturwandels wird ebenso das wichtigste Ziel bleiben, wie die staatlichen Institutionen jeweils dafür sorgen, daß ihr Einfluß mindestens so groß bleiben wird wie bisher. Die Absicht des Plans ist es vielmehr, die erkannten Defizite schrittweise zu beheben und das gut eingefahrene Getriebe für den Aufbruch in das nächste Jahrhundert neu einzustellen.

*Tab. 1:* Grundlagenplan Forschung und Technologie

| |
|---|
| a) Um ein neues Innovationssystem aufzubauen, sollen institutionelle Strukturverbesserungen (*Seido Kaizen*) durchgeführt werden; |
| b) Die Anwendbarkeit der Forschungsergebnisse für das öffentliche, soziale und wirtschaftliche Wohl soll gefördert werden; |
| c) Die staatlichen Forschungskapazitäten sollen erweitert werden, und ein größeres Spektrum von Grundlagenforschung soll abgedeckt werden; |
| d) Es sollen Bewertungsmethoden entwickelt werden, nach denen über die Vergabe von Forschungsmitteln und über die internationale Geltung der Forschung entschieden werden kann; |
| e) Eine moderne F&E-Infrastruktur soll aufgebaut werden, inklusive moderner Informationstechnologie; |
| f) Der technologische Wissensstand der Bevölkerung soll verbessert werden, und sie soll für einen nationalen Konsens für den technischen Fortschritt gewonnen werden; |
| g) Der staatliche Forschungshaushalt soll verdoppelt werden. |

*Quelle: Kagaku-Gijutsu Kihon Keikaku* (Science and Technology Basic Plan), Kabinettsbeschluß vom 2. Juni 1996

## 2. Forschungsausgaben: Die Industrie zahlt den größten Teil

In Japan leistet der private Sektor einen verhältnismäßig hohen Anteil der gesamten Forschungsausgaben. Während der Staat in den Vergleichsländern USA und Deutschland 36 % bzw. 37 % der insgesamt verwendeten Forschungsgelder aufbringt, liegt der staatliche Anteil in Japan nur bei 21 % (*siehe Abbildung 1*).
Bis in die siebziger Jahre war die staatliche Unterstützung zum Aufbau eigener wettbewerbsfähiger Industrien noch vergleichsweise hoch gewesen, doch in den Jahren der Hochkonjunktur hatte die Industrie ihre Forschung zunehmend selbst finanziert, um von staatlichen Weisungen unabhängiger zu werden. In den neunziger Jahren wird die Unterstützung des Staates erneut gefordert, um die Fähigkeit der Unternehmen zur Innovation auszubauen und das Risiko hochtechnologischer Er-

*Abb. 1:* Japanische Forschungsausgaben (in Billionen Yen)

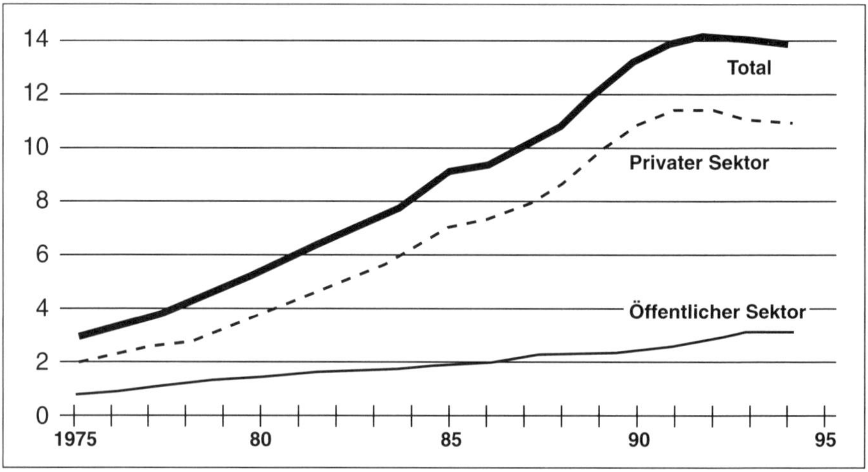


*Quelle:* Financial Times, 16. 09. 1996 nach Angaben der STA

kundungen abzufangen. Die Forschungsausgaben der Unternehmen steigen nicht mehr jährlich an, obwohl die Investitionen in Forschung und Entwicklung am Warenwert von Industrieprodukten einen immer größeren Anteil ausmachen. Die Kernbestimmung des neuen Rahmengesetzes für Forschung und Technologie ist deshalb die Forderung, die staatlichen Forschungsausgaben fünf Jahre lang jährlich zu erhöhen, so daß sie im Jahr 2002 etwa das Doppelte des heutigen Budgets von 2,7 Billionen Yen (ca. 38 Mrd. DM) betragen sollen. Damit soll der staatliche Anteil an den gesamten Forschungsausgaben auf etwa 40 % gehoben werden.

## 3. Die öffentlichen Institutionen der Technologiepolitik

### a. Technologiepolitik und nationale Aufgaben

Technologiepolitische Maßnahmen richten sich einerseits als Forschungspolitik auf die öffentlichen Forschungsinstitute und die Universitäten und andererseits in Form von Industriepolitik direkt auf die Wirtschaft. Aber auch für die staatliche Forschung ist die Förderung der japanischen Wirtschaft das übergeordnete Ziel. »Science policy, ... is the summation of all programs that are ... created to foster economic development through the scientific frontier.«[4]

4 David M. Flynn, Science Policy in Japan and the United States as it Affects Scientific and Economic Development, in: Japan's Economic Challenge, Joint Economic Committee, US National Science Foundation, October 1990, S. 309.

Staatliche Institute sollen beispielsweise die für die Unternehmen zu aufwendige, riskante und langfristig angelegte Grundlagenforschung ausweiten. Der Staat soll für die Einrichtung einer informationstechnischen Infrastruktur sorgen, von der man erwartet, daß sie die Effizienz der Forschung, den Transfer des Wissens an die Unternehmen, die Produktivität der Industrie und die Konsumbereitschaft der Bevölkerung wesentlich erhöhen wird. Im Hinblick auf die Wirtschaft werden sogenannte Zukunftstechnologien gefördert, auf denen neue Industriesektoren aufgebaut werden können, etwa Biotechnologie und Neue Materialien. Auch die Informationstechnologie gilt noch als zukunftsträchtiger Forschungsrahmen, innerhalb

*Tab. 2:* Schwerpunkte der staatlich geförderten Forschung nach Land und Zielsetzung, in % (Anfang der neunziger Jahre)

| Land | Verteidigung | Zivile Raumfahrt | Energie | Gesundheit | Industrieförderung |
|---|---|---|---|---|---|
| USA | 55 % | 11 % | 4 % | 16 % | 1 % |
| Japan | 6 % | 8 % | 20 % | 3 % | 4 % |
| Deutschland | 8 % | 5 % | 4 % | 3 % | 12 % |
| Frankreich | 33 % | 10 % | 3 % | 4 % | 7 % |
| Großbritannien | 44 % | 2 % | 1 % | 7 % | 8 % |

*Quelle:* Science and Engineering Indicators 1996, US National Science Foundation.

dessen zum Beispiel auch die Gehirnforschung Platz findet. Für die Insel Japan ist außerdem die Meeresforschung besonders wichtig. Die Raumfahrt ist ein ähnlicher Konzentrationspunkt verschiedener Forschungrichtungen, die sich zur Zeit wegen der vielen neuen Satellitenanwendungen auch zu einem neuen Wirtschaftszweig entwickelt. Zusätzlich ist es auch Aufgabe des Staates, die Forschung über Themen von nationalem Interesse zu organisieren. Für Japan ist die Energieversorgung eines der wichtigsten Sicherheitsthemen, gefolgt von der zivilen Raumfahrt. Gesundheitsfragen und Themen wie Katastrophenschutz oder soziale Technologiefolgen nehmen an Bedeutung zu (*siehe Tabelle 2*).

## b. Die Institutionen staatlicher Forschungs- und Technologiepolitik

Die Verteilung der staatlichen Forschungsaktivitäten auf viele verschiedene Behörden und Ministerien ist eines der strukturellen Probleme, mit denen sich der Grundlagenplan auseinandersetzt, indem er zum Beispiel den Wissenschaftsrat CST als übergeordnete Instanz stärken will.

Die Forschungs- und Technologiebehörde (STA) ist für die allgemeine Forschungspolitik zuständig und betreibt nationale und internationale Großforschungsprojekte, insbesondere die Energie-, Raumfahrt- und Atomkraftprojekte sowie viele spezialisierte nationale Forschungsinstitute. Weitere nationale Institute gehören anderen Ministerien an. Das Ministerium für Post und Telekommunikation (MPT) engagiert sich zum Beispiel mit dem renommierten *Communications Research Laboratory* (CRL). In der Medizintechnik und in der biochemischen Forschung sind das Gesundheits- und Wohlfahrtsministerium (MoHW) und das Landwirtschaftsministerium (MoAFF) aktiv.

Dem Ministerium für Erziehung, Wissenschaft und Kultur (MESC) unterstehen die staatlichen und privaten Universitäten, also die Ausbildung der Wissenschaftler und Ingenieure, und die akademischen Forschungseinrichtungen. Zu bestimmten Themenbereichen sind Gemeinschaftsforschungsinstitute verschiedener Universitäten als *Center of Excellence* (COE) ausgewählt worden, an denen sich auch die Industrie beteiligt.

Die *Agency of Industrial Science and Technology* (AIST) des MITI bestimmt die Politik hinsichtlich der Industrieforschung. In ihren Bereich fällt es, Leitlinien und technische Standards zu definieren, das Patentamt zu führen, Kooperationen und Kredite zu vermitteln und industriebezogene Forschung durchzuführen.

## c. Bildung und Kreativität

Das japanische Bildungssystem wird von den USA wie von den neuen asiatischen Industrieländern als wesentlicher Faktor für seinen wirtschaftlichen Erfolg geachtet. Doch fördert dieses Bildungssystem ein bestimmtes Lernverhalten und läßt wenig Raum zum Ausprobieren. Trotz der weltweit bewunderten Fähigkeit, vielfältige und durchaus kreative Problemlösungen zu entwickeln, wird in Japan selbst ein Mangel an solcher Kreativität beklagt. Der Grundlagenplan fordert deshalb, das Schulsystem und die akademische Ausbildung so umzugestalten, daß nicht nur Fleiß, Gedächtnisleistungen und mathematisches Denken gefördert werden wie bisher. Dazu soll insbesondere der naturwissenschaftliche und technische Unterricht einer Revision unterzogen werden, und Computer und neue Medien sollen in die Klassenzimmer einziehen. Allerdings kann das japanische System nicht leicht auf die Eliten-Selektion durch Prüfungen verzichten, die ein hohes Maß an kritikloser Anpassung erzeugen.

In der Phase des Aufholens war das kreative Potential der japanischen Akademiker und Industrieforscher darauf gerichtet, die Möglichkeiten der vorhandenen Technologien zu erkennen und in marktfähige Produkte umzusetzen. Selbst für die nachholende Technologieentwicklung war eine ausreichende Zahl staatlicher und akademischer Forschungsexperten notwendig, die auf ihrem Gebiet eine gute Qualifikation besitzen und sich an internationalen wissenschaftlichen Tagungen und Projekten beteiligen. Die Universitäten sind in dieser Form der wissenschaftlichen Tätigkeit besonders engagiert. An der Entfaltung einer schöpferischen Forschungstätigkeit fühlen sich die Universitätsinstitute jedoch mehr als die anderen Sektoren durch finanzielle Engpässe und durch Reglementierung gehindert, denen der Grundlagenplan nun abhelfen will.[5]

---

5 Das Ergebnis einer Umfrage der STA, wiedergegeben im Weißbuch 1996: Heisei 8-Nenban

## d. Grundlagenforschung

In Japan wird zwischen Grundlagenforschung, angewandter Forschung und experimenteller Produktentwicklung unterschieden. 1995 wurden nur 14 % des staatlichen Forschungshaushalts für Grundlagenforschung verwendet, 24 % für angewandte Forschung und 62 % für Entwicklung. Das Finanzministerium benutzt diese Aufteilung in drei Kategorien der Anwendungsnähe als Instrument, um staatliche Forschungsgelder nicht nach fachwissenschaftlichen Kriterien zu vergeben, sondern entsprechend einer nach eigenen Formeln berechneten finanziellen Gewinnerwartung.[6] Aber selbst die Grundlagenforschung hat den Zweck, »Fundamente für neue Industrien zu legen«. Soweit Statistiken einen Vergleich erlauben, besitzt Japan aber in allen Grundlagenbereichen eine geringere Zahl von Spezialisten und Forschungseinrichtungen.[7]

Die erhöhten staatlichen Forschungsausgaben sollen nach dem Grundlagenplan nun dazu genutzt werden, den Anteil der Grundlagenforschung in den staatlichen Budgets zu stärken. Es erfordert einen immer größeren Aufwand, um Ergebnisse aus der Hochtechnologieforschung zu erhalten, und daher werden Lizenzen immer teurer. Japan will sich in die Lage versetzen, in internationaler Arbeitsteilung eigene Ergebnisse gegen ausländische zu tauschen. Auch die ausländischen Handelspartner fordern von Japan vehement, vom Trittbrett zu steigen. Japan soll nun wie die USA einen angemessenen Teil der Grundlagen- und Spitzenforschung tragen und die Ergebnisse international zur Verfügung stellen, um Handelsstreitigkeiten oder aufwendige Parallelentwicklungen zu vermeiden. Der japanische Staat soll sich außerdem – schon aus eigenem Interesse – für die Forschung zur Lösung globaler Probleme einsetzen, etwa im Bereich der Energieversorgung oder der Erhaltung der natürlichen Ressourcen.

## e. Die staatliche Forschungsinfrastruktur

### *Personalstrukturen in den Forschungsinstituten*

Gesellschaftliche Strukturen wie das Senioritätsprinzip sind in Bildungs- und Forschungseinrichtungen besonders ausgeprägt. Wissenschaftler haben oft sehr gute Sachkenntnis, doch kaum Gelegenheit, Erfahrungen in selbständiger Forschung zu sammeln. Viele befristete Projekthaushalte stellen nur für Räume und Geräte, nicht aber für Personal Geld zur Verfügung, da durch die Einstellung von Assistenten und Ingenieuren über das besondere Projekt hinausgehende langfristige per-

---

Kagaku-Gijutsu Hakushō (Forschungs- und Technologie-Weißbuch 1996), Kagaku-Gijutsu-chō-hen (Hrsg. Forschungs- und Technologiebehörde), Tōkyō, 14. Mai 1996.

6 Nikkei Weekly, 10. 6. 1996.

7 Science and Technology Agency (STA), Survey of R&D 1995, nach: Kozo Iizuka, Research and Development in Japan. Present and Future, in: Journal of Japanese Trade and Industry, No. 5, 1996, S. 44.

sonelle Verpflichtungen entstehen würden. Vorhandene Ressourcen können wegen der abgeschlossenen Struktur von Forschungsinstituten nicht optimal genutzt werden.

Anstelle der bisherigen Personalstrukturen und Hierarchien sollen Wissenschaftler nach dem Grundlagenplan mit befristeten Verträgen eingestellt werden. Bisher führte die Konvention der lebenslangen Beschäftigung dazu, daß verantwortliche Stellen in der Forschung nur älteren Mitarbeitern offenstanden, die nach langen Jahren untergeordneter Tätigkeit die entsprechende Seniorität erreicht hatten. Nun sollen erfahrenere Wissenschaftler aufgefordert werden, in die Industrie zu wechseln und dadurch Chancen für jüngere Forscher zu schaffen. Das MESC hat die Möglichkeit befristeter Verträge auch für Professoren inzwischen rechtlich eingeräumt, doch es ist nicht zu erwarten, daß die Universitäten, das heißt die Stelleninhaber selbst, derartige Regelungen tatsächlich einführen und dadurch ihre bisherige Stellung gefährden werden. Eventuell werden jedoch Assistentenstellen wieder besetzt, die in Ermangelung einer Aufstiegsmöglichkeit heute leerstehen. Auch über Kriterien einer Evaluation, nach der über die Weiterbeschäftigung nach Fristende entschieden werden könnte, wurde keine Einigung erzielt.

Nach dem Grundlagenplan sollen außerdem die Finanzierungsmöglichkeiten für Vorhaben einzelner Forscher und von ihnen ausgewählter Mitarbeiter erweitert werden. Zusätzlich sollen jüngere Wissenschaftler, insbesondere Frauen, durch die Schaffung von 10 000 Forschungsstellen für Postdoktoranden gefördert werden, wodurch die Zahl der aktiven Forscher deutlich vergrößert würde. Auch ausländische Forscher sollen gezielt aufgenommen werden, eine Person pro Institut. Hier folgt der Plan einer bereits 1996 begonnenen Initiative des Ministeriums für Erziehung, Wissenschaft und Kultur (MESC), den Etat der *Japan Society for the Promotion of Science* (JSPS) für Postgraduiertenstipendien erheblich zu erhöhen. Die Zahl der von der JSPS vergebenen Forschungsstipendien soll auf 1 050 und die der STA auf 1 000 jeweils verdreifacht werden.

Die Kooperation zwischen den staatlichen, akademischen und privaten Forschungseinrichtungen soll gefördert werden. Gemeinschaftsforschungsprojekte und Personalaustausch insbesondere der Universitäten mit der Industrie sollen erleichtert werden, und für die Forschungsinstitute soll der Weg geebnet werden, Aufträge von der Industrie anzunehmen. Das MITI und die beiden anderen Ministerien, die hauptsächlich für die staatliche Forschung zuständig sind, die STA und das MESC, haben für das Finanzjahr 1997 besondere Mittel für diejenigen Projekte ihrer Forschungsinstitute bereitgestellt, von denen ein Innovationsimpuls für neue industrielle Anwendungen erwartet wird. Von den allgemeinen Haushalten der Forschungsinstitute soll beim MITI ein besonderer Fonds reserviert werden, um Gelder für die Erkundung neuer Industriezweige etwa in der Elektronik oder der Biotechnologie zur Verfügung zu stellen. Die Bewertung der Anwendungsfähigkeit der einzelnen Vorhaben und die Zuteilung der Gelder wird das MITI einer Kommission aus Ministerialbeamten, Wissenschaftlern und Vertretern der Wirtschaft übertragen. Die STA und das MESC wollen Entscheidungen über die Mittelzuteilung hingegen den Leitern der Forschungsinstitute überlassen.[8]

---

8 Nikkei Shimbun, 19. 8. 1996.

*Technische Infrastruktur*

Technisch sollen die Forschungszentren nach dem Vorbild der USA mit neuester Informationstechnologie ausgestattet werden und durch ein Hochleistungsnetz und Datenbanken ihr geistiges Kapital anreichern. Durch den Einsatz von Informationstechnik ist schon heute die internationale Anbindung der japanischen Forschung wesentlich verbessert worden. Zwei Wissenschaftsnetze wurden in Betrieb genommen: das Computer-Kommunikationsnetz IMnet (*Inter-Ministerial Net*), das seit 1995 mehr als 130 staatliche Forschungsinstitute verbindet, und vor allem das 1992 in Betrieb genommene SINET (*Science Information Network*), das über 250 Universitätsforschungsinstitute verbindet und Anschluß an das weltweite Internet bietet. Durch diese Verbindung kann Japan zum Beispiel das Tiefseeforschungsschiff »Mirai« zur Teilnahme an einem Kooperationsprogramm mit den USA nutzen, das die klimatischen und anderen Bedingungen der Meere beobachtet, wodurch »Japans Ansehen in der weltweiten Wissenschaftsgemeinde gesteigert wird«.[9]

## 4. Industriepolitik und Wissenstransfer

### a. Technologiepolitik als Industriepolitik

Hinsichtlich der Evaluationskriterien, nach denen die Qualität der staatlichen Forschung in Japan gemessen und verbessert werden soll, ließ sich bisher kein eindeutiges Modell wirtschaftlicher Rentabilität aufstellen. Die Wirksamkeit der staatlich organisierten Kooperationsprojekte zur Technologieförderung wird heute nicht mehr so hoch eingeschätzt wie in den achtziger Jahren. Die Maßnahmen des MITI in der Chiptechnologie zum Beispiel konzentrierten sich auf eingeführte Technologien und bemühten sich, den japanischen Unternehmen in diesen Bereichen durch Protektionismus, finanzielle Unterstützung und in geringerem Maß durch Technologietransfer aus Regierungsforschungsinstituten das Aufholen gegenüber den amerikanischen Konkurrenten zu erleichtern. Allerdings scheinen die Unternehmen den größten Teil ihrer Entwicklungsarbeit außerhalb des Projekts und in Konkurrenz zueinander geleistet zu haben. Entscheidend war nicht das MITI-Projekt, sondern der Einsatz der japanischen Unternehmen, in neue Bereiche einzusteigen und sich die notwendigen Kompetenzen zu erwerben.[10]

Dennoch wird das MITI weiterhin Kooperationsprojekte anbieten, um dadurch eine relativ weite Diffusion der neuen Technologien innerhalb der japanischen Industrie zu fördern, insbesondere solche mit internationaler Beteiligung. Eine wichtige Einrichtung in diesem Zusammenhang ist das *Japan Key Technology Center*

9 Science, Vol. 273, S. 1791, 27. 9. 1996.

10 Vgl. im Fall der Informationsindustrie: Hiroyuki Odagiri/Akira Goto, Technology and Industrial Development in Japan, Oxford University Press 1996, S. 178.

(JKTC), ein Gemeinschaftsprojekt des MITI und des Postministeriums zur Förderung von kooperativen Forschungsprojekten der Industrie. Die MITI-Einrichtung NEDO (*New Energy and Industrial Technology Development Organization*) fördert Projekte zu alternativen Energiequellen. Projekte mit deutscher Beteiligung sind zum Beispiel *Intelligent Manufacturing Systems* (IMS) und das *Real World Computing Project* (RWC).[11]

Das MITI ist auch für Regulierungen anderer rechtlicher Rahmenbedingungen der Industrieaktivität verantwortlich. Das Patentierungsverfahren soll weiter vereinfacht werden, und mit Hilfe von Datenbanken soll Patentinformation weitgehend zugänglich gemacht werden. Da viele der Erfindungen, die heute gemacht werden, zumindest einen Aspekt von Software haben, müssen neue Definitionen und Verfahren zum Schutz geistigen Eigentums entwickelt werden. Schließlich besteht ein weiteres Aufgabenfeld in der Aufstellung und Verwaltung von Standards und Normen. Für den Transfer technischer Information an die Industrie gibt es eigene Behörden, zu denen außer den spezialisierten MITI-Abteilungen vor allem der Forschungsinformationsdienst der STA, das *Japan Information Center of Science and Technology* (JST), gehört.

## b. Zusammenarbeit zwischen den Universitäten und der Industrie

Die Forschungshaushalte des MITI und des MESC enthalten seit einigen Jahren Mittel zur Förderung von Forschungs- und Entwicklungskooperationen der Universitäten mit interessierten Industrieunternehmen. Schon seit 1994 betreibt das MESC die Zusammenarbeit von Universitätsforschungsinstituten mit privaten Unternehmen in einem engen Rahmen, der nun erweitert werden soll. Für das Haushaltsjahr 1997 beantragte das MESC 96 Mrd. Yen für Kooperationen dieser Art. Das MITI unterstützt neuerdings ähnliche Projekte mit privaten Universitäten. Nach dem Vorbild der USA sollen die Universitäten gemeinsam mit Unternehmen Forschungseinrichtungen betreiben, in denen hochtechnologische Innovationen entwickelt werden. Diese können im Erfolgsfall auch zur Grundlage neuer *Venture*-Unternehmen werden. In solchen Einrichtungen werden die Akademiker an die Bedingungen und Aufgaben der Industrieforschung herangeführt. Nach den neuesten Plänen sollen sie nicht mehr direkt nach dem vierjährigen Grundstudium in die Industrie gehen, sondern ihre Fähigkeiten an den Universitäten noch weiterentwickeln. Danach sollen die Forscher ihre Karrieren in den jeweils vielversprechendsten staatlichen oder privaten Einrichtungen flexibel fortsetzen können. Das MESC erarbeitete außerdem einen Personalschlüssel, nach dem umgekehrt Forscher aus der Wirtschaft und vor allem aus Instituten des Auslands in den neu eingerichteten Forschungsstätten befristete Verträge oder *Fellowships* erhalten sollen.

---

11 Deutsche Industrie- und Handelskammer in Japan, MITI-Forschungsprojekte: Beteiligungen deutscher Firmen, Tōkyō 1994.

# 5. Trends in der japanischen Industrieforschung

## *Gelockerte Arbeitsbedingungen für mehr Innovation*

Die japanischen Industrieforscher in den großen Unternehmen sehen sich in der Regel als Teil eines Teams, das einer erfolgsabhängigen Gesamtbeurteilung unterliegt. Die Forscher haben wenig Kontakt mit Fachkollegen in anderen Institutionen, mit denen sie sich messen könnten. Ihre Chancen für berufliches Fortkommen liegen nicht darin, daß sie Fachwissen, Veröffentlichungen oder Patente ansammeln, um ihren Wert für zukünftige Arbeitgeber zu erhöhen, da sehr selten ältere Mitarbeiter und »Quereinsteiger« angestellt werden. Die Ergebnisse und Patente sind Eigentum des Unternehmens und nicht mit dem Namen eines Urhebers verbunden, der meist eine einmalige finanzielle Prämie erhält. Ein Team, dem eine grundlegendere Entdeckung gelungen ist, wird oft gleich mit der Produktentwicklung beauftragt, anstatt weitere allgemeine Forschung zu verfolgen.

Die japanische Industrieforschung hat jedoch in den letzten Jahren damit begonnen, versuchsweise neue Arbeitsbedingungen zuzulassen. Bei Toshiba wurde zum Beispiel ein Programm eingeführt, nach dem ein Forscher 10 % seiner Zeit und seines Budgets für eigene Forschungen einsetzen darf. Fujitsu nennt ein entsprechendes Programm »my way«: Erfolgreiche Antragsteller dürfen ein dreijähriges Forschungsprojekt durchführen, ohne Erfolge vorweisen zu müssen.[12]

## *Forschung in Klein- und Mittelbetrieben und Risikokapital für Unternehmensneugründungen*

Während die großen Unternehmen durch ihre Marktposition für Technologien wie Elektronikkomponenten und Produktionsanlagen einen optimalen Rahmen darstellen, sind für die heute zunehmend detaillierten und komplexen Innovationen, etwa in den Bereichen Software, Biotechnologie und Pharmazie, spezialisierte Kleinunternehmen besser geeignet. Bisher wurden Klein- und Mittelunternehmen in Japan vor allem als regionale Zulieferer großer Konzerne gefördert. Der Grundlagenplan fordert nun die Erweiterung besonderer Finanzierungsformen für private Forschungsprojekte. Insbesondere sollen Kredite für Klein- und Mittelunternehmen sowie Risikokapital gewährt werden.

Das MITI hatte im November 1995 schon entschieden, die Anforderungen an ein Unternehmen zu erleichtern, das die Finanzierung aus einem seit 1986 bestehenden Risikokapitalfonds beantragt. Dieser sogenannte »Fonds zur Stabilisierung der industriellen Infrastruktur« wurde gemeinsam von der Regierung, der *Japan Development Bank* und privaten Instituten eingerichtet. Der Fonds ist bisher selten in Anspruch genommen worden, weil kaum eine Gründung dessen strengen Kriterien genügen konnte. Bisher haben nur 27 Unternehmen einen Kredit erhalten. Von nun an will das MITI nach revidierten Kriterien über die Genehmigung von Risiko-

---

12 Nikkei Weekly, 25. 10. 1993; Marie Anchordoguy, Japan's Technology Policies: The Transition to an Inventor Nation, Japan Information Access Project, Conference Paper 1996.

kapital entscheiden, und bis zu 200 Mio. Yen können ohne Bürgen bewilligt werden, indem statt dessen Patente als Sicherheit akzeptiert werden.

Die Börsen in Tōkyō und Ōsaka haben Ende November 1995 neue Teilmärkte eröffnet, auf denen Technologieunternehmen Risikokapital-Aktien anbieten können. Allerdings scheint diese Maßnahme nicht so dringend notwendig, seitdem die *Japan Securities Dealer Association* im Juli 1996 einen zweiten *Over-the-Counter*-Markt gerade für forschungsintensive Hochtechnologieunternehmen eingerichtet hat, der allerdings noch kaum genutzt wird.[13] Trotz der genannten Veränderungsansätze verändert sich das Innovationssystem der japanischen Wirtschaft nur sehr langsam.

## *Zusammenfassung*

Japans heutige technologische Stellung ist nicht ausschließlich durch die staatliche Technologiepolitik oder den Einfluß des MITI zu erklären. Neben dem Engagement der Unternehmen und ihrer Mitarbeiter, neue Fertigkeiten zu erwerben und umzusetzen, war ein wesentlicher Faktor das Vorhandensein eines konkreten Entwicklungsziels in Gestalt des technischen Stands in Europa und den USA. Heute ist jedoch die Fähigkeit, grundlegende Forschung selbst durchzuführen, wichtiger als die Verfügung über einzelne Technologien. In Japan steht der Grundlagenplan für Forschung und Technologie 1996 für einen langfristigen Prozeß, bei dem die seit langem geforderte Umorientierung des Forschungssystems nun praktisch durchgeführt werden soll. Der öffentliche Sektor soll für die Ausbildung und Beschäftigung einer neuen Generation japanischer Wissenschaftler sorgen, die einen dem japanischen Reichtum entsprechenden Beitrag in allen wichtigen Forschungsgebieten leisten kann. Der Staat soll außerdem die Finanzierung von Großforschungsprojekten gewährleisten und eine Informationsinfrastruktur schaffen, die der Wirtschaft zugute kommen. Nicht nur der Markterfolg, sondern auch die Verbesserung der Lebensqualität und wissenschaftliches Interesse sollen in Zukunft die Forschung und Entwicklung in Japan lenken. Diese Fehlerkorrektur und Anpassung an neue Verhältnisse soll aber nur schrittweise stattfinden und das bewährte japanische Forschungs- und Technologiesystem im wesentlichen erhalten.

13 Nikkei Weekly, 20., 27. 11. 1995; Nikkei Shimbun, 13. 12. 1995.

# V. Reisanbau – Symbol des Dilemmas der Landwirtschaft in einer Industrienation

Friederike Bosse

Japan ist heute in erster Linie als hochentwickeltes Industrieland und als zweitgrößte Wirtschaftsmacht der Welt nach den USA bekannt. Wie in den anderen Industrienationen spielt die Landwirtschaft hier eine immer geringere Rolle: Seit vierzig Jahren sinkt die Zahl der Agrarbeschäftigten, und ihre Produktion trägt immer weniger zum Bruttoinlandsprodukt bei. Zwischen 1960 und 1995 sank der Beschäftigtenanteil von 26,8 % auf 0,6 %, der Produktionsanteil (vom BIP) von 9 % auf 2,1 %. Dennoch lösen agrarpolitische Themen immer wieder heftige Diskussionen aus, die in keinem direkten Verhältnis zu dieser geringen volkswirtschaftlichen Relevanz stehen. Die Debatten nehmen vor allem dann nationale Ausmaße an, wenn der Reis im Zentrum steht – Inbegriff der japanischen Landwirtschaft wie auch der Ernährung. An der Reispolitik lassen sich deshalb die vielfältigen, teilweise widersprüchlichen Überlegungen, die die japanische Agrarpolitik insgesamt bestimmen, besonders deutlich zeigen.

Die Ursprünge der japanischen Landwirtschaft sind nicht bekannt, doch es ist sicher, daß die Bewirtschaftung mit der Kultivierung des Reisanbaus vor rund 2 000 Jahren begann. Reis wurde über Korea von China nach Japan importiert und breitete sich von Nordkyūshū über Jahrhunderte hin bis zur Nordspitze von Honshū und weiter nach Hokkaidō aus. Auch heute noch prägen die terrassierten Reisfelder das Bild der japanischen Landschaft.

Ein entscheidender Wandel in der landwirtschaftlichen Produktion wurde in der *Edo*-Zeit nötig (1600–1867), als große Städte entstanden und ein immer größerer Teil der Bevölkerung nicht in der Landwirtschaft tätig war. Durch Verbesserung der Anbau- und Düngemethoden konnte die Produktion gesteigert werden, was allerdings den Bauern nur wenig zugute kam, da sie mehr als die Hälfte ihrer Ernte als Steuer abgeben mußten und ihnen oftmals nicht genug Reis für den eigenen Bedarf blieb. »Weißer Reis«, d. h. reiner, ungemischter Reis, war lange Zeit eine Kostbarkeit, die nur an Festtagen aufgetischt wurde; erst in der *Meiji*-Zeit (1868–1912) wurde Reis in Japan zum Volksnahrungsmittel. Schon früh übernahm der japanische Staat die Kontrolle über den Reishandel, und das *Shokuryō Kanri Hō* (Gesetz zur Lebensmittelkontrolle) von 1942 beendete endgültig den freien Handel von Reis und anderen Grundnahrungsmitteln. Das Gesetz wurde vor dem Hintergrund des pazifischen Krieges erlassen, um die Versorgung der Frontsoldaten gewährleisten zu können, blieb allerdings auch nach dem Krieg nahezu unverändert. Erst am 1. November 1995 trat ein neues Gesetz in Kraft, das die absolute Kontrolle des Staates über den Reishandel beendet hat und statt dessen den Marktmechanismen Verteilung und Preisfindung überlassen will. Das Gesetz enthält jedoch noch so viele Einschränkungen, daß von einer völlig freien Marktwirtschaft nicht die Rede sein kann.

Nach dem Zweiten Weltkrieg brachte 1946 die Landreform die wohl umwälzendste Veränderung der japanischen Landwirtschaft: Innerhalb weniger Jahre wurde die bis dahin vorherrschende Pachtwirtschaft praktisch beendet, und 90 % der Anbauflächen wurden von den Landeigentümern bewirtschaftet. Hiernach konzentrierte sich die Agrarpolitik zunächst vor allem auf die Steigerung der Produktion, um die ausreichende Versorgung der japanischen Bevölkerung nach den entbehrungsreichen Kriegsjahren wiederherzustellen. Da zugleich aber die boomende Industrie immer mehr Beschäftigte aus der Landwirtschaft abzog, steigerte die seit 1955 regierende konservative Liberal-Demokratische Partei ihre finanzielle Unterstützung für die Bauern. Dahinter stand stets auch handfestes politisches Kalkül, denn die LDP hatte ein sicheres Stammwählerpotential in den ländlichen Gebieten; diese Überlegung bestimmt noch heute die japanische Agrarpolitik. Inhaltlich war die Agrarpolitik zu Beginn der sechziger Jahre auf die Anpassung der landwirtschaftlichen Einkommen an die städtische Einkommensentwicklung und andererseits auf die Selbstversorgung der Nation mit dem Grundnahrungsmittel Reis ausgerichtet, dessen Anbau daher stark subventioniert wurde. Mehr Maschineneinsatz und verbesserte Technologien führten auch zu einer steigenden Reisproduktion, und 1967 wurde zum ersten Mal ein Überschuß produziert (über 14 Mio. t gegenüber einem Verbrauch von 13,4 Mio. t). Auch in den folgenden Jahren wurde mehr Reis produziert als verbraucht, so daß die staatlichen Lager 1970 mit 2,92 Mio. t Reis gefüllt waren und sich die Regierung nunmehr genötigt sah, die Produktionssteigerungen zu bremsen und der sinkenden Nachfrage anzupassen, nicht zuletzt um die finanziellen Belastungen für den Staat einzudämmen. Anstatt den garantierten Abnahmepreis zu senken und damit den Anreiz zum Anbau zu verringern, versuchte der Staat (in der Gestalt des Lebensmittelamtes im Landwirtschaftsministerium) statt dessen, die Produktionsmenge über die Anbauflächen zu steuern. Seit 1970 wird daher die landwirtschaftliche Anbaufläche gesetzlich geregelt, und die stillzulegenden Flächen werden Jahr für Jahr festgelegt. Die bewirtschaftete Fläche schrumpfte auf diese Weise von 2,93 Mio. ha im Jahr 1970 auf 2,12 Mio. ha in 1995.

Um die Bauern zur Aufgabe von Reisfeldern zu bewegen, unterstützte der Staat die Umwandlung von Reisnaßfeldern in andere Anbauarten mit Subventionen. Die unterschiedlichen klimatischen Zonen in Japan ermöglichen seit jeher eine große Vielfalt im Anbau von Obst und Gemüse, doch nach wie vor steht Reis im Mittelpunkt der Agrarproduktion. Diese teilte sich 1994 wertmäßig wie folgt auf: Reis hatte mit 34 % den größten Anteil (begünstigt durch eine überdurchschnittliche Ernte), Tierhaltung und Gemüse trugen mit 22,5 % bzw. 22,4 % praktisch gleich viel bei, Früchte nur 8 %. Trotz aller Subventionen und planwirtschaftlicher Ansätze ist Japan weit davon entfernt, sich mit Grunderzeugnissen selbst versorgen zu können, und verliert obendrein von Jahr zu Jahr an Autarkie. Während die Überschußproduktion von Reis mit verschiedenen Subventionen teuer bezahlt wird, decken einheimische Agrarprodukte insgesamt nur noch 42 % des Kalorienbedarfs der Konsumenten (im Fiskaljahr 1995). 1960 lag die Selbstversorgungsquote noch bei 79 %, 1985 war sie bereits auf rund 50 % gesunken. Zum Vergleich: 1988 versorgten sich die USA zu 113 %, Frankreich zu 143 % und Westdeutschland zu 94 % selbst. Nach Produkten unterteilt versorgte die japanische Landwirtschaft (1995) den Reisbedarf zu 103 %, Gemüse zu 85 %, Fleisch zu 57 %, Fisch zu 60 % und Weizen zu 7 %. Der große Rest wird mit Importprodukten gedeckt, so daß Japan der größte Agrarimporteur der Welt ist. 1995 importierte Japan Agrarprodukte im Wert von 41,81 Mrd. US$, wobei die Handelsbilanz ein klares Defizit auf japanischer Seite ergibt. Wichtigster Lieferant sind seit Jahren die USA, die 1995 Produkte im Wert von 15,99 Mrd. $ lieferten. Die Agrareinfuhren mildern zumindest teilweise das politisch sensible Handelsungleichgewicht zwischen Japan und den USA.

Vor diesem Hintergrund erscheint Japans ablehnende Haltung bei den GATT-Verhandlungen über die grundsätzliche Öffnung der Agrarmärkte (die sogenannte Uruguay-Runde) paradox. Insbesondere beim Reis wollte die japanische Regierung damals nicht von ihrer Ansicht abrücken, die 100 %ige Selbstversorgung mit Reis sei unverzichtbar für die Gewährleistung einer gesicherten Ernährung der japanischen Bevölkerung. Und das, obwohl im gleichen Jahr – 1993 – Japan wegen einer katastrophalen Mißernte gezwungen war, über 2 Mio. t Reis aus den USA, Australien und Thailand einzuführen. In letzter Minute vor dem Ende der Uruguay-Runde stimmte Japan im Dezember 1993 schließlich dem GATT-Vorschlag und damit einer teilweisen Öffnung des Reismarktes zu. Nach dem *Minimum-Access*-Prinzip deckt Japan einen bestimmten Teil seines Bedarfs mit importiertem Reis, der von 4 % (1995) auf 8 % (2000) gesteigert wird. So lange bleibt Reis von der allgemeinen Tarifierung ausgenommen, über deren Einführung am Ende des Moratoriums neu verhandelt wird. Die damalige Regierung unter Ministerpräsident Hosokawa, die betont hatte, daß die »Notimporte« und die GATT-Runde unabhängig voneinander seien, entschuldigte sich am Ende für das GATT-Ergebnis und bat die Bevölkerung um Verzeihung und Verständnis. Nur ein Jahr später, noch vor der ersten Lieferung von ausländischem Reis, beschloß die Regierung dann ein Subventionspaket mit einem Volumen von insgesamt 6,1 Billionen Yen (etwa 84 Mrd. DM), das die Landwirtschaft binnen sechs Jahren auf den bevorstehenden internationalen Wettbewerb vorbereiten soll. Bezeichnenderweise wird der Posten im Haushalt unter dem Titel »Uruguay-Runden-Maßnahmen« geführt. Diese Haltung der Regierung spiegelt die ambivalente Haltung der Japaner gegenüber Landwirtschaft bzw. Nahrungsmitteln im allgemeinen und Reis im besonderen wider, die zu einem beträchtlichen Teil irrational und emotional ist und nicht unbedingt von rationalen, ökonomischen Überlegungen bestimmt wird.

An der Situation der Reisbauern werden jene Probleme deutlich, mit denen sich die japanische Landwirtschaft heute insgesamt konfrontiert sieht. Eines der Hauptprobleme ist die beängstigende Überalterung der landwirtschaftlichen Bevölkerung: 1995 waren 24,7 % der Agrarbeschäftigten älter als 65 Jahre (1990: 20 %), im Reisanbau ist sogar über die Hälfte über 65 Jahre alt. Für viele Betriebe gibt es keine Nachfolger, wenn die jetzt aktive Generation abtritt. Auch die staatlichen Subventionen konnten das drastische Schrumpfen der Agrarbevölkerung nicht verhindern: 1960 waren 11,96 Millionen Personen in der Landwirtschaft tätig, 1994 waren es nur noch 3,35 Millionen. Von diesen 3,35 Millionen ist nur ein kleiner Teil auf das Einkommen aus der landwirtschaftlichen Tätigkeit angewiesen: Nur jeder sechste ist ein »Vollzeitbauer«, die große Mehrheit verdient ihren Lebensunterhalt vorwiegend mit Einkünften aus anderer Erwerbstätigkeit. Die Multiaktivitätsquote liegt in Japan damit höher als in allen anderen OECD-Ländern. Trotzdem wollen die Teilzeitbauern ihre kleinen Betriebe nicht aufgeben, da ihnen die garantierten Abnahmepreise für Reis und Steuervergünstigungen auf landwirtschaftliche Einkommen und Nutzflächen einen einträglichen Nebenprofit bieten. Daraus ergibt sich allerdings das nächste Hauptproblem der japanischen Landwirtschaft: die mangelnde Wirtschaftlichkeit der Betriebe. Die Betriebe sind zu klein, auch wenn sich die Durchschnittsgröße zwischen 1990 und 1995 geringfügig auf 1,2 ha vergrößert hat (Ausnahme Hokkaidō: 14,8 ha). Viele der Bauern sind nicht professionell genug, um an einer weiteren Verbesserung der Bewirtschaftung interessiert zu sein, und die ältere Generation steht technischem Fortschritt eher vorsichtig gegenüber. Die staatlichen Subventionen nehmen ihnen zudem den Anreiz, rationeller und konkurrenzfähiger zu werden. Die Folge ist eine hoch subventionierte Agrarwirtschaft, für die der japanische Verbraucher gleich doppelt zahlen muß: einmal über die Subventionen (Agrarbudget = 4,1 % im Staatshaushalt 1995/96) und zum anderen über Verbraucherpreise, die zum Teil ein Mehrfaches über dem Weltmarktniveau liegen. Dies gilt in besonderem Maße für Reis, der nach Angaben der OECD 1995 in Japan 3,4mal teurer war als in den USA und fast achtmal so teuer wie in Thailand.

An dieser Stelle wird jedoch die zweite Hälfte der widersprüchlichen Haltung gegenüber Lebensmitteln bzw. Reis deutlich, nämlich bei den japanischen Verbrauchern. Die absolute Mehrheit der Japaner bezeichnet auch heute noch Reis als das geeignetste Grundnahrungsmittel; – und ißt zugleich immer weniger davon. 1965 lag der Prokopfverbrauch bei 111,7 kg, 1994 nur noch bei 66,3 kg. Im gleichen Zeitraum stieg der Verbrauch von tierischen Produkten (Fleisch und Milchprodukte) rapide an. Die Umrechnung auf die tägliche Ration macht die radikale Verschiebung in der Ernährungszusammensetzung deutlich: 1960 nahmen Japaner täglich im Durchschnitt 358,2 g Reis und 147,4 g tierische Produkte zu sich, 1994 lauteten die entsprechenden Werte 192,4 g bzw. 346,9 g.

Das Interesse der Verbraucher an Reis reicht demnach weit über die tatsächliche Relevanz als Nahrungsmittel hinaus und ist vor allem auf das Symbol »Reis« gerichtet. So gilt Reis nicht nur als Inbegriff der japanischen Landwirtschaft, sondern der Reisanbau in terrassierten Naßfeldern wird häufig als Urzelle des japanischen Gruppendenkens und -arbeitens interpretiert. Reis und Reisprodukte wie etwa *Sake* (Reiswein) spielen bei traditionellen und religiösen Festen und Gebräuchen eine große Rolle, sei es als Opfergaben oder durch das alljährliche rituelle Setzen der Reispflänzchen durch den *Tennō*. In dieses Bild gehört auch die Feststellung, daß die Verbraucher fremdländischen Agrarerzeugnissen skeptisch gegenüberstehen. Obwohl sich die Bevölkerung seit langem zum Großteil von ausländischen Produkten ernährt, gaben in einer Meinungsumfrage im Herbst 1996 83,4 % der Befragten an, Lebensmittel sollten lieber in Japan erzeugt werden, selbst wenn importierte Waren preisgünstiger seien.

Es verwundert kaum, daß diese Meinung bei Reis besonders ausgeprägt ist. Das zeigte sich Anfang 1994, als Notimporte bevorstanden. Bereits im Vorfeld brach eine regelrechte Panik unter den Verbrauchern aus, die durch die ziellose und ungeschickte Informationspolitik des Lebensmittelamtes noch geschürt wurde. Meldungen über Reisknappheit und die Anweisung, japanischen Reis nur mit ausländischem gemischt zu verkaufen, führten zu Hamsterkäufen und regelrechten Schwarzmarktpreisen für japanischen Reis. Als dann im Frühjahr 1994 die ersten »Notimporte« die japanischen Geschäfte erreichten, hielten Schreckensnachrichten über Ungeziefer in Reissäcken, »riechenden« Reis (thailändischer Duftreis) und fremdartige Kocheigenschaften die Unsicherheit bei den Verbrauchern aufrecht. Die negative Presse führte dazu, daß vor allem der thailändische Reis praktisch unverkäuflich in den Regalen liegenblieb. Auch Versuche seitens der thailändischen Produzenten, die Vorbehalte der japanischen Verbraucher mit sachlichen Argumenten zu zerstreuen, waren letztlich nicht erfolgreich. Insgesamt blieben rund 900 000 t von über 2 Mio. t Notimportreis am Ende übrig; sie wanderten in die staatlichen Lager, wurden in der Industrie verarbeitet oder als Hilfslieferungen an Drittländer geschickt.

Die Ironie des Schicksals wollte es, daß ab 1994 drei Jahre lang überdurchschnittliche Reisernten eingefahren wurden. Zusammen mit den im GATT vereinbarten Importmengen führte die Überschußproduktion dazu, daß die Reislager Ende Oktober 1996 auf 2,9 Mio. t angeschwollen waren. Einschließlich der Überschußmenge aus der 96er Ernte wird die Menge auf rund 3,6 Mio. t anwachsen.

Die Reiskrise 1993/94 hat deutlich gemacht, daß das Lebensmittelamt mit seiner planwirtschaftlichen Kontrolle der Reisproduktion gescheitert ist. Es war nicht in der Lage, die Produktionsmenge über die Anbauflächen dem Bedarf anzupassen, sondern hat vielmehr durch die hastige Zurücknahme der geplanten Stillegungen – um die Ernteausfälle von 1993 zu kompensieren – mit zur folgenden Überschußproduktion beigetragen. Weder das Gefälle zwischen Angebot und Nachfrage noch das zwischen Weltmarkt- und japanischen Preisen wurde verringert. Die Revision des Gesetzes zur Lebensmittelkontrolle von 1995 ist trotz der Unzulänglichkeiten ein Ansatz zu mehr Marktwirtschaftlichkeit und schränkt die Kontrollmöglichkeiten des Staates bzw. des Lebensmittelamtes deutlich ein.

Die japanische Regierung balancierte bislang zwischen der Sicherung der Pfründe der Stammwähler Bauern und dem ausländischen Druck, die Märkte zu öffnen. In jüngster Zeit wurde dieser Druck jedoch stärker, und zumindest partiell hat man ihm bereits nachgegeben. Mitte der neunziger Jahre hat sich zudem die Situation der öffentlichen Kassen so sehr verschlechtert, daß, um den Staatshaushalt wieder zu konsolidieren, sogar die Agrarsubventionen auf dem Prüfstand stehen. Die japanische Landwirtschaft wird also zunehmend dem internationalen Wettbewerb ausgesetzt sein, für den sie bislang nicht gerüstet ist.

Die Produktivitätssteigerung steht zwar seit langem auf der Agenda der Agrarpolitik, ist aber bisher nicht verwirklicht worden. Das Ziel, die zahlreichen unrentablen Kleinstbetriebe in größeren Einheiten zusammenzufassen, die professioneller und rentabler betrieben werden können, ist ebenfalls nicht erreicht worden. Das liegt vor allem daran, daß die auf die generelle Einkommenssicherheit der Bauern ausgerichtete Agrarpolitik keine Anreize für kleine Landwirte geboten hat, ihre Betriebe aufzugeben oder zu verkaufen. Zu diesem Ergebnis kam Ende 1996 eine Expertenkommission im Landwirtschaftsministerium, die gleichzeitig eine grundlegende Revision des landwirtschaftlichen Grundgesetzes anriet. Dabei solle man von der bisherigen Produzentenorientierung abkommen und statt dessen eine Konsumentenorientierung aufnehmen. Im Hinblick auf die zunehmende Intensivierung des globalen Wettbewerbs – auch im Agrarbereich – ist eine grundlegende Umstrukturierung der japanischen Landwirtschaft dringend notwendig. Solange allerdings wahltaktische Überlegungen und diffuse Emotionen so stark die Agrarpolitik mitbestimmen und von den Verbrauchern trotz überhöhter Preise kein massiver Widerstand zu erwarten ist, wird sie schwer durchzusetzen sein.

# Bibliographie

## Industrie- und Wirtschaftsstruktur


ITO, TAKATOSHI, The Japanese Economy, Cambridge 1992.

JOHNSON, CHALMERS, MITI and the Japanese Miracle, Stanford 1982.

KOMIYA, RYUTARO, The Japanese Economy: Trade, Industry and Government, Tōkyō 1990.

OECD, Japan, Paris 1992.

SCHAEDE, ULRIKE, Der neue japanische Kapitalmarkt, Wiesbaden 1990.

TYSON, LAURA D'ANDREA/JOHN ZYSMAN, Developmental Strategy and Production Innovation in Japan, in: Chalmers Johnson/Laura D'Andrea Tyson/John Zysman (Hrsg.), Politics and Productivity, Berkeley 1989, S. 59–140.

YAMAMURA, KŌZŌ/YASUKICHI YASUBA (Hrsg.), The Political Economy of Japan, Bd. 1, Stanford 1987.


## Netzwerkstruktur und Keiretsu-Effekt


DODWELL MARKETING CONSULTANTS, Industrial Groupings in Japan. The Anatomy of the ›Keiretsu‹, Tōkyō 1992.

ELI, MAX (Hrsg.), Sōgō Shōsha. Strukturen und Strategien japanischer Welthandelsunternehmungen, Düsseldorf – Wien 1977.

DERS., Wirtschaftliche Verbundgruppen und Universalhandelshäuser in Japan, in: ifo Schnelldienst 38 (1985) 26/27, S. 36–51.

DERS., Sōgō Shōsha. Schaltstellen der japanischen Wirtschaft, in: Japan. Ländermonographiein, hrsg. v. Manfred Pohl, Stuttgart 1986, S. 311–321.

DERS., Die Rolle der Banken für die wirtschaftlichen Verbundgruppen. Netzstruktur und ›Keiretsu‹-Effekt, in: Banken in Japan heute. Kulturelle Besonderheiten und Erfahrungen im japanischen Finanzwesen, hrsg. v. Heinrich von Stein, Frankfurt a. M. 1994, S. 60–77.

FLATH, DAVID, The Kereitsu Puzzle, in: Journal of the Japanese and International Economies, 10 (1996) 2, S. 101–121.

HEGER-WESSELOWSKY, CHRISTIANE, Genese, Evolution und Wesen industrieller Unternehmensallianzen in Japan. Eine sozio-ökonomische Betrachtung, München 1996.

HERBIG, PAUL A./ALAN T. SHAO, The Future of Japanese Keiretsu in a Global Market, in: Entrepreneurship, Innovation and Chance, 4 (1995) 4, S. 329–346.

MIYASHITA, KENICHI/DAVID W. RUSSELL, Keiretsu. Inside the Hidden Japanese Conglomerates, New York 1994.

WEINSTEIN, DAVID E./YISHAY YAFEH, Japan's Corporate Groups – Collusive or Competitive? An Empirical Investigation of Keiretsu Behaviour, in: Journal of Industrial Economies, 43 (1995) 4, S. 359–376.

YAGINUMA, HISASHI, The Keiretsu Issue. A Theoretical Approach, in: Japanese Economic Studies, 21 (1993) 3, S. 3–48.

## Die kleinen und mittleren Unternehmen

BOSSE, FRIEDERIKE, Rezession und strukturelle Veränderungen setzen den japanischen Mittelstand unter Druck. Eine Bestandsaufnahme anhand des Weißbuchs für Klein- und Mittelunternehmen, in: Manfred Pohl (Hrsg.), Japan 1994/95. Politik und Wirtschaft, Hamburg 1995, S. 402–435.

ERNST, ANGELIKA/HELMUT LAUMER, Struktur und Dynamik der mittelständischen Wirtschaft in Japan, Hamburg 1989.

HEMMERT, MARTIN, Vertikale Kooperation in Japan, Wiesbaden 1993.

JAPAN SMALL BUSINESS RESEARCH INSTITUTE, The Age of Small Business. The Foundation for the Reconstruction of the Japanese Economy, Tōkyō 1996 (gekürzte englische Übersetzung des Weißbuch für Klein- und Mittelunternehmen 1996).

SATO, YOSHIO, Small Business in Japan. A Historical Perspective, in: Small Business Economics, 1 (1989) 2, S. 121–128.

## Forschung und Entwicklung

ERNST, ANGELIKA/GERHARD WIESNER, Japans technische Intelligenz. Personalstrukturen und Personalmanagement in Forschung und Entwicklung, München 1994 (ifo Institut für Wirtschaftsforschung).

ODAGIRI, HIROYUKI/AKIRA GOTO, Technology and Industrial Development in Japan, Oxford 1996.

SIGURDSON, JON, Science and Technology in Japan, London [3]1995.

## Reisanbau

KREINER, JOSEF/REGINE MATHIAS-PAUER/ERICH PAUER, Japans Wandel von der Agrar- zur Industriegesellschaft. Fallstudien regionaler Entwicklungen, Opladen 1983.

OECD, Agricultural Policy Reform and Adjustment in Japan, Paris 1995.

ROTHACHER, ALBRECHT (Hrsg.), Landwirtschaft und Ökologie in Japan, München 1992.

VOLLMER, KLAUS, Die Reiskrise der frühen 90er Jahre, in: Manfred Pohl (Hrsg.), Japan. Politik und Wirtschaft 1994/95, Hamburg: Institut für Asienkunde 1995, S. 162–195.

# Außenwirtschaft

## I. Wirtschaftsentwicklung in den achtziger Jahren: Strukturwandel und Strukturanpassung

Manfred Pohl

### 1. Voraussetzungen der Wirtschaftsentwicklung

Die »moderne« japanische Wirtschaftsentwicklung setzte 1868 mit der Schaffung einer zentralistischen konstitutionellen Monarchie ein. Grundlagen der folgenden rapiden industriellen Entwicklung waren jedoch schon im 18. Jahrhundert gelegt worden: In seiner wirtschaftlichen »*Take off*-Phase« war Japan längst kein echtes »Entwicklungsland« mehr, sondern verfügte bereits über monopolistisch organisierte Manufakturen, die für den Markt produzierten, und – wichtiger noch – Japans Kaufleute beherrschten alle Techniken modernen Finanz- und Warenverkehrs (Banken- und Börsensystem, Kreditwesen, unbarer Zahlungsverkehr, Marketing und Produkt Management, d. h. Produktion für europäische Märkte). Unter gezielter staatlicher Hilfe erreichte die japanische Wirtschaft zwischen 1868 und 1940 durchschnittliche jährliche Zuwachsraten von 3,3 %. In den dreißiger Jahren war Japan bereits eines der Hauptausfuhrländer von industriellen Fertigwaren (besonders für asiatische Märkte) – und wichtiges Importland für industrielle Rohstoffe.

Nach dem Zusammenbruch 1945 sackte die Industrieproduktion auf 31 % des Vorkriegsniveaus; die japanische Wirtschaft erholte sich aber mit massiver amerikanischer Starthilfe wieder sehr schnell und erreichte zwischen 1960 und 1970 (Hochwachstumsphase) Zuwachsraten von durchschnittlich 10 % pro Jahr. Folgende Gründe lassen sich für das schnelle Wirtschaftswachstum nennen:

- Schaffung einer Wirtschaftsstruktur, die auf traditionellen Grundlagen der Vorkriegszeit fußte: Doppelstruktur aus wenigen leistungsfähigen Großunternehmen (eingebettet in Unternehmungsgruppen) einerseits und zahllosen, abhängigen Kleinbetrieben (Zulieferer) andererseits (Arbeitskostenvorteil);
- hohe Investitionsraten: In den sechziger Jahren machten Kapitalinvestitionen 20 % des normalen japanischen Bruttosozialprodukts (BSP) aus, die meisten Investitionen gingen in Ausrüstungen und Anlagen;
- hohe Sparquoten: In den sechziger und siebziger Jahren überschritten die Spar-

raten 20 % des verfügbaren privaten Einkommens, ein Trend, der sich auch heute fortsetzt;

- hohes Ausbildungsniveau: 35 % einer Generation besuchen die Universitäten, 94 % schließen die Oberschule ab;
- amerikanischer Technologietransfer bei der gleichzeitigen Marktabschottung gegen Produkte, die in Japan noch nicht konkurrenzfähig gefertigt werden konnten (sog. *Infant-Industries*): Die USA als wichtiger japanischer Exportmarkt tolerierten diesen Protektionismus;
- die wirtschaftliche Entwicklung vollzog sich im Rahmen staatlicher Planvorgaben (Fünf-Jahres-, Sieben-Jahres-Pläne) und indirekter Steuerung (Devisen- und Rohstoffbewirtschaftung, Exportkredite);
- darauf gestützt: langfristige Unternehmensplanung unter »Marktanteilsdenken« statt kurzfristiger Gewinnmitnahmen;
- exportinduzierte Entwicklung nach dem heute noch in der Tendenz fortbestehenden Grundmuster: Einfuhr von industriellen Rohstoffen und Halbzeugen, Ausfuhr von Fertigwaren.

## 2. Die japanische Wirtschaft Ende der siebziger Jahre

Das Ende der siebziger Jahre war durch Anstrengungen der Privatwirtschaft und der staatlichen Wirtschaftsplaner gekennzeichnet, die langfristigen Folgen zweier Ölpreiskrisen (1973, 1979) zu überwinden; im Ergebnis dieser Bemühungen kam es zu Strukturveränderungen, die Grundlage der wirtschaftlichen Entwicklung zwischen 1980 und 1990 wurden und die Voraussetzungen schufen, mögliche katastrophale Folgen der massiven Yen-Aufwertungen von 1985 zu verhindern.

Zwischen 1976 und 1980 konnte Japan seine Ausfuhren von 67,23 Mrd. US-Dollar auf 129,80 Mrd. US-Dollar verdoppeln, gleiches galt auch für die Einfuhren von 64,80 Mrd. US-Dollar (1976) auf 140,53 Mrd. US-Dollar (1980). Trotzdem verzeichnete die Handelsbilanz ein Defizit von –10,75 Mrd. US-Dollar. Die Verteilung der wichtigsten Absatzmärkte für japanische Ausfuhren sowie die Hauptlieferländer blieben zwischen 1976 und 1980 im wesentlichen unverändert – gleiches gilt für die Gegenwart: Die USA/Kanada waren Hauptabsatzmarkt, wobei die japanischen Ausfuhren zwischen 1976 und 1980 von 15,7 Mrd. US-Dollar auf 31,4 Mrd. US-Dollar verdoppelt wurden. Nach Regionen blieb jedoch Asien an der Spitze japanischer Exporte mit 49,4 Mrd. US-Dollar (1980) gegenüber 22,4 Mrd. US-Dollar (1976). Langsam begann allerdings auch die Bedeutung der EG zu wachsen: Japans Ausfuhren in diese Region stiegen von 7,24 Mrd. US-Dollar (1976) auf 16,65 Mrd. US-Dollar (1980). In den fünf letzten Jahren der Siebziger waren die USA unverändert auch wichtigstes Bezugsland Japans: Die Einfuhren aus den USA wurden von 11,8 Mrd. US-Dollar (1976) auf 24,4 Mrd. US-Dollar (1980) mehr als verdoppelt.

Geprägt wurde die Struktur der japanischen Importe in der zweiten Hälfte der siebziger Jahre durch das Bemühen, die Versorgung von fossilen Brennstoffen (besonders Erdöl) zu stabilisieren und zugleich zu diversifizieren; so gewannen neben Saudi Arabien und den Vereinigten Arabischen Emiraten Indonesien und China als

Lieferanten von Erdöl an Bedeutung: Die japanischen Mineralöl-Einfuhren aus Indonesien verdreifachten sich von 4,09 Mrd. US-Dollar (1976) auf 13,2 Mrd. US-Dollar (1980), ebenso steil stiegen die Importe aus China von 1,37 Mrd. US-Dollar (1976) auf 4,3 Mrd. US-Dollar (1980).

Während Japan insgesamt zwischen 1976 und 1980 im Außenhandel Defizite verzeichnete, schloß die Bilanz zu seinen wichtigsten Handelspartnern mit Überschüssen ab, die sich seit Mitte der siebziger Jahre stetig verfestigten: Japan erzielte 1976 in der Handelsbilanz mit den USA einen Überschuß von 3,9 Mrd. US-Dollar; 1980 stieg dieser schon auf 7 Mrd. US-Dollar an. Ähnlich sah es im Handel mit der EG aus: japanische Ausfuhren 1976 und 1980 – 7,23 Mrd. US-Dollar bzw. 16,65 Mrd. US-Dollar , japanische Einfuhren 1976 – 3,62 Mrd. US-Dollar und 1980 – 7,84 Mrd. US-Dollar (Salden 1976: + 3,61 Mrd. US-Dollar und 1980: + 8,81 Mrd. US-Dollar). Der strukturelle Trend zu chronischen japanischen Überschüssen im Handel mit Industrieländern und verfestigten Defiziten im Warenaustausch mit Rohstofflieferanten aus Ländern der Dritten Welt festigte sich in der zweiten Hälfte der siebziger Jahre und dauert bis heute an.

Auch die Warenstruktur des japanischen Außenhandels wurde in dieser Phase festgeschrieben: 63 % der japanischen Ausfuhren sind Maschinenbau-Erzeugnisse (Automobile 1980: 18 %, insgesamt 30 % der Kfz-Exporte gehen in die USA, 12 % in die EG). Auf der Import-Seite machen Brennstoffeinfuhren (Mineralöl, Gas) 53 % der Einfuhren aus, hinzu kamen industrielle Rohstoffe, so daß beide Warengruppen zusammen 67 % der japanischen Einfuhren stellten.

In der japanischen Industriestruktur waren die siebziger Jahre gekennzeichnet von den tiefgreifenden Veränderungsprozessen, die bis 1980 nach schweren Krisen (Eisen, Stahl, Schiffbau) zu kräftiger Erholung in traditionellen Schlüsselbereichen führten. Personal- und Kapazitätsabbau verbunden mit raschen Rationalisierungsmaßnahmen waren Hauptinstrumente, wobei die Regierung bei Textilien, Stahl und Aluminium die Umstrukturierungsmaßnahmen durch Zulassung von »Krisenkartellen« stützte. Die fünf größten japanischen Stahlerzeuger betrieben 1980 von ursprünglich 61 Hochöfen noch 38 und konnten damit eine Kapazitätsauslastung von 80 % erreichen. Hauptabnehmer waren die »Erholungsbereiche«, Kfz-Industrie, Schiffbau (Kapazitätsabbau – 37 %, 1976–1980, Kapazitätsauslastung 40 % von jährlich 6,2 Mio. Bruttoregistertonnen) und allgemeiner Maschinenbau. Unverändert war in diesen Jahren die Elektroindustrie, gestützt auf steigende Auslandsnachfrage, die Wachstumsbranche (Unterhaltungselektronik z. B. 1979/80: VTR *(Video Tape Recorder)* + 100 %, Tonbandgeräte + 45 % Produktionssteigerung).

Für einen Vergleich mit den achtziger Jahren ist es wichtig, daß Strukturveränderungen in der japanischen Wirtschaft durch Rationalisierungsschübe und Personalabbau zwei Konsequenzen hatten: Produktivitätssteigerungen einerseits, vergleichsweise hohe Arbeitslosigkeit andererseits (2,2 %), wobei eine hohe Rate verdeckter Arbeitslosigkeit hinzukam. Gerade die Beschäftigungsstruktur spiegelt besonders deutlich die tiefgreifenden Veränderungen zwischen 1970 und 1980 wider: 1970 waren von 52,04 Mio. Beschäftigten noch 17,4 % im Primärsektor der Wirtschaft tätig (Landwirtschaft und Fischerei), 35,1 % im Sekundärbereich (verarbeitende Industrie) und schon 47,5 % im Tertiärsektor (Dienstleistungen). 1980 hatte sich das Verhältnis noch weiter zum Dienstleistungsbereich verschoben: von 55,36 Mio. Beschäftigten waren nur noch 10,4 % im Primärbereich, 34,8 % im Sekundärbereich, aber 54,8 % im tertiären Sektor tätig. Der Automatisierungsschub zwischen 1970 und 1980 wird auch durch die drastisch gestiegene Zahl der eingesetzten Computer und Roboter deutlich: In diesem Jahrzehnt stieg die Zahl der Industrie-Computer von 6 718 (1970) auf 72 108 (1980). Das Tempo steigerte sich noch. 1988 arbeiteten in Japan 390 831 Industrie-Computer. Unterstrichen wurden die Strukturveränderungen auch durch die verschobenen Beiträge einzelner Wirtschaftsbereiche zum Bruttoinlandsprodukt (BIP): In der Warenproduktion lag die verarbeitende Industrie 1970 bei einem Beitrag von 36,8 %, 1980 bei nur noch 29,8 %; dabei sank der Anteil der Landwirtschaft von 6,1 % (1970) auf 3,7 % (1980). Auf der Dienstleistungsseite stieg der Anteil des Groß- und Einzelhandels von 14,4 % (1970) auf 15,3 % (1980), aber deutlich erkennbar nahm bereits die Bedeutung des Sektors Finanzen, Versicherungen und Immobilien zu: von 12,3 % (1970) auf 14,6 % (1980).

Der strategische Grundsatz, Neuentwicklungen überall auf der Welt einzukaufen (Patente, Lizenzen) und schnell zur Serienreife zu entwickeln, daneben aber auch die eigenen (privaten!) F&E-Anstrengungen zu verstärken, zeigte sich zwischen 1975, 1980 und 1985 besonders deutlich in der Bilanz des Technologie-Handels, die für Japan stets negativ war. An Patent- und Lizenzgebühren zahlte Japan 1975 592 Mio. US-Dollar und erhielt 233 Mio. US-Dollar Gebühren; 1980 zahlten japanische Unternehmen 966 Mio. US-Dollar und erhielten 644 Mio. US-Dollar. Mit der beginnenden Yen-Aufwertung 1985 erhöhten sich die Technologie-Einfuhren. Japan zahlte 1,23 Mrd. US-Dollar und erhielt allerdings 982 Mio. US-Dollar Gebühren seinerseits. In der Trendentwicklung lag Japan damit ähnlich wie die Bundesrepublik Deutschland (1985: gezahlt 1,025 Mrd. US-Dollar, erhalten 614 Mio. US-Dollar). Die privaten japanischen F&E-Ausgaben stiegen zwischen 1975 und 1980 von 15,56 Mrd. US-Dollar (2,11 % des BSP) auf 27,79 Mrd. US-Dollar (2,35 % des BSP); 1987 war nach der Yen-Aufwertung eine Steigerung auf 62,35 Mrd. US-Dollar (3,19 % des BSP) zu verzeichnen (Bundesrepublik Deutschland 1987: 31,64 Mrd. US-Dollar, 3,3 % des BSP).

## 3. Yen-Aufwertung und neue Wachstumsimpulse

Auf Beschluß der G-5 (USA, Großbritannien, Frankreich, Bundesrepublik Deutschland, Japan) vom 20. 9. 1985 kam es zu gemeinsamen Interventionen an den Devisenmärkten, um die jahrelange Überbewertung des US-Dollars zu beenden; in der Folge erfuhr der Yen gegenüber dem Dollar in Sprüngen eine steile Aufwertung um insgesamt +40 % auf zuletzt 180 Yen zum US-Dollar. Die Aufwertungsschübe lagen zweifellos weit über den Vorstellungen der Bank von Japan, da sie Japans Exportindustrien bedrohten. Aber die exportorientierten Unternehmen – Großbetriebe wie auch Klein- und Mittelunternehmen – verkrafteten die Yen-Aufwertung *(Endaka)* bemerkenswert gut, die Exporterfolge durch weitere schnelle Rationalisierungsmaßnahmen, durch Produktionsverlagerungen ins Ausland und vorübergehenden Gewinnverzicht (Ausnahme: hohe Buchgewinne auf Dollar-Basis durch die Aufwertung!) verbuchten. Nach 1986 schlug die Yen-Aufwertung voll durch:

Exporte und Exportgewinne gingen zurück, die Arbeitslosigkeit stieg auf 3 %, für Japan extrem hoch. Im selben Jahr wurde der Regierung ein grundlegender Strukturänderungsplan vorgelegt (sog. »Maekawa-Bericht«), der empfahl, die Wachstumsimpulse stärker auf die Binnennachfrage zu verlagern; 1987 wurde dieser Bericht zur offiziellen Handlungsmaxime der japanischen Regierung. Die deutlich gesunkenen Rohöl-Preise seit 1986 führten trotz der tendenziell rezessiven Entwicklung in der Exportwirtschaft dazu, daß 1986/87 erneut gewaltige Handelsbilanz-Überschüsse erreicht wurden: Zwischen 1985 und 1986 stiegen die Überschüsse von 46,09 Mrd. US-Dollar auf 82,74 Mrd. US-Dollar .

Die japanischen Unternehmen reagierten 1987 mit folgenden Maßnahmen auf die Krise: erstens Produktionsverlagerung in das Ausland (Südostasien, Südkorea), zweitens verstärkte Exportanstrengungen der Klein- und Mittelunternehmen (staatliche Hilfe) unter Lockerung der Zulieferbeziehungen und drittens Umorientierung auf den Binnenmarkt. Dabei dominierte aber eindeutig der Exportdruck; die gewünschte Gewichtung auf die Binnennachfrage griff noch nicht. Die Regierung setzte in dieser Phase umfassende Privatisierungen durch: Staatsmonopole (Tabak), die staatliche Fernmeldegesellschaft (NTT) und die Staatsbahnen wurden als Aktiengesellschaften privatisiert. Zugleich wurden staatliche Förderprogramme für die Binnennachfrage aufgelegt: Investitions- und Nachtragshaushalte für öffentliche Bauprogramme (Wohnungsbau), Marktöffnungsmaßnahmen, staatliche Beschaffungsprogramme, Sonderprogramme für die Regionalentwicklung usw. Vor allem aber legte die Regierung eine Reihe expansiver Haushalte vor, die durch gestiegene Steuereinnahmen und Erlöse aus den Privatisierungen von Staatsunternehmen finanziert werden konnten. Das Hauptproblem der japanischen Staatshaushalte blieb aber auch Mitte der achtziger Jahre noch bestehen: Defizit-Finanzierung (Staatsanleihen) durch noch immer unzureichende Staatseinnahmen. Erst mit Einführung der heiß umkämpften Mehrwertsteuer von 1989 setzte hier eine entscheidende Änderung ein, bis zum Platzen der »Wirtschaftsblase« *(Bubble Economy)* ab 1988 waren die japanischen Staatshaushalte ausgeglichen.

Strukturell entscheidend aber war der neue Rationalisierungsdruck, den große Unternehmen an ihre Zulieferer weitergaben; dadurch wurde zwischen 1985 und 1987 schneller als erwartet die Anpassungsphase der Klein- und Mittelindustrie an internationales Konkurrenzniveau eingeleitet. Für Japans Klein- und Mittelbetriebe hieß die Alternative: Modernisierung oder Aufgabe, da japanische Großunternehmen zunehmend im benachbarten Ausland fertigen ließen und dieser Sektor der japanischen Industrie also direkt mit ausländischen Unternehmen zu konkurrieren begann. Das traditionelle Loyalitätsverhältnis zwischen Großunternehmen und Zulieferern bekam Risse, viele Klein- und Mittelunternehmen konnten nur überleben, indem sie ihren Abnehmerbetrieben bei den Auslandsinvestitionen folgten, also sich als Zulieferer neben ihnen im Ausland ansiedelten.

## a. Veränderungen auf dem Arbeitsmarkt

Zwischen 1984 und 1988 zeigte auch die Entwicklung der Beschäftigten nach Erwerbszweigen den o. g. Trend zum Tertiärsektor: Die Zahl der Beschäftigten im Bereich Finanzen, Versicherungen, Immobilien stieg von 2,16 Mio. (1984) auf 2,36 Mio. (1988), im Sektor Handel und Gaststätten von 13,19 Mio. (1984) auf 13,89 Mio. (1988), sonstige Dienstleistungen 11,54 Mio. (1984) auf 12,84 Mio. (1988); damit waren 1988 im Tertiärsektor (o. öff. Dienst) 29,09 Mio. Beschäftigte von insgesamt 60,11 Mio. Arbeitnehmern; tätig.

Die Anpassungsfähigkeit der japanischen Wirtschaft, mit der sie auf externe Krisenfaktoren reagiert, zeigte sich 1987–1989 auf dem Arbeitsmarkt: Die relativ hohe Arbeitslosigkeit schlug nach kräftigen Erholungsprozessen der traditionellen Industriesektoren (Stahl, Schiffbau, Bauwirtschaft) in Arbeitskräfteknappheit um. Seit 1990 sucht die japanische Industrie dringend jüngere Facharbeiter, aber auch angelernte Kräfte; zunehmend strömen illegale ausländische Arbeitskräfte ins Land.

Betroffen von der Arbeitskräfteknappheit sind vor allem Klein- und Mittelbetriebe in regionalen Industriezentren außerhalb Tōkyōs oder z. B. Ōsakas, sektoral vor allem der personalintensive Groß- und Einzelhandel sowie die sogenannten »3-D Bereiche« (vom englischen »dirty, demanding, dangerous« = schmutzig, anstrengend, gefährlich). 1988 standen 115 Stellenangeboten nur 100 Bewerber gegenüber. Die Personalknappheit fördert aber auch die Berufstätigkeit von Frauen: 1988 waren 16,7 Mio. Frauen berufstätig (+ 550 000 gg. 1987), 36,8 % aller Berufstätigen waren Frauen; über 90 % aller (unverheirateten) Frauen um 20 Jahre sind im Beruf und noch 60 % der verheirateten Frauen über 40 Jahre arbeiten regelmäßig in Unternehmen, viele in Teilzeit-Jobs.

Hand in Hand mit dem verstärkten Einsatz automatisierter Fertigungsverfahren und der Suche nach Arbeitskräften ging eine allmähliche Auflösung des »Systems lebenslanger Anstellung« einher, d. h. der Beschäftigungsgarantie nach Eintritt in ein Großunternehmen. In der Klein- und Mittelindustrie war solche lebenslange Anstellung ohnehin eher die Ausnahme, jetzt griffen *Job-hopping,* Abwerbung und erzwungene Entlassung als neues Phänomen auch auf Großbetriebe über.

Japans staatliche Wirtschaftsplaner aber sahen die Engpässe auf dem Arbeitsmarkt als vorübergehendes Phänomen an; sehr viel mehr Sorge bereiteten die Folgen zunehmender Produktionsverlagerung ins Ausland: Noch machte die Auslandsproduktion japanischer Unternehmen nur 4 % der Gesamtproduktion aus (Bundesrepublik Deutschland: 20 %), aber die meisten exportorientierten Unternehmen Japans planten, bis zu 20 % ihrer Fertigung ins Ausland zu verlagern. Das MITI *(Ministry of Trade and Industry)* ging 1988 in Krisenszenarios davon aus, daß durch kumulative Auslandsinvestitionen des verarbeitenden Sektors bei jährlich 12 % Zuwachs bis zum Jahr 2000 etwa 560 000 Arbeitsplätze verloren gehen werden.

### b. Strukturwandel durch gestiegene Binnennachfrage: Neue Chancen für Kleinbetriebe

Im Haushaltsjahr 1988 (Ende: 31. 3. 89) war die Binnennachfrage, sowohl privater Konsum als auch Anlageinvestitionen der Wirtschaft, konjunkturelles Hauptantriebsmoment. Viele Großunternehmen, die noch 1986/87 über 70 % ihrer Produktion im Ausland absetzten, hatten sich auf diese Entwicklung eingestellt. An der Spitze der Entwicklung standen die Büroautomatisation (Faksimile-Geräte, Computer), Kfz-Produktion (1988 erstmals über 8 Mio. Stück) und Werkzeugmaschinen; auf dem Audio-Sektor führte die CD-Produktion. Diese Erfolge waren nicht nur auf die Tätigkeit großer Unternehmen zurückzuführen, vielmehr haben die Einflüsse der Yen-Aufwertung von 1985 auch die Kleinbetriebe gestärkt: 1986 stellten Betriebe mit weniger als 300 Beschäftigten 73,8 % aller Unternehmen des verarbeitenden Sektors und erzeugten 52,6 % aller Waren; die Gesamtzahl blieb 1988 unverändert, aber die Zahl der Beschäftigten stieg leicht an, und auch ihre Produktion wuchs um 1,4 Prozentpunkte. Zentrale Probleme für die Klein- und Mittelindustrie blieben der Zwang zur Diversifizierung (Anlageinvestitionen), die wachsende Konkurrenz aus den Schwellenländern und schleppender Absatz im Teilbereich der Textilindustrie. Die Regierung intensivierte deshalb 1989 die Förderung bei Produktentwicklung, sie unterstützte die Kooperation von Kleinunternehmen unterschiedlicher Branchen bei Exportoffensiven und der Produktdiversifizierung. Zwischen 1982 und 1988 stellten mehr als 10 000 Kleinunternehmen ihre Produktion um; 1988 dehnten 1 625 Unternehmen dieser Größenordnung durch Auslandsinvestitionen ihre Aktivitäten in benachbarte Länder aus. Entscheidend waren in allen Fällen die niedrigeren Löhne; diese Kleinbetriebe sind deswegen auch offen für die Anwerbung ausländischer Arbeitskräfte in Japan.

## 4. Japans Außenhandel Ende der achtziger Jahre

Die ständig wachsenden Handels- und Zahlungsbilanzüberschüsse Japans gegenüber den USA, aber auch im Handel mit anderen Industrieländern und wichtigen Ländern der Dritten Welt (Thailand, Malaysia), haben die japanische Regierung vor ein schwieriges Problem gestellt: Die USA drohten 1989 mit der Anwendung des sogenannten »Super 301«-Artikels ihres Handelsgesetzes, der Sanktionen gegen Handelspartner erlaubt, die unfaire Handelspraktiken betreiben. In den »Gesprächen über Abbau struktureller Handelshemmnisse« einigten sich die USA und Japan Anfang 1990 darauf, die vielstufigen Vertriebswege in Japan zu vereinfachen, ausländische Unternehmen an öffentlichen Bauaufträgen zu beteiligen und die Finanzmärkte weiter zu liberalisieren; die USA ihrerseits wollten die Sparrate erhöhen und ihr staatliches Haushaltsdefizit abbauen.

Weder die Liberalisierung der Einfuhren von Zitrusfrüchten und Rindfleisch noch die Importförderungsprogramme der japanischen Regierung haben die verzerrte Struktur des japanischen Außenhandels wesentlich verändern können. Im Haushaltsjahr 1988 hatten sich wieder Handelsbilanzüberschüsse von insgesamt 95 Mrd. US-Dollar angesammelt; die japanischen Währungsreserven überstiegen im selben Jahr erstmals die 100-Mrd.-US-Dollar-Grenze, die Gesamtaktiva Japans im Ausland erreichten 1 Billion US-Dollar, und die japanischen Anlagen in Wertpapieren und Schuldverschreibungen machten etwa ein Drittel des Auslandsvermögens aus. Die Ausfuhren Japans erreichten auf Dollar-Basis (IWF) 267 Mrd. US-Dollar; Hauptausfuhrgüter waren wiederum Kfz (18,4 % aller Exporte), Büromaschinen und Halbleiter. Die Exporte konzentrierten sich mehr auf Produkte, die preisunelastisch sind und bei denen Japan nahezu eine Monopolstellung besitzt

(Faksimile-Geräte) oder einen marktbeherrschenden Qualitätsvorsprung hat. Über 60 % der japanischen Exporte gingen in andere Industrieländer, vor allem in die USA (33,8 %). Allerdings zeigte sich ein Erfolg der Diversifizierungsbemühungen Japans: Die Bedeutung der EG-Länder wuchs. 1985 nahmen die USA noch 43,3 % der japanischen Ausfuhren auf, 1988 nur 33,8 %. Die EG dagegen steigerte ihren Anteil von 11,4 % auf 17,7 %. Auf der Importseite erhöhte Japan zwar seine Bezüge aus den USA von anteilig 25,5 % (1985) auf 28,2 % (1988), aber die Lieferungsanteile aus der EG stiegen schneller, von 6,9 % (1985) auf 12,8 % (1988). Die Region Asien rangierte 1988 mit 32,1 % der japanischen Ausfuhren knapp hinter den USA, auf der Importseite aber führte Asien mit 41,3 % aller japanischen Einfuhren. Wertmäßig werden die Unterschiede noch deutlicher: In die USA lieferte Japan Waren im Wert von 102,19 Mrd. US-Dollar, nach Asien 84,98 Mrd. US-Dollar und in die EG 46,87 (Europa insgesamt 60,15) Mrd. US-Dollar. Die japanischen Importe aus den USA lagen bei 52,93 Mrd. US-Dollar, aus Asien aber bei 77,44 Mrd. US-Dollar, und aus der EG bezog Japan 1988 Waren im Wert von 24,07 Mrd. US-Dollar.

Die Struktur der japanischen Einfuhren hat sich seit den siebziger Jahren nur unwesentlich verändert, wenn auch der Fertigwarenanteil deutlich angestiegen ist. Volumenmäßig stiegen die Rohstoffimporte Japans 1988 zwar an, aber wertmäßig waren teils drastische Rückgänge zu verzeichnen. Dagegen legten Maschinen und Anlagen (+23 %, Yen-Basis), Textilien (+23,4 %), Eisen- und Stahlprodukte (+64,9 %) deutlich zu. Nutznießer dieser Importsteigerungen bei Industriegütern waren die EG, aber auch die Schwellenländer Südostasiens über Re-Exporte von Komponenten und Elektronik-Bauteilen japanischer Auslands-Unternehmens-»töchter«.

Protektionistische Drohgebärden in den USA, die Schaffung des EG-Binnenmarktes 1993 und stark gestiegene Lohnkosten in Japan sowie der Mangel an Arbeitskräften haben zu gestiegenen japanischen Direktinvestitionen im Ausland geführt. An der Spitze der Zielländer für Investitionen standen die USA (Haushaltsjahr 1987 46 % aller Direktinvestitionen), Europa (19,7 %), Asien und Lateinamerika mit je 14 %. Wertmäßig führen (kumulativ 1951–87) Unternehmen des nicht-verarbeitenden Gewerbes (71 % aller Direktinvestitionen), darunter Handel (12,1 %), Banken und Versicherungen (20,1 %) und Bergbau/Erdöl (Prospektion/Raffinerie 9,3 %). Die verarbeitende Industrie stellte rund ein Viertel aller Auslandsinvestitionen, aber 1987 zog dieser Sektor stark nach und errichtete 1 528 neue Betriebe im Wert von 7,832 Mrd. US-Dollar, davon allein der Sektor Elektronik/Elektro 322 Betriebe mit 2,421 Mrd. US-Dollar.

# II. Die strukturellen Herausforderungen der neunziger Jahre

FRIEDERIKE BOSSE

## 1. Vorbemerkung

Im Frühjahr 1997 sah es aus, als hätte Japans Wirtschaft das Schlimmste überstanden. Im Kalenderjahr 1996 wuchs die japanische Wirtschaft um kräftige 3,6 %. Das ist ein größerer Zuwachs, als alle anderen führenden Industrieländer erreichten, und auch deutlich mehr, als Japan selbst in den vergangenen vier Jahren erzielte.[1] Damit rückt das Wachstumsziel von 2,5 %, das die Regierung für das Fiskaljahr bis zum 31. März 1997 vorgegeben hat, in greifbare Nähe. Auch die *Tankan*-Umfrage, die quartalsmäßige Unternehmensbefragung der *Bank of Japan* zur Konjunktureinschätzung, zeichnete Anfang April 1997 ein positiveres Stimmungsbild bei den Unternehmen als die vorhergehenden Umfragen. Vor allem die großen Unternehmen zeigten sich optimistischer, insbesondere in den exportorientierten verarbeitenden Branchen. Kein Wunder, setzt doch der US-Dollar seinen Kursanstieg seit nunmehr eineinhalb Jahren stetig fort und verbessert damit die Position der japanischen Exportunternehmen erheblich.

Ein Jahr später ist die Stimmung ins Gegenteil umgeschlagen; mit einem Wirtschaftswachstum von 0,9 % im Kalenderjahr 1997 stand Japan schlechter da als alle anderen G-7-Staaten, für das Fiskaljahr 1997 wird sogar eine Kontraktion erwartet. Auslöser für die dramatische Verschlechterung war zum einen die Mehrwertsteuererhöhung vom April 1997, die der privaten Nachfrage einen unerwartet deutlichen und nachhaltigen Dämpfer verpaßt und zudem einen Preissenkungsdruck auf die Verbraucherpreise zur Folge hatte. Die Hoffnung auf sinkende Preise und der generelle Pessimismus bezüglich der weiteren Wirtschaftsentwicklung fördert wiederum die Kaufzurückhaltung der Verbraucher, so daß Japan am Rande einer Deflation steht. Das zweite Negativereignis war die Währungskrise in Südostasien. Dadurch brachen wichtige Märkte für Japans Exporte ein, die teilweise – begünstigt durch den niedrigen Yen-Kurs – auf den nordamerikanischen Kontinent umgeleitet wurden und den politisch sensiblen Handelsbilanzüberschuß mit den USA anschwellen ließen. Zugleich übte die internationale Gemeinschaft massiven Druck auf Japan aus, daß es seiner Führungsrolle in Asien gerecht werden und den Abwertungsländern bei der Bewältigung ihrer Krise helfen müßte. Die japanische Re-

1 Das reale Wachstum des Bruttoinlandsproduktes betrug 1993 0,3 %, 1994 0,6 % und 1995 1,4 %.

gierung befand sich in dem Dilemma, mehr Importe aus Asien aufnehmen zu sollen, während der Binnenmarkt insgesamt gar nicht aufnahmefähig und überdies zum Teil (vor allem der Finanzsektor) erheblich reformbedürftig war.

Zurück ins Jahr 1996: Trotz der positiven Zeichen bleibt die Grundstimmung skeptisch. Und die Großunternehmen zeigen sich in der *Tankan*-Umfrage für die kommenden Monate erneut zurückhaltend. Die nichtverarbeitenden Unternehmen und die kleinen und mittleren Unternehmen beurteilen die Situation ohnehin generell weniger zuversichtlich. Aus beiden Punkten wird bereits deutlich, daß das Wirtschaftswachstum 1996 sehr stark von der Abschwächung des Yen-Kurses und der Zunahme der Exporte in der zweiten Jahreshälfte abhing. Etwa 40 % des Zuwachses im vierten Quartal ist auf den Nettoanstieg der Exporte zurückzuführen; die restlichen 60 % auf privaten Verbrauch, d. h. Investitionen von Unternehmen und Anschaffungen von privaten Verbrauchern (vor allem im Wohnungsbereich).[2] In beiden Bereichen gibt es Zweifel, ob die Belebung nachhaltig ist. Der höhere private Konsum wird zuweilen als rein temporäre Erscheinung interpretiert, da die Verbraucher größere Anschaffungen vorgezogen hätten, um die Erhöhung der Mehrwertsteuer ab 1. April 1997 zu umgehen. Über die Frage, ob diese Anhebung von 3 auf 5 % die Konsumlust der Verbraucher ernsthaft einbrechen läßt, herrschen allerdings geteilte Meinungen.

Auch bei den Exporten werden trotz Wachstumskurs Bedenken angemeldet: So scheint die Wachstumsbasis zu stark vom Wechselkurs abhängig und damit sehr anfällig für dessen Schwankungen. Außerdem würde der japanische Handelsüberschuß, der mit steigendem Yen-Kurs (seit 1993) sukzessive geschrumpft war, auf mittlere Sicht erneut anschwellen und damit wiederum die Beziehungen zu den Handelspartnern belasten – allen voran mit den USA. Gerade gegenüber dem Haupthandelspartner USA wuchs der japanische Handelsüberschuß bereits beträchtlich und reichte 1997 mit 5 Billionen Yen an das Niveau vom Beginn der neunziger Jahre heran.[3] Schon Anfang 1997 waren erneut Klagen zu hören, daß sich Japan wieder einmal »auf bekannte Weise« aus der Krise manövriert, nämlich durch Exportoffensiven, anstatt die heimische Wirtschaftsreform voranzutreiben und insgesamt die Binnennachfrage zu fördern.[4] In diese Interpretationslinie gehört auch die Äußerung von US-Finanzminister Rubin, daß er »disappointed« über die rigide Fiskalpolitik der japanischen Regierung sei. Um die Jahreswende 1997/98 wurden die Japankritik erheblich schärfer und die Forderungen an die Regierung, die Rezession zu beenden, deutlicher. Im Frühjahr 1998 schließlich gab Hashimotos Regierung ihre starre Haltung auf, schwächte ihre rigide Fiskalpolitik ab und legte ein Paket zur Konjunkturbelebung auf, dessen Volumen von 16,65 Billionen Yen (etwa 225 Mrd. DM) alles bisherige übertraf.

---

2 International Herald Tribune, 14. 3. 1997.

3 Der Überschuß in der japanischen Handelsbilanz ging im Kalenderjahr 1996 um 32,4 % auf 6,7 Billionen Yen zurück. Gegenüber dem Rekordjahr 1993 war dies eine Reduzierung um 50 %. Allerdings zeichnete sich gegen Ende des Jahres eine Abschwächung der Importzuwächse ab (Gesamtjahr + 20,4 % auf 38 Billionen Yen). Die Exporte wuchsen 1996 um 7,7 % und lagen bei 44,7 Billionen Yen. Vgl. Japan – Wirtschaft Politik Gesellschaft, April 1997, S. 114.

4 Beispielsweise in: »Rising Surplus, Rising Wrath«, Economist, 22. 3. 1997 und in »Buoyed by Exports. Japanese Economy Surges«, International Herald Tribune, 14. 3. 97.

Die kurzfristigen Betrachtungen – Belebung durch Exportanstieg bzw. Dämpfung durch rigide Fiskalpolitik – täuschen jedoch über die langfristigen Entwicklungen hinweg, mit denen die japanische Wirtschaft konfrontiert wird. Dabei stehen vor allem zwei Herausforderungen im Mittelpunkt: die Globalisierung der Wirtschaft und die Alterung der Bevölkerung. Die Globalisierung, d. h. die engere Vernetzung der japanischen Wirtschaft mit anderen Ländern und Regionen war durch die jüngste Rezession beschleunigt worden und hatte unter dem Schlagwort »Aushöhlung« (*Kūdōka*) eine vehemente Standortdiskussion in Japan ausgelöst. Der Kursanstieg des Yen hatte viele Unternehmen veranlaßt, Produktionskapazitäten ins Ausland zu verlagern und obendrein mehr Erzeugnisse zu importieren, so daß die Sorge aufkam, daß der Industriestandort Japan an Bedeutung verlieren würde. Auch wenn die Abschwächung des Yen seit Sommer 1995 den akuten Druck auf Japans Industrie gemildert hat und die *Kūdōka*-Diskussion abgeflaut ist, wird dadurch der generelle Trend der Globalisierung nicht umgekehrt. Die schwache Binnennachfrage und der Höhenflug des Yen haben die Deindustrialisierung zwar verstärkt, aber weder Konjunkturbelebung noch sinkender Yen-Kurs werden sie rückgängig oder obsolet machen, denn der Wechselkurs ist nicht das einzige Motivationsmoment für die Auslandsaktivitäten der japanischen Unternehmen.

Das zweite langfristige Problem betrifft die öffentlichen Finanzen. Hier stellt sich die Situation im Frühjahr 1997 anders dar als bei der Auslagerung, denn die Diskussion ist nicht abgeflaut – trotz der Konjunkturbelebung –, sondern hat sich sogar verschärft. Das Krisenbewußtsein in bezug auf die Staatsfinanzen hat sich erst später entwickelt als etwa die Sorge um die Deindustrialisierung, steht dafür aber nunmehr im Mittelpunkt der Wirtschaftspolitik. Tatsächlich werden die öffentlichen Finanzen seit 1996 allgemein als desolat bezeichnet. Nachdem Japan lange Zeit einen Haushaltsüberschuß aufwies, rangiert es nunmehr ganz unten auf der Rangliste der führenden Industrienationen. Für die rapide Verschlechterung ist vor allem die Rezession seit 1991 verantwortlich, denn dadurch sanken die Steuereinnahmen, während zugleich die öffentlichen Investitionen erhöht wurden, um die Konjunktur zu beleben. Zugleich wurde aber auch eine Reihe von strukturellen Schwächen im System der öffentlichen Finanzen offensichtlich, etwa bei der Allokation von Investitionsmitteln für öffentliche Körperschaften oder Projekte. Unabhängig von der konjunkturellen Entwicklung lassen die langfristigen demographischen Entwicklungen eine baldige Konsolidierung und Reform dringend geboten erscheinen. Denn die größte Herausforderung Japans ist die rasante Alterung seiner Bevölkerung. 1996 waren 15,1 % aller Japaner älter als 65 Jahre, im Jahr 2020 werden es 26,8 % sein. Mit dieser Entwicklung ist eine Verkleinerung der arbeitenden Altersgruppen verbunden sowie wachsende Anforderungen an das soziale Sicherungsnetz. Das britische Magazin *The Economist* kam bereits im August 1996 zu dem warnenden Schluß, daß »bis es von Japan abgelöst wurde, man dachte, Italien habe das am wenigsten tragfähige Rentensystem unter den OECD-Ländern. Nun trägt Japan diesen Titel.«[5] Die japanische Regierung zielt daher mittelfristig auf einen Abbau der Staatsverschuldung und einen ausgeglichenen Etat. Langfristig sollen Weichen für

5 »Japan's Debt-Ridden Future«, in: The Economist, 3. August 1996, S. 53–54.

die alternde Bevölkerung gestellt werden; dafür sind Reformen im Steuer- und im Sozialversicherungssystem nötig. Die Konsolidierung der öffentlichen Finanzen hat für die Regierung oberste Priorität, auch um den Preis einer verzögerten Konjunkturerholung.

Beide Aspekte – Globalisierung und Staatsdefizit – weisen somit mehr strukturelle als zyklische Ursachen auf, die durch eine reine Konjunkturbelebung nicht behoben werden. Statt dessen müssen die Wirtschafts- und Fiskalreformen vorangetrieben werden. Es wäre fatal, wenn die günstigeren Exportbedingungen und das damit verbundene Wirtschaftswachstum dazu führen würden, daß Industrie und Regierung ihre Umstrukturierung schleifen lassen, wie es bereits nach dem *Maekawa*-Report vor zehn Jahren geschah. Als die japanische Wirtschaft Mitte der achtziger Jahre schon einmal unter den Folgen einer massiven Yen-Aufwertung litt, hatte Ministerpräsident Nakasone eine Expertenkommission beauftragt, einen Strukturbericht zu erarbeiten. Der sogenannte *Maekawa*-Report (benannt nach dem Vorsitzenden der Kommission) vom April 1986 kam zu dem Schluß, daß die japanische Wirtschaft sich künftig mehr auf die Binnennachfrage ausrichten müsse, um einerseits der Bevölkerung ein »reiches Leben« zu ermöglichen und sich andererseits ohne Friktionen in die Weltwirtschaft einzugliedern. Die Vorschläge des *Maekawa*-Reports gingen über die kurzfristigen Maßnahmen zur Wechselkurskorrektur hinaus und waren statt dessen auf mittelfristige und langfristige Umstrukturierungen ausgerichtet, insbesondere auf Deregulierung und Marktöffnung. Die Umsetzung kam allerdings schnell zum Erliegen, als die Konjunktur wieder anzog und Japan bis 1990/91 einen Nachfrageboom erlebte (die sogenannte *Bubble Economy*). Die Strukturreform, die der *Maekawa*-Report 1986 postulierte, ist daher so wenig vorangekommen, daß eine neue Kommission, die von Ministerpräsident Hosokawa eingesetzt wurde, Ende 1993 zu einem sehr ähnlichen Ergebnis kam. Auch der *Hiraiwa*-Report (wiederum benannt nach dem Vorsitzenden der Kommission) propagierte eine grundlegende Reform der Wirtschaftsstrukturen, mit einer deutlichen Orientierungsverschiebung zum Binnenmarkt und zu den Bedürfnissen der Verbraucher mit Hilfe von weitreichenden Deregulierungen.

1997 stehen jedoch Wirtschaftsreform und die Konsolidierung der Staatsfinanzen nach wie vor ganz oben auf der Agenda der japanischen Wirtschaftspolitik. Offensichtlich hat sich in Japan die Erkenntnis durchgesetzt, daß grundlegende Reformen notwendig sind. So formulierte das MITI (Ministerium für internationalen Handel und Industrie) Ende 1995 selbstkritisch: »... es ist klar, daß das ökonomische System, das die wirtschaftliche Entwicklung in den 50 Jahren seit dem Zweiten Weltkrieg unterstützt hat, für das zukünftige Wachstum nicht geeignet ist. Da die Industriestruktur große Veränderungen durchmacht, sind andere Antriebskräfte erforderlich, um das neue Wirtschaftswachstum zu fördern. Das herkömmliche Wirtschaftssystem ist unflexibel geworden und erweist sich folglich als Hemmnis für kreative und innovative Unternehmenstätigkeiten.«[6]

---

6 Industriestrukturrat MITI (Hrsg.), Nijūisseiki he no Nihon Keizai Saiken no Shinario (Szenarium für den Umbau der japanischen Wirtschaft auf dem Weg ins 21. Jhd.), Tōkyō 1996, S. 145.

## 2. Deindustrialisierung

Die Standortdebatte wird in Japan – wie in Deutschland – vor allem unter dem Aspekt der drohenden Schwächung der heimischen Industrie und dem damit verbundenen Verlust von Arbeitsplätzen geführt. In der zweiten Hälfte der achtziger Jahre, während der ersten Yen-Hochphase, war die Auslagerung schon einmal ein wichtiges Thema gewesen. Damals erreichten die japanischen Auslandsdirektinvestitionen (ADI) mit 2 725 Projekten (1988) ihren bis heute höchsten Stand. Danach erfolgte ein tiefer Einbruch, verursacht durch das Zerplatzen der *Bubble Economy,* die einsetzenden strukturellen Anpassungen sowie eine restriktive Geldpolitik in Form von rasch steigenden Zinsen. Während dieser Zeit verstummte auch die Deindustrialisierungsdebatte und wurde erst 1993/94 wieder aufgegriffen. Wieder war es eine Aufwertung des Yen, die die jüngste Auslagerungswelle auslöste, bei der sowohl die Kapitalströme als auch die Projektanmeldungen wieder zunahmen. 1995 erreichten die japanischen ADI einen Wert von etwa 49,6 Mrd. US$, von denen 36,8 % in die verarbeitende Industrie flossen. Die USA und Kanada zogen 45 % des Gesamtvolumens auf sich, 24 % flossen nach Asien.

Obwohl die *Kūdōka* häufig einfach mit »Auslagerung« gleichgesetzt ist, besteht die Deindustrialisierung aus komplexeren Vorgängen. Neben der steigenden Auslandsproduktion (die heimische Fertigung ersetzt), gehören dazu steigende Importe (die ebenfalls heimische Fertigung ersetzen), die Schwächung des verarbeitenden Sektors (d. h. die relative Stärkung des Dienstleistungsbereiches) sowie die Vermeidung von Japan als Industriestandort durch ausländische Unternehmen. Einige Beispiele zeigen, daß diese Faktoren in Japan gegeben sind: 1995 betrug der Anteil der Auslandsproduktion schätzungsweise 8,9 % gegenüber lediglich 2,9 % im Jahr 1990 *(s. Tabelle 1).* Eine Unternehmensbefragung des mit dem Arbeitsministerium affiliierten *Japan Institute of Labor* ergab, daß 80 % der befragten Firmen zwischen 1989 und 1994 den Anteil ihrer Auslandsfertigung erhöht hatten. Außerdem gaben 40 % der Firmen an, im gleichen Zeitraum im Inland Arbeitsplätze abgebaut zu haben, und 80 %, die Zahl der Beschäftigten im Ausland erhöht zu haben.[7] Eine

*Tab. 1:* Auslandsinvestitionen und -produktion

| | 1980 | 1990 | 1991 | 1992 | 1993 | 1994 | 1995 | 2000 (S) | 2010 (S) |
|---|---|---|---|---|---|---|---|---|---|
| BIP-Wachstum | 3,6 % | 4,8 % | 4,3 % | 1,1 % | – 0,2 % | 0,6 % | 2,3 % | – | – |
| ADI* (Mio. US-$) | 8 932 | 56 911 | 41 584 | 34 138 | 36 025 | 41 025 | 21 736 1. Hj. | – | – |
| Anteil Auslandsproduktion | 2,9 % | 6,4 % | 6,0 % | 6,2 % | 7,4 % | 8,2 % (S) | 8,9 % (S) | 9,3 % | 12,1 % |

* ADI: Ministry of Financy Notification Basis Offshore-Production.

*Quelle:* JETRO, FDI: Japan and the World 1996.

7 Japan – Wirtschaft Politik Gesellschaft, Oktober 1996, S. 488.

andere Umfrage des MITI kam zu dem Ergebnis, daß in den nächsten fünf Jahren durch Umstrukturierungen und Auslagerung insgesamt 1,24 Millionen Arbeitsplätze wegfallen werden, wobei die Folgereduzierungen bei den Klein- und Mittelunternehmen eingeschlossen sind.[8]

Die japanischen Importe steigen seit 1993 deutlich schneller als die Exporte an – begünstigt durch den hohen Yen-Kurs –, besonders im Bereich der Fertigerzeugnisse. Der Anteil der Fertigerzeugnisse an den Gesamteinfuhren lag 1995 bei 60 %, 5 % höher als im Vorjahr. Der Beitrag der verarbeitenden Industrie zum Bruttoinlandsprodukt fiel zwischen 1970 und 1994 von 36 % auf rund 24,5 %. Dabei wirkte sich die Marktpenetration durch Importgüter und die Auslagerung industrieller Fertigung auf die binnenjapanische Industrieproduktion in den vergangenen Jahren mit einer 2 %igen Reduzierung aus.[9] Dennoch ist der Anteil der japanischen Auslandsproduktion auch nach mehrjähriger *Offshore*-Expansion noch weitaus niedriger als in den USA oder in den europäischen Industriestaaten. Während er in den USA schon 1990 bei 26 % und in Deutschland bei 18 % lag, betrug er in Japan 1995 schätzungsweise 8,9 %. Im Hinblick auf den Beschäftigungsanteil war das Verhältnis ebenfalls unausgewogen: Die Beschäftigten in den japanischen *Offshore*-Werken machten 1992 9,5 % der Gesamtbeschäftigten der verarbeitenden Industrie aus, in den USA immerhin 24 % (1991).[10] Angesichts dieser Kluft im internationalen Vergleich scheint die Vehemenz, mit der die Aushöhlungsdebatte in Japan vor allem 1994 und 1995 geführt wurde, übertrieben. Zumal seither die Kursabschwächung des Yen den Druck auf die Unternehmen erheblich verringert hat und einige Firmen schon Produktionskapazitäten nach Japan zurückholten.

Ist also die Sorge um die industrielle Aushöhlung übertrieben und wird durch den fallenden Yen-Kurs gänzlich obsolet? Wohl kaum, denn zum einen hat schon die bisherige Auslagerung Auswirkungen auf die japanische Wirtschaft gezeigt, und zum anderen sind die meisten Faktoren, die die Unternehmen zur Auslagerung veranlassen, vom Yen-Kurs weitgehend unabhängig. So verbergen sich hinter den niedrigen Durchschnittswerten große Unterschiede zwischen den einzelnen Branchen. Kurz gesagt ziehen sich die führenden Industrien zuerst aus dem Inland zurück, es bleiben also die weniger wettbewerbsfähigen Bereiche zurück. Dabei ist zu beachten, daß es in der japanischen Wirtschaft große Produktivitätsunterschiede gibt. Das »Wirtschaftsweißbuch 1996« erklärte diese mit einem Drei-Stufen-Modell: Die japanische Wirtschaft besteht aus einem Teil der verarbeitenden Industrie, der international sehr wettbewerbsfähig ist (z. B. die Elektronik- und Automobilindustrie); einem zweiten Teil der verarbeitenden Industrie, der nicht sehr wettbewerbsfähig ist (z. B. die Textil- oder Nahrungsmittelindustrie) sowie einem dritten, nichtverarbeitenden Bereich, der nicht handelbare Leistungen erbringt, wie etwa der Servicesektor. Die starke Exportindustrie hat in der Vergangenheit die Schwächen der anderen Bereiche kompensiert, so daß sich der Produktivitätsunterschied zwischen den stärksten verarbeitenden Branchen und den nichtverarbeitenden zwischen 1980 und 1993 sogar vergrößert hat. Ziehen sich nun die stärksten Branchen aus Japan zurück,

---

8 Japan – Wirtschaft Politik Gesellschaft, Februar 1997, S. 15.

9 Laut MITI in: Japan Research Review, August 1996, S. 11.

10 Fukao, Kyōji, »Nihon kigyō no kaigai seisan katsudō to kokunai rōdō« (Auslandsdirektinvestitionen und Beschäftigung in Japan), in: Nihon rōdō kenkyū zasshi, July 1995, S. 5.

können sie nicht mehr die Wettbewerbsnachteile der schwachen Bereiche auffangen, und die Wettbewerbsfähigkeit der japanischen Wirtschaft sinkt insgesamt.[11]

Vor diesem Hintergrund ist es bedeutsam, daß die Auslagerung gerade in der Elektronikbranche sehr weit fortgeschritten ist.[12] Entsprechend ist auch der Anteil der *Offshore*-Beschäftigten mit 20,3 % in der Branche doppelt so hoch wie der Industriedurchschnitt. Im Automobilbau liegt er mit 24 % ebenfalls sehr hoch.[13] Solche Verlagerungen können nicht ohne Wirkung auf die zurückbleibende Zulieferindustrie bleiben. Während größere Zulieferbetriebe inzwischen immer häufiger ihren Abnehmern ins Ausland folgen, ist dieser Weg für den Großteil der kleinen und mittleren Zulieferbetriebe keine realistische Option.[14]

Bislang galt in vielen Branchen eine Arbeitsteilung, innerhalb der Güter mit geringer Wertschöpfung im Ausland gefertigt werden und hochwertige Produkte mit Spitzentechnologie sowie Forschung und Entwicklung in Japan. Mit steigendem technischen Know-how und Qualitätsstandard in den asiatischen Ländern könnte diese Arbeitsteilung allerdings bröckeln. Im Hinblick auf technologische Auslagerung ist zudem bemerkenswert, daß die Fertigung von neuen Produkten im Elektronikbereich immer früher ins Ausland verlegt wird, d. h. die neue Technologie wird zwar in Japan entwickelt, hat aber kaum Zeit, sich dort zu verbreiten. Auf den Faktor Technologie richtet sich denn auch die nächste Sorge im Zusammenhang mit der Deindustrialisierung Japans. Man befürchtet eine zunehmende »technologische Aushöhlung«. Eine Verlagerung von Forschungs- und Entwicklungsabteilungen beispielsweise hätte gravierende Folgen für den japanischen Mittelstand, der dadurch von der technologischen Entwicklung der Großunternehmen abgeschnitten würde. Es wäre also wiederum der Mittelstand, der die Folgen einer Auslagerung tragen müßte.

Ein weiterer Punkt, der dafür spricht, daß die Deindustrialisierung mit der Yen-Abschwächung nicht gestoppt wird, ist die Tatsache, daß das Auslandsengagement Teil einer globalen Unternehmensstrategie ist und nicht nur eine defensive Maßnahme. Ohne Zweifel war einer der maßgeblichen externen Faktoren, die japanische Unternehmen zum Auslandsengagement veranlaßten, der steigende Yen-Kurs. Zwei der drei japanischen Auslagerungswellen in den Jahren 1985 bis 1988 und ab 1992/93 fielen mit eklatanten Yen-Aufwertungen zusammen.[15] Aber die regionalen und sektoralen Verschiebungen der Auslandsdirektinvestitionen deuten darauf hin, daß neben reinen Kostenfaktoren auch andere Motivationsmomente ins Gewicht fallen. So richteten sich die Investitionen bis in die siebziger Jahre vor allem auf Entwicklungsländer, zunächst zur Rohstoffsicherung, später zur Lohnkostensenkung (Textilindustrie, Unterhaltungselektronik). Seit den achtziger Jahren, d. h.

11 Aussagen zum und Zitate aus dem Wirtschaftsweißbuch beruhen auf dem zusammenfassenden Artikel »Nihon keizai kaikaku he no michi« (Wege zu einer Reform der japanischen Wirtschaft), in: Shūkan Tōkyō Keizai, 10./17. 8. 96, S. 34–39.

12 Fukao (Anm. 10), S. 10.

13 Fukao (Anm. 10), S. 5.

14 Den kleinen und mittleren Unternehmen fehlt es grundsätzlich an Kapital- und an personellen Ressourcen, um sich ins Ausland zu begeben. Vgl. dazu Friederike Bosse, »Der japanische Mittelstand und die ›kūdōka‹« in: Japan – Wirtschaft Politik Gesellschaft, Dezember 1996, S. 639–649.

15 Der hohe Kurs des Yen ebnet den Weg ins Ausland, Handelsblatt, 8. 8. 1996.

insbesondere seit der Yen-Aufwertung nach 1985, variieren die Motive je nach Region und Branchen stärker. So spielt in den westlichen Industrieländern die Umgehung von Handelsbeschränkungen eine entscheidende Rolle (z. B. für die Automobilindustrie), aber auch Partizipation an Technologie und Sicherung der Absatzmärkte. Zugang zu den Märkten ist auch bei der Ansiedlung in Asien ein immer wichtigeres Moment – neben dem Lohnkostenvorteil. Dabei wird die Produktion zunehmend auf den spezifischen Bedarf der lokalen Märkte zugeschnitten, d. h. Toyota baut für den amerikanischen Markt andere Modelle als für den japanischen oder den südostasiatischen Markt. Im Automobilbereich haben die Reimporte – vor allem aus US-Werken – inzwischen einen großen Anteil an den Gesamtautoimporten. Zeitweilig stammte jedes dritte in Japan importierte Auto von einem japanischen Hersteller.

Die Vielzahl der Motive für ein Auslandsengagement läßt darauf schließen, daß die Auslagerung von Fertigung nicht durch die Abschwächung des Yen beendet wird, denn die anderen Argumente behalten ihre Gültigkeit. Der Aufbau von globalen Produktionsnetzwerken, die horizontale und vertikale Arbeitsteilung, der Austausch von Informationen sowie der direkte Zugang zu den ausländischen Absatzmärkten sind die Hauptmotive für die industrielle Auslagerung.

Man hat sich in Japan offensichtlich mit der Tatsache abgefunden, daß weder die Globalisierung noch die Schwächung der verarbeitenden Industrie aufzuhalten sind, man spricht vom Ende des Zeitalters des *Mono-zukuri*, des »Dinge produzieren«. Damit folgt Japan dem Beispiel der westlichen Industrienationen, in denen die Verlagerung vom sekundären zum tertiären Wirtschaftssektor sogar schon weiter fortgeschritten ist. Im Hochlohnland Japan ist nur noch Industrieproduktion mit sehr hoher Wertschöpfung lohnend. Dies wird unter dem Schlagwort *Kōdōka* oder »industrielles *Upgrading*« propagiert. Gemeint ist damit vor allem die Förderung von wissensintensiven Industriezweigen. Das gilt besonders für die Schlüsselindustrien wie Telekommunikation und neue Medien. Allein im Bereich Information und Telekommunikation sollen laut Wirtschaftsplanungsbehörde bis zum Jahr 2000 930 000 neue Arbeitsplätze entstehen, bis zum Jahr 2010 1,5 Millionen.[16] Voraussetzung dafür ist allerdings, daß die Deregulierung der Wirtschaft tatsächlich in dem Umfang realisiert wird, wie es seit vier Jahren angekündigt wird. Denn es müssen erst einmal Wege für neue Unternehmen frei gemacht werden.

## 3. Öffentliche Finanzen

Der zweite Block der strukturellen Probleme – die Staatsfinanzen – stellt sich 1997/98 auf den ersten Blick anders dar als die Globalisierung. Bei der Finanzdiskussion hat sich trotz der objektiven Verschlechterung der Situation die aktuelle Priorität von der langfristigen Konsolidierung auf die kurzfristige Konjunkturbelebung radikal verschoben. Während die Fiskalpolitik also nach wie vor ein heiß debattierter

16 Economic Planning Agency, The Long-Term Forecasts of Japan's Industrial and Employment Structure. November 1992, 1995.

Bereich ist, ist die Deindustralisierungsdebatte durch die Yen-Abwertung in der öffentlichen Diskussion weniger präsent geworden. Ein zweiter Unterschied besteht darin, daß man sich in Japan erst relativ spät über die Bedeutung der fiskalischen Krise bewußt geworden ist. Erst im Mai 1996 gestand Ministerpräsident Hashimoto ein: »Wir stehen vor einer ernsten Krise« und wies der Konsolidierung Top-Priorität zu. Damit hat Hashimoto sicher nicht übertrieben. Noch 1991 wies Japan als einziges OECD-Land einen Haushaltsüberschuß auf (+ 2,9 % vom BIP), 1996 stand es am unteren Ende der Rangliste. Trotz der Reformgesetze, nach denen der Haushalt 1998 aufgestellt wurde, mußte die Neuverschuldung erhöht werden (17,13 gegenüber 17,6 Billionen Yen), und der langfristige Schuldenberg konnte nicht abgebaut werden. Mit einer Neuverschuldungsquote von rund 5,5 % liegt Japan weit über der 3-%-Marke, die für den Beitritt zur Europäischen Währungsunion als Voraussetzung gilt.

Die gesamte langfristige Verschuldung der zentralen und regionalen Regierungen betrug Ende März 1998 schätzungsweise 476 Billionen Yen (6,7 Billionen DM), am Ende des FJ 1998 wird sie auf über 500 Billionen Yen angestiegen sein. Der Schuldendienst schluckt 17,3 Billionen Yen, d.h. rund ein Drittel der Steuereinnahmen. Für die Gesamtverschuldung der öffentlichen Hände muß allerdings auch noch die Verschuldung der Gebietskörperschaften hinzugerechnet werden. Damit wächst Japans gesamte Verschuldung im Haushaltsjahr 1996 auf 443 Billionen Yen. Für das Haushaltsjahr 1997 wird diese Gesamtsumme trotz der geringeren Neuverschuldung auf 476 Billionen Yen anschwellen, womit sie rund 93 % des BIP erreicht. Der Hauptgrund für die rapide Verschlechterung der Finanzlage ist die Rezession seit Beginn der neunziger Jahre. Binnen fünf Jahren sanken die Steuereinnahmen von 60 Billionen Yen auf 51 Billionen Yen. Gleichzeitig erhöhte die Regierung (oder vielmehr: die Regierungen) die öffentlichen Ausgaben massiv, um die Konjunktur anzukurbeln sowie den Wiederaufbau der vom Erdbeben zerstörten Region um Kobe zu finanzieren. Zwischen August 1992 und September 1995 legte die Regierung sechs Impulspakete vor, die ein Gesamtvolumen von 74,95 Billionen Yen hatten (1 026 Mrd. DM). Darunter waren Maßnahmen für zusätzliche Investitionen mit einem Gesamtwert von 38 Billionen Yen. Davon flossen rund zwei Drittel in echte zusätzliche öffentliche Projekte, während ein Drittel für den Kauf von Immobilien verwendet wurde. Dadurch wurden also keine neuen Mittel eingebracht, sondern lediglich vorhandene Kapitalwerte transferiert. Weitere 20 Billionen Yen wurden staatlichen Finanzinstitutionen für Darlehen zur Verfügung gestellt sowie noch einmal für Landankäufe als Vorbereitung für weitere öffentliche Bauvorhaben verwendet. Rund 17 Billionen Yen (232 Mrd. DM) waren Einnahmeeinbußen durch Steuermaßnahmen. 1994 wurde eine pauschale Senkung der Einkommensteuer um 20 % eingeführt, die zu Steuermindereinnahmen in Höhe von 5,8 Billionen Yen führte. 1995 wurde die Senkung in einen zeitlich befristeten Anteil und einen permanenten Teil im Rahmen einer Steuerreform aufgeteilt. Die befristete Maßnahme lief zum 1. April 1997 aus. Gleichzeitig trat der zweite Teil der Steuerreform in Kraft, die Anhebung der Mehrwertsteuer von 3 auf 5 %.[17]

Eine Folge dieser riesigen Maßnahmenpakete war, daß die öffentlichen Investitionen zwischen 1991 und 1996 um 50 % anstiegen. Das entspricht einer Jah-

17 OECD, Economic Survey Japan 1996, Paris 1996, S. 205 ff.

resrate von 8,5 % und liegt weit über der Rate, die im laufenden Zehn-Jahres-Investitionsprogramm vorgesehen worden war.[18] Die Wirksamkeit der verschiedenen Komponenten der Pakete variiert beträchtlich, je nach Anteil von direkten Einflußfaktoren. Per Saldo haben die Maßnahmen nach Ansicht der OECD-Analysten den Output der japanischen Wirtschaft erhöht und damit die Rezession gemildert, aber sie haben nicht ausgereicht, einen vollständigen Umschwung in der Konjunktur auszulösen. Allerdings haben sie zur oben beschriebenen Verschlechterung der öffentlichen Finanzen geführt.[19]

Den zwiespältigen Auswirkungen zum Trotz war schon 1996 eine Verschiebung der Steuererhöhungen sowie weitere fiskalische Konjunkturimpulse gefordert worden. Die Regierung wies dies zurück und blieb bei ihrer strikten Steuerpolitik. Am 1. April 1997 lief die Erleichterung der Einkommensteuer aus, und die Mehrwertsteuer wurde auf 5 % angehoben. Der folgende Einbruch im privaten Konsum fiel jedoch tiefer aus als vorhergesehen, und die im Sommer einsetzende asiatische Währungskrise übte sich zusätzlich verheerend auf das Konjunkturklima aus. Im Frühjahr 1998 sah sich die Regierung daher zu einer Kehrtwendung gezwungen. Sie kündigte Steuererleichterungen im Umfang von 4 Billionen Yen an und verschob das Ziel ihrer Haushaltsreform um zwei Jahre, die obendrein durch ein Flexibilisierungsmoment aufgeweicht wurde. Damit war der Weg frei für ein umfangreiches Impulspaket, das allein 7,7 Billionen Yen (ca. 107 Mrd. DM) für öffentliche Projekte vorsieht. Zugleich bedeutete diese politische Entscheidung aber auch eine Abkehr von der langfristig angestrebten fiskalpolitischen Reform. Diese hat zwei Zielrichtungen: Erstens sollen mittelfristig das Defizit abgebaut und die Haushalte ins Gleichgewicht gebracht werden. Zweitens soll langfristig die Struktur von Einnahmen und Ausgaben im Hinblick auf die alternde Bevölkerung so verändert werden, daß einerseits die Abgabenlast (Steuern und Sozialabgaben) unter 50 % des Volkseinkommens bleibt und andererseits die Aufgaben des Staates weiter finanziert werden können.

Für das erste Ziel hat die japanische Regierung einen ehrgeizigen Plan erstellt, der sich an den Konvergenzkriterien für die Europäische Währungsunion orientiert: Bis zum Jahr 2003 soll das Haushaltsdefizit auf 3 % vom BIP abgebaut und die Ausgabe von reinen Schuldverschreibungen eingestellt werden.[20] Um das zu erreichen, sollen für alle Haushaltspositionen numerische Sparziele aufgestellt werden, die noch in diesem Jahrhundert erreicht werden sollen. Dabei dürfte es, wie mehrfach betont wurde, keine Tabus geben, d. h. es wurden ausdrücklich auch die Etats für Verteidigung, Entwicklungshilfe und Sozialausgaben genannt. Allerdings sollen für die obligatorischen Posten wie Sozialausgaben gesonderte Gesetze statt numerischer Vorgaben erarbeitet werden. Als Signal für die Haushaltsreform wurden die allgemeinen Ausgaben im Haushalt 1998 gegenüber dem Vorjahr gekürzt.[21] Allerdings hatte schon der Haushalt 1997 ein Reformhaushalt sein sollen, doch er zeigte

---

18 Ebenda.

19 Die OECD führte eine genaue Berechnung der Effekte durch, vgl. OECD Economic Survey Japan 1996, Paris 1996. S. 205 ff.

20 Die japanischen Schuldverschreibungen teilen sich in sog. Construction Bonds, die zweckgebunden ausgegeben werden, und Deficit Covering Bonds zur reinen Schuldenfinanzierung.

21 »Hashimoto Lists Five Principles for Fiscal Reform«, in: The Japan Times, 19. März 1997, S. 1 + 4.

wenig strukturelle Ansätze zur Krisenbewältigung, sondern erschöpfte sich in einem Einfrieren der Ausgaben innerhalb der bestehenden Allokationsstrukturen. Außerdem hat die japanische Regierung die Möglichkeit, durch Nachtragshaushalte und insgesamt 38 Sonderhaushalte die Ausgaben nachträglich zu erhöhen.[22] Von beiden Mitteln hat sie in der Vergangenheit regelmäßig Gebrauch gemacht. Dennoch könnte das kurzfristige Ziel, die Schuldenreduzierung, erreicht werden. Dabei dürften zwei Faktoren helfen: Erstens fließen durch die erwähnte Anhebung der Mehrwertsteuer von 3 auf 5 % rund 5 Billionen Yen mehr Steuern in die Staatskassen, wobei ein Teil direkt den Gebietskörperschaften zufließen wird. Durch das Auslaufen der Steuerentlastung werden die Steuereinnahmen um weitere 2 Billionen Yen steigen. Zweitens ergeben sich aus der positiven Konjunkturentwicklung höhere Unternehmensgewinne und damit höhere Einnahmen aus Körperschaftssteuern. Allerdings werden die konjunkturbedingten Steigerungen wohl nicht ausreichen, um den Schuldenberg abzutragen, wie es nach früheren Krisen der Fall war.

Dabei sind die langfristigen Aussichten für Japans Staatsfinanzen ohnehin weitaus düsterer als die gegenwärtige Lage. Die OECD schätzt, daß das japanische Haushaltsdefizit im Jahre 2030 auf 20 % vom BIP angestiegen sein könnte, also mehr als viermal so hoch sein wird wie heute.[23] Dieser Pessimismus basiert im wesentlichen auf einem Faktor, der vollkommen unabhängig von der Konjunkturentwicklung ist: der rapiden Alterung der japanischen Bevölkerung. Diese demographische Entwicklung ist zwar nicht auf Japan beschränkt, doch in Japan vollzieht sich die *Kōreika*, wie sie genannt wird, schneller als in allen anderen Nationen: Im Jahr 2015 wird voraussichtlich jeder vierte, im Jahr 2049 jeder dritte älter als 65 Jahre sein. Bereits im Laufe des Jahres 1997 gab es mehr alte Menschen in Japan als Kinder und Jugendliche (unter 14 Jahren).[24]

Die japanische Situation unterscheidet sich allerdings in zwei Punkten von der deutschen. Erstens sind die japanischen Steuereinnahmen stärker von den direkten Steuern wie Einkommensteuer abhängig; hieraus bezieht der Staat rund zwei Drittel seiner Steuereinnahmen gegenüber einem OECD-Durchschnitt von 38 %.[25] Auch nach der Anhebung beträgt die Mehrwertsteuer, die in Japan erst 1989 eingeführt wurde, mit 5 % nur ein Drittel des deutschen Satzes. Die Größe der Erwerbsbevölkerung wirkt sich in Japan folglich unmittelbarer auf die Staatseinnahmen aus. Die Erhöhung der Mehrwertsteuer ist bereits ein Schritt auf dem Weg, das Verhältnis von direkten zu indirekten Steuern ausgewogener zu regeln und somit die Staatseinnahmen auch mit einer alternden Bevölkerung zu sichern. Der zweite Unterschied ist die Tatsache, daß Japans Sozialversicherungen zur Zeit noch einen Kapitalüberschuß ausweisen, da die Rentenversicherung ein relativ junges System ist.

---

22 Der wichtigste Sonderhaushalt ist das Fiscal Investment and Loan Program (FILP), das auch als »Zweiter Haushalt« bezeichnet wird. Das FILP wird mit Mitteln aus staatlichen Sozialversicherungen sowie Einlagen der Postsparkassen gespeist und gibt Kredite für Industrieinvestitionen sowie an staatliche und halbstaatliche Einrichtungen weiter. 1997 hat das FILP ein Volumen von fast 40 Billionen Yen, kaum weniger als die allgemeinen Ausgaben im ordentlichen Haushalt (44 Billionen Yen).

23 The Economist, 3. August 1996, S. 53.

24 Asahi Shimbun, 22. 1. 1997.

25 Financial Times, 22. 5.1996.

Denn im Gegensatz zum deutschen Generationenvertrag ist das japanische Rentensystem ein individuelles Versicherungssystem, das erst nach einer längeren Mindesteinzahlungsdauer »reift«. Dieser Pool betrug im Fiskaljahr 1995 2,9 % vom BIP, wird in absehbarer Zeit jedoch schrumpfen, so daß sich das japanische System ebenfalls in Richtung Umlageverfahren entwickelt.

Die Bevölkerungsprognosen, die regelmäßig in den japanischen Medien veröffentlicht werden, sind daher stets mit Prognosen über die Steuer- und Abgabenquote verbunden. Eine höhere Belastung der Arbeitnehmer wird dabei als unausweichlich bezeichnet. Im Haushaltsjahr 1996 lag die Abgabenquote, also Steuern und Sozialversicherungsbeiträge als Anteil vom Volkseinkommen, bei 37,2 %. Ministerpräsident Hashimoto hatte in seiner Antrittsrede im Januar 1996 erklärt, daß die Quote nicht über 45 % steigen dürfe. Ein Jahr später wurde die Zielquote erhöht: maximal 45 % zu Beginn des nächsten Jahrhunderts und nicht mehr als 50 % um 2020. Mehrere Belastungserhöhungen sind für die Bürger in jüngster Zeit bereits spürbar geworden: eine Rentenreform[26], Erhöhung der Mehrwertsteuer und Erhöhung der Eigenbeteiligung bei medizinischen Ausgaben. Allein 1997 werden die privaten Haushalte durch diese drei Maßnahmen mit rund 9 Billionen Yen zusätzlich belastet.

Dabei wird es jedoch für die Zukunft wohl nicht bleiben, da die Haushaltsreform von Ministerpräsident Hashimoto ausdrücklich auch Einsparungen im Sozialbereich anmahnt. Die nächste turnusmäßige Revision des Rentensystems beispielsweise steht 1999 an; es zeichnet sich bereits ab, daß dann nicht nur Beitragserhöhungen, sondern auch Leistungssenkungen diskutiert werden. Auch im Bereich der Mehrwertsteuer gibt es Szenarien (beispielsweise vom Wirtschaftsdachverband *Keidanren,* die einen zweistelligen Steuersatz enthalten. Für die kurzfristige Haushaltskonsolidierung wurde ein ehrgeiziger Plan aufgestellt, der in den Jahren 1998 bis 2000 radikale Sparmaßnahmen erfordert. In allen Bereichen – auch im administrativen Bereich – wird es vor allem darauf ankommen, wie die zahlreichen Reformen (z. B. Fiskalreform, Verwaltungsreform, Rentenreform oder Finanzmarktreform) letztlich umgesetzt werden.

## *Schlußbemerkung*

Um die Situation der japanischen Wirtschaft angemessen beurteilen zu können, reicht es nicht aus, die aktuellen Wachstumszahlen oder die Entwicklung der Handelsbilanz zu betrachten. Denn dies ließe Anfang 1997 darauf schließen, daß Japan seine mehrjährigen Konjunkturflauten vor allem dadurch überwunden hat, daß es auf das altbewährte Mittel Exportsteigerung setzt. Diese kurzfristige Betrachtung würde jedoch die gravierenden, konjunkturunabhängigen Probleme außer acht lassen, mit denen Japan unverändert konfrontiert ist. Denn es zeichnet sich langfristig eine Schwächung gerade des Wachstumssektors (Export-)Industrie sowie ein wachsender Bevölkerungsanteil von alten Menschen ab. Beide Entwicklungen verlangen

---

26 Im Oktober 1996 betrug der Beitragssatz zur gesetzlichen Angestelltenrentenversicherung 17,35 % vom Bruttolohn, als Endziel wurde für 2020 ein Beitragssatz von 29,8 % vorgesehen. Die Beiträge werden je zur Hälfte von Arbeitnehmer und Arbeitgeber getragen.

vor allem den Abschied von hohen Wachstumsraten, durch die man in der Vergangenheit strukturelle Schwächen ausgleichen konnte.

Es wäre aber ebenso trügerisch, aufgrund der strukturellen Krise auf den endgültigen Niedergang der Wirtschaftsmacht Japan zu spekulieren. Vielmehr scheint es, als ob man in Japan die grundlegenden Trends von Globalisierung/Deindustrialisierung und Alterung als Tatsachen akzeptiert hat und sich um Reformen bemüht, die die negativen Auswirkungen abfangen sollen. Damit Japan seine Spitzenposition unter den Industrienationen halten kann, dürfen die Veränderungen allerdings nicht nur defensiv, d. h. die negativen Folgen mildern, sondern müssen offensiv sein. Die langfristigen Prognosen zur Wirtschaftsentwicklung und die großangelegten Reformpläne der japanischen Regierung sind Ansätze hierfür, entscheidend wird aber ihre Umsetzung sein. Ein Spitzenbeamter aus dem Finanzministerium, Eisuke Sasakibara, erinnerte in einem Essay im *Economist* daran, daß Japan schon früher ähnliches erfolgreich vollbracht hat: »So wie wir es während der 130 Jahre seit der *Meiji*-Restauration getan haben, werden wir schnell das aufnehmen, was absorbiert werden muß, und vollkommen wettbewerbsfähig mit dem angelsächsischen oder anderen Systemen werden.«[27]

27 »Reforming Japan – the Once and Future Boom«, in: The Economist, 22. März 1997, S. 101–102.

# III. Die japanisch-amerikanischen Wirtschaftsbeziehungen: Von der pazifischen Partnerschaft zur Rivalität

Hans Jürgen Mayer

Japans wirtschaftlicher Aufstieg nach dem Zweiten Weltkrieg ist – wie im Fall der Bundesrepublik Deutschland – zu einem guten Teil eine Folge des Kalten Krieges. Nach 1945 betrieben die USA zunächst eine Kriegsverhinderungspolitik durch die Demontage militärisch nutzbarer Produktionsstätten und die Zerschlagung der *Zaibatsu*, d. h. der Konglomerate Mitsui, Mitsubishi, Sumitomo, Yasuda und Fuji, die als militärisch-industrieller Komplex des imperialistischen Japans betrachtet wurden. Ab 1949 wurde das Kaiserreich jedoch zum Eckpfeiler der amerikanischen Asienpolitik, nachdem die USA durch den Sieg Mao Tse-tungs China als Verbündeten verloren hatten. Joseph R. Dodge, Bankier aus Detroit, sorgte für die Stabilisierung der Finanzpolitik. Nach der Herstellung solider Rahmenbedingungen zog die japanische Produktion an; der Koreakrieg bewirkte wenig später einen Boom, da Japan als strategischer Rückraum der in Korea kämpfenden Verbände zur »verlängerten Werkbank« der USA wurde.[1]

## 1. Wachsen im Schatten des Riesen

Nach 1953 beobachteten die Vereinigten Staaten wohlwollend die Bemühungen des nunmehr wieder souveränen Japans, wie Deutschland ein Wirtschaftswunder zu inszenieren. Japan als »Bollwerk der freien Welt in Asien« sollte prosperieren. Die USA öffneten daher ihren Markt für japanische Produkte, die in den viel weniger entwickelten asiatischen Nachbarstaaten nicht ausreichend abgesetzt werden konnten.

Eine Gefahr sah man in Washington in den kleinen Transistorradios und ähnlichen Exportartikeln zunächst nicht, auch nicht in den ersten japanischen Autos, die zwar billig waren, jedoch ein wenig ansprechendes Design boten und zudem als zu klein für amerikanische Bedürfnisse abqualifiziert wurden. Ebenso fehlte die Einsicht in Regierungskreisen und Industrie, daß die beginnende japanische Exportoffensive eine »konzertierte Aktion« war, abgestimmt zwischen hervorragend orga-

1 Harold Farnsworth MacNair/Donald F. Lach, Modern Far Eastern International Relations, Toronto u. a. 1955, S. 606 ff.

nisierten Konzernen, hochqualifizierten Ministerialbürokraten und einer Regierung in Tōkyō, die Flankenschutz bot. Ein mit einer Mischung aus Markt- und Planwirtschaft clever attackierendes Mitglied der freien Welt – das überforderte für lange Zeit die USA, die sich keinen ihnen technologisch und organisatorisch überlegenen asiatischen Konkurrenten vorstellen konnten und das Credo der freien Marktwirtschaft so hoch hielten, daß ihnen eine Gefährdung durch einen die Gesetze der Marktwirtschaft verbal anerkennenden, jedoch nach anderen Spielregeln agierenden Gegner irreal erschien.

Als Japan während des Vietnamkrieges erneut zur verlängerten Werkbank der USA wurde, war es bereits eine Hightech-Werkbank. Die Konzentration auf »ein bißchen Militärtechnologie« und schwerpunktmäßig zivile Technologie zahlte sich aus. Japan kaufte militärische Ausrüstung aus den USA, hatte mittlerweile jedoch längst mit Fernsehgeräten, Audio- und Videorekordern sowie Kameras den US-Markt überschwemmt.[2]

## 2. Vom Handelsüberschuß zur gegenseitigen Abhängigkeit

Die Konzentration der japanischen Konzerne auf den relativ frei zugänglichen US-Markt bei gleichzeitiger – wenn auch mit abnehmender Tendenz – Abschottung des eigenen Binnenmarktes, ist eine Quelle ständiger Irritation. Für die zwangsläufig exportorientierten japanischen Unternehmen schuf die schwerpunktmäßige Ausrichtung auf die USA sowohl Chancen wie Gefahren.

Solange die USA an den Mythos der eigenen Überlegenheit glaubten, nahm Washington den als vorübergehend angesehenen Handelsüberschuß Japans hin. Seit Ende der siebziger Jahre weitete sich das Handelsdefizit der USA gegenüber Japan jedoch dramatisch von 8 Mrd. Dollar auf 1982 bereits 20 Mrd. Dollar aus; 1993 lag der japanische Überschuß bereits bei 50 Mrd. US-Dollar – trotz der Aufwertung des Yen gegenüber dem Dollar von 1985 280 Yen auf 1993 eine Relation von ca. 110 : 1.[3]

Die japanische Exportoffensive eliminierte dabei mit einer Mischung aus sorgfältiger Produktausrichtung auf den US-Kunden und Dumping ganze amerikanische Branchen, die diejenigen Technologien, mit denen die japanische Konkurrenz sie überrollte, oft zuerst entwickelt hatten (Beispiel: Videorekorder).[4]

Das japanische Erfolgsrezept basiert auf den folgenden Punkten:

a) einer konsequent auf die Eroberung von ausgewählten Marktsegmenten angelegten Strategie, die Verluste zwecks Etablierung der eigenen Produkte und

---

2 Vgl. Robert Guillain, Der unterschätzte Gigant. Japans Zukunft hat bereits begonnen (Japon – Troisième Grand), Bern – München 1971, S. 192 ff.

3 Jared Taylor, Shadows of the Rising Sun. A Critical View of the »Japanese Miracle«, Tōkyō 1983, S. 260; Asia Yearbook 1993, Far Eastern Economic Review (Hrsg.), Hongkong 1992, S. 37.

4 Clyde V. Prestowitz Jr., Trading Places. How America Allowed Japan to Take the Lead, Tōkyō 1988, S. 19 f.

langfristiger Verdrängung der Konkurrenz über Jahre hinweg in Kauf nimmt. Im Gegensatz dazu steht das auf kurzfristige Rendite angelegte Planen der amerikanischen Konzerne;

b) einem heimischen »Testmarkt« für Produkte von 123 Millionen Konsumenten, die durch – im Vergleich zu den dann exportierten Artikeln – stark überhöhte Preise zwangsweise die Ausfuhren subventionieren;

c) einer auf extrem rasche Umsetzung von Forschung in konsumentenorientierte Produkte ausgerichteten Firmenstrategie;

d) einer Marktanalyse, die Absatzmöglichkeiten in scheinbar ausgeloteten Bereichen aufdeckt (Beispiel: Der Erfolg japanischer PKW in der Kleinwagen- und Mittelklasse auf dem US-Markt).

Das generelle Problem der japanischen Exporterfolge bringt Jared Taylor auf den Punkt: Japanische Kameras, Motorräder und Recorder haben weltweit fast eine monopolartige Position erreicht, und bei Stahl, Schiffbau und PKWs sähe es kaum anders aus, hätte nicht die Politik den Herstellern Zurückhaltung auferlegt ... Die frappierenden Erfolge in bestimmten Marktbereichen hätten nicht entfernt so viel böses Blut erzeugt, hätte Japan nur ebensoviel Industrieprodukte importiert, wie es exportiert.«[5] Eben diese bis heute tendenziell richtige Feststellung ist der Kern der sich periodisch zuspitzenden Auseinandersetzung zwischen den beiden Wirtschaftsmächten. Für Japan ist dabei der seit rund 25 Jahren in Einzelbereichen bis zu 30 und 40 % betragende Anteil der Exporte in die USA am Gesamtexport die Achillesferse. Sanktionsdrohungen seitens der USA zwecks Herstellung einer »Zwei-Bahn-Straße« im bilateralen Handel verfehlen deshalb niemals ihre Wirkung. Andererseits ist Tōkyō für Washington nach wie vor der Sicherheitspartner Nr. 1 in Asien, zudem immer noch tendenziell »dem Westen« verhaftet, so daß Handelskonflikte bisweilen beunruhigend eskalieren, die USA jedoch von Maßnahmen absehen, die Japan destabilisieren könnten.

## 3. Das Ringen um ökonomische Suprematie

Das japanische Vordringen auf den US-Markt ist oft als der Versuch Tōkyōs interpretiert worden, den im Zweiten Weltkrieg fehlgeschlagenen militärischen Griff nach der Vorherrschaft im Verhältnis der beiden pazifischen Vormächte ökonomisch nachzuholen. Nationalistische Töne japanischer Politiker und Unternehmer in den achtziger Jahren über die »natürliche« Überlegenheit des »rassisch homogenen, Jahrtausende alten Japan« gegenüber den »geschichtslosen und rassisch zusammengewürfelten USA« trugen zu diesem Eindruck bei.[6] Dabei drohte mehr als einmal der mehr oder minder offene Handelskonflikt in einen Handelskrieg umzuschlagen.

Die japanische Strategie bestand seit Mitte 1995 und zum Teil darüber hinaus aus folgenden Elementen:

5 Jared Taylor, Shadows of the Rising Sun (Anm. 3), S. 259 f.

6 Peter Tasker, Inside Japan. Wealth, Work and Power in the New Japanese, London 1987, S. 222.

a) Die Handelspolitik gegenüber den Vereinigten Staaten wurde und wird von einer strategisch denkenden Elite (insbesondere der Ministerialbürokratie) in enger Abstimmung mit Unternehmen und Ministern letztlich kontinuierlich betrieben und weiterentwickelt;
b) die Beschwörung des Freihandels im eigenen Interesse bei gleichzeitiger zäher Verteidigung des eigenen Marktes unter Verweis auf nationale Besonderheiten (»Japaner wollen nur japanischen Reis essen«; »japanische Vertriebswege sind nun einmal für Ausländer schwer zu verstehen« etc.) sollte Japan vor Sanktionen schützen;
c) die Verlagerung von Produktionsstätten (vor allem im Automobilbereich) in die USA sollte und soll Exportbeschränkungen unterlaufen und zugleich den Nachweis erbringen, daß japanische Unternehmen in den USA Beschäftigung sichern;
d) die bilateralen Handelsgespräche dienten als Forum der Flankensicherung. Charakteristisch waren zahllose Verhandlungen bis »Fünf nach Zwölf« mit Vereinbarungen, die später neuverhandelt werden mußten, weil die japanische Seite auf mündliche Absprachen zwecks »Ausfüllung« schriftlicher Vereinbarungen verwies.[7]

Die USA haben auf diese Strategie lange Zeit mit einer Mischung aus Dilettantismus und Resignation reagiert:
- wechselnde Administrationen in Washington begannen jeweils von vorn, »das Japan-Problem« zu analysieren;
- das Drängen auf Öffnung des japanischen Marktes blieb halbherzig aus Furcht, Japan könne sich als Reaktion von den USA abwenden;
- in Einzelfällen mußten Sanktionsdrohungen herhalten, um den Mangel an konkurrenzfähigen Produkten zu kompensieren;
- die Kombination aus erdrückender Staatsverschuldung und Vernachlässigung des Bildungswesens wurde als »naturgegeben« hingenommen, d. h. Amerika gab in der Reagan/Bush-Ära weitgehend die Grundlage preis, auf der Forschung und Entwicklung beruhen;
- die Folge aller Versäumnisse waren zahllose bilaterale Verhandlungsrunden, in denen die Unterhändler aus Washington versuchten, ihr Verständnis von fairen Wirtschaftsbeziehungen durchzusetzen. Das Instrumentarium aus Argumenten, Appellen, Vereinbarungen, Drohungen bis hin zu Sanktionen zeitigte nur begrenzte Erfolge.[8]

Die »heiße Phase« der Wirtschaftsbeziehungen begann mit dem Plaza-Abkommen der G-7 von 1985 über die Anhebung des Yen-Außenwertes. Rein technisch war die Währungsmanipulation ein Erfolg; die extreme Verteuerung des Yen hatte jedoch keinerlei Auswirkungen auf die japanische Exportoffensive. Drastische »Verschlankungsmaßnahmen« in den Verwaltungen der japanischen Großunternehmen und das zähe Festhalten an bereits eroberten Märkten – sei es durch Dumping – sowie enorme Finanzkraft durch die beginnende Börsenhyperspekulation hielten die Konzerne auf Expansionskurs.

Dem scheinbar unaufhaltsamen Vormarsch japanischer Produkte auf dem US-Markt versuchten die US-Unternehmen und die Regierung in Washington durch

7 Karel van Wolferen, Vom Mythos der Unbesiegbaren, München 1989, S. 624 ff.
8 Ebd., S. 626 ff.

die Forcierung eines »gelenkten Handels« *(Managed Trade)* beizukommen. Dazu gehören Quoten für den Autoimport und Vorschriften über den Anteil von in den USA bezogenen Komponenten der fertigenden japanischen Auto-Riesen. Bei Mikrochips mußte Japan seine Haltung, wegen der eigenen hohen Produktion die Abnahme von US-Mikrochips zu verweigern, aufgeben. Massiver Druck wurde ausgeübt, um Japan zum Bezug von konkurrenzlosen US-Großrechnern und Satelliten zu veranlassen. Zugeständnisse Japans waren regelmäßig von Anmerkungen begleitet, man gebe zwar Druck nach, benötige die US-Produkte aber eigentlich nicht. Diese »Mauertaktik« wurde bis hin in den Agrarbereich fortgesetzt. US-Rindfleisch wurde zeitweilig als für die japanische Physis unverträglich abqualifiziert; kalifornischer Reis – wesentlich billiger als japanischer – durfte ebenfalls wegen des Schutzes der japanischen Reisbauern nicht importiert werden.

Angesichts des sich ständig ausweitenden Handelsungleichgewichtes vereinbarten Japan und die USA in der zweiten Hälfte der achtziger Jahre Gespräche über die Beseitigung der strategischen Handelshemmnisse *(SII-Talks)*. Es ging dabei um unfaire Behinderungen unterhalb der Schwelle von Einfuhrzöllen und Importquoten für bestimmte Produkte: auslegbare Sicherheitsstandards, den Zugang zum japanischen Vertriebssystem, die Blockade der Übernahme von japanischen Firmen durch US-Unternehmen etc. Die japanischen Verhandlungsführer leisteten hinhaltenden Widerstand im Bewußtsein, daß zahlreiche US-Konzerne bereits nicht mehr ohne strategisch wichtige japanische Teilkomponenten (z. B. Mikrochips) arbeiten konnten.

In der Reagan/Bush-Ära schien sich die Überflügelung der militärischen Supermacht USA durch die »zivile Wirtschaftssupermacht« Japan anzubahnen. US-Staatsanleihen waren ohne japanische Zeichnung nicht mehr zu finanzieren, japanische Aufkäufer – durch die heimische Börsenspekulation über scheinbar unerschöpfliche Finanzmittel verfügend – erwarben von Immobilien bis Konzernen ein Filetstück nach dem anderen »of America's best«. Geradezu symbolisch wirkte die Japan-Visite von US-Präsident Bush im Jahre 1992: Während die japanischen Autokonzerne ankündigten, sie würden binnen weniger Jahre einen Marktanteil von 40 % am US-Markt anstreben, nahm Bush an der Eröffnung einer Tōkyō-Filiale der amerikanischen Spielzeugvertriebskette Toys'R'US teil.[9]

Japan konterkarierte die US-Forderungen nach fairem Handel durch eine ausgefeilte Strategie. Die Notwendigkeit der Abschottung des eigenen Marktes sowie die Vorteile des Aufbaus eigener Produktionsstätten in den USA für die US-Arbeitnehmer und Verbraucher verdeutlicht eine für Japan arbeitende Lobby in Washington, die zeitweilig jährlich 50 Millionen Dollar auswarf. Der US-Kritik, Japan wolle nur verkaufen, wurde durch eine Reihe von Marktöffnungs- und Konjunkturprogrammen zu begegnen versucht, die vor allem die Binnennachfrage ankurbeln sollten.[10]

Insgesamt jedoch wurden in Japan die US-Forderungen als ungerecht eingestuft. Die Kritik an der japanischen Exportoffensive bzw. der Abschottung des japanischen Marktes wurde als Einprügeln auf einen Sündenbock *(Japan Bashing)* abqualifiziert. An die Adresse Washingtons erging die sicherlich gerechtfertigte Ermahnung, nicht

---

9 Helmut Volger, Handelskonflikt und Machtrivalität zwischen Japan und den USA und die Perspektive für die Zukunft, in: Asien. Deutsche Zeitschrift für Politik, Wirtschaft und Kultur, Oktober 1993, S. 50 ff.

10 Karel van Wolferen, Vom Mythos der Unbesiegbaren, (Anm. 7), S. 628 ff.

ausschließlich bei anderen auf Abstellung von Fehlern zu beharren, sondern eigene Defizite zu beseitigen. Dies bezog sich auf das US-Haushaltsdefizit und den Bankrott des amerikanischen Bildungssystems. Der US-Forderung nach Auflegung von Konjunkturprogrammen zwecks Binnenmarktankurbelung diente eine Reihe von entsprechenden Maßnahmen, die jedoch keinen Beitrag zum Abbau des Handelsdefizits leisteten.[11]

Den Endpunkt fruchtloser amerikanischer und japanischer konservativer Beziehungen bildete 1988 die Verabschiedung des amerikanischen Handelsgesetzes mit der Super 301-Klausel, die die namentliche Benennung von unfairen Handelspartnern der USA ermöglicht, die dann mit Strafzöllen bis zu 100 % belegt werden können. Japanische Käufe einzelner US-Spitzenprodukte sowie generelle Bekundungen zur weiteren Marktöffnung und Stärkung der Binnenmarktnachfrage bewirkten die Aussetzung von »Super 301«.

## 4. Vertauschte Gewichte und neue Rahmenbedingungen

Für die japanisch-amerikanischen Wirtschaftsbeziehungen war der Wechsel vom Republikaner George Bush zum Demokraten Bill Clinton möglicherweise weit mehr als nur eine zeitweilige Hinwendung zu neuen Konzepten. Clinton hat sein und damit letztlich das amerikanische Ziel, die strukturellen Nachteile der USA gegenüber Japan zu beseitigen, partiell erreicht. In erster Linie sind das der Wiederaufbau des US-Bildungssystems und der Abbau der überbordenden Staatsverschuldung – zwei Faktoren, die die Konkurrenzfähigkeit der auf dem Forschungssektor noch immer führenden USA weiter stärken werden. Die Hinwendung der USA zur Erledigung der von Japan immer wieder angemahnten »Hausaufgaben« wird allerdings nur bedingt Auswirkungen auf das Handelsungleichgewicht haben. Vorläufig bleibt die extreme japanische Exportüberlegenheit bestehen, die in den Jahren 1996/97 auf 60 Mrd. US-Dollar anwuchs.

Dem Wiedererstarken der USA steht der Selbstwertverlust Japans gegenüber, das – obwohl weiterhin ein ökonomischer Riese (15 % des Welt-Bruttosozialproduktes und ca. 50 % der gesamtasiatischen Wirtschaftsleistung entfallen auf Japan) – seit 1990/91 eine Reihe von Rückschlägen erlitten hat. Am Überlegenheitsgefühl der bis dahin als unschlagbar geltenden »Japan AG« hat vor allem das Platzen der »Seifenblasenökonomie« (*Bubble Economy*), der hemmungslosen Börsenspekulation ohne reale Basis, genagt, die Japans Wirtschaft in eine fast zehnjährige Phase der Stagnation gestürzt hat. Während an der Wall Street oder in Frankfurt Dow Jones und Dax kräftig expandierten, dümpelt der Nikkei seit der Kurshalbierung durch den Börsencrash Anfang 1991 mal knapp über, mal weit unter 20 000 Yen – das war in etwa der Ausgangspunkt der Börsenspekulation, in deren stürmischen Verlauf seit etwa 1986/87 nicht nur nach Ansicht ausländischer Analysten in Japan der Glaube aufkam, die Gesetze der Schwerkraft seien für den Börsenplatz Tōkyō aufgehoben. Das Platzen der Spekulationsblase zog nicht nur den

11 Ebd. S. 627 ff.

Zusammenbruch einer bedeutenden Anzahl von Finanzinstitutionen, Immobilienkonzernen und Unternehmen nach sich; auch mußten zahlreiche der spektakulären Immobilien- und Unternehmensaufkäufe in den USA wieder aufgegeben werden – ein erheblicher Gesichtsverlust.

Ein weiterer schwerer Schlag für das Selbstbewußtsein war das Erdbeben von Kōbe, bei dem 1995 mehr als 5 000 Menschen das Leben verloren. Weniger das Beben selbst als vielmehr das organisatorische Unvermögen bei der Krisenbewältigung erschütterten den Glauben an das angeblich hocheffizient und besser als andere arbeitende Japan. Auch die offiziell gepredigte Überzeugung von einer homogen gestalteten und geschlossen agierenden Gesellschaft wurde erschüttert. Die Giftgasanschläge der *Aum*-Sekte offenbarten, daß dubiose Heilslehrer anscheinend ohne große Mühe in das geistige Vakuum vorstoßen und Anhänger für verbrecherische Vorhaben rekrutieren konnten.

Für den Fortgang der Handelsverhandlungen hatte der Verlust des japanischen Überlegenheitsgefühls allerdings nur bedingt Folgen. Das Bewußtsein auf US-Seite, es nicht mehr mit einem anscheinend unverwundbaren Gegner zu tun zu haben, dürfte zumindest psychologisch nachwirken. Zunächst erfolgten 1994/95 handelspolitische Nachhutgefechte nach altem Konfrontationsmuster. Dabei gerieten 1994 Bill Clinton und der ihm geistesverwandte Reformpremier Morihiro Hosokawa so sehr aneinander, daß die USA die Anwendung der Super 301-Klausel wegen unfairer Handelspraktiken androhten. Im selben Jahr kam es dann zu einem inhaltlich vagen Handelsabkommen, das aber von US-Seite so interpretiert wurde, daß der Rückzug von den ins Auge gefaßten Strafzöllen auf japanische Exporte möglich wurde. Tōkyō sicherte zu, den US-Versicherungskonzernen durch schnellere Genehmigungen für neue Produkte den Ausbau ihres Anteiles von weniger als 3 % am japanischen Markt zu ermöglichen, auf dem jährlich 320 Mrd. Dollar umgesetzt werden. Weiterhin sollten japanische Krankenhäuser amerikanische Produkte verstärkt beim Erwerb von Medizintechnik in Erwägung ziehen. Bei öffentlichen Aufträgen für Telekommunikationsprodukte wurden ähnliche Zusagen gegeben. Zwei Drittel des US-Defizits im bilateralen Handel entfallen jedoch auf den Automobilsektor, der aus dem Abkommen ausgeklammert wurde. Der eigentliche Konflikt war damit lediglich aufgeschoben.[12]

1994/95 wurde dann im Rahmen der sogenannten *Framework*-Handelsgespräche (Verhandlungen über Rahmenbedingungen des Handels) das brisante Autothema in Angriff genommen. Das Ziel dieser *Framework*-Verhandlungen war nach US-Auffassung die Festlegung meßbarer Zuwächse der japanischen Importe anhand einer spezifizierten Liste amerikanischer Produkte. Zum Verhandlungsauftakt betrug der Anteil amerikanischer Autokonzerne am japanischen Markt 2 %, verglichen mit einem japanischen Marktanteil in den USA von 24 %. Automobile und Autoteile machten etwa 60 % des japanischen Überschusses im Handel mit den USA aus, was beinahe einem Viertel des gesamten amerikanischen Handelsdefizits entsprach.

Nach einem endlosen Tauziehen, in dem sich der Verhandlungsführer, MITI-Minister Ryutaro Hashimoto, als »Mr. No« profilierte – seine Haltung soll ihm den

12 Vgl. Helmut Maier-Mannhart, Tōkyō als Störenfried des freien Welthandels, in: Süddeutsche Zeitung v. 5. 3. 1994; Rainer Köhler, Fauler Kompromiß im Handelskonflikt Japan–USA, ebd. v. 4. 10. 1994.

Weg zum späteren LDP-Ministerpräsidenten geebnet haben –, signalisierte dann Japan mit der Zusicherung eines verbesserten Marktzugangs bei Mobiltelefonen für Motorola die Bereitschaft zu einem Kompromiß. Im Oktober 1995 wurde eine Einigung erzielt, die nicht auf »numerisch meßbaren Zielen« basierte, die Japan als »gelenkten Handel« (*Managed Trade*) ablehnte, sondern auf »objektiv nachprüfbaren« Kriterien über den japanischen Bezug von ausländischen Waren. Als Erfolg bezeichnete der US-Handelsbeauftragte Mickey Kantor drei Bereiche:

- den Ausbau des Händlernetzes für US-Fahrzeuge in Japan binnen eines Jahres um 200 und bis zum Jahr 2000 um 1 000 Niederlassungen;
- den Abbau von japanischen Importvorschriften im Automobilbereich, von dem vor allem die Exporteure amerikanischer Ersatzteile profitieren sollten;
- die Zusage von Toyota, Nissan, Honda und Mitsubishi, weitere Teile ihrer Produktion in die USA zu verlagern und mehr Autoteile »Made in USA« einzubauen.

Während Bill Clinton als Folge des Abkommens bis zum Jahr 2000 einen Umsatzzuwachs für die Zulieferindustrie der USA von 9 Mrd. Dollar und 100 000 neue Arbeitsplätze sowie die Steigerung der japanischen Automobilproduktion in den USA bis 1998 um 500 000 Fahrzeuge erwartete, verwiesen Kritiker in den USA darauf, das Abkommen sei nicht einklagbar. MITI-Chef Hashimoto hatte unmittelbar nach Abschluß der Verhandlungen betont, die Realisierung der Vereinbarungen hänge von der Politik privater Unternehmen ab, deren Entscheidungen auf den jeweiligen konjunkturellen Rahmenbedingungen basierten; der Einfluß der Regierung in Tōkyō auf die Umsetzung des Abkommens sei somit begrenzt.[13]

Das zweijährige Ringen mit Sanktionsandrohungen, Vertagungen, aggressiven Tönen, an dessen Ende ein für Washington nur teilweise befriedigendes Abkommen stand, stellte den wohl letzten enervierenden Höhepunkt im bilateralen Handel dar. Nach 1995 wurde es jedoch immer mehr zur Regel, nicht lösbare Konflikte der Welthandelsorganisation WTO zur Entscheidung vorzulegen. Außerdem konzentrierte sich das amerikanische Interesse zunehmend auf das Handelsdefizit mit China.

In den Folgejahren entschärfte die offensichtlich voranschreitende japanische Marktöffnung in Kombination mit einem zeitweiligen Rückgang der Exportflut die Lage. Zwar entstand mit der Beschwerde von Kodak über wettbewerbswidrige Behinderungen auf dem japanischen Markt durch den größten Rivalen Fuji Photo Film Company ein neuer Konfliktpunkt, bei dem Fuji nur hinhaltenden Widerstand leistete. Gleichzeitig kam es zu Vereinbarungen, die das Klima deutlich verbesserten, wie der symbolisch wichtigen Öffnung des japanischen Marktes für Äpfel aus den USA und – von einer ganz anderen Dimension – der Beilegung des »Chip-Krieges« zwischen den Spitzenkonzernen beider Länder; dabei zeigte sich, daß das Auftreten neuer Akteure wie der Halbleiter-Produzenten aus Südkorea und Taiwan zur Entspannung zwischen den »alten« Kontrahenten Japan und USA beitrug.

Insgesamt setzte sich die realistische Einschätzung dessen, was in den Handelsbeziehungen zweier so sehr aufeinander angewiesener Länder machbar ist, zuse-

---

13 Japan Gives its Answer, in: Economist v. 13. 5. 1995, S. 63; Süddeutsche Zeitung v. 7. 9. 1995; Asia 1995. Yearbook, Hongkong 1995, S. 145 f.; Bernhard May, Japan in der Krise? Ökonomische und politische Umwälzungen in Japan als Herausforderungen für die Triade, Bonn 1996, S. 60 ff.

hends durch. Dazu trug beispielsweise die Übernahme der Unternehmensleitung des in Turbulenzen geratenen Autokonzerns Mazda durch Ford bei – erstmals zeigte sich dadurch, daß amerikanisches Management auch japanischer Konzernstrategie überlegen sein konnte. Außerdem zeigte sich erneut, daß die USA angesichts der Abhängigkeit Japans vom amerikanischen Markt mit dem Einfluß auf den Yen-Kurs ein für Tōkyō beeindruckendes Instrument in der Hand haben. Hatte der Yen mit einem Höchststand von 79 Yen gegenüber dem Dollar im April 1995 noch die Exporteure unter extremen Druck gesetzt, so konnten die Verhandlungsführer Tōkyōs auf den G-7-Treffen froh sein, daß sich Washington auf einen Zielkorridor von 110–120 Yen festlegen ließ.

1997 zeigte sich allerdings wieder sofort die Kehrseite des Yen-Wertverlustes. Japans Exporte in die USA stiegen wieder drastisch an, und in Washington wurden Töne laut, die an das »*Japan Bashing*« früherer Jahre erinnerten. Erstmals nach 10 Jahren wurden wieder Sanktionen gegen Japan verhängt, weil US-Handelsschiffe beim Zugang zu japanischen Häfen diskriminatorisch behandelt würden. Der Streit konnte jedoch zwischenzeitlich durch das Einlenken Japans beigelegt werden.[14] Zugleich wurden Klagen laut, Japan halte das Auto-Abkommen nicht ein. Sowohl Außenministerin Albright als auch die Handelsbeauftragte Barshefsky richteten Warnungen an Japan. Tōkyō wurde an Zusagen erinnert, den Export nicht über das Limit von 3 % des BIP hinaus zu steigern und die Binnenkonjunktur zwecks Importstimulierung anzukurbeln, eine Forderung, die eine nach sechs massiven, jedoch mehr oder minder verpufften Konjunkturprogrammen ratlose japanische Regierung traf.

Mittlerweile setzt Japan mit 43 % den Löwenanteil seiner Exporte in Asien ab. Immer mehr ist Washington auf die Exportwelle aus China fixiert, die weiter anwachsen dürfte. Deshalb hat der Stellenwert des japanisch-amerikanischen Handelskonfliktes abgenommen. Andererseits wird es immer wieder zu Konflikten kommen, solange Japans Handelsüberschuß anhält. An der engen, nicht nur sicherheitspolitischen Verzahnung beider Staaten können auch die faktischen und potentiellen Reibereien nichts ändern. Im Rahmen der APEC sind sowohl Tōkyō als auch Washington zudem als industrielle Führungsmächte gemeinsam in die Planung der Wirtschaftsperspektiven des asiatisch-pazifischen Raumes eingebunden.

Zuletzt zeigte sich dies bei den Bemühungen, die schwere Finanz- und Wirtschaftskrise der »Tigerstaaten« einzudämmen. In Washington ging die Sorge um, Japan könne als Helfer ausfallen, obwohl sein Wirtschaftspotential dasjenige der ASEAN um das Zweieinhalbfache übertrifft. Mehr noch: Die zeitweilige Rezession bzw. Deflation in Japan ließen Gerüchte aufflammen, die westlichen Industrienationen würden für den Fall des wenig wahrscheinlichen, aber nicht völlig auszuschließenden Kollapses Japans unter den Folgen der *Bubble Economy* einen Rettungsfonds von ca. 500 Milliarden US-Dollar vorbereiten. Ungeachtet des Wahrheitsgehaltes derartiger Berichte ist mittlerweile eines klar: Die Konfrontation früherer Jahrzehnte zwischen Washington und Tōkyō ist überlebt.

---

14 Frankfurter Allgemeine Zeitung v. 20. 10. 1997, S. 17.

# IV. Die wirtschaftlichen Beziehungen zur Europäischen Union

Karl-Rudolf Korte

Der Kaufmann und spätere Entdecker Trojas, Heinrich Schliemann, besuchte 1865 auch Japan. Seine Reisenotizen lesen sich noch heute wie aktuelle Japanbeschreibungen aus europäischer Sicht, schwankend zwischen romantisch-verklärter Idylle und Bedrohungsängsten. Auch sein kritisches Resümee gilt unverändert noch immer: »Ich glaube, daß man schon heute für den Schutz des Handels mit Japan mehr Kosten aufwendet, als es die Erträge zulassen.«[1] Daran hat sich bis heute nichts geändert: Der protektionistische Schutz der EU gegenüber japanischen Produkten erzeugt langfristig mehr Kosten, als die Abschirmungsmaßnahmen für die heimische Industrie einbringen.

Die weltweit agierende »Nippon Connection« führt nach europäischen Schlagzeilen eine gigantische Wirtschaftsschlacht, gegen die man sich wehren muß.[2] Dieses Szenario klingt vertraut. Und doch muß es nach dem Ende des Kalten Krieges qualitativ neu gewichtet werden. Denn während des Kalten Krieges trug die Notwendigkeit, sich gegen eine gemeinsame äußere Bedrohung zusammenzuschließen, dazu bei, ökonomische Konflikte in einem zumutbaren Rahmen zu halten. Der Kalte Krieg disziplinierte. Inzwischen wächst zwar die Interdependenz gerade zwischen den USA, Japan und der EU, doch der Sicherheitspuffer ist nicht mehr da. Dabei sind Gemeinsamkeiten geradezu augenfällig: Als »Handelsstaaten« oder »Zivilmächte« stehen die EU und Japan gleichermaßen vor der Herausforderung, internationale Ordnungspolitik mit zu gestalten.

Die tatsächlichen Rahmenbedingungen sind dafür sehr schlecht. Schon immer zeigte sich das trilaterale Verhältnis eindeutig auf die USA hin zentriert.[3] Weltpolitisch bleiben Japan und die EU zunächst Mitläufer amerikanischer Politik. Eine traditionsreiche und strategisch ausgerichtete Japanpolitik der EU fehlt. Wirtschaftsbeziehungen dominieren eindeutig zwischen Brüssel und Tōkyō.[4] Drei zeit-

1 Heinrich Schliemann, Reise durch China und Japan im Jahre 1865, deutsche Erstveröffentlichung, Konstanz 1984, S. 118.

2 Vgl. dazu Michael Crichton, Nippon-Connection, München 1992.

3 Siehe Andrea E. Stumpf, Das Dreieck EG–USA–Japan, in: Moritz Röttinger/Claudia Weyringer (Hrsg.), Handbuch der europäischen Integration, Wien 1991, S. 571–600.

4 Vgl. zu den Wirtschaftsbeziehungen zwischen der EU und Japan: Karl-Rudolf Korte, Barrieren statt Wettbewerb. Die Wirtschaftsbeziehungen zwischen der EG und Japan, in: Hanns W. Maull (Hrsg.), Japan und Europa, Getrennte Welten?, Frankfurt a. M. 1993, S. 247–264. Der vorliegende Beitrag ist eine aktualisierte und erweiterte Überarbeitung dieses Aufsatzes; vgl. auch Kensei Hiwaki, View from Japan: Asymmetries in the Evolving European-Japanese Dialogue, in: Reinhardt Rummel (Hrsg.), Toward Political Union, Baden-Baden 1992, S. 229–239.

lich aufeinanderfolgende Komponenten kann man dabei beobachten[5]: eine strukturell ungleichgewichtige Verflechtung im Handelssektor seit den siebziger Jahren, im Bereich der Direktinvestitionen seit Mitte der achtziger Jahre und bei den »Strategischen Allianzen« zwischen europäischen und japanischen Unternehmen seit den neunziger Jahren.

Hinzu kommen Aspekte von Fehlperzeptionen. Über kaum ein anderes Land existieren wohl mehr irreführende Klischees, die an Intensität zunehmen, je mehr sich Japan zur globalen industriellen und finanziellen Supermacht entwickelt.[6] Mit Skepsis, Neid und abendländischer Überheblichkeit zollen wir dem »Problem Japan« unsere durchmischte Anerkennung. Gleichgültig wie sehr sich auch die japanische Seite bemüht und agiert, die Japanphobie seitens der europäischen Industrie ist angesichts des technologischen Terrainverlustes ausgeprägt.[7] Doch daran sind die Japaner auch selbst mit schuld: Japan hat sich allzuoft in seiner Einmaligkeit eingerichtet und suchte Kontakte mit dem Westen, um seine Unvergleichbarkeit zu bestätigen. Das stark gewachsene Selbstvertrauen kippt dabei manchmal in offene Arroganz und euphorisch überzeichnete Prognosen um.[8]

## 1. Ungleiche Handelsbeziehungen

In der Handelsbilanz und in der sektoralen Außenhandelsstruktur zeigen sich gravierende Ungleichgewichte zwischen beiden Wirtschaftsmächten.[9] 1970 lag das Handelsdefizit der EG gegenüber Japan erst bei 0,5 Milliarden Dollar. Bis 1980 war es auf 11 Milliarden Dollar gestiegen. Zu einer leichten Trendwende kam es 1987, als die japanischen Einfuhren aus der EG um 20 % stiegen und sich erstmals eine leichte Abnahme des Handelsdefizits abzeichnete. Die Umorientierung der japanischen Wirtschaft von einem exportorientierten zu einem binnenwirtschaftlich getragenen Wachstum hat in den letzten Jahren Fortschritte gezeigt.[10] Das trifft

5 Vgl. dazu Hanns W. Maull, Europa und Japan. Perspektiven für die Zukunft einer Beziehung, in: Ders., Japan und Europa (Anm. 4), S. 530–560, hier S. 532.

6 Grundsätzlich Endymion Wilkinson, Japan versus the West. Image and Reality, London 1991; Constantin von Barloewen/Kai Werhahn-Mees (Hrsg.), Japan und der Westen, Frankfurt a. M. 1986; Peter Kapitza (Hrsg.), Japan in Europa, München 1990; speziell zu den aktualisierten Japanbildern vgl. Karl-Rudolf Korte, Europäische Gemeinschaft – Japan. Kooperationsfelder europäischer Außenpolitik, in: Manfred Pohl (Hrsg.) Japan 1986/87, Politik und Wirtschaft, Hamburg 1986; Setsuko Ono, A Western Image of Japan, Genf 1972.

7 Vgl. die Studie von Werner Wiederfeld/Jürgen Turek, Technopoly. Europa im globalen Wettbewerb, Gütersloh 1993.

8 Vgl. Karl-Rudolf Korte, Nippons neue Vasallen? Die Japanpolitik der Europäischen Gemeinschaft, Bonn 1984, S. 50 ff.

9 Grundsätzlich zum Datenbestand: Karl-Rudolf Korte, Nippons neue Vasallen?, (Anm. 8); Europäisches Parlament, Die Wirtschaftsbeziehungen zwischen der EG und Japan, Reihe Wirtschaftsfragen Nr. 12, verfaßt von Nicholas Kyriazis u. Stefan Kalb, 1987.

10 Vgl. Andreas von Stechow, Binnen- und außenwirtschaftliche Entwicklung Japans 1990, in: Manfred Pohl (Hrsg.), Japan 1990/91. Politik und Wirtschaft, Hamburg 1991, S. 206–243, hier S. 214.

besonders für die Phase zwischen 1985 und 1990 zu. Das Handelsbilanzdefizit schrumpfte erkennbar in dieser Zeit. Es ging 1990 gegenüber 1989 vorübergehend auf 18,5 Milliarden Dollar zurück (1989: 19,8). Die europäischen Exporte nach Japan sind 1989/90 deutlich rascher gewachsen als die japanischen Exporte in die EG.[11] Mit einem Handelsvolumen von rund 88,5 Milliarden Dollar betrug 1990 der europäisch-japanische Austausch über die Hälfte des Handels Japans mit den USA, nachdem es noch Mitte der achtziger Jahre bei einem Drittel lag. Seit 1987 ist der japanische Anteil an den Gesamtimporten der EG an Drittländern über 10 % (1960: 1,5 %, 1970: 3,5 %, 1980: 5 %). Das Verhältnis der europäischen Exporte zu den Importen aus Japan – die Deckungsrate – ist deutlich gewachsen von 59 % (1989) auf 65 % (1990). Die EG nahm 1990 18,7 % der japanischen Gesamtexporte (1990) und Japan 14,9 % der Gesamtexporte der EG auf.

Daran erkennt man, daß seit Ende der achtziger Jahre die EG durchaus als Handelspartner der Japaner an Bedeutung gewonnen hat. In dieser Verschiebung der Handelsströme spiegelt sich die Vollendung des Europäischen Binnenmarktes wider, der die Bedeutung der EG als Handelspartner für Japan erhöhte. Hinzu kommt, daß die enorme Yen-Aufwertung gegenüber dem Dollar seit 1985 erheblich mit dazu beigetragen hat, die Exporte nach Europa zu steigern. Die EG mit ihren gegenüber dem Yen stabilen Währungen stellte einen willkommenen Absatzmarkt dar, um die erhebliche Verteuerung des US-Marktes zu kompensieren.[12] Dennoch: Rund 28 Mrd. Dollar betrug 1991 das Handelsbilanzdefizit der EG gegenüber Japan.[13] Das bedeutet ein Plus von 48 %, wobei mit zu berücksichtigen ist, daß der gesamte japanische Außenhandelsüberschuß 1991 gegenüber dem Vorjahr um 50 % dramatisch gestiegen war. 1992 erhöhte sich Japans Außenhandelsüberschuß mit der EU auf 31 Mrd. Dollar[14] und ging 1993 auf rund 26 Mrd. Dollar zurück. Eine Wende, wie sie sich noch 1990 andeutete, ist nicht mehr erkennbar. Der starke Anstieg des EU-Außenhandelsdefizits mit Japan ist vor allem auf den Rückgang des Exportvolumens seit 1991 zurückzuführen.

Das strukturelle Ungleichgewicht im Warenaustausch resultiert aus den japanischen Exporten von Industriegütern. Es ist noch immer eine schmale Palette von technologieintensiven Produkten, die die hohen Ausfuhrerlöse erzielen. Das Problem liegt zusätzlich neben der hohen Exportspezialisierung bei einer Marktdurchdringung in kürzester Zeitspanne auch darin, daß es sich hierbei um Branchen der europäischen Schlüsselindustrie handelt. Die zentralen Vorwürfe seitens der Europäer zum bilateralen Ungleichgewicht, zu den hürdenreichen Marktzugängen und zu den verzerrten Exporterfolgen gehören dabei mittlerweile zum Arsenal der stereotypen Argumentationsmuster, derer sich beide Seiten bereitwil-

---

11 Zahlen der folgenden Interpretation vgl. A. von Stechow, (Anm. 10); Eurostat, Statistische Grundzahlen der Gemeinschaft, 27. Ausgabe, Brüssel 1990; Japanisches Finanzministerium; Europäische Wirtschaft, Der Außenhandel der EG, Nr. 39, März 1989 und eigene Berechnungen.

12 Vgl. dazu Jörg Mull, Die Europäer rollen nach Japan, in: Manfred Pohl (Hrsg.), Japan 1989/90, S. 231–245; Karl-Rudolf Korte, Japan und der Europäische Binnenmarkt, in: Außenpolitik 1989, Nr. 4, S. 407–417.

13 So dargestellt von Winfried Münster, Kampf den Jobkillern, in: Süddeutsche Zeitung (SZ), 15. 6. 1991, Nr. 136; aktuelle Daten aus SZ, 22. 1. 1992, Nr. 17.

14 Japan. Wirtschaft, Politik, Gesellschaft (1993) 1, S. 32.

lig bedienen.[15] Zu den Ungleichgewichten gehören auch die Direktinvestitionen, deren Verhältnis zwischen Japan und der EU etwa 10:1 zugunsten der Japaner ausmacht.[16]

## 2. Politischer Dialog auf hoher Ebene

Der in Einzelakteure mit differenzierter Handlungskompetenz untergliederte Staatenbund EU steht einem durch sein historisches und geographisches Erbe stark monolithisch ausgeprägten Nationalstaat gegenüber. Vor diesem Hintergrund können sich nur asymmetrische bilaterale Beziehungen entwickeln. Gerade dieses spezifische Dialoggeflecht war aber stets Symptom für die Verfaßtheit der zusammengesetzten europäischen Außenpolitik.[17] Die grundlegenden Strukturprobleme der gemeinschaftlichen Außenwirtschaftspolitik der EU zeigten sich besonders drastisch im europäisch-japanischen Beziehungsgeflecht.[18] Die permanente Auseinandersetzung der Gemeinschaft nach außen gegenüber den außenwirtschaftlichen Partnern und nach innen gegenüber den Mitgliedsregierungen im Kampf um koordinierte Willensbildung verstärkte sich. Obwohl laut Artikel 113 EWGV die Handelspolitik in den Zuständigkeitsbereich der Gemeinschaft fällt, gibt es bisher nur in Teilsektoren eine gemeinschaftliche Außenhandelspolitik. Denn die vor der Einführung der Gemeinsamen Handelspolitik geschlossenen bilateralen Abkommen mit Drittländern gelten immer noch. Der konkurrierende Anspruch der Mitgliedsländer bleibt erhalten: Außer Irland haben alle Mitgliedsstaaten im Laufe der sechziger Jahre bilaterale Handelsvereinbarungen mit Japan getroffen, die auch alle noch heute gelten. Eine Vielzahl oft subtiler einzelstaatlicher Einfuhrhemmnisse durchlöchert die gemeinschaftliche Einfuhrregelung. Die betreffenden Mitgliedsstaaten sind nur dann bereit, diese nationalen Restriktionen aufzugeben, wenn statt dessen ein entsprechender Schutz auf Gemeinschaftsebene erzielt werden kann.

Die ersten gemeinsamen Verhandlungen über einen Handelsvertrag zwischen der EG und Japan scheiterten zu Beginn der siebziger Jahre. Die restriktive Haltung der EG-Kommission in Fragen der einheitlichen Schutzklausel ist von einigen Mitgliedsstaaten zur Vorbedingung für ein Handelsabkommen mit Japan gemacht wor-

---

15 Detailliert aufgelistet bei Karl-Rudolf Korte, Neues Selbstverständnis im Dialog Europa – Japan, in: Außenpolitik (1986) 1, S. 68–78.

16 Zahlen bei Angelika Ernst/Hanns Günther Hilpert, Japans Direktinvestitionen in Europa. Europas Direktinvestitionen in Japan, München 1991; Überblick dazu bei Holger Green, Japanische Investitionen in Europa, in: Manfred Pohl (Hrsg.), Japan 1990/91, Hamburg 1991, S. 299–312; Bernhard Heitger/Jürgen Stehn, Japanische Direktinvestitionen in der EG – ein trojanisches Pferd für 1993?, in: Horst Siebert (Hrsg.), Die Weltwirtschaft (1989) 1, S. 123–136.

17 Zum Strukturansatz vgl. grundsätzlich Reinhardt Rummel, Zusammengesetzte Außenpolitik. Westeuropa als internationaler Akteur, Kehl 1982.

18 Überblickartig Manfred Wegner, Die Entdeckung Europas. Die Wirtschaftspolitik der EG, Ein Grundriß, Baden-Baden 1991, S. 189 ff.

den. Die Gespräche scheiterten, da die Japaner diese nach ihrer Interpretation institutionalisierte Diskriminierung nicht akzeptieren wollten. Einer einheitlichen Außenwirtschaftspolitik Japan gegenüber fehlt deshalb bis heute eine Grundlage. Die japanischen Verhandlungspartner nutzten taktisch geschickt die handelspolitischen Widersprüche der Mitgliedsländer und bevorzugten bilaterale Absprachen mit einzelnen EG-Staaten.[19]

Trotz des Fehlens einer vertraglichen Grundlage der Handelsbeziehungen verdichteten sich die europäisch-japanischen Kontakte seit den siebziger Jahren stetig: Seit 1973 werden halbjährlich Gespräche zwischen Vertretern beider Seiten auf »hoher Ebene« durchgeführt. Durch die Verhärtung der Handelskonflikte zeichnete sich seit Beginn der achtziger Jahre allmählich eine Vergemeinschaftung der Position der Mitgliedsländer ab. Die zunehmende Kohärenz in Teilfragen erstreckte sich nicht mehr ausschließlich, wie schon seit Mitte der siebziger Jahre beobachtet, auf den Zugang zum japanischen Markt, sondern auch auf den handelspolitischen Flankenschutz durch Selbstbeschränkungsvereinbarungen – erstmals 1983 ausgehandelt. Zwar blieb eine Harmonisierung der unterschiedlichen Einfuhrbeschränkungen der Mitgliedsstaaten aus, doch akzeptierten 1983 die nationalen Regierungen erstmals die Kommission als Sprecherin der gesamten EG bei der Verhandlungsführung in Tōkyō. Ergebnis der zunehmenden Verdichtung des Dialogs auf allen Ebenen und der zentralen wirtschaftlichen sowie politischen Themenfelder seit den achtziger Jahren ist die »Gemeinsame Erklärung der EG und Japans«[20] vom 18. Juli 1991 in Den Haag mit folgenden Vereinbarungen:

- jährliche Konsultationen zwischen dem Präsidenten des Europäischen Rates und dem Präsidenten der Kommission einerseits sowie dem japanischen Premierminister andererseits;
- jährliche Treffen zwischen der Kommission und der japanischen Regierung auf Ministerebene;
- halbjährliche Konsultationen zwischen den Außenministern der Gemeinschaft, dem für Auswärtige Beziehungen zuständigen Mitglied der Kommission (Troika) und dem japanischen Außenminister;
- die Vertreter Japans werden von der Präsidentschaft der Politischen Zusammenarbeit im Anschluß an deren Ministertagungen informiert; ebenso unterrichtet Japan die Vertreter der Gemeinschaft über die Außenpolitik seiner Regierung.

Der politische Dialog wird damit durch Institutionalisierung qualitativ verbessert.[21] Wie zwingend notwendig dieser Schritt war, zeigen die Kooperationen im außen- und sicherheitspolitischen Umfeld der achtziger Jahre.[22] Auch die Kuwait-Krise und der Golfkrieg 1990/91 machten abgestimmte Aktionen erforderlich.[23]

---

19 Vgl. Karl-Rudolf Korte, Nippons neue Vasallen, (Anm. 8).
20 Abgedruckt in: Bulletin der Kommission der EG 1991, Nr. 7/8, Ziff. 1.4.8.
21 Bewertend dazu aus EG-Sicht: Beziehungen zu Japan. Schlußfolgerungen des Rates, in: Agence Europe, 10. 7. 1992, Nr. 1792.
22 Karl-Rudolf Korte, Neues Selbstverständnis im Dialog Europa – Japan, (Anm. 15).
23 Dazu Helmut Hubel, Europa, Japan und der Krieg um Kuwait, in: Maull (Hrsg.), Japan und Europa, (Anm. 4), S. 482–502.

## 3. Barrieren statt Wettbewerb

Die lange Tradition der verpaßten Chancen und überheblichen Fehleinschätzungen seitens der Europäer hat jedoch durch die Zielperspektive des Europäischen Binnenmarktes 1992 eine qualitativ neue Dimension erreicht. Die Wirtschaftsbeziehungen sind hiervon maßgeblich bereits seit einigen Jahren beeinflußt, was an den wechselseitigen Strategiemustern deutlich ablesbar ist. In der »Gemeinsamen Erklärung der EG und Japans« vom 18. Juli 1991 wird als Ziel des Dialogs ausdrücklich »die Verwirklichung ihrer Beschlüsse zur Sicherung eines ausgewogenen Zugangs zu ihren Märkten und die Beseitigung der strukturellen oder sonstigen Hemmnisse für die Ausweitung des Handels und der Investitionen auf der Grundlage vergleichbarer Chancen[24] bezeichnet. Doch bisher gibt es kein von den EG-Mitgliedsstaaten akzeptiertes allgemeines Engagement, den Binnenmarkt auch für Drittländer offenzuhalten. Alles deutet darauf hin, daß die Festung Europa die Zugbrücke hochkurbelt. Die Anwendung und Ausgestaltung der folgenden Instrumente der EG bzw. EU machen dies deutlich:

### a. Industriepolitik als Schutzinstrument

Seit der Gipfelkonferenz der Staats- und Regierungschefs der EG in Maastricht im Dezember 1991 ist die Industriepolitik erstmals auch ein vertraglich kodifizierter Politikbereich der EU.[25] Im Vertragswerk heißt es dazu u. a.: »Die Gemeinschaft und die Mitgliedsstaaten sorgen dafür, daß die notwendigen Voraussetzungen für die Wettbewerbsfähigkeit der Industrie der Gemeinschaft gewährleistet sind.« Dahinter steht die Überlegung, durch Investitionsprogramme die Nachfrage nach Europas Spitzentechnologie zu fördern und die Hersteller zu Spitzenleistungen und Wettbewerb anzuspornen. Integriert man jedoch die Argumentationslinien im Vorfeld dieses Beschlusses, kommt man zu einem anderen Ergebnis: Die Auseinandersetzungen zwischen der französischen Regierung und Japan waren hier im Vokabular aufschlußreich, da Paris eine aktive Industriepolitik der EU ausdrücklich gegen den »Feind Japan« wünschte.[26]

Vor dem Hintergrund der Krise in der europäischen Chip- und Computerbranche ist so der alte Kampf zwischen Interventionisten und Liberalen neu entbrannt. Derzeit sind die Interventionisten in der Offensive. Auf deutscher Seite gibt es auch zunehmend Konzepte marktwirtschaftlicher Ideologie. In einer »koordinierten Marktwirtschaft« sollen Staat und Wirtschaft »marktkonforme Industrie-

---

24 Abgedruckt in: Bulletin der Kommission der EG 1991, Nr. 7/8, Ziff. 1.4.8.

25 Titel XIV – ›Industrie‹ ist im Vertrag zur Politischen Union jetzt neu mit aufgenommen, dokumentiert in: Agence Europe Nr. 1750 v. 13. 12. 1991. Vgl. auch Christian Peter Frees, Das neue industriepolitische Konzept der EG, in: Europa-Recht, (1991) 3, S. 281–287.

26 Vgl. dazu Philippe Pons, La montée de la nippophobie, in: Le Monde v. 18. 10. 1989 und Hiroko Yamane, Oshu Han Nihon Tataki wa Motto Tezuyoi. (Das ›Japan-bashing‹ der Europäer verstärkt sich), in: Chūōkōron (1990) 6, S. 248–258.

politik« betreiben und in strategischen Industriebereichen zusammenarbeiten, um Europa als derzeitige »Japan-Kolonie« zu befreien.[27]

## b. Einfuhrbeschränkungen nach Art. 115 EWGV

Auch die Politik der EU-Kommission im Umfeld des Protektionismusinstruments Art. 115 EWGV deutet auf eine Abschottungsstrategie hin. Allerdings wurde die Anwendung des Art. 115 von der Kommission in den letzten Jahren in immer weniger Fällen autorisiert.[28] Insgesamt wurden 1992 nur noch acht von 19 solcher beantragten Schutzmaßnahmen genehmigt. Dieser Artikel erlaubt es den Mitgliedsstaaten in bestimmten Fällen und aufgrund einseitiger Entscheidungen der EU-Kommission, nationale Einfuhrbeschränkungen anzuwenden, wenn dieser Import zu »wirtschaftlichen Schwierigkeiten« führt. Am 31. Dezember 1992 hatte der Art. 115 keineswegs seine Gültigkeit verloren. Der Blick in den neuen Vertragstext verrät etwas anderes: In einer nur geringfügig geänderten Fassung wurde er im Gegenteil ausdrücklich bekräftigt, im Widerspruch zur Logik des Binnenmarktes.[29]

So bleibt der Verdacht bestehen, daß – wie das Beispiel auf dem PKW-Sektor weiter unten zeigt – dafür gemeinschaftsweite Einfuhrbeschränkungen eingesetzt werden. Zwar ist ein möglicher Ersatz der Grenzmaßnahmen durch inländische Kontrollen nur schwer mit dem Ziel eines freien Wettbewerbs zu vereinbaren. Doch die qualitative Wirkung der bislang gegenüber Japan getroffenen Liberalisierungsmaßnahmen hält sich in Grenzen, weil zentrale Produkte noch nicht erfaßt sind.[30] Deshalb sollte man sich von den reinen Zahlen nicht täuschen lassen: Seit 1989 hat die EG mit Japan vereinbart, jährlich über noch bestehende Importrestriktionen zu verhandeln. So fielen in zwei Liberalisierungsserien 1989 und 1990 insgesamt 195 mengenmäßige Beschränkungen seitens der EG gegenüber Japan.[31]

## c. Dumping-Strategien und der *Local Content*

Verkappter Protektionismus[32] steckt auch hinter den Antidumping-Maßnahmen durch die EU. Die seit 1987 intensivierte Antidumpingpolitik und der gezielte Ein-

27 Zitate bei Konrad Seitz, Die japanisch-amerikanische Herausforderung, München 1991, bes. S. 343 ff.

28 Vgl. Georg Koopmann, Außenbeziehungen, in: Werner Weidenfeld/Wolfgang Wessels (Hrsg.), Jahrbuch der Europäischen Integration 1990/91, Bonn 1991, S. 209–220.

29 Vgl. dazu Hans-Eckart Scharrer, Binnenmarktpolitik, in: Werner Weidenfeld/Wolfgang Wessels (Hrsg.), Jahrbuch der Europäischen Integration 1991/92, Bonn 1992, S. 143–155.

30 So Georg Koopmann, Außenbeziehungen, in: Werner Weidenfeld/Wolfgang Wessels (Hrsg.), Jahrbuch der Europäischen Integration 1989/90, Bonn 1990, S. 219–228.

31 ABl. der EG L 230 v. 8. 8. 1989 und ABl. der EG L 304 v. 1. 1. 1990.

32 Begriff bei M. Davenport, The Charybdis of Anti-Dumping. A New Form of EC Industrial Policy? The Royal Institute of International Affairs, Discussion Papers 22, London 1989.

satz des Antidumping-Instrumentes der EG richtet sich besonders gegen japanische Erzeugnisse.[33] So entsteht insgesamt der Eindruck, daß die Gemeinschaft die GATT-konforme Antidumpingwaffe eher zum Schutz der eigenen Industrie als zur Wiederherstellung der Wettbewerbsfähigkeit einsetzt.

Wie wenig jedoch langfristig punktuelle Schutzmaßnahmen der heimischen Industrie nutzen[34], zeigt gerade das Beispiel Japan. Denn die Beschränkungen japanischer Exportprodukte nach Europa seit Ende der siebziger Jahre – immerhin waren bis 1989 rund 40 % der japanischen Exporte nach Europa bzw. 131 mengenmäßige Beschränkungen für japanische Exporte in die EG-Staaten[35] limitierenden und kontrollierenden Schutzmechanismen unterworfen – verhalfen Japans Industrie zur Umstellung auf qualitativ bessere und teurere Sortimente. Mit dieser Strategie des *Grading up* konnte die Exportquote der Japaner profitabel ausgeschöpft werden. Im PKW-Sektor entstand so beispielsweise mit der Umschichtung auf höherwertige Automobile gleichzeitig eine Angebotslücke im unteren Marktsegment. Neuere wissenschaftliche Studien belegen eindeutig, wie europäische Importbeschränkungen gegenüber japanischen Automobilen volkswirtschaftlich mehr Schaden als Nutzen brachten.[36] Insbesondere in Frankreich und Großbritannien waren die Exporteure aus nichtjapanischen Drittländern, aber auch die deutsche Automobilindustrie, Nutznießer der handelspolitischen Maßnahmen. Gewinner der nationalen Importrestriktionen waren so nicht die geschützten Hersteller, sondern die japanische Automobilindustrie in Drittländern.

Die Zugangssperren für japanische Automobile in die EG forcierten zudem durch Umgehung der Selbstbeschränkung die Produktion vor Ort. Die Errichtung von Montage- und Produktionsbetrieben in der EU ist somit auch eine von der EU selbst provozierte japanische Ausweichmaßnahme. Nach den Regeln des internationalen Wettbewerbs und aus betriebswirtschaftlichen Überlegungen heraus war diese Umorientierung der Marktanpassungsstrategien notwendig. Nun bauen die Japaner Fabriken, schaffen somit neue Arbeitsplätze, kaufen mittlerweile mehr als die Hälfte der Autoteile bei den Europäern, und noch immer will man sie von einigen nationalen Märkten fernhalten. Denn europäische Unternehmer erheben den Vorwurf, japanische Hersteller umgingen gegen ihre Produkte verhängte Strafabgaben dadurch, daß sie in der EU in sogenannten »Schraubenzieher-Werken« ihre Erzeugnisse zusammenbauen lassen und sie dann nicht zu kostengerechten Preisen verkaufen. Seit 1987 gibt es deshalb eine EG-Verordnung über die

33 Vgl. Fritz Franzmeyer, Wettbewerbs- und Industriepolitik, in: Werner Weidenfeld/Wolfgang Wessels (Hrsg.), Jahrbuch der Europäischen Integration 1987/88, Bonn 1988, S. 166–174. Grundsätzlich zu diesem Instrumentarium auf einem Teilsektor: Hans-Joachim Lauth, Die handelspolitischen Reaktionen der USA und der EG auf japanische Exporte im Elektroniksektor seit Ende der 70er Jahre, Mainz im Juni 1991 (unveröffentlichtes Manuskript). Zur Gesamtproblematik: Hanns W. Maull, Wirtschaftssanktionen als Instrument der Außenpolitik, in: Werner Link u. a. (Hrsg.), Jahrbuch für Politik, Bd. 2, Baden-Baden 1991, S. 341–367.

34 So A. Gutowski (Hrsg.), Der neue Protektionismus, Hamburg 1984.

35 Ernst-Jürgen Horn, Politische Einflußnahme auf den internationalen Handel, in: Wolfgang Wagner (Hrsg.), Die Internationale Politik, Jahrbuch 1983/84, Bonn 1987, S. 208–224.

36 OECD, The Costs of Restricting Imports. The Automobil Industry, Paris 1987; vgl. auch die Daimler Studie in: FAZ, 8. 9. 1988, Nr. 209.

»Schraubenzieherfabriken« und den sogenannten *Local Content.*[37] Danach kann die Gemeinschaft Antidumping-Maßnahmen ergreifen, wenn der Anteil der importierten Bauteile der von Drittländern in europäischen Tochterbetrieben produzierten Endgeräte mehr als 60 % des Wertes beträgt. Gegen diese Bestimmung hat die japanische Regierung erfolgreich beim GATT interveniert. Dies geschah jedoch ohne Konsequenz, denn die EG/EU will die Regelung beibehalten, »solange das GATT keine akzeptable Alternativlösung des Umgehungsproblems anbiete«.[38]

## d. Selbstbeschränkungsabkommen bei Autos

Selbstbeschränkungsmaßnahmen, in die oftmals Antidumpingfälle einmünden, gibt es seit 1983 gegenüber Japan für eine Reihe von hoch sensiblen Produkten. Auch für die lange Zeit gesuchte und umstrittene Automarktstrategie gegenüber Japan wurde sie erneut 1991 als Ausweg gewählt. Bisher sind die Marktzugangsbeschränkungen und damit auch die japanischen Marktanteile in den einzelnen EU-Ländern sehr unterschiedlich.[39] Nach über zweijährigen zähen Verhandlungen einigte man sich darauf, daß der Marktanteil der japanischen Automobilhersteller in den zwölf EU-Ländern von derzeit knapp 11 % bis Ende 1999 auf maximal 16 % steigen darf.[40] Mit dem Beginn des EG-Binnenmarktes am 1. Januar 1993 dürfen die direkt aus Japan in die EU importierten Autos sieben Jahre lang 1,23 Millionen Einheiten pro Jahr nicht überschreiten. Danach sind die PKW-Importe völlig frei, glaubt man dem Geist des Abkommens. Die vereinbarte Quote schließt den Absatz aus japanischen Fabriken in der EU nicht mit ein. Allerdings kalkuliert Brüssel so, daß in dem Maße, in dem Japan seine europäischen Kapazitäten hochfährt, die Direkteinfuhren aus Japan gedrosselt werden. Die Marktzugangsbegrenzung auf Gemeinschaftsebene zwingt nun allerdings auch Länder wie Frankreich, Italien, Portugal und Spanien, sukzessive ihre Märkte für japanische PKWs dosiert und nach vereinbarten Quoten bedingt zu öffnen. Angeblich wollen diese Länder die Atempause bis 1999 nutzen, um die einheimischen Hersteller wettbewerbsfähiger zu machen. Es ist zwar mit diesem neuen Selbstbeschränkungsabkommen gelungen, die japanische Automobilkonkurrenz politisch auf Distanz zu halten, doch ökonomisch wird vermutlich die Wettbewerbsfähigkeit der gesamten Branche in Europa weiter sinken.[41]

---

37 Vgl. Franzmeyer, Wettbewerbs- und Industriepolitik, (Anm. 33); Verordnung EWG Nr. 176/87 des Rates v. 22. 6. 1987, ABl. der EG, Nr. L 167 v. 26. 6. 1987.

38 So Koopmann, Außenbeziehungen 1990/91, (Anm. 28), S. 216 f.; siehe dazu auch Wegner, Die Entdeckung Europas, (Anm. 18), S. 198.

39 So hat Frankreich beispielsweise ein Importlimit von nur 3 %; Italien läßt jährlich nur 3 200 japanische Autos importieren.

40 Zur Vereinbarung vgl. FAZ, 2. 8. 1991, Nr. 177; SZ, 2. 8. 1991; Nr. 177; Josef Hess, Viel Spielraum für PKW aus Fernost, in: Handelsblatt, 2. 8. 1991, Nr. 147.

41 Zum Wettbewerbsvorsprung James P. Womack u. a., Die zweite Revolution in der Automobilindustrie, Frankfurt a. M. – New York 1991.

## 4. Hürdenreiche Marktzugänge

In der »Gemeinsamen Erklärung der EG und Japans« vom 18. Juli 1991, also zeitlich unmittelbar vor der Einigung im PKW-Sektor, wurde besonders über die Formel der Marktöffnung bis zum Schluß hart gerungen. Der Kompromiß-Begriff »angemessener Zugang« verhindert die Erinnerung an das Konfliktthema der Reziprozität.[42] Gerade der gegenseitig ausgewogene Marktzugang wird von Japan als nicht praktikabel anerkannt. Dabei steht im Zentrum der europäisch-japanischen Friktionen noch immer die Frage nach dem Ausmaß der Geschlossenheit des japanischen Marktes. Es wird bereits zum »Gegenprotektionismus« aufgerufen.[43] Angeblich besteht für die europäischen Handelspartner ein hürdenreicher Marktzugang. Doch die Argumente sind wenig stichhaltig:

- Schätzungen über den Bereich der nichttarifären Hemmnisse im Industriebereich kommen, trotz zahlreicher statistischer und methodischer Probleme, immer wieder zu dem Ergebnis, daß Japan keineswegs mehr Hindernisse in diesem Bereich aufweist als die EG.[44] Seit 1976 liegt außerdem der Durchschnitt der japanischen Einfuhrzölle unter dem der USA und der EG.[45] Ein Durchbruch gelang im unmittelbaren Vorfeld des Weltwirtschaftsgipfels von Tōkyō im Juli 1993. Marktzugangspakete mit dem Kernelement des Abbaus von Zöllen und nichttarifären Handelshemmnissen bei Industriegütern konnten vereinbart werden.[46]
- Japan war an der Aufstellung der Spielordnung des Welthandels nicht beteiligt. Die Spielregeln auf dem japanischen Markt sind auch deshalb einzigartig.[47] Genannt werden häufig: mangelnde Markttransparenz, hohe Kosten der Informationsgewinnung, extrem lange Vorlaufzeiten für Produkte, undurchsichtiges Distributionssystem, langwierige technische Qualitätskontrollen, extrem hohe Investitionskosten durch die Bodenpreisexplosion. Das Argument der Marktabschottung ist häufig nur eine Schutzbehauptung für fehlendes Interesse. Sicher stellen das Geflecht von perfektionierten Fertigkeiten der Japaner, den Markt wie die Gesellschaft gegen Neulinge abzuschirmen, sowie die Vielzahl von Kommunikationsproblemen für jeden Exporteur ein großes Handikap dar. So lange man jedoch den japanischen Markt mit seiner historisch bedingten Binnenmarktstruktur als großes nichttarifäres Handelshemmnis einordnet, wird man dem Problem nicht gerecht. Ferner ist zu berücksichtigen, daß die angeblich nur ausländische Anbieter betreffenden schikanösen Testverfahren, diskriminieren-

42 Vgl. zum Beginn der Diskussion VWD-Europa v. 7. 11. 1988. Aus japanischer Sicht Kenjiro Ishikawa, EC wa tainichi sabetsushugi ni keisha shite iku (Die wachsende Neigung der EG zur Diskriminierung Japans), in: Chūōkōron (1990) 8, S. 140–149.

43 So im amerikanischen Kongreß nach der Bush-Reise nach Japan, vgl. SZ, 20. 1. 1992; ebenso die Clinton-Administration.

44 Vgl. A. Herrmann/Manfred Wegner, Bundesrepublik und Binnenmarkt '92. Perspektiven für Wirtschaft und Wirtschaftspolitik, Berlin 1990.

45 Vgl. D. Greenaway, International Trade Policy. From Tariffs to the New Protectionism, London 1983, S. 94. Neuere Daten über Zollsätze EG, USA, Japan: Economic Report of the President, Washington, January 1989.

46 Vgl. Neue Zürcher Zeitung, 8. 7. 1993, Nr. 155.

47 Dennoch hat Japan immer mehr Weltverantwortung übernommen, vgl. dazu Helmut Laumer/Angelika Ernst, Japan an der Schwelle zur globalen Wirtschaftsmacht, München 1989.

den Standards und unzulänglichen Distributionssysteme auch für japanische Neulinge gelten. Beschützt werden auf dem japanischen Markt generell die Etablierten. Die inländische und ausländische Konkurrenz hat es gleichermaßen schwer.

- Gegen das Argument der hermetischen Geschlossenheit des japanischen Marktes sprechen allein schon die enormen Erfolge einiger europäischer Unternehmen in Japan, die sich auf die spezifischen Marktbedingungen offensiv und einfühlend eingestellt haben.[48] Hinzu kommt, daß Tōkyō seit 1981 mit einer Reihe von konkreten Maßnahmepaketen zur Einfuhrliberalisierung gezielt beigetragen hat.

Es soll hier nicht bestritten werden, daß der Marktzugang nach Japan hürdenreicher ist als nach Europa. Wer nur die eigenen Wertvorstellungen auf Japan überträgt und abendländische Verhaltensmuster von Japan erwartet, sucht einen Sündenbock für heimische ökonomische Strukturkrisen, nicht jedoch einen gleichberechtigten Partner. Die auch in Japan angewandte westlich-internationale Wirtschaftsterminologie darf nicht darüber hinwegtäuschen, daß die eigentlichen Marktmechanismen auf diesem wettbewerbsintensivsten Markt der Welt eben nicht unseren Prozessen entsprechen.

## 5. Europa-Strategien der Japaner

Der Höhenflug des Yen, zunehmende Handelsstreitigkeiten mit der EG und die Sogwirkung des Europäischen Binnenmarktes führten auf seiten der Japaner seit Mitte der achtziger Jahre zu einer neuen Europa-Strategie: Japan nimmt die EU als Einheit ernst und entdeckt so Europa ganz neu. Das gilt besonders für die Geschäftswelt: Unter Managern, Höherverdienenden und Hochschulabsolventen lag der Anteil derjenigen, die mit dem Begriff »Europa '92« etwas anfangen konnten, bei insgesamt 62 %.[49] Das hatte jedoch nur vordergründig positive Konnotationen. Denn auf die Frage, ob die Japaner die Staaten der EU für faire oder unfaire Handelspartner halten, gaben nur 9 % ›fair‹, aber 28 % ›unfair‹ an.

Das japanische Engagement im Vorfeld der Vollendung des Binnenmarktes hatte an Breite und Tiefe gewonnen. Nach dem Exportboom folgte ein massiver Investitionsschub. Von den japanischen Unternehmen werden dabei nicht nur europaweite Netze für den Vertrieb und den Informationsaustausch aufgebaut, sondern auch Zulieferersysteme nach Europa gebracht und Aktivitäten auf vorgelagerten Fertigungsstufen beispielsweise in der Chemie- und Stahlindustrie entfaltet.

Gerade der Aufbau von Produktionsstätten in Europa ist mit großem Unbehagen aufgenommen worden. Diese Firmen wurden als trojanische Pferde bezeichnet.[50]

48 Vgl. Rüdiger Machetzki, Japan. Der Marsch zum Gipfel, in: Manfred Pohl (Hrsg.), Japan 1990/91, S. 264–293, hier S. 275; Beispiel: Mercedes-Benz eröffnete 1992 bereits seine zweite moderne Operationsbasis für ihr Japan-Geschäft vgl. SZ, 16. 1. 1992.

49 Eurobarometer-Umfrage der EG-Kommission vom August 1991, in: EG-Nachrichten, 2. 12. 1991, Nr. 48.

50 Barrie G. James, Wirtschaftsmacht Japan. Das trojanische Pferd, Freiburg 1990.

Die Wortwahl entlarvt dabei jedoch die Europäer. Denn wer von trojanischen Pferden redet, der gibt zu, daß er sprichwörtlich in einer Festung sitzt.[51] Konkret erwartet die japanische Außenhandelsorganisation JETRO, daß die Zahl der japanischen Unternehmen mit einem Brückenkopf in der EU steigen wird. Schon von 1981 bis 1989 gründeten japanische Firmen rund 1150 Tochtergesellschaften in der EG – in den zehn Jahren zuvor waren es nur knapp 680 Niederlassungen.[52]

Die neue Europa-Strategie der Japaner, nämlich zum EU-Insider zu werden, bedeutet rechtzeitig strategische Positionen in den Ländern der Union zu besetzen. Die Standortwahl gewinnt verstärkt an Relevanz. Seit 1981 gründete Japan über 35 % aller Tochtergesellschaften in Großbritannien. Die englische Sprache, billige Arbeitskräfte, staatliche Beihilfen waren dafür weitgehend die Ursachen. Als Koordinationsstelle des gesamten europäischen Engagements etablierten die japanischen Firmen spezielle Europa-Zentralen. Nach dem Beschluß des Deutschen Bundestages zum Umzug nach Berlin änderte sich nun auch die Standortstrategie der Japaner: In den nächsten Jahren soll der Hauptstützpunkt von London nach Berlin verlagert werden.[53] Der Ort scheint auch im Hinblick auf den neuen osteuropäischen Markt gewählt worden zu sein. Obwohl Großbritannien noch immer im Zentrum der japanischen Direktinvestitionen steht, deuteten sich gerade auch vor der Berlin-Entscheidung schon seit einigen Jahren Akzentverlagerungen hinsichtlich der Standortwahl in Europa an. Ein sicheres Indiz für das japanische Interesse an einem investiven Engagement auch in den neuen Bundesländern ist der zügige Aufbau einer japanischen Infrastruktur gerade in Berlin. Dazu gehören Handelshäuser, Banken und Wertpapiergesellschaften. Die Marktgröße der Bundesrepublik Deutschland, die ausgezeichnete Infrastruktur und die zentrale mitteleuropäische Lage werden zunehmend als Standortvorteile benannt. Nach der japanischen Exportstatistik fungiert die Bundesrepublik Deutschland mit einem unverändert hohen Anteil von über 6 % als der zweitwichtigste Kunde Japans hinter den USA, der damit der bedeutendste Handelspartner Japans in Europa ist.[54] Der Japan-Import nahm in Deutschland 1990/91 in fast allen Bereichen zweistellig zu.

## *Ausblick*

Japan ist das Impulszentrum einer neuen Weltwirtschaftsregion. Angesichts komplexer Interdependenz und der Verschiebung von den sicherheitspolitischen zu den wirtschaftlichen Aspekten der transnationalen Beziehungen müßte gerade eine Aufwertung der Bedeutung technologischer, wirtschaftlich-finanzieller Machtressourcen, wie sie Japan besitzt, Tōkyō ins Zentrum der internationalen Politik rücken.[55] Doch das Gegenteil ist der Fall: Japan agiert noch immer als Trittbrettfahrer der internationalen Politik. Der Kontrast zwischen dem japanischen

---

51 So Roland Freudenstein, Japan und das neue Europa, in: Europa-Archiv (1990) 21, S. 639–650, hier S. 648.

52 Vgl. iwd, 15. 8. 1991, Nr. 33, S. 7.

53 So eine Meldung in der Wirtschaftswoche, 26. 7. 91, Nr. 31, S. 6.

54 Daten dazu bei Hans-Joachim Kurwan, Deutsch-japanischer Handel vor einer Trendwende?, in: M. Pohl (Hrsg.), Japan 1990/91, (Anm. 10), S. 244–263.

55 Vgl. Robert O. Keohane/Joseph S. Nye, Power and Interdependence, Glenview 1989.

Selbstbild einer harmonieorientierten, einzigartigen Nation, die von der Sehnsucht geprägt ist, nicht allein zu sein, und dem Fremdbild des aggressiven Markteroberers vergrößert sich. Verantwortungsgefühl für die Weltgemeinschaft kann man nicht allein durch Geldpolitik glaubwürdig dokumentieren. Im Geschichtsbewußtsein der Japaner dominiert noch immer der Wunsch, sich zu entziehen und eine Kultur der Unauffälligkeit zu sein.[56] Daher rührt das Ausmaß des Unverständnisses in Japan gegenüber europäischen und amerikanischen Forderungen nach *Burden Sharing.* Die japanische Gesellschaft ist aufgrund ihres Traumas der über zweihundertjährigen selbstgewählten Isolation noch lange nicht integrationswillig nach westeuropäischen Maßstäben.[57] Da helfen auch keine Internationalisierungs-Kampagnen seitens der japanischen Regierung. Bisher agiert Tōkyō so, als habe es nur ein Gastrecht in der Völkergemeinschaft.

Vor diesem Szenario bleibt es unverständlich, warum nicht schon früher die Strategie propagiert wurde, die heute zur europäischen Standard-Managerweisheit gehört: »If you can't beat them – join them!« Es kann nur als Desinteresse, Überheblichkeit und Berührungsangst gewertet werden, daß beispielsweise sechsmal so viele Japaner wie Deutsche im jeweils anderen Land leben und arbeiten. Doch nur Produkte, die in Japan von sehr kritischen Konsumenten angenommen werden, die in Qualität und Technik mit der japanischen Konkurrenz Schritt halten, haben gute Chancen auf den Weltmärkten.[58] Die japanische Konkurrenz ist auf den europäischen Märkten auch ein Ansporn zur Entwicklung und Produktion von Weltserien, denn der innovationsnotwendige Druck auf Erlöse und Margen, aggressives Marketing, Veränderungen der Konkurrenz- und Kostenstrukturen können heute nur noch von außen kommen.

Die Europäer werden zu Japans Vasallen, wenn sie nicht erkennen, daß viele Probleme hausgemacht sind. Der McKinsey-Bericht zu den Ursachen des Technologievorsprungs der Japaner bot hierfür detailreiche Hinweise.[59] Er zeigte auch, daß nicht die Mentalität der angeblichen japanischen »Arbeitstiere« erfolgssichernd ist, sondern die Überlegenheit der japanischen Management-Leistung.[60] Mehr als zwei Drittel der Kostenvorteile der fernöstlichen Erzeugnisse resultieren daraus, daß die Japaner verarbeitungsfreundlicher konstruieren und damit auf allen Produktionsstufen Rationalisierungsvorteile realisieren können sowie parallel die Arbeitsabläufe kostengünstiger gestalten. Als im Jahr 1993/94 das angebliche Ende der »Japan AG« wieder einmal medienstark übermittelt wurde, war die klammheimliche Freude der europäischen Unternehmen völlig unangebracht. Denn die Krise bedeutete keinesfalls das Ende der japanischen Wirtschaftskraft, sondern nur, daß Europa sich nicht mehr herausreden konnte, Japan sei kein »normales« Land.

---

56 Zum kulturellen Hintergrund in deutscher Übersetzung: Kurt Singer, Spiegel, Schwert und Edelstein. Strukturen des japanischen Lebens, Frankfurt a. M. 1991.

57 Vgl. Karl-Rudolf Korte, Die Sehnsucht, nicht allein zu sein, in: EG-Magazin 1989, Nr. 9.

58 Vgl. Hermann Simon (Hrsg.), Markterfolg in Japan. Strategien zur Überwindung von Eintrittsbarrieren, Wiesbaden 1986; Dieter Schneidewind/Armin Töpfer (Hrsg.), Der asiatisch-pazifische Raum. Strategien und Gegenstrategien von Unternehmen, Landsberg 1991.

59 Vgl. ausführlich zu den Ergebnissen: SZ, 23. 12. 1991, Nr. 295.

60 James P. Womack u. a., Die zweite Revolution in der Autoindustrie, Frankfurt a. M. 1991. Ebenso argumentierend Edzard Reuter, Sündenbock Japan. Wider die Ignoranz und Arroganz der Europäer. Eine Absage an den Chauvinismus, in: Die Zeit, 3. 10. 1991, Nr. 41.

# V. Japans Wirtschaftsbeziehungen zur VR China: Rückblick und aktuelle Entwicklungen

Margot Schüller

Seit der Aufnahme diplomatischer Beziehungen im Jahre 1972 haben sich die Wirtschaftsbeziehungen zwischen Japan und der VR China grundlegend verändert. Die wirtschaftliche Modernisierung Chinas als Folge der außenwirtschaftlichen Öffnungspolitik Anfang der achtziger Jahre hat die Attraktivität des Landes als Produktionsstandort und Markt für japanische Unternehmen erhöht. Schneller als erwartet änderte sich im Handel das Muster der komplementären Güterströme mit Dominanz der chinesischen Lieferungen von Erdöl, Kohle, Rohstoffen und landwirtschaftlichen Produkten im Gegenzug zu japanischen Exporten von Maschinen, Anlagen und hochwertigen Konsumgütern. Der rasche Zustrom von ausländischen Direktinvestitionen nach China veränderte die Exportgüterstruktur und wirkte als Motor der Wirtschaftsentwicklung. Mit steigender Kaufkraft der Bevölkerung wandelte sich der Blickwinkel japanischer Investoren, die nunmehr nicht nur China als günstigen Produktionsstandort im Rahmen ihrer globalen Produktionsaktivitäten betrachteten, sondern vor allem als ihren Zukunftsmarkt. Zwar ist seit Mitte der neunziger Jahre wieder eine etwas vorsichtigere Einschätzung des chinesischen Marktpotentials bei den japanischen Unternehmen feststellbar, doch mittelfristig genießt China bei den strategischen Investitionsplanungen weiterhin Priorität.

## 1. Bilaterale Außenhandelsbeziehungen

### a. Entwicklung

Mit einem Volumen von unter 1 Mrd. US$ lag der bilaterale Außenhandel vor Aufnahme diplomatischer Beziehungen auf einem extrem niedrigen Niveau. Die politische und wirtschaftliche Abkoppelung Chinas bot zu diesem Zeitpunkt keinen Ansatzpunkt für wirtschaftlichen Austausch und Zusammenarbeit mit Japan. Allerdings entwickelte sich der Außenhandel auch nach der Etablierung offizieller Beziehungen zunächst erst sehr langsam. Als Folge zahlreicher Großaufträge an Japan zur Lieferung von Produktionsanlagen für den Aufbau einer modernen Stahl- und petrochemischen Industrie und einem Abkommen über den chinesischen Export von Erdöl nach Japan stieg das beidseitige Handelsvolumen auf 2 Mrd. US$ im Jahre 1973 und auf 3 Mrd. US$ im Jahre 1974. Zwar kam es aufgrund der politischen Krise in China 1975/76 auch zu einem kurzfristigen Rückschlag bei der Auftragsvergabe an japanische Unternehmen, doch nach dem Führungswechsel in der Kommunistischen Partei Chinas und der Ankündigung des Modernisierungsprogramms im Jahre 1978 waren die Weichen für eine schnelle Expansion der Außenhandelsbeziehungen gestellt.[1]

Die Zusammenarbeit wurde anfänglich durch Regierungsabkommen und Delegationsreisen der den jeweiligen Wirtschafts- und Handelsministerien untergeordneten Kommissionen dominiert, die als politische Garanten für die Entwicklung der bilateralen Wirtschaftsbeziehungen auftraten. Mit Verbesserung der wirtschaftlichen Rahmenbedingungen und zunehmender Liberalisierung des chinesischen Wirtschaftssystems traten hierzu verstärkt halboffizielle Vereinbarungen und das direkte Engagement japanischer Unternehmen in China. Um die Wirtschaftsbeziehungen langfristig gestalten zu können, schlossen beide Länder 1978 ein Abkommen über die Lieferung von Technologie, Produktionsanlagen und Baustoffen durch Japan im Gegenzug zu chinesischen Erdöl- und Kohleexporten. Mit dem gleichzeitigen Angebot einer finanziellen Unterstützung durch Kredite für den Ausbau der Infrastruktur und zur Erschließung der Rohstoffvorkommen Anfang der achtziger Jahre verfolgte Japan gleich mehrere Ziele. So sollten der wirtschaftliche Liberalisierungskurs und die außenwirtschaftliche Öffnungspolitik unterstützt, China als verläßlicher Energielieferant aufgebaut und der Marktzugang für japanische Unternehmen von Produktionsanlagen und -ausrüstungen erleichtert werden.[2]

Der Blick auf die japanische Außenhandelsstatistik macht deutlich, daß der bilaterale Handel mit China in den achtziger Jahren zwar kontinuierlich stieg, sich jedoch das Volumen des gemeinsamen Warenaustausches erst seit Anfang der neunziger Jahre stark erhöht hat *(Abbildung 1)*. So nahm der Außenhandel zwischen 1977 und 1990 von der geringen Ausgangsbasis von 3,4 Mrd. US$ auf 18,2 Mrd. US$ zu und erhöhte sich in den Folgejahren bis 1996 auf 62,4 Mrd. US$. Japan wurde Chinas wichtigster Handelspartner, und auch Chinas Bedeutung für den japanischen Außenhandel nahm erheblich zu. Während der prozentuale Anteil Chinas am gesamten japanischen Außenhandel 1991 erst 4,1 % (Exportanteil 2,7 %; Importanteil 6 %) betrug, verdoppelte sich dieser Anteil bis 1996 auf 8,2 % (Exportanteil 5,3 %; Importanteil 11,6 %). Im Gesamthandel weisen nur die USA ein höheres Handelsvolumen mit Japan auf, bei den Exporten ist China der fünftwichtigste Abnehmer japanischer Produkte und liegt an zweiter Stelle bei den wichtigsten Lieferländern.[3]

Als wichtigste Gründe für die Intensivierung der bilateralen Handelsbeziehungen gelten das schnelle Wachstum der chinesischen Wirtschaft und die daraus resultierende hohe Importnachfrage insbesondere nach Maschinen, Ausrüstungen, Trans-

---

1 Matsumura, Seizo, »Japan-China Trade in Retrospect – The 15th Anniversary of Normalizing Relations«, in: JETRO China Newsletter, No. 72, Jan.–Feb. 1988, S. 19–23, hier S. 19–20.

2 Murthy, Narasimha, »Japan and China in the Nineties: The Bumpy Road to Consolidation of Ties«, in: China Report (New Delhi), 27 (1991) 4, S. 275–297, hier S. 276. Ono, Shuichi, Sino-Japanese Economic Relationships, Trade, Direct Investment, and Future Strategy, World Bank Discussion Papers China and Mongolia Department Series No. 146, Washington, D.C. 1992, S. 2. Lei Renmin, »Sino-Japanese Trade Ties: 40 Years of Basic Experience and Development Prospects«, in: Intertrade, July 1990, S. 33.

3 JETRO China Newsletter, »The Japan and China Trade in 1996: The Total Export and Import Amount Exceeded 60 Billion Dollars«, (1997) 126, S. 20–24, hier S. 20.

*Abb. 1:* Japans Außenhandel mit der VR China 1977–1996 in Mrd. US$

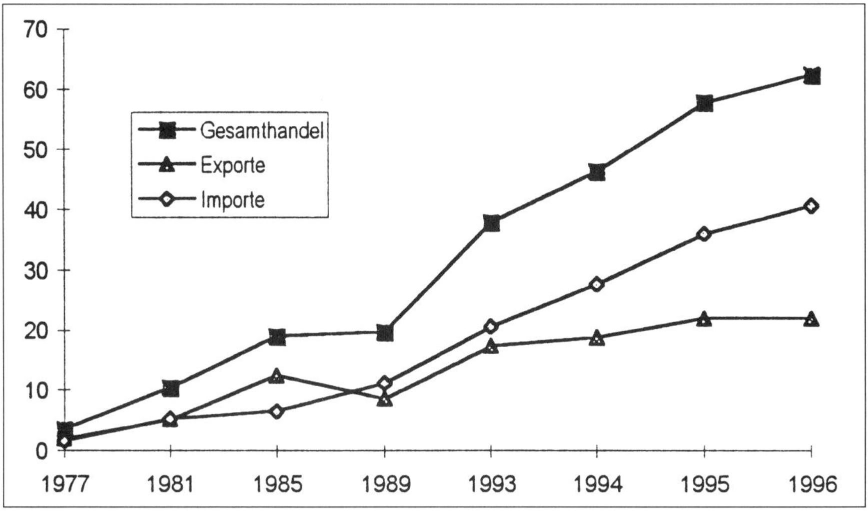


*Quelle:* Ono, Shuichi, (Anm. 2) und JETRO China Newsletter, (Anm. 3).

portfahrzeugen etc. Weiterhin verbesserte sich die Wettbewerbsfähigkeit chinesischer Produkte in den letzten zehn Jahren nachhaltig. Diese Entwicklung betraf nicht nur arbeitsintensive Produkte wie Textilien und Bekleidung, Spielzeug und Sportartikel, sondern ebenfalls Maschinen und Elektronik, die u. a. auch in japanisch-chinesischen *Joint-Venture*-Unternehmen hergestellt werden.

*Abbildung 1* zeigt, daß Japan die Exporte nach China ab Ende der achtziger Jahre in wesentlich geringerem Umfange steigern konnte als umgekehrt, so daß sich der negative Saldo für Japan im Verlauf der letzten Jahre stark vergrößerte. Das Defizit belief sich 1989 noch auf 2,6 Mrd. US$ und erreichte 1996 einen Wert von 19,6 Mrd. US$. Daß die Zuwachsraten der japanischen Exporte hinter denen der Importe aus China deutlich zurückblieben, ist auf verschiedene Gründe zurückzuführen. So gab es vor dem Hintergrund binnenwirtschaftlicher Überhitzungserscheinungen in China Mitte der achtziger Jahre, 1989/1990 sowie 1993/1994 Einbrüche bei den japanischen Exporten als Folge von Importrestriktionen der chinesischen Regierung. Hiervon waren insbesondere Konsumgüter, Maschinen und Produktionsanlagen sowie Fahrzeuge betroffen. Wird die Entwicklung der japanischen Exporte zwischen 1993 und 1996 betrachtet, so gelten für diesen Zeitraum folgende spezifische Merkmale:

- Der sehr hohe Exportanstieg des Jahres 1993 war einerseits Folge der überhitzten Konjunktur und resultierte andererseits aus den ausländischen Investitionen in China, die Importe von Kapitalgütern erforderlich machten. In den Folgejahren blieb zwar die Nachfrage nach japanischen Maschinen und Anlagen weiterhin relativ hoch, doch am Beispiel der veränderten Kfz-Exportzuwächse (1993: + 149 %; 1994: – 60 %) werden handelspolitische Eingriffe der chinesischen Regierung deutlich.

- Die Wettbewerbsfähigkeit japanischer Produkte verschlechterte sich aufgrund der Wertsteigerung des Yen.
- Von den Umstellungen in der Importpolitik (Senkung der Mehrwertsteuer-Rückerstattung für Exporteure, Aufhebung der Vorzugsbedingungen für Kfz-Importe von *Joint-Venture*-Unternehmen) waren die japanischen Unternehmen ebenfalls betroffen.

Während die japanischen Exporte nach China im Jahre 1994 lediglich um 8 % zunahmen, 1995 mit 17 % doppelt so hoch ausfielen, aber 1996 mit einem Rückgang um 0,2 % gegenüber dem Vorjahr einbrachen, verzeichneten die Importe durchgängig zweistellige Wachstumsraten. Hierfür gelten folgende Gründe:

- Hohe Zuwachsraten der Importe von Textilien und Bekleidung, aber auch von Kapitalgütern stehen in direktem Zusammenhang mit Direktinvestitionen japanischer Unternehmen in diesen Sektoren. Schätzungen zufolge ist mehr als die Hälfte des hohen Importzuwachses von 1995 auf Einfuhren zurückzuführen, die von Unternehmen mit japanischer Kapitalbeteiligung hergestellt wurden.
- Neben der verbesserten Produktqualität profitierten chinesische Güter von der Anpassung des zweigleisigen Wechselkurssystems im Jahre 1994 und der damit verbundenen de-facto-Abwertung der chinesischen Währung um 30 %.
- Die relativ geringe Importzunahme des Jahres 1996 ist vor allem auf Umstellungen im chinesischen Außenhandelssystem und auf daraus resultierende geringere Exportanreize für chinesische Unternehmen zurückzuführen sowie auf die mit dem Anstieg der Rohstoffpreise für Textilien verbundene niedrigere Wettbewerbsfähigkeit chinesischer Textilien auf dem Weltmarkt.[4]

Die dynamische Entwicklung des bilateralen Handelsvolumens sowie die bemerkenswerten Erfolge chinesischer Produkte auf dem japanischen Markt waren mit der Veränderung der Einfuhr- und Ausfuhrgüterstrukturen eng verbunden.

## b. Veränderung der Export- und Importgüterstrukturen

Die Zusammensetzung der japanischen Exporte im Zeitraum 1977–1995 *(Abbildung 2)* weist eine Reihe charakteristischer Entwicklungstrends auf. So ist erstens ein deutlicher Rückgang der Eisen- und Stahlexporte an den Gesamtexporten festzustellen. Auf diese Exporte entfiel 1977 noch ein Anteil von 53 %, dagegen sank dieser Anteil bis 1995 auf 11 %. Innerhalb der fünf wichtigsten Exportkategorien fielen die Ausfuhren von Eisen und Stahl von Rang 1 auf Rang 5. Ursache hierfür waren vor allem die Expansion der inländischen Produktion sowie konjunkturbedingte Schwankungen und Importrestriktionen der chinesischen Regierung.

Als zweiter Trend ist der steigende Anteil der Exporte von Maschinen und Ausrüstungen hervorzuheben. Der Anteil dieser Exportkategorie nahm von 11 %

---

4 Zur Im- und Exportentwicklung siehe »Two-Way Trade Historical High of US$ 37,8 Billion«, in: JETRO China Newsletter, No. 109, 1994, S. 21–24; sowie »Total Exports-Imports Top US$ 66 Billion«, ebenda, No. 115, 1995, S. 22–24; Mino, H., »The Structural Change & Prospects of Trade between Japan and China«, ebenda, No. 128, 1997, S. 8 ff. und »The Japan and China Trade in 1996: The Total Export and Import Amount Exceeded 60 Billion Dollars«, ebenda, No. 126, S. 20–24.

*Abb. 2:* Struktur der japanischen Exporte im Handel mit China

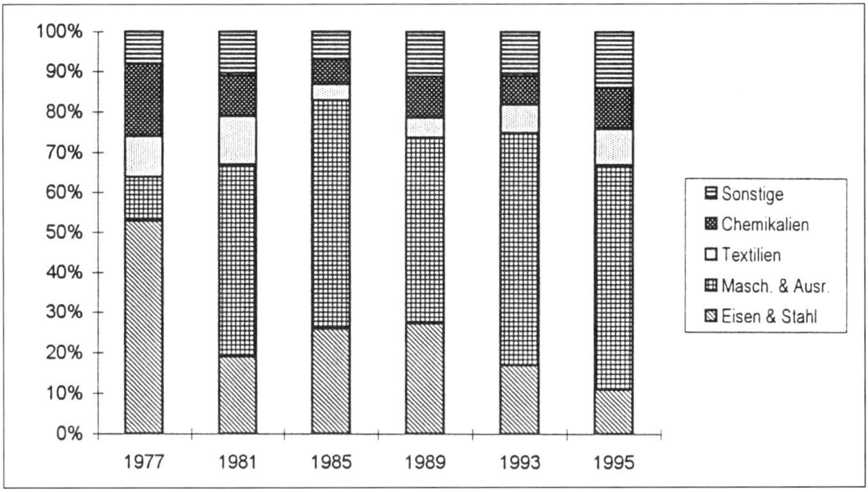


*Quelle:* Ono, Shuichi, (Anm. 2) sowie JETRO China Newsletter, (Anm. 3 und 4).

im Jahre 1977 auf 56 % im Jahre 1995 zu. Die jährliche durchschnittliche Zuwachsrate bei Maschinen und Ausrüstungen betrug zwischen 1977–85 rund 55 %, zwischen 1986 und 1991 verzeichneten Maschinen und Ausrüstungen dagegen eine negative Zuwachsrate von 5,4 %. Eine Trendwende erfolgte 1991, und bis 1995 fielen die jährlichen Zuwachsraten als Folge der konjunkturellen Entwicklung und im Zuge der Ansiedlung japanischer Unternehmen in China wieder sehr hoch aus.[5]

Zu den wichtigsten Exportgruppen zählen noch Textilien und Chemikalien. Ihre Anteile haben sich im Verlauf der betrachteten Periode nur unwesentlich verändert. Der langfristige Trend ist ein weiter abnehmender Anteil, da Japan bei diesen Produktgruppen seine Konkurrenzfähigkeit eingebüßt hat.[6]

Die Veränderung der Importgüterstruktur im genannten Zeitraum weist ebenfalls einige besondere Merkmale auf. Am beeindruckendsten spiegelt der Anstieg der Industrieprodukte am Gesamtimport von 21 % im Jahre 1977 auf 77 % im Jahre 1995 Chinas Erfolge bei der Modernisierung der Industrie wider. Dieser Trend wurde vor allem durch die Ausweitung der Textil- und Bekleidungsimporte verursacht. Insgesamt stieg im Zeitraum 1977–95 *(Abbildung 3)* der Beitrag der Textilimporte am Gesamtimport von 12 % auf 34 %. Der chinesische Anteil an den gesamten japanischen Bekleidungsimporten erhöhte sich bis Mitte der neunziger Jahre auf ca. 50 %. Gleichzeitig sanken die Anteile der Rohstoffe und mineralischen Brennstoffe am Gesamtimport von 18 % auf 7 % bzw. von 44 % auf 6 %. Der Importanteil von Nahrungsmitteln fiel dagegen lediglich von 16 % auf 13 %. Besonders hervorgehoben werden muß der schnelle Anstieg von Maschinenimporten ab Ende der achtziger Jahre, die 1995 mit 15 % zum Gesamtimport beitrugen.

---

5 Ono, a. a. O., S. 6 und für die neunziger Jahre siehe Anmerkung 4.

6 Ono, a. a. O., S. 11.

*Abb. 3:* Struktur der japanischen Importe im Handel mit China

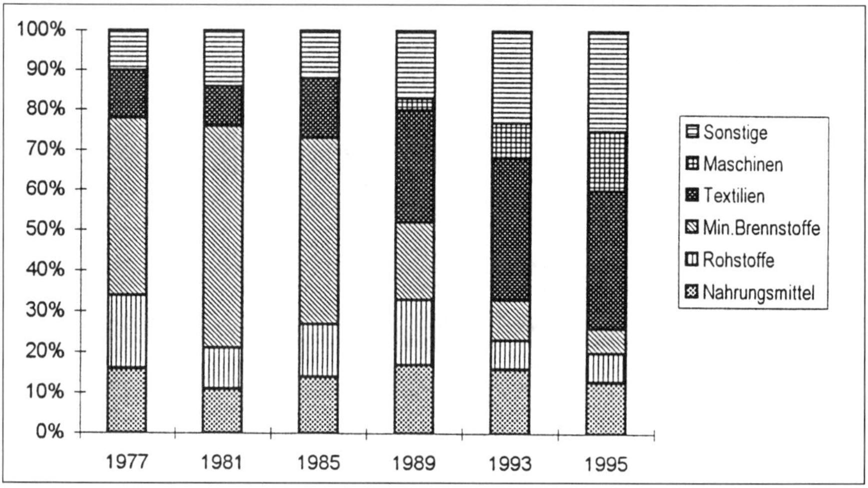


*Quelle:* Siehe Abbildung 2.

Textilimporte spielten eine herausragende Rolle als Motor der gesamten Einfuhrentwicklung. Zwischen 1977 und 1985 beliefen sich die Zuwachsraten bei Textilimporten auf ca. 23 %, stiegen bis Anfang der neunziger Jahre auf rund 30 % pro Jahr, und selbst in den letzten Jahren nahmen die Textilimporte jährlich rund 30 % zu. Diese Entwicklung ist in erster Linie auf die Auslagerung von Lohnveredelungsprozessen nach China zurückzuführen und eine Folge der zunehmenden Exportproduktion von Textilien und Bekleidung der sino-japanischen *Joint-Venture*-Unternehmen. Diese wurden vor allem ab Ende der achtziger Jahre vor dem Hintergrund der Yen-Aufwertung und Arbeitskräfteknappheit in China gegründet.[7]

Mineralische Brennstoffe wie Erdöl und Kohle zählen zu den Einfuhren, für die jährlich Gesamtmengen und vierteljährlich Preise (in Anlehnung an Weltmarktpreise) im Rahmen langfristiger Handelsabkommen festgelegt werden. Mit dem verstärkten Bau eigener petrochemischer Anlagen stieg zwar der inländische Bedarf an Rohöl, doch exportierte China die vertragsmäßig festgelegten Mengen nach Japan. Die Zuwachsrate der japanischen Importe von mineralischen Brennstoffen erhöhte sich zwischen 1977–1985 um durchschnittlich 20 % pro Jahr, während zwischen 1986–91 der jährliche Anstieg lediglich rund 1 % betrug. In den Folgejahren bis 1995 wirkte sich die hohe inländische Nachfrage als rückläufige Exportkapazität aus.[8]

Mit hohen Zuwachsraten verlief die Entwicklung bei Maschinenimporten besonders dynamisch. Das wertmäßige Importvolumen stieg von 343 Mio. US$ im

7 Ono, a. a. O., S. 8–9; Japan-China Trade 1989 (1990), in: JETRO China Newsletter, No. 85, S. 20–211, Japan-China Trade in 1990 Record US$ 5,9 Billion Deficit (1991), in: ebenda, No. 91, S. 21–22; 1991 Two Way Japan-China Trade Tops US$ 22,8 Billion, in: ebenda, No. 97, S. 19–20; Ebana, Touru, A Review of, and the Prospects for China's Textile Industry, in: JETRO China Newsletter, 128 (1997) 3, S. 2 ff.

8 Anm. 4 sowie JETRO China Newsletter, No. 85, S. 23.

Jahre 1989 auf 5,2 Mrd. US$ im Jahre 1995 und zeigt damit ebenfalls beeindruckend die Erfolge bei der Modernisierung der chinesischen Industrie. Sehr hohe Zuwachsraten verzeichneten vor allem die Importe von audiovisuellen Geräten, insbesondere Fernsehgeräten, Videokassetten und -kameras, Radios, aber auch von Computern, Kopiergeräten und Kühlschränken. Eine herausragende Rolle hierbei spielten wiederum Investitionen japanischer Unternehmen in die Bereiche Elektronik und Haushaltsgeräte.[9]

## 2. Direktinvestitionen

### a. Entwicklung der Direktinvestitionen

Japanische Unternehmen haben China erst seit Anfang der neunziger Jahre eine größere Bedeutung im Rahmen ihrer langfristigen strategischen Planung eingeräumt. Im Zeitraum 1951 bis 1991 entfiel dementsprechend lediglich ein Anteil von weniger als 1 % der weltweiten japanischen Direktinvestitionen auf die Volksrepublik, dagegen beispielsweise 4 % auf Indonesien. Bezogen auf den asiatischen Raum betrug der Anteil Chinas am kumulierten Investitionsvolumen 1951–91 rund 6 %, Indonesiens Anteil jedoch 24 %.[10] Ursächlich für diese Entwicklung war einerseits das starke Investitionsengagement der großen japanischen Unternehmen in den USA mit dem Ziel, hierdurch zunehmende Handelsfriktionen zu umgehen. Andererseits mußte als Folge der Yen-Aufwertung ein großer Teil ihrer exportorientierten Produktion aus Japan in die Nachbarstaaten ausgelagert werden. Hierbei galten die südostasiatischen Staaten Thailand, Malaysia und Singapur im Vergleich zu China als die vorteilhafteren Standorte, insbesondere aufgrund geringerer bürokratischer Restriktionen. Aus Sicht der japanischen Unternehmen sprachen gegen eine schnelle Erhöhung der Investitionen und der von China geforderten Ausweitung des Technologietransfers bis Ende der achtziger Jahre vor allem folgende Gründe: 1. Probleme bei der Übertragung des japanischen Managementstils, der als »fremd« eingestuft wurde und mit dem sozialistischen Wertesystem kollidierte; 2. die aus dem Nebeneinander von planwirtschaftlichen und marktwirtschaftlichen Elementen resultierenden Friktionen im Wirtschaftssystem, die die Aktivitäten privater Unternehmen beschränkten; 3. die unzureichende Fähigkeit zur Technologieabsorbierung sowie 4. die mangelhafte Entwicklung verbundener und angrenzender Industrien, die die Technologieaufnahme und -verarbeitung unterstützten.[11]

---

9 Siehe Anm. 7.

10 MITI (Ministry of International Trade and Industry), Charts and Tables Related to Japanese Direct Investment Abroad (Facts Sheed), July 1993; Foreign Investment in the PRC, 1991–1992, in: JETRO China Newsletter (1993), No. 102, Jan.–Feb., S. 16–19 u. 21, hier S. 19.

11 Ono, a. a. O., S. 22 führt beispielsweise an, daß der Verhandlungsprozeß für Joint-Venture-Gründungen rund ein Jahr in Anspruch nahm. Weiter dazu: Maruyama, Nobuo, Current Problems Facing China-Japan Joint Ventures, in: JETRO China Newsletter, No. 95, Nov.–Dec. 1991, S. 11–16, hier S. 14–16.

Die Beurteilung Chinas als Investitionsstandort änderte sich jedoch Anfang der neunziger Jahre. So nannten 28,6 % der japanischen Unternehmen in der Umfrage der *Export-Importbank of Japan* im Jahre 1991 die Volksrepublik als Zielland ihrer Investitionen und plazierten damit China auf Rang 2 der attraktivsten Standorte. Bereits im folgenden Jahr 1993 erhöhte sich der Anteil der befragten Unternehmen, die China als Investitionsstandort angaben, auf 44,9 %, und China rückte damit auf Platz 1 in der Rangfolge auf.[12] Seitdem führt China die Liste der bevorzugten Standorte für japanische Investoren an, obwohl seit Mitte der neunziger Jahre wieder eine etwas vorsichtigere Einschätzung des Investitionsengagements besteht. In der letzten Befragung der Bank vom Januar 1997 spiegelt sich die Verlangsamung der japanischen Investitionen zwar wider, doch weist die Bank darauf hin, daß in den nächsten Jahren nicht mit einem Verlust der herausragenden Stellung Chinas bei Investitionsentscheidungen gerechnet wird.[13]

*Tab. 1:* Entwicklung der japanischen Direktinvestitionen in der VR China

| Jahr | Japanische Angaben | | | Chin. Angaben | |
|---|---|---|---|---|---|
| | Projekte | Volumen Mrd. US$ | Anteil (%) | Projekte | Volumen Mrd. US$ |
| 1989 | | | 0,6 | 294 | 0,356 |
| 1990 | | | 0,6 | 341 | 0,503 |
| 1991 | | | 1,4 | 599 | 0,533 |
| 1992 | | 1,070 | 3,1 | 1 805 | 0,710 |
| 1993 | | 1,691 | 4,7 | 3 448 | 1,324 |
| 1994 | 636 | 2,565 | 6,3 | 3 018 | 2,075 |
| 1995 | 770 | 4,473 | 8,7 | 2 935 | 3,108 |
| 1996 | 365 | 2,599 | 5,2 | | |

*Quelle:* Japanische Angaben: *Projekte*: Daten der japanischen Ministerien aus dem Internet nach Rohde, M., »Entwicklung und Perspektiven der japanischen Außenwirtschaftsbeziehungen in den neunziger Jahren«, in: Japan, August 1997, S. 392; *Investitionsvolumen: 1992–1995* aus JETRO Weißbuch 1996, Investitionsausgabe: Ausländische Direktinvestitionen Japans und der Welt, Tōkyō 1997; *Investitionen 1996:* nach Rohde, a. a. O., Yen-Angaben auf der Basis des Jahreswechselkurses nach: Bank of Japan, Quarterly Bulletin, February 1997 umgerechnet; *Anteile: 1989–1993:* Financial Statistics of Japan, Ministry of Finance, in: »Das japanische Engagement in Vietnam«, in: Japan. Analysen – Prognosen No. 130, April 1997, S. 4: *Anteile 1994–1996:* nach Rohde, a. a. O. Chinesische Angaben: Harwit, (Anm. 14), S. 982.

Zu den wichtigsten Gründen für den Stimmungswechsel japanischer Investoren Anfang der neunziger Jahre zählt die wachsende Attraktivität des chinesischen Konsumgütermarktes, die vor allem durch die Zunahme der Kaufkraft in den Küstenstädten gestiegen ist.[14] Die im Vergleich zu Japan niedrigeren Lohnkosten in China blieben für viele Unternehmen zwar weiterhin ein wichtiger Grund der Aus-

12 Siehe hierzu die Angaben in Graefe, C., Japans Wirtschaftsbeziehungen zur Volksrepublik China, in: Japan. Analysen – Prognosen, No. 116, Februar 1996, S. 12.

13 FAZ, 16. 12. 96; Unterschiedliche Einschätzung des China-Risikos in Japan, in: China aktuell, April 1997, S. 293f.

14 Harwit, E., Japanese Investment in China. Strategies in the Electronics and Automobile Sectors, in: Asian Survey, No. 10, 1996, S. 978–994.

lagerung ihrer Produktion, doch ging seine relative Bedeutung zurück. Während in der Befragung der Export-Importbank aus dem Jahre 1991 noch 36 % der Unternehmen die niedrigen Arbeitskosten als wichtigstes Investitionsmotiv nannten, sank dieser Anteil 1992 bereits auf unter 11 %. Von den befragten Unternehmen aus der Elektronikindustrie kündigten zu diesem Zeitpunkt mehr als zwei Drittel an, für den lokalen chinesischen Markt produzieren zu wollen.[15]

## b. Struktur der Direktinvestitionen

Seit Beginn der neunziger Jahre ist nicht nur das Volumen der Direktinvestitionen Japans in der VR China gestiegen, sondern es hat sich auch die Struktur der Investitionen gewandelt. Zwar blieb der Anteil der Investitionen in das verarbeitende Gewerbe mit 56 % bis zum Jahre 1995 gegenüber 54 % Ende der achtziger Jahre nahezu unverändert, doch erhöhten sich innerhalb des verarbeitenden Gewerbes die Anteile der Investitionen in die Branchen Elektronik, Maschinen und Transportausrüstungen. Die Struktur der kumulierten Gesamtbestände der japanischen Investitionen bis März 1995 *(Tabelle 2)* weist für die Elektroindustrie einen Anteil von 28,4 % und für den Maschinenbau 11,2 % aus. Größere Investitionsanteile verzeichneten weiterhin sonstige Dienstleistungen (außer Handel und Finanzinstitutionen) mit 15,3 % sowie Immobilien mit 4,3 %.

*Tab. 2:* Aufteilung der japanischen Direktinvestitionen nach Wirtschaftszweigen (kumulierte Bestände bis März 1995/Mrd. US$)

| Wirtschaftszweige | Volumen | Anteil % |
|---|---|---|
| Verarbeitendes Gewerbe | 4,905 | 56,2 |
| – Nahrungsmittel | 0,305 | 6,2 |
| – Chemische Industrie | 0,280 | 5,7 |
| – Metallverarbeitung | 0,323 | 6,6 |
| – Maschinenbau | 0,551 | 11,2 |
| – Elektroindustrie | 1,393 | 28,4 |
| – Fahrzeugbau | 0,357 | 7,3 |
| Bergbau, Energie | 0,107 | 1,2 |
| Landwirtschaft | 0,130 | 1,5 |
| Handel | 0,289 | 3,3 |
| Finanzinstitutionen | 0,036 | 0,4 |
| Sonstige Dienstleistungen | 1,461 | 16,3 |
| Immobilien | 0,371 | 4,3 |
| Gesamtinvestitionen | 8,729 | 100 |

*Quelle:* Japanisches Finanzministerium, nach Angaben in Graefe, C. (Anm. 12), S. 11 und eigene Berechnungen.

15 Waibel, M., Die Direktinvestitionen Japans im asiatisch-pazifischen Raum: Entwicklung – Trends – Regionale Schwerpunkte, in: Japan. Analysen – Prognosen, No. 97/98, 1994, S. 1–29, hier S. 19f.

Obwohl in *Tabelle 2* nicht speziell aufgeführt, zählt der Textilsektor zu den wichtigsten Schwerpunkten der japanischen Investitionsaktivitäten in China. Ende der achtziger Jahre begannen kleine und mittelgroße japanische Unternehmen der Textil- und Bekleidungsindustrie und spezialisierte Handelshäuser mit dem Aufbau von Produktionsbasen in China. Im Verlauf der folgenden Jahre entstand mit der Gründung von Spinn- und Webfabriken in Ergänzung zu den Nähereien ein integriertes Produktionssystem von der Herstellung bis zur Endverarbeitung von Textilien. Hintergrund für diese Entwicklung war die wachsende Konkurrenz auf dem japanischen Binnenmarkt und der daraus resultierende Zwang zu Kostensenkungen sowie die Zielsetzung, den chinesischen Markt durch Produktionsstätten vor Ort zu beliefern.[16]

Anfänglich produzierten die japanischen Unternehmen in China nur Bekleidung, die am unteren Ende der Preisskala lag, inzwischen jedoch wird von diesen Unternehmen überwiegend Bekleidung hergestellt und exportiert, die ein mittleres bzw. hohes Qualitätsniveau aufweist. Zur Sicherung des Qualitätsstandards müssen allerdings weiterhin ausländische Textilmaterialien in großem Umfang importiert werden; erst mittelfristig wird mit einer Veränderung dieser Situation gerechnet. Zu den größten Herausforderungen der japanischen Bekleidungsunternehmen zählt die Ausweitung des Produktionsvolumens und der inländischen Verkäufe, da ihr langfristiges Ziel die Erschließung des chinesischen Binnenmarktes ist. Allerdings behindern Exportquoten für ausländische Unternehmen die Expansionspläne. Der Anteil der ausländischen Textilunternehmen am lokalen Textilumsatz ist in manchen Regionen bereits jetzt schon sehr hoch.[17]

Seit Anfang der neunziger Jahre hat sich das Investitionsengagement japanischer Unternehmen auch in Wirtschaftszweigen verstärkt, die kapitalintensiver sind oder in größerem Umfang einen Transfer von Technologien erfordern. Zuvor hatten die meisten japanischen Unternehmen die Risiken kapitalintensiver Großprojekte vermieden. So entfiel bis 1987 der größte Teil der japanischen Direktinvestitionen auf den Dienstleistungsbereich und auf Immobiliengeschäfte, während im verarbeitenden Gewerbe kleine und mittelgroße japanische Investoren mit arbeitsintensiven Produktionen in der Textilindustrie sowie in der Holz-, Papier-, Chemikalien- und Plastikherstellung vorherrschten.[18] Mit der Auslagerung von Produktionsprozessen der japanischen Elektronikindustrie, die zunächst nur dem Ziel der Kostensenkung und nicht der Markterschließung diente, wurden schrittweise neue Technologien in China eingeführt. Anfänglich blieb der Technologietransfer auf Haushaltselektronik beschränkt, weitete sich jedoch in den letzten Jahren auf so komplexe Technologien wie Halbleiter, Chip- und Computerproduktion aus. Die Investitionen japanischer Unternehmen in diesen Hochtechnologiebereichen können ebenfalls in erster Linie unter dem Aspekt der langfristigen Markterschließung gesehen werden.

Ein weiteres Beispiel für den Wandel in der Bewertung des Chinaengagements und des Technologietransfers durch japanische Unternehmen betrifft den Automobilsektor. Während die Unternehmen Mitte der achtziger Jahre die Risiken von Investitionen in diesem Sektor als zu hoch angesehen haben, versuchen sie

16 Ogaki, Chieko, The Japanese Apparel Industry in China, in: JETRO China Newsletter, No. 114, Jan.–Feb. 1995, hier S. 19–20.
17 Touru Ebana, (Anm. 7).
18 Ono, a. a. O., S. 17–21; Murthy, a. a. O., S. 278.

seit Anfang der neunziger Jahre, ihre Position durch Kooperationen mit chinesischen Automobilherstellern zu stärken. Um den bestehenden sino-ausländischen *Joint-Venture*-Unternehmen der Kfz-Industrie, zu denen insbesondere VW mit Werken in Shanghai und Changchun zählt, eine Konsolidierung zu ermöglichen, beschränkte die chinesische Regierung Beteiligungsmöglichkeiten für neue Anbieter bis 1996, so daß japanische Unternehmen in ihren Expansionsplänen bisher behindert waren.[19] Erst seit 1997 wurden die Restriktionen wieder etwas gelokkert, und japanische Konzerne wie Isuzu Motors, Itochu Honda, Mazda, Nissan, Yamaha, Suzuki und Toyota zeigten ein starkes Interesse, ihr Engagement in China auszuweiten.

Mit der größeren Öffnung des Tertiärsektors und der steigenden Kaufkraft haben sich auch die Investitionsaktivitäten japanischer Unternehmen in den Bereichen Groß- und Einzelhandel, Lagerhaltung, Güterkraftverkehr sowie Versand und Tourismus ausgeweitet.[20]

Für japanische Banken stellte das stärkere Engagement der Industrieunternehmen in China einen Anreiz dar, ein Netz von Niederlassungen und Repräsentanzen aufzubauen. Wie Tabelle 3 zeigt, wiesen die sechs größten japanischen Banken bis Mitte 1996 in den städtischen Zentren der Küstenregion ca. 40 Niederlassungen und Repräsentanzen auf.

*Tab. 3:* Regionale Verteilung japanischer Banken in China

| Bank | Beijing | Shanghai | Guangzhou | Dalian | Shenzhen | Tianjin | Gesamt |
|---|---|---|---|---|---|---|---|
| Sumitomo | R | N | N | R | – | – | 7 |
| Fuji | R | N | R | N | N | R | 7 |
| Tokyo-Mitsubishi | N | N | R | N | N | – | 6 |
| Sanwa | R | N | R | N | N | R | 6 |
| Dai-Ichi-Kangyo | R | N | R | N | – | – | 6 |
| Sakura | R | N | N | R | – | N | 5 |

Anmerkung: R = Repräsentanz; N = Niederlassung

*Quelle:* Nihon Keizai Shimbun, zitiert nach The Nikkei Weekly, 16. 9. 1996.

Welche besondere Stellung die japanischen Banken in China genießen, wird daran deutlich, daß von den acht ausländischen Banken, denen Anfang 1997 in einer Versuchsphase in der neuen Sonderzone Pudong bei Shanghai Geschäfte mit der Inlandswährung erlaubt wurden, allein vier Banken aus Japan kamen.[21]

Die geographische Verteilung der gesamten japanischen Investitionen hat sich ebenfalls in den neunziger Jahren verändert. So entfielen bis 1989 auf die Städte Beijing, Tianjin und Shanghai 41 % der Direktinvestitionen (USA 35 %), auf die Küstenprovinzen insgesamt 51 % und innerhalb dieser Region auf die Provinzen

19 Siehe zum Engagement japanischer Unternehmen in der chinesischen Automobilindustrie u. a. Waibel, a. a. O., S. 24 ff. sowie Yukawa, T., Japanese Auto Parts in China, in: JETRO China Newsletter, No. 119, Nov. – Dec. 1995, S. 2–6.

20 Siehe hierzu u. a. XNA, 15. 6. 96; SCMP, 13. 3. und 19. 5. 96.

21 Siehe hierzu Anm. 13.

Guangdong (Südchina) und Liaoning (Nordostchina) jeweils 15 % bzw. 12 %. Dem Investitionsstandort Liaoning, insbesondere der Stadt Dalian auf der Halbinsel Liaodong im Süden Liaonings, gelang es, in größerem Umfang japanische Investoren anzuziehen. Die 1984 gegründete Wirtschafts- und Technologieentwicklungszone Dalian bot nicht nur die enge räumliche Nähe zu Japan sowie ein relativ niedriges Lohnniveau für arbeitsintensive Produktionsprozesse, sondern darüber hinaus eine Stadtverwaltung, die aktiv um ein günstiges Investitionsklima bemüht war.[22] Bis Ende 1992 *(siehe Tabelle 4)* hatten sich in Dalian 394 Unternehmen mit japanischen Investitionen angesiedelt.

*Tab. 4:* Geographische Aufteilung der japanischen Investitionen in China Ende 1992

| Stadt | Anzahl | Wert (Mio. US$) |
|---|---|---|
| Dalian | 394 | 1 188 |
| Shanghai | 339 | 810 |
| Beijing | 340 | 121 |
| Tianjin | 262 | 367 |
| Shenzhen | 183 | 555 |

*Quelle:* Angaben von JETRO in: Whitla, P./Davies, H., »Japanese and Overseas Investment in the Chinese Economic Area«, in: JETRO China Newsletter, No. 125, Nov.–Dec. 1996, S. 22.

# 3. Finanzielle Kooperation

Die Gewährung umfangreicher staatlicher Entwicklungshilfe zeigt das strategische Interesse der japanischen Regierung an der politischen Stabilität in China, die durch Förderung der Wirtschaftsentwicklung und Verbesserung des Lebensstandards der Bevölkerung gestärkt werden soll. Diese Sichtweise wird auch in der Aussage von Tomozo Morino, Direktor der *Japan External Trade Organization* (JETRO), deutlich, der die Bedeutung Chinas für Japan vergleicht mit derjenigen Rußlands für Europa.[23] Daß China besondere Ansprüche an eine finanzielle und technologische Unterstützung Japans stellen kann, wird von der Beijinger Regierung stets mit dem Hinweis auf die japanische Besetzung Chinas betont.[24] Obwohl zwar durchaus »Schuldgefühle« bei der Gewährung offizieller Entwicklungshilfe eine Rolle gespielt haben könnten, wird doch mit Blick auf die Kreditverwendung offenbar, daß

22 Ono, a. a. O., S. 28–29; XNA, 22. 11. 91; SCMP, 28. 9. 92; HB, 23./24. 10. 92.
23 Far Eastern Economic Review (FEER), 22. 10. 92, S. 52.
24 Stellvertretend hierfür steht die Aussage Deng Xiaopings: Japan is indebted to China (for what it did to China) more than any other nation (and) should make much greater contribution in order to assist China's development, in: FEER, 25. 4. 91, S. 54, zitiert in: Siems, Dorothea, Japans außenwirtschafts- und entwicklungspolitische Strategien gegenüber China und ASEAN, Frankfurt/a. M. 1992, S. 119.

japanische Wirtschaftsinteressen dabei nicht vergessen wurden. Die Befürchtung Japans, daß China mit fortschreitender Industrialisierung zum Nettoimporteur von Erdöl und Getreide werden könnte, ließ einen Großteil der Kredite in die Erschließung von Energieressourcen, den Ausbau der Transportkapazitäten und in den landwirtschaftlichen Sektor fließen. Neben entwicklungspolitischen Zielen waren mit den staatlichen Entwicklungskrediten auch immer positive Nebeneffekte in Form von Aufträgen und Lieferungen für japanische Unternehmen verbunden, vor allem bei der Finanzierung größerer Infrastrukturprojekte.[25]

Die bei der ersten Kreditzuteilung 1979 festgelegten Kriterien sahen vor, daß 1. Japan bei der Unterstützung des chinesischen Modernisierungsprozesses in Kooperation mit den westlichen Industriestaaten vorgeht, 2. alle Yen-Kredite so weit wie möglich ungebunden vergeben werden, 3. ein Gleichgewicht zwischen Japans Verpflichtungen zu China und den ASEAN-Staaten aufrecht erhalten bleibt und 4. die Kredite nicht für militärische Zwecke eingesetzt werden dürfen.[26] Darüber hinaus gelten auch für China die 1992 von Japan in einer ODA-Charta niedergelegten Prinzipien für die Vergabe von Entwicklungshilfe. Zusätzlich zu den o. g. Kriterien handelt es sich hierbei um die Berücksichtigung von Umweltverträglichkeitsprüfungen von Projekten, den Handel mit militärischen Gütern, Demokratisierungs- und wirtschaftliche Liberalisierungsprozesse sowie Beachtung der Menschenrechte.[27]

*Tab. 5:* Japanische Entwicklungshilfekredite für die VR China

| Kredite | Volumen | Projekte | Sektoren |
|---|---|---|---|
| 1979–1983 | 330 Mrd. Yen (1,4 Mrd. US$) | 6 | Energie, Transport |
| 1984–1989 | 470 Mrd. Yen (2,1 Mrd. US$) | 7 | Energie, Transport, Kommunikation |
| 1990–1995 | 810 Mrd. Yen (6,5 Mrd. US$) | 42 | Energie, Transport, Kommunikation |
| 1996–1998 | 580 Mrd. Yen (6,1 Mrd. US$) | 40 | Transport, Kommunikation, Landwirtschaft, Umwelt |
| 1999–2000 | 400–450 Mrd. Yen | k.A. | k.A. |

*Quelle:* Nach Angaben in Graefe, C., Japans Wirtschaftsbeziehungen zur Volksrepublik China, in: Japan. Analysen – Prognosen, No. 116, Februar 1996, S. 17. Vorläufige Angaben für das 5. Kreditpaket aus Japan Times, 5. 8. 97.

Aufgrund des Tiananmen-Zwischenfalles im Frühjahr 1989 und der gegenüber China weltweit verhängten Wirtschaftssanktionen erfolgte zunächst ein Einfrieren des dritten Kreditpaketes durch die japanische Regierung, die allerdings bereits auf dem Wirtschaftsgipfel der G-7-Staaten im Juli 1990 eine Lockerung der Sanktionen

25 Ono, a. a. O., S. 49; Siems, a. a. O., S. 141; Clifford, Bill, Japan's Lending Program in China, in: The China Business Review, May-June 1993, S. 30–35, hier S. 30–31.

26 Murthy, Narasimha, (Anm. 2), S. 281.

27 Siehe hierzu Japan International Cooperation Agency, Annual Report 1993, S. 16, zitiert in Graefe, a. a. O., S. 18.

ankündigte. Die erste Kredittranche mit einem Volumen von 120 Mrd. Yen und einem dreiphasigen Auszahlungsmodus wurde im November 1990 freigegeben.[28]

Vor dem Hintergrund der zunehmenden grenzüberschreitenden Umweltfolgen des chinesischen Industrialisierungsprozesses wurde außerdem im Rahmen des vierten Kreditpaketes (1996–98) ein größerer Teil der Entwicklungshilfe für Umweltprojekte reserviert. So weisen 15 der insgesamt 40 Projekte umweltpolitischen Bezug auf, und fünf sind landwirtschaftliche Projekte. Mit 27 Projekten in den wirtschaftlich rückständigen Inlandsprovinzen sollen die japanischen Kredite dazu beitragen, das regionale Entwicklungsgefälle zwischen den Provinzen an der Küste und im Inland zu reduzieren.[29] Das durchschnittliche Kreditvolumen erhöhte sich in der zweiten Hälfte der neunziger Jahre erheblich. Während China zwischen 1990 und 1995 jährlich Kredite in Höhe von 135 Mrd. Yen erhielt, stieg das jährliche Kreditvolumen beim vierten Kreditpaket um 43 % auf 193 Mrd. Yen. Erste bilaterale Gespräche über ein neues Kreditpaket für die letzten zwei Jahre der laufenden Dekade (1998–2000) begannen Anfang August 1997 und beziehen sich auf ein Kreditvolumen von 400 bis 450 Mrd. Yen, so daß jährlich mehr als rd. 200 Mrd. Yen vorgesehen sind. Zukünftig wird allerdings nicht mehr mit einer Steigerung zu rechnen sein, da Japan zur Reduzierung seines Haushaltsdefizits bereits angekündigt hat, im Jahre 1998 die Mittel für ODA-Kredite um 10 % zu kürzen.[30]

Zusammenfassend läßt sich hinsichtlich der Aufteilung der OECF-Entwicklungskredite *(Overseas Economic Cooperation Fund)*, der größten Quelle für die finanzielle Entwicklungszusammenarbeit zwischen Japan und China, eine Verlagerung der Kreditschwerpunkte in den letzten Jahren feststellen. Vom Gesamtvolumen der bis Oktober 1992 vergebenen Kredite entfiel mehr als die Hälfte auf den Transportsektor; in der Rangfolge ihrer Bedeutung folgten die Bereiche Elektrizitäts- und Gasgewinnung sowie Telekommunikation. Die Kredite für intermediäre Finanzinstitute, Landwirtschaft sowie soziale Dienstleistungen machten zusammen rund 15 % aus.[31] Seit 1991 unterstützt die japanische Regierung verstärkt umweltbezogene Forschungsprojekte in China, Ausbildungsprogramme, Austausch von Umweltexperten und Technologietransfer über ODA-Programme sowie über spezielle Technologietransferprogramme, die vom MITI unterstützt werden.[32] Japan und die VR China schlossen außerdem 1994 ein Umweltabkommen, das die Zusammenarbeit in den Bereichen Vermeidung und Kontrolle der Luftverschmutzung, Entsorgung, Verbesserung der städtischen Umweltlage sowie gemeinsame Forschungen über Auswirkungen der Umweltverschmutzung auf die Gesundheit umfaßt.[33]

Entgegen dem ursprünglich festgelegten Prinzip, daß die Entwicklungshilfe an China in einem Gleichgewicht zu der japanischen Unterstützung für die ASEAN-Staaten stehen soll, entfiel auf China zwischen 1982–86 sowie ab 1993 mit einem Anteil von ca. 15 % der größte Anteil der japanischen Entwicklungshilfe. Im Ver-

---

28 Xinhua News Agency (XNA), 22. 7. 91 und 21. 10. 92.
29 Beijing seeks Yen 450 Billion in Loans for Infrastructure Projects, in: Japan Times, 5. 8. 97.
30 Ebenda.
31 Clifford, B., (Anm. 25), S. 31.
32 Siehe hierzu Evans, P., Japan's Green Aid, in: The China Business Review, July – August 1994, S. 39–43, hier S. 40 f.
33 Renmin Ribao, nach Xinhua News Agency, Beijing, 21. 3. 94.

gleich zu den übrigen Empfängerstaaten sind allerdings tatsächlich nahezu alle Kredite in ungebundener Form vergeben worden; lediglich 20 % der Aufträge für Projektrealisierungen sollen im Durchschnitt an japanische Unternehmen gehen.[34] Obwohl die Prinzipien der japanischen ODA-Charta für die Vergabe von Entwicklungkrediten an China aufgrund der herausragenden politischen Bedeutung des Landes nicht in gleichem Maße in der Praxis Anwendung finden, gab es doch heftige Reaktionen Japans auf Chinas Atomtestversuche Mitte der neunziger Jahre.[35] So wurde 1994 das Volumen für das vierte Kreditprogramm nicht den chinesischen Erwartungen entsprechend erhöht, im folgenden Jahr der Schenkungsanteil der ODA reduziert und die Laufzeit der Programme von ursprünglich fünf und sechs Jahren auf drei und zwei Jahre verändert, um flexibler auf Verstöße gegen die ODA-Charta antworten zu können.[36]

Zusätzlich zu den ODA-Krediten stellte die *Export-Importbank of Japan* zur Sicherung des Energieangebotes für die japanische Wirtschaft ab 1980 umfangreiche Kredite für die Rohstofferschließung bereit. Das erste Kreditpaket wurde 1979 mit einem Volumen von 420 Mrd. Yen und das zweite im Jahre 1984 mit einem Volumen von 580 Mrd.Yen beschlossen. In den Folgejahren wurden wiederholt größere Kredite von der Bank vergeben, so beispielsweise zuletzt Mitte 1997.[37]

## 4. Entwicklungsperspektiven der japanisch-chinesischen Wirtschaftsbeziehungen

Angesichts der geographischen Nähe beider Länder, ihrer engen kulturellen und geschichtlichen Bindungen sowie ihrer teilweise komplementären Faktorausstattung war das Niveau der wirtschaftlichen Verflechtung zwischen Japan und China in den achtziger Jahren überraschend niedrig. Diese Situation veränderte sich jedoch bis Mitte der neunziger Jahre, und auch für Japan spielt die Volksrepublik als zweitwichtigster Handelspartner und als wichtigstes Zielland für Investitionen in Asien eine herausragende Rolle.

Trotz der Importrestriktionen bietet die VR China aufgrund der wachsenden Kaufkraft der Bevölkerung und der für die Modernisierung der Industrie zukünftig weiter steigenden Importnachfrage nach Produktionsgütern einen attraktiven Markt. Die Erschließung dieses Marktes erfolgte in den letzten Jahren verstärkt über japanische Direktinvestitionen in China, die auch dazu beitrugen, daß sich Volumen und Struktur des Güteraustausches zwischen Japan und China nachhaltig veränderten. Einerseits setzt sich inzwischen ein erheblicher Teil der chinesischen

34 Graefe, a. a. O., S. 15 bezieht sich hier auf Angaben von Wang, Q., Recent Japanese Economic Diplomacy in China, in: Asian Survey, 33 (1993) 6, S. 637.

35 Zur Reaktion Japans auf die chinesischen Atomtests siehe u. a. China aktuell, (1994), S. 558 und (1996), S. 237 und 654.

36 Siehe hierzu Kyodo News Service, Tōkyō, 8. 1. 94, nach Summary of World Broadcasts, 10. 1. 94.

37 Asian Wall Street Journal (AWSJ), 23. 4. 92 und Kyodo News Service Tōkyō in English, 4. 5. 92, in: Summary of World Broadcasts, 12. 5. 92.

Exporte nach Japan aus Gütern von Unternehmen zusammen, die ihre Produktion nach China ausgelagert haben. Durch diese Strategie wird China zukünftig stärker noch als bisher Anbieter von Industrieprodukten werden und seine Marktanteile nicht nur bei Textilien und Bekleidung, sondern auch bei anderen dauerhaften Konsumgütern steigern können und damit japanische Industrien weiter unter Wettbewerbsdruck setzen. Dies wird auch für High-Tech-Produkte gelten, da China weniger leicht als die ASEAN-Staaten bereit ist, sich in die globale Strategie der japanischen Unternehmen einzufügen, sondern diese Produkte mit dem entsprechenden Technologietransfer in China herstellen will. Andererseits sind die anfänglich angenommene Komplementarität im Handel und die hohen Erwartungen an China als Energie- und Rohstofflieferant einem neuen Muster des Güteraustausches gewichen. Zukünftig wird wohl in noch stärkerem Maße damit gerechnet werden müssen, daß Chinas eigener Bedarf an Energie und Rohstoffen dazu führen wird, daß der Anteil dieser Produktgruppen im Außenhandel weiter abnehmen wird.[38]

Obwohl japanische Experten die vielfältigen Herausforderungen bei der weiteren Transformation des Wirtschaftssystems und bei der Aufrechterhaltung der politischen Stabilität sehen, scheint doch eine positive Grundeinstellung hinsichtlich der Problembewältigungskapazität der chinesischen Führung zu bestehen. Japanischen Unternehmen wird demnach geraten, eine China-Strategie zu entwerfen, die vor allem auf die Erschließung der Inlandsregion abzielt. Weiterhin wird die finanzielle Zusammenarbeit als wichtige Ergänzung der privatwirtschaftlichen Aktivitäten japanischer Unternehmen gesehen, wobei vor allem die Unterstützung der Infrastruktur, der Landwirtschaft und der Energieressourcen als zentrale Aufgaben herausgestellt wird.[39]

Ob der Rückgang der Direktinvestitionen japanischer Unternehmen im Jahre 1996 tatsächlich das Ende des China-Booms darstellt, wie Analysten der Export-Importbank glauben, bleibt abzuwarten.[40] Nach Einschätzung des Nomura-Forschungsinstitutes seien die Unternehmen enttäuscht über ihre nicht eingetretenen Gewinnerwartungen und hätten vielfältige Probleme mit zunehmender Besteuerung, willkürlichen Gebührenerhebungen, Korruption und mangelndem Schutz von Urheberrechten.[41] Diese Klagen sind jedoch nicht typisch für japanische Unternehmen, sondern ähnliche Probleme haben auch andere Auslandsunternehmen. Statt dessen ist wohl ein Teil der Unzufriedenheit japanischer Unternehmen darauf zurückzuführen, daß sich die Konkurrenzsituation auf dem chinesischen Markt enorm verschärft hat und damit bestehende Vorteile japanischer Unternehmen in Form spezieller Beziehungen zu Behörden und Unternehmen nicht mehr automatisch den Erfolg garantieren.[42]

---

38 Siehe hierzu u. a. Fujino, Bungo, Japan-China Business, in: JETRO China Newsletter, No. 124, Sep.–Oct. 1996, S. 18–21, hier S. 19.

39 Ebenda, S. 21.

40 FAZ, 16. 12. 96.

41 SCMP, 24. 5. 97.

42 Japanese Advantage Dwindling in China, in: The Japan Times, 4. 8. 97.

# VI. Japan und Südostasien

Wolfram Wallraf

Das Verhältnis Japans zu den Ländern Südostasiens war nach der Niederlage im Zweiten Weltkrieg, dem Zusammenbruch des japanischen Kolonialreichs und dem Kollaps der »Ostasiatischen Wohlstandssphäre« vor allem von zwei Fragen bestimmt gewesen, die im Kern bis auf den heutigen Tag aktuell geblieben sind: Erstens, wird Japan wieder wirtschaftliche, politische und militärische Dominanz oder gar Hegemonie in Südostasien erringen? Zweitens, soll und kann Japan wieder regionale Verantwortung – also auch Führung – übernehmen, und wenn ja, dann auf welchen Gebieten und in welcher Form?

Die wirtschaftliche Stärke konnte Japan recht schnell zurückgewinnen. Dem Friedensvertrag von San Francisco (1951) folgten Reparationsabkommen mit den einzelnen ost- und südostasiatischen Staaten, die Opfer japanischer Eroberungspolitik gewesen waren. Die Reparationen wurden größtenteils in Warenform geleistet und bildeten den Ausgangspunkt für die einsetzenden Waren- und Kapitalströme in die Region, die vom japanischen Wirtschaftswunder ausgelöst wurden. In den fünfziger und sechziger Jahren waren die weniger entwickelten asiatischen Nachbarländer bevorzugte Ziele der aufstrebenden japanischen Industrie, die hier frühe Exporterfolge erringen und ihren wachsenden Rohstoffhunger sättigen konnte. In diese Zeit fallen auch die ersten Versuche, unter dem Schirm der Allianz mit den USA wieder als politischer Akteur in der Region Fuß zu fassen. 1957 schlug Ministerpräsident Nobusuke Kishi einen »Südostasiatischen Entwicklungsfonds« vor, der auch amerikanische Gelder nutzen, aber »unter japanischer Führung« stehen sollte.[1] Unter Premierminister Eisaku Satō gehörte Japan in den sechziger Jahren zu den Mitinitiatoren der »Ministerkonferenz für Wirtschaftsentwicklung in Südostasien« sowie der Asiatischen Entwicklungsbank (ADB).[2] Durch den Vietnamkrieg, der Südostasien spaltete und polarisierte, sah Japan einerseits seine Handlungsfähigkeit in Indochina stark beschnitten, andererseits jedoch seine wirtschaftlichen Möglichkeiten und die politische Akzeptanz unter den amerikanischen Verbündeten in der Region verbessert.

In den siebziger Jahren verdrängte Japan die USA als größten Handelspartner und danach auch als bedeutendsten Investor in Südostasien. Durch Nixon-Doktrin[3]

1 Vgl. N. Kishi, Kishi Nobusuke Kairoku (Memoiren von Nobusuke Kishi), Tōkyō 1983, S. 312.

2 Siehe auch: H. Soeya, Sengo Kokusai Seiji no Hendō to Nihongaikō (Die Veränderung der internationalen Politik nach dem Zweiten Weltkrieg und die Außenpolitik Japans), in: M. Royama (Hrsg.), Kokusaiseiji o Yomiwakaru Hon (Ein Buch zum Lesen und Verstehen der internationalen Politik), Tōkyō 1992, S. 251–252.

3 Die 1969 von Präsident Richard Nixon verkündete neue amerikanische Asiendoktrin war eine Botschaft an die Verbündeten, größere sicherheitspolitische und militärische Eigenanstren-

und »Nixon-Schock«[4] zu größeren Eigenanstrengungen aufgefordert und zugleich im Vertrauen auf die unbedingte Zuverlässigkeit des amerikanischen Verbündeten erschüttert, begann Japan auch politisch in Südostasien selbständiger zu werden. Die 1967 gegründete Assoziation Südostasiatischer Staaten (ASEAN), zu der Indonesien, Malaysia, die Philippinen, Singapur, Thailand und seit 1984 auch Brunei gehören, wurde als politischer Partner aufgewertet. 1973 normalisierte Japan seine Beziehungen zur nordvietnamesischen Regierung in Hanoi. Unmittelbar nach der Vereinigung wurde Vietnam in den Kreis der Entwicklungshilfeempfänger aufgenommen. 1977 verkündete Ministerpräsident Takeo Fukuda seine Südostasiendoktrin (Fukuda-Doktrin). Erstens: Japan wird keine Militärmacht. Zweitens: Japan verfolgt in Südostasien nicht nur Wirtschaftsinteressen, sondern bemüht sich um gegenseitiges Vertrauen auch auf sozialer und kultureller Ebene. Drittens: Japan möchte zum gegenseitigen Verständnis zwischen den ASEAN-Staaten und den Ländern Indochinas (Vietnam, Kambodscha, Laos) beitragen, um somit Frieden und Stabilität in ganz Südostasien zu fördern.[5] Kern der Doktrin war ganz offensichtlich, Südostasien gegen einen neuen japanischen Militarismus oder ein *Economic Animal Japan* zu versichern und eine eigenständige politische Rolle in der Region durch die angebotene Mittlerfunktion zwischen der ASEAN und dem prokommunistischen Indochina zu legitimieren.[6]

Die südostasiatische Entspannungsphase währte nur kurze Zeit. Die vietnamesische Intervention in Kambodscha, die harsche Reaktion der ASEAN, der massive Einstieg Chinas gegen Vietnam machten den Vermittlungsansatz der Fukuda-Doktrin hinfällig. Mit der neuen Ost-West-Konfrontation suchte Japan engeren Schulterschluß im trilateralen westlichen Verbund und richtete auch seine Südostasienpolitik dementsprechend aus. Außenminister Shintarō Abe konzentrierte sich auf eine unbedingte japanische Unterstützung für die Haltung der ASEAN gegen Vietnam im Kambodscha-Konflikt, behielt sich jedoch vor, den politischen Dialog mit Vietnam aufrechtzuerhalten.[7] Das Ziel der heute offensichtlich vergessenen

---

gungen zu unternehmen, wenn die USA ihrerseits den jeweiligen Bündnisverpflichtungen nachkommen sollen. Diese Asiendoktrin bedeutete im Kern, daß die USA nicht mehr bereit waren, sich in der Region bedingungslos für ihre Verbündeten militärisch zu engagieren und damit nochmals in ein Abenteuer à la Vietnam zu schlittern. Es war gleichzeitig ein Abschied von der bis dahin behaupteten sicherheitspolitischen Omnipotenz der USA im pazifischen Becken und wurde von den Ländern der Region auch so verstanden. Siehe auch: J. Soeya, Sengo Nihon Gaikō no Kōzō (Die Hauptlinien der japanischen Außenpolitik in der Nachkriegszeit), Hōgaku Kenkyū, Keiō-Universität 1992 (2), S. 93/94.

4 In den frühen siebziger Jahren unternahmen die USA einige außenpolitische Schritte, die japanische Interessen sehr wohl betrafen, ohne vorher die japanische Regierung zu konsultieren. Das betraf unter anderem die faktische Liquidation des Währungssystems von Bretton-Woods (Aufhebung des Gold-Standards des US-Dollar) und die Ankündigung offizieller politischer Kontakte zur VR China (1971). Diese Aktionen erhielten in Japan die Bezeichnung »Nixon-Schock«.

5 Vgl. Rede von Ministerpräsident Takeo Fukuda am 18. 8. 1977 in Manila, Waga Gaikō no Kinkyō (Jahresbericht des Außenministeriums Japans), Tōkyō 1978, S. 326–330.

6 Vgl. S. Tomoda, Nyūmon: Gendai Nihon Gaikō (Einführung in die japanische Diplomatie der Gegenwart), Tōkyō 1988, S. 58.

7 Vgl. Rede von Außenminister Shintarō Abe im Parlament am 24. 1. 1983, Waga Gaikō no Kinkyō, Tōkyō 1983, S. 386.

Südostasiendoktrin von Ministerpräsident Yasuhiro Nakasone (1983) bestand darin, Japan auch als politischen Akteur in der Region zu plazieren und dafür die Akzeptanz der ASEAN zu gewinnen. Die »Nakasone-Doktrin« sagte aus, daß Japans militärische Rolle in der Region ausschließlich im Rahmen des Bündnisses mit den USA gestaltet würde. Japan wolle die wirtschaftliche und kulturelle Zusammenarbeit mit der ASEAN ausweiten, aber auch den politischen Dialog mit der ASEAN vertiefen und deren regionale Rolle unterstützen.[8]

Die achtziger Jahre hatten eine stärkere wirtschaftliche und politische Orientierung Japans an den trilateralen Partnern in Nordamerika und Westeuropa gebracht. In den neunziger Jahren muß die japanische Politik wieder größere Aufmerksamkeit auf ihr regionales Umfeld verwenden, wo nach dem Ende des Ost-West-Konflikts die Karten in den Mächtebeziehungen neu gemischt werden und wo die Wirtschaftsdynamik für Japan neue Optionen und Zwänge bereithält.

## 1. Südostasien als Wirtschaftsraum

Die ASEAN-Länder haben am pazifischen Wachstum teil und werden zunehmend in diesen Wirtschaftsraum integriert. Die durchschnittlichen jährlichen Zuwachsraten der ASEAN-Länder betrugen in den siebziger Jahren 8 % und in den achtziger Jahren 6 %, wobei allerdings innerhalb der Ländergruppe deutliche Entwicklungsunterschiede fortbestehen *(siehe Tabelle 1)*. Für die laufende Dekade werden wiederum mittlere Zuwachsraten um 7 % prognostiziert.[9] Verbunden mit der Industrialisierung war nicht nur eine schnelle Ausweitung des Außenhandels (im Jahresdurchschnitt der letzten beiden Dekaden um 8 %), sondern auch eine überproportionale Steigerung des Fertigwarenanteils an den Ausfuhren (zwischen 1975 und 1990 von 15 auf 50 %).[10] Obwohl die ASEAN-Staaten am Welthandel in steigendem Maße partizipieren, ist der Anteil des Intra-ASEAN-Handels am Gesamtaußenhandel der Teilnehmerländer rückläufig.[11] Die ASEAN-Länder sind in ihrem gegenwärtigen Entwicklungsstand untereinander noch eher exportorientierte und zugleich protektionistische Konkurrenten als Kooperateure. Die ASEAN hat in der Vergangenheit schon mehrere Versuche unternommen, die wirtschaftliche Zusammenarbeit zu fördern. 1992 wurde eine Freihandelszone (ASEAN *Free Trade Area*/ AFTA) beschlossen, die seit dem 1. 1. 1993 schrittweise realisiert wird.[12]

---

8 Vgl. Rede von Ministerpräsident Yasuhiro Nakasone am 8. 5. 1983 in Kuala Lumpur, Waga Gaikō no Kinkyō, Tōkyō 1984, S. 398–403.

9 Angaben nach: A. Borrmann/R. Jungnickel, Auslandsinvestitionen im asiatisch-pazifischen Integrationsprozeß, HWWA Hamburg 1992, S. 1.

10 Ebenda, S. 7.

11 Der Anteil des Intra-ASEAN-Handels am Gesamtaußenhandel der ASEAN-Staaten schwankte in den letzten 30 Jahren zwischen 13 % (1976) und 23 % (1983). 1960 betrug er 22 %, und 1990 machte er 18 % aus. Eigene Berechnungen nach: IMF – Direction of Trade Statistics, verschiedene Jahrgänge.

12 Vgl. M. Vatikiotis, Action at Last, Far Eastern Economic Revue (FEER), Hongkong, 6. 2. 1992, S. 10/11; Südostasien-Aktuell (SOA-Aktuell), Hamburg (1992) 6, S. 507–508.

*Tab. 1:* Japan und Südostasien

| Staat | Bruttosozialprodukt pro Jahr | | Japans Handel 1992 in Mio. US$ | | Japanische Direkt-investitionen in Mio. US$ 1951–1992 |
|---|---|---|---|---|---|
| | pro Kopf 1989 in US$ | Wachstum 1980–1992 in Prozent | Export | Import | |
| Indonesien | 500 | 5,5 | 5 575,5 | 12 244,1 | 12 733 |
| Malaysia | 2 160 | 6,2 | 8 115,6 | 6 573,2 | 4 111 |
| Philippinen | 710 | 3,8 | 3 841,1 | 2 300,8 | 1 783 |
| Singapur | 10 450 | 6,3 | 12 974,4 | 3 069,8 | 7 168 |
| Thailand | 1 200 | 6,6 | 10 366,1 | 5 947,1 | 5 229 |
| Kambodscha | – | – | 227,4 | 9,4 | – |
| Laos | 180 | – | 33,6 | 13,6 | – |
| Vietnam | 200 | 6,1* | 57,0 | 110,0 | 103 |

* 1990–92

*Quellen:* Südostasien aktuell, (1993) 1, S. 70; FEER, 22. 4. 1993, S. 69/70, Angaben zu Vietnam (BSP/Kopf); eigene Berechnungen nach Far Eastern Economic Revue, lfd., (BSP/Wachstumsraten 1980–92); Gaikoku Bōeki Gaikyō (1993) 5, S. 15–33 (Japans Exporte/Importe); Japan 1993. An International Comparison, Tōkyō 1993, S. 55 (ADI) Far Eastern Economic Revue, 28. 5. 1992, S. 50 (ADI nach Vietnam)

Im Unterschied zur ASEAN war die Situation in den Ländern Indochinas (Vietnam, Kambodscha, Laos) in den letzten Jahrzehnten von Kriegen, politischen Wirren und totalitären Regimes geprägt, was wirtschaftlichen Verfall und weitgehenden Ausstieg aus den regionalen Wirtschaftsbeziehungen bedeutete. Während Laos in geographischer Abgeschiedenheit als wirtschaftlicher Hinterhof Thailands sein Dasein fristet und die Wachstumspotentiale Kambodschas vom nicht enden wollenden politischen Chaos blockiert werden, scheint zumindestens Vietnam – das bei weitem größte indochinesische Land – auf dem Wege zu einer Industrialisierung nach chinesischem Vorbild zu sein.[13]

## a. Die wirtschaftlichen Interessen Japans in Südostasien

Für Japan ist Südostasien mit seiner 380-Millionen-Bevölkerung ein großes, insgesamt dynamisches, aber auch differenziertes Wirtschaftsgebiet. Zum einen deckt Japan nach wie vor einen beträchtlichen Teil seiner Rohstoff- und Energieimporte durch Lieferungen aus Südostasien ab (84 % des Erdgases, 17 % des Erdöls; 100 % des Zinns, 35 % des Titans, 30 % des Bauxits, 28 % des Nickels, 26 % des Kupfers, 20 % des Chroms). Der Löwenanteil dieser Importe entfällt auf Indonesien und Malaysia.[14] Zum anderen lösen sich jedoch die traditionellen vertikalen Aus-

13 Vgl. M. Hiebert/C. Goldstein, Vietnam Opening, FEER, 28. 5. 1992, S. 50.

14 Angaben nach: G. Wolfram, Direktinvestitionen japanischer Unternehmen in den ASEAN-Staaten nach der Aufwertung des Yen 1985, Berlin 1990, S. 27; siehe auch: A. Schwarz, The Price of Security, FEER, 27. 9. 1990.

tauschverhältnisse (Rohstoff gegen Fertigware) im Handel mit den stärker industrialisierten ASEAN-Ländern mehr und mehr auf. Im Zeitraum zwischen 1985 und 1991 verfünffachten sich die japanischen Fertigwarenimporte aus der ASEAN-Region, wodurch sich ihr Anteil an den Gesamteinfuhren aus dieser Ländergruppe auf 25 % erhöhte.[15] Hinter dieser Entwicklung stehen sowohl ein verminderter Rohstoff- und Energiebedarf der japanischen Wirtschaft durch hochtechnologieorientierte Strukturveränderungen als auch die gestiegene Konkurrenzfähigkeit der neuen Industrien im ASEAN-Bereich. Damit wandelt sich der Handel zwischen Japan und den ASEAN-Ländern langsam zu einem Austausch von Fertigwaren mit unterschiedlicher Wertschöpfung. Die japanische Industrie kann hierbei ihren Technologievorsprung nutzen und sich zugleich von energie- und transportkostenträchtiger sowie umweltbelastender Rohstoffveredelung oder von arbeitsintensiven Fertigungen befreien.

Durch die Industrialisierung sind in Ost- und Südostasien dynamisch wachsende Märkte entstanden, die inzwischen ein Drittel aller Exporte im gesamten pazifischen Becken absorbieren.[16] Nachdem sich die japanische Wirtschaft in den Jahren des »Reagan-Booms« und des Anlaufs zum EG-Binnenmarkt noch einmal stark auf die USA und Westeuropa orientierte, zeichnet sich in den neunziger Jahren eine Trendwende in die asiatische Richtung ab, wovon allerdings die ostasiatischen NIEs und China stärker betroffen waren als die ASEAN. 1992 entfielen 34 % der Exporte und 32 % der Importe Japans auf Ost- und Südostasien (18 bzw. 10 % auf Hongkong, Taiwan und Südkorea; 12 bzw. 15 % auf die ASEAN; 4 bzw. 7 % auf China; jeweils weit weniger als 1 % auf Indochina).[17]

Natürlich wachsen mit der Industrialisierung in Ost- und Südostasien auch neue Wettbewerber heran, die bisweilen agiler und aggressiver vorgehen, teilweise aber auch assimilationsfähiger sind als ihre vergleichsweise saturierten und geschlossenen japanischen Konkurrenten. Japan bleibt zwar der größte Exporteur in der Region, aber sein Anteil an den innerregionalen Exporten sank zwischen 1970 und 1990 von 39 auf 29 %. Dagegen kamen die »vier ostasiatischen Tiger« bis 1990 auf 26 % und die ASEAN immerhin auf 23 %.[18] Gerade Südostasien ist in den letzten Jahren zu einer Arena japanisch-ostasiatischer Konkurrenz geworden, wobei die NIEs *(Newly Industrializing Economy)* nicht nur als Gruppe mit Japan gleichgezogen haben, sondern auch einzeln zu Marktanteilen kommen, die ähnlich groß wie die japanischen Exporte sind. Unter den Handelspartnern Malaysias wie auch Vietnams steht Singapur an erster Stelle, die anderen NIEs belegen häufig zweite und dritte Plätze in den Handelsstatistiken der südostasiatischen Länder.[19]

Ein besonderes Kapitel sind die Wirtschaftsbeziehungen Japans zu den Ländern Indochinas, vor allem zu Vietnam. Von Japan aus war immer versucht worden, ganz Südostasien zu einem einheitlichen Wirtschaftsraum zu entwickeln. Die Südostasiendoktrinen der japanischen Regierung von Takeo Fukuda (1977) bis zu Kiichi Miyazawa (1993) waren darauf ausgerichtet, die ASEAN und Indochina politisch zu

15 Vgl. Japan and the ASEAN: The Miyazawa Doctrine, Look Japan, 1993 (3), S. 37.
16 Eigene Berechnungen nach: IMF – Direction of Trade Statistics, verschiedene Jahrgänge.
17 Angaben nach: Nihon Bōeki Geppō, Tōkyō 1993 (5) S. 15–33.
18 Eigene Berechnungen nach: IMF – Direction of Trade Statistics, verschiedene Jahrgänge.
19 Vgl. M. Hiebert, (Anm. 13), S. 29; Japan 1993. An International Comparison, Tōkyō 1993, S. 42.

versöhnen und wirtschaftlich zu integrieren.[20] Andererseits mußte die japanische Vietnampolitik immer den Kurs des amerikanischen Verbündeten berücksichtigen. Solange die USA nicht nur ihr seit 1975 bestehendes Wirtschaftsembargo gegenüber Vietnam aufrechterhielten, sondern von ihren Verbündeten auch unbedingte Solidarität in dieser Frage einforderten, waren Tōkyō gegenüber Hanoi die Hände gebunden, wenn es um Handelsverträge und Entwicklungshilfe, Exportbürgschaften und Anleihen der Export-Import-Bank ging. Automatisch waren damit auch der Geschäftstätigkeit japanischer Unternehmen in Vietnam enge Grenzen gesetzt. Nachdem die Clinton-Administration unmittelbar vor dem G-7 Treffen von 1993 ihren Widerstand gegen internationale Finanzhilfen für Vietnam offiziell aufgab, sind diese Grenzen beseitigt.[21] Jedenfalls ist das Interesse am vietnamesischen Markt, dessen Entwicklungspotential als außerordentlich groß eingeschätzt wird, ungebrochen. Bereits mit den ersten Anzeichen eines marktwirtschaftlichen Umschwungs sind die großen japanischen Handelshäuser energisch in Vietnam eingestiegen.

## b. Handelsprobleme mit den ASEAN-Staaten

Die bilateralen Handelsbeziehungen zwischen Japan und den südostasiatischen Ländern sind auch in den neunziger Jahren konfliktreich geblieben. Japan ist weit stärker ein Lieferant für wirtschaftliche Modernisierung und technologische Innovation als ein Markt für die neuen Industrien Südostasiens. Die Verdoppelung der japanischen Exporte nach Ost- und Südostasien von 53 auf 104 Milliarden US-Dollar allein im Zeitraum zwischen 1987 und 1992 zeigt an, in welchem Maße das japanische Wirtschaftswachstum durch die regionale Dynamik abgestützt wurde. Dagegen wirkte der japanische Binnenmarkt von seiner Absorptionsfähigkeit her bei weitem nicht in gleichem Maße als Wachstumsfaktor für die anderen Länder der Region, deren Handelsbilanzdefizite gegenüber Japan zwischen 1985 und 1992 von 3 auf 47 Milliarden US-Dollar emporschnellten.[22] In der Diskrepanz zwischen der angebotsseitigen Stimulanz und nachfrageseitigen Behinderung manifestiert sich die widersprüchliche Rolle, die Japan für das regionale Wirtschaftswachstum spielt.

In den neunziger Jahren hat eine Reihe spezifischer Faktoren die Situation weiter verschärft: Zum ersten hat die japanische Wirtschaft auf die Konjunkturschwäche nach dem Platzen der »Finanzblase« mit einer erneuten Exportexpansion geantwortet, womit die im *Maekawa*-Report[23] angestrebte Wende zu einem binnen-

---

20 Vgl. Archiv der Gegenwart, 18. 1. 1993, S. 37532.

21 Vgl. The Japan Times, 5. 7. 1993, S. 7.

22 Berechnet nach: Japan 1993, (Anm. 19), S. 35; NIPPON 1993, Business Facts and Figures, JETRO/Tōkyō 1993, S. 56.

23 1985 wurde von der japanischen Regierung eine Expertenkommission unter Leitung des ehemaligen Notenbankpräsidenten Maekawa berufen, die Wege zu einem stärker binnenmarktgetragenen Wachstum aufzeigen sollte. Der Abschlußbericht wurde 1987 vorgelegt und von der Regierung als Aktionsprogramm angenommen. Die Vorschläge: Förderung des privaten Wohnungsbaus, Arbeitszeitverkürzung, Preissenkungen für Importwaren im Verhältnis zur Yen-Aufwertung, Liberalisierung des Agrarmarkts, Abbau noch bestehender ad-

marktgestützten Wachstum konterkariert wurde. Zum zweiten haben gerade die asiatischen Industrialisierungserfolge zu einem erhöhten Investitionsbedarf geführt, der vor allem von Japan befriedigt wird. Tendenziell wachsen die Außenhandelsdefizite gegenüber Japan proportional zum Industrialisierungsniveau dieser Länder. Zum dritten sind die Währungen der international erfolgreichen ost- und südostasiatischen Wettbewerber unter Aufwertungsdruck geraten, wodurch sich Preisvorteile gegenüber dem 1985/86 drastisch aufgewerteten Yen wieder verminderten.

Im ASEAN-Bereich sind von dieser Situationsverschlechterung vor allem Singapur und Thailand, zunehmend aber auch die Philippinen und selbst Malaysia betroffen. Aber auch die Rohstofflieferanten Indonesien und Brunei, die gegenüber Japan positive Handelsbilanzen bewahren konnten, sind durch die ungünstigeren Ausgangspositionen für ihre Fertigwarenexporte mit negativen Rückwirkungen für ihre Wirtschaftsentwicklung und Industrialisierungsprogramme konfrontiert.

Daher werden die Forderungen an Japan immer nachdrücklicher, ernsthaft etwas für den Ausgleich der Handelsbilanzen zu tun, und zwar durch Erweiterung der Exportchancen für die südostasiatischen Industrien. Das japanische Argument, man müsse die Handelsbilanz als Teil der Zahlungsbilanz bewerten, die durch privates Kapital, staatliche Entwicklungshilfe und Tourismus aus Japan weit günstiger aussehen, wird nicht mehr hingenommen.[24] Auf ihren Südostasienreisen waren sowohl Ministerpräsident Toshiki Kaifu (1991) als auch sein Amtsnachfolger Kiichi Miyazawa (1993) dem Vorwurf ausgesetzt, daß sich die »Festung Japan« gegen die Exporte ihrer regionalen Nachbarn abschotte. Die japanische Regierung müsse weit mehr Engagement für Marktöffnung, Industriekooperation und Technologietransfer zeigen, wenn sie im Konzert der sieben großen Industrienationen den Interessenvertreter Asiens spielen wolle.[25]

Auf die langjährige Forderung der ASEAN, Sonderpräferenzen für Fertigwarenimporte aus Südostasien einzurichten, ist Japan niemals ernsthaft eingegangen. Selbst der Vorschlag der ASEAN-Wirtschaftsminister von 1992, das allgemeine Präferenzsystem Japans dem erreichten Industrialisierungsstand seiner regionalen Partner anzupassen und die südostasiatischen Exportgüter stärker zu berücksichtigen, scheint in Tōkyō keinen Widerhall gefunden zu haben. Nur 6 % der ASEAN-Exporte nach Japan werden gegenwärtig durch dieses System gefördert.[26]

Natürlich versuchen die ASEAN-Staaten, sich freien Zugang zu den entwickelten Märkten zu sichern und gleichzeitig die Überreste ihres Entwicklungsländerstatus zur Legitimation ihres eigenen Protektionismus zu nutzen. Die japanische Regierung nutzt diese Interessen für einen Solidarisierungseffekt gegenüber den amerikanischen und westeuropäischen Marktöffnungsforderungen, die tendenziell gleichermaßen an Japan und an die anderen Exportländer im westlichen Pazifik gerichtet werden.[27]

---

ministrativ-technischer Importhemmnisse. Vgl. Wolfram Wallraf, Japan. Politische Realität und Ambitionen, Berlin 1988, S. 25.

24 Vgl. A. Rowley, No Balancing Act in View, FEER 18. 6. 1992, S. 51.

25 Vgl. SOA-Aktuell (1993) 1, S. 7; siehe auch: ASEAN-Länder stolpern in die Freihandelszone, Süddeutsche Zeitung, 12. 1. 1993.

26 Vgl. SOA-Aktuell (1992) 6, S. 511.

27 Vgl. Front gegen Washington, japaninfo, 14. 6. 1993.

Letztlich stoßen die südostasiatischen Anbieter in Japan auf dieselben Probleme wie auch die Wettbewerber aus den alten Industriestaaten. In dem Maße, in dem die geschlossenen Produktions- und Vertriebsstrukturen in der japanischen Wirtschaft aufgebrochen und die soziokulturelle Isoliertheit überwunden werden können und sich Japan tatsächlich internationalisiert, werden sich auch die Chancen für die südostasiatischen Exporteure vergrößern. Anders gesagt, Südostasien profitiert auch von den diplomatischen Anstrengungen der USA und der EU, den japanischen Markt weiter zu öffnen. Und wenn sich die etablierten Industrieländer nicht wesentlich ernsthafter um die eigene Wettbewerbsfähigkeit kümmern, werden die aufstrebenden Wirtschaften an den westlichen Rändern des Pazifik wahrscheinlich sogar die Hauptnutznießer werden. Nach vorliegenden Berechnungen werden die 1990 abgeschlossenen japanisch-amerikanischen Vereinbarungen über die Beseitigung struktureller Handelshemmnisse (*Structural Impediments Initiative*/SII) den USA einen Effekt von 0,2 % Zuwachs des Bruttosozialprodukts bringen, während die asiatischen Nachbarn Japans mit 2,5 Prozentpunkten rechnen können.[28] Überhaupt werden die Handelskonflikte zwischen Japan und den Ländern Südostasiens immer noch dadurch gemildert, daß beide Seiten einen Großteil ihrer Exporte in weitgehend liberalisierten Märkten außerhalb der Region unterbringen können. Sollten Blockbildung und Protektionismus dazu führen, daß im Welthandel ähnlich große Barrieren errichtet werden, wie sie noch in Ost- und Südostasien existieren, dürften auch die handelspolitischen Auseinandersetzungen zwischen Japan und seinen regionalen Partnern an Schärfe gewinnen. Immerhin schotten sich auch diese Länder mit umfangreichen protektionistischen Maßnahmen gegen unerwünschte japanische Konkurrenz ab, ein Faktum, das in Tōkyō aus gutem Grunde nicht übermäßig strapaziert wird.

### c. Japanisches Kapital in Südostasien

Ähnlich wie beim Handel deutete sich zu Beginn der neunziger Jahre auch eine strategische Umorientierung der japanischen Kapitalexporte von Nordamerika in die asiatischen Nachbarländer an.[29] In dieser Region haben die japanischen Kommerzbanken ca. 20 % ihrer längerfristigen Anlagen plaziert. 1992 hatten die ausländischen japanischen Direktinvestitionen (ADI) in die ASEAN-Länder und nach Vietnam einem Umfang von 33,1 Milliarden US-Dollar erreicht. Japanisches Kapital ist an 2 754 *Joint Ventures* in Südostasien beteiligt.[30]

Gewandelt haben sich auch die japanischen Investitionsstrategien in Südostasien. Nach der Ölkrise von 1973 war es zu einem ersten großen Investitionsschub in die Region gekommen, der auf Energie- und Rohstoffsicherung für die japanische Wirtschaft ausgerichtet war und vor allem nach Indonesien und Malaysia ging. In

---

28 Vgl. H. Takanaka, It's About Time, Look Japan, (1990) 10, S. 7.

29 Vgl. K. Tanaka, Nihon no Kaigai Chokusetsu Tōshi (Die ausländischen Direktinvestitionen Japans), Sekai Keizai Hyōron, (1993) 2, S. 53/54.

30 Angaben nach: A. Rowley, In Their Own Backyard, FEER 19. 3. 1993, S. 40/41; S. Awanohara, Lost Incentive, FEER 25. 6. 1992, S. 53; Japan 1993, (Anm. 19), S. 55.

den achtziger Jahren wurden größere Investitionen in der verarbeitenden Industrie und im Dienstleistungssektor vorgenommen. Die Investitionen in der verarbeitenden Industrie waren vor allem auf die Schaffung von Exportplattformen ausgerichtet, um über Lohnkostenvorteile und Entwicklungsländerpräferenzen leichter in die nordamerikanischen und westeuropäischen Märkte eindringen zu können. In den neunziger Jahren orientieren sich die japanischen Investoren dagegen mehr und mehr auf den Absatz auf den boomenden einheimischen Märkten selbst.[31] Interessanterweise scheinen die asiatischen Nachbarländer gerade für die kleinen und mittleren japanischen Unternehmen attraktiv zu sein. Während insgesamt etwa 15 % der japanischen ADI auf diese Region entfallen, sind es bezüglich der mittleren und kleinen Unternehmen bereits 49 %.[32]

Die Investitionsentscheidungen der japanischen Unternehmen in Südostasien werden von länderspezifisch unterschiedlich gelagerten, komparativen Kostenvorteilen und Standortfaktoren bestimmt: geringe Lohnkosten, milde Umweltschutzauflagen, vorteilhafte Wechselkurse, staatliche Investitionsanreize für ausländisches Kapital sowie günstige Service- und Kommunikationsbedingungen. Die meisten großen japanischen Unternehmen haben die komparativen Vorteile genutzt, um regionale Netzwerke aufzubauen. Beispielsweise können arbeits- und materialintensive Fertigungen in Indonesien oder Malaysia, technologisch anspruchsvollere Komponenten in Thailand oder auf den Philippinen, das Marketing in Hongkong und die Koordinierungszentrale oder Forschungskapazitäten in Singapur angesiedelt sein. Da sich mit der industriellen, technologischen und sozialen Entwicklung diese Vorteile immer wieder von einem Land zum anderen verlagern, wandern auch die Investitionsschwerpunkte mit.[33]

Diese regionalen Netzwerke führen allerdings nicht dazu, daß sich die geschlossenen japanischen Konzernstrukturen *(Keiretsu)* automatisch auflösen. Sie verlagern sich samt ihrer kleinen und mittleren Zulieferer ins Ausland, bleiben aber eher japanische Transnationale, als daß sie sich zu Multinationalen entwickeln. Hier setzt auch die Kritik der Gastgeberländer an. Den japanischen Unternehmen wird vorgeworfen, die einheimischen Wirtschaftsinteressen nicht in dem für einen *»good corporate citizen«* nötigen Maße zu berücksichtigen, das nichtjapanische Personal zu diskriminieren, den Technologietransfer zu behindern und sich soziokulturell abzuschließen.[34] Kritisch wird auch vermerkt, daß der Anteil der einheimischen Zulieferungen *(Local Content)* mit etwa 30 % niedriger ausfällt als bei vergleichbaren amerikanischen und westeuropäischen Firmen, die im übrigen auch beim Technologietransfer und bei der Integration einheimischen Personals die besseren Noten bekommen. Allerdings bedeutet auch dieser *Local-Content*-Anteil bereits eine Verdoppelung gegenüber dem Stand zur Mitte der achtziger Jahre.[35] Insofern ist tatsächlich nicht ausgeschlossen, daß die japanischen *Keiretsu*-Strukturen durch die Verlagerung ins Ausland längerfristig aufbrechen.[36]

---

31 Vgl. A. Borrmann, (Anm. 9), S. 55–56; Keidanren Geppō, Tōkyō (1990) 1, S. 26/27.
32 Angaben nach: Japan 1993, (Anm. 19), S. 79.
33 Vgl. K. Tanaka, (Anm. 29), S. 59.
34 Vgl. L. Rosario, The Not Always Welcome Guests, FEER 18. 6. 1992, S. 18–20.
35 Vgl. Zaikai Kansoku, 1989 (11), S. 100.
36 Vgl. T. Watanabe, A New Era Dawns in the West Pacific, Japan Revue of International Affairs, Tōkyō 1989 (2), S. 169/70.

In den letzten Jahren sieht sich Japan auch als Investor und Akteur auf den regionalen Finanzmärkten einer wachsenden und recht aggressiven Konkurrenz der NIEs ausgesetzt. In den ASEAN-Ländern waren die »vier Tiger« zusammengenommen mit 36 % am Umfang der zwischen 1989 und 1991 getätigten Direktinvestitionen beteiligt. Japan kam auf 27 % und konnte die Gruppe der NIEs nur in Thailand überflügeln, fiel dagegen in Malaysia noch hinter Hongkong und Taiwan auf den dritten Platz zurück.[37] In Vietnam waren 1992 nur 3,7 % der akkumulierten ADI japanischer Herkunft, was rund ein Achtel der vom Spitzenreiter Taiwan investierten Summe ausmachte.[38]

## d. Die japanische Entwicklungshilfe in Südostasien

Auf die ASEAN entfiel im letzten Jahrzehnt zwischen einem Drittel und einem Viertel der bilateralen japanischen Entwicklungshilfe (*Official Development Assistance*/ODA). Die bilaterale Hilfe hatte im Finanzjahr 1991/1992 einen Umfang von 8,8 Milliarden US-Dollar erreicht, was etwa 80 % der gesamten japanischen ODA ausmachte.[39] Das Hauptproblem besteht darin, daß die ASEAN aus dem Entwicklungsländerstatus herauswächst, worauf die Entwicklungshilfestrategie Japans bislang keine befriedigende Antwort gefunden hat. Der japanische Unternehmerverband *Keidanren* verlangt, die bisherigen Hilfsprogramme zur Entwicklung der Infrastruktur in Südostasien fortzusetzen.[40] Die Regierung hat eine Umorientierung auf billig verzinste Anleihen, technische Hilfe und Ausbildungsprogramme begonnen.[41] Seit 1992 ist zudem ein 5-Jahres-Programm zur Finanzierung von Umweltschutzmaßnahmen angelaufen, mit dem Japan auf die ökologischen Folgen der Industrialisierung in den asiatischen Nachbarländern zu reagieren versucht. Aus diesem Programm werden die ASEAN-Staaten Mittel in einer Größenordnung von 2 Milliarden US-Dollar erhalten.[42]

Ministerpräsident Miyazawas Vorschlag vom Januar 1993, gemeinsam mit der ASEAN ein »Entwicklungsforum für Indochina« zu errichten, sollte wahrscheinlich nicht nur als Zeichen verstanden werden, daß Japan seine Entwicklungshilfe für Vietnam, Kambodscha und Laos kräftig anheben und zu einem integrierten Südostasien beitragen will. Japan gab damit auch zu verstehen, daß die industriell fortgeschrittenen südostasiatischen Länder langsam selbst in die Rolle von Spendern hineinwachsen und Japan in Entwicklungshilfefragen regionale Koordinierungsfunktionen übernehmen kann.[43]

37 Vgl. A. Borrmann, (Anm. 9), S. 45.
38 Vgl. M. Hiebert, (Anm. 13), S. 50.
39 Vgl. Japan and The ASEAN, (Anm. 15), S. 37; Japan 1993 (Anm. 19), S. 82.
40 Vgl. Shinjidai o Mukaeta tai ASEAN Kankei o Kangaeru, (Nachdenken über die Beziehungen zur ASEAN, nachdem ein neues Zeitalter angebrochen ist. [Rundtischgespräch]), Keidanren Geppō, Tōkyō 1990 (1), S. 17.
41 Vgl. Diplomatic Bluebook 1989, Tōkyō 1990, S. 93/94, 99/100.
42 Vgl. Japan and the ASEAN, (Anm. 15), S. 37.
43 Vgl. SOA-Aktuell, (1993) 1, S. 7.

## 2. Japan, die ASEAN und die regionale Wirtschaftskooperation

Die wirtschaftliche Dynamik und wachsende Verflechtung im asiatisch-pazifischen Raum hat in den letzten Jahren auch zur Gründung verschiedener Institutionen regionaler Zusammenarbeit geführt. Japan und die ASEAN-Staaten sind Mitglieder der pan-pazifisch orientierten *Pacific Economic Cooperation Conference* (PECC) und der *Asia-Pacific Economic Cooperation* (APEC). Zudem ist die ASEAN selbst eine Regionalorganisation, die sich auch der wirtschaftlichen Integration ihrer Mitgliedstaaten verschrieben hat und mit der AFTA gerade einen erneuten Versuch in diese Richtung unternimmt.

Offensichtlich ist jedoch die Suche nach optimalen Kooperationsstrukturen, Integrationskonzepten und Teilnehmerkreisen noch nicht beendet. In diesen Prozeß bringen sowohl Japan als auch die südostasiatischen Länder ihre jeweiligen Interessen und Vorstellungen ein. Zugleich ist hier ein Feld eröffnet, auf dem Japan konzeptionelle und politische Gestaltungskraft wie auch Durchsetzungsfähigkeit beweisen kann.

Tōkyō hat mit dem Problem zu kämpfen, daß Japan zwar das stärkste Interesse an der regionalen Integration hat und das größte Potential einbringt, gerade deswegen aber auf Mißtrauen seiner regionalen Partner stößt, die aus ihren historischen Erfahrungen heraus eine neue japanische Hegemonie fürchten. Derartige Befürchtungen haben sich mit den Jahren vermindert. Sie bleiben jedoch weiter existent und werden von den nationalen Führungen auch gern als Druckmittel im politischen Geschäft gegenüber Japan instrumentalisiert. Dabei steht außer Frage, daß die Länder Südostasiens inzwischen eine grundsätzlich positive Haltung zur institutionalisierten regionalen Wirtschaftskooperation entwickelt haben. Charakteristisch für diese Zwiespältigkeit ist, daß man in Südostasien nahezu in einem Atemzug mehr japanische Verantwortung und Führungsqualitäten fordert, man zugleich aber Japan vor einem Rückfall in alte Großmachtpolitik warnt.

Diese Situation zwingt Japan immer wieder zu Behutsamkeit und Zurückhaltung. Die japanische Diplomatie ist bestrebt, entweder mit eigenen Vorstellungen kongruente Initiativen anderer zu unterstützen oder Partner für gemeinsame Initiativen zu finden. Dem entspricht die 1985 von Ministerpräsident Yasuhiro Nakasone formulierte Grundposition der japanischen Regierung zur regionalen Wirtschaftskooperation: Der Schwerpunkt liegt in den Bereichen Wirtschaft, Wissenschaft und Kultur. Die Zusammenarbeit soll nicht zu einem geschlossenen Wirtschaftsblock führen. Zu fördern ist vor allem die privatwirtschaftliche Vernetzung. Die eigenständigen Initiativen der ASEAN werden respektiert.[44]

Die ASEAN ist an multilateraler Kooperation zur Öffnung der für sie wichtigen regionalen Exportmärkte, zur Förderung von Investitionen und Technologietransfer sowie zur Entwicklung der pazifischen Infrastruktur durchaus interessiert. Für sie ist aber wichtig, daß die pazifische Kooperation nicht zu einem Bedeutungsverlust der ASEAN führt, die Wirtschaftsriesen keine politische Dominanz anstreben und der

44 Vgl. K. Kaneko, A New Pacific Initiative. Strengthening the PECC Process, Japan Revue of International Affairs, (1988) 1, S. 86.

Überwindung von Entwicklungsunterschieden besondere Aufmerksamkeit gewidmet wird.[45]

Solange sich die regionale Wirtschaftskooperation im pan-pazifischen Rahmen abspielt, kann Japan mit den südostasiatischen Sonderinteressen leben. Mit dem malaysischen Vorschlag einer »Ostasiatischen Wirtschaftsgruppe« (*East Asia Economic Grouping*/EAEG) ist Japan allerdings eine harte diplomatische »Nuß« vorgesetzt worden. Eine solche Organisation würde bedeuten, daß die USA von der weiteren Institutionalisierung regionaler Wirtschaftskooperation abgetrennt würden. Washington, das noch vor wenigen Jahren jeglicher substantieller multilateraler Kooperation im Pazifik abhold war, kämpft inzwischen verbissen darum, den Anschluß an die Kerngruppierung der Wachstumsregion nicht zu verlieren. Für Japan stehen damit strategische Interessen auf dem Spiel. Eine EAEG würde die wirtschaftspolitischen Konflikte Japans mit den USA – die vorerst der wichtigste Partner in Handel, Industriekooperation und Kapitalverkehr bleiben – drastisch verschärfen und könnte schließlich auch das japanisch-amerikanische Bündnis untergraben. Daher hat die japanische Regierung früher mehrfach ihre ablehnende Haltung zu dem Projekt bekundet.[46] Andererseits werden sich die größten Märkte für Japan künftig in Ost- und Südostasien befinden. Wenn sich die Weltwirtschaft tatsächlich stärker in Handelsblöcke aufspalten sollte, wäre eine EAEG auch für Japan interessant. Daher wird auch immer wieder eine Tür für eine exklusive ost- und südostasiatische Gruppierung offengehalten.[47] Nachdem die ASEAN auf ihrer Ministerkonferenz im Juli 1993 die Initiative zur Etablierung einer EAEG ergriffen, die übrigen anvisierten Mitgliedsländer (China, Hongkong, Taiwan, Südkorea, Japan) eingeladen und positive Reaktionen aus chinesischer und koreanischer Richtung erhalten hatte, deutete auch die japanische Regierung ihre Bereitschaft an, sich an diesem Unternehmen zu beteiligen.[48]

## 3. Japans sicherheitspolitische Rolle in der Region

Das Ende des Ost-West-Konflikts hat die sicherheitspolitische Situation im westlichen Pazifik zweifellos verändert, teilweise durch die veränderten Realitäten, teilweise durch die veränderten Bedrohungsrezeptionen. Die Sowjetunion als strategische Bedrohung existiert nicht mehr. Der Nachfolger Rußland ist mit seinen inneren Problemen beschäftigt, die natürlich auch internationale Sprengkraft aufbauen, bislang aber eher zu einer außenpolitischen Mäßigung geführt haben. Die USA haben ihren Blick ebenfalls mehr nach innen gerichtet, ihre militärische Präsenz in der Region weiter verringert und begonnen, sich nach kostensparenderen Möglichkeiten zur Gewährleistung ihrer sicherheitspolitischen Interessen im Pazifik um-

45 Vgl. SOA-Aktuell, (1990) 4, S. 347–349.
46 Vgl. SOA-Aktuell, (1991) 2, S. 87; (1991) 3, S. 176.
47 Vgl. A. Rowley, Tricks of the Trade, FEER 28. 5. 1992, S. 64.
48 Vgl. A. Rowley, Slowly off the Trade Blocs, FEER 18. 6. 1992, S. 44–48; Asahi Shimbun, 5. 1. 1994.

zusehen.[49] China ist mit seiner wirtschaftlichen Dynamik, politischen Unwägbarkcit und seiner gestiegenen Fähigkeit zur Projektion militärischer Macht zu einem regionalen Faktor geworden, dessen Wirkung wenig berechen- oder beherrschbar zu sein scheint.[50] Die im *Take off* befindlichen Staaten Ost- und Südostasiens haben angesichts ihrer Industrialisierungsprioritäten und Modernisierungskonflikte zwar kaum Interesse an militärischen Abenteuern. Jedoch sind auch hier Machtrivalitäten, Grenzstreitigkeiten und gegenseitiges Mißtrauen nicht ausgeräumt. Zudem haben diese Staaten ihre gewachsenen finanziellen Fähigkeiten natürlich auch genutzt, um ihre militärischen Kapazitäten auszubauen.[51]

Japan hat auf die Transformation der regionalen Sicherheitssituation mit einiger Zeitverzögerung reagiert. Inzwischen scheint der Anpassungsprozeß begonnen zu haben. Bedingung ist aus japanischer Sicht, daß die USA in der Region politisch wie militärisch präsent und handlungsfähig bleiben. Japan strebt also weiterhin eine »pax consortis« im westlichen Pazifik an.[52] Eine weitere Bedingung ist, daß der strategische Kompromiß mit China aufrechterhalten bleibt und das politische Verhalten dieser unhandlichen Großmacht durch ihre regionale wirtschaftliche Verflechtung gemäßigt und kooperativ bleibt.

Japan ist an einem substantiellen politischen Dialog mit der ASEAN und auch mit Vietnam interessiert. Die japanische Regierung hat die schrittweise Einbeziehung der indochinesischen Staaten in die ASEAN-Strukturen begrüßt.[53] Ebenso unterstützte Japan von Beginn an die Initiative des ASEAN-Gipfeltreffens von 1992, ihre erweiterten Außenministertreffen (ASEAN-PMC) durch eine entsprechende Modifizierung der Inhalte und Erweiterung des Teilnehmerkreises zu einem regionalen Sicherheitsforum zu entwickeln.[54] Hierbei gelang es Tōkyō, auch den anfänglichen amerikanischen Widerstand zu überwinden und die USA für dieses Projekt zu gewinnen.[55] In diesem Zusammenhang wurde die japanische »Doppelstrategie« entwickelt, unmittelbare Konflikte und Sicherheitsprobleme durch begrenzte bi- und multilaterale Kooperation der beteiligten Seiten auf subregionaler Ebene anzugehen, daneben aber politischen Dialog und Vertrauensbildung im grö-

---

49 Vgl. P. Cronin, Pacific Rim Security, Pacific Revue, (1992) 3, S. 210–220.

50 Vgl. L. Buszinski, Southeast Asia in the Post-Cold War Era, Asian Survey (1992) 9, S. 834–38.

51 Vgl. A. Mack/D. Ball, The Military Build-up in Asia-Pacific, The Pacific Revue, (1992) 3, S. 197–208.

52 Vgl. R. Delfs, Looking for a Role, FEER 18. 6. 1992, S. 42.

53 Vgl. H. Soeya, Japan's Attitudes and Policies toward a Security Framework in the Asia Pacific, Hongkong 3. 6. 1993.

54 Teilnehmer sind bislang die ASEAN-Staaten sowie die USA, die EU, Japan, Kanada, Australien, Neuseeland und (seit 1991) Südkorea. Im Vorfeld des ASEAN-Gipfels in Singapur (Januar 1992) wurde in den think tanks der ASEAN die Idee geboren, die PMC zu einem regionalen Sicherheitsforum auszubauen und zu diesem Zwecke auch China, die (damalige) Sowjetunion, Vietnam, Laos, Kambodscha und Nordkorea einzubeziehen. Auf der 24. PMC (1991) erhielten China und die Sowjetunion einen Gaststatus. Auf dem Beamtentreffen der beteiligten Länder im Vorfeld der 26. PMC (1993) wurde eine Übereinkunft erzielt, daß China, Rußland, Vietnam und Laos ab 1994 PMC-Mitglieder werden können. Vgl. L. Buszinski, Southcast Asia, (Anm. 50), S. 839; J. Wanandi, Securing Asia's Future, FEER 15. 7. 1993, S. 23.

55 Siehe auch: T. Ueda, Asia Looking to Security Forums, Japan Times, 9. 7. 1993, S. 3.

ßeren pan-pazifischen Rahmen zu entwickeln.[56] Im Februar 1993 beschlossen Japan und die ASEAN, jeweils vor den ASEAN-PMC auf Beamtenebene über sicherheitspolitische Fragen in der Region zu beraten.[57]

Wenn Japan eine sicherheitspolitische Rolle in der Region übernehmen will, ist eine – zumindestens begrenzte – militärische Handlungsfähigkeit nötig. Die militärische Komponente des Bündnisses mit den USA war bislang auf den Ost-West-Konflikt ausgerichtet und setzte eine fortdauernde amerikanische Führungsrolle in der regionalen Sicherheitspolitik voraus. Insofern ist die japanische Entscheidung für eine Beteiligung an friedenserhaltenden Maßnahmen der UN (PKO) bei aller Begrenztheit und Widersprüchlichkeit auch ein Versuch, eine neue Legitimation für militärisches Engagement in der Region zu finden. Die verhaltenen, aber nicht grundsätzlich ablehnenden Reaktionen in den meisten ost- und südostasiatischen Ländern zeigen, daß eine solche Rolle Japans akzeptiert werden kann, wenn weiterhin außerordentliche Zurückhaltung gewahrt wird. Schließlich ist man sich auch in diesen Ländern darüber im klaren, daß die sicherheitspolitische Einhegung Japans allein durch das Bündnis mit den USA wegen der schwindenden amerikanischen Fähigkeiten immer weniger gelingen wird. Daher müssen alternative Strukturen zur sicherheitspolitischen Einbindung Japans gefunden werden. Jedenfalls ist eine solche Lösung einer autonomen japanischen Sicherheits- und Militärpolitik vorzuziehen.[58]

## *Fazit*

Japan ist über weite Teile der Nachkriegsära die wirtschaftlich dominante Kraft in Asien gewesen. Mit der Industrialisierung in der Region hat die japanische Wirtschaft inzwischen jedoch starke und aggressive Konkurrenz bekommen. Sicher bleibt Japan auf absehbare Zeit die stärkste Wirtschaftsmacht, ihre Dominanz wird jedoch relativiert. Im Rahmen der schweren (Südost-)Asienkrise seit Mitte 1997 zeigte sich, daß das Scheckbuch nach wie vor unverzichtbar ist. Bei der Krisenbewältigung im Rahmen des Internationalen Währungsfonds gab es vor allem zwei Sorgen: zum einen, daß Japan aufgrund seiner finanziellen Lähmung als Unterstützer der IWF-Programme für Südkorea, Thailand und vor allem Indonesien ausfallen könnte. Zum anderen befürchtete man, daß Japan selbst so ins Trudeln geraten könnte, daß es auch zu einem Sanierungsfall für den IWF werden würde. Als Konsequenz hätten dann die Stützungsmaßnahmen des IWF für die notleidenden ASEAN-Staaten beschnitten werden müssen. Die Krise zeigt jedenfalls, wie eng Japan und Südostasien ökonomisch miteinander verknüpft sind. Die ASEAN (und Südkorea) kann ohne Japan nicht leben, und der Wirtschaftsriese Japan benötigt die tendenziell dynamischen »Zwerge« der Region. Vielleicht erwächst daraus auf Dauer wechselseitiger Respekt – ökonomisch und zwischenmenschlich.

56 Vgl. I. Umezu, Securing the Stable, Look Japan, (1992) 10, S. 3.
57 Vgl. H. Soeya, (Anm. 53), S. 7.
58 Vgl. L. Buszinski, Southeast Asia, (Anm. 50), S. 838/839.

# VII. Die deutsch-japanischen Wirtschaftsbeziehungen

HEINRICH KREFT

## 1. Erste Handelsbeziehungen

Erste Wirtschaftskontakte zwischen Japan und dem deutschsprachigen Raum gehen bereits auf das 17. Jahrhundert zurück. Zahlreiche Deutsche sind damals auf dem Wege über Holland bzw. die Niederländisch-Ostindische Handelskompanie nach Japan gelangt. Offizielle Handelsbeziehungen zwischen Deutschland und Japan wurden allerdings erst 1861 durch den Abschluß eines Handelsvertrages zwischen Preußen und Japan aufgenommen. Das 1871 gegründete Deutsche Reich stieg bald neben England, den USA und Frankreich zu einem wichtigen Lieferanten Japans für industrielle Güter auf. England und die USA blieben bis in den Zweiten Weltkrieg hinein die größten Konkurrenten Deutschlands auf dem japanischen Markt. In weitaus größerem Umfang als deutsche haben englische und amerikanische Firmen in Japan investiert; japanische Ingenieure wurden meist in England und den USA ausgebildet. Erst in der ersten Dekade des 20. Jahrhunderts vermochte der deutsche Export von Maschinen und Anlagen auf dem japanischen Markt Fuß zu fassen. Daneben gewann auch der Export von elektrotechnischen Geräten und Ausrüstungsgütern eine zunehmende Bedeutung. Als Schrittmacher des deutsch-japanischen Handels fungierte in dieser Phase eine größere Zahl deutscher Handelshäuser (42 im Jahre 1898 in Yokohama und Kōbe), an deren Seite in zunehmendem Maße Werksvertretungen der großen deutschen Hersteller traten.

Die offizielle Grundlage für die deutsch-japanischen Handels- und Wirtschaftsbeziehungen in der ersten Dekade des 20. Jahrhunderts war der 1896 abgeschlossene und mit großer Verzögerung Mitte 1899 in Kraft getretene Handels- und Schifffahrtsvertrag. Mit diesem Vertrag wurde Japan das Recht der gegenseitigen Meistbegünstigung zugestanden. Um auch die volle Zollautonomie zu erlangen, kündigte Japan 1910 den Vertrag mit Deutschland (wie schon zuvor die entsprechenden Vereinbarungen mit anderen Staaten). Der diesmal zügig ausgehandelte neue Vertrag konnte Mitte 1911 in Kraft treten und trug trotz zahlreicher Zolltariferhöhungen zu einer Ausweitung der deutschen Exporte nach Japan bei.

Im Verlaufe des Ersten Weltkrieges, in den Japan auf der Seite der Alliierten eintrat, kam der bilaterale Handel weitgehend zum Erliegen. Dies traf zum Teil auch auf die anderen kriegführenden, insbesondere europäischen Handelspartner zu, so daß sich Japan von dringend benötigten Einfuhren abgeschnitten sah. Die Situation führte zu einer verstärkten importsubstituierenden Industrialisierung mit der Folge, daß nach dem Krieg ein nahtloses Wiederanknüpfen an die Handelsbeziehungen der Vorkriegszeit nicht im Interesse Japans lag.

## 2. Japan und Deutschland zwischen den Weltkriegen

Als Siegermacht aus dem Ersten Weltkrieg hervorgegangen, besaß Japan gegenüber Deutschland durch den Versailler Vertrag bis 1925 das Recht der einseitigen Meistbegünstigung. Japan war inzwischen ebenfalls selbst zu einem Industrieland geworden und hatte in den ersten Jahren nach dem Krieg keinen Grund, den Handel mit Deutschland zu fördern. Die japanische Regierung neigte eher dazu, mit Hilfe von Zollschranken die eigene junge Industrie vor den gefürchteten Exporten aus Deutschland abzuschirmen.

Für die weitere Entwicklung seiner Industrie zeigte sich Japan aber doch bald daran interessiert, auch auf deutsches Know-how zurückgreifen zu können. Während einige deutsche Unternehmen aufgrund der schlechten Erfahrungen in der Kriegszeit nicht an einem neuen Japan-Engagement interessiert waren, bekundeten andere (z. B. Krupp, Bosch, Daimler-Benz) Aufgeschlossenheit. Ein positiv zu wertendes Beispiel dieser neuen Zusammenarbeit ist die Kooperation zwischen Siemens und Furukawa. Nachdem erste Kontakte zwischen diesen Unternehmen bereits um die Jahrhundertwende geknüpft worden waren, gründeten beide im Jahre 1923 das *Joint Venture* »Fuji Denki Seizo KK« (Name aus Furukawa & Siemens gebildet/Aktienkapital zu 30 % bei Siemens und 45 % bei Furukawa). Für die japanische Seite bedeutete das Gemeinschaftsunternehmen den preiswerten Zugang zu hochwertiger Technologie und für Siemens einen verbesserten Zugang zum japanischen Markt. Anderen deutschen Firmen, insbesondere des Rüstungssektors, die unter den Auflagen des Versailler Vertrages zu leiden hatten, bot eine Kooperation mit japanischen Unternehmen die Chance des eigenen Überlebens.

Auseinandersetzungen zwischen japanischen und deutschen Unternehmen gab es immer wieder bei Fragen der Patentrechte. Kurz vor Ende des Ersten Weltkrieges hatte Japan per Gesetz den Schutz deutscher Patente in Japan aufgehoben, und nach Friedensschluß wurden zahlreiche Patentrechte unter japanischen Firmen versteigert. Weitere Probleme erwuchsen aus dem zunehmenden Auftreten japanischer Firmen als Konkurrenten, zunächst auf dem japanischen Markt, aber auch immer stärker auf Drittmärkten. Insbesondere die I. G. Farben hatte mit den japanischen Herstellern von billigerem Methanol zu kämpfen, und die japanische Glühlampenindustrie nutzte die während des Ersten Weltkrieges aufgebauten Produktionskapazitäten in den zwanziger Jahren zu einer damals beispiellosen Exportoffensive. Mit ihren erheblich billigeren Produkten eroberten sie nacheinander den heimischen und ostasiatischen Markt und bedrohten bald den europäischen und teilweise auch den deutschen Markt. Diese japanischen Exporterfolge verfolgte man in Deutschland mit Staunen, denn man hatte noch kaum wahrgenommen, daß Japan inzwischen zu einer Industrienation aufgestiegen war. Die deutsche Industrie – sekundiert von den Medien – beklagte lautstark japanisches Dumping und forderte geeignete Schutzmaßnahmen.

Die japanische Exportindustrie machte mit ihren billigeren Produkten den etablierten Industrienationen vor allem auf Drittmärkten wie Südostasien und Südamerika Konkurrenz. Die deutsche Exportindustrie hingegen tröstete sich damit, daß die japanische Konkurrenz mit ihren billigen, aber qualitativ schlechteren Waren vermeintlich den Markt für die teureren, aber besseren Produkte der deutschen Industrie erschlössen. Dabei wurde jedoch übersehen, daß Japan sehr bald imstande war, die Qualität seiner Produkte zu erhöhen, so daß viele der von den Japanern mit Billigprodukten eroberten Märkte auch bei steigenden Ansprüchen der Konsumenten gehalten werden konnten und für die deutsche Wirtschaft auf Dauer verloren waren.

Deutschland traf diese japanische Exportoffensive völlig unvorbereitet. Der Krieg und die vielfältigen Probleme der Nachkriegszeit hatten dazu geführt, daß die Strukturveränderungen der japanischen Wirtschaft in Deutschland nicht ins Bewußtsein gedrungen waren. Die Konfrontation mit der Realität wirkte nun wie ein Schock, so daß Japan erneut – wie schon zu Beginn des Jahrhunderts – als »Gelbe Gefahr« dämonisiert wurde. Der Lerneifer der Japaner, der bisher in Deutschland überwiegend wohlwollend betrachtet worden war, wurde plötzlich als Bedrohung empfunden. In dieser Zeit übten viele deutsche Unternehmen eine zunehmende Zurückhaltung aus, wenn es darum ging, Japanern bereitwillig Zugang zu deutschen Fabriken und Einblick in deutsche Produktionsverfahren zu ermöglichen. Selbst das Auswärtige Amt in Berlin warnte vor Industriespionage Japans. In der deutschen Wirtschaft war die Ansicht verbreitet, daß zumindest ein Teil des japanischen Industrialisierungserfolges auf Industriespionage, vor allem durch die sich inzwischen in Deutschland in zunehmendem Maße ausbreitenden japanischen Handelshäuser, zurückzuführen sei. Andererseits war nicht zu leugnen, daß viele der Waren, mit denen Japan in den Export drängte (vor allem Textilien), auf deutschen Maschinen hergestellt wurden. So warnte z.B. Oswald Spengler vor dem Untergang des Abendlandes durch gedankenlosen Export von Produktionsmitteln. Doch gab es auch Wortführer, die diese Beunruhigung als unbegründet betrachteten und von Japan aufgrund des wachsenden Lebensstandards seiner Bevölkerung eine Steigerung der Importe aus Deutschland und den anderen industrialisierten Ländern erwarteten.

In Deutschland und auch unter den in Japan ansässigen deutschen Industrie- und Handelsvertretern wurde nicht ausreichend berücksichtigt, daß sich mit zunehmender Industrialisierung auch der japanische Binnenmarkt veränderte. Waren aus euro-amerikanischer Produktion wurden längst nicht mehr kritiklos und bereitwillig angenommen. Die japanische Industrie verbreiterte mit großem Tempo die eigene Angebotspalette und verbesserte ständig die Qualität ihrer Produkte. Im Gegensatz zur anglo-amerikanischen Konkurrenz fiel es der deutschen Industrie wegen der Unterbrechung während des Ersten Weltkrieges schwerer, sich auf die veränderte Wirtschaftsstruktur Japans einzustellen. Mit den sich verschlechternden Geschäften der deutschen Wirtschaft in Japan mehrten sich die Klagen über das Geschäftsgebaren der einheimischen Konkurrenz. Kritische Stimmen gaben jedoch der Erkenntnis Ausdruck, daß die Probleme der Deutschen in Japan auch auf eigene Fehler und Mißstände zurückzuführen waren: zum Beispiel auf mangelnde Sprachkenntnisse und ein generelles Unverständnis gegenüber der japanischen Kultur. Viele deutsche Kaufleute und Firmenvertreter waren auf Informationen aus zweiter Hand, vornehmlich aus den englischsprachigen Zeitungen, angewiesen. Die bereits damals zahlreichen japanischen Fachzeitschriften wurden von der deutschen Wirtschaftskolonie kaum zur Kenntnis genommen, sonst hätten die ökonomischen Strukturveränderungen und die sich daraus ergebenden Konsequenzen für die deutsche Wirtschaft und den deutschen Handel viel früher und in ihrer vollen Breite bewußt gemacht werden können.

Nach dem Ersten Weltkrieg wurde für Japan in zunehmendem Maße der Import von qualitativ hochwertigen Maschinen und Erzeugnissen der chemischen Industrie wichtig. Das führte zu einer Spezialisierung der Importeure bzw. zur Einrichtung von Spezialabteilungen in den größeren Handelshäusern. Etliche deutsche Handelshäuser wurden zu Generalrepräsentanzen großer deutscher Unternehmen, wenn diese nicht eigene Werksniederlassungen errichteten bzw. die kurz nach dem Krieg gegründeten weiter ausbauten. Konkurrenz erwuchs den deutschen Kaufleuten in immer stärkerem Maße in den japanischen Handelshäusern, von denen viele Anfang der zwanziger Jahre in Deutschland eigene Niederlassungen eröffnet hatten (Mitsubishi 1923, Mitsui 1924). Die großen unter ihnen arbeiteten nicht nur im Im- und Exportgeschäft, sondern sammelten auch systematisch Informationen, die innerhalb der weitverzweigten Familienkonzerne weitergegeben wurden. Damit zerstörten sie alsbald die Monopolstellung der ausländischen Importeure in Japan.

Die Handelsbeziehungen zwischen Deutschland und Japan waren in den zwanziger Jahren recht einseitig. Deutschland exportierte erheblich mehr nach Japan, als es von dort importierte. Während Deutschland zunächst unter den Herkunftsländern der japanischen Importe an vierter Stelle stand, hielt man 1926 nur noch den sechsten Platz. Hatte Deutschland 1913 noch die achte Position unter den Abnehmern japanischer Produkte innegehabt, war man 1926 auf den 16. Platz abgerutscht.

Mitte der zwanziger Jahre wurde von japanischer Seite offiziell der Abschluß eines neuen Handelsabkommens mit Deutschland vorgeschlagen. Dem Wunsch Deutschlands nach einer vollständigen Importliberalisierung stand jedoch das Interesse Japans entgegen, insbesondere seine während des Krieges gewachsene Farbenindustrie – für die Deutschland eine echte Bedrohung darstellte – zu schützen. Erst nach Abschluß eines Vertrages der japanischen Regierung mit der I. G. Farben 1926, in dem sich die deutsche Seite verpflichtete, nur jene Farben nach Japan einzuführen, die dort nicht oder nicht in ausreichendem Maße hergestellt wurden, konnte im Juli 1927 der »Handels- und Schiffahrtsvertrag zwischen dem Deutschen Reich und Japan« unterzeichnet werden. 1929 konnte sich Deutschland hinter den USA, China und Indien wieder auf den vierten Platz unter den Herkunftsländern der japanischen Importe verbessern, d. h. es rangierte erstmals vor England, das zunehmend zurückfiel. Insgesamt aber erfüllten sich die Hoffnungen, durch den Vertrag den Handel mit Japan neu zu beleben, nicht. Als Folge der Weltwirtschaftskrise waren die deutschen Exporte 1931 gegenüber dem Spitzenjahr 1929 um zwei Drittel niedriger und erholten sich in den Folgejahren nur geringfügig.

In der Zeit von der ersten Dekade dieses Jahrhunderts bis zum Vorabend des Zweiten Weltkrieges lag der Anteil der Importe aus Japan an den Gesamtimporten des Deutschen Reiches zwischen 0,3 und 0,6 %. Der entsprechende Anteil der Exporte nach Japan an den Gesamtexporten schwankte zwischen 1,2 und 1,9 %. In den dreißiger Jahren exportierte Deutschland im Durchschnitt viermal soviel nach Japan, wie es von dort einführte.

In den dreißiger Jahren wirkten sich die veränderten politischen Verhältnisse in Deutschland und Japan sowie die Umstellung der Volkswirtschaften auf die Kriegsproduktion und die damit einhergehende Devisenbewirtschaftung zunehmend negativ auf den Handelsaustausch aus. Nach Eroberung der Mandschurei durch Japan kam es zu einem verstärkten Dreieckshandel, da das spätere Kaiserreich Mandschukuo im Gegensatz zu Japan einen Exportüberschuß im Handel mit Deutschland erwirtschaftete. 1936 wurde ein Handelsvertrag zwischen dem Deutschen Reich und der Mandschurei unterzeichnet, der im Folgejahr verlängert und 1938 durch ein neues Abkommen ersetzt wurde.

Generell läßt sich feststellen, daß sich die politische Annäherung zwischen Japan und Deutschland ab Mitte der dreißiger Jahre nicht positiv auf die Wirtschaftsbeziehungen beider Länder ausgewirkt hat. Im Gegenteil, der bilaterale Wirtschaftsverkehr wurde zunehmend schwieriger. Die deutschen Kaufleute beklagten sich über einen wachsenden Protektionismus Japans, spürbar z. B. in der Abdrängung ausländischer Zwischenhändler zugunsten einheimischer Kaufleute und Handelshäuser. Hinzu kam eine große Zahl nichttarifärer Handelshemmnisse, die zu fortwährenden Auseinandersetzungen Anlaß gaben. Je stärker der bilaterale Handel erodierte – so scheint es fast –, desto mehr wurde von offizieller Seite über Völkerfreundschaft und neue Handelsabkommen gesprochen. Im Juli 1939 wurde ein bilaterales Waren- und Zahlungsverkehrsabkommen unterzeichnet, das aber – vordergründig wegen des Beginns der Kriegshandlungen in Europa – nie in Kraft trat. Die britische Seeblockade führte dann sehr schnell zu einem Abflauen des Handelsaustausches. Der Versuch, die Handelsströme über die Sibirienroute umzuleiten, scheiterte an der mangelhaften Infrastruktur in der Sowjetunion und an den höheren Kosten. Im Januar 1943 kam es zu einem letzten Abkommen über die wirtschaftliche Zusammenarbeit zwischen Japan und dem Deutschen Reich, aber aufgrund der Kriegssituation hatte es keine Auswirkungen mehr.

## 3. Wachsende Partnerschaft der Wirtschaftswunderländer

Niederlage und Besatzung führten nach dem Zweiten Weltkrieg zu einer zwangsläufigen Unterbrechung in den deutsch-japanischen Beziehungen. 1947 kam es sogar zu einer zwangsweisen Repatriierung aller in Japan ansässigen Deutschen führte der Zweite Weltkrieg zu einer noch größeren Zäsur als schon der Erste.

Sowohl Japan als auch die auf dem größeren Teil des ehemaligen Deutschen Reiches entstandene Bundesrepublik richteten ihre Politik und Wirtschaftsbeziehungen auf das siegreiche und wohlhabende Amerika aus. Dieses traf auf Japan in weitaus höherem Maße zu als für die Bundesrepublik Deutschland, da diese mit zunehmendem Wiederaufbau in Europa auch bald die Handelsbeziehungen mit den Nachbarstaaten wieder aufnehmen konnte. Die deutsch-japanischen Wirtschaftsbeziehungen wurden zunächst von privater Seite wieder angeknüpft und

*Tab. 1:* Die Entwicklung des deutsch-japanischen Handels (1950–1996)

| Jahr | Einfuhr aus Japan (in Mio. DM) | Ausfuhr nach Japan (in Mio. DM) | Saldo |
|---|---|---|---|
| 1950 | 37 | 32 | – 5 |
| 1955 | 90 | 169 | + 79 |
| 1960 | 285 | 503 | + 218 |
| 1965 | 958 | 750 | – 208 |
| 1970 | 2 051 | 1 956 | – 95 |
| 1975 | 4 295 | 2 351 | – 1 944 |
| 1980 | 10 434 | 3 970 | – 6 464 |
| 1985 | 20 720 | 7 888 | – 12 832 |
| 1990 | 32 881 | 17 415 | – 15 466 |
| 1991 | 39 664 | 16 495 | – 23 169 |
| 1992 | 38 038 | 14 700 | – 23 338 |
| 1993 | 34 106 | 15 773 | – 18 333 |
| 1994 | 34 144 | 17 918 | – 16 226 |
| 1995 | 35 167 | 18 832 | – 16 344 |
| 1996 | 28 643 | 17 596 | – 11 047 |

*Quelle:* Statistisches Bundesamt; eigene Berechnungen.

wurden nur langsam wieder enger, nachdem sich die wirtschaftliche und politische Lage in beiden Ländern konsolidiert hatte. Nach dem Inkrafttreten des Friedensvertrages von San Francisco im Jahre 1952 kamen wieder zahlreiche deutsche Kaufleute und Firmenrepräsentanten nach Japan.

Beide Länder konzentrierten ihre Kräfte auf den wirtschaftlichen Wiederaufbau. Im Gegensatz zu Deutschland blieb in Japan aber das Verwaltungssystem weitgehend intakt. Beim Wiederaufbau kam dabei dem 1949 gegründeten MITI (Ministerium für Internationalen Handel und Industrie) eine Schlüsselrolle zu. Zusammen mit den in der Zeit der gelenkten Kriegswirtschaft erstarkten Institutionen wie dem Finanzministerium und der Bank von Japan besaß die japanische Regierung schlagkräftige Instrumentarien zur Durchsetzung ihrer wirtschaftspolitischen Vorstellungen. Trotz des großen Bedarfs an Arbeitsplätzen konzentrierte sich das MITI nicht auf die Förderung arbeitsintensiver Industrien – wie etwa der Textilindustrie –, sondern der Schwer- und chemischen Industrie. Damit setzte das MITI eine Erneuerung der Industriestruktur durch, die die Grundlage für das japanische Wirtschaftswunder bildete. Die durchschnittliche jährliche Wachstumsrate des Bruttosozialprodukts in der Nachkriegsphase (1946–55) wird auf 8,9 % geschätzt.

Die aufgrund des Koreakrieges erzielten Deviseneinnahmen erlaubten es Japan bereits Anfang der fünfziger Jahre, Güter im Wert von etwa 10 bis 13 % des Bruttosozialprodukts zu importieren. Seither hat sich die japanische Importquote nicht wesentlich geändert. Mitte der fünfziger Jahre hatte das Pro-Kopf-Einkommen wieder den höchsten Vorkriegsstand erreicht. Anders als andere ostasiatische und lateinamerikanische Länder isolierte sich Japan nicht von der westlichen Welt, sondern strebte eine schrittweise Integration in die Weltwirtschaft an. Dadurch profitierte Japan von der Entwicklungsdynamik der wirtschaftlich am weitesten entwickelten Weltregionen. Mitte der fünfziger Jahre trat Japan in eine Periode hohen wirtschaftlichen Wachstums ein, die bis zur ersten Erdölpreiskrise Anfang der siebziger Jahre dauerte und jährliche Wachstumsraten von ca. 10 % aufwies. Im Vergleich dazu erhöhte sich das BSP der Bundesrepublik Deutschland zwischen 1960 und 1970 durchschnittlich um 4,7 %. Das japanische Wirtschaftswachstum beruhte zu einem wesentlichen Teil auf außerordentlich hohen Investitionen verbunden mit der Einführung modernster Technologien.

Im August 1951 hatten sich die Bundesrepublik und Japan auf die Wiederanwendung des Handels- und Schiffahrtsvertrages von 1927 geeinigt. Die Neuanknüpfung der politischen Kontakte erfolgte durch die Wiederaufnahme der diplomatischen Beziehungen im Jahre 1952. Im Juli 1960 wurde ein neuer Handelsvertrag zwischen den beiden Ländern unterzeichnet, der bis heute Gültigkeit besitzt. Diesem folgten u. a. 1962 ein Luftverkehrsabkommen und 1967 ein Abkommen zur Vermeidung der Doppelbesteuerung. 1962 kam es zur Wiedereinrichtung einer deutschen Handelskammer in Tōkyō nebst einer Außenstelle in Ōsaka mit derzeit 133 ordentlichen Mitgliedern in Japan und 77 in Deutschland sowie 228 assoziierten Mitgliedern in Japan und 129 in Deutschland sowie zehn in anderen Ländern. (Stand: Dez. 1996). Seit dem 1. Januar 1970 sind die deutschen Handelsbeziehungen zu Japan in die Zuständigkeit der EG übergegangen. Die deutsch-japanischen Wirtschaftsbeziehungen werden daher nicht nur in regelmäßigen bilateralen Gesprächen diskutiert, sondern in ebenfalls regelmäßig stattfindenen Konsultationen zwischen der EG/EU-Kommission und der japanischen Regierung.

Der schnelle wirtschaftliche Aufstieg Westdeutschlands und nur etwas zeitversetzt auch der Japans in den fünfziger Jahren hatte ebenfalls einen raschen Anstieg des Handelsaustausches zur Folge. Im Laufe der sechziger Jahre wurde die Bundesrepublik Deutschland Japans wichtigster Abnehmer und Lieferant in Europa, während umgekehrt Japan zum wichtigsten deutschen Handelspartner in Asien aufstieg. Mitte der sechziger Jahre erreichte der Handelsaustausch das Vorkriegsniveau und überschritt es in der Folge ebenso rasch wie erheblich. Von 1952 bis 1964 hatte die Bundesrepublik im Handel mit Japan stets einen Überschuß erzielt. Die deutschen Exporte bestanden dabei im wesentlichen aus Maschinen und Anlagen sowie sonstigen Fertigprodukten. Mitte der sechziger Jahre geriet der deutsche Handel mit Japan ins Defizit. Damit setzte ein Trend ein, der 1967 und 1968 nur noch vorübergehend umgekehrt werden konnte. Seither ist das Defizit enorm angewachsen und zu einem strukturellen Problem geworden. 1975 kam es zu ersten ernsthaften handelspolitischen Spannungen, als Japan sich darum bemühte, unter amerikanischem Druck einen Teil seiner für die USA bestimmten Exporte nach Europa umzulenken. Die EG versuchte, sich u. a. mit Anti-Dumping-Verfahren gegen japanische Kugellagerexporteure zur Wehr zu setzen, was in den Augen einiger Japaner als »Kriegserklärung« angesehen wurde. Insbesondere die planmäßige Eroberung ganzer Marktsegmente durch die japanische Exportwirtschaft (sogenanntes *Laser Beaming*) hat weltweit Befürchtungen ausgelöst. So wurden zum Beispiel 1971 bereits 2,4 Millionen Kraftfahrzeuge und 6,25 Millionen Fernsehgeräte ausgeführt. Nach und nach sind dabei auch die deutschen Uhren-, Fotoapparate- und Unterhaltungselektronikhersteller von der fernöstlichen Konkurrenz überrollt worden. Der Exportwelle stand die Abschottung Japans gegen den Import von Fertigwaren gegenüber. Mit zunehmenden Handelsüberschüssen geriet Japan insbesondere unter amerikanischen Druck, die Importbarrieren abzubauen.

## 4. Die deutsch-japanischen Wirtschaftsbeziehungen in der Gegenwart

Deutschland ist Japans wichtigster Handelspartner in Europa. Nachdem Deutschland über viele Jahre bis 1992 hinter den USA an zweiter Stelle unter den Abnehmerländern Japans gestanden hatte, fiel es 1995 (mit einem Anteil von 4,6 %) auf den siebten Platz hinter Korea, Taiwan, Hongkong, Singapur und der VR China zurück. Auch als Lieferant nimmt Deutschland hinter den USA, VR China, Südkorea, Australien, Taiwan und Indonesien nur noch die siebte Stelle ein (Anteil: 4,1 %). Japan ist einer der stärksten Konkurrenten der deutschen Wirtschaft auf dem Weltmarkt einschließlich des deutschen Marktes. Die deutschen Hersteller von Produkten aus den Bereichen Optik, Elektronik, Automobil-, Werkzeugmaschinen- und Industrieanlagenbau stehen insbesondere in harter Konkurrenz mit japanischen Unternehmen. Japan liegt unter den Welthandelsnationen nach der Bundesrepublik und den USA an dritter Stelle. In der Wirtschaftspolitik herrscht weitgehende Interessengleichheit zwischen Japan und Deutschland, was sich insbesondere bei den Weltwirtschaftsgipfeln, in der WTO und in internationalen Institutionen (z. B. Weltbank und Internationaler Währungsfonds) manifestiert. Beide Länder sind Befürworter des freien Welthandels und treten für eine inflationsfreie Wachstumspolitik ein.

Im bilateralen Handel bestehen allerdings beachtliche strukturelle Ungleichgewichte, die seit Mitte der siebziger Jahre fast stetig zugenommen haben. In den achtziger Jahren ist das deutsche Defizit im Handel mit Japan stark angestiegen und überschritt 1984 erstmals die 10-Milliarden-Grenze. Dieses ist vor allem auf die stark anwachsenden japanischen Exporte nach Deutschland zurückzuführen. Der Abbau japanischer Importbarrieren, aber auch beträchtliche Anstrengungen auf deutscher Seite führten zwischen 1987 und 1990 zu einer bedeutenden Ausweitung der deutschen Exporte und damit zu einem vorübergehenden Rückgang des japanischen Überschusses. Unter den deutschen Aktivitäten ist vor allem die deutsche Leistungsschau »Made in Germany. Gestern – Heute – Morgen« vom Frühjahr 1984 hervorzuheben. Diese Industrieausstellung hatte das Ziel, mittelfristig zum Abbau des deutschen Handelsdefizits durch stärkere Durchdringung des japanischen Marktes beizutragen und im Bereich der Technologie und Kapitalinvestitionen die Zusammenarbeit zu verstärken. In der Folge konnte insbesondere der Export deutscher Personenkraftwagen der Oberklasse gesteigert werden. Der durch die deutsche Vereinigung ausgelöste Importsog machte allerdings die Bemühungen um einen Ausgleich der Handelsbilanz vorerst zunichte. Im Jahre 1991 explodierten geradezu die japanischen Exporte nach Deutschland, während sich zugleich die sich abzeichnende Wirtschaftsabschwächung in Japan dämpfend auf die Importe auswirkte. Die unvermeidliche Folge war ein Anstieg des deutschen Defizits um 57 % von 15,5 auf 23,5 Mrd. DM. Allerdings gingen die japanischen Exporte nach Deutschland in den folgenden Jahren aufgrund der starken Aufwertung des Yen wieder zurück. Zunächst sanken rezessionsbedingt jedoch auch die Importzahlen aus Deutschland, bis sie nach 1993 deutlich anstiegen, so daß sich das Handelsdefizit bei etwa 16 Mrd. DM stabilisierte. Die deutsche Präsenz auf dem japanischen Markt ist mit Ausnahme der chemischen Industrie nach wie vor unterentwickelt. Dieser

Sachverhalt liegt zum einen in strukturellen Marktzugangsschwierigkeiten begründet, wie z. B. den sehr hohen Markteintrittskosten. Zum anderen ist er aber Ausdruck des zu geringen Interesses deutscher Firmen an Japan und auch der mangelnden Wettbewerbsfähigkeit deutscher Produkte.

Der Exportdruck Japans ist nach wie vor hoch und in einzelnen Branchen existenzgefährdend. Dennoch befürwortet Deutschland – teilweise gegen heftige Widerstände in Brüssel – auch weiterhin gegenüber Japan eine expansive Lösung des Problems der Handelsungleichgewichte, d. h. einen Defizitabbau über eine größere Marktöffnung und -durchdringung in Japan statt protektionistischer Maßnahmen. Obwohl Zölle in Japan heute durchschnittlich unter dem EU-Niveau liegen und auch nichttarifäre Handelshemmnisse (z. B. Normen, Prüfungsvorschriften bei Automobilen und chemischen Erzeugnissen) erheblich abgebaut werden konnten, ist der Zugang zum japanischen Markt außerordentlich schwierig. Die entscheidenden Barrieren liegen in der Struktur des japanischen Marktes und den Besonderheiten der japanischen Gesellschaft begründet. So wird zum Beispiel das Verteilungssystem weitgehend von den einheimischen Produzenten kontrolliert. Der Aufbau eines eigenen Handels- und Servicenetzes ist nur in ganz wenigen Branchen (z. B. Kfz) möglich und sehr kostspielig. Der hohe Grad der Verflechtung der japanischen Wirtschaft gepaart mit gesellschaftlicher Uniformität macht es Neuankömmlingen überaus schwierig, auf dem japanischen Markt Fuß zu fassen. Hinzu kommt die Schwierigkeit, sich über »Merger & Acquisition« in den Markt einzukaufen, wie es in Deutschland und vor allem in den angelsächsischen Ländern möglich und durchaus üblich ist.

Ein großes Ungleichgewicht gibt es auch bei den gegenseitigen Investitionen. Die japanischen Investitionen in Deutschland sind doppelt so hoch wie die deutschen in Japan. Aber Deutschland ist nicht einmal der bevorzugte Standort japanischer Firmen in Europa. Etwa 40 % (= 35 Mrd. Dollar) aller japanischen Investitionen in Europa flossen nach Großbritannien. Mit Direktinvestitionen in einer Größenordnung von etwa 8 Mrd. Dollar folgt Deutschland nach den Niederlanden auf dem dritten Rang. Vor allem seit Ende der siebziger Jahre haben japanische Unternehmen in größerem Umfang in Deutschland investiert. Allerdings gingen über 50 % dieser Investitionen in den Handel, d. h. in den Aufbau von Distributions- und

*Tab. 2:* Struktur des Warenhandels und des Handelsdefizits 1995 (in Mio. DM)

| Warengruppe | Einfuhr aus Japan | Ausfuhr nach Japan | Saldo |
|---|---|---|---|
| Elektronische Erzeugnisse | 10 599 | 1 628 | – 8 971 |
| Kraftfahrzeuge | 7 924 | 6 996 | – 928 |
| Maschinen | 7 704 | 2 388 | – 5 316 |
| Feinmechanische und optische Erzeugnisse | 2 883 | 774 | – 2 109 |
| Zusammen | 29 110 | 11 786 | – 17 324 |
| Gesamthandel | 35 167 | 18 832 | – 16 344 |

*Quelle:* Statistisches Bundesamt; eigene Berechnungen.

*Tab. 3:* Direktinvestitionen zwischen Deutschland und Japan

| | Nettotransfer in Mio. DM | | | Bestand in Mrd. DM |
|---|---|---|---|---|
| | 1993 | 1994 | 1995 | Ende 1995 |
| Japans DI in Deutschland | 227 | 517 | 754 | 15,29 |
| Deutschlands DI in Japan | 169 | 808 | 267 | 8,7 |

Servicenetzen. Nicht zuletzt darauf ist die hohe Marktdurchdringung japanischer Erzeugnisse in Deutschland hinsichtlich bestimmter Produktbereiche (wie z. B. Autos, Elektronik und Fotoartikel) zurückzuführen. Die japanischen Investitionen im verarbeitenden Sektor sind nach wie vor gering. Diesbezüglich entfielen die meisten Direktinvestitionen sowohl absolut als auch im europäischen Vergleich auf die Fabrikationssparten Elektrotechnik und Chemie. Trotz aller Bemühungen von deutscher Seite ist das Engagement japanischer Unternehmen in den neuen Bundesländern bisher gering.

Im Gegensatz zu den japanischen Direktinvestitionen in Deutschland konzentrieren sich die deutschen in Japan auf das verarbeitende Gewerbe. Über 50 % der deutschen Investitionen in Japan wurden dabei von der chemischen Industrie getätigt. Seit einigen Jahren findet jedoch eine langsame Schwerpunktverlagerung der Investitionstätigkeit vom verarbeitenden Gewerbe in den Handel statt. Nach anfänglich bloßer Lizenzvergabe ist die deutsche Wirtschaft über *Joint-Venture*-Partnerschaften im Zuge der japanischen Liberalisierungen inzwischen dazu übergegangen, 100 %ige Tochterfirmen bzw. eindeutige Mehrheitsbeteiligungen anzustreben. Allerdings ist die nach wie vor geringe Höhe der Investitionen und das noch weitgehende Fehlen mittelständischer Unternehmen ein Indiz für die noch zu geringe Marktpräsenz der deutschen Exportwirtschaft in Japan. Ausreichende Marktdurchdringung wäre aber für die Sicherung der Wettbewerbsfähigkeit der deutschen Industrie und für die Wiederherstellung gleichgewichtiger Wirtschaftsbeziehungen unbedingt erforderlich.

Neben den aufgezeigten Schwierigkeiten des japanischen Marktes wurde ein stärkeres Engagement der deutschen Wirtschaft in Japan auch lange Zeit durch »hausgemachte« Faktoren verhindert. So ziehen es bis heute nicht wenige deutsche Unternehmen weiterhin vor, mit etablierten Handelspartnern in Europa und den USA zusammenzuarbeiten. Seit den Umwälzungen in Osteuropa konzentrieren sich darüber hinaus viele Unternehmen auf die dort neu entstehenden Märkte und scheuen vor den hohen und risikoreichen Investitionen in Japan zurück. Dabei hat die Strukturkrise der japanischen Wirtschaft seit Anfang der neunziger Jahre die Chancen der deutschen Exportwirtschaft auf dem japanischen Markt verbessert. Hoher Importbedarf, sinkende Investitionen, Verfügbarkeit von qualifizierten Arbeitskräften und wachsende Kooperationsbereitschaft japanischer Unternehmen haben in den vergangenen Jahren zu einer deutlichen Belebung der deutschen Ausfuhren nach Japan und auch zu erhöhten Investitionen deutscher Unternehmen in Japan geführt. Trotz der Rückführung des Außenhandelsdefizits mit Japan in den vergangenen Jahren bleibt Japan der Handelspartner, mit dem Deutschland das mit Abstand höchste Außenhandelsdefizit erwirtschaftet. Daher müssen die Bemühungen um ausge-

*Tab. 4:* Gründe für Erfolge und Probleme europäischer Unternehmen in Japan

| Die zehn bedeutendsten Problemfaktoren | in Prozent* | | Die zehn wichtigsten Erfolgsfaktoren |
|---|---|---|---|
| Hohe Grundstückspreise | 76 | 58 | Ausdauer, Geduld, langfristiges Engagement |
| Hohe Serviceansprüche japanischer Kunden | 66 | 33 | Qualität der Produkte inkl. Service |
| Hohe Qualitätsansprüche | 65 | 27 | Angepaßte Markenprodukte |
| Erwartung großer Liefertreue | 60 | 24 | Gute lokale Belegschaft |
| Arbeitskräftemangel | 55 | 16 | Unterstützung von der Muttergesellschaft |
| Handelssystem | 49 | 5 | Gutes Firmenimage, Ansehen, Zuverlässigkeit |
| Kommunikation, Sprache | 41 | 12 | Marktforschung/Verständnis für jap. Verhaltensweisen |
| Japanische Gewohnheiten | 38 | 12 | Anwendung japanischer Führungsmethoden |
| Finanzierung | 33 | 11 | Lokale Unabhängigkeit von jap. Herstellern, Handel und Geschäftspartnern |
| Undurchsichtigkeit von *Keiretsu*-Organisationen (Unternehmenskonglomerate) | 26 | 9 | Innovative Produkte |

* Mehrfachnennungen.

*Quelle:* HEC, Eurasia Institute 1991, S. 183, 205 (Übersetzung d. Verf.).

wogenere Wirtschaftsbeziehungen ungeschmälert fortgesetzt werden.[1] Dieses Ziel ist auch zu einem besonderen Schwerpunkt bei der Umsetzung des Asienkonzeptes der Bundesregierung erklärt worden. So ist im Rahmen des Asien-Pazifik-Ausschusses der Deutschen Wirtschaft (APA) unter persönlicher Federführung von BDI-Präsident Henkel ein Konzept für eine besondere Japan-Initiative entwickelt worden, das der Mobilisierung der deutschen Unternehmen für ein Engagement in Japan dienen soll. Damit soll auch dem deutschen Mittelstand vermittelt werden, daß eine Präsenz im japanischen Markt ein probates Mittel darstellt, sich in der bis auf absehbare Zeit am stärksten wachsenden Wirtschaftsregion der Welt zu etablieren und damit einer Gefährdung der eigenen Wettbewerbsfähigkeit erfolgreich zu begegnen.

1 Heinrich Kreft, Nach Japan exportieren – In Japan investieren – Mit Japan kooperieren. Für eine Stärkung des deutschen Japan-Engagements, in: Manfred Pohl (Hrsg.), Japan 1993/94 – Politik und Wirtschaft, Hamburg 1994, S. 281–291.

# Bibliographie


## Wirtschaftsentwicklung in den achtziger Jahren

JETRO (Hrsg.), Nippon 1990 – Business Facts and Figures, Tōkyō 1990.

KEIZAI KŌHŌ CENTER, Japan Institute for Social and Economic Affairs (Hrsg.), Japan 1993 – An International Comparison, Tōkyō 1993.

POHL, MANFRED (Hrsg.), Japan – Politik und Wirtschaft (Jahrbuch), Hamburg 1976 ff.

JAPAN (Zeitschrift seit 1993, Hamburg), regelmäßige, kontinuierliche Wirtschaftsberichte und Einzelanalysen.

## Herausforderungen der neunziger Jahre

FOLJANTY-JOST, GESINE/ANNA-MARIA THRÄNHARDT (Hrsg.), Der schlanke japanische Staat – Vorbild oder Schreckbild?, Opladen 1995.

OECD, Economic Survey Japan 1995, Paris 1995.

OECD, Economic Survey Japan 1996, Paris 1996.

POHL, MANFRED (Hrsg.), Japan – Politik und Wirtschaft (Jahrbuch), Hamburg: Institut für Asienkunde, verschiedene Jahrgänge.

## Wirtschaftsbeziehungen Japan – USA

BURSTEIN, DANIEL, Yen! Die japanische Herausforderung (Yen! Japan's New Financial Empire and its Threat to America), München 1989.

JAMES, BARRIE G., Wirtschaftsmacht Japan – Das trojanische Pferd (Trojan Horse – the Ultimate Japanese Challenge in Western Industry), Freiburg 1990.

VOLGER, HELMUT, Handelskonflikt und Machtrivalität zwischen Japan und den USA und die Perspektiven für die Zukunft, in: Asien. Deutsche Zeitschrift für Politik, Wirtschaft und Kultur, Oktober 1993, S. 50–65.

## Wirtschaftliche Beziehungen zur Europäischen Union

BERGSTEN, C. FRED/RANDALL HENNING, Global Economic Leadership and the Group of Seven, Washington 1996.

ERNST, ANGELIKA/HANNS GÜNTHER HILPERT, Japans Direktinvestitionen in Europa. Europas Direktinvestitionen in Japan, München 1991.

KORTE, KARL-RUDOLF, Nippons neue Vasallen? Die Japanpolitik der Europäischen Gemeinschaft, Bonn 1984.

Maull, Hanns W. (Hrsg.), Japan und Europa. Getrennte Welten?, Frankfurt a. M. 1993.
May, Bernhard, Japan in der Krise? Ökonomische und politische Umwälzungen in Japan als Herausforderung für die Triade, Bonn 1996.
Thränhardt, Dietrich (Hrsg.), Japan und Deutschland in der Welt nach dem Kalten Krieg, Münster 1996.
Wilkinson, Endymion, Japan versus the West. Image and Reality, London 1991.

## Wirtschaftsbeziehungen Japan – China

Iriye, Akira, Chinese-Japanese Relations 1945–1990, in: The China Quarterly, (1990) 124, S. 624–638.
Kozue, Hiralwa, Investment in China 1989–90, in: JETRO China Newsletter (1991) 90, S. 19–23.
Ono, Shuichi, Sino-Japanese Economic Relationships, Trade, Direct Investment, and Future Strategy. World Bank, Discussion Papers China and Mongolia Department Series, (1992) 146, Washington, D. C.
Yokoi, Yoichi, Plant and Technology Contracts and the Changing Pattern of Economic Interdependence Between China and Japan, in: The China Quarterly (1990) 124, S. 694–713.
Zhang, Jixun, Problems of Direct Investment in China, in: JETRO China Newsletter (1993) 103, S. 13–21.

## Japan und Südostasien

Draguhn, Werner (Hrsg.), Asiens Schwellenländer: Dritte Weltwirtschaftsregion? Wirtschaftsentwicklung und Politik der »vier kleinen Tiger« sowie Thailands, Malaysias und Indonesiens, Hamburg 1991.
Ders. (Hrsg.), Neue Industriekulturen im pazifischen Asien. Eigenständigkeiten und Vergleichbarkeit mit dem Westen, Hamburg 1993.
Wolfram, G., Direktinvestitionen japanischer Unternehmen in den ASEAN-Staaten nach der Aufwertung des Yen 1985, Berlin 1990.
Zeitschrift: »Südostasien aktuell« (zweimonatlich, Institut für Asienkunde, Hamburg).

## Deutsch-japanische Wirtschaftsbeziehungen

Andersch, Bernd, Japanische Direktinvestitionen in der Bundesrepublik Deutschland, Deutsch-Japanisches Wirtschaftsförderungsbüro, Reihe Japanwirtschaft, Heft 1, Düsseldorf 1978.
Baring, Arnulf/Masamori Sase, Zwei zaghafte Riesen? Deutschland und Japan seit 1945, Stuttgart – Zürich 1977.
Bundesministerium für Wirtschaft (Hrsg.), Deutschland und Japan – Wettbewerbsfähige Partner in der Weltwirtschaft, (Forumsveranstaltung vom 17. März 1992), Bonn 1992.
Deutsche Industrie- und Handelskammer in Japan (Hrsg.), Japanische Investitionen in Europa 1991 – Eine Bestandsaufnahme, Tōkyō 1992.

DIHT, Japanische Herausforderung. Antworten der deutschen Wirtschaft, Bonn 1992.
KREFT, HEINRICH, Nach Japan exportieren – In Japan investieren – Mit Japan kooperieren. Für eine Stärkung des deutschen Japan-Engagements, in: Manfred Pohl (Hrsg.), Japan 1993/94 – Politik und Wirtschaft, Hamburg 1994, S. 281–291.
DERS., Japanisch-europäische Direktinvestitionen im Ungleichgewicht – Eine makroökonomische Analyse, in: DIHKJ (Hrsg.), Japanische Investitionen in Europa 1993/94, Tōkyō 1994.
DERS., Ostdeutschland aus der Sicht der japanischen Wirtschaft, in: Deutschland Archiv 12 (1992) 25, S. 1283–1287.
KREINER, JOSEF/REGINE MATHIAS (Hrsg.), Deutschland und Japan in der Zwischenkriegszeit, Bonn 1990.
MARTIN, BERND, Japans Weg in die Moderne und das deutsche Vorbild: Historische Gemeinsamkeiten zweier »verspäteter Nationen«, 1860–1960, in: Ders. (Hrsg.), Japans Weg in die Moderne. Ein Sonderweg nach deutschem Vorbild, Frankfurt a. M. – New York 1987.
MEIER, BERND, Wettbewerb als Chance, Antworten auf die japanische Herausforderung, Beiträge zur Wirtschafts- und Sozialpolitik Nr. 200, Institut der deutschen Wirtschaft, Köln 1992.
MENZEL, ULLRICH (Hrsg.), Im Schatten des Siegers, Bd. 3: Ökonomie und Politik, Bd. 4: Weltwirtschaft und Weltpolitik, Frankfurt a. M. 1989.
NAKAMURA, TAKAFUSA, The Postwar Japanese Economy, Tōkyō 1983.
PAUER, ERICH, Die wirtschaftlichen Beziehungen zwischen Japan und Deutschland 1900–1945, in: Josef Kreiner (Hrsg.), Japan – Deutschland. Historische Kontakte, Bonn 1984, S. 161–210.
DERS. (Hrsg.), Technologietransfer Deutschland – Japan von 1850 bis zur Gegenwart, München 1992.
POHL, MANFRED (Hrsg.), Innovation, Know how, Rationalization and Investment in the German and Japanese Economies: 1868/1871 – 1930/1980, Zeitschrift für Unternehmensgeschichte, Beih. 22.
SEITZ, KONRAD, Die japanisch-amerikanische Herausforderung. Deutschlands Hochtechnologie-Industrien kämpfen ums Überleben, München – Bonn 1990.
STREIB, FOLKER/MEINHOLF ELLERS, Der Taifun – Japan und die Zukunft der deutschen Industrie, Hamburg 1994.

# Kapitel D:
# Gesellschaft

# I. Erziehung und Ausbildung

Ulrich Teichler

Über keine andere industrialisierte Gesellschaft werden so viele wertgeladene Schriften zum Bildungssystem veröffentlicht wie über Japan. Bewunderung und Erschrecken mischen sich untrennbar. »Die Inszenierung der Harmonie«, »Das Dilemma der modernen Bildungsgesellschaft«, »Von Japan lernen?« – auch die Titel von Büchern, in denen das japanische Bildungssystem sehr differenziert behandelt wird, zeigen diese Spannung auf.

## 1. Expansion des Schulbesuchs bei hohem Leistungsniveau

Japan gehört zu den Ländern, in denen ein langer Schulbesuch dazugehört. Die Schulpflicht umfaßt neun Jahre – die sechs Jahre der Grundschule und die drei Jahre der Mittelschule, in der der Lehrplan für fast alle Schüler einheitlich ist. Etwa 95 % der Mittelschulabsolventen setzen den Schulbesuch fort – zumeist auf Oberschulen. Fast 90 % dieser Schülerinnen und Schüler erreichen einen Oberschulabschluß, der die Bewerbung an einer Hochschule ermöglicht. Die letztgenannte Quote ist höher als in allen anderen vergleichbaren Ländern.

*Tab. 1:* Daten zum japanischen Bildungswesen 1995

| | Institutionen | Lehrende[1] | Lernende | Besuchsquote[2] |
|---|---|---|---|---|
| Kindergarten | 14 856 | 102 992 | 1 808 432 | 63,2 % |
| Grundschule | 24 548 | 430 958 | 8 370 246 | ca. 99 % |
| Mittelschule | 11 274 | 271 020 | 4 570 390 | ca. 99 % |
| Oberschule | 5 501 | 281 117 | 4 724 945 | 95,8 % |
| Sonderschulen | 967 | 51 913 | 86 834 | – |
| Fachhochschulen | 62 | 4 306 | 56 234 | 0,7 % |
| Kurzstudienhochschulen | 596 | 20 702 | 498 516 | 13,1 % |
| Universität | 565 | 137 464 | 2 546 649 | 32,1 % |
| Höhere Fachschulen | 3 476 | 36 433 | 813 347 | – |
| Verschiedenartige Schulen | 2 821 | 16 304 | 321 105 | – |

1 Nur Vollzeitlehrende;
2 Quoten für Oberschul- und Hochschulbesuch beziehen sich jeweils auf die Zahl der Lernenden im ersten Jahr in Relation zur Zahl der Mittelschulabsolventen des entsprechenden Jahrganges.

*Quelle:* Ministry of Education, Science, Sports and Culture, Statistical Abstract of Education, Science, Sports and Culture, 1994 Edition, Tōkyō 1996.

Der Anteil der Pflichtschulabsolventen, die ihren Schulbesuch fortsetzen, hatte 1950 bereits 42 % betragen. Er stieg auf 58 % im Jahre 1960, 82 % im Jahre 1970 und 94 % im Jahre 1980. Die Hochschulzugangsquote (Studienanfänger an Universitäten und Kurzstudienhochschulen sowie Studierende des vierten Jahres an Fachhochschulen), die 1960 noch 10 % betragen hatte, erreichte 1970 24 % und 1975 38 %. Nach einer weitgehenden Konstanz bis um 1990 stieg die Hochschulzugangsquote auf 46 % im Jahre 1995.

Seit mehr als zwei Jahrzehnten werden international vergleichende Studien über die Leistungen von Sekundarschülern durchgeführt. Sie beziehen sich überwiegend auf mathematisch-naturwissenschaftliche Fächer. Die Ergebnisse der Studien sind nicht einfach zusammenzufassen, weil die Vergleiche verschiedener Schultypen und deren Besuchsquoten Probleme bereiten. Jedoch ist unter Experten unumstritten, daß durch sie ein ausgesprochen hohes Leistungsniveau an japanischen Schulen belegt wird.

## 2. Die »Bildungsganggesellschaft«

Bis zum 18. Lebensjahr findet in Japan ein extremer Wettbewerb im Bereich der Ausbildung statt. Viele Eltern legen Wert darauf, daß ihre Kinder bereits in den »richtigen« Kindergarten kommen. Die Mehrheit der Grund- und Sekundarschüler besucht nebenher private Paukschulen *(Juku)* – überwiegend, um den schulischen Anforderungen vorauszueilen. Die Anstrengungen um den Bildungserfolg sind im Alter von 14 bis 18 Jahren am höchsten. Mit dem Zugang zur Oberschule fällt eine wichtige Vorentscheidung: Dabei geht es nicht nur darum, ob nun ein allgemeinbildender oder berufsorientierter Oberschultyp bzw. ob eine öffentliche oder private Institution besucht wird. Wichtig ist vielmehr der Zugang zur »besten« Oberschule: Die einzelnen Oberschulen werden nach dem Erfolg ihrer Absolventen bewertet – sei es am oberen Ende der Prestigehierarchie nach der Zahl derjenigen, denen der Zugang zu den berühmtesten Universitäten gelingt, oder sei es am unteren Ende der Prestigeskala nach der Zahl derjenigen, die bei örtlichen Betrieben angestellt werden. Die Zulassungsprüfungen für den Zugang zu den Universitäten sind schließlich das Ziel, auf das sich die größten Anstrengungen richten. »Prüfungshölle« ist ein verbreiteter Ausdruck, mit dem in Japan die Situation charakterisiert wird.

Zum starken Wettbewerb um den Bildungserfolg trägt zum einen bei, daß das japanische Bildungssystem als besonders offen gilt: Jugendliche in Japan scheinen in größerer Zahl als in anderen Ländern davon überzeugt zu sein, daß fast jeder eine wirkliche Chance hat, einen hohen Ausbildungsstandard zu erreichen. Unter anderem ist dabei zu berücksichtigen, daß die entscheidenden Prüfungen stark faktenorientiert sind; so wird die Vorstellung gestützt, daß Bildungserfolg mit großem Fleiß erreichbar ist.

Zum anderen ist in Japan die Überzeugung besonders stark ausgeprägt, daß der Bildungserfolg in hohem Maße beruflich und sozial belohnt wird. Eine qualifizierte Ausbildung ist für die Chancen beim Übergang in den Beruf von außergewöhnlich großer Bedeutung. Hinzu kommt, daß die »Dauerbeschäftigung« (lebenslange Einstellung in einer Firma) und das »Senioritätsprinzip« (Beförderung nach Dienstalter) die langfristig zentrale Bedeutung der Entscheidung unterstreichen, die beim Übergang in den Beruf fällt. Mit »Bildungsganggesellschaft« wird der japanische Ausdruck *Gakureki Shakai* übersetzt, der die große gesellschaftliche Bedeutung des Bildungserfolges hervorhebt.

Für alle Industriegesellschaften gilt es als typisch, daß das Bildungssystem in bemerkenswertem Maße chancenoffen geworden ist und daß der Bildungserfolg in beachtlichem Maße die späteren Berufs- und Lebenschancen vorzeichnet. In Japan treten diese Zusammenhänge dadurch ungewöhnlich konturiert auf, daß sich die wichtigen Selektionsentscheidungen lediglich auf eine ganz kurze Phase des Lebens – praktisch nur auf zwei Prüfungsphasen – konzentrieren. Schulnoten haben nur informierenden Stellenwert; die Entscheidungen erfolgen bei den Zulassungsprüfungen zur Oberschule und zur Hochschule. Die Zulassung zu einer berühmten Universität gilt noch immer mehr oder weniger als Garantie für eine eindrucksvolle berufliche Karriere.

Lange Zeit war es üblich, daß die einzelnen Universitäten ihre eigenen Zulassungsprüfungen durchführten. Gemeinsame Tests an staatlichen Universitäten wurden schließlich in der Absicht eingeführt, den hohen Aufwand der Schülerinnen und Schüler für die Aufnahmeprüfungen einzudämmen. Tatsächlich hatte diese Reform aber die gegenteilige Wirkung: Mit Hilfe dieses Tests konnte noch genauer die Rangabstufung im Ansehen der Hochschulen und Schulen gemessen werden, wodurch sich der Wettbewerb weiter verschärfte.

Viele ausländische Beobachter heben hervor, daß japanische Studierende das Studium weniger ernst nähmen, als dies in anderen Ländern zu bemerken sei. Japanische Professoren äußern sich ähnlich und betonen dabei, daß sie kaum Chancen sähen, ihrerseits das Lernklima entscheidend zu verändern: Da es nicht üblich sei, innerhalb von Organisationen stark auszulesen und die Studierenden mit der Zulassung zur Universität mehr und weniger das Ziel ihrer Wünsche erreicht hätten, sei ein Einbruch in den Bemühungen um den Studienerfolg nicht zu verhindern. Manche Darstellungen über das Lehr- und Lernklima dürften übertrieben sein; aber zweifellos dient die Zeit des Studiums auch der Kompensation der vorangehenden Anstrengungen.

## 3. Die Struktur des Hochschulwesens

In der Diskussion über die Chancen und Probleme der »Bildungsganggesellschaft« werden vor allem immer wieder einige berühmte staatliche Universitäten erwähnt: Ein Abschluß an der Tōkyō-Universität eröffnet die sowohl für den öffentlichen Dienst als auch die Privatwirtschaft günstigsten Berufschancen. Die Kyōto-Universität gilt als zweitbeste Universität, wenn Rangordnungen vorgenommen werden.

Insgesamt gibt es in Japan über 500 Universitäten *(Daigaku)* mit zumeist vierjährigen Studiengängen und fast 600 Kurzstudienhochschulen mit zumeist zweijährigen Studiengängen *(Tanki Daigaku)*; hinzu kommen über 60 Fachhochschulen

*Abb. 1:* Organisation des Erziehungswesens

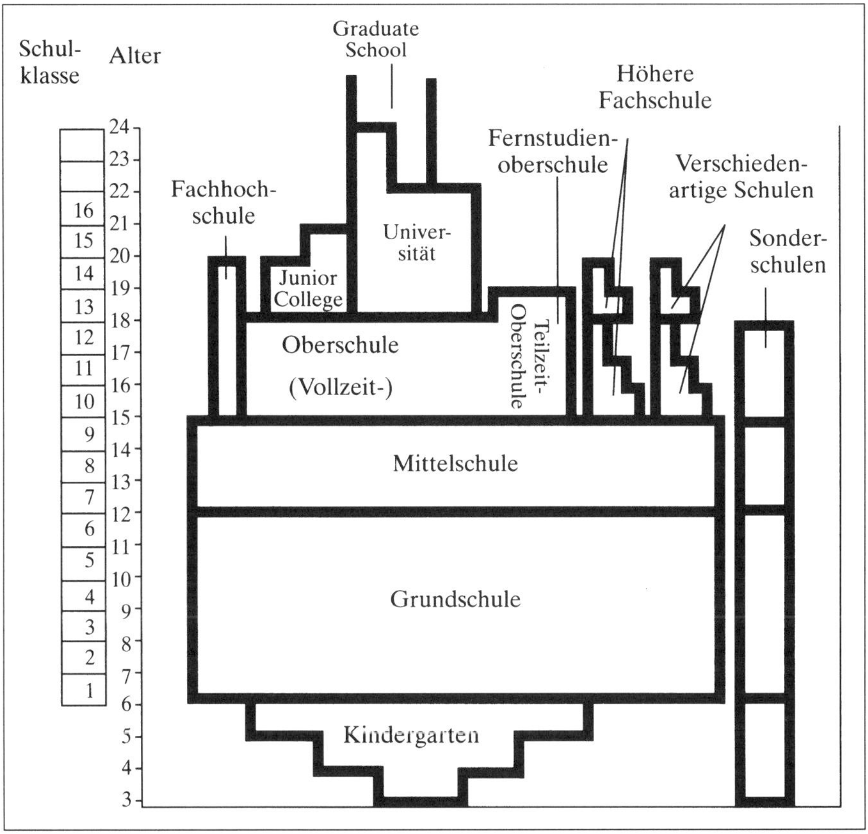


*(Kōtō Senmon Gakkō)*, die die drei Jahre der oberen Sekundarstufe und zwei weitere Studienjahre zu einem fünfjährigen Ausbildungsprogramm verbinden. Der Anteil der Studierenden an diesen Hochschultypen verteilt sich folgendermaßen:

- Etwa drei Viertel der Studierenden besuchen private Hochschulen. Wenn auch einzelne private Universitäten ein hohes Ansehen haben, sind doch – insgesamt gesehen – eher die staatlichen Universitäten an der Spitze der Reputationshierarchie;
- 41 % der männlichen Jugendlichen nahmen 1991 ein Studium an Universitäten, 2 % an Kurzstudienhochschulen und 1 % an Fachhochschulen auf. Dagegen nahmen 25 % der weiblichen Jugendlichen ein Studium an Kurzstudienhochschulen auf und nur 23 % an Universitäten. Nach durchschnittlich gleichen Schulerfolgen trennen sich mit dem Studienbeginn weitgehend die Bildungswege – in Antizipation der Tatsache, daß nur wenige Frauen nach dem Studienabschluß lange berufstätig bleiben und Karriere machen. Hier hat die Gesetzesänderung Mitte der achtziger Jahre, durch die die bisherige Praxis einer

obligatorischen Beendigung des Beschäftigungsverhältnisses nach wenigen Jahren für rechtswidrig erklärt wird, zu keiner Trendwende geführt;
- relativ klein ist der Anteil der Universitätsabsolventen, die später ein Graduiertenstudium aufnehmen. Während in Japan nur etwa 9 % über den Abschluß hinaus studieren, der im internationalen Vergleich dem *Bachelor's* gleichgesetzt wird, betragen entsprechende Quoten in den USA etwa 40 % und in Großbritannien etwa 30 %.

Seit 1976 werden *Senshū Gakkō* – was man als »höhere Fachschulen« übersetzen kann – ebenfalls als Institutionen des Hochschulbereichs betrachtet. Mehr als 10 % eines Altersjahrganges absolvieren an diesen – fast ausschließlich privaten – Institutionen ein- bis dreijährige Ausbildungsgänge, die durch eine stärkere fachliche Spezialisierung und Praxisorientierung gekennzeichnet sind. Eine große Zahl von Unternehmen stellt die Absolventen dieser Institutionen den Absolventen von Kurzstudienhochschulen und Fachhochschulen gleich.

## 4. »Berufsausbildung ohne Beruf«

»Von ›Beruf‹ ist man nicht Schlosser, Chemiker oder Industriekaufmann, sondern bei Mitsubishi, Sony oder Matsushita« schreibt W. Georg und äußert entsprechende Zweifel, ob die Verwendung des Begriffes »Berufsausbildung« für die japanische Situation überhaupt angebracht ist. In Übersichten zur beruflichen Bildung wird gewöhnlich auf drei Bereiche verwiesen:
- Etwa 25 % der Schüler besuchen berufsorientierte Schulzweige – insbesondere in kaufmännischen und technischen Bereichen. Fast die Hälfte der Unterrichtszeit – einschließlich der Praktika – ist auf den beruflichen Schwerpunkt zugeschnitten. Kaum mehr als 10 % der Absolventen dieser Zweige – im Vergleich zu etwa der Hälfte der Absolventen allgemeinbildender Oberschulen – nehmen später ein Hochschulstudium auf;
- die zuvor bereits genannten *Senshū Gakkō* (»höhere Fachschulen«) bieten fachlich spezialisierte Programme von ein- bis dreijähriger Dauer zum Teil ausschließlich für Oberschulabsolventen und zum Teil offen für Pflichtschulabsolventen an. Auch unter den sogenannten »verschiedenartigen Schulen« *(Kakushu Gakkō)*, zu denen unter anderen auch Fahrschulen und Schulen zur Vorbereitung auf Hochschulaufnahmeprüfungen gerechnet werden, sind einige Fachschulen eingeordnet;
- unter Aufsicht des Arbeitsministeriums erhalten jährlich über 300 000 Personen eine grundlegende berufliche Ausbildung, eine größere Umschulung, eine Ausbildung für Ausbilder o. ä.

Eindeutig sind jedoch drei markante Unterschiede der beruflichen Qualifizierung in Deutschland und Japan hervorzuheben.

Erstens erfolgt in Japan kaum eine öffentliche Normierung der grundlegenden beruflichen Ausbildung; sie ist weitgehend den jeweiligen Entscheidungen der Unternehmen überlassen. Es gibt allerdings – dies wird in vielen Darstellungen zum japanischen Bildungswesen übersehen – ein hohes Maß an öffentlicher Normierung beruflicher Aufgabenbereiche, die nach deutschem Verständnis keinen eigenständigen Beruf ausmachen: Z. B. sind Tausende von öffentlichen Prüfungen und Zertifikationen für verschiedene berufliche Aufgaben – etwa die regelmäßige Sicherheitsprüfung für bestimmte Maschinen – vorgesehen.

Zweitens wird seitens der japanischen Unternehmen erwartet, daß die Beschäftigten zu ihnen als »Rohmaterial« kommen. Nur in wenigen Bereichen wird eine vorberufliche Fachausbildung vorausgesetzt. In den Unternehmen herrscht die Einschätzung vor, daß es vorzuziehen sei, die fachliche Vorbereitung auf berufliche Aufgaben mit betrieblicher Sozialisation zu verknüpfen.

Drittens gibt es für die meisten Beschäftigten keine fachlich-inhaltliche Beziehung zwischen Ausbildung und Berufstätigkeit. Erwartet wird, daß sich die Beschäftigten je nach den betrieblichen Erfordernissen flexibel auf völlig neue Aufgabenbereiche einstellen. Nicht die inhaltliche Kontinuität von Ausbildung und beruflicher Tätigkeit steht im Vordergrund, sondern vielmehr das Prinzip der lebenslangen Anstellung bei einer Firma. Auch wenn dies oft um den Preis wechselnder Aufgabenfelder realisiert wird, so ist dieses Prinzip doch eine übliche Wunschvorstellung bei Arbeitgebern und Arbeitnehmern.

Sehr unterschiedlich fallen die Einschätzungen von Experten über den Umfang der betrieblichen Aus- und Weiterbildung in Japan aus. Versuche, den Umfang der Weiterbildung mit Hilfe von Statistiken über Weiterbildungsausgaben zu schätzen, kamen zumeist zu dem Ergebnis, daß die betriebliche Aus- und Weiterbildung in Japan keineswegs ungewöhnlich stark ausgebaut ist. Eine ausgiebige fachliche Qualifizierung im Umfang der deutschen Fortbildung scheint in Japan für einen weitaus geringeren Anteil der Beschäftigten zu erfolgen. Häufiger wird erwartet, daß die Beschäftigten je nach anfallenden Arbeitsaufgaben die Qualifikationen immer wieder durch *On-the-Job*-Training, Selbstlernen oder kürzere Weiterbildungsphasen erwerben und ergänzen.

# 5. Reformdiskussionen

In der Geschichte des japanischen Bildungswesens werden immer wieder zwei große Reformen hervorgehoben. Kurz nach Beginn der *Meiji*-Restauration im Jahre 1868 wurden Erziehungsreformen zu einer zentralen Aufgabe für die Modernisierung der japanischen Gesellschaft erklärt. Das Zusammentragen von Wissen aus aller Welt bei Förderung der traditionellen kulturellen Werte Japans war die Devise. Nach dem Zweiten Weltkrieg wurden unter amerikanischem Einfluß erneut tiefgreifende Reformen durchgeführt, die jetzt zur Demokratisierung durch größere Chancenoffenheit, zur Verringerung des Qualitätsgefälles zwischen den Bildungsinstitutionen, zur Dezentralisierung der Verwaltung und zur stärkeren Beteiligung der Eltern beitragen sollten. Dabei wurde die frühere verzweigte Bildungsstruktur durch die horizontale Struktur des 6-3-3-4-Systems (6 Jahre Grundschule, 3 Jahre Mittelschule, 3 Jahre Oberschule, 4 Jahre Hochschule) ersetzt. Damit ist die Schulbildung bis zum 9. Schuljahr fast einheitlich; auch können sich die Oberschulabsolventen aller Zweige für ein Studium an Universitäten bewerben.

Immer wieder sind in den letzten Jahrzehnten Rufe nach einer dritten großen Bildungsreform lautgeworden. Dabei mischen sich Vorbehalte gegenüber den Nachkriegsreformen unter amerikanischem Einfluß, Kritiken an der Unterhöhlung pädagogischer Grundwerte durch übertriebenen Wettbewerb und Hinweise auf neue gesellschaftliche Anforderungen.

Als größter Versuch in den letzten Jahren, eine Bilanz zu ziehen und Reformen vorzuschlagen, sind die Beratungen und Empfehlungen des Nationalen Bildungsreformrates in den Jahren 1984 bis 1987 zu nennen. Darin wird das japanische Bildungswesen als desolat und von tiefsitzenden Pathologien gekennzeichnet gesehen. 1986 wurden vor allem folgende Probleme hervorgehoben: »Die Rigidität, Einförmigkeit und Geschlossenheit der Lernaktivitäten in den Bildungseinrichtungen, die unangemessene gesellschaftlich hohe Bewertung des Bildungshintergrunds von Individuen und die Tendenz zu einer starken Kontrolle der Lernenden – alle diese Faktoren verhindern eine gesunde Charakterentwicklung, sie erhöhen den mentalen Druck auf die Kinder und führen zu Frustrationen.« Daneben konstatierte der Rat, daß das öffentliche Vertrauen in das Bildungssystem gering sei, weil in ihm eine »Atmosphäre des gegenseitigen Mißtrauens« herrsche – was insbesondere im Antagonismus zwischen Erziehungsministerium und Lehrergewerkschaft sichtbar sei.

Der Nationale Bildungsreformrat setzte sich nicht so sehr mit Fragen auseinander, welche quantitative Entwicklung von Bildungsabschlüssen oder welches Maß von allgemeiner oder beruflicher Orientierung wünschenswert sei; er empfahl vielmehr eine Aufwertung der spezialisierten und berufsvorbereitenden Bildung. Am stärksten betonte er, daß »Diversifizierung«, »Individualisierung« und »Internationalisierung« der Bildung zunehmen müsse. Auch solle die Bildung verstärkt drei im 21. Jahrhundert zu erwartenden Veränderungen Rechnung tragen: einer internationalisierten Gesellschaft, dem Informationszeitalter und einer »reifenden Gesellschaft mit alternder Bevölkerung«.

Die Reformdiskussionen haben sich in die neunziger Jahre fortgesetzt. Unter anderem stellte die Regierung zur Diskussion, nunmehr die 6-3-3-Schulstruktur nach fünf Jahrzehnten durch eine 6-6-Struktur zu ersetzen. Die Reformvorschläge haben nicht so einschneidende Veränderungen ausgelöst, daß es berechtigt wäre, in den neunziger Jahren von einer dritten Reformepoche zu sprechen. Dennoch sind manche Entwicklungen bemerkenswert: Die Zahl der ausländischen Studierenden hat sich tatsächlich ab Mitte der achtziger Jahre entsprechend den damals formulierten Zielen innerhalb von 10 Jahren verfünffacht. Auch haben die Hochschulen einen weitaus größeren Spielraum für die Gestaltung der Studienangebote erhalten. Vielleicht verstellt die Diskussion über eine große Reform lediglich den Blick dafür, daß in Erziehung und Ausbildung in Japan vieles in Bewegung ist.

# II. Frauen in Japan: Zwischen Tradition und Aufbruch

Claudia Weber

## 1. Rechtsentwicklung und politische Partizipation

Die von der amerikanischen Besatzungsmacht nach der japanischen Niederlage initiierte Verfassungsreform (1947) brachte den japanischen Frauen zum ersten Mal in der Geschichte die volle rechtliche Gleichstellung: So verbot die japanische Nachkriegsverfassung jegliche Diskriminierung aufgrund von Geschlechtszugehörigkeit (Artikel 14) und garantierte Rechtsgleichheit im Familienleben (Artikel 24). Die Unterordnung der japanischen Frau unter das männliche Familienoberhaupt, die in Form des patriarchalen Familiensystems *(Ie Seido)* den Zusammenbruch des Feudalismus in der *Meiji*-Restauration (1868) überdauert hatte, war damit in rechtlicher Hinsicht beseitigt. Die Ideologie der Frauen-Geringschätzung *(Danson Jōhi)*, verankert seit der *Tokugawa*-Zeit (1600–1868) in der konfuzianischen Lehre von Staat und Gesellschaft, diente formell nicht länger als Legitimation für hierarchische Geschlechterbeziehungen. Die Gleichstellung der Frauen in der japanischen Nachkriegsverfassung wurde als »das weltweit größte Experiment mit Feminismus außerhalb eines revolutionären Kontextes«[1] bezeichnet. Keineswegs entsprang sie nur dem Diktat der Besatzungsmacht. Vielmehr griffen die Amerikaner in Abstimmung mit demokratisch-progressiven Kräften in Japan politische Forderungen der Vorkriegszeit auf, die damals vergeblich von der japanischen Opposition – insbesondere von der frühfeministischen Frauenbewegung – propagiert worden waren.[2]

Die Verleihung des aktiven und passiven Wahlrechts eröffnete den Japanerinnen zum ersten Mal uneingeschränkt politische Partizipationschancen. Ihr politisches Interesse manifestierte sich in ihrer hohen Wahlbeteiligung und in der relativ großen Zahl erfolgreicher Kandidatinnen, die in den ersten Unterhauswahlen von 1946 8,4 % der Mandate errangen, ein Anteil, der später nie wieder erreicht werden konnte.[3] Nach dem Abflauen des Reformkurses der unmittelbaren Nachkriegszeit und der Regierungsübernahme durch konservative Kräfte zogen sich viele politisch aktive Japanerinnen weitgehend aus der von Männercliquen beherrschten und von Korruptionsskandalen erschütterten offiziellen Politarena zurück und organisierten sich in oppositionellen Bürgerinitiativen und »Graswurzel«-Bewegungen gegen

1 Susan J. Pharr, Political Women in Japan, Berkeley 1981, S. 29.
2 Dorothy Robins-Mowry, The Hidden Sun: Women of Modern Japan, Colorado 1983; Sharon C., Sievers, Flowers in Salt – The Beginning of Feminist Consciousness in Japan, Stanford 1983.
3 Sumiko Iwao, The Japanese Women, New York 1993, S. 218.

Militarismus, für Umwelt- und Verbraucherschutz etc. Aktivistinnen aus diesem Umkreis, in der Mehrzahl Hausfrauen, beschränkten sich überwiegend auf Lokal- und Regionalpolitik. Gestützt auf Sympathisanten-Netzwerke waren sie auf dieser Ebene durchaus erfolgreich. Die Wahl der Unterhausabgeordneten Takako Doi – zunächst zur Vorsitzenden der Sozialistischen Partei (1986–1990) und dann zur Parlamentspräsidentin im Zuge des Sieges der Reformkoalition (1993) – scheint dem generellen politischen Engagement vieler Japanerinnen neuen Schwung zu verleihen.[4]

Die Gleichheitsgrundsätze der japanischen Nachkriegsverfassung fanden auch Eingang in die Arbeitsgesetzgebung und boten eine Handhabe im Kampf gegen die Frauendiskriminierung im Arbeitsleben.[5] Seit den späten sechziger Jahren beriefen sich japanische Arbeitnehmerinnen zur Abwehr geschlechtsdiskriminierender Unternehmenspraktiken (wie »Entlassung bei Heirat« etc.) erfolgreich vor Gericht auf die verfassungs- und arbeitsrechtliche Gleichberechtigung.[6] Mit der Verkündigung eines Gesetzes zur »chancengleichen Beschäftigung von Mann und Frau« *(Danjo Koyō Kikai Kintōhō)* im Jahr 1986 wurde die Antidiskriminierungspolitik auf eine neue Rechtsbasis gestellt. Viele Japanerinnen kritisierten dieses Gesetz wegen seines zum Teil unverbindlichen Empfehlungscharakters und Fehlens expliziter Strafbestimmungen. Die praktische Wirksamkeit dieser bei aller Skepsis dennoch bedeutenden Gesetzesreform läßt sich noch nicht definitiv beurteilen.[7]

## 2. Tradition und Wandel der Frauenerwerbsarbeit

Die Rechtsentwicklung war in Japan von dramatischen Veränderungen der Frauenerwerbsarbeit begleitet. Von jeher waren japanische Frauen im agrarischen Sektor und im Handwerk und Handel ökonomisch aktiv. Ihre Entsendung als temporäre Lohnarbeiterinnen in die Textilindustrie – bei niedrigsten Löhnen und zum Teil unmenschlichen Arbeitsbedingungen – bildete um die Jahrhundertwende die Grundlage für Japans erfolgreiche Industrialisierung. Die japanische Arbeiterschaft war noch zu Beginn der dreißiger Jahre dieses Jahrhunderts mehrheitlich weiblich.[8] In der *Taishō*-Zeit (1912–26) und frühen *Shōwa*-Zeit (1926–36) ergaben sich neue Beschäftigungschancen für Frauen im Büro- und Verwaltungsbereich. Sie wurden vor allem von den Absolventinnen rasch expandierender höherer Mädchenschulen wahrgenommen. Es entwickelte sich die Rolle der modernen, berufstätigen Frau in den Varianten: *Modan Garu (Modern Girl)* und *Sengyō Fujin* (berufstätige Ehefrau). Im Zuge der imperialistischen Expansion und während des Krieges wurde sie

4 Junko Nagai, Madonnen-Strategie – Der Aufbruch in die Politik, in: R. Linhart/F. Wöss (Hrsg.), Nippons neue Frauen, Reinbek 1990, S. 135–151.

5 Alice Cook /Hiroko Hayashi, Working Women in Japan – Discrimination, Resistance and Reform, Ithaca 1980.

6 Frank K. Upham, Law and Social Change in Postwar Japan, Cambridge (Mass.) 1987.

7 Alice Lam, Women and Japanese Management, London 1992, S. 221–240.

8 Ilse Lenz, Kapitalistische Entwicklung, Subsistenzproduktion und Frauenarbeit – Der Fall Japan, Frankfurt u. a. 1984, S. 199.

*Tab. 1:* Entwicklung der Teilzeitbeschäftigung in Japan (außer Land- und Forstwirtschaft) 1960–1990

| | *Anteil teilzeitbeschäftigter Frauen (%) | jährliche Zuwachsrate teilzeitbeschäftigter Frauen (%) | jährliche Zuwachsrate vollzeitbeschäftigter Frauen (%) |
|---|---|---|---|
| 1960 | 8,9 | 1,1 | 8,5 |
| 1995 | 9,6 | 7,5 | 5,7 |
| 1970 | 12,2 | 9,7 | 4,0 |
| 1975 | 17,4 | 8,8 | 0,0 |
| 1980 | 19,3 | 5,3 | 2,6 |
| 1985 | 22,0 | 5,4 | 2,1 |
| 1990 | 27,9 | 8,5 | 1,8 |

* = unter 35 Wochenstunden

*Quelle:* Management and Coordination Agency, Rōdōryoku Chōsa, in: Saso, (Anm. 13) S. 149, JIWE 12.

durch reaktionär-nationalistische Frauenbilder und einen pronatalistischen »Mutterkult« abgelöst.[9]

Nach der Niederlage und der weitgehenden Zerstörung seiner industriellen Basis sah sich Japan auf den Stand eines Agrarlandes zurückgeworfen, bis der sogenannte Korea-Boom (1955) den spektakulären Aufstieg zur Weltwirtschaftsmacht einleitete. In seiner Folge wurden junge Frauen (mit Mittel- bzw. Oberschulabschluß) und ältere, verheiratete Frauen, die vorzugsweise in Landwirtschaft und Fischerei, im Handwerk und Handel als »mithelfende Familienangehörige« tätig waren, von Großunternehmen eingestellt, deren exportorientierte Massenproduktion von Konsumgütern die Basis für Japans wirtschaftlichen Aufstieg bildete. Als Arbeiterinnen am Fließband oder als sogenannte *Office Ladies* stellten sie ihre Arbeitskraft zu vergleichsweise sehr niedrigen Löhnen zur Verfügung.[10]

Die Hochwachstumsphase der japanischen Wirtschaft (1959–70), in der das Bruttosozialprodukt nahezu ununterbrochen zweistellig wuchs, veränderte die Arbeits- und Lebensbedingungen der Japanerinnen grundlegend. So führte wachsender Wohlstand zu höheren Bildungsaspirationen. Für japanische Mädchen wurde der Oberschulbesuch schon Mitte der sechziger Jahre ebenso zur Norm wie für Jungen.[11] Zunehmend gewann auch das Frauenstudium an Attraktivität. Im tertiären Bildungssektor blieben jedoch geschlechtssegregierte Strukturen bis heute erhalten, obwohl sich die Hochschuleintrittsraten der Frauen kontinuierlich erhöhten: Mehrheitlich zogen die Japanerinnen zweijährige Studiengänge an sogenannten Kurzzeit-Universitäten *(Tanki Daigaku)* einem vierjährigen vollen Universitätsstudium vor, denn je höher der Bildungsabschluß, den sie erreichten, desto geringer war ihre Aussicht auf Beschäftigung.[12] Lange Zeit boten ihnen die Kurzzeit-

9 Gail Lee Bernstein (Hrsg.), Recreating Japanese Women, Berkeley 1991, S. 267–295.

10 Mary C. Brinton, Women and the Economic Miracle, Berkeley 1993; vgl. auch Tab. 3.

11 Christiane Langer-Kaneko, Zur Geschichte der Erziehung und Bildung der Frau in Japan, in: E. Gössmann (Hrsg.), Japan – ein Land der Frauen?, München 1991, S. 81–116, vgl. S. 113.

12 Kyra Auslitz-Blesch, Akademikerinnen in Japan, Weinheim 1989; Atsuko Kameda, Die Frau als Lehrende und Lernende an japanischen Universitäten, in: E. Gössmann, (Anm. 11), S. 130–144.

*Tab. 2:* Beschäftigungsstatus (in Prozent aller erwerbstätigen Frauen)

| | Selbständige | Mithelfende Familienangehörige | Abhängig Beschäftigte |
|---|---|---|---|
| 1960 | 15,8 (17,5)* | 43,4 (21,4) | 40,8 (61,1) |
| 1965 | 14,5 (14,7) | 36,8 (17,9) | 48,6 (67,4) |
| 1970 | 14,2 (13,3) | 30,9 (16,9) | 54,7 (69,6) |
| 1975 | 14,3 (12,3) | 25,7 (16,4) | 59,8 (71,1) |
| 1980 | 13,7 (12,6) | 23,0 (15,3) | 63,2 (71,9) |
| 1985 | 12,5 (12,0) | 20,0 (13,5) | 67,2 (74,3) |
| 1987 | 12,0 (11,5) | 19,3 (13,2) | 68,4 (75,0) |

* Die Zahlen in Klammern beziehen sich auf Beschäftigung außerhalb der Landwirtschaft.
*Quelle:* Saso, (Anm. 13), S. 30.

Universitäten, häufig als »Bräuteschulen« verspottet, weitaus bessere Anstellungschancen als ein Universitätsstudium. Die sozialen Erwartungen an die weibliche Normalbiographie (Unterbrechung der Erwerbsarbeit bei Heirat oder spätestens nach der Geburt eines Kindes) ließen es aus der Sicht der Arbeitgeber unrentabel erscheinen, die um einige Jahre älteren Universitätsabsolventinnen einzustellen. Seit Mitte der achtziger Jahre – und nicht zuletzt unter dem Druck des Chancengleichheitsgesetzes – haben sich ihre Beschäftigungsperspektiven verbessert, um jedoch erneut vom konjunkturellen Abschwung massiv beeinträchtigt zu werden.

Generell werden Frauen in japanischen Privatunternehmen selten perspektivenreiche Arbeitsplätze und eine qualifizierte innerbetriebliche Aus- und Weiterbildung angeboten. Sie werden nach der Familiengründung immer noch zur Aufgabe ihres Arbeitsplatzes gedrängt. Aus der Perspektive der Unternehmerverbände und der Regierung (insbesondere des Arbeitsministeriums) hält man jedoch zunehmend ihre Rückkehr auf den Arbeitsmarkt nach der »Familienpause« für wünschenswert. Seit 1992 ist ein »Kinderbetreuungsgesetz« *(Ikuji Kyūgyōhō)* in Kraft, das beiden

*Tab. 3:* Geschlechts- und altersgruppenspezifische Einkommensunterschiede bei kontinuierlicher Betriebszugehörigkeit in Japan 1990
(regulär beschäftigte Hochschulabsolventen)

| Altersgruppe | Tarifverdienste Yen (Tausend) | | Geschlechts-differential |
|---|---|---|---|
| | Frauen | Männer | (Männer = 100) |
| 20–24 | 178,3 | 187,9 | 94,9 |
| 25–29 | 203,8 | 226,7 | 89,9 |
| 30–34 | 249,9 | 289,6 | 86,3 |
| 35–39 | 302,7 | 368,8 | 82,1 |
| 40–44 | 372,0 | 450,7 | 82,5 |
| 45–49 | 403,7 | 541,2 | 74,6 |
| 50–54 | 457,2 | 605,5 | 75,5 |
| 55–59 | 513,6 | 594,8 | 86,3 |

*Quelle:* Ministry of Labour, Basical Statistical Survey on Wage Structure (June 1990), in: JLB, 31/2, 1992, 3.

Eltern (wahlweise) den Arbeitsplatz nach der Geburt eines Kindes ein Jahr lang ohne Lohnfortzahlung garantiert. Bisher wurden Arbeitsmarktrückkehrerinnen im Alter von ca. Mitte Dreißig überwiegend als Teilzeit- und Aushilfskräfte eingestellt, obwohl sie häufig nur unwesentlich weniger Arbeitsstunden leisten als Stammbeschäftigte. Durch ihre Akzeptanz unterprivilegierter Arbeitsbedingungen (vor allem in bezug auf Arbeitsplatzsicherheit und Entlohnung) tragen sie zur Konkurrenzfähigkeit jener Wirtschaftszweige entscheidend bei, die das Rückgrat der japanischen Exportoffensive bilden. Speziell die weiblichen Teilzeitkräfte in Klein- und Mittelbetrieben, die den Weltmarktkonzernen durch Zulieferbeziehungen verbunden sind, garantieren eine Arbeitskraftnutzung von hoher Rentabilität bei friktionsloser Anpassung an konjunkturelle Schwankungen.[13] Diese Anpassungsfähigkeit ist ein Markenzeichen des japanischen Wirtschaftssystems.

## 3. Arbeits- und Lebensbedingungen im Vergleich

Dennoch bestehen zwischen den Arbeits- und Lebensbedingungen japanischer und deutscher Frauen keine fundamentalen, sondern nur graduelle Unterschiede.[14] In Japan und Deutschland war der Frauenanteil an den Erwerbspersonen (Frauenquote) 1990 mit ca. 40 % gleich hoch. Was den Anteil erwerbstätiger an den erwerbsfähigen Frauen (Frauenerwerbsquote) betrifft, weisen Japan (mit 57,1 %) und Deutschland (mit 58,5 %) nahezu übereinstimmende Werte auf. Jedoch ist bei älteren Frauen (ab 45 Jahren) die Erwerbsbeteiligung in Japan nach wie vor höher als in Deutschland. Die graphische Darstellung der altersspezifischen Frauenerwerbsbeteiligung hat in Japan – im Unterschied zu Deutschland – immer noch die charakteristische Form des Buchstabens »M«: Ausstieg und Wiedereinstieg prägen das Erwerbsverlaufsmuster der Japanerinnen. Deutsche Frauen geben nach der Familiengründung die Erwerbsarbeit seltener auf oder nehmen sie nach einem Ausstieg seltener wieder auf. Dennoch nimmt auch in Japan die kontinuierliche Erwerbstätigkeit der Frauen zu. Unterbrechungen werden von den Japanerinnen zunehmend auf das dritte Lebensjahrzehnt verschoben.[15] Sie werden im Vergleich der Altersklassen (Kohorten) seltener. Der Anteil der japanischen Arbeitnehmerinnen, der 10 Jahre und länger kontinuierlich beschäftigt ist, hat sich im Zeitraum 1970–87 von 13,8 auf 25,7 % erhöht.[16]

In Japan und Deutschland arbeiten erwerbstätige Mütter überwiegend als Teilzeitkräfte, und der Anteil der teilzeitbeschäftigten Frauen an den weiblichen

13 Mary Saso, Women in the Japanese Workplace, London 1990, S. 76–80; siehe Tab. 1.

14 Angelika Ernst, A Comparison of the Position of Women in the Labour Markets of Japan and West Germany, in: J. Bergmann/S. Tokunaga (Hrsg.), Economic and Social Aspects of Industrial Relations, Frankfurt u. a. 1987, S. 95–116.

15 IFO, Studien zur Japanforschung 8, Beziehungen zwischen Bildungs- und Beschäftigungssystem in Japan 1970–1991, München 1993, S. 326 ff.; Statistisches Jahrbuch 1992 für die Bundesrepublik Deutschland, Wiesbaden 1992, S. 109.

16 NIEVR (National Institute of Employment and Vocational Research), Research Report 4, Tōkyō 1988, S. 33; siehe auch Tab. 4.

*Tab. 4:* Altersspezifische Frauenerwerbsarbeit 1960–1990 in Japan

| | Insgesamt | Alter (Jahre) | | | | | | | | | | |
|---|---|---|---|---|---|---|---|---|---|---|---|---|
| | | 15–19 | 20–24 | 25–29 | 30–34 | 35–39 | 40–44 | 45–49 | 50–54 | 55–59 | 60–64 | 65 + darüber |
| 1960 | 54,5 | 49,0 | 70,8 | 54,5 | 56,5 | 59,0 | | 59,0* | | 46,7* | | 25,6 |
| 1965 | 50,6 | 35,8 | 70,2 | 49,0 | 51,1 | 59,6 | | 60,2* | | 45,3* | | 21,6 |
| 1970 | 49,9 | 33,6 | 70,6 | 45,5 | 48,2 | 57,5 | 62,8 | 63,0 | 58,8 | 48,7 | 39,1 | 17,9 |
| 1975 | 45,7 | 21,7 | 66,2 | 42,6 | 43,9 | 54,0 | 59,9 | 61,5 | 57,8 | 48,8 | 38,0 | 15,3 |
| 1980 | 47,6 | 18,5 | 70,0 | 49,2 | 48,2 | 58,0 | 64,1 | 64,4 | 59,3 | 50,5 | 38,8 | 15,5 |
| 1985 | 48,7 | 16,6 | 71,9 | 54,1 | 50,6 | 60,0 | 67,9 | 68,1 | 61,0 | 51,0 | 38,5 | 15,5 |
| 1987 | 48,6 | 16,6 | 73,6 | 56,9 | 50,5 | 61,3 | 68,4 | 68,4 | 61,8 | 50,8 | 38,5 | 15,4 |
| 1990 | 50,1 | 17,8 | 75,1 | 61,4 | 51,7 | 62,7 | 69,6 | 71,7 | 65,5 | 53,9 | 39,5 | 16,2 |

* In den Jahren 1960 und 1965 beziehen sich die Werte auf aggregierte Altersgruppen (40- bis 54jährige und 55- bis 64jährige).

*Quelle:* Management and Coordination Agency, Rōdōryoku Chōsa, in: Saso, (Anm. 13), S. 32; JIWE, 1991, S. 7.

Arbeitskräften ist – unter Berücksichtigung der Definitionsunterschiede von »Teilzeitarbeit« – mit ca. 28–33 % in etwa vergleichbar.[17] Japan und Deutschland ähneln sich auch darin, daß die Tertiärisierung der Frauenerwerbsarbeit weniger weit fortgeschritten ist als in anderen westlichen Industrieländern. In beiden Ländern ist der Anteil der in der Industrie beschäftigten Arbeitnehmerinnen an den weiblichen Arbeitskräften mit ca. einem Viertel relativ hoch und im Dienstleistungsbereich mit knapp unter 70 % relativ niedrig.[18] Selten gelangen Arbeitneh-

*Tab. 5:* Sektorale Verteilung der Frauenerwerbsarbeit in Japan (1960–1990)

| | Primärer Sektor (Land- und Forstwirtschaft, Fischerei) | Sekundärer Sektor (Bergbau, Verarbeitendes Gewerbe, Baugewerbe) | Tertiärer Sektor (Dienstleistung, Handel, Gaststätten) |
|---|---|---|---|
| 1960 | 43,1 | 20,2 | 36,7 |
| 1965 | 32,5 | 23,1 | 44,4 |
| 1970 | 26,2 | 26,0 | 47,8 |
| 1975 | 18,4 | 25,7 | 55,7 |
| 1980 | 13,2 | 28,2 | 58,4 |
| 1985 | 10,6 | 28,3 | 60,8 |
| 1987 | 9,9 | 27,1 | 62,7 |
| 1990 | 8,5 | 27,3 | 63,8 |

*Quelle:* Ministry of Labour, Fujin Rōdōhō Jitsujo, in: Saso, (Anm. 13), S. 44; JIWE, (Anm. 17), S. 8.

17 JIWE (Japan Institute of Women's Employment), Japan's Working Women Today, Tōkyō 1991, S. 12; Rainer Geissler, Die Sozialstruktur Deutschlands, Opladen 1992, S. 243.

18 Uwe Becker, Frauenerwerbstätigkeit – Eine vergleichende Bestandsaufnahme, in: Aus Politik und Zeitgeschichte (Beilage zur Wochenzeitung »Das Parlament«), B 28/89, S. 22–33, vgl. S. 25; siehe auch Tab. 5.

merinnen über untere bis mittlere Hierarchieebenen hinaus. Ihr Anteil an Führungspositionen liegt in Japan und Deutschland zwischen 3–4 %.[19]

## a. Familienstrukturen im Umbruch

Der Wandel der Familienstrukturen läßt sich sowohl als Voraussetzung als auch als Resultat veränderter Geschlechterbeziehungen interpretieren. Zusammen mit dem Anstieg der Lebenserwartung werden Veränderungen im generativen Verhalten, die maßgeblich von Frauen beeinflußt werden, die langfristigen sozioökonomischen Entwicklungsperspektiven Japans entscheidend prägen.

Der große Sprung beim Anstieg der Lebenserwartung erfolgte in Japan erst in der Nachkriegszeit. So stieg die durchschnittliche Lebenserwartung der Frauen im Zeitraum 1947–75 von nur 53,9 auf 76,8 Jahre und erreichte 1996 den Spitzenwert von 83,6 Jahren.[20] Dabei ist es weniger die absolute Höhe der durchschnittlichen Lebenserwartung von Männern und Frauen, bei der Japan einen Spitzenplatz einnimmt, als vielmehr die rapide Ausweitung der Lebensspanne in relativ kurzer Zeit, die zum Problem werden wird. Nach Vorausberechnungen des Gesundheits- und Wohlfahrtsministeriums werden im Jahre 2020 23,6 % der japanischen Bevölkerung 65 Jahre und älter sein.

Verschärft wird der demographische Wandel durch den Rückgang der Geburtenrate. 1991 wurde mit der Kennziffer 1.53 (= allgemeine Fruchtbarkeitsziffer) der vorläufige Tiefpunkt erreicht. Der Rückgang der Geburtenrate ist in Japan – wie in anderen Industrieländern – ein säkularer Trend, der im wesentlichen aus der gestiegenen Bildungs- und Erwerbsbeteiligung der Frauen resultiert. In der Vorkriegszeit war der Geburtenrückgang in Japan Begleiterscheinung des im Zuge der Land-Stadt-Wanderung gestiegenen Heiratsalters. In der Nachkriegszeit stabilisierte sich die Geburtenrate in der Prosperitätsphase (1958–72), als sich die Realeinkommen verdoppelten, um seit 1973 kontinuierlich zurückzugehen. Dieses Verlaufsmuster hängt auch damit zusammen, daß sich die Vereinbarkeit von Erwerbsarbeit und Familie in Japan später als in anderen Industrieländern als schwer lösbares Problem herauskristallisierte. Erst 1970 waren die erwerbstätigen Japanerinnen mehrheitlich (54,7 %) außerhäuslich im Arbeitnehmerstatus beschäftigt.[21] Bis dahin dominierten bei den Frauen Beschäftigungsformen als »mithelfende Familienangehörige« oder »formell Selbständige«, die sich leichter mit Kinderbetreuung vereinbaren ließen.

Geburtenbeschränkung wird in Japan mit eher traditionellen Verhütungsmethoden praktiziert. Die Verschreibung von Anti-Ovulationshemmern ist bis heute aus fadenscheinigen Gründen untersagt. Dies liegt im Interesse der Ärzte, die eine Lizenz für Schwangerschaftsunterbrechungen besitzen und daran gut verdienen. Die ökonomische Not der unmittelbaren Nachkriegsjahre führte zu relativ liberalen Abtreibungsregelungen, die sozioökonomische Notlagen explizit anerken-

19 NIEVR (Anm. 16); R. Geissler, (Anm. 17), S. 247.
20 JIWE (Anm. 17), S. 2; Asahi Shimbun (Hrsg.), Japan Almanac 1998, Tōkyō 1998.
21 M. Saso, (Anm. 13), S. 30; siehe Tab. 2.

nen.[22] Nach dem traditionellen japanischen Wertsystem werden Abtreibungen toleriert, sofern entsprechende religiöse Riten vollzogen werden.[23] Ausschlaggebend für die vergleichsweise hohen Abtreibungsziffern sind nach einschlägigen Untersuchungen Informations- und Kommunikationsdefizite bei japanischen (Ehe)paaren.[24] Nur 6 % der Frauen, die 1989 Abtreibungen vornehmen ließen, waren im Teenageralter.[25] Generell ist die soziale Akzeptanz unehelich geborener Kinder bzw. unverheirateter Mütter in Japan gering, und die entsprechenden Anteilswerte sind im Vergleich mit anderen Industrieländern äußerst niedrig.

Durch reduzierte Kinderzahl und Komprimierung der betreuungsintensiven Versorgungsphase (bei zwei Kindern auf ca. 10 Jahre) entstehen im Familienzyklus Freiräume, die Japanerinnen die Wiederaufnahme der Erwerbsarbeit in der Mitte des dritten Lebensjahrzehnts zunehmend attraktiv erscheinen lassen. Dieser Freiraum wird allerdings durch traditionelle Verpflichtungen zur Pflege älterer Verwandter in Frage gestellt. So sehen sich japanische Frauen mit hoher Wahrscheinlichkeit im Lebensverlauf zweimal mit dem Problem der Vereinbarkeit von Erwerbsarbeit und Familie konfrontiert. Die sich daraus ergebenden Konflikte werden in Japan in den Medien breit diskutiert. Das traditionelle Zusammenleben der Generationen unter einem Dach hat an Akzeptanz eingebüßt. Nach einer Meinungsumfrage von 1988 hielten es nur 18 % der befragten jüngeren Frauen als eigene Lebensperspektive für erstrebenswert. Die Bereitschaft, für die Älteren zu sorgen, ging im Zeitraum 1950–88 von drei Viertel aller Befragten auf zwei Drittel zurück. Dennoch ist das Zusammenleben mit den verheirateten Kindern (meist der Familie des ältesten Sohnes) immer noch die häufigste Lebensform der über 65jährigen in Japan (1985: 65,6 %), wenn sich auch die Zahl der allein (oder mit Ehepartner) lebenden über 65jährigen im Zeitraum 1960–85 verdoppelt hat.[26]

Von einer Krise herkömmlicher Familienstrukturen kann in Japan im großen Maßstab noch keine Rede sein, doch zeigen sich unübersehbar Erosionstendenzen. Die Orientierung am Ideal »Kernfamilie« mit emotional befriedigenden Gatten- und Eltern-/Kindbeziehungen läßt sich mit der traditionellen Struktur der Geschlechtertrennung nicht mehr bruchlos in Einklang bringen.[27]

Veränderte subjektive Ansprüche an die Partnerwahl dürften – neben verlängerten Ausbildungszeiten – auch für den Anstieg des Heiratsalters maßgeblich sein. Zwischen 1920 und 1990 stieg das durchschnittliche Heiratsalter der Japanerinnen von 21,5 auf 25,8 Jahre.[28] In der Altersgruppe der 23- bis 29jährigen Japanerinnen erhöhte sich der Anteil der unverheirateten Frauen im Zeitraum 1975–

22 Samuel Coleman, Family Planning in Japanese Society. Traditional Birth Control in a Modern Urban Culture, Princeton 1983, S. 20.

23 Emiko Ohnuki-Tierny, Illness and Culture in Contemporary Japan. An Anthropological View, Cambridge 1984, S. 78–81.

24 S. Coleman (Anm. 22).

25 S. Iwao (Anm. 3), S. 287.

26 Ralph Lützeler/Regine Mathias, Lange leben – Demographische Entwicklungen und soziale Veränderungen, in: I. Hardach-Pinke (Hrsg.), Japan – eine andere Moderne, Tübingen 1991, S. 54.

27 Ruth Linhart, Der Traum von Glück – Liebe, Sex und Partnerschaft, in: R. Linhart/F. Wöss (Anm. 4), S. 54–67.

28 S. Iwao, (Anm. 3), S. 61.

1990 von 30,9 auf 40,2 %.[29] Zwischen den beiden traditionellen Formen der Eheanbahnung »arrangierte Ehe« *(Miai)* und »Liebesheirat« *(Renai)* haben sich die Proportionen zugunsten letzterer verschoben. Während das Verhältnis noch in den ersten Nachkriegsjahren etwa 65 zu 22 % betrug, hat es sich bis 1983 praktisch umgekehrt und ungefähr auf diesem Stand eingependelt.[30]

In vielen Fällen wird jedoch die Diskrepanz zwischen einem westlich beeinflußten romantischen Leitbild der Ehe und der Realität eines kommunikationsarmen, lieblosen Ehealltags schmerzlich erlebt.[31] Sexualität als Ausdruck der Zuneigung und Liebe ist zwar immer mehr ein Wunschtraum der japanischen Frauen, aber noch lange nicht Realität in der Mehrheit der Beziehungen.[32] In der Verdopplung der Scheidungsrate spiegelt sich die Krise des traditionellen Geschlechterverhältnisses in der Ehe.[33] Dennoch weist Japan im Vergleich der Industrieländer noch immer eine extrem niedrige Scheidungsrate auf (1990: 1,26 Personen auf 1 000 Einwohner, USA: 4,8). Die Scheidung wird in Japan häufig erst dann eingeleitet, wenn die Kinder erwachsen sind. Der Anteil der Scheidungen langjährig verheirateter Paare hat sich in den letzten zwanzig Jahren auf 15 % aller Scheidungsfälle verdreifacht.[34] Mehrheitlich werden Scheidungen von Frauen initiiert, obwohl die Scheidungsfolgen für sie in finanzieller Hinsicht nachteilig sind.[35]

Die Zukunft wird zeigen, ob die Japanerinnen das Geschlechterverhältnis zunehmend am westlichen Maßstab der »Gleichheit« messen oder ob sie am japanischen Ideal der »Duldung von Abhängigkeit« *(Amae)* festhalten werden.[36] Daran wird sich entscheiden, wie sie ihre bisherige Lebensweise interpretieren: als Einschränkung *(Constraint)* oder als Chance der Erfüllung *(Fulfillment)* geschlechtsspezifischer Normen.

---

29 JLB (Japan Labor Bulletin) 31/2, 1992, S. 1.

30 R. Linhart (Anm. 27), S. 62.

31 John A. Mckinstry/Asako Nakajima Mckinstry, Jinsei Annai, »Life's Guide« – Glimpses of Japan through a Popular Advice Column, London 1991; S. Iwao (Anm. 3), S. 94–124.

32 R. Linhart (Anm. 27); Ruth Linhart, Onna da kara – weil ich eine Frau bin: Liebe, Ehe und Sexualität in Japan, Wien 1991.

33 JLB, 31/1, 1992, S. 6.

34 Vgl. S. Iwao (Anm. 3), S. 114.

35 Margret Neuss-Kaneko, Familie und Gesellschaft in Japan, München 1990, S. 128.

36 Takeo Doi, Amae – Freiheit in Geborgenheit. Zur Struktur japanischer Psyche, Frankfurt a. M. 1982; Robert J. Smith, Gender Equality in Contemporary Japan, in: The Journal of Japanese Studies, 13. 1. 1987, S. 1–25.

# III. Jugend und Familie

Regine Mathias

Wenn heute in Japan von E.T. oder einer »neuen Menschheit« *(Shinjinrui)* die Rede ist, dann dreht sich das Gespräch meist nicht um Außerirdische, sondern um die japanische Jugend. Schon seit Beginn der achtziger Jahre mehren sich die Anzeichen für ein wachsendes Befremden über die Lebenseinstellung der Jugend in der älteren Generation, der die Jugendlichen oft wie fremde Wesen von einem anderen Stern erscheinen. Gleichzeitig wird beklagt, daß die Erziehung in der Familie bestimmte Voraussetzungen für das spätere Leben (Beruf, Gesellschaft) nicht mehr erbringe, so daß Institutionen wie Kindergarten, Schule und Firma, aber auch andere Ratgeber die Defizite in der familiären Sozialisation ausgleichen müßten.

Hinter all dem verbirgt sich mehr als nur die übliche Jugendschelte. Hier werden Auswirkungen eines sozialen Wandels sichtbar, der sich in der Nachkriegszeit auch und gerade im Bereich der Familie vollzogen hat. Die unter amerikanischer Besatzung 1946/47 durchgeführte Reform des Familienrechts führte zur Ablösung des bis dahin geltenden traditionellen Familiensystems *(Ie Seido)*[1]. Durch die rechtliche Verankerung der Kernfamilie glich sich die japanische Familie – zumindest äußerlich – der in anderen westlichen Industriestaaten vorherrschenden Form an. Da aber Verhaltens- und Denkmuster des traditionellen Familiensystems überdauerten und teilweise in den sogenannten Japan-Theorien *(Nihon Bunka Ron)* als wesentliches Element der japanischen Kultur auch ideologisch festgeschrieben wurden, wies auch die »moderne« japanische Familie häufig noch gewisse traditionelle Züge auf. Seit den späten siebziger Jahren zeichnet sich jedoch auch hier allmählich ein Wandel ab. Vor dem Hintergrund wirtschaftlicher, demographischer und anderer gesellschaftlicher Entwicklungen, die den Lebenszyklus des einzelnen und der Familie verändert haben, müssen Eltern und Kinder ihre jeweiligen Rollen in der Familie und in der Gesellschaft überdenken und teilweise neu definieren. Dieser Prozeß hat zweifellos auch dazu geführt, daß die Familie ihre Funktion als Vermittler traditioneller Vorstellungen und Werte nicht mehr so selbstverständlich wie früher erfüllen kann und will.

1 Zur Geschichte der Familie in Japan siehe: Patrick Beillevaire, The Family: Instrument and Model of the Japanese Nation, in: André Burguière, u.a. (Hrsg.), A History of the Family, Cambridge 1996, Band 2, S. 242–267.

## 1. Kindheit und Schule

Die Kindheit ist in Japan eine unbeschwerte Zeit. Zumindest in den ersten vier, fünf Lebensjahren wachsen die Kinder relativ konfliktfrei und geborgen auf. Ihnen ist noch nahezu alles erlaubt: Sie dürfen toben, schreien, lange aufbleiben, essen, worauf sie Appetit haben, ihre älteren Geschwister ärgern, ja sogar ihren Zorn durch Schläge gegen Eltern und Geschwister abreagieren. Die Erziehung in diesem Alter ist sehr permissiv; die Mutter versucht fast nie, das Kind gegen seinen Willen zum Gehorsam zu zwingen. Sie möchte vielmehr erreichen, daß das Kind aus eigener Einsicht handelt oder zu handeln glaubt: Das japanische Wort *Wakaraseru* (verstehen lassen, zum Verstehen bringen) beschreibt eines der wichtigsten Erziehungsprinzipien.

Voraussetzung für diese Erziehung ist eine sehr enge Mutter-Kind-Beziehung, in der sich das Kind bei der Mutter geborgen fühlt und keine Unabhängigkeit von ihr entwickelt. Die Herausbildung dieser Beziehung beginnt bereits in den ersten Lebenswochen und -monaten durch dauernden (auch körperlichen) Kontakt zum Kind (Auf-dem-Rücken-Tragen, gemeinsames Baden und Schlafen) und durch ständiges beruhigendes Einwirken auf das Kind, sei es durch emotionale Gesten wie Schaukeln und Wiegen, sei es durch die Erfüllung aller seiner Wünsche.

Ein Schlüsselwort für diese Art der Mutter-Kind-Beziehung, bei der sich das Kind bedingungslos auf die Nachsicht der Mutter verlassen und sich dementsprechend auch gehenlassen kann, ist der japanische Begriff des *Amae*. *Amae* heißt, sieht man einmal von der speziellen Bedeutung im Rahmen des von dem Psychologen Doi entwickelten *Amae*-Konzepts[2] ab, »verwöhnt sein«, und verwöhnt, ja sehr verzogen erscheinen die meisten japanischen Kinder auch dem westlichen Beobachter.

Die japanische Mutter lenkt ihr Kind fast unmerklich, unter Ausnutzung der engen Mutter-Kind-Beziehung. In Konfliktfällen bietet sie ihm Lösungsvorschläge an, von denen sie annimmt, daß das Kind darauf eingehen wird. Wenn es sich schlecht benimmt, trägt sie die Schuld und erzeugt dadurch beim Kind Schuldgefühle. Auf diese Weise kommt der Mutter auch eine wichtige Funktion bei der Herausbildung des kindlichen Über-Ichs zu.

Körperliche Strafen, die beim Kind Zorn und Aggressionen hervorrufen und damit zu einer Entfremdung von der Mutter und der Familie führen könnten, werden kaum angewandt. In der Regel genügen Drohungen wie »jemand wird dich auslachen«, »jemand wird deine Familie auslachen«, um das Gewünschte durchsetzen zu können. Im Gegensatz zu europäischen Verhältnissen, wo Kinder zur Strafe oft eingesperrt werden (Stubenarrest etc.), ist eine der schlimmsten Drohungen für das sehr stark auf die Mutter fixierte japanische Kind das Aussperren aus der Wohnung, aus der Geborgenheit der Familie.

Das japanische Kind lernt also schon in frühester Jugend die Abhängigkeit von einzelnen Menschen (Mutter) bzw. einer Gemeinschaft (Familie) als etwas sehr Positives kennen. Gleichzeitig aber, sozusagen als Kehrseite der geborgenen und bewußt konfliktfrei gehaltenen Kindheit, wird es auch nur in geringem Maße zur

---

2 Siehe dazu die dt. Übersetzung: Takeo Doi, Amae. Freiheit in Geborgenheit, Frankfurt a. M. 1982.

Entwicklung eines eigenen Willens ermuntert. So schafft die Sozialisation in dieser frühen Phase bereits wichtige Voraussetzungen für die im Erwachsenenleben geforderte und oft als »typisch japanische« Eigenschaft apostrophierte Gruppenmentalität.

Der Vater spielt in der Erziehung kaum eine aktive Rolle. Aufgrund der langen Arbeitszeiten und der in vielen Berufen üblichen Versetzungen sehen ihn die Kinder oft nur am Wochenende. Von daher ist es nicht verwunderlich, daß auch im späteren Leben bei Problemen die Mutter fast doppelt so häufig konsultiert wird wie der Vater.[3] Allerdings hat der Wunsch nach einem stärker familienbezogenen Vater in den letzten beiden Jahrzehnten deutlich zugenommen. So wünschten sich in einer Umfrage 1990 drei Viertel der befragten Jugendlichen einen Vater, »der die Familie ganz oder zumindest im Ernstfall über seine Arbeit stellt« (1970 nur 50 %). Die einseitige Fixierung des Vaters auf die Arbeit wird offensichtlich vor allem seitens der Kinder nicht mehr uneingeschränkt gutgeheißen und unterstützt.

Die berufsbedingte Abwesenheit des Vaters ist nur EIN Hinweis darauf, wie sehr sich die Form der Familie in den letzten Jahrzehnten verändert hat. Der wachsende Anteil der Kernfamilie (1990 77,6 % aller Haushalte) hat dazu ebenso beigetragen wie die extrem niedrige Geburtenrate (1990 bei 9,9 pro tausend) der letzten Jahre. Schon Anfang der achtziger Jahre hatten 90 % der japanischen Familien nur noch ein bis zwei Kinder. So erleben die Kinder die Familie heute vielfach als eine Mini-Gruppe, bestehend aus der Mutter und einem oder zwei Kindern. Gemeinschaftserfahrungen, die in der traditionellen Familie zur Einübung bestimmter Verhaltensweisen führten, sind in diesem familiären Umfeld kaum noch möglich. Statt dessen sehen viele Beobachter die Gefahr, daß durch die allzu enge Mutter-Kind-Bindung die Kinder überbehütet aufwachsen und zu spät selbständig werden könnten, was sich auch durch empirische Untersuchungen zu bestätigen scheint.

Von daher kommt dem Kindergarten heute eine wichtige Funktion zu. Hier werden, im Spiel mit Gleichaltrigen und bei bestimmten Ritualen, die Verhaltensweisen eingeübt, die den Erwachsenen zur Einordnung in soziale Gruppen und zur Lösung von Konflikten befähigen sollen.[4] Auch in der Grundschule sieht der Lehrplan über die reine Wissensvermittlung hinaus noch vielfältige Maßnahmen zur Förderung eines Gemeinschaftsbewußtseins vor: Das reicht von dem gemeinsamen Säubern der Klassenräume und der gemeinschaftlichen Betreuung von Pflanzenbeeten bis zu den zahlreichen außerschulischen Club-Aktivitäten, durch die die Kinder auch in ihrer Freizeit an die Schule gebunden sind. Erst im Übergang zur Mittel- und vor allem auch zur Oberschule werden solche persönlichkeitsbildenden Maßnahmen zugunsten der Vorbereitung auf Examen und Aufnahmeprüfungen zurückgeschraubt.

---

3 Alle Umfrageergebnisse und statistischen Angaben, sofern sie nicht extra gekennzeichnet sind, wurden den folgenden drei Quellen entnommen: Sōmuchō Seishōnen Taisaku Honbu (Hrsg.), Sekai no Seinen to no Hikaku kara miru Nihon no Seinen (Die japanische Jugend im internationalen Vergleich), Tōkyō 1989; Sōmuchō Seishōnen Taisaku Honbu (Hrsg.), Gendai no Seishōnen. Dai 5 Kai Seishōnen no Rentaikan nado ni kansuru Chōsa Hōkokusho (Bericht: Die gegenwärtige Jugend . . .), Tōkyō 1991; Sōmuchō Seishōnen Taisaku Honbu (Hrsg.), Heisei Yonnen-Ban Seishōnen Hakusho (Jugendweißbuch 1992), Tōkyō 1993.

4 Ausführlich über die Rolle der Kindergartenerziehung: Volker Schubert, Die Inszenierung der Harmonie, Darmstadt 1992.

Rund 95 % eines Jahrgangs besuchen heute in Japan nach der neunjährigen Pflichtschulzeit noch die dreijährige Oberschule, die damit zur Regelschule geworden ist. Über 30 % setzen anschließend, nach Bestehen einer z. T. sehr schwierigen Aufnahmeprüfung, ihre Ausbildung an einer Universität fort. Noch immer bestimmt in Japan mehr als in anderen Industrieländern die Schulbildung den späteren sozialen Status, also die Lebenschancen des einzelnen. Nur wer die besten Schulen und Universitäten durchläuft, hat hinterher Chancen, eine Anstellung in Regierungsbehörden, angesehenen Bildungsinstitutionen, Großbetrieben und anderen Spitzenpositionen zu erhalten. Umwege und Quereinstiege sind fast nicht möglich; Versäumnisse während der Schulzeit, wie etwa das Abbrechen der Oberschule oder des Studiums, lassen sich später kaum mehr gutmachen. Daher ist der Lebensweg für einen Jugendlichen in Japan viel stärker vorgezeichnet, gibt es viel weniger alternative Möglichkeiten als in anderen Industriestaaten.[5]

Diese Tatsache und der in den höheren Schulstufen wachsende Konkurrenzkampf und Prüfungsdruck engen den Entwicklungsfreiraum des Jugendlichen mehr und mehr ein. Das beginnt bereits damit, daß die zur eigenen Verfügung stehende Zeit oft durch Nachhilfe und anderen Unterricht verringert wird; die zusätzlich zur Schule aufgewandte Zeit für das Lernen ist in Japan im internationalen Vergleich sehr hoch. Der Alltag wird durch den Zwang zum Tragen von Schuluniformen und durch strenge Schulordnungen stark geregelt.[6] Aber auch die aus dem hohen Erwartungsdruck ihrer Umgebung (Mutter, Familie etc.) resultierende psychische Belastung der Jugendlichen ist sehr groß und kann in Extremfällen bis zum Selbstmord führen. Unter diesen Umständen ist es kein Wunder, daß Lernen, Schulnoten und das schulische Fortkommen schlechthin für Eltern und Kinder an der Spitze der Sorgen und Probleme rangieren. Wer sich allerdings in diesem Bildungssystem erfolgreich behauptet, verläßt die Universität als anpassungsfähiger, belastbarer, ausdauernder und lernwilliger Erwachsener und bringt damit die besten Voraussetzungen für eine Karriere in Bürokratie und Wirtschaft mit.

## 2. Freizeit, Konsum, Zukunftsträume

Die Freiräume im Leben eines japanischen Jugendlichen sind nicht groß. Auch ein erheblicher Teil der Freizeitaktivitäten ist in den Schulen angesiedelt und in Form von »Clubs« institutionalisiert. Die Teilnahme an solchen Clubaktivitäten gilt als sozial erwünscht und wird durch sanften Druck seitens der Schule oder der Eltern gefördert. Viele Schulen bieten über ihre Clubs auch während der Ferien ein umfangreiches Freizeitprogramm an, das angesichts des Mangels an Spielraum in den zu kleinen Wohnungen und verkehrsreichen Straßen der Großstädte von vielen Eltern und Kindern dankbar angenommen wird. Auf diese Weise verläuft aber die

5 Ausführlich zum Thema: Susanne Kreitz-Sandberg, Jugend in Japan. Eine empirische Untersuchung zur Adoleszenz in einer »anderen« Moderne, Rheinfelden 1994.

6 Ein Beispiel für eine solche Schulordnung findet sich in: OAG (Hrsg.), Japan direkt, (1985) 4, S. 20–21.

Entwicklung der Kinder (und Jugendlichen) fast ausschließlich in einem von Erwachsenen vorgegebenen und überwachten Rahmen. Die freie Entfaltung im Spiel, die daraus resultierenden Erfahrungen und die Fähigkeit zu einer selbständigen aktiven Gestaltung der Freizeit werden hingegen kaum gefördert. Im Gegenteil, es scheint, als würde die Gewährung von »echten« Freiräumen für Jugendliche noch immer als ein gewisses Risiko angesehen. Als z. B. im Herbst 1992 ein schulfreier Samstag im Monat eingeführt wurde, boten Gemeinden, Schulen und andere Organisationen sofort für diesen Tag organisierte Freizeitprogramme für Schüler und Eltern an, obwohl damit ursprünglich den Familien ein Tag bzw. ein Wochenende zur freien Gestaltung gegeben werden sollte. Allerdings mehren sich in letzter Zeit Stimmen, die die mangelnde freie Zeit der Kinder und Jugendlichen beklagen. So meinten in einer Umfrage 1992 rund 60 % der befragten Eltern, daß ihre Kinder aufgrund der Belastungen durch Schule, Examensvorbereitungen und diverse Club-Aktivitäten keine Zeit/Muße hätten, wobei dies offensichtlich bedauert wurde. Insgesamt gesehen hat die freie Zeit bei den Jugendlichen in den letzten Jahren allerdings leicht zugenommen, doch ist die Zunahme so minimal, daß sie sich noch kaum im Alltag auswirkt.

Sehr viel deutlichere Auswirkungen hingegen hatte der in den achtziger Jahren allgemein gestiegene Wohlstand auf das Leben der Jugendlichen. Die japanischen Jugendlichen der achtziger Jahre, also die zwischen 1965 und 1975 Geborenen, gehören der ersten Generation in Japan an, die von frühester Kindheit an in Wohlstand aufwuchs. Während ihre Elterngeneration sich z. T. noch an das Leben Anfang der sechziger Jahre ohne Waschmaschine, Kühlschrank, Fernseher und Auto erinnern kann, sind den Kindern diese Errungenschaften völlig selbstverständlich, ebenso wie Stereoanlage, Computer und Klimaanlage. Einer Untersuchung zufolge gehören Fahrrad, Computerspiele, Radiokassettenrekorder und Stereoanlage schon bei Schülern zur »Grundausstattung«. 1991 hatten jeder fünfte der 9- bis 14jährigen und über 40 % der 16- bis 18jährigen Oberschüler einen eigenen Fernseher und fast ein Fünftel der Oberschüler sogar ein eigenes Telefon.[7] Doch nicht nur im Bereich der Unterhaltungselektronik, auch bei Kleidung, Accessoires und Freizeitgestaltung stellt die junge Generation hohe materielle Ansprüche und ist bereit, viel Geld dafür auszugeben. So sind die Jugendlichen in den achtziger Jahren zu einer wichtigen, wenn nicht sogar zu der wichtigsten Konsumentengruppe geworden. In den Großstädten, insbesondere in Tōkyō, hat sich seit den späten siebziger Jahren eine Jugendszene gebildet, deren kurzlebige Moden die weltweiten, meist in den USA kreierten Trends widerspiegeln. Die Träger dieser Modeströmungen waren zunächst Studenten, doch in den achtziger Jahren haben zunehmend Oberschüler den Part der Trendsetter übernommen. Finanziert wird dieser aufwendige Lebensstil durch Jobs, wobei der übliche Verdienst zwischen 100 DM und 500 DM im Monat liegt. Da der eigentliche Lebensunterhalt ebenso wie die hohen Ausbildungskosten größtenteils durch die Eltern getragen werden, können die Jugendlichen offenbar weitgehend frei über ihr Einkommen verfügen. Ähnliches gilt übrigens für Studierende und junge Angestellte, sofern sie noch zu Hause wohnen. Eine Emanzipation aus

7 1991 hatten über 90 % der Grund- und Mittelschüler ein eigenes Fahrrad, 46 % der Grundschüler einen Computer für Computerspiele und fast ebenso viele einen Radiokassettenrekorder (43 %).

der daraus resultierenden ökonomischen Abhängigkeit wird offensichtlich nicht unbedingt angestrebt.

Die geschilderten Veränderungen, insbesondere die Ausbreitung der Unterhaltungselektronik in den Kinder- und Jugendzimmern, haben die dominante Rolle des Fernsehens unter den nicht organisierten Freizeitaktivitäten gestärkt. Auch wenn die Sehzeiten inzwischen leicht rückläufig sind, rangierte das Fernsehen 1992 bei den Jugendlichen (Altersgruppe der 10- bis 29jährigen) als Mittel zur Entspannung und zum Vergnügen noch immer mit großem Abstand an der Spitze, gefolgt von Comiclesen und Gesprächen mit Familie und Freunden. Nur bei den 9- bis 11jährigen wurden als häufigste Beschäftigungen »sich unterhalten«, »Fahrradfahren« und dann erst »Fernsehen und Comiclesen« genannt. An freien Tagen steigt der Fernsehkonsum erheblich an[8], daneben werden aber auch Einkaufen, Lesen, Wandern oder eine Spritztour machen, ins Kino gehen, Nichtstun und Sport als beliebte Freizeitbeschäftigungen angegeben.

Dieses Freizeitverhalten räumt den Massenmedien einen sehr großen Einfluß ein, zumal diese Medien auch für die Jugendlichen mit Abstand die wichtigsten Informationsquellen für die Gestaltung des eigenen Alltags geworden sind. So nannten Jugendliche im Alter von 9 bis 14 Jahren 1988 auf die Frage, woher sie ihre Informationen über Mode, Musik und andere aktuelle Trends bezögen, das Fernsehen, dann Freunde und Zeitschriften, wobei die Reihenfolge bei den Älteren umgekehrt war, und das Radio. Eltern und Geschwister, also die zum unmittelbaren Umfeld des Jugendlichen gehörenden Personengruppen, wurden hingegen bei dieser Orientierung kaum konsultiert.

Auch sonst scheint die Familie in der Freizeit eine geringere Rolle zu spielen als in anderen Ländern. Einer internationalen Untersuchung von 1989 zufolge verleben japanische Jugendliche ihre freien Tage am häufigsten mit Freunden. Nur jeder vierte verbringt diese Zeit mit der Familie, das ist der niedrigste Anteil unter allen zehn untersuchten Ländern. Ein Grund dafür dürfte auch in den genannten Club-Aktivitäten liegen, die selbst an freien Tagen stattfinden, so daß viele der Kinder und Jugendlichen keine Zeit haben, mit der Familie etwas zu unternehmen.

»Freunde« heißt dabei zunächst einmal: die Gruppe der Gleichaltrigen in der Schule, an der Universität oder am Arbeitsplatz. Sie ersetzt den Jugendlichen in vielen Fällen die in Europa oder den USA häufigeren informellen Zwei- oder Mehrpersonen-Bindungen. Innerhalb dieser Gruppen entwickeln sich vielfach Freundschaften im engeren Sinn des Wortes, die, im Gegensatz zu den USA und Europa, auch heute noch weitgehend auf gleichgeschlechtliche Personen beschränkt sind. Da spontane, zufällige Bekanntschaften außerhalb dieses Kreises eher selten sind und auch kaum zu dauerhaften Kontakten führen, haben die freundschaftlichen Verbindungen, die während der Schul- und Universitätszeit entstehen, für den einzelnen eine große Bedeutung. Sie sichern ihm auch in späteren Jahren ein über den unmittelbaren Kollegenkreis hinausgehendes Netz an sozialen Kontakten, das ihm, angesichts der großen Bedeutung persönlicher Vermittlung in der japanischen Gesellschaft, den Zugang zu anderen sozialen Gruppen eröffnet.

---

8 Über 40 % der Jugendlichen sehen dann 4 Std. und mehr, während an Werktagen rund 75 % bis zu 3 Std. sehen.

In den Zukunftsvorstellungen und Berufswünschen der japanischen Jugendlichen spiegeln sich weitgehend die gesamtgesellschaftliche Situation und die in ihr vorherrschenden Strömungen wider. Entsprechend der geringen Differenzierung von Berufsgruppen in Japan sind auch die beruflichen Wünsche der Jugendlichen vage. Zwar gibt es ähnlich wie in anderen Ländern viele, die Kindergärtner(in), Grund- oder Mittelschullehrer(in) werden wollen; aber über diese zum unmittelbaren Erfahrungsraum gehörenden Berufe hinaus werden vor allem *Kaisha In* (Angestellter einer Firma) oder *Kōmu In* (Angestellter einer Behörde, Beamter) genannt, während stärker auf individuelle Leistung ausgerichtete Berufe mit hohem Sozialprestige und überdurchschnittlichem Einkommen, aber auch langen Ausbildungszeiten, wie z. B. Richter, Arzt, Rechtsanwalt etc., die in Thailand, Korea, aber auch in den USA an der Spitze der Berufswünsche rangieren, in Japan eher selten angestrebt werden.

Ihr Lebensziel sehen die meisten Jugendlichen in Japan schon seit Mitte der achtziger Jahre nicht so sehr im Erreichen einer höheren gesellschaftlichen Position oder in einem stärkeren Einsatz für die Gesellschaft, sondern vor allem in der Sicherung einer guten materiellen Lebensgrundlage.[9] Dementsprechend ändert sich auch die Einstellung zur Arbeit. 1989 gab in einer Umfrage bereits die überwiegende Mehrheit der Schulabsolventen an zu arbeiten, um sich selbst weiterzuentwickeln (59 %), um ein Leben in wirtschaftlichem Wohlstand zu führen (56 %) oder um ein vergnügtes Leben zu führen (41 %). Nur noch jeder zehnte arbeitete, um »der Gesellschaft zu dienen« bzw. um die gesellschaftliche Entwicklung voranzutreiben. Gleichzeitig leitet nur noch ein knappes Drittel der jungen Männer zwischen 20 und 29 Jahren ihren Lebenssinn ganz oder zumindest überwiegend aus der Arbeit ab, während mehr als 40 % ihn außerhalb der Arbeit finden. In der Einstellung zum Leben und zur Arbeit werden also in zunehmendem Maße private Interessen und materielle Wünsche wichtiger, während der aus einem Gefühl der Verpflichtung gegenüber der Firma/Behörde und der gesamten Gesellschaft abgeleitete »Lebenssinn« an Bedeutung abnimmt.

## 3. Zwischen Auflehnung und Apathie

Während Meinungsumfragen seit Beginn der achtziger Jahre eine wachsende Zufriedenheit der Jugend mit der Gesellschaft, mit ihrer Familie und der eigenen Arbeits- und Lebenssituation konstatierten, schreckte gleichzeitig eine zunehmende Zahl von Gewalttaten an Mittel- und Oberschulen die japanische Öffentlichkeit auf. Dabei waren die Zerstörung von Schulinventar, die Gewalttätigkeiten gegen Lehrer und zunehmend auch gegen Mitschüler nur besonders extreme Formen der Auflehnung gegen die vorherrschende Ordnung. Die Skala reicht vom harmlosen Protest und auffälliger Kleidung über Schulverweigerung und Aufsässigkeit, aber auch Gewalt bis hin zu kriminellen Delikten wie Ladendiebstahl oder zur Mitgliedschaft in

9 So im japanischen Jugendweißbuch von 1984 (Seishōnen Hakusho 1984), Kurzfassung abgedruckt in: Nihon Jōhō Kyōiku Kenkyūkai (Hrsg.), Shōwa 60nen Nihon no Hakusho, Tōkyō 1985, S. 48.

Motorrad-Gangs etc. Zwar ist die Zahl der Vorfälle in den Schulen wie auch der Jugend-Delikte insgesamt in Japan immer noch wesentlich geringer als in vielen anderen Industriestaaten, doch haben die rasche Ausbreitung dieses Phänomens und die Brutalität des Vorgehens in einzelnen Fällen den Nerv der japanischen »Konsens«-Gesellschaft getroffen und zu einer intensiven Suche nach den Ursachen geführt.

Ähnlich wie in anderen Industriegesellschaften werden auch in Japan die Wohlstandsgesellschaft mit ihrer menschlichen Gleichgültigkeit, der schlechte Einfluß gewaltverherrlichender Filme und Darstellungen in den Medien etc. dafür verantwortlich gemacht. Kritisiert werden auch die negativen Auswirkungen des überzogenen Prüfungssystems. Doch wird die Schuld in erster Linie neben den Betroffenen selbst den Familien angelastet. Beklagt werden u. a. die mangelnde Kommunikation zwischen Eltern und Kindern, häuslicher Unfrieden und eine überfürsorgliche, zu nachgiebige Erziehung, die einerseits den Erfahrungsraum der Kinder stark einenge, andererseits keine festen Maßstäbe für soziales Verhalten vermittle. Ähnlich argumentiert auch der japanische Psychologe Kawai, der die in Familien auftretenden Gewalttätigkeiten auf die extrem enge Mutter-Kind-Beziehung und die allzu große Nachgiebigkeit im japanischen Erziehungssystem zurückführt; dadurch würde der jedem Menschen innewohnende Wille zur Unabhängigkeit unterdrückt, und es würden Spannungen aufgebaut, die sich dann in Gewalttätigkeiten entladen könnten.[10]

Nach einem Höhepunkt Mitte der achtziger Jahre ebbte die Welle der Gewalt zwar vorübergehend ab, doch in den letzten Jahren weist die Zahl der Gewaltakte, besonders in den Oberschulen, wieder eine steigende Tendenz auf. Dies verwundert nicht, da sich an der Gesamtsituation der Jugendlichen kaum etwas geändert hat. Im Gegenteil, mit dem Platzen der *Bubble Economy* und der darauffolgenden wirtschaftlichen Konjunkturabschwächung ist es für die Jugend in den neunziger Jahren wieder schwerer geworden, Arbeitsplätze zu finden und damit die angestrebte materielle Grundlage für die Zukunft zu sichern.

Die genannten Gewaltakte sind zwar spektakulär, doch betreffen sie nur eine Minderheit unter den Jugendlichen. Die Mehrheit hingegen verhält sich eher passiv. Sie lehnt die Normen und Werte der älteren Generation weder expressis verbis ab, noch kämpft sie dagegen an; doch sie akzeptiert sie auch nicht ohne weiteres, sondern sie nimmt sie – überspitzt gesagt – oft einfach nicht zur Kenntnis, läßt sie nicht für sich gelten oder stellt sie zumindest naiv in Frage. Statt dessen »macht sie (nur), was ihr gefällt und genießt das gegenwärtige Leben; sie ist mit den familiären Beziehungen nicht unzufrieden, ist aber cool und für die gegenseitige Respektierung des Stolzes und der Privatsphäre; sie ist tolerant im Verhalten gegenüber Menschen mit anderen Werturteilen; (aber gleichzeitig) interessiert sie sich nicht für das Verhalten anderer, solange ihre eigenen Interessen nicht berührt werden; sie probt eine ihrem Geschmack entsprechende Lebensweise; sie vergnügt sich gern; sie hat keine unbedingt zu erreichenden Ziele; (und) sie verachtet alle extremen Anstrengungen«. So zumindest charakterisiert im Jahre 1990 eine regierungsamtliche Publikation[11] die als *Shinjinrui* bezeichnete Jugend.

---

10 Hayao Kawai, Violence in the Home, in: Japan Quarterly, XXVIII, (1981) 3, S. 370–377.

11 Keizai Kikakuchō Kokumin Seikatsu Kyoku (Hrsg.), Kokumin Seikatsu o Kaeru Aratana Shuyakutachi, Tōkyō 1990, S. 21.

Der in dieser Beschreibung deutlich werdende Rückzug der Jugend ins Private und in den Konsum hat in der Gesellschaft eine zwiespältige Reaktion ausgelöst. Von Marketing-Firmen als zunehmender Individualismus gepriesen und gefördert, von der älteren Generation als Egoismus verdammt, hat dieses Verhalten in konservativen Kreisen Besorgnis ausgelöst. Die vielfach zur Schau getragene Gleichgültigkeit der heutigen Jugend gegenüber den Normen und Werten der älteren Generation scheint grundlegende Institutionen und Werte wie Familie, Bildungssystem, Leistungsbereitschaft, gesellschaftliche Ordnung und sozialen Konsens in Frage zu stellen, und zwar subtiler und zugleich wirkungsvoller als die großen Protestbewegungen in früheren Jahren, wie z. B. die Studentenunruhen der Jahre 1968–70.

Angesichts dieser Befürchtungen stellt sich die Frage, ob das geschilderte Verhalten der Jugend tatsächlich ein Anzeichen für einen grundlegenden sozialen Wandel darstellt. Mit anderen Worten, führt die »neue Menschheit« in Zukunft zu einer neuen, ganz anderen japanischen Gesellschaft?

## 4. Jugend und sozialer Wandel

Nun, Tatsache ist, daß die Jugendlichen der achtziger Jahre die Kinder der sogenannten *Young Families* sind, jener ersten in der Nachkriegszeit aufgewachsenen und sozialisierten Generation. Als »zweite Nachkriegsgeneration« sind sie weit stärker noch als ihre Eltern von den sozialen, wirtschaftlichen und politischen Veränderungen der Nachkriegszeit geprägt. Verwestlichung der Lebensweise und Wohlstand sind für sie »Normalität«, während ihnen die traditionelle Lebensweise der eigenen Großeltern fremd geworden ist. Der in dieser Generation erstmals so deutlich zutage tretende Verlust an traditionellem Wissen wiegt schwer in einer Gesellschaft, in der eben diese Tradition noch immer viel mehr als bei uns als Bestandteil nationaler Identität gilt. Von daher wird das von der älteren Generation in dem Begriff »Neue Menschheit« ausgedrückte Befremden verständlich.

Dennoch ist der Bruch zwischen den Generationen nicht so ausgeprägt, wie es oft in den japanischen Medien dargestellt wird. Denn zu stark sind noch die Integrationsmechanismen der sozialen Organisationen, mit denen der einzelne auf seinem Weg zum Erwachsenwerden, z. B. beim Eintritt in den Beruf oder bei der Gründung einer Familie, konfrontiert wird. Zu aktiv sind die Bemühungen seitens des Establishments, über Broschüren, Seminare und andere Formen des Trainings »richtiges« Verhalten und die darin implizit vermittelten Normen und Werte an die jungen Erwachsenen weiterzugeben. Solange hierüber Konsens besteht, wird auch die *Shinjinrui*-Jugend, vor allem angesichts ihrer doch eher passiven Haltung, nicht den befürchteten Zusammenbruch des bisherigen Systems auslösen, sondern bestenfalls, wie schon die Generationen zuvor, zu seinem allmählichen Wandel beitragen.

# IV. Soziale Sicherung in Japan

ANNA MARIA THRÄNHARDT

## 1. Die Entwicklung des Systems der sozialen Sicherheit

In Artikel 25 der japanischen Verfassung von 1947 findet sich eine erstaunliche Garantie für jeden Bürger Japans, wie wir sie in unserem Grundgesetz nicht kennen:

> »Jeder Bürger hat das Recht auf ein Mindestmaß an gesundem und kultiviertem Leben. Auf allen Gebieten des Lebens hat der Staat sich um die Entwicklung und Mehrung des sozialen Wohls, der sozialen Sicherheit und der allgemeinen Gesundheit zu bemühen.«

Diese Sozialstaatsverpflichtung ist ein Produkt der amerikanischen Besatzungsmacht, die im wesentlichen die Nachkriegsverfassung ausgearbeitet hatte. Heute, fünf Jahrzehnte später, nachdem durch den ungeheuren wirtschaftlichen Aufschwung die ökonomischen Voraussetzungen für die Umsetzung dieses Verfassungsgrundsatzes in die Realität geschaffen worden sind, muß kritisch gefragt werden, inwieweit die japanische Regierung in den vergangenen Jahrzehnten diese Verfassungsgarantie ernst genommen und zum Maßstab ihrer Politik gemacht hat.

In diesem Zusammenhang ist die Tatsache wichtig, daß der Oberste Gerichtshof als höchste Rechtsinstanz wiederholt dahingehend entschieden hat, dieser Artikel beinhalte kein einklagbares Recht, sondern sei als Programmsatz zu verstehen, der den »Gesetzgeber politisch und moralisch verpflichtet, für ein menschenwürdiges Leben des Bürgers zu sorgen«.[1]

Sozialpolitik ist im Gegensatz zu den meisten anderen Politikbereichen in Japan ein Feld, auf dem die Entwicklung nicht nur von der lange dominierenden Liberal-Demokratischen Partei (LDP) bestimmt wurde. Auch die seit 1948 auf der nationalen Ebene in der Opposition befindliche Sozialdemokratische Partei Japans (SDPJ) konnte sozialpolitisch ein gewisses Profil erwerben. Dies war aufgrund ihrer relativen Stärke in den Kommunen – insbesondere in den späten sechziger und frühen siebziger Jahren – möglich, als ein Großteil der wichtigen Metropolen von progressiven Mehrheiten regiert wurde. So ist die Einführung der freien medizinischen Versorgung für alte Leute auf den Einfluß der SDPJ zurückzuführen. Dieses Versorgungsmodell wurde ursprünglich in einem Dorf im Norden Japans von dem dortigen Bürgermeister als Modell entwickelt und in der Folge auch von anderen Kommunen und Präfekturen mit sozialistischer Mehrheit eingeführt. 1973 wurde es dann von der Zentralregierung übernommen und auf das ganze Land ausgeweitet.

---

1 Siegfried Lörcher, Sozialversicherung, Altersversicherung, Rentensystem, in: Manfred Pohl (Hrsg.), Japan, Hamburg 1981, S. 82.

Die Strukturen des Systems sozialer Sicherung in der Gegenwart tragen deutliche Spuren des Hintergrunds ihrer Entstehungszeit *(siehe Tabelle 1)*. Zwar gab es seit der *Meiji*-Zeit sozialpolitische Einzelmaßnahmen, wie eine minimale Unterstützung von alleinstehenden Armen, Alters- und Waisenrenten für Kriegsinvalide und deren Angehörige sowie einzelne Versicherungssysteme auf Gegenseitigkeit in den von der *Meiji*-Regierung geführten Musterfabriken. 1922 wurde ein gesetzliches Krankenversicherungssystem eingeführt, das insbesondere die in der Industrie und im Bergbau Beschäftigten umfaßte und 1938 auf Bauern, Selbständige und Rentner ausgedehnt wurde. 1936 wurden Betriebe zur Zahlung von Abfindungssummen an Arbeitslose und Rentner verpflichtet. Ein Markstein ist auch die Errichtung eines eigenen Ministeriums für Gesundheit und Soziales *Kōseisho* 1938, das die Aufgaben der bis dahin im berüchtigten Innenministerium angesiedelten Abteilung für Soziales übernahm. In dieser Maßnahme wie auch im Aufbau eines Rentensystems für die Arbeiter privater Unternehmen wird die besondere Bedeutung sichtbar, die Sozialpolitik in Kriegszeiten spielte. Die Beiträge der Rentenversicherung wurden zur Finanzierung der Rüstungsproduktion verwendet.[2]

## a. Soziale Sicherung in der Besatzungszeit

Nach Ende des Krieges zeigten die amerikanischen Besatzungsbehörden unter Führung von General MacArthur von Anfang an großes Interesse an sozialen Problemen. Entgegen den Weisungen aus Washington beteiligten sie sich aktiv bei der Sicherstellung der Versorgung der unter Hunger und den Folgen des Krieges leidenden Bevölkerung. Sie bedienten sich hierzu eines Systems von Freiwilligen *(Minsei Iin)*, das durch seine landesweit durchorganisierte Struktur und lokale Verankerung ideale Voraussetzungen für diese Aufgaben mitbrachte.

Diese *Minsei Iin* entstanden schon Anfang des Jahrhunderts, zur Zeit der Reisunruhen in Südjapan in den Provinzen Ōsaka und Ōkayama. Sie bilden heute noch mit ca. 173 000 Aktiven die größte Organisation von ehrenamtlichen Helfern, ohne deren Einsatz die soziale Versorgung auf lokaler Ebene undenkbar wäre. Ihre Haupteinsatzgebiete liegen zum einen im Bereich der Kontaktnahme, Betreuung, Information und Vermittlung zwischen Bedürftigen vor Ort und den lokalen Sozialbehörden, zum anderen in der Erhebung und Zusammenstellung von empirischen Daten, die für eine moderne Sozialplanung unerläßlich sind.[3] Die Weitsicht der amerikanischen Besatzungsbehörden in diesem Bereich, ein auf traditionellen nachbarschaftlichen Strukturen basierendes System zu erhalten und es per Gesetz im Jahr 1948 zum Modell für nicht-staatliche Formen sozialer Arbeit in Japan zu machen, verdient Beachtung.

---

2 Anna Maria Thränhardt, Historische und konzeptionelle Grundlagen japanischer Sozialpolitik, in: Nachrichten der Gesellschaft für Natur und Völkerkunde Ostasiens, Bd. 145–146, Hamburg 1989, S. 9–26.

3 Eyal Ben-Ari, Changing Japanese Suburbia – A Study of Two Present-Day Localities, London u. a. 1991; Anna Maria Thränhardt, Organisierte Freiwilligkeit, in: R. Bauer/A. M. Thränhardt (Hrsg.), Verbandliche Wohlfahrtspflege im internationalen Vergleich, Opladen 1987.

*Tab. 1:* Übersicht über die Geschichte der sozialen Sicherung und der sozialen Dienste in Japan

| | |
|---|---|
| 1874 | Armenverordnung |
| 1922 | Krankenversicherungssystem für Arbeiter, das die verschiedenen privaten betrieblichen »Krankenkassen auf Gegenseitigkeit« integrierte und vereinheitlichte. Wegen der Folgen des großen Kantō-Erdbebens 1923 erst 1927 in Kraft getreten. |
| 1938 | Errichtung des Ministeriums für Gesundheit und Soziales. Erweiterung der Krankenversicherung auf Selbständige (Landwirtschaft, Forsten, Fischereiwesen). |
| 1939 | Einführung der Seeleute-Versicherung, die die erste Rentenversicherung enthält. |
| 1941 | Allgemeine Rentenversicherung für Arbeiter. |
| 1944 | Ausweitung der Arbeiterrentenversicherung auf die Angestellten. |
| 1947 | Zur Umsetzung von Artikel 25 der Japanischen Verfassung in geltendes Recht werden in mehreren Bereichen Gesetze reformiert bzw. neu erlassen: Verankerung des Rechts auf Sozialhilfe, Einführung der Arbeitslosenversicherung; Konsolidierung der verschiedenen betrieblichen Unfallversicherungssysteme. |
| 1948 | Behindertengesetz. |
| 1951 | Gesetz über die sozialen Dienste. |
| 1953 | Einführung der Krankenversicherung für Tagelöhner. |
| 1954 | Reform der Angestellten-Rentenversicherung. |
| 1959 | Erweiterung der Krankenversicherung und der Rentenversicherung auf die ganze Nation, tritt ab 1961 in Kraft. |
| 1969 | Freie medizinische Versorgung für Alte in Tōkyō wird eingeführt. |
| 1972 | Einführung eines allgemeinen Kindergeldes ab dem 2. Kind. |
| 1973 | Einführung des Systems der freien medizinischen Versorgung für Alte auf nationaler Ebene. |
| 1975 | Reform der Arbeitslosenversicherung. |
| 1983 | Rechtliche Verankerung der freien medizinischen Versorgung für Alte, die jedoch gleichzeitig eine geringe Selbstbeteiligung wieder einführt. |
| 1984 | Reform der Krankenversicherung und Wiedereinführung von Selbstbeteiligung. |
| 1986 | Grundlegende Reform und Neu-Strukturierung der verschiedenen Rentensysteme mit Einführung einer Modellrente tritt in Kraft. |
| 1992 | Gesetz über Erziehungsurlaub für Eltern. |
| 1993 | Vorbereitungen für ein Gesetz zum Pflegeurlaub. |

Ein weiteres Anliegen der Besatzungsmacht war die Einführung eines allgemeinen Programms für Sozialhilfe *(Kōteki Fugō)*, das – ungeachtet der Gründe für Bedürftigkeit – einen Anspruch auf soziale Unterstützung für jeden gewährleisten sollte. Die amerikanischen Besatzungsbehörden versuchten zu erreichen, daß die japanische Regierung die volle organisatorische und finanzielle Verantwortung für dieses Programm übernahm. Dies entsprach dem in Artikel 25 der Verfassung festgelegten Konzept der staatlichen Verantwortung für das öffentliche Wohl. Diese Maßnahme, die eine nach oben unbegrenzte finanzielle Verpflichtung des Staates beinhaltete, war jedoch auch nach amerikanischen Standards der damaligen Zeit äußerst progressiv.

In der endgültigen Fassung des Gesetzes zur Sicherung des Lebensunterhalts *(Seikatsu Hogohō)*, das im Oktober 1946 erlassen wurde, gelang es dem japanischen Ministerium für Gesundheit und Soziales allerdings, eine Klausel wieder einzuführen, die den generellen rechtlichen Anspruch auf Sozialhilfe insofern einschränkte, als eine gewisse finanzielle Mitverantwortung der Familie, ein wesentliches Element der Unterstützungspraktiken der Vorkriegszeit, beibehalten wurde.[4] Auch Arbeitsverweigerung von Personen, die arbeitsfähig sind, wurde auf japanische Initiative hin als Grund zur Streichung von Sozialhilfe in das Gesetz aufgenommen. Dennoch ist festzuhalten, daß die Sozialhilfe in der unmittelbaren Nachkriegszeit, als die anderen Systeme der sozialen Sicherung erst allmählich aufgebaut werden mußten, das wichtigste Instrument der sozialen Sicherung war. Noch 1951 machten die Ausgaben für Sozialhilfe 44,3 % der gesamten Sozialausgaben aus, während für Arbeitslosenprojekte 26,7 %, Gesundheit 17,8 %, Sozialversicherung 8,5 % und den gesamten Bereich sozialer Dienste nur 2,7 % ausgegeben wurde.[5]

## b. Auf- und Ausbau der Systeme der sozialen Sicherheit

Nach dem Ende der Besatzungszeit 1951 begann in Japan eine Phase der ökonomischen Expansion, die erst durch die Folgen der Ölschocks in den siebziger Jahren vorübergehend etwas abgebremst wurde. In dieser Zeit hatte das Wirtschaftswachstum oberste Priorität in der Politik, wie das berühmt gewordene Schlagwort der »Einkommensverdoppelung« *(Shutoku Baizō)* unter Ministerpräsident Ikeda als nationales Ziel deutlich macht. Dennoch wäre es falsch zu schließen, daß keinerlei Entwicklung auf sozialpolitischem Gebiet stattgefunden hätte. Vor dem Hintergrund der günstigen ökonomischen Lage machten sich die Sozialplaner im Ministerium für Gesundheit und Soziales daran, die zentralen Strukturen eines die ganze Bevölkerung umfassenden Systems der sozialen Sicherung auf- bzw. auszubauen. Zu nennen sind hier vor allem die Ausweitung der Rentenversicherung auf Angestellte 1954 sowie die Einführung der allgemeinen Nationalen Krankenversicherung und der Nationalen Rentenversicherung, die ab 1961 die ganze Nation unter den Schutz der sozialen Sicherung stellte. Die Etablierung einer eigenen Abteilung, des »Amts für Sozialversicherung«, das in der Folgezeit eine zentrale Rolle in der Sozialpolitik spielen sollte, unterstreicht die Bedeutung, die diesem Aufbau der Systeme der so-

---

4 Eine solche Mitverantwortung kennt auch das deutsche Recht für die »Hilfe zum Lebensunterhalt«. In Japan bezieht sie auch Verwandte zweiten Grades in die Verpflichtung mit ein. In der Gegenwart ist diese Klausel vor allem im Falle von Ehescheidungen von Bedeutung, da das japanische Scheidungsrecht kein Unterhaltsrecht für die Frau kennt und darüber hinaus Ehescheidungen in Japan in der überwiegenden Zahl der Fälle gar nicht vor Gericht gebracht werden. Der Fall einer alleinerziehenden Mutter mit drei Kindern, die verhungerte, weil sie sich weigerte, Kontakt mit ihrem ehemaligen Ehepartner aufzunehmen, um dieses Problem zu klären, machte 1987 landesweit Schlagzeilen. Seitdem scheinen viele kommunale Sozialämter dazu übergegangen zu sein, in derartigen Fällen ihrerseits Kontakt mit dem in Trennung lebenden Ehepartner aufzunehmen und gegebenenfalls die Weigerung eines solchen »nahen Verwandten« zu attestieren, damit der Weg für einen Anspruch auf Sozialhilfe frei ist.

5 Thomas Burkmann (Hrsg.), The Occupation of Japan: Education and Social Reform, Norfolk 1981, S. 360.

zialen Sicherung zugemessen wurde. Einschränkend muß dazu jedoch gesagt werden, daß das in den sechziger Jahren eingeführte allgemeine Altersversorgungssystem, da es nicht wie das deutsche auf dem Solidarprinzip eines »Generationenvertrags« beruht, erst nach einer Laufzeit von ca. 30 Jahren seine Wirksamkeit entfalten konnte. In der Zwischenzeit stand es als gigantischer Kapitalfonds der Wirtschaft für Investitionen zur Verfügung.

## c. Das Intermezzo der »Ära der Wohlfahrt« und die Sozialreformen der Restriktionsphase

Nach japanischer Auffassung hatte das Land Anfang der siebziger Jahre durch den vollständigen Ausbau des Systems ungefähr das Niveau westlicher Industrienationen erreicht. Dabei waren die Einführung eines Kindergelds sowie die kostenlose medizinische Versorgung für alte Leute und die Festsetzung einer Modellrente die letzten Bausteine. Allmählich stieg auch in Kreisen der regierenden Liberaldemokraten das Bewußtsein von der Bedeutung und Notwendigkeit sozialer Maßnahmen, da die Folgen des ungehinderten industriellen Wachstums seit der zweiten Hälfte der sechziger Jahre in mehreren Umweltskandalen sichtbar geworden waren. Die Regierung unter Ministerpräsident Tanaka erklärte das Jahr 1973 zum Beginn einer »Ära der Wohlfahrt« *(Fukushi Gannen)* und signalisierte damit einen Paradigmenwechsel der japanischen Sozialpolitik. Allerdings bewirkte die noch im selben Jahr hereinbrechende Ölkrise einen Schock, der das politische Interesse wieder stärker auf ökonomische und fiskalische Probleme richtete. Das eben erst ins Zentrum der Aufmerksamkeit gerückte Paradigma verlor seine Attraktivität, und das Thema der staatlichen Verantwortung wurde neu interpretiert: Unter dem Schlagwort »Japanisches Modell der Wohlfahrtsgesellschaft« *(Nihongata Fukushi Shakai)* wurden Werte wie Selbstverantwortung des Individuums, der Familie und der lokalen Gemeinschaft sowie die Vitalität der Kräfte des Marktes beschworen. Dieser Richtungswechsel wurde mit nationalistischen Argumenten begründet, die betonten, daß Japan nun, wo es das Niveau der hochindustrialisierten Länder im Westen auch in sozialer Hinsicht erreicht habe, seinen eigenen Weg finden müsse, eben das »Japanische Modell der Wohlfahrtsgesellschaft«.

Doch unterschied sich die Entwicklung im wesentlichen nicht von dem Muster anderer neokonservativer Gesellschaften in dieser Zeit, wie Esping-Andersen sie in seinem wegweisenden Werk »The Three Worlds of Welfare Capitalism« (1990) für westliche Gesellschaften beschrieben hat. Auch Japan machte sich daran, die sozialen Ausgaben, die der Hauptgrund für die roten Zahlen im Staatshaushalt waren, zu begrenzen. Eine Studie über die Sozialpolitik im Japan der achtziger Jahre hebt jedoch hervor, daß die Versicherungssysteme als solche nicht abgebaut wurden, sondern sich die Reduktionen auf die Wiedereinführung von Selbstbeteiligungen, beispielsweise bei der medizinischen Versorgung alter Leute oder eine Erhöhung des Eigenanteils in der Nationalen Krankenversicherung, bezogen.[6]

---

6 John Creighton Campbell, How Policies Change: The Japanese Government and the Aging Society, Princeton 1992.

## 2. Das System der sozialen Sicherung heute

Von seiner Entstehungsgeschichte her hat das System der sozialen Sicherung in Japan eine Reihe von Gemeinsamkeiten mit dem deutschen System. So vor allem, daß es sich im wesentlichen um ein Versicherungssystem handelt, das in erster Linie durch Beiträge finanziert wird, und nicht um ein System, dessen Finanzierung aus Steuermitteln erfolgt, wie es in den skandinavischen Ländern vorherrscht.

Wesentliches Merkmal des japanischen Sozialversicherungssystems ist die stark ausgeprägte Aufsplitterung in verschiedene Einzelsysteme, die zu sehr unterschiedlichen Versicherungsbedingungen und -leistungen führt. Am ausgeprägtesten ist dies heute noch im Bereich der Krankenkassen, wo es neben den öffentlichen Systemen 1800 betriebliche Versicherungen gibt.

Im statistischen Vergleich ÖFFENTLICHER Sozialausgaben im Verhältnis zum Bruttosozialprodukt steht Japan am unteren Ende der Skala hochentwickelter Industrienationen. So werden nur 14,1 % seines Bruttosozialprodukts für öffentliche Sozialausgaben verwendet, und damit liegt Japan noch hinter den USA mit 16,2 % und unter der Hälfte des westdeutschen Anteils mit 29,1 % *(vgl. Abbildung 1)*.

Japanische Kommentatoren weisen jedoch auf zwei Tatsachen hin, die bei der angemessenen Beurteilung dieser statistischen Daten nicht außer acht gelassen werden dürfen:

*Abb. 1:* Anteil der Sozialausgaben am Bruttosozialprodukt im Ländervergleich

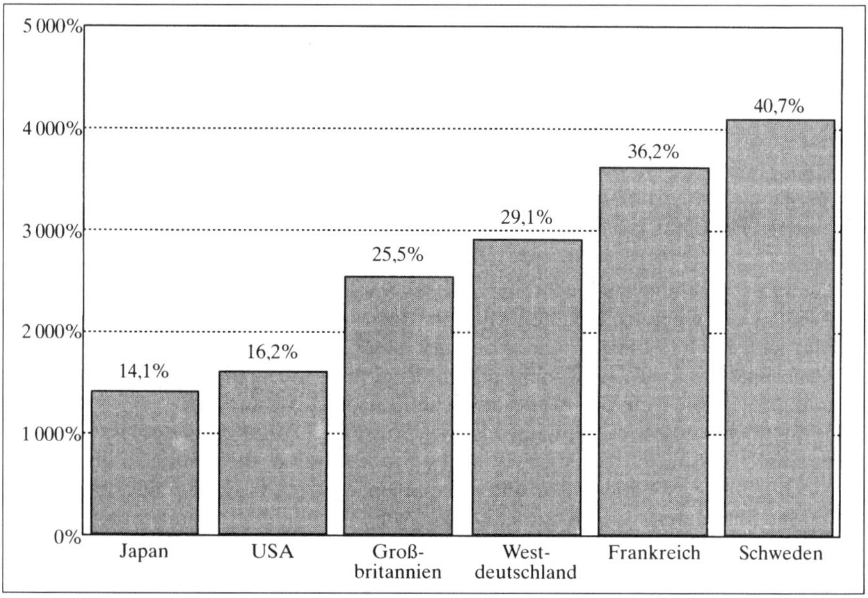


*Quelle:* Nach Angaben des Ministeriums für Gesundheit und Soziales: Weißbuch zu Gesundheit und Sozialem 1991, Tōkyō.

a. Die demographische Zusammensetzung der japanischen Bevölkerung, in der das Verhältnis von jungen, arbeitsfähigen Personen zum älteren Bevölkerungsanteil bisher günstig war. Allerdings wird sich diese Situation aufgrund stark gesunkener Kinderzahlen und der außerordentlich hohen Lebenserwartung innerhalb der kommenden Jahrzehnte fundamental wandeln. Schon um das Jahr 2020 wird mit einer völlig veränderten Situation gerechnet, die durch einen überaus großen Anteil älterer, nicht mehr arbeitsfähiger Personen gekennzeichnet ist *(vgl. Abbildung 2)*.

*Abb. 2:* Anteil der über 65jährigen in verschiedenen Industrieländern

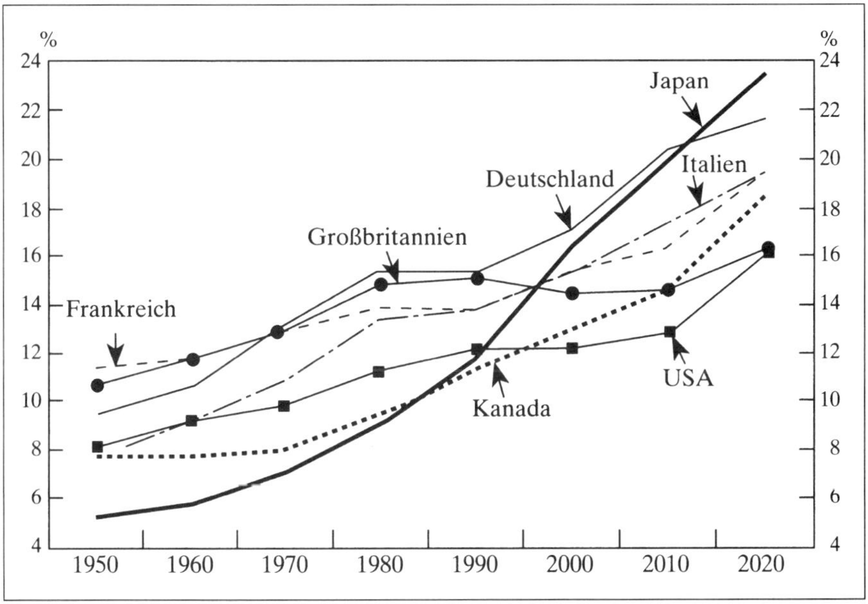


*Quelle:* OECD Economic Surveys 1989/90.

Diese Personengruppe, die nicht mehr selbst produktiv tätig sein kann, ist nicht nur auf Einkünfte aus dem Renten- oder Pensionssystem angewiesen, sondern sie belastet auch die Krankenversicherungssysteme in viel stärkerem Maße als jüngere Altersgruppen. In keinem anderen Land gibt es derartig schnelle Veränderungen in der demographischen Zusammensetzung, so daß seit den siebziger Jahren unter dem Stichwort »alternde Gesellschaft« *(Kōreika Shakai)* eine breit angelegte Diskussion um diese Problematik in Gang gesetzt wurde.[7]

b. Betriebliche Leistungen sind in diesen Statistiken nicht enthalten. Dies gilt auch für die von einzelnen privat abgeschlossenen Versicherungen oder andere

7 Ingrid Getreuer-Kargl, Ende der Dynamik? Eine Expertenbefragung zur Alterung der japanischen Gesellschaft, Beiträge zur Japanologie Bd. 28, Wien 1990; John Creighton Campell (Anm. 6).

Formen der Daseinsvorsorge wie beispielsweise das private Sparen, das in großem Maße in Japan betrieben wird.

Aus diesen Gründen geben Statistiken wie die oben gezeigte nach japanischer Ansicht nicht die wirkliche Situation der sozialen Sicherung in ihrem Land wieder. In der Tat sprechen einige Daten, so beispielsweise die weltweit höchste Lebenserwartung, insbesondere für Frauen (1996: 83,6 Jahre), und die statistisch außerordentlich niedrige Säuglingssterblichkeit (1990: 5,7 pro 1 000 Lebendgeburten)[8] für die Effektivität des japanischen Systems der sozialen Sicherung. Die Frage, wie und unter welchen Bedingungen es in Japan gelingt, mit einem verhältnismäßig geringen finanziellen Aufwand der öffentlichen Hand einen gewissen sozialen Standard zu erreichen, soll im folgenden näher untersucht werden. Immerhin zeigt sich anhand der erst nach Jahrzehnten unterbrochenen konservativen Wahlsiege, daß die sozialen Standards von der Mehrheit der Bevölkerung akzeptiert werden, auch wenn sie nach Meinung des westlichen Auslands dem Grad der ökonomischen Entwicklung, die das Land insgesamt erreicht hat, nicht entsprechen.

## 3. Versicherungssysteme und soziale Dienste

Krankenversicherung, Alterssicherung, Arbeitslosenversicherung und berufliche Unfallversicherung bilden zusammen die soziale Sicherung im engeren Sinn. Der japanische Terminus *Shakai Hoken* wird jedoch meist im weiteren Sinn für das gesamte Sozialsystem gebraucht und umfaßt somit auch den wichtigen Bereich der sozialen Dienste. Dieser hat gerade in den letzten Jahren im Rahmen der Diskussion über die »alternde Gesellschaft« in Japan stark an Bedeutung gewonnen und soll deshalb hier auch kurz skizziert werden.

### a. Krankenversicherung

Es gibt zwei verschiedene Prinzipien, nach denen die Krankenversicherungen in Japan organisiert sind: Die erste Gruppe – historisch älter – orientiert sich an der Arbeitsstelle des Versicherten und entspricht damit in etwa unseren Pflichtversicherungen. Familienangehörige sind – allerdings meist mit finanziell schlechteren Erstattungsleistungen – in dieser Versicherung eingeschlossen. Sie kann (im Falle von Klein- und Mittelbetrieben, die größenmäßig nicht selbst in der Lage sind, eine private Versicherung für ihre Angestellten abzuschließen) von der Regierung ge-

8 Allerdings ist beim internationalen statistischen Vergleich große Vorsicht geboten, da es hier – ebenso wie im Bereich der japanischen Arbeitslosenstatistiken – die Tendenz gibt, die offiziellen Zahlen zu schönen, indem die den Kategorien zugrunde liegenden Kriterien verändert werden, eine Praxis, die – wie wir wissen – nicht nur in Japan üblich ist, vielleicht hier aber besonders geschickt gehandhabt wird.

tragen werden oder (im Fall von Großbetrieben) von privaten Versicherungsfirmen, mit denen die Großbetriebe direkte Verträge abgeschlossen haben. Bei letzterer Form sind die Bedingungen in der Regel sehr viel günstiger als bei der ersteren, da hier die Arbeitgeber über ihren gesetzmäßig zu erbringenden Anteil hinaus Zahlungen leisten, die den Versicherten und ihren Angehörigen zugute kommen. Während der ersten Gruppe ca. 17 Millionen Versicherte und fast 18 Millionen mitversicherte Familienangehörige angehören, sind in der zweiten, günstigeren Form ca. 14 Millionen direkt Versicherte und ca. 18 Millionen Familienangehörige erfaßt. Eine eigene, weitgehend aus öffentlichen Mitteln finanzierte Krankenversicherung existiert für Tagelöhner, deren Anteil jedoch nur 0,2 % an den Gesamtversicherten ausmacht. Insgesamt gehört dieser Kategorie von Versicherungen ungefähr die Hälfte der Gesamtheit aller Versicherten an. Eine getrennt organisierte, eigene Versicherung gibt es für Seeleute. Sie umfaßt jedoch nur 153 000 direkt versicherte Personen und ihre Familienangehörigen.

Größenordnungsmäßig zwischen den beiden erstgenannten Gruppen und der Seeleute-Versicherung liegt die letzte Kategorie der arbeitsplatzbezogenen Versicherungen, die der Versicherungen auf Gegenseitigkeit *(Kyōsai Kumiai)*. In ihnen sind Mitglieder des öffentlichen Dienstes, aber auch in vergleichbaren Stellungen bei privaten Arbeitgebern wie Kindergärten, Schulen, Colleges und Universitäten, also vornehmlich im Erziehungsbereich Beschäftigte, versichert. Insgesamt umfaßt diese Gruppe ca. 5 Millionen Versicherte mit 7 Millionen Familienangehörigen. Die Bedingungen hier sind vergleichsweise günstig.

Alle von den oben beschriebenen Versicherungen nicht erfaßten Personen sollen und können Mitglied in der Nationalen Krankenversicherung *(Kokumin Kenkō Hoken)* werden, die von den Kommunen oder Nationalen Krankenversicherungsgesellschaften organisiert werden. Hier sind insgesamt 44 Millionen Personen erfaßt, zahlenmäßig also die größte Gruppe. Es handelt sich insbesondere um Frauen, die nicht erwerbstätig sind, Studierende ab dem 21. Lebensjahr und Personen, die aus Altersgründen aus den betrieblichen Versicherungssystemen herausgefallen sind, aber auch um die in Japan verhältnismäßig große Zahl von Beschäftigten in Kleinst- und Familienbetrieben. In diesem System ist jeder einzeln versichert. Bei Erwerbstätigen wird die Beitragshöhe nach einem sozial gestaffelten einkommensbezogenen Schlüssel berechnet, bei Mitgliedern ohne eigene Einkünfte werden fixe Beiträge erhoben.

### *Unterschiedliche Leistungen der verschiedenen Systeme*

Die Leistungen der verschiedenen Krankenkassen sind recht unterschiedlich. So müssen Versicherte der Nationalen Krankenversicherung beispielsweise 30 % der Arztkosten und 20 % der Krankenhauskosten aus eigener Tasche bezahlen, während in der Arbeiter- und Angestelltenkrankenkasse der Versicherte in beiden Fällen nur 10 % selber tragen muß. Bei den durch mittlere und große Firmen betriebenen Arbeiter- und Angestelltenversicherungen kommt dazu, daß diese in der Regel freiwillige Zusatzleistungen über die gesetzlich vorgeschriebenen hinaus erbringen, die in vielen Fällen eine 100 %ige Absicherung der Arbeitnehmer zur Folge haben.

Diese vom Unternehmer getragenen Zusatzleistungen sind Teil der betrieblichen Sozialleistungen *(Kigyō Fukushi)*, deren Ursprünge bis auf den Beginn der schnellen Industrialisierung in der *Meiji*-Zeit zurückgehen. Damals mußten die Unternehmer durch die Schaffung von attraktiven Arbeits- und Lebensbedingungen in ihren Betrieben die Voraussetzungen schaffen, die Lebensumstände der ländlichen Bevölkerung und die Bedingungen des städtischen, industriellen Lebens miteinander zu vereinbaren. In jener Zeit gab es staatliche Maßnahmen nur in den wenigen Modellfabriken, die ursprünglich von der *Meiji*-Regierung errichtet worden waren. Insbesondere in den zwanziger und dreißiger Jahren, als der Bedarf an betriebsloyalen, gut ausgebildeten Facharbeitern wuchs, versuchten die Unternehmer durch solche zusätzlichen Maßnahmen zur Ergänzung der Arbeitsbedingungen, die Facharbeiter als Stammarbeiter für ein ganzes Arbeitsleben an den Betrieb zu binden.[9]

Während der Wirren unmittelbar nach dem Zweiten Weltkrieg wurde die Bedeutung der betrieblichen Wohlfahrt *(Kigyō Kōsei)* in den Großbetrieben, aber auch im Staatsdienst noch weiter verstärkt. Sie gilt auch heute noch als wichtiger Teil der

*Tab. 2:* Zusätzliche soziale Kosten, die von betrieblichen Krankenversicherungen getragen werden

| | Anzahl der Gesellschaften | Prozent |
|---|---|---|
| Gesamtzahl der Versicherungsgesellschaften | 1 800 | 100,0 |
| Rückerstattung des Patientenanteils | 1 320 | 73,3 |
| Zusatzunterstützung für intensivmedizinische Versorgung | 979 | 54,4 |
| Zusatzunterstützung bei Unfall und Krankheit | 820 | 45,6 |
| Erweiterte Zusatzunterstützung bei Unfall und Krankheit | 268 | 14,9 |
| Mutterschaftsgeld | 234 | 13,0 |
| Beerdigungszuwendung | 1 286 | 71,4 |
| Entbindungsbeihilfe | 1 142 | 63,4 |
| Zusatzunterstützung für stillende Mütter | 930 | 51,7 |
| Kostenrückerstattung des Patientenanteils von Angehörigen | 1 319 | 73,3 |
| Beerdigungszuwendung für Angehörige | 1 389 | 77,2 |
| Entbindungsbeihilfe für Ehefrauen | 1 269 | 70,5 |
| Zusatzunterstützung für stillende Ehefrauen | 1 044 | 58,0 |
| Versicherungen, die zusätzliche Unterstützungen leisten | 1 668 | 92,7 |
| Versicherungen, die keine Zusatzunterstützungen leisten | 132 | 7,3 |

*Quelle:* National Federation of Health Insurance Societies 1990, S. 20.

9 Kazuo Okochi/Bernhard Karsh/Solomon B. Levine, Workers and Employers in Japan: The Japanese Employment Relation System, 1973; Shōjirō Ujihara, Nihon Rōdō Mondai Kenkyū, Tōkyō $^{2}$1982.

betrieblichen Personalpolitik und umfaßt neben der Ergänzung der Finanzierung der Krankheitskosten insbesondere die Bereiche Wohnungsbeschaffung und Gewährung von Darlehen für Eigenheime, Altersversorgung, Familienhilfen bei besonderen Ereignissen, wie Geburt, Hochzeit oder Todesfällen, Weiterbildung sowie Erholungs- und Freizeitangebote.

Darüber hinaus werden in zunehmendem Maße private Zusatzversicherungen abgeschlossen, die beispielsweise die Zusatzleistung einer privaten Pflegekraft oder den Einsatz neuer, hochspezialisierter Medikamente absichern. Hierzu muß darauf hingewiesen werden, daß die Versorgung in japanischen Krankenhäusern im wesentlichen auf medizinische Dienstleistungen beschränkt ist und pflegerische Dienste wie Waschen oder ähnliche Handreichungen, die von Schwerstkranken nicht selber durchgeführt werden können, nicht beinhaltet. Hier müssen Familienangehörige oder zusätzlich engagierte Kräfte einspringen.

## b. Alterssicherung

Das System der Alterssicherung war bis zu einer grundlegenden Reform in der Mitte der achtziger Jahre von seinem Aufbau her ähnlich segmentiert und mit Ungleichheiten behaftet wie der Krankenkassenbereich. Enorme Leistungsunterschiede sowie eine Lücke zwischen dem Ausscheiden aus einem betrieblichen System bei Erreichen der Altersgrenze der Erstverrentung[10], bei der die Altersversorgungsleistungen des Betriebs in der Regel durch die Zahlung einer Abfindungssumme abgegolten wurden, und dem Einsetzen des Nationalen Rentensystems ab dem 61. Lebensjahr führten zu einem hohen Maß an sozialer Unsicherheit in dieser Lebensphase.

Im Gegensatz zum Krankenkassenbereich ist es im Rentenbereich jedoch gelungen, seit Mitte der achtziger Jahre durch eine strukturelle Reform mehr Rentengerechtigkeit zu schaffen. Kernpunkt dieser Umorganisation war die Einführung einer Modell- oder Basisrente *(Kiso Nenkin)*, die für alle Personen im Rentenalter gleich hoch ist. Diese Basisrente ist an den Lebenshaltungskostenindex gekoppelt und bildet für die Mitglieder der Nationalen Rentenversicherung, also insbesondere Selbständige und nicht versicherte Ehefrauen, eine Art Grundrente, die allerdings eine äußerst knapp bemessene Mindestsumme nicht übersteigt. Für die Mitglieder aller anderen Rentensysteme bildet diese Basisrente nur den Sockel, der durch einen einkommensabhängigen Anteil erweitert wird und sich in vielen Fällen zu einer recht beträchtlichen Summe addiert. Allerdings stellt das verwaltungstechnisch integrierte neue System sicher, daß sich ein Rentenbezieher im Falle von Mehrfachanrechten in diesem Bereich für einen Anspruch (in der Regel natürlich

10 Diese Erstverrentung, die den Arbeitnehmer aus dem gesicherten Status eines Stammarbeiters hinausdrängt, findet in der Regel heute im 57. Lebensjahr statt. Fast in allen Fällen suchen sich die Arbeitnehmer eine Anschlußbeschäftigung, meist zu schlechteren Bedingungen. Nach Statistiken des Arbeitsministeriums gehen in der Gruppe der 55- bis 69jährigen Männer insgesamt 76,9 % einer ganztägigen Beschäftigung nach, davon über 70 % »um ihren Lebensunterhalt zu verdienen« (The Japan Institute of Labour 1990, S. 74/75).

*Tab. 3:* Krankenversicherungssysteme in Japan

| Schema | | | Arbeiter- und Angestelltenversicherung | | | Versicherung der Seeleute |
|---|---|---|---|---|---|---|
| Kategorie | | | Arbeiter und Angestellte | | Tagelöhner | Seeleute |
| Verantwortliche Körperschaft (Versicherer) | | | Regierung/ Sozialversicherungsbehörde | einzelne Gesundheitsversicherungen (1.800) | Regierung/ Sozialversicherungsbehörde | Regierung/ Sozialversicherungsbehörde |
| Versicherte Personen<br>Angehörige<br>in % der Gesamtheit der Versicherten | | | 15 860 000<br>17 360 000<br>27,3 % | 13 320 000<br>17 220 000<br>24,9 % | 140 000<br>70 000<br>0,2 % | 160 000<br>340 000<br>0,4 % |
| Finanzielle Ressourcen | Prämien | Anteil:<br>Versicherte<br>Arbeitgeber<br>gesamt | <br>4,15 %<br>4,15 %<br>8,30 % | <br>3,523 %<br>4,614 %<br>8,137 % | Kategorie I<br>(pro Tag):<br>Y 55<br>Y 85 | <br>4,1 %<br>4,1 %<br>8,2 % |
| | Staatszuschüsse | | Verwaltungskosten insgesamt | | | |
| | | | 16,4 % der aufgebrachten Leistungen | 7 050 Mio. Yen Leistungszuschüsse | 16,4 % der aufgebrachten Leistungen | 2 700 Mio. Yen Leistungszuschüsse |
| Versicherungsleistungen | Behandlungsleistungen | Leistungen bei med. Behandlungen | 90 % | | | |
| | | Leistungen für med. Behandlungen der Angehörigen | Krankenhausbehandlung 80 %<br>ambulante Versorgung 70 % | | | |
| | | Leistungen bei bes. kostspielig. Behandlungen | Vollabdeckung bei Beträgen über 57 000 Yen<br>(bei Geringverdienenden über 31 800 Yen) | | | |
| | Geldleistungen | | Zusatzunterstützung bei Unfall und Krankheit<br>Entbindungsbeihilfen, Beerdigungsbeihilfen etc.<br>(zusätzliche Beihilfen durch Versicherungen u. Hilfsorganisationen) | | | |

*Quelle:* Ministerium für Gesundheit und Soziales / Sozialversicherungsbehörde.

den für ihn günstigsten) entscheiden muß, so daß die extremsten Auswüchse von Rentenungerechtigkeit, wie sie früher vorkommen konnten[11], heute nicht mehr möglich sind. Darüber hinaus beinhaltet die Verankerung eines eigenen Renten-

11 Vgl. den Bericht über die maßlos überhöhten Pensionen von städtischen Angestellten in Kamakura, in: Deutsche Gesellschaft für Natur- und Völkerkunde Ostasiens, 1986.

| | | | | |
|---|---|---|---|---|
| Versicherungen für öffentlich Bedienstete | Versicherung für kommunale Bedienstete | Versicherungen für Lehrer und Beschäftigte an Privatschulen | Nationale Gesundheitsversicherung | |
| Beschäftigte des öffentlichen Dienstes, Japan Tobacco, Nippon und Japan Railways | Beschäftigte der Kommunalverwaltungen | Lehrer und Beschäftigte an Privatschulen | Landwirte, Selbständige etc. | Ruheständler der Krankenversicherungsgesellschaften |
| Ministerien, Behörden und Versicherungen (27) | Versicherungen für die kommunalen Behörden (54) | Versicherungen der Lehrer und Beschäftigten an Privatschulen | Kommunen (3 262)<br>Verbände (167) | Kommunen |
| 1 760 000<br>2 720 000<br>3,7 % | 2 960 000<br>3 990 000<br>5,7 % | 370 000<br>350 000<br>0,6 % | 45 340 000 | |
| 5,54–9,26 % | 7,62–12,36 % | 3,65 %<br>3,65 %<br>7,30 % | Durchschnittsbetrag pro Haushalt 124 706 Yen, entspricht 37,2 % | |
| Verwaltungskosten insgesamt (außer für Privatunternehmen) | (Kommunalverwaltungen tragen alle Verwaltungskosten) | Teil der Verwaltungskosten | Verwaltungskosten insgesamt | |
| | | | Leistungen<br>50 % für Kommunen,<br>32–52 % für Versicherer | Keine |
| | | | 70 % | 80 % |
| | | | | Krankenhaus<br>80 %<br>ambulant 70 % |
| | | | | |
| | | | Entbindungskosten<br>Bestattungskosten<br>Stillbeihilfe etc. | |

anspruchs für Ehefrauen einen wesentlichen Schritt in Richtung auf mehr Gleichberechtigung für verheiratete japanische Frauen, die nicht oder nur kurz berufstätig waren und nach dem alten System nur einen abgeleiteten Rentenanspruch über die Versicherung ihrer Ehemänner hatten.[12]

12 Anna Maria Thränhardt (Anm. 2).

## c. Arbeitslosen- bzw. Beschäftigungsversicherung

Obwohl bereits während der Besatzungszeit im Jahr 1947 eine (allerdings sehr unzureichende) gesetzliche Arbeitslosenversicherung eingeführt wurde, widmete man dem Thema Versicherungsschutz gegen den Verlust des Arbeitsplatzes wenig Aufmerksamkeit. Ein wichtiger Grund hierfür liegt darin, daß die meist nur Stammarbeitern offenstehenden Gewerkschaften[13] wenig Interesse für diese Problematik zeigten, da ihre Mitglieder aufgrund der »lebenslangen Anstellung« von dieser Gefährdung praktisch nicht betroffen waren. Von seiten der Regierung hat der Bereich seit den Ölschocks verstärktes Interesse gefunden. So strebten die Mitte der siebziger Jahre eingeführten Reformen der Arbeitslosenversicherung in ein Beschäftigungssicherungssystem *(Koyō Hoken)* durch die Einführung von Beihilfen für Umschulungsmaßnahmen und einen Strukturhilfefonds für entwicklungsschwache Gebiete eine Integration von Sozial- und Arbeitsmarktpolitik an. Auch Sonderkonditionen für besonders gefährdete ältere Arbeitnehmer wurden in dieser Zeit eingeführt. Dennoch muß festgestellt werden, daß die Arbeitslosenversicherung *(Shitsugyō Hoken)* ein verhältnismäßig unterentwickelter Bereich mit schlechten Konditionen ist.

Hervorzuheben ist auch, daß ein beträchtlicher Anteil der Beschäftigten wie Arbeiter in der Land- und Forstwirtschaft und Arbeitnehmer in Kleinstunternehmen mit weniger als fünf Beschäftigten nicht pflichtversichert ist. Da es sich hierbei in der Regel um Familienbetriebe handelt, wird davon ausgegangen, daß das primäre Netzwerk der Familie *(Ie)* als ökonomische Einheit und darüber hinaus als soziales Auffangnetz funktioniert. Dies fügt sich gut in das vorherrschende neo-konservative Argumentationsschema, wie es seit den achtziger Jahren mit dem »Japanischen Modell der Wohlfahrtsgesellschaft« von Regierungsseite vertreten wurde.

## d. Arbeiter-Unfallversicherung und Berufskrankheiten

Die Praxis, bei Unfällen am Arbeitsplatz den betroffenen Arbeitern bzw. deren Hinterbliebenen finanzielle Entschädigungen zu zahlen, hat eine lange Tradition in Japan, die schon vor den Beginn der Industrialisierung in der *Meiji*-Zeit zurückreicht. Im Fabrikgesetz *(Kōjohō)* von 1911 wurden Entschädigungszahlungen im Falle von nicht vom Arbeiter verursachten Unfällen bindend gemacht. Ein modernes Gesetz, das den Arbeitnehmern ein Recht auf Entschädigung einräumt und von Arbeitgeberseite finanziert wird, wurde jedoch erst 1947 mit dem Arbeitsunfallversicherungsgesetz *(Rōdōsha Saigai Hōshō Hoken Hō)* geschaffen und im Jahr 1972 reformiert als Gesetz über Sicherheit und Gesundheit am Arbeitsplatz *(Rōdō Anzen Eisei Hō)*, wobei der Sicherheitsaspekt besonders betont wurde. Zwar entsprechen die Standards dieses Gesetzes den international üblichen, doch wird durch die Exi-

13 So ließen Anfang der achtziger Jahre nur 4 % der Gewerkschaften temporär Beschäftigte zu, nur 2 % nahmen Teilzeitbeschäftigte auf, beides Gruppen, die zu den am stärksten durch Arbeitslosigkeit Gefährdeten gehören.

stenz von Ausnahmeregelungen für Klein- und Kleinstbetriebe der Unfallschutz durchlöchert. Die offiziellen Statistiken des Arbeitsministeriums schließen die Betriebe mit weniger als 100 Beschäftigten nicht ein und geben deshalb ein positiveres Bild, als die Wirklichkeit ist. Darüber hinaus werden in vielen Fällen Arbeitsunfälle nicht gemeldet, da die Arbeitnehmer Nachteile für ihre weitere Berufslaufbahn befürchten.

Während im Bereich der Berufskrankheiten früher die Gefährdung durch Tuberkulose das wichtigste Problem war, ist in der Gegenwart mit der Einführung von Computern der Schutz vor deren schädlicher Auswirkung ins Zentrum des Interesses getreten.

Eine Besonderheit der japanischen Arbeitsschutzbestimmungen, die 1947 eingeführt worden ist und bis zur Einführung des Gesetzes für gleiche Chancen von Männern und Frauen am Arbeitsplatz 1986 gültig war, ist der »Menstruationsurlaub«, der Frauen das Recht gab, während der Menstruation der Arbeit fernzubleiben. Dieser Schutzparagraph für Frauen wurde jedoch vor allem von seiten der Frauen selbst als kontraproduktiv für Gleichberechtigung im Beruf angesehen und wurde durch die Gleichstellungs-Gesetzgebung der achtziger Jahre deshalb abgeschafft.[14]

## e. Soziale Dienste

Wie im historischen Teil bereits dargestellt, existiert mit den *Minsei Iin* ein landesweit durchorganisiertes System ehrenamtlich organisierter Sozialarbeit, das zwar auf deutschen Vorbildern des 19. Jahrhunderts beruht, aber heute als originär japanisch gilt. Neben diesem System von geschulten, aber nicht professionell ausgebildeten ehrenamtlichen Wohlfahrtspflegern konnte sich bis zum Ende des Zweiten Weltkriegs keine professionelle Sozialarbeit entwickeln. Zwar wurde dann – auch mit Hilfe der Besatzungsbehörden – ein Ausbildungssystem eingeführt, das in seinen Inhalten vielfach von in den USA gängigen Methoden des *Case-Work* beeinflußt ist, aber bis heute gehört die Mehrheit des Personals kommunaler Sozialämter dem allgemeinen Verwaltungsdienst an und verbringt nur begrenzte Zeit in der Sozialabteilung. Eine Berufs-Identifikation mit der Problematik sozial Benachteiligter kann sich deshalb auf dieser Ebene nur begrenzt entwickeln.[15] Andererseits bietet das System der *Minsei Iin* durch seine lokale Verankerung und personelle Nähe zu den traditionellen Nachbarschaftsvereinigungen ein kostengünstiges System der Ehrenamtlichkeit, das in seiner vorrangig konservativen Orientierung insbesondere für die Betreuung alter Menschen ein geeignetes Instrument ist. Zwar werden seit den siebziger Jahren auch andere Formen der Freiwilligkeit *(Borantia)* gefördert, aber sie werden weitgehend von oben her organisiert und haben ein geringes Maß an Unabhängigkeit.[16]

---

14 Claudia Weber, Chancengleichheit per Gesetz, in: R. Linhart/F. Wöss (Hrsg.), Nippons neue Frauen, Hamburg 1990.

15 Eyal Ben-Ari, (Anm. 3).

16 Anna Maria Thränhardt, (Anm. 3).

*Zusammenfassung*

Das öffentliche System der sozialen Sicherung in Japan ist von seinen Standards her bewußt auf einem verhältnismäßig niedrigen Niveau gehalten, um individuellen Anstrengungen Raum zu lassen.[17] Diese können von der Wirtschaft in Form der betrieblichen Sozialleistungen finanziert werden oder aber vom einzelnen in Form hoher privater Sparleistungen, die über die Banken solange als verfügbares Kapital der Wirtschaft für Investitionszwecke zur Verfügung stehen, bis sie bei Bedarf (zur Finanzierung der Ausbildung der Kinder bzw. zur eigenen Alterssicherung) vom Sparer selber abgerufen und eingesetzt werden. Eine weitere Möglichkeit, die insbesondere in den letzten Jahren stark zugenommen hat, ist der Abschluß zusätzlicher privater Versicherungen.[18] Auch in diesem Fall steht das Geld zwischenzeitlich dem Kapitalmarkt zur Verfügung.

Auch der Einsatz von Familie, Nachbarschaft und Freiwilligenarbeit wird als Instrument der Sozialarbeit stark gefördert, insbesondere um die auf das Land zukommenden Probleme der »alternden Gesellschaft« zu lösen.[19] In diesem Zusammenhang rechneten die regierenden Liberaldemokraten natürlich vor allem mit der billigen Arbeitskraft der Frauen. Es scheint jedoch höchst fraglich, ob diese Rechnung aufgehen wird, da auch in Japan seit Ende der achtziger Jahre ein gewisses Maß an Bewußtseinswandel (zumindest bei den Frauen) gegenüber den geschlechtsspezifischen Rollenzuweisungen zu beobachten ist. Die Einführung der Basisrente im Rahmen der Rentenreformen der achtziger Jahre kann in diesem Gesamtkontext als Zugeständnis der Liberaldemokraten an die Verdienste von Frauen im Rahmen familialer Arbeit gesehen werden.

---

17 Ingrid Getreuer-Kargl, (Anm. 7).

18 Meyer-Ohle, Lebensversicherung und Konsument in Japan (unveröffentlichtes Manuskript), Universität Marburg 1982.

19 So propagiert der »Goldene Plan für die Wohlfahrt der Alten«, ein Strategie-Papier des Ministeriums für Gesundheit und Soziales aus dem Jahr 1990, eine Planung, die die ambulanten Dienste und andere Hilfen für die familiäre Altenpflege zu Hause stark ausbauen soll. Sie enthält unter anderem die Planung einer Kampagne, durch Gesundheits-Information und Prävention »die Zahl der bettlägerigen Alten auf 0 zu reduzieren«. Die sozialpolitische Stoßrichtung, nämlich keine bzw. möglichst wenig Institutionalisierung alter Leute, wird hier ganz deutlich.

# V. Massenmedien

WIELAND WAGNER

## 1. Historische Vorläufer

Die Ursprünge der modernen japanischen Presse gehen auf mittelalterliche Nachrichten-Ausrufer zurück: Es handelt sich um die *Yomiuri*, die in der *Tokugawa*-Zeit (1834–1868) bei sensationellen Ereignissen Flugblätter *(Kawaraban)* in den Straßen japanischer Städte verteilten. Meist handelten die *Kawaraban* von Skandalen wie Ehebruch und Mord, selten aber von Politik. Zeitungen entstanden dagegen erst nach der Öffnung Japans durch den Westen in der Mitte des 19. Jahrhunderts. Als erste gaben Ausländer ab 1861 englischsprachige Blätter für ihre Landsleute in Japan heraus. Die erste japanische Zeitung wurde 1862 von der *Tokugawa*-Regierung gegründet.

Weitere Zeitungen folgten nach der *Meiji*-Restauration von 1868, in der reformwillige Kräfte der herrschenden Kriegerkaste die Macht im Land übernahmen. Neben regierungsnahen Anzeigern entstanden in den siebziger Jahren des 19. Jahrhunderts oppositionelle Blätter, deren Wirkungskreis indes auf die Elite der ehemaligen Krieger beschränkt war. Gegen kritische Organe schritt die Regierung rigoros ein. Parallel dazu gründeten private Unternehmer Massenblätter mit leichtem Inhalt, wie 1874 die *Yomiuri Shimbun*. Angesichts politischer Repression und wirtschaftlicher Zwänge entwickelten sich sowohl die Elite- als auch die Massenzeitungen immer mehr zu unpolitischen Nachrichtenblättern.

Auftrieb erhielt das Nachrichtengeschäft durch die beiden großen Kriege Japans gegen China (1894/95) und gegen Rußland (1905/06). Das verheerende Kantō-Erdbeben 1923 (das Kantō-Gebiet umfaßt die östlichen Provinzen der japanischen Hauptinsel) beschleunigte die Konzentration der Presse: Den Markt beherrschten nun die Massenblätter *Asahi* und *Mainichi* mit je rund einer Million Auflage.

Im Jahre 1925 wurden die ersten drei privaten Rundfunksender gegründet, die ein Jahr später unter Regierungsdruck zur regierungsnahen NHK *(Nippon Hōsō Kyōkai)* fusionierten. Vor und während des Zweiten Weltkriegs ließ sich die Presse ohne ernste Widerstände in die Propagandamaschinerie des militaristischen Regimes integrieren. Die Nachrichtenagenturen wurden 1936 zum offiziellen Sprachrohr *Dōmei* zwangsfusioniert.

Nach 1945 betätigte sich die Siegermacht USA als Zensor und säuberte die Medien von den Verantwortlichen der Kriegszeit. Doch viele der Entfernten kehrten im Zuge einer zweiten, antikommunistischen Säuberung in die Redaktionen zurück, als die USA ihre Besatzungspolitik kurz vor dem Koreakrieg 1950 revidierten. Die Nachrichtenagentur *Dōmei* wurde 1945 aufgeteilt in die Agenturen *Kyōdō* für allgemeine Nachrichten und *Jiji* für Wirtschaftsnachrichten. Auf amerikanischen Einfluß geht auch die Zulassung privater Rundfunksender 1951 und der Start des privaten Fernsehens 1953 – zusätzlich zur öffentlich-rechtlichen NHK – zurück. Entstanden war somit eine äußerlich zwar vielfältige, politisch aber zutiefst verunsicherte und blasse Nachkriegspresse.

## 2. Zeitungen

In der Presselandschaft des gegenwärtigen Japans haben die Zeitungen ihre einst dominante Rolle an das Fernsehen abgegeben. Trotz rückläufiger Gesamtauflage übt das klassische Print-Medium jedoch weiter einen starken Einfuß aus: Über 90 % der erwachsenen Japaner lesen Zeitung, und dabei mehrheitlich eines der führenden 125 Blätter des Landes. Nicht berücksichtigt sind dabei die Boulevardblätter, die in Japan »Sport-Zeitung« heißen und überwiegend als Ergänzung, nicht aber als Alternative zu seriösen Zeitungen gelesen werden.

Überragendes Gewicht haben hierbei mit mehr als 50 % der Tagesauflage der führenden Blätter die fünf großen nationalen Zeitungen: *Yomiuri Shimbun* (10,08 Mio.), *Asahi Shimbun* (8,2 Mio.), *Mainichi Shimbun* (3,97 Mio.), *Nihon Keizai Shimbun* (2,9 Mio.) und *Sankei Shimbun* (1,9 Mio.). Mit ihrer Morgenausgabe kommen sie auf eine Gesamtauflage von rund 27 Mio. (Feb. 1996) und auf 40,5 Mio., zählt man die überwiegend im Verbund gelieferte Abendausgabe hinzu. Daneben gibt es führende Regionalzeitungen, die jedoch keine nationale Bedeutung haben. Die »Großen Fünf«, die mit ihren Zentralredaktionen allesamt in Tōkyō sitzen, spiegeln die einseitige Konzentration von Politik, Wirtschaft und Kultur Japans auf die Hauptstadt wider.

In der politischen Linie, der Aufmachung und vom Stil her unterscheiden sich die »Großen Fünf« kaum. Gegenpole bilden am ehestens noch die liberale *Asahi* und die eher konservative *Sankei*. Japans führendes Wirtschaftsblatt *Nihon Keizai* betätigt sich nach dem Platzen der japanischen »Seifenblasen-Wirtschaft« Anfang der neunziger Jahre als Sprachrohr für strukturelle Reformen der »Japan AG«. Dagegen fehlt *Mainichi* ein eigenes Profil. Bezeichnend für die Richtung, in der sich Japans Presse insgesamt entwickelt, ist der Aufstieg von *Yomiuri* zum auflagenstärksten Blatt vor *Asahi*: Mit aggressiven Leser-Kampagnen bemüht sich *Yomiuri* um das Massenpublikum; entsprechend ausführlich widmet sich die Zeitung Skandalen und Sport.

Gemeinsam tendieren alle Blätter dazu, Nachrichten vordergründig sensationell aufzubereiten. Dies gilt besonders für die Berichterstattung über politische Skandale: Wie bei einem stets wiederkehrenden Ritual überschütten die Zeitungen ihre Leser anläßlich von Schmiergeld-Affären und Steuerbetrügereien über einen kurzen Zeitraum mit täglich neuen Enthüllungen. Doch so lustvoll sich japanische Zeitungen – alle gemeinsam und gleichzeitig – einzelne Politiker und Bürokraten als Sündenböcke vornehmen, so gelangweilt lassen sie solche Themen nach kurzer Zeit auch wieder fallen, ohne nach strukturellen Ursachen gefragt oder langfristige Konsequenzen gefordert zu haben. Denn von ihrem Berufsverständnis her sehen sich nur wenige japanische Journalisten als kritische vierte Gewalt. In vage formulierten Leitartikel (»es wäre zu hoffen ...«) drücken sich die Redaktionen um eigene Stellungnahmen zu heiklen Themen. Unangenehme Wahrheiten lassen Zeitungen und andere Medien häufig von Gastautoren oder Interviewpartnern aussprechen, und zwar vorzugsweise von Ausländern. Redakteure bleiben meist anonym. Größtenteils werden auch die Quellen nicht genannt, auf die sich Artikel berufen. So werden routinemäßige »hohe Beamte« aus Ministerien zitiert, selbst wenn der Minister persönlich gemeint ist.

Daß ein kritischer Journalismus in Japan weitgehend fehlt, liegt sowohl an der traditionellen Regierungsnähe der Presse als auch am hohen Stellenwert, den die japanische Gesellschaft allgemein dem Konsens beimißt. Im Gegensatz zur Presse westlicher Industrieländer beziehen japanische Journalisten ihre historischen Leitbilder eben nicht aus einer aufklärerischen Bürgerbewegung. Vielmehr betätigen sie sich als unkritische Chronisten, die Neutralität und Objektivität meist dort als Qualitätsmerkmale vorschieben, wo ihre Zunft in Wahrheit mit mächtigen Interessengruppen aus Politik und Wirtschaft kungelt. Symbolisch für die Praxis des vorauseilenden Gehorsams sind die Presseclubs, über die jede größere Institution verfügt – von der Polizei bis zum Kaiserlichen Hofamt. Fest stationiert unter dem Dach von Behörden warten von den Zeitungen speziell abgestellte Reporter darauf, daß Beamte oder Politiker ihnen Neuigkeiten zustecken. Mit ihren Kollegen und den zuständigen Beamten stimmen sie sich darüber ab, welche Nachrichten sie an die Öffentlichkeit weitergeben und welche sie für sich behalten. Skandale kommen bei diesem System selten zufällig ans Licht, sondern meist mit Rückendeckung einflußreicher Kreise der Regierung oder der regierenden Liberaldemokratischen Partei (LDP).

Anlaß zu Kritik geben die Presseclubs vor allem für in Japan akkreditierte ausländische Korrespondenten. So wacht zum Beispiel der Presseclub im Amt des Ministerpräsidenten eifersüchtig darüber, daß ausländische Journalisten keine Exklusivinterviews mit dem Premier führen.

An der engen Verflechtung von Presse und Obrigkeit dürfte sich jedoch kaum etwas ändern. So wunderte es in Japan niemanden, daß die Presse mit dem Kaiserlichen Hofamt bis zum Frühjahr 1993 ein mehrmonatiges Schweigeabkommen über die Brautsuche des Kronprinzen einhielt. Beim Tod von Kaiser Hirohito 1989 übte die Presse freiwillig Selbstbeschränkung; nach wie vor sind interne Vorgänge des Kaiserhauses für große Zeitungen tabu. Ähnlich – freilich auf anderer Ebene – gilt dies für die Machenschaften der Mafia (*Yakuza*), über die japanische Journalisten höchstens andeutungsweise berichten. Um so rücksichtsloser verhalten sich die Medien jedoch, wenn sie sich weniger mächtigen Personen widmen: Selbst bei noch nicht Verurteilten breiten sie dann genüßlich jede Einzelheit aus, vom Namen bis zur vollen Adresse.

Eine Außenseiterrolle in der japanischen Presselandschaft spielt das Organ der Kommunistischen Partei *Akahata* (Rote Fahne), das mit einer Auflage von rund drei Mio. (nach KP-Angaben) auch bürgerliche Leser abonnieren. Die Identitätskrise der KP nach Ende des Kalten Krieges geht aber auch an *Akahata* nicht spurlos vorüber: Im Kampf mit sinkenden Auflagen greift sie immer häufiger Sport und Show Business auf, wenn auch etwas verschämt unter der Rubrik »Gesellschaftsanalyse«.

Ein spezieller Service für in Japan lebende Ausländer sind die englischsprachigen Zeitungen, die tatsächlich jedoch überwiegend von Japanern gelesen werden. Ältestes Blatt ist die *Japan Times* mit einer Auflage von über 66 000 Stück. Darüber hinaus haben fast alle »Großen Fünf« englischsprachige Ableger. Ein voller Ersatz für die japanischen Originale sind diese Blätter nicht; ihr Einfluß auf das westliche Japanbild sollte allerdings nicht unterschätzt werden, dienen sie doch als Haupt-Informationsquelle für westliche Korrespondenten und Geschäftsleute, von denen viele des Japanischen nicht mächtig sind.

## 3. Magazine und Zeitschriften

Verglichen mit der relativ überschaubaren japanischen Zeitungswelt wirkt der Zeitschriftenmarkt geradezu verwirrend: Allein 1994 gab es 157 Neuerscheinungen bei insgesamt 4,95 Milliarden gedruckten Exemplaren. Beherrscht wird der Markt von fünf Verlagshäusern – nicht mit den fünf großen Zeitungen zu verwechseln. Angesichts der sinkenden Beliebtheit von Büchern bestreiten die Verlage mittlerweile rund 60 % ihres Print-Geschäfts mit Magazinen. Stieg der Bücherumsatz 1994 gegenüber 1975 auf nur 887,9 Milliarden (491,2 Milliarden) Yen, so erhöhte sich der Zeitschriftenumsatz auf 1,505 Billionen (488,2 Milliarden) Yen.

Aus der bunten Vielzahl von Gazetten ragen einige wenige seriöse Magazine heraus. Von den Monatsmagazinen seien vor allem die konservative *Bungei Shunjū* genannt sowie die liberal bis linksliberalen *Chūō Kōron* und *Sekai*. Zusammen mit dem 1992 eingestellten linken Wochenmagazin *Asahi Journal* dienten sie in der Nachkriegszeit als geistiges Forum für ideologische Debatten über die Wiederaufrüstung, den Sicherheitsvertrag mit den USA und den Studentenprotest. Doch die Zeit der Kontroversen ist vorbei, und statt der inzwischen verstummten Ideologen *(Shisōka)* führen in den japanischen Medien nun mehr mausgraue Essayisten und Berufskritiker *(Hyōronka)* das Wort. Symptomatisch für die unsichere Zukunft der ernsten Magazine ist das Ableben von *Asahi Journal*, dessen Auflage 1991 zuletzt nur noch 66 148 betrug, nachdem sie 1968 noch 270 000 betragen hatte.

Am ehesten behaupten dürfte sich unter den anspruchsvollen Magazinen noch *Bungei Shunjū* (Auflage 597 611), das wegen seiner entscheidenden Rolle beim Sturz von Ex-Ministerpräsident Kakuei Tanaka 1974 auch im Ausland bekannt wurde. Das Beispiel *Bungei Shunjū* macht deutlich, daß Magazine sich mehr Freiheiten herausnehmen können als die eher stromlinienförmige Tagespresse. In noch stärkerem Maße gilt dies für die bunten Wochenmagazine *(Shūkanshi)* mit ihrer Mischung aus politischen Skandalen, Klatsch, Sport, Mode, Sex und Comics *(Manga)*. Politische Gegensätze zwischen den einzelnen Wochenmagazinen spielen kaum eine Rolle.

Für jede Alters- und Geschlechtsgruppe bieten Japans Verlage gleich Dutzende verschiedener Wochenmagazine an. Besonders intensiv umwerben sie berufstätige, noch unverheiratete und daher besonders kaufkräftige junge Leserinnen. Auch nach dem Ende des spekulativen Wirtschaftsbooms der späten achtziger Jahre behaupten sich die Lifestyle-Zeitschriften, deren Leserinnen im Fachjargon der Werbebranche auch *Hanako-Zoku* (*Hanako*-Familie) genannt werden – in Anlehnung an das erfolgreiche Frauen-Magazin *Hanako*. Der inhaltliche Kern dieser Magazine reduziert sich auf journalistisch verpackte Produktwerbung.

Japanische Magazine spiegeln einen gesellschaftlichen Trend wider, den einheimische Experten besorgt als *Katsuji-Banare* – Flucht vor den gedruckten Schriftzeichen – bezeichnen: Kaum ein Magazin kommt ohne Comics aus. Die sogenannten *Manga* sind vor allem bei erwachsenen Lesern beliebt. Dies gilt auch für die wachsende Zahl erotischer oder pornographischer Comics, die in jedem Supermarkt offen verkauft werden.

## 4. Funk und Fernsehen

Glaubt man Umfragen des Fernseh- und Rundfunksenders NHK, so sehen über siebenjährige Japaner täglich durchschnittlich drei Stunden und 20 Minuten fern. Berücksichtigt man dabei die in Japan langen Pendelwege zur Arbeit, müßten berufstätige Japaner fast ihre gesamte Freizeit vor dem TV-Gerät verbringen. Tatsache ist: Das führende Medium ist das Fernsehen.

Japan hat ein duales Rundfunk- und Fernsehsystem: Neben der ausschließlich durch Gebühren finanzierten öffentlich-rechtlichen NHK dominieren fünf große private Stationen mit Sitz in Tōkyō, die wiederum lose mit regionalen Anbietern verbunden sind. Insgesamt gibt es rund 80 Radiogesellschaften und mehr als 100 Fernsehanstalten.

Der einzige öffentlich-rechtliche Sender ist NHK. Vom äußeren Aufbau her mit der britischen BBC vergleichbar, sieht sich NHK als Wahrer der japanischen Identität und Tradition. Mit jahrzehntealten Programm-Evergreens wie der täglichen Morgengymnastik, dem Laiensängerwettbewerb *Mina No Uta* am Sonntag oder der Silvestershow *Kōhaku Uta Gassen* sorgt der Sender dafür, daß für die Landsleute auch in Krisenzeiten die Welt nicht aus den Fugen gerät. Mit wöchentlichen Geschichtsdramen und beschaulichen Reportagen aus der Provinz bannt NHK eine Idylle auf die Bildschirme, nach der die Japaner in der grauen Realität ihres hochindustriellen Landes vergeblich suchen müßten.

Die Anstalt muß ihren Etat jährlich über das Postministerium dem Parlament vorlegen; in ihren Gremien dominiert die regierende LDP. Dies ist ein Grund für die extreme politische Zurückhaltung von NHK und für das geradezu zwanghafte Bemühen der Redakteure, Fehler zu vermeiden. Kommt es dann doch einmal zu Ausrutschern oder Skandalen bei NHK, dann werden diese von Politikern und der privaten Konkurrenz geradezu als nationale Katastrophe ausgeschlachtet. Unter dem Zwang zur Perfektion bringt NHK auf der einen Seite technisch hervorragend gemachte Rundfunk- und TV-Produktionen hervor, so zum Beispiel Dokumentationen, mit denen die Anstalt international Anerkennung findet. Technisch perfekt, aber in der Aussage unverbindlich, sind allerdings auch die politischen Programme.

Eine Besonderheit des japanischen Privatfunks, der seine Fernsehlizenz 1952 sogar noch vor NHK erhielt, ist seine Verbindung zu den Zeitungen. In der Reihenfolge ihrer Werbeeinnahmen handelt es sich bei den fünf »Key-Stationen« in

Tōkyō um *Fuji TV* (verbunden mit *Sankei*), *Nippon Television (Yomiuri)*, *Tōkyō Broadcasting System (Mainichi)*, *Asahi (Asahi)* und *Television Tōkyō (Nihon Keizai)*. Gesetzliche Vorschriften legen den Privatsendern zwar einen Anteil »ernster« Programme von mindestens 30 % auf; doch in der Praxis wetteifern die Sender darum, sich in der Banalität des Angebots zu überbieten: Meist zu den selben Sendezeiten servieren sie ein austauschbares Gemisch aus albernen Talk-Shows, Ratespielen und Sport. Wenn sich beispielsweise Hausfrauen vor laufenden Kameras gegenseitig ohrfeigen oder Oberschüler kichernd im Schlamm wälzen, erfüllt das Privatfernsehen seine Hauptaufgabe: Erlaubt ist den Show-Gästen gerade das, was sie sich in der häufig reglementierten japanischen Gruppen-Gesellschaft sonst nicht herausnehmen dürfen. Wichtigste Zielgruppe der Programme sind, den Vorgaben der Sponsoren folgend, in erster Linie junge Menschen. Als Werbemedium rangierte das Fernsehen 1994 mit 31,8 % an erster Stelle gegenüber Zeitungen (21,7 %), Magazinen (6,7 %) und dem Radio (3,9 %). Erheblichen Einfluß auch auf den Inhalt von Programmen übt die nach eigenen Angaben weltgrößte Werbeagentur Dentsu Inc. aus, die entscheidend am Aufbau von Privat-Stationen beteiligt war und ist.

Politische Informationssendungen führen im Privatfernsehen ein Schattendasein. Als eine von wenigen Ausnahmen darf die Sendung *News Station* von *Asahi TV* gelten, deren Moderator Hiroshi Kume sich bisweilen sogar kecke Sprüche über führende LDP-Politiker herausnimmt. Doch im allgemeinen stehen die Privatsender der öffentlich-rechtlichen NHK in nichts nach, wenn es darum geht, gegenüber Regierung, Parteien und einflußreichen privaten Organisationen vorauseilenden Gehorsam zu zeigen. So erfuhr Japans Öffentlichkeit erst im Zuge der juristischen Ermittlungen gegen die Giftgas-Sekte *Aum* im Frühjahr 1996, daß *Tōkyō Broadcasting System* 1989 auf Druck der Sekte ein Interview mit dem (eine Woche später von *Aum* ermordeten) Rechtsanwalt Tsutsumi Sakamato zurückgezogen hatte.

## 5. Ausblick

Nichts deutet darauf hin, daß sich die japanischen Massenmedien künftig stärker am journalistischen Gebot der Aufklärung ausrichten und die Rolle einer vierten Gewalt übernehmen werden, wie man es in einer westlichen Demokratie erwarten würde. Vielmehr werden sie ihre Aufgabe auch fortan darin sehen, in freiwilliger Selbstbeschränkung dem nationalen Konsens zu dienen. Angesichts der auch in Japan geplanten Digitalisierung und Vervielfachung des Programmangebots auf mehrere hundert Kanäle dürften japanische Sender ihren ausgeprägten Hang zur trivialen Unterhaltung noch verstärken. Insofern werden Japans Medien wohl ihrer Herkunft von den geschwätzigen *Kawaraban* der *Tokugawa*-Zeit weiterhin treu bleiben.

# VI. Rechtsverständnis, Gerichtsorganisation und Strafvollzug

Karl-Friedrich Lenz

## 1. Rechtsverständnis

### a. Fakten

Unbestreitbar und unbestritten sind zunächst einige Tatsachen, die möglicherweise Rückschlüsse auf das japanische Rechtsverständnis erlauben:

Erstens ist die Anzahl der Prozesse in Zivilsachen in Japan deutlich niedriger als in Deutschland. Wenn man diesen Befund in Zahlen ausdrücken möchte, kann man als Prozeßrate die Anzahl der Zivilprozesse entweder im Verhältnis zur Wohnbevölkerung oder im Verhältnis zum Sozialprodukt definieren. In beiden Fällen liegt sie in Japan mindestens um den Faktor sieben niedriger als in Deutschland.[1]

Zweitens arbeitet die Verwaltung in Japan häufig mit dem Mittel der Verwaltungsleitung *(Gyōsei Shidō)*. Das bedeutet, daß die Behörde dem Bürger nicht gleich mit hoheitlichen Anordnungen und Zwangsmitteln begegnet, sondern in den meisten Fällen rechtlich unverbindliche Anweisungen oder bloße Hinweise auf die Auffassung der Behörde ausreichen. Dieser Verwaltungsstil ist in Japan weiter verbreitet als in westlichen Ländern.[2]

Drittens ist auch im Strafrecht ein restriktiver Umgang mit dem staatlichen Zwangsmittel der Strafe festzustellen. So bezeichnet Haley[3] etwa die japanische Strafrechtspflege als nach nahezu jedem Maßstab außerordentlich milde. Zunächst nur einige Zahlen für das Jahr 1991: Die Staatsanwaltschaften haben 1991 über insgesamt 2 195 771 Verdächtige zu entscheiden gehabt.[4] Dem stehen jedoch nur 22 491 Verurteilte gegenüber, die neu in Zuchthäuser eingewiesen wurden.

In der Alt-Bundesrepublik mit einer 1990 nur halb so großen Bevölkerung wurden bei 101 100 zu Freiheitsstrafen Verurteilten[5] und einer geschätzten Quote der Aussetzung zur Bewährung von über 65 %[6] mehr als 30 000 Personen zur einer

1 Karl-Friedrich Lenz, Kurzer Prozeß, Japanstudien, 2 (1990), S. 37, 40 f.

2 Vgl. Hiroshi Shiono, Verwaltungsrecht und Verwaltungsstil in Japan, in: Helmut Coing u. a. (Hrsg.), Die Japanisierung des westlichen Rechts, Tübingen 1990, S. 45, 59–61.

3 John Owen Haley, Authority without Power, New York – Oxford 1991, S. 129.

4 Hōmushō Hōmu Sōgō Kenkyūsho (Forschungsinstitut beim Justizministerium), Heisei 4 Nen Hanzai Hakusho (Weißbuch Kriminalität), Tōkyō 1992, S. 96.

5 Statistisches Jahrbuch 1992, S. 404.

6 Vgl. Günter Kaiser, Kriminologie, Heidelberg $^{2}$1988.

Freiheitsstrafe OHNE Bewährung verurteilt. Es ist durchaus bemerkenswert, daß Japan seine bekannt geringen Kriminalitätsraten hält und dennoch mit deutlich weniger vollstreckten Zuchthausstrafen auskommt als andere westliche Länder.

## b. Wertungen

In der Bewertung dieser Tatsachen gehen nun die Meinungen auseinander. Im wesentlichen stehen sich zwei Auffassungen gegenüber. Zum einen kann man den Befund damit erklären, daß die Japaner allgemein rechtliche Zwangsmittel mißbilligen. Stellvertretend sei für diese Position Guntram Rahn zitiert.[7] Er sieht ein besonderes Bedürfnis der Japaner nach Harmonie, dessen geistesgeschichtliche und soziale Ursachen er im einzelnen erläutert. Ein derartiges Harmoniebedürfnis ist in der Tat eine einleuchtende mögliche Erklärung für die oben genannten Tatsachen.

Die andere mögliche Position zieht es vor, objektive Faktoren für den geringeren Stellenwert staatlichen Zwanges in Japan verantwortlich zu machen. Berühmt ist ein Aufsatz von Haley, in dem er die Behauptung einer besonderen Abneigung der Japaner gegen Prozesse als »Mythos« bezeichnet.[8] Er bemüht sich in diesem Aufsatz um den Nachweis, daß die geringere Prozeßrate auf anderen Faktoren beruht, wobei er besonders die Tatsache betont, daß es in Japan relativ wenig Rechtsanwälte gibt und Zivilprozesse seiner Ansicht nach relativ lange dauern.[9] Bei der Dauer der Zivilprozesse ergibt ein differenzierter Vergleich zur Situation in der Bundesrepublik Deutschland freilich, daß die Unterschiede gar nicht so erheblich sind.[10]

## c. Stellungnahme

Was ist nun das Besondere am japanischen Rechtsverständnis? Zunächst sollte man einmal deutlich machen, was man unter Recht versteht. Hier gehe ich von einer Zwangstheorie des Rechts aus: Recht ist von anderen Regeln (Moral, Religion) durch die Möglichkeit staatlichen Zwanges zur Durchsetzung der Regeln abzugrenzen.[11] Dieser staatliche Zwang wird in Japan seltener ausgeübt. Das bedeutet einen geringeren Stellenwert des Rechts dann, wenn die Rechtstreue der Bevölkerung nur durch häufige Ausübung rechtlicher Zwangsmittel gesichert werden kann. Jedenfalls im Bereich des Strafrechts hat man aber den Eindruck, daß diese Annahme nicht zutrifft. Die Kriminalität ist geringer als in vergleichbaren westlichen Ländern, obwohl weniger rechtliche Zwangsmittel zum Einsatz kommen.

---

7 Guntram Rahn, Rechtsdenken und Rechtsauffassung in Japan, München 1990, S. 406–411; ders., Recht und Rechtsempfinden in Japan, in: Manfred Pohl, (Hrsg.), Japan, Stuttgart 1986, S. 250, 252–256.

8 John Owen Haley, The Myth of the Reluctant Litigant, in: Journal of Japanese Studies, 4 (1978) 2, S. 359–390.

9 Haley, (Anm. 8), S. 380 ff.

10 Lenz, (Anm. 1).

11 Vgl. statt aller Klaus F. Röhl, Rechtssoziologie, Köln 1987, S. 212–222.

Dies läßt folgende These zu: Die unstreitig geringere Verwendung rechtlicher Zwangsmittel ist ein Hinweis darauf, daß Japaner den Regeln des Rechts sogar einen größeren Stellenwert beimessen, als das in vergleichbaren westlichen Ländern der Fall ist. Die Folge davon ist, daß rechtlicher Zwang (Zivilprozesse, förmliche Verwaltungsakte, Strafen) seltener ist, weil er seltener erforderlich wird.

Unabhängig davon, wie die seltenere Verwendung von rechtlichen Zwangsmitteln zu werten ist, wäre es unzulässig, die Existenz handfester rechtlicher Zwangsmaßnahmen völlig zu leugnen. Manche der Sanktionsdrohungen des japanischen Rechts sind härter als die des deutschen Rechts, wie z. B. die Todesstrafe.

Ebenso diskussionswürdig ist die Frage, ob man eine insgesamt zurückhaltende Verwendung rechtlicher Zwangsmittel begrüßen will. Die Schattenseite der geringen Häufigkeit von Zivilprozessen besteht naturgemäß darin, daß auch viele berechtigte Ansprüche nicht geltend gemacht werden. Eine weitere unerfreuliche Folge ist die Erscheinung, daß häufig das organisierte Verbrechen mit der Regelung von Zivilstreitigkeiten beauftragt wird.[12] Deshalb wurden in § 9 des »Gesetzes gegen unangemessene Handlungen von Mitgliedern von Gewaltvereinigungen«[13] 1991 dem organisierten Verbrechen ausdrücklich bestimmte Formen der Einmischung in Zivilstreitigkeiten verboten. Ohne soweit gehen zu wollen wie Jhering, der eine Pflicht zum Kampf ums Recht annimmt, weil sonst das objektive Recht nicht durchgesetzt werde[14], ist doch nicht zu verkennen, daß mit der relativen Seltenheit von rechtlichen Zwangsmaßnahmen immer die Gefahr einer Mißachtung des objektiven Rechts verbunden ist.

## 2. Gerichtsorganisation[15]

### a. Geschichtliche Entwicklung

Die japanische Gerichtsorganisation wurde nach dem Zweiten Weltkrieg unter amerikanischer Besatzung gründlich reformiert. Leitmotiv aller Reformen war die Anpassung des einfachen Rechts an die neue Verfassung. Diese Reform des japanischen Rechts wurde auf seiten der Besatzungsmacht von Alfred Oppler geleitet. Oppler ist vermutlich der ausländische Jurist mit dem größten Einfluß auf das geltende japanische Recht. Für die Leitung der Reform des japanischen Rechts wählte man den deutschen Richter, weil er nicht durch intensive Japan-Kenntnisse und einer möglicherweise zu weitgehenden Identifizierung mit der japanischen Rechtstradition vorbelastet war und man daher von ihm die Bereitschaft zu gründlicher

---

12 Haley, (Anm. 3), S. 183 f.

13 Gesetz Nr. 77/1991, Hōrei Zensho (1991) 5, S. 89.

14 Rudolf v. Jhering, Der Kampf ums Recht, Wien 1872.

15 Für eine kurze Einführung vgl. Paul Eubel, Gerichtswesen, in: Paul Eubel u. a. (Hrsg.), Das japanische Rechtssystem, Frankfurt a. M. 1979, S. 595–598; Gerhard Dannert, Rechtsleben in Japan, DRiZ 1990, S. 206–214.

Neuordnung erwartete. Weiter wurde seine Erfahrung mit dem deutschen Rechtssystem als nützlich angesehen.[16]

Durch die Reform wurde der Einfluß des Justizministeriums auf die Gerichte enorm verringert.[17] Über die Einstellung und weitere Karriere von Richtern entscheidet nach den neuen Regeln der Oberste Gerichtshof, um Einflüsse der Regierung auf die Rechtsprechung möglichst auszuschließen. Weiter wurden die Richter am Obersten Gerichtshof verpflichtet, die Auffassung jedes Richters offenzulegen, also Minderheitsvoten abzugeben. Dies wird von Oppler vor dem Hintergrund der japanischen Vorliebe für Harmonie als »nahezu revolutionär« bezeichnet.[18]

Die Reformen führten allerdings keineswegs zu einer vollständigen und durchgehenden Übernahme amerikanischer Modelle. Bemerkenswert ist etwa, daß aufgrund von Vorbehalten der japanischen Seite das Jury-System nicht eingeführt wurde, es also bei der Entscheidung von Prozessen durch Berufsrichter blieb. Weiter ist auch das amerikanische System des Aushandelns von Schuldsprüchen im Strafprozeß nicht übernommen worden, gegen das Oppler eine ausgesprochene Abneigung hatte.[19]

## b. Wichtige Unterschiede zur Situation in Deutschland

In Japan gibt es eine einheitliche Gerichtsbarkeit. In Deutschland kann dagegen ein Finanzgericht in der gleichen Sache die Auffassung des Bundesgerichtshofes für unrichtig erklären. Das wäre in Japan schon deswegen nicht möglich, weil es keine besonderen Gerichtszweige gibt.

Ein weiterer Unterschied folgt aus der Tatsache, daß Japan kein Bundesstaat ist. Während in Deutschland die Mehrheit der Richter im Landesdienst steht und daher kein einheitlicher Einfluß auf diese Richter möglich ist, stehen alle japanischen Richter einheitlich unter der Dienstaufsicht des Obersten Gerichtshofes. Sie werden alle fünf Jahre versetzt und sind nur jeweils auf zehn Jahre ernannt. Es ist bereits vorgekommen, daß die Erneuerung der Ernennung nach Ablauf dieser Frist einem Richter verweigert wurde.[20] Diese Umstände können dazu führen, daß manche Richter die Rechtsprechung des Obersten Gerichtshofes in stärkerem Maße für verbindlich halten als ein deutscher Richter die Rechtsprechung eines Bundesgerichtes.

Anders als in Deutschland gibt es auch kein eigenes Verfassungsgericht. Vielmehr ist für die Überprüfung der Verfassungsmäßigkeit von Gesetzen jedes Gericht zuständig. Während in Deutschland kein Gericht außer dem Bundesverfassungsgericht die Verfassungswidrigkeit eines Gesetzes feststellen kann und jedes Gericht entsprechende Zweifel beim Bundesverfassungsgericht anmelden muß, gibt es in Japan keine entsprechende Konzentration der Befugnis zur Normenkontrolle. Al-

16 Vgl. Alfred Oppler, Legal Reform in Occupied Japan. A Participant Looks Back, Princeton 1976, S. 345.
17 Oppler, (Anm. 16), S. 86 ff.
18 Oppler, (Anm. 16), S. 103.
19 Oppler, (Anm. 16), S. 147.
20 Zu diesem Fall vgl. Oppler, (Anm. 16), S. 92–94.

lerdings ist die Befugnis der Gerichte zur Normenkontrolle auf die sogenannte konkrete Normenkontrolle beschränkt. Das heißt, eine Normenkontrolle ist nur anhand eines konkreten Falles möglich, den ein Gericht zu entscheiden hat. Die japanische Rechtsprechung ist dabei sehr zurückhaltend mit der Feststellung der Verfassungswidrigkeit von Gesetzen.[21] Diese Feststellung hat auch keine Gesetzeskraft. So hat der Oberste Gerichtshof 1973 eine Vorschrift im japanischen Strafgesetzbuch für verfassungswidrig erklärt, die für den Totschlag gegen Aszendenten (Verwandte aufsteigender Linie) des Täters als Strafe mindestens lebenslanges Zuchthaus vorsieht (höchstens die Todesstrafe).[22] Diese Vorschrift ist aber nach wie vor Bestandteil des japanischen Strafgesetzbuches, erst jetzt wird im Zuge einer sprachlichen Überarbeitung des Gesetzes beabsichtigt, sie zu streichen.

Die Richter und der Präsident des Obersten Gerichtshofes[23] werden von der Regierung bestimmt. In der Praxis ist es dabei üblich, die Meinung des Obersten Gerichtshofes zu berücksichtigen.[24]

## 3. Strafvollzug

### a. Erfolge der japanischen Strafrechtspflege

Die Kriminalitätsraten sind in Japan nach wie vor sehr niedrig. Pro 100 000 Einwohner der Bevölkerung wurden 1990 in Japan 1 324, in Deutschland dagegen 7 108 Straftaten registriert.[25] Für Totschlagsdelikte lagen diese Zahlen bei 1,0 (Japan) gegenüber 3,9 (Deutschland). Begünstigt werden die niedrigen Raten dadurch, daß in Japan ein größerer Anteil der Straftaten statistisch nicht erfaßt wird. Die japanische Polizei hat nach § 246 StPO die Möglichkeit, geringfügige Delikte ohne Weiterleitung an die Staatsanwaltschaft selbst zu bearbeiten, etwa durch einen Verweis. Das kann dazu führen, daß in einem solchen Fall die betreffende Straftat in der Statistik nicht auftaucht.[26] Besonders deutlich wird diese »Kriminalitätsverminderung durch Wegsehen« in den Bereichen Prostitution, Pornographie und Glücksspiel, in denen strafrechtliche Verbote weitgehend nicht beachtet werden.[27] Solche Erscheinungen gibt es aber auch in anderen Ländern, am insgesamt günstigen Bild ändert die möglicherweise geringe Erfassung von weniger schwerwiegenden Straftaten nichts.

Bemerkenswert ist vor allem die geringe Menge von Drogen wie Kokain und Heroin, die in Japan beschlagnahmt wird. Sie wird mangels Masse in den Statistiken in Gramm ausgewiesen, nämlich Heroin 25 088 und Kokain 22 501 Gramm (Zahlen

---

21 Masasuke Ishibe, Gerichtsverfassungsrecht: ein historischer Überblick, in: Coing, (Anm. 2), S. 77.
22 Keishū 27 (Sammlung der Entscheidungen des OGH), S. 265.
23 Art. 6, Abs. 2, 79, Abs. 1 der Verfassung.
24 Ishibe, (Anm. 21), S. 78.
25 Hanzai Hakusho (Weißbuch Kriminalität) 1992, (Anm. 4), S. 23.
26 Koichi Miyazawa/Hans-Heiner Kühne, Kriminalität und Kriminalitätsbekämpfung in Japan, Wiesbaden, Bundeskriminalamt, [2]1991, S. 103–108.
27 Miyazawa/Kühne, (Anm. 26), S. 109–111.

von 1991).[28] Zum Vergleich: 1989 wurden weltweit 255 252 Kilogramm Kokain beschlagnahmt.[29] Der genannte Wert für Japan 1991 liegt bei unter 0,1 Promille dieser Zahl. Am Rande sei hier bemerkt, daß Japan die Wiener UN-Konvention gegen Betäubungsmittelmißbrauch[30] ratifiziert und zur Anpassung an die Anforderungen dieser Konvention sein Betäubungsmittelstrafrecht 1991 erheblich verschärft hat.[31] Dabei sollte man eigentlich für Japan hohe Kriminalitätsraten und eine starke Verbreitung von harten Drogen erwarten, denn ein großer Teil der Bevölkerung lebt in Großstädten, deren Maßstab deutsche Verhältnisse bei weitem übersteigt.[32] Zudem sollte die doch erhebliche Wirtschaftskraft japanischer Konsumenten Japan zu einem vorrangigen Ziel des internationalen Betäubungsmittelhandels machen.

### b. Geldstrafe

Nahezu alle Strafverfahren werden in Japan ohne Hauptverhandlung in einem rein schriftlichen Strafbefehlsverfahren abgeschlossen. Für 1991 kommen auf eine Anklage über zwölf Anträge auf Strafbefehl.[33] In diesem Verfahren kann nur eine Geldstrafe bis höchstens 500 000 Yen (weniger als 7 000 DM) verhängt werden.[34] Bereits dadurch wird die starke Neigung zur milderen Sanktion, nämlich zur Geldstrafe, in der japanischen Strafjustiz deutlich.[35]

Eine Besonderheit des japanischen Strafrechts ist die Möglichkeit, auch gegen juristische Personen Geldstrafen zu verhängen. Hier besteht in den letzten Jahren die Tendenz, die Strafrahmen wesentlich zu erhöhen. So wurde etwa im Dezember 1992 (auf amerikanischen Druck hin) die Höchststrafe bei Kartellverstößen für juristische Personen um den Faktor 20 auf 100 Millionen Yen erhöht.[36]

### c. Freiheitsstrafe

Es wurde bereits belegt, daß die japanische Strafjustiz mit verhältnismäßig wenig Freiheitsstrafen auskommt. Wenn aber einmal eine Zuchthausstrafe vollstreckt wird, ist die darin liegende Sanktion unvergleichlich hart.[37] Die Vollstreckung er-

---

28 Miyazawa/Kühne, (Anm. 26), S. 32.

29 Hideki Tarumi, Yakubutsu Ran'yō Mondai ni kansuru Kokusaiteki Torikumi to Mayaku Nihō (Die internationalen Maßnahmen gegen Betäubungsmittelmißbrauch und die zwei Betäubungsmittelgesetze), Jurisuto 992 (1991), S. 69, 70 (Diagramm 1).

30 United Nations Convention against Illicit Traffic in Narcotic Drugs and Psychotropic Substances, International Legal Materials 28 (1989), S. 493.

31 Vgl. Tarumi, (Anm. 29).

32 John Braithwaite, Crime, Shame and Reintegration, New York 1989, S. 62.

33 Hanzai Hakusho (Weißbuch Kriminalität) 1992, (Anm. 4), S. 98, eigene Berechnungen.

34 § 461 StPO in der Fassung des Gesetzes Nr. 31/1991.

35 Vgl. auch Haley, (Anm. 3), S. 128.

36 Vgl. Akira Shōda, Dokusenkinshihō no Kyōka to Kōseitorihiki Iinkai (Verstärkung des Monopolverbotsgesetzes und Kartellkommission), Jurisuto 1000 (1992), S. 287.

37 Dieter Bindzus/Akira Ishii, Strafvollzug, in: Eubel u. a., (Anm. 15), S. 279, 298–304.

folgt in Vollzugsanstalten, die nach europäischen Maßstäben unmodern und überaltert sind. So hielt man es bis Mitte der achtziger Jahre nicht für erforderlich, Heizungen einzubauen.[38] Bei der Ausgestaltung des Vollzuges stehen Sicherheit und Disziplin im Vordergrund. Die Gefangenen stehen unter ständiger intensiver Bewachung. Disziplinarstrafen werden häufig verhängt.[39]

Gefangene sind in verschiedene Stufen eingeordnet. Die Härte des Vollzuges sinkt mit dem Vorrücken des Gefangenen durch gute Führung in höhere Stufen.[40] So kann ein Gefangener in der niedrigsten Stufe pro Monat nur einen Brief schreiben und nur einen Besuch von Familienangehörigen empfangen.

Wenn ein Gefangener die Haftanstalt etwa zu einem Gerichtstermin verläßt, wird er vorher und nachher in einer Art und Weise körperlich untersucht, die ein japanisches Gericht vor kurzem in einem Einzelfall als mit den Menschenrechten nicht vereinbar bezeichnet hat.[41] Ein Bericht der japanischen Anwaltsvereinigung über Menschenrechtsverletzungen in Japan belegt weiter deutlich die Härte des japanischen Strafvollzuges: So wird die medizinische Versorgung von Gefangenen als unzureichend kritisiert.[42] Arrest wird dadurch vollzogen, daß ein Gefangener in einer Einzelzelle den ganzen Tag, auch bei der Arbeit, auf dem Boden sitzen muß. Es wird ihm verboten, aufzustehen, sich an eine Wand zu lehnen, oder sich anders als im Schneidersitz hinzusetzen.[43]

Wenn man also annimmt, die abschreckende Wirkung steigere sich mit der Härte angedrohter strafrechtlicher Sanktionen, so wird man den Drohungen des japanischen Strafrechts bei der Freiheitsstrafe eine wesentlich stärkere Wirkung zusprechen müssen.

### d. Todesstrafe

Die Todesstrafe wird nur selten verhängt. So wurden im Jahr 1990 in erster Instanz wegen Totschlag 584 Personen verurteilt. In keinem Fall wurde die Todesstrafe ausgesprochen, dagegen aber in 123 Fällen eine Zuchthausstrafe zur Bewährung ausgesetzt.[44] Im Durchschnitt der Jahre 1987 bis 1991 wurden sieben Todesurteile pro Jahr rechtskräftig verhängt.[45]

Als Beispiel mag eine Entscheidung des Obersten Gerichtshofes dienen, die Maßstäbe für die Zumessung der Todesstrafe gesetzt hat.[46] Der Angeklagte ist zur

---

38 Reinhard Torkler, Kriminalität und Strafverfolgung, in: Pohl, (Anm. 7), S. 258, 264.

39 Bindzus/Ishii, Strafvollzug in Japan, in: Zeitschrift für Strafvollzug und Straffälligenhilfe 37 (1988), S. 6.

40 Torkler, (Anm. 38), S. 264 f.

41 LG Osaka vom 26. 12. 1991, Hanrei Jihō 1340 (1990), S. 146.

42 Japan Federation of Bar Associations, A Report on the Application and Practice in Japan of the International Covenant on Civil and Political Rights, Part One, 1991, nicht veröffentlicht, zu beziehen über die Anwaltsvereinigung in Tōkyō.

43 Japan Federation of Bar Associations, (Anm. 42), S. 100–102, 105.

44 Hanzai Hakusho (Weißbuch Kriminalität) 1992, (Anm. 4), S. 104.

45 Hanzai Hakusho (Weißbuch Kriminalität) 1992, S. 103, eigene Berechnungen.

46 OGH vom 8. 7. 1983, Hanrei Taimuzu 506 (1983), S. 73.

Zeit der Tat 19 Jahre alt. Er stiehlt von einem amerikanischen Soldaten eine Pistole und begeht damit innerhalb von vier Monaten vier brutale Raubmorde durch Schüsse aus kürzester Entfernung auf die Köpfe der Ermordeten. Der Oberste Gerichtshof hat es als »extremen Fehler« bei der Strafzumessung gewertet, daß die zweite Instanz den Angeklagten nicht zum Tode verurteilt hat. Die Todesstrafe ist nach diesem Urteil des Obersten Gerichtshofes auf Fälle zu begrenzen, in denen die Umstände der Tat so belastend sind, daß bei der Wahl der Todesstrafe nahezu keine Möglichkeit zum Widerspruch mehr besteht. Als zu berücksichtigende Umstände sind dabei maßgeblich: die Qualität des Verbrechens, das Motiv, die Art der Ausführung, besonders bei einem Tötungsdelikt die Gnadenlosigkeit und Brutalität der Tat, die Schwere der Folgen, besonders die Anzahl der Opfer und die seelischen Schmerzen der Hinterbliebenen, die gesellschaftlichen Auswirkungen der Tat, das Alter des Täters, seine Vorstrafen und sein Verhalten nach der Tat.

Die Todesstrafe wird durch Erhängen vollstreckt.[47] Dazu ist jedoch eine besondere Anordnung des Justizministers erforderlich.[48] Diese Anordnung muß dann nach dem Gesetz innerhalb von sechs Monaten nach Rechtskraft eines Todesurteils ergehen.[49] Der Justizminister hält sich aber nicht immer an diese Anordnung des Gesetzes. Für die Entscheidung des Justizministers über die Anordnung der Vollstreckung ist weder eine Begründung noch eine Veröffentlichung vorgeschrieben oder in der Praxis üblich. Während also ein Gericht einen erheblichen Aufwand darauf verwendet, die Verhängung der Todesstrafe zu begründen, und diese Begründung selbstverständlich auch veröffentlicht wird, bleibt die Entscheidung über die Vollstreckung eines Todesurteils dem völlig unkontrollierten Ermessen des jeweiligen Ministers überlassen, dem Gefühl *(Kimochi)*, wie ein ehemaliger Justizminister einmal in einem Interview sagte.[50] Die Öffentlichkeit erfährt noch nicht einmal, daß eine solche Entscheidung überhaupt gefallen ist.

In den letzten Jahren sind Bestrebungen zu verzeichnen, die Abschaffung der Todesstrafe auf die politische Tagesordnung zu setzen, aber es sind immer wieder Hinrichtungen vollzogen worden.[51] Man wird also abwarten müssen, ob die Bemühungen um die Abschaffung der Todesstrafe erfolgreich sind.

---

47 § 11 Abs. 1 StGB.

48 § 475 Abs. 1 StPO.

49 § 475 Abs. 2 Satz 1, StPO.

50 Vgl. José Llompart, Nihon no Shikeishū ni wa Jinken ga Mitomerarete Iru ka (Sind die Menschenrechte für in Japan zum Tode verurteilte Häftlinge anerkannt?), in: Mutsuo Yanase u. a. (Hrsg.), Gendai Shakai to Jinken (Moderne Gesellschaft und Menschenrechte), Tōkyō 1992, S. 151, 163 f.

51 Shigemitsu Dandō, Shikeihaishiron (Plädoyer für die Abschaffung der Todesstrafe), Tōkyō 1991.

# Bibliographie

## Erziehung und Ausbildung


AMANO, IKUO, Japanese Schooling in Historical Perspective, in: Economic Eye, 14 (1993) 1, S. 3–8.

DEMES, HELMUT/WALTER GEORG (Hrsg.), Gelernte Karriere. Bildung und Berufsverlauf in Japan, München 1994.

DORE, RONALD P./MARI SAKO, How the Japanese Learn to Work, London–New York 1991.

GEORG, WALTER/ULRIKE SATTEL (Hrsg.), Von Japan lernen?, Weinheim 1992.

HAASCH, GÜNTER, Japans Bildungswesen zwischen Krisis und Reform, in: Gesamtschulinformationen, (1987) 3–4, S. 155–167.

HUSÉN, TORSTEN, Japanese Education in a Comparative Perspective. A European View, in: Education in Japan and in Europe, Guadalajara 1991, S. 5–21.

MINISTRY OF EDUCATION, SCIENCE AND CULTURE, Education in Japan. A Graphic Presentation, Tōkyō 1994.

MINISTRY OF EDUCATION, SCIENCE AND CULTURE, Japanese Government Policies in Education, Science, Sports and Culture 1994. New Directions in School Education: Fostering Strength for Life, Tōkyō 1994.

MINISTRY OF EDUCATION, SCIENCE, SPORTS AND CULTURE, Statistical Abstract of Education, Science, Sports and Culture, Tōkyō 1996.

MINISTRY OF EDUCATION, SCIENCE, SPORTS AND CULTURE, Japanese Government Policies in Education, Science, Sports and Culture 1995. Remaking Universities: Continuing Reform of Higher Education, Tōkyō 1996.

MÜNCH, JOACHIM/MIKIKO ESWEIN, Bildung, Qualifikation und Arbeit in Japan: Mythos und Wirklichkeit, Berlin 1992.

NATIONAL COUNCIL ON EDUCATIONAL REFORM, Reports on Educational Reform, Tōkyō 1987.

SCHUBERT, VOLKER, Die Inszenierung der Harmonie, Darmstadt 1992.

Symposium »Bildung und Beruf in Japan und Deutschland«. Japanisch-Deutsches Zentrum Berlin 1992 (Veröffentlichungen 13), Berlin 1992.

TEICHLER, ULRICH, Das Dilemma der modernen Bildungsgesellschaft, Stuttgart 1976.

DERS., Equality of Opportunity in Education and Career: Japan Seen in an International Perspective, in: Oxford Review of Education, 18 (1992) 3, S. 283–296.

DERS., Das japanische Hochschulwesen – Entwicklungstendenzen im internationalen Vergleich, in: Detlef Thofern/Sonja Gabbani/Wilhelm Vosse (Hrsg.), Rationalität im Diskurs, Marburg 1994, S. 167–182.


## Frauen


AUSLITZ-BLESCH, KYRA, Akademikerinnen in Japan – Familie, Beruf und Frauengruppen, Weinheim 1989.

BERNSTEIN, GAIL LEE (Hrsg.), Recreating Japanese Women 1600–1945, Berkeley 1991.

Brinton, Mary C., Women and the Economic Miracle-Gender and Work in Postwar Japan, Berkeley 1993.
Gössmann, Elisabeth (Hrsg.), Japan – ein Land der Frauen?, München 1991.
Iwao, Sumiko, The Japanese Woman. Traditional Image and Changing Reality, New York 1993.
Lam, Alice, Women and Japanese Management. Discrimination and Reform, London 1992.
Linhart, Ruth, Onna da kara – weil ich eine Frau bin: Liebe, Ehe und Sexualität in Japan, Wien 1991.
Dies./Wöss, Fleur (Hrsg.), Nippons neue Frauen, Reinbek bei Hamburg 1990.
Lützeler, Ralph/Regine Mathias, Lange leben. Demographische Entwicklungen und soziale Veränderungen, in: I. Hardach-Pinke (Hrsg.), Japan: eine andere Moderne, Tübingen 1991, S. 38–62.
Neuss-Kaneko, Margret, Familie und Gesellschaft in Japan, München 1990.
Pharr, Susan J., Political Women in Japan, Berkeley 1981.
Saso, Mary, Women in the Japanese Workplace, London 1990.
Sugiyama Lebra, Takie, Japanese Women: Contraint and Fulfillment, Hawaii 1984.
Weber, Claudia, Selbstlose Frauen? Zur Individualisierung des weiblichen Lebenszusammenhangs, in: I. Hardach-Pinke (Hrsg.), Japan: eine andere Moderne, Tübingen 1991, S. 97–113.

## Jugend und Familie

Doi Takeo, Amae, Freiheit in Geborgenheit (dt. Übersetzung), Frankfurt 1982.
Schubert, Volker, Die Inszenierung der Harmonie, Darmstadt 1992.

## Soziale Sicherung

Campbell, John Creighton, How Policies Change: The Japanese Government und the Aging Society, Princeton 1992.
Ders., The Old People Boom and Japanese Policy Marking, in: The Journal of Japanese Studies, 5 (1979) 2.
Ernst, Angelika, A Segmented Welfare State: The Japanese Approach, in: Zeitschrift für die gesamte Staatswissenschaft, 138 (1982).
Institut für Japanologie der Universität Wien (Hrsg.), Das Japanische Unternehmen, bes. Kapitel 9: Sozialleistungen, Wien 1987.
Lörcher, Siegfried, Sozialversicherung, Altersversorgung, Rentensystem, in: Manfred Pohl (Hrsg.), Japan 1979/80: Politik und Wirtschaft, Hamburg 1981.
Pohl, Manfred, Die Systeme sozialer Sicherung in Japan und der Bundesrepublik Deutschland: Versuch eines wertenden Vergleichs, in: Pohl, Manfred (Hrsg.), Japan 1987/88: Politik und Wirtschaft, Hamburg 1988.
Powell, Margaret/Masahira Anesaki, Health Care in Japan, London 1990.
Thränhardt, Anna Maria, Organisierte Freiwilligkeit. Ehrenamtlichkeit als tragende Struktur des japanischen Sozialwesens, in: Bauer, Rudolph/Anna Maria Thränhardt (Hrsg.), Verbandliche Wohlfahrtspflege im internationalen Vergleich, Opladen 1987.
Dies., Between State und Society: Minsei-iin, the System of Voluntary Social Welfare Workers in Japanese Communities (Paper Presented at the European Consortium for Political Research (ECPR), Leiden 1993.

WILSON, DONALD V., Social Welfare Personell and Social Work Education during thc Occupation of Japan, 1945–1948, in: Burkman, Thomas (Hrsg.), The Occupation of Japan: Education and Social Reform, Norfolk 1981.

## Massenmedien

BRAW, MONICA, The Atomic Bomb Surpressed. American Censorship in Occupied Japan, Armonk, New York 1991.

DENTSU INC. (Hrsg.), Corporate Communications Division, Advertising Expenditures in Japan for 1992 (= Press Release February 1993).

DENTSU INC. (Hrsg.), Japan 1996 Marketing and Advertising Yearbook, Tōkyō 1996.

FELDMAN, OFER, Politics and the News in Japan, Ann Arbor 1993.

FOREIGN PRESS CENTER JAPAN (Hrsg.), Japan's Mass Media (About Japan Series 7), Tōkyō ³1994.

GELLNER, WINAND, Ordnungspolitik im Fernsehwesen: Japan, in: Faul, Erwin (Hrsg.), Studien zur Ordnungspolitik im Fernsehwesen, Bd. 2, Frankfurt a. M. – Bern – New York – Paris 1991.

GÖTTING, DORIS, Drei Jahre bei NHK. Einblicke in eine japanische Rundfunkanstalt, (OAG aktuell), Tōkyō 1983.

LÖHR, MARC, Entwicklung, Organisation und Arbeitsweise regionaler Tageszeitungen in Japan. Das Beispiel Shizuoka Shimbun (Berliner Beiträge zur sozial- und wirtschaftswissenschaftlichen Japan-Forschung, Bd. 20), Bochum 1991.

MITCHELL, RICHARD H., Censorship in Imperial Japan, Princeton 1983.

NIHON SHIMBUN KYŌKAI, The Japanese Press, Tōkyō 1964 ff.

NIPPON HŌSŌ KYŌKAI, 50 Years of Japanese Broadcasting, Tōkyō 1977.

PAINTER, ANDREW ALLEN, The Creation of Japanese Television and Culture, Ann Arbor 1991.

POHL, MANFRED, Presse und Politik in Japan (Mitteilungen des Instituts für Asienkunde 122), Hamburg 1981.

## Rechtsverständnis

BINDZUS, DIETER/AKITA ISHII, Strafvollzug in Japan – Resozialisierung durch Behandlung?, in: Zeitschrift für Strafvollzug und Straffälligenhilfe, 37 (1988), S. 3–14.

EUBEL, PAUL (Hrsg.), Das japanische Rechtssystem, Frankfurt a. M. 1979.

MIYAZAWA, KOICHI/HANS-HEINER KÜHNE, Kriminalität und Kriminalitätsbekämpfung in Japan, Wiesbaden (Bundeskriminalamt) ²1991.

NOMURA, YUKIO, Das Gefängnissystem in Japan, in: Zeitschrift für Strafvollzug und Straffälligenhilfe, 37 (1988), S. 14–22.

RAHN, GUNTRAM, Rechtsdenken und Rechtsauffassung in Japan, München 1990.

# Kapitel E: Kultur*

* In diesem Kapitel sind alle Personennamen nach japanischer Art geschrieben, d. h. erst Familienname, dann Vorname.

# I. Sprache und Schrift

Roland Schneider

Heute sprechen etwa 120 Millionen Menschen die japanische Sprache, deren Verbreitungsgebiet sich im wesentlichen mit dem japanischen Staatsgebiet deckt – hinzu kommen Siedlungskonzentrationen japanischer Auswanderer in den USA (Hawaii und Westküste) und Südamerika (besonders Brasilien) sowie Teile der früher von Japan besetzten Gebiete Asiens. Japanisch gilt als eine der schwierigsten Sprachen der Welt – ein Urteil, das jedoch eher in dem komplizierten Schriftsystem und in Besonderheiten des sprachlichen Höflichkeitsausdruckes begründet zu liegen scheint als in dem relativ einfachen Sprachbau.

Herkunft und Verwandtschaftsbeziehungen der japanischen Sprache sind noch als ungeklärt zu bezeichnen. Gesichert ist die Urverwandtschaft des Japanischen mit dem Ryūkyūanischen, das den einen als Schwestersprache, den anderen sogar als Dialekt des Japanischen gilt. Die vielen frappierenden Ähnlichkeiten in Phonetik, Akzenttyp, Grammatik und Soziativ, die das Japanische mit dem Koreanischen verbinden, reichen nicht zu einer gesicherten Aussage über eine Urverwandtschaft beider Sprachen aus. Sie machen jedoch die These wahrscheinlich, daß das Altjapanische eng mit der Sprache des koreanischen Königreichs Koguryo (17 v. Chr. – 660 n. Chr.) verwandt ist und damit in seinen frühen Wurzeln auf die sogenannten Puyo-Sprachen des Sungari-Gebiets (Nordost-China) weist. Die zweite Komponente des Japanischen deutet hingegen zu austronesischen Sprachgruppen, so daß heute die Annahme gerechtfertigt scheint, die japanische Sprache sei aus der Überlagerung eines austronesischen Substrats durch eine altaische Sprache entstanden. Gesichert ist, daß das Japanische nicht mit dem Chinesischen verwandt ist.

## 1. Lautsystem, Grammatik und Sprachbau: durchaus einfach

Das lautliche System der modernen japanischen Hochsprache, die auf dem Idiom der Yamanote-Gegend in Tōkyō beruht, besitzt Grundvokale (a, i, u, e, o), die kurz, gelängt oder in Diphthongen (ai, oi, ui) kombiniert auftreten, sowie 24 Konsonanten, die einfach, gedoppelt oder palataisiert sein können. Als Faustregel führen viele der Japanisch-Lehrbücher an, daß die Aussprache der Konsonanten wie im Englischen zu erfolgen habe und die der Vokale wie im Deutschen, wobei die Artikulation stets ohne große Spannung und mit geringer Lippenbetätigung geschehe.

Besonderheiten der Aussprache bilden der ungerundete u-Laut, das sogenannte *»flapped r«* und die Devokalisation von i und u, die zwischen stimmlosen Konsonanten und am Wortende nach ts und s fast unhörbar artikuliert werden. Kurze Silben, die durch die Verbindung obiger Sprachlaute entstehen, sind grundsätzlich offen, bestehen aus einem Vokal oder der Kombination Konsonant-Vokal; lange Silben haben die Strukturen: Konsonant-Vokal-Vokal, Konsonant-Vokal-Silbenschlußnasal oder Konsonant-Vokal-Silbenschlußklusil (das vor stimmlosen Konsonanten steht).

Ähnlich einfach wie die lautliche ist auch die grammatische Struktur des Japanischen. Das Japanische ist eine agglutinierende Sprache und fügt somit grammatische und syntaktische Ordnungselemente als unselbständige Suffixe und Postpositionen an die selbständigen sinntragenden Wörter an. Da es mit den altaischen Sprachen die Strukturregel teilt, daß das Bestimmende nach dem Bestimmten steht, »bestimmen« diese Ordnungselemente etwa beim Verb Tempus, Aspekt, Modus usw. und beim Substantiv dessen »Kasus«, d. h. sein Verhältnis zum zugehörigen Prädikat oder seine Beziehung zu anderen Satzteilen. Die gleiche Regel erzwingt, daß Attribute vorangestellt werden und Nebensätze vor den Hauptsätzen stehen. Weiterhin legt sie den Schwerpunkt der generell in der Abfolge Subjekt-Objekt-Prädikat konstruierten Sätze auf das Satzende, auf das Prädikat und seine möglichen Modifizierungen.

Die Wortkategorien des Japanischen lassen sich nach dem Kriterium ihres selbständigen Auftretens im Sprechtakt als selbständige (Nomen, Verb/Adjektiv) und unselbständige (Verbalsuffixe und Postpositionen), nach dem Kriterium der Flektierbarkeit in flektierbare (Verb/Adjektiv, Verbalsuffixe) und unflektierbare (Nomen, Postpositionen) einteilen. Das Nomen besitzt weder Genus noch Numerus, auch bestimmte oder unbestimmte Artikel existieren nicht. Die Verba kennen mehrere Konjugationsweisen, deren je 6 Einzelformen jedoch nicht durch die (im Japanischen unbezeichnete) grammatische Person, sondern durch Funktionsfelder (Satzschluß, Imperativ u. ä.) bestimmt werden. Die den Verben syntaktisch ähnelnden Adjektive – sie können wie die Verben »allein« (d. h. ohne Kopula) Prädikate bilden – kennen keine verschiedenen Genusformen, keine Numerusunterschiede und besitzen keine eigene Komparativform. Innerhalb der Adverbien findet sich eine außerordentlich große Zahl von lautmalenden Wörtern (z. B. *garagara, pika-pika, pettari* usw.), die die an sich eintönige Satzmelodie akzentuieren – und auch den Hauptfundus der in Japan nicht ohne Grund so verbreiteten Comic-Literatur bilden.

## 2. Vokabular und Schrift: hinreichend kompliziert

Der Wortschatz der japanischen Gegenwartssprache besteht aus einem japanischen Grundvokabular *(wago)*, aus Fremdwörtern *(gairaigo)*, die in unterschiedlichem Umfang zu unterschiedlichen Zeiten aus unterschiedlichen Sprachen entlehnt wurden, und aus den Lehnwörtern aus dem Chinesischen *(kango)*. Letztere stellen mehr als die Hälfte des heutigen Wortschatzes; sie wurden seit der Übernahme der chinesischen Schrift im japanischen Alterum in mehreren Wellen und damit auch in unterschiedlichen Lautungen entlehnt. Sie sind nach wie vor produktiv und nehmen besonders im fachsprachlichen Bereich zu, dringen aber auch in die Alltagssprache auf Kosten des rein japanischen Vokabulars vor. Diese Tendenz wird durch die grundsätzliche »wortkategoriale Offenheit« chinesischer Lehnwörter verstärkt, die durch einfachste japanische syntaktische Einordnungsmittel wie Kopula oder das formale Verb *suru* (»machen, tun«) nicht nur als Substantiv, sondern auch als Adjektiv oder Verb eingesetzt werden können. Das Fremdwortgut, seit der portugiesischen Mission im 16. Jahrhundert ins Japanische einfließend, besteht aus Entlehnungen aus dem Portugiesischen, Holländischen, Französischen, Deutschen, Russischen und Italienischen, wird jedoch schon seit der *Meiji*-Zeit vom englisch-amerikanischen Lehnwortgut majorisiert.

Die einzelnen Sprachen steuerten Unterschiedliches bei: Brachten die Portugiesen etwa *pan* (Brot) oder *karuta* (carta; Spielkarten) mit oder die Holländer *kōhi* (koffie; Kaffee) und *biiru* (Bier), bereicherte das Deutsche die japanische Sprache um Ausdrücke wie *ideorogii* (Ideologie), *noiroze* (Neurose) und *(aru)baito* (Arbeit, jetzt Job), so leistete das Französische durch *abekku* (avec; Verabredung, Pärchen) seinen Beitrag. Die Dominanz amerikanischen Lehnwortgutes führte dazu, daß sogar Abkürzungen wie OL *(office lady)* ihren Platz in der japanischen Alltagssprache fanden. Das Lehnwortgut ist seit den frühesten Entlehnungen starken lautlich-grammatischen, aber auch semantischen Japonisierungstendenzen unterworfen, die sein Vordringen in die Alltagssprache begünstigen.

Das japanische Schriftsystem darf als kompliziert bezeichnet werden. Verschriftet wird das moderne Japanisch in einem graphischen Mischstil, der chinesische Wortschriftzeichen *(kanji)* und zwei Typen von Silbenschriftzeichen (*hiragana* und *katakana*) benutzt, und diese Mischform ist zum Teil noch durch lateinische Buchstaben und arabische Ziffern »angereichert«. In den traditionell von oben nach unten und von rechts nach links, zunehmend auch horizontal von links nach rechts geschriebenen Texten werden die *kanji* in der Regel für die sinntragenden Wörter benutzt. Flexionsendungen, grammatische Suffixe und Partikel werden dagegen in *hiragana* geschrieben, Fremdwörter sowie die zahlreichen, ein Charakteristikum des japanischen Grundwortschatzes darstellenden laut- und zustandsmalenden Wörter meistens in *katakana* wiedergegeben. Diese Schriftvielfalt versteht auch die Werbung vielfältig zu nutzen.

Ausgangspunkt aller Schriftarten waren die überwiegend phonologographischen chinesischen Schriftzeichen, die – an sich untauglich für die Verschriftung des dem monosyllabisch gebauten Chinesischen völlig unähnlichen Japanischen – im 5. Jahrhundert mit ihrer Lautung übernommen wurden. Neben ihrer sinntragenden Funktion erfuhren sie bald eine phonetische Anwendung zur Verschriftung japanischer Wörter und grammatischer Elemente. Aus diesem Gebrauch entwickelten sich die durch Kursivierung entstandenen *hiragana* und die durch Abkürzung der *kanji* entstandenen *katakana*, die in der sogenannten 50-Laute-Tafel *(gojūonzu)*, dem japanischen Alphabet, systematisiert wurden. Zahlreiche Vereinfachungsversuche betrafen die *kana*-Orthographie oder zielten auf Reduzierung der *kanji*. Nach wie vor ist jedoch die Schwierigkeit gegeben, unter den den (gegenwärtig etwa in den Zeitungen auf ca. 3 000 beschränkten) *kanji* eigenen unterschiedlichen zahlreichen sinojapanischen wie japanischen Lesungen die für den Kontext jeweils »richtige« zu realisieren.

## 3. Sprache und Gesellschaft: facettenreich vielfältig

Das Verhältnis von Sprache und Gesellschaft spiegelt sich am augenscheinlichsten in der im Laufe der Sprachgeschichte immer stärker werdenden Ausdifferenzierung von sozialen Sondersprachen oder in der Existenz der sogenannten »Frauensprache«, einer Vokabular UND Grammatik umfassenden geschlechtsspezifischen Sprachform, und schließlich in der Existenz der sogenannten »Höflichkeitssprache« wider.

Die Höflichkeitssprache, Teil eines ausgefeilten Systems der sprachlichen Partnerbehandlung *(taigu-hyōgen)*, drückt Rangverhältnisse und Beziehungen zwischen Personen aus, reicht jedoch im Gegensatz zu den meisten anderen Sprachen über das Lexikon hinaus bis in die Grammatik. Mehrere Ehrerbietigkeitsstufen, mit denen Handlungen der 2. oder 3. Person bezeichnet werden, stehen komplementär zu Bescheidenheitsstufen, mit denen Handlungen der 1. Person bezeichnet werden. Das System wird ergänzt durch die Kategorie der situationsbezogenen »allgemeinen Höflichkeit« *(teinei)*, die nicht auf das Partnerverhältnis zielt, sondern mit der jenseits der Kategorien Ehrerbietung und Bescheidenheit jede Äußerung »höflich« formuliert werden kann. Neben ehrerbietigen oder bescheidenen Varianten des höflichkeitsneutralen Verbs oder spezifischen Suffixen und grammatischen Figuren dienen auch Höflichkeitspräfixe und -suffixe – vor allem die zahlreichen, im Grad ihrer »Höflichkeit« klar unterschiedenen Personalpronomina – der Elaborierung dieser »Höflichkeitssprache«. Sie darf als eine der – von japanischen Sprechern geschätzten, von Japanischlernenden gefürchteten – Besonderheiten der japanischen Sprache gelten.

Die sogenannte »Frauensprache« hat ihre Ursprünge in einer Tabu- und Gruppensprache mittelalterlicher Hofdamen, die noch im Mittelalter von adligen Frauen übernommen wurde und, auch durch Benimmbücher, in der Neuzeit Eingang in alle Volksschichten fand. Sie erstreckt sich heute vor allem auf das Vokabular, erfaßt auch Teile der Grammatik und ist immerhin so distinktiv von einer »Männersprache« (von der in Japan nicht explizit gesprochen wird) unterschieden, daß ausländischen Lernern des Japanischen oft das Geschlecht ihrer japanischen Lehrkraft »anzuhören« ist.

## 4. Sprache und Spiel: versöhnend ...

Trotz der oft beschworenen, zumindest behaupteten Schwierigkeiten der japanischen Sprache gibt es einen auf lange Tradition zurückblickenden spielerischen Umgang mit ihr: Japanisch als Medium von Wortspiel- und Sprechkunst, von denen nicht nur Lyrik, sondern auch Alltagssprache profitieren. Kalauer, die unter Ausnutzung der Klangähnlichkeit ein *Namu daishi henjo kongō* (Anbetung der großen strahlenden Gottheit) zu *Nomu taishu sanjō gogo* (Große Sauferei, 3 Humpen, 5 Becher) oder das Sprichwort *Hana yori dango* (Lieber Klöße als Blumen) zu *Funa yori anko* (Lieber Seeteufel als Karauschen) machen, sind ebenso beliebt und Teile des alltäglichen Sprachlebens wie Zungenbrecher à la *Viro-uri* oder die mit europäischen Anfangsbuchstaben arbeitenden Sondersprachenwitze wie *Esu* (= Großbuchstabe »S«), das für »Sister« (Lesbierin) oder »Schön« (Schönheit) oder »Singer« (Barmädchen) stehen kann.

# II. Die moderne Literatur: Themen und Tendenzen

MATTHEW KÖNIGSBERG

Als die japanische Führungselite mit der *Meiji*-Restauration 1868 beschloß, die selbstgewählte Isolation aufzugeben und vom Westen zu lernen, standen zunächst die industriellen und militärischen Leistungen des Abendlandes im Vordergrund. Der technologische Segen der industriellen Revolution sollte möglichst ohne den ideologischen Hintergrund eingeführt werden. Selbst jene Bestrebungen, die sich im nachhinein fortschrittlich ausnehmen (wie z. B. Bemühungen um eine Verfassung, einen Gesetzeskodex usw.), wurden unter anderem in der Hoffnung betrieben, damit nach außen Japans »Modernität« zu belegen und z. B. zur Revision der Ungleichen Verträge beizutragen. Mit der Kultur des Abendlandes, vor allem mit den Beratern, den Sprachlehrern aus dem Ausland, kam auch die Literatur des Westens nach Japan. Der Literaturkritiker Kobayashi Hideo beschreibt das Phänomen folgendermaßen: »Jedenfalls von der zweiten Hälfte der *Meiji*-Zeit (1868–1912) an arbeiteten alle unsere Schriftsteller mit ihrem eigenen Wordsworth [engl. Schriftsteller der Romantik (1770–1850)]. Jeder hatte den Wordsworth, der ihm gefiel – Zola, Flaubert, Maupassant.«[1]

Etwa ein Jahrhundert nach dem Zeitraum, den Kobayashi Hideo in dieser Weise beschreibt, gehört Japan zu den führenden modernen Industrienationen. Das Lebensgefühl der modernen Japaner wird von den gleichen Gegenständen bestimmt wie anderswo in der Ersten Welt. Dies findet im Inhalt der Literatur (Yoshimoto Bananas Heldin Mikage putzt in *»Kitchen«* gedankenverloren den Mikrowellenherd)[2] und in der Sprache (»Ich kann Naomi nicht verstehen. Es ist, als wären wir zwei Computer mit nicht kompatibler Software.«)[3] seinen Niederschlag. Abe Kōbōs Romane sind grandiose Metaphern für die Gesichtslosigkeit und Entfremdung der Menschen in der modernen Gesellschaft – sie könnten überall spielen, in Tōkyō, New York, vielleicht sogar in Moskau[4]. Umgekehrt zeichnet Shimada Masahiko z. B. in *»Yume tsukai«* (»Traumbote«, 1989) ein »internationalisiertes« Japan, in dem für alle eine Nische frei ist, für Halbjapaner wie Matthew/Masao oder für Ausländer wie »Achmed aus Bangladesh«. Fast sieht es aus, als wolle die japanische Literatur der Gegenwart, jedenfalls nach dem Zweiten Weltkrieg, jenen westlichen Leserkreis frustrieren, der auf der Suche nach Exotik, Erotik oder Entrücktsein zu den litera-

1 Hideo Kobayashi, »Watakushi shōsetsu ron.« Kobayashi Hideo zenshū, Bd. 3, Tōkyō 1978, S. 124.
2 Banana Yoshimoto, Kitchen. (Übers. W. E. Schlecht), Zürich 1992 [Original: 1988], S. 74.
3 Hisao Hiruma, Besuto furenzu, Tōkyō 1992, S. 156.
4 Kōbō Abe, Das Gesicht des Anderen (Übers. O. Benl), Frankfurt a. M. 1992 [Original: 1964]; Kōbō Abe, Der Schachtelmann (Übers. J. Stalph), Frankfurt a. M. 1992 [Original: 1973].

rischen Äußerungen eines fernen Kontinents greift. Dabei sagen Klagen über einen Mangel an Exotik mehr über die Erwartungshaltung des jeweiligen Lesers als über den tatsächlichen Inhalt des sprachlichen Kunstwerks aus; aber auch der Standpunkt, daß es ab 1868 keine japanische Literatur mehr, sondern nur eine in der japanischen Sprache geschriebene europäische Literatur gebe, trifft nicht zu. Man könnte die (grob verallgemeinernde) Aussage wagen, viele Werke der modernen japanischen Literatur seien anders, ohne exotisch zu sein. Verwunderlich ist dies nicht. Zum einen herrschte in Japan vor 1868 eine ganz andere Tradition, mit der selbst die neuesten literarischen Erzeugnisse mehr gemeinsam haben als allgemein angenommen.[5] Zum anderen wurden die verschiedensten westlichen Strömungen vor einem ganz anderen sozialen und politischen Hintergrund rezipiert und dementsprechend – teilweise bis zur Unkenntlichkeit – umgedeutet.

Die Aufgabe dieses Beitrags wird es sein, diesen Prozeß der Aneignung zu skizzieren und kurz einige Themen der modernen japanischen Literatur herauszuarbeiten. Damit soll gezeigt werden, was an der japanischen Literatur anders ist. Aus Platzgründen wird auf Werkanalysen und Biographien einzelner Autoren verzichtet; interessierte Leser werden auf die weiterführende Literatur und die übersetzten Werke im Anhang verwiesen. Hier fehlt ebenfalls der Raum, auf die Entwicklungen in der modernen Lyrik einzugehen, zumal in diesem Genre, wenn auch in anderer Form, nicht unbedingt andere Themen behandelt werden als in der Prosaliteratur.

Zwei Konstanten zunächst: Die Geschichte der japanischen Literatur ist auch die Geschichte ständig steigender Leserzahlen; diese Entwicklung wurde von einer Diversifizierung der Genres begleitet. Eine weitere durchgehende Erscheinung ist die Abgrenzung seriöser von trivialer Literatur, und dies nach Kriterien, die dem westlichen Leser zunächst nicht unbedingt einleuchten. Da z. B. die Kultur Chinas bei der Alphabetisierung des Nachbarlandes Pate stand, war es in der ersten Blütezeit der japanischen Kultur, der *Heian*-Zeit (etwa 800–1200) üblich, daß Männer aufgrund ihrer höheren gesellschaftlichen Stellung Chinesisch schrieben. Frauen hingegen schrieben Japanisch, in der einfachen Silbenschrift, und schufen Meisterwerke – »Die Geschichte vom Prinzen Genji«[6], den »ersten Roman der Welt«, von der Hofdame Murasaki Shikibu um die Jahrtausendwende verfaßt, oder »Das Kopfkissenbuch«[7] der Dame Sei Shōnagon aus etwa der gleichen Zeit. Schon ein Vergleich verdeutlicht, daß es neben erzählenden epischen Gattungen wie der »Geschichte vom Prinzen Genji« Erscheinungsformen der japanischen Literatur gibt, die sich wie »Das Kopfkissenbuch« einer solchen eindeutigen Einordnung verweigern und statt dessen spezifisch japanischen Gattungen wie der Miszellensammlung, dem Reisebericht oder dem literarischen Tagebuch zuzuordnen sind. Ebenfalls fließend ist die Grenze zwischen Lyrik und Prosa – das klassische japanische Gedicht wurde als vornehmes Mittel der Kommunikation, aber auch als Bildungsnachweis, in der Oberschicht benutzt und wird ebenfalls in die höfische Prosaliteratur mit hineinverwoben.[8]

5 Banana Yoshimoto, (Anm. 2), S. 191–203.

6 Hofdame Murasaki [= Murasaki Shikibu], Die Geschichte vom Prinzen Genji (Übers. Oscar Benl), 2 Bde., Zürich 1966 [Original: um 1000].

7 Sei Shōnagon, Das Kopfkissenbuch der Dame Sei Shōnagon, Frankfurt a. M. 1975, [Original: um 1000].

8 Ivan Morris, Der Leuchtende Prinz: Höfisches Leben im Alten Japan, Frankfurt a. M. 1988.

Im kriegerischen Mittelalter erweiterte sich das Publikum um den Landadel und die Krieger; es entstanden Kriegsgeschichten, die von wandernden Erzählern rezitiert wurden. Mit der Einigung des Landes unter den Tokugawa um 1600 waren die Bedingungen gegeben, die zur Entstehung einer zwar politisch machtlosen, aber wirtschaftlich einflußreichen bürgerlichen Schicht führen sollten. Am Anfang dieser Zeit entstand das *Haiku* (5-7-5 Silben); der *Haiku*-Meister Bashō Matsuo (1644–1694) zeigte, wie die Welt und der ästhetisierte Alltag in dieser knappen Form zum Ausdruck gebracht werden können.[9] In den zweieinhalb Jahrhunderten bis zum Ende der *Tokugawa*-Zeit stieg die Alphabetisierungsrate an. Viele Mechanismen einer modernen Literaturproduktion (Leihbüchereien, kommerzielle Verlage, Berufsautoren) prägten, zum Teil früher als in Europa, die Leselandschaft. Neue Prosagenres – eine Vielzahl kleiner Hefte in verschiedenen Farben und Formaten – richteten sich nach dem Geschmack der städtischen Bewohner. Eine Unterart beschäftigte sich z. B. ausschließlich mit Geschichten aus den Freudenvierteln. Gerade diese Gattung, aber auch die vielen parodistischen und humoristischen Erzählungen waren auf eine informierte, eingeweihte Leserschaft angewiesen, die die Anspielungen und Witze verstand. Gleichzeitig bestand das Bestreben der Zentralgewalt, eben diese Leserschicht nach wie vor politisch zu entmündigen; dazu bediente sie sich einerseits der Zensur und andererseits der Propagierung einer Literatur, in der Gutes belohnt und Böses bestraft wurde. Grundsätzlich hatte die Literatur, ganz besonders die Prosaliteratur, als Vergnügen des – laut der konfuzianischen Gesellschaftsordnung »Krieger-Bauern-Handwerker-Kaufleute« – niedrigsten Standes, der Kaufleute, kein hohes Ansehen.[10]

Dies war nun die Ausgangslage am Anfang der *Meiji*-Zeit 1868. Zunächst änderte sich nichts am niedrigen Stellenwert der Literatur, zumal gesamtgesellschaftlich andere Probleme dringender erschienen als die sofortige Erschaffung einer einheimischen Literatur. Es war für die Intellektuellen der *Meiji*-Zeit ein Schock, daß im Westen das Lesen (und sogar das Verfassen) von Romanen offenbar nichts Anrüchiges hatte; gerade das Beispiel schreibender Staatsmänner (z. B. Disraeli und Bulwer-Lytton) war hier offenbar ausschlaggebend.[11] Ab 1880 entwickelte sich dann eine eigenartige Gattung des politischen Romans[12] – eigenartig waren die Werke deshalb, weil sie auf eklatante Weise eine aufklärerische demokratische Ideologie mit den überholten künstlerischen Mitteln (z. B. der Kunstsprache) der *Tokugawa*-Zeit verbanden.[13] Trotz dieser etwas hölzernen Anfänge wurde mit den politischen

9 Bashō (= Bashō Matsuo), Auf Schmalen Pfaden durchs Hinterland (Übers. G. S. Dombrady), Mainz 1985 [Original: 1694].

10 Ekkehard May, Die Kommerzialisierung der japanischen Literatur in der späten Edo-Zeit (1750–1868), Wiesbaden 1983.

11 Yoshie Okazaki, Japanese Literature in the Meiji Era (Übers. V. H. Viglielmo), Tōkyō 1955, S. 30.

12 Jürgen Berndt, Zur Geschichte der sozialistischen Literatur Japans, 2 Bde., unveröffentlichtes Manuskript, Berlin 1978, S. 61.

13 Als stellvertretend kann Tōkai Sanshis »Kajin no kigū« (Begegnungen mit schönen Frauen«, 1885), gelten, dessen Haupttext so beginnt: »Eines Tages war Tōkai Sanshi in Philadelphia; er bestieg den Turm des Independence Hall, schaute auf die Freiheitsglocke . . ., las die Unabhängigkeitserklärung und, ergriffen von der Vorstellung des nach Freiheit strebenden Volks . . ., wandte er sich zum Fenster. Da sah er plötzlich zwei Frauen . . .«, (Sanshi Tōkai, »Kajin no kigū«. Meiji Kaika Bungaku Shu· [= Gendai Nihon Bungaku Zenshū, Bd. 1]

Romanen eine wichtige Strömung der modernen japanischen Literatur begründet, die gesellschaftliche Mißstände aufzeigt.

In dieser Entwicklungslinie steht zum einen zuerst die sogenannte »Arbeiterliteratur« und danach die proletarische Literatur der zwanziger und dreißiger Jahre, die bis zu ihrer Unterdrückung durch die Staatsgewalt zu den größten Bewegungen proletarischer Literatur der Welt gehörte. In dieser Entwicklungslinie sind aber auch die Werke mit pazifistischer Tendenz zu sehen, in denen die Traumata des Zweiten Weltkriegs thematisiert wurden wie Ōka Shōheis *»Nobi«* (»Feuer im Grasland«, 1951), eine Geschichte von Kriegshorror und Kannibalismus auf den Philippinen, oder Takeyama Michios *»Biruma no tategoto«* (»Die Harfe von Burma«, 1948), dessen Held, ein junger japanischer Soldat, nach Kriegsende als buddhistischer Mönch in Burma bleibt, um für die Toten zu beten. Schriftstellerinnen berichten von den Entbehrungen und Leiden zu Hause, z. B. Hayashi Kyōko in *»Yasuraka ni ima wa nemuritamae«* (»Ruhet jetzt in Frieden«, 1990) oder Kōno Taekos *»Hei no naka«* (»In den Mauern«, 1962); beide Erzählungen behandeln Arbeitseinsätze junger Mädchen in der Rüstungsindustrie. Auf Deutsch liegt hier z. B. Gō Shizukos »Requiem« (1972) vor.[14] Eine besondere japanische Gattung ist die Literatur über den Atombombenabwurf; z. B. Ibuse Masujis »Schwarzer Regen« (1966) über Hiroshima[15] oder Sata Inekos *»Juei«* (»Der Schatten der Bäume«, 1972) über Nagasaki.[16]

Eine ganze Generation wichtiger japanischer Nachkriegsschriftsteller wie Ōe Kenzaburō oder Abe Kōbō ist durch die Kriegsschuld der Elterngeneration, die Wirrungen um den japanisch-amerikanischen Sicherheitsvertrag, durch die Studentenrevolte und den Vietnamkrieg ähnlich geprägt wie die gleiche Generation deutscher Schriftsteller. So führten Günter Grass und Ōe Kenzaburō im Rahmen der Frankfurter Buchmesse mit Schwerpunkt Japan 1990 ein Gespräch über allgemeine politische Themen; so mühelos die beiden Schriftsteller eine gemeinsame Ebene auch gefunden haben mögen, fällt es dennoch auf, daß sie über Literatur so gut wie gar nicht geredet haben.[17]

Während der gesamten Entwicklung dieser – im weitesten Sinne – politischen Literatur, mehr als ein Jahrhundert lang, blieb also als Konstante die Überzeugung bestehen, die Gesellschaft durch Literatur zu verändern oder zumindest ihr einen Spiegel vorzuhalten und damit Veränderungen nahezulegen. Eine ganz andere literarische Entwicklung wurde durch einen Mann begründet, der die Literatur nicht primär unter dem Aspekt der Weltverbesserung sah, sondern sich eher mit den Techniken der modernen Prosa beschäftigte – Tsubouchi Shōyō. Was Literatur NICHT sein sollte, wurde ihm durch ein Schockerlebnis vermittelt. Als junger Literaturstudent bei einer schriftlichen Universitätsprüfung nach einer Analyse des

---

[Tōkyō 1931], S. 141.) Die beiden Frauen entpuppen sich bald als bewegte Freiheitskämpferinnen (und sind auch etwas fürs Herz); das Trio bricht auf, um weltweit andere Schauplätze demokratischen Schaltens und Waltens zu besichtigen.

14 Shizuko Gō, Requiem. (Übers. Jürgen Berndt), Berlin 1987 [Original: 1972].

15 Masuji Ibuse, Schwarzer Regen (Übers. [aus dem Englischen] Otto Brandstätter), Frankfurt a. M. 1985 [Original: 1966].

16 Seit jenem Tag: Narihiko Itō u. a. (Hrsg.). Hiroshima und Nagasaki in der japanischen Literatur, Frankfurt a. M. 1984.

17 Günter Grass/Kenzaburō Ōe, Doitsu to Nihon no Dō Jidai. Tayōsei, Keizai, Bungaku. Gunzō, (1991) 46, S. 292–323.

Charakters der Königin Gertrude aus Shakespeares »Hamlet« gefragt, lieferte Tsubouchi statt dessen eine Kritik ihres Handelns nach den Maßstäben der konfuzianischen Moral. Damit fiel er durch die Prüfung.[18] Aus dieser bitteren Erfahrung heraus schrieb er sein »Wesen des Romans« (1885), in dem er die Kunstliteratur an sich – unabhängig von didaktischen oder moralischen Erwägungen – als wertvoll anerkennt und die Technik des Realismus anempfiehlt.

Damit war es natürlich nicht getan, selbst wenn eine rasante Übersetzertätigkeit etwa ab 1880 japanischen Lesern und Schriftstellern einen Eindruck vermittelte, wie die Literatur des Westens beschaffen war. Um sie nachzuahmen, mußten die Literaten der *Meiji*-Zeit zunächst einen möglichst natürlichen Schreibstil entwickeln, da zumindest die narrativen Passagen früherer Prosawerke in einer veralteten, blumigen Kunstsprache abgefaßt waren.[19] Es bestand keine Tradition des psychologischen Realismus; bis in die *Meiji*-Zeit waren die Personen in Romanen »alle aus Pappe«[20].

Die japanischen Literaten konnten letztlich nur solche Elemente europäischer Strömungen rezipieren, die im damaligen kulturellen Kontext einen Sinn ergaben. Einige japanische Dichter tendierten zur Romantik, angetan von der romantischen Aufwertung des Künstlers und der künstlerischen Intuition und Inspiration. Ein weiteres Element der europäischen Romantik, der Exotismus, erscheint dem westlichen Leser im japanischen Vexierspiegel befremdlich – denn die Exoten sind, in aller Regel, wir. Dies beginnt mit den »deutschen« Erzählungen (1890–1891) des großen *Meiji*-Literaten Mori Ōgai[21] und setzt sich fort bis in die Gegenwart, z. B. in den Werken Ōba Minakos, die häufig in Amerika spielen, oder wenn der Schriftsteller Konno Yūji in *»Kireina Byōki«* (»Schöne Krankheit«, 1992) etwas unglaubwürdige, aber dennoch prickelnd dekadente Geschichten lieber als daheim in Tōkyō in New York und in San Francisco ansiedelt.[22]

Die seltsamste Verdrehung im japanischen Kontext erfuhr allerdings der Terminus »Naturalismus«. Ausgehend von dem Anspruch, die Umwelt »realistisch« aufzuzeichnen, entwickelte sich in Japan eine Theorie der Literatur, die jede Fiktion als Konstruktion ablehnte.[23] Dies begünstigte die Entstehung einer autobiographischen

---

18 Yoshie Okazaki (Anm. 11), S. 74 f.

19 Dies war nicht nur ein Problem der Literatur, sondern der gesamten geschriebenen Sprache. Mozume Takami, ein früher Verfechter einer Sprachreform, führte in seinem Aufsatz »Gembunitchi« (»Die Vereinheitlichung von gesprochener und geschriebener Sprache«, 1886) das Beispiel seines siebenjährigen Sohnes an, der sein Lehrbuch zum Schulfach Ethik nicht verstehen konnte, bis der Lehrer in der Stunde eine Übersetzung ins umgangssprachliche Japanisch lieferte. Er kommentiert: »Die Münder der heutigen Japaner sind ihre eigenen, lebendigen Münder, aber ihre (Schreib)hände sind die Hände der Toten, der Menschen des Altertums.« Aus: Takami Mozume, »Gembun itchi.« Meiji bunka zenshū, Bd. 12, Tōkyō 1928, S. 132.

20 Edwin McClellan, Tōson and the Autobiographical Novel. Tradition and Modernization in Japanese Culture, hrsg. v. Donald H. Shively, Princeton 1971, S. 357.

21 Ōgai Mori, Im Umbau: Gesammelte Erzählungen (Übers. W. Schamoni), Frankfurt a. M. 1989.

22 Yūji Konno, Kireina Byōki, Tōkyō 1992.

23 Die Theorie, daß Fiktion nicht zu einem literarischen Werk gehöre, vertrat der Schriftsteller Kume Masao am vehementesten im Jahr 1925: »Es gibt z. B. einen Mann wie Balzac – mag er seine »Menschliche Komödie« so umfangreich schreiben und mag er sich noch so sehr bemühen, den Wucherer, die edle Dame und die anderen Personen wie lebendig darzustellen; für mich ist das letzten Endes nichts als eine Fiktion ... Ein so großer Schriftsteller mag zu

Gattung mit dem Autor im Mittelpunkt. Er steht praktisch durch seine wirkliche Existenz und die Gewähr, alles durch sein subjektives Auge aufzuzeichnen, für den »Realismus«; dies erzeugt eine Atmosphäre von »fast Wahrheit«, die den Sensibilitäten des japanischen Lesers entgegenkommt. Wenngleich hierin auch eine Verbindung zu den besonderen japanischen Gattungen Tagebuchliteratur, Miszellen usw. besteht, ist es als Technik der modernen Literatur zumindest einengend, wenn der Schriftsteller »seine Einbildungskraft so zügeln muß, daß sie kaum auf der Ebene seines Werks wahrzunehmen ist«.[24] Ein Beispiel für diese Sorte stark autobiographischer Literatur ist Tsushima Yūkos »Lichtkreise« (1979).[25]

Natürlich gab und gibt es auch andere Gattungen neben diesen autobiographischen Werken, so bestimmend sie für die japanische »reine« Literatur auch sein mögen. Schriftsteller wie Natsume Sōseki[26], Akutagawa Ryūnosuke[27] und Tanizaki Jun'ichirō[28] schrieben Romane und Erzählungen, deren Erzählstruktur, psychologische Techniken und Sprachgebrauch westlichen Lesern eher vertraut erscheinen. Viele Gattungen der Literatur, die nach orthodoxer Einschätzung nicht zum Bereich der seriösen Literatur zählen, sind höchst phantasievoll, beispielsweise die *Science Fiction*-Literatur.[29] Außerdem finden Comics *(Manga)* in Japan für jedes Lesepublikum reißenden Absatz und werden viel gelesen.

Ein weiterer »Konkurrent« für die japanische »reine« Literatur ist Literatur in Übersetzung. So soll der spätere Nobelpreisträger Kawabata Yasunari einmal gemeint haben, »Der wahre Feind der reinen Literatur ist nicht der Schund, sondern die Übersetzungsliteratur«[30]. Das »Jahrbuch des Verlagswesens« für das Jahr 1991 führt unter der Rubrik »Veröffentlichungen japanischer Literatur« fast 7 000 Titel auf; Übersetzungen aus anderen Sprachen bringen es immerhin auf etwa 1 800 Titel (der Hauptanteil ist aus dem Englischen, mit fast 1 400; es sind 86 Bücher aus dem deutschen Sprachraum aufgeführt).[31] Diese Statistik muß etwas revidiert werden, da nicht allein Druck und Verkauf von Büchern über den Literaturmarkt bestimmen. So spielen literarische Zeitschriften in Japan auch eine große Rolle.[32]

---

den zwei oder drei größten Genies aller Zeiten in Ost und West zählen. In dem Augenblick aber, da er sich anderer bedient, kann ich ihm keinen Glauben mehr schenken; seine Kunstwerke mögen dann noch hervorragende Lektüre sein, aber ihnen lastet ein Gefühl der Indirektheit, eine Art glatter Fiktionalität, an ... In diesem Sinne verstieg ich mich neulich in einem Vortrag sogar zu diesen provokativen Worten: Tolstojs Krieg und Frieden, Dostojevskijs Schuld und Sühne und Flauberts Madame Bovary sind für mich nichts anderes als grandiose Groschenromane ...« (Anm. 1, S. 120–121).

24 Edwin McClellan (Anm. 20), S. 247.

25 Yūko Tsushima, Lichtkreise (Übers. Heinrich Reinfeld), Zürich 1991 [Original: 1979].

26 Sōseki Natsume, Der Tor aus Tokio (Übers. J. Berndt und Shinohara Sei), Zürich 1990 [Original: 1906]; ders., Ich der Kater (Übers. O. Putz), Frankfurt a. M. 1996 [Original: 1905].

27 Ryūnosuke Akutagawa, Rashomon: Ausgewählte Kurzprosa (Übers. Jürgen Berndt), München 1985 [Originale: 1916–1927].

28 Jun'ichirō Tanizaki, Die Schwestern Makioka (Übers. Sachiko Yatsushiro und Ulla Hengst), Reinbek bei Hamburg 1964 [Original: 1948].

29 Shinichi Hoshi, Ein hinterlistiger Planet: Science-Fiction Erzählungen des japanischen SF-Meisters, hrsg. v. Michael Morgenthal, München 1982.

30 Hideo Kobayashi (Anm. 1), S. 143.

31 Shuppan Nenkan 1992, 2 Bde., Tōkyō 1992, Bd. 1, S. 265.

32 Siegfried Schaarschmidt/Michiko Mae (Hrsg.), Japanische Literatur der Gegenwart, München 1990, S. 130–133.

Während im Westen viele literarische Werke um den Themenkomplex »Außenseitertum« entstanden sind, ist die Stellung des japanischen Schriftstellers ein Paradox: Innerhalb einer Gesellschaft, die eine stärkere Unterordnung des Individuums innerhalb seiner Gruppe honoriert, kann er einerseits damit rechnen, schon durch seinen Beruf und seinen freiberuflichen Status aus der Norm zu fallen. Andererseits trägt die gleiche gesellschaftliche Norm dazu bei, daß z. B. traditionelle Familienstrukturen beibehalten werden. So klagt der japanische Schriftsteller nicht so sehr über Isolation, sondern eher darüber, daß er Familie hat.[33]

So unglücklich der japanische Schriftsteller über die gesellschaftliche Rolleneinteilung auch sein mag, die japanische Schriftstellerin schildert oft eine noch tristere Lage der Frau, so z. B. in Enchi Fumikos »Die Wartejahre« (1971); hier läßt die Heldin auf ihrem Sterbebett dem Ehemann ausrichten, er solle ihre Leiche einfach ins Meer werfen, anstatt sie zu bestatten.[34] Kōno Taekos »Knabenjagd« (1961) ist die Geschichte einer jungen unverheirateten Protagonistin mit sadomasochistischen Tendenzen[35], während Ōba Minako die Einsamkeit und Kommunikationslosigkeit in modernen Ehen darstellt.[36] Grundsätzlich stimmt das Fazit eines deutsch-japanischen Autorinnentreffens (1990): »In der japanischen Literatur erwarten Mann und Frau nicht sehr viel voneinander.«[37] Man kann darüber streiten, ob eine Frauenliteratur, die sich so stark auf die unglückliche Situation der Betroffenen konzentriert, noch »emanzipatorisch« genannt werden kann. Zumindest beschreiben die Werke jüngerer japanischer Schriftstellerinnen einen Frauentypus, der sich – aus welchen Gründen auch immer – dem gängigen Ideal der »guten Ehefrau und klugen Mutter« verweigert.[38] Ähnlich sieht es mit der Literatur der koreanischen Minderheit in Japan aus, die seit etwa Mitte der achtziger Jahre stärker in den anspruchsvollen Literaturzeitschriften veröffentlicht wird.[39] Diese Werke sind nicht »kämp-

---

33 So beschreibt Natsume Sōseki in dem autobiographischen Roman »Michikusa« (»Gras am Wegesrand«, 1915) die Geburt seiner dritten Tochter: »›Junge oder Mädchen?‹ ›Es ist ein Mädchen‹, sagte die Hebamme knapp, als wenn sie ihn bedauerte. ›Wieder ein Mädchen . . .‹ Er fühlte sich ziemlich verlassen. Das erste Kind ein Mädchen, das zweite ein Mädchen, jetzt schon wieder. Wie sich das seine Frau wohl vorstellte, daß sie immer wieder Mädchen zur Welt brachte, fragte er sich nun, der Vater dreier Töchter . . .« (Sōseki Natsume, Michikusa, [= Natsume Sōseki zenshū, Bd. 8] Tōkyō 1935, S. 632.) Kaum erheiternder ist das Gedicht (1910) von Ishikawa Takuboku, »Wie schrecklich diese Welt, wo alle Familie haben! Man kehrt nach Hause und schläft, als wenn man ins Grab ginge«, (Yukihito Hijiya, Ishikawa Takuboku, Boston 1979, S. 135).

34 Fumiko Enchi, Die Wartejahre, (Übers. Otto Putz), Reinbek bei Hamburg 1985 [Original: 1971], S. 187 f.

35 Taeko Kōno, Knabenjagd: Erzählungen (Übers. I. Hijiya-Kirschnereit, Frankfurt a. M. 1988.

36 Minako Ōba, Träume fischen (Übers. Bruno Rhyner), Frankfurt a. M. 1990 [Original: 1982].

37 Symposium: Deutsch-japanisches Autorinnentreffen 1990. (Veröffentlichungen des Japanisch-Deutschen Zentrums Berlin, Bd. 10, Berlin 1992) S. 16.

38 Sigmara Satō-Diesner, »Ōba Minako, Kōno Taeko, Sono Ayako: Drei Annäherungen an ein Thema«, Referate des VI. Deutschen Japanologentages in Köln, hrsg. v. G. S. Dombrady/ Franziska Ehmcke [= Mitteilungen der Gesellschaft für Natur- und Völkerkunde Ostasiens e. V., Bd. 100], S. 255.

39 So gewann die koreanische Schriftstellerin Yi Yang Ki 1989 für ihre Erzählung »Yuhi« den angesehensten japanischen Literaturpreis, den Akutagawa-Preis. Es ist symptomatisch für die Stellung der koreanischen Minderheit in Japan, daß ein Jurymitglied in diesem Werk diverse Stärken hervorhebt, die es in Werken der »japanischen« Frauenliteratur vermißt.

ferisch« und thematisieren keine politischen Ziele, sondern sind gezeichnet von einer quälenden Suche nach der eigenen Identität, die Yi Yang Ki beispielsweise nur selten so harmonisch lösen kann wie hier: »Ich liebe Japan. Ich liebe Korea. Ich liebe beide Länder.«[40] Überzeugender ist das Bild der jungen Protagonistin in »Koku« (»Nucleus«, 1984) die »zu Hause« als Studentin in Seoul ständig mit Vorurteilen gegenüber Auslandskoreanern konfrontiert wird und mit einer Mischung aus Überanpassung und irrationaler Wut reagiert; in einer eindrucksvollen Szene schneidet sie alle Saiten ihrer koreanischen Harfe durch, das Instrument damit seiner Stimme beraubend, wie auch die Protagonistin selbst zur Sprachlosigkeit verurteilt ist.[41]

Generell beschreibt die japanische Literatur nach wie vor eine Gesellschaft, in der die Freiräume für den einzelnen knapp bemessen sind. Eine Ausnahme ist die Welt des Eros. Tanizaki Jun'ichirō zeichnet in seinen Werken so mannigfaltige Formen sexueller Betätigung auf, daß er in westlichen Arbeiten gern als Autorität für Sex in Japan zitiert wird[42], während Mishima Yukios homosexuelle Phantasien stark um Blut und Pein kreisen.[43] Dies hat sicherlich mit der anderen Einstellung zum Sexuellen in einer Kultur ohne christliche Moralvorstellungen zu tun, läßt sich aber auch als eine Fortsetzung der Tradition der »Erzählungen aus dem Freudendviertel« erklären. Besonders eigentümlich mutet es den westlichen Leser an, wenn in einer Untergattung neuerer »Bildungsromane« die Flucht in die »Freudenviertel« als Form der Selbstverwirklichung geschildert wird. So sieht man in Murakami Ryūs *»Topāzu«* (»Topaz«, 1988) eine junge SM-Prostituierte, die durch verschiedene unangenehme Einsätze lernt, im Berufsleben ihre Frau zu stehen.[44] Im Sinne der Gleichberechtigung dürfen auch Männer auf diese Form der »Befreiung« hoffen.[45] So entsteht das paradoxe Bild einer Halbwelt mit Bars, Bordellen und Boys als – einzigem? – Freiraum.

Trotz zunehmender Kongruenz der Lebensumstände ist die moderne japanische Literatur also immer noch alles andere als eine Literatur des Westens in japanischer Sprache. Gerade dadurch, daß sie Kunst ist, somit nicht wahr, kann sie dem Lesenden tiefere Einblicke in die japanische Seele bieten als manches »Authentische«. Schon Sei Shōnagon klagte, »O wie lassen diese Blätter jeden in mein Herz schauen«[46].

---

(Mizukami Tsutomu u. a., Akutagawa Shō Sempyō, in: Bungei Shunjū, 67 (1989) 3, S. 433.) Dabei ist nicht einzusehen, warum die Werke dieser in Japan geborenen, auf Japanisch schreibenden Autorin nicht zur »japanischen« Literatur gerechnet werden sollten.

40 Yi Yang Ki, »Fujisan« (3), Gunzō, 44 (1989) 9, S. 244.

41 Yi Yang Ki, »Koku«, Gunzō, 39 (1984) 8, S. 8–10.

42 Ian Buruma, Japan hinter dem Lächeln. Götter, Gangster, Geishas, Frankfurt a. M. 1985.

43 Yukio Mishima, Geständnis einer Maske (Übers. [aus dem Amerikanischen] Helmut Hilzheimer), Reinbek bei Hamburg 1985 [Original: 1949].

44 Ryū Murakami, Topāzu, Tōkyō 1988.

45 So landet der Held von »Yes. Yes. Yes« im Strichermilieu »nicht weil ich Geld brauchte, sonst nirgends hin konnte, oder weil ich so veranlagt bin. Ich wußte nichts von dieser Szene. Nichts, außer – so hatte mal ein Kumpel von mir erzählt – daß es dort ganz schlimm ist. Und ich bin gerade deswegen hierhin gekommen, weil es hier so schlimm sein sollte. Einen anderen Grund gab es nicht.« Hisao Hiruma, Yes. Yes. Yes., Tōkyō 1992, S. 8 f.

46 Sei Shōnagon (Anm. 7), S. 103.

# III. Die darstellenden Künste

Peter Pörtner

Die japanische Kultur ist u. a. geprägt von Fest *(Matsuri)* und Tanz *(Odori, Mai)*, von Gesang *(Uta)* und theatralischem Spektakel in den verschiedensten und extremsten Formen. Sie ist – sei es, um ein Surplus an Energie abzuführen, sei es, um gesellschaftlichen Überdruck zu kompensieren – auch Fest-Kultur, eine *Matsuri*-Kultur auf Abruf.

Noch am Ende des 20. Jahrhunderts ist dieses *Matsuri*-Substrat, wie es genannt werden kann, im Grunde aus keinem Lebens- und Gesellschaftsbereich Japans wegzudenken: Es lauert, wie ein Räuber am Wege, auf seinen Auftritt, besser: auf seine Inszenierung. Denn die Lust am Fest ist in Japan untrennbar an die Lust zu theatralischer Inszenierung gekoppelt. Auch in diesem Bereich gilt ein die ganze japanische Kultur kennzeichnendes Gesetz: Jede Eruption affektiver Kräfte wird durch einen Vorrat kultureller – und kultivierter – Figuren *(Kata)* gebändigt und in eine Form gebracht.

Augustin Berque sieht darin eine für die japanische Kultur grundlegende Tendenz »to schematize reality into certain sets (akin to what the Japanese term kata) of forming forms (phenomenal matrices) and formed forms (physical imprints)«.[1] Was dieser formierenden Prozedur nicht unterworfen würde, sei im japanischen kulturellen Universum auch nicht existent.

Dies vorausgesetzt, ist es nicht abwegig zu behaupten, daß *Matsuri* gleichsam die Achse ist, um die sich Ritual, Kunst, Entertainment, aber auch die Zeremonien des Alltags drehen; *Matsuri* ist das verbindungsstiftende Element, das der *Strip Show* den nötigen rituellen Halt und dem Tempel-Fest den unverzichtbaren Unterhaltungscharakter verleiht. Es macht die Wahlkampagnen der Politiker zu Theater-Tourneen und garantiert den telefonisch orderbaren Sado-Revuen den geforderten Ernst. Ein Lied aus der *Muromachi*-Zeit (1383–1573) formuliert – ähnlich dem antiken Topos »Ganz ist die Welt nur Bühne und Spiel« – den legitimatorischen Rahmen: *odoru ahō ni/miru ahō/onaji ahō nara/odoranya son:* Ein Narr, der tanzt; ein anderer Narr, der zusieht. Wenn alle Narren sind, warum tanzt du nicht mit?!.

1 Augustin Berque, »Identification of the Self in Relation to the Environment,« in: N. R. Rosenberger (Hrsg.), Japanese Sense of Self, Cambridge 1992, S. 93–104.

# 1. Die Präzision des Mythos

Der japanische Mythos vom Ursprung der darstellenden Künste vereint die Momente des Heiligen, des Obszönen, des Ernstes (immerhin steht die Welt auf dem Spiel) und der in schallendem Gelächter sich äußernden (voyeuristischen) Freude eines Publikums, das sich aus unzähligen Gottheiten zusammensetzt: Die Sonnengöttin Amaterasu-ō-mikami hatte sich aus Ärger (»er muß betrunken sein!«) über das unwürdige Verhalten ihres Bruders Susanoo-no-mikoto, des ersten Tabu-Brechers der japanischen Überlieferung, in eine Felsenhöhle zurückgezogen. Da wurde die Welt »in tiefe Dunkelheit gehüllt [. . .] und es herrschte ewige Nacht«, und »es kamen viele Tausende von Übeln über das Land«, und die achthundert Myriaden Götter waren in großer Verlegenheit, und ihr aufgeregtes Lärmen erfüllte den Raum wie »ein Summen von Maifliegen«. Da hatte die »unerschrockene Göttin« Ame- (oder Ama-)no-uzume-no-mikoto eine Idee: Sie schminkte sich und schmückte sich prächtig mit Himmlischem Keulenbärlapp *(Hikage)* und Sasa-Bambusgras vom Himmlischen Kagu-Berge, »stürzte einen Kübel vor der himmlischen Felsenwohnung um und stampfte dröhnend mit den Füßen darauf. Wie in Verzückung *(Kamigakari Shite)* zog sie ihre Brüste heraus und zog den Bund ihres Rockes bis zur Scham herab. Da lachten achthundert Myriaden Götter so laut, daß Takaama-nohara [›das Gefilde des Hohen Himmels‹, mythologischer Name für Japan] ins Wanken kam.« Die Neugierde trieb Amaterasu-ō-mikami aus ihrem Versteck heraus, und die Götter hielten ihr einen Spiegel vor, mit dem sie gleichsam wieder eingefangen wurde, und die Welt »erglänzte wie früher«.

Für Herbert E. Plutschow, der in seinem Buch »Chaos und Cosmos«[2] nachzuweisen versucht, daß das wesentliche Motiv der frühen japanischen Literatur in der Beschwichtigung und der Kontrolle böser Geister bestand, ist der Tanz der Ame-nouzume auch der erste japanische »Exorzismus«. Plutschow sieht darin auch einen (versteckten) Hinweis auf das Schamanentum früherer japanischer Herrscherinnen. Diese Szene gehört noch heute zum Repertoire des *Kagura*, eines *Shintō*-Rituals, das zugleich eine der ältesten noch erhaltenen Tanztheaterformen Japans ist. In kaum zu überbietender Verdichtung vereint diese im *Kojiki* (dem ältesten japanischen Annalenwerk aus dem Jahr 712) beschriebene Ur-Szene alle wesentlichen Momente tänzerisch-theatralischer Darstellung und vermittelt sie in beschwörendrhythmischer Gestaltung. In mythischer Verbrämung, aber mit verblüffender Präzision sind hier die charakteristischen Elemente der japanischen Schaukünste erkennbar: Im Tanz der Ame-no-uzume vor der Himmlischen Felsenwohnung sind Besessenheit, Exorzismus und theatralisches Ausagieren zusammengeschlossen. Vor allem die Besessenheit, das *Kamigakari*, ist »einer der wesentlichen Ausgangspunkte theatralischer Kunst [in Japan]: ursprünglich wohl verstanden als Tanz der Götter, wurde es unter schamanistischem Einfluß zu einem Tanz der Götter durch Menschen, von denen der Gott im Akt der Besessenheit, der Trance, Besitz ergriffen hat und nun in ihnen tanzt und aus ihnen spricht, in der Form des *Wazaogi*, das zwar heute als einfaches bewegtes Darbieten komödiantischer Spiele und Tänze verstanden wird, in seinem Ursprung jedoch eng an die dem *Kamigakari* entspringenden

2 Herbert E. Plutschow, Chaos und Cosmos, Ritual in Early and Medieval Japanese Literature, Leiden 1990.

Darbietungen gebunden ist als eine Zeremonie zum Zweck des Hervorrufens und Einladens der Götter sowie zum Zweck ihrer Besänftigung als Spiel und Tanz (in diesem Sinne meist »*Asobi*» [Spiel] genannt) oder als Tanz der Götter selbst.«[3]

## 2. Vom Feld auf die Bühne

Ein Element, das freilich vor allem für den Volkstanz signifikant ist, findet sich im Mythos der Ame-no-uzume nicht: die Beteiligung der Gruppe, des Kollektivs am Tanz. Den Drang zum Mitmachen bezeugen nicht zuletzt die zahlreichen »Tanzepidemien«, von denen Japan in seiner Geschichte – nach Überzeugung eines japanischen Kulturhistorikers als Vorankündigungen gesellschaftlicher Umbrüche – heimgesucht wurde; zuletzt in den Jahren vor der *Meiji*-Restauration (1868). Tänze begleiten seit Menschengedenken das Leben aller Stände in Japan: als Bestandteil der Rituale um den Reisanbau *(Taue)*, aus denen sich schon früh kultische Spiele (*Dengaku*, »Feldspiele«) entwickelten, die bald um unterhaltende Intermezzi erweitert wurden und in der *Heian*-Zeit (794–1192), dem – wenn auch nicht in jeder Hinsicht – goldenen Zeitalter der japanischen »Klassik«, sich schon zu einem von Profis gestalteten reinen Schauvergnügen gewandelt hatten. Neben dem – die Subsistenz garantierenden – Reisanbau waren es die prägnanten Momente des menschlichen Daseins, die in körperlich-gestischen Ausdruck übersetzt und somit sichtbar gemacht wurden. Gesungen, mimisch agiert und getanzt wurde beim ritualisierten Liebeswerben *(Utagaki)* und bei glücksverheißenden oder glücksbeschwörenden *(Medetai)* Zeremonien verschiedenster Art. Da der Kaiser, der sichtbare Gott *(Arahitogami, Ikigami)*, als Garant allen Gedeihens galt (und noch immer gilt), überrascht es nicht, daß auch am Hofe viel und genau getanzt wurde (und noch immer wird). In der Zeit der Etablierung des *Yamato*-Hofes (etwa seit dem 5. Jahrhundert) war es nicht unüblich, daß unterworfene Randvölker ihren Tribut in der Form von Tanzvorstellungen am Kaiserhof zollten. Wesentliche Impulse gingen seit dem 7. Jahrhundert von den aus China über Korea eingeführten kontinentalen Tanzformen wie *Gigaku* und *Bugaku* (die sich rudimentär bis in die Gegenwart erhalten haben) aus. Dabei handelt es sich um Prozessionsmaskeraden mit pantomimischen Einlagen, die zu den bestimmenden Elementen des vormittelalterlichen höfischen Zeremoniallebens wurden. Das ebenfalls aus China stammende *San-Yüeh* vermischte sich mit einheimischen Darstellungsformen verschiedenster Provenienz. Unter dem Namen *Sangaku* oder *Sarugaku* umfaßte es fast alles, was mit Volksschaukunst, Akrobatik, Tanz, Pantomime und Vorformen dramatischer Kunst – bis zu Straßenbelustigungen derber und obszöner Art – zu tun hatte. So schwer bestimmbar das *Sarugaku* als Genre ist, so bedeutend war sein Einfluß auf die Herausbildung späterer, verfeinerter Schaukunstformen. Buddhistische Mönche *(Hōshi)*, Magiere *(Shūshi)*, Exorzisten und Prostituierte bereiteten mit ihren Tanz- und Rezitationskünsten (*Kusemai, Ennenmai, Senzumanzai* u. a.) den Weg für die im späten Mittelalter ihre endgültige Form erhaltenden, vor allem in Kreisen des

3 Hagen Blau, Sarugaku und Shushi, Wiesbaden 1966.

Schwertadels *(Buke)* geschätzten, verfeinerten und stilisierten Künste wie die mit sehr zurückhaltender Theatralik verbundene Rezitationskunst des *Kōwaka-Mai* und – später – das »Gesamtkunstwerk« des *Nō.*

Schon Zeami Motokiyo (1363–1445), der »Vollender« des *Nō*-Theaters führt im vierten Buch seiner Schrift *»Fūshikaden«* den Ursprung des *Sarugaku* und damit das *Sarugaku no Nō* direkt auf ein *Kagura* der Götter und den Tanz der Ame-no-uzume zurück: »Dies war der Anfang des Sarugaku der Götterzeit: Als sich die erhabene Göttin Amaterasu in der himmlischen Felsenhöhle verbarg und es auf der Erde finster wurde, versammelten sich, angefangen mit dem Sohne des Mondgottes, Shimanemi no Mikoto, alle Götter auf dem himmlischen Kagu-Berge und führten in der Absicht, das Herz der erhabenen Göttin zu versöhnen, ein Kagura auf und begannen ein Seinō. Aus der Schar der Götter trat dann Ama no Uzume no Miko hervor, einen mit Bastfasern behängten Sakaki-Zweig in der Hand, und gab, Lieder singend und mit den Füßen dröhnend, in göttlich ekstatischem Stampfen einen Singtanz zum besten.« »Im Nō sind die früheren Darstellungskünste, vor allem die des sarugaku, auf ihre ästhetische Quintessenz gebracht; Nō ist – zumindest in seiner in die Gegenwart überlieferten Gestalt – statarisches Tanztheater, lyrisches Ritual, Erscheinung der Götter – der Nō-Forscher Hermann Bohner sprach von ›Theophanie‹, oder, wie Jacob Raz es formuliert: Nō ›is above all about mimesis; mimesis as a world view. Nō is mimesis: an actor playing an apparition in disguise on a stage. This is the only theme of nō,‹«.[4]

Ein »klassisches« *Nō*-Spiel besteht darüber hinaus aus drei Teilen: einer Introduktion *(Jo)*, einer Durchführung *(Ha)* und einem Finale *(Kyū)*. Zu Beginn des Stückes tritt ein Spieler, in der Regel der *Waki,* Deuteragonist oder Seitenspieler auf, sagt, wer er ist, und absolviert eine Sequenz von rezitativartigen Gesängen. In der Durchführung *(Ha)* tritt der *Shite*, der Protagonist oder Hauptspieler, auf, singt und führt mit dem *Waki* einen Dialog *(Mondō)*, den der Chor kommentierend flankiert. Die Durchführung endet mit einem rhythmischen Gesang *(Kusemai)*, einer formstrengen poetischen Passage *(Tadautai)* aus fünf- und siebensilbigen Zeilen. Das Finale *(Kyū)* enthält einen Tanz *(Mai)* oder heftige, instrumental begleitete Bewegungssequenzen *(Hataraki)*. Ein *Nō*-Spiel besteht in der Regel aus fünf Abschnitten *(Dan)*, von denen einer in die Introduktion, drei in die Durchführung und einer ins Finale fallen. Die Metapher der »Blüte« *(Hana)* dient Zeami dazu, den Reiz der Darstellung und ihre ästhetische Wirkung auf die Zuschauer zu beschreiben; *»Hana«* bezeichnet eine durch Übung und selbstvergessene Hingabe erreichte Vollkommenheit der Darstellung. Dabei mag die »zeitweilige« Blüte sich der Jugendschönheit des Schauspielers verdanken, die »wahre« Blüte öffnet sich erst nach langen Jahren härtesten Trainings. Aber die Blüte erblüht nicht ein für allemal: Sie kann nur aufgehen in einem »Dazwischen«, einem imaginären und höchst hinfälligen Raum, den Schauspieler und Zuschauer gemeinsam schaffen, um darin – in glücklichen Augenblicken – der »Blüte« zu kurzer Erscheinung zu verhelfen.

Als Ideale erachtet Zeami die ästhetischen Valeurs der »bezaubernden Interessantheit« *(Omoroshisa)* und der »überraschenden Frische« *(Mezurashisa)*. Über allem aber soll die feine und geheimnisvolle Patina des *»Yūgen«* liegen, einer »sublimen, aber vagen Anmut« – die erfolgreich zu beschreiben bisher noch in keiner westlichen Sprache gelungen ist.

---

4 Jakob Raz, Audience and Actors, Leiden 1983, S. 262.

## 3. Die Schaukunst der Stadtbürger

Zwar ist japanisches Theater, wie Jakob Raz schreibt, »an accumulation of layers of adaptions of adaptions«[5], d. h. eine Ansammlung von Schichten von Adaptionen von Adaptionen, aber jede Adaption bedeutet hier eine Bereicherung, eine überraschende Verfremdung einer Überlieferung, die dadurch den Reiz des völlig Neuen gewinnen kann. So macht auch das *Kabuki*, die sogenannte »bürgerliche Schaukunst« der *Edo*-Zeit (1600–1867) Anleihen beim *Nō*, einer stilisiert-aristokratischen Kunstform, und dennoch ist *Kabuki* ein unverwechselbarer, repräsentativer Ausdruck der *Chōnin*-Kultur, der Kultur der Städter und Kaufleute mit ihrer Neigung zu Farbenpracht, Luxus und Übertreibung. Der unbeweglich in Zeremonialkleidung dasitzende, fast wie in Meditation einer *Nō*-Aufführung beiwohnende Aristokrat des späten Mittelalters wurde abgelöst durch den (nicht selten neureichen) Arbiter elegantiarum, den Sachverständigen in Fragen des guten Geschmacks, der den Begriff des *Iki* oder *Sui*, der höchst verfeinerten kennerhaften (geradezu dandyhaften) Eleganz zu einer zentralen Kategorie seines ästhetischen Empfindens erhöht hatte; *Iki* war es, was der Welt des Freudenviertels *(Yoshiwara)* und des *Kabuki* ihren faszinierenden Reiz verlieh. In seiner 300jährigen wechselvollen Entwicklung (vom Frauen*kabuki* über das Jünglings*kabuki* bis zum Männer*kabuki*) war das *Kabuki* immer wieder und über lange Perioden den Repressionen der Zentralregierung *(Shōgunat)* ausgesetzt, der es als Welt der Übertretung, der Prostitution, der Homosexualität, der Verschwendung stets verdächtig war. Daß sich das *Kabuki* der Überlieferung nach (um 1600) aus den von zeitgenössischen Volksliedern begleiteten Tänzen einer Tempeltänzerin (und Prostituierten) namens Izumo no Okuni entwickelt haben soll, ist ein weiteres beredtes Beispiel für die enge Verknüpfung von Ritual, Kunst und Entertainment in Japan. »Early kabuki was, thus, closely tied to erotica: there lay its main, though not only, significance for its early audiences.«[6] Seit es den Frauen (im Jahre 1629) verboten wurde, im *Kabuki* aufzutreten, galten die vielgepriesenen männlichen Frauendarsteller (einer der berühmtesten war Yoshizawa Ayame [1673–1729]) als Autoritäten in Fragen der Mode und des guten Geschmacks; die *Onnagata* dienten vor allem – nicht zuletzt aus geschäftlichen Überlegungen – den Kurtisanen der Freudenviertel als Vorbild weiblicher Eleganz und Delikatesse. Dennoch verhinderte das Zwielichtige des Schauspielerstandes eine vollständige gesellschaftliche Anerkennung, die Glücklichsten unter ihnen blieben Geächtete mit Privilegien.

Schon in der *Tokugawa*-Zeit (1603–1868) zeigte das Suffix *-rashii* die Annäherung an ein ideales Existenzmodell (*Kata*) an: etwa an die – oft nach Alter gestaffelten – für ideal erachteten, ja vorgeschriebenen Modelle eines »Bauern«, eines »*Samurai*« oder, auch ein Moment von besonderer gesellschaftlicher Virulenz, einer »Frau«. Die Regierung, das *Bakufu*, erließ regelmäßig Edikte, die sozusagen die Parameter dieser Existenzmodelle definierten und diktierten. Entsprechende Manuale gaben Auskunft über die jeweils angemessene Art zu sprechen, sich zu kleiden, zu essen. Das *Bakufu* verbot in den sogenannten *Fūzoku Torishimari*, »Kontrollen der Sitten und

---

5 Raz, (Anm. 4), S. 116.

6 Ebenda, S. 144.

Gebräuche«, Frauen jede mit dem Theater verbundene Tätigkeit und schrieb ihnen statt dessen häusliche Arbeiten vor. Die idealen Frauen wurden nicht nur auf der Bühne des *Kabuki*-Theaters von Männern gespielt; auf eine Formel gebracht: Die *Onnagata* verkörperten Männerphantasien von Weiblichkeit; sie kompensierten die Elimination des wirklichen, angstbesetzten Körpers der Frau.

Ein *Senryū* – ein satirisches Gedicht in *Haiku*-Form – aus der Sammlung »*Mutamagawa*« (kompiliert von Kei Kiitsu, 1754) lautet: *onnagata/nyōbō bakari/toshi ga yori:* »Frauendarsteller,/die bleiben jung, nur ihre/Frauen werden alt«; »*Tachiyaku*«, eigentlich »stehender Spieler«, war ursprünglich für Schauspieler im allgemeinen gebraucht worden, weil diese im Gegensatz zu den Musikern standen. Es bezeichnet seit der Verselbständigung der Frauendarstellung zu einem eigenen Fach nur noch Männer, die Männer darstellen.

Die *Kabuki*-Stücke lassen sich in drei Kategorien einteilen: 1. die *Jidaimono* (historische Dramen), 2. die *Sewamono* (bürgerliche Dramen), 3. die *Shosagoto* (tanzorientiertes *Kabuki*). Die *Jidaimono* behandeln historische Themen, ohne jedoch auf Geschichtstreue Wert zu legen; im Gegenteil, oft wird bewußte Geschichtsklitterung getrieben, um unter der Maske historischer Personen oder Motive Zeitgenössisches auf die Bühne zu bringen. Die *Sewamono* kommen in der *Genroku*-Periode (1688–1703) auf; sie bilden das Gegenstück zum »bürgerlichen Trauerspiel« des Westens. Zentrales Thema ist die dilemmatische Kollision von Liebe/Neigung *(Ninjō)* und Pflicht *(Giri)*. Den »bürgerlich«-tragischen Helden bleibt dabei meist nur der Tod: Konfliktlösung durch Verschwinden. Der Doppelselbstmord der Liebenden ist ein so häufiges Motiv, daß man hier fast von einem eigenen Genre sprechen könnte. In gewisser Weise triumphiert gerade in dem von den Gesetzen des *Giri* geforderten Tod der Liebenden *Ninjō*, die Liebesneigung, die sich darin – auf verzweifelte Weise – bewährt. Der Glaube läßt ihnen dabei die Hoffnung, in Buddhas Paradies »auf einem Lotosblatt« – wenn auch in leidenschaftsloser Vertrautheit – wiedergeboren zu werden. Der Abschied von der Welt erscheint den »Lebenden von Sonezaki« in einem fast tröstlichen Licht: »Welt, lebe wohl. / Lebewohl, Nacht. / Nur eines Traumes Traum / ist unsre Traurigkeit, / der Tau auf unsrerem Weg / zu den Gräbern – / weniger von Schritt / zu Schritt. Merk auf. / Die sechste Stunde hat geschlagen. / Eine noch bleibt, als unseres Lebens / letzter Widerhall . . .«

Die *Shosagoto* sind durchchoreographierte Tanzstücke, nicht selten Adaptionen bekannter *Nō*-Vorlagen, in ihrer Funktion nicht unvergleichbar den großen Koloraturarien der europäischen Oper; sie geben dem Schauspieler Gelegenheit, alle Register seiner Kunst zu ziehen und sie – gleichsam en bloc – dem Urteil des Publikums zu präsentieren. Die Sprache des *Kabuki*, das *Serifu*, ist nahe dem Schrei, dem Schluchzen, dem Wimmern, kurz: dem Naturlaut, paradoxerweise trotz starker Stilisierung und artifizieller Reduktion. Das Geschehen darf Brüche und Inkonsequenzen aufweisen, die psychologische Zeichnung darf grob und skizzenhaft sein – oft ist sie jedoch, besonders in den Werken Chikamatsu Monzaemons (1653–1724), bis ins Feinste durchgeführt; wesentlich ist, daß die Handlung immer wieder einen Vorwand für die Darstellung menschlicher »Ursituationen« bietet: Haß, Liebe, Eifersucht, Angst, Freude, Überraschung, Trauer, Zorn, Kampf und Rührung. In diesen Augenblicken rastet die Zeit aus, die Szene erstarrt zu einem stehenden Bild *(Mie)*, und das (kennerhafte) Publikum ruft: »*Mattemashita!*« – Darauf haben wir gewartet! Ein Charakteristikum der *Kabuki*-Bühne ist der sogenannte

»Blumenweg« *(Hanamichi)*, ein durch den Zuschauerraum zur Bühne führender Laufsteg; wahrscheinlich hat sich der *Hanamichi* aus den *Shirasu-Bashigo*, den drei Stufen an der Vorderseite der *Nō*-Bühne entwickelt. Der *Hanamichi*, auf den die Zuschauer ursprünglich an einem Blumenzweig befestigte Geldgeschenke für die Schauspieler legten, besitzt eine wichtige dramaturgische Funktion: Er erlaubt den Schauspielern höchst spektakuläre Auf- und Abtritte. Eine Versenkungsvorrichtung ermöglicht Überraschungsauftritte (vor allem von Dämonen und Kobolden). Darüber hinaus kann auf dem *Hanamichi* das Spiel noch weitergehen, wenn der Bühnenvorhang schon zugezogen ist.

Der letzte große *Kabuki*-Klassiker war Kawatake Mokuami (1816–1887), der über 300 Stücke schrieb, in denen vornehmlich die dunklen Seiten der menschlichen Natur ins Thema gehoben werden. Sie bezeugen das Ende einer langen Epoche und den verwirrend-katastrophischen Einbruch einer neuen Zeit. Nach einer Übergangsphase, die zum Teil groteske Versuche einer Europäisierung brachte, wird das *Kabuki* heute wieder mehr als erhaltungswürdiges Kulturgut betrachtet, das die Funktion einer »Verlebendigung vergangener Werte« (Ortolani) erfüllt.

Das japanische Puppentheater (*Bunraku* oder *Jōruri*) entstand im 16. Jahrhundert und besteht aus den drei Elementen des Puppenspiels, der Textrezitation *(Jōruri)* und der *Shamisen*-Musikbegleitung. Schon Texte des 11. Jahrhunderts berichten über nomadisierende Puppenspieler(innen), einer Art japanischer »joculatores«, die von der Vorführung von Puppentänzen, Taschenspielereien, der Jagd und der Prostitution lebten. Puppen wurde schon im altjapanischen Glauben eine apotropäische Kraft zugeschrieben; im *Shintō*-Kult konnten sie die Gottheiten vertreten. Ein Teil der Puppenspieler-Gruppen wurde seit dem 13. Jahrhundert seßhaft und siedelte sich hauptsächlich in der Nähe von Schreinen und Tempeln an, von wo sie aber noch oft über Land zogen und in einem vor die Brust gehängten Holzkasten, der »Bühne«, ihre Puppen tanzen und spielen ließen.

Anfang des 17. Jahrhunderts gingen Puppenspieler der Provinz Settsu dazu über, das Geschehen der populären *Biwa*-begleiteten (*Biwa:* chinesische Knicklaute) *Jōruri*-Balladen mit Puppen darzustellen. Erwähnungen des *Ningyō-Jōruri*, des »Puppen-*Jōruri*«, dokumentieren, daß sich diese neue Schaukunstform bereits um 1615 durchgesetzt hatte. Bald danach schon verlagerte sich das Zentrum des Puppenspiels aus Kamigata, der Kyōto-Ōsaka-Gegend in das neue, gewaltig aufstrebende Edo. Die ursprünglich primitiven Puppen und die Ausstattungen der Bühne und des Theaters wurden schnell verfeinert und üppig. 1635 wurde der Puppenmeister Satsuma Jōun (1593–1672), ein Vertreter des als hart und männlich geltenden *Kō*-Stils, der sich zumeist Heldengeschichten zum Thema nahm, wegen Zurschaustellung übermäßigen Prunks ins Gefängnis geworfen.

Eine wichtige Zäsur für die Entwicklung des Puppentheaters bedeutete der Großbrand von 1657 in Edo, der die Hälfte der Stadt zerstörte. Das Zentrum des Puppenspiels verlagerte sich zurück in das Kamigata-Gebiet. Die Zusammenarbeit des Puppenspielers Takamoto Gidayū (1651–1714) und des Theaterunternehmers Takeda Izumo (1691–1756) mit Chikamatsu Monzaemon am Puppentheater Takemoto-za in Ōsaka führte zur Glanzzeit des *Jōruri*-Spiels. Während der zweiten Hälfte des 18. Jahrhunderts ebbte die Popularität des *Jōruri* nach und nach ab; ein Teil der Rezitatoren und Spieler ging nach Edo. Bedeutendster *Jōruri*-Autor in Edo war der genial-extravagante Hiraga Gennai (1728–1779).

Beim *Jōruri* werden die die Hauptrollen darstellenden Puppen von drei Spielern geführt, Nebenrollen darstellende nur von einem. Die männlichen Puppen sind um 1,20 m groß, die weiblichen kleiner und leichter. Die Technik der Puppenführung und der Rezitation hatte um 1800 den Endpunkt ihrer Entwicklung erreicht. Auch das Repertoire erfuhr nach diesem Datum keine bedeutende Erweiterung mehr. Unter dem Namen »*Bunraku*« (nach Uemura Burakuken I, der 1871 in Ōsaka ein Puppentheater errichtete, das *Bunraku-Za*) hat sich das *Jōruri* bis heute erhalten.

## 4. Neuere Entwicklungen

Mit *Shimpa*, »Neue Schule«, bezeichnet man eine Bewegung, die nach der *Meiji*-Restauration (1867/8) in Reaktion auf die tiefgreifenden Umwälzungen im geistigen und sozialen Bereich versucht, ein modernes Theater nach europäischem Muster aufzubauen. Sein Gründer Sudō Sadanori (1867–1907) war Mitglied der damals oppositionellen Liberalen Partei *(Jiyū-Tō)*. Er betrachtete das Theater als ein Forum für die Verbreitung liberaler Ideen, als Medium politischer Propaganda; eine umfassende »theatralische« Idee fehlte ihm – wie dem *Shimpa* überhaupt. Geradezu revolutionär allerdings war, daß Sudōs Truppe aus Amateurschauspielern bestand. Bisher hatte man in Japan nur Berufsschauspieler gekannt, die nach einem strengen Familiensystem organisiert waren. Sudō versuchte zwar, zeitgenössisches, »avantgardistisches« Theater zu machen, übernahm dabei aber doch manche Elemente der traditionellen japanischen Schaukunst. Im Gegensatz zum *Kabuki* sprach man allerdings mit natürlicher Stimme und verzichtete weitgehend auf Tanz und Musik. Künstlerisch hatten seine Aufführungen kein hohes Niveau, aber das Flair des Unbekannten reizte die Neugierde des Publikums. Trotz aller Unsicherheiten und Absurditäten (z. B. fast operettenhafte Inszenierungen von Kriegsreportagen während des Krieges gegen China, für die Kawakami Otojirō, 1864–1911, verantwortlich war) entwickelte die Neue-Schule-Bewegung im Gegenzug gegen die Tradition nach und nach einen eigenen Stil und konnte zwischen 1904 und 1909 große Erfolge verzeichnen. Das Repertoire dieser Zeit umfaßte Kriminal- und Rührstücke sowie Bearbeitungen von Zeitungsromanen. Nach dem Zweiten Weltkrieg ist es zu einem Volkstheater mit wieder stark *Kabuki*-haften Zügen umfunktioniert worden, was zwar sein Überleben garantierte, zugleich aber auch das Wort *Shimpa* zu einem Decknamen für Rührseligkeit und Melodramatik gemacht hat.

*Shingeki*, »Neues Theater«, ist der Sammelbegriff für eine etwas andere Art von Versuchen, nach der *Meiji*-Restauration ein neues Theater nach westlichen Vorbildern zu entwickeln. Zwei der wesentlichsten Punkte seines Programms waren: die Kriegserklärung an das *Kabuki* und die Forderung, daß das Theater ein Ort intellektueller Auseinandersetzung zu sein habe. Die Pioniere des *Shingeki* hatten sich intensiv und umfassend mit der traditionellen und zeitgenössischen Kultur des Westens beschäftigt und erreichten in ihren programmatischen Schriften ein hohes theoretisches Niveau. Vor allem der (Shakespeare-)Übersetzer, Dramatiker, Regisseur und Universitätsprofessor Tsubouchi Shōyō (1859–1935) übte auf die Entwicklung des modernen japanischen Theaters (und Romans) einen prägenden Einfluß aus. Trotz der Bekenntnisse gegen die Tradition war die Aufführungspraxis des *Shingeki* (vor allem in der Phase bis 1923) noch sehr stark am *Kabuki* orientiert (Sprechen mit gepreßter Stimme, Falsett-Artikulation, schematische Gebärden und Schritte). Ein überaus wichtiges Ereignis in der Geschichte des *Shingeki* war die Errichtung des Tsukiji-Theaters (1924), des ersten nach westlichem Muster organisierten Theaters Japans, dessen Ausstattung und Bühnenapparat auch westlichem Niveau entsprach. Nach einer »experimentellen« Periode (1924–1929) folgte eine »proletarische«. Die Ansätze, engagiertes Theater zu machen, waren nicht nur sehr umstritten, sondern fielen bald der politischen Gleichschaltung in den dreißiger Jahren, die jegliche nicht-affirmative Kreativität zum Erliegen brachte, zum Opfer. Unmittelbar nach dem Zweiten Weltkrieg versuchte das *Shinkyō Gekidan* an die sozialkritische Tradition des *Shingeki* anzuknüpfen, wurde aber sehr bald ebenfalls Opfer der politischen Verhältnisse, die jetzt von der amerikanischen Besatzungsmacht diktiert wurden. Erfolgreicher waren die politisch »unabhängigen«, das literarische und künstlerische Moment betonenden *Shingeki*-Gruppen wie *»Kumo«* (Die Wolke), *»Haiyū-Za«* (Das Schauspieler-Theater) und *»Mingei«* (Das Volkstheater).

Seit der Studentenrevolte der sechziger Jahre besaß Japan auch ein florierendes Untergrundtheater (*Angura*), wenn es in vielen Fällen auch nur noch dem Namen nach den Untergrund repräsentierte. Im *Angura*, so könnte man sagen, galt das Diktum: *Anything goes.* Jeder Ort ist recht – zwei berühmte Gruppen wählten sich Zelte, *Akatento* (Das rote Zelt), unter der Leitung Kara Jurōs, und *Kurotento* (Das schwarze Zelt), unter der Leitung Satō Makotos; jedes Thema ist recht, es gilt kein Tabu, und an die Stelle des Stils tritt das Experiment. Einer der eigenwilligsten und begabtesten Vertreter des *Angura* ist der 1983 verstorbene Terayama Shūji, dem es gelang, theatralische Räume von höchster Suggestionskraft zu schaffen und der, wie kaum ein anderer, mittels seiner grotesken Imaginationsfähigkeit Schauspieler wie Zuschauer in einen poetischen Bann zu schlagen vermochte.

Bezeichnend für fast alle Gruppen des japanischen Untergrunds ist ihre ambivalente Beziehung zu und ihr ambivalenter Umgang mit der japanischen Tradition, denn gerade bei ihnen bricht, trotz aller Abgrenzung von einer Tradition, die sich im sorgfältig-ängstlichen Weiterreichen von Kultur-Gütern erschöpft, das gleichsam »Urjapanische«, die Lust am *Matsuri*, an überbordender Körperlichkeit, am Regreß ins Archaische, an Gewalttätigkeit, am Thrill, an der Lustangst beim Umgang mit dem Heiligen mit elementarer Wucht hervor. Am deutlichsten wird dies vielleicht beim *Butō*, der Tanzbewegung der japanischen Avantgarde seit den fünfziger Jahren, die seit den siebziger Jahren weltweit Furore gemacht und selbst im nichtjapanischen Ausland ein fast kultisch-begeistertes Publikum gefunden hat. Nacktheit, Ganzkörperbemalung, Trance, groteske Expressivität, Metaphorik des Unmöglichen, Schmerzlust und forcierte Grenzerfahrung scheinen die Faszinosa einer »postmodernen« Epoche (gewesen) zu sein. In den neunziger Jahren kann man von keiner eigentlichen Avantgarde in Japan mehr reden: Es werden keine neuen *Butō*-Gruppen mehr gegründet, etablierte Gruppen haben ihr Stammpublikum oder treten im Rahmen größerer Tanzfestivals (wie der *Tōkyō Dance Scenery*) auf, wobei *Butō* durchaus auch als Touristenattraktion inszeniert – und verkauft wird. Die *Butō*-typischen grotesken Elemente werden gezielt für Show-Effekte genutzt. Am Ende des 20. Jahrhunderts oszilliert offensichtlich auch das japanische Theater zwischen Traditionspflege, Beliebigkeit und Ratlosigkeit.

# IV. Die bildenden Künste

Eva Ströber

Einen ersten Blick auf die Landschaft japanischer Kunst und Kultur erlebt der unvorbereitete Betrachter als eine irritierende, wahllose Überfülle eines *»anything goes«* der Postmoderne: Elektronik, Zen-Gärten, eine Habsburger-Ausstellung in einem Kaufhaus, Madonna, *Kimonos*, Chanel ... Die Mischung von japanischer Tradition und Moderne, westlicher Klassik und Avantgarde, Alt und Neu und Ost und West wird in Japan extremer, radikaler und greller als im Westen vollzogen. Dennoch scheint diese Mischung etwas spezifisch Japanisches zu sein, nicht universelle postmoderne Uniformität, sondern kreative Vielfalt. Die japanische Kunst und Kultur besitzt eine lange Tradition der Aneignung des Fremden. Ab dem 7. Jahrhundert gelangten mehrere Wellen chinesischen Einflusses nach Japan; im 16. Jahrhundert brachten portugiesische Jesuitenmissionare das Christentum und die Feuerwaffen; von der Mitte des 19. Jahrhunderts bis heute integrierte Japan den massiven Einfluß Europas und der USA. Japan entwickelte dabei eine spezifische Form der Aneignung von Fremdem in bewußter Auswahl und Umformung.

Japans Geschichte kennt keine Dynastiewechsel, keinen abrupten Zusammenbruch oder Neubeginn, abgesehen vielleicht von 1945. Die Veränderungen in der japanischen Kultur und Gesellschaft erfolgten durch Wandel und gleichzeitiges Festhalten an Traditionen. Als der westliche Lebensstil Japan zu beeinflussen begann, integrierten die Japaner ihnen sinnvoll erscheinende westliche Versatzstücke in einen ihnen gleichfalls sinnvoll erscheinenden traditionellen Rahmen: Man trug Schuhe zum *Kimono*, baute ein westliches Wohnzimmer in das traditionelle Gefüge des japanischen Hauses. Durch die Übernahme und Weiterentwicklung von Fremdem entstand kein Auseinanderbrechen nicht zu vereinbarender Stile und Werte; Japan war und ist in der Lage, selbst widersprüchliche kulturelle und ästhetische Tendenzen zu eigenen Formen zu entwickeln und zu harmonisieren.

## 1. Malerei

### a. Frühe religiöse Malerei

Die frühesten Zeugnisse japanischer Malerei entstanden unter dem Einfluß der t'ang-zeitlichen Kultur Chinas in Nara. Nur wenige Beispiele dieser buddhistisch geprägten Malerei sind erhalten, wobei die wohl schönsten, die Wandgemälde in der

Haupthalle des *Hōryuji*-Tempels, durch einen Brand fast vollständig zerstört wurden und nur noch in Umrißlinien sichtbar sind. Die Figuren des buddhistischen Pantheon, Buddhas, Bodhisattvas und Himmelswesen, sind mit elegant geschwungenen Linien in anmutigen Haltungen gemalt. In der religiösen Malerei der *Heian*-Zeit dominieren dann Kultbilder der esoterischen *Shingon*- und *Tendai*-Sekten des Buddhismus, oftmals in Form komplizierter Mandalas.

## b. *Yamato-e* – »Japanische Malerei«

In der *Kamakura*-Zeit (12.–14. Jahrhundert) beginnt eine von chinesischen Vorbildern unabhängige japanische Malerei, die sich im Gegensatz zur *Kara-e*, der Malerei in chinesischem Stil, *Yamato-e* »Japanische Malerei« nennt. Sie erscheint insbesondere auf der ebenfalls eigenständig japanischen Kunstgattung der Bildrolle *Emakimono*. Japanische Künstler fühlten sich dabei im Gegensatz zu chinesischen Malern von erzählenden Motiven und Genreszenen besonders angezogen; nicht die erhabene, oft schroffe chinesische Landschaft, sondern die sanfthügelige, grüne japanische Landschaft, umrahmt die Szenen. Die Farbigkeit der *Yamato-e* wird durch leuchtende Farbflächen von Grün, Blau und Gold dominiert. Die Form der Bildrolle eignete sich besonders zur bildhaften Umsetzung literarischer Vorlagen, z. B. des berühmten Genji-Romans.

Die Malerei der *Yamato-e* mündete in die akademische Hofmalerei der *Tōsa*-Schule. Elemente der *Yamato-e* und der chinesisch inspirierten Tuschemalerei verbanden sich ab dem 17. Jahrhundert im repräsentativ-dekorativen Stil der *Kanō*-Schule, deren Höhepunkt mit der prachtvollen Ausschmückung der Wände und Stellschirme der Paläste und Klöster erreicht wurde.

## c. Tuschemalerei

Ein den dekorativen Tendenzen der *Yamato-e* entgegengesetztes ästhetisches Ideal vertrat die japanische Tuschemalerei. Vorbild war die von den zenbuddhistischen Mönchsmalern geprägte Landschafts- und Bambusmalerei der chinesischen Yuan-Dynastie, die in japanischen Klöstern gesammelt und hoch verehrt wurde. Auch in Japan waren zahlreiche frühe Meister der Tuschemalerei wie Jōsetsu (ca. 1405–1430) tätig. Tuschemalerei *Suibokuga* wurde dabei als Bestandteil des zenbuddhistischen Erleuchtungsweges angesehen. Sesshū Tōyō (1420–1506) ist der bedeutendste Vertreter einer Anwendung von expressiv-abstrahierender Tuschetechnik auf die Darstellung der japanischen Landschaft. Beispielhaft ist seine Landschaft im Kursivstil in der Technik der »gebrochenen Tusche«. In abkürzend-expressiver Tuschetechnik arbeitete auch Shūkei Sesson (ca. 1504 – nach 1589). Mit einer Technik subtil lavierender Tuschemalerei arbeiteten die Maler der drei Generationen Ami, Nō-ami (1397–1471), Gei-ami (1431–1495) und Sō-ami (?–1525); sie schufen japanische Landschaften von großartiger innerer Ruhe.

## d. Die Malerei der Literaten

In der *Tokugawa*-Zeit (1603–1868) wirkten erneut chinesische Einflüsse auf die japanische Malerei, insbesondere die im China der Ming- und Ch'ing-Zeit gepflegte Gattung der »Literatenmalerei«, jap. *Bunjinga*, als einer kulturvoller Muße angemessenen Aktivität der gebildeten Amateure. Ike-no-Taiga (1723–1770) und Yosa Buson (1716–1783), der in gleichem Maße auch als Dichter bekannt ist, verkörpern den Geist der japanischen *Bunjinga*. Oft malte man dabei in den intimen Formaten des Album- oder Fächerblattes. Eine späte Blüte erreichte die japanische Literatenmalerei im Werk des Tomioka Tessai (1836–1924) und seiner gelehrten Freunde.

## e. Die *Sōtatsu-Kōrin*-Schule

Eine Schule spezifisch japanischen Charakters, vom 17. bis zum 19. Jahrhundert produktiv, ist die sogenannte *Sōtatsu-Kōrin*-Schule. Sie ist nach zwei Künstlern benannt, die Kunst und Kunstgewerbe ihrer Zeit entscheidend prägten. Der Maler Tawaraya Sōtatsu (tätig ca. 1595–1623) orientierte sich an der *Tōsa*-Schule, nahm jedoch in seiner Malerei besonders auf Wandschirmen eine beeindruckende Monumentalisierung der Flächenkompositionen der *Yamato-e* vor. In zahlreichen malerischen Werken Sōtatsus kam es durch die Verbindung mit der Kalligraphie seines Künstlerkollegen Hon'ami Kōetsu (1588–1637) zu einer vollkommenen künstlerischen Synthese. Die von Sōtatsu angeregten dekorativen Tendenzen erreichten ihre Blüte um 1700. Das ist die Zeit der berühmten, kulturell wie materiell reichen *Genroku*-Ära (1688–1703). Zahlreiche Meister arbeiteten gleichzeitig auf verschiedenen künstlerischen Gebieten, so Ogata Kōrin (1658–1716) und sein Bruder Ogata Kenzan (um 1700), die außer als Maler und Töpfer, in der Lack- und Buchkunst auch im Entwurf von Textilien Meisterwerke schufen. Besonders berühmt sind Kōrins prächtige Malereien auf Wandschirmen, wie die »Roten und weißen Pflaumen« oder die »Schwertlilien«.

Die *Sōtatsu-Kōrin*-Schule entwickelte sich aus dem Milieu reicher Handwerker und Kaufleute in Kyōto. Sie war der selbstbewußte künstlerische Ausdruck einer neuen, ästhetisch anspruchsvollen urbanen Schicht, die sich in ihrem Lebensstil sowohl vom Schwertadel wie auch von der höfischen Aristokratie absetzte.

## f. *Yōga* – »Malerei in westlichem Stil«

Mit 1868, der *Meiji*-Restauration nach dem Zusammenbruch des *Tokugawa-Shōgunats*, wird im allgemeinen der Beginn der japanischen Moderne angesetzt, obwohl im Bereich der Kultur die geistigen Auseinandersetzungen der späten *Edo*-Zeit eine wichtige Vorbereitung auf die »kulturelle Erneuerung« *(Bummei-Kaika)* der *Meiji*-Zeit waren. Die Malerei dieser Zeit ist gespalten zwischen den Anhängern eines westlichen Stils *(Yōga)* und einer Wiederbelebung japanischer Malereitraditionen in der *Nihonga* »Japanischen Malerei«. Takahashi Yūichi (1828–1894) war der erste japanische Künstler, der Ölbilder in europäischem Stil schuf. Zahlreiche

Künstler studierten in Paris und übernahmen mit Elementen des Impressionismus auch die in Ostasien bislang unbekannte Freilichtmalerei.

1896 wurde in der 1889 gegründeten Staatlichen Kunstschule in Tōkyō eine Fakultät für »Malerei in europäischem Stil« eröffnet. Bis zum Ende des Ersten Weltkrieges übten die Impressionisten und Post-Impressionisten Einfluß auf die japanischen Maler im westlichen Stil aus. Umehara Ryūsaburō (geb. 1888) hatte bei Renoir studiert, Yasui Sōtarō (1888–1953), während seiner Studien in Frankreich besonders durch Cézanne beeinflußt, trat durch Portraits in dekorativer Farbigkeit hervor. Im Werk des Yorozu Tetsugurō (1885–1927) finden sich Bilder im Stil des Fauvismus, des Futurismus und des Kubismus; in seinen Selbstbildnissen repräsentiert er eine für Japan neue Beschäftigung mit dem künstlerischen Individuum.

Erst in den zwanziger Jahren begab sich die japanische Malerei in Auseinandersetzung mit westlich-avantgardistischen Strömungen wie dem Dadaismus und dem Surrealismus. Wie im Westen der Erste Weltkrieg hatte in Japan das verheerende Kantō-Erdbeben von 1923 als ein Symbol des Zusammenbruches aller traditionellen Werte gewirkt. Die Auseinandersetzung mit abstrakter Malerei erfolgte in Japan durch den Zusammenschluß abstrakter Maler erst 1937, dem Jahr des Beginns des chinesisch-japanischen Krieges. Die in den folgenden Jahren immer beherrschenderen faschistisch-militaristischen Kräfte sowie der Eintritt Japans in den Zweiten Weltkrieg zerstörten das Klima für frei experimentierende Kunst.

## g. *Nihonga* – »Malerei in japanischem Stil«

Als Gegenbewegung und Reaktion auf die westlich ausgerichtete Ölmalerei der *Yōga* ist der Versuch einer Neubelebung traditioneller Maltechniken und künstlerischer Ausdrucksformen zu sehen. 1880 wurde die *Nihonga* »Japanische Malerei« ins Leben gerufen. Eine zentrale Figur war hierbei der in Tōkyō lehrende Amerikaner Ernest Fenollosa. Die *Nihonga* hielt an der Verwendung traditioneller Techniken wie schwarzer und farbiger Tusche sowie an spezifisch japanischen Themen und Motiven fest. Zahlreiche Künstler arbeiteten an dieser Neuinterpretation nationaler Kunsttradition: Die früheste Ausprägung der *Nihonga* ist das Werk des aus der *Kanō*-Schule stammenden Kanō Hōgai (1828–1888); eine Synthese mit der *Yamato-e*-Tradition farbig-eleganter Flächigkeit entwickelte Hashimoto Gahō (1835–1908). Noch in der zeitgenössischen Malerei wird die *Nihonga* durch die großformatigen, farbigen Tuschebilder des international berühmten Künstlers Higashiyama Kaii (geb. 1908) repräsentiert.

## h. Moderne Kunst nach dem Zweiten Weltkrieg

Nach dem Krieg knüpfte die japanische Malerei zunächst an Vorkriegstendenzen wie Surrealismus, Dadaismus und Abstraktion an. In den fünfziger und sechziger Jahren studierte eine neue Generation japanischer Künstler nicht mehr bevorzugt in Paris, sondern setzte sich in New York mit avantgardistischen Formen wie Pop-Art,

Happenings und Aktionskunst, Video- und Objektkunst auseinander. Yoshihara Jirō (1905–1972) gründete 1964 in Ōsaka die Künstlergruppe *Gutai*, die durch Happenings, Aktionskunst und durch lichtkinetische *Environments* hervortrat und für eine Vermittlung avantgardistischer Tendenzen der Kunst des Westens in Japan sorgte. Repräsentativ für die jüngere Generation der *Gutai* ist Yoshida Minoru (geb. 1935), der in den fünfziger Jahren mit abstrakter Malerei begonnen hatte.

Von herausragender Bedeutung für die zeitgenössische japanische Kunst war der amerikanische Komponist, Künstler und Kunsttheoretiker John Cage (1912–1992). Zu den international bekannten japanischen Künstlern aus seinem Umkreis gehören die 1937 geborene Objekt- und Videokünstlerin Kubota Shigeko wie auch die Videokünstlerin Ono Yoko; beide waren mehrmals auf der *documenta* in Kassel vertreten. Aus der Fluxus-Happening-Bewegung ging auch Ay-O (Tatsuno Toeko) hervor. Neodadaistische Collagetechniken entwickelte der Maler und Graphiker Arakawa Shūsako weiter. Kawara On ist seit den sechziger Jahren durch seine der Konzeptkunst zuzuordnenden *Date Paintings* international bekannt geworden. Inzwischen folgte der durch die Tendenzen der Kunst in den USA geprägten Generation japanischer Künstler eine in den fünfziger Jahren geborene neue Generation, die zwar Bestandteil der internationalen zeitgenössischen Kunstszene ist, ihre Inspiration jedoch verstärkt in einer Auseinandersetzung mit ästhetischen Traditionen Japans entwickelt. Materialien wie Papier, Holz, Stein oder Metall werden bevorzugt, eine erneute Auseinandersetzung mit traditionellen Konzepten japanischer Kunst und Kultur wie der Natur, den Elementen, dem Raum, der Leere gesucht. Dabei wird jegliche Naivität oder nostalgische Romantik vermieden; die zeitgenössische Kunst Japans ist eine Reflexion der Industrie- und Massengesellschaft Japans. In diesem Zusammenhang sind beispielsweise der Teilnehmer der *documenta 1992* Kawamata Tadashi mit seinen Holzlattenverkleidungen zu nennen, die käfigartig-kalligraphischen Stahlarbeiten der 35jährigen Aoki Noe oder die durch Brand bearbeiteten Holzstücke und Baumfragmente von Nishina Shigeru.

## 2. *Sho* – die Schriftkunst

*Sho* bezeichnet im Japanischen die Schrift als Kunstform, wobei der Begriff »Kalligraphie« als »Schönschrift« nur einen Teil der Bedeutung von *Sho* deckt. In der Schriftkunst sah man in Ostasien ein der Malerei gleichwertiges, ja oft sogar höher eingeschätztes künstlerisches Medium. Schrift galt weit mehr als in der westlichen Graphologie als unmittelbarer Ausdruck von Persönlichkeit und Charakter. So gehörte die Beherrschung der Schriftkunst traditionell zu den Eigenschaften des Gebildeten.

Die besondere Ästhetik der Schriftkunst basiert dabei auf den Eigenarten der Schreibmaterialien: dem hochelastischen Pinsel *Fude* oder *Hitsu*, der Tusche *Boku* und dem besonders saugfähigen, handgeschöpften Papier *Kami*.

Im Laufe von über 1 000 Jahren entwickelten sich mehrere kalligraphische Stile, die noch heute als unterschiedliche Formen künstlerischen Ausdruckes nebeneinander bestehen. Die strenge »Siegelschrift« *Tensho* mit den spitz zulaufenden Strichenden gilt als ältester Schrifttypus. Er hat seine Wurzeln in der Technik des Eingravierens in Stein oder Metall und ist mit dem Pinsel nicht einfach zu schreiben. In diesem Schriftstil sind z. B. zahlreiche Künstlersiegel geschnitzt. Die »Amtsschreiberschrift« *Reisho* entwickelte sich aus der *Tensho* durch schnelles Schreiben und den Gebrauch des Pinsels. Die *Kaisho* »Regelschrift« entstand in der chinesischen Tang-Zeit und ist die klassische Buchschrift, die Grundlage der noch heute benutzten Drucktypen. In Japan existieren beispielsweise noch zahlreiche buddhistische Sutren, die auf lila oder dunkelblauem Papier mit Gold- oder Silbertusche in *Reisho* geschrieben sind. *Gyōsho* »Kurrentschrift« und *Sōsho* »Konzeptschrift« entstanden durch schnelles Schreiben, wobei Elemente der einzelnen Zeichen zusammengezogen werden. Diese oft expressiven Typen von Handschrift, welche einen hohen Grad individuellen Ausdrucks erlauben, sind nicht ohne weiteres zu lesen.

Die *Kana*-Zeichen waren in der *Heian*-Zeit durch weitere Vereinfachung von in *Sōsho* geschriebenen Zeichen entstanden. In der Kalligraphie entwickelte sich dabei ein besonderer, rein japanischer Stil *Remmen*, wobei die dünnlinig geschriebenen Zeichen in eleganter Weise verbunden werden – spezifischer Ausdruck der höfischen Eleganz der *Heian*-Zeit, wie z. B. in der Kalligraphie des Fujiwara Yukinari (972–1027). Ganz spezifisch japanisch sind die von Zen-Meistern geschriebenen Schriftwerke. Es handelt sich dabei um einzelne Zeichen oder *Kōans*, kurze, meist paradoxe zenbuddhistische Sprüche, die ein Mönch für seine Schüler schrieb. In ihnen drückt sich oft eine heftige Individualität des Schreibenden aus. Wenngleich diese Form der Kalligraphie nicht als künstlerisch zu wertendes Werk, sondern als Ausdruck eines spirituellen Aktes intendiert ist, zeigt sich in ihnen oftmals hohe kalligraphische Qualität.

Die zeitgenössischen Schriftkunstwerke japanischer Kalligraphen zeigen oft einzelne Schriftzeichen, Sprüche oder Gedichtzeilen in individueller, unorthodoxer Interpretation, d. h. die Strichkompositionen sind verschoben und komprimiert, künstlerisch-visuelle Gestaltung verhindert oft die »Lesbarkeit«. Zahlreiche Anregungen stammten von der abstrakten Malerei des Westens – welche ihrerseits durch östliche Kalligraphie inspiriert wurde, wie Werke von Kline, Motherwell, Hartung oder Soulages zeigen. Japanische Schriftkünstler wie Morita Shiryū (geb. 1912) entwickelten einen der Abstraktion nahestehenden expressiven Stil; Schriftkunst hatte entscheidenden Einfluß auf die japanische Ästhetik der Flächengestaltung. Stärker als im Westen ist japanisches Design durch das Element der Schrift geprägt. Schriftgestaltung dominiert nicht nur die Werbung, sondern alle Bereiche des Alltags.

## 3. Plastik

Im Gegensatz zu China, wo Stein das wichtigste Material der Plastik ist, verwendet man in Japan Bronzeguß und Trockenlack, bevorzugt jedoch Holz. Eine der bedeutendsten Bronzeplastiken der *Nara*-Zeit ist die *Shaka*-Trias im *Hōryuji*-Tempel, datiert 623. Als eine Art Wahrzeichen Japans gilt die Monumentalplastik des *Daibutsu*, des »Großen Buddha« von Kamakura. Die über 11 m hohe Plastik, aus Bronze in Teilen gegossen, ist auf das Jahr 1252 datiert.

Aus China war für die Herstellung von Plastik die Technik des Trockenlack *Kanshitsu* übernommen worden. Dabei wurden Geräte oder Skulpturen aus einem mit Rohlack getränkten Hanfgewebe geformt, welches über einem aus Ton oder Holz gefertigten Gerüst drapiert wurde. Nachdem man den Kern entfernt hatte, konnte die Oberfläche weiter bearbeitet werden. Plastik in der Technik des Trokkenlacks zeichnet sich durch besonders feine Gestaltungsmöglichkeiten aus. Das wichtigste Material japanischer Skulptur ist jedoch das Holz. Oftmals wurden dabei die Skulpturen aus einem einzigen Stück Holz geschnitzt *(Ichibokuzuri)*. Von besonderer Bedeutung ist die Entwicklung einer individualisierten buddhistischen Portraitplastik, als deren größter Meister Unkei (13. Jh.) gilt.

In Zusammenhang mit Holzschnitzerei sind auch die Masken zu nennen, die bei den beiden im 14. Jahrhundert entwickelten Theaterformen, dem tragischen *Nō* und dem possenhaften *Kyōgen*, getragen wurden. Besonders als Objekt westlicher Sammelleidenschaft ist die japanische Kleinplastik bekannt. Zu ihr gehören die *Okimono*, »Dinge zum Aufstellen«, als eine Zierkunst für den Schreibtisch des Gelehrten und die *Netsuke*, Halteknöpfe für die am Gürtel befestigten Behälter. *Okimono* und *Netsuke* sind meist aus Elfenbein, Bein oder Holz in einer Fülle von Formen geschnitzt.

## 4. Der japanische Holzschnitt

### a. Von buddhistischen Drucken zum *Ukiyo-e*

Die Technik des Druckens mit Stempeln aus Holz oder Metallplatten entwickelte sich in China bereits im 6./7. Jahrhundert in Zusammenhang mit der Verbreitung der buddhistischen Lehre. Auch die ältesten japanischen Drucke aus dem 8. Jahrhundert sind Vervielfältigungen buddhistischer Schutzformeln und Texte.

Die Blüte des japanischen Holzschnittes ist mit dem Begriff *Ukiyo-e* verbunden. Das ursprünglich buddhistisch getönte *Ukiyo* für »fließend – vergängliche Welt« mit pessimistischer Grundhaltung erfuhr im 17. Jahrhundert einen Bedeutungswandel im Sinne einer optimistischen »Welt der Diesseitigkeit und des Vergnügens«, bis es Ende des 17. Jahrhunderts nur noch »modisch« bezeichnet. *Ukiyo-e*, ursprünglich »Bilder der Welt der Vergänglichkeit«, nun »Bilder im Zeitgeschmack«, schildern das bunte, von Lebensgenuß und Vergnügungssucht bestimmte Treiben in den großen Städten, besonders in der Hauptstadt Edo. Wichtigste Themen des *Ukiyo-e* sind dabei die schönen Kurtisanen und die Welt des Theaters. 1670 tritt mit Hishikawa Moronobu (1618–1694) der erste namentlich faßbare Holzschnittmeister des *Ukiyo-e* auf. Okumura Masanobu (1668–1764) und Suzuki Harunobu (1725–1770) formulierten in ihren Schwarz-Weiß-Drucken ein anmutiges Ideal eleganter Kurtisanen; spätere Meister wie Torii Kiyonaga (1752–1815) und besonders Kitagawa Utamaro

(1753–1806) verliehen den in raffiniertester Technik farbig gedruckten Blättern weiblicher Schönheit auch hohe psychologische Ausdruckskraft. Die Darstellungen aus der Welt des Theaters sind mit der von Torii Kiyonobu (1664–1729) begründeten *Torii*-Schule, die bis in das 19. Jahrhundert bestand, verbunden. Mit scharf karikierenden Schauspielerportraits ragt der geheimnisvolle Sharaku (tätig 1794/95) heraus.

Erst im 19. Jahrhundert verlagert sich mit dem Werk von Katsushika Hokusai (1760–1849) und Andō Hiroshige (1797–1858) die Hauptthematik des japanischen Farbholzschnittes auf die Darstellung der Landschaft. Um 1830 erschienen die berühmten »36 Ansichten des Fuji« von Hokusai, 1832 die »53 Stationen der Tōkaidō« von Hiroshige. Der japanische Holzschnitt ist das Gemeinschaftswerk eines Verlegers als Auftraggeber, eines entwerfenden Künstlers, des Holzschneiders und des Druckers. Die Entwurfzeichnung in Schwarz-Weiß wurde von dem Holzschneider mit der Zeichnung nach unten auf das Holz gelegt und das befeuchtete Papier so weit abgerieben, daß nur noch die Zeichnung sichtbar war. Nach ihr wurde die Konturplatte geschnitten. Beim Farbholzschnitt bestimmte der entwerfende Maler auf den Musterabzügen die Farbflächen; diese Abzüge klebte der Holzschneider auf die Druckplatten und schnitt für jede Farbe einen einzelnen Druckstock. Die Auflagen betrugen ca. 200 Blatt, beliebte Holzschnitte erreichten bis zu 200 Auflagen.

## b. *Sōsaku-Hanga*, der »Schöpferische Holzschnitt«

In der zweiten Hälfte des 19. Jahrhunderts kam es zu einer interessanten gegenseitigen Beeinflussung japanischer und westlicher Kunst: Wirkten die kühnen Farben und perspektivischen Kompositionen der Blätter von Hokusai und Hiroshige auf van Gogh und die Impressionisten, so sollte mit einer langsamen und kontrollierten Integration westlicher Elemente eine neue Phase des japanischen Holzschnittes bzw. japanischer Graphik beginnen. Bereits um 1870 experimentierte Kiyochika (1847–1915) mit der Darstellung von Licht und Schatten im Medium des traditionellen japanischen Farbholzschnittes.

Den Anfang moderner japanischer Graphik bildet jedoch die Gründung der Gruppe *Sōsaku-Hanga* »Schöpferischer Holzschnitt« im Jahre 1904, die forderte, der Künstler müsse alle Vorgänge des Entwurfs, des Schneidens der Platte und des Druckens der Platte selbst durchführen. Die modernen Holzschnittmeister bzw. Graphiker definierten sich in der europäischen Tradition der peintre-gravure mit dem gleichen Status wie Maler oder Bildhauer.

Die Bewegung des *Sōsaku-Hanga* erlebte eine Blütezeit in den zwanziger und dreißiger Jahren, wo sie entscheidende Impulse auch durch die *Mingei*-Bewegung – die Wiederentdeckung japanischer Volkskunst – erhielt. Die prägende Figur des *Sōsaku-Hanga* war Onchi Kōshirō (1891–1955), international berühmt wurde Munakata Shikō (1903–1975), der sich sowohl von den mittelalterlichen buddhistischen Schwarz-Weiß-Drucken als auch der *Mingei*-Bewegung anregen ließ. Die Bewegung der Erneuerung des japanischen Holzschnittes wurde im Ausland jedoch erst nach dem Zweiten Weltkrieg wahrgenommen und gewürdigt.

## 5. Moderne Graphik

In den fünfziger und sechziger Jahren wandte sich eine neue Generation japanischer Maler und Graphiker nicht mehr Europa, sondern den USA als Zentrum internationaler zeitgenössischer Kunstproduktion zu. Man experimentierte mit neuen Stilen wie Pop-Art und neuen Techniken wie Lithographie, *Screen Prints* und *Mixed Media.* Ikeda Masue (geb. 1934) scheint vom »Primitivismus« eines Klee oder Dubuffet angeregt; die Malerei und Graphik in bunten Regenbogenfarben von Ay-O (Tatsuno Toeko, geb. 1931) gehört zur internationalen Pop-Art. Zu den interessantesten zeitgenössischen Graphikern gehört Noda Tetsuya (geb. 1940); er benutzt Photographien, die er durch *Silkscreen*-Technik in die Graphik einbezieht.

Trotz einer fortschreitenden Internationalisierung der japanischen Graphik findet bei zahlreichen zeitgenössischen Künstlern eine erneute, bewußte Auseinandersetzung mit den japanischen Traditionen des Holzschnittes statt. Dies geschieht z. B. bei Shinoda Tōkō (geb. 1911), der kalligraphische Elemente in sein graphisches Werk einbezieht, oder bei der Künstlerin Iwami Reika (geb. 1927), in deren Werken der Abdruck der Maserung angeschwemmten Holzes auf die Elemente Holz und Wasser verweist. Neben der westlichen Praxis von Signatur, Titel und Numerierung erscheint auf zahlreichen Blättern moderner japanischer Graphik noch immer das traditionelle rote Künstlersiegel als integraler Bestandteil des Bildes.

Im Ausland wurde die moderne japanische Graphik erst in den fünfziger Jahren zur Kenntnis genommen; in Japan selbst bezeichnet 1957 als das Jahr der Gründung der Internationalen Graphik-Biennale in Tōkyō den Beginn der offiziellen Anerkennung von Graphik als Kunstform. In den letzten Jahrzehnten kam es in Japan zu einer enormen Steigerung der Produktion und Edition von Graphik, welcher eine Nachfrage auf dem Kunstmarkt entsprach. Obwohl die Formate zeitgenössischer Malerei und Plastik mit den beschränkten räumlichen Verhältnissen, in welchen viele Japaner leben, nicht zu vereinbaren sind, gehört auch in Japan Graphik inzwischen zu einem anerkannten Wandschmuck in den Wohnungen der Mittelklasse.

## 6. Keramik

### a. Frühe Keramik und Tee-Keramik

Die Anfänge japanischer Keramik reichen weit in die Frühzeit der *Jōmon*-Zeit zurück, in der man keramische Gefäße mit dem Abdruck von Schnüren (*Jōmon* bedeutet wörtlich »Schnurmuster«) herstellte. Bereits ab dem 5./6. Jahrhundert drehte man auf der Töpferscheibe ein hartes, grauschwarzes, dünnwandiges Steingut, die *Sue*-Ware *Sueki.* Einen entscheidenden Impuls erhielt die japanische Keramik jedoch durch den Töpfer Tōshirō, der den buddhistischen Priester Dōgen 1223–1227 auf seiner Reise nach China begleitet und dort die hochentwickelte Keramik der Sung-Zeit studiert hatte. Nach seiner Rückkehr soll er in Seto eine Werkstatt gegründet haben; Seto ist übrigens noch heute ein Zentrum japanischer Keramikproduktion, *Setomono* die allgemeine Bezeichnung für Keramik. Ab dem 13. Jahrhundert wurde in Seto in Anlehnung an die durch Eisenoxyd erzielte dunkelbraunschwarze Glasur der »Nördlichen Ware« Chinas das sogenannte *Temmoku* produziert, meist für schlicht-elegante Teeschalen, die in Japan für die Tee-Zeremonie besonders geschätzt wurden. Die besondere Ästhetik der Tee-Kunst wurde durch den Tee-Meister Sen no Rikyū (1521–1591) formuliert. Zwei Begriffe kennzeichnen die ästhetischen Qualitäten dieser Tee-Zeremonie und der dabei benutzten Geräte: *Wabi* und *Sabi*. *Wabi* verweist auf die schlichte, ungekünstelte, doch kultivierte Atmosphäre, *Sabi* bezeichnet das Gegenteil von neu und prächtig, nämlich alternd, mit würdevoller Patina. Auf diesem Boden zenbuddhistischer Ästhetik erwuchs zwischen dem 15. und 17. Jahrhundert die klassische Form der Tee-Kunst. Zu den wichtigsten Tee-Geräten aus Keramik gehören Tee-Schale *Chawan*, Kaltwassertopf *Mizusahi*, Teebüchse *Chaire*, Kuchenteller *Sara* und Blumenvase *Hanaike*.

Tee-Keramik wurde besonders in den »Sechs Alten Öfen Japans« Seto, Tokoname, Shigaraki, Tamba, Bizen und Echizen hergestellt. Von großer Bedeutung für die Entwicklung der Keramik in Kyōto ist der Maler und Töpfer Nonomura Ninsei (gest. 1660 oder 1666), Schöpfer sowohl zurückhaltend-schlichter wie auch prächtig-dekorativer Keramik. Ein Schüler Ninseis ist der gleichfalls als Maler und Keramiker arbeitende berühmte Ogata Kenzan (1663–1741), der Bruder Kōrins, der in einem freien, kalligraphisch abgekürzten Dekor seiner Gefäße einen unterschiedlichen Stil verwirklichte. Die Signaturen von Ninsei und Kenzan erscheinen auf unzähligen späteren Nachahmungen der Werke dieser berühmten Meister.

## b. Die Keramik der klassischen Moderne

In ihrer Bindung an funktionale Form und die Eigentümlichkeit des Materials hatte die traditionelle Keramik höchste künstlerische und kreative Ansprüche verwirklicht. Im 19. Jahrhundert war wie auch in anderen Bereichen des Kunsthandwerkes ein künstlerischer Verfall eingetreten. Neue Inspiration erhielt das Kunsthandwerk in den zwanziger und dreißiger Jahren durch die von Yanagi Muneyoshi (auch Sōetsu, 1898–1961) initiierte *Mingei*-»Volkskunst«-Bewegung. Als Reaktion auf den Niedergang des Handwerks durch die industrielle Umgestaltung der Gesellschaft, entdeckte die *Mingei*-Bewegung die »primitive« Kunst Ostasiens. In den Blickpunkt eines »modernen« ästhetischen Interesses gelangten dabei insbesonders die Bauernkeramik Koreas und des ländlichen Japan, die Textilien Okinawas und die Geräte der *Ainu*, der japanischen Urbevölkerung. Entscheidend von der *Mingei*-Bewegung inspiriert sind die Meister der »klassischen« Moderne der japanischen Keramik, Hamada Shōji (1894–1978), Tomimoto Kenkichi (1886–1963), Kawai Kanjirō (1890–1966) sowie der Engländer Bernard Leach (1887–1979), der Mittler östlicher und westlicher Keramikkunst. Doch wirkte die *Mingei*-Bewegung auch auf die Textilkunst, so z. B. auf das Werk des Serizawa Keisuke (1895–1984) und auf die Holzschnitte von Munakata Shikō (1903–1975). Die schönsten Schöpfungen der *Mingei*-Bewegung vereinigen auf oft hohem künstlerischen bzw. kunsthandwerklichen Niveau Funktionalität mit einer Ästhetik vitaler bäuerlicher Schlichtheit.

## c. Zeitgenössisches Kunsthandwerk und Keramik

Die Entwicklung des Kunsthandwerks nach dem Zweiten Weltkrieg erfolgte nicht zufällig, sondern als Ergebnis einer gezielten Kulturpolitik. 1950 erließ die japanische Regierung ein Gesetz zum Schutz von Kulturgütern, wobei der Begriff »Kulturgut« nicht nur Kunstwerke selbst, sondern auch handwerkliche oder künstlerische Techniken erfaßte. 47 solcher Techniken wurden unter Schutz gestellt, darunter im Bereich der Keramik z. B. die Traditionen der Öfen Shino, Oribe und Bizen, interessanterweise jedoch auch die ursprünglich aus China übernommene Glasurtechnik des *Temmoku*. Künstler, welche beispielhaft traditionelle Techniken verkörperten, erhielten die Auszeichnung »Lebender Nationalschatz« *(Ningen Kokuhō)*. 1954 stellte man auf der Ausstellung der *Nihon Dentō Kōgeikai* »Japanische Gesellschaft für traditionelles Kunsthandwerk« Werke »Lebender Nationalschätze« u. a. aus den Bereichen Keramik und Lackkunst aus, die dadurch stilbildend wirkten. Die meisten zeitgenössischen Keramiker arbeiten in einer schöpferischen Umsetzung traditioneller Prinzipien, wie beispielsweise Yoshika Taibi (1915–1991) in der *Hagi*- oder Ōhi Toshirō (geb. 1928) in der *Raku*-Tradition.

Es gibt jedoch auch Künstler, welche die traditionelle Bindung an die Funktion und traditionelle ästhetische Ideale als Einengung ihrer Kreativität empfinden und mit Keramik- oder Lackarbeiten als reinen Kunstobjekten experimentieren.

## d. Japanisches Porzellan

Die Geschichte des japanischen Porzellans beginnt mit dem militärischen Feldzug Hideyoshis nach Korea 1593–1598, als dessen Folge zahlreiche koreanische Töpfer als Kriegsgefangene nach Japan verschleppt wurden. In der Gegend um Arita auf der Insel Kyūshū, wo man reiche Vorkommen an kaolinhaltiger Tonerde fand, entstanden mit der entwickelten Technik der dort angesiedelten koreanischen Töpfer Manufakturen.

Als erster japanischer Töpfer gilt Kakiemon (1598–1666), der die Bemalung des Porzellans mit Überglasurfarben eingeführt haben soll. Dekor aus der *Kakiemon*-Manufaktur spielte übrigens eine wichtige Rolle als Vorbild des frühen Meissener Porzellans. Vom 17. bis in die Mitte des 18. Jahrhunderts produzierten japanische Manufakturen in großen Mengen für den Export nach Europa, insbesonders durch die Niederländisch-Ostindische Compagnie; japanisches Porzellan war in dieser Zeit in Europa ebenso beliebt wie das chinesische. Bei den Exportwaren handelte es sich hauptsächlich um Blau-Weiß-Waren oder Porzellane mit einer üppig brokatartigen, blaurotgoldenen Bemalung, das sogenannte *Imari*-Porzellan, benannt nach der Hafenstadt, in der das Arita-Porzellan verschifft wurde. *Imari*-Export-Porzellan wurde in großen Mengen und äußerst erfolgreich in der holländischen Manufaktur Delft nachgeahmt.

Die ab Ende des 19. Jahrhunderts in großen Mengen produzierte Exportware entsprach in Formtypen und Dekor meist den Wünschen der westlichen Auftraggeber. Besonders beliebt war die mit exotischen Szenen in überladenem Golddekor bemalte sogenannte *Satsuma*-Ware, die in strengem Sinne meist Steinzeug ist. Die beste Qualität japanischen Porzellans verkörpert jedoch nicht das für den Export, sondern den einheimischen Bedarf hergestellte Porzellan. Nur wenige der in starken, dunklen Farben mit kühnem Dekor bemalten *Kutani*-Waren gelangten nach Europa. *Nabeshima*-Porzellan, exklusiv für den Clan des *Daimyō* Nabeshima hergestellt, zeichnet sich durch einen makellos reinweißen Scherben und perfekte Bemalung in japanischem Stil aus. Auch das *Hirado*-Porzellan mit zarter Blau-Weiß-Bemalung entstand für den Bedarf des lokalen Fürsten. Im zeitgenössischen Kunsthandwerk liegt der Schwerpunkt der Arbeiten individuell arbeitender Töpfer auf der Herstellung von Keramik, nicht von Porzellan. Eine Gruppe von Töpfern experimentiert jedoch mit einer Verbindung ostasiatischer Porzellantraditionen in modernem westlichen Stil.

## 7. Die Kunst der Lackarbeiten

Lackarbeiten sind für das Kunstgewerbe Japans und Chinas charakteristisch. Das wichtigste Material für die *Japanned Wares*, wie Lackarbeiten in Europa genannt wurden, der Lackbaum rhus vernicifera, kommt nur in Asien vor. Ihm wird der Rohlack ähnlich wie beim Gummibaum abgezapft. Die milchige Flüssigkeit wird gefiltert und mit Pigmenten gefärbt – meist Rot oder Schwarz, selten Grün oder Gelb – und kann dann auf unterschiedliche Materialien wie Holz, Bambus oder Textilien aufgetragen werden. Neben seiner Funktion als Schutz des Kernmaterials wurde Lack auf unterschiedliche Weise künstlerisch gestaltet.

Wie aus Grabfunden bekannt, gab es in Japan bereits in frühgeschichtlicher Zeit mit Lack überzogene Geräte. Eine erste künstlerische Blüte erreichte die Lackkunst in der *Nara*-Zeit. Aus der 756 gestifteten Schatzkammer *Shōsōin* sind über 100 Lackgeräte überliefert. In der folgenden *Heian*-Zeit, in der sich die japanische Kunst von den chinesischen Vorbildern löste, »erfand« man um 900 die für Japan charakteristische Technik des Streulacks, die zu Schöpfungen hohen künstlerischen Niveaus entwickelt wurde. Streulack *Maki-e* entsteht durch das Einstreuen von Gold oder anderen Metallpulvern in den noch feuchten, meist schwarzen Lackgrund. Auf diese Weise entstanden feinste Reliefdekore *Hiramaki-e* bzw. *Takamaki-e*. Im Gegensatz zur chinesischen Relieftechnik wurden sie nicht durch Einlage, sondern durch Auflage von Metallen erzeugt.

In unterschiedlichen, raffinierten Streulacktechniken entstanden insbesondere in der *Edo*-Zeit für den Adel oder das reiche Bürgertum Luxusgüter wie Weihrauchdöschen, Schreib- und Papierkästen, Speisebehälter und die mehrteiligen Medizindöschen *Inrō*. Neben den Streulacktechniken perfektionierten japanische Meister auch die Techniken des Schnitzlacks, der Perlmutteinlagen und des Dekors durch farbige Lackmalerei. Technisch revolutionäre Werke mit raffiniert kombinierten Materialien wie Bleieinlagen schuf Honami Kōetsu (1558–1638). Ein Höhepunkt auch in der Lackkunst ist die *Genroku*-Ära um 1700, in welcher die oft kopierten Lackarbeiten des Ogata Kōrin (1651–1719) entstanden. Im 19. Jahrhundert erreichte die japanische Lackkunst im Werk des Shibata Zesshin (1807–1890) eine späte Blüte. Noch heute spielen Lackarbeiten in Kunsthandwerk und Design eine wichtige Rolle. Dabei reicht das Spektrum von Arbeiten mit virtuoser Beherrschung traditioneller dekorativer Techniken bis zur Anwendung von Lack bei avantgardistisch gestalteten Möbeln, beispielsweise der Designgruppe »Studio 80«.

## 8. *Ikebana*

*Ikebana*, die Kunst, Blumen und Pflanzen zu arrangieren, hat nicht nur in Japan, sondern auch in Europa und den USA Millionen von Anhängern.

Die ursprünglich chinesische Sitte, den buddhistischen Altar mit Blumen zu schmücken, gelangte im 7. Jahrhundert nach Japan. Ab dem 11. Jahrhundert gab es in Japan feststehende Regeln für die Arrangements von Pflanzen und Blüten. Bis heute verwirklichen alle Schulen des *Ikebana* eine dreiteilige Grundkomposition, bei welcher der hohe, aufgerichtete Zweig den Himmel, der mittlere begleitende Zweig den Menschen und der niedrige Zweig die Erde symbolisieren.

Die erste überlieferte Schule – und noch heute die wichtigste – ist die *Ikenobu*-Schule. Sie verkörpert die klassische Form der Blumenkunst. Innerhalb der *Ikenobu*-Schule entwickelte sich im Gegensatz zum frühen, frontal-prächtig aufgebauten Arrangement im *Rikka*-Stil mit der Formulierung des ästhetischen Ideals der schlichten Tee-Zeremonie der Stil der *Chabana* »Tee-Blumen« als Schmuck der *Tokonoma*. Diese Nische des Teeraumes wurde außer durch ein schlichtes, der Jahreszeit entsprechendes Blumenarrangement nur noch durch ein Rollbild geschmückt. »Tee-Blumen« bestanden oftmals nur aus einem einzelnen Zweig oder Blüte in schlichten Keramikvasen oder Körben. Das Arrangieren von Blumen galt im zenbuddhistischen Zusammenhang als geistige Schule.

Die erst nach dem Zweiten Weltkrieg entstandene *Sōgetsu*-Schule propagiert dagegen einen freien, kreativen Stil, für welchen keine Maß-, Winkel- oder Materialvorschriften gelten. Auch die Gefäße, in den traditionellen Schulen von zurückhaltender Schlichtheit, stellen nun selbständige Gestaltungselemente dar.

## 9. Textilkunst und Mode

In weit höherem Maß als die Chinesen, von denen zwischen dem 6. und 8. Jahrhundert die Form der Gewänder übernommen wurde, entwickelten die Japaner Dekore und Materialien. Sie erfanden Techniken raffinierter Stickerei, Brokatweberei, Färbetechniken, Bemalung mit Blattgold sowie die typisch japanische Kombination unterschiedlicher Techniken.

Dabei ist das japanische Gewand, der *Kimono*, aus einfachen, geraden Bahnen zusammengesetzt; diese Grundform hat sich in über 1 000 Jahren kaum verändert. Doch gerade in dieser schlichten Form entwickelte sich eine Fülle von Gestaltungsmöglichkeiten. Berühmt aus Literatur und Malerei sind die aus zwölf Lagen bestehenden, üppigen Gewänder der Hofdamen der *Heian*-Zeit. Dagegen bildete die Flächigkeit des *Kimono* den Hintergrund für einen ab der *Momoyama*-Zeit besonders kultivierten, meist unkonventionell gestalteten, prächtigen Stil. Zahlreiche Künstler wie Ogata Kōrin (1651–1719) arbeiteten auch als »Designer« von Textilien.

Von herausragender Schönheit sind die Kostüme des *Nō*-Theaters. Auf den Farbholzschnitten aus *Ukiyo-e* erscheinen die wirkungsvollen Gewänder der Schauspieler des *Kabuki*-Theaters und der eleganten Kurtisanen. Neben diesen Traditionen raffinierter, dekorativer Prächtigkeit wirkten auf modernes japanisches Textildesign jedoch auch die bäuerlich-schlichten Webtechniken und Muster, die in der Volkskunstbewegung der zwanziger Jahre wiederentdeckt wurden.

Eine Avantgarde japanischer Designer in Paris wie Kenzo, Issey Miyake, Yoji Yamamoto und Rei Kawakubo haben mit hohem künstlerischen Anspruch die unterschiedlichen Traditionen japanischen Textildesigns auf westliche Kleidung übertragen und wirken inzwischen mit ihren raffinierten, unkonventionellen und kreativen Entwürfen stilbildend und innovativ.

## 10. Japanisches Design

Der Begriff »Japanisches Design« bezieht sich auf zwei unterschiedliche Bereiche: die von traditioneller Ästhetik geprägten Geräte des Alltags – von der lackierten Suppenschale/Reisschale bis zum Baumwoll*kimono Yukata* – und das »Design« der in Massenproduktion hergestellten Hightech-Produkte wie Kameras und Autos. Gibt es dabei verbindende, spezifisch japanische Gestaltungsprinzipien?

Eines dieser Prinzipien könnte es sein, bei der Konstruktionsidee von der kleinsten Einheit auszugehen. So ist beispielsweise das japanische Haus eine variable Multiplizierung einer Grundeinheit, der Reisstrohmatten *Tatami*, mit ca. 90 × 180 cm als ein Schlafplatz genormt, oder das traditionelle japanische Gewand, der *Kimono*, eine klare Zusammenfügung von Stoffbahnen. Dieser Modulcharakter als traditionelles Gestaltungsprinzip hat sicherlich Gemeinsamkeiten mit dem Prinzip der Standardisierung industrieller Massenproduktion. Als weiteres Gestaltungsprinzip ist Kompaktheit zu nennen. In der japanischen Tradition kultivierte man schon seit frühester Zeit die Kunst, eine Anzahl von Objekten auf begrenztem Raum funktional und ästhetisch zu arrangieren. Es ließe sich hier auf die Gartenkunst als Mikrokosmos ebenso verweisen wie auf das *Haiku*, die Kurzform eines japanischen Gedichtes, oder das ansprechend gestaltete Arrangement japanischen Essens. Präzise Kompaktheit ist sicherlich auch charakteristisch für die modernen Hightech-Produkte Japans wie Kameras oder Chips. Mit Präzision ist dabei ein weiteres Merkmal sowohl traditionellen als auch modernen Designs angesprochen. Die Aufmerksamkeit, die dem Detail gilt, kennzeichnet sowohl traditionelle Kunst und Kunsthandwerk wie auch avantgardistisches Design. Im Gegensatz zu westlichen Prinzipien von Gestaltung und Wahrnehmung geht japanisches Design dabei oft vom Detail zum Ganzen, von innen nach außen.

# V. Japans Markt ist doch geöffnet: Beispiel Filmindustrie

Friederike Bosse

1997 feierte die Filmkunst in Japan ihr hundertjähriges Bestehen, denn nur zwei Jahre nach dem Start des Kinofilms in Europa hielt der Film 1897 Einzug in Japan. Doch die Bestandsaufnahme der japanischen Filmindustrie am Ende des zwanzigsten Jahrhunderts kommt zu einem ernüchternden Ergebnis: Die Zahl der Kinobesucher sinkt seit Jahrzehnten, 1996 auf ein neues Rekordtief von 119,6 Millionen, die Brancheinnahmen fielen um 7,5 % auf 63,3 Mrd. Yen (etwa 870 Millionen DM).

Daß Japan dennoch nach den USA der zweitgrößte Kinomarkt der Welt ist, ist auf die hohen Eintrittspreise zurückzuführen, die im Durchschnitt zwischen 20 und 23 DM liegen. Dabei wird die schrumpfende Zahl der Kinogänger eher von ausländischen als von japanischen Filmen ins Kino gelockt: Die Topfilme auf den japanischen Hitlisten stammen seit Jahren ausnahmslos aus Hollywood. Nur ein Drittel der Gesamtumsätze wird mit japanischen Filmen erzielt. Während andere asiatische Nationen – allen voran die Chinesen – mit ihren Filmen weltweit Lob, Ehrungen und Zuschauerzuspruch einheimsen, gelangen nur wenige japanische Regisseure mit ihren Werken in die internationalen Kinos. Selbst die in Japan erfolgreichsten einheimischen Produktionen werden wohl keine Preise bekommen, denn es handelt sich dabei vor allem um Zeichentrickfilme oder um Trickfilme mit dem bejahrten Monster Godzilla. Die Gallionsfigur des anspruchsvollen japanischen Films, Kurosawa Akira, ist inzwischen 87 Jahre alt, Nachfolger von seinem Format sind nicht in Sicht, auch wenn Filmemacher wie Itami Juzo (»Tampopo«, »Die Steuerfahnderin«) oder Iwai Shunji (»Love Letter«) auch das nichtjapanische Publikum ansprechen.

Dabei kann der japanische Film auf eine lange und durchaus glanzvolle Geschichte zurückblicken. Bereits 1899 begannen die ersten japanischen Filmproduktionen. Es waren kleine Stücke mit Theaterschauspielern, von denen man mehrere hintereinander zeigte, um die Vorstellungslänge auf den üblichen Theaterstandard von mehreren Stunden zu bringen und damit den Zuschauergewohnheiten zu entsprechen. Das Fehlen der Sprache überbrückte man nicht wie im Westen allein durch Zwischentitel, sondern durch einen Erzähler, den sogenannten *Benshi*. Dieser erklärte die vielen Szenen der ausländischen Filme, die den japanischen Zuschauern völlig neu und unverständlich waren, und synchronisierte und kommentierte das Geschehen zum Teil so lebhaft und selbständig, daß er den Erfolg eines Films wesentlich mitbestimmte. Die *Benshi* waren die heimlichen Stars des japanischen Stummfilmkinos, und verständlicherweise waren sie nicht begeistert, als sich ab 1930 die Tonfilme durchsetzten. Bis dahin hatte sich bereits eine sehr produktive Filmindustrie in Japan etabliert. Zwischen 1920 und 1925 wurden mehr eigene Filme produziert als ausländische importiert. 1927 entstanden immerhin 700 japanische Filme. Das Kino hatte sich zum Massenmedium entwickelt. Leider wurde die Bedeutung von Filmen als kulturelles Erbe lange Jahre nicht erkannt, so daß heute nur wenige Bruchstücke dieser enormen Produktion erhalten geblieben sind und diese größtenteils in technisch schlechtem Zustand. Das Filmarchiv in Tōkyō bemüht sich heute um eine systematischere Konservierung der eigenen Filmgeschichte.

In der Vorkriegszeit konzentrierte sich die Filmproduktion vor allem auf Tōkyō und Kyōto. In Tōkyō lag der Schwerpunkt auf *Jidaigeki*-Filmen, historischen Filmen über Schwert kämpfende *Samurai*, während man in Tōkyō vorwiegend *Gendaigeki* drehte, Filme über das Leben von Kleinbürgern und Angestellten im modernen Japan. In dieser Zeit traten auch die Regisseure Mizoguchi Kenji (1898–1956), Naruse Mikio (1905–1969) und Ōzu Yasujirō (1903–1963) hervor, die mit ihrem feinen, reduzierten Stil später auch international das hohe künstlerische Renommee des japanischen Films prägten. Kurosawa Akira bezeichnet die drei heute noch als seine großen Lehrer, deren Tradition er fortführen möchte. Westliche Zuschauer mögen jedoch wesentliche Unterschiede zwischen ihm und seinen Vorbildern empfinden. Während Kurosawas Filme mit ihren durchkonstruierten Stories auch ohne tiefe Kenntnisse der japanischen Kultur verständlich – und vielleicht dadurch im Ausland populär – sind, wirkt die Art von Mizoguchi oder Ōzu, eine Geschichte extrem langsam zu erzählen, scheinbar ohne »auf den Punkt zu kommen«, oft sehr irritierend.

Gegen Ende der dreißiger Jahre waren die Filme zunehmend sozialkritisch gefärbt, worauf die Militärregierung mit immer strengeren Richtlinien reagiert. Ab 1938 sollten die Filme ausschließlich die vaterländische Ideologie ins Bild setzen und Nationalstolz und Opferbereitschaft im Volk fördern. Nach dem Krieg ging die Kontrolle über die Filmwirtschaft auf die amerikanischen Besatzer über. Nun sollten Demokratie und Liberalität propagiert werden, jegliche Darstellung von Feudalismus und Militarismus war verboten. Da die japanischen Filmemacher aber bis dato wenig Erfahrung mit Demokratie hatten, konnten die neuen demokratischen Produkte kaum realistischer ausfallen als die im Dienst der vaterländischen Ideologie entstandenen. Ironischerweise fielen die historischen *Samurai*-Filme, die *Jidaigeki*, den Zensurbestimmungen beider Herrscher zum Opfer: Während des Militarismus waren sie als frivol und degeneriert unterdrückt worden, die Amerikaner duldeten sie nicht, weil sie feudalistische Züge trugen. Kurosawas Film *»Tora no o wo fumu ototachi«* (Die Männer, die auf den Schwanz des Tigers traten) beispielsweise, der auf einem *Kabuki*-Stück basierte, wurde 1945 von den japanischen Militärbehörden nicht freigegeben, da er »nicht ernsthaft« genug sei. Später wurde er von den amerikanischen Kontrollbehörden als »feudalistisch« zurückgehalten. Erst 1952 kam er zur Aufführung. Die folgenden fünfziger Jahre kann man wohl als das »Goldene Zeitalter« des japanischen Kinos bezeichnen. Die Filmproduktion stieg von 200 Filmen im Jahre 1950 auf 500 Filme 1956, und die Zahl der Kinos verdreifachte sich fast in nur zehn Jahren. Die Zuschauerzahlen stiegen jedes Jahr rasant an, bis sie 1958 ihren Höhepunkt mit 1,127 Milliarden Besuchern erreichten.

Für den internationalen Durchbruch des japanischen Films sorgte Kurosawa Akira, der für seinen Film *»Rashomon«* 1951 sowohl den Goldenen Löwen in Venedig als auch den amerikanischen *Academy Award* (»Oscar«) für den besten ausländischen Film erhielt. In *»Rashomon«* wird ein Mordfall beschrieben, jeweils aus der Perspektive der verschiedenen beteiligten Personen (einschließlich des Ermordeten mit Hilfe eines Mediums). Die Erzählungen widersprechen sich gründlich, aber jede der Geschichten ist für sich völlig plausibel und stimmig. Der Film läßt offen, welche Geschichte »die Wahrheit« ist. *»Rashomon«* war zwar nicht der erste japanische Film, der im Ausland gezeigt wurde, aber er war mit Abstand der erfolgreichste und löste weltweit eine Welle des Interesses an japanischer Kultur aus. In nur wenigen Jahren konnten noch weitere japanische Filme internationale Auszeichnungen erringen. 1952 erhielt Mizoguchi für seine Literaturverfilmung *»Kōshoku ichidai onna«* (Das Leben einer lüsternen Frau) den Regiepreis auf dem Internationalen Filmfest in Venedig, und sowohl 1954 als auch 1955 ging der Oscar für den besten ausländischen Film nach Japan: 1954 für *»Jigokumon«* (Höllentor) an Kinugasa Teinosuke und 1955 an Inagaki Hiroshi für den ersten Teil seiner historischen Trilogie *»Samurai«*.

Doch nach diesen überaus erfolgreichen Jahren ging es praktisch nur noch bergab mit der japanischen Filmwirtschaft. Großen Anteil an der Krise hatte sicher – wie überall – das Fernsehen, das ab etwa 1960 mit zunehmender Verbreitung zu einer tödlichen Konkurrenz für das Kino wurde. Seit dem Höchststand von 1958 sind die Zuschauerzahlen dramatisch gefallen: 1996 ging nicht einmal jeder Japaner einmal im Jahr ins Kino (Bevölkerung: 125 Mio.), gegenüber elfmal Ende der fünfziger Jahre. Ebenso deutlich ist der Schwund bei den Kinos: 1960 gab es 7 457 Lichtspieltheater, seit den neunziger Jahren sind es weniger als 2 000.

Die Filmstudios begegneten der Krise in den sechziger Jahren mit reinen Kassenschlagern: möglichst billig und wenig anspruchsvoll. Neben den altbewährten *Samurai*-Filmen setzten die Studios wie etwa Toei dabei auf *»Yakuza«*-Actionfilme, in denen »gute« Gangster gegen »böse« Gangster kämpften. In jüngster Zeit sinken diese Filme in der Publikumsgunst allerdings, weil die *Yakuza* selbst (organisierte Kriminelle) jegliche Popularität verloren haben, seit sie mit ihren Aktivitäten die Durchschnittsbürger direkt schädigen. Deshalb ist es »schwer, Helden aus den *Yakuza* zu machen« (Toei-Sprecher), so daß die Studios die Gangsterfilme nacheinander aufgegeben haben. Rührselige Melodramen und *»haha-mono«* (»Mutterstücke«) verloren ihre Kinobedeutung bereits in den sechziger Jahren, als sie auf die Fernsehbildschirme abwanderten. Shōchiku, eine Produktionsgesellschaft, deren Domäne diese Filme waren, geriet damals in arge Schwierigkeiten. Erst 1969 gelang der Firma mit der Serie *»Otoko wa tsurai yo«* (Es ist schwer, ein Mann zu sein) wieder ein absoluter Publikumserfolg. Diese Serie um den liebenswerten Vagabunden Tora-san ist ein erstaunliches Phänomen, denn mit 48 Filmen ist sie laut Guiness-Buch der Rekorde die längste Serie mit demselben Hauptdarsteller. Als dieser, Atsumi Kiyoshi, im August 1996 verstarb, fiel die ganze Nation in aufrichtige Trauer. Die Tora-san-Serie ist so eng mit ihrem Hauptdarsteller verbunden, daß Shōchiku nach dessen Tod das Ende der Serie ankündigen mußte. So erfolgreich die Tora-san-Filme in Japan waren, so wenig sind sie exportierbar. Denn die Filmidylle ist bei aller Überzeichnung eindeutig eine japanische Welt. Die Filme von Regisseur und Drehbuchautor Yamada Yōji liefen stets nach dem gleichen Schema ab: Tora-san, ein Junggeselle in mittleren Jahren mit einem zu kleinen Hut und karierten Sackos, flieht zu Beginn aus dem engen Milieu eines Handwerkerviertels, wo seine Schwester mit ihrer Familie lebt, und macht sich auf die Wanderschaft in irgendeine japanische Stadt (im Verlauf der Serie hat Tora-san praktisch das gesamte japanische Archipel bereist). Dort lernt er eine Dame in Schwierigkeiten kennen, in die er sich unweigerlich verliebt. Doch ein dauerhaftes Glück ist Tora-san nicht beschieden – und entspräche auch gar nicht seinem unsteten Charakter. So regelt er vielmehr für die besagte Dame alles zum Guten und verläßt sie am Ende, um zu seiner eigenen Familie zurückzukehren. Die Mischung aus Sentimentalität und Selbstironie ließ den fröhlichen Verlierer Tora-san zu einem liebenswerten Bruder/Onkel für alle Zuschauer werden.

Ein anderes Genre, das während der Kinokrise zu blühen begann, waren Softpornos. Vor allem die Produktionsfirma Nikkatsu verlegte sich auf diese Filme, obwohl die japanische Zensur bis heute streng darüber wacht, daß dem Zuschauer bzw. Leser jeglicher Anblick von Genitalien und Schambehaarung erspart bleibt. Dieses hehre Ziel wird beispielsweise dadurch erreicht, daß man in importierten Filmen allen Nackedeis verzerrende Lichtflecken als Feigenblätter aufsetzt. *»Ai no korrida«*, unter dem Titel »Im Reich der Sinne« auch international bekannt, wurde vom Regisseur Ōshima Nagisa 1976 nicht nur mit französischem Geld finanziert, sondern mußte sogar in Frankreich entwickelt und bearbeitet werden. Bis heute wurde der Film in Japan noch nie in seiner ungekürzten, unzensierten Version gezeigt.

Mit Monsterfilmen gelang es den japanischen Studios allerdings, sowohl das einheimische als auch das ausländische Publikum anzusprechen. Allen voran ging dabei das urzeitlich anmutende Monster Godzilla, das seit seinem Debüt 1954 bis heute in immer neuen Folgen auf die Leinwand zurückkehrt. Der ganz große kommerzielle Erfolg blieb allerdings auch bei diesen Filmen aus, denn obwohl der technische Standard der japanischen Filmstudios hoch ist, merkt man den Filmen allzu deutlich an, daß sie in billigen Miniaturkulissen gedreht worden sind. Der Film »Godzilla vs. Spacegodzilla« war 1995 zwar der zweiterfolgreichste japanische Film, brachte es aber doch nur auf ein Drittel der Einnahmen, die der Topfilm des Jahres »Die Hard 3« erzielte. Auch 1996 führten drei US-Filme die Hitlisten an: »Mission: Impossible«, »Seven« und »Twister«, allesamt Titel, die auch den deutschen Kinobesuchern vertraut sind. Einen beachtlichen Erfolg konnte allerdings auch der Film »Shall we dance?« von Regisseur Son Masayuki erzielen: Die Liebesromanze lockte in Japan 1,9 Mio. Besucher ins Kino.

In den achtziger Jahren konnten sich die japanischen Filmemacher noch einmal im internationalen Ruhm sonnen. Wieder einmal war es Kurosawa Akira, der 1980 für sein Werk *»Kagemusha«* (Schattenkrieger) in Cannes die Goldene Palme erhielt. Die gleiche Auszeichnung wurde drei Jahre später Imamura Shōhei für seine *»Narayama bushikō«* (Die Narayama-Lieder) zuteil. Es fällt auf, daß das Bild des japanischen Films im Ausland ausgerechnet von den Regisseuren geprägt wird, die in Japan selbst gar nicht so populär sind. Selbst ein so etablierter Filmemacher wie Kurosawa hatte in Japan zum Teil Schwierigkeiten, Geldgeber für seine Projekte zu finden. So entstand *»Kagemusha«* mit der Hilfe von Francis Ford Coppola, George Lucas und der 20th Century Fox; *»Ran«*, eine Abwandlung der »König Lear«-Tragödie, wurde mit der französischen Gesellschaft Gaumont realisiert. Die japanischen Filmgremien ignorierten *»Ran«* sogar bei der Nominierung für die *Academy Awards* und schlugen statt dessen als japanischen Beitrag in der

Kategorie »Bester ausländischer Film« einen Film über die Alzheimersche Krankheit vor. US-Regisseure sorgten daraufhin dafür, daß Kurosawa in der Kategorie »Beste Regie« nominiert wurde (in der er allerdings nicht gewann). Die Verleihung eines Ehren-Oscars 1990 war ebenfalls eine Würdigung des Auslands für das Werk Kurosawas.

Immerhin gibt es einige Lichtblicke für den japanischen Film. So trat mit Itami Juzo in den achtziger Jahren ein neuer Regisseur ins internationale Rampenlicht. Sein Film *»Tampopo«* (Pusteblume) lief 1987 auch in den deutschen und amerikanischen Kinos mit großem Erfolg. Tampopo ist eine Witwe, die mit Hilfe des Lastwagenfahrers Gorō lernt, die perfekte Nudelsuppe zu bereiten, um ihr heruntergekommenes Nudelsuppen-Restaurant wieder in Schwung zu bringen. Der Film ist ein fröhliches Durcheinander von sehr japanischen Elementen wie das autoritäre Verhältnis zwischen Lehrer Gorō und Schülerin Tampopo, Anspielungen an Western, wenn sich beispielsweise der Truckerfahrer als japanischer Clint Eastwood gibt, oder an japanische *Yakuza*-Filme und viele kleine Szenen, die auf sehr unterhaltsame Weise das Thema »Essen« ausmalen. Der Regisseur Itami geriet 1992 auf tragische Weise in die Schlagzeilen, als er einen Film über eine Anwältin, die energisch und unerschrocken gegen die *Yakuza* vorgeht, fertiggestellt hatte. Die japanische Mafia wollte die Aufführung verhindern und griff Itami tätlich an. Obwohl Itami dabei schwer verletzt wurde, ließ er sich nicht einschüchtern, und der Film lief erfolgreich in den japanischen Kinos. Kurioserweise war dies der letzte erfolgreiche *Yakuza*-Film.

Neben Itami sind es vor allem unabhängige Filmemacher, die durch gute Filme von sich reden machen. Beispielsweise Sai Yoichis schwarze Komödie »Wo liegt der Mond?« (1993) über einen koreanischen Taxifahrer der zweiten Generation und eine Filippina, die als Hosteß in der Bar seiner Mutter arbeitet. Die Handlung verläuft mitunter etwas konfus, aber der Film enthält eine Reihe von ätzenden sozialkritischen Kommentaren sowie komische Momente. Ein anderer Newcomer ist Iwai Shunji, dessen tragischer Liebesfilm *»Love Letter«* sowohl Kritiker als auch Zuschauer begeisterte. Iwai gehört der jungen Generation an, die nicht mit Ōzu und Mizoguchi aufgewachsen ist, sondern mit Fernsehen und Musikvideos. Er distanziert sich von den Altmeistern des japanischen Films und will statt dessen in seinen Filmen Japan so zeigen, wie es heute ist. Seine Inspirationen bezieht er aus allen modernen Medien statt vorwiegend aus dem Theater, wie es der klassische Film tat.

Ein zweiter Lichtblick – zumindest aus der Sicht der japanischen Zuschauer – ist das Vordringen von ausländischen Filmunternehmen auf den Kinomarkt. Der amerikanische Konzern *Time Warner* und die britische *United Cinemas International* haben bereits mehrere Multiplex-Kinozentren in Japan eröffnet. Hier sollen die Besucher bequeme Sitze, beste Vorführtechnik und ein ansprechendes breites Angebot von Getränken und Snacks bekommen – Dinge, an denen es in vielen japanischen Kinos mangelt. Die ersten Erfolge der Multiplex-Kinos geben den zuversichtlichen Expansionsplänen der internationalen Firmen recht. Vielleicht sind die japanischen Filmfreunde doch noch am Kinoerlebnis interessiert, wenn nur das Angebot attraktiv ist, sowohl was die Filme als auch was die Ausstattung und Eintrittspreise der Kinos betrifft.

## *1997 – Ein Jahr des japanischen Films*

1997 war ein Jahr, in dem der Niedergang des japanischen Films vorerst gestoppt wurde. Die Kinos zählten 30 Mio. Besucher mehr als im Vorjahr (150 Mio.), die gleich von mehreren Kassenschlagern angezogen wurden. Dabei war der erfolgreichste Film des Jahres 1997 der japanische Zeichentrickfilm »Prinzessin Mononoke« *(Mononoke Hime)*, der über 12,3 Mio. Besucher anlockte, mehr als die US-Produktion »Independence Day«.

Der japanische Film feierte 1997 auch wieder internationale Erfolge. Bei den Filmfestspielen in Cannes erhielt Altmeister Imamura Shōhei für seinen Film »Der Aal« *(Unagi)* im Mai die Goldene Palme, die junge Regisseurin Kawase Naomi wurde dort für ihr Werk *»Suzaku«* mit dem Preis für den besten Nachwuchsfilm ausgezeichnet. Beim Filmfestival von Venedig schließlich war es die japanische Kultfigur Kitano Takeshi, der für seinen Streifen *»Hana-bi«* den Goldenen Löwen erhielt. Es bleibt abzuwarten, ob die vielversprechende Generation von unabhängigen Filmemachern dem japanischen Film auf Dauer wieder Kritiker- und Publikumserfolge bringen kann. Dabei gilt es auch die Lücken zu schließen, die der Tod von Regisseur Itami Juzo *(»Tampopo«)* und von Starschauspieler Toshiro Mifune *(»Rashomon«)* im Dezember aufgerissen haben.

# VI. Populärkultur in Japan

Petra Plate

*Manga* ist das zentrale Medium japanischer Populärkultur, in dem sich die Stilrichtungen kreuzen und alle Genres widerspiegeln. Die erfindungsreich gezeichneten Comicgeschichten erscheinen in wöchentlichen Zeitschriftenausgaben von 350 Seiten, in denen jeweils bis zu 20 Serien zusammen erscheinen, oder in Taschenbuchform, als Bildbände oder als Teil einer anderen Zeitung oder Zeitschrift. Die drei größten Wochen-Comiczeitschriften haben Auflagen von 5–6 Millionen. Ein Drittel aller in Japan gedruckten Seiten sind *Manga.* Mit ihnen verwandt sind die Zeichentrickfilme *Anime* (von *Animation Movie*), von denen in Japan immer mehrere auf der Liste der zehn meistgesehenen Kinofilme stehen.

Als die ersten Comicstreifen aus den USA in Japan bekannt wurden, gingen sie eine explosionsartige Bindung mit der einheimischen Zeichenkunst der Holzschnittwerkstätten ein, wobei mit einem Schlag alle Themen und Formen der japanischen Bildsprache und der populären Erzählungen zu *Manga* vereint wurden. In China, China und Japan werden schon seit Jahrhunderten geschriebene Worte als Bestandteil der Komposition in Bilder integriert. Es fehlte nur die Sprechblase, um den Schriftelementen eine die fortlaufende Erzählung vorantreibende Funktion zu geben. Diese Funktion wurde in Japan sofort um tonmalende Ergänzungen der Szenerie erweitert. Die japanischen Zeichner halten sich auch nicht an die Umrandungen regelmäßiger Bildquadrate, sondern nutzen die Möglichkeit, ganze Seiten mit einer durchgehenden Dynamik zu gestalten. Wegen der großen Mengen des zu druckenden Materials verwenden sie selten Farbtafeln, sondern setzen die Graphik von Schwarz und Weiß, von Strichen und leeren Flächen ein.

Den prägendsten Einfluß auf die modernen *Manga* hatte der Zeichner und Autor Tezuka Osamu. Er hat das typische japanische Comicgesicht, die riesigen Telleraugen mit Glanzlichtern, bekanntgemacht, auf dem sich jede Gefühlsregung überdeutlich spiegeln läßt. Tezuka hatte den Anspruch, alle Einstellungen des Kinos zeichnerisch einzusetzen und erfand außerdem viele weitere Effekte. Er bevorzugte epische Stoffe und verarbeitete im Laufe seines Lebens die japanische Mythologie und historische Themen, *Science-fiction* und Forschungsabenteuer, aber auch die Bibel und Dostojewskis »Schuld und Sühne« zu Comicserien. Für die bisher gute Akzeptanz der Atomenergie im bereits nuklear geschädigten Japan wird Tezukas hilfreicher Superheld »Atom Boy« verantwortlich gemacht, der in den sechziger und siebziger Jahren bei allen Kindern bekannt war. Tezukas Löwenbaby »Simba« hatte mehr Einfluß auf die Zeichner von Disneys »König der Löwen«, als diesen vielleicht selbst bewußt war.

Zwei Drittel der von kleinen Jungen gelesenen *Manga* sind Sportgeschichten, die von sehr durchschnittlich lebenden Schuljungen handeln, die aber in einem Baseball- oder Basketballteam ihrer Schule gefährliche Abenteuer, Erfolge und Rückschläge erleben. In neuerer Zeit lesen Kinder außerdem *Dragon Ball* (ein ziemlich kriegerischer Sport, von dem es auch Videospiele gibt) und *Sailor Moon* (fünf Schülerinnen im Matrosenkleidchen als Superheldinnen). Alternative Kinder lesen auch die Geschichten von Togarashi Ichiro über den kleinen Fischotter »BonoBono«, der als japanischer Verwandter von »Winnie the Pooh« und »Charlie Brown« über die Natur und seine eigenen Schwächen philosophiert. Erfolgreiche literarische Werke werden oft noch einmal als *Manga* herausgegeben, oder eine Geschichte kehrt als Film oder Theaterstück wieder. Die Romane, die als Darstellungen der modernen japanischen Jugend auch im Ausland bekannt wurden, etwa *Kitchen* von Yoshimoto Banana, wirken wie eine Vorlage, die bereits im Stil der Comicgeschichten angefertigt ist. Aber auch wichtige Regierungspublikationen wie das Umweltrahmengesetz und an Schulkinder gerichtete Veröffentlichungen werden in Comicform noch einmal herausgegeben, nachdem man festgestellt hat, daß Kinder und Erwachsene jede Art von *Manga* begeistert aufnehmen.

Neben den zeitlosen Reizmotiven Kampf und Romantik und dem zuverlässig die Kassen füllenden Sex werden in den *Manga* für Erwachsene alle Themen von gesellschaftlichem Interesse behandelt. 1995, als die ersten faulen Kredite das Ausmaß der japanischen Bankenkrise ahnen ließen, gab es zum Beispiel plötzlich mehr als fünf Serien, die im Finanzmilieu spielten. Um etwas Spannung in die normalerweise trockene Bankenwelt zu geben, wurden weibliche Hauptfiguren eingesetzt. Von Frauen nimmt man gerne an, daß sie trotz des notwendigen Karrierestrebens eine grundlegende Aufrichtigkeit bewahren, an der sich die Korruption der üblichen Praktiken dramatisch bricht.[1] Diese Geschichten setzen das Genre des Arbeitsplatzepos oder »*Sararīman*«-Romans (»Angestellten«-Roman auch in Comicform) fort, in denen das Schicksal von Büroangestellten als Drama des tragischen Helden oder auch als Komödie dargestellt wird.

Während es auch in Europa und den USA allgemein geschätzte Cartoons und Karikaturen in den Zeitungen gibt, bleiben die Comics für Erwachsene (noch) ein relativ spezialisierter Nischenmarkt. Für dieses Publikum wurden auch japanische *Manga* mit *Fantasy-, Science-fiction* und Märchenhandlungen sowie Helden- und Sportgeschichten übersetzt. Vor allem die *Anime*-Filme wurden über das materialhungrige Fernsehen erst ins Kinderprogramm übernommen und dann auch von erwachsenen Comic-Konsumenten entdeckt. Ohne ironisierte Distanz wird die japanische Vorliebe für die bildhaften Ausdrucksmittel des *Manga* und für seine dramatisierte Erzählweise besonders von anderen asiatischen Gesellschaften geteilt. Dort ist ein großer Markt für *Manga* und japanische Populärkultur überhaupt entstanden: In Taiwan, Hongkong, China und Südostasien sind die Auflagen der japanischen *Manga* oft noch höher als in Japan selbst.

1 »Tales from the (bank) vault«, in: Nikkei Weekly, 4. 12. 1995.

## 1. Populärkultur als Massenkultur

In Japan wird die »Populärkultur« nicht vom Standpunkt einer »Hochkultur« aus abgewertet. Unterschiede des Geschmacks werden in Japan eher unter gleichgesinnten Anhängern einer bestimmten Kulturrichtung wahrgenommen, als daß sie zur Abgrenzung von einer als vulgär angesehenen Kultur der Ungebildeten oder als Absicherung von Privilegien betrachtet würden. »Natürlich lassen sich direkte oder implizite Klassenunterschiede an Verhaltensmustern, dem künstlerischen Geschmack, der Wahl der Zeitschriftenlektüre, der Kleidung oder am Sprachgebrauch erkennen, wenn man die Leute genau beobachtet. Aber heute ist in Japan jeder Empfänger und Publikum der Populärkultur.«[2] Auch die Vertreter der Hochkultur selbst, Künstler und Intellektuelle, grenzen sich nicht von der Massenkultur ab. Sie sehen keinen Widerspruch zu ihrem künstlerischen Selbstverständnis darin, daß sie fernsehen, Comics lesen und *Karaoke* singen, und versuchen nicht, ihr Vergnügen an der Populärkultur zu verbergen. Daher gibt es im Japanischen keine genaue Entsprechung für den Begriff »Populärkultur«. Man spricht statt dessen von einer durch die gesamte Bevölkerung getragenen Massenkultur (*Taishū Bunka*), die durch entsprechend weitreichende Massenmedien in Umlauf kommt, oder zum Beispiel von wechselnden Moden (*Ryūkō*).[3] In beiden Ausdrücken ist keinerlei Abwertung der Masse enthalten, und es wird kein exklusiver Standpunkt einer in die Kultur eingeweihten Minderheit eingenommen. So lebt die japanische Populärkultur durch die verbreitetsten Massenmedien: Fernsehen, Radio, Zeitungen, *Manga*, Bücher, Musik-CDs und Videospiele.

In Japan wird im Durchschnitt fast vier Stunden am Tag ferngesehen. Teilweise läuft der Fernseher zwar nur als Hintergrund für andere Aktivitäten. Dennoch betrachtet der zum Fernsehmoderator gewordene Filmregisseur Ōshima Nagisa (»Im Reich der Sinne«) das Medium als »eine sanfte, schleichende Droge im Alltag der meisten Menschen«, die ihnen vor allem Werbung bringt. Ōshima beschreibt eine Entwicklung in drei Stufen: Anfang der siebziger Jahre sollte das Fernsehen das politische und soziale Geschehen kommentieren und einen gewissen Bildungsanspruch erfüllen. »Danach gab es eine Entwicklung hin zu eher persönlichen Problemen, vor allem solche, die mit der Situation der Frauen zusammenhingen ... Schließlich habe ich in der dritten Stufe, in den achtziger Jahren, angefangen in Unterhaltungssendungen aufzutreten, vor allem mit dem *Manzai* (Komiker) ›Beat‹ Takeshi.«[4] Diese Abfolge sollte nicht als eine Degenerierung angesehen werden, sondern als eine Diversifizierung der Mittel, mit denen im Fernsehen die Belange der Gesellschaft zur Sprache gebracht werden.

»Das japanische Genre ›Fernsehdrama‹, das sowohl mit dem deutschen ›Fernsehspiel‹ als auch mit der ›Fernsehserie‹ vergleichbar ist, gilt neben den Comics als eines der wichtigsten Genres der japanischen Populärkultur. Die Fernsehdramen haben einen hohen Stellenwert im privaten wie auch im öffentlichen Diskurs. Einer

2 Vgl. Kato Hidetoshi, »Some Thoughts on Japanese Popular Culture«, in: Powers, Richard Gid/ Hidetoshi Kato (Hrsg.), Handbook of Japanese Culture, New York 1989, S. 314.

3 Kato (Anm. 2) (Übers. v. d. Verf.).

4 Ōshima Nagisa zit. nach Max Tessier, »Japan sieht fern«, in: Le Monde Diplomatique (Die Tageszeitung), März 1996.

japanischen Untersuchung zum Medienverhalten zufolge sehen sich vor allem Frauen keineswegs nur zum Vergnügen Fernsehdramen an, sondern auch um Anregungen für die eigene Lebensweise zu erhalten. Die Fernsehdramen sind damit nicht nur ein Spiegel des gesellschaftlichen Bewußtseins, sondern können durch das Anbieten von Rollenmodellen und die Botschaften, die sie vermitteln, entscheidend zur Bildung oder Festigung von Wertvorstellungen beitragen.«[5]

Als Massenphänomen ist die Populärkultur zweifellos eine riesige Industrie. Wie andere blühende Industriezweige Japans entwickelt sie sich aber immer in Kommunikation mit den Konsumenten. Wenn auch während des Zweiten Weltkriegs und davor in der Zeit der Nationenbildung die ideologische Funktion der Massenkultur eine größere Rolle spielte, geht es heute in erster Linie darum, vermarktbare Produkte mit attraktiven Inhalten zu versehen, die mit starker Nachfrage rechnen können. Diese Kulturproduktion wirkt zwar stabilisierend und kompensierend gegenüber den vielfältigen Zwängen der Gesellschaft, doch wird diese Kompensation von den Menschen auch gewünscht. Nur deshalb sind sie bereit, die erforderliche Unterhaltungselektronik auch zu kaufen. Viele haben sogar Spaß an den heftigen Werbebotschaften. Es stört sich kaum jemand daran, daß während einer einzigen Werbepause in einem Fernsehfilm oft derselbe Spot dreimal hintereinander abgespult wird.

Das große Volumen des japanischen Medienmarkts beruht auf drei verschiedenen Marktstrategien. Erstens sind die großen Zielgruppen noch recht homogen, so daß zum Beispiel ein an junge Mädchen gerichtetes *Manga*, wenn es gut ankommt, zu einer großen Modewelle wird, mit der viele Fortsetzungen und Merchandising-Artikel auch noch verkauft werden können. Gelegentlich gibt es ein Produkt, daß sich erst bei den Schülerinnen durchsetzt und dann weitere Kreise zieht, bis es die ganze Gesellschaft erobert hat. Ein solches ist das *Tamagotchi* (*tamago* + watch: Eier-Taschenuhr). Es handelt sich um ein elektronisches Haustier: Wird das Mini-Videospiel gestartet, schlüpft ein Küken und beginnt, nach Futter, Zuwendung und Pflege zu verlangen. Dieses Hühnchen muß in der Schule, im Büro und im Auto ständig gepflegt werden, damit es »lernt«, sein Piepsen nur zu regelmäßigen Zeiten verlauten zu lassen. Schlecht erzogen pfeift es auch noch nachts, und schlecht gepflegt wird es struppig und geht ein. Die vom Hühnchen erweckten mütterlichen und väterlichen Gefühle sind so stark, daß im Internet ein Tempel für tote *Tamagotchis* eingerichtet wurde.[6]

Zweitens wenden sich manche Medien an mehrere Zielgruppen zugleich. In den wöchentlichen Massen-Comiczeitschriften werden zum Beispiel zwölf bis fünfzehn Serien zusammengebunden, so daß mancher Kunde, nur um seine Lieblingsserie zu verfolgen, das ganze Konvolut kauft. Die anderen Geschichten werden dann vielleicht von den Kindern gelesen. Außerdem werden viele Fassungen desselben Materials für verschiedenes Publikum erstellt. Alle Medien, vom Fernsehen über Bücher bis zum Theater, lassen sich auch in Comicform übersetzen. »Since the

5 Aus der Beschreibung des Forschungsprojekts »Die Pluralisierung der Lebensformen im Spiegel japanischer Fernsehdramen« von Hilaria Gössmann, Universität Trier. (http://www.uni-trier.de/uni/japanologie/Dramen.html, 21. 3. 1997).

6 http://home.highway.or.jp/kazuyan1/tamago_sougi.htm und http://www.urban.or.jp/home/jun/tamago/ohaka.html (21. 03. 1997).

cross-fertilization of media is so rampant these days, Manga forms are reproducing like amoebae.«[7] Eine erfolgreiche *Manga*-Geschichte für Kinder wird oft zu einer Zeichentrickserie im Fernsehen verarbeitet und dann als abendfüllendes *Anime* für ein etwas älteres Publikum umgeschrieben und im Kino gezeigt. Außerdem gibt es dann Schreibwaren, Spielzeug und T-Shirts mit der Figur.

Drittens gibt es Medien wie Fernsehen, Walkman und Videospiele, für die der Massenartikel das Abspielgerät ist, die Inhalte jedoch auf jede Interessengruppe einzeln abgestimmt werden können. Es ist kaum teurer, Millionen CDs mit demselben Inhalt zu pressen, als tausend verschiedene Titel anzubieten. Allerdings sind dann die Copyrightgebühren tausendmal höher. Japan besitzt im Vergleich zu den USA einen viel zu kleinen Vorrat an solchen Inhalten, der sogenannten Mediensoftware. Bisher konnte sich Japan auf seine homogenen Konsumenten verlassen, die mit relativ wenigen verschiedenen Fernsehserien oder Videospielen zufrieden waren. Sollten aber neue Geräte mit früher unvorstellbaren Kapazitäten wie der Multimedia-Computer oder die Anlage für *Digital Video Disks* (DVD) die alten Elektronikmärkte erobern, wird in Zukunft viel mehr Software benötigt, die auf viele Partikularinteressen eingeht. Zur Individualisierung der Medien tragen auch interaktive Techniken bei, für die das »Erziehen« des *Tamagotchi* ein gutes Beispiel ist.

## 2. Populärkultur als Alltagskultur und Freizeitgestaltung

Ein bisher wenig beachteter Zug der japanischen Populärkultur ist die Vielzahl von Formen, an denen die Adressaten selbst beteiligt sind und mehr oder weniger kreativ sein können. Die Interaktion mit einem Videospiel ist noch der Projektion eigener Gedanken beim Lesen und dem Ergänzen der weiß gelassenen Stellen eines *Manga*-Bildes in der Phantasie relativ ähnlich und bleibt eine einsame Beschäftigung. Viele Erscheinungen der japanischen Populärkultur sind jedoch Ereignisse, die in Gesellschaft genossen werden und bei denen man mitmachen kann. Dem Fehlen einer intellektuellen Herabwertung der Populärkultur entspricht das Fehlen einer vernichtenden Kritik an bestimmten öffentlichen Darbietungen wie z. B. *Karaoke*. Im Gegenteil: Im Rahmen des *Karaoke* wird ein erstaunlich offenes Ausleben von Gefühlen und Phantasien toleriert. In den letzten Jahren haben die – mit zitternder Stimme vorzutragenden – japanischen *Enka*-Lieder mit ihrer Sehnsucht nach Heimat und verlorener Jugend ihren früher überwältigenden Marktanteil verloren und werden zunehmend von den leichteren Popsongs der japanischen »Idol«-Sänger abgelöst, die auch außerhalb Japans zunehmend populär werden.

Dem fleißigen Amateur ist es in Japan möglich, fast jede Fähigkeit auf hohem Niveau zu lernen, auch zum Beispiel beinahe professionell *Karaoke* zu singen. Das Lernen ist in Japan selbst ein Bestandteil der Alltagskultur, denn man nimmt Un-

7 Shigeo Nishimura, Herausgeber des auflagenstärksten Comicmagazins Shonen Jump, in einem Sonderdruck des Foreign Press Center, Tōkyō 1994.

terricht in Tätigkeiten, die physisch entspannen, kreativen Ausdruck erlauben oder eine bessere Wahrnehmung der Kunst oder der Welt ermöglichen. Die einen lernen traditionelle Fertigkeiten wie Kalligraphie oder Blumenstecken, andere spielen ein Instrument oder üben Golfschläge. In den letzten Jahren war es in Mode, auf die Meteorologenprüfung des staatlichen Wetterdienstes zu lernen oder in Tanzschulen Samba, Tango und Walzer zu tanzen. Auch für die *Manga* ist es typisch, daß die Leser eigene Zeichnungen anfertigen. Das reicht bis zur Anfertigung eigener Folgen bekannter Comicserien, die auf besonderen, von Tausenden besuchten Börsen in Tōkyō getauscht werden.

Die Kamera und immer häufiger die Videokamera begleiten den japanischen Alltag noch mehr als in westlichen Ländern. Viele Hobbyfotografen schicken Bilder an die Fotozeitschriften der großen Kamerahersteller, während aber die meisten ohne jeden künstlerischen Anspruch das Gruppenfoto als Kommunikationsform pflegen. Neben Menschen bei besonderen Gelegenheiten und Sehenswürdigkeiten auf Reisen werden in Japan ziemlich häufig angerichtete Speisen fotografiert. Obwohl es in Japan jede Art von industriell hergestelltem Fast-food gibt, ist auch die handwerklich anspruchsvolle Küche ein wichtiges Element der japanischen Populärkultur.

Die Mittlerinnen zwischen Kunst, Alltag und Populärkultur sind vor allem die Frauen. Sie beschäftigen sich im Privaten mit der Einrichtung der Wohnung, dem Anrichten der Speisen oder traditionellen japanischen und europäischen Stilen – und treten zunehmend als Autorinnen und Zeichnerinnen wieder an die Öffentlichkeit. Eine Mediengeschichte wie die der Tawara Machi ist wohl nur in Japan möglich. Mitte der achtziger Jahre veröffentlichte Tawara einen Band von Gedichten in klassischer japanischer Form, die jedoch auf Situationen im Alltag einer Hausfrau eingingen. Das Buch hatte den Titel *Sarada Kinenbi* (Salat-Gedenktag). Zu einem Gedenktag wird in einem der Gedichte fortan der Tag, an dem der Ehemann den Salat gelobt hat. Es wurde zum Bestseller.

Aus diesem Stoff wurde in Zusammenarbeit mit der *Manga*-Zeichnerin Ide Mayumi eine Comicversion verfaßt, in der die Heldin noch zur Schule geht und den Salat als Beitrag zum Buffet bei einem Schulsportfest mitbringt. Doch die anvisierte Romanze mit dem jungen Mann, der den Salat lobt, bleibt, wie in vielen anderen *Manga*, ein unerfüllter Wunsch. Zur selben Zeit erschien in den Supermärkten ein Sortiment abgepackter Salate mit der Aufschrift »*Sarada Nikki*« (Salat-Tagebuch). Man versteht: Mit diesem Produkt wird jeder Tag ein neues Lob bringen, das sich in ein Buch einzutragen lohnt.

## 3. Populärkultur als Volkskultur in den Städten

Die japanische Populärkultur bietet nicht nur emotionale Nischen im Arbeitsleben, in der Schule und in den Familien, sondern auch in der Großstadt. Eine weitere Bezeichnung, die zur japanischen Übersetzung von »Populärkultur« herangezogen wird, ist Volkskultur (*Minzoku Bunka*). Darunter werden zunächst die regionalen handwerklichen Erzeugnisse verstanden, aber auch die Volksmusik und die Tänze der ländlichen Gebiete. Diese eignet sich die moderne städtische Kultur begierig an, wenn zum Beispiel in Tōkyō mitten im Geschäftsviertel Shinjuku ein *Furusato Matsuri* gefeiert wird, ein Fest der alten Heimatdörfer, bei dem Volkstanzgruppen in Trachten verschiedener Regionen auftreten. Sehr viele Menschen in Japan träumen davon, als Gärtner zu arbeiten oder sogar aufs Land »zurückzukehren«, um sich der besinnlichen Landarbeit zu widmen.[8] In diesem Zusammenhang ist auch das Reisen im Inland eine Organisationsform japanischer Populärkultur.

Durch die Vorstellung einer ländlichen Herkunft wie durch die Berufung auf die städtischen Kulturen im Edo (Tōkyō) und Ōsaka des 18. und 19. Jahrhunderts wird eine eigene japanische Kultursphäre erzeugt, die sich dem internationalen oder universalistischen Anspruch der Hochkultur, vor allem des klassischen europäischen Kanons, widersetzt. Dieser Widerstand reicht von einer rückwärtsgewandten nationalen Orientierung über eine Popularisierung traditioneller japanischer Kunstformen bis zur spielerischen Übernahme fremder Elemente. Sato Tadao zeigt am Beispiel der populären Literatur der zwanziger Jahre, deren Erbe heute erst im Kino, dann auch in *Manga* und Fernsehen weitergetragen wird, daß gerade in der Populärkultur die Formen und Inhalte vormoderner japanischer Kunstformen weiterleben. »Auf die Gefahr hin, zu sehr zu vereinfachen, könnte man sagen, *Junbungaku* (reine Literatur) sei das Erzeugnis von Intellektuellen, die der Einfluß westlicher Literatur zur Erkundung des Wesens des modernen Individuums trieb; *Taishū bungaku* (Populärliteratur) mit ihren Ursprüngen in den Heldenerzählungen zur Unterhaltung der niederen Klassen handelte von der Moral und der Ethik einer Gesellschaft, die immer noch feudalistische Züge besaß.«[9]

Ian Buruma erinnert an die vormodernen Schreinfeste des *Shintō* und die ausgelassenen Volksvergnügungen, die in den beschränkten Freiräumen der feudal beherrschten Gesellschaft der *Edo*-Zeit stattfanden. Spuren dieser traditionellen Ausschweifungen entdeckt er noch in der heutigen Populärkultur, doch »was einst Ausdruck gefährlicher, subversiver Spontaneität war, gehört nun zur Sphäre harmloser Folklore. Aber populäre Ausdrucksmittel müssen nicht unbedingt traditioneller Form sein: Es ist der Geist, auf den es ankommt.«[10] Dieser Geist unterscheidet die japanischen *Manga*- und Zeichentrickfilm-Erzählungen von den Erzeugnissen von Warner Brothers und Disney. Die Gespenster und Götter der japanischen Mythen und Legenden, Tempel und jahreszeitliche Rituale der japanischen Vergangenheit werden mit technikbegeisterten Zukunftsmotiven vermischt. Man erkennt ein reiches kulturelles Erbe darin ebenso wie eine Strategie der Verarbeitung der gesellschaftlichen Modernisierung und Veränderung.

Zuweilen wird der respektlose Umgang der Jugendlichen mit der kulturellen Tradition von den ernsthaften Künstlern kritisiert. Eine Popsängerin trat in einer Punk-Parodie in *Geisha*kleidung auf und löste damit eine Modewelle aus: Eine Reihe von Studios in Kyōto und Tōkyō kleidete ihre Kundinnen zum Spaß als *Maiko*

---

8 Dies hat natürlich überhaupt nichts mit der Realität der japanischen Agrarwirtschaft zu tun.

9 Tadao Sato, Popular Culture in Modern Japan, Japan Review of International Affairs, 10 (1996) 2, S. 141–157 (Übers. v. d. Verf.).

10 Ian Buruma, A Japanese Mirror: Heroes and Villains of Japanese Culture, London 1984, S. 17 (Übers. v. d. Verf.).

(Tänzerin) oder *Geisha* ein, was Proteste auslöste. Sofern aber keine wirtschaftlichen Interessen der Träger der traditionellen »Hochkultur« tangiert werden, ist in Japan nichts so ehrwürdig oder heilig, daß es nicht auch als Comic oder Schlüsselanhänger verarbeitet werden dürfte.

## 4. Populärkultur als Kultur der gesellschaftlichen Gruppen

Dem Bild einer »Volkskultur in den Städten« entspricht auch die japanische Vorliebe dafür, Anhänger einer modischen Kulturströmung scherzhaft als »Stämme« (*Zoku*) mit typischer Tracht und eigenen Sitten zu bezeichnen. Schon die japanischen Hippies der sechziger Jahren lebten in »*Tribes*« zusammen, oft auf einer eigenen Insel. Dort pflegten sie traditionelle Handwerkskünste, Meditation und Musik. Heute ist zum Beispiel das Ensemble »Kōdō« von der »alternativen« Insel Sado international bekannt, das neben der großen japanischen Trommel auch mit anderen Instrumenten und Musikformen aus Japan und Okinawa experimentiert. Das Entdecken und Erfinden von subkulturellen Trends und ihre Benennung mit immer neuen Wortschöpfungen kann in sich selbst schon als eine japanische Populärkultur betrachtet werden. In letzter Zeit entdeckte man zum Beispiel die Kaktusfrauen (*Saboten Onna*), die alleinstehend und berufstätig sind und sich so selten in ihrer Wohnung aufhalten, daß dort nur Kakteen überleben. Der gesellschaftliche Hintergrund der Kaktusfrau ist die japanische Auffassung von Berufstätigkeit. »Arbeitszeitanforderungen, die nur durch Freistellung von Kinder-, Kranken- und Altenversorgung sowie Hausarbeit erfüllt werden können, erfordern von Frauen den Verzicht auf Ehe und Kinder.«[11] Der Anteil junger berufstätiger Frauen, die zumindest daran denken, eine Karriere zu verfolgen, ist in den letzten Jahren angestiegen. Daraus entsteht ein Bedarf an Waren, Dienstleistungen und Zeitschriften für alleinstehende Berufstätige, die zur Lösung dieses Dilemmas Rat und Hilfe bieten.

Diese Strömungen sind jedoch nur Subkulturen einer Massenkultur, die insgesamt von der Mittelstandsgesellschaft getragen wird.[12] Unterschiedliche Vorlieben ergeben sich nicht aus einer Klassenzugehörigkeit, sondern sie verteilen sich nach Alter und Geschlecht. Kinder, Mädchen und Jungen, Jugendliche, Frauen und Männer und inzwischen auch die Alten sind die wichtigsten Gruppen, an die sich jeweils eigene Genres, Abteilungen und stilistische Färbungen der Massenmedien wenden. Die Populärkulturen unterscheiden sich also weniger nach ihren Formen als nach ihren Genres und deren Zielgruppen. Zu einer bestimmten Populärkultur gehören sowohl

11 Michiko Mae, Die Bedeutung der Geschlechtertrennung in der japanischen Gesellschaft, in: Gesine Foljanty-Jost (Hrsg.), Japan im Umbruch – auf dem Weg zum »normalen Staat«?, München 1996, S. 143.

12 Vgl. Peter Pörtner, Zum japanischen Konsumverhalten in den 80er und 90er Jahren, in: Foljanty-Jost, (Anm. 11), S. 108. Sicherlich fördert auch die Tatsache, daß über 90 % eines Jahrgangs bis zum Alter von 18 Jahren eine Schule besuchen und in dieser Zeit weitgehend dieselbe kulturelle Bildung erhalten, eine hohe Übereinstimmung sowohl der Selbsteinschätzung als auch des ästhetischen Geschmacks.

Fernsehsendungen, Comics und Romane als auch Kleidung und Sprechweisen. Hinzu kommen Zeitungsartikel, Trendanalysen und populärwissenschaftliche Bücher. Die Beschäftigung mit Fernsehshows, *Karaoke* und *Manga* ist eine wichtige Strategie der Erfolgreichen, um den mit dieser Anpassungsleistung verbundenen Druck so weit abzubauen, daß sie nicht daran zerbrechen. Für die weniger Angepaßten bieten die Subkulturen nicht nur sozialen Halt, sondern oft auch einen Broterwerb. »Manga haben nicht nur einer Klasse von Menschen eine Stimme gegeben, die es in einer Gesellschaft, in der die schulische Laufbahn den Status bestimmt, nicht geschafft haben, sondern auch den Kindern, die bisher als ausdrucksfähige Wesen nicht beachtet wurden – ähnlich wie die Rockmusik ein Ausdrucksmittel für junge Erwachsene in aller Welt geworden ist . . . Diese Gruppen repräsentieren Schichten der Gesellschaft, die früher kaum Anlaß oder die Möglichkeit zu kreativen Erzeugnissen besaß.«[13]

Im Extremfall kann sich jemand ganz von der Gesellschaft abschotten, um sich nur noch der Betrachtung eines einzigen Themas auf Video, in *Manga*, auf dem Computerschirm und als Spielzeugmodell zu widmen: Er wird zum *Otaku. Otaku* bleiben möglichst zu Hause und reden andere, etwa wenn sie sich zum Austausch von Hobby-Spezialkenntnissen einmal doch treffen, nur mit der neutral-distanzierten Form *Otaku* an. Damit können sie in der japanischen Gesellschaft nicht mehr funktionieren, wo sie die Sprache immer entsprechend dem eigenen Platz in der Gesellschaft und der Stellung des Gesprächspartners wählen müßten. Sie verwenden dagegen einen eigenen Jargon, der zusammen mit bestimmten Kleidungsstücken, Accessoires und Waren ihre Subkultur kennzeichnet. Den *Otaku* geht es meist um den durch die neuen Medien ermöglichten anonymen Kontakt bei realer Distanz.

## 5. Popkultur und sozialer Wandel

Der Kultursoziologe Shmuel Eisenstadt hat sich mit der Frage beschäftigt, ob sich durch die Populärkultur in Japan eine Opposition gegenüber staatlicher Ideologie und Repression herausgebildet haben könnte. Er kommt zu dem Schluß, daß »the great potential for rebellion inherent in all these patterns of expression has not given rise to ›real‹ rebellion, the construction of new modes of social and political organization or the transformation of central aspects of the social order.« Vielmehr beschreibt er die Rolle der Populärkultur innerhalb der »psychodynamics of protest« als ein Verfahren, um Frustration und Aggression zu kanalisieren. Sie erzeuge in Filmen, Comics und anderen, von sexueller Gewalt und Brutalität geprägten Formen eine Vielzahl relativ abgesonderter Bereiche, in deren Schutz man unregulierten Gefühlen, aber auch vielfältigen ästhetischen Empfindsamkeiten freien Lauf lassen kann. Dennoch erschöpften sich diese Kulturen in einer innengerichteten städtischen Folklore, ohne sich direkt gegen die von Staat und Bildungssystem vorgegebenen Orientierungen zu stellen.[14]

---

13 Sato (Anm. 9), S. 156f. (Übers. v. d. Verf.).
14 Shmuel N. Eisenstadt, Japanese Civilization. A Comparative View, Chicago 1995, S. 119.

Über diese Tendenz zum Rückzug in private Sphären hinaus zeigt die japanische Populärkultur aber auch eine Tendenz zur Internationalisierung. Über die Geräte der Unterhaltungselektronik, Musikanlagen, Videorekorder und Spielkonsolen in den USA, Europa und Asien hat die japanische Musik und *Manga*kultur die ganze Welt erreicht. Für die asiatischen Länder, die sich in einer dynamischen Industrialisierungs- und Modernisierungsphase befinden, sind die Bilder und Klänge aus Japan in ähnlicher Weise Vorbilder von Reichtum und freieren Lebensstilen, wie es die amerikanische Populärkultur seit den fünfziger Jahren für Europa (und auch Japan) darstellte. Gleichzeitig sind in den westlichen Industrieländern viele kulturelle Hemmschwellen verschwunden, welche die Aufnahme japanischer Elemente in die eigene Populärkultur verhinderten. Man erwartet von japanischer Populärkultur nicht mehr, daß sie exotisch sein soll. Vielmehr wird das, was an ihr ungewohnt ist, als Vorgriff auf eine von Neuen Medien beherrschte Zukunft betrachtet: als Avantgarde.

# VII. Religionen heute

Josef Kreiner

Die Bedeutung der Religion im heutigen Japan wird meist unter sehr widersprüchlichen Gesichtspunkten diskutiert. Zum einen wird darauf hingewiesen, daß Glaubensvorstellungen in Japan traditionell schwach ausgeprägt sind und die Bevölkerung zum Synkretismus neigt. Es wird weiterhin bemerkt, daß nach der *Meiji*-Restauration – im Prozeß der Modernisierung – der Buddhismus jeglichen Einfluß auf das geistige Leben verloren hat und daß der *Shintō* 1945, nach der von der Besatzungsmacht verfügten Auflösung seiner Organisation und dem Verlust der staatlichen Förderung, auf das Niveau von Volksglaube und Brauchtum zurückgefallen ist. Auf der anderen Seite steht die Überzeugung, daß die animistische Grundhaltung des japanischen Weltbildes bis heute ungebrochen das Fundament allen Denkens und Handelns darstellt und der Konfuzianismus – als Basis der zwischenmenschlichen Beziehungen (Schlagwort von der Konsens- oder Harmoniegesellschaft) und der Einstellung zur Arbeit (Schlagwort Fleiß) – die einzige Erklärungsmöglichkeit des sogenannten japanischen Wirtschaftswunders bietet.

Beide Ansichten können sich auf statistische Daten berufen. Das Amt für Religiöse Angelegenheiten der *Cultural Affairs Agency* beim Amt des Ministerpräsidenten, dem alle religiösen Körperschaften als eingetragene Vereine jährlich Bericht erstatten, gibt für das Jahr 1995 folgende Zahlen über Gläubige, Kultstätten und Priester der einzelnen Religionen:

*Tab. 1:* Stand der einzelnen Religionsgemeinschaften in Japan 1995

| | Gläubige | Kultstätten | Priester |
|---|---|---|---|
| Shintō | 117,378 Mio. | 85 668 | 90 081 |
| Buddhismus | 89,828 Mio. | 78 002 | 297 248 |
| Christentum | 1,519 Mio. | 3 972 | 16 645 |
| andere | | 16 231 | 281 023 |
| (Neue Religionen etc.) | 11,112 Mio. | | |
| gesamt | 219,838 Mio. (124 Mio. Gesamtbevölkerung) | 183 873 | 684 997 |

Gemeinsam etwa mit den Angaben über die jährlich zunehmende Zahl von Pilgern zu den großen buddhistischen Tempeln und *Shintō*-Schreinen an den drei Neujahrsfeiertagen (1973: 50 Mio.; 1993: 84,9 Mio.; 1997: 86,7 Mio.; an der Spitze jeweils der *Meiji*-Schrein in Tōkyō, 1997 mit mehr als 3,4 Mio. Besuchern, vor allem jungen

Leuten) ergibt dies ein sehr positives Bild. Dem gegenüber hat bei den repräsentativen Umfragen zum japanischen Nationalcharakter des Amtes für Statistik beim Kultusministerium (zuletzt 1973) nur ein Drittel aller Japaner angegeben, überhaupt einer Religion anzugehören (25 % Buddhismus, je 1 % *Shintō* und Christentum). Dieselbe Umfrage zeigte allerdings auch, daß über 70 % aller Japaner beim Besuch eines buddhistischen Tempels oder *Shintō*-Schreines das Gefühl innerer Einkehr erfahren (bei Tempeln liegt die Spitze bei älteren Menschen mit niedrigerer Bildung, bei Schreinen liegt der Prozentsatz bei allen Altersstufen aller Bildungsgrade gleich hoch). Ein ähnliches Ergebnis ergab eine Umfrage der Universität Kyōkto 1989 in den Präfekturen Kyōto, Ōsaka und Hyōgo (55,8 % bejahen die Frage nach einer Religionszugehörigkeit, davon 48,7 % Buddhismus, 3,9 % *Shintō*, 1,9 % Christentum, 1,3 % sonstige). Um diese Widersprüche aufzulösen, ist ein kurzer Blick auf die historische Entwicklung der einzelnen Religionen in Japan notwendig.

## a. *Shintō*

Als *Shintō* wird die Gesamtheit aller in Japan authochtonen Glaubensvorstellungen und daraus resultierender Kulte bezeichnet. *Shintō* ist keine Gründerreligion mit einer heiligen Schrift und daraus abgeleitetem Dogma, daher auch keine Bekenntnisreligion. Grundlage ist der Glaube an übernatürliche Wesen, Gottheiten, die sich im Wirken der Natur (Kosmos) offenbaren. In dieses Kontinuum von Gottheiten und Natur gehört selbstverständlich auch der Mensch, so daß kein Platz bleibt für irgendeine Form eines Dualismus, sei es ein Gegensatz von Natur und Mensch oder von Mensch und Gottheit. Auch die Welt selbst ist ein Kontinuum, wenn auch Vorstellungen von einer jenseitigen Götterwelt – sei es in den Bergen, im Himmel oder jenseits des Meeres – zuweilen sehr deutlich bemerkbar sind. Vor allem in der Neuzeit (1600 bis 1868) und noch mehr in der *Meiji*-Periode (1868 bis 1912), unter dem Eindruck der Rolle des Christentums im Abendland, gab es Versuche, einen *Shintō*-Katechismus zu konstruieren und *Shintō* als ideologische Basis des japanischen Nationalstaates aufzuwerten. Diese verhältnismäßig neuen, »traditionalistischen« Tendenzen sind auch heute noch zu verspüren. Beispiele dafür sind die Bemühungen des sogenannten »Schrein-Hauptamtes« e. V., dem mit 79 000 Schreinen und mehr als 83 Millionen Gläubigen die Mehrheit aller shintōistischen Religionsgemeinschaften angehört, die Riten etwa des Kaiserhauses (Begräbnis *Shōwa-Tennō* und Inthronisation *Heisei-Tennō* 1989/90 u. a.) oder die des Staates (Verehrung von Kriegstoten im *Yasukuni*-Schrein, Tōkyō) zu dominieren. Wichtige *Shintō*-Schreine mit großer und einflußreicher Anhängerschaft halten sich jedoch davon fern und versuchen, eigene, zum Teil lokale Traditionen zu erhalten bzw. neu zu formulieren, so etwa der *Izumo*-Schrein in Shimane oder die verschiedenen auf Bergverehrung konzentrierten Kultstätten (Ontake, Fuji usw.). Auch hier sind durchaus neue Entwicklungen zu beobachten, etwa das Entstehen neuer Denominationen entweder in Verbindung mit buddhistischen Glaubensinhalten oder aufbauend auf alten synkretistischen Vorstellungen des *Ryōbu-Shintō* und der *Yamabushi*-Bergasketen (vgl. die verschiedenen sogenannten Neuen Religionen Japans, die oftmals als Entstehungen in Zeiten sozialer Unrast gedeutet werden, positiv jedoch als Zeichen der

Lebendigkeit besonders shintōistischer Traditionen verstanden werden müssen). Die Präsidenten der *Bank of Japan* und größerer Banken Japans haben in der Rezessionsphase 1992/93 in Tōkyō die Glaubensbruderschaft des *Miwa*-Schreines in Nara wieder aufleben lassen, um dessen für das Wohlergehen Japans sorgende Gottheit Ōkuninushi zu verehren. Die Präsidenten aller Mitsubishi-Konzerne pilgerten am 7. April 1993 zum *Sumiyoshi*-Schrein in Ōsaka, um in einer Zeremonie den Zustand der ursprünglichen Reinheit wiederzuerlangen, der für den Erfolg Voraussetzung ist.

## b. Buddhismus

Der Buddhismus erreichte Japan über China und Korea im 6. Jahrhundert n. Chr. Fast alle Sekten Japans gehören mit geringen Ausnahmen dem Mahāyana-Buddhismus (»Großes Fahrzeug«) an. Diese Richtung ist gekennzeichnet durch die Überzeugung, daß nicht der einzelne allein auf sich selbst gestellt, sondern in der Gemeinschaft mit anderen durch das Vertrauen in die erlösende Gnade von Bodhisattvas das Heil erlangen kann. Diese Einstellung ermöglichte dem Buddhismus, ein spezifisch japanisches Erscheinungsbild zu entwickeln, wobei vielfach die universelle Tradition aufgegeben wurde zugunsten einer Beschäftigung mit der konkreten Welt des japanischen Menschen im japanischen Staat. Diese alte Idee einer staatstragenden Funktion des Buddhismus ist in keiner Weise durch die Maßnahmen der *Meiji*-Restauration zur Trennung von *Shintō* und Buddhismus beeinträchtigt worden. Sie zeigt sich unter anderem in der Existenz der *Komeitō-Partei*, die von der *Sōka Gakkai*, einer Laienbewegung der *Nichiren-Shōshū*-Sekte, getragen wurde und bis zu ihrem Aufgehen in die *Shinshintō*-Partei Ende 1994 eine bedeutende politische Kraft Japans darstellte.

Schon in der frühen Neuzeit haben sich verschiedene buddhistische Sekten auch mit der Frage der menschlichen Existenz in der diesseitigen Welt ausgesprochen positiv auseinandergesetzt. Der *Zen*-Mönch Takuan lehrte im 16. Jahrhundert, jedes Verweilen eines Gedankens außerhalb der Fülle der Gegenwart bedeute Bewegung, und in Verfolgung dieses Gedankens hat Suzuki Shōsan (1579 bis 1655) besonders für den Handelsstand jedwede Tätigkeit als *Zen*-Meditation bezeichnet. Auch alle Sekten, bei denen der Glaube an eine Erlösung durch den kommenden Buddha Amida im Mittelpunkt steht (*Jōdō, Shin* und *Jōdō-Shin*), haben ein sehr positives Weltbild mit Betonung auf Aktivität und Erfolgsethik entwickelt.

Der stark vom Buddhismus geprägte, in seinen Wurzeln auf *Shintō* zurückgehende Ahnenkult in Japan ist weiterhin sehr stark. Sein Zentrum ist die Familie, die sich noch immer zur Neujahrszeit sowie zum *Bon*-Fest im Sommer vor dem Ahnenaltar versammelt. Die Spitzen des Passagieraufkommens aller Verkehrsträger Japans liegen zu diesen Zeitpunkten. Neuerdings ist aber auch eine Verlagerung des Ahnenkultes zu sogenannten »Firmen-Gedenkstätten« in Tempeln – etwa auf dem Kōya-Berg – zu bemerken. Dabei wird davon ausgegangen, daß die Firmenzugehörigkeit auch nach dem Tode nicht erlischt und der im Dienste der Firma Verstorbene nach seinem Tod das Wohlergehen des Betriebes schützt. Davon grundsätzlich zu unterscheiden sind Kultstätten, etwa großer Autohersteller, an denen die unruhigen

Seelen von bei Verkehrsunfällen Getöteten ausgesöhnt und von Rachegelüsten abgehalten werden sollen. Auch der Kult des *Yasukuni*-Schreines für die Kriegstoten Japans gehört in diese Linie.

## c. Neokonfuzianismus

Nach einer ersten Welle der Übernahme konfuzianischer Weltanschauung wurde nach 1600 der Neokonfuzianismus des Chu-hsi (japan. Shushi) als staatstragende Ideologie in Japan etabliert. Er zeigt mit der Errichtung von Heiligtümern (*Seidō* in Kanda, Tōkyō; *Ashikaga,* Tochigi; *Taku,* Saga) unter Einsetzung von kulttragenden Priesterfamilien Züge einer Religion. Grundsätzlich handelt es sich jedoch um ein philosophisches System, das durch die Beschreibung der zwischenmenschlichen Beziehungen die Ordnung des sozialen Systems zu stabilisieren sucht. Im Vergleich zum neuzeitlichen China und auch zum gegenwärtigen Korea ist allerdings die konfuzianistische Durchdringung des japanischen Weltbildes schwach. Sie reicht für sich alleine genommen sicherlich nicht aus, um in monokausaler Weise den wirtschaftlichen Erfolg Japans zu erklären. Zusammen mit der *Shintō*-Basis (Diesseits-orientierte Erfolgsethik, Streben nach Vollkommenheit in von Menschen geschaffenen Dingen) und der dynamischen Lebensauffassung des Buddhismus (alles Handeln ist Meditation und damit Weg zur Erleuchtung) kommt jedoch dem Ordnungsprinzip des Konfuzianismus in Japan heute noch große Bedeutung zu.

## d. Taoismus

Der Taoismus geht möglicherweise auf gleiche, sehr alte ostasiatische Wurzeln zurück wie der *Shintō.* Im Altertum von China übernommen prägt er als Grundströmung das japanische Weltbild im Sinne eines Dualismus von positiv und negativ, Mann und Frau, Sonne und Mond, etc., ganz im Gegensatz zum *Shintō* allerdings. Wie lebendig diese Auffassung eines aus dem Urchaos hervorgegangenen Prinzips ist, zeigt die beliebte jährliche Unterhaltungssendung am Silvesterabend im NHK »Rot-Weiß-Schlagerwettbewerb« (Rot = Frau = Sonne, etc.), wobei der divinatorische Aspekt des Ausganges nicht unbewußt ist. Es sei darauf hingewiesen, daß die führenden japanischen Konzerne bei der Entscheidung über langfristige Planungen heute noch Geomanten (Wahrsager) hinzuziehen. Seit einigen Jahren spielen taoistische Vorstellungen auch eine immer größere Rolle in der modernen Architektur.

## e. Schlußbemerkung

Zum Abschluß seien noch einige aktuelle Probleme kurz angesprochen, die in entscheidender Weise mit der Frage der Religion im Japan von heute zusammenhängen. An der Spitze steht die seit langem diskutierte Frage der Zulassung von

Organtransplantationen und des Gehirntodes. Die traditionelle Auffassung impliziert eine klare Trennung von Leib und Seele, wobei nach dem Tode die Seele in ein Jenseits übergeht und/oder als Ahne weiter verehrt wird, der Körper aber als leere Hülse einfach ausgesetzt, später begraben und ab dem Mittelalter verbrannt wird. Dagegen führen die Gegner der Organtransplantation eine untrennbare Einheit von Leib und Seele an, die jegliche Verletzung des Körpers verbietet. Die gleiche Vorstellung steht hinter dem Verbot, einen »regierenden« *Tennō* zu operieren. Bei *Shōwa-Tennō* wurde dieses Tabu erstmals gebrochen.

Ein weiteres Problem stellt das Verbot empfängnisverhütender Mittel (Pille) in Japan dar, das auf die betont positive Einstellung des *Shintō* zum Geschlechtstrieb sowie zur Fortsetzung der Generationsreihe als dem einzigen Mittel, den individuellen Tod erträglich zu machen, zurückgeht. Das Dilemma, das die hohe Zahl von Abtreibungen angesichts des Tötungstabus im *Shintō* mit sich bringt, hilft der Buddhismus mit seiner gegenwärtig geradezu ausufernden *Jizō*-Verehrung lösen (*Mizuko-Jizō* = Schutzgottheit der Ungeborenen).

Die positive Einstellung des *Shintō* zur Natur, in die der Mensch integriert ist und die er daher (mit-)gestalten kann und darf – hinzu kommt die Auffassung, der Mensch sei grundsätzlich gut und treffe richtige Entscheidungen, sofern er im Zustand der Reinheit verharre – erlaubt in Japan eine Bejahung neuer Techniken, etwa der Gentechnik etc. Der allgemein starken Ablehnung von Tod, Alter und Krankheit etc. des *Shintō* wird dagegen derzeit versucht gegenzusteuern, um angesichts des rapid zunehmenden hohen Anteils älterer Menschen an der Gesamtbevölkerung Freiwillige und Helfer stärker zu animieren.

Schließlich muß noch darauf hingewiesen werden, daß der plötzliche und sich immer mehr verstärkende soziale Druck zu einer neuen Welle von Sektenbildungen – sogenannte »neue Neue Religionen« *Shin-Shin-Shūkyō* – geführt hat. Unter diesen ist die *Aum-Shinri-Kyō* mit ihrem Versuch, durch Giftgasanschläge auf U-Bahnen in Tōkyō im Frühjahr 1995 politische Macht zu erlangen, besonders hervorgetreten. Durch diesen Zwischenfall wurde auch eine Änderung der seit 1945 äußerst liberal gehandhabten Überwachung religiöser Vereinigungen in Erwägung gezogen, letztendlich jedoch nicht Gesetz.

# Bibliographie

## Sprache und Schrift

LEWIN, BRUNO, Abriß der japanischen Grammatik, Wiesbaden 1975.
DERS., Japanese and Korean, in: The Journal of Japanese Studies, 1976, S. 389–412.
MILLER, ROY A., The Japanese Language, Chicago 1971.
OHNO, SUSUMU, The Origin of the Japanese Language, Tōkyō 1970.

## Die moderne japanische Literatur

### *a. Weiterführende Literatur*

BAUS, WOLF, u. a. (Hrsg.), Hefte für Ostasiatische Literatur, München, versch. Jahrgänge.
BERNDT, JÜRGEN, Die moderne japanische Literatur, in: Kindlers Neues Literaturlexikon, Bd. 20 (= Essays, Gesamtregister), München 1992, S. 659–668.
BURUMA, IAN, Japan hinter dem Lächeln. Götter, Gangster, Geishas, Frankfurt a. M. 1985.
HAMMITZSCH, HORST, Die japanische Literatur von den Anfängen bis zum Ende der Edo-Zeit (1868), in: Kindlers Neues Literaturlexikon, Bd. 20, München 1992, S. 647–658.
DERS. (Hrsg.), Japan-Handbuch, Wiesbaden ²1984, vgl. Handbuchteil, »Literatur«, Spalten 1109–1110.
KATŌ, SHŪICHI, Geschichte der japanischen Literatur, Übers. von einem Japanologen-Team, Freie Univ. Berlin–Bern u. a. 1990.
MORRIS, IVAN, Der Leuchtende Prinz. Höfisches Leben im Alten Japan, Frankfurt a. M. 1988.
OGASA, GISELA/DÖRTE PULS/JÜRGEN STALPH, Moderne japanische Literatur in deutscher Übersetzung. Eine Bibliographie der Jahre 1868–1987, Hamburg 1988.
SCHAARSCHMIDT, SIEGFRIED/MICHIKO MAE (Hrsg.), Japanische Literatur der Gegenwart, München 1990.

### *b. Japanische Literatur in Übersetzung (Auswahl)*

ABE, KŌBŌ, Das Gesicht des Anderen (Übers. Oscar Benl), Frankfurt a. M. 1992 [Original 1964].
DERS., Der Schachtelmann (Übers. Jürgen Stalph), Frankfurt a. M. 1992 [Original 1973].
AKUTAGAWA, RYŪNOSUKE, Rashomon, Ausgewählte Kurzprosa (Übers. Jürgen Berndt), München 1985 [Originale 1916–1927].
ARAKI, TADAO/PETER PÖRTNER (Hrsg.), Erzähltes Japan. Ein literarisches Lesebuch aus dem Japan der neunziger Jahre, Tübingen 1993.
BASHŌ [= MATSUO BASHŌ], Auf Schmalen Pfaden durchs Hinterland (Übers. G. S. Dombrady), Mainz 1985 [Original 1694].
ENCHI, FUMIKO, Die Dichterin und die Masken (Übers. Irmela Hijiya-Kirschnereit), Reinbek bei Hamburg 1984 [Original 1958].

Enchi, Fumiko, Die Wartejahre (Übers. Otto Putz), Reinbek bei Hamburg 1985 [Original 1971].
Gō, Shizuko, Requiem (Übers. Jürgen Berndt), Berlin 1987 [Original 1972].
Hofdame Murasaki [= Murasaki Shikubu], Die Geschichte vom Prinzen Genji (Übers. Oscar Benl), 2 Bde., Zürich 1966 [Original um 1000].
Hoshi, Shinichi, Ein hinterlistiger Planet. Science-Fiction Erzählungen des japanischen SF-Meisters, hrsg. v. Michael Morgenthal, München 1982.
Ibuse, Masuji, Schwarzer Regen (Übers. [aus dem Englischen] Otto Brandstätter), Frankfurt a. M. 1985 [Original 1966].
Itō, Marihiko u. a., Seit jenem Tag: Hiroshima und Nagasaki in der japanischen Literatur, Frankfurt a. M. 1984.
Kawabata, Yasunari, Die Tänzerin von Izu, Tausend Kraniche, Schneeland, Kyoto. Ausgewählte Werke, München 1968.
Klopfenstein, Eduard (Hrsg.), Ruf der Regenpfeifer. Japanische Gedichte, Zürich 1990.
Kōno, Taeko, Knabenjagd. Erzählungen (Übers. Irmela Hijiya-Kirschnereit), Frankfurt a. M. 1988.
May, Ekkehard/Martina Schönbein (Hrsg.), Blütenmond: Japanisches Lesebuch, 1650–1900, München 1990.
Mishima, Yukio, Geständnis einer Maske (Übers. [aus dem Amerikanischen] Helmut Hilzheimer), Reinbek bei Hamburg 1985 [Original 1949].
Ders., Tetralogie: Das Meer der Fruchtbarkeit (Übers. Siegfried Schaarschmidt), München [Original 1969–1971]. Bd. 1: Schnee im Frühling, 1985; Bd. 2: Unter dem Sturmgott, 1986; Bd. 3: Der Tempel der Morgendämmerung, 1987; Bd. 4: Die Todesmale des Engels, 1988.
Mori, Ōgai, Im Umbau: Gesammelte Erzählungen (Übers. Wolfgang Schamoni), Frankfurt a. M. 1989.
Ders., Vita sexualis (Übers. Siegfried Schaarschmidt), Frankfurt a. M. 1983 [Original 1909].
Murakami, Haruki, Wilde Schafsjagd (Übers. Annelie Ortmanns-Suzuki und Jürgen Stalph), Frankfurt a. M. 1991 [Original 1982].
Natsume, Sōseki, Der Tor aus Tokio (Übers. Jürgen Berndt und Shinohara Sei), Zürich 1990 [Original 1906].
Natsume, Sōseki, Ich der Kater (Übers. Otto Putz), Frankfurt a. M. 1996 [Original 1905].
Noboru, Miyazaki (Hrsg.), Wohlgehütete Pfirsiche oder Über die Traurigkeit. Japanische Erzählungen der letzten Jahre, Tübingen 1992.
Ōba, Minako, Träume fischen (Übers. Bruno Rhyner), Frankfurt a. M. 1990 [Original 1982].
Ōe, Kenzaburō, Eine persönliche Erfahrung (Übers. Siegfried Schaarschmidt), Frankfurt a. M. 1981 [Original 1964].
Ōka, Shōhei, Feuer im Grasland (Übers. G. S. Dombrady und Oscar Benl), Frankfurt a. M. 1994 [Original 1951].
Pörtner, Peter (Hrsg.), Japan. Ein Lesebuch, Tübingen 1986.
Ders. (Hrsg.), Japan. Lesebuch II, Tübingen 1990.
Sei, Shōnagon, Das Kopfkissenbuch der Dame Sei Shōnagon, Frankfurt a. M. 1975 [Original um 1000].
Shimazaki, Tōson, Ausgestoßen (Übers. Jürgen Berndt), Frankfurt a. M. 1989 [Original 1906].
Symposium, Deutsch-japanisches Autorinnentreffen 1990. (Berlin: Japanisch-Deutsches Zentrum, 1992) (Veröffentlichungen des Japanisch-Deutschen Zentrums Berlin, Bd. 10).
Tanaka, Yasuo, Kristall Kids (Übers. von einer Gruppe Bochumer Studentinnen), Frankfurt a. M. 1987 [Original 1980].
Tanizaki, Jun'ichirō, Die Schwestern Makioka (Übers. Sachiko Yatsushiro und Ulla Hengst), Reinbek bei Hamburg 1964 [Original 1948].

TAWADA, YŌKO, Tintenfisch auf Reisen: Drei Geschichten (Übers. Peter Pörtner), Tübingen 1994.
Träume aus zehn Nächten. Japanische Erzählungen des 20. Jahrhunderts, ausgewählt von Jürgen Berndt, Zürich 1992.
TSUSHIMA, YŪKO, Lichtkreise (Übers. Heinrich Reinfeld), Zürich 1991 [Original 1979].
YOSHIDA-KRAFFT, BARBARA (Hrsg.), Frauen in Japan. Erzählungen, München 1989.
YOSHIMOTO, BANANA, Kitchen (Übers. Wolfgang E. Schlecht), Zürich 1992 [Original 1988].

## Darstellende Künste

BARTH, J., Japans Schaukunst im Wandel der Zeiten, Wiesbaden 1972.
BERQUE, AUGUSTIN, Identification of the Self in Relation to the Environment, in: Rosenberger, N. R. (Hrsg.), Japanese Sense of Self, Cambridge 1992, S. 93–104.
BLAU, HAGEN, Sarugaku und Shushi, Wiesbaden 1966.
BOHNER, HERMANN, Nō. Einführung, Tōkyō 1959.
INOURA, Y., A History of Japanese Theatre I, Tōkyō 1971.
KAWATAKE, TOSHIO, A History of Japanese Theatre II, Tōkyō 1971.
KEENE, DONALD, Bunraku. The Art of the Japanese Puppet Theatre, Tōkyō 1965.
LEIMS, THOMAS FRANK, Die Entstehung des Kabuki, Transkulturation Europa-Japan im 16. und 17. Jahrhundert, Leiden 1990.
ORTOLANI, BENITO, Das Japanische Theater, in: Kindermann, H. (Hrsg.), Fernöstliches Theater, Stuttgart 1966.
PLUTSCHOW, HERBERT E., Chaos and Cosmos, Ritual in Early and Medieval Japanese Literature, Leiden 1990.
RAZ, JAKOB, Audience and Actors. A Study of their Interaction in the Japanese Traditional Theatre, Leiden 1983.
SCHNEIDER, ROLAND, Das japanische Theater – Theater des Adels, Schaukunst der Bürger, in: G. Debon (Hrsg.), Neues Handbuch der Literaturwissenschaft, Wiesbaden 1984, S. 355 ff.
SCOTT, A. C., The Puppet Theatre of Japan, Rutland 1963.

## Bildende Künste

### *Allgemeine Literatur*

CROISSANT, DORIS/LOTHAR LEDDEROSE, Japan und Europa 1543–1929, Berlin 1993.
EHMCKE, FRANZISKA, Der japanische Tee-Weg, Köln 1991.
FEDDERSEN, MARTIN, Japanisches Kunstgewerbe, Braunschweig 1960.
GOEPPER, ROGER, Kunst und Kunsthandwerk Ostasiens, München 1968.
HEMPEL, ROSE, Japan zur Heian-Zeit, Stuttgart 1983.
ISHIZAWA, MASAO u. a., Japanische Kunst, Tōkyō 1981.
SECKEL, DIETRICH, Einführung in die Kunst Ostasiens, 34 Interpretationen, München 1960.
SHŌGUN, Kunstschätze und Lebensstil eines japanischen Fürsten der Shōgun-Zeit, Ausst. Kat. München 1984–85.
SWANN, PETER, Japan von der Jōmon- zur Tokugawa-Zeit, Baden-Baden 1965.
TAZAWA, YUTAKA (Hrsg.), Biographical Dictionary of Japanese Art, International Society for Educational Information, Inc., Tōkyō 1981.

*Holzschnitt*

GOEPPER, ROGER, Meisterwerke des japanischen Farbholzschnitts, Köln 1973.
HEMPEL, ROSE, Holzschnittkunst Japans, Stuttgart 1963.
LANE, RICHARD, Ukiyo-e Holzschnitte, Zürich 1978.
DERS., Hokusai und Hiroshige, Tōkyō 1977.
VIOLET, RENÉE, Kleine Geschichte der japanischen Kunst, Köln 1984.

*Lackarbeiten*

HERBERTS, KURT, Das Buch der ostasiatischen Lackkunst, Düsseldorf 1959.
RAGUÈ, BEATRIX VON, Geschichte der japanischen Lackkunst, Berlin 1967.
SPEISER, WERNER, Lackkunst in Ostasien, Baden-Baden 1965.

*Kalligraphie*

ARMBRUSTER, GISELA/HELMUT BRINKER, Pinsel und Tusche, Sammlung Heinz Götze, Heidelberg 1975.
WÖRTER IN BEWEGUNG, Moderne japanische Schreibkunst, Ausst. Kat. Köln 1984.
YOSHIKAWA, HIROKO/ROGER GOEPPER, Sho. Pinselschrift und Malerei in Japan vom 7.–19. Jh., Ausstellungskatalog Köln 1975.

*Malerei*

AKIYAMA, TERUKAZU, Japanische Malerei, Genf 1980.
BARNEX, SYLVAN/WILLIAM BURTO, Zen Ink Paintings, London 1982.
HASE, AKIHISA/SECKEL DIETRICH, Emaki – Die Kunst der klassischen japanischen Bilderrollen, Zürich 1959.
JAPANISCHE MALEREI IM WESTLICHEN STIL, 19. und 20. Jahrhundert, Ausst. Kat. Köln 1985.
MORIYA, KENJI, Die japanische Malerei, Wiesbaden 1953.
WICHMANN, SIEGFRIED, Japonismus, Herrsching 1980.

*Keramik und Porzellan*

JAHN, GISELA/ANETTE PETERSEN-BRANDHORST, Erde und Feuer. Traditionelle Japanische Keramik der Gegenwart, München 1984.
JAPANISCHE KERAMIK, Kunstwerke historischer Epochen und der Gegenwart, Ausst. Kat. Düsseldorf 1978.
GENDAI KŌGEI, Neues Kunsthandwerk aus Japan, Ausst. Kat. Frankfurt a. M. 1992/93.
JENYS, SOAME, Japanese Pottery, London 1971.
KLEIN, ADALBERT, Japanische Keramik, Fribourg 1984.

*Plastik*

BUDDHISTISCHE PLASTIK AUS CHINA UND JAPAN, Bestandskatalog des Museums für Ostasiatische Kunst Köln, Köln 1972.
JIRKA-SCHMITZ, PATRIZIA, Netsuke, Düsseldorf 1990.

*Ikebana*

SCHAARSCHMIDT-RICHTER, IRMTRAUT, Ikebana. Japanische Blumenkunst, Frankfurt a. M. 1962.

## Film

Anderson, Joseph L./Donald Richie, The Japanese Film: Art and Industry, Princeton – New Jersey 1982.
Richie, Donald, Japanese Cinema, Oxford – New York 1990.
Ders., The Films of Akira Kurosawa, Berkeley 1995.
Yamane, Keiko, Das japanische Kino, München – Luzern 1985.

## Populärkultur

Buruma, Ian, A Japanese Mirror. Heroes and Villains of Japanese Culture, London 1984.
Powers, Richard Gid/Hidetoshi Kato (Hrsg.), Handbook of Japanese Culture, New York 1989.
Treat, John Whittier (Hrsg.), Contemporary Japan and Popular Culture, University of Hawaii Press 1996.

## Religionen

Antoni, Klaus, Yasukuni und der »Schlimme Tod« des Kriegers, in: Bochumer Jahrbuch zur Ostasienforschung Bd. 10, 1987, S. 161–192.
Ders., Taisō-no-rei. Die Beisetzung des Shōwa-Tennō (24. Februar 1988) in historischer Sicht, in: Japanstudien (Jahrbuch des Deutschen Instituts für Japanstudien 1, 1989), 1990, S. 89–134.
Kreiner, Josef, Japanisches Denken, in: Hans-Georg Wehling (Hrsg.), Japan, Stuttgart 1985, S. 45–59.
Ders., Religion in Japan, in: Manfred Pohl (Hrsg.), Japan, Stuttgart – Wien 1986, S. 378–392.
Ders. (Hrsg.), The Impact of Traditional Thought on Present Day Japan (Monographien aus dem DIJ 8), München 1993.
Linhart, Sepp, Japanische Geistesströmungen, Wien 1983.
Space, Joseph, Shintō-Man, Tōkyō 1972.
Suzuki, Daisetz Teitaro, Zen und die Kultur Japans, Hamburg 1958.

# Anhang

# Personenregister

**Z**

# Sachregister

**B**

## C

**D**

**E**

**G**

**H**

**I**

**J**

**N**

**O**



**P**

**Q**



**R**

**S**

**U**

**V**



**W**

# Zeittafel

*Jōmon-Zeit*

| | |
|---|---|
| 3000 v. Chr. | Jäger und Sammler; Keramik mit Kordelmuster (= Jōmon-Keramikkultur) |

*Yayoi-Zeit*

| | |
|---|---|
| 300 v. Chr. | bewässerter Reisanbau; Bronze und Eisen |

*Yamato-Zeit*

| | |
|---|---|
| 300 n. Chr. | Starke politische Macht in der Yamato-Region; gewaltige Grabmäler; Einführung fortschrittlicher kontinentaler Kultur; Einführung des Buddhismus |

*Asuka-Zeit*

| | |
|---|---|
| 645 | Taika-Reformen |
| 701 | Taihō-Gesetze; Übernahme zentralistischer Regierungsform |

*Nara-Zeit*

| | |
|---|---|
| 710 | Gründung der Hauptstadt Heijo (heutiges Nara) |

*Heian-Zeit*

| | |
|---|---|
| 794 | Verlegung der Hauptstadt nach Heian (heutiges Kyōto) |
| 858 | Gründung der Fujiwara-Regentschaft |
| 1086 | Herrschaft der »Kloster-Kaiser« |
| 1156–59 | Bürgerkriege in Kyōto |
| 1185 | Zerschlagung des Heike-Clans durch Minamoto no Yoritomo |

*Kamakura-Zeit*

| | |
|---|---|
| 1192 | Gründung des Kamakura-Shōgunats durch Minamoto no Yoritomo |
| 1219 | Hōjō-Clan dominiert das Shogunat |
| 1274 | Erste Invasion durch die Mongolen |
| 1333 | Sturz des Shōgunats durch Kaiser Godaigo |

*Muromachi-Zeit*

| | |
|---|---|
| 1338 | Gründung des Muromachi-Shōgunats durch Ashikaga Takauji |
| 1467 | Ausbruch des Ōnin-Kriegs (Beginn der Zeit der »Kriegsstaaten«) |
| 1543 | Portugiesen landen; Einführung von Feuerwaffen |
| 1549 | Francis Xavier; christliche Missionare |

*Azuchi-Momoyama-Zeit*

| | |
|---|---|
| 1573 | Zerschlagung des Muromachi-Shōgunats durch Oda Nobunaga |
| 1590 | Vereinigung Japans durch Toyotomi Hideyoshi |
| 1592 | Überfall auf Korea durch Hideyoshi |

*Edo-Zeit*

| | |
|---|---|
| 1603 | Gründung des Tokugawa-Shōgunats durch Tokugawa Ieyasu |
| 1635–39 | Entscheidung für totale Isolation |
| ca. 1690 | Kulturelle Blüte |
| 1774 | Zunahme an holländischen Studien |
| 1853 | Admiral Perry landet |

*Moderne Zeit*

| | |
|---|---|
| 1868 | Rückkehr zur Kaiserregierung (Meiji-Restauration) |
| 1872 | Allgemeine Schulpflicht; Besitznahme der Ryūkyū-Inseln (Okinawa) |
| 1873 | Allgemeine Wehrpflicht |
| 1890 | Parlamentarische Regierung unter der Meiji-Verfassung |
| 1894 | Sino-Japanischer Krieg; Aufhebung der Exterritorialität |
| 1895 | Einverleibung Taiwans |
| 1902 | Anglo-Japanische Allianz |
| 1904 | Russisch-Japanischer Krieg |
| 1910 | Einverleibung Koreas |
| 1911 | Wiederherstellung der Zollautonomie |
| 1918 | Reisaufstände in den Städten; erste Parteienregierung |
| 1923 | Großes Erdbeben in Tōkyō |
| 1925 | Allgemeines Wahlrecht für Männer |
| 1931 | Mandschurei-Überfall |
| 1937 | Kriegsausbruch mit China |
| 1941 | Ausbruch des Pazifikkriegs |
| 1945 | Atombomben auf Hiroshima und Nagasaki; Kapitulation |
| 1947 | Nachkriegsverfassung |
| 1951 | Friedensvertrag von San Francisco |
| 1952 | Ende der Alliierten Besatzung |
| 1956 | Aufnahme diplomatischer Beziehungen zu Rußland; Aufnahme in die Vereinten Nationen |
| 1972 | Rückgabe von Okinawa an Japan; Wiederherstellung diplomatischer Beziehungen zur Volksrepublik China |
| 1974 | Erstmals wird ein ehem. Regierungschef wegen passiver Bestechung verhaftet (Kakuei Tanaka, sog. »Lockheed-Skandal«). |
| 1978 | Friedens- und Freundschaftsvertrag mit China (»Anti-Hegemonie-Klausel« gg. Sowjetunion) |
| 1989 | Tod des Tennō Hirohito, der jetzt offiziell als Shōwa-Tennō bezeichnet wird; damit endet die Shōwa-Ära (1926–89).<br>Der Tennō Akihito besteigt den Thron, seine Ära-Devise lautet »Heisei« (etwa: »Den Frieden schaffen!«). |
| 1992 | Sog. »PKO«-Gesetz ermöglicht Japan die Teilnahme an friedenserhaltenden Maßnahmen der UNO; Entsendung von japanischen UN-Kontingenten nach Kambodscha |
| 1993 | Ende der jahrzehntelangen LDP-Herrschaft durch ein Mißtrauensvotum; Spaltungen in der Partei |
| 1993 | Erstmals wird der japanische Reismarkt für Importe geöffnet. |
| 1993/1994 | Japan erlebt vier Ministerpräsidenten in einem Jahr. |
| 1994 | Wahlrechtsreform; erstes sozialistisch geführtes Kabinett seit 1948; die LDP ist als Koalitionspartner wieder in der Regierung. |
| 1995 | Hanshin-Erdbeben (Kōbe, Ōsaka); Giftgas-Morde der Aum-Sekte |
| 1996 | Unterhauswahlen, LDP wieder allein in der Regierung |
| 1997 | Verschärfung der Wirtschaftskrise, erste Banken-Zusammenbrüche |
| 1998 | Oberhauswahlen, schwere Niederlage der LDP, Regierungschef Hashimoto tritt zurück. |

# Ministerpräsidenten 1945 – 1998

Tag des Regierungsantritts und Regierungspartei(en)

| | | |
|---|---|---|
| Kantarō Suzuki, | 7. 4. 1945 | (Admiral, parteilos) |
| Prinz Higashikuni, | 17. 8. 1945 | (parteilos) |
| Kijūrō Shidehara, | 9. 10. 1945 | (parteilos) |
| Shigeru Yoshida, | 22. 5. 1946 | (1. Kabinett; Lib. Partei) |
| Tetsu Katayama, | 24. 5. 1947 | (SPJ, Dem. Partei, Kyōdōtō) |
| Hitoshi Ashida, | 10. 3. 1948 | (Dem. Partei, SPJ, Kyōdōtō) |
| Shigeru Yoshida, | 19. 10. 1948 | (2. Kabinett; Dem.-Lib. P.) |
| Shigeru Yoshida, | 16. 2. 1949 | (3. Kabinett; Dem.-Lib. P.) |
| Shigeru Yoshida, | 30. 10. 1952 | (4. Kabinett; Dem.-Lib. P.) |
| Shigeru Yoshida, | 21. 5. 1953 | (5. Kabinett; Dem.-Lib. P.) |
| Ichirō Hatoyama, | 10. 12. 1954 | (1. Kabinett; Dem. P. Japans) |
| Ichirō Hatoyama, | 19. 3. 1955 | (2. Kabinett; Dem. P. Japans) |
| Ichirō Hatoyama, | 22. 11. 1955 | (3. Kabinett; Dem. P. Japans) |
| Tanzan Ishibashi, | 23. 12. 1956 | (Lib.-Dem. P. = LDP s. 1955) |
| Nobusuke Kishi, | 25. 2. 1957 | (1. Kabinett; LDP) |
| Nobusuke Kishi, | 12. 6. 1958 | (2. Kabinett; LDP) |
| Hayato Ikeda, | 19. 7. 1960 | (1. Kabinett; LDP) |
| Hayato Ikeda, | 8. 12. 1960 | (2. Kabinett; LDP) |
| Hayato Ikeda, | 9. 12. 1963 | (3. Kabinett; LDP) |
| Eisaku Satō, | 9. 11. 1964 | (LDP) |
| Kakuei Tanaka, | 7. 7. 1972 | (LDP) |
| Takeo Miki, | 9. 12. 1974 | (LDP) |
| Takeo Fukuda, | 24. 12. 1976 | (LDP) |
| Masayoshi Ōhira, | 7. 12. 1978 | (LDP) |
| Zenko Suzuki, | 17. 7. 1980 | (LDP) |
| Yasuhiro Nakasone, | 2. 11. 1982 | (LDP) |
| Noboru Takeshita, | 6. 11. 1987 | (LDP) |
| Sōsuke Uno, | 3. 6. 1989 | (LDP) |
| Toshiki Kaifu, | 9. 8. 1989 | (LDP) |
| Kiichi Miyazawa, | 5. 11. 1991 | (LDP) |
| Morihiro Hosokawa, | 5. 8. 1993 | (Neue Japan-Partei, Shinseitō, Kōmeitō, DSP, Neue Partei – Vorreiter, SDPJ/SPJ, Soz.-Dem. Liga) |
| Tsutomu Hata, | 25. 4. 1994 | (Neue Japan-Partei, Shinseitō, Kōmeitō, DSP, Neue Partei – Vorreiter) |
| Tomiichi Murayama, | 23. 6. 1994 | (SDPJ, LDP, Neue Partei – Vorreiter *das erste sozialistisch geführte Kabinett seit 1948)* |
| Ryūtarō Hashimoto, | 11. 1. 1996 | (nach anfänglicher Koalition LDP-Alleinregierung, toleriert durch die SDPJ) |
| Keizō Obuchi, | 31. 7. 1998 | (LDP) |

# Glossar zentraler japanischer Begriffe

| | |
|---|---|
| Ainu | Vorfahren der Ainu waren vermutlich die ursprünglichen Bewohner Japans; sie bewohnten ein Gebiet von Zentraljapan über Hokkaidō bis zu den Kurilen; im Laufe ihrer Geschichte wurde ihr Siedlungsgebiet auf die Insel Hokkaidō eingeengt, und sie näherten sich immer mehr der japanischen Bevölkerung an; heute bilden sie eine ethnische Minderheit in der Gesellschaft. |
| Amae | Positiv konnotierte »liebevolle« Einschmeichelung; nach Ansicht bestimmter japanischer psychoanalytischer Schulen, etwa vertreten durch Takeo Doi, besteht in diesem Gefühl die Basis aller menschlichen Beziehungen in der japanischen Gesellschaft. |
| Bakufu | Wörtl.: »Zeltregierung«, seit Minamoto Yoritomo (seit 1192) Bezeichnung für die Militärregierung, ihren Regierungsapparat und ihren Regierungssitz; man unterscheidet zwischen dem Kamakura-Bakufu (1192–1333), dem Muromachi-Bakufu (1338–1573) und dem Edo-Bakufu (1603–1868). → Shōgunat |
| Buke | Schwertadelsgeschlechter, die hauptsächlich dem Provinzadel entstammten; sie bildeten den führenden Adel der feudalistischen Epoche Japans von der Kamakura- bis zur Edo-Zeit. |
| Burakumin | Diskriminierte Gruppe in der japanischen Gesellschaft; begründet darin, daß sie traditionell negativ konnotierte Berufe wie Gerber, Tierabdecker u. ä. ausübt; ethnisch mit den Nicht-Burakumin identisch. |
| Bushi | Bezeichnung für Krieger, bestehend aus den Schriftzeichen für »Militär« und für »Ritter« bzw. »Edelmann«; wird für einen Krieger verwendet, der sich primär mit den kriegerischen Künsten befaßte; im Gegensatz zu → Samurai, dem militärischen Gefolgsmann; ab dem 17./18. Jh. fallen beide Termini zusammen. |
| Daigaku | Universität |
| Daimyō | Wörtl.: »Großer Name«, seit der Kamakura-Zeit werden Großgrundbesitzer und mit dem Aufsteigen des Kriegeradels einflußreiche → Buke als Daimyō bezeichnet. |
| Daitōa Kyōeiken | »Großostasiatische Wohlstandssphäre«; die Errichtung einer solchen ostasiatischen Wirtschafts- und Verteidigungsgemeinschaft unter japanischer Führung ist das erklärte Ziel Japans vor dem und im Zweiten Weltkrieg. |
| Endaka | Höhenflug des Yen-Devisenkurses gegenüber den meisten Währungen, insbesondere gegenüber dem Dollar, nach 1985. |
| Gaiatsu | Als unzulässig empfundener Druck aus dem Ausland auf Japan. |
| Gaijin | Pejorative Bezeichnung der Japaner für alle Ausländer. |
| Gaimushō | Außenministerium |
| Gakubatsu | Akademische »Cliquen«, d. h. Studienbeziehungen, die nach dem Erreichen bestimmter Ämter weiter netzwerkartig genutzt werden. |

| | |
|---|---|
| Gakureki Shakai | »Bildungsganggesellschaft«; betont die große gesellschaftliche Bedeutung des Bildungserfolgs in der japanischen Gesellschaft; basiert teilweise auf einem allgemein akzeptierten Ranking von Schulen und Universitäten. |
| Genrō | Sogenannte »elder statesmen«, d.h. Elitegruppen der zwanziger Jahre, die das »establishment« bildeten; neben dem Kabinett eine weitere parlamentarisch nicht kontrollierbare Entscheidungsebene. |
| Gyōsei Shidō | Administrative Lenkung der japanischen Wirtschaft, engl. = »window guidance«. |
| Haiku | Inhaltlich und sprachlich recht freies Kettengedicht in der Silbenform 5/7/5. |
| Hibakusha | Japanische Atombombenopfer. |
| Ie (Moto) Seidō | Traditionelles patriarchalisches Familiensystem. |
| Kabuki | Bürgerliches Theater der Edo-Zeit, bestehend aus den Hauptelementen Choreographie, Musik und stilisierte Handlung; auch in den Frauenrollen männl. Schauspieler. |
| Karōshi | Tod durch Überanstrengung; vor allem in der westlichen Presse häufig als Beweis für den Druck der japanischen Industrie auf die Arbeitnehmer angeführt. |
| Keidanren | Keizai Dantai Rengōkai, d.h. Vereinigung der Wirtschaftsverbände; heute Koordinationsorgan und gemeinsames Sprachrohr aller Wirtschafts- und Industrieverbände. |
| Kigyō Keiretsu | »Verbundgruppen«, d.h. Neuorganisation der → Zaibatsu nach 1945 oder »Verbundnetze« verschiedener Firmen, die alle von einem Handelshaus abhängen. |
| Kūdōka | »Aushöhlung« der japanischen Wirtschaft durch Produktionsverlagerung ins Ausland. |
| NHK | Nippon Hōsō Kyōkai, öffentlich-rechtliche Rundfunk- und Fernsehanstalt. |
| Nihonjinron | Betonung der japanischen Einzigartigkeit auf vielen Gebieten durch bestimmte japanische Intellektuelle; u.a. als nichttarifäres Handelshemmnis angeführt. |
| Nikkeiren | Nihon Keieisha Dantai Renmei; Vereinigung der Arbeitgeberverbände Japans; Organisation der japanischen Unternehmen. |
| Nōkyō | Nogyō Kyōdō Kumiai; Verband der landwirtschaftlichen Kooperativen. |
| Rengō | Seit 1989 bestehender neuer, einheitlicher gewerkschaftlicher Dachverband mit dem Ziel der Beeinflussung der politischen Rahmenbedingungen, der Beeinflussung der politischen Parteien und der Teilnahme am Politikformulierungsprozeß in den Beratungsgremien der Regierung; einige Mitglieder sind im Unterhaus. |
| Samurai | Krieger im Sinne von militärischem Gefolgsmann; in der Kamakura-Zeit sind die Samurai direkte Vasallen des Shōgun; in der Edo-Zeit sind sie in Lehensverhältnissen stehende Gefolgsleute der → Daimyō. |
| Seikai Bunri | Trennung von Politik und Wirtschaft. |
| Shinjinrui | »Neue Menschheit«; die selbstgewählte Bezeichnung für die gegenwärtige junge Generation, die sich in ihren Werten und ihrem Verhalten sehr von der ihrer Eltern unterscheidet. |

| | |
|---|---|
| Shinkansen | Wörtl.: »Neue Hauptlinie«; auf eigenem Schienenbett fahrende Superexpreßzüge; z. Zt. drei Linien: Tōkyō–Hakata, Tōkyō–Niigata, Tōkyō–Aomori; weitere Linien in Vorbereitung. |
| Shōen | Steuersondersiedlungen, d. h. Ländereien in Privatbesitz, die die ökonomische Basis des mittelalterlichen Feudalsystems bilden, weil die Rechte, sie zu besitzen, zu nutzen oder zu verwalten dem Schwertadel oder Tempeln von der → Shōgunatsregierung zugesprochen wurden. |
| Shōgun | Vom Kaiser verliehener höchster militärischer Rang, der die De-facto-Ausübung der höchsten politischen Macht bedeutete (Minamoto-Shōgunat), später an Zweigfamilien der Minamoto vererbt; nach einer Unterbrechung im 16. Jahrhundert von 1603 bis 1868 von Mitgliedern des Geschlechtes der Tokugawa innegehalten. |
| Shōgunat | Zentrale Militärbehörde mit weiter Machtbefugnis im zivilen Bereich, die Ende des 12. Jahrhunderts entsteht; es gibt drei Shōgunate, die nach ihrem politischen Zentrum oder nach der Shōgun-Familie benannt sind: das Kamakura-Shōgunat (1192–1333), das Muromachi-Shōgunat (1338–1573) und das Edo-Shōgunat (1603–1868). → Bakufu. |
| Shuntō | Alljährliche kollektive Lohnverhandlungen; in den achtziger Jahren häufig durch massive Streiks im Frühling begleitet (deswegen Shuntō = Frühlingskampf). |
| Sōgō Shōsha | Generalhandelshäuser mit voller Abdeckung mehrerer Wirtschaftszweige »von der Nähnadel bis zum Supertanker«. |
| Tōdai | Tōkyō Daigaku, die berühmteste staatliche Universität Japans, hervorgegangen aus der kaiserlichen Universität, gefolgt von der Kyōdai (Kyōtō Daigaku). |
| Yakuza | Bezeichnung für Verbände organisierter Kriminalität in Japan; teilweise streng hierarchisch geordnet. |
| Zaibatsu | Geschäftskonzerne; Unternehmensverbände nach der Meiji-Restauration, die sich überwiegend aus Familienangehörigen zusammensetzten und sich sehr schnell zu Monopolunternehmen entwickelten; nach 1945 als eines der Hauptelemente japanischen Großmachstrebens von der alliierten Besatzung zerschlagen. → Keiretsu |

# Autorenverzeichnis

BOSSE, FRIEDERIKE, Wissenschaftliche Mitarbeiterin am Institut für Asienkunde, Hamburg.

CHO, MYUNGHOON, Dr. rer. pol., Herausgeber des *North Korea Quarterly* am Institut für Asienkunde, Hamburg.

ELI, MAX, Dr. rer. oec., Professor für Absatzwirtschaft und Internationales Marketing an der Hochschule für Technik und Wirtschaft in Dresden; geschäftsführender Direktor von ifo Dresden, Niederlassung des ifo Instituts für Wirtschaftsforschung, München.

FLÜCHTER, WINFRIED, Dr., Professor für Kulturgeographie am Geographischen Institut der Gerhard-Mercator-Universität – Gesamthochschule – Duisburg.

GLAUBITZ, JOACHIM, Dr., außerplanmäßiger Professor für Internationale Politik an der Universität München.

KEVENHÖRSTER, PAUL, Dr., Professor für Politikwissenschaft an der Westfälischen Wilhelms-Universität Münster; Gastprofessuren in Nagoya und Tōkyō.

KÖNIGSBERG, MATTHEW, Dr. phil., Wissenschaftlicher Assistent am Seminar für Sprache und Kultur Japans der Universität Hamburg.

KORTE, KARL-RUDOLF, Dr., Akademischer Rat am Institut für Politikwissenschaft der Universität Mainz, Abteilung Internationale Politik.

KREFT, HEINRICH, Dr. phil., Botschaftsrat, stellvertretender Leiter der Wirtschaftsabteilung an der deutschen Botschaft in Tōkyō.

KREINER, JOSEF, Prof. Dr., Direktor des Deutschen Instituts für Japanstudien der Philipp Franz von Siebold-Stiftung in Tōkyō.

LENZ, KARL-FRIEDRICH, Dr., Wissenschaftlicher Referent am Max-Planck-Institut für ausländisches und internationales Strafrecht, Freiburg i. Breisgau.

MATHIAS, REGINE, Dr., Professorin für Sprache und Kultur des modernen Japan an der Gerhard-Mercator-Universität – Gesamthochschule – Duisburg.

MAUL, HEINZ EBERHARD, ehemaliger Militärattaché an den Botschaften in Tōkyō und Manila; zeitweise Lehrbeauftragter am Japanologischen Seminar der Universität Bonn; freier Publizist.

MAY, BERNHARD, Dr., Wissenschaftlicher Mitarbeiter am Forschungsinstitut der Deutschen Gesellschaft für Auswärtige Politik, e. V., Bonn.

MAYER, HANS JÜRGEN, Dr., Redakteur der Deutschen Welle, Köln, im Deutschen Programm, Abteilung Politik.

PLATE, PETRA, Wissenschaftliche Referentin am Institut für Asienkunde, Hamburg, mit den Arbeitsgebieten: Wissenschaft, Technologie und Gesellschaft Japans.

PÖRTNER, PETER, Prof. Dr., Institutsleiter des Japan-Zentrums der Ludwig-Maximilian-Universität, München.

POHL, MANFRED, Dr., Professor für Staat, Politik, Gesellschaft des modernen Japan, Japanisches Seminar, Universität Hamburg.

PREISINGER-MONLOUP, MADELEINE, Externe Mitarbeiterin der Stiftung Wissenschaft und Politik Ebenhausen.

RESZAT, BEATE, Dr., Leiterin der Forschungsgruppe Internationale Finanz- und Währungsbeziehungen am HWWA-Institut für Wirtschaftsforschung, Hamburg.

ROHDE, MIRIAM, Wissenschaftliche Referentin am Institut für Asienkunde, Hamburg, mit dem Arbeitsgebiet: Japanische Außenpolitik.

Schneider, Roland, Dr., Professor am Seminar für Sprache und Kultur Japans der Universität Hamburg.

Schubert, Gunter, Dr. phil., Wissenschaftlicher Referent an der Forschungsstätte der Evangelischen Studiengemeinschaft (FEST), Heidelberg.

Schüller, Margot, Dr. rer. pol., Wissenschaftliche Referentin am Institut für Asienkunde, Hamburg, mit dem Arbeitsgebiet: Wirtschaft der VR China.

Seifert, Wolfgang, Dr. phil., Professor für Japanologie, Schwerpunkt Gesellschaft und Geschichte, an der Universität Heidelberg, Vorstandsvorsitzender der Gesellschaft für Japan-Wissen (JAWIS).

Sommer, Theo, Dr. phil., Herausgeber der Hamburger Wochenzeitung DIE ZEIT.

Stahncke, Holmer, Dr. phil., langjähriger Dozent in Japan, Redaktionsleiter einer Hamburger Zeitung.

Ströber, Eva, Dr., Wissenschaftliche Mitarbeiterin am Museum für Ostasiatische Kunst in Köln.

Teichler, Ulrich, Dr., Professor am Fachbereich Angewandte Sozialwissenschaften und Geschäftsführender Direktor des Wissenschaftlichen Zentrums für Berufs- und Hochschulforschung der Universität – Gesamthochschule – Kassel.

Thränhardt, Anna Maria, Dr., Habilitation an der Ruhr-Universität Bochum im Fachbereich Japanologie.

Wagner, Wieland, Dr., Korrespondent und Leiter des Japan-Büros der Vereinigten Wirtschaftsdienste (VWD) in Tōkyō.

Wallraf, Wolfram, Dr., Lehrstuhl für Vergleichende Politikwissenschaft, Schwerpunkt Ostasien, an der Universität Potsdam.

Wattenberg, Ulrich, Dr. rer. nat., Leiter des Verbindungsbüros der Gesellschaft für Information und Dokumentation.

Weber, Claudia, Dr. phil., Wissenschaftliche Angestellte im Projektverbund »Beziehungen zwischen Bildungs- und Beschäftigungssystem in Japan in vergleichender Perspektive« (Fernuniversität Hagen/VW-Stiftung).

Weidner, Helmut, Dr., Diplom-Politologe, Wissenschaftlicher Mitarbeiter im Wissenschaftszentrum Berlin für Sozialforschung, Abteilung Normbildung und Umwelt.